COMENTÁRIOS À LEI DE RECUPERAÇÃO DE EMPRESAS E FALÊNCIA

MARCELO BARBOSA
SACRAMONE

COMENTÁRIOS À
LEI DE
RECUPERAÇÃO
DE EMPRESAS
E FALÊNCIA

6ª edição
2025

- O autor deste livro e a editora empenharam seus melhores esforços para assegurar que as informações e os procedimentos apresentados no texto estejam em acordo com os padrões aceitos à época da publicação, *e todos os dados foram atualizados pelo autor até a data do fechamento do livro*. Entretanto, tendo em conta a evolução das ciências, as atualizações legislativas, as mudanças regulamentares governamentais e o constante fluxo de novas informações sobre os temas que constam do livro, recomendamos enfaticamente que os leitores consultem sempre outras fontes fidedignas, de modo a se certificarem de que as informações contidas no texto estão corretas e de que não houve alterações nas recomendações ou na legislação regulamentadora.

- Data do fechamento do livro: 31/01/2025

- O autor e a editora se empenharam para citar adequadamente e dar o devido crédito a todos os detentores de direitos autorais de qualquer material utilizado neste livro, dispondo-se a possíveis acertos posteriores caso, inadvertida e involuntariamente, a identificação de algum deles tenha sido omitida.

- Direitos exclusivos para a língua portuguesa
  Copyright ©2025 by
  Saraiva Jur, um selo da SRV Editora Ltda.
  Uma editora integrante do GEN | Grupo Editorial Nacional
  Travessa do Ouvidor, 11
  Rio de Janeiro – RJ – 20040-040

- **Atendimento ao cliente: https://www.editoradodireito.com.br/contato**

- Reservados todos os direitos. É proibida a duplicação ou reprodução deste volume, no todo ou em parte, em quaisquer formas ou por quaisquer meios (eletrônico, mecânico, gravação, fotocópia, distribuição pela Internet ou outros), sem permissão, por escrito, da **SRV Editora Ltda.**

- Capa: Lais Soriano
  Diagramação: Desígnios Editoriais

- **DADOS INTERNACIONAIS DE CATALOGAÇÃO NA PUBLICAÇÃO (CIP)
  VAGNER RODOLFO DA SILVA - CRB-8/9410**

S123c Sacramone, Marcelo Barbosa
Comentários à lei de recuperação de empresa e falência / Marcelo Barbosa Sacramone. – 6. ed. - São Paulo : Saraiva Jur, 2025.

792 p.
ISBN: 978-85-5362-721-9 (Impresso)

1. Direito. 2. Direito Empresarial. I. Título.

	CDD 346.07
2024-4409	CDU 347.7

Índices para catálogo sistemático:
1. Direito Empresarial   346.07
2. Direito Empresarial   347.7

AGRADECIMENTOS

A sexta edição desta obra reflete a evolução e o aprofundamento da jurisprudência nacional acerca da legislação de insolvência. Diante de um contexto econômico desafiador, exigiu-se dos intérpretes e aplicadores o fornecimento de novas soluções para superar a crise econômico-financeira que passou a afetar a atividade empresarial e fez com que se multiplicassem os pedidos de recuperação judicial no Brasil.

Não apenas houve o aumento da distribuição dos pedidos de recuperação judicial no Brasil, como a natureza transnacional de diversas atividades provocou a distribuição de processos de recuperação em legislações estrangeiras, com a produção de efeitos ainda desconhecidos em território nacional até então pela jurisprudência.

A distribuição de pedidos de recuperação judicial foi ainda acompanhada por uma majoração de pedidos de homologação de recuperações extrajudiciais impositivas. Alternativa até então muito restrita, a recuperação extrajudicial passa a ser reconhecida como instrumento de reestruturação empresarial de grandes conglomerados empresariais, não sem a discussão de seus limites e efeitos jurídicos.

Esta edição somente pôde ser realizada pela interlocução diária e pelo confronto de argumentos com amigos, entre eles os magistrados, alunos, docentes e advogados que me acompanham nessa jornada comum. Nesta edição, pela pesquisa criteriosa e discussão sobre as inovações, agradeço ainda a Cesar Ciampolini Neto, Gabriel de Orleans e Bragança e Anna Carolina Abrantes, dentre diversos outros que auxiliaram diretamente na preparação desta obra e na atualização da jurisprudência.

Por fim, este livro não poderia ter sido escrito sem que tivesse se tornado um projeto comum. Esta obra é dedicada à Sílvia. Sua compreensão pelo longo tempo exigido de privação do convívio e seu incentivo quando tudo ainda parecia muito distante fizeram com que ela se tornasse possível.

PREFÁCIO À SEXTA EDIÇÃO

Chegam à 6ª edição os *Comentários à Lei de Recuperação de Empresas e Falência*, do Professor **Marcelo Barbosa Sacramone**, o que testemunha a enorme aceitação que, desde 2018, quando a obra veio a lume pela primeira vez, têm no mundo jurídico, especialmente entre os que laboram no direito da insolvência. Honrado pelo autor, prefaciei cada uma das sucessivas edições. Registrei, ao ensejo da 4ª, e novamente da 5ª, que estes *Comentários* são obra em constante evolução, sempre atenta às alterações legislativas e à jurisprudência, entendida esta como a consolidação de orientações judiciais provocadas por intensa e proativa atividade advocatícia, subsidiadas, mesmo quando expressamente não o invocam, pelo ensinamento da Academia, que continua a dar, *pari passu*, imprescindível embasamento doutrinário aos operadores do direito. Isto é reafirmado na nova edição, por utilíssimo *aggiornamento* jurisprudencial, atento o autor, como de rigor, principalmente, aos mais recentes julgados que vêm do Superior Tribunal de Justiça (STJ), Corte incumbida pela Constituição de dar a última palavra em temas regidos pela legislação ordinária.

No Prefácio à 5ª edição, mencionei que estavam a sedimentar-se orientações jurisprudenciais tomadas à vista de alterações introduzidas pela Lei n. 14.112/2020, processo agora, passado mais um ano, ainda mais avançado.

Veja-se, por exemplo, o importantíssimo tema da <u>exigência de certidões fiscais</u>, que se impôs a partir da reforma de 2020, objeto de pronta manifestação, via edição de enunciados, do Grupo de Câmaras Empresariais do Tribunal de Justiça do Estado de São Paulo. Esses textos orientadores encontraram guarida no STJ e suas teses são diuturnamente aplicadas pelos Juízos de Direito e Tribunais pátrios. Espelhando a importância do assunto, o *Valor Econômico* de 30 de outubro de 2024 noticia, em alentada matéria, que, desde 2020, contratando-se parcelamentos razoáveis, ao menos R$ 60 bilhões da dívida ativa da União foram regularizados em transações tributárias, tendo triplicado o índice de recuperandas em situação fiscal regular, o que significa cerca de 30% das recuperações totais em curso no País. Não é pouco! E o mesmo, como se sabe, vem ocorrendo, em maior ou menor medida, no âmbito dos fiscos estaduais e municipais, conforme a diligência dos legisladores locais em editar normatividade a respeito.

Esta 6ª edição, como não poderia deixar de ser, registra e documenta, com atualizados precedentes, em especial do STJ, essa nova orientação acerca das certidões fiscais. Como escreveu o relator do REsp 2.053.240/SP, Min. Marco Aurélio Bellizze, *DJe* 18-10-2023, em acórdão amplamente citado pelos julgados da Corte que se lhe seguiram, a partir da Lei n. 14.112/2020, *"não se afigura mais possível, a pretexto da aplicação dos princípios da função social e da preservação da empresa vinculados no art. 47 da LRF, dispensar a apresentação de certidões negativas de débitos fiscais (ou de certidões positivas, com efeito de negativas), expressamente exigidas pelo art. 57 do mesmo veículo normativo, sobretudo após a implementação, por lei especial, de um programa legal de parcelamento factível, que se mostrou indispensável à sua efetividade e ao atendimento a tais princípios".*

Presentemente, vê-se, em razão das vicissitudes da economia, ser crescente o número de empresas que se socorrem das recuperações judiciais. Do mesmo modo, empresas devedoras contratam mais frequentemente recuperações extrajudiciais com seus credores. Recentes problemas climáticos – o flagelo das enchentes no Rio Grande do Sul e a seca que assolou prósperas regiões interioranas do País – deram ensejo a considerável incremento das recuperações, mormente aquelas ligadas ao agronegócio, de tanta importância para a economia nacional. Em consequência, mais do que nunca se invoca a exceção à exigência de registro de comércio para caracterização do devedor como empresário rural, tema tratado pelos *Comentários* em anotações aos arts. 1º e 48.

De se notar, nesta 6ª edição, na abordagem do § 3º do art. 49, o aprofundamento das reflexões do autor acerca da alienação fiduciária sobre bens de terceiros, também à vista da Lei n. 14.711/2023, o dito Marco Legal das Garantias, que estabeleceu a possibilidade da constituição da alienação fiduciária superveniente, condicionada à quitação da dívida anteriormente garantida.

Sacramone, ao enfrentar o mesmo art. 49, revê, nesta 6ª edição, a partir de considerações sobre a liberdade contratual e da previsibilidade dos riscos assumidos pelo empresário, posição doutrinária acerca da validade da cláusula de vencimento antecipado de dívidas. Passa a defender, com firmes fundamentos, que a cláusula não viola a função social de que fala o art. 421 do Código Civil, nem princípios fundadores do instituto da recuperação judicial, feita ressalva à proibição de constrição de bens essenciais durante o *stay period*, em que pese não ser assim, como aponta, no direito norte-americano, cujo *Chapter 11* do *U.S. Bankruptcy Code* é fonte de nossa Lei de Recuperação de Empresas e Falência. Esposa o autor, portanto, a partir de agora, entendimento que dá plena eficácia ao disposto no § 2º do art. 49 da Lei.

Veja-se, nos comentários aos arts. 6º e 49, o desenvolvimento do tema da constrição de bens, com especial destaque à evolução da jurisprudência do STJ a respeito. A consolidação de precedentes no sentido de que a decisão de processamento da recuperação judicial não implicaria a suspensão das execuções em face de terceiros não sujeitos à recuperação judicial foi corroborada por um firme posicionamento da Segunda Seção da Corte, que adotou conceito restrito de bem de capital: só é considerado como tal, para permitir a suspensão de constrições, aquele que, sendo de propriedade do próprio devedor, integra o processo produtivo, desde que não consumível ou destinado à alienação pela atividade empresarial.

Assinale-se, por fim, o aprofundamento das reflexões do autor no Capítulo da Insolvência Transnacional (arts. 167-A e seguintes), relativamente ao reconhecimento do processo estrangeiro, a que se há de dar eficácia plena, em que pese o sistema de insolvência brasileiro ter regras próprias, às vezes substancialmente diversas daquelas donde oriundo o processo que vem ao conhecimento de nossa Justiça. A UNCITRAL recomenda, enfatiza **Sacramone**, que os tribunais abram mão de formalidades locais, em prol da efetividade do direito material subjacente ao processo estrangeiro. Afinal, o que a Lei Modelo ambiciona é a prevalência das regras de cada Estado, donde a Lei n. 11.101/2005 não reiterar, neste Capítulo, os casos de não incidência do direito da insolvência do art. 2º.

Feitos estes registros introdutórios da nova edição, não posso deixar de lembrar que não teve ainda o STJ ensejo de proferir palavras finais acerca do que, lembrando-me de tradicional doutrina, ano atrás, quando do prefácio da 5ª edição, qualifiquei como *"decisões heterodoxas em notórias recuperações judiciais amplamente difundidas pela imprensa"*, tomadas, a pretexto do elástico princípio da preservação da empresa, em desprestígio do sistema judicial brasileiro da insolvência. Da Corte Superior, porém, já veio, em provimentos iniciais, a sinalização de que, observado o tempo da Justiça, o carro será reposto nos trilhos, senão com a reforma dessas decisões, ao menos com a reafirmação de princípios e a modulação de efeitos que, infelizmente, vão se consolidando. E, augura-se, a Corte Superior por certo cogitará da aplicação dos dispositivos penais da Lei n. 11.101/2005. Há que, de modo firme, sinalizar que decisões dissonantes de princípios constitucionais e legais, e mesmo da moralidade, não são bem-vindas e põem em xeque a imprescindível previsibilidade da vida negocial e o próprio ambiente de negócios brasileiro.

Cesar Ciampolini Neto
Advogado.
Desembargador aposentado do Tribunal de Justiça
do Estado de São Paulo.

PREFÁCIO À QUINTA EDIÇÃO

Cabe-me mais uma vez a honra de apresentar edição dos *Comentários* do Professor **Marcelo Barbosa Sacramone** à Lei n. 11.101/2005, que vem a lume em momento em que, por um lado, com satisfação, se vê a sedimentação, pelas decisões dos Tribunais, das alterações introduzidas pela Lei n. 14.112/2020; mas, por outro, seu sistema está sob ameaça de fragilização e desprestígio, em razão de decisões heterodoxas em notórias recuperações judiciais amplamente difundidas pela imprensa. Confia-se em que o Superior Tribunal de Justiça (STJ) saberá, quando chamado a separar o joio do trigo, reafirmar o primado da lei, que, a pretexto de complacentes invocações do princípio da preservação da empresa, está sob ataque nesses casos rumorosos. **Eros Roberto Grau**, eloquentemente, a partir da 6ª edição, passou a nominar *Por que tenho medo dos juíze*s sua consagrada obra sobre interpretação do direito. Como o Professor, temo essas decisões judiciais fundadas em princípios escolhidos ao sabor do subjetivismo de magistrados que, sem cerimônia, se afastam do primado da Constituição e da Lei, condições básicas de previsibilidade e calculabilidade da vida negocial.

Fato é que os *Comentários*, agora em 5ª edição, refletem a evolução sadia, no dia a dia do julgamento dos casos concretos, do funcionamento de um sistema da insolvência que contribui, efetivamente, para o incremento das relações negociais e da própria economia brasileira. Essa é a regra; as exceções são os mencionados casos, em que o próprio prestígio do Poder Judiciário é posto em causa. Essas decisões heterodoxas, por certo, não deveriam ter tido guarida no Poder Judiciário, mas sim merecido sua excepcional atividade sancionadora. A conferir, a propósito, do próprio **Sacramone**, *Recuperação judicial: dos objetivos ao procedimento* (tese de livre-docência há pouco aprovada na PUC-SP), no prelo (Saraiva): a preferência pela condução da empresa em recuperação pela devedora há de ceder nos casos nitidamente abusivos, a bem da confiabilidade do instituto e da imagem da Justiça.

A obra registra a evolução jurisprudencial acerca da exigência de certidões negativas fiscais, que se viabilizou a partir da reforma de 2020. Agora, com a facilitação dos parcelamentos de tributos, não há mais fundamento para se aplicar o art. 57. Aprovados em dezembro de 2022, os enunciados n. XIX ("Após a vigência da Lei n. 14.112/2020, constitui requisito para a homologação do plano de recuperação judicial, ou de eventual aditivo, a prévia apresentação das certidões negativas de débitos tributários, facultada a concessão de prazo para cumprimento da exigência.") e n. XX do Grupo de Câmaras Empresariais do TJSP, pela exigência *ex officio* das negativas, vêm sendo largamente aplicados. O STJ, após compreensível hesitação inicial, parece ter placitado o entendimento dos enunciados, como o autor assinala com menção, no comentário ao art. 57, a precedente da 3ª Turma (REsp 2.053.240/SP, rel. Min. Marco Aurélio Bellizze, j. 10-10-2023), a que já se pode acrescentar outro, da mesma Turma: REsp 2.093.519/SP, rel. Min. Ricardo Villas Bôas Cueva, j. 28-11-2023. Enfim, compreende-se que, a partir da implementação de programas de parcelamento factíveis, se exija o cumprimento do art. 57 e as empresas, para poder entrar em recuperação, devam apresentar certidões negativas, ou positivas com o mesmo efeito. Caso contrário, a livre concorrência, corolário da livre-iniciativa (Constituição

Federal, art. 170, IV), que pressupõe igualdade de condições dos agentes econômicos em competição, estaria comprometida, uns a arcar com elevados custos tributários e outros não, em inadmissível vantagem concorrencial.

Aprofunda-se, na obra, a análise da tutela de urgência objeto do § 12 do art. 6º, nele inserido pela reforma de 2020. Relevante o que se aponta, isto é, que a antecipação, tendo natureza cautelar, deferida por juiz incompetente para interferir nos contratos entre a recuperanda e terceiros, *"não pode extrapolar os próprios efeitos do processo principal"*; portanto não pode afetar *"créditos não sujeitos à recuperação judicial, nem impedir suas medidas constritivas, o que inclui o crédito extraconcursal, além das dívidas fiscais"* (§ 1º do art. 49 e art. 59).

A respeito de outra novidade da reforma, o § 13 do mesmo art. 6º, os comentários apontam que se devem excepcionar de sua abrangência as cooperativas de crédito, regidas pela Lei Complementar n. 130/2009, que por natureza se aproximam das instituições financeiras, em especial quando se tratar de operações com características de mercado, não de mutualismo. A eles se aplica a Lei n. 11.101/2005.

Registra-se a necessária interpretação restritiva do parágrafo único do art. 67, autorizador de tratamento diferenciado a determinados créditos de fornecedores de bens ou serviços que continuarem a prové-los após o pedido de recuperação. Inadmissível que se exija o voto favorável do credor para que desfrute da melhor condição. A vontade de todos os credores reunidos em assembleia, assim como a manifestação coletiva que dela emana, estariam maculadas, não se reconhecesse a abusividade de cláusula de exigência de voto favorável, punitiva da minoria discordante. Do mesmo modo, cláusula de não litigar com terceiros (em geral sócios ou administradores da recuperanda), a exemplo da disposição análoga, há muito repudiada pela jurisprudência, de supressão de garantias de coobrigados, não pode ser imposta para que o credor aceda ao tratamento diferenciado do parágrafo único do art. 67. Enfim, a concessão de melhor tratamento a credores de uma mesma classe há de se dar por fundamento objetivo, impessoal e, sobretudo, que implique benefício econômico à recuperanda. Nessa linha, no TJSP: AI 2092411-28.2023.8.26.0000, rel. Des. Alexandre Lazzarini, j. 27-9-2023; AI 2022784-05.2021, rel. Des. Araldo Telles, j. 10-9-2021; AI 2201414-20.2020.8.26.0000, rel. Des. Azuma Nishi, j. 29-3-2021; e, citado por **Sacramone**, AI 2237647-45.2022.8.26.0000, de minha relatoria, j. 8-11-2023.

Analisam-se os reflexos da edição da Lei n. 14.711/2023 (dito o Marco Legal das Garantias), que deu nova redação ao art. 26-A e seus parágrafos da Lei n. 9.514/77, na recuperação judicial: a partir de agora, eventual crédito remanescente de segundo leilão de imóvel objeto de propriedade fiduciária não poderá ser mais exigido do devedor em recuperação, nem mesmo como quirografário, se se tiver atingido o preço mínimo de alienação, sendo a dívida considerada extinta.

No estudo do art. 83 (ordem de classificação dos créditos na falência), introduz-se parágrafo acerca daquele gravado com direito real de garantia consistente em hipoteca judiciária. O autor – invocando precedentes das Câmaras Empresariais do TJSP – toma partido pela inserção dos credores com essa peculiar espécie de hipoteca, efeito decorrente de sentença condenatória, na categoria do inciso II do dispositivo, à frente até mesmo daqueles por créditos tributários (inciso III).

Tem o leitor, enfim, mais uma edição desta obra em constante evolução, como a qualifiquei no prefácio de edição pretérita. E assim há mesmo de ser, para dar ao leitor a compreensão dos reflexos de sucessivas alterações legislativas, e da própria dinâmica do mercado, na correta, ortodoxa, aplicação da Lei de Recuperação de Empresas e Falências.

Cesar Ciampolini Neto
Desembargador da 1ª Câmara de Direito Empresarial
do Tribunal de Justiça do Estado de São Paulo.

PREFÁCIO À QUARTA EDIÇÃO

Menos de um ano depois da 3ª edição, **Marcelo Barbosa Sacramone**, agora com a experiência de dois anos de advocacia agregada a quase dez de judicatura em insolvências, brinda-nos com esta 4ª edição dos mais citados comentários à Lei de Recuperação de Empresas e Falência. Justifica-se o *timing*, como por certo intuiu a Saraiva. Era visível, anotei no prefácio à edição anterior, no começo de 2022, que o ajuizamento de recuperações judiciais (e extrajudiciais) estava represado: a um tempo, os advogados avaliavam estratégias a seguir, dadas as inovações introduzidas pela Lei n. 14.112/2020 na Lei n. 11.101/2005, e as empresas em crise de solvabilidade saíam do universo desconhecido da pandemia, que a todas, de um modo ou de outro, mais ou menos fortemente, atingiu. Abertas as comportas, recuperações foram ajuizadas, embora em volume inferior ao esperado. Fato é que diversas questões novas (nem todas derivadas das novidades da Lei n. 14.112) foram objeto de pedidos da advocacia, estudadas pela doutrina, enfrentadas por pareceristas e, enfim, julgadas em primeira e segunda instâncias nos Estados, algumas delas, até mesmo, chegando ao Superior Tribunal de Justiça.

A par do aprofundamento de diversos temas de relevo e da permanente inclusão de referências jurisprudenciais, a obra traz importantes acréscimos. Dentre as novidades, de pronto, avulta, no capítulo da obra em que são enumeradas e estudadas as empresas sujeitas a falência e que podem requerer recuperação, a abordagem das <u>sociedades de propósito específico</u> (SPE's). São elas objeto da Lei n. 11.079/2004, acerca das parcerias público-privadas, e da Lei n. 11.478/2007, de incentivo a projetos de infraestrutura. E, mais do que tudo, as SPE's passaram a fazer parte do dia a dia das incorporações imobiliárias, empregadas frequentemente na administração do patrimônio de afetação, mecanismo eficiente de proteção do consumidor comprador de imóveis em incorporação imobiliária, introduzido na Lei n. 4.591/64 (art. 31-A) pela Lei n. 10.931/2004. A especificidade das SPE's não lhes retira a possibilidade de uso, se o caso, dos benefícios da Lei de Recuperação de Empresas e de Falência: afinal, têm atividade econômica, que merece ser preservada, quando em crise. Dadas as peculiaridades das SPE's e considerado o sentido protetivo do patrimônio de afetação nas incorporações imobiliárias, o tema mereceu profundo estudo pelo autor, em novo capítulo introduzido nos comentários ao art. 1º.

Nos comentários ao art. 49 e seus parágrafos (discriminação dos créditos sujeitos à recuperação judicial), primeiramente, trazem-se valiosas notas acerca da <u>avaliação dos bens e direitos objeto de alienação ou cessão fiduciária</u>. Se esta não tiver sido contratada no ato de constituição da fidúcia, deve-se, demonstra o autor, prestigiar a iniciativa do credor a respeito. Depois, cuida-se, em capítulo destacado, de matéria que remete aos princípios *neminem laedere* e *suum cuique tribuere*: o credor, impedido de retomar o bem considerado essencial às atividades da empresa em recuperação, há de ser remunerado pela perda da posse, pena de enriquecimento sem causa da recuperanda; remuneração (aluguel, taxa), a ser arbitrada, senão consensualmente, pelo Juízo da execução.

Vem tratado em minúcia, agora, em capítulo aos comentários ao art. 56, o tema do § 7º, que disciplina o direito de recesso do acionista em caso de o plano de recuperação apresentado por credores, mediante capitalização, não lhe garantir preferência com que possa manter sua posição acionária. Demonstra-se que o dispositivo em tela cria uma nova hipótese de direito de retirada do acionista, o que remete à disciplina do tema pela Lei das Anônimas e, de pronto, coloca as questões da apuração de haveres do retirante e da classificação de seu crédito como extraconcursal, posto que pós-recuperação, mais precisamente dela consequente.

Novidade entre nós, mas amplamente utilizada no direito da insolvência norte-americano, **Sacramone** cuida, em capítulo introduzido no estudo do art. 60, da alienação de bens liderada por *stalking horse*. Trata-se da preferência deferida a determinado pretendente, que sai à frente dos demais após *due diligence*; tendo prévio acesso a informações da devedora, apresenta proposta que baliza a venda, com o estabelecimento de um preço mínimo justo. A venda com liderança de *stalking horse* tem o indiscutível mérito de tornar mais transparente, mais conhecido em todos os detalhes, o bem de que se cuida e o próprio processo de alienação, atraindo à competição investidores avessos a dar salto no escuro. Se não sair vencedor no certame, esse especial competidor será reembolsado dos gastos feitos para a preparação do certame, podendo ser deferida pelo juiz também uma taxa remuneratória de sua atuação.

Os comentários ao art. 68 também ganharam novo capítulo, decorrente da edição da Lei n. 13.988/2021 (alterada em seguida pela Lei n. 14.375/2022), que disciplinou a transação para resolução de litígios, tributários ou não, entre devedores e União, suas autarquias e fundações. O art. 68 já previa a edição dessa lei. **Sacramone** aponta inconstitucionalidade na exigência de renúncia a direitos relativos aos tributos objeto da negociação; aguardemos, porém, os tribunais se pronunciarem. Afinal, concessões recíprocas estão na própria definição de transação (art. 840 do Código Civil), e a renúncia a direito é cláusula usual no dia a dia dos acordos que põem fim a litígios. A novidade veio para ficar: a cada momento tem-se notícia de transações celebradas por recuperandas (p. ex.: Valor Econômico, ed. de 24-10-2022, matéria sobre acordo fiscal celebrado pela Agromaia). Seu emprego viabiliza a aplicação exata do maior rigor legal, introduzido pela Lei n. 14.112/2020, no tratamento legal dispensado à regularização fiscal de sociedades em recuperação judicial, como vem reconhecendo a jurisprudência das Câmaras de Direito Empresarial do TJSP (*v.g.*: AI 2126613-65.2022.8.26.0000, 2ª Câmara, Des. Maurício Pessoa).

Os comentários ao art. 69-E foram enriquecidos com a investigação das condições em que pode ser aceito *DIP Financing* celebrado com partes relacionadas. Os credores, e o juiz, no necessário controle de legalidade que exerce, haverão de estar atentos à observância de condições de mercado, sendo pertinente a lembrança que o autor faz ao art. 245 da Lei das Anônimas quanto às condições "estritamente comutativas" nas operações intersociais. Os parâmetros sob cuja ótica essa comutatividade haverá de ser verificada, porém, serão aqueles que se apliquem a empresas em recuperação, para elas, naturalmente, mais onerosos do que os do mercado creditício em geral.

Importantes colocações são feitas acerca do art. 82-A (desconsideração da pessoa jurídica) *vis-à-vis* as recuperações judiciais. **Sacramone**, definindo como de jurisdição voluntária o processo de recuperação judicial, de natureza primacialmente negocial (a respeito, Fredie Didier Jr. et al., citado em acórdão de minha relatoria na 1ª Câmara Empresarial do TJSP: AI 1102800-56.2018.8. 26. 0100), procura demonstrar a inaplicabilidade do dispositivo às recuperações. Não bastassem outras razões, haveria a própria dicção legal: o art. 82-A refere-se tão só a falências, em cujo capítulo está inserido, e é de interpretação estrita. Não havendo coerção do devedor para pagamento, posto que na recuperação não há a proeminência do credor, como é próprio dos processos executivos (a respeito, a Exposição de Motivos de Alfredo Buzaid ao CPC/73), de fato, parece que não se há de cogitar, realmente, da aplicação das regras acerca da desconsideração da personalidade jurídica.

Novo capítulo foi introduzido também no estudo do art. 108 (arrecadação e custódia de bens na falência). Examina-se se, dentre "as medidas necessárias" de que fala o dispositivo, está o sigilo de investigações que o administrador, por si ou por terceiro contratado especialmente para tanto, faz em busca de bens. Embora a regra dos processos judiciais seja a ampla publicidade, isto poderá ser excepcionalmente decretado pelo juiz, em maior ou menor extensão, na medida em que a ciência, pela devedora, do que se está a perscrutar, pode importar na dissipação de ativos, ou na criação de empecilhos à arrecadação. Não se dispensa o contraditório, que é diferido, como se faz noutras circunstâncias análogas, p. ex., de sequestro ou arresto de bens. Levanta-se o sigilo imediatamente, uma vez cessada sua necessidade.

Sacramone insere, na apreciação do art. 158, que disciplina a extinção das obrigações da empresa falida, rubrica acerca da responsabilidade dos sócios por dívidas tributárias. Com proficiência, ainda à vista do art. 134, incisos III e VII, do Código Tributário Nacional, consoante iterativa jurisprudência que afirma que a mera falta de recursos não acarreta essa responsabilidade, o autor demonstra, dizia, que o encerramento da falência, cumpridos regularmente todos os seus trâmites legais, impossibilita o redirecionamento da execução fiscal contra sócios ou administradores. Esta disposição, como se intui, cabe acrescentar, relaciona-se com o maior rigor da lei, a que antes me referi, após as alterações da Lei n. 14.112/2020, na exigência da regularização fiscal da devedora em recuperação.

Enfim, como dito no prefácio à 3ª edição, os Comentários, que tenho a honra de, em nova edição, apresentar ao mundo jurídico, são obra em constante evolução. Os tópicos ora destacados não exaurem, apenas exemplificam, as novidades, decorrentes do cuidado do autor em mantê-la atualizada, pulsante, e, por isso mesmo, indispensável a advogados, juízes e membros do M.P. que se dedicam a recuperações e falências.

Esta 4ª edição, faço questão de registrar, vem a lume em momento auspicioso da história do Tribunal de Justiça de São Paulo. Sob a esclarecida liderança do presidente Ricardo Mair Anafe, a Corte persevera na trilha da consolidação e da expansão a todo o Estado da especialização dos juízos empresariais e falimentares. No prefácio à 1ª edição, mencionei a especialização vertical, com a soma, às Câmaras Reservadas de Direito Empresarial, das Varas especializadas em Falências e Recuperações e em Direito Empresarial da Comarca da Capital. Sobrevieram, pelas Resoluções n. 824 e 825/2019, editadas durante a presidência de Manoel de Queiroz Pereira Calças, a 1ª e a 2ª Varas Regionais de Competência Empresarial e Conflitos relacionados à Arbitragem da 1ª Região Administrativa Judiciária, com competência territorial para julgar feitos oriundos das comarcas da Grande São Paulo. E, agora, na atual gestão, pela Resolução n. 868/2022, suas congêneres que abrangem as comarcas das regiões administrativas de Campinas e Sorocaba; e, enfim, pela Resolução n. 877/2022, a Vara Empresarial de São José do Rio Preto (abrangendo as regiões de Araçatuba e Presidente Prudente) e a de Ribeirão Preto (abrangente da região de Bauru), bem como ainda o alargamento da competência das Varas da 1ª Região Administrativa (criadas pela Resolução n. 824/2019), para compreender também as comarcas das regiões de Santos e São José dos Campos. Caminha-se, como se vê, a passos largos, para a especialização empresarial e falimentar em todo o Estado! E há notícia de que isto se expande Brasil afora!

Evidentes os benefícios dessas iniciativas para a prestação jurisdicional. Propiciam-se mecanismos para a concreção da segurança dos negócios pela resposta previsível e, o quanto possível, uniforme da Justiça aos litígios empresariais e de insolvência, como escrevi no prefácio à 1ª edição. Persevera-se na ingente e imprescindível busca de mitigação do denominado "custo Brasil", que tanto prejuízo causa à Nação.

Cesar Ciampolini Neto
Desembargador da 1ª Câmara de Direito Empresarial
do Tribunal de Justiça do Estado de São Paulo.

PREFÁCIO À TERCEIRA EDIÇÃO

Fechada em 15 de janeiro de 2021 a segunda edição, considerando a efervescente produção doutrinária, advocatícia e judiciária que se seguiu à vigência, em 23 do mesmo mês, da Lei n. 14.112/2020, era mesmo o caso de, menos de um ano depois, conceber-se esta terceira edição dos *Comentários*. Nova edição que se tornou viável em virtude da dedicação (que fôlego!) do autor, Marcelo Barbosa Sacramone, hoje advogado, integrando a banca Sacramone e Orleans e Bragança.

Durante os trabalhos legislativos, enquanto aguardavam a iminente votação do projeto que redundou, afinal, na lei, sua sanção presidencial e exame dos vetos pelo Legislativo, os agentes econômicos represaram o ajuizamento de recuperações. Muitas situações de quase insolvência aguardaram – para o bem ou para o mal – a edição da lei em gestação, para só então serem efetivamente enfrentadas. A persistência da pandemia da Covid-19 também contribuiu para a postergação da tomada de decisões que não fossem muito urgentes. Pois bem: o movimento forense reflete, nesta virada de 2021 para 2022, a exemplo dos hospitais com a retomada das cirurgias eletivas, o ajuizamento em grande número de novas recuperações judiciais e extrajudiciais.

Problemas de direito intertemporal surgiram imediatamente após 23 de janeiro de 2021. Levantados e arrazoados pelos advogados e pelo MP, foram decididos pela Justiça, em primeiro e segundo graus de jurisdição. Recuperações judiciais requeridas antes da lei nova, despachadas depois; ou, com *stay period* deferido por decisão anterior, suas assembleias de credores instalaram-se depois. Algumas, dadas as datas da distribuição, não puderam ser o leito de testagem da eficiência de planos alternativos apresentados por credores. Nestes primeiros meses de vigência da Lei n. 11.101/2005 após 23 de janeiro, enfim, tem sido fundamental o enfrentamento das disposições transitórias da Lei n. 14.112/2020. A terceira edição cuida disso com muita atenção, até mesmo compilando, na medida do possível, precedentes judiciais a respeito desses temas.

Os vetos presidenciais levantados pelo Congresso Nacional, alguns de relevo, puderam agora ser devidamente examinados.

Abordam-se dois textos legais posteriores à Lei n. 14.112: a) a Lei n. 14.193/2021, que instituiu a Sociedade Anônima do Futebol, novo agente econômico cujo figurino poderá ser adotado por tradicionais e populares clubes, passando eles a ter acesso tanto à recuperação judicial quanto à extrajudicial; b) a Lei n. 14.195/2021, que equipara aos trabalhistas, nas falências e nas recuperações, os créditos dos representantes comerciais, salvo se reconhecidos após o deferimento da recuperação, caso em que serão extraconcursais (solução em linha com recente decisão do Superior Tribunal de Justiça em sede repetitiva: REsp 1.840.531, rel. Min. Ricardo Villas Bôas Cueva, tema 1.051).

A notar, também, dentre outros pontos, o aprofundamento de temas como o do tratamento do juízo universal da recuperação judicial, depois das disposições sobre o poder do juiz da recuperação para suspender e substituir constrições, respectivamente, nos créditos do art. 49, § 3º, e nos créditos fiscais. Assim também a interpretação conjugada do art. 16 com o art. 158, para otimizar a verificação de crédito na falência. E, ainda, a oposição ao resultado da deliberação sobre o plano de recuperação judicial pela Assembleia Geral de Credores. Mais: a impossibilidade de reconhecimento do conluio fraudulento nos embargos de terceiro.

Importante, por fim, apontar o trabalho de compilação de jurisprudência empreendido pelo autor nestes poucos meses, cuja relevância para os operadores do direito da insolvência é evidente.

Pode-se dizer que os comentários de Sacramone, a partir desta 3ª edição, assumem o caráter de obra em constante evolução. Isso, de resto, é da natureza do Direito Comercial, assim reconhecida pelos juristas pelo menos desde o conjunto de práticas que se conhece como *Lex Mercatoria* – usos e costumes medievais do Comércio. Hoje, ainda que considerada a contribuição seminal de Alberto Asquini, sendo compreendido o Direito Comercial mais amplamente como o Direito da Empresa, as coisas são essencialmente iguais. A constante evolução do trabalho do autor, tal como o permanente devir do fundamental ramo do Direito a que se dedica, mais do que quando se tratou de prefaciar 1ª e 2ª edições, impõe a afirmação do destaque destes *Comentários*, entre outras valiosas contribuições doutrinárias, de autoria de igualmente doutos professores, tornando-os indispensáveis aos que se dedicam, na Academia e na prática do Foro, ao Direito Falimentar.

O autor e a Saraiva estão de parabéns!

Cesar Ciampolini Neto
Desembargador da 1ª Câmara de Direito Empresarial
do Tribunal de Justiça do Estado de São Paulo.

PREFÁCIO À SEGUNDA EDIÇÃO

Nas livrarias a partir de agosto de 2018, com duas tiragens adicionais, estes comentários de **Marcelo Barbosa Sacramone** foram ganhando merecido espaço entre os operadores do Direito que lidam com processos de insolvência. As inúmeras citações que, de pronto, mereceu em arrazoados advocatícios e decisões judiciais, crescentes ao longo de seus mais de dois anos de existência, impuseram ao autor – juiz de direito, sempre presente na comunidade jurídica também como professor, articulista e palestrante – enfrentar nova e trabalhosa empreitada intelectual para chegar a esta 2ª edição. Estava ela em preparação quando ainda não se sabia se o projeto em trâmite no Congresso se transformaria em lei. Isto ocorreu, com a publicação Lei n. 14.112 de 24 de dezembro de 2020. As mudanças, algumas profundas, e as inovações, algumas revolucionárias, foram então devidamente tratadas. Na nova edição, a par do aprofundamento da abordagem de temas de dispositivos mantidos da redação original, com atualizadas citações jurisprudenciais, há relevante parte nova. O leitor verá que o autor não se esquivou da abordagem dos dispositivos recém-editados. O novo desafio foi enfrentado.

Terá sido, a edição desta Lei n. 14.112/2020, que de certo modo desfigurou Lei n. 11.101/2005, "o fim da recuperação judicial", título de artigo que **Sacramone** publicou no *site* Migalhas em 24-9-2019, à vista dos desdobramentos de então, na Câmara dos Deputados, do PL n. 6.229/2005? O tempo responderá à questão; mas sejamos otimistas. Afinal, a lei nova, a par das marcantes inovações que traz, não deixou de incorporar, de transformar em direito positivo o que a jurisprudência assentou ao longo do tempo. As leis são permanentemente atualizadas por seus intérpretes naturais, os juízes, quando desafiados pelos requerimentos que os advogados lhes põem à frente. Já se fez referência a este fundamental e permanente processo de *aggiornamento* do direito positivo no prefácio à 1ª edição. É ele o *modus* natural, consagrado pela prática dos países cultos, de aprimoramento legislativo. Como ensina **Miguel Reale**, por "jurisprudência" deve-se entender a forma de revelação do direito decorrente do exercício da jurisdição, em virtude de uma sucessão harmônica de julgados que guardem entre si continuidade e coerência; não serão, portanto, dois ou três acórdãos que atualizarão a lei em consonância com as exigências da sociedade em determinado momento e lugar. Nessa linha, aliás, o Grupo de Câmaras de Direito Empresarial do TJSP, a partir de 2019, em sucessivas sessões, debateu temas momentosos e editou, para os fins do art. 926 e parágrafos do CPC, enunciados de sua jurisprudência predominante, na maior parte dedicados à Lei de Recuperação de Empresas e Falência. Esta 2ª edição dos comentários de **Sacramone**, reafirmando conceitos doutrinários e atenta à evolução jurisprudencial, é testemunho da dinâmica construtiva resultante da solução, pelo Judiciário, das questões vivas, às vezes inusitadas, que se põem e que a lei, por mais minuciosa que seja, jamais esgotará.

De fato, assim como o Código Civil de 2002 e o Código de Processo Civil de 2015 em grande parte são fruto da sedimentação jurisprudencial de soluções dadas a temas surgidos com o passar do tempo na aplicação dos monumentos legislativos que substituíram (Código Beviláqua, de 1916, e Código Buzaid, de 1973), as alterações recém-feitas na Lei n. 11.101/2005 incorporam soluções amadurecidas pela jurisprudência, como, por exemplo, a alienação forçada na falência sem preço vil; a consolidação processual e substancial; o cabimento da interposição de agravo de instrumento contra decisões interlocutórias; o quadro-geral provisório de credores; a minuciosa disciplina das habilitações e das impugnações de crédito retardatárias. A 2ª edição trata desses temas com o merecido cuidado. Assim como daqueles vindos com a nova lei: insolvência transnacional; financiamento do devedor em recuperação judicial; diminuição do quórum necessário para aprovação de recuperação extrajudicial; o novo tratamento dado aos débitos do produtor rural; tutelas provisórias antecedentes; mediação e conciliação nos procedimentos de insolvência.

E, enfim, para questões inusitadas e para o dia a dia da condução dos processos de insolvência, existe a norma principiológica do art. 126, naturalmente mantida pelo legislador reformador, traduzindo em direito positivo velhos conceitos de Direito Falimentar. Frente a relações patrimoniais não reguladas expressamente, deve o juiz, na busca da preservação e da otimização da atividade produtiva dos bens da empresa, decidir atento à unidade e à universalidade do concurso, considerando sempre a igualdade de tratamento dos credores (*par conditio creditorum*).

A Lei n. 11.101/2005 mudou paradigmas, foi uma necessária revolução. Por certo não terá sito traída, como certa feita advertiu **Vicente Ráo**, pelas novidades introduzidas há pouco pelo detentor do poder de legislar. E, de qualquer maneira, fiquemos tranquilos a respeito, pois os juízes, na aplicação do Direito Comercial, sempre estiveram e estarão atentos às realidades da economia e aos anseios na Nação. Já em 1970, ao julgar o RE 67.653, o Supremo Tribunal Federal, relator o Ministro **Aliomar Baleeiro**, em tema concorrencial, tendo que optar entre a "literalidade da Constituição ou os grandes interesses nacionais que estão subjacentes", formou com estes, pois "do Presidente da República ao mais modesto repórter de província, fala-se em desenvolvimento nacional, a grande aspiração do País, tanto dos que conscientemente falam nisso, como dos que repetem, como aquela ave de grande memória, os estribilhos. Todos querem o desenvolvimento nacional". Assim continuará a ser. A Justiça, na dúvida, alinhar-se-á aos interesses maiores da Nação, que são, na ordem econômica e no que diz com o Direito Falimentar, os declinados no art. 170 da Constituição: valorização do trabalho e da livre-iniciativa, respeitada a propriedade privada e observados os princípios da função social da propriedade e da livre concorrência, estimulando-se o bom desempenho das empresas de pequeno porte e a busca do pleno emprego. Tudo se fazendo com respeito e reverência às soluções que a jurisprudência consagrou, em atenção à previsibilidade na aplicação da lei, isto é, à segurança jurídica, fundamental para o bom ambiente de negócios no Brasil, a que me referi no prefácio à 1ª edição.

Que a obra de **Sacramone** continue a contribuir com o pensamento dos cultores do Direito Falimentar e a servir de guia para todos os que enfrentam os temas que se põem no cumprimento da Lei n. 11.101/2005, agora substancialmente alterada. A propósito, introduziu-se nesta 2ª edição índice remissivo que facilitará em muito a vida de quem, na correria do dia a dia do Foro, busca sem demora encontrar o que lhe interessa, para postular ou para decidir.

Boa leitura!

Cesar Ciampolini Neto
Desembargador da 1ª Câmara de Direito Empresarial
do Tribunal de Justiça do Estado de São Paulo.

PREFÁCIO À PRIMEIRA EDIÇÃO

A especialização, a Lei de Recuperação de Empresas e
Falência, a realidade e a segurança dos negócios

Ao escrever esta introdução aos *Comentários à Lei de Recuperação de Empresas e Falência*, honrado pelo convite do autor, Professor Marcelo Barbosa Sacramone, evoco a mudança de paradigma legal que, entre nós, decorreu da edição da Lei n. 11.101/2005 (LREF). A crise empresarial já não mais se resolve como antes, sob o regime da antiga Lei de Falências (Decreto-Lei n. 7.661/1945), primacialmente na arbitragem pelo Estado-juiz dos direitos dos credores e do devedor, embora também a preservação das atividades comerciais fosse, então, princípio a ser observado. A partir do modelo norte-americano, tem-se agora a primazia da busca da composição dos diversos e variados interesses envolvidos no processo recuperacional – dos trabalhadores, das diferentes classes de credores (financeiros, investidores), dos fornecedores, do mercado e da sociedade em geral – e, ainda, dos benefícios que advirão para toda a comunidade por meio do sempre almejado soerguimento da empresa. Pensa-se, sobretudo, nos ganhos sociais e econômicos decorrentes de uma recuperação bem-sucedida: circulação de valores; geração de riquezas; aumento da arrecadação tributária; manutenção dos já existentes e geração de novos empregos; sobrevivência dos fornecedores; benefícios, ao fim e ao cabo, que se espalham por toda a comunidade em que inserida a empresa. Assim, o art. 47 da Lei: "A recuperação judicial tem por objetivo viabilizar a superação de crise econômico-financeira do devedor, a fim de permitir a manutenção da fonte produtora, do emprego dos trabalhadores e dos interesses dos credores, promovendo, assim, a preservação da empresa, sua função social e o estímulo à atividade econômica".

A mudança de paradigma legal deu ensejo, no seio do Tribunal de Justiça do Estado de São Paulo (TJSP), de início, à instalação, no Foro Central da Capital, das Varas de Falências e Recuperações Judiciais; e, na própria Corte, das Câmaras Reservadas de Falência e Recuperação de Empresas (estas, a partir de junho de 2011, passaram-se a denominar Câmaras Reservadas de Direito Empresarial e a cumular competência para julgar Direito Empresarial e outras matérias de Direito Comercial). Buscou-se, com a especialização, que conduz ao aprimoramento técnico e à maior celeridade processual, sem afronta ao princípio do juiz natural, dar um salto na busca de ambiente salutar de negócios para o Brasil (afinal, em São Paulo concentra-se mais de 40% da geração de riquezas do país). Estamos inseridos no mundo globalizado, em que segurança regulatória é valor de incomensurável importância. Como acentuou o Desembargador Manoel de Queiroz Pereira Calças, ao falar na instalação da então única Câmara Reservada de Direito Empresarial do TJSP, em 30 de junho de 2011, há de haver previsibilidade na aplicação da lei, minimizando-se, com a uniformização da jurisprudência, a insegurança jurídica, parte do denominado "custo Brasil". As regras do jogo devem ser conhecidas de antemão pelos interessados em fazer negócios e investir. O empresário projeta os retornos de seu investimento a partir do pressuposto de que as leis serão aplicadas de modo uniforme, ainda que para isso tenha que recorrer ao Judiciário, conquanto dele tenha resposta rápida. A partir desses cálculos, em contexto de margens de lucro cada vez mais estreitas, define o preço dos produtos e serviços que oferecerá ao mercado.

O autor destes *Comentários à Lei de Recuperação de Empresas e Falência* é juiz de Direito atuante, há mais de dois anos, na 2ª Vara de Falências e Recuperações Judiciais, partícipe de destaque, tanto pela profundidade como pelo senso social de suas decisões, dessa exitosa empreitada do TJSP, que redundou – pode-se afirmar, sem medo de erro, 13 anos passados de sua edição – em suficiente estabilidade na interpretação da LREF. Sacramone, pois, tem o que nos dizer. A obra, escrita em linguagem clara, que terá por certo grande receptividade entre os operadores do Direito, enfrenta, um por um, todos os artigos e parágrafos da Lei. E o faz com suporte na doutrina, que o autor, doutor em Direito Comercial pela Faculdade de Direito do Largo de São Francisco, conhece como poucos. Especialmente, porém, de se notar na obra a invocação, a cada momento, em precisas notas de rodapé, da jurisprudência do Superior Tribunal de Justiça, dos Tribunais de Justiça dos Estados e, em maior volume, daquela oriunda das Câmaras Reservadas de Direito Empresarial do TJSP.

A leitura dos originais traz-me à mente conceitos de Tullio Ascarelli acerca da interpretação do direito, que bem se aplicam ao trabalho empreendido, desde a edição da LREF, pelas Varas e pelas Câmaras especializadas do TJSP (será mera coincidência Ascarelli, comercialista de escol, ter ido tão fundo no estudo da interpretação das leis? ou será que a dinâmica, a lógica da especulação, o ímpeto de iniciativa da atividade comercial, de que fala Vivante, compelem os que trabalham com o Direito Comercial a u'a mais frequente necessidade de adequação dos textos legais às necessidades cotidianas?). Doutrina Ascarelli que ao intérprete é dado, segundo as necessidades sociais, atribuir à lei significados não necessariamente pensados pelo legislador. Ao juiz, de sua parte, permite-se, ou melhor, diria eu, do juiz se exige que, na busca da solução do caso concreto, dê ao texto legal interpretação, adaptativa e transformadora, que o faça evoluir, ou mesmo que, na prática, derrogue-o; poderá, em suma, no desempenho do nobre mister de dizer o direito aplicável ao caso concreto, até mesmo, fazer prevalecer orientações ou concepções opostas àquelas que o legislador claramente editou: *l'última parola è sempre, e per definizione, quella dell'interprete.* O direito, assim, é uma contínua criação do intérprete, que vive determinado momento da história. O direito não envelhece.

A jurisprudência, notadamente a do TJSP, por suas Varas e Câmaras especializadas, não se furtou a essa missão interpretativa, assegurando, nas palavras de Eros Grau, a "adequação do direito ao devir social". Veja-se, por exemplo, a solução, pela prorrogação, dada à questão do prazo de 180 dias do *stay period*, em que pese a regra da improrrogabilidade, clara no § 4º do art. 6º, sempre que houver ponderáveis razões para tanto, desde que não imputáveis à recuperanda. A jurisprudência não admitiu, entretanto, e aí seguiu a letra da lei, a prorrogação do prazo de 60 dias para apresentação do plano (art. 53), à consideração, explica Sacramone, de que seu descumprimento "evidencia que o empresário não tem condição para realizar os atos imprescindíveis para recuperar sua atividade. A não apresentação do plano no prazo de 60 dias, assim, acarretará a convolação da recuperação judicial em falência". A mitigação do rigor desse prazo, todavia, pode ser feita, e com isso a jurisprudência mostra-se sensível aos propósitos da LREF, pela Assembleia dos credores (§ 3º do art. 56). Também de ser notada a interpretação, que Sacramone chama "sistemática", dos limites do § 7º do mesmo art. 6º, acerca da não submissão do crédito tributário aos efeitos da recuperação; o dispositivo deve ser entendido sob a ótica da preservação da empresa, com lembrança do art. 68, que trata do parcelamento de débitos fiscais e previdenciários. Do mesmo modo, pode-se dizer que, pura e simplesmente, a jurisprudência não aplica o disposto no art. 57 da LREF, acerca da exigência da apresentação da certidão negativa de débito tributário, nas hipóteses em que este é o único óbice para a homologação do plano. E isso sucede mesmo após a edição da Lei n. 13.043/2014, que criou o parcelamento fiscal especial para empresas em recuperação, embora sempre ressalvado o direito do Fisco a seu crédito, ainda que cumprido o plano de reestruturação; evita-se, assim, em que pese a clareza do texto da LREF, relevante fator impeditivo da própria recuperação judicial, em detrimento do interesse dos credores trabalhistas e dos detentores de garantia real, que precedem os tributários na ordem de preferência legal (art. 83). Atentos os Tribunais aos mesmos princípios que informam a aplicação da LREF, aliás, é que passaram a admitir a dispensa de certidões negativas de distribuição de recuperação judicial, para que empresas em crise pudessem prosseguir contratando com o Poder Público; foram dados, desse modo, novos contornos ao art. 52, II, sendo certo, como assinala o autor, que "a exigência de certidão negativa de recuperação judicial, nesses termos, poderá ferir a garantia constitucional do tratamento idêntico entre todos, exceto na medida de suas desigualdades". Demonstrando, ademais, atenção aos elementos econômicos envolvidos nesses processos, há de se mencionar a firme aplicação do parágrafo único do art. 60: segue-se estritamente o comando legal, assegurada a não sucessão nos débitos pelo adquirente de bens alienados pela recuperanda, e restritos os riscos relacionados aos "débitos trabalhistas, tributários, ambientais". Trata-se, assim, de solução essencial para criação do ambiente de negócios propício para que tais operações sejam, de fato, realizadas. Mais um exemplo da atuação "ascarelliana" (*apud* Eros) dos Tribunais: quanto à remuneração do administrador na falência, apesar do disposto no art. 28, consolidou-se o entendimento de que, diante da falta de recursos imprescindíveis para custear as despesas processuais, não havendo antecipação de valores pelo credor a título de caução, o processo falimentar deve ser extinto, por falta de pressupostos processuais.

Também na integração de lacunas teve-se a gradativa atualização da LREF pela interpretação dos Tribunais. Refiro-me ao enfrentamento de temas nela não tratados, em face das questões que as partes, em razão da evolução das práticas negociais, representadas por advogados (e como é importante a atuação dos advogados, neste momento inicial do processo de criação da jurisprudência!), colocam a julgamento do Judiciário. Sacramone disserta elegantemente a respeito da ampliação dos casos de legitimação ativa para o pedido recuperacional. Por exemplo, comentando os arts. 1º e 48, aborda questões recentes, como a dos empresários rurais e das sociedades *holdings*. E, mais momentoso ainda, o tema das dificuldades decorrentes da existência de grupos societários, tanto no que se convencionou denominar consolidação processual (isto é, a composição do polo ativo por empresas integrantes de mesmo grupo de direito ou de fato) quanto na dita consolidação substancial (a apresentação de um só plano abrangente das propostas de mais de uma empresa em recuperação).

Esta obra, que tenho a honra de apresentar ao mundo jurídico, enfim, não fosse por outros indiscutíveis méritos decorrentes dos atributos do autor (refletidos, por exemplo, na excelente abordagem dos artigos iniciais e dos temas que o art. 47, transcrito neste prefácio, suscita), tem o de – vinda a lume na maturidade que 13 anos de vigência por certo dão à LREF – testemunhar o momento evolutivo atual da interpretação dos Pretórios pátrios, que é de inquestionável consolidação de conceitos e posturas conducentes ao cumprimento dos desígnios maiores da Lei. O Judiciário, como demonstra Sacramone, não teme fazer leitura não literal de seus dispositivos, nem colmatar lacunas, nem mesmo, se preciso, dar-lhes compreensão derrogatória. A <u>especialização</u>

vertical de Varas e Câmaras de Falências e Recuperações (hoje de Direito Empresarial), empreendida pelo TJSP, ao lado do labor dos demais Tribunais da Nação, redundou – digo com satisfação – na adequação da Lei à realidade do mercado, propiciando a seus atores inquestionável segurança nos negócios, o que, ninguém negará, contribui de modo efetivo para o progresso do Brasil.

Cesar Ciampolini Neto
Desembargador da
1ª Câmara de Direito Empresarial
do Tribunal de Justiça do Estado de São Paulo

SUMÁRIO

Agradecimentos V

Prefácio à sexta edição VII

Prefácio à quinta edição XI

Prefácio à quarta edição XIII

Prefácio à terceira edição XVII

Prefácio à segunda edição XIX

Prefácio à primeira edição XXI

Introdução 1

CAPÍTULO I
DISPOSIÇÕES PRELIMINARES

Art. 1º 7

    Sujeitos da falência e sujeitos da recuperação 7

    Empresário individual de responsabilidade ilimitada e sua caracterização 8

    Os profissionais intelectuais 10

    Empresário irregular 11

    Produtor rural 11

    Pessoas jurídicas empresárias 12

    Sociedade em comum 13

    Sociedade em conta de participação 14

    Agentes econômicos não empresários 14

    Clube de futebol sob a forma de associação 17

    Sociedades de propósito específico 18

Art. 2º 21

    Pessoas excluídas da falência e da recuperação 22

Sociedade de economia mista e empresa pública 23

Entidades fechadas de previdência complementar 25

Instituições financeiras públicas ou privadas, cooperativa de crédito e operadora de consórcio 26

Entidades abertas de previdência complementar, sociedade seguradora e sociedades de capitalização 28

Sociedade operadora de plano de assistência à saúde 29

Concessionária de energia elétrica 29

Art. 3º 30

Juízo do principal estabelecimento 30

Filial da empresa estrangeira que tenha sede fora do Brasil 32

Empresário ambulante ou cuja atividade foi interrompida 33

Natureza da competência 34

Art. 4º (VETADO) 35

A intervenção do Ministério Público 35

CAPÍTULO II
DISPOSIÇÕES COMUNS À RECUPERAÇÃO JUDICIAL E À FALÊNCIA

Seção I
Disposições Gerais

Art. 5º 39

Obrigações excluídas da falência e da recuperação judicial 39

Obrigações a título gratuito 40

Despesas para fazer parte da falência ou recuperação judicial 41

Custas judiciais 44

Art. 6º 44

Suspensão das execuções em face da falida 46

Suspensão das execuções em face da recuperanda 47

A tutela de urgência 49

O *Stay Period* e sua prorrogação 52

Suspensão das execuções, medidas constritivas e o plano alternativo 54

Medidas de constrição sobre os bens da falida ou da recuperanda 55

Juízo universal da recuperação judicial 56

Ações de despejo 59

Habilitações de crédito durante o período de suspensão da recuperação 60

Suspensão da prescrição 61

Demandas que não se suspendem 62

   a) Ações ilíquidas 62

   b) Reclamações trabalhistas 63

   c) Execução fiscal na recuperação judicial 64

      i. A diferença entre o crédito fiscal tributário e o crédito fiscal não tributário 66

      ii. Penalidades administrativas aos empregadores e contribuições sociais   68

   d) Ações e execuções de credores titulares de créditos não sujeitos à
recuperação judicial 69

   e) Execuções decorrentes de atos cooperativos praticados pelas sociedades
cooperativas com seus cooperados 70

   f) Ações e execuções em face dos coobrigados na recuperação judicial 71

      i. A exceção da suspensão das execuções trabalhistas contra responsável
subsidiário 72

   g) Arbitragens 72

Inclusão da legitimidade ativa das Sociedades Cooperativas 73

Reserva de créditos 74

Prevenção 76

Art. 6º-A. 77

Vedação à distribuição de dividendos 77

Art. 6º-B. 78

Tributação sobre o ganho de capital nas alienações de bens 78

Art. 6º-C. 79

Responsabilidade secundária 79

Seção II
Da Verificação e da Habilitação de Créditos

Art. 7º 80

Verificação de créditos 80

Ônus de se habilitar 80

Fase administrativa 82

Habilitações ou divergências administrativas de crédito 82

Lista de credores apresentada pelo administrador judicial 83

Art. 7º-A 85

Suspensão das execuções fiscais em face da Massa Falida 86

Habilitação de crédito tributário na falência.. 88

A competência para a apreciação do crédito fiscal 90

Art. 8º.. 90

Fase judicial: impugnação judicial.. 91

Ônus sucumbenciais... 92

Art. 9º.. 93

Requisitos da habilitação ou divergência administrativa.............................. 93

Atualização do crédito e juros... 95

Créditos de devedores falidos em razão da extensão da falência 96

Demonstração da origem do crédito.. 97

Especificação da garantia... 98

Art. 10.. 98

Habilitação retardatária 99

Perda do direito de voto... 100

Perda do direito aos rateios parciais já realizados 100

Recolhimento de custas judiciais 101

Reserva de valores na falência... 102

Reserva de valores na recuperação judicial.. 102

Termo final de apresentação e decadência... 103

Quadro-Geral de Credores.. 104

Ação rescisória de quadro-geral de credores 105

Julgamento das habilitações e encerramento da recuperação judicial...................... 105

Art. 11.. 106

Defesa na impugnação 106

Art. 12.. 107

Manifestação do devedor e do Comitê na impugnação 107

Intervenção do Ministério Público na impugnação 108

Art. 13.. 108

Petição inicial da impugnação 108

Art. 14.. 109

Ausência de impugnações... 109

Art. 15.	110
Julgamento antecipado das impugnações	110
Decisão saneadora e produção probatória	111
Art. 16.	111
Reserva de valores em razão de habilitação ou impugnação na falência	112
Rateio parcial e ordem de prioridade na verificação de crédito	113
Otimização da verificação do crédito na falência e extinção das obrigações do falido	113
Art. 17.	114
Natureza da decisão que julga a impugnação	114
Recurso da sentença da impugnação	115
Legitimidade para sua interposição	115
Procedimento do recurso	116
Art. 18.	116
Quadro-geral de credores	116
Art. 19.	117
Ação de retificação ou rescisória do quadro-geral de credores	117
Competência da ação de retificação	118
Caução na ação de retificação	118
Art. 20.	118
Habilitação de credor particular do sócio	118

Seção II-A
Das Conciliações e das Mediações Antecedentes ou Incidentais aos Processos de Recuperação Judicial

Art. 20-A.	119
Conciliação e mediação na recuperação judicial	119
Nomeação do mediador ou conciliador	120
Confidencialidade	121
Suspensão de prazos	121
Art. 20-B.	122
Objetos das mediações ou conciliações	123
Vedações legais	123
Conciliações ou mediações antecedentes à recuperação judicial	124

Art. 20-C. 125

    Homologação do acordo obtido por meio da conciliação ou da mediação 125

    Distribuição do pedido de recuperação judicial ou extrajudicial posteriormente
à conciliação ou mediação 126

Art. 20-D. 126

    Procedimento da conciliação e da mediação 126

Seção III
Do Administrador Judicial e do Comitê de Credores

Art. 21 127

    Natureza jurídica do administrador judicial e do Comitê de Credores 127

    O Decreto-Lei n. 7.661/45 e a nomeação do administrador judicial entre os
maiores credores 127

    Requisitos para a nomeação do administrador judicial 128

    Nomeação de mais do que um administrador judicial 130

    Administrador judicial pessoa jurídica 131

Art. 22 131

    Funções do administrador judicial: desnecessidade de autorização judicial 134

    Funções comuns à recuperação judicial e à falência 135

        a) Prestação de informações 135

        b) Elaboração da lista de credores e do quadro-geral de credores 136

        c) Requerimento da convocação de Assembleia Geral de Credores ao juiz 136

        d) Requerimento da contratação de auxiliares 136

        e) Demais manifestações exigidas por Lei 137

        f) Estimular a conciliação e a mediação 137

        g) Manter endereço eletrônico (*site*) do administrador judicial com as
informações do processo 137

        h) Manter *e-mail* específico para a verificação de crédito 138

        i) Responder diretamente os ofícios e solicitações 138

    Funções exclusivas da recuperação judicial 138

        a) Fiscalização da recuperanda 138

        b) Apresentação de relatórios mensais 139

        c) Apresentação do relatório sobre o plano de recuperação judicial 140

d) Fiscalizar a regularidade das negociações entre devedores e credores 140

Funções exclusivas da falência 141

a) Garantir o acesso dos credores à escrituração contábil do devedor 141

b) Assumir a representação da Massa Falida 141

c) Abrir as correspondências do devedor 142

d) Apresentar relatório com as causas da falência 143

e) Arrecadar e avaliar os bens 144

f) Realizar os ativos e cobrar os créditos 144

g) Remir os bens penhorados ou retidos 145

h) Relatório mensal de suas atividades e prestação de contas 146

i) Arrecadação dos depósitos realizados em processos administrativos ou judiciais 146

Art. 23 147

Não apresentação das contas ou dos relatórios pelo administrador judicial 147

Art. 24 148

Remuneração do administrador judicial 148

Forma de pagamento do administrador judicial 150

Remuneração do administrador judicial substituído, destituído ou cujas contas não foram aprovadas 151

Remuneração do administrador judicial na recuperação judicial ou falência de EPP e ME 151

Remuneração do administrador judicial na recuperação judicial do produtor rural 152

Honorários sucumbenciais ao administrador judicial 152

Art. 25 153

Responsável pelo pagamento da remuneração do administrador judicial 153

Art. 26 154

Comitê de Credores 154

Instituição do Comitê de Credores 155

Requisitos para ser membro do Comitê de Credores 155

Composição do Comitê de Credores 156

Art. 27 157

Funções do Comitê de Credores 157

Fiscalização das atividades e exame das contas do administrador judicial.............. 158

Zelar pela regularidade do processo 158

Emitir parecer sobre reclamações dos interessados 158

Requerer a convocação da AGC.. 159

Manifestar-se quando determinado pela lei.. 159

Fiscalizar a atividade do recuperando e o cumprimento do plano 159

Alienação dos bens do ativo permanente 159

Quórum de votação 160

Art. 28... 160

Atribuições na inexistência do Comitê de Credores 161

Art. 29. 161

Remuneração do Comitê de Credores 162

Art. 30... 162

Impedimentos para administrador judicial e membros do Comitê de Credores.... 162

Procedimento para substituição em razão dos impedimentos 163

Remuneração em razão do reconhecimento do impedimento 164

Art. 31. 165

Substituição do administrador judicial e do membro do Comitê de Credores........ 165

Destituição do administrador judicial e do membro do Comitê de Credores.......... 166

Art. 32... 167

Responsabilidade do administrador judicial e membros do Comitê de Credores . 167

Responsabilidade subjetiva.. 167

Ação de responsabilização 168

Art. 33... 169

Termo de compromisso.. 169

Art. 34... 169

Falta de assinatura do termo de compromisso.. 169

Seção IV
Da Assembleia-Geral de Credores

Art. 35... 170

Comunhão de interesses.. 170

Autonomia da Assembleia Geral de Credores 171

Atribuições da Assembleia Geral de Credores 172

    a) Aprovação ou rejeição do plano de recuperação judicial 172

    b) Aprovação ou rejeição da proposta de aditamento ao plano de recuperação judicial anteriormente aprovado 172

    c) Constituição do Comitê de Credores, escolha ou substituição de seus membros 173

    d) Deliberação sobre o pedido de desistência da recuperação judicial pelo devedor 173

    e) Escolha do gestor judicial 173

    f) Modalidade extraordinária de realização do ativo 174

    g) Qualquer outra matéria que possa afetar os interesses dos credores 174

Art. 36. 174

Procedimento de convocação da Assembleia Geral de Credores 174

    a) Legitimidade para convocação 175

    b) Publicidade 175

    c) Prazo de convocação 176

    d) Conteúdo do edital de convocação 176

    e) Despesas com a convocação 176

Art. 37. 177

Presidente e secretários da Assembleia Geral de Credores 177

Procedimento da Assembleia Geral de Credores 178

Quórum de instalação 179

Representação voluntária 179

Representação legal 180

Representação dos debenturistas e *bondholders* 182

Representação por sindicato 183

Suspensão da Assembleia Geral de Credores 183

Submissão de matérias à votação 184

Art. 38. 184

Cômputo do voto 185

Conversão do crédito em moeda estrangeira 185

Art. 39.. 186

    Direito de voto dos credores incluídos nas listas de credores............................ 186

    Credores habilitados ou com reserva 187

    Direito de voto dos credores retardatários... 187

    Direito de voto dos credores proprietários e em razão de adiantamento de contrato de câmbio 188

    Formas alternativas de deliberação 189

        a) Termo de adesão... 189

        b) Assembleia eletrônica ou assembleia virtual.. 190

        c) Outros mecanismos de deliberação.. 190

    Cessão de crédito e promessa de cessão 191

    Invalidade das deliberações assembleares... 192

        a) Vícios de convocação ou instalação... 192

        b) Vício de deliberação... 192

            i. Efeitos da invalidade... 194

        c) Vício de voto: abuso de direito 194

            i. Vício do voto e anulação da Assembleia.. 196

Art. 40.. 197

    Suspensão ou adiamento da Assembleia Geral de Credores............................... 197

    Tutelas de urgência para permitir o voto 198

Art. 41.. 199

    Composição da Assembleia Geral de Credores 199

        a) Credor trabalhista e decorrente de acidente de trabalho............................ 199

        b) Credor titular de crédito com garantia real... 201

        c) Titulares de créditos quirografários, com privilégio especial, com privilégio geral ou subordinados 201

        d) Titulares de créditos enquadrados como microempresa ou empresa de pequeno porte 202

Art. 42.. 202

    Quórum de deliberação.. 202

Art. 43.. 203

    Impedimento ao exercício do voto 203

Credores impedidos de votar 204

    a) Sócios do devedor 204

    b) Controlador 204

    c) Sociedades controladas e coligadas 205

    d) Credores cujos sócios tenham participação relevante 205

    e) Parentes ou afins 206

Cessão do crédito do credor impedido de votar 206

Art. 44 208

Eleição dos representantes do Comitê de Credores 208

Art. 45 209

Quórum ordinário de aprovação do plano de recuperação judicial 209

Credor sem direito de voto 209

Art. 45-A 210

Termo de adesão 210

Art. 46 211

Formas alternativas de liquidação do ativo na falência 211

CAPÍTULO III
DA RECUPERAÇÃO JUDICIAL

Seção I
Disposições Gerais

Art. 47 213

A concordata e sua ineficiência 213

Conceito de recuperação judicial 214

Preservação da empresa e sua função social 215

Art. 48 217

Legitimidade para o pedido de recuperação judicial 218

    a) Ser empresário ou sociedade empresária 218

    b) Exercício atual de atividade regular há dois anos 219

    c) Não seja o empresário impedido 220

Demais legitimados ao pedido de recuperação judicial 221

Produtor rural 222

Art. 48-A. 224

    Recuperação judicial de companhia aberta 224

Art. 49. 225

    Créditos submetidos à recuperação judicial 226

    Créditos garantidos por penhor sobre título de crédito, direitos creditórios, aplicações financeiras ou valores mobiliários 227

    Negócio jurídico sob condição suspensiva 228

    Créditos decorrentes de contratos bilaterais cuja contraprestação ainda não foi cumprida 229

    Credor titular da posição de proprietário fiduciário de bens móveis ou imóveis ... 230

    Cessão de crédito e garantia mínima 232

    Crédito excedente ao valor do bem dado em garantia 232

    Execução judicial e consolidação da propriedade 233

    Renúncia do credor à propriedade fiduciária para se sujeitar ao plano de recuperação judicial 234

    Requisitos para a constituição da propriedade fiduciária 235

    A avaliação dos bens ou direitos alienados/cedidos fiduciariamente 237

    Propriedade fiduciária sobre bens de terceiros 238

    Proprietário fiduciário e direito à taxa de ocupação 239

    Créditos titularizados pelos demais credores proprietários 240

    Amortização do crédito na cessão fiduciária 241

    Apreensão ou retirada dos bens de capital essenciais à atividade 242

    Adiantamento de contrato de câmbio para exportação 244

    Créditos integrantes do patrimônio de afetação na recuperação judicial 246

    Créditos objeto de compensação 247

    Cláusula de vencimento antecipado em razão da recuperação judicial 250

    Créditos em face dos coobrigados, fiadores e obrigados de regresso 252

    Sub-rogação no crédito 253

    Créditos em face do produtor rural e não relacionados à atividade rural ou não contabilizados 255

    Créditos em face do produtor rural e decorrentes de operações de crédito rural   256

    Crédito para a aquisição de propriedades rurais 257

Créditos dos representantes comerciais 257

Créditos decorrentes de obrigações *propter rem* 258

Cédula de Produto Rural (CPR) 258

Art. 50. 259

Meios de recuperação judicial 261

Concessão de prazos e condições especiais para pagamento 262

Supressão ou alteração da garantia real 263

Alteração das condições dos créditos em moeda estrangeira 263

Operações e reorganizações societárias 264

Transferência das participações societárias e alteração do controle societário 266

Substituição dos administradores ou administração compartilhada 267

Aumento do capital social e a conversão da dívida em participação societária 268

Trespasse, alienação parcial de bens e arrendamento 270

Venda integral da devedora 271

Redução salarial, compensação de horários e redução de jornada 272

Dação em pagamento ou novação do débito 272

Constituição de sociedade de credores ou sociedade de propósito específico 272

Emissão de valores mobiliários 273

Cláusulas que limitam a convolação por descumprimento do plano de recuperação judicial 274

Tributação sobre o ganho de capital resultante da alienação de bens 274

Art. 50-A. 275

Tributação sobre o desconto decorrente das renegociações de dívidas 275

Seção II
Do Pedido e do Processamento da Recuperação Judicial

Art. 51. 276

Petição inicial da recuperação judicial 277

Demonstrações contábeis 278

Descrição das sociedades integrantes de grupo societário 280

Documentos contábeis das Microempresas e Empresas de Pequeno Porte 281

Relação dos credores 281

Relação dos empregados 282

Certidão de regularidade 283

Relação de bens particulares dos sócios controladores e administradores 283

Extratos das contas bancárias e aplicações financeiras 284

Certidões dos cartórios de protesto 285

Relação de ações judiciais e procedimentos arbitrais 285

Relação de bens e direitos integrantes do ativo não circulante 285

O valor da causa 286

O recolhimento de custas processuais e a assistência judiciária gratuita 287

Demonstração de crise de insolvência pelo produtor rural 288

Demonstrativos contábeis do produtor rural 288

Art. 51-A. 289

Constatação preliminar ou perícia prévia 289

Art. 52. 291

Ausência de documentos indispensáveis 292

Decisão de processamento da recuperação judicial 293

Dispensa das certidões negativas para a contratação 294

a) Certidões negativas para a contratação com o Poder Público 294

Suspensão de ações e execuções contra a recuperanda 295

Prestação mensal de contas 296

Publicidade da decisão de processamento da recuperação judicial 296

Constituição do Comitê de Credores 296

Desistência do pedido 297

Protesto de títulos e negativação nos cadastros de inadimplentes 297

Seção III
Do Plano de Recuperação Judicial

Art. 53. 298

Legitimidade para a apresentação do plano de recuperação judicial 298

Prazo para apresentação 299

Conteúdo do plano de recuperação judicial 300

Edital de recebimento do plano de recuperação judicial 301

Art. 54. 301

Limites ao pagamento dos credores trabalhistas ou acidentários 302

Limitação de pagamento ao prazo de um ano 302

Extensão do prazo para pagamento dos credores trabalhistas................................ 303

Crédito trabalhista de natureza estritamente salarial vencido nos três meses
antes do pedido.. 304

Seção IV
Do Procedimento de Recuperação Judicial

Art. 55... 304

Objeção ao plano de recuperação judicial 305

Prazo de apresentação das objeções... 305

Legitimidade para apresentação de objeções 306

Art. 56. 307

Convocação da Assembleia Geral de Credores.. 308

Eleição dos membros do Comitê de Credores 309

Alteração do plano de recuperação judicial... 309

Deliberação de rejeição do plano de recuperação judicial.. 310

Plano de recuperação judicial apresentado pelos credores...................................... 311

Requisitos do plano alternativo dos credores 312

Direitos de recesso e preferência e o tratamento dos créditos dos sócios 315

Suspensão da Assembleia Geral de Credores 316

Art. 56-A... 317

Termo de adesão para a deliberação sobre o plano 317

Oposição ao resultado da deliberação sobre o plano de recuperação judicial
pela Assembleia Geral de Credores.. 318

Art. 57... 319

Certidão negativa de débito tributário 319

Art. 58... 322

Quórum alternativo de aprovação (*cram down*).. 322

Impossibilidade de obtenção do requisito legal de aprovação de mais de 1/3 na
classe que rejeitou o plano... 324

Art. 58-A... 325

Apreciação da viabilidade econômica do plano de recuperação judicial.................. 325

Intervenção judicial na aprovação do plano de recuperação judicial 327

Rejeição do plano de recuperação judicial 328

Art. 59. 328

Efeitos da concessão da recuperação judicial: a novação dos créditos 328

Efeito da concessão sobre as garantias dos terceiros 329

Efeito da concessão sobre as ações e execuções 331

Formação do título executivo judicial 332

A concessão da recuperação judicial e o protesto dos títulos 332

Art. 60. 333

A alienação de ativos 333

A alienação mediante *stalking horse* 334

Sucessão do arrematante 336

Art. 60-A. 338

Unidade Produtiva Isolada (UPI): conceito 338

A desnecessidade de serem secundários ou de remanescerem bens 339

Art. 61. 340

Período de fiscalização judicial 340

Possibilidade de dispensa do período de fiscalização judicial 342

Termo *a quo* do período de fiscalização judicial e carência no cumprimento das
obrigações 343

Aditamento ou alteração do plano de recuperação judicial aprovado 344

Art. 62. 346

Execução das obrigações descumpridas após o prazo de fiscalização judicial 346

Art. 63. 347

Encerramento da recuperação judicial 347

Art. 64. 348

Manutenção do devedor em recuperação judicial na condução de sua atividade 349

Destituição do devedor ou dos administradores da pessoa jurídica 350

Nomeação de *watchdog* 352

Art. 65. 353

Nomeação do gestor judicial 353

Art. 66. 354

Alienação ou oneração de bens após pedido de recuperação judicial 355

Convocação de Assembleia Geral de Credores.. 356

Não sucessão do adquirente dos ativos nas obrigações do devedor......................... 357

Art. 66-A.... 358

Alienação ou oneração de bens sem aprovação dos credores ou autorização judicial 359

Preservação do negócio jurídico de alienação ou oneração................................... 359

Art. 67... 360

Créditos contraídos durante a recuperação judicial 360

Benefício aos créditos existentes anteriormente ao pedido de recuperação judicial 361

A *par conditio creditorum* na recuperação judicial – as subclasses de credores...... 361

    a) Vedação à exigência de aprovação do plano para o tratamento privilegiado 365

    b) Vedação à exigência de concordância com a cláusula de não litigar como condição para credor parceiro 365

    c) Vedação ao tratamento diferenciado de credores com créditos reconhecidos e/ou majorados após a aprovação do plano 366

Art. 68... 366

Parcelamento de créditos tributários 367

A transação com a União Federal 369

Art. 69... 371

Inclusão da expressão "em recuperação judicial"... 371

Seção IV-A
**Do Financiamento do Devedor e do Grupo Devedor
durante a Recuperação Judicial**

Art. 69-A... 372

O financiamento do empresário em recuperação (*DIP financing*) 372

Art. 69-B... 373

Segurança jurídica do financiamento 373

Art. 69-C... 374

Garantia subordinada.. 375

Art. 69-D... 375

Rescisão do contrato de financiamento 375

Art. 69-E... 376

Legitimidade para o contrato de financiamento 376

DIP financing celebrado com partes relacionadas 376

Art. 69-F.. 377

    Garantidores do contrato de financiamento 377

Seção IV-B
Da Consolidação Processual e da Consolidação Substancial

Art. 69-G. 377

    Litisconsórcio ativo e sociedades integrantes de grupos empresariais..................... 378

    Consolidação processual.. 379

    Competência na consolidação processual 380

Art. 69-H... 381

    Administrador judicial 381

Art. 69-I.. 381

    Independência dos devedores na consolidação processual.................................... 382

Art. 69-J.. 382

    Consolidação substancial.. 383

    Consolidação substancial obrigatória e consolidação substancial voluntária 387

    Litisconsórcio necessário... 388

Art. 69-K. 389

    Lista única de credores para todo o grupo 389

Art. 69-L.. 390

    Plano único para todas as recuperandas e deliberação única pelos credores 390

Seção V
Do Plano de Recuperação Judicial para Microempresas
e Empresas de Pequeno Porte

Art. 70. 391

    Recuperação judicial de ME e EPP... 391

    Conceito de Microempresa e Empresa de Pequeno Porte 391

    Procedimento especial para a recuperação judicial.. 392

    Verificação de crédito 392

Art. 70-A. 392

    Produtor rural de reduzido endividamento 392

Art. 71... 393

    Credores abrangidos.. 393

Plano especial de recuperação judicial 394

Stay period no procedimento especial 395

Art. 72 395

Procedimento especial e oposição de objeções ao plano de recuperação judicial 395

Período de fiscalização judicial no procedimento especial 397

CAPÍTULO IV
DA CONVOLAÇÃO DA RECUPERAÇÃO JUDICIAL EM FALÊNCIA

Art. 73 399

Convolação da recuperação judicial em falência 399

Deliberação dos credores 400

Não apresentação do plano de recuperação judicial no prazo 400

Rejeição do plano pelos credores e não apresentação ou rejeição do plano
alternativo 401

Descumprimento do plano de recuperação judicial aprovado 402

Decretação da falência por prática de ato falimentar ou descumprimento de
obrigação não submetida à recuperação judicial 402

Descumprimento dos parcelamentos tributários ou da transação tributária 403

Esvaziamento patrimonial da devedora 403

Preservação dos atos de alienação 404

Art. 74 404

Efeitos da convolação sobre os atos praticados na recuperação 404

CAPÍTULO V
DA FALÊNCIA

Seção I
Disposições Gerais

Art. 75 405

Princípios da falência 405

Art. 76 407

Juízo Universal da Falência 407

Indivisibilidade do Juízo Falimentar 408

Exceções ao juízo indivisível falimentar 410

Art. 77... 410

Vencimento antecipado das obrigações.. 410

Conversão dos créditos em moeda estrangeira 411

Art. 78... 412

Distribuição dos pedidos de falência.. 412

Art. 79... 412

Preferência dos processos falimentares 412

Art. 80... 413

Habilitações na hipótese de convolação em falência... 413

Art. 81... 414

Extensão da falência.. 414

Art. 82... 417

Responsabilidade dos acionistas, sócios de responsabilidade limitada ou administradores... 417

Ação de responsabilização 418

Medidas cautelares e a investigação de desvio de ativos.................................. 419

Art. 82-A.... 420

Desconsideração das personalidades jurídicas e extensão de falência 420

Desconsideração da personalidade jurídica e grupo societário......................... 422

Desconsideração da personalidade jurídica e recuperação judicial 424

Seção II
Da Classificação dos Créditos

Art. 83... 426

Classificação dos créditos.. 427

Crédito trabalhista e decorrente de acidente de trabalho................................. 428

a) FGTS 429

b) Multas rescisórias 430

c) Honorário de advogado 430

d) Remunerações devidas ao representante comercial pela representação 431

e) Limite de 150 salários mínimos... 432

f) Cessão de crédito trabalhista na falência e na recuperação judicial............... 433

Credor com garantia real... 434

    a) Garantia real conferida sobre bem de terceiro 435

    b) A hipoteca judiciária 436

Credores tributários 436

    a) Contribuições sociais e imposto de renda... 437

Crédito com privilégio especial e crédito com privilégio geral................................. 438

Créditos quirografários 439

Créditos subquirografários... 439

Créditos subordinados.. 439

Juros posteriores à decretação da falência... 441

Art. 84.... 441

Créditos extraconcursais: definição.. 442

Despesas cujo pagamento antecipado seja indispensável e créditos trabalhistas
estritamente salariais.. 443

O financiamento ao devedor em recuperação judicial (*Dip financing*) 444

Créditos em dinheiro objeto de restituição.. 444

Remunerações devidas ao administrador judicial e seus auxiliares e reembolsos
de despesas aos membros do Comitê de Credores 445

Créditos derivados da legislação do trabalho ou decorrentes de acidentes de
trabalho relativos a serviços prestados após a decretação da falência 446

Obrigações resultantes de atos jurídicos válidos praticados durante a recuperação
judicial e obrigações contraídas após a decretação da falência 446

Quantias fornecidas à Massa Falida pelos credores 447

Despesas com arrecadação, administração, realização do ativo e distribuição
do seu produto, bem como custas do processo de falência 448

Custas judiciais relativas às ações e execuções em que a Massa Falida tenha sido
vencida.. 448

Tributos relativos a fatos geradores ocorridos após a decretação da falência.......... 449

SEÇÃO III
Do Pedido de Restituição

Art. 85.... 449

Pedido de restituição.. 449

Coisas vendidas a crédito e entregues ao devedor nos 15 dias anteriores à decretação da sua falência 450

Art. 86... 451

Restituições em dinheiro... 451

   a) Coisa alienada ou perdida antes do pedido de restituição 452

   b) Adiantamento de contrato de câmbio para exportação.................................. 452

   c) Restituição dos valores pagos em razão do contrato ineficaz........................ 454

   d) Tributos passíveis de retenção na fonte ou valores recebidos pelos agentes arrecadadores... 454

Art. 87... 455

Procedimento do pedido de restituição.. 455

Art. 88... 457

Sentença do pedido de restituição... 457

Condenação nas verbas sucumbenciais.. 457

Art. 89... 458

Sentença de improcedência do pedido de restituição 458

Art. 90... 459

Julgamento do pedido de restituição e recurso.. 459

Execução provisória 460

Art. 91... 460

Efeito do pedido de restituição.. 460

Rateio dos valores aos requerentes... 461

Art. 92... 461

Ressarcimento das despesas de conservação 461

Art. 93... 462

Embargos de terceiro 462

Impossibilidade de reconhecimento do conluio fraudulento nos embargos de terceiro.. 462

Seção IV
Do Procedimento para a Decretação da Falência

Art. 94... 463

Insolvência jurídica e insolvabilidade econômica... 464

Impontualidade injustificada.. 465

   a) Obrigações líquidas e exigíveis.. 465

   b) Materializada em título executivo... 466

   c) Protesto 467

   d) Mínimo de 40 salários mínimos 468

   e) Obrigações reclamáveis na falência 468

Execução frustrada 469

Prática de atos falimentares 470

Art. 95.. 471

Pedido de recuperação judicial como defesa no pedido de falência 471

Prazo de 10 dias 471

Cumulação com defesa de mérito 472

Forma.. 472

Art. 96.. 473

Contestação no pedido de falência.. 473

Art. 97.. 475

Legitimados ativos ao pedido de falência 475

   a) Próprio devedor.. 476

   b) Cônjuge, herdeiros e inventariante.. 476

   c) Quotista e acionista.. 476

   d) Credores 477

   e) Credores fiscais 477

   f) Credor que não tiver domicílio no Brasil 478

Art. 98.. 478

Emenda à petição inicial... 479

Citação no pedido de falência 479

Contestação e depósito elisivo 480

Depósito elisivo no pedido de falência por prática de ato falimentar 481

Depósito elisivo extemporâneo.. 482

Art. 99.. 482

Sentença declaratória da falência 484

Identificação do falido e de seus administradores 484

Termo legal da falência 484

Lista dos credores do falido 485

Prazo para as habilitações administrativas 485

Suspensão de todas as ações ou execuções contra o falido 485

Atos de disposição ou oneração de bens do falido 486

Diligências necessárias 486

Anotação da expressão "falido" no nome empresarial 486

Nomeação do administrador judicial e caução 486

Ofícios aos órgãos e às repartições públicas 488

Continuação provisória ou lacração do estabelecimento empresarial 488

Constituição do Comitê de Credores 489

A intimação do Ministério Público e das Fazendas Públicas 489

Publicação de edital 490

Revogação da sentença declaratória de falência em razão de composição 490

Plano de realização de ativos 491

Art. 100. 491

Recurso da sentença declaratória de falência 492

Recurso da sentença denegatória da falência 492

Art. 101. 493

Responsabilização do requerente de má-fé 493

Seção V
Da Inabilitação Empresarial, dos Direitos e Deveres do Falido

Art. 102. 494

Efeitos da sentença de decretação de falência sobre o falido 494

Inabilitação do falido 494

Art. 103. 495

Perda do direito de administração dos bens 496

Direito de fiscalização 496

Intervenção como assistente 497

Art. 104. 498

Deveres impostos ao falido 499

Assinar o termo de comparecimento 499

Entregar os livros e demais instrumentos de escrituração ao administrador judicial 500

Entregar ao administrador judicial todos os bens e informações necessárias para administrá-los 501

Comunicar a pretensão de se ausentar da comarca 501

Manifestar-se sempre que for determinado 502

Apresentar arquivo eletrônico com a relação de seus credores ao administrador judicial 502

Seção VI
Da Falência Requerida pelo Próprio Devedor

Art. 105. 503

Autofalência 503

Pedido de decretação da autofalência 504

Pedido de autofalência feito por liquidante ou interventor 505

Demonstrações contábeis 506

Relação nominal dos credores 507

Livros obrigatórios e demais documentos contábeis 507

Relação de seus administradores nos últimos cinco anos 507

Art. 106. 507

Processamento do pedido de autofalência 508

Impugnação ao pedido 508

Desistência ao pedido 510

Art. 107. 510

Sentença declaratória da autofalência 510

Seção VII
Da Arrecadação e da Custódia dos Bens

Art. 108. 510

Arrecadação dos bens e documentos 511

Momento da arrecadação 511

A decretação de sigilo em incidentes investigatórios e de arrecadação de bens 512

Bens e documentos a serem arrecadados 513

Bens não arrecadáveis 515

Avaliação 516

Guarda e responsabilidade 516

Art. 109. 517

Lacração do estabelecimento 517

Art. 110. 518

Inventário e laudo de avaliação 518

Art. 111. 519

Adjudicação pelos credores 519

Art. 112. 520

Remoção dos bens 520

Art. 113. 521

Venda antecipada 521

Art. 114. 522

Contratos para a produção de renda 522

Art. 114-A. 524

Caução no processo de falência 524

Seção VIII
Dos Efeitos da Decretação da Falência sobre as Obrigações do Devedor

Art. 115. 526

Efeitos da falência sobre as obrigações do devedor 526

Art. 116. 527

Suspensão do direito de retenção 527

Suspensão do direito de retirada ou da apuração dos haveres 527

Art. 117. 528

Não resolução dos contratos bilaterais 528

Cláusula resolutiva contratual em razão da falência 530

Art. 118. 532

Contrato unilateral 532

Art. 119. 532

Contratos específicos 533

a) Compra e venda com coisa em trânsito 533

b) Compra e venda de coisas compostas 534

c) Compra e venda ou prestação de serviços mediante pagamento do preço a prestações 535

d) Compra e venda de coisa móvel com reserva de domínio.................................. 535

e) Compra e venda a termo de bens com cotação em bolsa ou mercado 535

f) Promessa de compra e venda de imóveis... 537

g) Contrato de locação.. 538

h) Acordo para compensação e liquidação de obrigações no sistema financeiro nacional 538

i) Patrimônio de afetação.. 539

Art. 120. 540

Contrato de mandato 540

Art. 121. 541

Contrato de conta corrente 541

Art. 122. 542

Compensação das obrigações na falência 543

A compensação na falência e o princípio da *par conditio creditorum*....................... 544

Obrigações a serem compensáveis na falência 545

Compensação voluntária e impedimentos 546

Art. 123. 547

Contrato de sociedade 547

Falência do condômino 548

Art. 124. 549

Juros e correção monetária 549

Art. 125. 550

Falência do espólio 550

Art. 126. 551

Demais relações patrimoniais... 551

Art. 127. 552

Falência dos coobrigados solidários 552

Direito de regresso do coobrigado insolvente... 553

Art. 128. 554

Sub-rogação do fiador e ação de regresso dos coobrigados solventes...................... 554

Seção IX
Da Ineficácia e da Revogação de Atos Praticados antes da Falência

Art. 129. 555

    Ineficácia objetiva e ação revocatória 555

    Declaração de ineficácia objetiva 557

    Procedimento para declaração da ineficácia 558

    Negócios jurídicos que poderão ser declarados ineficazes 559

        a) Extinção de obrigações inexigíveis dentro do termo legal 559

        b) Dação em pagamento dentro do termo legal 560

        c) Constituição do direito real de garantia ou direito de retenção dentro do termo legal por dívidas anteriores 560

        d) Prática de atos gratuitos 562

        e) Renúncia à herança ou a legado 563

        f) Transferência de estabelecimento empresarial 563

        g) Registro de direitos reais e de transferência de propriedade 566

Art. 130. 566

    Ação revocatória 566

Art. 131. 568

    Declaração de ineficácia objetiva e plano de recuperação judicial e extrajudicial 568

Art. 132. 569

    Legitimidade ativa 569

    Prazo decadencial 570

Art. 133. 571

    Legitimidade passiva 571

Art. 134. 572

    Foro competente 572

    Procedimento da ação revocatória 572

Art. 135. 573

    Sentença da ação revocatória 573

Art. 136. 574

    Efeitos da declaração de ineficácia ou da ação revocatória 574

    Securitização de crédito 576

Art. 137. 576

    Medida cautelar de sequestro 576

Art. 138. 577

    Negócio jurídico baseado em decisão judicial 577

Seção X
Da Realização do Ativo

Art. 139. 578

    Liquidação do ativo 578

Art. 140. 579

    Ordem de preferência da liquidação 580

    Formas de alienação dos ativos 581

Art. 141. 582

    Sub-rogação dos credores no produto da liquidação 583

    Não sucessão do adquirente nas obrigações do falido 583

    Responsabilização excepcional do adquirente 584

Art. 142. 585

    Modalidades de liquidação de ativos 586

      a) Preço vil 588

    Leilão 588

    Processo competitivo e outras modalidades de alienação 589

    Propostas fechadas e pregão como demais modalidades de liquidação 589

Art. 143. 590

    Impugnação à arrematação 591

    Impugnações à arrematação baseadas no valor de liquidação ... 591

Art. 144. 592

    Modalidades extraordinárias de liquidação 592

Art. 144-A. 593

    Doação dos bens 593

Art. 145. 594

    Modalidades extraordinárias aprovadas em AGC 594

    Constituição de sociedade de credores ou de empregados e fundos de investimentos 595

Marcelo Barbosa Sacramone

Art. 146. 597

    Certidões negativas para liquidação do ativo 597

Art. 147. 598

    Produto da liquidação dos ativos 598

Art. 148. 598

    Plano de rateio 598

Seção XI
Do Pagamento aos Credores

Art. 149. 599

    Forma de pagamento 599

    Ordem legal de pagamento dos credores 600

    Reserva de valores para pagamento 601

    Pagamento dos credores dos sócios ilimitadamente responsáveis 601

    Não levantamento dos valores pelos credores 602

Art. 150. 603

    Despesas indispensáveis à administração da falência 603

Art. 151 604

    Crédito trabalhista de pagamento antecipado 604

Art. 152. 605

    Dolo ou má-fé do credor 605

Art. 153. 606

    Saldo remanescente 606

    Entrega do saldo à sociedade falida 606

Seção XII
Do Encerramento da Falência e da Extinção das Obrigações do Falido

Art. 154. 607

    Encerramento da falência 607

    Prestação de contas do administrador judicial 608

Art. 155. 608

    Relatório final da falência 609

Art. 156. 609

    Sentença de encerramento da falência 609

Art. 157. (REVOGADO) 610

Término da suspensão da prescrição 610

Art. 158. 611

Extinção das obrigações do falido 611

Responsabilidade tributária dos sócios e administradores da falida 612

Reabilitação da pessoa jurídica empresária 613

Art. 159. 614

Procedimento de reabilitação do falido 614

Art. 159-A. 615

Ação rescisória da sentença de extinção das obrigações 615

Art. 160. 615

Reabilitação do sócio ilimitadamente responsável 615

CAPÍTULO VI
DA RECUPERAÇÃO EXTRAJUDICIAL

Art. 161. 617

Recuperação extrajudicial 617

Espécies de recuperação extrajudicial 618

Legitimidade ativa para o pedido 619

Legitimidade passiva dos credores 620

Limitações ao plano de recuperação extrajudicial 620

Desistência da adesão ao plano pelo credor 621

Homologação do plano de recuperação extrajudicial 621

Art. 162. 622

Recuperação extrajudicial meramente homologatória ou facultativa 622

Tratamento diferenciado entre os credores signatários 623

Art. 163. 623

Recuperação extrajudicial impositiva 624

Mais da metade dos credores de cada espécie ou grupo 624

A possibilidade de renegociação nas classes ou em grupos de credores da classe 625

Credores impedidos 626

O tratamento idêntico entre os credores 627

Documentos complementares para a recuperação extrajudicial impositiva 627

Suspensão das ações e execuções 628

Conversão da recuperação extrajudicial em recuperação judicial 629

Art. 164. 629

Procedimento para homologação do plano de recuperação extrajudicial 630

Nomeação de administrador judicial 631

Publicação de edital e envio de carta aos credores 631

Impugnações à homologação judicial do plano 632

Julgamento das impugnações 633

Art. 165. 634

Produção de efeitos 634

Art. 166. 635

Alienação judicial de filiais ou UPIs 635

Art. 167. 636

Acordos privados 636

CAPÍTULO VI-A
DA INSOLVÊNCIA TRANSNACIONAL

Seção I
Disposições Gerais

Art. 167-A. 637

Processos de insolvência transnacional 638

Objetivos da insolvência transnacional 640

Norma geral supletiva aos tratados 642

Competência exclusiva do Superior Tribunal de Justiça 642

Art. 167-B. 643

Definições na insolvência transnacional 643

Art. 167-C. 644

Aplicação da insolvência transnacional 644

Art. 167-D. 645

Competência na insolvência transnacional 645

Art. 167-E. 646

Representação do processo brasileiro 646

Seção II
Do Acesso à Jurisdição Brasileira

Art. 167-F. 646

Atuação do representante estrangeiro 647

Art. 167-G. 647

Credores estrangeiros 648

Seção III
Do Reconhecimento de Processos Estrangeiros

Art. 167-H. 649

Pedido de reconhecimento de processo estrangeiro.. 649

Relação dos processos do devedor no exterior 650

Art. 167-I. 650

Presunções para o reconhecimento do procedimento estrangeiro 651

Art. 167-J. 651

Decisão de reconhecimento do processo estrangeiro... 652

Tipos de processo estrangeiro 653

Art. 167-K. 653

Dever de informação do representante estrangeiro.. 653

Art. 167-L. 654

Medidas de tutela provisória 654

Art. 167-M. 654

Efeitos do reconhecimento de um processo estrangeiro principal........................ 655

Art. 167-N. 656

Medidas necessárias diante do reconhecimento do processo estrangeiro 656

Destinação de bens e recursos... 657

Art. 167-O. 657

Proteção dos credores, do devedor e de terceiros interessados 658

Seção IV
Da Cooperação com Autoridades e Representantes Estrangeiros

Art. 167-P. 658

O dever de cooperação com a autoridade estrangeira.. 659

A adoção das Diretrizes da Judicial Insolvency Network (JIN) 659

Art. 167-Q. 660

Meios de cooperação 661

SEÇÃO V
Dos Processos Concorrentes

Art. 167-R. 661

Procedimento de recuperação judicial, extrajudicial e falência após um reconhecimento de processo estrangeiro 661

Art. 167-S. 662

Coordenação entre processos concorrentes 662

Art. 167-T. 663

Coordenação com diversos processos estrangeiros 663

Art. 167-U. 664

Presunção de insolvência 664

Art. 167-V 664

Dever de informação pelo juiz brasileiro 664

Art. 167-W. 665

Devolução de recursos ao falido 665

Art. 167-X 665

Encerramento do processo de falência principal 666

Art. 167-Y 666

Regra de pagamento em processos concorrentes 666

CAPÍTULO VII
DISPOSIÇÕES PENAIS

Crimes falimentares 667

Dolo direto ou eventual 667

Concurso de crimes 668

SEÇÃO I
Dos Crimes em Espécie
Fraude a Credores

Art. 168. 669

Fraude a credores 670

LIX Comentários à Lei de Recuperação de Empresas e Falência

Causas de aumento de pena 670

Causa de diminuição de pena 671

Art. 169. 671

Violação de sigilo profissional 671

Art. 170. 672

Divulgação de informações falsas 672

Art. 171. 673

Indução a erro 673

Art. 172. 674

Favorecimento de credores 674

Art. 173. 675

Desvio, ocultação ou apropriação de bens 675

Art. 174. 676

Aquisição, recebimento ou uso ilegal de bens 676

Art. 175. 677

Habilitação ilegal de crédito 677

Art. 176. 678

Exercício ilegal de atividade 678

Art. 177. 679

Violação de impedimento 679

Art. 178. 680

Omissão dos documentos contábeis obrigatórios 680

Seção II
Disposições Comuns

Art. 179. 681

Equiparação dos sócios e administradores a devedor 681

Art. 180. 682

Condição objetiva de punibilidade 682

Art. 181. 683

Efeitos da condenação criminal 683

Art. 182. 684

Prescrição dos crimes falimentares 684

SEÇÃO III
Do Procedimento Penal

Art. 183. 686

    Competência criminal 686

Art. 184. 687

    Titularidade da ação penal 687

Art. 185. 688

    Procedimento criminal 688

Art. 186. 689

    Exposição dos crimes no relatório do administrador judicial 689

Art. 187. 690

    Prazo para o oferecimento da denúncia 690

    Investigação criminal 690

Art. 188. 691

    Aplicação supletiva do Código de Processo Penal 691

CAPÍTULO VIII
DISPOSIÇÕES FINAIS E TRANSITÓRIAS

Art. 189. 693

    Aplicação supletiva do Código de Processo Civil 693

    Prazos processuais 694

    A disciplina recursal 694

    Negócio jurídico processual 696

Art. 189-A. 696

    Prioridade dos processos de insolvência 696

Art. 190. 697

    A equiparação do devedor ao sócio ilimitadamente responsável 697

Art. 191. 697

    Publicações dos atos processuais 697

Art. 192. 698

    Direito intertemporal 698

Art. 193. 699

    Câmaras ou prestadoras de serviços de compensação e liquidação financeira 699

Art. 193-A. 700

    Operações compromissadas e de derivativos 701

Art. 194. 702

    Liquidação das obrigações no âmbito das câmaras ou prestadoras de serviços 702

Art. 195. 702

    Falência de concessionária de serviços públicos... 703

Art. 196. 703

    Banco de dados de empresários decretados falidos ou em recuperação judicial .. 703

Art. 197. 704

    Aplicação supletiva da Lei n. 11.101/2005 704

Art. 198. 705

    Devedores proibidos de requerer a concordata.. 705

Art. 199. 705

    Sociedades exploradoras de transporte aéreo.. 706

Art. 200. 707

    Revogação do Decreto-Lei n. 7.661/45 e do Código de Processo Penal.................... 707

Art. 201. 707

    Início da vigência... 707

    Normas de direito intertemporal na Lei n. 14.112/2020 707

Art. 5º. 707

    Aplicação das alterações da Lei n. 14.112/2020 no tempo 708

Referências 711

Índice Remissivo 721

INTRODUÇÃO

Nos sistemas capitalistas de produção, o risco é essencial ao desenvolvimento da atividade empresarial sob um regime de concorrência e decorre da busca de novos mercados ou da tentativa de descoberta de novos produtos ou serviços para seu oferecimento aos demais agentes econômicos.

Assim como o sucesso é incentivado pelo princípio da livre-iniciativa e forma de gerar benefícios indiretos a toda a coletividade, que poderá usufruir de novos produtos e serviços, o insucesso é esperado e natural nesse contexto econômico. O fracasso do empresário não necessariamente revela uma inaptidão para o desenvolvimento de suas atividades, mas poderá indicar uma falta de adaptação a um mercado cada vez mais dinâmico, uma decisão gerencial equivocada ou, apenas, um infortúnio em razão de uma condição externa inesperada.

Esse insucesso poderá acometer o empresário com uma crise econômico-financeira que poderá lhe comprometer a atividade. A crise, de modo amplo, apresenta-se quando o empresário não consegue mais manter o desenvolvimento de sua atividade empresarial e, ao mesmo tempo, suportar as obrigações contraídas em razão desta.

Diante dessa crise, não apenas os interesses dos credores, com o inadimplemento dos seus créditos, poderão ser comprometidos. Os interesses dos consumidores poderão ser afetados com a interrupção da oferta dos produtos ou serviços ao mercado. Os interesses dos trabalhadores serão comprometidos com o fechamento dos postos de trabalho em razão do fim da produção. O interesse público na manutenção de um ambiente concorrencial, que permita o controle dos preços e a melhora dos produtos, assim como a geração de riqueza para o desenvolvimento econômico nacional, poderá ser afetado.

De modo a assegurar que esses diversos interesses relacionados à manutenção da atividade produtiva não sejam lesados, o Estado precisou criar instituições que, mesmo diante de uma crise econômico-financeira do empresário, assegurassem a preservação da empresa, ou seja, o prosseguimento de sua atividade.

Entre essas instituições, a falência caracteriza-se como um modo de não apenas assegurar a satisfação dos credores, por meio da liquidação dos ativos do devedor, mas também de conservar a higidez do mercado, de alocar eficientemente os recursos escassos e de possibilitar ao empresário voltar a empreender.

Diante de uma estrutura tecnológica desatualizada, uma administração ineficiente ou uma capacidade produtiva incoerente com a demanda por produtos e serviços, a crise econômica que acomete o empresário poderá ser irreversível. Nesse contexto, a execução coletiva dos bens do devedor, a falência, extirpa do mercado o empresário ineficiente para que os recursos e fatores de produção por ele anteriormente utilizados sejam empregados em uma atividade mais útil a todo o sistema. Garante-se, com isso, que o agente econômico que descumpra suas obrigações seja retirado do mercado antes de afetar a confiança dos demais agentes econômicos e comprometer o crédito geral, com prejuízo a toda a coletividade.

Sua decretação permite que todos os bens do devedor sejam arrecadados e alienados para a satisfação dos créditos. Se por um lado os credores poderão ter seus créditos satisfeitos com o produto dessa liquidação, por outro, os bens poderão ser adquiridos por empresários que aloquem esses recursos para desempenho de uma atividade mais eficiente, com benefício aos trabalhadores, que poderão conservar seus postos de trabalho, aos consumidores, que poderão ter produtos ou serviços melhores à disposição, e ao mercado como um todo, beneficiado pela circulação de riqueza e menor consumo de seus recursos escassos.

Assegura-se ao empresário falido, ademais, o benefício de voltar a empreender ainda que não tenha satisfeito todas as suas obrigações. Como o risco é natural ao desenvolvimento da atividade empresarial e poderá acometer todos os agentes econômicos, o falido poderá ter suas obrigações extintas após a liquidação de seus ativos e encerramento da falência, ainda que não haja a satisfação integral dos seus créditos.

Essa crise empresarial, contudo, poderá não ser irreversível, mas apenas temporária. Diante de uma insolvabilidade transitória do empresário, o Estado deveria intervir não para que o empresário fosse necessariamente retirado do mercado, mas de forma que ele pudesse ter mecanismos para superar a crise econômico-financeira que o acomete.

As instituições criadas para permitir essa reestruturação da atividade empresarial foram alteradas ao longo da evolução da legislação falimentar. As diversas formas históricas de reestruturação, contudo, possuem em comum a concessão de um benefício aos devedores para que satisfaçam, em condições especiais, suas obrigações. Seja mediante uma dilação do prazo para pagamento ou abatimento do valor devido, seja mediante a ampla conferência de meios de recuperação, são atribuídas alternativas para que o empresário devedor possa reorganizar seus diversos fatores de produção para satisfazer os interesses de todos os envolvidos com a manutenção de sua atividade empresarial.

Legislação anterior à ora vigente, o Decreto-Lei n. 7.661/45 não conseguiu estabelecer institutos eficientes para, diante de uma crise irreversível da empresa, permitir a retirada rápida do empresário do mercado e liquidar seus ativos para a satisfação dos credores. Tampouco conferia ao empresário em crise transitória o necessário para conseguir superá-la e preservar sua atividade empresarial.

No Decreto-Lei revogado, eram estabelecidas fases estanques que comprometiam os objetivos da Lei. A liquidação dos ativos do devedor somente podia ser realizada após o término de toda a verificação de créditos e da arrecadação dos bens. Até que o relatório do síndico fosse apresentado, o qual descreveria todo o valor do ativo arrecadado e todo o passivo concursal, a liquidação não poderia ser iniciada (art. 114 do Dec.-Lei n. 7.661/45), pois o devedor poderia, até seu início, pretender sua concordata suspensiva (art. 178 do Dec.-Lei n. 7.661/45).

A demora em apurar todo o passivo concursal, bem como em arrecadar os ativos do devedor, os quais poderiam estar espalhados por diversos estabelecimentos ou não serem conhecidos, exigia que a liquidação não raras vezes somente fosse realizada após longos anos da decretação da falência. Por ocasião dessa liquidação, os bens já estavam totalmente deteriorados ou ultrapassados, o que impedia sua aquisição por outros empresários para desenvolverem sua atividade comprometia a manutenção dos postos de trabalho, a concorrência do mercado e, por fim, a própria satisfação dos credores.

Além de regular a falência, o Decreto-Lei n. 7.661/45 procurou criar institutos que permitissem a reestruturação do empresário na hipótese de a crise pela qual estivesse passando ser temporária ou reversível. Previu, a tanto, a possibilidade de requerimento de um benefício legal, a concordata.

A concordata não se apresentava como uma convenção celebrada entre o devedor e os credores. Caracterizava-se como um benefício legal concedido pelo Estado ao devedor de boa-fé para a satisfação de seus débitos em condições especiais. Sua concessão independia da vontade dos credores. Preenchidos os requisitos legais, o Estado, por meio do juiz, concedia moratória da dívida ou a remissão parcial dos pagamentos.

De modo a preservar a empresa, a concordata poderia consistir em dois tipos diversos: a concordata preventiva e a concordata suspensiva. Pelas respectivas formas, prevenia-se a decretação da falência ou se suspendia a liquidação dos bens após sua decretação.

Na concordata preventiva, o devedor requeria a dilação do prazo de pagamento dos credores ou o abatimento de parte dos valores para impedir a decretação de sua falência. Na concordata suspensiva, por seu turno, sustavam-se os efeitos de uma falência já decretada, em que os ativos e os passivos já poderiam ter sido apurados pelo síndico, para que o devedor pudesse satisfazer os seus débitos de forma privilegiada.

Essa possibilidade de satisfação dos débitos em condições especiais de dilação ou de pagamento, entretanto, não era ampla. A concordata submetia apenas os credores quirografários às novas condições de pagamento, o que dificultava a efetiva reorganização da empresa. Ademais, o benefício legal permitia apenas a moratória da dívida ou o seu abatimento, o que se revelava diminuto perto da complexidade da crise empresarial.

Outrossim, esse benefício legal era conferido independentemente da vontade dos credores. Condicionava-se a concessão da concordata apenas à boa-fé do empresário, a qual era presumida. Como não havia nenhuma consideração sobre a viabilidade econômica da empresa, a concordata acabou sendo utilizada pelo empresário de má-fé e acometido por crise irreversível como forma de protelar a sua falência, desviar bens e fraudar credores.

A preservação da atividade era ainda dificultada em razão da confusão entre o conceito de empresa e do empresário com os sócios da pessoa jurídica. O art. 111 do Decreto-Lei n. 7.661/45 estabelecia que "o recebimento da denúncia ou da queixa obstará, até sentença penal definitiva, a concordata suspensiva da falência".

A incapacidade de o Decreto-Lei n. 7.661/45 assegurar, de modo efetivo, a satisfação dos interesses dos credores por ocasião da liquidação dos ativos do falido ou a reorganização da atividade empresarial, com a proteção dos interesses de todos os demais agentes envolvidos, exigiu que o Ministério da Justiça, no início da década de 1990, estabelecesse uma Comissão encarregada de elaborar um projeto de reforma da Lei de Falências.

O anteprojeto do Ministério da Justiça foi apresentado à Câmara dos Deputados em 1993, sob n. 4.376, de iniciativa do Poder Executivo. Após dez anos de tramitação legislativa, o projeto foi aprovado sob a relatoria do Deputado Osvaldo Biolchi e encaminhado ao Senado Federal, com o número PLC n. 71/2003. No Senado, a Comissão de Assuntos Econômicos, por meio de seu relator, o Senador Ramez Tebet, remodelou o projeto de lei que, aprovado pelo Senado e cujas alterações exigiriam nova aprovação da Câmara dos Deputados, veio a se converter na Lei n. 11.101/2005, sancionada pelo Presidente da República em 9 de fevereiro de 2005.

Em seu relatório à Comissão de Assuntos Econômicos, o Senador Ramez Tebet indicou doze princípios que orientaram a redação dos 201 artigos que compõem a Lei n. 11.101/2005 e que permitirão, aos aplicadores, sua correta interpretação.

O primeiro desses princípios é a preservação da empresa. A atividade empresarial deverá ser preservada sempre que possível em razão de sua função social. A empresa gera riqueza econômica, assegura os empregos e a renda e contribui com o crescimento e desenvolvimento social do País, e deverá ser, dessa forma, sempre que possível, preservada.

Os conceitos de empresa e de empresário também devem ser separados. Por esse segundo princípio, ainda que haja a falência do empresário, com sua retirada do mercado, a empresa (entendida como a atividade empresarial) deverá ser ainda conservada, mediante a alienação do conjunto organizado dos fatores de produção para terceiro e que lhe permita a produção ou circulação de bens ou serviços, com a preservação da empresa sob a condução do adquirente.

Como terceiro princípio, o Estado deverá permitir a recuperação das sociedades e empresários recuperáveis. Nesse ponto, os meios de recuperação judicial não poderiam ser restritos. A lei previu, à época de sua promulgação, 16 (após a reforma pela Lei n. 14.112/2020, 18) meios diversos para que a empresa possa se recuperar, em uma enumeração apenas exemplificativa (art. 50), de modo que o empresário possa adequar o meio de recuperação à sua necessidade para conseguir superar a crise econômico-financeira que o acomete.

Essa recuperação, contudo, deve ser restrita aos empresários recuperáveis. Como princípio, enuncia o relator que a Lei deve ser orientada a retirar do mercado as sociedades ou empresários não recuperáveis. Para que não contaminem os demais agentes econômicos do mercado, o Estado deve retirar de forma rápida e eficiente os empresários acometidos por crises irreversíveis.

Independentemente do procedimento, a Lei deverá visar, como princípio básico, à proteção aos trabalhadores. Estes, em razão de seu bem consistir unicamente na forma do trabalho, deverão ser protegidos pela legislação. Na falência, deverão ter precedência na ordem legal de recebimento dos créditos. Na recuperação, deverão ter os seus empregos mantidos por meio da preservação da empresa.

Buscou a Lei, outrossim, reduzir o custo do crédito no Brasil. As garantias conferidas pelos credores deveriam ser preservadas, assim como a ordem de classificação de créditos deveria ser clara, para que o custo do crédito no Brasil não fosse elevado. Sob esse princípio, os credores proprietários, considerados tais os credores titulares de propriedade fiduciária, o arrendador mercantil, proprietário ou promitente vendedor de imóvel com cláusula de irrevogabilidade ou irretratabilidade, proprietário em contrato de venda com reserva de domínio, foram excluídos da recuperação judicial (art. 49, § 3º) e poderão requerer a restituição do bem arrecadado no procedimento falimentar.

A Lei deverá se orientar pela celeridade e pela eficiência em seus procedimentos. Na falência, a célere liquidação dos ativos reduzirá as despesas da Massa Falida em sua conservação e permitirá maior satisfação dos credores, maior utilidade na aquisição dos bens por outros empresários e maior possibilidade de preservar a atividade produtiva. Por seu turno, na recuperação, o procedimento deverá ser célere e eficiente para permitir que o devedor e os credores consigam obter uma solução para a superação da crise econômico-financeira que acomete a atividade do devedor enquanto ela ainda é reversível.

A celeridade não poderá comprometer, entretanto, a segurança jurídica. As normas legais relativas à falência e à recuperação deverão ser claras e precisas para que os diversos agentes econômicos não sejam surpreendidos e possam avaliar os respectivos riscos, seja por ocasião da contratação do crédito, seja durante o procedimento para a satisfação dos seus créditos.

Como os credores são os maiores interessados na eficiência dos institutos, a eles deverá se conferir participação ativa no procedimento falimentar e recuperacional. Os credores poderão atuar na fiscalização da Massa Falida ou da recuperanda por meio da criação do Comitê de Credores ou mesmo da Assembleia Geral de Credores (AGC). Tanto na recuperação judicial quanto na falência, a voz ativa dada aos credores permitirá que o comitê fiscalize as atividades do administrador judicial, o cumprimento da lei, a fiscalização das atividades do devedor na recuperação, com a apreciação do cumprimento do plano de recuperação.

Além da fiscalização, aos credores foi conferido o poder de analisar a viabilidade econômica da recuperanda ou seu melhor interesse na liquidação dos bens. Na AGC, os credores deliberam sobre a aprovação ou não do plano de recuperação judicial, a desistência do devedor, os modos alternativos de realização do ativo na falência etc.

Estabeleceu-se como princípio, ainda, a maximização do valor dos ativos do falido. Para que se evitasse a deterioração decorrente da demora excessiva para sua liquidação, os bens deverão ser alienados tão logo arrecadados. Essa alienação, ademais, deverá ser realizada conforme a ordem de preferência da liquidação, com prioridade da venda da empresa em bloco e como forma de ser também alienado o aviamento empresarial, com vantagens a todos os agentes.

Atento à condição especial das microempresas e empresas de pequeno porte, a Lei deveria conferir procedimento menos burocratizado e que permitisse a estas maior facilidade de acesso, com custos reduzidos.

Por fim, o PLC n. 71/2003, que se converteu na Lei n. 11.101/2005, tinha como orientação o maior rigor na punição de crimes relacionados à falência e à recuperação. Procurou o projeto coibir as fraudes por meio da falência, de modo a conter o prejuízo social e econômico que causavam. Por outro lado, a ampla liberdade conferida ao devedor em recuperação judicial para apresentar plano de recuperação exigirá maior punição para evitar que pratique atos fraudulentos com o intuito de prejudicar seus credores ou de induzir em erro o juízo.

Somente mediante a compreensão das ineficiências do Decreto-Lei n. 7.661/45 que a reforma da Lei Falimentar pretendeu superar e desses doze princípios em que foi assentada, a Lei n. 11.101/2005 poderá ser compreendida em sua integralidade e bem aplicada pelo intérprete diante do caso concreto.

CAPÍTULO I
DISPOSIÇÕES PRELIMINARES

Art. 1º Esta Lei disciplina a recuperação judicial, a recuperação extrajudicial e a falência do empresário e da sociedade empresária, doravante referidos simplesmente como devedor.

Sujeitos da falência e sujeitos da recuperação

Desde o início deste livro, é importante ter em mente que a Lei n. 11.101/2005 se aproveita de conceitos de outras normas, tais como o Código Civil e a Lei das Sociedades Anônimas (Lei n. 6.404/76). É esse o caso do art. 1º da norma, segundo o qual apenas os empresários e as sociedades empresárias, conceitos extraídos do Código Civil, são submetidos à Lei n. 11.101/2005 e podem sofrer seus efeitos e obter seus benefícios legais, como a falência e as recuperações judicial e extrajudicial.

Ao contrário do que é popularmente entendido, as recuperações, assim como a falência, são benefícios concedidos a determinadas pessoas. Por meio da falência, o empresário poderá, com a liquidação de seus ativos e rateio do produto aos credores, seguidos do encerramento da falência, ter suas obrigações extintas (art. 158, VI, da Lei n. 11.101/2005). Pela recuperação, por seu turno, o empresário poderá renegociar os débitos com seus credores e impor, a uma minoria discordante, a vontade da maioria dos demais credores.

Referidos benefícios legais são dispostos aos empresários em razão da atividade por eles desenvolvida[1]. A atividade empresarial permite o desenvolvimento econômico nacional, o surgimento de novas tecnologias, o aumento da concorrência entre os fornecedores, a redução dos preços dos produtos disponibilizados aos consumidores e o aumento da quantidade de empregos oferecidos para a população. Sua consecução, entretanto, submete o empresário a grande risco de insucesso, seja em razão de inadequação à dinâmica do mercado, seja em virtude de eventual incorreção de decisão gerencial.

Como o empreendimento, caso fosse próspero, provocaria efeitos benéficos a toda a coletividade, a Lei assegurou que, para a hipótese de a atividade empresarial não ter sido bem-sucedida, os efeitos maléficos deveriam também ser repartidos por todos. Essa socialização das perdas é um benefício legal ao empresário, por meio da falência e da recuperação, de modo a garantir incentivo para que esse empresário continue a empreender e a arriscar o seu capital.

---

[1] Embora apenas os empresários possam usufruir desses institutos, isso não significa que todos poderão fazê-lo. Em diversos dos dispositivos da Lei são exigidos outros requisitos para sua utilização.

O conceito de empresário foi inserido, no direito brasileiro, a partir do Código Civil de 2002[2], em seu art. 966. Pela sua redação, "considera-se empresário quem exerce profissionalmente atividade econômica organizada para a produção ou a circulação de bens ou de serviços".

Pelo conceito jurídico de empresário, depreende-se que se caracteriza como o sujeito da atividade. Ao contrário do conceito popularmente difundido, empresário não se identifica juridicamente com o sócio ou com o administrador de uma pessoa jurídica. Empresário é o próprio agente que realiza os atos.

Do mesmo modo, o conceito vulgar de empresa não se identifica com o seu conceito jurídico. Enquanto habitualmente se conceitua empresa como a pessoa jurídica que desenvolve a atividade (o que juridicamente se identifica como empresário), em termos técnicos empresa é predominantemente a própria atividade desenvolvida pelo empresário[3]. A empresa, como atividade, portanto, será desenvolvida pelo empresário, como sujeito que pratica os atos.

O empresário poderá ser pessoa natural, se exercer os atos em nome próprio, ou sociedade empresária, com ou sem personalidade jurídica.

A Empresa Individual de Responsabilidade Limitada deixa de existir e torna-se sociedade limitada unipessoal, o que permitirá sua submissão à lei de recuperações judiciais e falência, desde que exerça atividade empresarial e cumpra os demais requisitos exigidos pela legislação para o pedido. Nos termos da Lei n. 14.195/2021, em seu art. 41, "as empresas individuais de responsabilidade limitada existentes na data da entrada em vigor desta Lei serão transformadas em sociedades limitadas unipessoais independentemente de qualquer alteração em seu ato constitutivo".

Empresário individual de responsabilidade ilimitada e sua caracterização

A pessoa natural poderá desenvolver a atividade empresarial em nome próprio. São os empresários individuais de responsabilidade ilimitada, previstos nos arts. 966 e 968 do Código Civil, e cuja principal característica é a ausência de patrimônio autônomo para o desenvolvimento da empresa. Como age em nome próprio, a pessoa natural que realiza os atos será responsável, pessoalmente, pelas obrigações contraídas no exercício da atividade.

Para a caracterização do empresário e a utilização dos benefícios legais, o sujeito deve desempenhar uma atividade. É a atividade que exige especial tratamento concedido pelo legislador porque é diretamente ligada ao desenvolvimento econômico nacional. Não basta que

---

[2]   Até então, o Código Comercial de 1850 assentava-se sobre o conceito de comerciante, como aquele que fazia da mercancia profissão habitual. Ao regular tal dispositivo, o regulamento 737/1850 disciplinou o que era mercancia e estabeleceu os atos de comércio.

[3]   O conceito jurídico de empresa não é preciso. A. Asquini (Perfis da Empresa. [Fábio Konder Comparato trad.], *Revista de Direito Mercantil*, São Paulo, n. 104, 1996), ao abordar o conceito econômico e poliédrico de empresa, definiu que a empresa juridicamente poderia ser decomposta em quatro perfis, todos esses adotados pela legislação brasileira em seus dispositivos. Num primeiro perfil subjetivo, a empresa poderia ser caracterizada como empresário (art. 1º da Lei n. 8.934/94). Poderia também ser caracterizada como estabelecimento, no perfil objetivo (art. 716 do CPC). No perfil corporativo, a empresa é a organização criada, uma instituição (art. 116, parágrafo único, da Lei n. 6.404/76). Por fim, no perfil funcional, conceitua-se empresa como a atividade econômica organizada para a produção ou a circulação de bens ou de serviços (art. 2º da Lei n. 6.04/76). Esse último perfil é o adotado de maneira prevalecente no Código Civil, que definiu o empresário como aquele que desenvolve a atividade por meio do estabelecimento empresarial.

sejam realizados atos esporádicos ou eventuais de produção ou de circulação de produtos ou serviços, como um negócio de compra e venda ou de troca, por exemplo. A atividade exige a prática reiterada de atos pelo agente, prolongada no tempo, e direcionada a um objetivo comum que unifica os diversos atos praticados[4].

A atividade deve ser exercida profissionalmente. O art. 4º do Código Comercial de 1850, revogado, já exigia do comerciante o desenvolvimento da mercancia como profissão habitual. Por exercício profissional, exige-se que o agente desenvolva os atos de modo reiterado e prolongado, conceito já incluído no de atividade, e que se beneficie do resultado de sua atividade ou sofra os riscos do empreendimento diante do insucesso.

Por exercício profissional, ademais, exige-se que a atividade seja realizada para a obtenção do lucro, conforme interpretação do próprio Sylvio Marcondes, autor do projeto do respectivo livro do Código Civil[5]. A atividade, para ser exercida profissionalmente, não pode ser feita com fim exclusivamente altruísta ou com a reversão do seu benefício integralmente à própria entidade, como ocorre em associações, fundações, organizações religiosas, partidos políticos.

O exercício deve ser de atividade econômica. Para ser econômica, a atividade deve ser a de produção ou circulação de bens ou serviços destinados à troca no mercado.

Outrossim, a atividade deve ser organizada. Os diversos fatores de produção devem ser dispostos pelo sujeito de modo a desenvolver a atividade. O empresário deve reunir os bens necessários para o exercício da empresa, de modo que o conjunto de bens seja orientado a esse fim.

A organização dos fatores de produção não exige necessariamente o concurso do trabalho de terceiros. Embora as pessoas, como os empregados, possam ser utilizadas para a produção dos produtos ou a circulação dos serviços a serem dispostos no mercado de consumo, não são imprescindíveis para a caracterização do empresário. Este poderá, com apenas os seus recursos físicos, desenvolver a atividade. Para tanto, poderá reunir apenas as matérias-primas, maquinário e as informações necessárias para o exercício da empresa, sem que haja outras pessoas envolvidas.

O exercício da atividade empresarial pelo empresário individual pode ser (e, costumeiramente, é) realizado independente de registro. Nesse caso, a despeito de preencher um dos pressupostos de legitimidade indicados na LRE, e mesmo que possa ter sua falência decretada, o empresário individual que atua irregular não estaria legitimado para o pedido de recuperação judicial ou recuperação extrajudicial em razão do disposto nos arts. 48 e 161 da LRE, sobre o que se tratará com maiores detalhes nos capítulos dedicados aos comentários desses artigos.

---

[4] O conceito de atividade permite a caracterização como empresária, desde que presentes os demais elementos do conceito, tanto das Sociedades de Propósito Específico (SPEs), como das sociedades *holdings*. Na sociedade de propósito específico, a despeito de seu objeto social que possa envolver a prática de um único empreendimento comercial, a atividade está presente diante da necessidade de prática de diversos atos para a consecução do objeto social.

Nas sociedades *holdings*, sociedades que têm por objeto exclusivamente a participação no capital de outras sociedades, a atividade também poderá ser considerada presente, na medida em que as sociedades de que participam desenvolvem a atividade prevista em seu objeto social (VERÇOSA, Haroldo Malheiros Duclerc. Das pessoas sujeitas e não sujeitas aos regimes de recuperação de empresas e ao da falência. In: PAIVA, Luiz Fernando Valente de (coord.). *Direito falimentar e a nova Lei de Falências e Recuperação de Empresas*. São Paulo: Quartier Latin, 2005, p. 67).

[5] MARCONDES, Sylvio. *Problemas de Direito Mercantil*. São Paulo: Max Limonad, 1970, p. 141.

Os profissionais intelectuais

Os profissionais intelectuais, que desenvolvam atividade artística, literária ou científica, em razão do exercício personalíssimo da atividade, não são considerados empresários e, portanto, não se sujeitariam aos benefícios da Lei de Falências ou de Recuperação, exceto se presente o elemento de empresa.

A exclusão, pelo Código Civil, dos profissionais intelectuais do conceito de empresário deveu-se a uma diversa valoração social da atividade. A atividade desempenhada pelo profissional intelectual, diante da pessoalidade de sua realização, fora considerada, historicamente, como diversa da atividade econômica empresarial. Para Sylvio Marcondes, essa pessoalidade característica dos profissionais intelectuais é explicada pelo fato de que "o esforço criador se implanta na própria mente do autor, de onde resultam, exclusiva e diretamente, o bem ou o serviço, sem interferência de exterior de fatores de produção"[6].

Ainda que os diversos outros fatores de produção sejam organizados pelo profissional intelectual, a natureza pessoal de sua criação o diferencia dos demais prestadores, ainda que conte com a colaboração de terceiros. É essa pessoalidade característica do trabalho intelectual que exclui referidos profissionais do conceito de empresário.

A exclusão dos profissionais intelectuais, entretanto, apenas não é feita quando estes forem elementos de empresa. Por elemento de empresa poderia se caracterizar a atividade que fosse disponibilizada ao mercado de modo padronizado e sem um padrão de pessoalidade, o que poderia ocorrer de duas formas.

O *elemento de empresa* poderia estar presente na inserção do profissional intelectual como fator de produção de uma atividade mais complexa e empresarial. Essa corrente doutrinária é baseada no art. 2.238 do Código Civil italiano de 1942. Pelo dispositivo, sempre que o exercício da profissão constituir elemento de uma atividade organizada sob a forma de empresa se lhe aplicam as disposições quanto ao empresário.

Nessa primeira forma, o profissional integra uma organização maior dos fatores de produção de bens ou serviços diversos da atividade intelectual por ele exercida; é apenas componente, e não o preponderante, para o desempenho de uma atividade empresarial não intelectual ao mercado[7-8].

Por seu turno, também está presente o caráter empresarial se a atividade, ainda que intelectual, for desempenhada de modo objetivo ou padronizado, sem o caráter pessoal típico dos profissionais intelectuais[9]. A prestação padrão e objetiva dos produtos ou serviços no mercado torna-a impessoal, independentemente da identidade do sujeito que a disponibiliza, de modo que a caracteriza como empresarial.

---

[6]   MARCONDES, Sylvio. *Problemas de direito mercantil*. São Paulo: Max Limonad, 1970, p. 141.

[7]   Nesse sentido, enunciado 194 da III Jornada de Direito Civil do Conselho da Justiça Federal: "os profissionais liberais não são considerados empresários, salvo se a organização dos fatores da produção for mais importante que a atividade pessoal desenvolvida".

[8]   Essa primeira definição do elemento de empresa é sustentada por Haroldo Malheiros Duclerc Verçosa, para quem "a atividade intelectual leva o seu titular a ser considerado empresário se ela estiver integrada em um objeto mais complexo, próprio da atividade empresarial" (*Curso de direito comercial*, v. 1. São Paulo: Malheiros, 2008, p. 150). Para o autor, exemplo é a "hipótese do departamento de pesquisa científica, dentro de uma fábrica de automóveis, que tivesse interesse em desenvolvimento tecnológico" (op. cit., p. 149).

[9]   Ressalta Verçosa que o exercício da atividade intelectual pura, sem confusão com diversos objetos, ainda que organizada de modo complexo, não é suficiente para a sua caracterização como empresário. O elemento de empresa não se caracterizaria com a organização dos fatores de produção simplesmente. Sua presença poderia ocorrer, nesse caso, se houver "padronização" e "objetivação

A atividade desempenhada por advogados, por força da Lei n. 8.906/94, jamais poderá se inserir em uma atividade empresarial. Conforme determina o art. 16 da Lei n. 8.906/94, as sociedades de advogados não podem realizar atividades estranhas à advocacia. Por seu turno, a atividade advocatícia também não poderá ser disponibilizada de modo padronizado ao mercado e remanesce como atividade intelectual. Por essas razões, a atividade será sempre considerada não empresarial ou, se exercida por sociedade, sempre por sociedade simples[10].

Empresário irregular

Basta o exercício da atividade econômica, profissional e organizada, voltada à produção de bens e circulação de bens e serviços, independentemente de registro, para a caracterização do empresário.

A regularidade do empresário, com sua inscrição (ou inscrição dos atos constitutivos se pessoa jurídica) no Registro Público de Empresas Mercantis, não é imprescindível para a caracterização do sujeito como empresário. Embora a Lei possa exigir essa regularidade para a concessão de benefícios legais, como para a obtenção da recuperação judicial (art. 48) ou para pedir a falência de outro empresário (art. 97, § 1º), não se caracteriza o empresário pelo registro, o qual poderá ter a falência decretada, ainda que irregular[11].

A irregularidade para a falência é expressamente prevista no art. 105, IV, da Lei de Recuperações e Falência, que garantiu a autofalência da sociedade empresária que não possua contrato social ou estatuto em vigor.

Produtor rural

Exceção à exigência do registro para a caracterização do empresário ocorre com o produtor rural[12].

Diante da extensão territorial brasileira e da heterogeneidade das formas em que referida atividade é exercida, pareceu prematuro ao legislador e aos redatores do projeto de Código Civil a inclusão desses profissionais no conceito de empresário[13]. A atividade agropecuária pode ser desenvolvida em regime de economia familiar, sem nenhuma organização, bem como pode ser organizada por grandes produtores, em regime de larga escala e mediante o emprego de diversos funcionários. Diante de tão diversas concepções, facultou-se ao ruralista, que desenvolve atividade profissional e habitual agrícola, pecuária ou extrativista vegetal, a faculdade de optar pelo tratamento como empresário.

---

da atividade" (Das pessoas sujeitas e não sujeitas aos regimes de recuperação de empresas e ao da falência. In: PAIVA, Luiz Fernando Valente de (coord.). *Direito falimentar e a nova Lei de Falências e Recuperação de Empresas*. São Paulo: Quartier Latin, 2005, p. 93).

[10] Nesse sentido: STJ, REsp 1.227.240/SP, 4ª Turma, rel. Min. Luis Felipe Salomão, *DJ* 18-6-2015.

[11] Nesse sentido: "Pedido de falência. Sociedade registrada como simples. Desempenho de atividade empresarial. Apesar de ser registrada como sociedade simples, cuida-se de sociedade que desempenha atividade empresarial e, por conseguinte, sujeita à Lei n. 11.101/2005" (TJSP, Ap. 0045261-62.2012.8.26.0000, Des. Roberto Mac Cracken, *DJ* 6-5-2013). No mesmo sentido, TJSP, Ag. In. 0187821-36.2012.8.26.0100, Des. José Reynaldo, *DJ* 25-3-2013.

[12] Quanto à peculiaridade de demonstração dos requisitos para o pedido de recuperação judicial pelo produtor rural, conferir comentários ao art. 48.

[13] MARCONDES, Sylvio. *Problemas de direito mercantil*. São Paulo: Max Limonad, 1970, p. 142.

Em razão de tratamento favorecido atribuído pelo Código Civil aos agentes que desenvolvem atividade agrícola ou pecuária, os agentes cuja atividade rural constitua sua principal profissão poderão ou não se inscrever no Registro Público de Empresas Mercantis. Apenas após sua inscrição serão considerados, para todos os efeitos jurídicos, empresários (art. 971 do CC).

Por consequência, a ausência de registro impede que os referidos produtores ou pecuaristas possam valer-se da recuperação ou da falência, por não serem considerados empresários antes do registro[14]. Apenas após voluntariamente optarem pelo registro, os produtores rurais poderão ser considerados empresários e, assim, poderão requerer a recuperação judicial, pedir a homologação da extrajudicial ou ter, contra si, pedido de falência. Trata-se de critério formal, cujo descumprimento não poderia ser sanado com registro posterior à apresentação do pedido de recuperação judicial[15].

Pessoas jurídicas empresárias

Além das pessoas naturais, empresários individuais de responsabilidade ilimitada, o empresário poderá ser pessoa jurídica. A Lei n. 12.411/2011 inseriu o art. 980-A no Código Civil, e previu que uma única pessoa poderá constituir uma pessoa jurídica empresária, a Empresa Individual de Responsabilidade Limitada (Eireli). A Lei n. 14.195/2021, entretanto, extinguiu a Eireli. Pelo seu art. 41, foi determinado que "as empresas individuais de responsabilidade limitada existentes na data da entrada em vigor desta Lei serão transformadas em sociedades limitadas unipessoais independentemente de qualquer alteração em seu ato constitutivo".

Como consequência, todo o título "Da empresa individual de responsabilidade limitada", cuja disciplina encontrava-se no art. 980-A, foi revogado pela Lei n. 14.382/2022. Permitiu-se, entretanto, sob a disciplina da sociedade limitada, que a pessoa jurídica pudesse ser constituída e mantida por uma única pessoa física sócia. Nesse sentido, o art. 1.052, § 1º, do Código Civil, alterado pela Lei n. 13.874/2019, permitiu que a sociedade limitada fosse constituída por uma ou mais pessoas. A forma societária, a partir de então, pôde ser utilizada por uma única pessoa física. As sociedades poderão ser caracterizadas, além da pessoa física empresário individual de responsabilidade limitada, também como empresários. As sociedades empresárias foram definidas no art. 982 do Código Civil, que determina que se considera empresária a sociedade que tenha por objeto o exercício de atividade própria de empresário sujeito a registro, em contraposição às de forma simples[16].

---

[14] Nesse sentido: "O empresário rural que objetiva se valer dos benefícios do processo recuperacional, instituto próprio do regime jurídico empresarial, há de proceder à inscrição no Registro Público de Empresas Mercantis (...) A inscrição, sob esta perspectiva, assume a condição de procedibilidade ao pedido de recuperação judicial (...)" (STJ, REsp 1.811.953/MT, 4ª Turma, rel. Min. Marco Aurélio Bellizze, DJ 15-10-2020).
No mesmo sentido, "Recuperação Judicial. Produtor rural. Equiparação a empresário que se dá apenas quando promova seu registro na Junta Comercial. Evolução legislativa que não dispensou tal requisito. Ausência que implica na negativa do benefício. Indeferimento da inicial mantido. Recurso desprovido" (TJSP, Ap. 9000069-37.2011.8.26.0439, rel. Des. José Araldo da Costa Telles). Também nesse sentido: STJ, 3ª Turma, REsp 1.193.115/MT, rel. Min. Sidnei Beneti, DJ 20-8-2013; STJ, AgInt nos EDcl no REsp n. 1.954.239/MT, 4ª Turma, rel. Min. Luis Felipe Salomão, DJ 27-4-2022; TJSP, Ag. Ins. 2037064-59.2013.8.26.0000, rel. Des. José Reynaldo, DJ 22-9-2014. Conferir comentários ao art. 48.

[15] REsp 1.193.115/MT, Rel. Min. Nancy Andrighi, Rel. p/ Acórdão Min. Sidnei Beneti, 3ª Turma, j. 20-8-2013.

[16] A diferenciação entre as sociedades de forma empresarial e as sociedades sob a forma simples não é equivalente à diferenciação anterior ao Código Civil/2002 entre sociedades comerciais e socieda-

Independentemente de seu objeto, considera-se sempre empresária a sociedade por ações e sempre sociedade simples (não empresária) a sociedade cooperativa[17]. Essa última nunca se submeterá à falência ou poderá ser beneficiada pela recuperação[18].

Exceto as hipóteses de empresa pública e da sociedade de economia mista[19], as sociedades empresariais podem se submeter à falência e, caso os demais requisitos também estejam presentes, também à recuperação. Nesse ponto, as sociedades que desenvolvam atividade empresarial podem adotar tipos personificados como a sociedade em nome coletivo, em comandita simples, sociedade limitada, sociedade anônima e sociedade em comandita por ações. Dotadas de personalidade jurídica, referidas sociedades deverão requerer sua inscrição no Registro Público de Empresas Mercantis.

Nada impede que uma sociedade que não desenvolva atividade empresarial, caso não queira adotar o tipo sociedade simples, também chamada sociedade simples pura, adote um desses tipos empresariais (art. 983, segunda parte), com exceção da sociedade anônima, embora a inscrição de seus atos constitutivos continue a ser feita no Registro Civil de Pessoas Jurídicas. Contudo, ainda que adote um desses tipos empresariais, a sociedade não se torna empresarial, característica da atividade desenvolvida, de modo que continuará não submetida à falência ou à recuperação judicial.

Sociedade em comum

Na hipótese de os atos constitutivos não terem sido inscritos no Registro Público de Empresas Mercantis ou nem sequer terem sido formalizados por escrito, a sociedade não adquire personalidade jurídica e tipifica-se como sociedade em comum. A sociedade em comum foi reconhecida pelo atual Código Civil para englobar as antigas sociedades de fato, desprovidas de ato constitutivo escrito, e as sociedades irregulares, cujo ato constitutivo, existente, não fora registrado.

Sua caracterização como sociedade despersonificada não impede a decretação de sua falência, desde que exerça atividade empresarial. Ainda que não detenha personalidade jurídica, o simples fato de desenvolver atividade econômica, profissional e organizada, com o fim de produzir e circular bens ou serviços, já é suficiente para caracterizá-la como empresária, e submetê-la à falência, embora a falta de regularidade impeça que se beneficie da recuperação[20].

---

des civis. No Código Comercial, eram consideradas sociedades comerciais as sociedades que praticavam atos de comércio, de modo reiterado. Eram consideradas sociedades civis as demais sociedades que praticavam atos civis, atos que não eram indicados como ato de comércio, tais como a agricultura e a prestação de serviços. A atual diferenciação promovida pelo Código Civil apenas exclui do conceito de empresário, incluindo-a sob a atividade desenvolvida pelas sociedades sob a forma simples, as atividades preponderantemente desenvolvidas pelos profissionais intelectuais.

[17] Também serão sempre consideradas sob a forma de sociedade simples as sociedades de advogados. O estatuto da advocacia, Lei n. 8.906/94, em seu art. 15, determina que os advogados podem reunir-se em sociedade simples de prestação de serviços de advocacia ou constituir sociedade unipessoal de advocacia, com inscrição dos atos constitutivos no Conselho Seccional da OAB. Por seu turno, o art. 16 determina que não são admitidas a registro as sociedades de advogados que apresentem forma ou características mercantis.

[18] Rachel Sztajn esclarece que as cooperativas desenvolvem atividade econômica, profissional e organizada voltada à produção ou circulação de bens ou serviços, com a repartição dos lucros entre os cooperados, de modo que, a princípio, poderiam ser caracterizadas como empresárias, conforme o conceito dos arts. 966 e 982 do Código Civil. A inclusão das cooperativas como sociedades simples, não empresariais, decorreu de mera opção legislativa (SZTAJN, Rachel. Notas em matéria de empresa e sociedades empresárias no Código Civil. *Revista do Advogado*, São Paulo, n. 71, ano XXIII, AASP, ago. 2003, p. 94).

[19] Cf. comentários ao art. 2º.

[20] Corrente majoritária, que defende a possibilidade da falência da sociedade em comum, é composta por TOMAZETTE, Marlon. *Curso de direito empresarial*. 4. ed., v. 1. São Paulo: Atlas, 2012, p. 285;

A possibilidade de a sociedade em comum ser submetida à falência é expressamente prevista no art. 105, IV, da Lei de Recuperações e Falência. Ao disciplinar a autofalência, a Lei permitiu que o devedor, ainda que não possua contrato social ou estatuto em vigor, requeira sua falência, com a indicação de todos os sócios e suas qualificações.

Sua falência, entretanto, também poderá ser requerida por terceiros. A despeito de não possuir personalidade jurídica, que apenas surge após a inscrição de seus atos constitutivos no registro (art. 45 do CC), os bens e as dívidas sociais constituem patrimônio especial, de titularidade dos sócios. É esse patrimônio especial, afetado ao desenvolvimento da atividade, que responde pelos atos de gestão praticados pelos sócios (art. 989 do CC). No âmbito processual, outrossim, o Código de Processo Civil lhes atribuiu capacidade processual para figurarem em juízo, ativa e passivamente (art. 75 do CPC)[21].

Desse modo, em que pese não ter personalidade jurídica, a unidade da atuação externa dos sócios contratantes da sociedade e a vinculação de um patrimônio especial a essa atividade importaram em um regime especial de tratamento da sociedade em comum pelo ordenamento pátrio[22].

Sociedade em conta de participação

Por fim, a sociedade em conta de participação é também uma sociedade sem personalidade jurídica (art. 991 do CC), por força de lei, independentemente ou não do registro de seus atos constitutivos. Pelo contrato plurilateral celebrado entre os diversos sócios, entretanto, a sociedade permaneceria oculta perante terceiros. O objeto social seria desempenhado exclusivamente pelo sócio ostensivo, em seu nome individual e sob sua própria e exclusiva responsabilidade. O sócio participante apenas partilharia dos resultados da atividade. Sua responsabilidade ocorre apenas perante o sócio ostensivo, mas não em relação a terceiros.

Caso desempenhe atividade empresarial, o sócio ostensivo, como desempenha a atividade em nome individual, e não a sociedade, poderá sofrer a falência ou pedir a recuperação em razão dessa atividade.

Agentes econômicos não empresários

Ainda que alguns agentes desempenhem atividade econômica, nem por isso se caracterizam como empresários, tal como os profissionais liberais, expressamente excluídos pelo art. 966, parágrafo único do Código Civil.

FRANÇA, Erasmo Valladão Azevedo e Novaes. *A sociedade em comum*. São Paulo: Malheiros, 2013, p. 14-146.

Corrente minoritária é defendida por Luiz Tzirulnik, que sustenta que as sociedades em comum não poderiam falir. Segundo o autor, essas sociedades não deveriam ser consideradas sociedades empresárias, por não possuírem personalidade jurídica (TZIRULNIK, Luiz. *Direito falimentar*. 7. ed. São Paulo: Revista dos Tribunais, 2005, p. 54).

[21] Em razão disso, Alcides Tomasetti Junior (A parte contratual. In: ADAMEK, Marcelo Vieira von (coord.). *Temas de direitos societários e empresarial contemporâneos*. São Paulo: Malheiros, 2011, p. 757-758) e Marcos Bernardes de Mello (*Teoria do fato jurídico*: plano da eficácia. 6. ed. São Paulo: Saraiva, 2010, p. 145) consideram as sociedades em comum sujeitos de direito não personificados.

[22] Erasmo Valladão Azevedo e Novaes França equipara essa disciplina especial à noção de comunhão de empresa desenvolvida no direito italiano (*A sociedade em comum*. São Paulo: Malheiros, 2013, p. 157-158).

As demais pessoas jurídicas de direito privado arroladas no art. 44 do Código Civil, como as associações, as fundações, as organizações religiosas, os partidos políticos e as sociedades simples, como as cooperativas, as sociedades que desenvolvam atividade típica de profissionais liberais ou de atividade agropecuária sem inscrição no Registro Público de Empresas Mercantis, podem desempenhar atividade econômica excepcionalmente. Ainda assim, contudo, por não possuírem os demais requisitos para serem consideradas empresárias, não podem se submeter à recuperação ou ter a falência decretada[23].

O argumento de que não há norma expressa proibitiva para os demais agentes econômicos se submeterem ao processo de recuperação ou falência deve ser afastado. A Lei n. 11.101/2005 cria microssistema excepcional. A norma geral, estabelecida pelo Código de Processo Civil e que, em seu art. 1.052, remete à aplicação do Código de Processo Civil de 1973, é o procedimento da insolvência civil, aplicado a todos os devedores insolventes. A Lei n. 11.101/2005 excepciona, em seu art. 1º, apenas aos empresários o sistema de recuperação e de falência.

Sobre a questão, apesar de existir uma tendência mundial de legitimação ampla dos processos concursais e de uma parcela da doutrina nacional ser favorável à equiparação de agentes econômicos que exercem atividade empresária no rol de legitimados da LRF[24] fato é que o Congresso Nacional foi absolutamente claro ao rejeitar a ampliação legal da submissão à recuperação e a falência aos agentes econômicos não empresários.

Em parecer de plenário ao Senado Federal do relator Senador Rodrigo Pacheco, sobre o PL n. 4.458/2020 (PL n. 6.229/2005, na Câmara dos Deputados), foi apontado que a sexagésima quarta Emenda, de autoria da Senadora Mara Gabrilli, propunha a revogação da insolvência civil e a atração para o regime de recuperações e falência de todo tipo de agentes privados, mesmo que não tenham natureza empresarial ou finalidade econômica, tais como sociedades cooperativas, profissionais intelectuais, associações e fundações. Em seu parecer, a emenda proposta foi rejeitada, sob o fundamento de que "a sexagésima quarta Emenda prejudica os mesmos devedores que visa beneficiar, vez que os devedores de natureza civil não podem sofrer falência mesmo quando estão inadimplentes com seus credores, por não estarem submetidos à Lei n. 11.101, de 2005. Eventual inclusão deles no sistema empresarial, como prevê a Emenda, irá levar muitos deles à falência, com danos irreversíveis para seu patrimônio e imagem profissional. Por essa razão, deve a Emenda ser rejeitada".

Nesse contexto, as associações, as fundações, as organizações religiosas, os partidos políticos e as cooperativas, embora possam desenvolver atividade econômica, não o fazem para a distribuição de resultados[25]. Nos termos do art. 53 do Código Civil, as associações se constituem pela união de pessoas que se organizam para fins não econômicos. Ainda que desempenhem atividade de disponibilização de produtos ou serviços ao mercado, isso não é realizado para a "partilha de resultados financeiros entre os membros, conquanto as utilidades criadas sejam passíveis de usufruto

---

[23]   TJSP, Ap. 0010036-39.2011, rel. Des. Tasso Duarte de Melo, *DJ* 25-3-2013.

[24]   São exemplos, SCALZILLI, João Pedro; SPINELLI, Luis Felipe; TELLECHEA, Rodrigo. *Recuperação de empresas e falência*: teoria e prática na Lei 11.101/05, 4. ed. São Paulo: Almedina, 2023, p. 188-189, especificamente nota de rodapé 744.

[25]   Em sentido contrário, viabilizando a recuperação judicial para uma Fundação: TJRJ, Sexta Câmara Cível, AI 0031515-53.2020.8.19.0000, rel. Des. Nagib Slaibi Filho, j. 2-9-2020, *DJe* 15-10-2020. Vale destacar que a 4ª Turma do STJ, ao julgar o AgInt na Tutela Provisória 3.654/RS, também reconheceu a legitimidade de associações civis sem fins lucrativos para o pedido de recuperação: STJ, 4ª Turma, AgInt TP 3654/RS, j. 15-2-2022.

por todos"[26]. Ainda que possam desempenhar um conjunto de atos destinados à produção ou circulação de bens e serviços ao mercado, a finalidade dessa atividade econômica não é a obtenção de lucros para sua distribuição entre os seus membros. A atividade econômica de circulação de bens ou serviços é apenas meio ou instrumento para que a finalidade da associação seja satisfeita.

Além disso, o ordenamento jurídico nacional concede a inúmeras das pessoas em questão benefícios específicos e exclusivamente decorrentes da sua qualificação de organização sem fins lucrativos e/ou agentes não-empresários, tais como regimes tributários mais favoráveis, de modo que a interpretação extensiva da LRF para permitir-lhes se valer da recuperação judicial poderia gerar desvios concorrenciais relevantes (SCALZILLI, p. 190). Pelas razões de que as associações e fundações não possuem direito de pedir recuperação judicial pela lei e, por isso, seus contratantes equacionaram os riscos da contratação de concessão de crédito a partir desses riscos, bem como diante dos benefícios fiscais que tais entes gozam em virtude da não distribuição de dividendos e exploração dessa atividade em benefício de toda a coletividade, o Superior Tribunal de Justiça afastou a possibilidade de Fundações, ainda que explorassem atividade econômica, pedirem recuperação judicial. Segundo o julgamento, "a concessão de recuperação judicial a entidades sem fins lucrativos que já usufruem de imunidade tributária equivaleria a exigir uma nova contraprestação da sociedade brasileira, sem estudos acerca do impacto concorrencial e econômico que a medida poderia gerar. O deferimento de recuperação judicial a fundações sem fins lucrativos impacta na alocação de riscos dos agentes do mercado, em desatendimento à segurança jurídica"[27].

No caso das cooperativas, o art. 4º da Lei n. 5.764/71 determina que as cooperativas são sociedades constituídas para prestar serviços aos associados. A atividade econômica por elas desenvolvida visa ao proveito comum dos cooperados e não à obtenção do lucro. Caso o lucro excepcionalmente ocorra, este será dividido proporcionalmente entre os cooperados.

A despeito de todo esse raciocínio, excepcionou-se a cooperativa médica, conforme art. 6º, § 13[28]. Pelo dispositivo legal, conferiu-se, excepcionalmente, a possibilidade de as cooperativas médicas requererem a recuperação judicial, dispositivo que foi julgado formalmente constitucional pelo Supremo Tribunal Federal.

Por fim, a busca pelo maior lucro é característica típica do empresário, pois o incita a investir para desenvolver novos produtos e serviços sob o risco de insucesso. É em razão desse risco, imanente à atividade econômica desenvolvida profissionalmente, que foram imputados exclusivamente aos empresários diversas obrigações acessórias, como a de se inscrever no Registro Público de Empresas Mercantis e a de escriturar os livros empresariais.

O sistema de insolvência estabelecido pela Lei n. 11.101/2005 também foi a eles exclusivamente conferido para possibilitar ao empresário devedor que tenha tido insucesso diante do risco – risco este que lhe é habitual e não excepcional como aos demais agentes econômicos – uma forma de estimular o desenvolvimento de sua atividade econômica ou seu rápido retorno ao mercado após eventual liquidação forçada[29].

---

[26] SZTAJN, Rachel. *Teoria Jurídica da Empresa*, atividade empresária e mercados. 2. ed. São Paulo: Atlas, 2010, p. 58.

[27] STJ, 3ª Turma, REsp 2.026.250-MG, Rel. Min. Ricardo Villas Bôas Cueva, j. 1º-10-2024.

[28] Cf. comentários ao art. 6º.

[29] Nesse sentido: TJRJ, 6ª Câmara Cível, Ap. 04405140520128190001, rel. Des. Ines da Trindade Chaves de Melo, *DJ* 30-07-2014; TJSP, 2ª Câmara Reservada de Direito Empresarial, Ap. 0001832-74.2013.8. 26.0564, rel. Des. Araldo Telles, *DJ* 20-5-2013.

Clube de futebol sob a forma de associação

O clube de futebol sob a forma de associação, ainda que desempenhasse atividade econômica, não era considerado empresário e, como tal, não poderia se utilizar ou ser submetido aos institutos da Lei n. 11.101/2005, como a recuperação ou a falência.

A Lei n. 14.193/2021, norma especial a regular o desenvolvimento da atividade futebolística, conferiu a possibilidade de o clube de futebol, como associação civil dedicada ao fomento e à prática do futebol, ser admitido como parte legítima a requerer a recuperação judicial ou extrajudicial, sem prejuízo da possibilidade de se submeter a um concurso de credores, por intermédio do Regime Centralizado de Execuções (art. 13 da Lei n. 14.193/2021).

Referida possibilidade é conferida ao clube de futebol, mesmo que não tenha sido transformado em Sociedade Anônima do Futebol (SAF). Esta pode ser formada com a cisão de parcela do patrimônio do clube e relacionada à atividade futebolística ou pela transferência de ativos (*drop down*), na forma do art. 3º, de modo que o clube seja conservado com o remanescente dos ativos ou as ações da sociedade anônima. Pode também ser constituída com a transformação do clube em sociedade anônima do futebol.

A SAF, como qualquer outro empresário, poderá obter o benefício da recuperação judicial ou extrajudicial ou ter a falência decretada. O art. 25 da Lei n. 14.193/2021, entretanto, conferiu a possibilidade de pedir recuperação judicial ou extrajudicial ao clube de futebol que não se transformou e, como tal, conserva sua natureza jurídica inalterada.

O art. 35 da Lei n. 14.193/2021, ademais, acresce o parágrafo único ao art. 971 do CC. Pela nova redação, ao equiparar o clube de futebol ao produtor rural, o parágrafo único do dispositivo legal determina que a associação que desenvolva atividade futebolística em caráter habitual e profissional será considerada empresária após o registro, para todos os efeitos.

Como melhor forma de interpretar esse dispositivo legal, e diante da nova sistemática imposta pela Lei n. 14.193/2021, a interpretação do art. 35 não deve ser a de exigir a inscrição do clube futebolístico na Junta Comercial, pois a forma associativa e sem a finalidade lucrativa é incompatível com a natureza empresarial, que pressupõe o desenvolvimento de uma atividade econômica com a partilha dos lucros entre os sócios por meio da distribuição dos dividendos.

A interpretação sistemática mais adequada parece ser a de que o art. 35 da Lei não constitui o clube futebolístico como empresário, mas apenas o equipara a fim de impor-lhe os direitos e obrigações típicos dos empresários a partir da inscrição do clube de futebol no Registro Civil de Pessoas Jurídicas. Equiparado pela Lei aos empresários, o clube que exerça atividade futebolística poderá, a partir da Lei n. 14.193/2021 e mesmo que não se transforme em Sociedade Anônima do Futebol, beneficiar-se da recuperação judicial ou extrajudicial, embora também se sujeite à decretação da falência.

Em sentido contrário: STJ, AgInt na TP 3654/RS, 4ª Turma, rel. Min. Luis Felipe Salomão, *DJ* 8-4-2022 (Grupo de Ensino Metodista); STJ, 4ª Turma, REsp 1.004.910/RJ, rel. Min. Fernando Gonçalves, *DJ* 18-3-2008 (Casa de Portugal), em que se assentou que bastaria o exercício de atividade econômica pela associação para a sua submissão à LRF; TJRJ, 6ª Câmara Cível, AI 0031515-53.2020.8.19.0000, rel. Des. Nagib Slaibi Filho, j. 2-9-2020 (Universidade Cândido Mendes); TJBA, 1ª Câmara Cível, AI 8027646-33.2020.8.05.0000, rel. Desa. Pilar Célia Tobio de Claro, j. 22-9-2020 (Hospital Evangélico da Bahia).

Sociedades de propósito específico

As sociedades de propósito específico (SPEs) são, como a própria nomenclatura indica, constituídas para a consecução de um objetivo específico.

Foram inseridas no ordenamento jurídico no âmbito da administração pública, por meio da Lei n. 11.079/2004, que regula as parcerias público-privadas no Brasil. O art. 9º da Lei n. 11.079/2004 prevê que, antes da celebração do contrato de parceria público-privada, deve-se constituir sociedade de propósito específico que estará "incumbida de implantar e gerir o objeto da parceria".

No âmbito privado, as SPEs encontram fundamento no parágrafo único do art. 981 do Código Civil, o qual estabelece que "a atividade [da sociedade] pode restringir-se à realização de um ou mais negócios determinados". Nesse aspecto, a Lei não determina tipo societário específico para as SPEs. Elas podem assumir quaisquer das modalidades previstas no ordenamento jurídico e a escolha do seu tipo societário definirá as regras aplicáveis à SPE. Assim, caso se opte pela constituição de uma sociedade anônima, reger-se-á a SPE pela Lei n. 6.404/76; caso se constitua uma sociedade limitada, esta reger-se-á pelo Código Civil.

A particularidade da SPE é o seu objeto social restrito a um empreendimento ou operação específicos[30]. As demais características resultam do próprio tipo societário criado. Pela adoção da sociedade anônima ou da sociedade limitada, tipos contratuais mais comumente utilizados, a característica da autonomia patrimonial em relação aos sócios e demais empresários do grupo de sociedades se apresenta[31]. Com a segregação, garante-se que a SPE que adote esses tipos societários de responsabilidade limitada não seja responsabilizada por dívidas e tampouco seja atingida por prejuízos particulares suportados pelos acionistas ou quotistas (a depender do tipo societário adotado) e demais sociedades do grupo econômico, tampouco possa ter suas obrigações ou prejuízos sociais estendidos ao patrimônio dos sócios ou acionistas que as integram.

Por essa razão, as SPEs sob a forma de sociedades limitadas ou por ações têm sido bastante utilizadas nas incorporações imobiliárias e nos projetos de infraestrutura. A importância das SPEs sob a forma de sociedades limitadas e sociedades por ações para o setor de infraestrutura nacional, em razão justamente da segregação patrimonial, é revelada pelo incentivo dado à Lei n. 11.478/2007 à sua constituição[32].

Em razão das suas peculiaridades, passou-se a questionar a legitimidade das SPEs para apresentar pedidos de recuperação judicial diante da especificidade de seu objeto. Se a Lei n. 11.101/2005 restringe a recuperação judicial aos empresários e sociedades empresárias, caso a SPE assuma quaisquer dos tipos societários previstos em Lei, deve-se admitir que tais sociedades se valham dos benefícios da Lei n. 11.101/2005[33]. A especificidade de seu objeto não implica a inexistência de uma atividade econômica organizada e profissional a ser preservada diante da crise econômico-financeira.

---

[30] FAZANO, Haroldo Guilherme Vieira. Sociedade de propósito específico (SPE): aspectos societários, contábeis, fiscais e as incorporações imobiliárias. *Revista Virtual de Direito Brasil*, b. 6, n. 1, 2012.

[31] SOUZA, Martelene Carvalhaes Pereira. *Patrimônio de afetação, SPE, SCP e consórcio*: estruturação de negócios imobiliários e de construção civil, São Paulo: PINI, p. 55.

[32] O art. 1º, § 1º-A e § 2º, incentiva a implementação e expansão dos projetos por meio de sociedades de propósito específico.

A relevância da segregação patrimonial está registrada no § 2º do art. 1º: "Os novos projetos de que tratam os §§ 1º e 1º-A deste artigo poderão constituir-se na expansão de projetos já existentes, implantados ou em processo de implantação, desde que os investimentos e os resultados da expansão sejam segregados mediante a constituição de sociedade de propósito específico".

[33] Em sentido contrário, pela impossibilidade de SPE com patrimônio de afetação requerer recuperação judicial: TJSP, 2255397-60.2022.8.26.0000, 2ª Câmara Reservada de Direito Empresarial, rel. Des. Sérgio Shimura, j. 19-12-2023.

É necessário, porém, fazer duas ressalvas.

A primeira concerne às SPEs que administram patrimônio de afetação, regulado pela Lei n. 10.931/2004, que inseriu os arts. 31-A e seguintes na Lei n. 4.591/64 sob a justificativa de aumentar a segurança jurídica dos adquirentes de unidades autônomas em incorporações imobiliárias[34].

A afetação de parcela do patrimônio do devedor a determinada finalidade impede que referido patrimônio seja contaminado ou sofra efeitos das demais obrigações contraídas por aquele devedor. O terreno e as acessões objeto de incorporação imobiliária, bem como os demais bens e direitos a ela vinculados serão mantidos apartados do patrimônio do incorporador e constituirão patrimônio de afetação, destinado à consecução da incorporação correspondente e à entrega das unidades imobiliárias aos respectivos adquirentes.

A disposição legal permite a formação de uma unidade patrimonial em decorrência do empreendimento a ser realizado, com a consequente redução da garantia geral de adimplemento dos demais credores. Os bens atrelados a essa atividade passam a responder exclusivamente pelas dívidas contraídas para a sua consecução e não se confundem com os demais bens de titularidade do incorporador, que garantem os demais credores.

Portanto, a instituição do patrimônio de afetação destaca o conjunto de ativos e passivos de uma incorporação imobiliária dos demais bens e débitos componentes do patrimônio geral do incorporador. O conjunto de ativos será separado do patrimônio geral do incorporador e responderá exclusivamente pelas dívidas contraídas para a consecução do empreendimento[35].

Nesses termos, as SPEs com patrimônio de afetação apenas poderão constituir garantias reais sobre os bens em razão de operação de crédito que reverta integralmente para a realização do empreendimento e poderão ceder os créditos da comercialização das unidades, mas o produto das cessões permanecerá como integrante do patrimônio de afetação. Deverá o incorporador, ainda, manter apartados os bens e direitos objeto de cada incorporação, conservar a contabilidade separada dos demais empreendimentos, e apresentar balancetes e demonstrativos à Comissão de Representantes dos adquirentes.

Uma relevante consequência da instituição do patrimônio de afetação constitui a perda, pelo titular desse patrimônio de afetação, do direito de livre disposição e utilização dos bens, cujo exercício ficará condicionado ao cumprimento da finalidade para a qual foi constituído o patrimônio de afetação.

Decorrência dessa separação patrimonial de cada um dos empreendimentos imobiliários, o art. 31-F da Lei n. 4.591/64, em concordância ao art. 119, IX, da Lei n. 11.101/2005, exclui o patrimônio de afetação dos efeitos da decretação da falência. Diante da falência do devedor, o patrimônio separado continua afetado à consecução da incorporação imobiliária e não será partilhado entre os demais credores do incorporador[36].

No que se refere à recuperação judicial, o patrimônio de afetação, em razão das particularidades expostas acima, não poderá ser atingido em caso de recuperação judicial da SPE.

Como mencionado, após a instituição do patrimônio de afetação, os bens, direitos e obrigações vinculados ao empreendimento serão apartados do patrimônio do incorporador; o incorporador não

---

[34] Cf. comentários ao art. 119.

[35] CARDOSO, Thiago Ferreira. *Contratos mercantis*. 2. ed. Rio de Janeiro: LMJ Mundo Jurídico, 2018, p. 23-24.

[36] Cf. comentários ao art. 119.

poderá se utilizar para fins diversos dos recursos obtidos; os ativos só respondem por dívidas relacionadas ao empreendimento; os demonstrativos do estado da obra devem corresponder aos recursos financeiros; e qualquer alteração na obra precisa ser aprovada pela Comissão dos Representantes.

Diante desse regime especial, suprime-se a autonomia do incorporador em relação aos bens e obrigações contraídas em razão do empreendimento. A despeito de continuar na propriedade do incorporador, os referidos bens ficam vinculados ao desenvolvimento do empreendimento, de modo que a ingerência do titular é limitada para se preservar o referido patrimônio e garantir os credores que com ele serão satisfeitos. A limitação da autonomia do incorporador, nesses termos, impede que qualquer alteração na relação jurídica envolvendo os credores seja realizada, a menos que haja anuência expressa do contratante.

A afetação do patrimônio a uma determinada atividade não apenas limita os poderes do incorporador sobre os referidos bens, como confere poderes à coletividade dos adquirentes para decidir o seu destino. Essa conferência de poderes pela Lei, entretanto, não é irrestrita para toda e qualquer deliberação.

Nos termos do arts. 31-F, §§ 1º e 2º, da Lei n. 4581/64, a paralisação da obra por mais de 30 dias, ou o retardo demasiado, sem motivo justificado, asseguram aos adquirentes, e apenas a esses, por maioria absoluta, o direito de prosseguirem nas obras em detrimento do incorporador, com a instituição do condomínio da construção.

A simples paralisação ou retardo, injustificados, conferem aos adquirentes esse poder de assumirem o desenvolvimento do empreendimento. Caso deliberem pela continuação da obra, os adquirentes ficarão sub-rogados nos direitos do incorporador. Ficarão, entretanto, também sub-rogados nas obrigações e encargos desse, inclusive em relação ao contrato de financiamento da obra (art. 31-F, § 11º).

Assim, ainda que os demais credores não votem na Assembleia que decidirá sobre a continuação ou não do empreendimento, seus direitos são garantidos pela sub-rogação das obrigações pelos adquirentes. Cumpre aos adquirentes o pagamento das obrigações trabalhistas, previdenciárias e tributárias, do financiamento da construção e dos demais credores vinculados ao patrimônio de afetação.

Essa sub-rogação motiva que a Assembleia dos Adquirentes possa ser convocada não só pela Comissão de Representantes, ou por um sexto dos titulares das frações ideais. Poderá também ser convocada de ofício pelo Juiz ou pela própria instituição financiadora do empreendimento.

Na Assembleia Geral, os adquirentes deliberarão pela continuidade do empreendimento, sobre sua responsabilidade, ou pela liquidação do patrimônio de afetação. Nessa última hipótese, continua evidente o poder dos adquirentes em detrimento da autonomia do próprio incorporador. A própria Comissão de Representantes promoverá a alienação extrajudicial do terreno e acessões, além de transmitir a posse e propriedade aos novos adquirentes. Deverá, ainda, com o produto dessa alienação, satisfazer as obrigações vinculadas ao empreendimento (arts. 31-F, §§ 7º e 18, e arts. 43, VII) e o saldo será distribuído entre os adquirentes até o valor despendido por esses.

Não garante a Lei outra possibilidade à Assembleia Geral e nem poderia fazê-lo, sob pena de se suprimirem os direitos e garantias dos demais credores. Isso porque se assegura o direito de voto na Assembleia Geral apenas aos adquirentes. Esses poderão deliberar pela continuidade do empreendimento, o que assegurará aos demais credores o direito de serem satisfeitos, na medida em que os adquirentes se sub-rogam nas obrigações do incorporador. Ou poderão deliberar pela liquidação do patrimônio de afetação, medida que também garantirá os demais credores, os quais serão satisfeitos com o produto da alienação do terreno e acessões.

Afetado o patrimônio em razão da incorporação imobiliária, portanto, as relações jurídicas vinculadas ao empreendimento submetem-se a regime especial não compatível com o procedimento da recuperação judicial. A autonomia do incorporador, pressuposto da propositura da novação das obrigações, é restringida em virtude da afetação.

O poder sobre o patrimônio, por seu turno, na hipótese de paralisação ou mora no desenvolvimento do empreendimento imobiliário, é atribuído à Assembleia dos adquirentes, o que não se harmoniza com os dispositivos da Lei Falimentar, que submete o plano de recuperação judicial à aprovação por todos os credores, nem pelo quórum qualificado de maioria dos presentes de cada classe, como determinado no art. 45 da Lei n. 11.101/2005.

Conforme o Enunciado n. 628, da VIII Jornada de Direito Civil do Conselho da Justiça Federal: "Os patrimônios de afetação não se submetem aos efeitos de recuperação judicial da sociedade instituidora e prosseguirão sua atividade com autonomia e incomunicáveis em relação ao seu patrimônio geral, aos demais patrimônios de afetação por ela constituídos e ao plano de recuperação até que extintos, nos termos da legislação respectiva, quando seu resultado patrimonial, positivo ou negativo, será incorporado ao patrimônio geral da sociedade instituidora".

Assim, caso a SPE que administre patrimônio de afetação requeira recuperação judicial, os ativos e passivos vinculados ao patrimônio afetado não poderão ser minimamente atingidos pelo processo recuperacional dada a absoluta incompatibilidade entre os institutos. Apenas eventuais ativos ou valores remanescentes poderão ser utilizados para pagamento dos credores concursais[37].

Se a sociedade empresarial sob a forma de SPE possuir atividade empresarial diversa da desenvolvida sob o patrimônio de afetação, poderá submeter-se a recuperação judicial para preservar a referida atividade, desde que possua os demais requisitos exigidos em Lei. Seu ativo e seu passivo submetido ao patrimônio de afetação, entretanto, não poderão ser comunicados aos demais ativos e passivos da SPE sujeitos à recuperação.

A segunda ressalva diz respeito à possibilidade de consolidação substancial das SPEs. A consolidação substancial permite que os ativos e passivos das sociedades de um mesmo grupo econômico sejam tratados como se pertencessem a um único devedor[38]. A consolidação substancial pressupõe o desrespeito à autonomia das personalidades jurídicas das sociedades integrantes do grupo.

Como as SPEs têm sua atividade concentrada a determinados empreendimentos ou objetos limitados, além da segregação patrimonial presente nas demais sociedades empresariais, a consolidação substancial deverá ser vista como absolutamente excepcional diante da evidência de não confusão de atividade ou patrimônio pelos credores[39].

Art. 2º Esta Lei não se aplica a:

I – empresa pública e sociedade de economia mista;

II – instituição financeira pública ou privada, cooperativa de crédito, consórcio, entidade de previdência complementar, sociedade operadora de plano de assistência à saúde, sociedade seguradora, sociedade de capitalização e outras entidades legalmente equiparadas às anteriores.

---

[37] CHALHUB, Melhim Namem. *Incorporação imobiliária*, e-book. 5. ed., Rio de Janeiro: Forense, 2019, sem marcação de página.

[38] Cf. comentários aos arts. 69-J, 69-K e 69-L.

[39] STJ, REsp 1.973.180/SP, 3ª Turma, rel. Min. Ricardo Villas Bôas Cueva, j. 17-5-2022.

Pessoas excluídas da falência e da recuperação

A Lei prevê que determinadas pessoas, ainda que desempenhem atividade empresarial, são excluídas do seu âmbito de incidência e não poderão obter a falência ou as recuperações judicial ou extrajudicial. A exclusão poderá ser total ou parcial[40].

No primeiro grupo, são totalmente excluídas do regime falimentar as empresas públicas, sociedades de economia mista e as entidades fechadas de previdência complementar. Referidas sociedades, na hipótese de ingressarem em crise econômico-financeira, não poderão ter a falência decretada ou se utilizar da recuperação para se reestruturarem.

No grupo composto pelas instituições financeiras públicas ou privadas, cooperativa de crédito, consórcio, entidade de previdência complementar, sociedade operadora de plano de assistência à saúde, sociedade seguradora, sociedade de capitalização, a exclusão é apenas relativa ou parcial. Apesar de não poderem ser beneficiadas com a recuperação judicial ou extrajudicial, referidas sociedades poderão falir, mas não diretamente.

Condiciona-se a falência dessas sociedades a um procedimento administrativo prévio, em que o liquidante ou interventor poderá ser, conforme a legislação específica a cada um dos tipos de pessoas jurídicas, autorizado a requerer a decretação da autofalência da sociedade empresária[41].

Diante do interesse público relacionado à atividade desenvolvida pelas pessoas jurídicas relativamente excluídas, estas não são submetidas ao procedimento falimentar diretamente em razão de pedido de credores. Corrente doutrinária com entendimento diverso, entretanto, sustenta que o procedimento administrativo realizado pela agência reguladora não afastaria a possibilidade de decretação da falência por mero pedido de credor, desde que houvesse inércia ou recusa da Agência Reguladora em decretar os procedimentos de intervenção, regime de administração temporária ou liquidação, em hipótese em que a falência, por exemplo, de uma instituição financeira de pequeno porte poderia não gerar grandes efeitos no mercado a ponto de justificar a atuação do Banco Central[42].

---

[40] A classificação é de Fábio Ulhoa Coelho (*Curso de direito comercial*, v. 3. 17. ed. São Paulo: Revista dos Tribunais, 2016, p. 240).

[41] A jurisprudência firmou posicionamento de que eventuais vícios do procedimento administrativo de liquidação extrajudicial e que motivaram eventual autorização para o pedido de falência deveriam ser apenas arguidos diante da Justiça competente para decidir sobre os atos da agência reguladora (TJSP, 1ª Câmara Reservada de Direito Empresarial, AI 2170391-32.2015.8.26.0000, rel. Des. Pereira Calças, *DJ* 16-3-2016).

[42] Para Haroldo Malheiros Duclerc Verçosa, "pode aquele órgão optar por não tomar conhecimento dos problemas de insolvência de certas instituições financeiras, deixando aos credores, se o desejarem, requerer a sua falência" (Das pessoas sujeitas e não sujeitas aos regimes de recuperação de empresas e ao da falência. In: PAIVA, Luiz Fernando Valente de (coord.). *Direito falimentar e a nova Lei de Falências e Recuperação de Empresas*. São Paulo: Quartier Latin, 2005, p. 104).

Para Marlon Tomazette, "no exercício normal da sua atividade, as instituições financeiras se sujeitam à falência como qualquer empresário, isto é, podem ser feitos pedidos de falência por quaisquer legitimados e, se preenchidos os pressupostos da Lei n. 11.101/2005, pode ser decretada a falência. No entanto, uma vez decretado algum dos regimes especiais (intervenção, liquidação extrajudicial e RAET) pelo Banco Central, elas não podem mais vir a falir em razão de pedido de credor, mas apenas em razão de pedido do interventor ou do liquidante, em todo caso, com autorização do Banco Central" (*Curso de direito empresarial*. v. 3. 2. ed. São Paulo: Atlas, 2012, p. 26). No mesmo sentido, COELHO, Fábio Ulhoa. *Curso de direito comercial*. v. 3. 17. ed. São Paulo: Revista dos Tribunais, 2016, p. 241-242).

Entretanto, a interpretação sistemática da Lei n. 11.101/2005 não permite tal conclusão. Pela referida Lei, ficam as instituições financeiras e as demais mencionadas no art. 2º da Lei excluídas da falência, recuperação judicial e extrajudicial, exceto se norma especial disser o contrário, como estabelecido pelo art. 197. Nas leis específicas que regulam o procedimento de intervenção administrativa, o requerimento de falência é autorizado pela Agência Reguladora apenas nas hipóteses expressamente indicadas, dentro das quais não consta o inadimplemento dos créditos detidos pelos credores, a execução frustrada ou a prática dos atos falimentares, nos termos do art. 94 da LREF[43].

Sociedade de economia mista e empresa pública

Consideram-se empresas estatais as pessoas jurídicas em que o Estado detenha a maioria do capital social com direito a voto, além das empresas públicas, das sociedades de economia mista, suas subsidiárias e controladas (art. 1º, § 1º, do Dec. n. 3.735/2001).

Espécies de empresas estatais, as sociedades de economia mista e as empresas públicas são integrantes da administração indireta e formas de o Estado intervir no domínio econômico diretamente ou de prestar serviços públicos. Ambas são criadas por Lei em virtude de uma necessidade excepcional de ingerência do Estado em determinado ramo de atividade econômica ou para prestar serviço público.

Nesse ponto, cumpre asseverar que a prestação de serviços públicos é própria do Estado, mas não é exclusiva. O Estado poderá prestá-la diretamente ou delegar a particulares sua prestação, sob regime de concessão ou permissão (art. 175 da CF).

Ao contrário da prestação de serviço público, o desenvolvimento de atividade econômica diretamente pelo Estado é excepcional. O art. 173 da Constituição Federal prevê que o Estado somente poderá explorar atividade econômica quando necessário aos imperativos da segurança nacional ou a relevante interesse coletivo.

Diferenciam-se as sociedades de economia mista das empresas públicas, entretanto, pela forma de organização e pela composição do capital social[44]. A sociedade de economia mista necessariamente é estruturada sob a forma de sociedade anônima (art. 235 da Lei n. 6.404/76), mas a empresa pública poderá adotar qualquer das formas admitidas em direito. Por seu turno, o capital social da sociedade de economia mista é integrado tanto por capital público quanto por privado, enquanto o capital social da empresa pública é exclusivamente integrado por capital público.

Ambas foram excluídas absolutamente pelo art. 2º, I, da LREF. Parte da doutrina, contudo, entende que o dispositivo legal é inconstitucional.

A inconstitucionalidade da exclusão da sociedade de economia mista era discutida inclusive anteriormente à LREF. O art. 242 da Lei n. 6.404/76 previa, originalmente, que as sociedades de economia mista não se submetiam à falência e que seu controlador responderia, subsidiariamente, pelas obrigações sociais. Referido artigo fora, contudo, revogado pela Lei n. 10.303/2001[45].

---

[43] Nesse sentido: TJSP, Câmara Especial de Falências e Recuperações Judiciais, Ap. 445.105-4/0-00, rel. Des. Elliot Akel, *DJ* 30-8-2006.

[44] DI PIETRO, Maria Sylvia Zanella. *Direito administrativo*. 16. ed. São Paulo: Atlas, 2003, p. 387.

[45] A exposição de motivos do Ministro da Fazenda n. 196 do projeto de lei que se converteu na Lei n. 6.404/76 esclarecia a exclusão: "a razão do preceito – similar ao de outras legislações estrangeiras – é óbvia: o interesse público, que justifica a instituição, por lei, de uma companhia de economia mista, não permite admitir que sua administração possa ser transferida para credores, através do síndico, como ocorre na falência".

A discussão sobre a inconstitucionalidade retornou com o art. 2º, I, da LREF, que novamente as excluiu do regime falimentar.

Para uma parte da doutrina, a exclusão não fere a norma constitucional e é justificável diante de ao menos duas características peculiares dessas sociedades[46].

A primeira delas é a essencialidade da atividade desenvolvida. Como o Estado apenas poderia, por meio das empresas estatais, prestar serviço público ou desenvolver atividade econômica em função da segurança nacional ou de relevante interesse coletivo, a interrupção da atividade ou do serviço público pela falência comprometeria o interesse público que motivou sua criação por Lei.

Por seu turno, a exclusão também se fundamentaria na responsabilidade do Estado subsidiariamente pelas obrigações sociais. Como teria determinado a criação do ente da administração indireta, o Estado deve responder objetivamente pelas dívidas contraídas pela sociedade perante terceiros caso o patrimônio desta seja insuficiente, pois o particular não poderia sofrer prejuízo pela atuação estatal, ainda que indireta[47].

Em que pesem os argumentos pela constitucionalidade, o tratamento diferenciado às sociedades de economia mista e às empresas públicas contraria norma constitucional expressa, nos termos do art. 173, II, da Constituição Federal, uma vez que a falência e a recuperação são institutos incluídos no "regime jurídico próprio das empresas privadas"[48].

Decerto a prestação do serviço público ou a intervenção no domínio econômico poderão ser realizadas pelo Estado por meio das sociedades de economia mista ou pelas empresas públicas. Devem-se diferenciar, entretanto, os regimes jurídicos aplicados a essas em relação à atividade prestada.

As empresas públicas e sociedades de economia mista prestadoras de serviços públicos deverão se beneficiar dos mesmos privilégios atribuídos à Administração Pública Direta e se submeter ao mesmo regime de direito público, eis que não se sujeitam à concorrência com os demais agentes privados no mercado. Nesse sentido, o art. 173, § 1º, da Constituição Federal, ao determinar que a empresa pública, a sociedade de economia mista e suas subsidiárias se sujeitarão ao regime jurídico próprio das empresas privadas, inclusive quanto aos direitos e obrigações civis, comerciais, trabalhistas e tributários, restringiu sua aplicação apenas às sociedades exploradoras de atividade econômica de produção ou comercialização de bens ou de prestação de serviços[49].

Submetidas ao regime de direito público, as sociedades de economia mista e as empresas públicas prestadoras de serviços públicos poderiam efetivamente ficar excluídas da recuperação

---

[46] Nesse sentido, CARVALHOSA, Modesto. *Comentários à Lei de Sociedades Anônimas.* v. 4, t. 1. 4. ed. São Paulo: Saraiva, 2009, p. 430; COELHO, Fábio Ulhoa. *Curso de direito comercial.* v. 3. 8. ed. São Paulo: Saraiva, 2008, p. 248.

[47] DI PIETRO, Maria Sylvia Zanella. *Direito administrativo.* 16. ed. São Paulo: Atlas, 2003, p. 396.

[48] São adeptos dessa posição que entende pela inconstitucionalidade da não sujeição à falência e à recuperação judicial de todas as sociedades de economia mista e empresas públicas, independentemente da atividade desenvolvida: PERIN JR., Ecio. *Curso de direito falimentar e recuperação de empresas.* 4. ed. São Paulo: Saraiva, 2011, p. 85; RIBEIRO, Renato Ventura. O regime da insolvência das empresas estatais. In: CASTRO, Rodrigo R. Monteiro de; ARAGÃO, Leandro Santos de (coord.). *Direito societário e a nova Lei de Falências e Recuperação de Empresas.* São Paulo: Quartier Latin, 2006, p. 111 e ss.

[49] Nesse sentido, com a diferenciação do regime conforme a prestação de serviço público ou o desenvolvimento de atividade privada, STF, Tribunal Pleno, RExt. 220.906, rel. Min. Maurício Corrêa, *DJ* 16-11-2000; STF, 2ª Turma, RExt. 407.099, rel. Min. Carlos Velloso, *DJ* 6-8-2004; STF, Tribunal Pleno, Ação Cível Originária 765, rel. Min. Eros Grau, *DJ* 1-6-2005.

judicial e da falência, eis que não se equiparariam aos demais agentes privados, com os quais não concorreriam no desenvolvimento de sua atividade[50].

Todavia, se desempenharem atividade econômica estrito senso o farão com a submissão preponderante ao regime jurídico privado das demais pessoas jurídicas de direito privado, com atenção às peculiaridades disciplinadas pela Lei n. 13.303/2016. Sua não sujeição à falência ou à recuperação judicial, com tratamento diverso dos demais agentes privados com os quais concorreriam, nesse ponto, não se justificaria constitucionalmente.

Isso porque a falência do devedor não interrompe, por si só, a prestação da atividade. Um dos princípios da Lei n. 11.101/2005 é justamente a preservação da empresa, entendida como atividade desenvolvida pelo empresário, ainda que este tenha sido decretado falido. Os bens do referido empresário poderiam ser adquiridos por outro agente econômico, o qual poderia, de modo mais eficiente, continuar a desenvolver a atividade econômica[51].

Quanto ao segundo argumento utilizado para justificar a constitucionalidade da exclusão, a personalidade jurídica da sociedade empresária não se confunde com a dos sócios que a integram e os patrimônios são autônomos, ainda que possa existir responsabilidade subsidiária do sócio por lei específica, como ocorre nas pessoas jurídicas cujos sócios possuem responsabilidade ilimitada pelas obrigações sociais[52].

A circunstância de o Estado, sócio da pessoa jurídica, responder subsidiariamente pela obrigação social não impediria que fosse dispensado tratamento idêntico às pessoas jurídicas privadas, às sociedades de economia mista e empresa pública, também pessoas jurídicas de direito privado, com a decretação da falência. A falência da pessoa jurídica devedora não implicará sua extensão aos sócios, de modo que o ente público sócio da empresa pública ou da sociedade de economia mista permanece excluído da falência.

Entidades fechadas de previdência complementar

Ao contrário das entidades abertas de previdência complementar, as entidades fechadas são totalmente excluídas do regime falimentar, por expressa disposição legal, além de sempre se constituírem sob a forma de fundação ou associação civil, sem fins lucrativos (art. 31, § 1º, da LC n. 109/2001), e, portanto, sob formas não empresariais.

---

[50] Na posição de que a exclusão da falência deveria ser restrita às empresas estatais prestadoras de serviço público, por se submeterem a regime especial em razão da atividade: LUCCA, Newton de. *Comentários à nova Lei de Falência e Recuperação de Empresas* (Osmar Brina Corrêa-Lima e Sérgio Mourão Corrêa Lima coords.). Rio de Janeiro: Forense, 2009, p. 46; TOMAZETTE, Marlon. *Curso de direito empresarial*. v. 3. 2. ed. São Paulo: Atlas, 2012, p. 23. Segundo este último, "para as prestadoras de serviço público, a própria continuidade dos serviços públicos pode justificar a não submissão aos termos da Lei n. 11.101/2005, sem qualquer violação constitucional, dada a aplicação do artigo 175 da Constituição Federal. De outro lado, as exploradoras de atividade econômica não possuem uma justificativa viável para a discriminação e, mais que isso, há mandamento constitucional que impede tal discriminação" (op. cit., p. 24).

[51] Cf. PUGLIESI, Adriana Valéria. *Direito falimentar e preservação da empresa*. São Paulo: Quartier Latin, 2013.

[52] Ressalta-se que existe, no STF, o RE 1.249.945, que pende de julgamento, mas cuja repercussão geral já foi reconhecida pelo plenário, e que visa discutir "se as empresas estatais podem se submeter ao regime de falência e recuperação judicial da Lei n. 11.101/2005, com fundamento no art. 173, § 1º, II, da Constituição".

Nos termos do art. 47 da Lei Complementar n. 109/2001, as entidades fechadas não poderão solicitar recuperação e não estão sujeitas à falência. Poderão obter, exclusivamente, a liquidação extrajudicial.

São consideradas entidades fechadas de previdência complementar as pessoas jurídicas cujo objeto é a instituição ou execução de planos de benefício de caráter previdenciário. Os planos previdenciários são disponibilizados, pelas entidades fechadas, apenas aos empregados de uma sociedade, servidores de entes públicos e/ou associados ou membros de pessoas jurídicas de caráter profissional, classista ou setorial (art. 31). Essa disponibilização é mais restrita do que para as entidades abertas de previdência complementar, as quais, constituídas unicamente como sociedades anônimas, poderão oferecer planos a quaisquer pessoas naturais (art. 36 da LC n. 109/2001).

Os segurados, na hipótese de inadimplemento pela entidade fechada, apenas poderão executar seu crédito, mas não requerer a falência da entidade. Sua liquidação extrajudicial poderá ser decretada pelo órgão regulador, a Superintendência Nacional de Previdência Complementar (PREVIC – Lei n. 12.154/2009), na hipótese de inviabilidade de recuperação da entidade fechada ou por ausência de condições de funcionamento.

Instituições financeiras públicas ou privadas, cooperativa de crédito e operadora de consórcio

As instituições financeiras são relativamente excluídas da falência. Ainda que nunca se submetam à recuperação judicial ou extrajudicial, nos termos do art. 2º, II, da Lei n. 11.101/2005, poderão falir, desde que preenchidos determinados pressupostos. Isso porque, nos termos do art. 197 da própria LREF, enquanto não forem criadas leis específicas para regular a matéria, aplica-se a Lei Falimentar às instituições financeiras no que couber.

Nos termos da Lei n. 4.595/64, são consideradas instituições financeiras "as pessoas jurídicas públicas ou privadas, que tenham como atividade principal ou acessória a coleta, intermediação ou aplicação de recursos financeiros próprios ou de terceiros, em moeda nacional ou estrangeira e a custódia de valor de propriedade de terceiros" (art. 17).

Sua exclusão relativa do regime falimentar é decorrente da importância que as instituições financeiras possuem no desenvolvimento econômico nacional. Caracterizadas pela intermediação do crédito, eventual crise financeira repercute sobre a esfera de diversos agentes do mercado.

Dessa forma, o Estado passa a disciplinar um regime especial na hipótese de crise econômico-financeira. A tanto, estabelece a possibilidade do Regime de Administração Especial Temporária, disciplinado pelo Decreto-Lei n. 2.321/87, e a intervenção e liquidação extrajudicial, reguladas pela Lei n. 6.024/74. A esses regimes especiais, a aplicação da Lei n. 11.101/2005 se faz apenas de maneira supletiva (art. 197)[53], ou seja, se não houver disposição contrária nas leis especiais.

O Banco Central, à vista do relatório ou da proposta apresentados pelo interventor poderá autorizar o requerimento da falência da entidade, quando o seu ativo não for suficiente para cobrir nem sequer metade do valor dos créditos quirografários ou quando julgada inconveniente a liquidação extrajudicial, ou quando a complexidade dos negócios da instituição ou a gravidade dos fatos apurados aconselharem a medida (art. 12 da Lei n. 6.024/74). Além das hipóteses anteriores,

---

[53] Nesse sentido, o STJ determinou a aplicação supletiva da Lei n. 11.101 à liquidação extrajudicial de instituição financeira, notadamente o privilégio aos créditos do art. 49, § 3º, da Lei n. 11.101 (STJ, AgInt no AREsp 1.532.894/SP, 3ª Turma, rel. Min. Paulo de Tarso Sanseverino, *DJ* 22-4-2021).

à vista do relatório do liquidante da liquidação extrajudicial, poderá o Banco Central autorizar o requerimento de falência se houver fundados indícios de crimes falimentares ou se o ativo não for suficiente para cobrir pelo menos a metade do valor dos créditos quirografários (art. 21, *b*, da Lei n. 6.024/74)[54].

Nos termos do art. 1º da Lei n. 6.024/74, as cooperativas de crédito se submetem à mesma disciplina da intervenção e liquidação extrajudicial a que se submetem as instituições financeiras. As cooperativas de crédito equiparam-se a instituições financeiras pela atividade desenvolvida, de modo que se submetem ao mesmo regime jurídico. Sua falência, nesses termos, apenas poderá ser decretada nas hipóteses em que houve autorização para o requerimento pelo Banco Central[55-56].

A cooperativa de crédito distingue-se, assim, das cooperativas em geral. Enquanto as primeiras, por desempenharem atividade de intermediação financeira, poderão ser submetidas à falência, as cooperativas em geral são consideradas pela Lei sociedades simples, independentemente do objeto por elas desenvolvido (art. 982, parágrafo único, do CC).

A fundamentação da exclusão das instituições financeiras, seguradoras, operadoras de planos de saúde etc. faz-se com base no interesse público envolvido no desenvolvimento da atividade. Dentro das relativamente excluídas, entretanto, foram inseridas as operadoras de consórcio, mais como uma escolha pelo legislador do que propriamente pela relevância social da atividade desempenhada[57]. Dessa forma, as operadoras de consórcio, nos termos do art. 2º, II, da Lei n. 11.101/2005, estão relativamente excluídas da falência, embora sempre excluídas da recuperação.

Embora a Lei n. 11.101/2005 refira-se, genericamente, a consórcio, estão excluídas relativamente da falência as administradoras de consórcio. Estas são, nos termos do art. 5º da Lei n. 11.795/2008, as pessoas jurídicas, sob a forma de sociedade limitada ou sociedade anônima, prestadoras de serviços com objeto social principal voltado a gestão de grupos de pessoas, físicas ou jurídicas, para a aquisição de bens ou serviços por meio de autofinanciamento.

A relevância de sua atividade diante do interesse de diversos consorciados envolvidos implica que a administradora de consórcio seja submetida à fiscalização do Banco Central. Nos termos do art. 39 da Lei n. 11.795/2008, a administração especial e a liquidação extrajudicial de administradora de consórcio, a serem decretadas pelo Banco Central do Brasil, são regidas pela legislação aplicável às instituições financeiras, de modo que a falência poderá ser autorizada pelo referido órgão regulador nas mesmas hipóteses, e apenas nelas, das instituições financeiras.

A administradora de consórcios não se confunde com os contratos de consórcio entre empresas. Esses contratos entre empresários não estão excluídos apenas relativamente da disciplina do regime falimentar, mas totalmente. Isso porque eles são contratos disciplinados pela Lei n. 6.404/76,

---

[54] Sobre o procedimento de autofalência requerida pelo interventor ou liquidante, conferir comentários ao art. 105.

[55] TOLEDO, Paulo F. C. Salles de. *Comentários à Lei de Recuperação de Empresas e Falência* (Paulo F. C. Salles de Toledo e Carlos Henrique Abrão coord.). 5. ed. São Paulo: Saraiva, 2012, p. 60.

[56] Nesse sentido: STJ, REsp 1.878.653/RS, 3ª Turma, rel. Min. Paulo de Tarso Sanseverino, *DJ* 17-12-2021.

[57] Aponta Haroldo Malheiros Duclerc Verçosa que "a quebra de uma grande construtora foi muito mais traumática do que seria a insolvência da maior empresa de administração de consórcios em funcionamento no Brasil e, nem por isto, as construtoras foram alijadas dos efeitos da nova legislação de recuperação e de falência" (Das pessoas sujeitas e não sujeitas aos regimes de recuperação de empresas e ao da falência. In: PAIVA, Luiz Fernando Valente de (coord.). *Direito falimentar e a nova Lei de Falências e Recuperação de Empresas*. São Paulo: Quartier Latin, 2005, p. 107).

em seus arts. 278 e 279, e se caracterizam por serem celebrados por sociedades que, sem perder a independência, obrigam-se a colaborar para a execução de um determinado empreendimento.

Não há personalidade jurídica no consórcio de sociedades, como determina expressamente o art. 278, § 1º, da Lei n. 6.404/76, nem o contrato constitui nova sociedade, em comum, que poderia se submeter à falência. No contrato de consórcio, ao contrário do contrato de sociedade, não há patrimônio autônomo, não há contribuição dos contratantes para o exercício de uma atividade comum e a partilha dos resultados entre si. O contrato de consórcio, ainda que possa estabelecer uma administração comum e uma estrutura de deliberação sobre assuntos de interesse compartilhado, apenas regula que, para um determinado empreendimento, as sociedades contratantes ajam de forma coordenada[58].

A individualidade de cada sociedade é conservada durante o desenvolvimento do empreendimento. Em suas relações com os terceiros, os contratos são celebrados com as próprias consorciadas, as quais somente se obrigam nas condições previstas no respectivo contrato de consórcio perante os terceiros e sem presunção de responsabilidade solidária entre si[59].

A sociedade que faz parte do consórcio, desde que empresária e preencha os demais requisitos de lei, pode pedir recuperação judicial ou ter a falência decretada. O que não poderá ocorrer, por ilegitimidade de parte, já que não possui personalidade jurídica, é a recuperação ou falência simplesmente dessa relação contratual celebrada entre essas sociedades, o chamado contrato de consórcio.

Eventual inadimplemento do cumprimento das obrigações por uma das consorciadas poderá implicar a decretação de sua falência ou a recuperação, mas não se estenderá às demais. O consórcio é parte passiva ilegítima a figurar no feito, e subsistirá ainda que uma das consorciadas venha a ter a falência decretada, com as demais sociedades contratantes[60].

Entidades abertas de previdência complementar, sociedade seguradora e sociedades de capitalização

As entidades abertas de previdência complementar, ao contrário das entidades fechadas, são apenas relativamente excluídas da falência. Referidas entidades, nos termos da Lei Complementar n. 109/2001, são submetidas a regime especial de fiscalização pela Superintendência de Seguros Privados (SUSEP), que intervirá na entidade diante de uma situação de crise econômico-financeira.

Estipula a Lei Complementar o grau de ingerência da Agência Reguladora, a depender da situação apresentada. Nesses termos, diante de uma irregularidade ou insuficiência das reservas técnicas, situação econômico-financeira insuficiente à preservação da liquidez e solvência dos planos de benefício, situação atuarial desequilibrada ou outras anormalidades, a SUSEP, autarquia federal, poderá determinar a intervenção na entidade aberta de previdência complementar (art. 44). Caso vislumbre-se a inviabilidade de recuperação da entidade ou a ausência de condições para o seu funcionamento, a SUSEP poderá decretar a liquidação extrajudicial da entidade.

A falência das entidades abertas de previdência complementar não fica totalmente afastada. Diante da ingerência administrativa pela autarquia federal em uma situação de crise da entidade aberta de previdência, poderá ser constatada a insuficiência do ativo ao pagamento da metade dos credores quirografários ou indícios de crime falimentar. Nessas situações, de modo idêntico às

---

[58] LAMY FILHO, Alfredo; PEDREIRA, José Luiz Bulhões. *Direito das companhias.* 2. ed. Rio de Janeiro: Forense, 2017, p. 1.515.

[59] Nesse sentido: TJSP, 2ª Câmara Reservada de Direito Empresarial, AI 2239685-98.2020.8.26.0000. rel. Des. Maurício Pessoa, j. 5-4-2021.

[60] Nesse sentido: TJSP, 1ª Câmara Reservada de Direito Empresarial, Ap. 0003416-30.2014, rel. Des. Fortes Barbosa, j. 14-10-2015.

sociedades seguradoras, poderá, mediante autorização da SUSEP, o liquidante requerer a falência da entidade (art. 73 da LC n. 109/2001).

As sociedades seguradoras vêm disciplinadas pelo Decreto-Lei n. 73/66 e também se submetem à fiscalização da SUSEP.

Nos termos do art. 26 do referido Decreto-Lei, com redação alterada pela Lei n. 10.190/2002, as sociedades seguradoras não poderão requerer a recuperação e não se submeterão à falência, exceto se for decretada a liquidação extrajudicial pela SUSEP e apurado que o ativo não é suficiente para o pagamento de pelo menos a metade dos credores quirografários ou quando houver fundados indícios da ocorrência de crime falimentar.

As sociedades de capitalização, por seu turno, são regidas pelo Decreto-Lei n. 261/67. Caracterizam-se por serem sociedades cujo objetivo é fornecer ao público, conforme planos previamente aprovados pelo Governo Federal, a constituição de um capital mínimo em determinado prazo para fins de poupança.

Nos termos do art. 4º dessa lei, as sociedades de capitalização estão sujeitas a disposições idênticas às estabelecidas para as sociedades seguradoras.

Sociedade operadora de plano de assistência à saúde

A atividade prestada pelas sociedades operadoras de planos de saúde afeta milhões de usuários e exige a intervenção estatal para sua preservação ou, ao menos, mitigação dos danos causados.

Embora não possa requerer a recuperação, a sociedade seguradora poderá falir. A falência, entretanto, apenas poderá ocorrer após a intervenção da agência reguladora, no caso a Agência Nacional de Saúde Suplementar (ANS). Nos termos da Lei n. 9.656/98, a ANS poderá, diante da situação de crise econômico-financeira de uma sociedade operadora de plano de saúde, ou anormalidades que coloquem em risco a continuidade ou qualidade do serviço, intervir nas sociedades operadoras.

A intervenção é feita mediante determinação de alienação da carteira, pelo regime de direção fiscal ou técnica ou pela decretação da liquidação extrajudicial das sociedades (art. 24). Durante a liquidação extrajudicial, caso o liquidante constate que os ativos são insuficientes ao pagamento da metade dos créditos quirografários, ou insuficientes para o pagamento das despesas ao processamento da liquidação extrajudicial ou se houver fundados indícios de crime falimentar, a ANS poderá autorizar o liquidante a requerer a falência da sociedade operadora (art. 23 da Lei n. 9.656/98, alterada pela MP n. 2.177-44/2001).

Concessionária de energia elétrica

Em vez de intervir diretamente na atividade econômica ou prestar serviço público, por concessão, o Estado ou o poder concedente delega a prestação de serviço público à pessoa jurídica que demonstre capacidade para o seu desempenho, por sua conta e risco e por prazo determinado (art. 2º da Lei n. 8.987/95).

As concessionárias de serviço público, à falta de proibição legal específica, poderão usufruir dos benefícios da falência e recuperação judicial e extrajudicial. A Lei n. 12.767/2012, entretanto, exclui parcialmente da aplicação dos institutos previstos na Lei n. 11.101/2005 as concessionárias de energia elétrica.

Nos termos do art. 18 da Lei n. 12.767/2012, ficam excluídos os benefícios da recuperação judicial e extrajudicial para as concessionárias de energia elétrica enquanto perdurar a concessão. Apenas após a extinção da concessão poderiam elas obter a recuperação.

A vedação à recuperação para as concessionárias de energia elétrica, entretanto, não poderá ser estendida às suas controladoras ou controladas. A norma, como restringe direitos, deverá ser interpretada restritivamente. Outrossim, as controladoras ou controladas detêm personalidades jurídicas distintas e patrimônios autônomos. Apenas a própria concessionária de energia elétrica ficará impossibilitada de obter o benefício da recuperação[61].

Quanto à falência, por outro lado, não há nenhum impedimento legal na decretação em face das concessionárias de energia elétrica.

Art. 3º É competente para homologar o plano de recuperação extrajudicial, deferir a recuperação judicial ou decretar a falência o juízo do local do principal estabelecimento do devedor ou da filial de empresa que tenha sede fora do Brasil.

Juízo do principal estabelecimento

A Constituição Federal, em seu art. 109, I, determina a competência da Justiça Estadual para a apreciação do processo falimentar e recuperacional, ainda que haja interesse da União, entidade autárquica ou empresa pública federal. A delimitação do foro competente para sua apreciação, por seu turno, é estabelecida pelo art. 3º da Lei n. 11.101/2005.

O art. 3º repete parte da redação do anterior art. 7º do Decreto-Lei n. 7.661/45. Ao contrário da disciplina anterior, o novo dispositivo regula a competência jurisdicional não apenas da falência, mas unifica o foro para a apreciação dos três institutos conferidos pela lei, a falência e as recuperações judicial e extrajudicial.

O estabelecimento é conceituado pelo art. 1.142 do Código Civil, que determina que se considera estabelecimento todo complexo de bens organizado, para exercício da empresa, por empresário, ou por sociedade empresária. O estabelecimento é o "instrumento utilizado pelo comerciante para a exploração de determinada atividade mercantil"[62].

Como o complexo de bens é caracterizado como estabelecimento em função da atividade exercida pelo empresário, o exercício em localidade diversa permite que o empresário possua diversos estabelecimentos.

Diante de uma multiplicidade de estabelecimentos, a Lei determinou que será competente para apreciar os pedidos exclusivamente o juízo do local do principal estabelecimento. O conceito

---

[61] Nesse sentido: "RECUPERAÇÃO JUDICIAL. Deferimento do processamento da recuperação. Legalidade. Agravada Rede Energia S/A, controladora de concessionárias de serviços públicos de energia elétrica, que detém personalidade jurídica e natureza distintas das de suas subsidiárias. Decisão *a quo* que não viola o art. 18 da Lei n. 12.717/12. Agravada que não é concessionária de serviço de energia elétrica e, portanto, pode se submeter ao regime de recuperação judicial da Lei n. 11.101/2005. (...)" (TJSP, 2ª Câmara Reservada de Direito Empresarial, AI 0041379-67.2013.8.26.0000, rel. Des. Tasso Duarte de Melo, *DJ* 4-11-2013). Recentemente, a Light S.A., *holding* controladora das concessionárias de energia elétrica com atuação no estado do Rio de Janeiro, teve o processamento do seu pedido de recuperação judicial deferido, com posterior homologação do plano de recuperação judicial proposto e aprovado pelos credores (Processo n. 0843430-58.2023.8.19.0001, 3ª Vara Empresarial da Comarca do Rio de Janeiro, decisão de 18-6-2024).

[62] BARRETO FILHO, Oscar. *Teoria do estabelecimento comercial*. São Paulo: Max Limonad, 1969, p. 75.

do que seria considerado pela lei como principal, entretanto, não fora esclarecido. Sobre esse conceito, três teorias principais foram formadas.

A primeira das teorias considerava como principal estabelecimento a sede social, definida no contrato ou nos estatutos sociais. Sua adoção permitiria o reconhecimento inequívoco pelos terceiros do domicílio do empresário[63-64].

A fixação do domicílio competente pela sede do contrato, entretanto, permitiria ao empresário de má-fé, à vista de sua crise econômico-financeira, alterar o contrato social com o único fim de dificultar distribuição de um pedido de falência por um de seus credores ou, ainda, para escolher foro em que o juiz seja menos rígido ao apreciar os requisitos de um pedido de recuperação judicial, por exemplo.

Ainda que de boa-fé o empresário devedor, a teoria do estabelecimento principal como o da sede do contrato pode dificultar o regular desenvolvimento do procedimento falimentar e recuperacional. Como não necessariamente o foro coincidiria com aquele em que a maioria das obrigações são contratadas, os credores poderiam ter que se deslocar longas distâncias para participarem do processo de recuperação ou falência. Outrossim, o administrador judicial poderia ter que realizar a arrecadação de ativos na falência ou o controle do desenvolvimento da atividade da recuperanda em locais diversos do foro em que tramita o processo, o que poderia prejudicar ou ao menos dificultar o exercício da função.

A segunda das teorias pugna pelo reconhecimento do principal estabelecimento como o local da sede administrativa do empresário, independentemente de ser coincidente com o estabelecido no contrato social. Para essa corrente, a sede administrativa seria o local onde realizada a contabilidade da empresa, em que seriam armazenados os seus livros e onde os administradores tomariam as principais decisões para a condução da atividade empresarial[65-66].

O reconhecimento da sede administrativa, como local de efetivo gerenciamento empresarial, impediria que o empresário deslocasse sua sede contratual conforme a conveniência de seus interesses na escolha do foro competente. Contudo, a sede administrativa poderia encontrar-se em local distante daquele em que a contratação fora realizada, o que poderia exigir grande deslocamento dos credores e dificuldade para a arrecadação de bens ou fiscalização da empresa pelo administrador judicial.

---

[63] Entre seus adeptos figura TZIRULNIK, Luiz. *Direito falimentar*. 7. ed. São Paulo: Revista dos Tribunais, 2005, p. 58.

[64] TJSP, 2ª Câmara Reservada de Direito Empresarial, AI 0015219-05.2013, rel. Des. Tasso Duarte de Melo, *DJ* 9-12-2013. No referido agravo, estabelece-se que, a menos que haja prova de que há estabelecimento empresarial economicamente mais importante, deve prevalecer o local da sede indicado no contrato social.

[65] São adeptos dessa corrente: T. M. Valverde (*Comentários à Lei de Falências*. v. 1. 4. ed. Rio de Janeiro: Forense, 1999, p. 138); Newton de Lucca (*Comentários à nova Lei de Falência e Recuperação de Empresas*. Rio de Janeiro: Forense, 2009, p. 83); Sérgio Campinho (*Falência e recuperação de empresa*: o novo regime da insolvência empresarial. 4. ed. Rio de Janeiro: Renovar, 2009, p. 33-34), Frederico Simionato (*Tratado de direito falimentar*. Rio de Janeiro: Forense, 2008, p. 44).

[66] TJSP, 1ª Câmara Reservada de Direito Empresarial, AI 0124191-69.2013, rel. Des. Alexandre Marcondes, *DJ* 5-12-2013; TJSP, 2ª Câmara Reservada de Direito Empresarial, AI 0212583-53.2011, rel. Des. Ricardo Negrão, *DJ* 25-2-2013; TJSP, Câmara Especial, CC 0036578-06.2016, rel. Des. Ademir Benedito, *DJ* 7-11-2016; TJSP, Câmara Especial, CC 0067374-14.2015, rel. Des. Ademir Benedito, *DJ* 2-5-2016.

Art. 3º ||| Marcelo Barbosa Sacramone   **32**

A terceira corrente pugna pelo reconhecimento do principal estabelecimento como o economicamente mais importante. O estabelecimento economicamente mais importante é o que concentra a maior quantidade de contratações pelo empresário, sejam elas com os fornecedores, consumidores ou com os próprios empregados[67].

A posição pelo estabelecimento economicamente mais importante deve prevalecer por atender melhor aos fins da lei de recuperação e falência[68]. Com a concentração dos atos processuais no local onde a maior quantidade de contratações é realizada, os credores poderão demandar e fiscalizar a condução do processo sem se deslocarem do local onde habitualmente contratam. A arrecadação dos bens, por seu turno, seria mais fácil e rapidamente realizada pelo administrador judicial em eventual falência, o que permitiria a maximização do valor dos ativos.

Sua adoção, outrossim, evita comportamento oportunista do empresário em crise de tentar impedir ou dificultar, com o deslocamento do estabelecimento, pedidos de falência pelos seus credores.

Filial da empresa estrangeira que tenha sede fora do Brasil

A pessoa jurídica estrangeira poderá atuar no Brasil, desde que obtenha autorização do Poder Executivo (art. 1.134 do CC). Caso tenha seu principal estabelecimento no exterior e decida desenvolver sua atividade no Brasil, poderá a sociedade estrangeira incorrer em crise econômico-financeira e desejar se utilizar dos institutos da falência ou da recuperação quanto a sua filial no Brasil sediada. Para tanto, determinou a Lei que é competente para a apreciação do pedido de falência, concessão da recuperação judicial ou homologação da recuperação extrajudicial o foro em que localizada, no Brasil, a filial da pessoa jurídica.

O direito brasileiro, nesse ponto, adotou originalmente a teoria do territorialismo. Distinguiu-se a filial do principal estabelecimento da sociedade com sede no estrangeiro. A filial é considerada um estabelecimento autônomo, de modo a se permitir a apreciação do pedido de falência ou de recuperação pela jurisdição em que estiver situada e cujos efeitos serão restritos aos bens no Brasil existentes.

Ao obter a autorização para atuar no Brasil, o empresário estrangeiro deverá registrar-se na Junta Comercial, ocasião em que indicará o lugar da sucursal, filial ou agência no país (art. 1.136, § 2º, do CC). Embora a LREF fixe a competência no local da filial, deve ser entendida esta de modo geral como qualquer estabelecimento vinculado à pessoa jurídica estrangeira. Ainda que atue com a denominação de sucursal ou agência, o estabelecimento empresarial, distinto do estabelecimento localizado no exterior, já é suficiente para a aplicação da legislação brasileira[69].

---

[67] São adeptos dessa corrente: Carlos Barbosa Pimentel (*Direito empresarial*. 8. ed. Rio de Janeiro: Elsevier, 2010, p. 253), Fábio Ulhoa Coelho (*Curso de direito comercial*. v. 3. 13. ed. São Paulo: Saraiva, 2012, p. 279); Paulo Fernando Campos Salles de Toledo (*Comentários à Lei de Recuperação de empresas e falência*. 5. ed. São Paulo: Saraiva, 2012, p. 64); Oscar Barreto Filho (*Teoria do estabelecimento comercial*. São Paulo: Max Limonad, 1969, p. 145-146); Marlon Tomazette (*Curso de direito empresarial*. v. 3. 2. ed. São Paulo: Atlas, 2012, p. 34).

[68] STJ, 4ª Turma, REsp 1.006.093/DF, rel. Min. Antonio Carlos Ferreira, *DJ* 20-5-2014; TJSP, 2ª Câmara Reservada de Direito Empresarial, AI 2055370-08.2015, rel. Des. Carlos Alberto Garbi, *DJ* 29-6-2015; TJSP, 2ª Câmara Reservada de Direito Empresarial, AI 2132999-24.2016, rel. Des. Alexandre Marcondes, *DJ* 14-9-2016; TJSP, Câmara Especial, CC 0023377-15.2014, rel. Des. Marcelo Gordo, *DJ* 2-2-2015.

[69] VALVERDE, Trajano de Miranda. *Comentários à Lei de Falências*. 4. ed. Rio de Janeiro: Forense, 1999, p. 139.

Caso haja mais de um estabelecimento no Brasil do empresário estrangeiro, a competência será fixada pela regra geral. Entre os vários estabelecimentos, a competência será definida pelo local do principal, caracterizado como o economicamente mais importante.

Pela adoção do territorialismo pelo art. 3º da Lei n. 11.101/2005, não somente se aplicava a Lei brasileira apenas às sociedades estrangeiras e quanto ao estabelecimento aqui existente, como se determinava que a competência da justiça brasileira quanto a esses bens seria exclusiva.

Diante dos grupos de empresários transnacionais e da possibilidade de diversidade de tratamento jurídico entre os credores que uma teoria territorialista implicaria, entretanto, a jurisprudência passou a aceitar, ainda que em detrimento da expressa previsão legal, teorias universalistas da insolvência. Diante de ativos e passivos no estrangeiro, a jurisprudência passou a reconhecer, em diversos casos, a necessidade de aplicação de uma única legislação, de forma homogênea, a todos os ativos do devedor como uma forma de maximizar seu valor e de se garantir maior satisfação dos credores.

Essa crescente internacionalização dos negócios e das relações jurídicas e a necessidade cada vez maior de um tratamento mais adequado a todo o conjunto de ativo exigiram que a legislação de insolvência nacional fosse alterada. Sua adequação à nova realidade negocial existente, não mais limitada às fronteiras nacionais, exigiu que fosse disciplinada a insolvência transfronteiriça. Consagrou-se, a partir de então, a teoria do universalismo mitigado, de aplicação de uma legislação única a todos os ativos, independentemente da localização, mas condicionada ao reconhecimento do processo estrangeiro como principal, por meio do Capítulo VI-A, "Da insolvência transnacional"[70].

Empresário ambulante ou cuja atividade foi interrompida

O vendedor ambulante ou o prestador de serviço sem local fixo, como o circo, não possui um complexo de bens para a produção de uma determinada atividade localizado em um lugar permanentemente.

O art. 7º, § 1º, do Decreto-Lei n. 7.661/45 estabelecia que a falência dos ambulantes e empresários de espetáculos públicos podia ser declarada pelo juiz do lugar onde fossem encontrados. Presumia a lei que referidos empresários carregariam consigo todos os seus bens, de modo que seria mais efetivo para a arrecadação se o procedimento falimentar tramitasse onde o empresário fosse localizado.

A Lei n. 11.101/2005 não regula essa hipótese. Na ausência legal, aplica-se aos ambulantes a regra geral do principal estabelecimento, como o local onde o maior volume de contratações foi realizado pelo empresário devedor. Dessa forma, ainda que haja maior dificuldade na arrecadação dos bens ou na fiscalização do empresário, ao menos a maior quantidade de credores terá facilitado o acesso à jurisdição.

Na mesma regra incorre o empresário que não tenha mais atividade. Ainda que não mais possua atividade ou qualquer estabelecimento empresarial, a competência será definida pelo local onde se encontrava anteriormente o principal estabelecimento. A fixação do critério econômico permitirá, ainda que não haja mais bens naquela localidade, a maximização da utilidade do processo, com a redução dos gastos para o ingresso e acompanhamento do feito pela maior parte dos credores.

---

[70]   Conferir comentários aos arts. 167-A e seguintes.

Natureza da competência

A doutrina controverte sobre o critério para determinação da competência falimentar e recuperacional, se em razão da matéria[71] ou se em razão do território[72], embora ambas as posições cheguem à mesma conclusão quanto à sua natureza absoluta.

A confusão entre as espécies de competência revela a insuficiência histórica da diferenciação entre os critérios, pois, embora a distinção entre matérias e entre pessoas permita a diferenciação de competências, o local não, porque exige a consideração dos demais elementos, como da matéria tratada e da condição das partes[73].

Fixada com base na localidade onde situado o principal estabelecimento do devedor, a territorialidade é um dos aspectos para a fixação do foro competente. A exigência da matéria, também, não pode ser excluída, pois o principal estabelecimento somente terá relevância para os processos que versarem sobre a matéria falimentar ou recuperacional.

Ainda que fixada com base na localização do estabelecimento, o aspecto territorial não determina, necessariamente, a natureza relativa da competência[74]. A competência territorial é relativa nas situações em que apenas interesses privados estão submetidos à apreciação judicial. Será absoluta, entretanto, quando a lide envolver interesses de ordem pública não submetidos exclusivamente à discricionariedade dos litigantes.

O procedimento falimentar e recuperacional enquadra-se justamente nessa segunda alternativa. A recuperação do empresário em crise ou a liquidação dos ativos envolvidos na atividade empresarial procura preservar os interesses privados dos credores e dos devedores, mas não só. O interesse público é a principal propulsão à eficiência do procedimento falimentar e recuperacional, ao proteger a *par conditio creditorum* (paridade entre credores da mesma classe), gerar incentivo ao desenvolvimento da economia nacional, com a segurança sobre a higidez dos agentes econômicos, aumento da concorrência, redução do risco de crédito e preservação dos consumidores.

Esse interesse público caracteriza a competência como absoluta e impede a sua prorrogação, o reconhecimento da conexão ou da continência. A modificação de competência, independentemente da vontade das partes, não pode ser admitida[75]. A proteção do interesse público motiva o

---

[71] SCALZILLI, João Pedro; SPINELLI, Luis Felipe; TELLECHEA, Rodrigo. *Recuperação de empresas e falência*. São Paulo: Almedina, 2016, p. 122.

[72] TOMAZETTE, Marlon. *Curso de direito empresarial*. 2. ed. v. 3. São Paulo: Atlas, 2012, p. 36-37; MAMEDE, Gladston. *Direito empresarial brasileiro*. v. 4. São Paulo: Atlas, 2006, p. 55.

[73] DINAMARCO, Cândido Rangel. *Instituições de direito processual civil*. v. 1. 6. ed. São Paulo: Malheiros, 2009, p. 448-449.

[74] A tripartição das espécies de competência realizada por Giuseppe Chiovenda, ainda que a princípio tenha sido adotada pelo Código de Processo Civil, não considera a pluralidade de espécies de competência para a determinação de sua natureza em absoluta ou relativa (DINAMARCO, Cândido Rangel. *Instituições de direito processual civil*. v. 1. 6. ed. São Paulo: Malheiros, 2009, p. 450-451).

[75] Por se tratar de competência absoluta, inadmite-se sua modificação em razão de alterações posteriores ao pedido de recuperação ou falência, em razão da aplicação do princípio processual da "*perpetuatio jurisdictionis*" (perpetuação da competência) previsto no art. 43 do Código de Processo Civil, aplicado subsidiariamente aos processos de insolvência (Cf. comentários ao art. 189). Nesse

juiz de ofício a fiscalizar a correta atribuição da competência e a remeter o processo, ainda que não haja provocação, ao foro do principal estabelecimento do devedor[76].

Art. 4º (VETADO)

A intervenção do Ministério Público

O Presidente da República vetou o art. 4º, que estabelece a função do Ministério Público no procedimento. Em sua redação original, determinava o dispositivo que "o representante do Ministério Público intervirá nos processos de recuperação judicial e de falência". No parágrafo único, ainda previa que, "além das disposições previstas nesta Lei, o representante do Ministério Público intervirá em toda ação proposta pela Massa Falida ou contra esta".

O dispositivo legal reproduzia o art. 210 do Decreto-Lei n. 7.661/45, que determinava que o MP deveria ser ouvido em toda ação proposta pela Massa Falida ou em face desta e deveria requerer o que fosse necessário aos interesses da justiça no processo de falência ou concordata[77]. Esse artigo era criticado pela doutrina pela morosidade que impunha ao processo de falência e pela desnecessidade da intervenção no processo de concordata[78]. Na concordata, o benefício era considerado direito potestativo do devedor, que exigia a fiscalização direta pelo juiz, certo de que a intervenção do MP era desnecessária e apenas protelaria o feito.

A justificativa do veto presidencial teria sido que o art. 4º contrariava o interesse público. Entendeu-se, para vetar o dispositivo, que a exigência de atuação do Ministério Público em todos os atos do processo, bem como em toda a ação proposta pela Massa ou contra esta, sobrecarregaria a instituição.

O veto impede a decretação de nulidade por falta de manifestação do Ministério Público nas hipóteses não previstas taxativamente na Lei n. 11.101/2005 e permite maior celeridade processual[79]. Embora o art. 178 do Código de Processo Civil garanta a possibilidade de o Ministério

---

sentido: STJ, CC163.818/ES, 2ª Seção, rel. Min. Marco Aurélio Bellizze, j. 22-9-2020; TJSP, CC 0038826-66.2021.8.26.0000, Corte Especial, rel. Des. Xavier de Aquino, j. 21-2-2022.

[76] STJ, CC 37.736/SP, rel. Min. Nancy Andrighi, j. 11-6-2003; TJSP, 1ª Câmara Reservada de Direito Empresarial, AI 2206306-79.2016, rel. Des. Cláudio Godoy, DJ 9-12-2014; TJSP, 1ª Câmara Reservada de Direito Empresarial, AI 2113342-67.2014, rel. Des. Claudio Godoy, DJ 28-8-2014; TJSP, 2209277-90.2021.8.26.0000, 1ª Câmara Reservada de Direito Empresarial, rel. Des. J. B. Franco de Godoi, DJ 11-11-2021.

[77] Art. 210 do Decreto-Lei n. 7.661/45, alterado pela Lei n. 8.131/90: "O representante do Ministério Público, além das atribuições expressas na presente Lei, será ouvido em toda ação proposta pela massa ou contra esta. Caber-lhe-á o dever, em qualquer fase do processo, de requerer o que for necessário aos interesses da justiça, tendo o direito, em qualquer tempo, de examinar todos os livros, papéis e atos relativos à falência ou à concordata".

[78] PENTEADO, Mauro Rodrigues. *Comentários à Lei de Recuperação de Empresas e Falência*. São Paulo: Revista dos Tribunais, 2007, p. 125.

[79] DE LUCCA, Newton. *Comentários à nova Lei de Recuperação de Empresas e de Falências*. São Paulo: Quartier Latin, 2005, p. 101.

Público intervir como *custos legis* sempre que o processo envolver interesse público, o que é constante no procedimento falimentar e recuperacional, a possibilidade de intervenção não significa obrigatoriedade. Sua não intervenção não acarretará nulidade[80-81].

Ao Ministério Público, fora dos termos expressos da Lei, a conveniência da intervenção poderá ser aferida diante da relevância do interesse público em cada caso. Nesse ponto, inclusive, o Conselho Nacional do Ministério Público administrativamente revogou, por meio da Recomendação 34/2016, a Recomendação 16/2010 anterior, e que dispunha ser desnecessária a intervenção ministerial antes da decretação da falência ou do deferimento do processamento da recuperação judicial.

A Lei n. 11.101/2005, por seu turno, determinou a obrigatoriedade de intimação do Ministério Público nos principais atos processuais, para que possa ter ciência do procedimento e acompanhar seu desenvolvimento. Nesses termos, o MP deverá ser intimado do deferimento do processamento da recuperação judicial (art. 52, V), da sentença que decreta a falência (art. 99, XIII), da alienação de quais ativos (art. 142, § 7º) e das contas apresentadas pelo administrador judicial (art. 154, § 3º).

Esse acompanhamento do processo facultado ao MP após a intimação referida permite ao *Parquet* tomar providências diante da lesão ao interesse público tutelado. A Lei expressamente lhe atribui, ainda, além da atuação no âmbito criminal, poderes para apresentar impugnação de crédito (art. 8º); para promover ação de retificação de crédito, nos casos de descoberta de falsidade, dolo, simulação, fraude, erro essencial ou documento ignorado na época do julgamento (art. 19); para requerer a substituição do administrador judicial ou de membros do Comitê de Credores (art. 30, § 2º); para interpor recurso da concessão da recuperação (art. 59, § 2º); para requerer informações ao falido (art. 104, VI); para promover ação revocatória (art. 132); ou para alienação de bem (art. 143).

Fora dos atos processuais expressamente determinados na Lei n. 11.101 ao Ministério Público, sua atuação apenas se justifica se for, no caso a caso, demonstrada a necessidade de preservação de interesses públicos de forma concreta. O interesse público não pode ser confundido com a mera repercussão econômica que todo processo de falência e de recuperação judicial produz ou mesmo com os interesses de alguns credores de determinada classe[82].

Recentemente, o Conselho Nacional do Ministério Público aprovou a Recomendação n. 102, de 8 de agosto de 2023, que traz diretrizes aos membros do *parquet* quanto a sua atuação em processos de insolvência. A Recomendação engloba não apenas os processos de recuperação judicial, extrajudicial e falência, mas também liquidações extrajudiciais e insolvência civil. A Recomendação

---

[80] PROENÇA, José Marcelo Martins. *Comentários à nova Lei de Falências e Recuperação de Empresas.* 2. ed. São Paulo: Quartier Latin, 2007, p. 74-76.

[81] Não obrigatoriedade de intervenção em pedido de restituição: STJ, 4ª Turma, AgRG no AI 1.328.934/GO, rel. Min. Marco Buzzi, *DJ* 4-11-2014. Não obrigatoriedade de intervenção na fase pré-falimentar: STJ, 3ª Turma, REsp 1.230.431/SP, rel. Min. Nancy Andrighi, *DJ* 18-10-2011; STJ, 3ª Turma, REsp 1.094.500/DF, rel. Min. Nancy Andrighi, *DJ* 16-9-2010; STJ, 3ª Turma, REsp 996.264/DF, rel. Min. Sidnei Beneti, *DJ* 19-8-2010.
Não obrigatoriedade de intervenção em recuperação judicial: STJ, AgInt no REsp 1.882.422/RJ, rel. Min. Luis Felipe Salomão, 4ª Turma, j. 20-9-2021.

[82] Nesse sentido: STJ, 4ª Turma, AgRg no Ag 1.328.934/GO, rel. Min. Marco Buzzi, j. 4-11-2014, *DJe* 14-11-2014; STJ, 4ª Turma, REsp 1.882.422/RJ, rel. Min. Luis Felipe Salomão, j. 22-4-2021; AgInt no AREsp n. 1.630.049/SP, 4ª Turma, rel. Min. Marco Buzzi, j. 16-10-2020.

indica, em seu art. 2º, ter como "objetivo orientar e aperfeiçoar a atuação do Ministério Público no emprego da Lei de Recuperação Judicial e Falências de empresas e em situações correlatas e assemelhadas, visando salvaguardar o interesse público que decorre da necessidade de aplicar eficazmente as ferramentas legais do sistema de insolvência empresarial, a fim de evitar ou reduzir e minimizar os prejuízos sociais que dela possam advir".

Orienta-se, ainda, que a atuação do Ministério Público, nesses processos e procedimentos, deve ser pautada em três premissas: (i) o equilíbrio entre as noções de encerramento de atividades econômicas viáveis e a manutenção artificial do funcionamento de empresas inviáveis; (ii) o risco da perda dos potenciais empregos, tributos e riquezas, que impedem a produção de benefícios econômicos e sociais, e que atua em prejuízo do interesse da sociedade e do adequado funcionamento da economia; e (iii) a defesa dos direitos sociais decorrentes de eventuais prejuízos ameaçados ou causados pela insolvência empresarial (art. 2º, I, II e III).

O esforço institucional para aperfeiçoamento de todos os aplicadores do Direito é bastante positivo e bem-vindo. Ele deve se pautar, primordialmente, nas leis que regem esses procedimentos, de modo que as recomendações não podem extrapolar as competências previstas na norma e/ou conflitar com princípios que a regem e as justificativas para o veto ao art. 4º, inclusive.

CAPÍTULO II
DISPOSIÇÕES COMUNS À RECUPERAÇÃO JUDICIAL E À FALÊNCIA

Seção I
Disposições Gerais

Art. 5º Não são exigíveis do devedor, na recuperação judicial ou na falência:

I – as obrigações a título gratuito;

II – as despesas que os credores fizerem para tomar parte na recuperação judicial ou na falência, salvo as custas judiciais decorrentes do litígio com o devedor.

Obrigações excluídas da falência e da recuperação judicial

A falência e a recuperação judicial são institutos de socialização de perdas entre os diversos credores, que suportarão ao menos parte do insucesso da empresa pelo devedor. O prejuízo em razão do inadimplemento dos créditos, ainda que parcialmente, será dividido entre os diversos credores.

O Decreto-Lei n. 7.661/45 excluía da falência, em seu art. 23, além das obrigações a título gratuito e das despesas para ingressar no feito, as prestações alimentícias e as penas pecuniárias por infração das leis penais e administrativas. A exclusão era limitada à falência e não envolvia a concordata, em que os créditos poderiam ser, desse modo, perfeitamente exigidos.

As prestações alimentícias eram interpretadas como as obrigações devidas pelo empresário individual de responsabilidade ilimitada ou sócio ilimitadamente responsável. Restringiam-se às obrigações de pensão alimentícia e não se estendiam a outras obrigações com natureza alimentar, como as obrigações trabalhistas. Tampouco envolviam as indenizações devidas em razão de ato ilícito praticado pelo devedor antes da falência[1].

A exclusão era decorrente da mudança da situação econômico-financeira do alimentante e permitia, inclusive, a exoneração da obrigação alimentar. A imprescindibilidade do crédito alimentar para a própria sobrevivência do alimentando, entretanto, fez com que a disposição não fosse reproduzida na Lei n. 11.101/2005.

Também eram excluídos os créditos de multas por infração de leis penais e administrativas (art. 23, III, do Dec.-Lei n. 7.661/45). Decorria a exclusão das multas do fato de que elas, na falência,

---

[1]   VALVERDE, Trajano de Miranda. *Comentários à Lei de Falências*. v. 1. 4. ed. Rio de Janeiro: Forense, 1999, p. 209.

penalizariam mais os demais credores, com a redução dos ativos a serem partilhados, do que o próprio devedor. A inclusão dos créditos como dívidas a serem satisfeitas pela Massa Falida contrariaria a responsabilidade pessoal do devedor[2].

A Lei n. 11.101/2005 manteve a exclusão apenas dos credores titulares de créditos decorrentes de obrigações a título gratuito e dos créditos decorrentes das despesas para que o credor participasse da recuperação judicial ou da falência. Não houve limitação à exigibilidade das obrigações por ocasião da recuperação extrajudicial.

As prestações alimentícias não foram excepcionadas e poderão ser exigidas na falência e na recuperação, assim como as multas por infração das leis penais e administrativas, as quais são classificadas como créditos subquirografários na falência (art. 83, VII, da LREF).

A interpretação do *caput* do dispositivo, entretanto, não deverá ser a de impedir simplesmente que os titulares dos créditos decorrentes de obrigações a título gratuito e das despesas para ingresso no procedimento de insolvência não se habilitem no concurso da falência ou na sujeição à recuperação. Referidos credores também não poderão prosseguir com as suas demandas individuais em face da Massa Falida ou do devedor em recuperação.

Embora referidas obrigações não sejam consideradas extintas, elas são inexigíveis do devedor, por qualquer meio, enquanto este se submeter ao procedimento falimentar ou de recuperação judicial. Encerrado o procedimento falimentar ou o regime de recuperação judicial, a exigibilidade dos referidos créditos deixa de ser suspensa, e o montante poderá ser cobrado do devedor[3].

Obrigações a título gratuito

Obrigação a título gratuito é a obrigação contraída pelo empresário devedor sem nenhuma contraprestação pelo credor. São os negócios jurídicos unilaterais ou contratos unilaterais, em que apenas uma das partes é onerada e a parte adversa apenas obtém uma vantagem, sem contraprestação.

São exemplos de atos de liberalidade ou graciosos o contrato de doação não remuneratória ou as garantias pessoais ou reais, como fiança, aval, hipoteca ou penhor prestados a terceiro, sem que haja remuneração do afiançado, avalizado ou dos devedores principais da obrigação garantida.

---

[2]   Anteriormente à Lei n. 11.101/2005, o Supremo Tribunal Federal assentou, sobre o dispositivo, duas súmulas. Súmula 192: "Não se inclui no crédito habilitado em falência a multa fiscal com efeito de pena administrativa"; Súmula 565: "A multa fiscal moratória constitui pena administrativa, não se incluindo no crédito habilitado em falência".

[3]   Nos termos do art. 61 da LREF, o devedor apenas permanecerá em recuperação judicial até que se cumpram todas as obrigações previstas no plano que se vencerem até dois anos depois da concessão da recuperação judicial. A inexigibilidade das obrigações a título gratuito e das custas para ingressar no processo de recuperação judicial deve perdurar apenas pelo prazo de dois anos em que se submete o devedor empresário à fiscalização judicial do cumprimento de suas obrigações, ainda que seu plano de recuperação perdure por tempo maior.

En sentido diverso, sustentando que a inexigibilidade deve perdurar por todo o período de cumprimento do plano de recuperação judicial: NORONHA, João Otávio de e CORRÊA LIMA, Sérgio Mourão. *Comentários à nova Lei de Falência e Recuperação de Empresas*. Rio de Janeiro: Forense, 2009, p. 77; CAMPOS, Wilson Cunha. As obrigações a título gratuito e sua exigibilidade contra a empresa em processo de recuperação judicial. In: LUCCA, Newton de; DOMINGUES, Alessandra de Azevedo; ANTONIO, Nilva M. Leonardi (coords.). *Direito recuperacional*. v. 2. São Paulo: Quartier Latin, 2012, p. 377.

Os credores titulares de obrigações a título gratuito são excluídos da recuperação judicial e da falência porque, a princípio, os ativos do devedor serão insuficientes para a satisfação integral dos credores que realizaram alguma contraprestação e, portanto, deverão arcar com o prejuízo em razão do inadimplemento parcial. Os ativos do devedor, insuficientes para o adimplemento de todos os credores, serão exclusivamente utilizados para reduzir o prejuízo dos credores que efetivamente os suportaram.

Contudo, a identificação do ato como gratuito não é tão simples quanto se possa imaginar. Isso porque a contraprestação não precisa ser exclusivamente direta para descaracterizar o ato gratuito.

É considerado benefício indireto qualquer sorte de contraprestação esperada do beneficiário do ato. Se o ato de liberalidade for destinado à obtenção de um benefício indireto, este não poderá ser considerado gratuito e permitirá que o credor se habilite no procedimento concursal[4].

Na hipótese de garantias prestadas a terceiro, como por exemplo um aval, o avalista garante o adimplemento da obrigação do avalizado perante terceiro credor, o qual, em regra, realizou contraprestação em benefício do avalizado. Nesse ponto, a recuperação judicial ou falência do avalista não impediria a habilitação do crédito pelo terceiro, caso o avalista tenha recebido ou pretendesse receber algum benefício indireto do avalizado, pois isso descaracterizaria a outorga da garantia como mero ato de liberalidade. O credor não seria beneficiado, porque efetivamente despendeu recursos e sofreria prejuízo com o inadimplemento. Os demais credores não seriam injustamente prejudicados, pois o devedor se beneficiou indiretamente ou pretendia se beneficiar com a redução do ativo e aumento do passivo, o que seria benéfico a todos os demais.

A jurisprudência tem considerado que garantias prestadas a sociedades do mesmo grupo econômico poderão ser consideradas atos que objetivam ganhos indiretos. A garantia seria atribuída por uma das sociedades ou pessoas integrantes do grupo para uma outra integrante. Como o seu objetivo seria o auxílio financeiro, a garantia propiciaria benefícios a todos do grupo econômico e ao próprio garantidor. Nesse sentido, poderia ser exigível na falência ou na recuperação judicial, pois não foi atribuída gratuitamente[5].

Despesas para fazer parte da falência ou recuperação judicial

São consideradas despesas para que o credor ingresse na recuperação judicial ou na falência todas as quantias gastas para que os credores possam demonstrar a existência, quantidade e qualidade dos respectivos créditos em face do empresário devedor no processo falimentar ou de recuperação judicial, como por meio da habilitação de crédito, impugnação judicial, ação de retificação de quadro.

As despesas para tomar parte nos processos de falência e de recuperação judicial foram excluídas, para não onerar a coletividade dos credores em razão de gastos individuais de alguns. Nesse ponto, a referência a despesas deverá ser interpretada restritivamente. A primeira interpretação é a de que apenas as despesas necessárias para tomar parte na recuperação judicial ou na falência são excluídas.

---

[4]   Nesse sentido, CAMPOS, Wilson Cunha. As obrigações a título gratuito e sua exigibilidade contra a empresa em processo de recuperação judicial. In: LUCCA, Newton de; DOMINGUES, Alessandra de Azevedo; ANTONIO, Nilva M. Leonardi (coords.). *Direito recuperacional*. v. 2. São Paulo: Quartier Latin, 2012, p. 341 e ss., em especial p. 367.

[5]   TJSP, Câmara Especial de Falências e Recuperação Judicial, AI 555.224-4/0-00, rel. Des. Romeu Ricupero, *DJ* 30-7-2008; TJSP, Câmara Especial de Falências e Recuperação Judicial, AI 582.401-4/0-00, rel. Des. José Roberto Lino Machado, *DJ* 17-12-2008; TJDF, 1ª Turma Cível, AI 2011 00 2 001719, rel. Des. Esdras Neves, j. 2-6-2011.

O protesto, por exemplo, é medida indispensável para a exigibilidade do título de crédito em face dos demais coobrigados. Por essa razão, não poderá ser considerado despesa para tomar parte na recuperação ou falência, de modo que poderá ser exigido pelo credor[6].

Também poderão ser exigidos despesas, honorários judiciais e custas despendidos pelo credor em ação própria em face do devedor para reconhecimento do seu crédito. A ação de conhecimento que forma o título executivo judicial, com as verbas de sucumbência dela decorrentes, não poderá ser considerada modo de o credor tomar parte na recuperação judicial ou na falência, conforme previsão do artigo. Trata-se de medida efetuada pelo credor para o reconhecimento e a satisfação de seu crédito, a despeito da condição falimentar ou recuperacional do devedor. Desse modo, poderá ser exigida pelo credor.

Além de serem excluídas apenas as despesas para tomar parte na recuperação judicial ou na falência, a segunda exclusão é decorrente da finalidade do instituto. O art. 5º, II, procurou evitar que a devedora arque com despesas voluntariamente contratadas pelo credor para que possa ingressar no processo.

Entre as despesas voluntárias para ingressar na falência ou na recuperação judicial, figura a contratação de advogado para a habilitação de crédito ou divergência ou, ainda, para promover a impugnação de crédito, o deslocamento para a protocolização da petição etc.[7].

Ainda que, nas habilitações ou divergências administrativas, seja desnecessária a contratação de advogados (art. 7º da LREF), nada impede que o credor os contrate. A exigência de contratação do patrono é feita na impugnação de crédito, assim como nas habilitações retardatárias.

Referidas despesas não poderão ser exigidas da Massa Falida ou do devedor em recuperação judicial. A justificativa a tanto é de duas ordens. Na primeira, estimulam-se os credores a tempestivamente habilitarem seus créditos, o que poderão fazer independentemente da necessidade de contratação de advogados. A segunda justificativa se baseia na paridade entre os credores. As despesas decorrentes do ingresso na falência ou recuperação judicial poderão ser muito díspares entre os credores, como, por exemplo, com a contratação de renomado escritório de advocacia para a impugnação de crédito. O ressarcimento dessas despesas não apenas reduziria o montante a ser recebido pelos demais, como criaria tratamento desigual entre os credores.

As despesas legais, entretanto, decorrentes da Lei e não da vontade da parte podem ser exigidas da recuperanda ou da Massa Falida. Isso porque a justificativa para sua exclusão seria justamente impedir que a Massa tivesse que arcar com despesas ordinárias que todos os credores deveriam, em maior ou menor grau, despender para integrar o feito. Nas despesas legais, entretanto, a exigência é decorrente da própria lei, que impõe o ressarcimento pelo sucumbente. É o que ocorre com os ônus da sucumbência.

As despesas processuais, nos termos dos arts. 82, § 2º, e 84 do Código de Processo Civil, são impostas ao vencido em razão da antecipação pela parte adversa. São exemplos os honorários periciais, a diária de testemunha, a remuneração do assistente técnico.

A interpretação de que não poderiam ser impostas à recuperanda ou à Massa Falida, em benefício da coletividade de credores, poderia inviabilizar o próprio ingresso de um credor no

---

[6]   TJSP, 9ª Câmara de Direito Privado, AI 391.342-4/3-00, rel. Des. João Carlos Garcia, *DJ* 2-8-2005.

[7]   O STJ já se manifestou em diversas oportunidades pelo não cabimento de reembolso dos honorários contratuais acordados pela parte com seu patrono para defesa dos direitos em juízo: STJ, 2ª Seção, AR 4.683/MG, rel. Min. Paulo de Tarso Sanseverino, *DJ* 6-6-2014; STJ, 4ª Turma, AgInt no REsp 1.515.433/MS, rel. Min. Antonio Carlos Ferreira, *DJ* 1-12-2016; STJ, 3ª Turma, AgInt no AREsp 693.596/RS, rel. Min. Ricardo Villas Bôas Cueva, j. 2-2-2017.

feito, bem como estimular comportamentos oportunistas do devedor, que poderá criar situação onerosa em razão de sua resistência ao pedido do credor apenas para lhe dificultar o ingresso no feito. Isso ocorreria com a necessidade de honorários periciais na habilitação em montante superior ao valor do crédito, por exemplo, o qual não seria ressarcido pela Massa ou pela recuperanda[8].

Entre os ônus sucumbenciais, além das despesas processuais, figuram os honorários advocatícios. Há controvérsia histórica sobre o cabimento de honorários sucumbenciais na falência e na recuperação judicial[9].

A despeito da controvérsia doutrinária, a jurisprudência assentou o posicionamento de que os honorários advocatícios sucumbenciais podem ser exigidos da recuperanda ou da Massa Falida, mesmo que decorrentes de procedimento que o credor fizer para tomar parte na recuperação judicial ou na falência, desde que haja resistência. É o caso de condenação em honorários de sucumbência decorrentes de reconhecimento do crédito em habilitação retardatária, impugnação judicial ou ação de retificação do quadro-geral de credores[10].

Esse posicionamento jurisprudencial é conforme a diferenciação entre as despesas legais e as voluntárias. Como gênero, as despesas legais em razão do processo devem compreender os honorários sucumbenciais. Embora os honorários contratuais sejam voluntariamente contratados pela parte, os honorários sucumbenciais são decorrentes do processo, fixados pelo juiz, que condenará

---

[8] Em sentido contrário, SCALZILLI, João Pedro; SPINELLI, Luis Felipe; TELLECHEA, Rodrigo. *Recuperação de empresas e falência*. São Paulo: Almedina, 2006, p. 119.

[9] Para Valverde, os honorários advocatícios seriam considerados espécies de custas judiciais e, em virtude disso, poderiam ser cobrados do devedor (VALVERDE, Trajano de Miranda. *Comentários à Lei de Falências*. v. 1. 4. ed. Rio de Janeiro: Forense, 1999, p. 210). Em sentido contrário, NORONHA, João Otávio de; CORRÊA LIMA, Sérgio Mourão. *Comentários à nova Lei de Falência e Recuperação de Empresas*. Rio de Janeiro: Forense, 2009, p. 80; COELHO, Fábio Ulhoa. *Comentários à Lei de Falências e de Recuperação de Empresa*. 11. ed. São Paulo: Revista dos Tribunais, 2016, p. 75.

[10] O Superior Tribunal de Justiça consolidou o entendimento a respeito da condenação em honorários: "são devidos honorários advocatícios quando o pedido de habilitação de crédito for impugnado, em recuperação judicial ou na falência, haja vista a litigiosidade do processo" (*Jurisprudência em Teses*, n. 35: Recuperação Judicial I, disponível em: www.stj.jus.br).

Nesse sentido, ainda, jurisprudência: STJ, 4ª Turma, AgRg no Agravo em REsp 62.801/SP, rel. Min. Marco Buzzi, j. 20-8-2013; STJ, 4ª Turma, AgRg no REsp 1.062.884/SC, rel. Min. Luis Felipe Salomão, *DJe* 24-8-2012; STJ, 3ª Turma, AgRg no REsp 958.620/SC, rel. Min. Vasco Della Giustina (Desembargador Convocado do TJ/RS), *DJe* 22-3-2011; TJSP, 1ª Câmara Reservada de Direito Empresarial, AI 2078832-57.2016, rel. Des. Ênio Zuliani, j. 31-8-2016; TJSP, 1ª Câmara Reservada de Direito Empresarial, AI 2109896-85.2016, rel. Des. Teixeira Leite, j. 21-9-2016; TJSP, 2ª Câmara Reservada de Direito Empresarial, AI 2002898-30.2015.8.26.0000, rel. Des. Ramon Mateo Junior, *DJe* 17-6-2015. Em relação aos parâmetros para a fixação dos honorários sucumbenciais devidos em incidentes de crédito, a Terceira Turma do STJ decidiu que deverão, igualmente, seguir os parâmetros fixados no CPC, isto é, com base no proveito econômico obtido pelo vencedor e, na impossibilidade, ao valor atribuído à causa: "PROCESSUAL CIVIL. AGRAVO INTERNO NO RECURSO ESPECIAL. RECUPERAÇÃO JUDICIAL. IMPUGNAÇÃO AO CRÉDITO. LITIGIOSIDADE. HONORÁRIOS ADVOCATÍCIOS DE SUCUMBÊNCIA. CABIMENTO. CRITÉRIO DE CÁLCULO. PROVEITO ECONÔMICO. 1. Impugnação ao crédito. 2. De acordo com o entendimento desta Corte Superior, a existência de litígio em incidentes relativos à habilitação de crédito em recuperação judicial autoriza a fixação de honorários advocatícios de sucumbência a serem pagos pelo vencido. 3. Em hipóteses como essa, os honorários devem ter como parâmetro de fixação o proveito econômico obtido; caso não seja possível mensurá-lo, hão de ser arbitrados de acordo com o valor atribuído à causa. 4. Agravo interno não provido" (STJ, AgInt no REsp n. 2.119.427/SP, 4ª Turma, rel. Min. Nancy Andrighi, j. 15-5-2024, *DJ* 15-5-2024).

o vencido a pagar honorários ao advogado do vencedor, nos termos do art. 85, § 1º, do Código de Processo Civil. Além de ser imposição legal ao vencido, em razão de sua resistência infundada à legítima pretensão do vencedor, os honorários sucumbenciais remuneram o patrono pelos serviços realizados. Justo que esse profissional, portanto, pretenda sua satisfação como credor perante o devedor, o qual deu causa a toda a sua atividade[11-12].

Custas judiciais

Entre as despesas, também estão incluídas as custas judiciais. Excepcionalmente, todavia, a Lei permite a exigibilidade das custas judiciais em razão de litígio com o devedor, quer tenham sido despendidas antes da decretação da falência do devedor ou de seu pedido de recuperação judicial, ou posteriormente, em razão da própria habilitação ou impugnação judicial na fase de verificação de créditos.

As contraídas anteriormente à quebra ou à recuperação judicial são expressamente exigíveis nos termos do art. 5º, II, da LREF e consideradas créditos quirografários (art. 83, V). As contraídas posteriormente, ou seja, em face da Massa Falida ou em face do devedor em recuperação judicial, são classificadas como créditos extraconcursais na falência (art. 84, III) ou não submetidos à recuperação judicial (art. 49, *caput*)[13].

Art. 6º A decretação da falência ou o deferimento do processamento da recuperação judicial implica:

I – suspensão do curso da prescrição das obrigações do devedor sujeitas ao regime desta Lei;

II – suspensão das execuções ajuizadas contra o devedor, inclusive daquelas dos credores particulares do sócio solidário, relativas a créditos ou obrigações sujeitas à recuperação judicial ou à falência;

III – proibição de qualquer forma de retenção, arresto, penhora, sequestro, busca e apreensão e constrição judicial ou extrajudicial sobre os bens do devedor, oriundas de demandas judiciais ou extrajudiciais cujos créditos ou obrigações sujeitem-se à recuperação judicial ou à falência.

---

[11] Cf. comentários ao art. 8º.

[12] O STJ julgou o REsp 1.850.512/SP, sujeito à lógica dos recursos repetitivos (Tema 1.076), em que firmou a seguinte tese: "(i) A fixação dos honorários por apreciação equitativa não é permitida quando os valores da condenação, da causa ou o proveito econômico da demanda forem elevados. É obrigatória nesses casos a observância dos percentuais previstos nos §§ 2º ou 3º do artigo 85 do CPC – a depender da presença da Fazenda Pública na lide –, os quais serão subsequentemente calculados sobre o valor: (a) da condenação; ou (b) do proveito econômico obtido; ou (c) do valor atualizado da causa. ii) Apenas se admite arbitramento de honorários por equidade quando, havendo ou não condenação: (a) o proveito econômico obtido pelo vencedor for inestimável ou irrisório; ou (b) o valor da causa for muito baixo". Desde o julgamento desse recurso, o STJ já teve a oportunidade de decidir que a fixação de honorários sucumbenciais em sede de impugnações de crédito deve observar o art. 85, § 2º, do CPC: STJ, AgInt no REsp n. 1.834.297/SC, 4ª Turma, rel. Min. Luis Felipe Salomão, j. 27-9-2021.

[13] TJSP, 2ª Câmara Reservada de Direito Empresarial, AI 0210207-60.2012, rel. Des. José Reynaldo, *DJ* 8-4-2013.

§ 1º Terá prosseguimento no juízo no qual estiver se processando a ação que demandar quantia ilíquida.

§ 2º É permitido pleitear, perante o administrador judicial, habilitação, exclusão ou modificação de créditos derivados da relação de trabalho, mas as ações de natureza trabalhista, inclusive as impugnações a que se refere o art. 8º desta Lei, serão processadas perante a justiça especializada até a apuração do respectivo crédito, que será inscrito no quadro-geral de credores pelo valor determinado em sentença.

§ 3º O juiz competente para as ações referidas nos §§ 1º e 2º deste artigo poderá determinar a reserva da importância que estimar devida na recuperação judicial ou na falência, e, uma vez reconhecido líquido o direito, será o crédito incluído na classe própria.

§ 4º Na recuperação judicial, as suspensões e a proibição de que tratam os incisos I, II e III do *caput* deste artigo perdurarão por 180 (cento e oitenta) dias, contados do deferimento do processamento da recuperação, prorrogável por igual período, uma única vez, em caráter excepcional, desde que o devedor não haja concorrido com a superação do lapso temporal.

§ 4º-A. O decurso do prazo previsto no § 4º deste artigo, sem a deliberação a respeito do plano de recuperação judicial proposto pelo devedor, faculta aos credores a propositura de plano alternativo, na forma dos §§ 4º, 5º, 6º e 7º do art. 56 desta Lei, observado o seguinte:

I – as suspensões e a proibição de que tratam os incisos I, II e III do *caput* deste artigo não serão aplicáveis caso os credores não apresentem plano alternativo no prazo de 30 (trinta) dias, contado do final do prazo referido no § 4º deste artigo ou no § 4º do art. 56 desta Lei;

II – as suspensões e a proibição de que tratam os incisos I, II e III do *caput* deste artigo perdurarão por 180 (cento e oitenta) dias contados do final do prazo referido no § 4º deste artigo, ou da realização da assembleia geral de credores referida no § 4º do art. 56 desta Lei, caso os credores apresentem plano alternativo no prazo referido no inciso I deste parágrafo ou no prazo referido no § 4º do art. 56 desta Lei.

§ 5º O disposto no § 2º deste artigo aplica-se à recuperação judicial durante o período de suspensão de que trata o § 4º deste artigo.

§ 6º Independentemente da verificação periódica perante os cartórios de distribuição, as ações que venham a ser propostas contra o devedor deverão ser comunicadas ao juízo da falência ou da recuperação judicial:

I – pelo juiz competente, quando do recebimento da petição inicial;

II – pelo devedor, imediatamente após a citação.

§ 7º Revogado.

§ 7º-A. O disposto nos incisos I, II e III do *caput* deste artigo não se aplica aos créditos referidos nos §§ 3º e 4º do art. 49 desta Lei, admitida, todavia, a competência do juízo da recuperação judicial para determinar a suspensão dos atos de constrição que recaiam sobre bens de capital essenciais à manutenção da atividade empresarial durante o prazo de suspensão a que se refere o § 4º deste artigo, a qual será implementada mediante a cooperação jurisdicional, na forma do art. 69 da Lei n. 13.105, de 16 de março de 2015 (Código de Processo Civil), observado o disposto no art. 805 do referido Código.

§ 7º-B. O disposto nos incisos I, II e III do *caput* deste artigo não se aplica às execuções fiscais, admitida, todavia, a competência do juízo da recuperação judicial para determinar a substituição dos atos de constrição que recaiam sobre bens de capital essenciais à manutenção da atividade empresarial até o encerramento da recuperação judicial, a qual será implementada mediante a cooperação jurisdicional, na forma do art. 69 da Lei n. 13.105, de 16 de março de 2015 (Código de Processo Civil), observado o disposto no art. 805 do referido Código.

§ 8º A distribuição do pedido de falência ou de recuperação judicial ou a homologação de recuperação extrajudicial previne a jurisdição para qualquer outro pedido de falência, de recuperação judicial ou de homologação de recuperação extrajudicial, relativo ao mesmo devedor.

§ 9º O processamento da recuperação judicial ou a decretação da falência não autoriza o administrador judicial a recusar a eficácia da convenção de arbitragem, não impedindo ou suspendendo a instauração de procedimento arbitral.

§ 10. (VETADO)

§ 11. O disposto no § 7º-B deste artigo aplica-se, no que couber, às execuções fiscais e às execuções de ofício que se enquadrem respectivamente nos incisos VII e VIII do *caput* do art. 114 da Constituição Federal, vedados a expedição de certidão de crédito e o arquivamento das execuções para efeito de habilitação na recuperação judicial ou na falência.

§ 12. Observado o disposto no art. 300 da Lei n. 13.105, de 16 de março de 2015 (Código de Processo Civil), o juiz poderá antecipar total ou parcialmente os efeitos do deferimento do processamento da recuperação judicial.

§ 13. Não se sujeitam aos efeitos da recuperação judicial os contratos e obrigações decorrentes dos atos cooperativos praticados pelas sociedades cooperativas com seus cooperados, na forma do art. 79 da Lei n. 5.764, de 16 de dezembro de 1971, consequentemente, não se aplicando a vedação contida no inciso II do art. 2º quando a sociedade operadora de plano de assistência à saúde for cooperativa médica. (VETO REJEITADO PELO CONGRESSO NACIONAL)

Suspensão das execuções em face da falida

O juízo da falência é universal, o único competente para conhecer todas as ações sobre bens, interesses e negócios do falido (art. 76). A universalidade do juízo falimentar é concebida para que um único órgão possa arrecadar todos os bens, liquidá-los e partilhar o produto entre os diversos credores em igualdade de condições na mesma classe.

Decretada a falência do empresário devedor, todas as execuções individuais que possam constranger os bens do empresário ou dos sócios ilimitadamente responsáveis devem ser suspensas. A suspensão permite que todos os credores do falido ingressem, via habilitação do crédito, no procedimento concursal.

A suspensão das execuções perdura até o encerramento da falência. Caso os credores não sejam satisfeitos integralmente pelo procedimento concursal, encerrada a falência, voltam a prosseguir as ações individuais dos credores em face do empresário devedor até a extinção das obrigações.

As ações e execuções em face de coobrigados não se suspendem em razão da decretação da falência. Apenas as execuções em face da falida são suspensas como forma de obrigar o credor a se habilitar no procedimento falimentar e ser satisfeito conforme a *par conditio creditorum*. Em face dos demais coobrigados, as ações deverão prosseguir normalmente. Referidos devedores coobrigados e garantidores do falido poderão habilitar na falência o crédito correspondente às quantias pagas ou devidas[14].

Na falência, previa o art. 24, § 1º, do Decreto-Lei n. 7.661/45 uma exceção à suspensão das execuções. Segundo o dispositivo, "achando-se os bens já em praça, com dia definitivo para arrematação, fixado por editais, far-se-á esta, entrando o produto para a Massa. Se, porém, os bens já tiverem sido arrematados ao tempo da declaração da falência, somente entrará para a Massa a sobra, depois de pago o exequente".

O dispositivo não foi reproduzido na Lei n. 11.101/2005, mas sua aplicação deverá ser parcialmente ainda realizada. Pelo princípio da celeridade processual e economia dos atos processuais, nada impediria que fosse mantida a hasta pública para alienação dos bens na execução individual. Como pretende o procedimento falimentar a liquidação dos bens para pagamento dos credores, a menos que a alienação singular do bem não seja conveniente à liquidação de todos os demais bens em conjunto, nos termos do art. 140, não haveria impedimento para que a hasta pública fosse preservada. O processo de execução individual, nesse caso, apenas seria suspenso após a realização da hasta pública.

A preservação da hasta pública, entretanto, não poderia indicar a possibilidade de satisfação individual do credor em detrimento dos demais credores. O produto da alienação integra a Massa Falida objetiva e deverá ser encaminhado ao processo falimentar para o pagamento de todos os credores, independentemente se a falência foi decretada antes ou depois da alienação do bem na execução individual[15].

Nos termos do art. 905, II, do Código de Processo Civil, o produto da alienação do bem não é de propriedade do exequente individual. Decretada a falência, independentemente da época em que a penhora é realizada, os credores deverão receber conforme a ordem legal de pagamento[16], de modo que o produto da alienação deverá ser encaminhado ao Juízo Universal.

Por fim, com a decretação da quebra, também são suspensas as execuções dos credores particulares do sócio solidário.

O sócio ilimitadamente responsável pelas obrigações da pessoa jurídica será decretado falido juntamente com a decretação de falência desta, por extensão[17]. Nesses termos, considerado também como falida, seus credores particulares devem se sujeitar à Massa Falida subjetiva, de modo que não poderão prosseguir com as execuções individuais, mas deverão ser habilitados no procedimento falimentar para serem satisfeitos pelo Juízo Universal.

Suspensão das execuções em face da recuperanda

A suspensão das execuções ocorre também em face do empresário devedor submetido à recuperação judicial e a partir da publicação da decisão de processamento da recuperação judicial.

Ao contrário dos Estados Unidos, de onde a norma teria sido reproduzida, a suspensão não é automática e decorrente do pedido. Ela apenas ocorre a partir da publicação da decisão de processamento

---

[14] Cf. comentários ao art. 128.
[15] Cf. comentários ao art. 151.
[16] Cf. comentários ao art. 149.
[17] Cf. comentários ao art. 81.

da recuperação judicial e, portanto, da conferência judicial da apresentação de toda a documentação necessária ao pedido de recuperação, o que pode ser moroso e impactar o desenvolvimento da atividade da devedora, com a possibilidade de constrição de ativos de seu patrimônio.

Referida suspensão é motivada pela tentativa da lei de criar, com a recuperação judicial, um ambiente institucional para a negociação entre credores e devedor. A suspensão das ações e execuções impede que credores individuais retirem bens imprescindíveis à reestruturação da atividade, o que assegura ao devedor a possibilidade de estabelecer no plano de recuperação meios para sanar a crise econômico-financeira pela qual passa. Outrossim, a suspensão das ações individuais incentiva os credores a ingressarem no procedimento concursal para negociar coletivamente com o devedor a melhor alternativa para a satisfação de seus créditos.

A lei estabelece, nesse dispositivo, o *stay period*, ou período de suspensão. Na recuperação judicial, deferido o processamento do pedido, todas as ações e execuções em face do empresário em recuperação são suspensas por 180 dias para que ele possa se compor com os seus credores a respeito do melhor meio para recuperar sua atividade e saldar seus débitos.

Para que a discussão sobre a melhor forma de satisfazer a coletividade dos créditos pudesse ocorrer na recuperação judicial, procurou-se evitar que os credores prosseguissem com suas ações individuais e realizassem a constrição de bens, os quais poderiam ser indispensáveis para a reestruturação do empresário. Nesse sentido, apenas as execuções de créditos sujeitos à recuperação judicial ficarão suspensas. As execuções de créditos extraconcursais prosseguirão normalmente, inclusive com a possibilidade de atos de constrição sobre o patrimônio do devedor, com exceção apenas da retirada de bens de capital tidos por essenciais na hipótese de execução dos créditos listados no art. 49, §§ 3º e 4º.

A não suspensão se estende a eventuais cumprimentos de sentença ajuizados por credores extraconcursais. O cumprimento de sentença está previsto no Título III do Código de Processo Civil e é o procedimento utilizado para a execução dos títulos executivos judiciais. Aos cumprimentos de sentença aplicam-se subsidiariamente as previsões atinentes à execução de título extrajudicial.

De acordo com o art. 523, § 1º, do Código de Processo Civil, o executado será intimado para pagar o débito no prazo de quinze dias. Em caso de não cumprimento voluntário da obrigação, o valor executado será acrescido de multa de 10% e honorários sucumbenciais também no percentual de 10%. Caso o cumprimento de sentença execute crédito extraconcursal, transcorrido o prazo de 15 dias, as penalidades estabelecidas no § 1º do art. 523 do Código de Processo Civil incidirão automaticamente.

Uma vez que prevalecem os direitos e prerrogativas do credor extraconcursal, desnecessária qualquer manifestação do juízo recuperacional sobre o assunto que nem sequer é competente para decidir questões relativas aos créditos não sujeitos, à exceção da análise acerca da essencialidade de bens eventualmente constritos[18].

Caso se trate de cumprimento de sentença de crédito concursal, deverá este ser suspenso. Assim, inexigíveis as penalidades estabelecidas no art. 523, § 1º, do Código Processo Civil[19].

Também não ocorre a suspensão das ações sem conteúdo patrimonial, e, por consequência, também não se suspende sua prescrição. Isso porque a manutenção de seu processamento não

---

[18]   Em sentido diverso: STJ, REsp 1.953.197/GO, 3ª Turma, rel. Min. Nancy Andrighi, j. 5-10-2021.

[19]   STJ, REsp 1.937.516/SP, 3ª Turma, rel. Min. Nancy Andrighi, j. 3-8-2021.

poderá resultar em redução dos ativos do devedor ou prejuízo à coletividade de credores, de modo que a prescrição também não se justifica.

Uma vez que o objetivo da suspensão das execuções é facilitar a negociação entre devedor e credores concursais, não se estendendo às ações movidas por credores não sujeitos contra a recuperanda, ressalvada somente a suspensão das constrições pelo juízo recuperacional na hipótese de bens de capital essenciais, assim como as ações movidas por credores concursais contra devedores coobrigados, a ordem de suspensão somente poderá beneficiar o devedor (ou devedores) em recuperação, jamais terceiros coobrigados. Por uma série de razões[20].

Primeiro, porque o juízo da recuperação judicial não seria competente para decidir a respeito do patrimônio de terceiros que sequer fazem parte do pedido recuperatório. Segundo, porque a regra que admite a suspensão das execuções implica restrição de direitos dos credores, de modo que sua interpretação deve ser estrita.

Além disso, admitir a extensão dos efeitos do *stay period* para terceiros não sujeitos à recuperação judicial, ainda que do mesmo grupo econômico, representaria a desconsideração dos diferentes patrimônios das sociedades do grupo, garantida pelo art. 266 da Lei das Sociedades Anônimas (Lei n. 6.404/76) e pelos arts. 49-A e 50, § 4º, do Código Civil e que se conserva até mesmo quando há pedido de recuperação judicial em consolidação processual. Decisão nesse sentido, ainda, desvirtuaria o objetivo do *stay period* para esvaziar os meios de proteção criados pela própria Lei para proteção dos interesses dos credores, que poderiam, por exemplo, se ver impedidos de seguir plenamente com ações ajuizadas contra coobrigados do mesmo grupo econômico das recuperandas.

Por fim, a ordem de suspensão de execuções contra pessoas diversas do(s) devedor(es) pode vir a afetar o direito de credores que sequer participariam da recuperação judicial, o que é inconcebível dentro do microssistema criado pela Lei n. 11.101/2005, cujo propósito, como se disse, é estabelecer um ambiente mais favorável à negociação entre os credores concursais e o devedor em crise, que busca, com a recuperação, a reestruturação do seu passivo.

A tutela de urgência

A alteração legislativa com a inserção do § 12 no art. 6º da Lei n. 11.101/2005 ocorreu para expressamente autorizar a concessão de tutelas de urgência para antecipar total ou parcialmente os efeitos do deferimento do processamento da recuperação judicial.

Nos termos do art. 300 do Código de Processo Civil, as tutelas de urgência poderão ser concedidas quando houver elementos que evidenciem a probabilidade do direito e o perigo de dano ou o risco ao resultado útil do processo. São necessários, portanto, o *fumus boni iuris* e o *periculum in mora*.

Na recuperação judicial, o perigo de dano poderá caracterizar-se com a possibilidade imediata de constrição de ativos do devedor por credores sujeitos à recuperação judicial e que poderiam comprometer a estruturação de uma negociação coletiva para a superação da crise econômico-financeira do devedor. Mas não apenas. É imprescindível que o devedor demonstre que sequer possui prazo hábil para providenciar a documentação do art. 51 e realizar o pedido de recuperação judicial.

O *"fumus boni iuris"*, por seu turno, consiste na probabilidade do direito invocado, ou seja, que teria direito ao futuro deferimento do processamento da recuperação judicial e que os efeitos desse processamento impediriam o eventual dano de que a parte autora procuraria se proteger. Nesse aspecto, na recuperação judicial, imprescindível que o devedor demonstre o preenchimento

---

[20]   STJ, CC 202837/RS, rel. Min. Raul Araújo, 2ª Seção, j. 14-5-2024.

de todos os requisitos do art. 48 da Lei n. 11.101/2005[21] e a documentação do art. 51, que teve tempo hábil ou deveria ter tido para produzir[22].

A antecipação dos efeitos do deferimento do processamento da recuperação judicial poderá ser total ou parcial. Poderão ser suspensas todas as execuções em face do devedor e suas medidas constritivas, ou apenas aquelas que evidenciem o perigo de dano à coletividade ou risco ao resultado útil ao processo.

Trata-se da antecipação de parte dos próprios efeitos do *stay period*, possibilidade essa que reflete na tentativa de se garantir pelo Poder Judiciário, quando demonstrados os requisitos da tutela de urgência, a preservação da atividade empresarial por meio da suspensão de algumas ou de todas as ações e execuções a respeito de créditos sujeitos à recuperação judicial ajuizadas contra o devedor[23]. Ainda, há jurisprudência que possibilita também a nomeação de administrador judicial, mesmo que nessa fase preliminar[24].

A medida processual, entretanto, deverá ser absolutamente excepcional e estar restrita aos efeitos da própria recuperação judicial, não se admitindo sua extrapolação para determinação de medidas que sequer seriam admitidas na hipótese de deferimento do processamento da recuperação judicial.

Apenas com o deferimento do processamento da recuperação judicial é que a negociação coletiva com os credores poderia ser estruturada, haveria a imposição do prazo de 180 dias para a suspensão das execuções e das constrições e ao devedor seriam imputados diversos ônus, inclusive sob pena de convolação da recuperação judicial em falência. Sequer do processo poderia desistir após o deferimento do processamento sem que houvesse a concordância dos credores.

Nesses termos, a antecipação dos efeitos do processamento da recuperação judicial não pode se revestir de benefício ao devedor por prazo indeterminado, sob pena de prejuízo à satisfação dos interesses dos credores e de implicar prejuízo aos objetivos que a própria recuperação judicial procurou tutelar. Nos casos absolutamente urgentes, o pedido de tutela antecipada em caráter antecedente deverá exigir o aditamento da petição inicial e a complementação da argumentação e da documentação exigida pelo art. 51 no prazo de 15 dias do deferimento da medida, a menos que prazo maior seja fixado judicialmente (art. 303, § 1º, do CPC).

Ademais, a antecipação do procedimento, como de natureza cautelar, não poderia extrapolar os próprios efeitos do processo principal. Nesse sentido, a suspensão das execuções não poderia

---

[21] Assim decidiu o TJSP: "Apesar de a lei autorizar a tutela antecipada para fins de processamento da recuperação judicial, certo é que o pleito deve estar corretamente instruído, de modo a evidenciar o real e iminente prejuízo da continuidade das cobranças para efeito de prosseguimento da atividade empresarial, bem como, os requisitos objetivos do art. 48 da Lei de Falência e Recuperação Judicial". Na oportunidade, o tribunal decidiu ainda que a existência de diversas execuções contra a requerente e a inclusão de seu nome nos órgãos de proteção de crédito não bastariam para configuração do necessário *periculum in mora* (TJSP, AI 2004298-35.2022.8.26.0000, 1ª Câmara Reservada de Direito Empresarial, rel. Des. J. B. Franco de Godoi, j. 13-5-2022);

Nesse sentido: TJSP, AI 2269638-73.2021.8.26.0000, 2ª Câmara Reservada de Direito Empresarial, rel. Des. Grava Brasil, j. 16-12-2021.

[22] TJ-DF 07322391520218070000 DF 0732239-15.2021.8.07.0000, rel. Des. Sandra Reves, j. 9-3-2022, 2ª Turma Cível, *DJe* 16-3-2022.

[23] STJ, REsp 2069247, rel. Min. Marco Aurélio Bellizze, j. 14-9-2023.

[24] TJRJ, AI 0095978-33.2022.8.19.0000, 6ª Câmara de Direito Privado, rel. Des. Fernando Fernandy Fernandes, j. 29-3-2023.

afetar créditos não sujeitos à recuperação judicial nem impedir suas medidas constritivas, o que inclui o crédito extraconcursal, além das dívidas fiscais, como aponta o art. 6º, § 11.

Diante da natureza cautelar, o Juízo não poderia determinar medidas que extrapolassem a negociação coletiva dos créditos sujeitos à recuperação judicial. Não possui poder, nesses termos, para interferir em relações contratuais entre a recuperanda e seus credores, como suspender rescisões contratuais, prorrogar contratações etc.[25] Sua competência é limitada à verificação do valor do crédito, classificação e análise de sua sujeição ou não à recuperação judicial.

Quanto aos créditos não sujeitos à recuperação judicial e os terceiros obrigados, falta competência ao Juízo da apreciação da medida cautelar, haja vista que sequer o Juízo da recuperação judicial poderia interferir em relação jurídica que não envolvesse o devedor em recuperação judicial e seus credores. Falta-lhe competência para intervir em face da exigibilidade de créditos não sujeitos à recuperação judicial ou em relação às obrigações em face de terceiros que não se sujeitam ao procedimento judicial de negociação coletiva da recuperação judicial.

Nesse sentido, plenamente aplicável o art. 49, § 1º, e o art. 59 da LREF, refletidos na Súmula 581 do Superior Tribunal de Justiça, que determina que "a recuperação judicial do devedor principal não impede o prosseguimento das ações e execuções ajuizadas contra terceiros devedores solidários ou coobrigados em geral, por garantia cambial, real ou fidejussória".

O período de suspensão antecipado cautelarmente deve, ainda, ser descontado de todo o período de negociação da recuperação judicial[26]. Trata-se de consequência da antecipação de seus efeitos e forma de se evitar o comportamento estratégico do devedor em detrimento dos credores.

Ainda que seja possível a antecipação de parte dos efeitos do período de suspensão, a tutela cautelar antecedente, disciplinada pelos arts. 305 ao 310 do Código de Processo Civil, não tem o condão de antecipar a sujeição dos créditos à recuperação judicial. Isso porque a cautelar expressamente poderá versar apenas sobre parte dos efeitos do processamento da recuperação judicial, o que poderia ser restrito a somente parte dos créditos sujeitos à recuperação judicial e não todos.

Ademais, ao contrário do processo de recuperação judicial e do seu processamento, a desistência da ação cautelar antecedente não exige concordância dos credores, nem a distribuição do pedido cautelar pressupõe a distribuição sucessiva do pedido de recuperação judicial. Nesse sentido, caso o pedido cautelar pudesse determinar a sujeição ou não dos créditos à recuperação judicial, poderia

---

[25] Em sentido contrário, reconhecendo a competência do juízo da RJ para determinar prorrogação de contratos tidos como essenciais:

"Recuperação judicial. Decisão que deferiu pedido da recuperanda para manutenção de contrato de prestação de serviços celebrado com empresa de porte, que é sua única cliente, após o recebimento de notificação extrajudicial de rescisão. Agravo de instrumento. O Juízo recuperatório é competente para exame do presente pedido cautelar, à luz da essencialidade, ou não, do contrato para a empresa em recuperação judicial. Ao menos até que os credores tenham a oportunidade de analisar a possibilidade de soerguimento econômico da recuperanda, mostra-se razoável manter-se sua única opção para manutenção de suas atividades. Medida que também leva em conta a longevidade da relação contratual as partes, iniciada há quase quarenta anos, tendo a rescisão sido requerida pela tomadora de serviços apenas com a sobrevinda do pedido de recuperação judicial. Manutenção da decisão recorrida. Agravo de instrumento desprovido" (TJSP, Agravo de Instrumento 2206499-84.2020.8.26.0000, rel. Des. Cesar Ciampolini, 1ª Câmara Reservada de Direito Empresarial, Foro de Batatais, 2ª Vara Cível, j. 24-2-2021, Data de Registro: 26-2-2021).

[26] TJSP, AI 2269638-73.2021.8.26.0000, 2ª Câmara Reservada de Direito Empresarial, rel. Des. Grava Brasil, j. 16-12-2021.

haver simples desistência do processo cautelar sem a concordância dos credores se o devedor quisesse data de sujeição que lhe fosse mais conveniente.

O indeferimento do processamento da recuperação judicial permitirá, independentemente da reparação por dano processual, a condenação da parte pelos prejuízos que a efetivação da tutela de urgência causar aos credores (art. 302 do CPC).

O *Stay Period* e sua prorrogação

A suspensão das execuções em face do empresário em recuperação judicial deverá ocorrer pelo prazo de até 180 dias a contar do deferimento do processamento da recuperação judicial. Por expressa disposição legal, esse prazo era improrrogável na redação original da Lei n. 11.101/2005. Estabelecia a Lei um prazo que entendia suficiente para que os credores deliberassem sobre o plano de recuperação judicial apresentado pelo devedor. Ultrapassado o prazo de 180 dias sem deliberação sobre o plano, as execuções voltariam a tramitar normalmente, independentemente de novo pronunciamento judicial.

A despeito da expressa disposição legal, a jurisprudência consolidou para prorrogar a suspensão sempre que a demora na negociação no plano de recuperação judicial não pudesse ser imputada à devedora[27]. A prorrogação do *stay period* ocorria, nessas hipóteses, como um meio de preservar a empresa e assegurar que pudesse ser obtida a melhor solução comum aos credores, inviabilizando os comportamentos oportunistas individuais, desde que, ressalta-se, a demora não pudesse ser imputada à própria recuperanda.

Com a alteração legal, consolidou-se na lei esse entendimento jurisprudencial. O prazo de 180 dias de suspensão poderá ser excepcionalmente prorrogado por igual período, uma única vez[28], desde que o devedor não haja concorrido com a suspensão do lapso temporal, como ocorre pela demora de publicação dos editais pela serventia, retardamento de apresentação da lista de credores pelo administrador judicial, suspensões reiteradas das sessões da Assembleia Geral de Credores etc.

O prazo de suspensão das ações perdurará até o término do período de 180 dias ou, excepcionalmente, até o fim de sua prorrogação, que somente pode ocorrer uma única vez, de acordo com a redação dada ao art. 6º, § 4º, da Lei, conforme determinado judicialmente, ressalvada a possibilidade de manutenção da suspensão na hipótese de apresentação de plano de recuperação judicial alternativo pelos credores.

A jurisprudência controverte sobre a possibilidade da prorrogação por acordo entre devedora e credores, reunidos em AGC e de acordo com o quórum do art. 42 da Lei. Apesar de aparentemente se poder entender que a aprovação em AGC não geraria problemas diante da concordância da maioria dos credores quanto à prorrogação, nem todos os credores figuram na recuperação

---

[27] STJ, 4ª Turma, AGInt no Agravo em REsp 443.665/RS, rel. Min. Marco Buzzi, *DJ* 15-9-2016; STJ, 4ª Turma, AgInt no Agravo em REsp 887.860/SE, rel. Min. Raul Araújo, *DJ* 23-8-2016; TJSP, 1ª Câmara Reservada de Direito Empresarial, AI 20000601-16.2016, rel. Des. Francisco Loureiro, *DJ* 10-3-2016; TJSP, 2ª Câmara Reservada de Direito Empresarial, Ag Reg 2165078-56.2016, rel. Des. Fábio Tabosa, *DJ* 28-11-2016 (em que a prorrogação apenas excepcionalmente poderia ser concedida); TJSP, 1ª Câmara Reservada de Direito Empresarial, AI 2148981-15.2015, rel. Des. Pereira Calças, *DJ* 3-2-2016.

[28] No sentido da prorrogação por uma única vez: TJSP, 1ª Câmara Reservada de Direito Empresarial, AI 2146177-64.2021, rel. Des. Cesar Ciampolini, j. 8-9-2021; TJSP, 2166357-04.2021.8.26.0000, 1ª Câmara Reservada de Direito Empresarial, rel. Des. Alexandre Lazzarini, j. 23-2-2022.

judicial. A extensão dos prazos poderia implicar a expropriação de ativos dos credores não sujeitos, e que ficariam impedidos de retirarem bens de capital essenciais durante o prazo da negociação. Nessa hipótese específica, a prorrogação não deve ser admitida, ainda que conte com a concordância dos credores sujeitos, a menos que se ressarça adequadamente os credores não sujeitos à recuperação judicial e que ficaram alijados da composição processual[29].

Caso haja a concessão da recuperação judicial antes do prazo, as execuções não serão extintas, mas apenas suspensas até o término do período de fiscalização judicial.

Ainda que já se tenha entendido conforme posição jurisprudencial do Superior Tribunal de Justiça, de que as execuções se extinguem por ocasião da concessão da recuperação judicial[30], a

---

[29] Em sentido contrário, destaca-se entendimento do STJ que permite prorrogação adicional por acordo entre devedor e credores concursais, em assembleia: "PROCESSUAL CIVIL. AGRAVO INTERNO NO AGRAVO EM RECURSO ESPECIAL. RECUPERAÇÃO JUDICIAL. PERÍODO DE BLINDAGEM. PRORROGAÇÃO. LEI N.14.112/2020. OBSERVÂNCIA. ENTENDIMENTO DO ACÓRDÃO RECORRIDO EM CONSONÂNCIA COM A JURISPRUDÊNCIA DO STJ.

1. Consoante a jurisprudência da Terceira Turma do STJ, "a partir da nova sistemática implementada pela Lei n. 14.112/2020, a extensão do *stay period*, para além da prorrogação estabelecida no § 4º do art. 6º da LRF, somente se afigurará possível se houver, necessariamente, a deliberação prévia e favorável da assembleia geral dos credores a esse respeito, seja com vistas à apresentação do plano de recuperação judicial, seja por reputarem conveniente e necessário, segundo seus interesses, para se chegar a um denominador comum no que alude às negociações em trâmite. Ausente a deliberação prévia e favorável da assembleia geral dos credores para autorizar a extensão do *stay period*, seu deferimento configura indevida ingerência judicial, apartando-se das disposições legais que, como demonstrado, são expressas nesse sentido" (REsp 1.991.103/MT, 3ª Turma, *DJe* 13-4-2023).

2. "Agravo interno não provido" (AgInt no AREsp n. 2.423.717/RO, rel. Min. Nancy Andrighi, 3ª Turma, j. 4-3-2024, *DJe* 6-3-2024.)

Em igual sentido, Acórdão relatado pelo Min. Bellizze: "3.3 O novo regramento ofertado pela Lei n. 14.112/2020, de modo expresso e peremptório, veda a **prorrogação** do *stay period*, após a fluência desse período máximo de blindagem (de até 360 dias), estabelecendo uma única exceção: a critério exclusivo dos credores, poderão, findo este prazo sem a deliberação do plano de recuperação judicial apresentado pelo devedor; ou, por ocasião da rejeição do plano de recuperação judicial, deliberar, segundo o quórum legal estabelecido no § 5º do art. 56, a concessão do prazo de 30 (trinta) dias para que seja apresentado um plano de recuperação judicial de sua autoria.

3.4 Diante dessa inequívoca *mens legis* – qual seja, de atribuir aos credores, com exclusividade, findo o prazo máximo de blindagem (de até 360 dias), a decisão de estender ou não o **stay period** (com todos os efeitos jurídicos daí advindos) – qualquer leitura extensiva à exceção legal (interpretação que sempre deve ser vista com reservas) não pode dispensar a expressa autorização dos credores a esse propósito.

3.5 Em conclusão, a partir da nova sistemática implementada pela Lei n. 14.112/2020, a extensão do *stay period*, para além da prorrogação estabelecida no § 4º do art. 6º da LRF, somente se afigurará possível se houver, necessariamente, a deliberação prévia e favorável da assembleia geral dos credores a esse respeito, seja com vistas à apresentação do plano de recuperação judicial, seja por reputarem conveniente e necessário, segundo seus interesses, para se chegar a um denominador comum no que alude às negociações em trâmite. Ausente a deliberação prévia e favorável da assembleia geral dos credores para autorizar a extensão do *stay period*, seu deferimento configura indevida ingerência judicial, apartando-se das disposições legais que, como demonstrado, são expressas nesse sentido" (REsp n. 1.991.103/MT, rel. Min. Marco Aurélio Bellizze, 3ª Turma, j. 11-4-2023, *DJe* 13-4-2023).

[30] Nesse sentido: STJ, REsp 1.272.697/DF, rel. Min. Luis Felipe Salomão, j. 2-6-2015; TJSP, 36ª Câmara de Direito Privado, AI 2087249-96.2016, rel. Des. Maria de Lourdes Lopez Gil, *DJ* 7-12-2016.

concessão da recuperação judicial mantém a suspensão dos referidos processos até o término do período de fiscalização judicial.

Mesmo que a obrigação submetida ao plano seja novada pela homologação de sua aprovação, a novação das obrigações é apenas condicional ao cumprimento do plano durante os dois anos de fiscalização. Durante o prazo de fiscalização, o descumprimento do plano de recuperação judicial implicará convolação em falência e o retorno das obrigações anteriores, conforme art. 61, § 2º da Lei. Nesse cenário, caso o crédito não seja satisfeito na falência e as obrigações do falido não sejam extintas, por expressa disposição do art. 6º, *caput*, as execuções suspensas do credor poderiam voltar a tramitar regularmente. Nesse sentido, não se justifica juridicamente a sua extinção.

A esse respeito, a Segunda Seção do STJ, que reúne a Terceira e Quarta Turmas, responsáveis pelo julgamento dos temas de Direito Privado, ao julgar o Conflito de Competência n. 199.496/CE, na sessão ocorrida em 17 de setembro de 2024, confirmou que "diante dos termos resolutivos da lei (art. 6º, §§ 4º e 4º-A, I), não se afigura possível, com amparo em norma principiológica do mesmo diploma legal, manter o sobrestamento da execuções individuais, a despeito do encerramento do período de blindagem sem deliberação do plano e sem apresentação de plano alternativo pelos credores, permitindo, reflexamente, a extensão dos efeitos do *stay period*, sem que haja a indispensável autorização dos credores para tanto (seja com o intuito de apresentar um plano facultativo, seja com o fim exclusivo de prorrogar o prazo para dar continuidade às negociações)", autorizando, assim, a retomada de execução trabalhista de crédito concursal.

Transcorrido o período de dois anos de cumprimento do plano de recuperação judicial, a condição resolutiva da novação não ocorreu de modo a torná-la definitiva. Nessa hipótese, as execuções em face do devedor, em virtude da extinção da própria obrigação originária, novada definitivamente pelo plano de recuperação judicial, poderão ser extintas[31].

A extinção não causaria prejuízo ao credor, nesta última hipótese. Ultrapassado o prazo de fiscalização, o descumprimento permitirá o requerimento de pedido de falência ou a execução individual do crédito. Contudo, a execução ocorrerá pelo valor da obrigação novada, já que a anterior foi extinta pela novação (art. 62).

Suspensão das execuções, medidas constritivas e o plano alternativo

A alteração da Lei n. 11.101/2005 pela Lei n. 14.112, de 24 de dezembro de 2020, com a inserção do art. 6º, § 4º-A, assegurou o *stay period* na hipótese de apresentação de plano alternativo pelos credores.

O decurso do prazo de 180 dias, prorrogável excepcionalmente uma única vez, sem a deliberação dos credores sobre o plano de recuperação, permitia que as execuções em face do devedor voltassem automaticamente a tramitar nos respectivos Juízos competentes.

Contudo, a partir da alteração legislativa, o prosseguimento das execuções e a possibilidade de medidas constritivas sobre os bens do devedor não serão mais automáticos. Passou-se a conferir aos credores o prazo de 30 dias, a partir do término do prazo ou da rejeição do plano pela assembleia geral, nos termos do art. 56, para a apresentação de plano alternativo pelos credores[32].

Caso os credores apresentem o plano alternativo em 30 dias do término do prazo da suspensão ou da assembleia de rejeição do plano, as execuções e as medidas constritivas, juntamente com a prescrição das referidas ações, ficarão suspensas pelo período de mais 180 dias. O prazo não

---

[31]   TJSP, 17ª Câmara de Direito Privado, AI 2226807-83.2016, rel. Des. Afonso Brás, *DJ* 23-1-2017.

[32]   Conferir comentários ao art. 56.

conta do término do período de apresentação do plano alternativo, mas sim do término do prazo de 180 dias iniciais ou de sua prorrogação, caso não tenha ocorrido deliberação pela AGC, ou da própria deliberação que rejeitou o plano de recuperação do devedor.

A extensão da suspensão das execuções e das medidas constritivas procura permitir aos credores alcançarem uma solução para toda a coletividade. Suspendem-se todas as medidas para que os credores possam ser incentivados a deliberar conjunto sobre o melhor plano de recuperação judicial para se satisfazerem. Impede-se, com a suspensão, que o credor procure a satisfação pessoal do seu respectivo crédito ainda que em detrimento da satisfação coletiva dos demais por meio de um plano de recuperação.

Medidas de constrição sobre os bens da falida ou da recuperanda

A alteração do art. 6º, II, da Lei n. 11.101/2005 procurou estabelecer, expressamente, a consequência lógica da suspensão das execuções em virtude dos créditos submetidos à recuperação judicial e à falência.

Na recuperação judicial, a Lei n. 11.101/2005 procurou criar um procedimento de negociação coletiva com o objetivo de maximizar a utilidade produtiva dos bens e a satisfação dos interesses de todos os afetados pelo desenvolvimento da atividade. Dentro desse contexto, aos credores foi atribuído o poder de deliberar sobre a melhor alternativa para satisfazer os interesses da coletividade de credores, seja por meio da aprovação do plano de recuperação judicial, seja por meio da decretação da falência do devedor.

Para que os credores possam avaliar a viabilidade econômica da empresa e de sua condução pelo devedor, não poderão buscar a satisfação exclusivamente pessoal de seus interesses. Nesse sentido, apenas os credores cujos créditos estão sujeitos à recuperação judicial e cujas execuções permanecerão suspensas durante o *stay period* estão proibidos de realizar as medidas constritivas. Os credores não sujeitos continuam com o exercício regular de suas pretensões, inclusive constrições sobre os bens do devedor.

A proibição de medidas constritivas para os credores sujeitos à recuperação impede que o credor prejudique eventual meio de recuperação em benefício de todos e demande eventual constrição de bens. Qualquer constrição judicial ou extrajudicial sobre os bens do devedor, como a retenção, o arresto, penhora, sequestro ou busca e apreensão, nesses termos, fica impedida.

Referida proibição, contudo, não é eterna. As medidas constritivas para a satisfação dos créditos sujeitos à recuperação judicial ficam obstadas apenas pelo período de suspensão, já anteriormente tratado. Tampouco é estendida a todos os credores. A proibição afeta apenas os credores sujeitos à recuperação judicial. Os demais credores, por não participarem da execução coletiva, podem exercer regularmente os referidos direitos.

Embora a proibição seja efeito da decisão de processamento da recuperação judicial, caso as medidas constritivas tenham sido realizadas anteriormente a essa data também deverão ser canceladas, com a entrega do bem à posse da recuperanda[33]. Isso porque, a menos que haja a concor-

---

[33]   STJ, AgInt nos EDCl no REsp 1.954.239/MT, 4ª Turma, rel. Min. Luis Felipe Salomão, j. 25.-4-2022; AgInt no REsp n. 1.882.540/SP, 4ª Turma, rel. Min. Luis Felipe Salomão, j. 31-5-2021.
Nos casos em que o praceamento e alienação do bem penhorado tenham ocorrido antes do deferimento da recuperação judicial, entende-se pela validade da arrematação aperfeiçoada, ressalvando-se que o produto da venda deve ser remetido ao juízo da recuperação judicial: STJ, AgInt nos EDCl no CC 168556/PR, 2ª Seção, rel. Min. Marco Buzzi, j. 28.9-2022.

dância dos credores com a desistência do pedido, os créditos sujeitos à recuperação judicial serão novados com a aprovação do plano de recuperação judicial e nos termos estabelecidos por este, o que faz com que as medidas constritivas percam seu fundamento, diante da ausência de inadimplemento do devedor e da propriedade da coisa remanescer com o devedor. Se, por outro lado, o plano de recuperação judicial não for aprovado, a falência será decretada e todos os bens do devedor deverão ser arrecadados pelo administrador judicial não para a satisfação apenas de um ou outro credor que conseguiu realizar primeiro qualquer medida de constrição, mas para a satisfação de toda a coletividade de credores[34].

Na falência, decretada a quebra da devedora, o Juízo Universal (art. 76) torna-se o único competente para determinar a arrecadação de todos os bens, sua liquidação e o pagamento de todos os credores conforme a *par conditio creditorum*, igualdade de credores da mesma classe. Diante da necessidade de se respeitar a ordem de pagamento das classes de credores e o mesmo percentual de rateio de cada credor dentro da mesma classe, assim como a maximização do valor dos ativos, a qual somente poderá ser obtida através da venda do maior conjunto de bens arrecadados, as medidas individuais de constrição devem ficar obstadas para impedir que o credor individual se satisfaça em detrimento da coletividade restante dos credores[35].

Por sua vez, se as medidas constritivas foram realizadas antes da decretação da falência, como não implicam a transferência da propriedade do bem, devem ser levantadas. O administrador judicial tem a obrigação de arrecadar todos os bens do devedor, inclusive na posse de terceiros, para formar a Massa Falida objetiva (conjunto de bens) e assegurar a satisfação de toda a coletividade de credores[36].

Juízo universal da recuperação judicial

Quanto à recuperação judicial, não há norma expressa que assegure a universalidade do juízo. A aplicação subsidiária dos arts. 76 e 126, por seu turno, previstos na hipótese de falência, também não poderia ocorrer, pois nem todos os credores estão submetidos ao plano de recuperação judicial e suas ações continuam a tramitar normalmente.

Na recuperação judicial, não há concurso de credores como na falência, em que os credores devem se satisfeitos conforme uma ordem legal de preferência.

A universalidade, como característica da atribuição exclusiva a um único juiz para realizar as contrições sobre bens do devedor, é típica do procedimento falimentar e desnecessária ao processo de recuperação judicial.

Diante da falta de previsão legal em sua redação originária, a universalidade do juízo da recuperação judicial era construção jurisprudencial para assegurar a maior utilidade do instituto da recuperação. A função principal da universalidade na recuperação judicial seria a de permitir ao juiz aferir todas as questões imprescindíveis à superação da crise econômico-financeira pela qual passa o devedor, bem como para tutelar o cumprimento do plano de recuperação judicial com a satisfação dos credores.

Em razão dessa tutela, a jurisprudência assentou o posicionamento de que, ainda que créditos não sujeitos ao plano de recuperação estejam em discussão ou sendo exigidos em demanda

---

[34] STJ, 4ª Turma, AgInt nos EDcl no REsp 1.812.919/SP, rel. Min. Luis Felipe Salomão, j. 23-2-2021.

[35] A suspensão do exercício do direito de retenção por ocasião da decretação da falência já era determinada pelo art. 116, I, da Lei n. 11.101/2005.

[36] TJSP, AI 2138775-05.2016.8.26.0000, rel. Des. Ricardo Negrão, j. 25-6-2018, *Dje* 29-6-2019.

individual, o juízo da recuperação judicial seria o competente para apreciar as medidas de constrição que recaíssem sobre os bens do devedor. Ele não seria competente para conduzir os procedimentos de execução ou as ações de conhecimento, mas apenas para autorizar as medidas constritivas realizadas pelo Juízo originário e competente[37].

Como a penhora e a liquidação dos bens em razão de uma execução individual ou busca e apreensão do bem poderiam comprometer o plano de recuperação judicial do empresário, assentou-se que, com base no princípio da preservação da empresa estabelecido no art. 47, ainda que essas execuções pudessem prosseguir, os atos de constrição não poderiam ser determinados pelo juízo da execução, mas apenas pelo juiz da recuperação judicial[38].

Com a nova redação do art. 6º, §§ 7º-A e 7º-B, a competência do juízo da recuperação judicial foi atribuída exclusivamente para determinar a *suspensão* dos atos de constrição que recaiam sobre bens de capital essenciais à manutenção da atividade empresarial e exclusivamente durante o prazo de suspensão e relacionados aos créditos previstos no art. 49, §§ 3º e 4º[39]. Assim como atribuiu-se a competência do juízo da recuperação judicial para determinar a *substituição* dos atos de constrição determinados por Juízes das Execuções Fiscais e que recaíssem sobre bens de capital essenciais à manutenção da atividade empresarial até o encerramento da recuperação judicial[40].

---

[37] STJ, 2ª Seção, AgInt no CC 159.771/PE, rel. Min. Luis Felipe Salomão, j. 24-2-2021; STJ, 2ª Seção, AgInt no AgInt no CC 169.871/SP, rel. Min. Ricardo Villas Bôas Cueva, j. 9-9-2020; STJ, 2ª Seção, AgInt no CC 162.450/GO, rel. Min. Ricardo Villas Bôas Cueva, j. 18-8-2020.

[38] STJ, Corte Especial, AgIn no CC 145.503/SP, rel. Min. Antonio Carlos Ferreira, j. 14-12-2016; STJ, 2ª Seção, CC 114.987/SP, rel. Min. Paulo de Tarso Sanseverino, j. 14-3-2011; STJ, 2ª Seção, AgRg no CC 119.970/RS, rel. Min. Nancy Andrighi, j. 14-11-2012; STJ, 1ª Seção, CC 79.170/SP, rel. Min. Castro Meira, j. 10-9-2008.

Em sentido contrário: TJSP, 1ª Câmara Reservada de Direito Empresarial, AI 2216106-63.2016, rel. Des. Francisco Loureiro, j. 20-2-2017.

[39] TJSP, 1ª Câmara Reservada de Direito Empresarial, AI 2080964-14.2021.8.26.0000, rel. Des. Cesar Ciampolini, j. 11-8-2021; TJSP, 29ª Câmara de Direito Privado, Ap 1000750-47.2018.8.26.0424, rel. Des. Fabio Tabosa, j. 13-7-2021; TJSP, 1ª Câmara Reservada de Direito Empresarial, AI 2129028-55.2021.8.26.0000, rel. Des. Araldo Telles, j. 11-8-2021.

Enunciado III do Grupo de Câmaras Reservadas de Direito Empresarial do TJSP: "Escoado o prazo de suspensão de que trata o § 4º, do art. 6º da Lei n. 11.101/2005 (*stay period*), as medidas de expropriação pelo credor titular de propriedade fiduciária de bens móveis ou imóveis, de arrendador mercantil, de proprietário ou promitente vendedor, poderão ser retomadas, ainda que os bens a serem excutidos sejam essenciais à atividade empresarial".

[40] "AGRAVO INTERNO NO CONFLITO DE COMPETÊNCIA. RECUPERAÇÃO JUDICIAL. FALÊNCIA. EXECUÇÃO FISCAL. TRAMITAÇÃO. POSSIBILIDADE. AUSÊNCIA DE SUSPENSÃO. POSSIBILIDADE DE CITAÇÃO E PENHORA NO JUÍZO DA EXECUÇÃO FISCAL. NECESSÁRIO CONTROLE DOS ATOS DE CONSTRIÇÃO PELO JUÍZO DA RECUPERAÇÃO. AGRAVO NÃO PROVIDO. (...) 3. O deferimento da recuperação judicial não possui o condão de sobrestar a execução fiscal, todavia, conquanto o prosseguimento da execução fiscal e eventuais embargos, na forma do art. 6º, § 7º-B, da Lei n. 11.101/2005, com redação dada pela Lei n. 14.112, de 2020, deva se dar perante o juízo federal competente – ao qual caberão todos os atos processuais, inclusive a ordem de citação e penhora –, o controle sobre atos constritivos contra o patrimônio da recuperanda é de competência do Juízo da recuperação judicial, tendo em vista o princípio basilar da preservação da empresa. 4. Em outros termos, o Juízo da execução fiscal poderá determinar a constrição bens e valores da recuperanda, todavia, o controle de tais atos é incumbência exclusiva do Juízo da recuperação, o qual

Pelos novos dispositivos legais, a atribuição da referida competência ao juiz da recuperação judicial foi atribuída excepcionalmente apenas para os referidos créditos, dos credores proprietários e dos créditos fiscais. Quanto aos demais, pela falta de extensão do respectivo tratamento excepcional, os juízos das execuções ou que determinam medidas constritivas relacionadas aos créditos não sujeitos à recuperação judicial não sofreram qualquer limitação em sua competência e, portanto, poderiam realizar os atos de constrição normalmente, apenas atentando-se ao princípio da menor onerosidade ao devedor.

Essa menor onerosidade à executada é princípio geral do processo de execução. Nos termos do art. 805 do CPC, quando por vários meios o exequente puder promover a execução, o juiz mandará que se faça pelo modo menos gravoso para o executado. Nada impede que os juízes da execução façam, como a lei lhes impõe, o juízo sobre o meio menos oneroso para o cumprimento da obrigação em consideração à recuperação judicial, o que revela a desnecessidade dessa construção jurisprudencial.

Referida interpretação é corroborada pelo fato de que o princípio da preservação da empresa não pode ser utilizado para beneficiar de modo ilimitado o empresário devedor ou os demais credores. O prosseguimento das execuções dos créditos não sujeitos à recuperação judicial foi determinado pela Lei em benefício dos referidos credores. Não podem eles ficar alijados de participação no plano de recuperação judicial e também impedidos de se satisfazerem com o prosseguimento das execuções individuais em razão da impossibilidade de comprometerem o plano de recuperação.

Dessa forma, as alterações dos dispositivos legais pela Lei n. 14.112/2020 não amparam a universalidade do juízo da recuperação judicial.

Ainda que assim não fosse e se condicionasse a realização de atos de constrição pelo juízo das execuções individuais à autorização prévia do juízo da recuperação judicial, esse juiz não poderá restringir totalmente a constrição em razão do princípio da preservação da empresa. Apenas poderá fazer um juízo de menor onerosidade em razão do plano de recuperação judicial aprovado e substituir a constrição por um bem que não afete o plano de recuperação judicial e desde que exista para tanto. Caso, todavia, não existam bens não imprescindíveis à execução do plano de recuperação judicial, a constrição poderá recair mesmo sobre os bens essenciais.

Além de não haver mais justificativa para a construção jurisprudencial sobre a universalidade do juízo da recuperação judicial para apreciação das medidas constritivas, a universalidade também não se confunde com a indivisibilidade ou que o juiz terá força atrativa do processo. No tocante à indivisibilidade, as ações promovidas em face do devedor em recuperação judicial não são atraídas ao juízo em que se processa a recuperação. Além do silêncio do art. 76 quanto à indivisibilidade do juízo da recuperação, o art. 6º, § 4º, estabelece a continuidade das referidas ações após o decurso do prazo de 180 dias, sem que haja determinação de remessa do feito[41].

---

poderá substituí-los, mantê-los ou, até mesmo torná-los sem efeito, tudo buscando o soerguimento da empresa, haja vista a sua elevada função social. 5. Agravo interno não provido" (STJ, AgInt no CC 177.164/SP, 2ª Seção, rel. Min. Luis Felipe Salomão, j. 31-8-2021).

No mesmo sentido: STJ, CC 181.190/AC, 2ª Seção, rel. Min. Marco Aurélio Belizze, j. 30-11-2021; AgInt no REsp 1.982.327/SP, 1ª Turma, rel. Min. Benedito Gonçalves, j. 13-6-2022.

[41] TJSP, 1ª Câmara Reservada de Direito Empresarial, AI 2025032-51.2015, rel. Des. Pereira Calças, j. 25-3-2015; TJSP, 1ª Câmara Reservada de Direito Empresarial, AI 2095489-45.2014, rel. Des. Teixeira Leite, j. 28-8-2014; TJSP, 2ª Câmara Reservada de Direito Empresarial, AI 21267216-93.2016, rel. Des. Fábio Tabosa, j. 19-9-2016.

Ressalte-se: não há indivisibilidade do juízo da recuperação judicial. Os processos em que a recuperanda for autora ou ré permanecem em trâmite perante o juízo ao qual foram distribuídos, sem que haja qualquer alteração de competência. Os novos processos ajuizados por ou contra a devedora recuperanda estarão sujeitos às regras gerais de competência.

Em face dos bens dos coobrigados, o Juízo da Recuperação Judicial não é competente sequer para apreciar as constrições, conforme Súmula 480 do STJ, que determinou que "o juízo da recuperação judicial não é competente para decidir sobre a constrição de bens não abrangidos pelo plano de recuperação da empresa"[42].

Ações de despejo

Os mandados de despejo em face da recuperanda se submetem à regra geral da suspensão das medidas de constrição pelo prazo do *stay period*, desde que relacionadas a inadimplemento anterior à recuperação judicial.

Como o referido prazo decorre da possibilidade de se permitir ao devedor negociar com seus credores a melhor solução para a superação da crise econômico-financeira que o acomete, todas as ações ou execuções que possibilitem a constrição de bens do devedor, exceto se referentes a créditos não sujeitos à recuperação judicial ou forem ilíquidas, serão suspensas.

A ação de despejo figura exatamente nesse contexto. A simples apuração do montante de alugueres ou encargos devidos, ou mesmo a apuração de outros descumprimentos contratuais, não exigirá sua suspensão em razão do deferimento do processamento da recuperação judicial, pois não permitirá a imediata constrição de ativos da recuperanda.

Ainda que o montante possa depender apenas de cálculo aritmético e permita a imediata execução, a qual seria, portanto, suspensa, a cobrança cumulativa com pedido de rescisão da locação e despejo exigiria sentença condenatória e mandamental. Logo, não poderia ser caracterizada como demanda por quantia líquida para fins de suspensão, eis que não permitiria a imediata constrição dos ativos, embora decerto as medidas constritivas liminares fiquem, pela exigência de preservação da empresa durante o *stay period*, suspensas, desde que fundamentadas em créditos não satisfeitos anteriores à recuperação judicial.

Apenas após a procedência do pedido de despejo por falta de pagamento ou descumprimento de outra obrigação contratual, por ocasião da expedição do mandado de despejo, que conterá o prazo de 30 dias para a desocupação voluntária, é que a ação poderá ser suspensa e desde que verse sobre créditos sujeitos à recuperação judicial.

Nesse particular, não se justifica o argumento de que apenas o direito de crédito, previsto no art. 49, *caput*, fique sujeito à recuperação judicial, mas não o direito de retomada do imóvel. Isso porque o crédito que poderá ser novado pela recuperação judicial é justamente o crédito não satisfeito que fundamentaria o pedido de despejo. Novada a obrigação nos termos do plano de recuperação judicial, o crédito não estará inadimplido e o despejo, consequência do inadimplemento, não poderia ser decretado[43].

---

[42]   Cf. comentários ao art. 49, a respeito dos créditos em face dos coobrigados, fiadores e obrigados de regresso.

[43]   Nesse sentido, inclusive com o entendimento de que a ação de despejo, por apenas exigir cálculo aritmético do montante devido, seria líquida: TJSP, 1ª Câmara Reservada de Direito Empresarial, AI 2043646-02.2018, rel. Des. Azuma Nishi, j. 23-5-2018; TJSP, 1ª Câmara Reservada de Direito Empresarial, AI 2044673-54.2017, rel. Des. Cesar Ciampolini, j. 13-9-2017.

A suspensão do mandado de despejo poderá – e não deverá – ocorrer, pois a suspensão do mandado de despejo apenas ocorrerá se decorrente de obrigação existente antes da distribuição do pedido de recuperação judicial, haja vista que os créditos dela decorrentes poderão ser novados pelo plano de recuperação.

Caso o despejo seja motivado pelo término do período de locação, rescisão do contrato de trabalho ou descumprimento de obrigações existentes apenas após a distribuição do pedido de recuperação judicial, como referidas obrigações não se sujeitam à recuperação judicial, não haveria razão para submeter esses credores não sujeitos à recuperação judicial à suspensão. A recuperação judicial não obrigaria à manutenção do contrato de locação caso seu prazo já tenha se findado ou mesmo à manutenção do contrato de trabalho que dele seja fundamento, de modo que a pretensão não se submeteria a qualquer suspensão.

Nessas hipóteses, sequer o mandado de despejo seria suspenso. Ainda que o bem fosse imprescindível ao desenvolvimento da atividade empresarial, como a obrigação não estaria sujeita à recuperação judicial, o bem poderia ser livremente retomado[44]. A única exceção legal à retomada dos bens pelos proprietários ocorreria pelos créditos indicados no art. 49, § 3º, e que restringiria a retomada dos bens de capital imprescindíveis à recuperação e apenas durante o *stay period*. Como norma que restringe o direito do proprietário, sua interpretação deve ser estrita e não poderia ser estendida às ações de despejo, que não estariam abrangidas pela proibição.

Habilitações de crédito durante o período de suspensão da recuperação

Apesar de o art. 6º, § 5º, fazer referência aos créditos trabalhistas, o dispositivo é regra geral para todos os créditos submetidos à recuperação judicial.

Durante o período de 180 dias em que estão suspensas as ações e execuções contra o devedor em recuperação judicial, o credor trabalhista, assim como os demais credores, poderá pleitear sua habilitação, exclusão ou modificação de crédito no processo de recuperação judicial.

Recentemente o STJ obstou a retomada de bem locado pela recuperanda, mesmo depois de findo o *stay period*, dada a constatação, pelo juízo da recuperação judicial, de que tratava de ativo essencial: STJ, AgInt no AREsp 1.784.027/SP, 3ª Turma, rel. Min. Paulo de Tarso Sanseverino, j. 6-2-2022.

Em sentido contrário, pela impossibilidade de suspensão da ação de despejo, ainda que fundamentado o pedido no inadimplemento das obrigações sujeitas ao plano de recuperação judicial: STJ, Segunda Seção, AgRg no CC 133.612-AL, rel. Min. João Otávio de Noronha, j. 14-10-2015; STJ, Segunda Seção, CC 122.440/SP, rel. Min. Raul Araújo, *DJe* 15-10-2014; TJSP, 2ª Câmara Reservada de Direito Empresarial, AI 2200533-14.2018, rel. Des. Maurício Pessoa, j. 10-12-2018; TJSP, 26ª Câmara de Direito Privado, AI 2157100-91.2017, rel. Des. Antonio Nascimento, j. 26-4-2018; TJSP, 27ª Câmara de Direito Privado, AI 2053598-44.2014, rel. Des. Gilberto Leme, j. 29-4-2014; TJSP, 29ª Câmara de Direito Privado, AI 0343932-53.2009, rel. Des. Luís de Carvalho, j. 3-2-2010.

[44] Nesse sentido: "RECUPERAÇÃO JUDICIAL – Processamento – Autorização de despejo e desocupação do imóvel principal da atividade empresária bem como manutenção de valores depositados em conta judicial atrelada ao processo de soerguimento – Manutenção – Inocorrência de violação ao contraditório ou decisão surpresa – Ordem de despejo confirmada – Inadimplemento de despesas relacionadas à locação do imóvel, IPTU e taxas condominiais – Crédito extraconcursal – Locadora que injustamente vem arcando com essas despesas – Manifesto inadimplemento das agravantes em prejuízo do credor-agravado (...)" (TJ-SP, Agravo de Instrumento: 2214221-67.2023.8.26.0000 São Paulo, j. 30-1-2024, 1ª Câmara Reservada de Direito Empresarial, Data de Publicação: 30-1-2024).

Decorrido o prazo de suspensão de 180 dias, desde que não haja prorrogação pelo Juízo, por mais 180 dias, excepcionalmente, e que os credores não apresentem plano alternativo em 30 dias, as execuções, quer sejam trabalhistas, quer não, terão prosseguimento. Ainda que o credor já tenha se habilitado e esteja inscrito no quadro-geral de credores, sua execução individual poderá prosseguir e recair sobre os bens do empresário devedor, inclusive a ponto de comprometer o próprio plano de recuperação judicial.

Suspensão da prescrição

A suspensão das execuções provoca a suspensão da prescrição, a qual é decorrente da impossibilidade de manutenção das ações para a satisfação do credor. Como não poderia continuar com as ações, não pode ser penalizado com a extinção de sua pretensão em decorrência de sua inércia.

A prescrição apenas se suspende e não se interrompe. Após o trânsito em julgado da decisão de encerramento da falência (art. 157) ou o prazo de 180 dias na recuperação judicial, independentemente de decisão judicial e desde que não haja a novação da obrigação, a prorrogação do período de suspensão ou a suspensão motivada pela apresentação de plano alternativo de recuperação judicial pelos credores, o prazo de prescrição volta a correr do momento em que foi suspenso.

Não se suspendem os prazos prescricionais das pretensões que poderiam normalmente continuar ou que poderiam ser promovidas em face do devedor (arts. 99, V, e 52, III)[45]. É o que ocorre com as execuções de natureza fiscal (art. 6º, § 7º), com os credores proprietários dos bens em garantia (art. 49, § 3º), com os créditos decorrentes de adiantamento de contrato de câmbio para a exportação (art. 49, § 4º), com os credores titulares de créditos posteriores à distribuição do pedido de recuperação judicial.

Também não ocorre a suspensão do prazo prescricional das ações sem conteúdo patrimonial. Isso porque a manutenção de seu processamento não poderá resultar em redução dos ativos do devedor ou prejuízo à coletividade de credores, de modo que a prescrição também não se justifica.

A suspensão não se aplica aos prazos decadenciais, que não se interrompem ou se suspendem. Apenas a prescrição é suspensa e apenas em relação às ações e execuções em face do empresário devedor.

Tampouco há suspensão do prazo prescricional para as ações e execuções a serem promovidas pelo devedor. A razão da suspensão é simplesmente permitir a execução coletiva e a paridade de credores na falência, bem como permitir a discussão dos meios para se recuperar o devedor na recuperação judicial. Desnecessária a suspensão das ações e execuções promovidas pelo empresário devedor, pois estas não permitirão privilégio a algum credor em detrimento dos demais, mas apenas aumentarão eventualmente o ativo do empresário.

A prescrição aquisitiva, usucapião, não se suspende ou se interrompe com a decretação da falência ou com a decisão de processamento da recuperação judicial. Na falência, o bem passa a compor a Massa Falida objetiva, mas isso não implica que se tornará coisa fora do comércio ou indisponível. O bem integrante da Massa Falida objetiva continua a ser coisa apta à venda e compra ou à circulação econômica, tanto que pode ser objeto de entrega em contrato bilateral cumprido pelo administrador judicial devidamente autorizado. Referido bem apenas ficará sob a guarda e administração do administrador judicial, que precisará ser autorizado judicialmente para a eventual transferência do bem.

---

[45] TOLEDO, Paulo F. C. Salles de. *Comentários à Lei de Recuperação de Empresas e Falência.* 5. ed. São Paulo: Saraiva, 2012, p. 70.

A exigência de autorização judicial, entretanto, não torna a coisa fora do comércio, mas somente controla os atos do administrador judicial. A coisa permanece normalmente em circulação, e o empresário em recuperação ou a Massa Falida devem tomar todas as medidas para impedir a posse *ad usucapionem*, sob pena de a inércia permitir a aquisição do direito de propriedade pelo possuidor[46].

O que interrompe a prescrição aquisitiva é ato praticado e que impede a posse mansa e pacífica sobre o bem. Os atos de arrecadação ou de proteção de sua posse praticados pela Massa Falida ou pela recuperanda em face do esbulho ou turbação do terceiro impedem que esse adquira o bem por usucapião, mas não a mera decretação da falência ou do processamento ou concessão da recuperação judicial.

A regra da suspensão das ações e da prescrição também é aplicável às demandas propostas por credores particulares do sócio solidário. Ao tratar do sócio solidário, o art. 6º, *caput*, da Lei n. 11.101/2005 refere-se ao sócio ilimitadamente responsável.

Alguns tipos societários, como a sociedade em comum, a sociedade em nome coletivo, a sociedade em comandita simples e a sociedade em comandita por ações, possuem sócios que respondem ilimitadamente pelas dívidas sociais. Referidos sócios têm a mesma sorte da sociedade de que fazem parte: serão decretados falidos se houver a decretação da falência das sociedades que integram (art. 81) e se submeterão aos mesmos efeitos jurídicos produzidos em face da sociedade.

Como a suspensão da prescrição durante o *stay period* se justifica pela impossibilidade de os credores sujeitos adotarem as medidas cabíveis para a salvaguarda do seu direito, justifica-se sua extensão às ações e pretensões de credores sujeitos à medida cautelar determinada nos termos do art. 20-B da Lei.

Demandas que não se suspendem

a) Ações ilíquidas

A suspensão das ações e execuções em face do falido ou do empresário em recuperação ocorre para que não haja tratamento diferenciado entre os credores ou para que não sejam retirados bens indispensáveis ao plano de recuperação. Referido risco não ocorre na hipótese das ações de conhecimento em face do devedor.

Ainda que o termo utilizado não seja da melhor técnica jurídica, é considerada ação ilíquida qualquer ação de conhecimento, ou seja, qualquer ação que pretenda a apuração da obrigação ou do montante desta em face do devedor, ainda que o valor já tenha sido mensurado por uma das partes.

Como as referidas ações não implicarão risco de retirada do bem da Massa Falida ou do empresário em recuperação, as ações continuarão a ter prosseguimento no juízo em que originalmente foram distribuídas[47]. O prosseguimento, entretanto, ocorrerá até a formação do título executivo

---

[46] Em sentido contrário, na falência: TJSP, 10ª Câmara de Direito Privado, AI 2065561-78.2016, rel. Des. Carlos Alberto Garbi, 25-10-2016; TJ/DF, Ap. 0154125-10.2007, rel. Des. Carmelita Brasil, j. 25-6-2008; TJ/MG, Ap. 0228284-82.2010, rel. Des. Roberto Soares de Vasconcellos Paes, j. 10-2-2015; TJ/RJ, Ap. 0028617-40.2015, rel. Des. Jesse Torres Pereira Junior, j. 6-10-2015; TJ/RS, AI 0070511-66.2004, rel. Des. Mario Rocha Lopes Filho, j. 25-11-2005.

Em sentido contrário: STJ, REsp 1.680.357/RJ, 3ª Turma, rel. Min. Nancy Andrighi, j. 18-10-2017.

[47] STJ, CC 122.869/GO, rel. Des. Min. Raul Araújo, j. 22-10-2014; STJ, 4ª Turma, REsp 1.447.918/SP, rel. Des. Luis Felipe Salomão, j. 7-4-2016; STJ, REsp n. 1.953.212/RJ, 3ª Turma, rel. Min. Nancy Andrighi, j. 26-10-2021; STJ, AgInt no REsp n. 1.942.410/RJ, 4ª Turma, rel. Min. Luis Felipe Salomão, j. 9-5-2022; STJ, AgInt no REsp 1.859.584/PR, 4ª Turma, rel. Min. Raul Araújo, j. 11-10-2021; TJSP, Ap. 1.026.289-51.2017.8.26.0100, 29ª Câmara de Direito Privado, rel. Des. Neto Barbosa Ferreira, j. 27-7-2022.

com a definição da obrigação líquida, certa e exigível. A ação apenas será suspensa a partir do momento em que o seu prosseguimento puder promover a apreensão ou expropriação dos bens do empresário devedor. O credor deverá habilitar o seu crédito na recuperação judicial ou na falência para que, naquela, seja pago nos termos do plano, ou, nesta, com o saldo da venda dos ativos arrecadados, de acordo com o concurso de credores da falência.

b) Reclamações trabalhistas

A Constituição Federal, no art. 114, I e IX, determina a competência da Justiça do Trabalho para o julgamento das controvérsias decorrentes da relação de trabalho. A Lei n. 11.101/2005 é conforme a previsão constitucional. Garante o art. 6º, § 2º, que as reclamações trabalhistas serão promovidas ou terão prosseguimento, independentemente da decretação da falência ou do pedido de recuperação judicial, na justiça laboral.

A reclamação trabalhista, como ação ilíquida, não se suspende pela própria regra geral. O prosseguimento da reclamação trabalhista na justiça especializada será feito, entretanto, até o momento da apuração da obrigação do devedor empresário.

Impedem-se, na falência, os atos de constrição de bens por juízo diverso do Juízo Universal para que não haja violação à *par conditio creditorum*, ou seja, tratamento privilegiado de um dos credores em detrimento dos demais da mesma classe. Na recuperação judicial, a reclamação trabalhista poderá ter prosseguimento com os atos executivos, mas desde que superado o período de suspensão e não tendo ocorrido a novação das obrigações com a homologação da aprovação do plano de recuperação judicial (art. 6º, § 5º) ou se tratando de crédito extraconcursal, cujo fato gerador seja posterior ao pedido de recuperação.

Apurado o valor do crédito do empregado pela Justiça do Trabalho, a referida quantia reconhecida em sentença será inscrita no quadro-geral de credores, o que pode ser realizado mediante simples ofício encaminhado pela Justiça laboral com cópia da decisão e discriminação dos créditos reconhecidos. É a facilitação da habilitação do crédito trabalhista no procedimento.

A previsão legal impede que o juízo da recuperação ou da falência reaprecie o valor das verbas trabalhistas reconhecidas anteriormente pela justiça do trabalho por sentença. Referida vedação, contudo, restringe-se apenas à existência e ao montante do débito principal. Nada impede que o juízo da falência e recuperação, para equalizar os credores, atualize e corrija o valor do crédito trabalhista até a data da decretação da falência ou do pedido de recuperação judicial, assim como poderá classificar de modo diverso cada um dos créditos reconhecidos.

Permitiu a Lei n. 11.101/2005 que o credor trabalhista ou qualquer interessado promova, na fase administrativa de verificação de crédito, habilitação ou divergência administrativa, perante o administrador judicial, a respeito do valor do crédito trabalhista, sua classificação ou mesmo existência. A competência da justiça do trabalho para aferir essas verbas não impede que a controvérsia seja de modo mais célere dirimida pelo administrador judicial.

A discordância da lista de credores formulada pelo administrador judicial em relação ao crédito trabalhista permitirá a apresentação de impugnações judiciais ou a distribuição de ações para reconhecimento ou modificação do crédito trabalhista. A apreciação das referidas demandas, entretanto, ficará sob a competência da Justiça do Trabalho, a quem as impugnações deverão ser encaminhadas, desde que versem sobre a existência ou o montante do crédito. Isso porque a Justiça Trabalhista é absolutamente competente para a apreciação da matéria[48].

---

[48] Nesse sentido: TOLEDO, Paulo Fernando Campos Salles de. *Comentários à Lei de Recuperação de Empresas e Falência*. São Paulo: Saraiva, 2005, p. 18; PENTEADO, Mauro Rodrigues. *Comentários à Lei de Recuperação de Empresas e Falência*. 2. ed. São Paulo, Revista dos Tribunais, 2007, p. 139.

Caso a divergência verse apenas sobre a adequação do referido crédito trabalhista à decretação da falência ou ao pedido de recuperação judicial, como a aplicação ou desconto da correção monetária até essa data, ou a supressão de juros, a competência remanesce com o juízo da recuperação judicial ou da falência, pois não se aprecia o montante do crédito propriamente dito, mas suas condições de pagamento pelo devedor[49].

c) Execução fiscal na recuperação judicial

O art. 6º, § 7º-B, determina que as execuções de natureza fiscal continuarão a tramitar em face do devedor em recuperação judicial.

A natureza fiscal não é sinônima de tributária. A Lei n. 4.320/64, em seu art. 39, § 2º, caracteriza os débitos fiscais como quaisquer débitos em face da Fazenda Pública, sejam eles tributários ou não tributários. Entre os débitos não tributários, figuram "os provenientes de empréstimos compulsórios, contribuições estabelecidas em lei, multa de qualquer origem ou natureza, exceto as tributárias, foros, laudêmios, aluguéis ou taxas de ocupação, custas processuais, preços de serviços prestados por estabelecimentos públicos, indenizações, reposições, restituições, alcances dos responsáveis definitivamente julgados, bem assim os créditos decorrentes de obrigações em moeda estrangeira, de sub-rogação de hipoteca, fiança, aval ou outra garantia, de contratos em geral ou de outras obrigações legais".

Espécie do débito fiscal, o débito tributário é decorrente de toda prestação pecuniária compulsória, que não constitua sanção de ato ilícito, instituída em lei e cobrada mediante atividade administrativa vinculada (art. 3º do CTN). São suas espécies os impostos, as taxas, as contribuições de melhoria, os empréstimos compulsórios (art. 148 da CF) e as contribuições especiais (art. 149 da CF).

Na recuperação judicial, determina o art. 6º, § 7º, que a execução fiscal, sua prescrição e as medidas de constrição realizadas também não são suspensas para a satisfação do crédito fiscal.

O crédito fiscal não se submete à negociação coletiva dos credores promovida pela recuperação judicial. Por consequência, não se justifica a suspensão das execuções fiscais, de sua prescrição ou de quaisquer medidas constritivas sobre o patrimônio do devedor.

O prosseguimento das execuções fiscais, entretanto, não significa absoluta liberdade para a realização de medidas de constrição. Ainda que não houvesse norma legal até então, a jurisprudência assentou a universalidade do Juízo da recuperação judicial para assegurar maior utilidade ao instituto da recuperação[50]. Pela jurisprudência, ao Juízo universal da recuperação cumpriria autorizar todas as medidas constritivas promovidas por credores não sujeitos à recuperação judicial como forma de se garantir o melhor cumprimento do plano de recuperação judicial aprovado pelos credores.

A autorização não implicava sua competência para a execução individual. Apenas a medida de constrição determinada pelo Juízo da execução individual necessitava ser autorizada pelo Juízo da recuperação judicial como forma de se protegerem os interesses da coletividade de credores e não apenas, mas sem a exclusão, dos credores não sujeitos.

Em sentido contrário: PACHECO, José da Silva. *Processo de recuperação judicial, extrajudicial e falência*. Rio de Janeiro: Forense, 2006, p. 44.

[49]   STJ, AgRg no CC 101628/SP, 2ª Seção, rel. Min. João Otávio de Noronha, j. 25-5-2011, *DJe* 1º-6-2011; STJ, AgRg no CC 130138/GO, 2ª Seção, rel. Min. Raul Araújo, j. 9-10-2013, *DJe* 21-11-2013; STJ, CC 116.696/DF, 2ª Seção, rel. Min. Nancy Andrighi, j. 24-8-2011, *DJe* 31-8-2011.

[50]   Conferir comentários ao art. 76 quanto ao "Juízo universal da recuperação judicial".

A não sujeição de alguns créditos aos efeitos da recuperação judicial, como os créditos fiscais, foi opção legal para privilegiar sua satisfação. Nesse sentido, a atribuição ao Juízo da recuperação da competência para autorizar os atos de constrição permitir-lhe-ia realizar um juízo de menor onerosidade em relação aos bens a serem constritos e como forma de atenuar o comprometimento do cumprimento do plano de recuperação judicial. Não poderia o Juízo, todavia, impedir que os credores que foram privilegiados pela Lei pudessem ser satisfeitos com os bens do devedor sob a alegação de que a constrição comprometeria o princípio da preservação da empresa (art. 47).

Ao Juízo da recuperação caberia simplesmente a análise da menor onerosidade para indicar quais dos bens poderiam ser constritos. Caso não haja bens dispensáveis ou que não estejam diretamente vinculados ao plano de recuperação judicial, os atos de constrição não poderiam ser impedidos[51].

É justamente essa interpretação jurisdicional que foi consagrada pela inserção do § 7º-B no art. 6º. Pelo novo dispositivo legal, o legislador expressamente determinou que o Juízo da recuperação apenas poderá substituir o bem constrito, desde que se trate de bens de capital essenciais, mas não obstar a constrição.

A competência para os atos de constrição dos bens do devedor continua a ser do Juízo da execução fiscal. Entretanto, o Juízo da recuperação judicial poderia realizar um juízo de menor onerosidade e determinar a substituição dos atos de constrição que recaiam sobre bens de capital essenciais à manutenção da atividade empresarial até o encerramento da recuperação judicial por bens não essenciais, caso existentes no caso concreto[52].

Nesse sentido, conforme remissão legal ao art. 805 do Código de Processo Civil, cumpre à recuperanda, diante de uma medida executiva que recaia sobre bens de capital essenciais, indicar outros meios mais eficazes e menos onerosos, sob pena de manutenção dos atos executivos já determinados[53].

Na forma dos §§ 7º-A e 7º-B do art. 6º, cabe ao juízo da execução informar ao juízo da recuperação judicial a constrição realizada para que este avalie a essencialidade do bem constrito, assim como analise, se for o caso, a aplicação do princípio da menor onerosidade. Tal comunicação deverá observar o art. 69 do Código de Processo Civil, que estabelece a prescindibilidade de formato específico para formalização de pedidos de cooperação jurisdicional.

A despeito de se tratar de procedimento previsto na Lei, caso, por qualquer motivo, o juízo da execução não o respeite, à devedora incumbe o ônus de instá-lo a observar o procedimento ou, se o caso, levar diretamente a questão ao crivo do juízo da recuperação judicial[54]. Nesse contexto, a inércia da devedora poderá ser interpretada como concordância com a constrição efetivada, o que levará ao prosseguimento da penhora. Nessa hipótese, na recuperação judicial, tratando-se de execução movida por credor extraconcursal ou pelo Fisco, o produto da penhora reverterá em benefício do credor.

---

[51] Conferir comentários ao art. 76.

[52] STJ, AgInt no CC 177.164/SP, 2ª Seção, rel. Min. Luis Felipe Salomão, j. 31-8-2021; STJ, CC 181.190/AC, 2ª Seção, rel. Min. Marco Aurélio Belizze, j. 30-11-2021; AgInt no REsp 1.982.327/SP, 1ª Turma, rel. Min. Benedito Gonçalves, j. 13-6-2022.

[53] TJSP, AI 3007741-11.2021.8.26.0000, 1ª Câmara Reservada de Direito Empresarial, rel. Des. Cesar Ciampolini, j. 8-7-2022.

[54] STJ, AgInt no CC 181733/PE, 2ª Seção, rel. Min. Marco Aurélio Belizze, j. 15-3-2022.

i. A diferença entre o crédito fiscal tributário e o crédito fiscal não tributário

Sobre o art. 6º, §7º-B, que determina o prosseguimento das execuções fiscais, questiona-se se, além dos créditos tributários, os demais créditos fiscais também não estariam submetidos à recuperação judicial.

Para solucionar a questão, voltou-se a jurisprudência ao art. 187 do CTN. Estabelece o dispositivo que a cobrança judicial do crédito tributário não é sujeita a concurso de credores ou habilitação em falência, recuperação judicial, concordata, inventário ou arrolamento.

Decerto, portanto, que os tributos não estão sujeitos à recuperação judicial e permitem o prosseguimento das execuções fiscais tributárias em face do devedor em recuperação judicial.

Quanto aos créditos fiscais não tributários, por outro lado, a Lei de Execução Fiscal dispõe sobre o prosseguimento do crédito fiscal, tributário ou não. Pela sua redação, a Lei n. 6.830/80 determina que constitui dívida ativa da Fazenda Pública aquela definida como tributária ou não tributária, as quais poderão ser exigidas mediante execução fiscal (arts. 1º e 2º da Lei n. 6.385/80), e complementa que a competência do Juízo para processar a execução fiscal da dívida ativa da Fazenda Pública exclui a de qualquer outro, inclusive o da falência e da concordata (art. 5º da Lei n. 6.830).

A redação dos referidos dispositivos, contudo, deve ser interpretada com os demais dispositivos legais da Lei n. 11.101/2005 para que se possa verificar a sujeição ou não do crédito fiscal não tributário. Nesses termos, a interpretação dos efetivos limites do art. 6º, § 7º-B, deverá ser a sistemática, realizada em conjunto com os demais dispositivos da própria Lei n. 11.101/2005.

No caso do crédito tributário, o art. 187 do CTN dispõe que não se submeterá ao concurso de credores. Sua não submissão ao plano de recuperação não significa, entretanto, que a obrigação não poderá ser reestruturada tendo em vista o melhor interesse da preservação da empresa viável. Essa restruturação é apenas condicionada a um parcelamento na forma da Lei[55], inclusive em condições privilegiadas em razão da recuperação judicial[56].

O art. 57 exige que a recuperação judicial somente poderá ser concedida se o devedor apresentar todas as certidões negativas de débitos tributários[57]. Na impossibilidade de satisfação desses débitos, o art. 68 da Lei n. 11.101/2005 confere às Fazendas Públicas e ao INSS a possibilidade de, para suprir a falta de certidões negativas de débitos, estabelecer parcelamento de seus créditos em sede de recuperação judicial, de acordo com os parâmetros do Código Tributário Nacional.

Embora exclua o crédito tributário da recuperação judicial, impõe a Lei a possibilidade de essa obrigação ser alterada para preservar a fonte produtora, o emprego dos trabalhadores e os interesses de toda a coletividade de credores. A condição de apresentação das certidões negativas para a concessão da recuperação judicial, assim, é modo pelo qual impôs o legislador a reestruturação de todos os débitos do devedor, pois se garante o parcelamento legal tributário como alternativa.

Pela Lei, assim, o legislador privilegiou o débito tributário ao excluí-lo dos efeitos da recuperação judicial e exigiu sua satisfação com prioridade. Diante da sua relevância social, por ocasião de eventual decretação de falência, referidos créditos tributários serão satisfeitos após os créditos concursais trabalhistas e créditos com garantia real (art. 83).

---

[55] Art. 171 do CTN: "A lei pode facultar, nas condições que estabeleça, aos sujeitos ativo e passivo da obrigação tributária celebrar transação que, mediante concessões mútuas, importe em determinação de litígio e consequente extinção de crédito tributário".

[56] Cf. art. 68.

[57] Cf. comentários aos arts. 57 e 68.

Quanto ao crédito fiscal não tributário, a Lei n. 14.112/2020 inseriu a possibilidade do parcelamento do crédito fiscal não tributário da Fazenda Nacional. Conforme disposto no art. 10-A, o empresário ou a sociedade empresária que pleitear ou tiver deferido o processamento da recuperação judicial poderá liquidar os seus débitos para com a Fazenda Nacional existentes, ainda que não vencidos até a data do protocolo da petição inicial da recuperação judicial, de natureza tributária ou não tributária.

Referido dispositivo legal, em confronto com os demais dispositivos da Lei n. 11.101/2005, a despeito de sua redação literal, não significa a não sujeição dos créditos fiscais não tributários da recuperação judicial. Isso porque, diante da falta de clareza dos dispositivos da Lei n. 11.101/2005, o tratamento privilegiado desses créditos no procedimento de recuperação judicial não ocorreria em eventual decretação de falência.

A interpretação de sua inclusão geraria incoerência sistêmica. O crédito fiscal não tributário poderia acarretar a decretação da falência do empresário, por não ser permitida sua equalização na recuperação judicial, mas seria tratado, caso não possua qualquer outra garantia, como crédito quirografário ou mesmo subquirografário, se for decorrente de multas. Nesses termos, apesar de poder comprometer toda a recuperação judicial ao não ser permitida sua equalização pelo plano de recuperação judicial, em detrimento de todos os outros créditos, sua satisfação na falência somente ocorreria se todos os demais créditos mais privilegiados fossem satisfeitos.

Essa interpretação geraria inconstitucionalidade. A exclusão dos créditos fiscais não tributários dos efeitos da recuperação judicial daria tratamento diferenciado a credores sem nenhuma justificativa. O crédito contraído por ente público, mas que pode tê-lo titularizado em razão de mero inadimplemento contratual, não se submeteria aos efeitos da recuperação judicial pelo simples fato de ser esse credor ente público, a despeito de todos os demais credores com créditos absolutamente idênticos, da mesma natureza.

Dessa forma, ao exigir a certidão negativa apenas para débitos tributários e ao conferir tratamento privilegiado na falência somente aos créditos tributários, pode-se concluir que a Lei n. 11.101/2005 excluiu da submissão ao plano de recuperação judicial apenas estes, pois não impôs a satisfação dos débitos fiscais não tributários para a concessão da recuperação judicial.

Assim, na recuperação judicial, o art. 6º, § 7º-B, da Lei n. 11.101/2005 deverá ser interpretado de modo que apenas as execuções fiscais de natureza tributária não sejam suspensas pelo deferimento da recuperação judicial e não se submetam aos seus efeitos[58].

Os demais créditos fiscais, não tributários, tais como contratos celebrados com a administração pública, multas administrativas impostas por agências reguladoras, como IBAMA, ANATEL, ANEEL, CADE etc., ou mesmo multas impostas em razão do acordo de leniência, ficam submetidos ao plano de recuperação judicial, nos termos do art. 49 da Lei de Falências[59].

---

[58]   STJ, 1ª Seção, AgRg no CC 116.653/DF, rel. Min. Humberto Martins, j. 28-3-2012, *DJe* 3-4-2012; STJ, 1ª Seção, AgRg no CC 112.646/DF, rel. Min. Herman Benjamin, j. 11-5-2011, *DJe* 17-5-2011; STJ, 2ª Seção, AgRg no CC 119.203/SP, rel. Min. Antonio Carlos Ferreira, *DJe* 3-4-2014.

[59]   Nesse sentido: STJ, Corte Especial, AgInt na SLS 2.433/RJ, rel. Min João Otávio de Noronha, j. 5-8-2020, *DJe* 20-8-2020; TJSP, AI 2032877-27.2021.8.26.0000, 1ª Câmara Reservada de Direito Empresarial, rel. Des. Azuma Nishi, j. 1º-9-2021.

No mesmo sentido, reconhecendo a natureza quirografária de tarifas pelo fornecimento de água e utilização de rede de esgotos: "Recuperação Judicial. Impugnação de crédito acolhida parcialmente. Créditos derivados de multa e juros de mora não tributária, fornecimento de água e utilização da rede de esgotos remunerados por tarifa. Regime de cobrança tarifária prevista em legislação municipal.

Como os créditos fiscais não tributários somente poderão ser satisfeitos nos termos do plano de recuperação judicial, suas execuções fiscais individuais deverão ser suspensas com o deferimento do processamento da recuperação judicial. Por seu turno, para que o credor possa votar na Assembleia Geral de Credores, deverá promover a regular habilitação de créditos nos autos da recuperação judicial, sendo insuficiente a penhora no rosto dos autos a tanto, já que não há recursos financeiros em regra depositados e que exijam a partilha pelo Juízo da recuperação judicial[60].

ii. Penalidades administrativas aos empregadores e contribuições sociais

Com a inserção do art. 6º, § 11, determinou-se que, no que couber, não ocorrerão a suspensão das execuções, da prescrição das ações ou o impedimento das medidas constritivas em face do devedor na hipótese de créditos decorrentes de penalidades administrativas impostas aos empregadores pelos órgãos de fiscalização das relações de trabalho e em decorrência das contribuições sociais.

A despeito da inclusão, a contribuição social já era equiparada a crédito tributário, nos termos do art. 51 da Lei n. 8212/91[61]. Nesse aspecto, portanto, a execução fiscal de natureza tributária já não se sujeitava à recuperação judicial e poderia prosseguir normalmente. Conferiu-se, apenas, expressamente, a possibilidade de o juízo da recuperação judicial determinar a substituição dos atos de constrição que recaiam sobre bens essenciais à manutenção da atividade empresarial até o encerramento da recuperação judicial.

Por seu turno, também não ocorre a suspensão das execuções e das medidas constritivas motivadas pelo crédito decorrente da multa administrativa imposta aos empregadores pelos órgãos de fiscalização da relação de trabalho. O dispositivo legal, contudo, exige interpretação.

O crédito fiscal não tributário, como acima foi exposto, não foi excluído da recuperação judicial por interpretação sistemática dos diversos dispositivos da Lei, como os arts. 57, 68, 83.

Natureza privada. Crédito corretamente classificado como quirografário. Créditos atinentes à taxa de coleta e disposição final de resíduos sólidos não residenciais e taxa de drenagem de águas pluviais – Natureza tributária. Não submissão ao concurso de credores da recuperação judicial. Extraconcursalidade – Decisão mantida. Recurso desprovido" (TJSP, AI 2190144-57.2024.8.26.0000, rel. Des. Fortes Barbosa, 1ª Câmara Reservada de Direito Empresarial, j. 28-8-24). No mesmo sentido: TJSP, AI n. 2025368-74.2023.8.26.0000, 1ª Câmara Reservada de Direito Empresarial, rel. Des. Cesar Ciampolini, j. 30-11-2023.

Em sentido contrário, STJ, 3ª Turma, REsp 1.931.633/GO, rel. Min. Nancy Andrighi, j. 3-8-2021. Para o acórdão, como a Lei n. 10.522/2002 permitiu o parcelamento especial, em seu art. 10-A, aos créditos de natureza tanto tributária quanto não tributária, a submissão deles ao plano de soerguimento equivaleria a chancelar a possibilidade de eventual cobrança em duplicidade. "Assim, em que pese a dicção aparentemente restritiva da norma do *caput* do art. 187 do CTN, a interpretação conjugada das demais disposições que regem a cobrança dos créditos da Fazenda Pública insertas na Lei de Execução Fiscal, bem como daquelas integrantes da própria Lei n. 11.101/2005 e da Lei n. 10.522/2002, autorizam a conclusão de que, para fins de não sujeição aos efeitos do plano de recuperação judicial, a natureza tributária ou não tributária do valor devido é irrelevante." Na mesma direção: TJSP, AI 3004820-79.2021.8.26.0000, 2ª Câmara Reservada de Direito Empresarial, rel. Des. Araldo Telles; Foro Central Cível, j. 3-2-2022.

[60] Nesse sentido: TJRJ, 8ª Câmara Cível, AI 0043065-84.2016.8.19.0000, rel. Des. Mônica Maria Costa, j. 29-8-2017; TJSP, 2ª Câmara Reservada de Direito Empresarial, AI 2118651-98.2016, rel. Des. Carlos Alberto Garbi, j. 17-10-2016; TJSP, 2ª Câmara Reservada de Direito Empresarial, AI 2047000-40.2015, rel. Des. Ricardo Negrão, *DJ* 17-2-2016.

[61] Cf. comentários ao art. 83.

Nesse aspecto, inclusive, não se justifica tratamento privilegiado à multa imposta ao empregador na recuperação judicial, que na falência apenas teria a natureza de crédito subquirografário.

Como o crédito fiscal não tributário é sujeito à recuperação judicial, a execução fiscal não tributária não poderia prosseguir, assim como a prescrição e as medidas constritivas dela decorrentes. A interpretação do dispositivo legal, nesses termos, deve se dar no sentido de que poderão prosseguir as execuções e as medidas constritivas em face da recuperanda pelas multas impostas posteriormente à distribuição da recuperação judicial[62]. Nesse último caso, veda-se a expedição de certidões de crédito para fins de habilitação na recuperação judicial, porque o crédito não se sujeita a essa negociação coletiva.

O art. 6º, § 11, veda a possibilidade de expedição de certidão de créditos fiscais decorrentes das multas administrativas impostas aos empregadores pelos órgãos de fiscalização das relações de trabalho e para os créditos decorrentes de contribuições sociais também para fins falimentares. Para os referidos créditos, foram expressamente vedados e expedição de certidão de crédito e o arquivamento das execuções para a habilitação no procedimento falimentar. Restarão ao credor, exclusivamente, o prosseguimento das execuções fiscais e a penhora no rosto dos autos do procedimento falimentar, o que excepciona o próprio procedimento estabelecido para a verificação dos créditos fiscais pelo art. 7º-A[63].

d) Ações e execuções de credores titulares de créditos não sujeitos à recuperação judicial

A redação original do art. 6º, *caput*, determinava que o deferimento do processamento da recuperação judicial suspendia o curso de todas as ações e execuções em face do devedor e dos credores particulares dos sócios solidários. Ainda que não houvesse exceção expressa, o dispositivo era interpretado de modo a suspender apenas as ações referentes a créditos submetidos à recuperação judicial.

Pela alteração realizada pelo Projeto de Lei n. 6.229/2020, no inciso II do art. 6º passou a constar expressamente que se suspendem durante o *stay period* apenas as execuções ajuizadas em face do devedor em recuperação judicial relacionadas a créditos ou obrigações sujeitos à recuperação judicial.

A suspensão das ações é preconizada pela Lei para evitar comportamentos oportunistas de credores, os quais, em detrimento de uma solução coletiva para a superação da crise que acomete o seu devedor comum, procurariam satisfazer individualmente o seu crédito. Pressupõe como origem do dispositivo legal, portanto, que os credores que possam ter o crédito novado pela recuperação judicial não se utilizem de estratégias individuais para se beneficiarem em detrimento da solução coletiva proposta pela recuperação judicial.

O credor não sujeito à recuperação judicial, entre os quais os credores tributários, os credores por créditos originados a partir da distribuição do pedido de recuperação judicial e os credores titulares da posição de proprietários fiduciários de bens móveis ou imóveis, de arrendador mercantil, de proprietário ou promitente vendedor de imóvel com cláusula de irrevogabilidade ou irretratabilidade ou de proprietário em contrato de venda com reserva de domínio (art. 49, § 3º) e credor de adiantamento de contrato de câmbio para exportação (art. 49, § 4º), não terão a ação ou execução suspensas pelo deferimento do processamento da recuperação judicial.

---

[62] Em sentido diverso: TJSP, AI 2160378-61.2021.8.26.0000, 1ª Câmara Reservada de Direito Empresarial, rel. Des. J. B. Franco de Godoi, j. 25-2-2022.

[63] Cf. comentários ao art. 7º-A.

Nos casos de credores proprietários, embora a ação ou execução pudessem normalmente prosseguir, não podiam referidos credores, durante o prazo de suspensão, vender ou retirar do estabelecimento do devedor os bens de capital essenciais à atividade empresarial da recuperanda[64].

Embora na Câmara dos deputados tenha sido aprovado o texto que fazia referência apenas a bens essenciais, o Senado Federal, por alteração de redação, determinou que o Juízo da recuperação judicial poderia suspender os atos constritivos determinados nas execuções quando recaírem exclusivamente sobre bens de capital essenciais da recuperanda, somente durante o período em que a suspensão das ações durar.

Conforme comentários ao art. 49, § 3º, a interpretação sobre bens de capital deve ser estrita. O ativo deverá garantir os respectivos credores. Nesse sentido, além de a suspensão somente poder ocorrer se o bem compuser o ativo não circulante, o bem de capital essencial também deverá ser não consumível. Ainda que o bem não possa ser constrito pelos credores durante o período de negociação, o ativo não poderá ser consumido pela recuperanda de modo a se deteriorar ou acabar com a garantia do credor.

e) Execuções decorrentes de atos cooperativos praticados pelas sociedades cooperativas com seus cooperados

Pela redação do dispositivo legal que foi inserido na Lei n. 11.101/2005, passam a não se sujeitar aos efeitos da recuperação judicial os contratos e obrigações decorrentes dos atos cooperativos praticados pelas sociedades cooperativas com seus cooperados, na forma do art. 79 da Lei n. 5.764, de 16 de dezembro de 1971. Pelo dispositivo legal, ainda, determina-se que, por consequência, não se aplica a vedação contida no inciso II do art. 2º quando a sociedade operadora de plano de assistência à saúde for cooperativa médica.

Pelo dispositivo legal, determinou-se a não sujeição à recuperação judicial dos créditos decorrentes de atos cooperativos praticados pelas sociedades cooperativas com seus cooperados.

Ainda que a sociedade cooperativa, como pessoa jurídica não empresária, não possa utilizar-se da recuperação judicial para superar a crise que afeta sua atividade, seja ela qual for, seus cooperados poderiam requerer recuperação judicial e submeter todos os seus débitos à negociação coletiva, desde que sejam empresários. Dentro desses débitos dos cooperados em recuperação, contudo, era excepcionado o crédito das sociedades cooperativas.

As justificativas ao acolhimento da Emenda 13 ao PL n. 6.229 pelo relator, e que inseria o dispositivo legal, foram exclusivamente a peculiaridade que caracterizaria as operações realizadas no âmbito das cooperativas e a importância dessas para o desenvolvimento econômico nacional.

O ato cooperativo praticado entre a cooperativa e seus associados é qualquer operação destinada à consecução dos objetivos sociais da cooperativa. Por essa posição adotada pelo legislador, como os atos cooperativos não visariam ao lucro, mas ao bem comum, não poderiam ser caracterizados como operação de mercado ou contrato de compra e venda regular de produto ou mercadoria (art. 79 da Lei n. 5.764/71).

Tais características peculiares do cooperativismo e que fariam com que o conflito de interesses típico dos contratos a mercado fosse atenuado em função do mutualismo entre cooperativa e do cooperado fizeram com que o legislador tratasse de forma diferenciada os créditos decorrentes desses contratos e não os submetesse às recuperações judiciais dos cooperados.

É importante salientar que há precedentes no sentido em que o art. 6º, § 13 não seria aplicável para as cooperativas de crédito[65]. Isso porque apenas os contratos e obrigações decorrentes

---

[64] Conferir art. 49.

[65] TJSP, 2ª Câmara Reservada de Direito Empresarial, AI 2105754-28.2022.8.26.0000, rel. Des. Sérgio Shimura, j. 23-5-2023.

de atos cooperativos sob mutualismo não se sujeitam aos efeitos da recuperação judicial. Conforme o art. 79 da Lei n. 5.764/71 (Lei das Cooperativas), os atos cooperativos são aqueles praticados entre as cooperativas e seus associados para a consecução dos objetivos sociais. Ainda, conforme o parágrafo único do dispositivo, o ato cooperativo não implica operação de mercado, nem contrato de compra e venda de produto ou mercadoria.

As cooperativas de crédito são regidas por uma lei específica (LC n. 130), que as equipara às instituições financeiras (art. 1º da LC n. 130/2009), e não pela Lei das Cooperativas. Possuem uma natureza e uma atividade distintas das outras cooperativas e mais próximas das instituições financeiras.

Nesse aspecto, notadamente quando o ato cooperativo se reveste de características de mercado, ou seja, quando os juros praticados não revelam natureza de mutualismo, mas de prática de mercado e que visa ao lucro da cooperativa de crédito, referido ato cooperado deverá ser sujeito à recuperação judicial se o crédito for existente por ocasião do pedido de recuperação judicial.

f) Ações e execuções em face dos coobrigados na recuperação judicial

Da mesma forma como ocorre com a decretação da falência, o deferimento do processamento da recuperação judicial suspende as ações e execuções em face apenas do devedor em recuperação. Não há nenhum óbice ao prosseguimento das ações e execuções em face dos devedores solidários do recuperando ou coobrigados em geral, quer sejam garantidores reais ou fidejussórios.

O art. 6º, *caput*, ao prever a suspensão das "ações dos credores particulares dos sócios solidários", refere-se apenas aos sócios ilimitadamente responsáveis[66] de sociedades em nome coletivo, em comandita simples e por ações, pois os referidos sócios terão a falência da sociedade a eles estendida (art. 81) por responderem ilimitadamente pelas obrigações sociais. Decretada a falência destes, as ações em face dos sócios falidos deverão ser suspensas para que seus credores particulares habilitem seus créditos no processo falimentar.

A situação é diversa do coobrigado pelo débito do empresário em recuperação judicial, quer sejam sócios do devedor ou não. O devedor solidário ou coobrigado não tem a relação jurídica celebrada com o credor alterada em razão da recuperação judicial de outro devedor, nos termos do art. 49, § 1º[67-68]. O credor conserva em face do devedor solidário ou coobrigado, por expressa disposição legal, seus direitos e privilégios e nem sequer o plano de recuperação judicial poderá, a menos que haja concordância expressa do credor, alterar a garantia de suas obrigações (art. 59).

Como a relação jurídica entre o coobrigado e o credor não poderá ser alterada, pela recuperação judicial, exceto se houver concordância expressa desse ao plano, não há razão para que sejam suspensas as ações e execuções em face dos coobrigados e devedores solidários.

---

[66] STJ, CC 142.726/GO, 2ª Seção, rel. Min. Marco Buzzi, j. 24-2-2016; TJSP, AI 2008681-56.2022.8.26. 0000, 21ª Câmara de Direito Privado, rel. Des. Régis Rodrigues Bonvicino, j. 31-3-2022; TJSP, AI 2079148-60.2022.8.26.0000, 16ª Câmara de Direito Privado, rel. Des. Mauro Conti Machado, j. 8-7-2022.

[67] Enunciado 43 da I Jornada de Direito Comercial do Conselho da Justiça Federal: "A suspensão das ações e execuções previstas no art. 6º, da Lei n. 11.101/2005 não se estende aos coobrigados do devedor".

[68] Súmula 581 do STJ: "A recuperação judicial do devedor principal não impede o prosseguimento das ações e execuções ajuizadas contra terceiros devedores solidários ou coobrigados em geral, por garantia cambial, real ou fidejussória".

STJ, 2ª Seção, Recurso Repetitivo, REsp 1.333.349/SP, rel. Min. Luis Felipe Salomão, j. 26-11-2014; STJ, 4ª Turma, REsp 1.326.888/RS, rel. Min. Luis Felipe Salomão, j. 8-4-2014; STJ, 3ª Turma, AgRg no REsp 1.334.284/MT, rel. Min. Paulo de Tarso Sanseverino, j. 2-9-2014; STJ, 3ª Turma, AgRg nos EDcl no REsp 1.280.036/SP, rel. Min. Sidnei Beneti, j. 20-8-2013.

i. A exceção da suspensão das execuções trabalhistas contra responsável subsidiário

A redação do art. 6º, § 10, que seria inserida pela Lei n. 14.112, de 24 de dezembro de 2020, fora vetada pelo Presidente da República.

Pela redação do dispositivo legal vetado, na hipótese de recuperação judicial, também seriam suspensas as execuções trabalhistas contra responsável subsidiário ou solidário até a homologação do plano ou a convolação da recuperação judicial em falência.

A disposição legal revolucionava a sistemática até então vigente na lei e o próprio objetivo do período de suspensão.

Como já exposto, o *stay period* fora determinado para proibir os credores sujeitos à recuperação judicial de satisfazer seus créditos individualmente e em detrimento da coletividade de credores. Nesses termos, a suspensão obriga-os a negociarem de forma coletiva a melhor solução para a superação da crise econômico-financeira da atividade do devedor ou a liquidação forçada do devedor através da falência.

Nesse sentido, o próprio art. 6º, II, determina que a suspensão das execuções ajuizadas contra o devedor apenas ocorre se oriunda de créditos sujeitos à recuperação judicial. Por lógica, a suspensão das ações para que os credores negociem o plano de recuperação judicial e a satisfação de seus créditos somente ocorre em face daqueles créditos que estão sujeitos à negociação coletiva.

A inserção do art. 6º, § 10, entretanto, contrariava essa lógica. O crédito em face do responsável subsidiário não é novado pela recuperação judicial. Referido credor não se submete à negociação coletiva quanto a esse crédito, porque em face do coobrigado e não do devedor principal.

A suspensão da execução contra o devedor solidário ou responsável subsidiário, por seu turno, ocorria até a homologação do plano de recuperação judicial ou a convolação da recuperação judicial em falência. Ainda que o resultado do procedimento de recuperação seja absolutamente irrelevante a afetar o crédito em face do coobrigado, já que a recuperação somente afeta a relação dos credores com o próprio devedor, a norma contrariava o estabelecido para o próprio devedor principal. Ultrapassado o *stay period* sem deliberação pelos credores e desde que não houvesse a apresentação de plano alternativo no prazo (art. 6º, § 4º e § 4º-A), as execuções voltariam automaticamente a tramitar em face do devedor principal em recuperação judicial.

De forma absolutamente ilógica, nesse aspecto, proibia-se o prosseguimento das execuções em face dos responsáveis subsidiários até a homologação ou decretação da falência, mesmo que ela já tivesse voltado a tramitar em face do devedor principal e mesmo que o próprio devedor subsidiário não se submetesse à referida negociação coletiva.

g) Arbitragens

De forma análoga às ações de conhecimento, os procedimentos arbitrais não são suspensos pela concessão da recuperação judicial ou pela decretação da falência.

A suspensão das ações em face do falido e da recuperanda visaria a assegurar o tratamento equivalente entre os credores e a satisfação de seus créditos nos termos do plano de recuperação judicial ou conforme a ordem de pagamento na falência. Não há qualquer risco de o credor ser satisfeito ou de retirar ativos em virtude do procedimento arbitral. As arbitragens visam a formar o título executivo, de modo a apurar o *an debeatur* (se é devido) e o *quantum debeatur* (quanto se é devido). Não há risco de retirada do bem da Massa Falida ou do empresário em recuperação, de modo que os procedimentos arbitrais devem ter prosseguimento normalmente[69].

A inserção do art. 6º, § 9º, contudo, extrapola o simples prosseguimento do procedimento arbitral. Ao expressamente proibir o administrador judicial de recusar a eficácia da convenção de arbitragem, corrobora a exceção à competência do Juízo indivisível da falência para as ações de conhecimento contra a Massa Falida, tal como consagrada pela jurisprudência[70].

Exceção à indivisibilidade, que determina que o Juízo falimentar será o único competente para conhecer as ações patrimoniais distribuídas em face da Massa Falida, reconhece a Lei que não apenas os procedimentos arbitrais poderão ser promovidos pela Massa Falida, como não haveria competência absoluta do Juízo falimentar para os procedimentos arbitrais promovidos em face da Massa Falida.

Inclusão da legitimidade ativa das Sociedades Cooperativas

O veto presidencial ao art. 6º, § 13, inserido pela Lei n. 14.112, de 24 de dezembro de 2020, era justificado na possibilidade de que a recuperação judicial somente para as cooperativas médicas feria o princípio da isonomia em relação às demais modalidades societárias e afastava "os instrumentos regulatórios que oportunizam às operadoras no âmbito administrativo a recuperação de suas anormalidades econômico-financeiras e as liquidações extrajudiciais". O veto presidencial foi rejeitado pelo Congresso Nacional e o dispositivo foi inserido na Lei n. 11.101/2005.

Entretanto, controvertia-se sobre a inconstitucionalidade formal do dispositivo legal. Durante a tramitação legislativa da alteração ao art. 6º, § 13, foi inserida complementação ao dispositivo legal pelo Senado Federal, sem que o texto alterado voltasse para a Câmara dos Deputados. A complementação era justamente a determinação de que a vedação às cooperativas contida no art. 2º, II, não afetaria a sociedade operadora de plano de assistência à saúde se fosse cooperativa médica.

A despeito da inserção do advérbio "consequentemente" no dispositivo legal, sustentava-se que a inserção não possuía qualquer relação lógica com o restante do parágrafo, que trata do ato cooperado e da cooperativa enquanto credora na recuperação judicial dos cooperados. Por não se tratar apenas de correção redacional, imprescindível era seu retorno à Câmara dos Deputados, pelo que o dispositivo possui inconstitucionalidade redacional, controvertia-se sobre a imprescindibilidade de seu retorno à Câmara dos Deputados e, nesses termos, sobre a inconstitucionalidade formal do dispositivo legal.

Em vista disso, a PGR protocolou a Ação Direta de Inconstitucionalidade 7442, visando a obter a declaração de inconstitucionalidade deste dispositivo. No dia 24 de outubro de 2024, o STF decidiu, por 6 votos a 5, pela constitucionalidade da regra. O voto de desempate, do Ministro Luis Roberto Barroso, foi no sentido de que a alteração proposta não pretenderia inovar a redação do texto, a justificar nova remessa à Câmara de Deputados para deliberação, mas se trataria tão somente de esclarecimento de comando já constante.

O reconhecimento da constitucionalidade do dispositivo legal assegura que as cooperativas médicas possam pedir recuperações judicial e extrajudicial e excepciona-se, como já fora feito com os clubes de futebol pela Lei n. 14.193, a exigência de ser empresário ou sociedade empresária.

---

[69] VASCONCELOS, Ronaldo; CANAÚBA, César Augusto Martins. Arbitragem e Insolvência. In VASCONCELOS, Ronaldo; MALUF, Fernando. SANTOS, Giovani Ravagnani; LUÍS, Daniel Tavela. *Análise prática das Câmaras Arbitrais e da Arbitragem no Brasil*. São Paulo: Editora IASP, 2019, p. 510.

[70] Cf. comentários ao art. 76.

Cria-se, com isso, exceção legal ao próprio conceito de empresário e nova imprecisão legislativa. Isso porque o dispositivo legal apenas ressalta a não aplicação às cooperativas prestadoras de assistência à saúde do art. 2º, II, que veda a determinados empresários o requerimento de recuperação judicial. Como a cooperativa médica não é considerada empresária (art. 982 do CC), a ela deveria continuar sendo aplicável a restrição prevista no art. 1º da Lei n. 11.101/2005[71], o que nitidamente, ainda que de forma pouco técnica, tentou a norma legal excepcionar.

Além de excepcionar o requisito de se caracterizar como empresário ou sociedade empresária, a lei ainda cria uma distinção irrazoável.

O art. 2º, II, da Lei n. 11.101/2005 determina que as sociedades operadoras de seguro-saúde são relativamente excluídas, de modo que não podem se submeter à recuperação judicial ou à extrajudicial, embora possam ter a falência decretada. A exclusão é decorrente justamente da tentativa de se mitigar os efeitos de uma crise econômico-financeira sobre a atividade e que poderia ser repassada aos consumidores, com a exigência de uma intervenção da agência reguladora de forma a reduzir referidos danos.

A sociedade cooperativa que explore planos de assistência à saúde, entretanto, ainda que tenha a mesma atividade relevante que impedia que a sociedade empresária se submetesse à recuperação judicial e exigisse a intervenção da ANS, passa a ser legitimada ao pedido de recuperação judicial e extrajudicial.

Reserva de créditos

A recuperação judicial e a falência são processos complexos, que envolvem a realização de inúmeros atos processuais voltados ao pagamento dos credores, na falência, e a deliberação do plano, na recuperação judicial, e que correm de forma paralela e independente da apuração da totalidade dos valores devidos pelo empresário. Assim, para que o credor não seja prejudicado enquanto é apurado o montante de seu crédito, poderá ser determinada a reserva do crédito.

Há três hipóteses de pedido de reserva. A do art. 6º, § 3º, a prevista no art. 10, § 4º[72] e a prevista no art. 16[73]. As hipóteses diferem em relação Juízo competente para o conhecimento do pedido, bem como ao momento em que o pedido é realizado no decurso do procedimento falimentar ou recuperacional.

A primeira delas, tratada nesse dispositivo, permite o pedido de reserva pelo credor ao juiz competente para apreciar sua demanda individual, caso ainda se apure se o devedor realmente é obrigado (*an debeatur*) ou o montante pelo qual ele é obrigado (*quantum debeatur*). Nesse caso, o juízo individual poderá determinar a reserva dos valores que estimar que serão devidos ao credor sempre que o crédito precisar ainda ser apurado para permitir a habilitação na falência ou na recuperação judicial.

---

[71] Nesse sentido: TJSP, AI 2160389-22.2023.8.26.0000, rel. Des. Maurício Pessoa, 2ª Câmara Reservada de Direito Empresarial, j. 9-11-2023. Em sentido contrário: TJAM, Terceira Câmara Cível, AI 4001269-86.2021.8.04.0000, rel. Des. Airton Luís Corrêa Gentil, j. 8-8-2022; TJDFT, 5ª Turma Cível, AI 0723014-68.2021.8.07.0000, rel. Des. Fabrício Fontoura Bezerra, j. 9-12-2021; Processo n. 0762451-34.2020.8.04.000, 16ª Vara Cível e de Acidentes de Trabalho da Comarca de Manaus, Juiz Abraham Peixoto Campos Filho, j. 18-12-2020; Processo n. 0812924-95.2021.8.15.2001 Vara de Feitos Especiais da Capital, Juiz Romero Carneiro Feitosa, j. 27-4-2021.

[72] Cf. comentários ao art. 10.

[73] Cf. comentários ao art. 16.

A previsão altera a disposição do art. 24, § 3º, do Decreto-Lei n. 7.661/45, segundo a qual o próprio credor poderia pedir a reserva do valor referente aos seus créditos ao juiz da Falência ou da Recuperação Judicial. Na Lei n. 11.101/2005, a reserva poderá ser determinada pelo juiz competente para a apreciação da demanda individual, o qual requererá a reserva do montante ao Juízo Universal[74].

A reserva poderá ser determinada pelo juízo competente para a ação individual que apura a liquidez e certeza do crédito, caso se convença da verossimilhança do direito do requerente. A esse Juízo foi atribuída a função de apreciar o pedido de reserva, pois mais facilmente poderia apurar os fatos que fundamentam o direito do credor[75].

A reserva procura garantir o credor, enquanto o seu crédito é apurado, para que não perca o direito a eventuais rateios na falência. Pela reserva, na falência, o valor referente ao pagamento do credor permanecerá depositado até o julgamento definitivo de seu crédito, ocasião em que será incluído na classe própria.

Na recuperação judicial, a reserva do valor procura acautelar o referido credor trabalhista diante da verossimilhança de que é titular do crédito pretendido. A reserva permite a esse credor exercer seu direito de voto na Assembleia Geral de Credores.

Contudo, a utilidade do pedido de reserva em face do devedor em recuperação judicial ocorre apenas em face do credor trabalhista. Nos termos do art. 10, § 1º, os titulares de créditos retardatários, excetuados os titulares de créditos derivados da relação de trabalho, não terão direito a voto nas deliberações da assembleia geral de credores[76].

Além de não permitir o voto do credor, exceto do trabalhista, o pedido de reserva na recuperação judicial não permite o depósito judicial ou em conta separada do montante de pagamento previsto no plano ao credor. Referido depósito, ao contrário do procedimento falimentar, não resguardaria o credor, que apenas poderia receber seu crédito conforme o plano de recuperação judicial. Outrossim, acabaria gerando restrição indevida à recuperanda, que não poderia utilizar o referido montante para o desenvolvimento regular de sua atividade, até que vencesse a obrigação conforme previsto no plano.

Enquanto na falência a reserva é realizada para que o credor, que aguarda ainda a liquidação de seu crédito, não perca o direito aos rateios eventualmente realizados antes de sua habilitação, na recuperação judicial, por seu turno, o pagamento é realizado pela própria recuperanda. Ainda que fosse determinado que ela reservasse o montante, o valor somente seria pago por ocasião da liquidação do crédito e, antes desse pagamento, poderia ocorrer a decretação da falência, com a arrecadação do referido valor reservado para a satisfação de credores privilegiados ao que pretendeu a reserva.

---

[74] Nesse sentido, NORONHA, João Otávio de; CORRÊA LIMA, Sérgio Mourão. *Comentários à nova Lei de Falência e Recuperação de Empresas*. Rio de Janeiro: Forense, 2009, p. 94.

Em sentido diverso, BEZERRA FILHO, Manuel Justino. *Lei de Recuperação de Empresas e Falência*. 10. ed. São Paulo: Revista dos Tribunais, 2014, p. 81. Para o autor, o próprio interessado poderá instruir petição com documentos suficientes para requerer diretamente ao juiz da falência que determine a reserva do valor que pretende habilitar.

[75] TJSP, 1ª Câmara Reservada de Direito Empresarial, AI 0229597-50.2011, rel. Des. Francisco Loureiro; TJSP, 1ª Câmara Reservada de Direito Empresarial, AI 2162106-50.2015, j. 23-3-2016; TJSP, 2ª Câmara Reservada de Direito Empresarial, AI 2042994-14.2020.8.26.0000, rel. Des. Grava Brazil, j. 30-6-2020.

[76] Cf. comentários ao art. 10.

Logo, somente há utilidade ao pedido de reserva em face do devedor em recuperação judicial na hipótese de crédito trabalhista.

Prevenção

O art. 6º, § 8º, consagra o princípio da unidade do juízo falimentar ou da recuperação judicial. Pelo referido princípio, evitam-se decisões contraditórias de juízes diversos, como sucessivas decretações de falência de um mesmo devedor, a decretação de falência de um devedor por inadimplemento de crédito sujeito a uma recuperação judicial cujo processamento foi anteriormente deferido ou que seja concedida mais de uma recuperação judicial de um mesmo devedor[77].

A distribuição do primeiro pedido de falência ou recuperação judicial determina a prevenção dos demais pedidos. Estes deverão ser distribuídos para o juízo prevento, o qual será o único a apreciar todos os pedidos.

A prevenção perdura até o trânsito em julgado da sentença do processo distribuído em primeiro lugar e que a motivou, eis que não há nenhuma limitação legal que restrinja a prevenção até a prolação da sentença[78] e, enquanto perdurar o processo, haveria risco de decisões contraditórias. Transitada a sentença de mérito, entretanto, não há mais risco de decisões contraditórias, de modo que a prevenção ao Juízo não poderá ser considerada eterna para todos os novos pedidos promovidos pelo devedor ou em face dele.

Mas não apenas os pedidos de recuperação judicial ou de falência previnem o juízo. Durante a liquidação extrajudicial, as ações cautelares de sequestro dos bens dos ex-administradores e a ação de responsabilidade destes em razão dos prejuízos apurados às sociedades (arts. 45 e 46 da Lei n. 6.024/74) previnem o juízo para a apreciação dos pedidos de falência posteriores.

Até a alteração legal, entendia-se que, apesar de a prevenção prevista no art. 6º, § 8º, ter sido apenas determinada expressamente para os pedidos de falência e de recuperação judicial, sua interpretação deveria ser extensiva para os casos de recuperação extrajudicial. Isso porque não haveria diferenciação justificável para a não aplicação da regra a esse instituto[79].

Da mesma forma que o deferimento da recuperação judicial suspende todas as ações e execuções em face da recuperanda, inclusive a execução coletiva falimentar, na recuperação extrajudicial serão suspensas as ações e execuções requeridas pelos credores sujeitos ao plano de recuperação extrajudicial[80], assim como ambas poderão implicar a novação dos créditos conforme o plano proposto. A razão de se evitarem decisões contraditórias de juízes diversos, como a decre-

---

[77] O STJ estendeu a aplicação da prevenção estabelecida no art. 6º, § 8º, da Lei n. 11.101, em um cenário de desconsideração da personalidade jurídica da empresa falida, às empresas responsabilizadas por comporem o grupo econômico da falida: STJ, AgInt no AREsp n. 1.317.496/RS, 4ª Turma, rel. Min. Raul Araújo, j. 13-12-2021.

[78] Nesse sentido, TJSP,CC 0014696-12.2021.8.26.0000, Câmara Especial, rel. Des. Issa Ahmed, j. 20-7-2021; TJSP, Câmara Especial, CC 0065983-24.2015, rel. Des. Salles Abreu; TJSP, Câmara Especial, CC 0036104-64.2018, rel. Des. Fernando Torres Garcia, j. 19-12-2018; TJSP, 2ª Câmara Reservada de Direito Empresarial, AI 2123529-95.2018, rel. Des. Araldo Telles, j. 24-9-2018; TJSP, 1ª Câmara Reservada de Direito Empresarial, Ai 2173529-36.2017, rel. Des. Hamid Bdine, j. 18-10-2017.

[79] Em sentido contrário: TJSP, AI 2057945-81.2018, 2ª Câmara Reservada de Direito Empresarial, rel. Des. Maurício Pessoa, j. 30-5-2018; TJSP, AI 2208339-37.2017, 1ª Câmara Reservada de Direito Empresarial, rel. Des. Carlos Dias Motta, j. 14-2-2018.

[80] Cf. comentários ao art. 161.

tação da falência em virtude de um crédito sujeito à recuperação extrajudicial, também está presente, assim como a justificativa de se evitar a homologação de plano de recuperação extrajudicial enquanto pendente pedido de recuperação judicial ou dentro de dois anos de sua concessão[81]-[82].

A nova redação do art. 6º, § 8º, insere a prevenção em virtude do pedido de recuperação extrajudicial. A redação do dispositivo legal, entretanto, é criticável. Foi inserido como causa de prevenção não o pedido de homologação, mas a homologação de recuperação extrajudicial propriamente dita. O que gera a prevenção é justamente o pedido de homologação, não a homologação em si[83], pois somente haveria risco de decisões contraditórias até a homologação do pedido. Ao contrário da recuperação judicial, não há período de fiscalização na recuperação extrajudicial, assim como também não há o início de fase de arrecadação e liquidação como na falência.

A distribuição por dependência ao juízo prevento também ocorrerá, nos termos do art. 286, II, do Código de Processo Civil. Quando houver sido extinto, sem julgamento de mérito, pedido anterior de recuperação judicial, de decretação de falência ou de recuperação extrajudicial, sempre que o pedido tiver sido reiterado, ainda que em litisconsórcio com outros autores ou que sejam parcialmente alterados os réus da demanda, a distribuição deverá ocorrer para o mesmo Juízo que apreciou o pedido anterior. A distribuição por dependência assegura que o requerente não poderá escolher o Juízo conforme sua melhor conveniência, além de permitir a verificação de se as condições da ação ou os pressupostos processuais passaram a estar presentes no novo pedido.

Art. 6º-A. É vedado ao devedor, até a aprovação do plano de recuperação judicial, distribuir lucros ou dividendos a sócios e acionistas, sujeitando-se o infrator ao disposto no art. 168 desta Lei.

Vedação à distribuição de dividendos

De acordo com a visão econômica, as partes são seres oportunistas, que visariam à maximização dos seus benefícios pessoais. Por essa razão, caberia à legislação criar mecanismos para coibir comportamentos egoísticos das partes, facilitando a sua cooperação. Diversos dispositivos da Lei n. 11.101/2005 foram concebidos com esse propósito, tal como é o caso do art. 6º-A da Lei, incluído pela Lei n. 14.112/2020.

Os sócios da pessoa jurídica são compreendidos como titulares de créditos residuais (*residual claimants*) da sociedade. Em vista disso, para evitar a redução do patrimônio do devedor, que é garantia geral de pagamento dos credores, vedou-se que a pessoa jurídica em recuperação judicial distribuísse dividendos aos sócios ou acionistas da data da distribuição do seu pedido de recuperação judicial até a aprovação do plano de recuperação.

Ainda que haja a apuração de lucro em data anterior à do exercício, os sócios ou acionistas tornam-se credores da sociedade em recuperação judicial e, nesses termos, estão submetidos ao plano de recuperação judicial.

---

[81] Nesse sentido, CAMPINHO, Sérgio. *Falência e Recuperação de Empresa. O novo regime da insolvência empresarial.* 2. ed., Rio de Janeiro: Renovar, 2006, p. 33.

[82] Cf. comentários ao art. 161, § 3º.

[83] Em sentido diverso: TJSP, AI 2005114-17.2022.8.26.0000, 1ª Câmara Reservada de Direito Empresarial, rel. Des. Alexandre Lazzarini; Órgão Julgador, j. 26-4-2022.

Como credores, nos termos da proibição criminal do art. 172 da Lei n. 11.101/2005, não poderão ser satisfeitos com o pagamento dos seus créditos anteriores à distribuição da recuperação judicial. Nesses termos, os dividendos não poderão ser distribuídos pela pessoa jurídica devedora antes da concessão da recuperação judicial e em detrimento dos demais credores da recuperanda.

Os lucros sociais podem ser apurados, entretanto, após a distribuição da recuperação judicial. Nesse caso, a deliberação da pessoa jurídica por distribuir os dividendos aos sócios ou acionistas transformaria esses sócios em credores não sujeitos à recuperação judicial.

Nessa hipótese, proíbe a lei a distribuição de dividendos até a aprovação do plano de recuperação judicial como forma de incentivar que os lucros apurados posteriormente à distribuição da recuperação judicial sejam utilizados para a satisfação dos credores concursais nos termos do plano de recuperação e não simplesmente distribuídos.

A norma legal não impede, contudo, seja em virtude da cessação dos pagamentos dos créditos concursais até a aprovação do plano, seja diante da novação dos créditos realizada pelo plano de recuperação judicial, que os lucros apurados sejam distribuídos posteriormente à aprovação do plano de recuperação judicial e enquanto a recuperação ainda estiver em trâmite. Tal providência sequer exigirá a concordância dos credores e previsão no plano de recuperação judicial, eis que créditos que surgiriam pelo desenvolvimento da atividade posteriormente à recuperação.

Art. 6º-B. Não se aplica o limite percentual de que tratam os arts. 15 e 16 da Lei n. 9.065, de 20 de junho de 1995, à apuração do imposto sobre a renda e da Contribuição Social sobre o Lucro Líquido (CSLL) sobre a parcela do lucro líquido decorrente de ganho de capital resultante da alienação judicial de bens ou direitos, de que tratam os arts. 60, 66 e 141 desta Lei, pela pessoa jurídica em recuperação judicial ou com falência decretada.

Parágrafo único. O disposto no *caput* deste artigo não se aplica na hipótese em que o ganho de capital decorra de transação efetuada com:

I – pessoa jurídica que seja controladora, controlada, coligada ou interligada; ou

II – pessoa física que seja acionista controlador, sócio, titular ou administrador da pessoa jurídica devedora.

Tributação sobre o ganho de capital nas alienações de bens

As alienações judiciais de ativos realizadas pelos procedimentos de recuperação judicial e de falência poderão implicar ganho de capital ao empresário devedor, que pode ter adquirido os bens por valor inferior ao produto da referida arrematação.

Pela Lei n. 14.112/2020, insere-se o art. 6º-B na Lei n. 11.101/2005, que determina que não se aplica o limite percentual de que tratam os arts. 15 e 16 da Lei n. 9.065, de 20 de junho de 1995, à apuração do imposto sobre a renda e da Contribuição Social sobre o Lucro Líquido (CSLL) sobre a parcela do lucro líquido decorrente de ganho de capital resultante da alienação judicial de bens ou direitos, de que tratam os arts. 60, 66 e 141 desta Lei, pela pessoa jurídica em recuperação judicial ou com falência decretada. O dispositivo legal havia sido vetado pelo Presidente da República, sob a justificativa de que acarretava renúncia de receita sem o cancelamento equivalente de outra despesa obrigatória e sem que estivesse acompanhada de estimativa de seu impacto orçamentário. O veto, entretanto, foi rejeitado pelo Congresso Nacional.

O dispositivo legal permite, assim, que o prejuízo fiscal apurado seja compensado, sem limite máximo de 30%, como previsto originariamente pela Lei n. 9.065/95, com o lucro líquido decorrente do ganho de capital das alienações judiciais nos procedimentos de insolvência, tanto para fins de imposto de renda quanto para a contribuição social sobre o lucro da pessoa jurídica.

A compensação somente poderá ocorrer, contudo, se os bens vendidos não forem adquiridos por pessoa jurídica controladora, controlada, coligada ou interligada, ou por pessoa física que fosse acionista controlador, sócio, titular ou administrador da pessoa jurídica devedora.

Art. 6º-C. É vedada atribuição de responsabilidade a terceiros em decorrência do mero inadimplemento de obrigações do devedor falido ou em recuperação judicial, ressalvadas as garantias reais e fidejussórias, bem como as demais hipóteses reguladas por esta Lei.

Responsabilidade secundária

A alteração da legislação, pela inclusão do art. 6º-C, procurou evitar a responsabilização secundária dos agentes, como sócios e administradores, pelo simples inadimplemento do devedor em procedimento de insolvência.

A rigor, pelo art. 50 do Código Civil, a desconsideração da personalidade jurídica, em caso de abuso caracterizado pelo desvio de finalidade ou pela confusão patrimonial, somente poderia ser reconhecida pelo juiz, a requerimento da parte ou do Ministério Público, para responsabilizar por determinadas obrigações os administradores ou sócios da pessoa jurídica beneficiados direta ou indiretamente pelo abuso.

Os procedimentos de insolvência partem do pressuposto de que a atividade de empreender é arriscada e que poderia, mesmo que não houvesse qualquer má-fé ou desídia, gerar um insucesso do empreendedor. Nesse sentido, cria-se um procedimento para que os credores possam ser satisfeitos em seus créditos, com a redução dos custos coletivos e a maximização do valor dos ativos do devedor.

A responsabilização secundária dos sócios e/ou administradores por dívidas contraídas pela pessoa jurídica, fora das hipóteses de fraude, resultaria em benefício de alguns credores em detrimento do restante da coletividade, o que os desincentivaria a negociar coletivamente. Mas não apenas. A desconsideração da personalidade jurídica em virtude do mero inadimplemento prejudicaria o próprio incentivo a empreender e a arriscar, o que comprometeria, de forma mediata, todo o desenvolvimento econômico nacional e o próprio interesse do microssistema que se procuraria proteger.

Desta forma, procurou a Lei de insolvência assegurar que o mero inadimplemento do devedor, resultante na liquidação forçada falimentar ou da pretendida novação pela via recuperacional, é faculdade permitida pela Lei aos empresários. Sua utilização, fora de qualquer hipótese de abuso ou fraude, não seria suficiente para desconsiderar a personalidade jurídica do empresário devedor e estender os efeitos aos sócios e/ou administradores[84].

---

[84] "O art. 6º-C do mesmo diploma segue a mesma diretriz, autorizando a convicção de que o singelo inadimplemento desautoriza a responsabilização de terceiros por dívidas do devedor falido, impactando na recuperação de créditos gerados de relações sujeitas à teoria menor da desconsideração da personalidade jurídica, calcada na circunstância de que o só inadimplemento é suficiente à responsabilização dos sócios da devedora" (TJSP, AI 2095410-85.2022.8.26.0000, 19ª Câmara de Direito Privado, rel. Des. Nuncio Theophilo Neto, j. 18-7-2022).

Contudo, a Lei, ainda que posterior, não derroga as diversas normas em contrário e decorrentes da especialidade de diversos microssistemas que consagram que bastaria o inadimplemento para que houvesse a responsabilização dos sócios e/ou administradores da pessoa jurídica, pela desconsideração da personalidade jurídica.

Nesse particular, quanto à responsabilização por débitos trabalhistas, ressalta-se que o art. 6º, § 10, que determinava a suspensão das execuções trabalhistas contra responsável, subsidiário ou solidário, até a homologação do plano ou a convolação da recuperação judicial em falência do devedor, fora vetado pelo Presidente da República. A especialização do microssistema trabalhista impede sua derrogação pela norma geral.

Seção II
Da Verificação e da Habilitação de Créditos

Art. 7º A verificação dos créditos será realizada pelo administrador judicial, com base nos livros contábeis e documentos comerciais e fiscais do devedor e nos documentos que lhe forem apresentados pelos credores, podendo contar com o auxílio de profissionais ou empresas especializadas.

§ 1º Publicado o edital previsto no art. 52, § 1º, ou no parágrafo único do art. 99 desta Lei, os credores terão o prazo de 15 (quinze) dias para apresentar ao administrador judicial suas habilitações ou suas divergências quanto aos créditos relacionados.

§ 2º O administrador judicial, com base nas informações e documentos colhidos na forma do *caput* e do § 1º deste artigo, fará publicar edital contendo a relação de credores no prazo de 45 (quarenta e cinco) dias, contado do fim do prazo do § 1º deste artigo, devendo indicar o local, o horário e o prazo comum em que as pessoas indicadas no art. 8º desta Lei terão acesso aos documentos que fundamentaram a elaboração dessa relação.

Verificação de créditos

A verificação de crédito é procedimento aplicável tanto na falência quanto na recuperação judicial e ocorre simultaneamente aos demais atos exigidos pelo procedimento concursal.

O procedimento de verificação é consequência da suspensão das ações e execuções na falência e na recuperação judicial. O credor, diante da impossibilidade de constrição de bens do patrimônio do devedor, deverá habilitar o seu crédito no processo concursal.

A habilitação consiste na verificação da existência do crédito, natureza, valor e de sua submissão ao processo concursal. A habilitação permite que o credor receba a partilha do montante da liquidação dos ativos, na falência, ou que discuta e vote o plano de seu pagamento, na recuperação judicial, como forma de receber os créditos sujeitos na forma estabelecida pelo plano de recuperação judicial.

Ônus de se habilitar

Na recuperação judicial, nos termos do art. 49 da Lei n. 11.101/2005, estão sujeitos à recuperação judicial todos os créditos existentes à data do pedido, vencidos ou vincendos, ressalvados créditos específicos tratados pela Lei, como os credores proprietários, os credores decorrentes de contrato de adiantamento de contrato de câmbio etc.

A submissão de todos os credores existentes assegura que se possa verificar, em assembleia geral de credores, a melhor solução para a superação da crise que afeta o devedor e os meios para o melhor atendimento dos interesses de seus credores, bem como se evita comportamentos estratégicos. Reunidos em assembleia geral de credores, estes poderão verificar qual a melhor forma de satisfação dos respectivos créditos, seja pela concessão da recuperação judicial, seja pela decretação da falência do devedor.

Para que se identifiquem o valor e a natureza dos referidos créditos, o procedimento de verificação permitirá que qualquer interessado divirja da lista de credores apresentada pelo devedor e confira aos credores cujo crédito existente seja habilitador o direito de negociação do plano de recuperação judicial proposto e o cômputo do seu voto no conclave.

Sua submissão ao procedimento de verificação de crédito, embora seja requisito para que o credor possa negociar o plano de recuperação e votar, não é imprescindível para que os efeitos do plano de recuperação judicial homologado recaiam sobre o crédito não incluído.

O direito de voto é adstrito aos credores que figurarem nas listas de credores, seja o quadro geral de credores, a lista de credores do administrador judicial ou a lista de credores do devedor, nos termos do art. 39, *caput*. A não inclusão nas referidas listas impede esse seu exercício e sequer o cômputo dos referidos créditos para aferição dos quóruns de instalação da referida assembleia geral de credores.

Questão diversa é o efeito da novação do crédito promovido pelo plano de recuperação judicial. Como todo crédito existente se submete à recuperação judicial, vencido ou vincendo, a habilitação ou não do referido crédito é indiferente. Mesmo que não tenha sido incluído na lista de credores do devedor, são dispostos ao credor meios para que possa suscitar a habilitação do referido crédito até o fim do procedimento de recuperação judicial e mesmo após a publicação do quadro geral de credores.

Sua inclusão é obrigação do credor, que poderá responder criminalmente pela sua omissão, nos termos do art. 175 da Lei n. 11.101/2005. É ônus ao credor, o qual, diante de uma omissão do devedor e caso não inclua o seu crédito, ficará impedido de votar.

A imposição dos efeitos a todos os credores não apenas segue a norma legal expressa no art. 49 e assegura que os credores poderão deliberar conforme a melhor solução coletiva e que assegure a maior satisfação dos respectivos créditos, como evita que o devedor tenha comportamento oportunista de suprimir determinados créditos e o credor permaneça omisso justamente para que sobre o seu crédito não recaia o efeito da novação.

Nesse sentido, todos os créditos existentes são submetidos à recuperação judicial, exceto as hipóteses legais, quer estejam habilitados na recuperação judicial ou não. A habilitação é ônus imposto aos credores e que afeta o seu direito de voto, mas jamais os efeitos da novação, que ocorrerão independentemente de sua vontade individual[85].

---

[85] A 2ª Seção do STJ entendeu que o credor concursal não está obrigado a habilitar o seu crédito, que poderá, caso assim prefira o credor, ser executado em cumprimento de sentença após o encerramento da recuperação judicial, na medida em que o direito de crédito é direito disponível. Concluiu-se, porém, que a habilitação não é condição para que o crédito seja submetido aos efeitos da novação do plano de recuperação judicial, aos quais estão sujeitos todos os créditos existentes na data do pedido ainda que não devidamente habilitados: STJ, REsp 1.655.705/SP, 2ª Seção, rel. Min. Ricardo Villas Bôas Cueva, j. 27-4-2022.

Fase administrativa

Para que possa ser mais célere a apuração das informações sobre o crédito, a Lei incumbiu o administrador judicial da tarefa de apurar, ao menos num primeiro momento, a existência, natureza e valor do crédito pretendido. Essa fase administrativa de verificação de crédito consiste na tentativa legal de "desjudicializar"[86] e tornar mais célere a apuração de créditos nos procedimentos concursais.

A lista de credores apresentada pelo devedor falido (art. 99, III) ou pelo devedor em recuperação judicial (art. 51, III) deverá ser conferida pelo administrador judicial. A aferição dessas informações é feita com base nos documentos fornecidos pelos credores, por ocasião das habilitações ou divergências de crédito apresentadas (art. 9º), mas não só. Independentemente da divergência realizada, cumpre ao administrador confrontar cada um dos créditos arrolados ou sujeitos à divergência com as informações apresentadas pelo credor e com os livros contábeis e demais documentos do devedor.

Para tanto, poderá solicitar diretamente ao devedor acesso aos documentos comerciais e fiscais necessários à apuração. Nesse ponto, o art. 7º, *caput*, excepciona o sigilo dos livros e dos demais documentos contábeis (art. 1.191 do CC) ao administrador judicial para a aferição da veracidade das informações e salvaguarda dos credores.

Habilitações ou divergências administrativas de crédito

Com a sentença declaratória de falência, o falido será intimado para apresentar, no prazo de cinco dias, a relação nominal dos credores, com a importância e a natureza do crédito (art. 99, III), a qual será publicada por edital. A relação nominal dos credores, com a importância e natureza do crédito, também deverá ser apresentada pelo devedor em seu pedido de recuperação judicial (art. 51, III)[87] e será incluída no edital de deferimento do processamento

---

Em sentido contrário, pela faculdade da habilitação do credor e de que não haveria novação do crédito não habilitado na recuperação judicial, o qual poderá ser satisfeito após o encerramento da recuperação judicial: STJ, 4ª Turma, REsp 1.851.692/RS, rel. Min. Luis Felipe Salomão, j. 25-5-2021. Os embargos de declaração contra o acórdão desse recurso foram acolhidos em 24-5-2022. A íntegra do acórdão ainda não foi disponibilizada.

[86] VASCONCELOS, Ronaldo. *Direito processual falimentar*. São Paulo: Quartier Latin, 2008, p. 241.

[87] O Conselho Nacional de Justiça (CNJ) aprovou a Recomendação n. 103/2021, que visa à padronização dos pedidos de recuperação judicial. Dentre as recomendações, está a de que a devedora instrua a petição inicial com relação nominal de credores, no formato constante do Anexo II da Recomendação, que deverá conter (i) número do Cadastro de Pessoa Física ou o número do Cadastro Nacional de Pessoa Jurídica de todos os credores bem como o respectivo endereço completo, inclusive com indicação de CEP; (ii) o valor total dos créditos submetidos e não submetidos ao processo de recuperação judicial, todos divididos por classe; e (iii) o valor total do endividamento, separado por classe de credor.

Recomenda-se, ainda, que planilha seja disponibilizada em formato eletrônico e de modo que seja "visualmente fácil de ser interpretada". A medida visa a facilitar a visibilidade dos credores quanto ao endividamento total da devedora e a posição do seu crédito na recuperação judicial (BRASIL, Conselho Nacional de Justiça. Recomendação n. 103 de 23 de agosto de 2021. Dispõe sobre a padronização dos documentos necessários para ajuizamento dos processos de recuperação judicial. Disponível em: https://atos.cnj.jus.br/atos/detalhar/4076).

da recuperação (art. 52, § 1º, II). Ambos os editais devem ser publicados no *Diário de Justiça do Estado* para conhecimento dos credores.

Caso não haja a apresentação da lista pelo devedor, o que é comum nas hipóteses de falidos ou de administradores de sociedade não localizados, deverá o próprio administrador judicial apresentar lista de credores em substituição ao devedor e com as informações de que dispuser. A apresentação da lista de credores do devedor pelo próprio administrador judicial é medida excepcional, tomada com o objetivo de iniciar o procedimento de verificação de crédito com a publicação dos editais.

Nos referidos editais, os credores serão advertidos do prazo de 15 dias para que, caso não tenham sido incluídos na lista apresentada pelo devedor, habilitem administrativamente seus créditos. Ainda que incluídos, caso discordem do valor do crédito, de sua natureza ou de sua classificação, os credores, no mesmo prazo, poderão deduzir divergência administrativa.

A ciência dos credores a respeito da lista apresentada pelo devedor é corroborada pela obrigação do administrador judicial de comunicá-los. O administrador deverá enviar correspondência aos credores da relação, com a comunicação acerca da recuperação judicial ou falência e a respeito da natureza, do valor e da classificação do respectivo crédito (art. 22, I, *a*).

O art. 22, I, a, da Lei estabelece a obrigação de o administrador judicial "*enviar* **correspondência** *aos credores*". A norma deve ser interpretada para admitir que comunicação seja encaminhada para o endereço eletrônico (*e-mail*) do credor ou de seu representante legal – que, pela nova redação do art. 51, III, da Lei, deverão ser fornecidos pelo devedor –, desde que se possa confirmar o seu recebimento pelo credor.

A habilitação ou divergência administrativa deverá ser apresentada em 15 dias e conterá todos os documentos imprescindíveis para a demonstração de seu crédito (art. 9º). Será realizada por mera petição e será direcionada ao administrador judicial. Como não é destinada ao juízo e prescinde de maior formalidade, o requerente não precisa ter poderes postulatórios. A habilitação ou divergência não precisa ser apresentada por advogado e, por não possuir a natureza de ação judicial, prescinde do recolhimento das custas processuais[88]. Nada impede que sejam direcionadas por via eletrônica diretamente ao administrador judicial, cujo *e-mail* deverá constar, assim, no próprio edital de publicação.

Lista de credores apresentada pelo administrador judicial

O administrador judicial terá o prazo de 45 dias para julgar as habilitações e divergências administrativas apresentadas pelos credores com base nos documentos por eles apresentados e na verificação dos documentos contábeis e fiscais do devedor, bem como conferir todos os créditos constantes da lista de créditos apresentada pelo devedor.

Diante dos documentos apresentados, ainda que não haja divergência administrativa apresentada, poderá o administrador judicial modificar valores, alterar classificação ou excluir créditos da lista de credores apresentada pelo devedor que não possuam demonstração. Nessa fase administrativa, não é necessário que o administrador judicial garanta o direito ao contraditório do devedor ou mesmo o conhecimento da habilitação ou divergência, apesar de ser medida recomendada.

---

[88] No Estado de São Paulo, o art. 4º, § 8º, da Lei Estadual n. 11.608/2003, alterado pela Lei estadual n. 15.760/2015, determinou o recolhimento de custas judiciais apenas na habilitação retardatária de crédito em processo de recuperação judicial e de falência.

Julgadas as habilitações ou divergências e verificado cada um dos demais créditos incluídos na lista de credores apresentada pelo devedor, o administrador judicial formará uma lista dos credores, com a indicação do valor dos créditos e sua natureza, a qual será publicada por edital no *Diário Oficial do Estado* e no *site* do administrador judicial (art. 191). Desnecessária a intimação dos advogados habilitados no processo, pois a publicação do edital se destina ao conhecimento do próprio credor[89].

No referido edital, deve ser indicado prazo, local e horário em que os interessados poderão ter acesso às informações que fundamentaram o julgamento dos créditos pelo administrador judicial, viabilizando a análise pelo credor e eventual apresentação de habilitação ou impugnação judicial no prazo de 10 dias estipulado pelo art. 8º da Lei n. 11.101/2005.

Nos últimos anos, a praxe forense, antes mesmo da alteração legislativa de 2020, consolidou-se pela disponibilização, pelo administrador judicial, de relatório com as informações relativas à análise dos créditos da fase administrativa, por meio eletrônico. A referida disponibilização do relatório permite aos credores contatar diretamente o administrador judicial a fim de obter a documentação referida no § 2º do art. 7º e que fundamentou referido julgamento e a fundamentação disponibilizada.

Atualmente, além de recomendada pelo CNJ[90] quanto à disponibilização do relatório, a medida adotada é corroborada pelo art. 22, inciso I, alínea *k,* da Lei n. 11.101/2005, que impõe aos administradores judiciais o ônus de manterem atualizado *site* no qual os credores possam obter informações e as peças principais do processo, no que se insere o relatório contendo os dados da fase administrativa da verificação dos créditos, se elaborado.

A indisponibilidade dos documentos aos interessados na obtenção dos dados mencionados no art. 7º, § 2º, provoca, além da apuração de desídia do cumprimento das funções pelo administrador judicial, a prorrogação excepcional do prazo para apresentação da habilitação e/ou impugnação respectiva, com base no art. 223, §§ 1º e 2º, do Código de Processo Civil, aplicável subsidiariamente aos processos de insolvência por força do art. 189 da Lei n. 11.101/2005[91].

---

[89] STJ, 3ª Turma, REsp 1.163.143/SP, rel. Min. João Otávio de Noronha, j. 11-2-2014.

[90] O CNJ aprovou a Resolução n. 72/2020, na qual recomenda aos magistrados que determinem aos administradores judiciais, após o encerramento da fase administrativa de verificação de créditos, Relatório da Fase Administrativa, que conterá um resumo das análises realizadas pelo auxiliar do juízo e embasará o edital de credores. Busca-se, assim, garantir aos credores acesso às informações essenciais já no momento da apresentação do edital, municiando-os desde logo com os dados necessários a eventual impugnação e habilitação judicial.

BRASIL, Conselho Nacional de Justiça. Recomendação n. 72 de 19 de agosto de 2020. Dispõe sobre a padronização dos relatórios apresentados pelo administrador judicial em processos de recuperação empresarial. Disponível em: https://atos.cnj.jus.br/atos/detalhar/3426

[91] Entendimento similar foi adotado na recuperação judicial do Grupo Atvos, grupo sucroalcoo-leiro à época controlado indiretamente pela então Odebrecht S.A. (processo n. 1050977-09.2019.8.26.0100, em trâmite perante a 1ª Vara de Falências e Recuperações Judiciais da Comarca da Capital de São Paulo).

Art. 7º-A. Na falência, após realizadas as intimações e publicado o edital, conforme previsto, respectivamente, no inciso XIII do *caput* e no § 1º do art. 99 desta Lei, o juiz instaurará, de ofício, para cada Fazenda Pública credora, incidente de classificação de crédito público e determinará a sua intimação eletrônica para que, no prazo de 30 (trinta) dias, apresente diretamente ao administrador judicial ou em juízo, a depender do momento processual, a relação completa de seus créditos inscritos em dívida ativa, acompanhada dos cálculos, da classificação e das informações sobre a situação atual.

§ 1º Para efeito do disposto no *caput* deste artigo, considera-se Fazenda Pública credora aquela que conste da relação do edital previsto no § 1º do art. 99 desta Lei, ou que, após a intimação prevista no inciso XIII do *caput* do art. 99 desta Lei, alegue nos autos, no prazo de 15 (quinze) dias, possuir crédito contra o falido.

§ 2º Os créditos não definitivamente constituídos, não inscritos em dívida ativa ou com exigibilidade suspensa poderão ser informados em momento posterior.

§ 3º Encerrado o prazo de que trata o *caput* deste artigo:
I – o falido, os demais credores e o administrador judicial disporão do prazo de 15 (quinze) dias para manifestar objeções, limitadamente, sobre os cálculos e a classificação para os fins desta Lei;
II – a Fazenda Pública, ultrapassado o prazo de que trata o inciso I deste parágrafo, será intimada para prestar, no prazo de 10 (dez) dias, eventuais esclarecimentos a respeito das manifestações previstas no referido inciso;
III – os créditos serão objeto de reserva integral até o julgamento definitivo quando rejeitados os argumentos apresentados de acordo com o inciso II deste parágrafo;
IV – os créditos incontroversos, desde que exigíveis, serão imediatamente incluídos no quadro--geral de credores, observada a sua classificação;
V – o juiz, anteriormente à homologação do quadro-geral de credores, concederá prazo comum de 10 (dez) dias para que o administrador judicial e a Fazenda Pública titular de crédito objeto de reserva manifestem-se sobre a situação atual desses créditos e, ao final do referido prazo, decidirá acerca da necessidade de mantê-la.

§ 4º Com relação à aplicação do disposto neste artigo, serão observadas as seguintes disposições:
I – a decisão sobre os cálculos e a classificação dos créditos para os fins do disposto nesta Lei, bem como sobre a arrecadação dos bens, a realização do ativo e o pagamento aos credores, competirá ao juízo falimentar;
II – a decisão sobre a existência, a exigibilidade e o valor do crédito, observado o disposto no inciso II do *caput* do art. 9º desta Lei e as demais regras do processo de falência, bem como sobre o eventual prosseguimento da cobrança contra os corresponsáveis, competirá ao juízo da execução fiscal;
III – a ressalva de que trata o art. 76 desta Lei, ainda que o crédito reconhecido não esteja em cobrança judicial mediante execução fiscal, aplicar-se-á, no que couber, ao disposto no inciso II deste parágrafo;
IV – o administrador judicial e o juízo falimentar deverão respeitar a presunção de certeza e liquidez de que trata o art. 3º da Lei n. 6.830, de 22 de setembro de 1980, sem prejuízo do disposto nos incisos II e III deste parágrafo;
V – as execuções fiscais permanecerão suspensas até o encerramento da falência, sem prejuízo da possibilidade de prosseguimento contra os corresponsáveis;

VI – a restituição em dinheiro e a compensação serão preservadas, nos termos dos arts. 86 e 122 desta Lei; e

VII – o disposto no art. 10 desta Lei será aplicado, no que couber, aos créditos retardatários.

§ 5º Na hipótese de não apresentação da relação referida no *caput* deste artigo no prazo nele estipulado, o incidente será arquivado e a Fazenda Pública credora poderá requerer o desarquivamento, observado, no que couber, o disposto no art. 10 desta Lei.

§ 6º As disposições deste artigo aplicam-se, no que couber, às execuções fiscais e às execuções de ofício que se enquadrem no disposto nos incisos VII e VIII do *caput* do art. 114 da Constituição Federal.

§ 7º O disposto neste artigo aplica-se, no que couber, aos créditos do Fundo de Garantia do Tempo de Serviço (FGTS).

§ 8º Não haverá condenação em honorários de sucumbência no incidente de que trata este artigo.

Suspensão das execuções fiscais em face da Massa Falida

O art. 6º, § 7º, da Lei n. 11.101/2005 determinava o prosseguimento das execuções fiscais apenas em virtude da recuperação judicial, mas era omisso quanto à falência.

A cobrança do crédito tributário em face da Massa Falida não era disciplinada pela Lei n. 11.101/2005 diante da exigência de tratamento das normas gerais em matéria tributária por leis complementares, nos termos do art. 146 da Constituição Federal. Nesse aspecto, o Código Tributário Nacional estabelece que a cobrança judicial dos créditos tributários não se sujeita a concurso de credores ou a habilitação em falência ou recuperação judicial, de modo que poderia prosseguir normalmente, nos termos do art. 187 do Código Tributário Nacional (CTN)

A alteração da Lei n. 11.101/2005 pela Lei n. 14.112, de 24 de dezembro de 2020, desconsiderou referida hipótese e passou a versar sobre matéria de competência da lei complementar. Nesse aspecto, foi determinada, no art.7º-A, inciso V, da Lei n. 11.101/2005, a suspensão das execuções fiscais até o encerramento da falência, sem prejuízo da possibilidade de prosseguimento das execuções contra os corresponsáveis.

A determinação de suspensão das execuções fiscais, nesse ponto, não apenas não revoga o CTN, como é considerada inconstitucional, por afrontar matéria restrita à legislação complementar.

Nesse aspecto, ao se assegurar pela legislação complementar tributária o prosseguimento das execuções fiscais, tributárias ou não, os dispositivos estabelecem norma de cunho processual e criam exceção à indivisibilidade do juízo falimentar. Pelos dispositivos, a execução fiscal em face da Massa Falida prosseguirá no juízo competente, independentemente da decretação da falência do devedor.

O objetivo das disposições é evitar que se considere preclusa a possibilidade de cobrança dos créditos materializados em dívida ativa em virtude da falta de habilitação tempestiva do referido crédito.

A não submissão obrigatória à verificação de crédito na falência, todavia, não implica que a Fazenda fique fora da ordem de pagamento determinada pelos credores em razão da liquidação dos ativos. Os créditos fiscais, tributários ou não tributários, estão afastados do concurso processual, de forma que não precisarão promover a habilitação do referido crédito e poderão prosseguir com suas execuções individuais, mas não estão excluídos do concurso material. Embora não sujeitos à verificação processual de crédito obrigatória, as pessoas jurídicas de direito público com crédito materializado em dívida ativa sujeitam-se materialmente aos rateios do produto da liquidação dos bens, conforme a ordem legal dos créditos prevista nos arts. 83 e 84 da Lei n. 11.101/2005[92].

Como a Lei de Execução Fiscal determina que a competência para processar e julgar a execução da Dívida Ativa da Fazenda Pública exclui a competência do próprio juízo falimentar, a execução fiscal deverá prosseguir. Ainda que a execução prossiga, entretanto, o credor fiscal não será satisfeito em detrimento dos demais credores que lhe sejam preferenciais. A satisfação do referido credor deverá ser realizada conforme a ordem de classes dos credores da falência. Na falência, o crédito fiscal será classificado nos termos do art. 83 da Lei n. 11.101/2005.

O que não poderá ocorrer, entretanto, é o *bis in idem*, ou seja, serem escolhidas as duas vias para a satisfação do seu crédito. Até a publicação da última edição deste livro, prevalecia na jurisprudência o entendimento de que a habilitação de crédito ou a impugnação judicial, caso apresentadas após o ajuizamento da execução fiscal, deveriam ser extintas, por falta de interesse de agir da habilitante ou impugnante, a menos que a execução fiscal tenha sido previamente suspensa, entendimento que parece ter sido consagrado pelo art. 7º-A, § 4º, inciso V, incluído na reforma de 2020. Isso porque não poderá ocorrer sobreposição de formas de satisfação[93].

Recentemente, a Primeira Seção do STJ firmou, em recurso representativo de controvérsia, a tese de que "é possível a Fazenda Pública habilitar em processo de falência crédito objeto de execução fiscal em curso, mesmo antes da vigência da Lei n. 14.112/2020, e desde que não haja pedido de constrição no juízo executivo". O julgamento foi fundamentado na circunstância de que não se trata de inexistência de interesse de agir, mas de prejudicialidade externa, razão pela qual "proposta a execução fiscal e, posteriormente, apresentado o pedido de habilitação de crédito no juízo falimentar, a ação de cobrança perderá a sua utilidade, pelo menos, momentaneamente, pois dependerá do desfecho do processo de falência e por isso, deverá ser suspensa, não importando esse fato, no entanto, em renúncia da Fazenda Pública ao direito de cobrar o crédito público por meio do executivo fiscal"[94].

A despeito de a execução fiscal poder prosseguir, para que seja possível a maximização do valor dos ativos com a alienação dos bens preferencialmente no maior conjunto possível, nos termos do art. 140[95], apenas o juízo universal da falência poderá realizar a sua liquidação. Mesmo que a execução fiscal seja anterior à decretação da falência e já tenha ocorrido eventual penhora sobre os bens, o juízo da execução fiscal deverá submeter a possibilidade de alienação dos bens ao controle e à autorização prévia do Juízo Universal e eventual produto da arrematação será necessariamente destinado ao Juízo Universal da Falência, a quem incumbe o controle da ordem de pagamento dos credores e do cumprimento da *par conditio creditorum*[96].

---

[92] CAMILO JR., Ruy Pereira. Empresa em crise e tributação. In: *Direito das empresas em crise*: problemas e soluções. São Paulo: Quartier Latin, 2012, p. 305.

[93] Nesse sentido: STJ, AgRg. no Ag. 2010273-14.2017.8.26.0000, rel. Min. Vasco Della Giustina, j. 19-11-2009; TJSP, 5ª Câmara de Direito Privado, rel. Des. James Siano, j. 23-1-2017.

[94] STJ, REsp 1.872.759/SP, 1ª Seção, rel. Min. Gurgel de Faria, j. 18-11-2021.

[95] Cf. comentários ao art. 140.

[96] A partir da Lei n. 11.101/2005, superada a Súmula 44 do extinto Tribunal Federal de Recursos: "ajuizada a execução fiscal anteriormente à falência, com penhora realizada antes desta, não ficam os bens penhorados sujeitos à arrecadação pelo juízo falimentar; proposta a execução contra a massa falida, a penhora far-se-á no rosto dos autos do processo de quebra, citando-se o síndico".

No sentido de obstar a alienação pela execução fiscal individual, STJ, AgRg no CC 81.922/RJ, rel. Min. Ari Pargendler, *DJU* 4-6-2007.

Excepcionalmente, nada impede que, caso a execução fiscal tenha sido promovida antes da decretação da falência e tenha ocorrido a penhora sobre bens do falido, com a designação de hastas públicas, a alienação de bens da Massa efetivamente ocorra. Desde que não prejudique a venda dos estabelecimentos em bloco, nos termos do art. 140, a manutenção da hasta já designada é conforme a celeridade do processo. Contudo, o produto da arrematação não será utilizado para o pagamento do credor fiscal, mas será destinado ao juízo falimentar, a quem competirá determinar a classe de credores que será satisfeita[97].

Esse credor fiscal, para ser satisfeito em sua própria execução, deverá promover a penhora no rosto dos autos do processo de falência, o que permitirá que os recursos sejam ao Juízo da execução encaminhados conforme a *par conditio creditorum* e a ordem de pagamento dos credores, o que será apurado pelo Juízo Universal. Poderá o credor, entretanto, renunciar ao seu privilégio processual e se habilitar diretamente no processo falimentar (art. 7º-A). Há, nesse caso, facultatividade da habilitação dos créditos fiscais.

Habilitação de crédito tributário na falência

Pela alteração da Lei n. 11.101/2005 pela Lei n. 14.112, de 24 de dezembro de 2020, foi criado procedimento para a habilitação dos créditos fiscais no processo de falência, sem prejuízo da possibilidade do pedido de restituição em dinheiro, disciplinado pelo art. 86, bem como a compensação de crédito, nos termos do art. 122 da Lei.

Pelo procedimento, todos os créditos, tributários ou não tributários, detidos pelo ente público, submeter-se-ão a referido procedimento, o que deve ser entendido como forma alternativa (ou prejudicial, no entendimento da Primeira Seção do STJ destacado acima) ao prosseguimento da execução fiscal.

Dentre esses créditos, determina a Lei expressamente a submissão ao procedimento dos créditos decorrentes de contribuições sociais e as referentes às penalidades administrativas impostas aos empregadores pelos órgãos de fiscalização das relações de trabalho.

Entretanto, há verdadeira antinomia nas alterações da própria Lei. Com a inserção do art. 6º, § 11, vedou-se a possibilidade alternativa de habilitação de crédito para os créditos fiscais decorrentes das multas administrativas impostas aos empregadores pelos órgãos de fiscalização das relações de trabalho e para os créditos decorrentes de contribuições sociais. Para os referidos créditos, foram expressamente vedados pelo dispositivo legal a expedição de certidão de crédito e o arquivamento das execuções para a habilitação no procedimento falimentar. Restarão ao credor, exclusivamente, o prosseguimento das execuções fiscais e a penhora no rosto dos autos do procedimento falimentar[98].

Por equiparação, diante da possibilidade de cobrança como legitimado extraordinário, o crédito trabalhista decorrente do FGTS se submete expressamente a essa hipótese de habilitação de crédito, independentemente da possibilidade de habilitação direta pelo credor[99].

Segundo a redação do novo art. 7º-A, o juiz deverá instaurar, de ofício, incidente de classificação de crédito público para cada Fazenda Pública credora. A instauração deverá ocorrer após o decurso do prazo de 15 dias das intimações da sentença de decretação de falência.

---

[97] Nesse sentido: STJ, 2ª Turma, REsp 620.665/SP, rel. Min. Eliana Calmon, j. 6-9-2005; STJ, Corte Especial, REsp 188.148/RS, rel. Min. Humberto Gomes de Barros, j. 19-12-2001.

[98] Cf. comentários ao art. 6º.

[99] Cf. comentários ao art. 83.

Considera-se Fazenda Pública credora, para que se crie o incidente de classificação, as Fazendas Públicas indicadas na relação de credores apresentada pelo próprio falido (art. 99, § 1º), ou que, intimada em virtude da decretação da falência (art. 99, XIII), alegue possuir crédito contra o falido no prazo de 15 dias.

Instaurado o incidente, haverá a intimação para que a Fazenda, no prazo de 30 dias, apresente a relação de créditos inscritos em dívida ativa, acompanhada dos cálculos, da classificação e das informações sobre a situação atual[100]. Se a Fazenda não apresentar a relação dos créditos, o incidente será arquivado.

Esse prazo de 30 dias para a apresentação da relação de créditos, contudo, não é preclusivo. Em face dos créditos não definitivamente constituídos, não inscritos em dívida ativa ou com exigibilidade suspensa, a Fazenda Pública poderá se habilitar em momento posterior, por expressa disposição legal. Quanto aos demais, ainda que tenha perdido o prazo, poderá promover habilitação retardatária, nos termos do art. 10.

A despeito de determinar a instauração de incidente processual, a Lei permite que a habilitação de crédito seja direcionada ao administrador judicial. Se administrativa e, portanto, direcionada ao administrador judicial, nenhum incidente de verificação precisa ser instalado e a apreciação é feita diretamente pelo administrador judicial.

Outrossim, ao fazer referência ao termo "a depender do momento processual", parece a lei permitir que a habilitação seja feita diretamente ao administrador judicial se ainda ocorrer a fase administrativa da verificação de crédito. Contudo, cria um novo prazo, de 30 dias, o que contraria a dinâmica estabelecida na verificação administrativa de créditos. Ademais, o procedimento com contraditório na verificação de crédito administrativa contraria toda a sistemática disciplinada na Lei n. 11.101/2005.

Apresentada a relação dos créditos pela Fazenda Pública no prazo de 30 dias, a lei estabelece procedimento contraditório. O falido, demais credores e o administrador judicial serão intimados para, no prazo de 15 dias, manifestar objeções exclusivamente sobre os cálculos e a classificação da natureza do crédito, que serão sucedidas de eventual réplica ou esclarecimentos da Fazenda, no prazo de 10 dias. No mesmo prazo, o administrador judicial apresentará seu parecer.

Na hipótese de discordância entre as partes, os créditos serão integralmente reservados até o julgamento definitivo. Caso não haja discordância, os créditos serão imediatamente incluídos no quadro-geral de credores.

---

[100] Uma vez que as CDAs têm presunção de liquidez e exigibilidade, o Tribunal de Justiça do Estado de São Paulo entendeu que, em relação aos créditos definitivamente constituídos, é desnecessária, para a habilitação do crédito tributário, a instauração prévia de execução fiscal:

Agravo de Instrumento. Falência. Incidente de classificação de crédito público. Decisão que determinou a exibição de cópias das execuções fiscais e das respectivas certidões de objeto e pé. Inconformismo da União. Acolhimento. A lei especial estabelece rito próprio para a habilitação do crédito público, exigindo, da Fazenda Pública, nos moldes do seu art. 7º-A, *caput*, que apresente "a relação completa de seus créditos inscritos em dívida ativa, acompanhada dos cálculos, da classificação e das informações sobre a situação atual", todos exibidos pela agravante na origem. As CDAs gozam de presunção de certeza, liquidez e veracidade (art. 7º-A, § 4º, IV, da LREF e art. 3º, da Lei n. 6.830/80), dispensando-se, inclusive, para fins de habilitação na falência, como se faz com os demais credores, o prévio ajuizamento da execução. Exigência descabida. Decisão modificada. Recurso provido (TJSP; Agravo de Instrumento 2065516-93.2024.8.26.0000; rel. Des. Grava Brazil; Órgão Julgador: 2ª Câmara Reservada de Direito Empresarial; Foro de Araraquara – 2ª Vara Cível; j. 27-5-2024; Data de Registro: 27-5-2024).

A competência para a apreciação do crédito fiscal

Anteriormente, entendia-se que, caso a Fazenda renunciasse ao privilégio de prosseguir com suas execuções fiscais e optasse por promover a habilitação de seu crédito fiscal, o juízo falimentar passava a ser competente para a apreciação de todas as questões que envolvessem o referido crédito. A justificativa a tanto era que se garantia tratamento privilegiado ao crédito fiscal para que prosseguisse com a execução fiscal, de modo que apenas esse juízo poderia apreciar as diversas questões que envolvessem o referido crédito, como o prévio pagamento, a inexistência da obrigação ou eventual compensação. Entretanto, de modo a acelerar sua satisfação, a Fazenda poderia renunciar ao privilégio processual e se submeter ao procedimento de habilitação. Com a renúncia, permitiria que todas as questões fossem apreciadas pelo próprio juízo falimentar, de modo que este pudesse definir se e por qual montante o crédito deveria ser habilitado.

A despeito dessa posição em face da redação original da Lei n. 11.101/2005, a sua alteração não permite mais essa interpretação. O art. 7º-A, § 4º, estabelece a competência do Juízo da falência e a do Juízo da execução fiscal.

Em consonância com o Código Tributário Nacional e a Lei de Execução Fiscal, a competência para apreciação da existência, exigibilidade e valor do crédito será de competência do Juízo da execução fiscal. Nesses termos, o art. 5º da Lei n. 6.830/80, Lei de Execução Fiscal, determina que a competência para processar e julgar a execução da Dívida Ativa da Fazenda Pública exclui a de qualquer outro juízo, inclusive o da falência e da concordata. A execução fiscal, nesse aspecto, não será atraída ao Juízo indivisível falimentar, mas será apreciada pelo juízo da execução fiscal[101].

Ao assegurar a competência exclusiva do juiz da execução fiscal para apreciar a existência do crédito, nos termos do art. 156 do CTN, deve estar compreendido exclusivamente na competência deste o reconhecimento da compensação, da transação, da remissão, da prescrição e da decadência.

Permanece na competência do Juízo falimentar, entretanto, a decisão sobre os cálculos e a classificação dos créditos, assim como sobre a arrecadação dos bens, a realização do ativo e o pagamento aos credores. Em atenção à presunção de certeza e liquidez da certidão de dívida ativa, o Juízo da falência pode adequar os cálculos à decretação da falência, bem como determinar a correta natureza do crédito para fins da classificação falimentar.

Sobre o julgamento da verificação de crédito, ao contrário das demais habilitações ou impugnações, não caberá condenação em honorários de sucumbência, ainda que tenha ocorrido resistência, por expressa disposição legal, lógica essa que contraria todo o regime de sucumbência estabelecido pelo Código de Processo Civil e pela própria Lei n. 11.101/2005.

Art. 8º No prazo de 10 (dez) dias, contado da publicação da relação referida no art. 7º, § 2º, desta Lei, o Comitê, qualquer credor, o devedor ou seus sócios ou o Ministério Público podem apresentar ao juiz impugnação contra a relação de credores, apontando a ausência de qualquer crédito ou manifestando-se contra a legitimidade, importância ou classificação de crédito relacionado.

Parágrafo único. Autuada em separado, a impugnação será processada nos termos dos arts. 13 a 15 desta Lei.

---

[101] Cf. comentários ao art. 76.

Fase judicial: impugnação judicial

Com a publicação do edital com a lista do administrador judicial encerra-se a fase administrativa de verificação de crédito e inicia-se a fase judicial.

Caso discorde de qualquer crédito incluído ou não na lista do administrador judicial, qualquer interessado no feito poderá deduzir impugnação no prazo de 10 dias direcionada ao juiz falimentar ou da recuperação judicial.

Para Manoel Justino Bezerra Filho, a impugnação poderá ser apresentada apenas pelo credor que tenha apresentado habilitação ou divergência administrativa tempestivamente e desde que essa manifestação não tenha sido totalmente acolhida pelo administrador judicial[102].

A Lei, contudo, não limita a possibilidade de impugnação apenas ao credor que deduziu anteriormente habilitação ou divergência administrativa[103]. Pelo contrário, o artigo permite amplamente a qualquer legitimado promover a impugnação, inclusive sobre crédito de terceiro[104].

Por legitimado a Lei caracteriza o Comitê de Credores, quando existente, os credores, o devedor, os sócios deste ou o Ministério Público.

O interesse dos credores em impugnar créditos de terceiros é decorrente da possibilidade de maior satisfação de seu crédito com a redução do passivo do devedor, mas não só. Atribuiu a lei aos credores legitimidade extraordinária para proteger os interesses envolvidos com a regularidade do processo concursal e verificação da efetiva existência e valor dos créditos habilitados.

Para que possa ser legitimado a impugnar, contudo, o credor deve estar regularmente habilitado no feito ou deverá pretender sua própria habilitação como credor. Isso porque a habilitação é requisito necessário para que ele seja considerado credor. Como não se poderá punir o credor efetivo que ainda não tenha sua habilitação ou impugnação reconhecida, a pretensão do referido credor em habilitar-se deve ser considerada suficiente para que lhe seja atribuída legitimidade.

Também deverá ser considerado legitimado o credor não sujeito ao procedimento de recuperação ou o credor extraconcursal na falência. Ainda que o credor não tenha sido incluído na lista de credores, a lei somente restringe a impugnação ao credor e não ao credor concursal. Ademais, o credor não sujeito continua tendo legítimo interesse a proteger o conjunto de ativos do devedor e os respectivos débitos deste, haja vista que isso permitiria a maior satisfação do próprio crédito.

O devedor e os seus sócios, por seu turno, têm legitimidade para impugnar o crédito. Eventual alteração poderá reduzir o montante de pagamento e, dessa forma, aumentar a possibilidade de o saldo remanescente ser repartido ao final do processo falimentar ou com maior lucro no procedimento recuperacional.

O interessado poderá impugnar a existência, o valor e a natureza do próprio crédito, bem como a existência, o valor e a natureza de créditos de outros titulares constantes da lista. Ainda que se possa sustentar que não teria o credor interesse próprio em pretender a majoração do crédito de terceiro, a Lei lhe atribui legitimidade extraordinária para preservar os interesses, inclusive públicos, na regularidade do processo concursal e na veracidade do quadro-geral de credores.

---

[102] BEZERRA FILHO, Manoel Justino. *Lei de Recuperação de Empresas e Falência*. 10. ed. São Paulo: Revista dos Tribunais, 2014, p. 90.

[103] Nesse sentido: TJSP, AI 2043328-77.2022.8.26.0000, 1ª Câmara Reservada de Direito Empresarial, rel. Des. Alexandre Lazzarini, j. 22-7-2022.

[104] Nesse sentido, VASCONCELOS, Ronaldo. *Direito processual falimentar*. São Paulo: Quartier Latin, 2008, p. 247.

O Comitê de Credores e o Ministério Público atuam como *custos legis*. Não se submetem, assim, por não tutelarem os interesses próprios, aos ônus sucumbenciais.

A impugnação judicial possui natureza de ação incidental, pois discute direito material entre as partes no âmbito de outro processo, no caso, um processo de recuperação judicial ou de falência. Sua natureza de ação, e não de mera questão incidental, é corroborada pela possibilidade de cognição exauriente do direito de crédito pretendido (art. 15, IV) e pela exigência de se possibilitar regular contraditório (art. 11). O titular do crédito impugnado será devidamente citado para contestar a impugnação, assim como os demais legitimados para a impugnação, como poderão sofrer os efeitos de uma decisão de alteração do crédito, terão a oportunidade para se manifestar.

Como ação incidental, a impugnação judicial deverá ser ajuizada por interessado devidamente representado por advogado, já que imprescindível a capacidade postulatória para a promoção de ações judiciais.

Poderá ainda existir a exigência de recolhimento das custas processuais, a depender de previsão na legislação estadual. No Estado de São Paulo, a Lei n. 11.608/2003 previu a exigência do recolhimento da taxa judiciária sobre a distribuição da petição inicial de ação de conhecimento, o que, a princípio, abarcaria a hipótese da ação incidental de impugnação. Contudo, essa Lei estadual, em seu art. 4º, § 8º, previu a imposição de taxa judiciária apenas para o caso de habilitação retardatária de crédito em processo de recuperação judicial e de falência. Sobre o dispositivo, a doutrina tem assentado o posicionamento de que, ainda que prevista de maneira ampla a imposição da taxa judiciária pela previsão de sua aplicação às ações de conhecimento, ao especificar sua exigência apenas para as habilitações retardatárias, teria excluído a legislação estadual a exigência para as impugnações tempestivas[105].

Ônus sucumbenciais

A sucumbência nas impugnações de crédito permitirá a condenação do vencido ao ressarcimento de custas judiciais e despesas processuais e, ao contrário de posicionamento anterior, também poderá ocorrer a condenação em honorários advocatícios sucumbenciais, desde que houvesse resistência, pois estes remuneram o trabalho do advogado.

Como abordado nos comentários ao art. 5º[106], sobre a inexigibilidade das despesas para fazer parte da falência ou recuperação judicial, as despesas foram excluídas apenas para não onerar a coletividade de credores. Dessa forma, devem-se diferenciar as despesas voluntárias das despesas legais.

As despesas voluntárias são os gastos individuais feitos por alguns credores para tomarem parte na recuperação judicial ou falência. De forma a assegurar a paridade de credores, tais despesas não serão ressarcidas pela Massa Falida ou pela recuperanda, tais como honorários advocatícios contratuais.

---

[105] Nesse sentido, BEZERRA FILHO, Manoel Justino. *Lei de Recuperação de Empresas e Falência*. 10. ed. São Paulo: Revista dos Tribunais, p. 95; TJSP, Câmara Reservada à Falência e Recuperação, AI 0007499-55.2011, rel. Des. Ricardo Negrão, j. 22-11-2011; TJSP, Câmara Reservada à Falência e Recuperação, AI 0366856-24.2010, rel. Des. Romeu Ricupero, j. 1º-2-2011. Em sentido contrário, VASCONCELOS, Ronaldo. *Direito processual falimentar*. São Paulo: Quartier Latin, 2008, p. 265.

O TJSP entendeu que a isenção do recolhimento de custas estende-se também às impugnações retardatárias, admitidas pelo art. 8º, §8º, da Lei n. 11.101/2005, incluído pela Lei n. 14.112/2020: TJSP, AI 2011196-64.2022.8.26.0000, 2ª Câmara Reservada de Direito Empresarial, rel. Des. Sérgio Shimura, j. 30-6-2022; Data de Registro: 30-6-2022

[106] Cf. comentários ao art. 5º.

Diferem, entretanto, das despesas legais. Estas não decorrem exclusivamente da vontade do credor, que não poderá dispensá-las. Não podem ser consideradas despesas ordinárias que todos os credores deveriam despender para integrar o feito, a ponto de serem excluídas, porque não são de livre disposição. Como a exigência é decorrente da própria lei, o ônus da sucumbência é uma dessas despesas.

Ao sucumbente na impugnação de crédito deverá ser imposta a obrigação de ressarcir a parte vendedora nas eventuais custas judiciais e despesas processuais. Também ao sucumbente será imposta a obrigação de arcar com os honorários advocatícios sucumbenciais do patrono da parte adversa, ainda que a imposição da obrigação recaia sobre a Massa Falida ou sobre o devedor em recuperação judicial, desde que tenha ocorrido resistência ao pedido. A oposição evidencia a pretensão resistida e o princípio da causalidade, de modo que obriga à remuneração pelos serviços do profissional da parte adversa[107].

A falta de impugnação permitirá ao juiz homologar a lista de credores apresentada pelo administrador judicial como quadro-geral de credores (art. 14).

Art. 9º A habilitação de crédito realizada pelo credor nos termos do art. 7º, § 1º, desta Lei deverá conter:

I – o nome, o endereço do credor e o endereço em que receberá comunicação de qualquer ato do processo;

II – o valor do crédito, atualizado até a data da decretação da falência ou do pedido de recuperação judicial, sua origem e classificação;

III – os documentos comprobatórios do crédito e a indicação das demais provas a serem produzidas;

IV – a indicação da garantia prestada pelo devedor, se houver, e o respectivo instrumento;

V – a especificação do objeto da garantia que estiver na posse do credor.

Parágrafo único. Os títulos e documentos que legitimam os créditos deverão ser exibidos no original ou por cópias autenticadas se estiverem juntados em outro processo.

Requisitos da habilitação ou divergência administrativa

A habilitação de crédito deverá obrigatoriamente ser realizada pelos credores concursais, titulares de créditos trabalhistas, com garantia real, quirografários, subquirografários e subordinados (art. 83). Caso não tenham constado na lista de credores apresentada pela recuperanda ou pelo falido, o credor deverá apresentar habilitação administrativa de crédito diretamente ao administrador judicial.

---

[107] STJ, AgRg no AREsp 62.801, rel. Min. Marco Buzzi; TJSP, 1ª Câmara Reservada de Direito Empresarial, AI 2191502-96.2020, rel. Des. Cesar Ciampolini, j. 29-9-2020; TJSP, 1ª Câmara Reservada de Direito Empresarial, AI 2077954-93.2020, rel. Des. Pereira Calças; TJSP, 2ª Câmara de Direito Empresarial, AI 2157943-85.2019, rel. Des. Sérgio Shimura.

Em sua habilitação, por petição simples ou mesmo *e-mail*, caso autorizado pelo juízo (art. 7º), o credor deverá se identificar e se qualificar. Como os poderes postulatórios não são exigidos na fase de verificação administrativa da verificação de crédito, o credor deverá também informar o endereço pelo qual poderá ser cientificado dos atos processuais.

A lei facilitou a habilitação de crédito trabalhista[108]. Ele poderá pretender sua habilitação diretamente por meio de ofício da Justiça do Trabalho (art. 6º, § 2º). Referida facilidade, contudo, restringe-se aos créditos trabalhistas. As verbas previdenciárias decorrentes do período laboral, nesses termos, exigirão o procedimento regular de habilitação, pelo próprio titular do crédito, ou o prosseguimento da execução fiscal[109].

Exceção à obrigatoriedade de habilitação é exclusiva dos credores tributários no procedimento falimentar. A Fazenda Pública não terá sua execução fiscal suspensa por ocasião da decretação da falência (art. 6º, § 7º). Poderá a Fazenda prosseguir com a execução para proceder à penhora no rosto dos autos falimentares, ou poderá, suspensa a execução fiscal, promover a habilitação de seu crédito fiscal no processo falimentar como qualquer outro credor.

A lei, ao determinar o prosseguimento das execuções fiscais, procurou beneficiar o Fisco com a falta da preclusão para a cobrança de seus créditos. A possibilidade de o próprio Fisco, caso assim o deseje, habilitar-se na falência não contradiz a determinação legal, pois apenas confere maior possibilidade de o credor pretender a satisfação do referido crédito[110]. Ao ente fiscal é garantida a possibilidade de optar entre o ajuizamento da execução fiscal ou a habilitação de crédito, embora a escolha de uma das vias implique a renúncia da outra, para que se evite a duplicidade de modos de cobrança[111].

A habilitação do crédito tributário fiscal deverá ser instruída com a certidão de inscrição na dívida ativa, que detém fé pública. O Juízo Universal, entretanto, nos termos do art. 7º-A, da Lei n. 11.101/2005, poderá apreciar referido crédito em sua classificação e correção.

A partir da promulgação do art. 7º-A, com a inserção por meio da Lei n. 14.112/2020, o entendimento até então existente de que a exigibilidade do crédito poderia ser aferida pelo Juízo Universal parece ser superado[112]. A partir de sua alteração, o Juízo Universal não poderá verificar eventual decadência ou prescrição do crédito tributário, pagamento anterior etc. Nessa hipótese, deverá remeter as partes ao Juízo Fiscal competente.

---

[108] Cf. comentários ao art. 6º.

[109] TJSP, 2ª Câmara Reservada de Direito Empresarial, AI 2151263262015, rel. Des. Ricardo Negrão, j. 11-4-2016; TJSP, AI 0211803-50.2010, rel. Des. Pereira Calças, Comarca: São Paulo, j. 19-10-2010.

[110] Nesse sentido, COMPARATO, Fábio Konder. Falência. Legitimidade da Fazenda Pública em requerê-la. *Revista dos Tribunais*, São Paulo, n. 442, 1972, p. 50-51.

[111] A favor da possibilidade de habilitação pelo Fisco: STJ, 3ª Turma, AgRg no AgIn 713.217/RS, rel. Des. convocado Vasco Della Giustina, j. 19-11-2009; STJ, 2ª Turma, REsp 1.103.405/MG, rel. Min. Castro Meira, j. 2-4-2009.

[112] Historicamente, esse era o posicionamento majoritário da jurisprudência TJSP, 2ª Câmara Reservada de Direito Empresarial, AI 2165101-70.2014, rel. Des. Ricardo Negrão, j. 16-3-2015; TJSP, AI 0233596-11.2011, 1ª Câmara Reservada de Direito Empresarial, rel. Des. Francisco Loureiro, j. 26-6-2012.

Em sentido contrário, com a admissão apenas do conhecimento das questões de plano: CAMILO JR., Ruy Pereira. Empresa em crise e tributação. In: *Direito das empresas em crise*: problemas e soluções. São Paulo: Quartier Latin, 2012, p. 315.

Atualização do crédito e juros

O crédito pretendido deverá ser atualizado de seu vencimento até a data da decretação da falência ou do pedido de recuperação judicial. Referidos marcos à atualização monetária do crédito permitem que todos os créditos sejam equalizados.

A atualização aplicável para a habilitação é a estabelecida pelas partes em contrato ou, à míngua de estabelecimento contratual, deverá ser utilizado o índice oficial regularmente estabelecido para a aplicação a todos os demais credores.

Na hipótese de o crédito, embora existente anteriormente à falência ou à recuperação, ter sido calculado com base em data posterior, deverá ser descontado do valor o montante de atualização monetária até a data da quebra ou do pedido de recuperação[113]. A justificativa da dedução dos valores é decorrência de que será aplicada, por ocasião do pagamento do referido crédito, nova correção monetária ao valor obtido e desde a data da decretação da falência ou do pedido de recuperação judicial até a data do efetivo pagamento[114].

A atualização monetária à data da decretação da falência ou do pedido de recuperação judicial não significa que o crédito não será atualizado até o pagamento. Na falência, incidirá até a data do pagamento a atualização monetária sobre os créditos listados conforme o índice oficial aplicável a todos os créditos. Na recuperação judicial, o índice incidente aos créditos a partir da data da distribuição do pedido de recuperação judicial será o previsto no plano de recuperação judicial aprovado.

Os juros e demais encargos também apenas são incidentes até a decretação da falência ou distribuição do pedido de recuperação judicial[115].

Tanto os juros remuneratórios quanto os moratórios ficarão limitados na falência. A decretação da falência determinará a antecipação do vencimento da obrigação. Do montante da obrigação antecipadamente vencida deverão ser descontados os valores dos juros remuneratórios proporcionalmente ao período antecipado (art. 77). Quanto às obrigações já vencidas e não satisfeitas, os juros moratórios e as multas, conforme previsão contratual ou legal, também ficarão limitados à decretação da quebra. Os juros moratórios posteriores à decretação da falência até a data do efetivo pagamento apenas serão exigíveis em face da Massa Falida se houver ativo para a satisfação das obrigações principais de todos os credores (art. 124).

Na recuperação judicial, por seu turno, não há imposição legal de vencimento antecipado das obrigações. Entretanto, como todos os créditos vencidos ou vincendos se submetem à recuperação judicial (art. 49), a mensuração dos direitos de cada um desses credores deverá ter uma data em comum. A lei impõe como base a data do pedido de recuperação.

---

[113] Em sentido contrário, BALBINO, Paulo de Carvalho. *Comentários à nova Lei de Falência e Recuperação de Empresas*. Rio de Janeiro: Forense, 2009, p. 126.

[114] TJSP, 1ª Câmara Reservada de Direito Empresarial, AI 2011486-89.2016, rel. Des. Teixeira Leite, j. 1º-7-2016; TJSP, 1ª Câmara Reservada de Direito Empresarial, AI 2179889-55.2015, rel. Des. Teixeira Leite, j. 15-2-2016; TJSP, 2ª Câmara Reservada de Direito Empresarial, AI 2044980-47.2013.8.26.0000, rel. Des. Ricardo Negrão, j. 17-2-2014.

[115] Nesse sentido, o Enunciado 73 da II Jornada de Direito Comercial do Conselho da Justiça Federal: "Para que seja preservada a eficácia do disposto na parte final do § 2º do art. 6º da Lei n. 11.101/2005, é necessário que, no juízo do trabalho, o crédito trabalhista para fins de habilitação seja calculado até a data do pedido da recuperação judicial ou da decretação da falência, para não se ferir a *par conditio creditorum* e observarem-se os arts. 49, *caput*, e 124 da Lei n. 11.101/2005".

Pelo procedimento, incluem-se a atualização monetária e os juros contratuais ou legais, além dos demais encargos, caso o crédito já seja vencido, até o momento do pedido de recuperação. Os juros moratórios posteriores ao pedido de recuperação judicial serão incidentes sobre os créditos conforme estabelecido no plano de recuperação judicial. O mesmo cálculo deverá ser feito em relação ao crédito vincendo, quando possível. Caso o valor do crédito seja vincendo e fixo, impossível será o conhecimento da correção monetária em data futura. Nesses termos, para fins de verificação apenas, deverão ser descontados, do valor do principal, os juros remuneratórios, quando existentes, proporcionalmente à data do pedido de recuperação, somente. Os créditos vincendos, em suma, deverão ser descontados a valor presente.

Caso o crédito contraído esteja em moeda estrangeira, sua habilitação será diversa na falência e na recuperação judicial. Na falência, o crédito em moeda estrangeira deverá ser convertido para moeda nacional no câmbio da data da decretação da falência (art. 77). Na referida data, será constituído o montante total de passivo da Massa Falida.

Na recuperação judicial o crédito não precisa ser convertido na habilitação para a moeda nacional. Como a verificação, na recuperação judicial, é realizada com o principal fim de se apreciar o poder de voto do referido credor na aprovação ou rejeição do plano, o crédito em moeda estrangeira será convertido para moeda nacional pelo câmbio da véspera da data de realização da Assembleia (art. 38, parágrafo único)[116]. Para tanto, deverá ser utilizado o dia anterior à data de instalação da Assembleia Geral de Credores, ainda que ela seja suspensa sucessivamente, na medida em que a AGC, ainda que realizada em uma ou mais sessões em razão de suspensões aprovadas por credores, é uma.

Créditos de devedores falidos em razão da extensão da falência

Na hipótese de extensão de falência, a sentença de decretação da falência da pessoa jurídica também acarreta a falência dos sócios ilimitadamente responsáveis (art. 81), de modo que os créditos particulares em face destes devem ser habilitados com atualização e juros até a data da decretação da falência.

A extensão da falência, entretanto, tem sido utilizada também na desconsideração das personalidades jurídicas de integrantes de grupos empresariais na hipótese de confusão gerencial e patrimonial no exercício da mesma empresa perante os credores. A partir da desconsideração, estende-se a falência às demais pessoas do grupo, quando demonstrados seus pressupostos excepcionais[117].

Ainda que a extensão da falência para as demais pessoas do grupo seja posterior à primeira decretação de falência, a verificação dos créditos em face de todas as pessoas jurídicas deve retroagir a essa primeira decretação de falência. Não se justifica o estabelecimento do marco temporal de verificação por ocasião da extensão da falência de cada um dos integrantes. Isso porque a extensão ocorre pela consideração de que o grupo de direito ou de fato fora desvirtuado, em prejuízo dos interesses sociais de cada uma das pessoas jurídicas que lhe integram. A extensão ocorre pela consideração de uma sociedade em comum, falida, cujos sócios são ilimitadamente responsáveis e, nesses termos, deverão ser decretados falidos por ocasião da falência do empreendimento em

---

[116] Nesse sentido, AYOUB, Luiz Roberto; Cavalli, CÁSSIO. *A construção jurisprudencial da recuperação judicial de empresas*. 2. ed. Rio de Janeiro: Forense, 2016, p. 183.

Em sentido contrário, GUERREIRO, José Alexandre Tavares. *Comentários à Lei de Recuperação de Empresas e Falência*. 2. ed. São Paulo: Revista dos Tribunais, 2007, p. 9-10.

[117] Cf. arts. 6º, § 8º, e 81.

comum. Logo, todas as pessoas integrantes terão um único marco temporal para a verificação dos respectivos créditos, a data da decretação da falência será a da primeira dentro dos integrantes do grupo e os credores integrarão quadro-geral de credores único[118].

Demonstração da origem do crédito

A origem do crédito a ser habilitado deverá ser demonstrada. Os documentos comprobatórios do crédito não se restringem a títulos executivos judiciais e extrajudiciais, mas também podem envolver qualquer documento, ainda que não tenha força executiva, que demonstre que o crédito fora contraído em face do devedor.

O título executivo extrajudicial, entretanto, não é suficiente para a demonstração do crédito, ao contrário da execução individual. Exige o inciso III, como imprescindível para a habilitação, a demonstração da origem do crédito pretendido. Isso porque apenas os créditos resultantes de operações onerosas, em face do devedor, poderão ser exigidos, assim como, para fins de aferição da natureza da obrigação, sua origem deve ser compreendida.

O título executivo extrajudicial, assim, deve vir acompanhado de demonstração das obrigações contraídas pelas partes. Nesse ponto, o título de crédito perde a característica cambial da abstração em relação à obrigação que lhe deu causa. O título é insuficiente para demonstrar o direito literal que é contido na cártula[119].

Por outro lado, na hipótese de título executivo judicial, a origem da obrigação já vem especificada no próprio título, já que é causa de pedir do autor e fundamento da sentença ou acórdão[120].

Pela regra da Lei, os documentos demonstrativos dos créditos devem ser juntados no original. A juntada dos documentos originais impediria, pela mesma regra existente na execução individual, que títulos de crédito, por exemplo, continuassem a circular no mercado.

Havia a possibilidade, contudo, de o credor, com base no mesmo título, promover outro processo em face de terceiro, como uma execução individual contra um coobrigado não sujeito ao processo de falência ou de recuperação judicial. Nessa hipótese excepcional, em que o título já tinha sido juntado em outro feito, a Lei permitia que o credor juntasse, em sua verificação de crédito, cópia do título autenticada pelo cartório em que tramita o processo de execução.

A celeridade do procedimento de verificação administrativa, com a possibilidade de apresentação da habilitação inclusive por via eletrônica, entretanto, acabou por flexibilizar a regra, a qual já vinha, inclusive, sendo mitigada pela jurisprudência. A menos que houvesse controvérsia sobre a autenticidade do documento, os administradores passaram a aceitar mera cópia dos documentos demonstrativos do crédito.

---

[118] Em sentido contrário, BEZERRA FILHO, Manoel Justino. *Lei de Recuperação de Empresas e Falência*. 10. ed. São Paulo: Revista dos Tribunais, p. 93.

[119] Em sentido contrário, parte da jurisprudência entende que não há motivos para exigir a demonstração da origem do crédito, se, materializado em título executivo, extrajudicial, não houver indícios de fraude ou de desrespeito à ordem pública: STJ, REsp 230.541/SP, 3ª Turma, rel. Min. Carlos Alberto Menezes Direito, j. 4-11-2003; TJSP, 2ª Câmara Reservada de Direito Empresarial, AI 2109630-69.2014, rel. Des. Ramon Mateo Júnior, j. 31-8-2015; TJSP, 1ª Câmara Reservada, AI 627.545.4/3-00, rel. Des. Romeu Ricupero; TJSP, AI 256.932-4/0, rel. Des. Elliot Akel, e AI 0501202-09.2010.8.26.0000, rel. Des. Manoel Calças.

[120] TJSP, 1ª Câmara de Direito Privado, AI 506.641-4/9-00, rel. Des. Elliot Akel, j. 13-11-2007.

Essa maior flexibilidade, a menos que haja indícios de fraude, permite maior celeridade e menor ônus aos credores, de modo que deverá ser admitida[121].

Especificação da garantia

A especificação da garantia ao crédito, se houver, com a juntada do instrumento que a demonstra, também é requisito da habilitação. A garantia ao crédito, caso existente, permite a alteração da natureza do crédito pretendido.

A especificação da garantia deve vir acompanhada da mensuração do valor do respectivo bem conferido pelo devedor. O crédito será classificado como com garantia real apenas até o limite do valor do bem gravado (art. 83, II). No caso de as partes terem determinado valor da garantia quando da celebração do negócio, deverá este ser respeitado para fins de classificação do crédito até que ocorra eventual avaliação a mercado do bem ou alienação[122].

Art. 10. Não observado o prazo estipulado no art. 7º, § 1º, desta Lei, as habilitações de crédito serão recebidas como retardatárias.

§ 1º Na recuperação judicial, os titulares de créditos retardatários, excetuados os titulares de créditos derivados da relação de trabalho, não terão direito a voto nas deliberações da assembleia-geral de credores.

§ 2º Aplica-se o disposto no § 1º deste artigo ao processo de falência, salvo se, na data da realização da assembleia-geral, já houver sido homologado o quadro-geral de credores contendo o crédito retardatário.

§ 3º Na falência, os créditos retardatários perderão o direito a rateios eventualmente realizados e ficarão sujeitos ao pagamento de custas, não se computando os acessórios compreendidos entre o término do prazo e a data do pedido de habilitação.

§ 4º Na hipótese prevista no § 3º deste artigo, o credor poderá requerer a reserva de valor para satisfação de seu crédito.

§ 5º As habilitações de crédito retardatárias, se apresentadas antes da homologação do quadro-geral de credores, serão recebidas como impugnação e processadas na forma dos arts. 13 a 15 desta Lei.

§ 6º Após a homologação do quadro-geral de credores, aqueles que não habilitaram seu crédito poderão, observado, no que couber, o procedimento ordinário previsto no Código de Processo Civil, requerer ao juízo da falência ou da recuperação judicial a retificação do quadro-geral para inclusão do respectivo crédito.

---

[121] Nesse sentido: TJSP, 1ª Câmara Reservada de Direito Empresarial, AI 2149683-92.2014, rel. Des. Francisco Loureiro, j. 3-2-2015.

Em sentido contrário, exigindo o documento original: TJSP, 1ª Câmara Reservada de Direito Empresarial, AI 2179849-10.2014, rel. Des. Pereira Calças, j. 29-4-2015.

[122] TJSP, AI 2183788-51.2021.8.26.0000, 2ª Câmara Reservada de Direito Empresarial, rel. Des. Ricardo Negrão, j. 4-7-2022.

§ 7º O quadro-geral de credores será formado com o julgamento das impugnações tempestivas e com as habilitações e as impugnações retardatárias decididas até o momento da sua formação.

§ 8º As habilitações e as impugnações retardatárias acarretarão a reserva do valor para a satisfação do crédito discutido.

§ 9º A recuperação judicial poderá ser encerrada ainda que não tenha havido a consolidação definitiva do quadro-geral de credores, hipótese em que as ações incidentais de habilitação e de impugnação retardatárias serão redistribuídas ao juízo da recuperação judicial como ações autônomas e observarão o rito comum.

§ 10. O credor deverá apresentar pedido de habilitação ou de reserva de crédito em, no máximo, 3 (três) anos, contados da data de publicação da sentença que decretar a falência, sob pena de decadência.

Habilitação retardatária

Considera a Lei habilitação retardatária as habilitações apresentadas após o prazo de 15 dias a partir da publicação de edital com a lista de credores realizada pelo devedor.

O termo "habilitação", entretanto, não deve ser compreendido conforme redação literal. O termo utilizado no *caput* do art. 10 deverá ser interpretado de modo a compreender tanto as habilitações, na hipótese em que o crédito não esteja incluído na lista de credores apresentada, como as divergências ou impugnações, na hipótese de ter sido incluído crédito inexistente, de diverso valor ou natureza jurídica. Isso porque, se o habilitante pode pretender a inclusão de crédito integralmente não incluído no procedimento, não se justifica o impedimento de que não possa pretender a correção do incluído erroneamente.

A despeito da interpretação extensiva para que o termo habilitação retardatária compreenda tanto os pedidos de inclusão do crédito na lista de credores quanto a impugnação em relação aos valores ou natureza[123], essa interpretação extensiva não poderá ser utilizada para fins da imposição do recolhimento das custas, como será apreciado abaixo.

O prazo e a apresentação, outrossim, devem ser interpretados em consonância com os demais artigos da Lei.

Não se considera exigível, para a apresentação de impugnação judicial tempestiva, que o credor ou o interessado tenha ingressado com a habilitação administrativa, ou seja, o credor poderá deduzir, no prazo de 10 dias a partir da publicação da lista dos credores feita pelo administrador judicial, sua impugnação (art. 8º). Como poderá deduzir impugnação judicial sem ter apresentado habilitação administrativa, apenas se justifica a consideração como retardatária da habilitação ou impugnação apresentada após o decurso do prazo de 10 dias para as impugnações judiciais[124].

---

[123] Nesse sentido: TJSP, AI 2294272-36.2021.8.26.0000, 1ª Câmara Reservada de Direito Empresarial, rel. Des. Alexandre Lazzarini, j. 11-7-2022.

Em sentido diverso: STJ, AgInt nos EDCl no AREsp 2.031.584/MT, 3ª Turma, rel. Min. Raul Araújo, j. 13-6-2022.

[124] Nesse sentido, NEGRÃO, Ricardo. *Manual de direito comercial e de empresa*. v. 3. 7. ed. São Paulo: Saraiva, 2012, p. 104. Na mesma direção: TJSP, AI 2043328-77.2022.8.26.0000, 1ª Câmara Reservada de Direito Empresarial, rel. Des. Alexandre Lazzarini, j. 22-7-2022.

A partir do decurso do prazo de 10 dias para a apresentação das impugnações judiciais tempestivas, a habilitação retardatária ou a impugnação retardatária poderão ser apresentadas até o momento da homologação do quadro-geral de credores, desde que anteriormente ao prazo de três anos da data da publicação da sentença que decretar a falência. Para os processos falimentares iniciados antes da entrada em vigor da Lei n. 14.112/2020, o prazo de três anos deve ser contado a partir do início da vigência da referida norma[125]. Após a homologação deste, será possível apenas a ação rescisória do quadro-geral de credores, pelo procedimento ordinário.

Perda do direito de voto

Na recuperação judicial e na falência, o credor apenas terá direito de voto na Assembleia Geral de Credores se constou como credor no quadro-geral de credores, ou na lista elaborada pelo administrador judicial, ou, caso inexistente, na lista apresentada pelo próprio devedor e apenas na medida do valor ali constante (art. 39).

Na recuperação, entretanto, ainda que conste nessas listas em razão do julgamento de sua habilitação retardatária, o credor não poderá exercer seu direito de voto. Isso porque procurou a Lei falimentar incentivar a utilização das habilitações ou impugnações tempestivas, em detrimento das retardatárias.

Na recuperação judicial, caso não tenha sido incluído na relação e não tenha deduzido habilitação ou sua impugnação judicial tempestivas, a mera habilitação retardatária, ainda que integralmente acolhida com o reconhecimento do crédito, não confere ao credor o direito de votar na Assembleia Geral de Credores. Caso tenha sido incluído apenas parte desse crédito no quadro--geral de credores ou na lista do administrador judicial, o credor, se tiver apresentado impugnação intempestiva para majorar os valores ou alterar sua natureza, poderá votar apenas pelo montante e natureza dos créditos originalmente constantes[126].

Exceção à regra ocorre com os credores trabalhistas. A estes foi concedido um benefício em relação aos demais. Ainda que tenham pleiteado de modo retardatário a habilitação, terão direito de voto na AGC após o reconhecimento de seu crédito ou após a determinação de reserva.

A jurisprudência tem concedido, ainda antes de a habilitação retardatária ser julgada, a tutela de evidência para que o credor trabalhista habilitante retardatário exerça o seu direito de voto na AGC, desde que sua habilitação esteja instruída com prova documental suficiente (art. 311, IV, do CPC)[127].

Nos processos de falência, a limitação ao voto dos credores com habilitações retardatárias julgadas procedentes não ocorre. Os titulares de créditos reconhecidos em função de habilitação retardatária poderão exercer direito de voto na Assembleia Geral de Credores desde que o crédito já tenha sido incluído no quadro-geral de credores e este já tenha sido homologado pelo juiz.

Perda do direito aos rateios parciais já realizados

Na falência, além de perder o direito de voto na Assembleia Geral de Credores, a habilitação retardatária não garantirá ao credor o direito de participar dos pagamentos feitos à sua classe, se

---

[125] Nesse sentido: STJ, REsp 2.110.265/SP, rel. Min. Ricardo Villas Bôas Cueva, 3ª T., j. 24-9-2024.

[126] TJSP, 1ª Câmara Reservada de Direito Empresarial, AI 2038737-82.2016, rel. Des. Hamid Bdine, *DJ* 21-9-2016.

[127] TJSP, 2ª Câmara Reservada de Direito Empresarial, AI 2065446-57.2016, rel. Carlos Alberto Garbi, *DJ* 3-10-2016.

realizados antes da apresentação da habilitação. Para se permitir o regular desenvolvimento do procedimento falimentar, entende-se que a perda do rateio ocorre para as habilitações retardatárias ou pedidos de reserva realizados após a determinação de pagamento do rateio e antes de sua efetiva realização, sob pena de se obstar todos os rateios já determinados em virtude de ingresso de novo pedido[128].

Ainda que não tenham sido julgadas, as habilitações retardatárias não acarretam a perda do direito a rateios realizados durante o julgamento da habilitação. A demora no processamento e julgamento da habilitação retardatária não poderá impor ao credor efeitos negativos, pois não são diretamente relacionados à sua própria desídia. A perda do direito a pagamentos proporcionais de sua própria classe apenas poderá ocorrer se esses rateios já tiverem sido determinados antes da apresentação de sua habilitação. Por esse motivo, realizada a habilitação ou impugnação retardatárias, ocorrerá automaticamente a reserva do valor discutido.

Ademais, o credor retardatário perderá o direito ao pagamento dos acessórios incidentes entre a data do fim do período de 10 dias da impugnação judicial e a data de seu pedido de habilitação retardatária, período em que teria ficado inerte. São acessórios a correção monetária e os juros de mora sobre a obrigação.

Recolhimento de custas judiciais

A habilitação retardatária exigirá o recolhimento da taxa judiciária, nos termos do art. 10, da LREF. A despeito da previsão geral da lei federal, a cobrança pressupõe a imposição e a regulação por lei estadual.

No Estado de São Paulo, a Lei n. 11.608/2003, alterada pela Lei estadual n. 15.760/2015, que substituiu o termo "concordata" por "recuperação judicial", em seu art. 4º, § 8º, impôs o recolhimento da taxa judiciária para o caso de habilitação retardatária de crédito em processo de recuperação judicial e de falência[129].

Como em matéria tributária vige o princípio da legalidade estrita, nos termos do art. 114, Código Tributário Nacional, não há a exigência do recolhimento de custas na habilitação de crédito administrativa tempestiva ou impugnação judicial tempestiva. Pelo mesmo princípio, apesar de, pelo art. 10 da LREF se equiparar a habilitação retardatária à impugnação judicial retardatária, não se pode exigir, para fins tributários, essa equiparação.

Diante da exigência de que se interprete de forma estrita o fato gerador definido na lei estadual para a imposição tributária, a taxa judiciária somente incide sobre as habilitações retardatárias. O recolhimento da taxa judiciária para as impugnações judiciais realizadas após o decurso do prazo de 10 dias fica, por falta de regulamentação legal, no Estado de São Paulo, portanto, é inexigível[130].

---

[128] TJSP, 1ª Câmara Reservada de Direito Empresarial, EDs. 2072999-48.2022.8.26.0000/5002, rel. Des. Grava Brazil, j. 21-7-2022.

[129] TJSP, 1ª Câmara Reservada de Direito Empresarial, AI 2083645-30.2016, rel. Teixeira Leite, j. 21-9-2016; TJSP, 2ª Câmara Reservada de Direito Empresarial, AI 2114830-86.2016, rel. Des. Carlos Alberto Garbi, j. 28-11-2016; TJSP, 2ª Câmara Reservada de Direito Empresarial, AI 2114830-86.2016.8.26.0000, rel. Des. Campos Mello, j. 17-2-2016.

[130] Nesse sentido: TJSP, 2ª Câmara Reservada de Direito Empresarial, AI 2227639-48.2018, rel. Des. Sérgio Shimura, j. 28-2-2019; TJSP, 1ª Câmara Reservada de Direito Empresarial, AI 2191142-69.2017, rel. Des. Cesar Ciampolini, j. 19-1-2018; TJSP, 2ª Câmara Reservada de Direito Empresarial, AI 2106645-25.2017, rel. Des. Claudio Godoy, j. 28-2-2018; TJSP, 1ª Câmara Reservada de Direito

Reserva de valores na falência

A Lei n. 11.101/2005 puniu os credores retardatários, na falência, com a perda dos rateios e dos acessórios incidentes sobre o crédito em razão de terem sido inertes ao não habilitarem tempestivamente os referidos créditos. A habilitação retardatária, entretanto, nem sempre é consequência da inércia do credor, pois o crédito poderia exigir sua liquidação prévia. É o que ocorre na hipótese de a ação condenatória em face do devedor ainda não ter sido julgada.

Nesse caso, concede a Lei ao credor um modo para se proteger das consequências adversas de uma habilitação retardatária. Prevê a Lei que o pedido de reserva (art. 6º, § 3º)[131] pode ser realizado perante o juízo em que tramita a ação de conhecimento. Comunicado o Juízo Universal a respeito do pedido de reserva deferido pelo juízo em que a ação de conhecimento tramita, este determinará que se anote a reserva. Referida reserva evita, na falência, que o credor perca direito a eventual rateio e, na recuperação judicial, garante que o credor possa votar na Assembleia Geral de Credores.

Nos casos de simples inércia do titular do crédito em se habilitar, entretanto, caso em que não se aguarda qualquer liquidação, a reserva não está impedida. Pelo § 4º do art. 10, previa a LREF a segunda hipótese de pedido de reserva. Nessa segunda hipótese, por ocasião da habilitação retardatária, permitia-se que o pedido de reserva fosse formulado diretamente ao Juízo da Falência Pela inclusão do § 8º, sequer o pedido do credor se faz necessário. As habilitações e as impugnações retardatárias acarretarão a reserva do valor para a satisfação do crédito discutido.

Como na habilitação/impugnação retardatária o crédito encontra-se controvertido e haveria risco de se prejudicar eventual direito de seu titular caso fossem realizados rateios de pagamentos no procedimento falimentar, a determinação de reserva assegura o direito do titular do crédito na falência enquanto a habilitação retardatária não for apreciada.

A reserva dos valores provoca, na falência, que a parcela de pagamento condizente ao montante do crédito reservado seja conservada em conta judicial para a satisfação do referido credor após seu crédito ser incluído no quadro-geral, sem que haja a perda do eventual rateio.

Sua determinação pela lei permite o pagamento dos credores antes da apreciação de todas as impugnações ou habilitações retardatárias. Permite, outrossim, que o credor que apresentou habilitação retardatária, embora não tenha direito aos rateios já ocorridos antes da apresentação de sua habilitação, não perca os realizados posteriormente à distribuição do seu pedido, embora antes do julgamento da habilitação retardatária.

Reserva de valores na recuperação judicial

O pedido de reserva na recuperação judicial, entretanto, não deve ocorrer, excetuado o crédito trabalhista. Na falência, a medida se justifica para que o montante controvertido permaneça depositado e não seja objeto de rateio ao credor. Caso o valor do crédito seja reduzido, o montante reservado será objeto de rateio suplementar entre os credores remanescentes (art. 149, § 1º).

Empresarial, AI 2071805-23.2016, rel. Des. Hamid Bdine, j. 21-9-2016; TJSP, 2ª Câmara Reservada de Direito Empresarial, AI 2205845-73.2015, rel. Des. Fábio Tabosa, j. 3-2-2016.

Em sentido diverso: TJSP, AI2003143-31.2021.8.26.0000, 2ª Câmara Reservada de Direito Empresarial, rel. Des. Grava Brazil; Órgão Julgador, j. 25-6-2021.

[131] Cf. comentários ao art. 6º.

Na recuperação judicial, o valor não permanece em conta judicial a ser reservada e o credor deverá receber apenas conforme o plano de recuperação judicial aprovado[132]. A recuperanda poderia desenvolver normalmente suas atividades com os referidos recursos financeiros e poderia realizar o pagamento diretamente aos credores apenas no momento determinado no plano de recuperação judicial, o que, portanto, tornaria a reserva desnecessária.

Entretanto, na recuperação judicial, a reserva é útil apenas em face dos credores trabalhistas. A utilidade não decorre propriamente do pagamento, o qual seria realizado diretamente pela recuperanda conforme o plano de recuperação judicial, mas em virtude de o pedido de reserva assegurar ao referido credor o direito de votar na Assembleia Geral de Credores[133]. Se o pedido de reserva em habilitações retardatárias conferiria ao credor trabalhista o direito de voto, com mais razão ainda permitir o exercício desse direito por ocasião das habilitações ou impugnações judiciais tempestivas.

Quanto aos demais créditos, a providência não se justifica. Conforme art. 39 da LREF, poderão votar apenas os credores arrolados no Quadro-Geral de Credores, na relação de credores apresentada pelo administrador judicial ou na própria relação de credores do devedor. A possibilidade de voto em decorrência dos pedidos de reserva é adstrita aos credores trabalhistas diante da remissão ao art. 10 da Lei[134].

Termo final de apresentação e decadência

Até o encerramento do processo de recuperação judicial ou de falência, será possível promover a habilitação retardatária. A depender da época em que apresentada, entretanto, poderá receber tratamento distinto, ora como impugnação, ora como ação rescisória do quadro-geral de credores, pelo procedimento comum.

Até a homologação do quadro-geral de credores, as habilitações retardatárias serão recebidas como impugnações judiciais e terão idêntico procedimento a estas. Como impugnações judiciais, as habilitações retardatárias não são mais dirigidas ao administrador judicial, mas sim ao Juízo da Recuperação ou Falência. Ao juiz cabe decidir sobre a existência, montante e classificação do referido crédito.

Em virtude desse direcionamento, as habilitações retardatárias exigirão a representação por advogado, além dos demais requisitos constantes da petição inicial, conforme disciplinados pelo Código de Processo Civil.

Pela inserção do art. 10, § 10, as habilitações e impugnações retardatárias não têm mais prazo ilimitado na falência. O dispositivo legal inseriu prazo decadencial às habilitações e impugnações, que devem ser apresentadas em até três anos da data de publicação da sentença que decretar a falência.

A inserção do prazo de decadência é harmônica com a extinção das obrigações do devedor falido. Conforme disposto no art. 158, V, a extinção das obrigações do falido ocorrerá no prazo de

---

[132] Cf. art. 6º, § 3º.

Nesse sentido, TJSP, Câmara Reservada à Falência e Recuperação, AI 0380170-37.2010, rel. Des. Boris Kauffmann, *DJ* 29-3-2011.

[133] Cf. comentários ao art. 10.

[134] Cf. comentários ao art. 39.

três anos contado da decretação da falência. A norma procura assegurar o direito de o falido voltar a desenvolver suas atividades empresariais, o chamado *fresh start*[135].

Como norma restritiva, sua interpretação deve ser estrita. O prazo decadencial para as habilitações e impugnações retardatárias somente é aplicável aos procedimentos falimentares. Permanece possível, até o encerramento do processo de recuperação judicial, a apresentação das habilitações e impugnações retardatárias na recuperação.

Outrossim, a norma legal tem aplicação imediata, inclusive aos processos pendentes, por disposição expressa do art. 5º da Lei n. 14.112/2020. Por versar sobre direito material e não apenas direito processual, sua aplicação não poderá surpreender os credores com uma imposição de decadência até então inexistente. Como a não apresentação de habilitação não gerava decadência, não se pode punir com a perda do direito o credor que até então não sofria referida sanção pela inércia[136]. Dessa forma, a melhor interpretação parece ser que o prazo decadencial de três anos somente começa, em relação às falências decretadas anteriormente, a partir do início da vigência da norma legal.

Quadro-Geral de Credores

A inserção do art. 10, § 7º, a Lei n. 11.101/2005 procurou alterar a verificação de crédito para se promover maior celeridade nos rateios nos processos falimentares.

O quadro-geral de credores, tal como determinado pelo art. 18[137], era formado pelo julgamento de todas as habilitações de crédito e impugnações judiciais, tempestivas e retardatárias. Contudo, como a lei não determinava uma data certa na qual se findaria o prazo para a apresentação das habilitações retardatárias, estas poderiam ser apresentadas incessantemente, o que dificultava a formação definitiva desse quadro-geral de credores.

Como forma de garantir maior celeridade e segurança, além de se determinar o prazo decadencial de três anos para a propositura das habilitações e impugnações na falência, consagrou-se posicionamento jurisprudencial que permitia a formação de um quadro-geral de credores com o julgamento apenas das habilitações e impugnações judiciais tempestivas, determinando-se a reserva das demais ainda pendentes. Tudo isso como forma de se permitir que fossem realizados pagamentos parciais aos credores.

Para que os rateios na falência pudessem ser feitos com maior eficiência, o princípio da celeridade permitia que o magistrado determinasse a formação de um quadro-geral de credores provisório, em que, até determinada data, eram incluídos os credores com as habilitações retardatárias e impugnações judiciais já apreciadas e com a determinação de reserva das demais. A reserva permitia que o credor e a própria Massa Falida pudessem ser protegidos quanto a essa antecipação da formação do quadro-geral de credores.

Esse anterior quadro-geral provisório, ainda que não fosse previsto anteriormente de forma expressa na Lei, podia ser deduzido de uma interpretação sistemática com outros dispositivos da Lei, entre os quais o art. 16, parágrafo único, o qual prevê a realização de rateios ainda que a impugnação judicial não tenha sido julgada. A formação desse quadro-geral provisório e a reserva

---

[135] Cf. comentários ao art. 158.

[136] Nesse sentido: TJSP, AI 2015565-04.2022.8.26.0000, 1ª Câmara Reservada de Direito Empresarial, rel. Des. J. B. Franco de Godoi, j. 30-6-2022.

[137] Cf. comentários ao art. 18.

dos créditos objetos de impugnação permitiam, notadamente nos processos falimentares com grande número de credores, a realização de rateios entre os credores[138].

Pela redação atual, após a alteração legislativa, o quadro-geral de credores não mais será formado com o julgamento de todas as habilitações e impugnações necessariamente. Por maior celeridade, o quadro-geral será formado com o julgamento de todas habilitações e impugnações judiciais tempestivas, além das habilitações e impugnações retardatárias julgadas até o momento de sua formação.

A desnecessidade de apreciação de todas as habilitações e impugnações retardatárias permite que os rateios na falência sejam acelerados. Por seu turno, as demais habilitações e impugnações retardatárias já implicam a necessidade de reserva pelo próprio juízo, o que impede qualquer prejuízo ao direito de rateio dos referidos credores.

Ação rescisória de quadro-geral de credores

Após a homologação do quadro-geral de credores, por sentença, não caberão mais as habilitações retardatárias. Não se impede, entretanto, que se questione a inclusão ou exclusão de valores presentes no quadro-geral de credores até o encerramento do processo de recuperação judicial ou de falência, desde que limitado ao período decadencial de três anos da publicação da sentença de decretação da falência. A discussão sobre os valores será realizada por meio da ação rescisória ao quadro-geral de credores e será submetida ao procedimento ordinário previsto no Código de Processo Civil[139].

Embora o art. 10, § 6º, restrinja as retificações apenas àqueles que não habilitaram seu crédito até a homologação do quadro-geral de credores, a interpretação literal não permite a exclusão da extensão às divergências retardatárias. Tanto a inclusão de crédito não compreendido poderá ser feita de modo retardatário como a apresentação, pelo próprio credor ou pelos demais legitimados (art. 19), de divergência quanto ao seu valor, natureza ou inexistência.

Julgamento das habilitações e encerramento da recuperação judicial

O quadro-geral de credores não é requisito para que a Assembleia Geral de Credores ocorra. Ainda que penda a apreciação de habilitações ou impugnações judiciais, em razão da necessária celeridade, a Assembleia Geral de Credores deverá ocorrer com base na última lista de credores apresentada, sendo desnecessário que se aguarde a publicação do quadro-geral de credores[140].

O quadro-geral de credores, no processo de recuperação judicial, sequer precisa ser necessariamente formado antes de seu encerramento. O processo de recuperação judicial é encerrado nos termos do art. 63[141], caso cumpridas todas as obrigações previstas no plano que vencerem até, no máximo, dois anos depois da concessão da recuperação judicial.

As habilitações e impugnações judiciais, tempestivas ou retardatárias, não são dependentes da manutenção do processo principal e permitem a apreciação mesmo após o encerramento

---

[138] Nesse sentido, com a admissão do quadro-geral de credores na pendência de diversos recursos quanto às impugnações judiciais: STJ, 3ª Turma, REsp 1.300.455-SP, rel. Min. Paulo de Tarso Sanseverino, *DJ* 17-10-2013.

[139] TJSP, 2ª Câmara Reservada de Direito Empresarial, rel. Des. Fábio Tabosa, j. 16-11-2015.

[140] Cf. comentários ao art. 39.

[141] Cf. comentários ao art. 63.

da recuperação judicial. Condicionar o encerramento da recuperação judicial ao trânsito em julgado da decisão de todos esses incidentes prolongaria injustificadamente o procedimento de recuperação judicial, com a manutenção de todos os encargos à recuperanda e sem nenhum benefício aos credores[142].

Encerrado o processo de recuperação judicial, referidos incidentes ainda pendentes devem ser convertidos em processos autônomos, por mera decisão judicial, e tramitarão pelo rito comum até o sentenciamento no juízo da recuperação judicial[143]. Não se justifica o encaminhamento dos incidentes à Justiça Trabalhista Especializada ou ao Juízo Cível. A competência para sua apreciação já se perpetuou no juízo da recuperação judicial, mesmo após o encerramento do processo principal. Outrossim, notadamente quanto à Justiça do Trabalho, o montante do crédito será apenas readequado à sua submissão ao plano de recuperação judicial, de modo que não se justifica a reapreciação do mérito pela justiça especializada ou a remessa dos autos para julgamento, como a jurisprudência já entendia antes da própria alteração da legislação falimentar e inclusão do art. 10, § 9º, e já tinha sido defendido por este autor na edição anterior nos comentários ao art. 63[144].

Caso acolhida a alteração no valor do crédito pretendido após o encerramento da recuperação judicial, o credor não terá nenhum prejuízo, mesmo que majorado seu crédito. Poderá executar individualmente a diferença do que deveria ter recebido da recuperanda ou poderá requerer a falência da devedora por ato falimentar.

||| **Art. 11.** Os credores cujos créditos forem impugnados serão intimados para contestar a impugnação, no prazo de 5 (cinco) dias, juntando os documentos que tiverem e indicando outras provas que reputem necessárias.

Defesa na impugnação

Versa o dispositivo legal sobre a defesa aos pedidos deduzidos nas impugnações judiciais. Os credores, cujos créditos incluídos na lista dos credores do administrador judicial tenham sido impugnados pelo Comitê de Credores, por qualquer outro credor, pelo devedor, seus sócios ou pelo Ministério Público (art. 8º), poderão exercer seu direito ao contraditório.

O titular do crédito impugnado será intimado para contestar a impugnação judicial desde que a impugnação ao crédito não tenha sido realizada pelo próprio titular. A intimação será reali-

---

[142] No sentido de que a pendência de impugnações de crédito não impede o encerramento do processo de recuperação judicial: TJSP, 2ª Câmara Reservada de Direito Empresarial, Ap. 0233099-90.2008, rel. Des. Claudio Godoy; TJSP, 2ª Câmara Reservada de Direito Empresarial, AI 2150343-81.2017, rel. Des. Carlos Dias Motta, j. 15-1-2018; TJSP, 1ª Câmara Reservada de Direito Empresarial, Ap. 0005700-55.2008, rel. Des. Francisco Loureiro, j. 12-4-2017; TJSP, 2ª Câmara Reservada de Direito Empresarial, AI 2066806-27.2016, j. 3-10-2016; TJSP, Câmara Especial de Falências e Recuperações Judiciais, AI 598.672-4/8-00, rel. Des. José Roberto Lino Machado, j. 1º-4-2009.

[143] Nesse sentido: TJSP, AI n. 2097232-12.2022.8.26.0000, 2ª Câmara Reservada de Direito Empresarial, rel. Des. Maurício Pessoa, j. 13-7-2022.

[144] Em sentido contrário, TJSP, 1ª Câmara Reservada de Direito Empresarial, Ap. 0005700-55.2008, rel. Des. Francisco Loureiro, j. 12-4-2017.

zada pelo Diário Oficial desde que o credor já possua advogado constituído nos autos. Caso não possua, o credor deverá ser intimado pessoalmente para se defender.

No prazo de cinco dias, poderá o credor, por meio de advogado, apresentar sua resposta ao pedido de alteração ou exclusão de seu crédito. Em sua contestação, poderá arguir questões preliminares, como vícios processuais da impugnação ou da intimação, ou demonstrar, no mérito, a existência e exigibilidade de seu crédito, seu valor e a natureza em que teria sido anteriormente classificado.

Ao contestar, o credor deverá juntar todos os documentos necessários para a demonstração do seu crédito. Caso não os possua, ou caso seja necessária a produção de outras provas, deverá indicar as provas, sob pena de preclusão.

A impugnação judicial permitirá ampla dilação probatória, com a produção de prova pericial e testemunhal, caso necessária. A falta de contestação, revelia, por seu turno, não implica presunção de veracidade do crédito alegado. Diante dos efeitos quanto a terceiros e do interesse público na regular apuração dos débitos existentes, o crédito, para ser habilitado, ainda que não tenha sido contestado pela parte adversa, deve estar regularmente demonstrado pelos meios de prova admitidos[145].

Art. 12. Transcorrido o prazo do art. 11 desta Lei, o devedor e o Comitê, se houver, serão intimados pelo juiz para se manifestar sobre ela no prazo comum de 5 (cinco) dias.

Parágrafo único. Findo o prazo a que se refere o *caput* deste artigo, o administrador judicial será intimado pelo juiz para emitir parecer no prazo de 5 (cinco) dias, devendo juntar à sua manifestação o laudo elaborado pelo profissional ou empresa especializada, se for o caso, e todas as informações existentes nos livros fiscais e demais documentos do devedor acerca do crédito, constante ou não da relação de credores, objeto da impugnação.

Manifestação do devedor e do Comitê na impugnação

O devedor e o Comitê de Credores, caso existente, deverão ser obrigatoriamente intimados, sob pena de nulidade, para se manifestarem sobre a impugnação. O prazo para ambos se manifestarem é simultâneo de cinco dias e decorre do interesse de ambos na regularidade dos créditos incluídos no quadro-geral de credores.

Ainda que o credor impugnado, o devedor ou o Comitê de Credores não tenham se manifestado, o administrador judicial deverá emitir parecer sobre a impugnação judicial. Ele será intimado para, no prazo de cinco dias, juntar manifestação acerca da existência, valor ou natureza do crédito pretendido.

Para que sua manifestação seja conclusiva, o administrador poderá se valer de laudo elaborado por profissional autorizado pelo juízo a auxiliá-lo. Sua manifestação não deverá, contudo, ater-se ao confronto dos argumentos dos interessados, ou, na revelia do credor impugnado, a considerar verdadeiros os fatos apresentados pelo impugnante.

---

[145] Confirmando que a comprovação do crédito constitui ônus do seu titular, o TJSP decidiu pela improcedência de impugnação de crédito cujos documentos apresentados eram ilegíveis: TJSP, AI 2238104-14.2021.8.26.0000, 2ª Câmara Reservada de Direito Empresarial, rel. Des. Sérgio Shimura, j. 22-7-2022.

Como auxiliar do juízo falimentar, o administrador judicial deverá zelar pela regularidade de todos os créditos a serem incluídos no quadro-geral de credores. Nesse ponto, deverá o administrador verificar o crédito pretendido diante das informações existentes nos livros fiscais e demais documentos do devedor. Para sua habilitação, o crédito, ainda que não tenha sido contestado pela parte adversa, deve estar regularmente demonstrado pelos meios de prova admitidos.

A despeito de não existir previsão legal, imprescindível que, caso se alegue fato novo, seja concedido prazo para o autor apresentar réplica. Isso porque, na omissão da legislação falimentar, aplicam-se supletivamente as regras do Código de Processo Civil, conforme art. 189[146].

Intervenção do Ministério Público na impugnação

No Decreto-Lei n. 7.661/45, em seu art. 91, previa-se a obrigatoriedade de se conferir ciência dos autos ao Ministério Público para a emissão de parecer antes do julgamento da impugnação judicial. O dispositivo foi suprimido na nova legislação, a qual, inclusive, teve a disposição que determinava a intervenção do Ministério Público em todos os atos processuais da falência e da recuperação vetada (art. 4º).

Diante do interesse público na regularidade dos créditos a serem incluídos no quadro-geral de credores, conveniente que o Ministério Público intervenha no processo de falência e recuperação e apresente parecer sobre o pedido de impugnação judicial, até porque é considerado legitimado a promover ação rescisória do quadro, caso o crédito tenha sido incorretamente inserido ou alterado.

A ausência de intimação do Ministério Público, contudo, não implica nulidade do julgamento da impugnação judicial. Diante do veto à intervenção geral obrigatória (art. 4º), o Ministério Público precisa ser obrigatoriamente intimado a se manifestar apenas nos casos expressamente previstos na Lei ou se requereu sua intimação anteriormente. Na omissão legal quanto à apreciação da impugnação judicial, assim, a ausência de sua intimação não afeta a validade da decisão prolatada.

Art. 13. A impugnação será dirigida ao juiz por meio de petição, instruída com os documentos que tiver o impugnante, o qual indicará as provas consideradas necessárias.

Parágrafo único. Cada impugnação será autuada em separado, com os documentos a ela relativos, mas terão uma só autuação as diversas impugnações versando sobre o mesmo crédito.

Petição inicial da impugnação

O art. 13 trata da petição inicial da impugnação, e deveria ser anterior ao art. 11, que trata da contestação, e art. 12, que versa sobre a manifestação dos demais interessados. Sistematicamente, sua apreciação deveria ser realizada junto com o art. 8º, que aborda a possibilidade de se apresentar irresignação, por meio da impugnação judicial, à lista de credores do administrador judicial.

Verdadeira ação incidental, a impugnação judicial será ajuizada pelos legitimados e conhecida pelo Juiz Universal (art. 8º). Como petição inicial, o credor, o Comitê de Credores, o devedor

---

[146] Nesse sentido: TJSP, AI 2102966-51.2016, 1ª Câmara Reservada de Direito Empresarial, rel. Des. Teixeira Leite, *DJ* 9-11-2016; TJSP, 1ª Câmara Reservada de Direito Empresarial, rel. Des. Teixeira Leite, *DJ* 1º-9-2016.

ou os sócios do devedor deverão ser devidamente representados por advogados e a impugnação deverá conter os demais requisitos estabelecidos pelo Código de Processo Civil.

A impugnação, assim, deverá ter pedido certo. O impugnante deverá especificar o montante em que o crédito impugnado precisa ser aumentado ou reduzido. Sua fundamentação, ademais, deve ser relacionada ao pedido realizado. O impugnante deverá descrever a origem do crédito não incluído na lista de credores do administrador judicial ou os motivos pelos quais o crédito impugnado deveria ser excluído.

A petição inicial deverá ser instruída com os documentos essenciais à demonstração do referido crédito ou dos motivos pelos quais o crédito impugnado precisa ser alterado. Na hipótese de não possuir os documentos ou pretender demonstrar por outros meios de prova suas alegações, o impugnante poderá requerer as provas que pretende produzir.

Os legitimados (art. 8º) poderão impugnar mais de um crédito. Todavia, para que não se gere tumulto processual, cada impugnação deverá versar apenas sobre um dos créditos e será autuada em separado. Caso haja diversas impugnações sobre o mesmo crédito, as diversas petições iniciais deverão ser autuadas em conjunto.

Na ausência do preenchimento de todos os requisitos legais à impugnação judicial, deverá o juiz determinar a emenda à petição inicial, sob pena de indeferimento. Sanados os vícios, determinará a intimação do credor impugnado para se manifestar sobre a impugnação no prazo de cinco dias (art. 11).

Até o decurso desse prazo de manifestação do credor impugnado, o impugnante poderá desistir de sua impugnação sem a anuência do impugnado. A desistência da impugnação não foi reproduzida no Decreto-Lei n. 7.661/45, que, em seu art. 89, estabelecia que seria publicado aviso aos interessados para prosseguirem na impugnação. Na omissão legal, aplicável o Código de Processo Civil, o qual apenas exige o consentimento do credor impugnado na desistência caso já tenha sido apresentada a contestação, nos termos do art. 485, § 4º, do Código de Processo Civil.

Art. 14. Caso não haja impugnações, o juiz homologará, como quadro-geral de credores, a relação dos credores de que trata o § 2º do art. 7º, ressalvado o disposto no art. 7º-A desta Lei.

Ausência de impugnações

A lista de credores formulada pelo administrador judicial, devidamente publicada por edital, poderá não receber impugnação. Na falta de impugnação, essa lista apresenta-se como completa e regular, o que permite a sua direta homologação como Quadro-Geral de Credores.

Pela disciplina vigente, não há mais apreciação *ex officio* pelo juiz dos créditos não impugnados. O art. 92, I, do Decreto-Lei n. 7.661/45[147] conferia ao juiz o poder de julgar os créditos, ainda que não tivessem sido impugnados.

---

[147] "Art. 92. Voltando os autos, o escrivão os fará imediatamente conclusos ao juiz, que, no prazo de cinco dias: I – julgará os créditos não impugnados, e as impugnações que entender suficientemente esclarecidas pelas alegações e provas apresentadas pelas partes, mencionando, de cada crédito, o valor e a classificação. (...)."

Na nova disciplina, a lista dos credores apresentada pelo devedor deve ser conferida pelo administrador judicial, ainda que não haja habilitação ou divergência administrativa, diante dos livros e demais documentos contábeis do devedor e apresentados pelos credores. À míngua de impugnações judiciais aos créditos indicados pelo administrador judicial, entretanto, o juiz não poderia alterar o crédito constante da lista de devedores formulada pelo administrador judicial e publicada.

Pelo dispositivo, outrossim, nem sequer se exige nova publicação da lista como quadro-geral de credores. A falta de impugnação judicial confere presunção de perfeição à lista do administrador judicial, a qual já teria sido publicada pelo edital do art. 7, § 2º, o que torna desnecessária e custosa nova publicação.

Embora a reapreciação judicial do mérito do julgamento pelo administrador judicial, diante da falta de impugnações, seja limitada, não se pode sustentar que seja totalmente inexistente. O juiz, diante de uma nulidade de um negócio jurídico que motivou o reconhecimento de determinado crédito, poderia determinar sua exclusão da formação do quadro-geral de credores, ainda que não houvesse impugnação. Isso porque as nulidades deverão ser pronunciadas pelo juiz de ofício, nos termos do art. 168 do Código Civil[148].

No procedimento falimentar, a nova redação do art. 14 exige, para a formação do quadro-geral de credores, o julgamento dos incidentes de classificação de crédito público, nos termos do art. 7º-A.

Art. 15. Transcorridos os prazos previstos nos arts. 11 e 12 desta Lei, os autos de impugnação serão conclusos ao juiz, que:

I – determinará a inclusão no quadro-geral de credores das habilitações de créditos não impugnadas, no valor constante da relação referida no § 2º do art. 7º desta Lei;

II – julgará as impugnações que entender suficientemente esclarecidas pelas alegações e provas apresentadas pelas partes, mencionando, de cada crédito, o valor e a classificação;

III – fixará, em cada uma das restantes impugnações, os aspectos controvertidos e decidirá as questões processuais pendentes;

IV – determinará as provas a serem produzidas, designando audiência de instrução e julgamento, se necessário.

Julgamento antecipado das impugnações

Caso tenham sido apresentadas impugnações, não poderá o juiz da Falência ou da Recuperação Judicial homologar diretamente a lista de credores apresentada pelo administrador judicial.

Na ausência de impugnação judicial sobre determinado crédito, este será incluído automaticamente no quadro-geral de credores pelo valor e natureza constantes na lista de credores apresentada pelo administrador judicial. Desnecessária qualquer decisão judicial de inclusão nesse caso, que é automática.

Quanto aos créditos impugnados, a impugnação judicial deverá tramitar com a intimação do credor cujo crédito foi impugnado (art. 11) e manifestação do devedor, Comitê de Credores, se

---

[148] MOREIRA, José Carlos Barbosa. *Comentários à nova Lei de Falência e Recuperação de Empresas.* Rio de Janeiro: Forense, 2009, p. 143.

houver, e Ministério Público (art. 12). Caso não haja questões processuais a serem apreciadas e seja desnecessária a abertura de instrução probatória, diante da suficiência dos documentos constantes da petição inicial e da contestação ou das manifestações dos demais interessados, o juiz poderá julgar antecipadamente o mérito das impugnações judiciais.

Do contrário, deverá o Magistrado decidir as questões processuais pendentes e extinguir a impugnação judicial, caso se depare com vício processual insanável, ou sanear o processo.

Decisão saneadora e produção probatória

Presentes todas as condições da ação e não prescindindo de provas para o deslinde da questão de mérito, proferirá o juiz decisão saneadora. Na decisão saneadora, fixará o Juiz Universal os aspectos controvertidos a serem dirimidos e determinará as provas a serem produzidas.

A produção probatória é ampla nas impugnações judiciais. Não cabe o envio das partes às vias ordinárias para a resolução do mérito ou a constituição do título executivo. Além de a apreciação das questões no próprio âmbito da ação de impugnação ser conforme os princípios constitucionais da efetividade, celeridade e economia processual, a impugnação tem a natureza de ação e a produção probatória é exauriente[149].

Poderá o juiz determinar, a pedido das partes ou de ofício, a produção de prova pericial[150], testemunhal, depoimentos pessoais etc. A audiência de instrução, nessa hipótese, e ao contrário da obrigatoriedade estabelecida anteriormente pelo art. 92 do Decreto-Lei n. 7.661/45, somente será designada se imprescindível à solução da questão controvertida. Ainda que haja a necessidade de dilação probatória, como a produção de prova pericial, a audiência somente será designada se imprescindível à solução do caso a coleta de depoimentos pessoais ou de provas testemunhais ou, ainda, esclarecimentos do perito acerca do laudo pericial produzido.

Art. 16. Para fins de rateio na falência, deverá ser formado quadro-geral de credores, composto pelos créditos não impugnados constantes do edital de que trata o § 2º do art. 7º desta Lei, pelo julgamento de todas as impugnações apresentadas no prazo previsto no art. 8º desta Lei e pelo julgamento realizado até então das habilitações de crédito recebidas como retardatárias.

§ 1º As habilitações retardatárias não julgadas acarretarão a reserva do valor controvertido, mas não impedirão o pagamento da parte incontroversa.

§ 2º Ainda que o quadro-geral de credores não esteja formado, o rateio de pagamentos na falência poderá ser realizado, desde que a classe de credores a ser satisfeita já tenha tido todas as impugnações judiciais apresentadas no prazo previsto no art. 8º desta Lei, ressalvada a reserva dos créditos controvertidos em função das habilitações retardatárias de créditos distribuídas até então e ainda não julgadas.

---

[149] TJSP, 1ª Câmara Reservada de Direito Empresarial, AI 2092654-16.2016, rel. Des. Teixeira Leite, *DJ* 10-8-2016.

[150] Quanto à possibilidade de produção de prova pericial: TJSP, 1ª Câmara Reservada de Direito Empresarial, AI 2122599-48.2016, rel. Des. Teixeira Leite, *DJ* 28-9-2016; TJSP, 2ª Câmara Reservada de Direito Empresarial, AI 2150485-22.2016, rel. Des. Caio Marcelo Mendes de Oliveira, *DJ* 28-11-2016.

Reserva de valores em razão de habilitação ou impugnação na falência

A redação original do art. 16 previa a terceira hipótese de pedido de reserva, que ocorreria diante da apresentação de uma impugnação de crédito tempestiva à lista do administrador judicial.

A primeira hipótese de reserva de valores poderá ocorrer na impossibilidade imediata de habilitação do crédito, em razão de o crédito ainda ser ilíquido. O juiz competente para apreciar a demanda individual poderá determinar a reserva dos valores que estimar que serão devidos ao credor (art. 6º, § 3º).

Poderá ocorrer a reserva, também, na hipótese de habilitação retardatária. Se anteriormente exigia-se pedido do próprio credor ao Juízo Falimentar ou da Recuperação Judicial (art. 10, § 4º), a inserção do art.10, § 8º, determina, para fins exclusivamente de satisfação do crédito discutido na falência, a reserva do valor para todas as habilitações e impugnações retardatárias

A impugnação judicial à lista de credores apresentada pelo administrador judicial (art. 7º, § 2º) torna controvertido o direito pretendido pelo credor. Até que a natureza, titularidade ou valor do referido crédito sejam apreciados pelo juiz, o que poderá exigir inclusive dilação probatória e, portanto, poderá se protrair no tempo, os demais atos procedimentais da falência devem normalmente ocorrer, sob pena de prejudicar os demais credores e o próprio devedor.

Na terceira hipótese estabelecida pela redação original do art. 16, *caput*, caso a impugnação judicial fosse tempestiva o juiz determinaria de ofício a reserva de valores para a satisfação do crédito impugnado. Essa reserva de valores de ofício pelo juiz permitia que os rateios pudessem ocorrer normalmente aos demais credores, sem que lhes fosse causada maior morosidade em razão da apuração da impugnação.

O rateio poderia ser realizado através da realização de um Quadro-Geral de Credores Provisório na falência, ou seja, sem que o julgamento de todas as impugnações judiciais tempestivas tivesse sido efetivamente realizado.

Ainda que o montante total do passivo não tivesse sido efetivamente apurado, os rateios eram permitidos por meio da reserva de valores, a qual salvaguardava os interesses do credor impugnado, o qual teria os valores preservados para o recebimento após a solução da controvérsia objeto da impugnação.

Era em função dessa possibilidade de rateios em razão de formação de Quadro-Geral de Credores Provisório que se permitia, caso a impugnação judicial fosse parcial apenas quanto à parcela do crédito, que o montante de crédito incontroverso fosse objeto de pagamento pela Massa Falida. Apenas o montante cujo valor, titularidade ou natureza fosse controvertido ficaria reservado para pagamento até a apreciação da impugnação judicial.

Pela nova redação do art. 16, *caput*, entretanto, não há mais reserva de valores nas habilitações ou impugnações de crédito tempestivas na falência. De modo a tornar o procedimento mais célere, o art. 10, § 7º, determinou que o Quadro-Geral de Credores não fosse mais formado pelo julgamento de todas as habilitações e impugnações realizadas. A nova redação do art. 10, § 7º, reproduzida em seu sentido no *caput* do art. 16, determina que, para fins de rateio, o Quadro-Geral de Credores seja formado apenas pelos créditos não impugnados da lista de credores apresentada pelo administrador judicial (art. 7, § 2º), somados ao julgamento de todas as habilitações e impugnações judiciais tempestivas apresentadas (art. 8º), mais as habilitações e impugnações retardatárias apreciadas até então.

Como o Quadro-Geral de Credores apenas seria homologado quando houvesse o julgamento de todas as habilitações e impugnações tempestivas, não haveria mais necessidade de determinação de reserva de valores para as habilitações e impugnações tempestivas, porque o rateio somente poderia ocorrer após a formação do Quadro-Geral de Credores ou, como veremos abaixo, do julgamento de todas as habilitações ou impugnações tempestivas da classe a ser satisfeita.

Apenas as habilitações retardatárias ou impugnações retardatárias e que não teriam sido ainda julgadas até a homologação do Quadro-Geral de Credores é que exigirão a reserva de valores, como forma de se preservarem os credores e de se permitir o rateio, em redação semelhante ao art. 10, § 8º.

Rateio parcial e ordem de prioridade na verificação de crédito

A inserção do art. 16, § 2º, permitiu a otimização da verificação de crédito no procedimento falimentar, de forma a acelerar os rateios parciais aos credores, conforme a ordem de prioridade de pagamentos.

Ainda que o Quadro-Geral de Credores não tenha sido homologado, com o julgamento de todas as habilitações e impugnações tempestivas, os rateios na falência poderão ser realizados desde que haja a apreciação de todas as habilitações e impugnações tempestivas realizadas da classe prioritária a ser satisfeita, conforme ordem de pagamento estabelecida pelo art. 149 da Lei n. 11.101/2005.

O dispositivo legal cria, assim, ordem de apreciação das habilitações e impugnações tempestivas, a ser realizada conforme a prioridade de pagamento das diversas classes de credores e como forma de permitir os rateios parciais antes da homologação do Quadro-Geral de Credores.

O rateio parcial não implicará prejuízo ao credor, pois é realizado conforme a ordem de pagamento dos créditos. As habilitações de crédito retardatárias e referente aos créditos da classe cuja satisfação se pretende implicarão reserva do valor desde que distribuídas até a data do rateio parcial. As habilitações de crédito retardatárias posteriores ao rateio implicarão a perda do direito do credor em relação ao rateio já realizado[151].

Não há disciplina legal quanto às impugnações de crédito retardatárias. Contudo, o mesmo raciocínio em face das habilitações de crédito retardatária pode ser aplicável. Na hipótese de ser impugnado retardatariamente a natureza do crédito, seu valor ou sua existência, os valores incontroversos do crédito permitirão sua satisfação e a realização de rateios no procedimento falimentar. Em face dos controversos, a impugnação retardatária distribuída até o momento da realização do rateio implicará a reserva dos valores controversos. O crédito controverso não deve ser satisfeito pelo rateio, mas deverá ter esses valores controvertidos reservados para se preservar o credor em relação a seu eventual direito em face do rateio ou dos demais credores, que poderão se beneficiar de um rateio suplementar se o crédito for excluído, reduzido ou tiver a natureza alterada[152].

Otimização da verificação do crédito na falência e extinção das obrigações do falido

O art. 16, § 2º, deve ser interpretado em conjunto com o art. 154 e com o art. 158, VI, da Lei n. 11.101. Enquanto o art. 154 permite o encerramento da falência no momento em que não houver mais ativo a ser liquidado e produto a ser rateado entre os credores, o art. 158, VI, expressamente aplicável para as falências sob a égide do Decreto-lei n. 7.661/45, determina que o encerramento da falência implica a extinção das obrigações do falido.

A conjunta interpretação desses diversos dispositivos legais permite a otimização do procedimento de verificação de crédito na falência. Pelo novo regramento, o administrador judicial e o

---

[151] Cf. comentários ao art. 10.
[152] Cf. comentários ao art. 149.

juiz universal poderão, no procedimento falimentar, realizar a apuração do passivo sujeito ao procedimento falimentar conforme a ordem prioritária de pagamentos e apenas quanto às classes que receberão os rateios.

Pela nova redação da Lei n. 14.112/2020, podem ser feitos rateios parciais sem a homologação do quadro geral de credores e desde que haja a verificação de crédito da respectiva classe cujo pagamento se pretende, com o julgamento das impugnações judiciais tempestivas e a reserva das retardatárias, em atenção à ordem prioritária de pagamento das classes. Nesse sentido, desde que não haja classes prioritárias ainda não satisfeitas, pode-se concentrar o julgamento das verificações de crédito à classe cujo pagamento se pretende, independentemente do julgamento das demais classes.

Distribuído todo o produto das liquidações entre os credores, em respeito à ordem de preferência de pagamento às classes, não haverá mais rateios a serem realizados. Por falta de ativos para a satisfação dos credores, o processo de falência poderá ser prontamente encerrado. Esse encerramento, por seu turno, implicará a extinção de todas as demais obrigações do devedor, independentemente de quais elas forem ou de seu valor.

Por essa razão, desnecessário apurar, para o encerramento do processo falimentar, as impugnações judiciais e habilitações retardatárias referentes às classes de credores menos prioritárias e que não receberiam nenhum rateio sequer. O processo de falência poderá ser encerrado e implicará a extinção dessas obrigações, independentemente de quais elas forem. Por consequência, permite-se ao administrador judicial e ao juiz universal otimizarem o procedimento falimentar, com a extinção dos processos cujos rateios já se findaram, independentemente da verificação dos créditos menos prioritários, garantindo-se maior eficiência e menor consumo dos recursos escassos do Poder Judiciário.

Art. 17. Da decisão judicial sobre a impugnação caberá agravo.

Parágrafo único. Recebido o agravo, o relator poderá conceder efeito suspensivo à decisão que reconhece o crédito ou determinar a inscrição ou modificação do seu valor ou classificação no quadro-geral de credores, para fins de exercício de direito de voto em assembleia-geral.

Natureza da decisão que julga a impugnação

A natureza da decisão judicial que julgava a impugnação de crédito era expressamente concebida pelo art. 97, *caput*, do Decreto-Lei n. 7.661/45[153], como sentença. A Lei n. 11.101/2005, em seu art. 17, fez apenas referência à "decisão judicial".

A despeito da expressão lacunosa, que faz referência a um gênero, do qual a decisão interlocutória e a sentença são espécies, o deslinde da ação incidental será realizado por sentença e não simples decisão interlocutória. Mais do que simplesmente dirimir uma questão no interior de um processo, a decisão judicial na impugnação põe fim à controvérsia objeto de um processo incidental.

Na impugnação, há ação judicial, com partes diversas, pedido e causa de pedir autônomos ao processo principal de falência ou recuperação judicial. Como o procedimento permite a cognição

---

[153] Art. 97 do Decreto-Lei n. 7.661/45: "Da sentença do juiz, na verificação do crédito, cabe apelação ao prejudicado, ao síndico, ao falido e a qualquer credor, ainda que não tenha sido impugnante (...)".

exauriente e o amplo exercício do contraditório, a decisão que dirimir o mérito da ação de impugnação judicial será considerada sentença e permitirá também a formação de coisa julgada material.

Recurso da sentença da impugnação

Ainda que da sentença caiba apelação (art. 1.009 do CPC), adotou o legislador pátrio o recurso de agravo para a reapreciação judicial da decisão. A opção legislativa por esse recurso ocorreu em razão de maior celeridade para o seu julgamento, com desnecessidade de encaminhamento dos autos à instância superior, assim como pela falta de imposição de efeito suspensivo à decisão, em regra, em razão da interposição do recurso.

Diante da expressa indicação pela Lei do agravo como forma para o recurso que desafia a decisão da impugnação judicial, a jurisprudência tem interpretado que inaplicável o princípio da fungibilidade recursal à apresentação de recurso de apelação sob o fundamento de que haveria erro grosseiro diante da determinação legal[154].

Anteriormente ao Código de Processo Civil de 2015, o recurso de agravo possuía duas formas, o agravo na forma de instrumento e o agravo na forma retida. O agravo de instrumento era limitado às hipóteses de decisões suscetíveis de causar à parte lesão grave e de difícil reparação e para as hipóteses em que não houvesse o recurso de apelação. Isso porque se exigia a imediata apreciação pelo órgão julgador, ao contrário do agravo na forma retida, o qual exigia sua reiteração por ocasião da apelação do recorrente.

No Código de Processo Civil de 2015, o recurso de agravo foi limitado à forma de instrumento (art. 1.015 do CPC). Ainda que houvesse a previsão da forma retida no Código de Processo Civil anterior, referida forma era inaplicável para o caso e não se poderia interpretar de modo diverso, a exigir a consideração do art. 17, como em alusão ao agravo na forma retida. A sentença na impugnação judicial era decisão final do processo incidental e colocava fim à controvérsia. Inexistia, assim, sentença posterior passível de apelação a permitir a reiteração do julgamento, em preliminar, do agravo retido. Outrossim, a previsão da legislação falimentar de que o recurso seria apreciado por um relator, que apreciaria em quais efeitos receberia o recurso, somente seria compatível com o procedimento do recurso de agravo na forma de instrumento[155].

Legitimidade para sua interposição

À míngua de previsão quanto à legitimidade ativa na Lei n. 11.101/2005, aplicável o Código de Processo Civil supletivamente. Nesses termos, determina o art. 996 do CPC/2015 que o recurso de agravo poderá ser interposto pela parte vencida, pelo terceiro prejudicado e pelo Ministério Público, como parte ou fiscal da ordem jurídica.

Como parte vencida, compreende-se qualquer daqueles que figuraram na impugnação judicial e que foram sucumbentes, ainda que parcialmente. São eles o credor, o devedor, o Comitê de Credores e o administrador judicial.

---

[154] Nesse sentido: TJSP, 1ª Câmara Reservada de Direito Empresarial, Apel. 1000148-44.2022.8.26.0415, rel. des. J. B. Franco de Godoi, j. 28-7-2022; TJSP, 2ª Câmara Reservada de Direito Empresarial, Apel. 0053850-52.2013.8.26.0506, rel. Des. Ricardo Negrão, j. 24-2-2022.

[155] Nesse sentido, com a consideração da interposição do agravo na forma retida como erro grosseiro: TJSP, 1ª Câmara Reservada de Direito Empresarial, AI 2185008-60.2016, rel. Des. Francisco Loureiro, *DJ* 27-1-2017.

O terceiro prejudicado é aquele que poderá sofrer os efeitos da decisão, embora não tenha figurado no feito. É o caso do cessionário do crédito, a que a Lei atribui o direito de promover o recurso caso possa ter seus interesses prejudicados.

Por fim, também poderá recorrer da sentença da impugnação judicial o Ministério Público, ainda que não tenha figurado como impugnante, mas apenas tenha sido intimado para se manifestar como *custos legis*.

Procedimento do recurso

O recurso de agravo de instrumento deverá ser dirigido diretamente ao tribunal competente, por meio de petição instruída com as cópias dos documentos obrigatórios e facultativos, além do comprovante de pagamento das custas e do porte de retorno (art. 1.017 do CPC/2015). Caso os autos não sejam eletrônicos, deverá o agravante, ainda, apresentar no processo principal, no prazo de três dias a contar da interposição do agravo de instrumento, cópia da petição do recurso, comprovante de sua interposição e relação dos documentos que instruíram o recurso, sob pena de inadmissibilidade do agravo de instrumento (art. 1.018 do CPC/2015).

O recurso de agravo de instrumento não terá, em regra, efeito suspensivo, o que significa que ele não impedirá a eficácia da decisão (art. 995 do CPC/2015). Contudo, do mesmo modo que estabelecida a possibilidade no CPC/2015 (art. 1.019), a Lei n. 11.101 permitiu ao relator do recurso de agravo a concessão de efeito suspensivo ao recurso, de modo a suspender o reconhecimento do crédito.

Além do efeito suspensivo, poderá o relator conceder efeito ativo ao agravo de instrumento para determinar, ainda que provisoriamente até o julgamento do recurso, a inscrição ou modificação do valor do crédito impugnado ou de sua classificação no quadro-geral de credores. Esse efeito ativo permitirá que o credor possa exercer seu direito de voto na Assembleia Geral de Credores.

Art. 18. O administrador judicial será responsável pela consolidação do quadro-geral de credores, a ser homologado pelo juiz, com base na relação dos credores a que se refere o art. 7º, § 2º, desta Lei e nas decisões proferidas nas impugnações oferecidas.

Parágrafo único. O quadro-geral, assinado pelo juiz e pelo administrador judicial, mencionará a importância e a classificação de cada crédito na data do requerimento da recuperação judicial ou da decretação da falência, será juntado aos autos e publicado no órgão oficial, no prazo de 5 (cinco) dias, contado da data da sentença que houver julgado as impugnações.

Quadro-geral de credores

O quadro-geral de credores será elaborado pelo administrador judicial a partir da lista de credores apresentada por ele com as alterações decorrentes dos julgamentos das diversas impugnações judiciais. Deverá conter todos os créditos, com especificação do seu valor, titularidade e classificação, conforme art. 83 da Lei n. 11.101/2005, em apuração com base na data do requerimento da recuperação judicial ou da decretação da falência (art. 9º, II). Essa lista de credores consolidada será homologada pelo juiz, por decisão interlocutória.

A Lei pressupõe, para essa consolidação do quadro-geral de credores pelo administrador judicial, o julgamento de todas as impugnações judiciais e habilitações tempestivas, além do julgamento das habilitações e impugnações retardatárias até o momento.

Julgadas as habilitações e impugnações judiciais tempestivas, determina o parágrafo único que o quadro-geral será consolidado em cinco dias e será homologado pelo juiz.

Art. 19. O administrador judicial, o Comitê, qualquer credor ou o representante do Ministério Público poderá, até o encerramento da recuperação judicial ou da falência, observado, no que couber, o procedimento ordinário previsto no Código de Processo Civil, pedir a exclusão, outra classificação ou a retificação de qualquer crédito, nos casos de descoberta de falsidade, dolo, simulação, fraude, erro essencial ou, ainda, documentos ignorados na época do julgamento do crédito ou da inclusão no quadro-geral de credores.

§ 1º A ação prevista neste artigo será proposta exclusivamente perante o juízo da recuperação judicial ou da falência ou, nas hipóteses previstas no art. 6º, §§ 1º e 2º, desta Lei, perante o juízo que tenha originariamente reconhecido o crédito.

§ 2º Proposta a ação de que trata este artigo, o pagamento ao titular do crédito por ela atingido somente poderá ser realizado mediante a prestação de caução no mesmo valor do crédito questionado.

Ação de retificação ou rescisória do quadro-geral de credores

O artigo disciplina a ação rescisória de créditos incluídos no quadro-geral de credores. Sua natureza de ação rescisória decorre de seu próprio objeto. A finalidade da referida ação é a de rescindir a determinação de inclusão de crédito no quadro-geral de credores ou a sentença que constituiu referido crédito. Isso porque o dispositivo faz referência ao julgamento do crédito, ou, se inexistente, à sua inclusão no quadro-geral de credores.

Ainda que possa não ocorrer necessariamente sentença para a determinação de inclusão no quadro-geral, a qual pode ser decorrente da falta de impugnação à lista apresentada pelo administrador judicial, a ação rescisória da Lei Falimentar permite a exclusão, retificação ou alteração da classificação do crédito, independentemente da natureza do ato jurídico que determinou sua inclusão[156].

A possibilidade de ação rescisória deverá ser interpretada de modo taxativo, pois exceção legal ao trânsito em julgado da sentença de mérito que determinou a inclusão ou da decisão de homologação do quadro-geral de credores. Seu objeto versará apenas sobre créditos anteriormente incluídos no quadro-geral de credores. Não há previsão legal de ação rescisória em face de sentença que julgou improcedente o pedido de inclusão.

Sua previsão decorre da exigência de reparos a uma decisão anterior que se baseou em pressupostos equivocados, seja por dolo ou erro da parte, seja por desconhecimento em relação à existência de documentos a se demonstrar o que se pretendia. Apenas caso descoberto que os fundamentos utilizados para o julgamento do crédito ou sua inclusão no quadro-geral de credores eram falsos, simulados, que houve dolo, fraude, erro, ou se forem descobertos novos documentos, ainda que anteriormente existentes, mas desconhecidos à época, a demonstrar o que se pretendia.

São legitimados a promover a ação rescisória o administrador judicial, o Comitê de Credores, qualquer credor e o representante do Ministério Público. A lei não confere poderes ao devedor, pois, na falência, a Massa Falida seria representada pelo administrador judicial.

---

[156] TOLEDO, Paulo F. C. Salles de. *Comentários à Lei de Recuperação de Empresas e Falência*. 5. ed. São Paulo: Saraiva, 2012, p. 19.

Na recuperação judicial, entretanto, não ocorre essa representação. O empresário em recuperação judicial é o principal interessado em promover a correção da lista de seus credores, e sua exclusão dos legitimados a apresentar a ação rescisória não se justifica. A exclusão do devedor cria diferenciação injustificável entre os legitimados, de modo que o dispositivo deverá ser interpretado conforme a Constituição Federal a ponto de estender essa possibilidade ao devedor.

A ação poderá ser promovida após a homologação do quadro-geral de credores (art. 10, § 6º) e até que se encerre a recuperação judicial ou a falência, sob pena de decadência do direito[157].

Competência da ação de retificação

A competência para a apreciação da ação rescisória é do juízo que reconheceu originalmente o crédito. Em regra, é competente o Juízo Universal, cuja determinação de inclusão dos créditos é decorrente da lista do devedor, da lista do administrador judicial ou do julgamento das impugnações.

Todavia, nem sempre o Juízo Universal foi o que definiu o montante que foi incluído. Quando a inclusão foi decorrente de sentença trabalhista (art. 6º, § 2º) ou decorrente de julgamento pelo juiz que conheceu a ação de pedido de quantia ilíquida (art. 6, § 1º), a competência para o julgamento da ação rescisória foi atribuída aos próprios[158].

Caução na ação de retificação

A propositura da ação rescisória torna controverso o crédito já incluído no quadro e exige que o pagamento do credor seja suspenso até o seu julgamento, cujo montante permanecerá reservado.

O pagamento poderá apenas ocorrer se houver a prestação de caução pelo credor do montante controvertido. A prestação de caução garante que a coletividade de credores não seja prejudicada com o pagamento caso o valor do crédito incluído seja reduzido ou sua classificação seja alterada.

Caso o pagamento já tenha ocorrido e ficar demonstrado o dolo ou a má-fé na constituição do crédito ou da garantia, o credor deverá restituir em dobro as quantias recebidas (art. 152).

Art. 20. As habilitações dos credores particulares do sócio ilimitadamente responsável processar-se-ão de acordo com as disposições desta Seção.

Habilitação de credor particular do sócio

Os sócios ilimitadamente responsáveis pelas obrigações sociais são os sócios de sociedades em nome coletivo (arts. 1.039 e ss. do CC), os sócios comanditados das sociedades em comandita simples (arts. 1.045 e ss. do CC), acionistas diretores na sociedade em comandita por ações (arts. 280 e ss. da Lei n. 6.404/76) e os sócios de sociedade em comum.

---

[157] TJSP, AI 0145223-04.2011, Câmara Reservada à Falência e Recuperação, rel. Des. Romeu Ricupero, *DJ* 24-1-2012.

[158] TJSP, AI 620.723-4/5-00, Câmara Especial de Falências e Recuperações Judiciais, rel. Des. Boris Kauffmann, *DJ* 6-10-2009.

Falida a sociedade empresarial com sócios de responsabilidade ilimitada, estender-se-á a falência aos referidos sócios, que ficam sujeitos aos mesmos efeitos jurídicos produzidos em relação à sociedade falida (art. 81). Os bens dos sócios solidariamente responsáveis serão arrecadados e liquidados para o pagamento das obrigações sociais.

Os credores particulares dos referidos sócios falidos, para serem satisfeitos, deverão ter seus créditos reconhecidos na falência. Caso não tenham sido incluídos na lista apresentada pelo próprio devedor (art. 99, III e parágrafo único), os credores poderão apresentar habilitação/divergência de crédito administrativa (art. 7º) ou, se não incluídos na lista do administrador judicial (art. 7º, § 2º), poderão apresentar sua impugnação judicial (art. 8º). Diante de seu interesse no feito, os credores particulares poderão impugnar os créditos reconhecidos dos credores sociais, assim como poderão ter seus créditos impugnados por estes.

Embora a lei estabeleça que o procedimento de verificação de crédito para os credores particulares do sócio ilimitadamente responsável seja idêntico ao da sociedade falida, os credores particulares do referido sócio não integrarão um quadro-geral de credores único.

Ainda que a LFER não tenha reproduzido o art. 128 do Decreto-Lei n. 7.661/45, que disciplinava o concurso entre credores particulares do sócio ilimitadamente responsável e os credores sociais, o art. 1.024 do Código Civil estabelece benefício de ordem dos bens particulares em relação aos bens sociais para a satisfação das dívidas da sociedade. Nos termos desse artigo, os bens particulares serão liquidados para a satisfação dos débitos sociais apenas se os bens da sociedade forem insuficientes para a sua satisfação. Outrossim, os credores particulares dos sócios ilimitadamente responsáveis não concorrem com seu crédito na liquidação dos bens sociais.

Desse modo, nos quadros-gerais de credores devem-se diferenciar os credores sociais dos credores particulares de cada sócio. Os credores sociais deverão ser satisfeitos com os bens sociais. Apenas caso os referidos bens sejam insuficientes para o pagamento dos débitos, referidos credores concorrerão com os credores particulares na liquidação dos bens pessoais de cada sócio ilimitadamente responsável[159].

Seção II-A
Das Conciliações e das Mediações Antecedentes ou Incidentais aos Processos de Recuperação Judicial

Art. 20-A. A conciliação e a mediação deverão ser incentivadas em qualquer grau de jurisdição, inclusive no âmbito de recursos em segundo grau de jurisdição e nos Tribunais Superiores, e não implicarão a suspensão dos prazos previstos nesta Lei, salvo se houver consenso entre as partes em sentido contrário ou determinação judicial.

Conciliação e mediação na recuperação judicial

O Código de Processo Civil, em seu art. 139, determinou que o juízo deverá promover, a qualquer tempo, a autocomposição entre as partes, preferencialmente com o auxílio de conciliadores e mediadores judiciais.

---

[159] Cf. comentários ao art. 81.

A alteração da Lei n. 11.101/2005 pela Lei n. 14.112, de 24 de dezembro de 2020, com a inserção dessa nova Seção II-A, na mesma perspectiva do Código de Processo Civil, procurou fomentar a adoção dos métodos de autocomposição para a solução de impasses no processo de recuperação judicial.

O Código de Processo Civil distingue as hipóteses, ainda que de forma criticável. Ambas seriam métodos alternativos de solução de conflitos pelos quais um terceiro imparcial tenta restabelecer o diálogo entre as partes para que estas possam chegar a uma solução comum para superar o impasse.

A conciliação ocorreria nas hipóteses em que não houvesse vínculo anterior entre as partes. Pressupõe conflito episódico, de forma que o terceiro imparcial poderia desenvolver comportamento mais assertivo a respeito daquele único ponto de controvérsia, com a possibilidade de sugerir soluções para o litígio (art. 165, § 2º, do Código de Processo Civil).

A mediação, por seu turno, ocorreria nos casos em que houvesse vínculo anterior entre as partes. Pressupõe relação duradoura entre as partes em conflito e que exigiria compreensão mais ampla dos diversos interesses de cada qual. O mediador, nesses termos, auxiliaria os interessados a compreender as questões e os desejos de cada qual para obter uma solução consensual (art. 165, § 3º, do Código de Processo Civil).

Ainda que consagrada a diferenciação pela inserção dos arts. 20-A e seguintes na Lei n. 11.101/2005, ambas as modalidades de autocomposição, entretanto, têm perdido essa distinção. Ainda que relação episódica e que pudesse ser tratada pela conciliação, como um contrato de compra e venda não satisfeito, o empresário pretende desenvolver relação continuada com a preservação de sua clientela. Por seu turno, a avaliação dos interesses das partes e as sugestões de soluções são formas presentes em ambos os métodos, com maior ou menor grau a depender do conflito.

Na recuperação judicial, a conciliação e a mediação são importantes instrumentos para auxiliar devedor e credores na busca da melhor solução coletiva para a superação da crise econômica que acomete a atividade empresarial e como forma de obtenção da maior satisfação dos créditos pelos credores.

Por reduzir a assimetria informacional entre as partes e assegurar uma decisão mais informada para a satisfação coletiva dos créditos, sua realização deverá incentivada pelo juiz da recuperação judicial e tribunais[160]. O incentivo, porém, não se confunde com determinação, haja vista que os instrumentos continuam a ser de autocomposição e, portanto, dependem da vontade livre das partes.

Nomeação do mediador ou conciliador

A conciliação e a mediação são procedimentos de autocomposição e regidos pela livre autonomia dos interessados.

Como procedimento de autocomposição, caberá aos próprios interessados se submeterem ou não ao procedimento de mediação ou conciliação. O método autocompositivo não poderá ser imposto às partes pelo juiz da recuperação, sob pena de se obrigar a acordo que a parte voluntariamente não quis celebrar.

Ao juiz foi atribuído o dever de apenas incentivar a mediação ou conciliação, e não a impor. Por consequência, com o fim de estimular o diálogo entre as partes, poderá nomear mediador ou conciliador provisório, para sessão de pré-mediação ou conciliação. A mediação e a conciliação

---

[160] VASCONCELOS, Ronaldo; HANESAKA, Thais D'Angelo da Silva; CARNAÚBA, César Augusto Martins. Mediação na recuperação judicial: paralelos com a evolução estrangeira. *Revista de Arbitragem e Mediação*, São Paulo, v. 16, n. 62, p. 45-81, jul./set. 2019.

deverão ser ratificadas pelas partes, bem como o respectivo mediador ou conciliador, os quais poderão ser por estas livremente substituídos, se o desejarem.

Nesses termos, o conciliador ou mediador deverá ser escolhido de comum acordo pelas partes, as quais poderão alternativamente escolher a câmara privada de conciliação ou de mediação. Caso manifestem interesse pela conciliação ou mediação, embora não haja o consenso quanto ao mediador ou conciliador, apenas nesse caso haverá a nomeação do mediador ou conciliador pelo juízo, preenchidos os requisitos do art. 167 do Código de Processo Civil, como a prévia inscrição em cadastro nacional e em cadastro do Conselho Nacional de Justiça.

Ainda que não haja disposição expressa pela Lei, o administrador judicial não poderá exercer referidas funções[161]. Isso porque não consta no rol de suas atribuições do art. 22 a função de mediar ou de conciliar os diversos interesses das partes. Além de extrapolar as suas funções, ao mediador e ao conciliador deve se conferir acesso a informações a respeito do específico conflito, as quais não necessariamente as partes deverão incluir no processo.

Ademais, a confidencialidade do procedimento e das informações obtidas poderá comprometer a atividade imparcial do administrador judicial no desenvolvimento do próprio procedimento recuperacional.

Confidencialidade

Além da independência, imparcialidade, autonomia da vontade e informalidade, a conciliação e a mediação têm, como princípio, a confidencialidade. Nos termos do art. 166, § 1º, do Código de Processo Civil, a confidencialidade estende-se a todas as informações produzidas no curso do procedimento, cujo teor não poderá ser utilizado para fim diverso daquele previsto por expressa deliberação das partes. Sequer o conciliador ou o mediador poderão divulgar ou depor acerca de fatos ou elementos da conciliação ou da mediação decorrentes.

Na recuperação judicial, pode-se sustentar que, em virtude dos interesses de terceiros, esse princípio da confidencialidade não deveria ser seguido ou que o administrador judicial deveria ter acesso a todo o procedimento. Tal interpretação, contudo, não se sustenta.

A negociação entre o devedor e os credores, estimulada, inclusive, pela Lei n. 11.101/2005, não precisa ocorrer de forma pública ou com a participação de todos os interessados. Embora o procedimento permita que os credores, em Assembleia Geral de Credores possam deliberar a melhor solução proposta para a superação da crise econômico-financeira do devedor, não há qualquer óbice a que o devedor e apenas alguns dos credores negociem um plano de recuperação judicial que envolva o interesse de todos, fora do ambiente da Assembleia.

O fato de essa negociação ser realizada por método autocompositivo como a mediação ou a conciliação não obriga a interferência do administrador judicial ou a fiscalização do procedimento estabelecido pelas partes a tanto.

Suspensão de prazos

A tentativa de conciliação ou mediação entre as partes não implicará a suspensão dos prazos processuais.

Como instrumento de autocomposição, a menos que haja a concordância de todos os interessados, o processo de recuperação judicial deverá tramitar regularmente, assim como toda e qualquer

---

[161] Essa restrição consta do art. 5º da Recomendação n. 112/2021 do CNJ.

outra medida judicial realizada pelas partes, como as execuções a respeito de créditos não sujeitos à recuperação judicial ou as outras ações ou medidas constritivas não afetadas pela recuperação.

Franqueou a Lei, entretanto, que haja a suspensão dos prazos se houver determinação judicial. A interpretação do dispositivo deve ser que a medida de suspensão determinação pelo juízo e em detrimento da concordância das partes seja absolutamente excepcional. Isso porque não apenas a composição não é obrigatória no procedimento, como o Juízo tem que se manter equidistante das partes.

A suspensão dos prazos processuais determinada pelo Juízo não poderá ser utilizada para forçar a parte à autocomposição ou a abreviar o procedimento de conciliação ou de mediação. A livre manifestação de vontade é pressuposto do procedimento autocompositivo, assim como, no procedimento de recuperação judicial, o juiz deve assegurar simplesmente que todas as informações necessárias sejam franqueadas para que os credores sujeitos à recuperação judicial possam deliberar sobre o plano proposto.

Art. 20-B. Serão admitidas conciliações e mediações antecedentes ou incidentais aos processos de recuperação judicial, notadamente:

I – nas fases pré-processual e processual de disputas entre os sócios e acionistas de sociedade em dificuldade ou em recuperação judicial, bem como nos litígios que envolverem credores não sujeitos à recuperação judicial, nos termos dos §§ 3º e 4º do art. 49 desta Lei, ou de credores extraconcursais;

II – em conflitos que envolverem concessionárias ou permissionárias de serviços públicos em recuperação judicial e órgãos reguladores ou entes públicos municipais, distritais, estaduais ou federais;

III – na hipótese de haver créditos extraconcursais contra empresas em recuperação judicial durante período de vigência de estado de calamidade pública, a fim de permitir a continuidade da prestação de serviços essenciais;

IV – na hipótese de negociação de dívidas e respectivas formas de pagamento entre a empresa em dificuldade e seus credores, em caráter antecedente ao ajuizamento de pedido de recuperação judicial.

§ 1º Na hipótese prevista no inciso IV do *caput* deste artigo, será facultado às empresas em dificuldade que preencham os requisitos legais para requerer recuperação judicial obter tutela de urgência cautelar, nos termos do art. 305 e seguintes da Lei n. 13.105, de 16 de março de 2015 (Código de Processo Civil), a fim de que sejam suspensas as execuções contra elas propostas pelo prazo de até 60 (sessenta) dias, para tentativa de composição com seus credores, em procedimento de mediação ou conciliação já instaurado perante o Centro Judiciário de Solução de Conflitos e Cidadania (Cejusc) do tribunal competente ou da câmara especializada, observados, no que couber, os arts. 16 e 17 da Lei n. 13.140, de 26 de junho de 2015.

§ 2º São vedadas a conciliação e a mediação sobre a natureza jurídica e a classificação de créditos, bem como sobre critérios de votação em assembleia geral de credores.

§ 3º Se houver pedido de recuperação judicial ou extrajudicial, observados os critérios desta Lei, o período de suspensão previsto no § 1º deste artigo será deduzido do período de suspensão previsto no art. 6º desta Lei.

Objetos das mediações ou conciliações

Determina o art. 20-B hipóteses em que as conciliações e mediações podem ser utilizadas para solucionar conflitos entre as partes. As hipóteses são exemplificativas, haja vista que não há óbice a que a conciliação e a mediação possam ser utilizadas em todas as hipóteses em que as questões sejam disponíveis às partes e não afetem direitos de terceiros.

Entre o próprio devedor, os métodos alternativos poderão solucionar disputas entre os sócios ou acionistas da pessoa jurídica em crise, como sobre a concordância ou não da recuperação judicial ou de outra medida de insolvência para superar a crise que acomete a atividade. A conciliação ou mediação poderá ser utilizada para solucionar conflitos entre ambos mesmo nas situações em que a pessoa jurídica devedora já está em recuperação judicial, como nas disputas sobre os melhores meios de recuperação a serem previstos no plano de recuperação judicial a ser proposto.

Além de entre os sócios, o conflito a ser dirimido poderá ocorrer entre o empresário devedor e os credores não sujeitos à recuperação judicial. Tal conflito poderá comprometer a preservação da atividade empresarial, ao permitir a constrição de ativos essenciais ou não permitir a melhor satisfação dos interesses dos credores não sujeitos. Nesse sentido, ainda que não estejam submetidos à negociação coletiva da recuperação judicial, referidos credores, individualmente ou de forma coletiva, poderão buscar melhor solução autocompositiva para a maximização dos interesses individuais, em benefício próprio e do devedor. A negociação poderá resultar, inclusive, na adesão do credor extraconcursal ao plano de recuperação judicial proposto pela devedora.

Mesmo que a controvérsia não verse especificamente sobre o crédito, a mediação e conciliação foram expressamente autorizadas para resolver conflitos que envolverem concessionárias ou permissionárias de serviços públicos em recuperação judicial e órgãos reguladores ou entes públicos municipais, distritais, estaduais ou federais. Sua abrangência procura assegurar que a preservação do interesse público buscada pelos órgãos regulares ou entes públicos possa ser mais bem esclarecida para que se verifique, pelas partes, sua compatibilidade com a pretendida manutenção da atividade empresarial pelo empresário em recuperação judicial.

Mas não apenas em relação aos créditos extraconcursais a mediação e a conciliação podem ser utilizadas. Os instrumentos autocompositivos podem ter grande função de auxiliar a negociação coletiva entre o devedor e os credores submetidos à recuperação judicial. A deliberação sobre a melhor solução possível no plano de recuperação judicial para superar a crise econômica que afeta a atividade do devedor é o cerne do processo de recuperação judicial e poderá ser aprimorada pela mediação e conciliação entre os agentes.

Vedações legais

Por envolver interesses de terceiros, o art. 20-B, em seu § 2º, proibiu que as conciliações e as mediações versassem sobre as verificações de crédito. Embora sejam instrumentos auxiliares à negociação coletiva ou mesmo em relação aos credores não sujeitos à recuperação judicial, a Lei determinou que é vedada a utilização das conciliações e das mediações sobre a natureza jurídica e a classificação de créditos. Por proibirem mediações que versem sobre natureza jurídica e classificação do crédito, também se poderia interpretar pela impossibilidade de mediações ou conciliações sobre o montante do crédito, pois a essas matérias diretamente relacionadas.

A proibição, entretanto, deve ser bem compreendida. De fato, a composição entre as partes não pode onerar mais o patrimônio de devedor a ponto de comprometer os interesses de todos os terceiros e gerar mais risco de inadimplemento dos respectivos créditos. Entretanto, isso não significa que a composição não possa ser feita.

Ainda que verse sobre verificação de créditos, o devedor e o credor podem concordar com a existência, com a determinada natureza jurídica do crédito em discussão, como sendo concursal ou extraconcursal, seu valor, ou sua classificação. Nada impede referida concordância, haja vista tratar-se de direito pecuniário e disponível. E se podem concordar com a pretensão da parte adversa, também podem acordar e, nesse aspecto, podem utilizar-se de procedimentos autocompositivos, como a mediação e a conciliação.

A composição entre as partes, entretanto, não poderá prejudicar os interesses dos credores. O acordo deverá ser refutado pelo administrador judicial e não homologado pelo Juízo para fins de inscrição no Quadro-Geral de Credores se não for acompanhado das provas que demonstrem efetivamente o seu montante, sua natureza de concursal ou extraconcursal e sua classificação de crédito.

Os critérios de votação em Assembleia Geral de Credores, assim como toda e qualquer outra matéria de ordem pública, não são dispositivos às partes. As normas cogentes impedem a composição pelas partes, de modo que os métodos autocompositivos não têm aplicação.

Conciliações ou mediações antecedentes à recuperação judicial

As conciliações ou mediações poderão ser antecedentes ou incidentais ao processo de recuperação judicial.

Em caráter antecedente, a conciliação ou mediação poderão auxiliar na negociação de dívidas e respectivas formas de pagamento entre o empresário em crise e seus credores. Essa negociação poderá permitir que o empresário equalize o seu passivo exigível a curto prazo ou garanta novas formas de financiamento para que consiga evitar o recurso à recuperação judicial.

De acordo com o Enunciado da II Jornada de Prevenção e Solução Extrajudicial dos Litígios do Conselho de Justiça Federal, "*na mediação antecedente à recuperação judicial, a empresa devedora e seus credores são livres para estabelecer a melhor composição para adimplemento das obrigações*". A justificativa apresentada foi de que "*a Lei n. 14.112/2020 estabelece a obrigação de observância da par conditio creditorum apenas durante a recuperação judicial, e nada trata sobre esse tema quando da mediação antecedente. A interpretação sistemática da lei conduz à interpretação de ser livre a convenção entre devedora e seus credores, tanto assim que, caso intentada a RJ em 360 dias da data da mediação, os acordos tornam-se sem efeito a fim de que, em sede de RJ, seja, então, reestabelecida a ordem de credores*".

O Enunciado deve ser corretamente interpretado. Em que pese não se possa falar em observância do *par conditio creditorum* nas mediações antecedentes, visto que ainda não instaurada recuperação judicial ou extrajudicial, o acordo celebrado na mediação deve respeitar as normas cogentes e regrais gerais do Código Civil que restringem, em determinados casos, a autonomia da vontade das partes em qualquer negócio jurídico, além de outras regras eventualmente aplicáveis às partes.

Previu a Lei, no art. 20-B, § 1º, a possibilidade de concessão de tutela de urgência cautelar para que possa negociar com seus credores. Referida tutela consistirá na suspensão das execuções contra o devedor pelo prazo de até 60 (sessenta) dias.

A limitação legal impede que o prazo seja prorrogado. Isso porque, do contrário, o devedor poderá valer-se das medidas cautelares ininterruptamente, alijando os credores do regular exercício de seu direito para serem satisfeitos[162].

---

[162] Nesse sentido: TJSP, AI n. 2246437-52.2021.8.26.0000, 1ª Câmara Reservada de Direito Empresarial, rel. Des. Fortes Barbosa, j. 24-3-2022.

Pressuposto da Lei é que, na iminência de eventual pedido de recuperação judicial, a qual poderia suspender todas as execuções em face do devedor, este deveria poder valer-se da conciliação e da mediação para tentar negociar com seus credores sem que houvesse a constrição sobre ativos que pudessem comprometer seu futuro plano de recuperação. Nesse sentido, a interpretação do dispositivo legal deve limitar à suspensão das execuções pelo prazo de até 60 dias apenas para os créditos que poderiam estar sujeitos à recuperação judicial posterior. Créditos não sujeitos à recuperação judicial, nos termos do art. 49, § 3º e 4º, não poderão ter as medidas constritivas suspensas, a menos que tenham por objeto bens essenciais do devedor. Além disso, as restrições à atuação do magistrado na concessão do *stay period*, comentadas na seção dedicada ao art. 6º, serão integralmente aplicáveis à decisão tratada no § 1º do art. 20-B da Lei.

Para que a tutela cautelar seja concedida, o devedor já deve ter instaurado procedimento de mediação ou conciliação perante o Centro Judiciário de Solução de Conflitos e Cidadania (Cejusc) do tribunal competente ou da câmara especializada envolvendo cada um dos créditos cuja negociação pretende. Não se justifica suspensão de execução em função da negociação, se o devedor não promoveu a negociação com o respectivo credor[163].

Por se tratar de método autocompositivo, que depende do interesse dos envolvidos para acontecer, pode-se admitir que a comprovação, pelo devedor, de abertura do procedimento, com o envio da carta-convite aos credores que se pretende envolver na mediação, seja suficiente para se considerar preenchido o requisito.

Outrossim, o devedor deverá preencher todos os requisitos legais exigidos para o pedido de recuperação judicial, não apenas quanto à legitimidade e impedimentos do art. 48, mas pela apresentação de toda a documentação necessária tal como prevista no art. 51.

Se houver pedido de recuperação judicial ou extrajudicial posterior à concessão da medida cautelar de suspensão das execuções em face do devedor, o lapso de até 60 dias será deduzido do período de suspensão previsto no art. 6º desta Lei.

Art. 20-C. O acordo obtido por meio de conciliação ou de mediação com fundamento nesta Seção deverá ser homologado pelo juiz competente conforme o disposto no art. 3º desta Lei.

Parágrafo único. Requerida a recuperação judicial ou extrajudicial em até 360 (trezentos e sessenta) dias contados do acordo firmado durante o período da conciliação ou de mediação pré-processual, o credor terá reconstituídos seus direitos e garantias nas condições originalmente contratadas, deduzidos os valores eventualmente pagos e ressalvados os atos validamente praticados no âmbito dos procedimentos previstos nesta Seção.

Homologação do acordo obtido por meio da conciliação ou da mediação

A despeito de o art. 20-C prever que o juiz deverá homologar o acordo obtido por meio de conciliação ou de mediação, há verdadeiro poder-dever.

A obrigação de o juiz homologar o acordo obtido somente ocorre se o acordo não violar normas de ordem pública ou afetar os interesses de terceiros no procedimento da recuperação

---

163 TJSP, AI 2004298-35.2022.8.26.0000, 1ª Câmara Reservada de Direito Empresarial, rel. Des. J. B. Franco de Godoi, j. 13-5-2022; TJSP, AI 2286472-54.2021.8.26.0000, 1ª Câmara Reservada de Direito Empresarial, rel. Des. Alexandre Lazzarini, j. 26-4-2022.

judicial. A Recomendação n. 112/2021 do CNJ deixa claro que o acordo celebrado está sujeito ao controle de legalidade do magistrado[164].

Nesse sentido, acordos que gerem benefício a credor sujeito a recuperação judicial em detrimento dos demais credores da mesma classe violam o tratamento paritário entre credores da mesma classe e, portanto, não poderiam ser homologados judicialmente.

Distribuição do pedido de recuperação judicial ou extrajudicial posteriormente à conciliação ou mediação

Os acordos obtidos com os credores por meio dos métodos autocompositivos não podem ser utilizados para prejudicar referidos credores em detrimento de todos os demais credores, com a imputação de eventual nova equalização por meio da distribuição de posterior recuperação judicial ou extrajudicial.

Cria a lei nova hipótese de novação sob condição resolutiva. O acordo celebrado entre as partes nova, a menos que estabelecido de modo em contrário, a obrigação anterior. Essa obrigação deixa de existir e é substituída pela nova obrigação nos termos da composição realizada.

Estabelece a Lei, contudo, que se for requerida a recuperação judicial ou extrajudicial em até 360 (trezentos e sessenta) dias contados do acordo firmado durante o período da conciliação ou de mediação pré-processual, o credor terá reconstituídos seus direitos e garantias nas condições originalmente contratadas. A novação, diante do pedido de recuperação judicial ou extrajudicial, se realizada no prazo de 360 dias e desde que envolva referido crédito, será resolvida.

As obrigações originárias voltam a prevalecer. Desse montante, devem ser deduzidos os valores eventualmente pagos após a composição, como forma de não se gerar enriquecimento indevido do credor.

Por seu turno, os atos validamente praticados no âmbito dos procedimentos previstos da conciliação e da mediação, como a alienação de bens, dação em pagamento etc., serão considerados válidos e deverão ser preservados.

‖‖‖ **Art. 20-D.** As sessões de conciliação e de mediação de que trata esta Seção poderão ser realizadas por meio virtual, desde que o Cejusc do tribunal competente ou a câmara especializada responsável disponham de meios para a sua realização.

Procedimento da conciliação e da mediação

As conciliações e as mediação deverão ter o procedimento estabelecido entre as partes interessadas no Centro Judiciário de Solução de Conflitos e Cidadania (CEJUSC) dos tribunais ou nas câmaras competentes.

Franqueou a Lei a possibilidade de que as sessões sejam realizadas presencialmente ou por meio virtual à conveniência das partes.

---

[164] Art. 2º, parágrafo único, da Recomendação n. 112/2020 dispõe que "o acordo obtido por meio de mediação não dispensa a deliberação por Assembleia Geral de Credores nas hipóteses exigidas por lei, nem afasta o controle de legalidade a ser exercido pelo(a) magistrado(a) por ocasião da respectiva homologação".

Seção III

Do Administrador Judicial e do Comitê de Credores

Art. 21. O administrador judicial será profissional idôneo, preferencialmente advogado, economista, administrador de empresas ou contador, ou pessoa jurídica especializada.

Parágrafo único. Se o administrador judicial nomeado for pessoa jurídica, declarar-se-á, no termo de que trata o art. 33 desta Lei, o nome de profissional responsável pela condução do processo de falência ou de recuperação judicial, que não poderá ser substituído sem autorização do juiz.

Natureza jurídica do administrador judicial e do Comitê de Credores

No Decreto-Lei n. 7.661/45, além da Assembleia Geral de Credores, com atribuições limitadas, eram previstos outros dois órgãos: o síndico e o comissário.

Na falência, as funções de verificação de crédito, de arrecadação, liquidação dos bens e pagamento dos credores eram desempenhadas pelo síndico. Na concordata, por seu turno, o comissário era nomeado para fiscalizar as atividades do devedor, o qual permanecia na condução dos seus negócios.

Na Lei n. 11.101/2005, essas funções a serem desempenhadas na recuperação judicial e na falência passaram a ser realizadas pelo administrador judicial. Embora na recuperação extrajudicial também possa haver a homologação judicial da composição realizada entre os credores e devedores, inclusive com a submissão da minoria à vontade da maioria, não há previsão legal para a nomeação do administrador judicial (arts. 161 a 168). A despeito da falta de previsão expressa, diante da celeridade processual, possível a nomeação do administrador judicial em recuperações extrajudiciais complexas, em que as diversas impugnações judiciais poderão exigir análise mais pormenorizada de um profissional.

O administrador judicial, na falência e recuperação judicial, tem a natureza de agente auxiliar da justiça[165]. Suas atividades devem ser desenvolvidas não para a proteção do exclusivo interesse dos credores, ou dos devedores, mas para a persecução do interesse público decorrente da regularidade do procedimento falimentar e recuperacional.

O Comitê de Credores foi o órgão criado pela Lei para que o credor pudesse fiscalizar a regularidade do desenvolvimento do processo e se manifestar pela tutela de seus interesses. O Comitê, ao contrário do administrador judicial, entretanto, terá existência facultativa e papel exclusivamente fiscalizatório.

O Decreto-Lei n. 7.661/45 e a nomeação do administrador judicial entre os maiores credores

No Decreto-Lei n. 7.661/45, o síndico e o comissário eram escolhidos pelo juiz entre os maiores credores, desde que domiciliados no foro do feito e de reconhecida idoneidade moral e

---

[165] VALVERDE, Trajano de Miranda. *Comentários à Lei de Falências*. v. 1. 4. ed. Rio de Janeiro: Forense, 1999, p. 445.

financeira[166]. Apenas se os credores, após três recusas sucessivas, não tivessem aceitado o encargo, poderia o juiz nomear síndico ou comissário dativo à sua escolha.

O critério de escolha entre os maiores credores era baseado na maior vantagem do processo. O credor com maior valor de crédito teria supostamente o maior estímulo a que o procedimento fosse célere e eficiente, pois seria o maior beneficiário dessa condução, e empregaria os maiores esforços para a consecução de suas funções.

Contudo, a nomeação entre os maiores credores nem sempre era eficiente. A primeira dificuldade decorria do fato de que o devedor em concordata poderia apresentar incorreta relação de credores justamente para que um determinado credor pudesse ser escolhido como comissário. Na falência, por seu turno, a sentença de decretação de quebra já deveria nomear o síndico, mas, nessa ocasião, nem sequer eram conhecidos os credores[167]. Apenas após a decretação da falência o juiz marcará prazo para que os credores possam apresentar os documentos e as justificativas de seus créditos.

A segunda dificuldade decorria da falta de interesse ou conhecimento do credor para o exercício da função. Nem sempre o maior credor tinha condições técnicas de exercer a função ou se interessava pela remuneração em virtude dos enormes encargos e responsabilidades. A falta de profissionalização do síndico e do comissário implicava, não raras vezes, um procedimento falimentar moroso ou uma baixa eficiência na fiscalização das atividades do concordatário, com prejuízo a toda a coletividade.

Em razão da nomeação entre os maiores credores, outrossim, o síndico era visto como representante do interesse dos credores do falido. Suas atribuições eram realizadas com o intuito principal de que os credores fossem satisfeitos, o que revelava apenas parte dos interesses a serem protegidos. Isso porque a regularidade do procedimento falimentar que o síndico ou o concordatário procuravam tutelar destinava-se à proteção não apenas dos interesses econômicos dos credores, mas dos interesses na preservação do desenvolvimento da atividade, na manutenção dos postos de trabalho e do desenvolvimento econômico nacional como um todo[168].

Requisitos para a nomeação do administrador judicial

Para que se pudesse aumentar a eficiência do procedimento, determinou a Lei a substituição das figuras do síndico e do comissário pelo administrador judicial. A despeito da nomenclatura, o administrador judicial apenas excepcionalmente exerce as atividades de administração do devedor. Na recuperação judicial, a atividade de administração ocorre excepcionalmente na hipótese de afastamento do devedor de suas funções até a eleição do gestor judicial (art. 65, § 1º). Na falência, apenas se for autorizada a continuidade provisória dos negócios do falido (art. 99, XI).

O administrador será escolhido pelo juiz entre as pessoas de sua confiança e independentemente de oitiva de credores ou do devedor. Além dos requisitos impostos pela Lei, os Tribunais de Justiça poderão impor requisitos complementares. Nesses termos, poderá ser exigido conhecimento

---

[166] Arts. 60 e 161 do Decreto-Lei n. 7.661/45.

[167] Arts. 14, IV, e 80 do Decreto-Lei n. 7.661/45.

[168] ABRÃO, Nelson. *O síndico da administração concursal*. São Paulo: Revista dos Tribunais, 1988, p. 33-36.

específico para a referida atuação, como por meio de certificado em curso de especialização, apresentação de certidões negativas ou cadastro com informações no cartório competente[169].

A possibilidade de nomeação do administrador judicial pela Assembleia Geral de Credores, embora aprovada no texto, foi vetada[170]. A experiência indica que o veto foi correto. A nomeação de administrador judicial pelo juiz permite o desempenho de função de modo imparcial, sem que haja, no desempenho das funções, qualquer tutela preferencial dos interesses dos credores ou do devedor em detrimento de outros.

Não veda a Lei que o administrador judicial seja escolhido entre os credores do devedor. Entretanto, como o administrador judicial exerce a função de auxiliar do juízo, deverá desempenhar suas funções com imparcialidade na busca dos interesses de todos os envolvidos no processo de recuperação judicial ou falência. Entre esses interesses, figura o interesse difuso da manutenção da empresa, dos empregos e do desenvolvimento econômico nacional[171].

A nomeação do credor a tanto poderá ser feita, mas desde que conveniente ao feito e desde que seus interesses como credor não conflitem com essas funções, como poderá ocorrer na verificação de seu próprio crédito, na alienação de bens do devedor que lhe garantem o respectivo crédito etc. A conveniência deverá ser apreciada pelo Magistrado em cada caso, notadamente diante de Massas Falidas com parcos recursos.

A nomeação será realizada por ocasião da sentença declaratória da falência (art. 99, IX) ou na decisão de deferimento do processamento da recuperação judicial (art. 52, I) e deverá recair sobre profissionais idôneos. A despeito da inexistência de parâmetros para se aferir a idoneidade, o antigo Decreto-Lei n. 7.661/45 estabelecia o requisito da idoneidade financeira e moral (art. 60 do Decr.-Lei), cuja interpretação deve ser utilizada para a nomeação do administrador judicial. O administrador judicial é auxiliar do juiz e deverá desempenhar suas funções em benefício de toda a coletividade de credores, de modo que não apenas deverá ter conduta moral hígida, como possibilidade de ressarcir os credores em razão de eventual responsabilização patrimonial.

Diante dos conhecimentos que o administrador judicial precisa ter para desempenhar a função, estabeleceu a Lei que a escolha seja feita preferencialmente entre advogados, economistas, administradores de empresas, contadores ou pessoas jurídicas especializadas. A preferência estabelecida pela lei não é exclusividade e decorre dos maiores conhecimentos exigidos pelo administrador judicial para o desempenho de sua função de fiscalização, na recuperação judicial, ou da preservação e liquidação dos bens para pagamento dos credores na falência.

---

[169] O Tribunal de Justiça de São Paulo, por meio do Provimento do Conselho Superior da Magistratura 2306/2015 e do Comunicado Conjunto 2191/2016, exige cadastro dos administradores judiciais no Tribunal, com a apresentação de *curriculum vitae* e certidões negativas. A norma procura cumprir a determinação do Conselho Nacional de Justiça, que, por meio da Resolução 233/2016, exigiu Cadastro Eletrônico de Peritos e Órgãos Técnicos ou Científicos.

[170] O art. 35, II, *c*, da Lei n. 11.101/2005 foi vetado. Segundo as razões do veto: "(...) Há, portanto, no texto legal, um equívoco que merece ser sanado, elidindo-se a possibilidade de a lei vir a atribuir competências idênticas à Assembleia Geral de Credores e ao juiz da recuperação judicial ou da falência, o que ensejaria a inaplicabilidade do dispositivo, com inequívocos prejuízos para a sociedade, que almeja a celeridade do processo, e para o próprio Governo Federal, que tem adotado ações que possibilitem alcançar esse desiderato. Finalmente, impõe-se registrar que o veto afastará, de plano, a possibilidade de que seja nomeada para o encargo pessoa que não seja da confiança do juízo".

[171] PERIN JR., Écio. O administrador judicial e o Comitê de Credores no novo direito concursal brasileiro. In: PAIVA, Luiz Fernando Valente de (coord.). *Direito falimentar e a nova Lei de Falências e Recuperação de Empresas*. São Paulo: Quartier Latin, 2005, p. 173-175.

A ordem preferencial, nesses termos, apenas é parâmetro orientador para o juiz. Independentemente da formação acadêmica, a escolha do administrador judicial deverá ocorrer com base no profissional que reúna os conhecimentos para o desempenho da função conforme a atividade desempenhada pelo devedor em crise econômico-financeira, o que deverá ser analisado caso a caso.

O conhecimento de todas as matérias exigidas, entretanto, não precisa ser integral. A exigência de outros conhecimentos especializados poderá ser suprida pela autorização judicial para contratação de outros auxiliares (art. 22, I, *h*).

Em junho de 2021, o CNJ publicou a Resolução n. 393/2021, que dispõe sobre o cadastro e a nomeação de administradores judiciais. A Resolução orienta a criação pelos tribunais estaduais e do Distrito Federal de Cadastro de Administradores Judiciais, cuja função é orientar os magistrados na escolha do auxiliar do juízo que atuará nas recuperações judiciais e falência de competência do magistrado. Recomenda-se que o magistrado indique administrador judicial de sua confiança que preferencialmente já esteja listado no Cadastro de Administradores Judiciais.

A Resolução reforça a possibilidade de o administrador judicial ser tanto pessoa natural quanto pessoa jurídica e, neste caso, a necessidade de indicação de profissional responsável pela sociedade. Com vistas a garantir uma distribuição equitativa dos processos, a Resolução exige dos administradores judiciais a apresentação de lista com informações (número, comarca, juiz responsável, etc.) dos processos em que foram nomeados nos últimos dois anos. Veda-se a nomeação do mesmo administrador judicial em mais de quatro recuperações judiciais ou extrajudiciais e de quatro falências para cada Juízo.

A Resolução veda, ainda, a nomeação de profissional que possa configurar nepotismo. A prática de nepotismo consta da Resolução n. 7/2005 do CNJ, a qual contém rol não taxativo de práticas de nepotismo.

Em suma, veda-se a nomeação em cargo de provimento em comissão ou de função gratificada do cônjuge, companheiro, parente em linha reta, colateral ou por afinidade até terceiro grau dos magistrados vinculados ao caso. Veda-se também a contratação, independentemente de licitação, de pessoas jurídicas cujos sócios sejam cônjuge, companheiro ou parente em linha reta, colateral ou por afinidade, até o terceiro grau, dos magistrados vinculados ao caso e/ou do servidor investido em cargo de direção ou assessoramento, incluídos aqueles em cargos de chefia, ligados direta ou indiretamente às unidades situadas na linha hierárquica da área encarregada da licitação.

Nomeação de mais do que um administrador judicial

Embora a Lei, ao fazer menção a administrador judicial, sempre o faça no singular, não há óbice à nomeação de mais do que um administrador judicial para a realização das atribuições no mesmo processo.

Ao estabelecer os critérios, procurou o legislador exigir do administrador judicial o conhecimento específico sobre os principais pontos da atividade desenvolvida pelo devedor, de modo que o administrador judicial possa exercer suas funções com maior eficiência. Ainda que haja desconhecimento sobre determinados pontos, ou falta de especialização em determinada matéria, permitiu a lei que o administrador judicial se socorra de auxiliares, desde que a contratação seja autorizada pelo juízo.

Nesse ponto, a necessidade de nomeação de mais do que um administrador judicial poderá indicar que os referidos administradores não possuem o conhecimento suficiente e exigido a desempenhar o encargo, de modo que outro profissional deveria ser indicado. Contudo, em situações excepcionalíssimas, em que a atividade desempenhada pelo devedor é extremamente complexa, com grande estrutura, ou em ramos totalmente diversos de atividade, poderia ser nomeado mais do que um administrador judicial para repartir entre si as atribuições para a melhor regularidade e persecução dos fins da falência ou da recuperação judicial.

À Massa Falida ou ao devedor em recuperação, todavia, não poderia ser imposto um maior ônus financeiro em razão da inexistência, no mercado, de um profissional que pudesse isoladamente exercer todas essas funções com eficiência. Nesse caso, embora possível a nomeação de mais do que um administrador judicial, a remuneração deve ser, assim como as atribuições, partilhada entre os profissionais nomeados.

Administrador judicial pessoa jurídica

Poderá ser também nomeada, como administradora judicial, uma pessoa jurídica. A nomeação de uma pessoa jurídica para desempenhar a função não foi inovação da Lei n. 11.101/2005, mas já era contida no Decreto-Lei n. 7.661/45 (art. 60, § 5º). A previsão de nomeação foi preservada diante da multiplicidade de conhecimentos que poderá ser exigida do profissional diante de uma atividade complexa desempenhada pelo devedor em recuperação judicial ou na falência. A depender dessa necessidade, os diversos conhecimentos poderão ser mais facilmente reunidos no âmbito de uma pessoa jurídica especializada.

Ainda que possa ser nomeada uma pessoa jurídica para a função de administrador judicial, não se desprendeu o direito brasileiro do princípio da identidade física do responsável pelas funções.

A principal crítica à nomeação de administradores pessoas jurídicas, sejam administradores judiciais no processo de falência ou recuperação, sejam diretores ou conselheiros de pessoas jurídicas eleitos pelos acionistas, era decorrente da maior dificuldade para se responsabilizar patrimonial ou criminalmente o agente que eventualmente se desvia de suas funções. Referida crítica, contudo, não encontra maior razão, haja vista que a pessoa jurídica possui, em regra, maior patrimônio para eventual necessidade de ressarcimento dos prejuízos causados, assim como seus administradores poderão ser responsabilizados por eventual ato contrário à Lei ou ao estatuto, inclusive criminalmente.

A identificação da pessoa física responsável pela condução do processo de falência pela pessoa jurídica nomeada administradora judicial torna ainda mais clara a possibilidade dessa responsabilidade. Referido profissional não poderá ser substituído sem prévia autorização do juiz, mas, como a lei não impõe nenhum requisito a ele, nada impede que o responsável pela condução do processo pela pessoa física seja um empregado ou profissional contratado para prestar serviços a esta.

Art. 22. Ao administrador judicial compete, sob a fiscalização do juiz e do Comitê, além de outros deveres que esta Lei lhe impõe:

I – na recuperação judicial e na falência:

a) enviar correspondência aos credores constantes na relação de que trata o inciso III do *caput* do art. 51, o inciso III do *caput* do art. 99 ou o inciso II do *caput* do art. 105 desta Lei, comunicando a data do pedido de recuperação judicial ou da decretação da falência, a natureza, o valor e a classificação dada ao crédito;

b) fornecer, com presteza, todas as informações pedidas pelos credores interessados;

c) dar extratos dos livros do devedor, que merecerão fé de ofício, a fim de servirem de fundamento nas habilitações e impugnações de créditos;

d) exigir dos credores, do devedor ou seus administradores quaisquer informações;

e) elaborar a relação de credores de que trata o § 2º do art. 7º desta Lei;

f) consolidar o quadro-geral de credores nos termos do art. 18 desta Lei;

g) requerer ao juiz convocação da assembleia-geral de credores nos casos previstos nesta Lei ou quando entender necessária sua ouvida para a tomada de decisões;

h) contratar, mediante autorização judicial, profissionais ou empresas especializadas para, quando necessário, auxiliá-lo no exercício de suas funções;

i) manifestar-se nos casos previstos nesta Lei;

j) estimular, sempre que possível, a conciliação, a mediação e outros métodos alternativos de solução de conflitos relacionados à recuperação judicial e à falência, respeitados os direitos de terceiros, na forma do § 3º do art. 3º da Lei n. 13.105, de 16 de março de 2015 (Código de Processo Civil);

k) manter endereço eletrônico na internet, com informações atualizadas sobre os processos de falência e de recuperação judicial, com a opção de consulta às peças principais do processo, salvo decisão judicial em sentido contrário;

l) manter endereço eletrônico específico para o recebimento de pedidos de habilitação ou a apresentação de divergências, ambos em âmbito administrativo, com modelos que poderão ser utilizados pelos credores, salvo decisão judicial em sentido contrário;

m) providenciar, no prazo máximo de 15 (quinze) dias, as respostas aos ofícios e às solicitações enviadas por outros juízos e órgãos públicos, sem necessidade de prévia deliberação do juízo;

II – na recuperação judicial:

a) fiscalizar as atividades do devedor e o cumprimento do plano de recuperação judicial;

b) requerer a falência no caso de descumprimento de obrigação assumida no plano de recuperação;

c) apresentar ao juiz, para juntada aos autos, relatório mensal das atividades do devedor, fiscalizando a veracidade e a conformidade das informações prestadas pelo devedor;

d) apresentar o relatório sobre a execução do plano de recuperação, de que trata o inciso III do *caput* do art. 63 desta Lei;

e) fiscalizar o decurso das tratativas e a regularidade das negociações entre devedor e credores;

f) assegurar que devedor e credores não adotem expedientes dilatórios, inúteis ou, em geral, prejudiciais ao regular andamento das negociações;

g) assegurar que as negociações realizadas entre devedor e credores sejam regidas pelos termos convencionados entre os interessados ou, na falta de acordo, pelas regras propostas pelo administrador judicial e homologadas pelo juiz, observado o princípio da boa-fé para solução construtiva de consensos, que acarretem maior efetividade econômico-financeira e proveito social para os agentes econômicos envolvidos; e *h)* apresentar, para juntada aos autos, e publicar no endereço eletrônico específico relatório mensal das atividades do devedor e relatório sobre o plano de recuperação judicial, no prazo de até 15 (quinze) dias contado da apresentação do plano, fiscalizando a veracidade e a conformidade das informações prestadas pelo devedor, além de informar eventual ocorrência das condutas previstas no art. 64 desta Lei;

III – na falência:

a) avisar, pelo órgão oficial, o lugar e hora em que, diariamente, os credores terão à sua disposição os livros e documentos do falido;

b) examinar a escrituração do devedor;

c) relacionar os processos e assumir a representação judicial e extrajudicial, incluídos os processos arbitrais, da massa falida;

d) receber e abrir a correspondência dirigida ao devedor, entregando a ele o que não for assunto de interesse da massa;

e) apresentar, no prazo de 40 (quarenta) dias, contado da assinatura do termo de compromisso, prorrogável por igual período, relatório sobre as causas e circunstâncias que conduziram à situação de falência, no qual apontará a responsabilidade civil e penal dos envolvidos, observado o disposto no art. 186 desta Lei;

f) arrecadar os bens e documentos do devedor e elaborar o auto de arrecadação, nos termos dos arts. 108 e 110 desta Lei;

g) avaliar os bens arrecadados;

h) contratar avaliadores, de preferência oficiais, mediante autorização judicial, para a avaliação dos bens caso entenda não ter condições técnicas para a tarefa;

i) praticar os atos necessários à realização do ativo e ao pagamento dos credores;

j) proceder à venda de todos os bens da massa falida no prazo máximo de 180 (cento e oitenta) dias, contado da data da juntada do auto de arrecadação, sob pena de destituição, salvo por impossibilidade fundamentada, reconhecida por decisão judicial;

l) praticar todos os atos conservatórios de direitos e ações, diligenciar a cobrança de dívidas e dar a respectiva quitação;

m) remir, em benefício da massa e mediante autorização judicial, bens apenhados, penhorados ou legalmente retidos;

n) representar a massa falida em juízo, contratando, se necessário, advogado, cujos honorários serão previamente ajustados e aprovados pelo Comitê de Credores;

o) requerer todas as medidas e diligências que forem necessárias para o cumprimento desta Lei, a proteção da massa ou a eficiência da administração;

p) apresentar ao juiz para juntada aos autos, até o 10º (décimo) dia do mês seguinte ao vencido, conta demonstrativa da administração, que especifique com clareza a receita e a despesa;

q) entregar ao seu substituto todos os bens e documentos da massa em seu poder, sob pena de responsabilidade;

r) prestar contas ao final do processo, quando for substituído, destituído ou renunciar ao cargo.

s) arrecadar os valores dos depósitos realizados em processos administrativos ou judiciais nos quais o falido figure como parte, oriundos de penhoras, de bloqueios, de apreensões, de leilões, de alienação judicial e de outras hipóteses de constrição judicial, ressalvado o disposto nas Leis n. 9.703, de 17 de novembro de 1998, e 12.099, de 27 de novembro de 2009, e na Lei Complementar n. 151, de 5 de agosto de 2015.

§ 1º As remunerações dos auxiliares do administrador judicial serão fixadas pelo juiz, que considerará a complexidade dos trabalhos a serem executados e os valores praticados no mercado para o desempenho de atividades semelhantes.

§ 2º Na hipótese da alínea *d* do inciso I do *caput* deste artigo, se houver recusa, o juiz, a requerimento do administrador judicial, intimará aquelas pessoas para que compareçam à sede do juízo, sob pena de desobediência, oportunidade em que as interrogará na presença do administrador judicial, tomando seus depoimentos por escrito.

§ 3º Na falência, o administrador judicial não poderá, sem autorização judicial, após ouvidos o Comitê e o devedor no prazo comum de 2 (dois) dias, transigir sobre obrigações e direitos da massa falida e conceder abatimento de dívidas, ainda que sejam consideradas de difícil recebimento.

§ 4º Se o relatório de que trata a alínea *e* do inciso III do *caput* deste artigo apontar responsabilidade penal de qualquer dos envolvidos, o Ministério Público será intimado para tomar conhecimento de seu teor.

Funções do administrador judicial: desnecessidade de autorização judicial

Como auxiliar da justiça, o administrador judicial deve desempenhar suas funções sob a autoridade do juiz. Essa autoridade não significa que o administrador judicial precisa requerer autorização para a prática dos atos.

A menos que expressamente prevista em Lei a autorização como condição para a prática de determinado ato, como, por exemplo, a contratação de profissionais como seus auxiliares, o administrador judicial tem poderes para atuar diretamente. Apenas caso não seja atendido deverá o administrador judicial exigir as providências judiciais necessárias. Esses poderes para uma atuação proativa, com a desnecessidade de atuação jurisdicional em todo o caso, são condizentes à maior celeridade e eficiência buscadas pela Lei.

A atuação direta do administrador judicial, entretanto, não impede que seus atos sejam fiscalizados. O juiz e o Comitê de Credores, caso constituído, têm o dever de fiscalizar os atos do administrador judicial. Os demais agentes do feito, contudo, também poderão fazê-lo, embora não tenham essa obrigação. A fiscalização poderá ser realizada por qualquer dos interessados. Além dos referidos, o Ministério Público ou qualquer credor poderão exigir explicações do administrador judicial ou demonstrações quanto a determinado ato.

As funções a serem desempenhadas pelo administrador poderão ser agrupadas em funções comuns na falência e na recuperação, funções exclusivas na falência e funções exclusivas na recuperação judicial.

Funções comuns à recuperação judicial e à falência

a) Prestação de informações

Função primordial do administrador judicial na falência e a na recuperação judicial é a de garantir a transparência. A transparência é imprescindível para que os credores possam se habilitar ou impugnar crédito incluído equivocadamente na lista do devedor ou do próprio administrador. As informações também devem ser disponibilizadas para que todos os interessados possam fiscalizar os atos dos agentes envolvidos no processo.

Para que as informações sobre o procedimento cheguem aos credores, a primeira função do administrador judicial é enviar correspondência a estes. A correspondência deverá ser enviada aos credores constantes da lista apresentada pelo devedor, tanto ao ter a falência decretada (art. 99, III) quanto ao requerer sua autofalência (art. 105, II) ou sua recuperação judicial (art. 51, III).

Para que demonstre o cumprimento da referida obrigação, o administrador deverá juntar aos autos o aviso de recebimento das correspondências, endereçadas ao domicílio de cada credor conforme informado pelo devedor na lista. Essa correspondência deverá informar que houve o pedido de recuperação ou a decretação da falência, a data em que isso ocorreu, a natureza, o valor e a classificação dos créditos titularizados pelo respectivo credor[172].

Não há impedimento para que essa comunicação seja feita para o endereço eletrônico dos credores, indicado pela devedora na sua lista de credores, desde que se possa confirmar o recebimento pelo credor.

A prestação de informação não é exigida do administrador judicial apenas no início do procedimento por meio da obrigatoriedade das correspondências. O administrador deverá esclarecer, a todo tempo, qualquer ponto de interesse dos credores.

As informações prestadas pelo administrador judicial são fundamentais, inclusive, para que o credor possa promover habilitação ou divergência administrativa ou para contrariar a verificação de créditos feita pelo administrador judicial por meio da impugnação judicial. Para tanto, poderá o credor requerer ao administrador que este lhe forneça extrato dos livros do devedor para que possa demonstrar seu crédito ou contrariar o reconhecimento de crédito de terceiro.

O extrato dos livros é necessário porque o livro faz, se devidamente escriturado, prova a favor ou contra o empresário. Caso não esteja escriturado, o livro faz prova apenas contra o empresário. Por ocasião da falência, referidos livros serão entregues ao administrador judicial (art. 104, V), que os deverá manter sob sua guarda. Na recuperação judicial, entretanto, os livros permanecerão com o empresário. Contudo, ainda que sigilosos, ao administrador judicial deve ser garantido o livre acesso.

---

[172] O descumprimento desse dever pelo administrador judicial não gera sanção imediata. Não há interferência também no prazo para a apresentação de habilitações pelos credores. O descumprimento poderá permitir a destituição do administrador judicial por desídia no cumprimento de seus deveres. Nesse sentido: TJSP, AI 2168331-23.2014, 1ª Câmara Reservada de Direito Empresarial, rel. Des. Teixeira Leite, *DJ* 3-2-2015.

Assim como devem prestar informações mediante requerimento de qualquer credor, o administrador judicial também poderá diretamente requerê-las. Para que possa ser eficiente no desempenho de seus deveres para preservar os interesses públicos envolvidos na regularidade do processo, o administrador judicial poderá requerer informações diretamente dos credores, do devedor ou de seus administradores. Apenas caso haja recusa nesse fornecimento é que o Juízo Universal deverá exigi-las, sob pena de sua não prestação caracterizar crime de desobediência.

O administrador judicial poderá exigir dos credores, do devedor ou de seus administradores quaisquer informações, tanto na recuperação judicial quanto na falência. Na hipótese de não ser atendido, deverá o administrador judicial requerer ao juízo a intimação para a apresentação das referidas informações.

Nada impede, porém, que o administrador judicial requeira a intimação dessas pessoas para prestarem depoimento em juízo, sob pena de desobediência.

b) Elaboração da lista de credores e do quadro-geral de credores

Ao administrador judicial é atribuída a função de julgamento das habilitações e divergências administrativas apresentadas em face da lista de credores do empresário devedor. No prazo de 45 dias, ele deverá apreciar todos os documentos contábeis que lhe foram apresentados, seja pelo devedor, seja pelos credores no bojo de suas habilitações ou divergências, e confrontá-los com a lista de credores apresentada originalmente pelo devedor. De seu julgamento com base na documentação apresentada, ainda que não tenha havido habilitações, fará publicar nova relação de credores (art. 7º, § 2º).

Além do julgamento das habilitações e divergências administrativas, o administrador judicial deverá ainda se manifestar durante todo o procedimento de verificação de crédito. Apresentadas as impugnações judiciais, depois do contraditório, o administrador será intimado e deverá emitir parecer acompanhado de laudo elaborado por profissional e demais documentos sobre o crédito (art. 12, parágrafo único).

Cumpre ao administrador judicial, ademais, controlar os julgamentos das impugnações judiciais. Seu controle é imprescindível para que, após o julgamento de todas, possa ser consolidado o quadro-geral de credores ou para que um quadro-geral de credores provisório possa ser antecipado, com a reserva dos valores ainda pendentes de julgamento (art. 18).

c) Requerimento da convocação de Assembleia Geral de Credores ao juiz

Em todos os casos de competência da Assembleia Geral de Credores (art. 35), o administrador judicial deverá, assim como os demais interessados poderão requerer ao juiz sua convocação. A convocação da Assembleia Geral de Credores poderá ocorrer, ainda, sempre que o administrador judicial julgar conveniente a sua manifestação em relação a matérias que possam afetar os interesses dos credores.

d) Requerimento da contratação de auxiliares

Nem sempre o administrador judicial possui conhecimento sobre todas as matérias necessárias ao prosseguimento do feito, como conhecimento contábil, jurídico, para avaliação de determinado bem, ou não conseguirá ir pessoalmente a determinada localidade para realizar ato indispensável à Massa Falida ou para fiscalizar o empresário recuperando. Nessas hipóteses, permite a lei que o administrador judicial contrate auxiliares, mas condiciona essa contratação à prévia autorização pelo juiz.

A autorização judicial é necessária pois, em regra, os auxiliares do administrador judicial são remunerados diretamente pela Massa Falida ou pelo devedor em recuperação judicial (art. 22, § 1º).

Para que essas contratações não sejam um modo pelo qual o administrador judicial reduza suas funções e, por consequência, aumente sua remuneração em relação aos serviços desempenhados, elas deverão ser restritas às situações em que não se espera que o administrador judicial consiga desempenhar determinada atividade.

A contratação dos auxiliares poderá ocorrer em razão da falta de conhecimentos técnicos para determinado ato ou para permitir a concentração do administrador judicial em suas funções típicas. Diante da complexidade dos trabalhos a serem executados e dos valores praticados no mercado para o desempenho das funções semelhantes, o juiz fixará a remuneração dos referidos auxiliares.

Para evitar que o administrador judicial requeira a contratação de auxiliares sem necessidade, em detrimento do interesse da coletividade de credores, poderá ser determinado que a remuneração dos respectivos auxiliares será deduzida do montante global fixado de remuneração estipulada ao administrador judicial.

e) Demais manifestações exigidas por Lei

O administrador judicial poderá ser intimado para se manifestar durante todo o procedimento de falência ou de recuperação judicial e sempre que suas manifestações puderem ser úteis à decisão judicial. A Lei n. 11.101/2005 estabeleceu diversos dispositivos em que sua manifestação será obrigatória, como o interesse da Massa Falida no cumprimento de contrato bilateral (art. 117, § 1º), forma de alienação de ativo, caso rejeitada pela Assembleia Geral a proposta (art. 145, § 3º), entre outras.

f) Estimular a conciliação e a mediação

Nos termos do Código de Processo Civil, a conciliação e a mediação devem ser estimuladas pelos diversos agentes do processo como formas autocompositivas para que se resolvam os conflitos entre os diversos sócios da pessoa jurídica devedora, ou entre os devedores e credores, sejam eles sujeitos ou não sujeitos ao procedimento de recuperação judicial, ou entre os próprios credores entre si.

Tais formas de autocomposição devem ser incentivadas pelo administrador judicial durante todo o procedimento como meio de auxiliar a negociação entre os agentes e de facilitar a obtenção dos objetivos dos procedimentos de recuperação de empresas e de falência.

O estímulo não significa, entretanto, imposição. A autocomposição tem como pressuposto a própria vontade das partes em se submeter ao procedimento, pelo que o administrador judicial deve respeitar essa manifestação e não poderá impor a conciliação ou mediação, sob pena de perder sua equidistância entre as partes.

Por seu turno, a equidistância pressupõe a análise dos relatórios finais apresentados pelos conciliadores e mediadores, cujos termos deve o administrador judicial zelar para que não desrespeitem normas cogentes e/ou eventuais direitos de terceiros no procedimento.

g) Manter endereço eletrônico (*site*) do administrador judicial com as informações do processo

As publicações relacionadas ao processo, além de constarem na imprensa oficial, deviam também ser feitas em jornal ou revista de circulação regional ou nacional[173], o que onerava sobremaneira o procedimento recuperacional e falimentar.

---

[173] Cf. comentários ao art. 191.

A supressão da exigência de publicação em jornais e revistas foi acompanhada da obrigação de o administrador judicial realizar a publicidade dos principais atos do processo pela rede mundial de computadores, por meio da criação de endereço eletrônico em que devem constar as informações atualizadas sobre os processos e acesso facilitado às principais peças do processo.

A ampla publicidade poderá ser restrita apenas nos casos em que a intimidade ou a ordem pública ou social exigem, o que necessitará de decisão judicial excepcionalmente limitando a publicidade, nos termos do art. 189 do Código de Processo Civil. Nessas hipóteses, autorizado por decisão judicial, a publicidade por endereço eletrônico pode ser feita com limitação de chaves ou senhas para se restringir o acesso a determinados documentos ou petições a apenas às partes e aos seus procuradores.

h) Manter *e-mail* específico para a verificação de crédito

Para gerar maior celeridade nos procedimentos de verificação de crédito, a alteração da legislação consagra a prática jurisprudencial de que as habilitações ou divergências administrativas, direcionadas diretamente ao administrador judicial, não mais precisam ser protocolizadas em Juízo e depois entregues ao administrador judicial para sua apreciação.

Por meio da imposição de criação de *e-mail* específico pelo administrador judicial, o qual deverá constar nos editais do art. 52, § 1º ou do art. 99, parágrafo único, as habilitações ou divergências da fase administrativa da verificação de crédito, acompanhadas de todos os documentos necessários para se demonstrar o crédito pretendido, serão direcionadas diretamente ao administrador judicial, a quem é atribuído o controle.

i) Responder diretamente os ofícios e solicitações

De forma a facilitar a prestação de informações pelo juízo da recuperação e falência e assegurar maior celeridade, a Lei não apenas conferiu poderes ao administrador como lhe imputou a obrigação de responder diretamente os diversos ofícios ou solicitações com pedidos de informações a respeito do feito, sem prévia deliberação jurisdicional a respeito.

Essa obrigação, contudo, é restrita à simples informação ou comunicação a respeito de atos do processo.

Ofícios requerendo providências, como levantamento de constrições, transferência de valores, autorizações para a alienação de bens, exigem decisão jurisdicional e, portanto, transbordam das funções do administrador judicial. Após a decisão judicial, contudo, a comunicação em relação ao ato deverá ser providenciada pelo próprio administrador judicial, como forma de aumentar a celeridade do procedimento.

Funções exclusivas da recuperação judicial

a) Fiscalização da recuperanda

Na recuperação judicial, a despeito do nome de administrador judicial, esse auxiliar do juízo não administra, em regra, a atividade do empresário devedor[174]. O devedor recuperando é mantido na condução de sua atividade empresarial e o administrador judicial tem as funções restritas a acompanhar e fiscalizar essa atividade.

---

[174] Exceção é a possibilidade de gestão temporária da empresa, a ser realizada por ocasião do afastamento do empresário da condução de suas atividades e até que a Assembleia Geral de Credores nomeie um gestor judicial à recuperanda (art. 65, § 1º).

Nessa função, poderá o administrador judicial requerer informações da recuperanda em qualquer momento, ter livre acesso à sua contabilidade e ao seu estabelecimento empresarial. Sua atuação, contudo, restringe-se a ser mero fiscal da atividade do devedor.

Não tem o administrador judicial poderes para intervir na atividade ou requerer alteração da atividade empresarial. Tampouco tem o administrador judicial a função de representar a recuperanda nos processos judiciais, o que ocorreria apenas na hipótese de decretação de sua falência, ou mesmo de intervir nos processos judiciais em que a recuperanda seja parte. A fiscalização restringe-se às atividades empresariais da recuperanda e, por falta de previsão legal, não se estende aos atos processuais por esta praticados, de modo que não há interesse em sua intervenção nos processos judiciais[175].

b) Apresentação de relatórios mensais

Com base nas informações colhidas, o administrador judicial deverá apresentar relatório mensal das atividades do devedor, o qual deverá conter as alterações dos ativos e passivos da recuperanda, eventual alteração de seus funcionários, o montante de crédito não sujeito à recuperação judicial e sua evolução, os ativos comprometidos em razão de alienações e garantias fornecidas, novas ações judiciais, se os tributos decorrentes da atividade vêm sendo recolhidos etc. O CNJ, em esforço para modernização dos processos de recuperação judicial que ensejou as demais recomendações citadas neste livro, elaborou a Resolução n. 72/2020, que contém, dentre outros aspectos, sugestão de relatório mensal de atividades. O modelo proposto pelo CNJ fornece uma diretriz básica ao auxiliar do juízo, que detém liberdade para incluir todos os dados adicionais que julgar pertinentes.

Pela alteração legal, expressamente determinou-se que o administrador judicial deverá fiscalizar a veracidade e a conformidade das informações prestadas pelo devedor. A norma deve ser interpretada. Não deve o administrador judicial atestar a veracidade, mas diligenciar para conferir a veracidade das informações, como obrigação de meio sob pena de tornar impossível o desenvolvimento da atividade do administrador judicial.

O administrador judicial não tem a função de ser auditor do devedor, nem responderá pelo eventual insucesso da atividade dele. A conferência de todas as informações prestadas pressupõe que o administrador judicial acompanhe todo o desenvolvimento da atividade, o que é impossível como fiscal. Não foi isso que pretendeu a Lei, sob pena, inclusive, do custo de remuneração do referido profissional ser extremamente oneroso à devedora, conforme parâmetros de mercado.

Pela melhor interpretação da Lei, o administrador judicial deverá analisar a informação apresentada pelo devedor para identificar eventuais inconsistências. Sua responsabilidade não é de resultado, mas de meio. Deverá atuar diligentemente e responderá apenas por culpa ou dolo caso informações manifestamente incorretas ou contraditórias sejam apresentadas. Identificadas eventuais inconsistências, tem o administrador judicial a obrigação de diligenciar para conferir a atuação do devedor e investigar se os números estariam efetivamente corretos. Além da fiscalização da atividade, o administrador judicial deverá monitorar o cumprimento do plano de recuperação judicial aprovado pelos credores. Se o plano de recuperação judicial for regularmente cumprido durante o prazo de dois anos do período de fiscalização judicial, o juiz encerrará o processo de recuperação judicial e determinará que o administrador judicial apresente relatório final de execução do plano de recuperação judicial (art. 63, III).

---

[175] TJSP, Ap. 1017200-44.2015, 2ª Câmara Reservada de Direito Empresarial, rel. Des. Ricardo Negrão, *DJ* 27-6-2016.

Caso obrigação vencida durante o prazo de dois anos do período de fiscalização judicial seja descumprida, o administrador judicial deverá comunicar ao juízo o descumprimento. Também deverá verificar qualquer outra hipótese de convolação em falência, como liquidação substancial dos bens do devedor, rescisão do parcelamento ou transação tributários.

Esse relatório mensal das atividades do devedor e o relatório sobre o cumprimento do plano de recuperação judicial deverão ser juntados no prazo de até 15 dias a partir da apresentação das informações mensais pelo devedor. Ambos os relatórios deverão ser juntados aos autos e também publicados no endereço eletrônico específico do administrador judicial.

c) Apresentação do relatório sobre o plano de recuperação judicial

Pelo art. 22, II, *h*, passou a ter o administrador judicial o dever de apresentar nos autos, e publicar no endereço eletrônico específico, relatório sobre o plano de recuperação judicial.

O relatório deverá ser juntado no prazo de 15 dias, contado da apresentação do plano, e deverá apreciar seus três elementos: a discriminação pormenorizada dos meios de recuperação propostos, a demonstração de sua viabilidade econômica e o laudo econômico-financeiro e de avaliação dos bens do ativo do devedor.

Quanto aos meios de recuperação propostos, o administrador judicial deverá apontar eventual ilegalidade, como tratamento diferenciado entre credores sem justificativa, nos termos do art. 67, parágrafo único; meios de recuperação judicial genéricos ou incompreensíveis, os quais não permitiriam a manifestação consciente dos credores por ocasião do voto; ou o desrespeito dos requisitos imprescindíveis à legislação pertinente a cada um dos meios de recuperação propostos, como desrespeito ao acordo de acionistas, às normas que garantam os minoritários na hipótese de alienação do controle societário, às normas da concorrência na hipótese de incorporação etc.

No tocante ao laudo de demonstração de viabilidade econômica, o administrador judicial não poderá se manifestar sobre sua correção ou não, pois referida apreciação foi atribuída exclusivamente aos credores. Contudo, deverá verificar se todos os passivos, sujeitos e não sujeitos à recuperação judicial, foram compreendidos dentro do fluxo de caixa projetado. Outrossim, deverá esclarecer se o fluxo de caixa projetado é coerente com o fluxo de caixa do período anterior à recuperação judicial e se sua alteração encontra justificativa.

A avaliação do ativo do devedor também deverá ser apreciada na hipótese de o plano de recuperação judicial prever a venda da devedora. Isso porque, nos termos do art. 50, XVIII, a venda integral da devedora somente poderá ocorrer se os credores não sujeitos ou não aderentes forem garantidos com condições no mínimo equivalentes àquelas que teriam na falência. Situação equivalente ocorre com o esvaziamento patrimonial da devedora e que possa comprometer sua atividade ou redundar em risco de inadimplemento dos credores não sujeitos, o que deverá ser antecipado pelo administrador judicial em seu relatório sobre o plano de recuperação judicial e à vista do laudo de avaliação dos ativos do devedor.

d) Fiscalizar a regularidade das negociações entre devedores e credores

A recuperação judicial é processo de negociação coletiva entre o devedor e os credores para que, juntos, encontrem a melhor solução para superar a crise econômico-financeira que acomete a atividade do devedor e que impede a satisfação integral dos créditos.

Como auxiliar do Juízo, o administrador judicial deve se manter equidistante das partes, de modo que não poderá intervir nas negociações. Deve, entretanto, fiscalizá-las para assegurar que os devedores ou os credores não adotem expedientes que dificultem referida negociação, assim como deve assegurar que todas as informações imprescindíveis para a negociação e o conhecimento do negócio sejam efetivamente fornecidas, sob pena de destituição dos administradores ou do próprio devedor, com a nomeação de um gestor judicial (arts. 64 e 65).

Tais negociações poderão ocorrer na Assembleia Geral de Credores ou mediante procedimentos autocompositivos como a conciliação e a mediação para a construção de consensos a respeito da melhor solução para a superação da crise, mesmo antes da Assembleia Geral de Credores.

Como métodos autocompositivos, cumpre às próprias partes interessadas determinar o procedimento a ser utilizado para a negociação, o qual deverá ser fiscalizado pelo administrador judicial.

A lei determina que, na falta de acordo, as regras poderão ser propostas pelo administrador judicial e homologadas pelo juiz. Entretanto, como métodos autocompositivos, a conciliação e a mediação são disponíveis e não obrigatórias às partes. O administrador judicial e o judiciário somente poderão estabelecer regramentos acessórios a tanto, pela omissão ou divergência entre as partes, desde que ambas tiverem manifestado interesse no método autocompositivo e de submeterem o seu regramento à apreciação judicial. Do contrário, a Lei já estabelece a votação em Assembleia Geral de Credores como o local para a negociação e apreciação do plano de recuperação judicial.

Funções exclusivas da falência

O administrador judicial, na falência, não tem apenas o papel fiscalizatório, como desenvolvido na recuperação judicial. Exceto no excepcional caso de manutenção da atividade, os atos empresariais da Massa Falida serão interrompidos para que o administrador judicial possa liquidar todos os bens e, com o produto dessa liquidação, satisfazer os credores. Na falência, assim, além da verificação de crédito, todos os atos de arrecadação, liquidação e pagamento são imputados como deveres ao administrador judicial, que passa a ter função mais ativa.

a) Garantir o acesso dos credores à escrituração contábil do devedor

Na falência, como há a interrupção do desenvolvimento da atividade da Massa Falida, não há por que ser preservado o sigilo sobre os documentos contábeis do devedor. Os credores poderão ter livre acesso aos livros e documentos contábeis do falido, os quais, entretanto, permanecerão sob a guarda do administrador judicial.

Para que todos possam ter acesso às informações e para que se evite que esse acesso prejudique o desenvolvimento das funções do administrador judicial, o qual necessariamente terá que se valer dos livros contábeis e dos demais documentos para apurar os créditos, apresentar seus pareceres nas impugnações judiciais, manifestar-se sobre as causas da falência, entre outras funções, poderá o administrador judicial ordenar o acesso aos credores. Para tanto, deverá o administrador judicial requerer a publicação de aviso no Diário de Justiça, órgão oficial, sobre o local e o horário em que os credores poderão, diariamente, ter acesso às informações.

b) Assumir a representação da Massa Falida

A partir da decretação da falência, o devedor perde a legitimidade *ad causam* para figurar nos polos ativo ou passivo das ações judiciais. O empresário devedor será substituído pela Massa Falida, que passará a ser representada pelo administrador judicial, sob pena de ilegitimidade de parte[176].

---

[176] TJSP, Ap. 990.10.191015-2, 37ª Câmara de Direito Privado, rel. Des. Tasso Duarte de Melo, *DJ* 16-9-2010.

A substituição pela Massa Falida apenas ocorrerá nas ações patrimoniais, contudo, pois são as únicas que podem afetar os interesses da coletividade de credores[177].

A exigência de substituição do devedor pela Massa Falida exigirá que o administrador judicial seja intimado para representar a Massa no referido processo. A falta de intimação acarretará a nulidade dos atos praticados a partir de então (art. 76, parágrafo único).

O administrador judicial não apenas representa a Massa Falida nas ações já distribuídas. Diante de sua função de proteger os interesses da Massa Falida, deverá o administrador, além de representá-la nas ações já existentes, promover todas as medidas judiciais ou extrajudiciais para tutelar seus direitos. Caso seja necessário, poderá contratar advogado como auxiliar a tanto (art. 22, III, *n*).

Nada impede que o devedor continue a figurar no processo, em razão de seu interesse jurídico na causa e de seu direito de fiscalizar a administração da Massa Falida. Deverá, para tanto, requerer seu ingresso como assistente simples no feito.

A representação em juízo, contudo, exige poderes postulatórios a tanto, embora o administrador judicial não precise, necessariamente, ser advogado. Para que possa postular, nos casos em que não seja advogado, o administrador judicial precisará contratar como auxiliar um advogado. Ainda que seja advogado, contudo, a contratação de um auxiliar poderá ser necessária em razão das peculiaridades de eventual ação ou do volume de demandas, o que pode exigir equipe especializada para não prejudicar as demais funções do administrador judicial.

A conveniência da contratação do advogado, assim como a de qualquer outro auxiliar, deverá ser apreciada pelo juízo ao autorizar ou não a contratação. Os honorários do advogado deverão ser ajustados pelo Comitê de Credores. Sua fixação, entretanto, não se fará por este, mas pelo juiz, o qual fixará a remuneração de todos os auxiliares do administrador judicial (art. 22, § 1º). Nesse ponto, deverá o juiz, ao apreciar a contratação, verificar todos os demais termos do contrato a ser celebrado.

A verificação é imprescindível porque a contratação de auxiliares poderá ser um modo de o administrador judicial reduzir injustificadamente as funções a serem desempenhadas, sem que haja necessariamente uma redução da remuneração fixada. Outrossim, remunerações mensais por patrocínio de ações ou por volume de petições poderão estimular a eternização dos processos judiciais, com enorme prejuízo à coletividade de credores.

A representação também será extrajudicial. Além dos processos judiciais, o administrador judicial passa a representar os interesses da Massa Falida em todas as esferas, inclusive as administrativas ou arbitrais. Nesses procedimentos, deverá tutelar o melhor interesse da Massa Falida e, para tanto, deverá ser regularmente intimado, sob pena de nulidade.

c) Abrir as correspondências do devedor

Diante da função de arrecadação e administração dos ativos da Massa Falida, a Lei determinou que o administrador judicial terá a função de receber e abrir as correspondências dirigidas ao devedor.

Parte da doutrina, contudo, entendeu o dispositivo como inconstitucional, diante da garantia constitucional de sigilo da correspondência (art. 5º, XII, da CF). Pelo dispositivo constitucional, seria garantida a inviolabilidade de cartas, das comunicações telegráficas, de dados e das comunicações telefônicas. O sigilo poderá ser excetuado apenas nas hipóteses de comunicações telefônicas, e desde que haja ordem judicial para fins de investigação criminal ou instrução processual penal.

---

[177] Cf. comentários ao art. 103.

O dispositivo da Lei n. 11.101/2005 deve ser interpretado, assim, conforme a Constituição Federal. Para tanto, o dispositivo deve ser interpretado conforme previsão revogada do art. 63, II, do Decreto-Lei n. 7.661/45, que estabelecia que o síndico deveria receber a correspondência dirigida ao falido e abri-la em presença deste ou de pessoa por ele designada, fazendo entrega daquela que se não referir a assunto de interesse da Massa.

Nesse ponto, o direito fundamental de sigilo da correspondência do falido não pode, como também nenhum outro direito, ser considerado absoluto. Diante dos interesses da coletividade de credores e do interesse público na regularidade do procedimento falimentar, o direito de sigilo do falido cederia diante desses interesses de toda a coletividade quando não pudessem ser harmonizados.

De modo a harmonizar a proteção a ambos os direitos, quanto às correspondências referentes ao desempenho da atividade empresarial, o administrador judicial deverá abri-las na presença do falido ou de representante de seus interesses. Apenas aquilo que não seja do interesse dos credores da Massa ou que for pessoal do devedor será a ele devolvido.

d) Apresentar relatório com as causas da falência

A lei determinou que, no prazo de 40 dias da assinatura do termo de compromisso, prorrogável por igual período, o administrador judicial deverá apresentar relatório com as causas da falência, bem como apontar eventual responsabilidade civil e penal dos envolvidos.

O prazo de 40 dias, prorrogável por igual período, é extremamente diminuto para a identificação de todas as causas da falência e para a apuração de eventual responsabilidade dos envolvidos. Na hipótese de outros procedimentos serem necessários, como respostas a ofícios, verificação de livros sociais de outros empresários, para a apuração das causas da falência e apuração de responsabilidades, poderá o juiz, excepcionalmente, dilatar o prazo de apresentação do relatório.

No relatório, deverá o administrador judicial apresentar as causas da falência e o procedimento do devedor, antes e depois da sentença, o qual poderá ter implicado a quebra ou ter agravado o estado falimentar do empresário. A exposição circunstanciada também deve envolver a conduta de outros eventuais responsáveis pelo estado falimentar do empresário e que possam gerar responsabilização (art. 186).

A exposição circunstanciada deverá ser acompanhada de laudo do contador com o exame da escrituração do devedor. No relatório, deverá o administrador judicial apontar condutas que podem, conforme a apreciação judicial, exigir a responsabilização civil ou penal dos agentes.

O § 4º, ao determinar a intimação do Ministério Público apenas nas hipóteses de ser apontada responsabilidade penal de qualquer envolvido, não deve ser interpretado literalmente. Diante da relevância do relatório apresentado pelo administrador judicial, deverá ser sempre cientificado o Ministério Público para eventualmente exigir providências ou promover a denúncia se constatar a prática de quaisquer crimes ali indicados.

Interpretação diversa permitiria ao administrador judicial o exclusivo juízo a respeito de se determinada conduta praticada pelo falido ou por terceiros constitui crime, em detrimento da titularidade da ação penal, a qual é atribuída ao Ministério Público.

O relatório e os apontamentos pelo administrador judicial não são condições para a responsabilização dos agentes. Ainda que o Ministério Público possa promover denúncia em face do responsável pelo cometimento de crime imediatamente, o relatório do administrador judicial é importante fonte para essa denúncia. Nesses termos, desde que o réu esteja solto ou afiançado, poderá o Ministério Público aguardar a apresentação do relatório para oferecer denúncia (art. 187).

e) Arrecadar e avaliar os bens

Decretada a falência do empresário devedor ou de seus sócios ilimitadamente responsáveis, os falidos perdem o direito de administrar seus bens, função atribuída ao administrador judicial. O administrador judicial deverá promover a arrecadação de todos os bens dos falidos ou que com eles estejam e avaliá-los (arts. 108 a 114).

Nesse sentido, dentre as funções do administrador judicial, está a de busca por bens da massa falida (*asset tracing*). Com a sofisticação dos meios de pagamento, a facilitação de remessa de valores para paraísos fiscais, o fortalecimento dos criptoativos, dentre outros, essa função passou a ser não apenas essencial para a melhor satisfação dos credores, mas também mais árdua. Há, atualmente, profissionais especializados nesse tipo de investigação, o que se revela primordial para o cumprimento dos objetivos da falência.

Desse modo, caso o administrador judicial verifique nos documentos contábeis da massa falida, em informações fundadas, a existência de bens de difícil localização e/ou de ocultação de bens e caso não tenha conhecimento no assunto ou capacidade de atuação, notadamente quando o desvio envolva outra jurisdição, recomenda-se a contratação de profissional especializado como auxiliar do administrador judicial e desde que previamente autorizado pelo Juízo.

A avaliação dos bens possui a mesma lógica. A avaliação deverá ser feita, sempre que possível, pelo próprio administrador judicial. Caso os bens arrecadados sejam de difícil avaliação e o administrador não possua condições técnicas para tal, poderão ser contratados, mediante autorização judicial, avaliadores.

Terão preferência para a contratação os avaliadores oficiais. Por oficiais, à míngua de qualquer especificação na lei, devem ser considerados os avaliadores cadastrados no juízo e cuja formação está disponibilizada para a consulta por terceiros, caso necessária.

f) Realizar os ativos e cobrar os créditos

A Lei n. 11.101/2005 rompe com a sistemática do Decreto-Lei n. 7.661/45, que autorizava a venda dos bens apenas após a verificação dos créditos, a conclusão do inquérito judicial e a apresentação de relatório pelo síndico (art. 114 do Decr.-Lei n. 7.661/45). Como a falência procura preservar e otimizar a utilização produtiva dos bens do empresário (art. 75), os bens arrecadados deverão ser prontamente alienados (art. 139).

A alienação dos bens deverá ser realizada de forma preferencial conforme o maior conjunto de estabelecimentos ou blocos de bens (art. 140), de modo a se obter a maximização do valor dos ativos e a preservação da empresa, atividade que poderá ser desenvolvida, por meio do emprego do conjunto de bens adquiridos, agora pelo arrematante.

Essa alienação de bens em conjunto, entretanto, poderá ser morosa. Se os bens forem perecíveis ou puderem ser desvalorizados rapidamente, como bens de alta tecnologia, deverão ser alienados prontamente, mediante requerimento do administrador judicial ao juiz para autorizar sua venda antecipada, após oitiva do Comitê de Credores e do falido (art. 113). Essa venda antecipada deverá ocorrer, da mesma forma, ainda que os bens não sejam perecíveis ou sujeitos à considerável desvalorização, se os bens exigirem muitos recursos para sua conservação, o que reduziria o montante de ativos da Massa Falida.

Mesmo não sendo bens perecíveis ou deterioráveis, a alteração da Lei n. 11.101/2005 pela Lei n. 14.112, de 24 de dezembro de 2020, foi realizada para acelerar as alienações e garantir maior eficiência no procedimento. Determinou-se que a venda de todos os bens da Massa Falida deverá ser realizada no prazo máximo de 180 dias, da juntada do auto de arrecadação, sob pena de destituição do administrador judicial. O prazo se inicia não da decretação da falência, mas da juntada do auto de arrecadação do bem, o que deve ser imediato.

A destituição, entretanto, não ocorrerá se houver fundamentada impossibilidade de alienação, reconhecida por decisão judicial. É o que pode ocorrer diante de eventual pedido de restituição ou pendência de ação judicial em que se discute a propriedade de determinado bem etc.

Caso haja impossibilidade na alienação do ativo, reconhecida pelo juízo por decisão judicial, ao administrador compete a preservação dos direitos da Massa. Para essa conservação, poderá, enquanto a alienação do bem não puder ocorrer, celebrar contratos de arrendamento ou aluguel do bem, de modo que este possa continuar a produzir renda para a coletividade de credores (art. 114).

A realização do ativo compreende não apenas a alienação dos bens, mas a cobrança dos créditos pela Massa Falida. Cumpre ao administrador judicial promover a cobrança judicial e extrajudicial dos créditos da Massa e, diante da dificuldade de recebimento, a aferição dos custos e benefícios de se realizar eventual transação com o devedor (art. 22, § 3º).

Diante de eventual dificuldade de recebimento dos créditos, judicial ou extrajudicialmente, deverá o administrador judicial aferir todas as possibilidades de recuperar os valores para a Massa Falida. Para maximizar o valor a ser recebido, em razão da incidência de maiores custos na cobrança, deverá o administrador judicial aferir a utilidade de descontos ou dilação de prazos para pagamento, o que deverá exigir autorização do Juízo da insolvência.

Também nesse cenário assume relevância ímpar a contratação, se o caso, de profissional especializado na localização de bens do devedor, na existência de indícios fundados de ocultação patrimonial pelo executado.

Tal função é igualmente importante na investigação das causas da falência e/ou verificação das operações realizadas em fraude contra credores que podem vir a ser anuladas na forma dos arts. 129 e 130 da Lei, uma vez que, em muitos casos, os sócios, verificando o início das dificuldades financeiras da sociedade, poderão verter patrimônio para si ou para terceiros.

Eventuais propostas de composição ou acordo nos processos de falência deverão ser autorizadas judicialmente, com a prévia oitiva do falido e do Comitê de Credores, se houver. Embora seja recomendável a oitiva prévia do Ministério Público, por falta de previsão legal no art. 22, § 3º, a falta de sua oitiva não implicará nulidade da composição autorizada[178].

Para ser autorizada judicialmente, a composição pretendida deverá revelar a melhor preservação dos interesses da Massa Falida na maximização de seus ativos diante das circunstâncias e de eventuais dificuldades do caso concreto.

g) Remir os bens penhorados ou retidos

Permitiu a Lei que o administrador judicial remisse os bens apenhados, penhorados ou legalmente retidos. A remissão consiste na entrega dos bens ao credor com a dedução do valor do bem no débito.

A remissão somente ocorrerá, entretanto, se for em benefício da Massa, ou seja, apenas nos casos em que a alienação do bem seja pior para a Massa do que a simples dedução do seu valor na dívida. Contudo, os bens, ainda que tenham sido dados em garantia ou pudessem ser objeto de

---

[178] TJSP, Câmara Especial de Falências e Recuperações Judiciais, rel. Des. José Roberto Lino Machado, j. 30-1-2008.

retenção, a qual é suspensa em razão da decretação da falência (art. 116), devem ser liquidados para o pagamento de todos os credores, conforme ordem de pagamento estabelecida nos arts. 84 e 83.

Diante da *par conditio creditorum,* a conveniência da Massa exige que todos os credores preferenciais sejam satisfeitos e os credores da mesma classe do credor garantido recebam montante proporcionalmente equivalente ao que a remissão provocaria. Essa verificação da conveniência à Massa Falida deverá ser indicada pelo administrador judicial ao juiz, o qual deve autorizar previamente a medida.

h) Relatório mensal de suas atividades e prestação de contas

Para que as atividades do administrador possam ser acompanhadas por todos os interessados, o administrador judicial deverá prestar contas no processo sobre a sua gestão. A prestação de contas, com a apresentação de relatório mensal, deverá ocorrer, portanto, além de na recuperação judicial, com o relatório das atividades do devedor, também na falência, com a apresentação das contas demonstrativas da administração, com a especificação da receita e da despesa.

Pela lei, o relatório das contas demonstrativas da administração deverá ser apresentado até o dia 10 de cada mês. No referido relatório, deverão constar as contas demonstrativas da administração, com a receita e a despesa efetuada na falência.

Para bem desempenhar as funções, além disso, as contas demonstrativas da administração devem vir acompanhadas, para auxílio na supervisão, dos atos praticados pelo administrador judicial no período. Embora não expresso na lei, que somente se refere às contas demonstrativas da administração, deverão ser apresentados todos os bens já arrecadados e os que ainda faltam a arrecadar. Dos bens arrecadados, quais são os bens já avaliados e os que ainda aguardam avaliação. Dentre os bens arrecadados, quais já foram liquidados e quais ainda não. No tocante ao passivo, deverá o administrador judicial apresentar em seu relatório mensal as habilitações de crédito retardatárias ou as impugnações judiciais julgadas no período e as ainda pendentes de julgamento.

Para que o processo não seja tumultuado, a prestação mensal de contas poderá ser autuada em autos apartados, dos quais deverá ser oportunizada a manifestação e impugnação dos credores e do Ministério Público. Contudo, para que possa ser controlada mensalmente de forma a se garantirem celeridade ao processo e o efetivo desenvolvimento das funções do administrador judicial, conveniente que as prestações sejam juntadas nos próprios autos principais do procedimento falimentar.

Além do relatório mensal, o administrador judicial deverá apresentar prestação de contas ao final do procedimento falimentar. Essa prestação é feita após a realização de todo o ativo e o pagamento dos credores com o produto (art. 154).

Numa terceira hipótese, o administrador judicial deverá prestar contas quando a sua função, embora não a função do administrador judicial do processo, tenha terminado. Isso poderá ocorrer se o administrador judicial, no exercício de suas funções, for substituído, destituído ou tiver renunciado ao cargo. No caso de substituição, além da prestação de contas, deverá o antigo administrador judicial entregar tudo o que possuir em razão do desempenho de suas funções ao administrador judicial que lhe suceder no encargo, sob pena de se responsabilizar pelo prejuízo causado.

i) Arrecadação dos depósitos realizados em processos administrativos ou judiciais

Todos os bens ou valores pertencentes ao falido devem ser arrecadados.

As constrições efetuadas em processos judiciais, como oriundas de penhora, bloqueios, apreensões, cauções ou depósitos recursais, ou mesmo os depósitos realizados em processos administrativos não implicam transferência da propriedade do bem. Não há direito adquirido sobre o valor da coisa penhorada, caucionada ou depositada e a mera constrição não implica pagamento.

Nesses termos não apenas o credor deverá se habilitar no procedimento falimentar para que seja satisfeito o seu crédito conforme as regras da *par conditio creditorum*, como os valores e bens deverão ser arrecadados para a liquidação no procedimento falimentar.

Ressalvados expressamente da arrecadação pelo administrador judicial constam os depósitos judiciais e extrajudiciais de tributos, nos termos da Lei n. 9.703/1998, de contribuições federais, nos termos da Lei n. 12.099/2009, e os depósitos judiciais e administrativos em dinheiro referentes a processos judiciais ou administrativos, tributários ou não tributários, nos quais o Estado, o Distrito Federal ou os Municípios sejam parte, conforme Lei Complementar n. 151, de 5 de agosto de 2015.

Art. 23. O administrador judicial que não apresentar, no prazo estabelecido, suas contas ou qualquer dos relatórios previstos nesta Lei será intimado pessoalmente a fazê-lo no prazo de 5 (cinco) dias, sob pena de desobediência.

Parágrafo único. Decorrido o prazo do *caput* deste artigo, o juiz destituirá o administrador judicial e nomeará substituto para elaborar relatórios ou organizar as contas, explicitando as responsabilidades de seu antecessor.

Não apresentação das contas ou dos relatórios pelo administrador judicial

São ao menos seis os relatórios do administrador judicial: relatório mensal da atividade do devedor na recuperação judicial (art. 21, II, *c*), relatório final da execução do plano de recuperação judicial, no prazo de 15 dias após o decurso de dois anos após a concessão da recuperação judicial (art. 63, III), relatório sobre as causas e circunstâncias que conduziriam à falência, no prazo de 40 dias, da assinatura do termo de compromisso pelo administrador judicial (at. 22, III, *e*), as contas demonstrativas da administração, até o décimo dia do mês seguinte ao vencido (art. 22, III, *p*), as contas se for substituído, destituído ou renunciar ao cargo (art. 22, III, *r*), e, por fim, o relatório ao final do processo de falência, no prazo de 30 dias do pagamento dos credores (art. 154).

Caso não sejam entregues na data determinada, o administrador judicial deverá ser intimado, pessoalmente, sob pena de crime de desobediência, para apresentá-los no período de cinco dias. Ainda que estabeleça a Lei apenas contas e relatórios, o que não poderia ser interpretado extensivamente, a princípio, para todo e qualquer outro documento a ser apresentado pelo administrador judicial, o crime imputado compreende todo descumprimento de determinação judicial.

Ainda que não se possa interpretar extensivamente o dispositivo[179], a falta de realização, pelo administrador judicial, de qualquer ato que lhe é imputado poderá motivar uma determinação pelo juiz de cumprimento. O descumprimento da decisão judicial submeterá o agente ao crime de desobediência, que estabelece como fato típico "desobedecer a ordem legal de funcionário público" (art. 330 do CP).

Esse ponto é relevante em virtude dos efeitos do descumprimento. Além do crime de desobediência, determinou a lei que a falta de apresentação das contas ou dos relatórios implicará a destituição do administrador judicial.

A falta de apresentação dos relatórios é reputada pela Lei como desídia grave do administrador judicial. Ainda que a destituição possa ser causada por qualquer descumprimento dos seus

---

[179] Em sentido contrário, PENTEADO, Mauro Rodrigues. *Comentários à nova Lei de Falência e Recuperação de Empresas*. Rio de Janeiro: Forense, 2009, p. 184.

deveres (art. 31), a gravidade de suas consequências exige que haja descumprimento de obrigações essenciais. Pela Lei n. 11.101/2005, a não apresentação dos referidos relatórios, nesse ponto, é considerada violação a obrigação imprescindível ao regular desenvolvimento do feito, o que motiva a destituição do administrador.

A Lei estabelece que não há a necessidade de nenhum procedimento para a destituição do administrador judicial por não entrega dos relatórios. Decorrido o prazo de cinco dias da intimação do administrador, caso este não cumpra o estabelecido, poderá ser determinada sua imediata destituição.

Entretanto, a gravidade da pena exige que seja permitido ao agente o contraditório. Caso justifique o administrador judicial a razão pela qual as contas não foram apresentadas, o juiz aferirá se o motivo é legítimo ou razoável e, caso o seja, poderá conferir-lhe novo prazo. Do contrário, poderá impor-lhe a destituição.

No mesmo ato de destituição, caso necessário, novo administrador judicial já será nomeado e, a despeito da obrigação de o antigo necessitar ainda apresentar suas contas no prazo de 10 dias (art. 31, § 2º), o novo administrador judicial já deverá organizar as contas faltantes e elaborar os relatórios não entregues pelo seu antecessor, com a indicação de eventuais prejuízos causados e que permitirão ações de responsabilidade.

Art. 24. O juiz fixará o valor e a forma de pagamento da remuneração do administrador judicial, observados a capacidade de pagamento do devedor, o grau de complexidade do trabalho e os valores praticados no mercado para o desempenho de atividades semelhantes.

§ 1º Em qualquer hipótese, o total pago ao administrador judicial não excederá 5% (cinco por cento) do valor devido aos credores submetidos à recuperação judicial ou do valor de venda dos bens na falência.

§ 2º Será reservado 40% (quarenta por cento) do montante devido ao administrador judicial para pagamento após atendimento do previsto nos arts. 154 e 155 desta Lei.

§ 3º O administrador judicial substituído será remunerado proporcionalmente ao trabalho realizado, salvo se renunciar sem relevante razão ou for destituído de suas funções por desídia, culpa, dolo ou descumprimento das obrigações fixadas nesta Lei, hipóteses em que não terá direito à remuneração.

§ 4º Também não terá direito a remuneração o administrador que tiver suas contas desaprovadas.

§ 5º A remuneração do administrador judicial fica reduzida ao limite de 2% (dois por cento), no caso de microempresas e de empresas de pequeno porte, bem como na hipótese de que trata o art. 70-A desta Lei.

Remuneração do administrador judicial

Ao Magistrado foi atribuída a função de fixar a remuneração do administrador judicial. Evitou a Lei, para garantir a imparcialidade desse auxiliar do juízo, a negociação de sua remuneração com credores ou com o próprio devedor, a qual deve ser evitada[180]. A proposta de

---

[180] Nesse sentido, TJSP, 2ª Câmara Reservada de Direito Empresarial, AI 2008599-98.2017, rel. Des. Alexandre Marcondes, j. 27-4-2017; TJSP, 2ª Câmara Reservada de Direito Empresarial, AI 0113226-

honorários do administrador judicial, bem como sua aceitação ou discordância, devem ocorrer nos próprios autos e serão apenas parâmetros para a fixação judicial. A remuneração do auxiliar do Juízo não é matéria disponível às partes, de modo que não pode ser submetida à composição.

A remuneração do administrador judicial deve ser condizente com todos os deveres impostos a ele durante o procedimento falimentar e recuperacional, mas também não pode ser excessiva a ponto de comprometer a recuperanda ou a Massa Falida e prejudicar credores.

Para tanto, deverá o juiz fixar a remuneração do administrador judicial conforme o que ele receberia no mercado para o desempenho de atividade semelhante. Essa fixação deverá ser realizada com base na razoabilidade para que não haja enriquecimento ilícito do administrador, em detrimento da Massa ou da recuperanda, nem remuneração não condizente com o padrão de celeridade e eficiência exigido. Nessa consideração, serão observadas a complexidade do trabalho exigido e a capacidade de pagamento do devedor.

A remuneração do administrador judicial, desse modo, deverá ser aferida caso a caso, com a mensuração do volume e complexidade de trabalho, quantidade de auxiliares necessários ao bom desempenho da função, fiscalização ou arrecadação de bens fora da comarca ou do estado, quantidade de credores, entre outros.

Nada impede que, para bem aferir a complexidade do feito, seja fixada uma remuneração inicial provisória. Após a verificação da real quantidade de credores ou do conjunto de ativos do devedor, nesse caso, poderá ser estabelecido, com maior rigor, qual o melhor montante de remuneração[181].

A remuneração provisória é corroborada pela própria estipulação do teto pela Lei, o qual apenas será conhecido após o desenvolvimento do procedimento. Embora a Lei não tenha estabelecido, como anteriormente previsto no Decreto-Lei n. 7.661/45, faixas de remuneração conforme a quantidade de ativos do devedor, determinou um limite para a remuneração do administrador judicial. Ainda que sua remuneração deva atender aos padrões do mercado para funções semelhantes, o montante não poderá superar 5% do valor dos créditos, na recuperação, e de 5% do valor de venda dos bens na falência.

O fato de ser auxiliar do juízo, contudo, não implica que a remuneração deva ser limitada ao valor dos vencimentos dos desembargadores do Tribunal de Justiça competente[182]. A função desempenhada pelo administrador judicial muitas vezes exige equipe especializada, que deverá também ser remunerada. Outrossim, sua atuação não se restringe à comarca em que a falência foi decretada ou a recuperação judicial concedida, pois seus trabalhos poderão envolver a arrecadação de ativos ou a fiscalização de atividades espalhadas por todo o país. Ademais, os princípios da eficiência e da celeridade exigem que o encargo seja bem desempenhado para a vantagem dos próprios credores e devedor.

Uma maior morosidade na realização das funções, consequência automática de uma remuneração insuficiente à contratação de equipe necessária, poderá causar prejuízos muito maiores aos credores, seja porque o devedor recuperando terá maior facilidade para descumprir o plano ou desviar bens, seja porque os bens da Massa Falida se deteriorarão ao não serem prontamente vendidos.

32.2013.8.26.0000, rel. Des. Carlos Alberto Garbi, j. 31-10-2016; TJSP, 1ª Câmara Reservada de Direito Empresarial, AI 2139623-26.2015.8.26.0000, rel. Des. Pereira Calças, j. 11-11-2015.

[181] TJSP, AI 2267396-44.2021.8.26.0000, 1ª Câmara Reservada de Direito Empresarial, rel. Des. J. B. Franco de Godoi, j. 30-6-2022.

[182] Nesse sentido, BERNIER, Joice Ruiz. *Administrador judicial*. São Paulo: Quartier Latin, 2016, p. 160-161. Em sentido contrário: TJSP, AI 994.09.273351-1, Câmara Reservada à Falência e Recuperação Judicial, rel. Des. Pereira Calças, *DJ* 26-1-2010.

Forma de pagamento do administrador judicial

Não foi estabelecida a forma pela qual o montante fixado de remuneração do administrador judicial será pago. A Lei determina que, apenas na falência, 40% do valor da remuneração será pago após a aprovação das contas do administrador judicial[183], ocasião em que os ativos já foram todos liquidados e seu produto utilizado para o pagamento dos credores.

A remuneração do administrador judicial é considerada crédito extraconcursal (art. 84, I), de modo que será terá prioridade no pagamento dos credores do devedor. Como os 40% serão satisfeitos apenas após a aprovação do relatório final, o valor deverá ser reservado para que não sejam obstados os pagamentos dos demais credores.

Não houve nenhuma determinação quanto à forma de pagamento dos 60% remanescentes[184]. A prioridade no recebimento dos valores pelo administrador judicial, não exige que o valor seja pago em parcela única, antes que fossem pagos os demais credores. Pelo contrário, o pagamento único e antes dos demais credores poderá, caso o administrador judicial seja substituído no curso do feito, obrigar à devolução de valores recebidos à maior diante da proporção das funções desempenhadas, ou mesmo desestimular que o administrador judicial continue atuando para pôr termo ao processo.

O pagamento parcelado mensal ou conforme o término de fases processuais estipuladas pelo próprio administrador judicial poderá garantir que ele possua recursos para suportar os custos de um processo complexo e moroso, que possa se prolongar por anos. Referidos pagamentos, por seu turno, não poderão extrapolar o limite de 60% da remuneração fixada, de modo que o administrador judicial terá estímulos para, ainda que receba de modo antecipado e parcelado, finalizar o procedimento.

Essa previsão de pagamento de 40% da remuneração após a aprovação do relatório final aplica-se apenas ao procedimento falimentar. Na recuperação judicial, a forma de pagamento da remuneração do administrador judicial não é estipulada por lei e fica submetida ao juízo. O art. 63, I, determina apenas que a sentença de encerramento da recuperação judicial determinará o pagamento do saldo de honorários do administrador judicial, o que permite concluir que os valores poderão ser antecipados[185].

Uma forma de estimular o regular trabalho de fiscalização durante todo o procedimento, sem que o administrador judicial tenha que suportar todos os seus custos para um recebimento apenas ao final do processo, é a divisão da remuneração do administrador judicial em 30 ou 36 parcelas mensais. O período é condizente com a soma do prazo de 180 dias ou de 360 dias, se prorrogado,

---

[183] Sobre a inaplicabilidade do art. 24, § 2º, da Lei n. 11.101/2005 às recuperações judiciais: TJSP, AI 2160112-74.2021.8.26.0000, 2ª Câmara Reservada de Direito Empresarial, rel. Des. Sérgio Shimura, 30-6-2022.

[184] Para Manoel Justino Bezerra Filho, o valor de 60% deverá ser pago na ordem legal estabelecida no inciso I do art. 84 (*Lei de Recuperação de Empresas e Falência*. 10. ed. São Paulo: Revista dos Tribunais, 2014, p. 117).

[185] Nesse sentido: TJSP, Câmara Especial de Falências e Recuperações Judiciais, AI 574.851-4/0-00, rel. Des. José Roberto Lino Machado, j. 29-10-2008; TJSP, 1ª Câmara Reservada de Direito Empresarial, AI 2139623-26.2015.8.26.0000, rel. Des. Pereira Calças, j. 11-11-2015.

Em sentido contrário: TJSP, 2ª Câmara Reservada de Direito Empresarial, AI 2048021-17.2016, rel. Des. Fábio Tabosa, j. 24-8-2016.

referente ao período de suspensão das ações e normalmente o período esperado para a aprovação ou rejeição do plano de recuperação judicial, com o prazo de dois anos em que o cumprimento do plano de recuperação judicial poderá ser fiscalizado pelo administrador judicial.

A remuneração, outrossim, na recuperação judicial, deverá ser paga diretamente ao administrador judicial, sem que haja a necessidade de realização de depósitos judiciais pela recuperanda.

Remuneração do administrador judicial substituído, destituído ou cujas contas não foram aprovadas

A substituição do administrador judicial não é pena e poderá ocorrer por mera quebra de confiança pelo juízo. Por ter desempenhado suas funções regularmente até sua substituição em benefício da coletividade de credores e dos devedores, o administrador judicial substituído é remunerado proporcionalmente pelo trabalho realizado até o momento da substituição[186].

A remuneração não será paga, inclusive em relação a atos já realizados, e exigirá a devolução dos valores caso o montante já tenha sido antecipado, nas situações em que o administrador judicial violou seus deveres. Caso haja destituição do administrador judicial, em razão de ter atuado com desídia, culpa, dolo, por ter descumprido suas funções ou renunciado sem justificativa perderá o direito à remuneração estipulada. A desaprovação de suas contas é um dos exemplos de descumprimento das obrigações do administrador judicial, haja vista que suas irregularidades demonstram que suas funções não foram desempenhadas a contento.

A razão da perda, além da punitiva, é decorrente da necessidade de se nomear diverso profissional como administrador judicial para que refaça os atos necessários ao regular processamento do feito, profissional que deverá ser remunerado por essas funções.

Remuneração do administrador judicial na recuperação judicial ou falência de EPP e ME

Diante da alteração pela Lei Complementar n. 147/2014, procurou a Lei garantir tratamento privilegiado às microempresas e empresas de pequeno porte. Pressupôs a lei que as microempresas e empresas de pequeno porte possuiriam procedimento falimentar ou recuperacional menos complexo em razão da limitação do faturamento anual para caracterizá-las.

Com base nessa pressuposição e para garantir que o montante da remuneração do administrador judicial não possa comprometer o plano de recuperação da EPP ou ME devedora ou prejudicar os credores na falência desses empresários, o montante de remuneração do administrador judicial foi limitado a 2% do valor do passivo.

Essa pressuposição de menor complexidade, entretanto, nem sempre é verdadeira. O reduzido faturamento mensal para a caracterização da EPP e ME não significa necessariamente que o procedimento será menos complexo. Por seu turno, ainda que haja uma menor quantidade de dívidas ou de ativos, o percentual é fixado justamente com base nestes, o que poderá revelar uma remuneração totalmente dissociada do valor de mercado que normalmente será pago para o desempenho de funções semelhantes à do administrador judicial.

Nesse ponto, quando esse limite não permitir a remuneração adequada em relação às funções a serem desempenhadas, deverá ocorrer uma interpretação sistemática de toda a legislação.

---

[186] Nesse sentido: TJSP, 1ª Câmara Reservada de Direito Empresarial, AI 2174414-84.2016, rel. Des. Francisco Loureiro, j. 1º-12-2016; TJSP, Câmara Especial de Falências e Recuperações Judiciais, rel. Des. José Araldo da Costa Telles, j. 4-3-2009.

Os princípios da celeridade e da eficiência, que norteiam todas as normas do procedimento falimentar e recuperacional, apenas poderão ser atendidos pela atuação de um administrador judicial adequadamente remunerado. A despeito da limitação de remuneração, deverá ser dada prioridade ao *caput* do dispositivo para que a remuneração do administrador reflita a capacidade de pagamento do devedor, mas também o grau de complexidade do trabalho e os valores praticados no mercado para remunerar adequadamente o profissional pelas funções e responsabilidades a ele impostas[187].

Remuneração do administrador judicial na recuperação judicial do produtor rural

No caso de empresário rural que requer recuperação judicial, foi reduzido o limite máximo de fixação dos honorários para o administrador judicial em 2% do valor do passivo sujeito à recuperação judicial.

A limitação, contudo, somente é aplicável aos produtores rurais cujo passivo sujeito à recuperação judicial, parâmetro para o valor da causa da recuperação judicial, seja de até R$ 4.800.000,00[188].

Nesse aspecto, a Lei Complementar n. 123/2006, em seu art. 3º-A, já conferia ao produtor rural pessoa física e ao agricultor familiar o tratamento como Pequenos Empresários desde que tivessem auferido receita bruta anual de R$ 360.000,00 até o limite de R$ 4.800.000,00.

Os critérios de aferição de maior complexidade do processo ou de menor ônus do devedor para suportar os encargos foram alterados. Os critérios não se referem mais ao montante de faturamento anual do devedor, como no caso de EPP e ME, mas ao passivo do empresário rural devedor.

Honorários sucumbenciais ao administrador judicial

Enquanto na recuperação judicial o administrador judicial exerce a função principal de fiscal do procedimento de recuperação judicial, na falência o administrador judicial tem função de representação da massa falida em juízo e, por conta disso, poderá demandar ou ser demandado nas ações judiciais, em nome da Massa Falida. As referidas ações podem envolver a condenação em honorários sucumbenciais da contraparte.

Ainda que represente a massa falida, entretanto, e mesmo que o faça com advogado da própria massa falida, não haverá direito aos honorários sucumbenciais. Nas palavras de VALVERDE, ainda sob a lei anterior, o síndico é *"o órgão criado pela lei para auxiliar a justiça na realização do seu objetivo. Ele integra-se na organização judiciária da falência, desempenha função ou ofício peculiar a essa organização."*[189].

Se o desempenho da função de administrador judicial é feito como auxiliar da justiça, sua escolha preferencial entre advogados procura reduzir os custos da falência e assegurar maiores chances de que os créditos sejam satisfeitos ao desonerar a massa falida de custos de representação relacionados à contratação de novo advogado. Como o próprio administrador judicial deve ser escolhido preferencialmente entre os advogados, para que massa falida possa desempenhar sua função de arrecadar os ativos e de reduzir o passivo, a contratação de auxiliares advogados deve ser excepcional, às vistas das circunstâncias, e deve ser sopesada pelo Juízo não apenas para não onerar a massa falida, mas para que se possa maximizar o valor dos ativos.

---

[187] Em sentido contrário; TJSP, 2ª Câmara Reservada de Direito Empresarial, AI 2059486-23.2016.8.26.0000, rel. Des. Ricardo Negrão, j. 3-10-2016.

[188] Cf. comentários ao art. 51, § 5º.

[189] VALVERDE, Trajano de Miranda. *Comentários à lei de falências (Decreto-lei n. 7.661, de 21 de junho de 1945. 4. ed., p. 446-447.

Na hipótese de atuação da Massa Falida diretamente, por meio de seu administrador judicial e que atuava também como seu patrono, não se justifica assim quaisquer direitos aos honorários sucumbenciais pelo patrono e não diretamente pela massa falida. A nomeação como advogado deveu-se justamente pela circunstância de desonerar a Massa Falida, de modo que a remuneração pelo seu encargo deverá ser o fixado pelo magistrado exclusivamente, sob pena de dupla remuneração pela mesma função. Os honorários de sucumbência deverão ser revertidos em benefício da Massa Falida, pois a remuneração pelo exercício da função de administração já fora contemplada na fixação dos honorários do administrador, sob pena de enriquecimento ilícito, vedado pelo art. 884 do Código Civil.[190]

Art. 25. Caberá ao devedor ou à massa falida arcar com as despesas relativas à remuneração do administrador judicial e das pessoas eventualmente contratadas para auxiliá-lo.

Responsável pelo pagamento da remuneração do administrador judicial

A remuneração do administrador judicial e de seus auxiliares é suportada pelo devedor, seja ele o empresário em recuperação, seja a Massa Falida.

A ausência de recursos da Massa Falida, contudo, implica que o administrador judicial poderia ter que realizar todas as suas funções como a de verificar os créditos e diligenciar para arrecadar bens, ainda que de modo infrutífero, sem que recebesse retribuição. O não pagamento da remuneração do administrador judicial não somente desestimularia a especialização e que os melhores profissionais pretendessem a função, como prejudicaria a celeridade e eficiência do instituto da falência.

Eventual ausência de responsabilidade pela remuneração do administrador judicial poderia, ainda, incentivar o ajuizamento de pedidos de recuperação judicial infundados, com objetivos deturpados e eventualmente fraudulentos. Desse modo, ainda que o devedor venha a desistir do pedido de recuperação judicial, fará o administrador judicial jus à remuneração[191].

Diante da suspeita de ausência de bens da Massa, solução jurisprudencial encontrada foi o adiantamento de recursos financeiros pelos credores que requereram a falência, a exigência de caução para os honorários mínimos do administrador judicial[192]. Na suspeita de ausência de recursos a ser arrecadados, o Magistrado, na sentença de declaração de falência, impunha ao requerente o ônus de efetuar caução no processo, para que houvesse um mínimo de recursos a custear as diligências efetuadas pelo administrador judicial[193].

A partir da alteração pela Lei n. 14.112/2020, a Lei n. 11.101/2005 passou a prever, em seu art. 114-A, a possibilidade de, diante da falta de ativos arrecadados, o Juiz determinar a publicação de edital para que os credores possam depositar a quantia necessária às despesas e aos honorários do administrador judicial, sob pena de extinção do processo de falência.

---

[190] Ressalta-se também que a jurisprudência já assentou não serem devidos honorários sucumbenciais ao administrador judicial (STJ, REsp 1917159/SP, 3ª Turma, rel. Min. Moura Ribeiro, j. 18-10-2022).

[191] TJSP, AI 2021770-49.2022.8.26.0000, 1ª Câmara Reservada de Direito Empresarial, rel. Des. Azuma Nishi, j. 27-7-2022.

[192] Cf. comentários ao art. 99.

[193] Cf. comentários ao art. 114-A.

Art. 26. O Comitê de Credores será constituído por deliberação de qualquer das classes de credores na assembleia-geral e terá a seguinte composição:

I – 1 (um) representante indicado pela classe de credores trabalhistas, com 2 (dois) suplentes;

II – 1 (um) representante indicado pela classe de credores com direitos reais de garantia ou privilégios especiais, com 2 (dois) suplentes;

III – 1 (um) representante indicado pela classe de credores quirografários e com privilégios gerais, com 2 (dois) suplentes;

IV – 1 (um) representante indicado pela classe de credores representantes de microempresas e empresas de pequeno porte, com 2 (dois) suplentes.

§ 1º A falta de indicação de representante por quaisquer das classes não prejudicará a constituição do Comitê, que poderá funcionar com número inferior ao previsto no *caput* deste artigo.

§ 2º O juiz determinará, mediante requerimento subscrito por credores que representem a maioria dos créditos de uma classe, independentemente da realização de assembleia:

I – a nomeação do representante e dos suplentes da respectiva classe ainda não representada no Comitê; ou

II – a substituição do representante ou dos suplentes da respectiva classe.

§ 3º Caberá aos próprios membros do Comitê indicar, entre eles, quem irá presidi-lo.

Comitê de Credores

O Decreto-Lei n. 7.661/45 estabelecia diminuta participação dos credores, a qual era restrita às deliberações assembleares para a definição das formas de realização do ativo (arts. 122 e 123 do Decr.-Lei n. 7.661/45).

A pouca eficiência da falência e da concordata era atribuída a essa reduzida participação dos credores, os quais ficavam excluídos de participarem do procedimento, a despeito de serem os maiores interessados. De modo a aumentar a participação dos credores e a garantir efetiva fiscalização da atividade do devedor, durante a recuperação judicial, ou da liquidação dos bens e pagamento dos credores pelo administrador judicial durante a falência, a Lei n. 11.101/2005 criou o Comitê de Credores, como órgão facultativo, e aumentou os poderes da Assembleia Geral de Credores.

Sua criação não esvaziou os poderes da Assembleia Geral de Credores, que permaneceu como órgão que com este coexistiria. Embora possa ser por esta criado, o Comitê não pode ser considerado seu auxiliar. A partir de sua criação, o Comitê possui funções distintas às atribuídas à Assembleia Geral. Não apenas a função deliberativa, o Comitê possui poderes para impugnar os créditos, para contestar os pedidos de restituição etc.

Outrossim, a facilidade de sua instalação, em detrimento de maior formalidade da Assembleia Geral de Credores, permitiria que o Comitê atuasse de modo mais célere. Sua dinâmica é mais compatível com um acompanhamento mais próximo da atividade empresarial.

Além da maior celeridade, o funcionamento do Comitê permite a especialização da função de fiscalização pelos credores de determinada classe, não obstante o credor possa individualmente continuar a fiscalizar o administrador judicial ou o devedor. Suas atividades, contudo, não devem ser desempenhadas em benefício apenas de um ou outro credor. O Comitê de Credores tutela o interesse de toda a coletividade dos credores, de modo que poderá se manifestar pela tutela de um interesse coletivo em detrimento inclusive de um interesse individual de um credor, como na impugnação de um crédito.

Vale mencionar que a despeito da possibilidade de instituição de Comitê de Credores, cujas funções estão indicadas na norma, não há impedimento a que o plano de recuperação judicial estabeleça hipóteses de reunião de determinados credores, independentemente da constituição de Comitê, para aprovação, acompanhamento, verificação, dentre outros, de determinadas medidas previstas no plano ou que sejam de interesse dos credores, por exemplo.

Instituição do Comitê de Credores

O Comitê será criado mediante deliberação de qualquer das classes de credores, isoladamente (art. 44). Sua criação, contudo, não implica que todas as classes necessariamente terão representantes. Cada classe deverá escolher, por deliberação assemblear, seu representante e dois suplentes.

A falta de deliberação de quaisquer das classes não prejudicará a constituição do Comitê. Embora órgão colegiado em regra, o Comitê poderá funcionar apenas com os representantes nomeados, o qual pode se restringir a uma única classe. Nesse caso, o Comitê será formado por um único representante, o qual terá poderes para atuar como Comitê no interesse de todos os credores.

A qualquer momento, a classe não representada poderá eleger seus representantes e suplentes para o Comitê. A nomeação ocorrerá pelo juiz, quer por meio de deliberação da maioria dos créditos da respectiva classe presentes em Assembleia, quer por requerimento escrito da maioria absoluta dos créditos daquela classe, o que torna a convocação da Assembleia desnecessária.

Cada classe poderá, além do representante, eleger dois suplentes. Os suplentes são nomeados para que, diante de indisponibilidade do representante daquela classe, possam ocupar o lugar deste, sem maiores formalidades. À míngua de qualquer disciplina legal, os credores deverão indicar quem é o primeiro e quem é o segundo suplente que deverá exercer o encargo na ausência do representante.

O juiz apenas poderá recusar a nomeação do representante ou dos suplentes de uma determinada classe se houver algum impedimento (art. 30). Do contrário, a escolha dos representantes cabe exclusivamente aos credores. Após a nomeação, os membros do Comitê de Credores serão intimados para em 48 horas assinar o termo de compromisso de bem e fielmente desempenhar o encargo e assumir todas as responsabilidades a ele inerentes (art. 33).

A mesma classe que elegeu o representante e seus suplentes poderá substituí-los ou retirá-los da função. O quórum dessa substituição ou determinação de vacância é o mesmo do que para sua eleição (art. 44). A vacância poderá ocorrer, ainda, por renúncia do próprio representante ou por sua destituição, com a apuração pelo juiz de culpa ou dolo no exercício das funções.

Requisitos para ser membro do Comitê de Credores

Para ser eleito membro do Comitê de Credores, o representante não precisará ser credor do empresário falido ou em recuperação judicial. A especialização de funções buscada pela Lei pressupõe que os credores poderão eleger como representante da classe qualquer profissional que possa bem atender seus interesses.

A falta de proibição da Lei, ainda, permite que a eleição seja tanto de pessoas naturais quanto de uma pessoa jurídica especializada para o exercício da função. Nesse ponto, o parágrafo único do art. 21, ao versar sobre os requisitos de nomeação do administrador judicial, deve ser utilizado em analogia. Ainda que seja admitida a eleição de um membro pessoa jurídica, deverá ser indicado o nome do profissional responsável diretamente pelas atribuições, de modo a se facilitar a responsabilização inclusive criminal do agente por eventual desvio de suas funções.

Composição do Comitê de Credores

O Comitê poderá ser formado por quatro representantes, um de cada classe, além de dois suplentes de cada classe para cada respectivo representante. Um representante indicado pela classe de credores trabalhistas, um representante da classe dos credores com direitos reais de garantia e privilégio especial, um representante da classe dos credores quirografários e com privilégios gerais e um representante da classe dos credores microempresários e empresários de pequeno porte.

As classes dos credores com representação no Comitê de Credores, dessa forma, não são formadas de modo idêntico às classes da Assembleia Geral de Credores (art. 41). Alguns credores, ainda, nem sequer possuem representantes. O credor subordinado e o decorrente de acidente de trabalho não possuem representação, ainda que participem da Assembleia Geral de Credores.

A Fazenda Pública, por seu turno, embora possa ser credora na falência, não possui representantes no Comitê de Credores. A justificativa de que não poderia transigir ou de que não estaria sujeita ao concurso de credores não é suficiente para fundamentar essa ausência de previsão[194]. Isso porque o Comitê de Credores permitiria a maior fiscalização dos credores, papel que poderia ser livremente desempenhado pela Fazenda para preservar seu legítimo interesse de satisfação de seus créditos na falência.

Diante dessa falta de correspondência da representação entre as classes de credores da Assembleia Geral de Credores e do Comitê, assim, como diante da falta de representação de alguns credores, parte da doutrina[195] sustenta a interpretação de que o Comitê de Credores deverá ser formado por representantes das classes conforme a formação da Assembleia Geral de Credores. Para essa posição, a adoção da estrutura da Assembleia seria mais adequada, pois contemplaria a maioria dos credores, bem como aglutinaria na mesma classe os que possuem interesses semelhantes.

Em que pesem as diversas críticas feitas ao dispositivo, a norma é perfeitamente clara e não comporta interpretação divergente de seu texto expresso. O Comitê será formado por quatro classes, diversas das classes da Assembleia Geral de Credores: a classe dos credores trabalhistas, dos credores com direitos reais de garantia e privilégios especiais, os credores quirografários e com privilégios gerais, e, por fim, os credores representantes de microempresas e empresas de pequeno porte.

A escolha dos respectivos representantes será feita pelas classes dessa forma indicadas, independentemente de sua não conformação às classes previstas para a Assembleia no art. 41. Os

---

[194] Para, Alfredo Assis Gonçalves Neto, "a ausência de representante da Fazenda Pública entre os membros do comitê de credores justifica-se pelo fato de não lhe ser possível transigir, senão mediante expressa autorização legislativa, bem como por não participar do processo concursal nem poder uma deliberação do comitê atingi-la" (*Comentários à nova Lei de Falência e Recuperação de Empresas*. Rio de Janeiro: Forense, 2009, p. 201).

[195] Nesse sentido, BEZERRA FILHO, Manoel Justino. *Lei de Recuperação de Empresas e Falência*. 10. ed. São Paulo: Revista dos Tribunais, 2014, p. 138; TOLEDO, Paulo Campos Salles de. *Comentários à Lei de Recuperação de Empresas e Falência*. 4. ed. São Paulo: Saraiva, 2010, p. 68.

credores de cada uma dessas classes poderão deliberar para a escolha do respectivo representante, ainda que os demais credores das outras classes não o façam.

Na formação do Comitê de Credores, ainda, deverá ser escolhido um dos membros como presidente do Comitê. Determina a Lei que o presidente será escolhido pelos próprios membros eleitos. Suas funções deverão ser estabelecidas pelos próprios membros do Comitê. À mingua de qualquer disciplina, compete ao presidente a manifestação das deliberações do comitê perante os interessados no feito, além de ser o responsável pelas providências necessárias à atuação do Comitê.

Art. 27. O Comitê de Credores terá as seguintes atribuições, além de outras previstas nesta Lei:

I – na recuperação judicial e na falência:

a) fiscalizar as atividades e examinar as contas do administrador judicial;

b) zelar pelo bom andamento do processo e pelo cumprimento da lei;

c) comunicar ao juiz, caso detecte violação dos direitos ou prejuízo aos interesses dos credores;

d) apurar e emitir parecer sobre quaisquer reclamações dos interessados;

e) requerer ao juiz a convocação da assembleia-geral de credores;

f) manifestar-se nas hipóteses previstas nesta Lei;

II – na recuperação judicial:

a) fiscalizar a administração das atividades do devedor, apresentando, a cada 30 (trinta) dias, relatório de sua situação;

b) fiscalizar a execução do plano de recuperação judicial;

c) submeter à autorização do juiz, quando ocorrer o afastamento do devedor nas hipóteses previstas nesta Lei, a alienação de bens do ativo permanente, a constituição de ônus reais e outras garantias, bem como atos de endividamento necessários à continuação da atividade empresarial durante o período que antecede a aprovação do plano de recuperação judicial.

§ 1º As decisões do Comitê, tomadas por maioria, serão consignadas em livro de atas, rubricado pelo juízo, que ficará à disposição do administrador judicial, dos credores e do devedor.

§ 2º Caso não seja possível a obtenção de maioria em deliberação do Comitê, o impasse será resolvido pelo administrador judicial ou, na incompatibilidade deste, pelo juiz.

Funções do Comitê de Credores

O principal objetivo do Comitê de Credores, tanto na falência quanto na recuperação judicial, seria permitir uma atuação mais efetiva dos credores. Em vez de diversas manifestações nos autos pelos credores, o que poderia tumultuar o feito, além de exigir maiores custos para cada um dos credores, estabeleceu-se a possibilidade de cada uma das classes da Assembleia Geral de Credores criarem esse órgão deliberativo especializado (art. 26).

As atribuições do Comitê de Credores poderão ser divididas em consultivas e fiscalizatórias. Nas atribuições consultivas, o Comitê de Credores deverá se manifestar quanto ao melhor interesse da coletividade dos credores sobre determinado procedimento. É o que ocorre na determinação de manifestação sobre a proposta alternativa de realização do ativo ou na manutenção dos contratos do falido.

Nas atribuições fiscalizatórias, predominantes, o Comitê de Credores deverá verificar a regularidade do procedimento falimentar e recuperacional, assim como deverá acompanhar a atividade desenvolvida pelo empresário em recuperação. Essa fiscalização poderá ocorrer mediante simples deliberação dos membros do Comitê, como também poderá exigir a execução dessas deliberações, por meio de impugnações judiciais de créditos, contestação aos pedidos de restituição etc.

Fiscalização das atividades e exame das contas do administrador judicial

O Comitê de Credores, tanto na falência quanto na recuperação judicial, tem por atribuição a fiscalização das atividades do administrador judicial. Essa fiscalização exige o acompanhamento das manifestações do administrador judicial no feito, com a apresentação das informações requeridas pelos credores, bem como dos diversos atos praticados, como a apresentação da lista de credores na verificação de crédito, a arrecadação e liquidação dos bens etc.

Importante modo para que esse controle seja realizado é o exame das contas do administrador judicial. Seja pela apresentação de relatório final no processo, seja em razão da apresentação de conta demonstrativa da administração em relação às receitas e despesas (art. 22, III, *p*), ou em qualquer oportunidade em que as contas sejam exigidas do administrador judicial, ao Comitê deverá ser conferida a oportunidade de se manifestar antes da apreciação pelo Magistrado.

Zelar pela regularidade do processo

O poder fiscalizatório do Comitê de Credores não se faz apenas em face do administrador judicial. O Comitê é importante meio de fiscalização pelos credores de que o procedimento seja seguido sem que haja desvios praticados por quaisquer envolvidos no feito, inclusive por alguns credores.

Ainda que não precise necessariamente ter conhecimentos jurídicos, o Comitê pode exigir a observância dos prazos de manifestação, apontar a falta de manifestação dos devedores, do administrador judicial ou seus auxiliares, tumulto provocado por abuso de determinado credor ao promover incidente desnecessário ou reter os autos injustificadamente etc.

Essas violações à regularidade do procedimento ou diretamente aos interesses dos credores deverão ser comunicadas pelo Comitê ao juízo, embora este possa atuar de ofício para tutelar os interesses legítimos envolvidos no feito.

Emitir parecer sobre reclamações dos interessados

O Comitê poderá, diretamente ou após reclamação de interessado, apurar se houve ou não qualquer irregularidade no comportamento dos envolvidos no feito. Por apuração, poderá requerer ao juiz intimação para apresentação de documentos ou de esclarecimentos por qualquer dos envolvidos. Caso a relação seja feita diretamente ao juízo e não ao próprio Comitê, deverá ser intimado para sobre ela se manifestar, oportunidade em que poderá requerer esclarecimentos.

Sobre as irregularidades suscitadas, emitirá parecer a ser considerado pelo juiz por ocasião de sua decisão, bem como nas manifestações do próprio administrador judicial ou no parecer do Ministério Público.

Requerer a convocação da AGC

Apenas o juiz poderá convocar a Assembleia Geral de Credores, mediante a publicação de edital (art. 36). Os credores poderão requerer a convocação da Assembleia ao juiz, mas desde que representem ao menos 25% do valor total dos créditos de determinada classe (art. 36, § 2º).

Nesse dispositivo, facilitou-se o requerimento pelos credores. Desde que o Comitê delibere, por maioria, poderá requerer ao juiz diretamente a convocação da AGC. A possibilidade de requerimento pelo Comitê permitirá que a maioria das classes nesse órgão representadas garanta a tutela de seu interesse, ainda que representem menos do que 25% dos créditos totais.

Manifestar-se quando determinado pela lei

Há diversas outras hipóteses não previstas no art. 27 de manifestação do Comitê de Credores. Deverá este se manifestar sobre a contratação e os honorários dos advogados para a representação da Massa Falida (art. 22, III, *n*), sobre a transação em relação às obrigações e aos direitos da Massa Falida (art. 22, § 3º), sobre a alienação ou oneração de bens do falido (art. 99), sobre a possibilidade de adjudicação de bens do falido pelos credores (art. 111), sobre a venda antecipada dos bens de difícil conservação (art. 113), sobre a celebração de contratos para a produção de renda pela Massa Falida (art. 114), sobre o cumprimento dos contratos bilaterais (art. 117), sobre a restituição da coisa móvel comprada pelo devedor com reserva de domínio (art. 119, IV), ou ainda sobre a proposta alternativa para a realização do ativo (art. 145, § 3º).

Fora dessas hipóteses, poderá o Comitê de Credores se manifestar sempre que houver interesse dos credores a ser protegido ou sempre que houver intimação do juízo a tanto.

Fiscalizar a atividade do recuperando e o cumprimento do plano

O Comitê de Credores, assim como é previsto para o administrador judicial (art. 22, II, *c*), deverá apresentar, a cada 30 dias, relatório sobre a atividade do devedor, com a fiscalização de sua administração e o cumprimento do plano de recuperação judicial. A obrigação cumulativa do Comitê e do administrador judicial permitirá maior transparência aos credores.

A falta de estrutura para a fiscalização determinada pela Lei não permite que a função possa ser considerada desempenhada se o Comitê de Credores simplesmente reproduzir o relatório do administrador judicial ou manifestar sua concordância com este[196]. Como dever imposto ao Comitê, a atribuição deverá ser cumprida adequadamente, sob pena de o descumprimento poder gerar destituição, além da responsabilização dos representantes pelos prejuízos causados aos credores (art. 31).

Alienação dos bens do ativo permanente

Durante a recuperação judicial, o devedor permanece na administração de seus bens e no desenvolvimento da atividade, seja ele a pessoa física empresária, seja a pessoa jurídica, por meio de seus administradores nomeados. Na hipótese do art. 64, poderá o empresário pessoa física ou

---

[196] Em sentido contrário, NETO, Alfredo Assis Gonçalves. *Comentários à nova Lei de Falência e Recuperação de Empresas*. Rio de Janeiro: Forense, 2009, p. 216. Para o autor, "creio que é possível considerar cumprida a exigência legal se esse relatório for apresentado no mês em que houver fato relevante a considerar. Inexistindo esse fato, basta que os membros do Comitê consignem em ata a conferência do relatório mensal do administrador judicial (art. 22, II, letra *d*) e nele aponham seu visto" (idem, p. 216).

os administradores da pessoa jurídica serem afastados do desenvolvimento dessa atividade. Se administradores da pessoa jurídica, serão substituídos na forma prevista dos atos constitutivos ou do plano. Caso pessoa física empresária, suas funções, entretanto, serão desempenhadas pelo administrador judicial até que a Assembleia Geral de Credores delibere sobre um gestor para assumir a administração até que ocorra a apreciação do plano de recuperação (art. 65).

Ainda que presentes as hipóteses de destituição dos administradores da pessoa jurídica ou o afastamento do empresário pessoa física, a atividade empresarial continuará a ser exercida. Esse desenvolvimento, entretanto, será realizado pela própria pessoa jurídica com novos administradores, ou pelo administrador judicial temporariamente, ou pelo gestor judicial escolhido pelos credores, os quais deverão apreciar a conveniência da alienação, oneração ou endividamento para a continuidade da atividade.

A melhor interpretação do dispositivo, assim, não é a literal, em que o próprio Comitê submeteria o pedido ao juiz. O dispositivo deve ser interpretado em conjunto com o art. 66. Independentemente da situação de afastamento do devedor, aquele que desenvolve a atividade, ainda que temporariamente, deverá submeter o pedido de alienação, constituição de ônus e atos de endividamento ao juiz. Para a apreciação judicial do pedido de autorização, deverá ser ouvido o Comitê de Credores, o qual se manifestará sobre a utilidade do referido ato.

Essa manifestação, por seu turno, ocorre apenas se o plano não houver ainda sido aprovado ou se não houver, no plano de recuperação judicial, previsão dos referidos atos. Caso aprovado já o plano de recuperação judicial em que o referido ato era previsto, a manifestação do Comitê torna-se desnecessária após a aprovação direta dos próprios credores representados.

Quórum de votação

O Comitê deliberará por maioria dos representantes presentes. O voto é computado por cabeça e não pelo valor do crédito dos representados.

À míngua de qualquer disciplina quanto à convocação e instalação, as regras podem ser definidas pela Assembleia Geral de Credores ou pelo próprio Comitê de Credores. De qualquer modo, a manifestação subscrita pela maioria dos membros do Comitê já é suficiente para expressar a vontade do órgão.

Na hipótese de empate, o que poderá ocorrer caso o Comitê seja composto pelas quatro classes ou apenas por duas, se algum dos representantes não comparecer ou todos tiverem posições divergentes, o impasse será resolvido pelo administrador judicial. Caso este esteja impedido, o impasse será resolvido pelo juiz.

Não há previsão de voto de desempate pelo presidente do Comitê de Credores, nem é necessária. Em suas funções fiscalizatória ou consultiva, basta a manifestação do órgão quanto à questão submetida ou ao ato fiscalizado. Ainda que haja divergência de opiniões quanto à regularidade ou ao interesse da coletividade dos credores, a questão será dirimida pelo administrador judicial, que poderá tomar as medidas que julgar pertinentes, ou, em última análise, pelo próprio Magistrado.

As deliberações do Comitê devem constar em livro de atas, as quais serão rubricadas pelo juízo. O livro será guardado no Ofício Judicial em que se processa a recuperação judicial ou falência, de modo a ser acessível pelo administrador judicial, pelos credores e pelo devedor.

Art. 28. Não havendo Comitê de Credores, caberá ao administrador judicial ou, na incompatibilidade deste, ao juiz exercer suas atribuições.

Atribuições na inexistência do Comitê de Credores

O Comitê de Credores é órgão facultativo. Diante da não constituição do Comitê por qualquer das classes de credores, a redação literal do art. 28 determina que suas atribuições serão exercidas pelo administrador judicial. Caso este tenha incompatibilidade para a função, as atribuições serão exercidas pelo próprio juiz.

A interpretação do dispositivo, entretanto, não é tão simples quanto possa parecer. Nem todas as atribuições do Comitê poderão ser exercidas pelo administrador e poderão ser incompatíveis com as atribuições do Magistrado.

As atribuições do Comitê de Credores podem ser classificadas em atribuições concorrentes e exclusivas.

As atribuições concorrentes são as que foram impostas não apenas ao Comitê de Credores, como também ao administrador judicial. Entre essas atribuições figuram a fiscalização do devedor, o controle do bom andamento do processo, a apresentação de relatório mensal, a verificação sobre o cumprimento do plano de recuperação. Nessa hipótese, a não criação do Comitê de Credores em nada afetaria as funções do administrador judicial, que continuaria a desempenhá-las normalmente.

Há, entretanto, atribuições exclusivas do Comitê de Credores, entre elas estão a fiscalização do administrador judicial e o exame de suas contas, a manifestação sobre a pretendida composição entre as obrigações e direitos da Massa Falida ou abatimento de dívidas, parecer sobre a venda ou oneração de bens do ativo permanente após o pedido de recuperação judicial, sobre a alienação ou oneração de bens do falido (art. 99), sobre a possibilidade de adjudicação de bens do falido pelos credores (art. 111) etc.

Na falta do Comitê de Credores, parte dessas funções passaria a ser desempenhada pelo administrador judicial, o qual deveria emitir parecer sobre a venda dos bens após o pedido de recuperação judicial, deveria se manifestar sobre a alienação dos bens do falido, sobre a possibilidade de adjudicação de bens pelos credores etc.

Diversas dessas atribuições exclusivas, contudo, não poderão ser exercidas pelo administrador judicial por absoluta incompatibilidade, haja vista que suas próprias contas seriam objeto de fiscalização, seria o próprio administrador que submeteria à autorização judicial o pedido para transigir sobre obrigações e direitos da Massa Falida. Mas também não poderiam ser atribuídas ao juiz, por incompatibilidade de suas funções.

Embora a regularidade do feito seja atribuição imanente à função jurisdicional, não cumpre ao juiz, por exemplo, o exame das contas do administrador judicial ou a realização de relatórios ou pareceres. Ao Magistrado compete aprovar ou rejeitar os relatórios e pareceres apresentados, assim como determinar as providências caso verifique irregularidades, como a destituição ou substituição do administrador judicial ou a convolação em falência na hipótese de descumprimento do plano, por exemplo.

Na ausência do Comitê de Credores, assim, cumpre ao administrador judicial exercer as funções exclusivas do Comitê, desde que não sejam incompatíveis com suas próprias.

Art. 29. Os membros do Comitê não terão sua remuneração custeada pelo devedor ou pela massa falida, mas as despesas realizadas para a realização de ato previsto nesta Lei, se devidamente comprovadas e com a autorização do juiz, serão ressarcidas atendendo às disponibilidades de caixa.

Remuneração do Comitê de Credores

A impossibilidade de remuneração do Comitê de Credores pela Massa Falida ou pelo devedor em recuperação é decorrente da função determinada pela Lei para esse órgão. Na Lei brasileira, o Comitê foi previsto como órgão facultativo para permitir melhor fiscalização e tutela dos interesses dos credores no procedimento falimentar ou recuperacional. Sua função, mais do que garantir a regularidade do processo, era a de permitir maior conveniência e efetividade no exercício dos poderes atribuídos aos credores, com a possibilidade de especialização no controle.

Como órgão facultativo e da conveniência dos credores para a maior proteção de seus interesses, sua constituição não poderia onerar mais a Massa Falida ou o devedor em recuperação judicial[197].

Não há, contudo, obrigação de que o exercício das atribuições de membro do Comitê seja gratuito. A remuneração, entretanto, deverá ser satisfeita pelos credores e é natural que seja fixada, pois o desenvolvimento das atribuições não apenas demandará tempo, como permitirá que o membro do Comitê seja responsabilizado pelos prejuízos que causar por descumprimento dos seus deveres.

Nada impede que, como negociação para a aprovação do plano de recuperação judicial, o devedor se obrigue a satisfazer a remuneração dos membros do Comitê de Credores que fiscalizará o cumprimento do plano.

Apenas as despesas para a prática dos atos determinados na Lei, desde que autorizadas judicialmente e comprovadas, poderão ser ressarcidas pelo devedor[198].

Art. 30. Não poderá integrar o Comitê ou exercer as funções de administrador judicial quem, nos últimos 5 (cinco) anos, no exercício do cargo de administrador judicial ou de membro do Comitê em falência ou recuperação judicial anterior, foi destituído, deixou de prestar contas dentro dos prazos legais ou teve a prestação de contas desaprovada.

§ 1º Ficará também impedido de integrar o Comitê ou exercer a função de administrador judicial quem tiver relação de parentesco ou afinidade até o 3º (terceiro) grau com o devedor, seus administradores, controladores ou representantes legais ou deles for amigo, inimigo ou dependente.

§ 2º O devedor, qualquer credor ou o Ministério Público poderá requerer ao juiz a substituição do administrador judicial ou dos membros do Comitê nomeados em desobediência aos preceitos desta Lei.

§ 3º O juiz decidirá, no prazo de 24 (vinte e quatro) horas, sobre o requerimento do § 2º deste artigo.

Impedimentos para administrador judicial e membros do Comitê de Credores

Estabeleceu a Lei óbices para a nomeação de determinadas pessoas como membro do Comitê de Credores ou como administrador judicial. Os impedimentos são determinados pela Lei, e já o eram para o síndico e para o comissário, no Decreto-Lei n. 7.661/45 (arts. 60, § 3º, e 161, § 1º).

---

[197] Nesse sentido: TJSP, 2ª Câmara Reservada de Direito Empresarial, AI 0072274-45.2012, rel. Des. Araldo Telles, j. 29-1-2013.

[198] Nesse sentido: TJSP, Câmara Especial de Falências e Recuperações Judiciais, AI 468.399-4/8-00, rel. Des. José Roberto Lino Machado, j. 17-1-2007.

São garantias à regularidade do exercício das próprias funções pelo administrador judicial e pelo Comitê de Credores. O administrador judicial deverá, na falência, apontar as responsabilidades do falido, de seus administradores ou sócios, e os desvios nas suas condutas. Na recuperação judicial, por seu turno, deverá fiscalizar o desenvolvimento das atividades pelo devedor e cumprimento do seu plano, papel fiscalizatório que também deverá ser desenvolvido pelo Comitê de Credores. Imprescindível, assim, que seja pessoa idônea, capacitada, e que não guarde nenhuma relação com o fiscalizado.

Os impedimentos poderão ser gerais, aplicáveis a todo processo de recuperação judicial ou falência, independentemente do juízo, ou poderão ser específicos, aplicáveis apenas em determinado processo em razão da relação do nomeado com o devedor.

Como impedimento geral, estará impedido de ser nomeado como administrador judicial ou membro do Comitê de Credores, bem como de continuar a desempenhar o encargo em outros feitos em que anteriormente nomeado, o administrador ou membro do Comitê que foi destituído, deixou de prestar contas dentro dos prazos legais ou teve a prestação de contas desaprovada. Esse impedimento geral é limitado a cinco anos, para evitar uma penalização perpétua do agente, como ocorria no Decreto-Lei n. 7.661/45, em que o síndico destituído ficava eternamente impedido de voltar a exercer as funções (art. 60, § 3º, do Decr.-Lei n. 7.661/45).

O impedimento geral é decorrente do desempenho insatisfatório da função exercida anteriormente pelo nomeado. Caso tenha sido destituído, não prestado contas ou suas contas tenham sido desaprovadas, o agente não se mostra idôneo perante o Poder Judiciário para ser seu órgão auxiliar nos processos.

O impedimento específico, por outro lado, não obsta que o agente impedido em um determinado processo possa ser nomeado em outro feito. Os impedimentos específicos são decorrentes da proximidade do administrador judicial ou de membros do Comitê de Credores com aquele que por estes será fiscalizado, o devedor. São estabelecidos para que esses auxiliares possam exercer suas funções sem nenhuma influência da relação mantida com o fiscalizado.

Estão impedidos de ser nomeados como administrador judicial ou membro do Comitê as pessoas com relação de parentesco, vínculo sanguíneo, ou afinidade, vínculo em razão de casamento, até o terceiro grau, com o devedor, seus administradores, controladores, ou que deles for amigo, inimigo ou dependente.

Não há impedimento em razão da proximidade com qualquer sócio que não seja controlador do devedor ou que não exerça a administração da empresa, pela suposição de que os minoritários não poderiam ter influenciado na atividade que levou à falência do agente, nem podem influenciar na conduta do devedor em recuperação. Se, no caso concreto, todavia, se verificar que esse minoritário tenha tido atuação relevante na empresa, o impedimento a ele deverá ser estendido para se evitar a atuação em conflito de interesse do administrador judicial ou do membro do comitê.

Tampouco há impedimento na proximidade com algum credor ou mesmo pelo fato de o administrador judicial ou membro do Comitê de Credores ser o próprio credor. A princípio, o bom desempenho das funções como administrador judicial ou membro do Comitê permitirá que os interesses da coletividade dos credores sejam preservados, de modo que não haveria conflito de interesses aparente. Tal impedimento poderá ocorrer, contudo, se houver relação de inimizade para com o devedor em razão do crédito, o que poderá propiciar perseguições ou tumulto processual, em detrimento das funções.

Procedimento para substituição em razão dos impedimentos

Possível que se descubra o impedimento apenas após o administrador judicial ou o membro do Comitê impedido já ter sido nomeado. A irregularidade, contudo, por violar norma cogente, não se convalida.

Independentemente do prazo, poderá o devedor, qualquer credor ou o Ministério Público requerer ao juiz a substituição do impedido. Embora não exista previsão legal e o juiz deva ficar adstrito à regularidade ou não da nomeação, deverá ser dada a oportunidade para a pessoa nomeada apresentar sua manifestação ao pedido. O contraditório, ainda que não previsto legalmente, garante que o pedido não seja utilizado pelo interessado como um modo de simplesmente afastar um administrador judicial ou um membro do Comitê de Credores contrário aos seus interesses particulares.

Após ter sido conferida a possibilidade de o impugnado defender-se, o Magistrado deverá apreciar o pedido em 24 horas. O prazo, contudo, é impróprio. A celeridade é imanente ao procedimento recuperacional e falimentar, todavia, a gravidade da matéria poderá exigir maior apuração jurisdicional, como determinar a apresentação de certidões de outros processos ou demais diligências.

Remuneração em razão do reconhecimento do impedimento

Embora haja controvérsia doutrinária sobre o direito de remuneração em razão do impedimento[199], as diversas causas de reconhecimento desse impedimento não permitem uma resposta única.

O art. 30, § 2º, determina que o administrador judicial ou os membros do Comitê nomeados com desobediência à Lei serão *substituídos*. A interrupção do exercício das funções do nomeado, por expressa disposição de Lei, não será considerada pena, destituição, para efeitos de gerar impedimentos em outros processos, como por exemplo pelo reconhecimento de uma inimizade com o devedor, ou pelo reconhecimento de uma destituição em processo anterior.

Embora, portanto, determine o juiz a substituição do referido administrador, a causa dessa substituição não é uma simples quebra de confiança ou conveniência para a condução do processo. Reconhece-se uma violação aos preceitos legais para sua nomeação, o que já deveria ser de conhecimento prévio do nomeado, a ponto de ele não poder ser beneficiado se manteve inerte ao comunicá-los.

Além de sua conduta omissa não poder lhe beneficiar, não há enriquecimento indevido dos demais agentes do processo que não teriam que remunerar os atos processuais praticados. A conduta realizada pelo administrador impedido ou pelo membro do Comitê de Credores que não poderia ter sido eleito deverá ser revisada ou refeita pelo novo nomeado, de modo que a Massa Falida ou o devedor em recuperação judicial não poderão ser duplamente onerados.

Desse modo, o reconhecimento posterior de um impedimento preexistente por ocasião da nomeação não exigirá o pagamento de remuneração ao impedido substituído.

A conclusão seria diversa, porém, se houvesse reconhecimento de um impedimento até então inexistente. O nomeado poderá ser destituído, ou ter deixado de prestar contas, ou ter as contas desaprovadas em outro processo e posteriormente à sua nomeação no processo inicial. Da mesma forma em que o motivo de seu impedimento poderá, ainda que relacionado às partes do mesmo processo, apenas acontecer posteriormente à sua nomeação, como em razão de parentesco com um novo administrador ou controlador da pessoa jurídica em recuperação judicial, ou por amizade ou inimizade posterior e durante o curso do processo. Nesse caso, embora deva ser substituído da

---

[199] Para Haroldo Malheiros Duclerc Verçosa (*Comentários à Lei de Recuperação de Empresas e Falência*. 2. ed. São Paulo: Revista dos Tribunais, 2007, p. 30), o reconhecimento do impedimento é equivalente à destituição, de modo que não deveria ocorrer a remuneração pela atividade.

Para uma segunda corrente doutrinária, como a Lei fez referência à substituição, o administrador judicial e o membro do Comitê de Credores fariam jus à remuneração. Nesse sentido: TOMAZETE, Marlon. Comentários ao art. 30. In: CORRÊA-LIMA, Osmar Brina; LIMA, Sérgio Mourão Corrêa (coord.). *Comentários à nova Lei de Falência e Recuperação de Empresa*. Rio de Janeiro: Forense, 2009, p. 236.

função, o administrador judicial fará jus ao recebimento de remuneração pelos atos praticados até sua substituição, pois o exercício desses atos foi regular.

Art. 31. O juiz, de ofício ou a requerimento fundamentado de qualquer interessado, poderá determinar a destituição do administrador judicial ou de quaisquer dos membros do Comitê de Credores quando verificar desobediência aos preceitos desta Lei, descumprimento de deveres, omissão, negligência ou prática de ato lesivo às atividades do devedor ou a terceiros.

§ 1º No ato de destituição, o juiz nomeará novo administrador judicial ou convocará os suplentes para recompor o Comitê.

§ 2º Na falência, o administrador judicial substituído prestará contas no prazo de 10 (dez) dias, nos termos dos §§ 1º a 6º do art. 154 desta Lei.

Substituição do administrador judicial e do membro do Comitê de Credores

Assim como os administradores da sociedade, o administrador judicial e os membros do Comitê de Credores não possuem direito subjetivo ao cumprimento integral de suas atribuições até o encerramento do processo de falência ou de recuperação judicial. São hipóteses de interrupção do encargo a destituição e a substituição.

A destituição, regulada no art. 31, não se confunde com a substituição (arts. 24, § 3º, e 30).

A substituição do membro do Comitê de Credores poderá ocorrer por mera quebra de confiança dos credores que o elegeram. A respectiva classe de credores poderá, por requerimento subscrito por credores que representem a maioria dos créditos da respectiva classe ou diante de voto da classe na Assembleia Geral, substituir o representante ou seus suplentes.

A substituição também poderá ser do Administrador judicial. Sua substituição ocorrerá nas hipóteses de quebra de confiança no exercício de suas atribuições em relação ao próprio Magistrado[200].

Além das hipóteses de quebra de confiança, a substituição também poderá ocorrer em razão de impedimentos à nomeação. Nesse caso, o administrador judicial ou o membro do Comitê de Credores foi nomeado e só posteriormente descobriu-se que ele já havia sido destituído há menos de cinco anos em outro processo, deixou de prestar contas ou teve as contas desaprovadas, era parente ou afim, amigo, inimigo ou dependente do devedor ou de seus sócios, administradores ou controladores (art. 30).

A substituição poderá ocorrer, ainda, diante da renúncia do nomeado. Nesse caso, somente terá direito à remuneração se a renúncia tiver ocorrido por motivo relevante (art. 24, § 3º).

Outrossim, a substituição poderá ocorrer na hipótese de falecimento ou incapacidade civil do nomeado, por fato que lhe retire a idoneidade ou, ainda, pela decretação de sua falência, haja vista que ficará impedido de exercer suas atividades.

Essa substituição não é pena ao administrador judicial ou ao membro do Comitê. Por mera desconformidade ao esperado no exercício da função ou em razão de impedimentos, o referido profissional poderá ser substituído, ainda que tenha atuado com observância do determinado por lei.

---

[200] Vide: TJRJ, AI n. 0062173-55.2023.8.19.0000 202300286737, rel. Des. Sirley Abreu Biondi, 6ª Câmara de Direito Privado, j. 29-11-2023.

A substituição poderá ocorrer de ofício pelo juiz ou mediante provocação. Não pressupõe o contraditório do administrador judicial ou do membro do Comitê de Credores, pois poderá ser fundamentada na mera quebra da confiança, aspecto totalmente subjetivo.

A atuação conforme o esperado pela Lei até o momento da substituição permite que o substituído aufira remuneração pela função até o momento em que exerceu as atribuições, proporcionalmente (art. 24, § 3º). Sua substituição, ademais, não gerará nenhum impedimento para nomeação em outros processos ou para continuar a desenvolver essas atribuições em outros feitos[201].

Destituição do administrador judicial e do membro do Comitê de Credores

A destituição do administrador judicial ou do membro do Comitê de Credores, por outro lado, é medida punitiva. Poderá ocorrer a destituição destes nas hipóteses em que o administrador desenvolva suas atribuições com negligência ou imprudência, deixe de praticar ato imprescindível para a regularidade do processo e dos interesses nele tutelados ou viole, de qualquer modo, preceitos impostos pela lei, como na falta de apresentação das contas ou de quaisquer relatórios previstos na Lei (art. 23, parágrafo único). A desaprovação de suas contas também acarreta a destituição, pois evidencia que os deveres não foram cumpridos (art. 30)[202].

A violação dos deveres, ainda que não graduada pela lei, deverá ser grave. A destituição acarretará diversos efeitos ao destituído, que não poderá mais exercer, por cinco anos, em nenhum outro processo, as funções de administrador judicial ou de membro do Comitê (art. 30). O destituído perderá também o direito à remuneração pelo trabalho desempenhado e precisará devolver, inclusive, aquilo que já teria recebido pela função (art. 24, § 3º). Essa gravidade dos efeitos exige que a destituição ocorra apenas por violação grave dos preceitos da Lei. Do contrário, a medida punitiva não seria adequada ao comportamento indevido.

Como medida punitiva, a destituição do administrador judicial ou do membro do Comitê deverá ocorrer em incidente próprio[203]. Seu início poderá ocorrer de ofício pelo juiz ou mediante provocação fundamentada de qualquer interessado no feito, considerando o interesse público na regularidade do procedimento de falência e de recuperação judicial.

No referido incidente, o administrador judicial ou o membro do Comitê de Credores deverá ter a possibilidade de exercer seu direito ao contraditório e à ampla defesa. Antes da decisão judicial, deverá ser intimado para que possa se defender e produzir eventuais provas do cumprimento de seus deveres.

---

[201] Nesse sentido (citando seu livro, inclusive): TJSP, AI 2276615-81.2021.8.26.0000, rel. Des. Jorge Tosta, 2ª Câmara Reservada de Direito Empresarial, j. 6-3-2023.

[202] Para Joice Ruiz Bernier, também é caso de destituição a hipótese de o administrador judicial ter interesse contrário à Massa. Para a autora, estará o administrador judicial "descumprindo os preceitos previstos na LRE e incorrendo em falta grave, já que não exercerá seu papel com a idoneidade e a imparcialidade necessárias" (*O administrador judicial*. São Paulo: Quartier Latin, 2016, p. 156).

A simples possibilidade de possuir interesses contrários à Massa, entretanto, não parece ser causa de destituição. A contrariedade deve se revelar em atos de administração ou fiscalização em desconformidade efetiva aos preceitos estabelecidos pela Lei, como, por exemplo, um menor rigor na fiscalização do devedor na recuperação judicial, o que demonstra dolo no exercício de sua atribuição, ou não arrecadação proposital de determinado ativo na falência.

[203] TJSP, AI n. 2174773-53.2024.8.26.0000 Mogi-Mirim, rel. Des. J. B. Paula Lima, 1ª Câmara Reservada de Direito Empresarial, j. 8-2-2024.

Caso seja determinada a destituição, será nomeado novo administrador judicial ou será convocado o suplente nomeado pela classe de credores para representá-la no Comitê. O administrador judicial destituído prestará contas dos atos por ele exercidos no prazo de 10 dias.

Art. 32. O administrador judicial e os membros do Comitê responderão pelos prejuízos causados à massa falida, ao devedor ou aos credores por dolo ou culpa, devendo o dissidente em deliberação do Comitê consignar sua discordância em ata para eximir-se da responsabilidade.

Responsabilidade do administrador judicial e membros do Comitê de Credores

O dispositivo reproduz a regra geral dos arts. 186 e 927 do Código Civil, que determinam que aquele que voluntariamente ou com culpa praticar ato ilícito e causar dano a outrem fica obrigado a reparar o dano.

Sua redundância, contudo, serve para pormenorizar a responsabilidade civil do administrador judicial e Comitê de Credores. Estes são responsáveis por quaisquer prejuízos causados a credores, ao devedor e à Massa Falida, desde que resultantes de atuação voluntária ou culposa, seja comissiva ou omissa.

A responsabilização não decorre necessariamente dos prejuízos causados aos credores pelo devedor na condução de sua empresa durante a recuperação judicial. Durante a recuperação judicial, a atividade é desempenhada pelo próprio devedor. O administrador judicial e o Comitê de Credores, na recuperação judicial, possuem funções principalmente fiscalizatórias e apenas se, de maneira culposa ou dolosa, não tiverem fiscalizado o devedor a ponto de permitirem que ele prejudicasse terceiros poderão ser responsabilizados pelo dano causado[204].

Na falência, embora permaneça a atribuição principal do Comitê de Credores na fiscalização, a responsabilidade civil do administrador judicial é ainda mais marcante e decorrente de sua maior atribuição. Além da verificação de crédito, ao administrador compete a arrecadação de todos os bens para sua liquidação e pagamento dos credores. Quer seja pela não arrecadação dos bens ou pela não conservação e guarda adequadas após a arrecadação, o administrador judicial é responsável por eventuais prejuízos que possam ocorrer com a deterioração ou perda dos bens.

Responsabilidade subjetiva

Em regra, a responsabilidade dos administradores judiciais e membros do Comitê de Credores é subjetiva. Exige-se, para a condenação do agente a ressarcir os prejuízos causados, a demonstração de sua conduta com dolo ou culpa, a violação de um preceito legal, a ocorrência de um prejuízo e o nexo causal entre a conduta e o prejuízo causado.

---

[204] Para Joice Ruiz Bernier, "o administrador tem o dever de analisar com exatidão as receitas e as despesas da empresa e verificar se o devedor não está dilapidando o seu patrimônio e apenas postergando uma inevitável falência, por exemplo. Grande responsabilidade também recai sobre o administrador judicial quando da verificação dos créditos da empresa e da condução das assembleias gerais de credores, devendo impedir a homologação de créditos eivados de simulação ou detectar eventuais fraudes que venham a ocorrer quando da votação do plano de recuperação judicial, por exemplo" (*O administrador judicial.* São Paulo: Quartier Latin, 2016, p. 139).

A regra da responsabilidade subjetiva, entretanto, é apenas excepcionada na hipótese de o ato culposo ou doloso que tenha gerado dano ser realizado pelo seu auxiliar. O administrador judicial tem poderes para, mediante autorização judicial, contratar auxiliares para o desempenho de suas atribuições, por meio da nomeação de depositário fiel dos bens, segurança para a conservação dos ativos arrecadados, contador etc. Contudo, responderá com estes solidariamente pelos prejuízos causados pelos referidos auxiliares à Massa, ao devedor e aos credores, embora possa se voltar em regresso contra o causador.

A responsabilidade, nesse caso, não pode mais ser considerada subjetiva, com presunção de culpa *in eligendo*. Diante da exigência da mais ampla ressarcibilidade e do exercício pessoal dos atos pelo administrador judicial, caso delegue algum ato de sua atribuição a um auxiliar contratado, responderá o administrador judicial, independentemente de culpa, pelos danos causados por atos culposos ou dolosos por estes. Tal responsabilização está em linha, inclusive, com o disposto no art. 932, III, e art. 933 do Código Civil, que reconhecem a responsabilidade do empregador pelos atos de seus empregados, ainda que não haja culpa de sua parte.

Caso o auxiliar tenha sido escolhido diretamente pelo Magistrado, o administrador judicial e o Comitê de Credores apenas serão responsáveis pelos danos causados se tiverem descumprido, com culpa ou dolo, o dever de fiscalização que a eles era imposto.

Em se tratando de administrador judicial advogado, sua responsabilidade também é justificada pelo art. 32 do Estatuto da OAB (Lei n. 8.096/94), segundo o qual *"o advogado é responsável pelos atos que, no exercício profissional, praticar com dolo ou culpa"*.

Ação de responsabilização

A responsabilização do administrador judicial não pressupõe a desaprovação de suas contas, nem a aprovação destas o isenta de responsabilização. Ainda que nem sequer tenham sido ainda apresentadas, possível a verificação de um descumprimento aos preceitos legais pelo administrador judicial, com um consequente dano causado.

Verificado o ato lesivo decorrente do descumprimento de suas atribuições legais, o administrador judicial deverá ser destituído ou substituído de suas funções. Embora tenha ocorrido o descumprimento de um dever legal e o prejuízo ao devedor, à Massa Falida ou a credores, a destituição somente poderá ser aplicada em casos de grave descumprimento dos preceitos da Lei, de modo que possível apenas a substituição.

Ao descumprir seus deveres e causar dano, o administrador judicial extrapola os poderes que lhe foram atribuídos e passa a agir em nome próprio. Por essa atuação, poderá ser responsabilizado individualmente, com os bens próprios, pelos prejuízos que tiver causado.

Muito se discute sobre a legitimidade para promover a referida ação. À míngua de qualquer limitação à regra geral, os arts. 186 e 927 do Código Civil garantem o direito àqueles que foram prejudicados se ressarcirem. A menos que a Lei tivesse atribuído legitimidade extraordinária para tutelar o interesse alheio, portanto, somente aqueles que efetivamente sofreram o prejuízo serão os legitimados a promoverem a ação de responsabilidade[205].

Caso tenham ocorrido danos à Massa Falida, nesses termos, a ação de responsabilidade em face do antigo administrador judicial deverá ser promovida pela própria Massa Falida, representada

---

[205] TOMAZETE, Marlon. *Comentários à nova Lei de Falência e Recuperação de Empresas*. Rio de Janeiro: Forense, 2009, p. 246.

pelo seu novo administrador judicial, durante o processo falimentar. Após o processo ter sido encerrado, quaisquer credores poderão promover o processo, visto que indiretamente foram prejudicados em razão dos danos à Massa Falida.

Caso tenham sido causados danos diretos ao devedor e a credores, tanto na recuperação judicial quanto na falência, nada impediria que estes pudessem diretamente responsabilizar o administrador judicial.

Como órgão colegiado, todos os membros do Comitê de Credores respondem pelos prejuízos causados em razão do dolo ou da negligência ou imprudência desse órgão na fiscalização do devedor ou do administrador judicial. Ainda que os prejuízos possam ter sido causados diretamente pelo administrador judicial ou pelo devedor, na condução de sua atividade, os membros do Comitê respondem solidariamente pelos danos que poderiam ter sido evitados caso tivessem atuado conforme as diretrizes legais.

A responsabilidade solidária entre todos os membros será apenas afastada em face do membro que consignar sua divergência em ata da deliberação. A ausência da divergência implica que o membro concordou com a deliberação da maioria e, portanto, é responsável por todos os seus efeitos.

Art. 33. O administrador judicial e os membros do Comitê de Credores, logo que nomeados, serão intimados pessoalmente para, em 48 (quarenta e oito) horas, assinar, na sede do juízo, o termo de compromisso de bem e fielmente desempenhar o cargo e assumir todas as responsabilidades a ele inerentes.

Termo de compromisso

O termo de compromisso oficializa a aceitação da nomeação do administrador judicial e do membro do Comitê de Credores o início do desempenho de suas funções.

O termo de compromisso promove a investidura do nomeado ao cargo de administrador judicial ou de membro do Comitê de Credores e permite a imposição a este, a partir da assinatura, de todos os deveres e responsabilidades ínsitos à função desempenhada.

Para tanto, o administrador judicial e os membros do Comitê deverão ser intimados pessoalmente. Após a intimação, eles terão o prazo de 48 horas para assinar, na sede do juízo, o termo de compromisso.

Art. 34. Não assinado o termo de compromisso no prazo previsto no art. 33 desta Lei, o juiz nomeará outro administrador judicial.

Falta de assinatura do termo de compromisso

A não assinatura do termo de compromisso demonstra que o administrador judicial nomeado ou o membro do Comitê de Credores não aceitou o encargo.

Na hipótese do administrador judicial, o Magistrado deverá nomear outra pessoa. A falta de investidura no cargo impede denominar essa nova nomeação como substituição, de modo que o administrador judicial anterior nem sequer precisará prestar contas de algo que não foi investido a tanto.

Se o membro do Comitê de Credores não assinar o termo de compromisso, não há consequência expressa determinada pela Lei. Aplicável, nesse caso, por analogia, a hipótese semelhante da falta de assinatura do termo pelo administrador judicial, já que a falta de assinatura implica recusa do exercício da função. Em face do membro do Comitê de Credores, caberá ao juízo nomear o primeiro suplente eleito pela classe e que não esteja impedido ao cargo.

Seção IV
Da Assembleia-Geral de Credores

Art. 35. A assembleia-geral de credores terá por atribuições deliberar sobre:

I – na recuperação judicial:

a) aprovação, rejeição ou modificação do plano de recuperação judicial apresentado pelo devedor;

b) a constituição do Comitê de Credores, a escolha de seus membros e sua substituição;

c) (VETADO)

d) o pedido de desistência do devedor, nos termos do § 4º do art. 52 desta Lei;

e) o nome do gestor judicial, quando do afastamento do devedor;

f) qualquer outra matéria que possa afetar os interesses dos credores;

g) alienação de bens ou direitos do ativo não circulante do devedor, não prevista no plano de recuperação judicial;

II – na falência:

a) (VETADO)

b) a constituição do Comitê de Credores, a escolha de seus membros e sua substituição;

c) a adoção de outras modalidades de realização do ativo, na forma do art. 145 desta Lei;

d) qualquer outra matéria que possa afetar os interesses dos credores.

Comunhão de interesses

A Lei n. 11.101/2005 procurou aumentar a eficiência do instituto da falência e da recuperação judicial. Para tanto, atribuiu àqueles que sofreriam as principais consequências o direito de decidir sobre as mais importantes questões, pois eles teriam o estímulo a investir recursos e a buscar maiores informações para melhor decidirem. Os principais interessados na superação da crise econômico-financeira do devedor ou na preservação e otimização da utilidade produtiva dos bens são os credores, de modo que as decisões mais relevantes na condução do procedimento recuperacional ou falimentar foram a eles atribuídas.

De modo a permitir a formação de uma vontade dos credores, estes são reunidos em um órgão deliberativo, a Assembleia Geral de Credores. A reunião dos credores na formação de um órgão deliberativo ocorre em razão de possibilitar a manifestação, por meio do voto, do interesse de cada qual. Não há, entretanto, ao contrário das sociedades, uma comunhão de interesses entre os credores de forma análoga ao existente com os sócios ou acionistas.

Não há um interesse comum, decorrente da comunhão de interesses, porque os credores não tinham prévio relacionamento entre si, nem dispuseram, voluntária e previamente, que deveriam votar ou se manifestar conforme determinado interesse ou específico propósito comum.

A circunstância de serem reunidos num conclave foi determinada pela própria Lei como forma de se verificar simplesmente a maioria de voto desses em AGC. Os credores são reunidos em Assembleia Geral de Credores para que seus votos sejam computados e se possa aferir o interesse da maioria, pois pressupôs a Lei que esse sentido da votação revelaria a melhor forma de alocação eficiente dos recursos e de preservação da empresa, seja por meio da aprovação do plano de recuperação judicial, seja por meio da convolação em falência, como a liquidação forçada dos bens do devedor falido.

Não há, assim, qualquer obrigação de votarem no sentido de se preservar a atividade na condução do devedor. Como agentes econômicos, pressupôs a Lei que os credores maximizariam sua utilidade pessoal e, a partir da maioria, não apenas permitiu como estabeleceu como pressuposto que cada qual buscaria, conforme a sua própria racionalidade, tutelar seu melhor interesse pessoal enquanto credor.

É a partir dessa noção de que, ao pretender proteger os interesses pessoais e procurar a maior satisfação dos respectivos créditos, os credores gerarão um procedimento de recuperação judicial e de falência mais eficiente, em benefício indireto de toda a coletividade.

Para tanto, poderão os credores deliberar sobre a aprovação do plano, a constituição do Comitê de Credores, a desistência do pedido do devedor em recuperação etc.

Autonomia da Assembleia Geral de Credores

A Assembleia Geral de Credores não é considerada um órgão soberano no processo de falência ou de recuperação. Isso porque ela não predomina hierarquicamente sobre o administrador judicial. Entre eles, há divisão de atribuições, de modo que não prevaleçam sobre o outro, mas se complementem entre si para a regularidade do procedimento e para sua maior eficiência.

Nesse ponto, foi inclusive vetado o art. 35, I, c, que previa a possibilidade de o Administrador judicial ser nomeado e substituído pela Assembleia Geral de Credores. Nas razões do veto presidencial, fundamentou-se que o dispositivo conflitava com a atribuição ao juiz do respectivo poder. Ademais, o veto impediu que fosse nomeada como administrador judicial pessoa que não fosse da confiança do juiz.

Sua hierarquia perante outros órgãos poderá ser apontada em relação ao Comitê de Credores e ao gestor judicial. A Assembleia Geral de Credores poderá determinar a constituição do Comitê de Credores, com a nomeação e substituição dos membros e suplentes (art. 35, I, b, e II, b). Poderá também nomear e substituir o gestor judicial, nas hipóteses em que o administrador do empresário em recuperação judicial tiver sido destituído de suas funções (art. 35, I, e).

Mesmo no âmbito de suas atribuições exclusivas, como a aprovação ou rejeição do plano de recuperação judicial, a Assembleia Geral de Credores não poderia ser considerada soberana, mas apenas autônoma. Não há obrigatoriedade de o juiz homologar quaisquer deliberações assembleares, se ilegais.

Quanto ao mérito da deliberação assemblear, o juiz não poderia exercer controle. Aos credores reunidos em Assembleia foi dado o direito de deliberar sobre a conveniência e oportunidade de determinado plano de recuperação judicial, ou de uma forma extraordinária de alienação de bens na falência, conforme seus interesses na satisfação de seus créditos.

Art. 35 ┃┃┃ Marcelo Barbosa Sacramone

A apreciação jurisdicional é restrita à legalidade das deliberações, tanto sob o aspecto formal, quando desrespeitado o procedimento estabelecido em lei, quanto material, exercendo controle sobre as cláusulas do plano que sejam contrárias ao ordenamento jurídico. O mérito da deliberação, se pela aprovação do plano ou pela convolação da recuperação em falência, foge do controle jurisdicional, o qual, entretanto, deverá assegurar a regularidade do procedimento de convocação, e os quóruns de instalação e deliberação conforme a Lei. Outrossim, a deliberação que afrontar a Lei poderá ser invalidada pelo Magistrado[206].

Atribuições da Assembleia Geral de Credores

A Assembleia Geral de Credores possui atribuições tanto na falência quanto na recuperação judicial. Em razão desses poderes, conferidos diretamente pela Lei à AGC, suas atribuições são indelegáveis a outros órgãos sociais.

a) Aprovação ou rejeição do plano de recuperação judicial

Na recuperação judicial, à Assembleia Geral de Credores foi atribuído o poder de decidir, com exclusividade, sobre a aprovação ou rejeição do plano de recuperação. A atribuição da Assembleia Geral de Credores restringe-se a aprovar ou rejeitar o plano. Poderá ela apresentar sugestões de modificação ao devedor, desde que não importem diminuição dos direitos dos credores ausentes exclusivamente (art. 56, § 3º). O devedor, contudo, não está obrigado a aceitar essas alterações.

Como na recuperação judicial o próprio empresário devedor permanece na condução de sua atividade empresarial, a princípio, apenas ele poderá propor o plano de recuperação judicial ou as modificações a este. O papel da AGC restringe-se a verificar a viabilidade econômica do plano e a conveniência e oportunidade de uma recuperação judicial nos moldes propostos pelo devedor em comparação à decretação de sua falência, com a liquidação dos bens.

A competência exclusiva da AGC para deliberar sobre o plano de recuperação judicial não se confunde com ampla e irrestrita liberdade dos termos do plano aprovado, que estará sujeito ao controle de legalidade do Magistrado, a quem cabe verificar se as cláusulas do plano preenchem os requisitos legais de liquidez, certeza e exigibilidade, uma vez que se trata de título executivo (art. 59, § 1º) e não violam regras e princípios constitucionais ou quaisquer normas de observância obrigatória, tais como aquelas do Código Civil que estabelecem limites à autonomia privada[207].

b) Aprovação ou rejeição da proposta de aditamento ao plano de recuperação judicial anteriormente aprovado

Apesar de não constar expressamente no rol do art. 35, do mesmo modo que a Assembleia Geral de Credores tem atribuição exclusiva para apreciar o plano de recuperação judicial, também

---

[206] Enunciado CJF 44 da I Jornada de Direito Comercial: "A homologação de plano de recuperação judicial aprovado pelos credores está sujeita ao controle judicial de legalidade".

Nesse sentido: STJ, 3ª Turma, REsp 1.314.209/SP, rel. Min. Nancy Andrighi, j. 22-5-2012; TJSP, 1ª Câmara Reservada de Direito Empresarial, AI 0288896-55.2011, rel. Des. Pereira Calças, j. 31-7-2012; TJSP, 1ª Câmara Reservada de Direito Empresarial, AI 2241523-52.2015, rel. Des. Teixeira Leite, j. 22-6-2016.

[207] TJSP, AI n. 2174773-53.2024.8.26.0000 Mogi-Mirim, rel. Des. J. B. Paula Lima, 1ª Câmara Reservada de Direito Empresarial, j. 8-2-2024.

possuirá atribuição exclusiva para apreciar o pedido de aditamento ou alteração do plano de recuperação judicial anteriormente aprovado pelos credores.

A deliberação a respeito do aditamento será feita da mesma forma que em face do plano de recuperação judicial. Tanto os requisitos para a convocação da AGC quanto o quórum de instalação e de deliberação serão os mesmos.

Não deverão votar, entretanto, os credores de classe que não contenha alteração na forma de pagamento dos seus créditos. Tampouco deverão votar os credores que já foram satisfeitos pelo referido crédito, de modo que deverão os valores já pagos serem descontados dos valores dos créditos dos credores votantes.

c) Constituição do Comitê de Credores, escolha ou substituição de seus membros

Embora a Lei tenha, tanto na recuperação judicial quanto na falência, atribuído à Assembleia Geral de Credores a constituição do Comitê de Credores, essa atribuição precisa ser bem compreendida.

Nos termos do art. 26, não é propriamente à AGC que fora atribuído referido poder, mas a cada uma das classes isoladas de credores reunidos na Assembleia Geral de Credores. Qualquer das classes poderá isoladamente, e ainda que haja discordância das demais, determinar a constituição do Comitê.

A atribuição para eleger ou substituir os membros do Comitê também ocorre da mesma forma. Referida atribuição não é conferida à Assembleia Geral de Credores, em deliberação envolvendo todos os credores.

A eleição de cada representante e de seus dois suplentes será realizada pela própria classe de credores, isoladamente, nos termos do art. 26. A substituição deverá ocorrer da mesma forma. Apenas a referida classe de credores que tenha elegido o referido representante poderá substituí-lo.

Excepcionalmente, a deliberação dos credores da classe poderá ser suprida por manifestação por escrito dos credores que representem maioria dos créditos da classe (art. 26, § 2º).

d) Deliberação sobre o pedido de desistência da recuperação judicial pelo devedor

Após a decisão de processamento da recuperação judicial, o devedor somente poderá desistir do pedido de recuperação com a anuência dos credores (art. 52, § 4º). Antes da decisão de processamento, não há nenhum impedimento para a desistência unilateral do devedor.

Após a referida decisão, contudo, o devedor perde a integral disponibilidade sobre os seus ativos e, inclusive, sobre o prosseguimento ou não do procedimento. A Assembleia Geral de Credores deverá ser convocada para deliberar, por maioria de crédito presente, se aprova ou não o pedido de desistência dele.

e) Escolha do gestor judicial

Na recuperação judicial, o empresário individual ou os administradores da pessoa jurídica permanecem em regra na condução da atividade empresarial, o que é conhecido por *debtor-in-possession*, no direito norte-americano. O desenvolvimento da atividade permanecerá apenas sob a fiscalização do administrador judicial e do Comitê de Credores.

Todavia, poderão ser afastados pelo Magistrado da administração da atividade nas hipóteses em que se verificar que sua permanência poderia comprometer a regularidade do procedimento recuperacional (art. 64). Caso as condutas em detrimento dos interesses dos credores tenham sido praticadas pelos administradores da pessoa jurídica em recuperação judicial, os administradores serão destituídos pelo Magistrado e serão substituídos na forma prevista no contrato social ou no plano de recuperação judicial (art. 64, parágrafo único).

Caso as condutas tenham sido praticadas pelo empresário individual de responsabilidade ilimitada, ele será afastado da administração da empresa e a Assembleia Geral de Credores deverá ser convocada para indicar um gestor para a atividade. Enquanto referida deliberação não ocorrer, o administrador judicial exercerá as funções de gestão.

f) Modalidade extraordinária de realização do ativo

Na falência, os bens serão liquidados por meio de leilão, propostas fechadas ou pregão (art. 142). A Assembleia Geral de Credores poderá determinar formas extraordinárias de alienação, como a constituição de sociedade de credores ou de empregados do próprio devedor, a adjudicação de bens pelos credores etc. (arts. 145 e 46).

g) Qualquer outra matéria que possa afetar os interesses dos credores

A Assembleia Geral de Credores possui ainda atribuição para deliberar sobre qualquer assunto que possa afetar os interesses da coletividade de credores, seja na recuperação judicial, seja na falência.

Art. 36. A assembleia geral de credores será convocada pelo juiz por meio de edital publicado no diário oficial eletrônico e disponibilizado no sítio eletrônico do administrador judicial, com antecedência mínima de 15 (quinze) dias, o qual conterá:

I – local, data e hora da assembleia em 1ª (primeira) e em 2ª (segunda) convocação, não podendo esta ser realizada menos de 5 (cinco) dias depois da 1ª (primeira);

II – a ordem do dia;

III – local onde os credores poderão, se for o caso, obter cópia do plano de recuperação judicial a ser submetido à deliberação da assembleia.

§ 1º Cópia do aviso de convocação da assembleia deverá ser afixada de forma ostensiva na sede e filiais do devedor.

§ 2º Além dos casos expressamente previstos nesta Lei, credores que representem no mínimo 25% (vinte e cinco por cento) do valor total dos créditos de uma determinada classe poderão requerer ao juiz a convocação de assembleia-geral.

§ 3º As despesas com a convocação e a realização da assembleia-geral correm por conta do devedor ou da massa falida, salvo se convocada em virtude de requerimento do Comitê de Credores ou na hipótese do § 2º deste artigo.

Procedimento de convocação da Assembleia Geral de Credores

Para que se possa formar a vontade dos credores por meio de uma deliberação assemblear, imprescindível que todas as formalidades legais para a instauração dessa Assembleia sejam realizadas. Apenas com o atendimento das diversas formalidades o credor poderá ter ciência da deliberação e deverá ter seus interesses submetidos aos interesses da maioria, ainda que seja ausente ou discorde da deliberação, conforme art. 1.072, § 5º, do Código Civil.

A falta de intimação dos advogados dos credores não implica irregularidade da convocação da Assembleia Geral de Credores. O procedimento de convocação da AGC é regulado pelo art. 36 e prevê a publicação do edital para convocação de todos os credores e não seus patronos.

Como forma de reduzir o custo do procedimento e se garantir efetiva publicidade, o edital não será mais publicado em jornais de circulação regional ou nacional. Basta a publicação do edital no diário oficial eletrônico e no sítio eletrônico próprio do administrador judicial, com antecedência mínima de 15 dias.

Referida convocação é ato de direito material e não processual, de modo que desnecessária a intimação dos advogados[208].

a) Legitimidade para convocação

A Assembleia Geral de Credores será convocada apenas pelo juiz.

Essa convocação poderá ocorrer de ofício, sempre que o juiz entender conveniente à falência (art. 99, XII), quando for oposta objeção ao plano de recuperação judicial (art. 56) ou para a indicação de gestor judicial (art. 65) para administrar a empresa na recuperação judicial.

Poderá também ocorrer mediante requerimento dos envolvidos no processo. O administrador judicial poderá requerer sua convocação nos casos previstos em lei ou quando entender necessária sua oitiva para tomar decisões (art. 22, I, *g*).

Poderá ser requerida pelo Comitê de Credores sempre que necessário (art. 27, I, *e*), por credores que representem no mínimo 25% do valor dos créditos de uma classe (art. 36, § 2º) ou pelo próprio devedor, que precisará da concordância dos credores para a homologação de seu pedido de desistência à recuperação judicial (art. 52, § 4º).

b) Publicidade

Para que possa ser conhecida por todos os credores, que deverão tem prazo hábil para promoverem eventuais medidas protetivas de seus direitos, a Assembleia Geral de Credores deverá ser convocada por publicação de edital tanto no órgão oficial no *site* do administrador judicial.

A publicidade em órgão oficial exige que o edital seja publicado no Diário Oficial do Estado em que o devedor possui sua sede, assim como no Diário Oficial do Estado em que esteja localizada sua filial.

A exigência específica de publicação em jornal de grande circulação era imposta pelo art. 191. A revogação do dispositivo legal e da obrigação de publicação em jornais de grande circulação foram decorrentes justamente de reduzir a onerosidade dos processos de insolvência. As publicações em sítio eletrônico próprio dedicado à recuperação judicial e à falência foram presumidas pela Lei como suficientes a assegurar a publicidade dos atos.

A publicidade do aviso deverá ser ostensiva, de modo que a maior quantidade de credores tenha ciência da Assembleia. Com a imposição de dever ao Administrador Judicial para que mantenha atualizado site para franquear a todos os interessados acesso aos principais documentos, recomendável Lei determinou que o edital de convocação publicado seja também disponibilizado no site do Administrador Judicial. Tal disponibilização, porém, não substitui a publicação nos demais meios de comunicação indicados pela Lei[209].

---

[208] Nesse sentido: TJSP, 1ª Câmara Reservada de Direito Empresarial, AI 2128485-96.2014, rel. Des. Francisco Loureiro, *DJ* 30-9-2015.

[209] Indicando que essa "intimação pelo *site* do AJ" tem caráter ficto e que o que conta para fins de verificação da regularidade é a publicação oficial: TJSP, AI 2282978-16.2023.8.26.0000, rel. Des. Jorge Tosta, 2ª Câmara Reservada de Direito Empresarial, j. 8-2-2024.

c) Prazo de convocação

A publicação do edital deverá ocorrer com ao menos 15 dias de antecedência em relação à Assembleia Geral. Referido prazo é de direito material e não processual. Deverá ser contado em dias corridos, com a inclusão de finais de semana e feriados. Exclui-se o dia do começo e inclui o dia da realização da Assembleia, além de o prazo não ser suspenso em razão da suspensão dos prazos, como durante o recesso forense.

O prazo de 15 dias é contado da data da primeira publicação, seja ela a do Diário Oficial ou do Jornal de grande circulação, nos termos do art. 1.152, § 3º, do Código Civil.

Caso o quórum de instalação em primeira convocação não seja preenchido, a Assembleia Geral de Credores poderá ser instalada na segunda convocação, o que ocorrerá independentemente da quantidade de créditos presentes. Essa segunda convocação deverá estar especificada no próprio edital de convocação da Assembleia Geral e deverá ocorrer em ao menos cinco dias da primeira.

d) Conteúdo do edital de convocação

O edital de convocação da Assembleia Geral de Credores deverá permitir o pleno conhecimento dos assuntos que serão discutidos na AGC, bem como a informação de onde e quando ela se realizará, até para que o credor possa se programar e mesmo decidir se é do seu interesse comparecer.

A Assembleia poderá se realizar em qualquer local. Não há necessidade de realização da AGC na sede social, mas o local escolhido não poderá impedir o comparecimento dos credores, sob pena de poder ser indeferido pelo Magistrado.

No referido edital, além do local, devem ser incluídas a data e a hora em que a AGC se realizará em primeira ou em segunda convocação. Nada impede que a Assembleia Geral de Credores se realize no final de semana, em feriados ou à noite, desde que não se crie injustificado obstáculo para o comparecimento dos credores.

O edital deverá também conter a ordem do dia especificada, sob pena de invalidade da deliberação que lhe for exorbitante. A ordem do dia compreende as matérias que serão deliberadas pelos credores em Assembleia. Sua prévia publicidade por meio do edital procura informar previamente os credores para que possam avaliar seu interesse em comparecer à Assembleia ou sobre o melhor modo de o seu voto tutelar seu interesse.

Por fim, o edital deverá conter a indicação do local onde os credores poderão obter, se desejarem, cópia do plano de recuperação judicial.

e) Despesas com a convocação

Não apenas o custo das convocações, mas da realização da Assembleia Geral de Credores, como a locação do espaço em que será realizada, a eventual contratação de seguranças, de controle de entrada etc., poderão ser altos.

A Lei atribuiu referidos custos tanto da convocação quanto da realização da AGC ao devedor, na recuperação judicial, ou à Massa Falida, na falência. Ambos responderão na hipótese de convocação da Assembleia pelo administrador judicial ou pelo próprio devedor[210].

---

[210] O não recolhimento dos custos permite a decretação da falência da recuperanda, por evidenciar a inviabilidade da continuação da empresa. Nesse sentido, TJSP, 1ª Câmara Reservada de Direito Empresarial, AI 2007612-67.2014, rel. Des. Francisco Loureiro, *DJ* 14-8-2014.

Apenas se a AGC for convocada mediante requerimento do Comitê de Credores ou de credores representando no mínimo 25% dos créditos de uma classe, o devedor ou a Massa Falida não suportarão referidos custos. No caso de requerimento dos credores, os custos da convocação e da realização da AGC ficarão a cargo dos próprios requerentes. Caso a convocação tenha sido motivada em razão de requerimento do Comitê de Credores, todos os credores deverão suportar os custos da convocação, pois o Comitê, ainda que não tenha todas as classes de credores representadas, é órgão de representação do interesse de todos os credores.

Art. 37. A assembleia será presidida pelo administrador judicial, que designará 1 (um) secretário entre os credores presentes.

§ 1º Nas deliberações sobre o afastamento do administrador judicial ou em outras em que haja incompatibilidade deste, a assembleia será presidida pelo credor presente que seja titular do maior crédito.

§ 2º A assembleia instalar-se-á, em 1ª (primeira) convocação, com a presença de credores titulares de mais da metade dos créditos de cada classe, computados pelo valor, e, em 2ª (segunda) convocação, com qualquer número.

§ 3º Para participar da assembleia, cada credor deverá assinar a lista de presença, que será encerrada no momento da instalação.

§ 4º O credor poderá ser representado na assembleia-geral por mandatário ou representante legal, desde que entregue ao administrador judicial, até 24 (vinte e quatro) horas antes da data prevista no aviso de convocação, documento hábil que comprove seus poderes ou a indicação das folhas dos autos do processo em que se encontre o documento.

§ 5º Os sindicatos de trabalhadores poderão representar seus associados titulares de créditos derivados da legislação do trabalho ou decorrentes de acidente de trabalho que não comparecerem, pessoalmente ou por procurador, à assembleia.

§ 6º Para exercer a prerrogativa prevista no § 5º deste artigo, o sindicato deverá:

I – apresentar ao administrador judicial, até 10 (dez) dias antes da assembleia, a relação dos associados que pretende representar, e o trabalhador que conste da relação de mais de um sindicato deverá esclarecer, até 24 (vinte e quatro) horas antes da assembleia, qual sindicato o representa, sob pena de não ser representado em assembleia por nenhum deles; e

II – (VETADO)

§ 7º Do ocorrido na assembleia, lavrar-se-á ata que conterá o nome dos presentes e as assinaturas do presidente, do devedor e de 2 (dois) membros de cada uma das classes votantes, e que será entregue ao juiz, juntamente com a lista de presença, no prazo de 48 (quarenta e oito) horas.

Presidente e secretários da Assembleia Geral de Credores

No Decreto-Lei n. 7.661/45, incumbia ao Magistrado a presidência da Assembleia Geral de Credores (art. 122, § 2º). Na Lei n. 11.101/2005, essa função foi atribuída ao administrador judicial, o qual poderá escolher qualquer outro credor presente para lhe servir de secretário.

A imparcialidade do administrador judicial permitirá que ele coordene as votações e organize os trabalhos. Caso, entretanto, tenha conflito de interesse com a deliberação a ser votada, como ocorrerá na hipótese de versar sobre o requerimento para a sua substituição ou destituição, a presidência da Assembleia Geral competirá ao credor com maior crédito presente.

O secretário da Assembleia Geral de Credores possui função mais acessória. Escolhido pelo presidente da Assembleia Geral de Credores, ao secretário compete auxiliar o presidente na coordenação das deliberações, na organização dos trabalhos. É atribuída ao secretário a função de ler a ordem do dia constante do edital de convocação, computar os votos proferidos na deliberação, lavrar a ata das deliberações e colher as assinaturas.

A ata deverá conter todas as matérias deliberadas pelos credores e o resultado das referidas deliberações. Embora deva conter o nome de todos os presentes na Assembleia Geral, não precisa ser assinada por todos. Ela poderá ser assinada apenas pelo presidente, pelo devedor e por dois membros de cada uma das classes votantes.

Procedimento da Assembleia Geral de Credores

Ao presidente da Assembleia Geral compete verificar a legitimidade dos credores para ingressarem na Assembleia Geral, bem como verificar os poderes de seus representantes, caso haja mandatário, representante legal ou o sindicato dos trabalhadores.

Em seguida, o presidente da Assembleia Geral deverá controlar as assinaturas da lista de presença, a qual será encerrada no momento da instalação da Assembleia, momento em que não será mais admitido o ingresso de nenhum novo credor.

Cada credor admitido na Assembleia deverá obrigatoriamente assinar a lista. Eventual omissão do credor na assinatura implica que o credor não poderá participar das deliberações. A obrigatoriedade e o encerramento da lista por ocasião da instalação da AGC procuram assegurar a estabilidade do quórum para as discussões[211].

A exigência da lista de presença determina que os credores deverão comparecer, pessoalmente ou por meio de representante, fisicamente à Assembleia Geral de Credores. A exigência de assinatura da lista de presença impede que a deliberação assemblear possa ocorrer mediante correspondência, videoconferência ou qualquer outra forma diversa da presencial. Ao menos por enquanto, a Assembleia Geral de Credores, de forma eletrônica, é contrária à lei de recuperações e falência.

Encerrada a lista, cumpre ao presidente da AGC verificar se o quórum de instalação foi preenchido para o prosseguimento dos trabalhos. Caso o quórum legal tenha sido obtido, o presidente declarará instalada a Assembleia Geral de Credores, que prosseguirá com a leitura da ordem do dia constante do edital e as questões passarão a ser discutidas entre os presentes.

Não há rigor na ordem das matérias a serem discutidas, a qual não precisa ocorrer necessariamente na ordem constante no edital de convocação, desde que não acarrete prejuízo aos credores presentes. Outrossim, assim como a ordem das matérias a serem discutidas poderá ser determinada pelo Presidente da AGC, a ordem pela qual os votos serão proferidos também poderá ser por este definida e ser realizada pela ordem alfabética dos credores, por classe de credores, por valor de crédito etc.[212]

---

[211] Nesse sentido, TJSP, AI 554.674-4/5-00, Câmara Especial de Falência e Recuperação, rel. Des. José Araldo da Costa Telles, *DJ* 25-6-2008.

[212] TJSP, AI 0137526-29.2011, Câmara Especial de Falência e Recuperação, rel. Des. Elliot Akel, 13-12-2011.

Após a discussão das matérias constantes na ordem do dia, o presidente submeterá as matérias à deliberação dos presentes. Deverá computar o sentido de cada um dos votos emitido e apresentar o resultado da votação. Após a votação, será lavrada ata com o cômputo dos votos proferidos.

Quórum de instalação

Para que a Assembleia Geral de Credores seja instalada e as deliberações possam ocorrer, necessário que haja a presença de mais de 50% do valor dos créditos de cada uma das classes, em primeira convocação.

Para aferir o quórum de instalação, a apuração do valor dos créditos deverá ser feita com base nas classes definidas no art. 41 da Lei n. 11.101/2005. Ainda que a deliberação verse exclusivamente sobre a constituição do Comitê de Credores, a despeito da regra específica do art. 26, o quórum de instalação deverá ser verificado em relação a cada uma das classes conforme divisão do art. 41. Isso porque, como já apontado nos comentários ao art. 26, a adoção dos parâmetros do art. 41 para a formação das classes e a análise do quórum de instalação permitiriam a participação na constituição do Comitê de Credores pela maioria dos credores, bem como aglutinariam na mesma classe os que possuiriam interesses mais semelhantes[213].

O quórum, entretanto, não é de 50% de todos os créditos das respectivas classes, mas apenas de 50% do valor dos créditos dos credores com direito de voto. Os credores impedidos de votar (art. 39, § 1º, c.c. art. 49, §§ 3º e 4º, e art. 86, II; art. 43, parágrafo único; e art. 45, § 3º) poderão comparecer à Assembleia Geral de Credores e terão o direito de voz. Poderão, assim, discutir as matérias submetidas na ordem do dia com os demais credores presentes, mas não terão o direito de votar e também não integrarão o quórum de instalação da AGC.

Caso referido quórum não esteja presente num primeiro momento, a AGC não poderá ser instalada e será necessário aguardar a segunda convocação. Em segunda convocação, a Assembleia Geral de Credores poderá ser instalada com qualquer número de créditos presentes, ainda que inferior à metade de cada classe.

Representação voluntária

Serão legitimados para comparecer na Assembleia Geral os credores que figurarem no quadro-geral de credores, ou, na sua falta, na relação de credores apresentada pelo administrador judicial ou, na sua falta, na relação apresentada pelo próprio devedor (art. 39).

Embora, em regra, o comparecimento deva ser pessoal do próprio credor, permite a lei que o credor seja representado na Assembleia Geral.

A representação voluntária é realizada por meio da conferência de procuração legal ao representante, o qual recebe do credor poderes para agir em seu nome e no seu interesse. A utilização do termo "mandatário" pelo art. 37, § 4º, foi realizada em sentido impróprio pela legislação falimentar e apenas reflete a confusão histórica que remonta ao direito romano entre o contrato de mandato e a representação, já que o mandato era entendido como a base material desta[214]. Na

---

[213] Em sentido contrário: FRANÇA, Erasmo Valladão A. e N. *Comentários à Lei de Recuperação de Empresas e Falência*. 2. ed. São Paulo: Revista dos Tribunais, 2007, p. 205.

[214] SACRAMONE, Marcelo Barbosa. *Administradores de sociedades anônimas*: relação jurídica entre o administrador e a sociedade. São Paulo: Almedina, 2014, p. 62 e ss.

realidade, a terminologia própria deveria ser a de representação voluntária, cujos poderes são conferidos ao representante pela outorga de procuração.

No caso da representação voluntária, a conferência de poderes ao representante não pode ser realizada por meio de uma outorga de poderes em termos gerais. O mandato em termos gerais, de acordo com o art. 661 do Código Civil, não especifica os atos a serem praticados, mas apenas confere poderes genéricos, não determinados. Nesse caso, o mandatário poderia realizar somente atos de administração, de modo que a votação em AGC extrapolaria os seus poderes.

A procuração *ad judicia* também é insuficiente a tanto. Nos termos do art. 105 do Código de Processo Civil, essa procuração geral para o foro não confere poderes ao patrono para a realização de quaisquer atos que extrapolem os atos processuais ordinários. No caso da votação em Assembleia Geral de Credores, o ato não é processual, uma vez que nem sequer é exigido do votante capacidade postulatória para tanto.

A procuração, assim, deve ser outorgada com poderes específicos para votar na Assembleia Geral de Credores. Desnecessário, entretanto, que expressamente confira poderes ao representante para transigir ou renunciar[215]. Isso porque a conferência de poderes de voto ao representante já atribui a ele o poder de agir no nome e no interesse do representado por ocasião da Assembleia Geral de Credores, o que pressupõe eventual transigência quanto a uma parte do valor do crédito exigido.

A representação voluntária poderá ser conferida a qualquer pessoa e inclusive ao patrono do próprio credor. Controverte-se sobre a possibilidade de conferência dos poderes ao próprio devedor, em virtude de suposto conflito de interesse entre o representante e o representado. Orlando Gomes sustenta que a atribuição de poderes no interesse exclusivo do representante, como uma procuração em causa própria, desvirtuaria a representação[216] e não poderia ser admitida.

Entretanto, a melhor interpretação parece ser a de que a atribuição de poderes de voto ao próprio devedor não ocorreria com a tutela ao interesse exclusivo deste, mas também do próprio credor, o qual confiou no devedor como representante. Ainda que conferido poderes ao devedor, este deverá atuar no interesse do credor ao votar em AGC, o qual pode ser consentâneo ao seu próprio interesse[217]. Desse modo, perfeitamente possível a atribuição de poderes pelo credor ao próprio devedor para votar em AGC.

Representação legal

A Lei permitiu que a representação fosse feita por representante legal. A caracterização própria da representação legal requer a falta de capacidade plena do representado para exercer, por si próprio, os atos necessários, de modo que a própria lei substitui a vontade do representado pela do representante. São representantes legais, desse modo, os pais no exercício do pátrio poder em relação aos filhos menores e o curador em face do curatelado.

---

[215] Em sentido contrário: FRANÇA, Erasmo Valladão A. e N. *Comentários à Lei de Recuperação de Empresas e Falência*. 2. ed. São Paulo: Revista dos Tribunais, 2007, p. 206.

[216] GOMES, Orlando. *Contratos*. 24. ed. Rio de Janeiro: Forense, 2001, p. 288.

[217] PLÁCIDO E SILVA, Oscar José de. *Tratado do mandato e prática das procurações*, v. I, 3. ed. Rio de Janeiro: Guaíra, 1959, p. 442. BRITO CORREIA, Luis. *Os administradores de sociedades anônimas*. Coimbra: Almedina, 1993, p. 533. Especificamente quanto à matéria falimentar, VALVERDE, Trajano de Miranda. *Comentários à Lei de Falências*. v. 2. 4. ed. Rio de Janeiro: Forense, 1999.

Assim como o representante voluntário, a lei exigiu que o representante legal também entregasse ao administrador judicial, com 24 horas de antecedência da Assembleia Geral de Credores, documento hábil que comprove seus poderes ou a indicação das folhas dos autos do processo em que a documentação está, sob pena de impossibilidade de participação do representante legal na AGC[218]. A medida procura evitar conturbação por ocasião da instalação da Assembleia e a desnecessidade de o administrador judicial conferir a exatidão dos poderes conferidos por ocasião da própria Assembleia Geral de Credores.

Embora não se trate de representação legal propriamente dita[219], integra a hipótese o exercício do voto pelos administradores das pessoas jurídicas credoras. A pessoa jurídica não é propriamente representada pelos seus administradores. A alteridade das pessoas do representante e do representado, imprescindível ao instituto da representação, não ocorre com a pessoa jurídica e o seu administrador.

Na pessoa jurídica, há verdadeira presentação, em que o administrador faz presente a pessoa jurídica perante terceiros. O administrador não figura como representante nem atua no interesse da pessoa jurídica. Ele é órgão da sociedade, sem individualidade jurídica própria, mas integrante da pessoa jurídica coletiva. Como órgão, o administrador confunde-se com a própria pessoa jurídica, a qual se manifesta e age por meio deste[220].

Em que pese não poder ser conhecido propriamente como representante, procurou o legislador na Lei n. 11.101/2005 garantir o conhecimento por todos sobre aquele que exercerá o direito de voto como credor e facilitar a verificação do quórum de instalação da Assembleia Geral de Credores. Dessa forma, deverá a pessoa jurídica informar ao administrador judicial quem a fará presente na AGC[221].

Dessa forma, quer seja no caso de representação voluntária, quer seja no caso de representação legal ou de manifestação de voto da pessoa jurídica por meio de seus administradores, os credores deverão informar diretamente ao administrador judicial, no prazo de 24 horas antes da instalação da Assembleia Geral de Credores, os documentos necessários para a demonstração dos poderes do representante ou devem indicar as folhas dos autos do processo em que se encontrem as demonstrações desses poderes.

A medida se justifica para evitar que o administrador judicial, por ocasião da instalação da Assembleia Geral de Credores, precise conferir a legitimidade de cada um dos que se apresentarem como representantes dos credores, o que provocaria atrasos na instalação do conclave.

---

[218]   TJSP, AI 2262206-32.2023.8.26.0000, rel. Des. Cesar Ciampolini, 1ª Câmara Reservada de Direito Empresarial, j. 14-3-2024.

[219]   SACRAMONE, Marcelo Barbosa. *Administradores de sociedades anônimas*: relação jurídica entre o administrador e a sociedade. São Paulo: Almedina, 2014, p. 68 e ss.

[220]   PONTES DE MIRANDA, Francisco Cavalcanti. *Tratado de direito privado*. t. III. 4. ed. São Paulo: Revista dos Tribunais, 1974, p. 233. Para L. Brito Correia, "só pode aceitar-se a expressão representação orgânica, se se considerar como representação a prática de atos jurídicos por uma pessoa (titular do órgão) em nome de outra (pessoa coletiva), perante terceiro – admitindo que, ao lado da representação por substituição de vontades, existe representação por integração de vontade. Mas a figura da representação orgânica não abrange todas as espécies de órgãos, mas apenas os órgãos externos que praticam atos jurídicos – que, por isso, se chamam órgãos representativos" (BRITO CORREIA, Luis. *Os administradores de sociedades anônimas*. Coimbra: Almedina, 1993, p. 208-209).

[221]   Em sentido contrário, com a dispensa de apresentação do ato de nomeação ao administrador judicial em período anterior, TJSP, AI 429.666-4/1-00, Câmara Especial de falências e Recuperações Judiciais, rel. Des. Pereira Calças, *DJ* 15-3-2006. Na doutrina, COELHO, Fábio Ulhoa. *Comentários à nova Lei de Falência e de Recuperação de Empresas*. 2. ed. São Paulo: Saraiva, 2005, p. 95-96.

Deverão os representantes, nesses termos, juntar a procuração de outorga voluntária de poderes, ou o demonstrativo de exercem a representação legal em nome do menor, como certidão de nascimento; o curador deverá apresentar a sentença de sua nomeação em relação ao curatelado; o inventariante deverá apresentar a decisão de sua nomeação em relação ao espólio; o administrador judicial da Massa Falida deverá apresentar a decisão de sua nomeação; o diretor deverá apresentar o contrato social e a ata da Assembleia que o elegeu para a função etc.

Representação dos debenturistas e *bondholders*

Nos casos em que os créditos são representados por debêntures ou *bonds* emitidos pelo devedor, o agente fiduciário ou o *trustee* terão legitimidade para votar representando os debenturistas ou os *bondholders*, respectivamente.

O agente fiduciário é nomeado na própria escritura de emissão das debêntures (art. 66 da Lei n. 6.404/76) e tem como função proteger os direitos e interesses dos debenturistas, inclusive com a representação dos debenturistas em processos de falência ou recuperação judicial (art. 68 da Lei n. 6.404/76).

A representação dos debenturistas pelo agente fiduciário se faz pela mera apresentação da escritura de emissão das debêntures e foi assim permitida para permitir que a pulverização dos títulos e sua circulação não impedissem o exercício dos seus direitos. Para tanto, o reconhecimento do crédito na recuperação judicial e na falência será feito pelo valor total da emissão dos títulos e com a indicação do agente fiduciário.

Nada impede, entretanto, que os debenturistas requeiram a individualização dos referidos créditos no quadro-geral de credores[222]. Essa individualização, caso não reconhecida pelo devedor, deverá ser feita na própria verificação de crédito.

O debenturista poderá, ainda, requerer o exercício pessoal do seu direito de voz e voto na Assembleia Geral de Credores como forma de exercício dos direitos conferidos pelo seu crédito. Deverá, a tanto, comunicar ao administrador judicial, até 24 horas antes da Assembleia, o exercício pessoal desse direito. Referido prazo poderá ser extraído por analogia do art. 37, § 4º, que garantiu ao credor o direito de ser representado e, de forma contrária, de exercer o seu próprio direito quando recusa a representação de seus direitos conforme faculdade atribuída pela própria lei.

Como a titularidade do crédito é do próprio debenturista, não se justifica que o pedido de desmembramento do direito de voz e voto seja condicionado à autorização judicial, o que é incompatível com a celeridade do procedimento. O exercício do direito pessoal de voto e voz não é impedido pela Lei n. 11.101/2005, de modo que não poderia ser obstado ao próprio titular desse direito, a quem seria garantido o direito de apenas comunicar que o exerceria pessoalmente. Não há, aqui, necessidade de autorização. Basta, portanto, a mera comunicação ao administrador judicial para que se evite tumulto na contagem[223].

---

[222] No mesmo sentido se decidiu quanto aos titulares de *bonds* ou notas: TJSP, AI 2008219-46.2015.8.26.0000, 2ª Câmara Reservada de Direito Empresarial, rel. Des. Ricardo Negrão, *DJ* 9-9-2015.

[223] Nesse sentido: TJSP, 2ª Câmara Reservada de Direito Empresarial, AI 2219093-43.2014, rel. Des. Ricardo Negrão, j. 17-2-2016.

Em sentido contrário, o Enunciado 76 da II Jornada de Direito Comercial do Conselho da Justiça Federal exige a autorização judicial: "nos casos de emissão de títulos de dívida pela companhia recuperanda, na qual exista agente fiduciário ou figura similar representando uma coletividade

Assim como as debêntures, as companhias poderão emitir títulos no exterior para a captação de recursos. Esses títulos representativos de direitos de crédito contra ela são conhecidos por *bonds*, e são regulados pela legislação de cada país onde o título é emitido. Como regra geral, da mesma forma que na escritura de emissão da debênture constarão os direitos conferidos aos seus titulares, na *indenture*, escritura de emissão dos *bonds*, serão especificados os direitos de seus titulares, os *bondholders*.

Na *indenture* constará a indicação do *indenture trustee*, cuja função é proteger os interesses desses credores, de forma análoga ao agente fiduciário, com poderes de voz e voto nas assembleias-gerais e que constará na lista de credores. Se desejar exercer os seus direitos diretamente, deverá o *bondholder* apenas comunicar, com 24 horas de antecedência, o exercício pessoal do seu direito de voto e voz, de forma análoga ao que ocorre na hipótese dos créditos representados pelas debêntures[224].

Representação por sindicato

Para garantir o exercício do direito de voto por aqueles credores que supostamente teriam maiores dificuldades de comparecerem à Assembleia Geral de Credores, a Lei assegurou aos credores trabalhistas a prerrogativa de serem representados por sindicato do qual sejam associados, caso não possam comparecer, pessoalmente ou por procurador, à AGC.

O sindicato dos trabalhadores votará apenas representando aqueles credores que forem efetivamente seus associados e que não compareceram à AGC. Para tanto, deverá apresentar, em 10 dias da Assembleia, a lista dos credores que pretende representar caso não compareçam à AGC.

De modo a evitar o cômputo de mais de um voto pelo mesmo credor, os credores deverão ser relacionados por apenas um dos sindicatos. Caso mais do que um relacione o mesmo credor, este terá o prazo de 24 horas antes da Assembleia para esclarecer por qual sindicato será representado. Sua omissão implica que nenhum dos sindicatos poderá representá-lo.

O § 6º, II, do dispositivo condicionava a representação do sindicado à comunicação de sua pretensão de voto por carta a cada um dos associados. O inciso, entretanto, foi vetado sob o fundamento de que condicionar a representação sindical à prévia comunicação acarretaria procedimento burocrático e que poderia permitir perigosa possibilidade de impugnação da legitimidade da representação dos sindicatos.

Suspensão da Assembleia Geral de Credores

Instalada a Assembleia Geral de Credores, será encerrada a lista de presença e não poderão participar mais do conclave credores que comparecerem após essa instalação.

---

de credores, caberá ao agente fiduciário o exercício do voto em Assembleia Geral de Credores, nos termos e mediante as autorizações previstas no documento de emissão, ressalvada a faculdade de qualquer investidor final pleitear ao juízo da recuperação o desmembramento do direito de voz e voto em assembleia para exercê-lo individualmente, unicamente mediante autorização judicial".

[224] Nesse sentido, STJ, 3ª Turma, REsp 1.670.096/RJ, rel. Min. Nancy Andrighi, *DJ* 20-6-2017.

TJSP, AI 2219093-43.2014.8.26.0000, 2ª Câmara Reservada de Direito Empresarial, rel. Des. Ricardo Negrão, *DJ* 17-2-2016.

A AGC, entretanto, pode não se encerrar no mesmo dia em que instalada, por diversos motivos, e os credores podem determinar sua suspensão, nos termos do quórum previsto no art. 42. A Assembleia em continuação a ser realizada dispensa a reiteração das exigências formais impostas pela Lei. Como a AGC é una, embora tenha sido suspensa durante determinado período, não há necessidade de publicação de novo edital de convocação aos credores, nem a verificação de quórum de instalação para primeira convocação ou, caso não preenchido, instalação apenas em segunda convocação.

A Assembleia ocorrerá em continuação à primeira, de modo que o quórum de instalação já foi preenchido. Outrossim, a publicação de novo edital de convocação é desnecessária, desde que os credores, por ocasião da própria suspensão da AGC, tenham ciência da próxima data. Isso porque apenas os credores que compareceram à primeira Assembleia e que, portanto, figuraram na lista de presença poderão comparecer à sua continuação e, como já receberam ciência da data da próxima AGC, nova publicação, a qual é onerosa, é dispensada[225].

Nos termos do art. 56, § 9º, na hipótese de suspensão da Assembleia Geral de Credores, esta deverá ser encerrada no prazo de até 90 dias de sua instalação[226].

Submissão de matérias à votação

O art. 122, § 2º, do Decreto-Lei n. 7.661/45 permitia ao presidente da Assembleia Geral de Credores, o qual era o próprio Magistrado, o direito de vetar as deliberações dos credores que fossem contrárias à Lei. Durante a Assembleia Geral de Credores, o Magistrado poderia deixar de submeter à votação questões indicadas na ordem do dia e que fossem ilegais.

Com a alteração da presidência da Assembleia pela Lei n. 11.101/2005, com a atribuição ao administrador judicial ou ao maior credor presente nas ocasiões em que o administrador judicial esteja impedido, não permitiu a Lei ao presidente vetar a votação das deliberações que considera ilegais.

O presidente apenas poderá deixar de computar os votos dos credores impedidos de votar. São eles os credores proprietários ou em razão de adiantamento de contrato de câmbio (art. 39, 1º c.c. art. 49, §§ 3º e 4º, e art. 86, II); os credores em conflito de interesse em razão de serem sócios ou serem ligados por parentesco, direta ou indiretamente ou em virtude de terem sócios ou administradores ligados ao devedor ou aos seus administradores ou controladores (art. 43, parágrafo único); ou em razão de não terem as condições de seu crédito alteradas (art. 45, § 3º).

Art. 38. O voto do credor será proporcional ao valor de seu crédito, ressalvado, nas deliberações sobre o plano de recuperação judicial, o disposto no § 2º do art. 45 desta Lei.

Parágrafo único. Na recuperação judicial, para fins exclusivos de votação em assembleia-geral, o crédito em moeda estrangeira será convertido para moeda nacional pelo câmbio da véspera da data de realização da assembleia.

---

[225] TJSP, AI 0137526-29.2011, Câmara Especial de Falência e Recuperação, rel. Des. Elliot Akel, j. 13-12-2011.

[226] Cf. comentários ao art. 56.

Cômputo do voto

O art. 38 define a regra geral do cômputo dos votos nas deliberações da Assembleia Geral de Credores. Exceto se a deliberação for concernente à aprovação do plano de recuperação judicial, os votos serão computados na proporção do valor dos créditos detidos pelos credores e independentemente da natureza do crédito, da classe pertencente ou de quantos são os credores.

Na deliberação a respeito do plano de recuperação judicial, prevista no art. 45 da Lei, os votos serão computados proporcionalmente ao crédito em cada classe. Nas classes dos titulares de créditos trabalhistas ou decorrentes de acidente de trabalho e dos credores microempresários ou empresários de pequeno porte, além de o voto ser computado proporcionalmente ao crédito, ele também deverá ser computado conforme a quantidade de credores e independentemente de seu valor, ou por cabeça.

Conversão do crédito em moeda estrangeira

Para que se possa mensurar o voto na Assembleia Geral de Credores na recuperação judicial e o resultado da deliberação, os créditos contraídos em moeda estrangeira serão convertidos para moeda nacional pelo câmbio da véspera da data da instalação da AGC.

Na recuperação judicial, ao contrário da decretação da falência, as dívidas não serão antecipadamente vencidas por ocasião do pedido de recuperação. A verificação de crédito à data do pedido de recuperação judicial faz-se apenas para mensurar o poder político de cada credor na AGC.

Quanto ao crédito em moeda estrangeira, ele é na própria moeda estrangeira incluído no quadro-geral de credores, com a atualização conforme dispõe o contrato até a data do pedido de recuperação judicial[227]. A variação cambial é assegurada ao credor, como forma de parâmetro de indexação da obrigação. Apenas com a concordância expressa desse credor poderá ser alterada pelo plano de recuperação judicial essa variação cambial (art. 50, § 2º).

Sua fixação em moeda estrangeira, contudo, impediria que se permitisse avaliar o peso do voto daquele credor em relação aos demais credores que possuam direitos de crédito em outras moedas. Para tanto, converte-se a obrigação pela taxa de câmbio com a moeda brasileira vigente na véspera da instalação da AGC apenas para se aferir o montante do voto do referido credor.

Como a moeda possui cotação de compra e de venda, o cálculo deverá ser feito conforme a cotação da venda, pois seria o utilizado para o pagamento da dívida, salvo se houver estipulação contratual em contrário.

Na hipótese de suspensão da AGC, o valor do crédito convertido no dia anterior à instalação da AGC, antes portanto de eventual suspensão, deverá ser utilizado para cômputo do voto, o que decorre do princípio da unicidade do conclave[228].

Na hipótese de falência, a conversão do crédito já é feita diretamente por ocasião da sentença de decretação da falência (art. 77), ocasião em que ocorrerá, ademais, o vencimento antecipado de todas as dívidas do devedor.

---

[227] TJSP, AI 2115280-63.2015, 1ª Câmara Reservada de Direito Empresarial, rel. Des. Teixeira Leite, *DJ* 30-9-2015; TJSP, AI 2009071-36.2016, 2ª Câmara Reservada de Direito Empresarial do Tribunal de Justiça de São Paulo, rel. Des. Caio Marcelo Mendes de Oliveira, *DJ* 11-4-2016.

[228] TJSP, AI 2247430-32.2020.8.26.0000, 1ª Câmara Reservada de Direito Empresarial, rel. Des. Alexandre Lazzarini, j. 23-3-2022.

Art. 39. Terão direito a voto na assembleia-geral as pessoas arroladas no quadro-geral de credores ou, na sua falta, na relação de credores apresentada pelo administrador judicial na forma do art. 7º, § 2º, desta Lei, ou, ainda, na falta desta, na relação apresentada pelo próprio devedor nos termos dos arts. 51, incisos III e IV do *caput*, 99, inciso III do *caput*, ou 105, inciso II do *caput*, desta Lei, acrescidas, em qualquer caso, das que estejam habilitadas na data da realização da assembleia ou que tenham créditos admitidos ou alterados por decisão judicial, inclusive as que tenham obtido reserva de importâncias, observado o disposto nos §§ 1º e 2º do art. 10 desta Lei.

§ 1º Não terão direito a voto e não serão considerados para fins de verificação do quórum de instalação e de deliberação os titulares de créditos excetuados na forma dos §§ 3º e 4º do art. 49 desta Lei.

§ 2º As deliberações da assembleia-geral não serão invalidadas em razão de posterior decisão judicial acerca da existência, quantificação ou classificação de créditos.

§ 3º No caso de posterior invalidação de deliberação da assembleia, ficam resguardados os direitos de terceiros de boa-fé, respondendo os credores que aprovarem a deliberação pelos prejuízos comprovados causados por dolo ou culpa.

§ 4º Qualquer deliberação prevista nesta Lei a ser realizada por meio de assembleia geral de credores poderá ser substituída, com idênticos efeitos, por:

I – termo de adesão firmado por tantos credores quantos satisfaçam o quórum de aprovação específico, nos termos estabelecidos no art. 45-A desta Lei;

II – votação realizada por meio de sistema eletrônico que reproduza as condições de tomada de voto da assembleia geral de credores; ou

III – outro mecanismo reputado suficientemente seguro pelo juiz.

§ 5º As deliberações nos formatos previstos no § 4º deste artigo serão fiscalizadas pelo administrador judicial, que emitirá parecer sobre sua regularidade, previamente à sua homologação judicial, independentemente da concessão ou não da recuperação judicial.

§ 6º O voto será exercido pelo credor no seu interesse e de acordo com o seu juízo de conveniência e poderá ser declarado nulo por abusividade somente quando manifestamente exercido para obter vantagem ilícita para si ou para outrem.

§ 7º A cessão ou a promessa de cessão do crédito habilitado deverá ser imediatamente comunicada ao juízo da recuperação judicial.

Direito de voto dos credores incluídos nas listas de credores

O art. 39 estabelece a regra geral quanto ao direito de voto ao determinar que todos aqueles que forem considerados credores poderão votar na Assembleia Geral de Credores.

A caracterização de determinada pessoa como credor faz-se por meio do processo de verificação de crédito, tanto na falência quanto na recuperação judicial. O credor será considerado habilitado se o seu crédito estiver incluído no quadro-geral de credores, em razão do julgamento das impugnações judiciais (art. 18) ou em virtude da falta de impugnação à lista apresentada pelo administrador judicial (art. 14).

A formação do quadro-geral de credores, contudo, poderá ocorrer apenas após a Assembleia Geral de Credores já ter ocorrido. Na ausência de QGC, poderão votar na Assembleia Geral os credores incluídos na relação apresentada pelo administrador judicial, por meio da qual apresentará sua decisão acerca das habilitações e divergências administrativas (art. 7º, § 2º).

Na hipótese de nem sequer a lista de credores do administrador judicial ter sido apresentada, a legitimidade do voto será aferida com base na própria relação de credores apresentada pelo falido. A lista do devedor será apresentada, na hipótese de falência, no prazo de cinco dias a contar da decretação de falência (art. 99, III).

No caso de recuperação judicial, nunca ocorrerá de a AGC ser baseada na lista apresentada pelo próprio devedor, a qual deverá ser apresentada por ocasião da distribuição do pedido de recuperação judicial (art. 51, III). Isso porque as objeções ao plano de recuperação (art. 56) e que motivarão a convocação da AGC apenas terão o prazo de oposição iniciado a partir da relação de credores elaborada pelo administrador judicial, caso seja posterior à apresentação do plano de recuperação (art. 55).

Credores habilitados ou com reserva

Além dos credores incluídos no quadro-geral de credores, ou, sucessivamente, na lista do administrador judicial ou na relação do devedor, poderão votar os credores posteriormente habilitados, a menos que se trate de habilitações retardatárias.

São considerados habilitados os credores que, mesmo não incluídos na lista do administrador judicial, tenham tido sua impugnação judicial deferida, com a inclusão de seu crédito. Caso essa decisão judicial tenha sido proferida antes da instalação da Assembleia Geral de Credores, referido credor poderá votar na AGC.

Ainda que não tenham sido incluídos na lista de credores, ou não tenham a impugnação judicial apreciada, poderão votar os credores cujo crédito esteja sendo apurado em ação própria em face do devedor, desde que o juízo competente para essa apreciação tenha determinado ao juízo da recuperação judicial ou da falência a reserva da importância que estimar devida pelo devedor (art. 6º, § 3º). O voto do credor será computado na proporção do valor do crédito objeto da reserva.

Direito de voto dos credores retardatários

Os titulares de créditos retardatários, caracterizados como aqueles que não se habilitaram administrativamente no prazo de 15 dias a contar da publicação do edital com a lista dos credores apresentada pelo devedor ou realizaram impugnação judicial no prazo de dez dias contados do edital com a relação dos créditos apresentada pelo administrador judicial, não terão direito a voto nas deliberações assembleares da recuperação judicial ou do processo de falência (art. 10, §§ 1º e 2º), ainda que tenham tido suas habilitações retardatárias julgadas anteriormente à Assembleia Geral de Credores ou ainda que tenham obtido reserva de seu crédito[229].

O impedimento ao voto do credor retardatário não se aplica, apenas, aos titulares de créditos derivados da relação de trabalho. Os credores trabalhistas, assim, ainda que não tenham se habilitado tempestivamente no processo de recuperação judicial ou de falência, poderão votar a partir do reconhecimento de seu crédito na habilitação ou do deferimento do pedido de reserva.

Os demais credores retardatários, entretanto, não poderão votar. O voto será permitido, apenas, se já houver o reconhecimento de seu crédito no quadro-geral de credores homologado e exclusivamente no procedimento falimentar, única ressalva realizada pelo dispositivo (art. 10, § 2º).

---

[229] Conferir comentários ao art. 10.

Direito de voto dos credores proprietários e em razão de adiantamento de contrato de câmbio

Os credores titulares de posição de proprietário fiduciário, de arrendador mercantil, de proprietário ou promitente vendedor de imóveis com contrato com cláusula de irrevogabilidade ou irretratabilidade ou de proprietário em contrato de venda com reserva de domínio, bem como daquele que adiantou o contrato de câmbio para exportação no limite do valor adiantado, não se submeterão aos efeitos da recuperação judicial, nos termos do art. 49, §§ 3º e 4º.

Por não se submeterem aos seus efeitos ou terem quaisquer das condições de suas obrigações submetidas à novação pelo plano de recuperação judicial, referidos credores não terão direito de voto na Assembleia Geral da recuperação judicial. A não sujeição aos efeitos da recuperação implica que não possuem interesse em intervir no plano de recuperação judicial proposto ou nas demais questões que possam interferir no desenvolvimento do processo[230].

Embora possam comparecer à AGC e tenham direito de se manifestar sobre as questões constantes da ordem do dia, não terão o voto computado nem serão considerados para a verificação do quórum de instalação. Nada impede que os credores, desde que o façam expressamente, decidam renunciar às suas garantias e se submeter ao plano de recuperação judicial. Poderiam, assim, aderir aos efeitos do plano de recuperação judicial, mas é exigida manifestação individual e inequívoca a tanto.

Como os credores proprietários apenas são considerados extraconcursais pelo limite do bem gravado, possível considerar a hipótese de o credor ou a recuperanda requerer(em) a habilitação do saldo remanescente do crédito, se já aferível àquela altura, de modo que, se tempestiva a habilitação e, havendo eventual autorização do juízo nesse sentido, o credor proprietário tenha direito a votar na AGC tão somente pela parcela não coberta pela garantia.

Com a promulgação do Marco Legal das Garantias (Lei n. 14.711/2024), o ordenamento jurídico nacional passou a expressamente autorizar a constituição de alienação fiduciária superveniente, que assegura ao credor titular o direito de, no caso de excussão do imóvel pelo credor fiduciário anterior com alienação a terceiros, sub-rogar-se no preço obtido (art. 22, § 4º, da Lei), condicionando-se sua eficácia ao cancelamento da propriedade fiduciária anteriormente constituída.

O § 10 do art. 22 da Lei assegura que "o disposto no § 3º do art. 49 da Lei n. 11.101, de 9 de fevereiro de 2005, beneficia todos os credores fiduciários, mesmo aqueles decorrentes da alienação fiduciária da propriedade superveniente", o que poderia levar a crer que todos os credores garantidos por alienação fiduciária do bem respectivo são extraconcursais e, portanto, sem direito a voto na AGC.

Contudo, a norma deve ser interpretada de modo a não criar distorções indevidas. O crédito do titular de alienação fiduciária superveniente somente será extraconcursal no limite do saldo remanescente do crédito anteriormente constituído. Assim, por exemplo, se o imóvel alienado sequer for suficiente para saldar o credor prioritário ou se o for somente até o limite do crédito deste, o credor com direito à alienação fiduciária superveniente será concursal e seu crédito deverá ser listado como sujeito à recuperação judicial, de modo a lhe garantir o direito de plena participação na AGC, por meio do exercício de voto.

Ainda que a doutrina sustente a aplicação do referido art. 39, § 1º, apenas às assembleias-gerais de credores da recuperação judicial, em razão da expressa referência ao art. 49, §§ 3º e 4º[231], a restrição não encontra razão.

---

[230] STJ, 4ª Turma, REsp 1.207.117/MG, rel. Min. Luis Felipe Salomão, *DJ* 10-11-2015.

[231] FRANÇA, Erasmo V. A. e N. *Comentários à Lei de Recuperação de Empresas e Falência*. 2. ed. São Paulo: Revista dos Tribunais, 2007, p. 211.

Os credores proprietários e os que adiantaram importâncias em razão de contrato de câmbio para exportação não se submetem ao processo de recuperação judicial e tampouco à ordem de pagamento da falência. Caso tenham o bem arrecadado pela Massa Falida, poderão obtê-lo mediante pedido de restituição (arts. 85 e 86) e, caso procedente, não integrarão o quadro-geral de credores (art. 89). Por não figurarem como credores, não poderão votar na Assembleia Geral.

Formas alternativas de deliberação

Pela alteração do art. 39 da Lei n. 11.101/2005, a Assembleia Geral de Credores não mais precisa ocorrer necessariamente de forma presencial. De forma a se garantir menor onerosidade ao devedor e maior participação ativa dos credores, a Lei franqueou a possibilidade de deliberação por formas alternativas, como o termo de adesão, assembleia virtual ou eletrônica, ou outros mecanismos que permitam o cômputo das manifestações pelos credores.

Referidas formas alternativas de deliberação não ficarão ao exclusivo critério do devedor. Sua realização deverá ser fiscalizada pelo administrador judicial, que deverá emitir parecer sobre sua regularidade.

Embora a Lei, no art. 39, § 5º, determine que o administrador judicial emitirá previamente à sua homologação judicial, inclusive no caso de concessão ou não da recuperação judicial, o controle é mais eficiente e menos oneroso aos devedores e aos credores se ocorrer previamente à deliberação. Previamente à instalação da Assembleia Geral ou de outro mecanismo deliberativo, o administrador judicial deve se manifestar se o princípio da participação ativa dos credores no procedimento de recuperação seria efetivamente tutelado pela forma alternativa.

A realização da Assembleia Geral de Credores por meio exclusivamente eletrônico, embora possa assegurar maior participação dos credores em virtude da desnecessidade de deslocamento e menor onerosidade ao devedor, pode impedir a participação de credores sem acesso aos meios eletrônicos.

Para que a Assembleia Geral de Credores cumpra o seu papel de permitir a plena negociação do plano de recuperação judicial proposto, aos credores deve ser conferida efetiva possibilidade de direito de voz e voto, nos termos do art. 39 da Lei n. 11.101/2005.

A proposta de sua realização deverá ser sopesada no caso a caso diante da composição de credores de um determinado devedor. Isso porque não é condição para ser credor ter voluntariamente se submetido a essa forma de assembleia, como ocorre com os acionistas das sociedades anônimas nos estatutos sociais ou dos diversos sócios nos contratos sociais dos demais tipos societários. Tampouco se exige, para sua consideração como credor, que este tenha necessariamente acesso aos meios eletrônicos.

Nesse sentido, para que a Assembleia Geral de Credores possa ocorrer de forma exclusivamente eletrônica, por exemplo, imprescindível que o princípio da participação ativa dos credores seja efetivamente assegurado. Para tanto, importante que se analise, no caso concreto, se a coletividade de credores terá efetivo acesso à Assembleia. Tal situação deverá ser especialmente considerada diante de ampla quantidade de credores trabalhistas eventualmente mais vulneráveis ou de microempresários sem acesso a essa forma eletrônica de votação.

a) Termo de adesão

Em razão da celeridade e menor onerosidade, o art. 45-A permitiu que as assembleias gerais de credores fossem substituídas pela manifestação por escrito de mais da metade dos valores dos créditos sujeitos à recuperação judicial. Caso a matéria a ser deliberada exija quórum qualificado, como as de deliberação sobre o plano de recuperação judicial, de constituição do Comitê de Credores ou de forma alternativa de realização do ativo na falência, o termo de adesão deverá ser assinado pelos credores suficientes a preenchê-lo[232].

Desta forma, o termo de adesão deve ser composto pela descrição específica da matéria a ser objeto de deliberação, acompanhada da assinatura dos credores representantes de mais da metade dos valores dos créditos sujeitos à Assembleia Geral de Credores ou do quórum legal qualificado exigido para deliberar sobre ela, além da comprovação dos poderes do signatário do termo, tal como se exige para o exercício de direito de voto na assembleia ocorrida presencial ou virtualmente.

b) Assembleia eletrônica ou assembleia virtual

Antes da alteração legislativa com a inserção do art. 39, § 4º, a jurisprudência já consagrava a realização da Assembleia de forma virtual ou eletrônica, como modo pelo qual o procedimento de recuperação judicial poderia prosseguir mesmo em face das regras de isolamento social e da proibição de aglomeração presencial para a contenção do avanço da pandemia da Covid-19.

A interpretação jurisprudencial era contrária formalmente à lei. Pelo art. 36, I, a Lei n. 11.101/2005 exige que o local da realização conste no edital de convocação, o que indicava a necessidade de um local físico para sua realização.

Da mesma forma que durante a atividade regular das sociedades, nas assembleias gerais de acionistas, sua realização pela forma eletrônica somente foi permitida a partir da Lei n. 14.030, de 28 de julho de 2020, e da inserção do art. 124, § 2º-a, na Lei das Sociedades Anônimas. Por seu turno, nas sociedades limitadas, a assembleia geral de sócios somente se tornou possível pela inserção do art. 1.080-A no Código Civil.

A interpretação teleológica da Lei n. 11.101/2005, entretanto, possibilitava sua realização virtual antes da própria alteração legislativa. Os princípios da celeridade, da segurança e da participação ativa dos credores, estabelecidos pelo Senador Ramez Tebet em seu relatório à Comissão de Assuntos Econômicos sobre o PLC n. 71/2003, permitiam que se entendesse pela sua realização de forma eletrônica para se assegurar o prosseguimento do feito e a maior participação dos credores.

A alteração da Lei n. 11.101/2005 consagrou expressamente essa possibilidade de a assembleia ser realizada pela forma eletrônica.

Na forma eletrônica, a AGC deve reproduzir as condições de tomada de voto e de convocação como da forma presencial. Deve o administrador judicial assegurar-se de que haja transparência e idoneidade no sistema para a manifestação de todos os interessados, segurança para o cômputo dos votos e análise dos presentes.

Para que os interessados possam se preparar para a negociação na Assembleia Geral, o sistema tecnológico a ser utilizado, bem como a forma de seu acesso e os demais procedimentos a serem seguidos durante a votação devem ser informados nos autos, constar no edital de convocação da Assembleia Geral e ser juntados no site do administrador judicial.

c) Outros mecanismos de deliberação

A Lei conferiu a possibilidade de utilização de outros mecanismos alternativos de deliberação dos credores, não adstritos ao termo de adesão ou a realização da Assembleia Geral de Credores de forma eletrônica, conforme as peculiaridades da coletividade de credores.

---

[232] Cf. comentários ao art. 45-A.

Nesse sentido, na Lei n. 6.404/76, desde a alteração do art. 121, parágrafo único, pela Lei n. 12.431/2011, permitia-se que, nas companhias abertas, o acionista participasse e votasse à distância em assembleia geral. Pelo dispositivo legal, conforme Instrução normativa CVM 481/2009 e 561/2015, conferia-se a possibilidade de voto à distância à Assembleia, por meio de boletim de voto dos acionistas.

Os mecanismos alternativos conferem a possibilidade de, no caso específico, serem apresentadas as melhores soluções para que haja maior participação dos credores.

Dentre os exemplos, além da possibilidade de cômputo dos votos por *e-mail* ou correio, poder-se-ia cogitar de formas semipresenciais de assembleia, notadamente diante da presença de credores sem acesso aos meios tecnológicos para comparecimento a uma AGC virtual.

Cessão de crédito e promessa de cessão

Para se assegurar que o votante seja efetivamente o titular do crédito e, portanto, aquele que sofrerá o impacto financeiro da decisão e tenha mais incentivos para avaliar a viabilidade econômica do devedor na condução de sua atividade empresarial, determinou a lei que a cessão ou promessa de cessão do crédito habilitado deverá ser imediatamente comunicada ao juízo da recuperação judicial.

Ainda que, pelo Código Civil, obrigue-se o cessionário a notificar o devedor, sobre quem a cessão não terá efeito enquanto não for notificada (art. 290 do Código Civil), pela alteração da Lei n. 11.101/2005, o direito de voto é incindível da titularidade do crédito e, desta forma, alterada a titularidade deste, apenas o cessionário poderá exercer, desde que não haja impedimentos, esse direito em face do devedor. Para que se possa certificar a inexistência de vícios ou irregularidades na cessão ou o não impedimento do credor cessionário, deve ser franqueado ao Administrador Judicial e aos credores que assim requererem acesso aos termos da cessão[233].

A cessão de crédito transfere ao cessionário a posição do cedente na relação obrigacional[234]. É possível que um mesmo cessionário adquira créditos de credores diversos, pertencentes à mesma classe ou a classes distintas. Nesse caso, há duas hipóteses no tocante ao cômputo dos votos por cabeça em relação ao cessionário: entende-se que o voto do credor-cessionário representará uma única cabeça ou que deverão ser computados conforme a quantidade de cedentes originários.

Parcela da doutrina entende que se deve adotar a concentração dos votos, sob o fundamento de que admitir a um único credor que votasse pelo número de cabeças-cedentes implicaria quadro fictício de votação e favorecimento desproporcional do credor-cessionário em detrimento dos demais credores[235].

Contudo, a cessão de crédito implica a transferência da posição na relação creditícia estabelecida originalmente entre cedente e devedor. Transfere-se, pela cessão de crédito, a posição jurídica de direito material e de direito processual, esta, na forma do art. 109 do Código de Processo Civil. Assim, ao credor-cessionário deve-se garantir os mesmos direitos a que faria jus o cedente, até como forma de não se desincentivar as diversas cessões e a proteção do melhor interesse do próprio cedente.

O direito de ter seu voto computado na forma prevista em lei (por cabeça e/ou por valor) é inerente ao crédito, como se depreende dos arts. 38 e 41 da Lei e, dessa forma, deve ser transferido

---

[233] TJSP, AI n. 2223701-69.2023.8.26.0000, rel. Des. Cesar Ciampolini, 1ª Câmara Reservada de Direito Empresarial, j. 19-6-2024.

[234] GOMES, Orlando. *Obrigações*, 19. ed., Rio de Janeiro: Forense, 2019, p. 208.

[235] MANGE, Eduardo Foz. *Assembleia geral de credores na recuperação judicial*, dissertação de mestrado, São Paulo: PUC-SP, 2010, p. 78.

ao credor-cessionário. Se o voto do cedente implica o cômputo de uma cabeça para fins de formação de quórum em assembleia geral de credores, do mesmo modo o será para o credor-cessionário.

Dessa forma, caso a uma mesma pessoa sejam cedidos créditos diversos, o voto do cessionário deverá ser computado na forma em que seriam os votos dos cedentes[236].

Corrobora essa posição o entendimento do STJ de que a cessão de crédito transfere ao cessionário todos os acessórios do crédito, que compreendem "os direitos de preferência, os privilégios, os direitos reais e pessoais de garantia, entre outros direitos, inerentes ao crédito transmitido"[237].

Invalidade das deliberações assembleares

Três são as hipóteses de vício numa deliberação assemblear: os vícios de convocação ou instalação da Assembleia, os vícios de deliberação e os vícios do voto[238].

a) Vícios de convocação ou instalação

A Assembleia Geral de Credores poderá ter vício em sua convocação, como a não publicação de editais, desrespeito ao prazo de antecedência mínimo (art. 36), a matéria a ser deliberada não constar na ordem do dia etc. Seu vício poderá ser também na instalação, como o não preenchimento do quórum em primeira convocação e, mesmo assim, ter sido instalada (art. 37, § 2º).

Os vícios de convocação e de instalação da Assembleia Geral de Credores contaminarão qualquer deliberação ocorrida, pois a sua irregularidade pode alterar o comparecimento dos credores, o que poderia alterar a discussão das matérias da ordem do dia e o sentido dos votos proferidos. Os vícios de convocação e de instalação, dessa forma, acarretariam a invalidade de suas deliberações, pois contaminam a própria formação da maioria deliberativa.

A constatação de irregularidades na convocação na assembleia que deliberou o plano impõe a convocação de nova AGC para deliberação do plano proposto pelo devedor, observadas as regras de convocação. Se constatados os vícios antes da realização da AGC agendada, em atenção ao princípio da menor onerosidade, deve-se determinar o adiamento do conclave para que seja realizada nova convocação, agora em observância às regras legais, a fim de se evitar a realização de atos nulos[239].

b) Vício de deliberação

O vício poderá ser também de deliberação. A deliberação viciada será anulável e não se estenderá às demais deliberações ocorridas[240]. À míngua de qualquer norma expressa sobre a anulabilidade ou a nulidade da deliberação assemblear na Lei n. 11.101/2005, o Código Civil, norma supletiva à Lei Falimentar, prevê o vício como anulabilidade nos arts. 48, parágrafo único, e 1.078, §§ 3º e 4º.

---

[236] Nesse sentido: TJMS, AI 1410485-40.2018.8.12.0000, 3ª Câmara Cível, rel. Des. Paulo Alberto de Oliveira, j. 30-10-2019.

[237] STJ, REsp 1.526.092/SP, 3ª Turma, rel. Min. Nancy Andrighi, j. 15-3-2016.

[238] A classificação é de FRANÇA, Erasmo V. A. e N. *Comentários à Lei de Recuperação de Empresas e Falência*. 2. ed. São Paulo: Revista dos Tribunais, 2007, p. 190 e ss.

[239] Por incrível que pareça, achei um acórdão, da falência da Diplomata, (acórdão antigo) discutindo se juiz podia ter convolado direto, sem levar para nova AGC: STJ, Resp 1.587.559/PR, rel. Min. Luis Felipe Salomão, 4ª Turma, j. 6-4-2017.

[240] FRANÇA, Erasmo V. A. e N. *Comentários à Lei de Recuperação de Empresas e Falência*. 2. ed. São Paulo: Revista dos Tribunais, 2007, p. 191.

A deliberação assemblear será anulável se versar sobre matéria que extrapole os limites da legalidade. O juiz não fará um controle sobre o mérito da deliberação ou sobre a viabilidade econômica da empresa. O juízo de conveniência ou oportunidade da proposta submetida à deliberação foi conferido aos credores.

Aos credores e ao devedor foi atribuída liberdade negocial para convencionarem a novação ou não de suas relações jurídicas, por meio de um processo de negociação estruturada (*structured bargaining*), em que a Lei pretende desenvolver a convergência de interesses[241]. Confere a Lei o poder decisório àquele que sofreria os principais efeitos da deliberação, o credor, e que, portanto, teria maiores incentivos econômicos para obter informação qualificada para exprimir seu voto e verificar a viabilidade econômica do plano. Ainda que o plano seja inviável, nesses termos, não compete ao juiz recusar sua homologação, se aprovado pelos credores[242].

Como todo negócio jurídico, contudo, a deliberação se submete aos requisitos de validade dos negócios jurídicos em geral. Tais requisitos poderão ser apreciados pelo juiz, de modo a garantir a preservação das normas legais e da ordem pública[243].

Nesses termos, é anulável a deliberação que tenha aprovado plano de recuperação judicial com diversas cláusulas anuláveis ou cuja cláusula que contrarie a Lei seja absolutamente essencial à estruturação prevista no plano de recuperação judicial.

Caso, entretanto, a invalidade de determinada cláusula contrária à lei não afete a estrutura do plano de recuperação judicial, a cláusula poderá ser anulada ou reduzida aos termos da Lei, sem que Assembleia Geral de Credores seja anulada. Tal interpretação visa a reduzir a onerosidade do procedimento, com a determinação de convocação de nova AGC, mas desde que não implique a alteração das negociações entre devedores ou credores, não comprometa a estruturação do plano de recuperação judicial ou o próprio sentido do voto proferido pelos credores. São as hipóteses de cláusula que preveja prazo superior a um ano para pagamento dos créditos trabalhistas (art. 54, *caput*) ou uma cláusula que impeça o credor de requerer a convolação em falência em razão de descumprimento das obrigações estabelecidas no plano de recuperação (art. 73), dentre as mais comuns. Nesses casos, a jurisprudência tem invalidado as cláusulas ou as reduzido ao pagamento de doze meses no caso do credor trabalhista, sem que a Assembleia Geral de Credores como um todo seja anulada.

O julgamento de impugnação judicial ou a ação de retificação de quadro-geral de credores, ainda que reconheça a existência ou inexistência de determinado crédito, altere seu valor ou sua classificação, não gerará a invalidade da deliberação assemblear. A imposição do art. 39, § 2º, da Lei n. 11.101/2005 procura assegurar os efeitos da deliberação e a certeza jurídica dos credores, haja vista que, do contrário, não seria possível verificar o resultado da deliberação e a produção

---

[241] MUNHOZ, Eduardo Secchi. Anotações sobre os limites do poder jurisdicional na apreciação do plano de recuperação judicial. *Revista de Direito Bancário e do Mercado de Capitais*, São Paulo, Revista do Tribunais, ano 10, n. 36, 2007, p. 191.

[242] O enunciado 44 da I Jornada de Direito Comercial estabelece que "a homologação de plano de recuperação judicial aprovado pelos credores está sujeita ao controle judicial de legalidade". O enunciado 46 estabelece que "não compete ao juiz deixar de conceder a recuperação judicial ou de homologar a extrajudicial com fundamento na análise econômico-financeira do plano de recuperação aprovado pelos credores".

[243] STJ, 4ª Turma, REsp 1.359.311/SP, rel. Luis Felipe Salomão, j. 9-9-2014; REsp 1.388.051, 3ª Turma, rel. Nancy Andrighi, j. 10-9-2013.

dos seus efeitos efetivamente até que todo o quadro-geral de credores estivesse já formado ou sempre que pendesse ainda o julgamento de uma ação de retificação do referido quadro.

De modo a garantir a segurança à deliberação, ainda que o crédito alterado por referida decisão judicial pudesse, caso tivesse ocorrido antes da AGC, alterar o resultado da deliberação ocorrida, a validade da deliberação assemblear não será comprometida.

À míngua de qualquer previsão expressa na Lei Falimentar, o art. 178 do Código Civil estabelece o prazo decadencial de dois anos para se pleitear a anulação do ato, a contar de sua conclusão. No caso da AGC, o prazo deverá ser iniciado a partir da publicação da ata da Assembleia, ocasião em que será dada ciência a todos os interessados (art. 37, § 7º)[244].

i. Efeitos da invalidade

A anulação da deliberação provoca o retorno das partes ao *status quo ante*, como se a deliberação não tivesse ocorrido e seus efeitos não tivessem sido produzidos. Os terceiros de boa-fé, contudo, que tiverem contraído direitos em razão da deliberação assemblear, terão seus direitos preservados.

Os credores que tiverem aprovado a deliberação suportarão os prejuízos causados, desde que tenham agido com dolo ou culpa.

c) Vício de voto: abuso de direito

Por fim, o vício poderá ocorrer no voto proferido em Assembleia. Como negócio jurídico, o voto se submete aos pressupostos de validade de quaisquer outros negócios jurídicos e poderá ser declarado nulo (art. 166 do CC), como na hipótese de proibição de voto (art. 43), ou poderá ser anulado, como nos casos de vício do consentimento (art. 171 do CC).

Como todo direito, o direito de voto em Assembleia não é absoluto. Não se deve admitir, em nenhuma esfera, que o exercício de um direito se dê de forma abusiva, frustrando o próprio objetivo da norma que o estabeleceu. Sob esse fundamento, o Código Civil de 2002 consagrou o instituto do abuso do direito ao dispor, no art. 187, que comete ato ilícito o titular de um direito que, ao exercê-lo, excede manifestamente os limites impostos pelo seu fim econômico ou social, pela boa-fé ou pelos bons costumes.

O direito de voto não significa que os credores devem votar sempre conforme a aprovação do plano de recuperação judicial, sob pena de abusarem de seu direito. Os credores têm todo o direito de votar e de fazê-lo, evidentemente, contra o plano, se este for contrário a seus legítimos interesses. O que caracteriza o abuso é seu anormal exercício.

Como não há prévia relação jurídica entre os credores entre si, não se pode falar em comunhão voluntária de interesses. Não há, em razão disso e ao contrário das sociedades em relação aos seus sócios, um interesse comum ou maior que obrigue os credores a votarem conforme esse sentido.

A preservação da empresa é princípio tanto do processo de recuperação judicial (art. 47), quanto do processo de falência (art. 75), de modo que não pode ser utilizado para exigir votos em um ou outro sentido.

É a própria Lei que determina a reunião dos credores e a sua manifestação de vontade por maioria. É pressuposto da Lei que os credores não votarão com base em um interesse maior, mas

---

[244] FRANÇA, Erasmo V. A. e N. *Comentários à Lei de Recuperação de Empresas e Falência.* 2. ed. São Paulo: Revista dos Tribunais, 2007, p. 194.

conforme a maximização da sua própria utilidade individual enquanto credor. Cada qual deverá apreciar a viabilidade econômica do plano para propiciar maiores resultados para si ou menores perdas em relação à liquidação dos ativos do devedor, conforme sua própria discricionariedade, seu juízo de conveniência[245].

É justamente em razão desse maior incentivo para tomar a decisão correta, por sofrerem imediatamente as consequências financeiras de uma decisão equivocada, que a Lei atribuiu apenas a esses, e não a todos os demais envolvidos com a atividade empresarial, o poder de deliberar sobre a continuidade da atividade na condução do devedor por meio da aprovação de seu plano de recuperação judicial, ou sua rejeição e convolação em falência. A maioria dos votos, pressupõe a Lei, assegura que se obtenha uma decisão mais eficiente a respeito da viabilidade econômica do devedor e, como consequência, se satisfaçam os interesses de todos os demais envolvidos, com uma alocação mais adequada dos recursos escassos.

Nesse sentido, por não haver um interesse comum ou maior a orientar as manifestações de vontade dos credores através do voto, é que este somente poderá ser considerado abusivo se for manifestamente proferido de má-fé, ou seja, para obter vantagem ilícita para si ou para outrem. É justamente essa redação do art. 39, § 6º, que exige que o voto somente poderá ser considerado abusivo quando exercido para obter vantagem ilícita para si ou para outrem.

A satisfação do próprio crédito, conforme entenda mais conveniente o procedimento de recuperação judicial ou de falência, não é vantagem ilícita, mas exercício regular de um direito próprio. Por vantagem ilícita para si ou para outrem deve ser interpretada a obtenção de vantagens que extrapolam sua condição de credor.

Nas ocasiões em que o voto proferido pelo credor é feito não em consideração ao seu interesse como credor, mas manifestamente à proteção de seus interesses exclusivamente particulares, o voto deve, assim, ser considerado abusivo.

As hipóteses de abuso devem ser aferidas no caso concreto. São exemplos de voto proferido de má-fé, pois extrapolam a posição de credor, o voto para retirar concorrente do credor do mercado, o fabricante que pretende rescindir o contrato de distribuição para a realização de suas vendas diretamente aos consumidores etc.

Como o voto, ao ser proferido, não precisa ser fundamentado, o voto abusivo deverá ser apreciado à vista dos diversos elementos constantes da deliberação assemblear. Entre as situações que podem indicar que o voto extrapolou o poder conferido ao credor e que exigirão avaliação mais cuidadosa podem-se apontar: a indisponibilidade de negociar as condições de pagamento e a irracionalidade econômica.

Ressalta-se que, em ambas as hipóteses, pode não haver nenhum abuso, mas apenas a avaliação pelo credor de que, ainda que incorretamente, acredita que seria mais bem satisfeito de outra forma. Diante da dificuldade da demonstração da má-fé pela parte adversa, a existência dessas situações poderá permitir a inversão do ônus da prova de modo que o votante esclareça os motivos ou seu raciocínio por ocasião do voto.

Quanto à indisponibilidade da negociação, esta é pressuposto do voto a ser proferido em AGC. É em razão da discussão das diversas cláusulas previstas no plano e nas condições de cumprimento que a Lei cria diversos instrumentos, como o prazo de 180 dias de suspensão das ações, para que os

---

[245] Nesse sentido, MUNHOZ, Eduardo Secchi. Anotações sobre os limites do poder jurisdicional na apreciação do plano de recuperação judicial. *Revista de Direito Bancário e do Mercado de Capitais*, São Paulo, Revista dos Tribunais, ano 10, n. 36, 2007, p. 193.

credores possam negociar com o devedor a melhor situação para a recuperação e a satisfação de seus interesses como credores.

Nesse sentido, a recusa injustificada dos credores ou sua conduta não colaborativa para a discussão dos melhores meios de recuperação judicial não demonstram por si só o abuso, mas podem indicar que seu interesse prevalecente não é o de credor, pois não se importa quanto ao montante que poderá aferir no processo. Todos devem contribuir para a negociação, ainda que o plano não necessariamente precise ser aprovado.

Por outro lado, como o credor pretende a maximização do seu interesse pessoal, poderá ser indicado como abusivo o voto que contrariar manifestamente a racionalidade econômica.

A viabilidade econômica da empresa e do plano de recuperação judicial é questão submetida à apreciação dos credores. Cumpre aos credores verificar se o plano econômico proposto pelo empresário devedor permitirá a plena recuperação da empresa, de modo a ser economicamente melhor para o próprio credor, ou se a falência, com a liquidação forçada dos bens e a retirada do empresário do mercado, é a melhor solução para eles do ponto de vista financeiro.

Um plano de recuperação judicial sem viabilidade econômica apenas imporia maior desgaste aos credores, já suprimidos da satisfação tempestiva de seus créditos. Entretanto, as condutas economicamente irracionais por parte dos credores que relutam em aprovar um plano que lhes proporciona mais vantagens do que na falência podem revelar abuso no exercício do direito de voto, haja vista que o credor não tem se orientado pela sua melhor satisfação financeira, mas pode estar pretendendo interesses outros, que extrapolam a sua posição enquanto credor.

i. Vício do voto e anulação da Assembleia

Para França, "a invalidade do voto somente acarretará a invalidade da deliberação da Assembleia se for determinante para a formação da maioria"[246]. O posicionamento é respaldado nos arts. 42, 45 e 46 da Lei n. 11.101/2005, os quais determinam que a proposta submetida à Assembleia será considerada aprovada se obtiver votos favoráveis de credores que representem mais da metade do valor total dos créditos presentes à Assembleia Geral. Para o autor, caso o voto seja invalidado e seja determinante para a obtenção da maioria, referida maioria não teria sido alcançada. A Assembleia, assim, violaria as regras cogentes determinadas na Lei de Falência, que exigem a aprovação pela maioria, e, portanto, deveria ser anulada.

A interpretação do quórum estabelecido pelos arts. 42, 45 e 46, contudo, parece ser diversa. Ao se estabelecer que a proposta será considerada aprovada se obtiver votos favoráveis de credores que representem mais da metade do valor total dos créditos, deve-se considerar o quórum de metade do valor dos créditos com direito de voto e que não se abstiveram[247].

Os credores com impedimento não integram o referido quórum, nem de instalação, nem de deliberação, conforme expressamente determinado no art. 43. Tampouco deverão integrar o quórum de deliberação os credores que, embora presentes e possuidores do direito de votarem, decidirem não exercer seu direito e não votarem ou, ainda, se manifestarem pela abstenção.

O não cômputo da abstenção deverá ser feito por analogia art. 129 da Lei n. 6.404/76, que determina que as deliberações da Assembleia Geral serão tomadas por maioria absoluta de votos,

---

[246] FRANÇA, Erasmo V. A. e N. *Comentários à Lei de Recuperação de Empresas e Falência*. 2. ed. São Paulo: Revista dos Tribunais, 2007, p. 191.

[247] TJSP, AI 450.859-4/1-00, rel. Des. Pereira Calças, j. 17-1-2007.

não se computando os votos em branco. Nesse sentido, o STJ entendeu que a abstenção de voto não é computada para a aprovação ou rejeição do plano de recuperação judicial[248].

No caso de voto viciado, declarado nulo ou anulado, restituir-se-á a parte ao estado em que antes dele se achava. O voto, nesses termos, deverá ser reconhecido não como contrário à proposta submetida à deliberação, mas simplesmente como não proferido. Dessa forma, deverá o quórum de aprovação de maioria ser considerado apenas entre os votos efetivamente emitidos, com a desconsideração do voto nulo ou anulável.

Considerado abusivo o voto relevante para alterar o resultado da deliberação assemblear, o resultado desta poderá, assim, ser alterado. Deve-se reconhecer os demais votos proferidos na deliberação, sem o cômputo do voto abusivo, para se verificar qual o resultado da deliberação[249].

Art. 40. Não será deferido provimento liminar, de caráter cautelar ou antecipatório dos efeitos da tutela, para a suspensão ou adiamento da assembleia-geral de credores em razão de pendência de discussão acerca da existência, da quantificação ou da classificação de créditos.

Suspensão ou adiamento da Assembleia Geral de Credores

O dispositivo complementa o art. 39, § 2º. Como as deliberações assembleares não serão invalidadas em razão de posterior decisão acerca da existência, quantificação ou classificação dos créditos, não poderá ser determinada sua suspensão ou adiamento pela mesma razão.

O art. 5º, XXXV, da CF, que determina que todo aquele que tiver direito ameaçado ou violado tem direito à tutela estatal, contraria a restrição legal, o que poderia gerar a interpretação de que o art. 40 da LREF seria inconstitucional[250].

Contudo, nem sequer os direitos fundamentais poderiam ser reputados absolutos. A supressão da possibilidade de suspensão ou adiamento da AGC tenta garantir a celeridade do procedimento de recuperação de empresa e o cumprimento do prazo máximo para sua realização antes de se findar o *stay period* de 180 dias, o que resultaria em benefício de todos, credores, consumidores e do desenvolvimento econômico nacional, independentemente do sentido da deliberação assemblear.

Por seu turno, o credor cuja impugnação ainda pende de apreciação quanto à existência, quantificação ou classificação de créditos possui meio diverso para salvaguardar seus direitos do risco de lesão. Além de a suspensão ou o adiamento da AGC poder gerar risco de dano reverso ou irreversibilidade, com o prejuízo de todos em virtude de a crise, em razão da morosidade, ter se tornado

---

[248] STJ, REsp 1.992.192/SC, rel. Min. Raul Araújo, j. 6-12-2022.

[249] Nesse sentido, TJSP, 1ª Câmara Reservada de Direito Empresarial, AI 0106661-86.2012.8.26.0000, rel. Des. Francisco Loureiro, *DJ* 3-7-2014; TJSP, 1ª Câmara Reservada de Direito Empresarial, AI 2017585-75.2016, *DJ* 17-8-2016; TJSP, AI 2097626-29.2016, 2ª Câmara Reservada de Direito Empresarial, rel. Des. Claudio Godoy, *DJ* 29-5-2017.

Na doutrina: BUSCHINELLI, Gabriel Saad Kik. *Abuso do direito de voto na assembleia-geral de credores*. São Paulo: Quartier Latin, 2014, p. 170.

[250] Nesse sentido, BEZERRA FILHO, Manoel Justino. *Lei de Recuperação de Empresas e Falência*. 12. ed. São Paulo: Revista dos Tribunais, 2017, p. 149; MANDEL, Julio Kahan. *Nova Lei de Falências e Recuperação de Empresas anotada*. São Paulo: Saraiva, 2005, p. 89.

insuperável, poderá o credor requerer tutela de urgência para exercer seu direito de voto ou suprimir o direito de voto de terceiro, mediante a apreciação judicial da verossimilhança da demonstração dos fatos constitutivos de seu direito e do risco da demora do provimento jurisdicional.

Dessa forma, em que pese a vedação constitucional à restrição das tutelas de urgência, a limitação das medidas cautelares para a suspensão ou o adiamento da Assembleia Geral de Credores encontra guarida nos diversos princípios da atividade econômica (art. 170 da CF) e, outrossim, não restringe o direito do credor de tutelar o seu direito, sem gerar prejuízo a terceiro, por modo diverso e menos gravoso[251].

Tutelas de urgência para permitir o voto

O impedimento da concessão do provimento liminar não fere, outrossim, a garantia constitucional de que não se excluirá da apreciação do Poder Judiciário lesão ou ameaça de direito (art. 5º, XXXV, da CF). Embora a AGC não possa ser suspensa ou adiada em razão da verificação de crédito, nada impede que o juízo da recuperação ou da falência conceda medida liminar, baseada na verossimilhança do direito alegado, para permitir ao credor votar em Assembleia Geral de Credores pelo valor ou pela natureza do crédito pretendidos[252]. A medida poderá ser requerida na própria impugnação judicial e exigirá a verossimilhança de que o requerente seja efetivamente credor de determinado valor da recuperanda ou da Massa Falida.

A determinação liminar para que o credor possa votar com o valor ou a natureza do crédito pretendido poderá ser realizada, inclusive, em segundo grau de jurisdição, diante da verossimilhança do direito alegado. Ainda que tenha sido julgada desfavoravelmente a sua impugnação do crédito de terceiro, o relator do recurso de agravo poderá suspender a decisão que reconhece o crédito dele para proibir o voto do referido credor em AGC. Poderá, por outro lado, em face da decisão que não alterou o valor ou a classificação do crédito, conferir efeito ativo ao recurso de agravo para permitir o direito de voto pelo valor ou classificação do crédito pretendidos (art. 17, parágrafo único, da LREF).

Nessas hipóteses, o direito de voto não deve ser computado em separado. Ainda que conferido o direito em tutela de urgência, o direito de voto deverá ser exercido em Assembleia Geral de Credores e computado normalmente, sem que seja necessário se aguardar o julgamento dos incidentes de crédito respectivos para a homologação do plano, dada a estabilidade dos resultados assembleares assegurada pelo art. 39, § 2º, da Lei[253].

O cômputo em separado gera diversas desvantagens. Ele impede que se saiba o resultado da deliberação assemblear e a sujeita à análise definitiva do Juízo em relação ao referido crédito, o que poderá prolongar a concessão da recuperação judicial ou eventual medida falimentar. Por seu turno, a reconsideração do direito de voto liminarmente concedido não terá poder de afetar o sentido da deliberação social, ainda que para ela tenha sido relevante. Isso porque as deliberações da assembleia geral não serão invalidadas em razão de posterior decisão judicial acerca da existência, quantificação ou classificação de créditos, nos termos do art. 39, § 2º, da Lei n. 11.101/2005.

---

[251] Cf. LASPRO, Oreste Nestor de Souza. Da restrição à concessão de tutelas de urgência na lei de recuperações judiciais. In: YARSHELL, Flávio Luiz; PEREIRA, Guilherme Setoguti J. (coords.). *Processo societário*. São Paulo: Quartier Latin, 2012, p. 584.

[252] Nesse sentido: TJSP, Câmara Especial de Falências e Recuperação Judicial, AI 431.595-4/7-00, rel. Des. Pereira Calças, *DJ* 15-3-2006.

[253] TJSP, AI 2197640-74.2023.8.26.0000, rel. Des. Fortes Barbosa, 1ª Câmara Reservada de Direito Empresarial, j. 2-10-2023.

Art. 41. A assembleia-geral será composta pelas seguintes classes de credores:

I – titulares de créditos derivados da legislação do trabalho ou decorrentes de acidentes de trabalho;

II – titulares de créditos com garantia real;

III – titulares de créditos quirografários, com privilégio especial, com privilégio geral ou subordinados;

IV – titulares de créditos enquadrados como microempresa ou empresa de pequeno porte.

§ 1º Os titulares de créditos derivados da legislação do trabalho votam com a classe prevista no inciso I do *caput* deste artigo com o total de seu crédito, independentemente do valor.

§ 2º Os titulares de créditos com garantia real votam com a classe prevista no inciso II do *caput* deste artigo até o limite do valor do bem gravado e com a classe prevista no inciso III do *caput* deste artigo pelo restante do valor de seu crédito.

Composição da Assembleia Geral de Credores

A Assembleia Geral de Credores é composta por quatro classes, conforme a natureza do crédito ou a qualidade de seu titular. Essa composição diverge na hipótese de eleição dos membros do Comitê de Credores, nos termos do art. 26, e das classes criadas para fins falimentares.

O agrupamento dos credores em classes, que a lei presumiu terem interesses comuns de crédito, procura aumentar a democracia assemblear por ocasião da deliberação da Assembleia Geral de Credores sobre o plano de recuperação judicial ou para a nomeação de representantes no Comitê de Credores.

A maioria dos credores de cada classe seria mais representativa, pois versaria sobre uma comunhão de interesses de credores com natureza de créditos semelhantes. O agrupamento de credores com interesses homogêneos facilita a composição com o devedor na recuperação judicial e assegura a proteção à vontade da maioria, que poderia ser efetivamente caracterizada como tal, haja vista que os credores possuiriam posições semelhantes.

A separação dos credores em classe permite também o tratamento diferenciado entre créditos assimétricos. A identidade de condições de satisfação seria exigida apenas dentro da respectiva classe, pois não se poderia tratar credores com posições idênticas de modo diverso, sob pena de se preferir alguns em detrimento de outros, injustificadamente.

A doutrina, com base nesses objetivos, critica a estruturação realizada pela Lei n. 11.101/2005 para as classes de credores[254]. Ainda que exista a previsão de quatro classes de credores, a dos créditos reunidos na classe de credores quirografários não permitiria a organização dos interesses dos credores, nem a caracterização da vontade da efetiva maioria dos credores dessa classe.

a) Credor trabalhista e decorrente de acidente de trabalho

A primeira dessas classes é composta pelos credores titulares de créditos derivados da legislação do trabalho ou cujos créditos sejam decorrentes de acidentes de trabalho[255].

---

[254] CEREZETTI, Sheila C. N. As classes de credores como técnica de organização de interesses. In: TOLEDO, Paulo F. C. Salles de; SATIRO, Francisco (coord.). *Direito das empresas em crise*: problemas e soluções. São Paulo: Quartier Latin, 2012, p. 371 e ss.

[255] Para a especificação desses créditos, conferir art. 83.

Concebida como crédito derivado da legislação do trabalho, a classe não se restringe às relações de emprego. São incluídos como credores integrantes dessa classe os titulares de créditos decorrentes de todas as relações laborais, como trabalhadores eventuais ou temporários, avulsos, autônomos[256].

Cedido o crédito trabalhista a terceiro, o crédito manterá sua natureza e classificação como trabalhista (art. 83, § 5º). Visando a estimular o credor trabalhista a ceder seu crédito, caso o desejasse, o legislador assegurou que a cessão do referido crédito a terceiro conserva sua natureza e classificação. Esse art. 83, § 5º, ainda que exclusivamente aplicável à falência, deve ser interpretado extensivamente para ser aplicado também ao crédito submetido à recuperação judicial. Cedido o crédito a terceiro, o cessionário conserva a natureza do crédito trabalhista.

Ademais, para fins de cômputo do voto, caso a contagem seja por quantidade de credores, como na aprovação ou rejeição do plano de recuperação judicial, os credores deverão ser considerados na posição dos créditos existentes à data do pedido de recuperação judicial, independentemente se houve ou não cessão do crédito para um único cessionário durante o procedimento.

No art. 41, § 1º, determina-se que o credor trabalhista votará com a primeira classe dos credores com o valor total de seu crédito, independentemente do valor. Nos termos do art. 83, I, por outro lado, o crédito trabalhista será classificado na falência como tal até 150 salários-mínimos. O crédito que extrapole esse limite terá o remanescente classificado como quirografário.

A interpretação desses dois dispositivos, entretanto, deverá ser realizada em conjunto. A limitação de 150 salários-mínimos para a caracterização do credor trabalhista ocorre apenas no procedimento falimentar. Por essa limitação, o credor deverá votar na Assembleia apenas pelo valor considerado trabalhista e, portanto, até 150 salários-mínimos. O montante restante permitirá seu voto, pelo valor do crédito remanescente, como credor quirografário.

Não seria lógico, na hipótese de falência, permitir o voto com o montante total exclusivamente na classe trabalhista, se o referido credor sofrerá o tratamento idêntico aos credores quirografários, pelo menos em relação à parte de seu crédito que extrapole 150 salários-mínimos.

A redação expressa do art. 41, § 1º, deve ser interpretada de modo a ser aplicável apenas à recuperação judicial. Nesta, não há norma que estabeleça limitação de valor ao crédito trabalhista. Pelo contrário, a norma é expressa ao estabelecer justamente que referido crédito, independentemente do valor, será considerado trabalhista. Nesses termos, o credor trabalhista poderá, pelo valor total de seu crédito, ainda que supere referido valor, votar na Assembleia Geral de Credores da recuperação judicial e será classificado como crédito trabalhista, ainda que esse valor supere 150 salários mínimos[257].

---

[256] Os créditos decorrentes de condenação ao pagamento por danos morais decorrentes da relação de trabalho também seriam tratados como trabalhistas (classe I): STJ, AgInt no REsp n. 1729119/SP, rel. Min. Marco Aurélio Belizze, j. 19-8-2024.

[257] Nesse sentido: TJSP, 1ª Câmara reservada de Direito Empresarial, AI 2122087-94.2018, rel. Des. Azuma Nishi, j. 29-8-2018; TJSP, 2ª Câmara Reservada de Direito Empresarial, AI 2015567-81.2016.8.26.0000, rel. Des. Fábio Tabosa, *DJ* 25-5-2016; TJSP, 1ª Câmara Reservada de Direito Empresarial, AI 2026422-85.2017.8.26.0000, rel. Des. Francisco Loureiro, j. 17-5-2017.

Em sentido contrário: TJSP, 2ª Câmara Reservada de Direito Empresarial, Agravo de Instrumento 2003502-25.2014.8.26.0000, rel. Des. José Reynaldo, j. 10-4-2015; TJSP, 1ª Câmara Reservada de Direito Empresarial, AI 2071467-83.2015.8.26.0000, rel. Des. Fortes Barbosa, *DJ* 10-6-2015.

b) Credor titular de crédito com garantia real

Os credores titulares de crédito com garantia real possuem tratamento especial em razão do menor risco contraído pelo credor em relação aos demais[258]. Na Assembleia Geral de Credores, a peculiaridade desses créditos faz com que eles se agrupem numa classe distinta dos demais credores.

A especialidade atribuída ao seu crédito, todavia, faz-se apenas no valor referido da garantia real. Caso o valor total do crédito supere o valor do bem dado em garantia, no montante coberto pela garantia o crédito será considerado integrante da segunda classe, como credor titular de crédito com garantia real. O montante que superar o valor da garantia, por seu turno, será considerado quirografário e permitirá ao credor votar, pelo referido montante, na classe três da Assembleia Geral de Credores.

Como na recuperação judicial, ao contrário da falência (art. 83, § 1º), o bem conferido em garantia não será necessariamente liquidado, de modo a se apurar efetivamente o seu valor, o montante da garantia será aferido pelo valor especificado no contrato de hipoteca, de penhor ou anticrese. Na omissão do contrato ou de eventual alienação, o valor do bem deverá ser aferido mediante avaliação[259].

c) Titulares de créditos quirografários, com privilégio especial, com privilégio geral ou subordinados

Os créditos quirografários, com privilégio especial, geral ou subordinados são definidos no art. 83 da Lei de Falências.

Ainda que possuam interesses muito diversos, diante da heterogeneidade de seus créditos, referidos credores foram agrupados em uma única classe. Essa diversidade de naturezas de créditos poderá impedir que possuam interesses convergentes sobre um determinado tema. É o que pode ocorrer na hipótese de aprovação de plano de recuperação judicial, em que os credores privilegiados terão interesses muito diversos dos credores quirografários ou subordinados e, possivelmente, seriam mais resistentes a aceitar um deságio ou condição prolongada de pagamento, haja vista que receberiam com prioridade na hipótese de decretação da falência do devedor.

Nesse ponto, cumpre esclarecer que nem todos os credores subordinados poderão votar na Assembleia Geral de Credores. Os créditos subordinados[260] poderão ser assim considerados em virtude de lei, do contrato celebrado pelas partes ou são os créditos de sócios ou administradores da pessoa jurídica devedora. Esses últimos, entretanto, estarão impedidos do direito de votarem em razão do conflito de interesse com o devedor[261].

Por fim, não incluiu a lei os credores subquirografários, os quais têm seus créditos submetidos tanto à falência quanto à recuperação judicial. Não há justificativa a que esses credores tenham o direito de voto suprimido, inclusive porque os credores subordinados, cujos créditos na falência ocupam posição menos privilegiada, foram incluídos. Por falta de qualquer justificativa para sua supressão, os credores subquirografários deverão ser incluídos nessa terceira classe, juntamente com os quirografários, privilegiados e subordinados.

---

[258] Cf. art. 83, II.

[259] No tocante à garantia real conferida sobre bem de terceiro e à repercussão na natureza do crédito, conferir comentários ao art. 83, II.

[260] Cf. comentários ao art. 83, VIII.

[261] Cf. comentários ao art. 43.

Art. 42 ||| Marcelo Barbosa Sacramone

202

d) Titulares de créditos enquadrados como microempresa ou empresa de pequeno porte

A Lei Complementar inseriu no art. 41 a quarta classe de credores, não prevista originalmente na redação da Lei n. 11.101/2005, e rompeu com a sistemática existente de classificação dos créditos conforme a sua natureza.

De modo a conferir tratamento privilegiado aos microempresários (ME) e empresários de pequeno porte (EPP), assim os definidos pela Lei Complementar n. 123/2006, incluiu-os em classe específica de credores, independentemente da natureza do crédito por eles titularizado.

Art. 42. Considerar-se-á aprovada a proposta que obtiver votos favoráveis de credores que representem mais da metade do valor total dos créditos presentes à assembleia-geral, exceto nas deliberações sobre o plano de recuperação judicial nos termos da alínea *a* do inciso I do *caput* do art. 35 desta Lei, a composição do Comitê de Credores ou forma alternativa de realização do ativo nos termos do art. 145 desta Lei.

Quórum de deliberação

O art. 37, § 2º, estabelece o quórum de instalação da Assembleia Geral de Credores. O art. 42, por seu turno, estabelece a regra geral quanto ao quórum das deliberações pela Assembleia Geral de Credores.

Ao contrário do quórum de instalação, que em primeira convocação exige pelo menos mais da metade dos créditos de cada classe, o quórum de deliberação faz-se independentemente da classe. A proposta será aprovada se a deliberação contiver votos favoráveis de credores representantes de mais da metade dos créditos presentes à deliberação.

Essa regra geral é aplicável a todas as matérias não excepcionadas pelo dispositivo legal. Entre as matérias a serem deliberadas com esse quórum, a mais frequente é a deliberação sobre a suspensão da Assembleia Geral de Credores, mas também poderia versar sobre a nomeação de um gestor judicial, na hipótese de destituição do administrador da recuperanda, para a autorização para a oneração de bens do ativo permanente como garantia de empréstimo[262], para nomeação pelos credores dos membros do Conselho Consultivo da devedora[263] etc.

O quórum de deliberação de determinadas matérias, contudo, será qualificado. É o que ocorre com as deliberações quanto ao plano de recuperação judicial (art. 45) e composição do Comitê de Credores (art. 44), cujas deliberações serão realizadas em consideração à classe dos credores.

Também é exceção a forma alternativa de realização do ativo na falência. O art. 42 determina que o quórum geral não se aplica às liquidações extraordinárias, estabelecidas no art. 145 e que compreendem a adjudicação dos bens pelos credores, a aquisição por meio de constituição de sociedade, de fundo ou de outro veículo de investimento, com a participação, se necessária, dos atuais sócios do devedor ou de terceiros, ou mediante conversão de dívida em capital.

---

[262] TJSP, Câmara Reservada à Falência e Recuperação, AI 0298562-17.2010, rel. Des. Boris Kauffmann, j. 1º-3-2011.

[263] TJSP, 2ª Câmara Reservada de Direito Empresarial, AI 2030580-57.2015, rel. Des. Ricardo Negrão, j. 17-2-2016.

Como o art. 145 faz referência ao art. 42, que excepciona a aplicação do quórum geral, aplicável a regra do quórum de aprovação do art. 46, que determina que, para as referidas formas alternativas de realização do ativo, o quórum é de 2/3 dos créditos presentes à assembleia.

Art. 43. Os sócios do devedor, bem como as sociedades coligadas, controladoras, controladas ou as que tenham sócio ou acionista com participação superior a 10% (dez por cento) do capital social do devedor ou em que o devedor ou algum de seus sócios detenham participação superior a 10% (dez por cento) do capital social, poderão participar da assembleia-geral de credores, sem ter direito a voto e não serão considerados para fins de verificação do quórum de instalação e de deliberação.

Parágrafo único. O disposto neste artigo também se aplica ao cônjuge ou parente, consanguíneo ou afim, colateral até o 2º (segundo) grau, ascendente ou descendente do devedor, de administrador, do sócio controlador, de membro dos conselhos consultivo, fiscal ou semelhantes da sociedade devedora e à sociedade em que quaisquer dessas pessoas exerçam essas funções.

Impedimento ao exercício do voto

O direito de voto é conferido ao credor para tutelar o respectivo interesse. Esse interesse, entretanto, não poderá ser particular, mas apenas do credor enquanto integrante da comunhão de interesses que motivou referido direito de crédito.

Como credor, seu interesse consiste na maximização da utilidade individual do votante. Seja por meio da apreciação da viabilidade econômica de um plano de recuperação judicial, seja por meio da escolha do seu representante no Comitê de Credores ou da forma extraordinária de alienação de ativos na falência, os credores votarão conforme acreditem que poderão aumentar a satisfação de seus créditos em face do devedor ou da Massa Falida. Caso não o façam, seu voto poderá ser considerado abusivo (art. 39).

Em algumas situações, diante de um possível conflito de interesses entre o interesse particular e seu interesse enquanto credor, que poderia comprometer essa finalidade para a qual o direito de voto teria sido atribuído, a lei se antecipou ao proibir o direito de voto de alguns credores e estabeleceu um conflito formal ou *ex ante*.

Diante de uma proximidade com o devedor, pressupõe a lei, de modo absoluto, maior propensão a se desviar da finalidade do voto. Esse conflito, considerado formal, impediria sequer o exercício do direito de voto[264].

A supressão desse direito de voto não significa que os credores impedidos não possam comparecer à AGC. Referidos credores poderão comparecer e terão direito de voz. Embora possam debater as matérias constantes da ordem do dia, não integrarão o quórum de instalação ou de deliberação.

Ademais, o rol de impedidos deve ser considerado taxativamente. Como norma restritiva ao exercício do direito geral de voto, a norma exige interpretação estrita[265]. Nada impede que o

---

[264] Independentemente do sentido do voto: TJSP, Câmara Especial de Falências, AI 554.611-4/9-00, rel. Des. José Araldo da Costa Telles, *DJ* 25-6-2008.

[265] Nesse sentido: TJSP, 1ª Câmara Reservada de Direito Empresarial, AI 2273787-25.2015, rel. Des. Teixeira Leite, *DJ* 15-6-2016.

conflito de interesse esteja presente em outras hipóteses não previstas taxativamente na lei. Nesses outros casos, entretanto, o credor não estará impedido de votar, mas seu voto apenas será considerado inválido se for proferido em contrariedade ao interesse da comunhão de credores.

Credores impedidos de votar

a) Sócios do devedor

O art. 43 da Lei n. 11.101/2005 estabelece que o sócio ou acionista da sociedade devedora está impedido de votar como credor desta. Não há nenhuma exigência de um mínimo de participação societária pelo dispositivo legal.

A razão para a limitação ao direito de voto foi justamente a possibilidade de o credor, em razão de sua relação com o devedor, decidir priorizar em seu voto essa relação em detrimento do interesse da comunhão de credores. Pressupôs a Lei uma estrutura societária altamente concentrada em poucos sócios ou acionistas, como o é, em regra, a estrutura das sociedades brasileiras.

Nem sempre, entretanto, isso pode ocorrer. Possível que o sócio tenha pequena participação na sociedade e não esteja alinhado aos interesses do sócio controlador ou tenha qualquer poder de decisão societária. Nessa hipótese, a supressão dos direitos de voto do referido credor não é condizente com qualquer conflito de interesses entre suas posições de sócio e de credor, o que pode efetivamente não ocorrer.

Dessa forma, a proibição de voto do sócio pressupõe que, em detrimento da omissão legal, sua participação societária seja efetivamente relevante a ponto de possibilitar essa influência. A detenção de parcela mínima do capital social, ainda mais em sociedade de capital, sem nenhuma proximidade com os controladores ou administradores da companhia, não tem o condão de, por si só, comprometer o interesse do referido credor.

b) Controlador

Ao impedir o controlador de votar, embora já tivesse impedido qualquer outro sócio, não foi a lei redundante, pois o termo não exige a participação societária, mas também permite o controle de fato da sociedade.

O art. 1.098 do Código Civil, ao definir sociedade controlada, permite a definição, *a contrario sensu*, da controladora. Estabelece, seu inciso I, que se caracteriza como controlador aquele que detenha a maioria dos votos nas deliberações assembleares e o poder de eleger a maioria dos administradores.

A definição não exige que o controle seja totalitário, majoritário ou nem sequer minoritário, pois não é imprescindível ser detentor das ações ou quotas da sociedade controlada. Para sua caracterização como controlador, exige a lei simplesmente que o indivíduo tenha o poder de determinar o sentido de uma deliberação societária.

Poderia assim o credor –, ainda que não fosse proprietário de qualquer participação societária na sociedade controlada –, em razão de contrato celebrado com a sociedade controlada ou com outro sócio desta ter o poder de eleger e destituir a maioria dos administradores. Poderia, por outro lado, ainda que indiretamente, por meio de acionista vinculado a contrato, fazer prevalecer seus interesses na referida deliberação societária.

Em sentido contrário e sustentando que as hipóteses seriam meramente exemplificativas: SADDI, Jairo. *Comentários à nova Lei de Falência e Recuperação de Empresas*. Rio de Janeiro: Forense, 2009, p. 286.

Esse controle indireto é consagrado pelo próprio art. 1.098, II, do Código Civil. Pelo dispositivo, considera-se controladora a sociedade que possa eleger a maioria dos administradores ou predominar na deliberação societária, ainda que o faça por meio de outra sociedade por ela controlada.

Ainda que sem deter participação societária, nesses termos, o credor poderá ser considerado controlador do empresário devedor e, nesses termos, estará impedido de votar, embora possa comparecer à Assembleia Geral de Credores e discutir as matérias constantes da ordem do dia[266].

A supressão do direito de voto do credor que também seja controlador da devedora é decorrente do conflito de interesses. Ao votar, referido credor poderia privilegiar sua posição de controlador na companhia ou os interesses desta, os quais poderão ser contraditórios aos interesses da comunhão dos credores. Esse conflito é ainda mais evidente no caso do controlador, pois este poderá, na recuperação judicial, continuar nomeando os administradores da pessoa jurídica devedora, por meio dos administradores da companhia formular plano de recuperação que atenda aos seus interesses, entre outras situações em que os interesses da sociedade podem ser confundidos com os seus.

c) Sociedades controladas e coligadas

Controlada é a sociedade em que a devedora possui o poder de eleger a maioria dos administradores e de prevalecer nas deliberações societárias. Embora essa pessoa jurídica tenha interesse social próprio, que não se confunde com o interesse de sua controladora, o que impediria que sua controladora, na própria Assembleia de acionistas ou de quotistas, privilegiasse referido interesse particular, nos termos do art. 115 da Lei n. 6.404/76, a Lei Falimentar foi além. Proibiu que essa própria controlada votasse na Assembleia de credores, de modo a evitar que esse conflito pudesse, mais do que prejudicar o interesse dos demais sócios minoritários da sociedade controlada, prejudicar o interesse dos demais credores da devedora.

Por seu turno, sociedade coligada é a que tenha participação de outra sociedade, embora essa participação não gere o controle. É considerada coligada a sociedade que possui ao menos 10% das suas quotas ou ações detidas por outra sociedade, a investidora.

Nesse caso, a sociedade coligada está impedida de votar na recuperação judicial ou falência da sociedade investidora, o que foi reiterado pleonasticamente ao final do *caput*, ao estabelecer a proibição de voto da pessoa jurídica em que o devedor detenha participação superior a 10% do capital social[267].

d) Credores cujos sócios tenham participação relevante

De modo a evitar o conflito de interesses, a Lei Falimentar foi ainda mais drástica ao impedir o direito de voto não somente daquelas pessoas jurídicas diretamente relacionadas à devedora, por meio da titularidade da participação societária, como também de terceiros apenas relacionados indiretamente.

---

[266] TJSP, 2ª Câmara Reservada de Direito Empresarial, AI 2097667-93.2016, rel. Des. Caio Marcelo Mendes de Oliveira, *DJ* 13-3-2017.

[267] Para os propósitos previstos nas leis especiais, como o é a LREF, define o art. 46 da Lei n. 11.941/2009 que se considera coligada a sociedade do art. 1.099 do Código Civil. Pelo art. 243 da Lei n. 6.404/76, contudo, só aplicável à lei societária, será considerada coligada a sociedade em que a sociedade investidora tenha influência significativa, embora essa participação não gere o controle. A influência significativa é considerada quando a investidora detém ou exerce o poder de participar das decisões financeiras ou operacionais da investida e é presumida se a investidora for titular de 20% ou mais do capital votante da investida, sem controlá-la. Para críticas a essa distinção, FRANÇA, Erasmo Valladão A. e N.; ADAMEK, Marcelo Vieira von. O novo conceito de sociedade coligada na lei acionária brasileira. In: ESTEVEZ, André Fernandes; JOBIM, Marcio Feliz (orgs.). *Estudos de direito empresarial*. São Paulo: Saraiva, 2012, p. 365-385.

A Lei suprimiu o direito de voto da pessoa jurídica cujo sócio tenha participação na devedora superior a 10%. Também suprimiu o direito de voto da pessoa jurídica cujo sócio da devedora tenha participação superior a 10%.

Referido dispositivo merece críticas. A supressão do voto do credor compromete um dos principais direitos deste e deveria ser justificada apenas por situações em que o conflito de interesse formal fosse evidente. Nessas hipóteses, entretanto, o sócio do credor, embora deva ter participação relevante na devedora, não necessita ter um mínimo de participação na sociedade credora. Por consequência, seus interesses particulares, embora possam ser alinhados aos do empresário devedor, podem não influenciar em qualquer medida o voto da sociedade credora.

Da mesma forma ocorre com a limitação ao voto da pessoa jurídica credora que tenha sócio com participação relevante em mais de 10% do capital social do referido credor, mas que seja sócio da devedora. Ainda que possa influenciar na manifestação de voto da credora, seu interesse na devedora poderá ser pouco relevante, a ponto de não influenciar em nada o seu interesse, muito menos o interesse de um terceiro, a pessoa jurídica, durante o voto na Assembleia Geral de Credores.

e) Parentes ou afins

O dispositivo estendeu a proibição aos parentes ou afins relacionados à pessoa física que exerça funções administrativas ou que seja controlador do empresário devedor. Pelo dispositivo, não poderão votar o cônjuge ou parente, consanguíneo ou afim, colateral até segundo grau, ascendente ou descendente do devedor, de administrador, do sócio controlador, de membro dos conselhos consultivo, fiscal ou semelhantes.

Não poderão votar, também, as sociedades que sejam credoras, mas em que qualquer desses parentes ou afins do devedor ou de pessoas relacionadas aos administradores ou ao controlador do devedor exerçam funções administrativas. Novamente, a Lei cria limitação desproporcional. Pelo dispositivo, parente ou afim de um membro do conselho fiscal, que pode não possuir nenhum poder de interferência na administração do devedor, ou de um trabalhador eleito para o conselho de administração do devedor, ou de um representante do minoritário num conselho consultivo, ficará impedido de votar.

Ao estender a proibição às sociedades em que esses parentes ou afins possuam funções, não apenas a lei suprime direito relevantíssimo de terceiro totalmente afastado do empresário devedor, como também, em razão da proibição, afeta as possibilidades de desempenho das funções por esses profissionais relacionados indiretamente a algum administrador ou conselheiro do devedor.

A limitação ao desempenho da função é decorrente da não contratação desses profissionais por credores relevantes e que obviamente pretenderão não perder seu direito de voto na Assembleia Geral de Credores. Sua inconstitucionalidade, notadamente diante de situações em que o parente ou afim não tenha relação direta com o administrador do devedor, ou em que não se exerça funções diretamente relacionadas à direção da sociedade, seja da sociedade credora, seja da sociedade devedora, revela-se evidente. O conflito entre interesses do devedor e do credor, nessas hipóteses, poderá não ocorrer de modo absoluto.

Cessão do crédito do credor impedido de votar

Diante de eventual morosidade ou custo para o recebimento de seu crédito[268], seja eventual exigência de provisão pelas instituições financeiras, seja necessidade de liquidez imediata, o credor

---

[268] BUSCHINELLI, Gabriel Saad Kik. Cessão de crédito na recuperação judicial. In: CEREZETTI, Sheila C. Neder; MAFFIOLETTI, Emanuelle Urbano (coords.). *Dez anos da Lei n. 11.101/2005*: estudos sobre a Lei de Recuperação e Falência. São Paulo: Almedina, 2015, p. 311-313.

poderá ser compelido a ceder referido crédito a terceiro, ainda que com deságio, seja na falência, seja na recuperação judicial.

O crédito poderá ser cedido pelo credor a terceiro, independentemente da anuência do devedor, exceto se impossível em razão da natureza da obrigação, da lei ou da convenção com o devedor (art. 286 do CC). O devedor não precisa concordar com a cessão. Ele deverá ser exclusivamente notificado para que tenha ciência a que credor deverá realizar o pagamento de suas obrigações (art. 290 do CC).

A cessão de crédito poderá ser realizada a qualquer cessionário. Excetua-se a aquisição apenas ao próprio devedor. Isso porque, embora não haja proibição expressa da cessão a este, o empresário devedor comete crime se dispuser de seu patrimônio para favorecer um ou mais credores em prejuízo aos demais (art. 172).

Embora a cessão de crédito seja perfeitamente possível na recuperação ou na falência, sua realização não permite, necessariamente, ao cessionário exercer seu direito de voto.

Caracterizado como um poder processual[269], o voto não necessariamente acompanha o direito material de crédito. Mais do que acessório ao crédito, o voto é decorrente da habilitação do credor no procedimento concursal e depende do preenchimento dos demais requisitos legais. Em virtude desses requisitos, é possível a atribuição do poder de voto para determinados credores e não para outros, como os credores com habilitação retardatária, ou os que, na recuperação judicial, não tiveram seu crédito alterado pelo plano de recuperação.

A proibição do voto poderá ocorrer por imposição ao crédito ou ao titular. Por imposição ao crédito, está proibido de votar na recuperação judicial o credor retardatário, exceto se decorrente da relação de trabalho (art. 10, § 1º). A imposição do impedimento em razão da habilitação retardatária do crédito provoca que sua cessão transmite ao cessionário o crédito habilitado de modo retardatário e, por consequência, sem direito de voto. Dessa forma, ainda que cedido o crédito, o cessionário não possuirá direito de voto, assim como não o possuía o cedente.

No tocante ao impedimento subjetivo, a restrição de voto é decorrente da relação pessoal entre o credor e o devedor, ainda que indiretamente por meio de sócios em comum com participação relevante em qualquer delas, ou por meio de relações de parentesco. Cedido o crédito à pessoa que possua impedimento, ainda que não o possua o cedente, o cessionário ficará impedido de votar.

A justificativa a tanto é que o impedimento ocorre justamente para evitar o conflito de interesse. Caso a relação com o devedor implique, pela lei, proximidade que possa comprometer o interesse do credor em manifestar seu voto conforme exclusivamente os limites da comunhão de interesse dos credores, suprimiu a lei antecipadamente esse exercício[270].

Poderá, entretanto, ocorrer o contrário. O cedente impedido de votar cede seu crédito a cessionário, sem que este possua relação subjetiva com o devedor ou seus órgãos. Embora o cessionário não esteja impedido de votar em razão de impedimento próprio, seu impedimento deverá ser considerado decorrente da cessão do crédito do credor impedido.

Desde que a cessão seja realizada após a distribuição do pedido de recuperação judicial ou da decretação da falência, momento em que já poderia surgir o direito de voto aos credores, o crédito cedido também não permitirá o voto ao cessionário, pois este já estava suprimido antes da

---

[269] BUSCHINELLI, Gabriel Saad Kik. Cessão de crédito na recuperação judicial. In: CEREZETTI, Sheila C. Neder; MAFFIOLETTI, Emanuelle Urbano (coords.). *Dez anos da Lei n. 11.101/2005*: estudos sobre a Lei de Recuperação e Falência. São Paulo: Almedina, 2015, p. 322.

[270] TJSP, Câmara Reservada à Falência e Recuperação, AI 990.1021655-4, rel. Des. Elliot Akel, j. 1º-6-2010.

cessão. Caso, entretanto, a cessão ocorra anteriormente ao pedido de recuperação judicial ou à decretação da falência, o voto, decorrente do procedimento, ainda não tinha sido suprimido.

Justifica-se a não possibilidade de voto pelo cessionário em virtude de a cessão de crédito a terceiro poder ser utilizada, embora não necessariamente, para evitar justamente a incidência do impedimento do direito de voto do credor. Como a relação que impede o voto do credor é subjetiva, ou seja, diretamente relacionada à condição pessoal do credor, a transferência dessa posição contratual poderia permitir que o cessionário exercesse o direito de voto sem nenhum impedimento. Outrossim, esse direito de voto do cessionário poderia fazer com que a cessão do crédito fosse mais vantajosa ao cedente, em razão dos poderes de voto que o cessionário poderia exercer e de sua influência na deliberação, do que a própria conservação do seu crédito.

Por essa razão, a interpretação de que o cessionário estaria impedido de votar é a mais consentânea aos demais dispositivos da Lei n. 11.101/2005. A interpretação procura evitar que o cessionário atue sob a direção do cedente impedido, que se veria compelido a ceder seus créditos com o intuito de, ainda que por meio de terceiro cessionário, influenciar na deliberação da Assembleia Geral de Credores. Embora o impedimento subjetivo imponha-se por Lei somente à pessoa do credor, sua extensão ao cessionário procura evitar que a proibição legal seja facilmente contornada, ainda mais porque não se exige concordância do devedor quanto aos seus termos[271].

Art. 44. Na escolha dos representantes de cada classe no Comitê de Credores, somente os respectivos membros poderão votar.

Eleição dos representantes do Comitê de Credores

O Comitê de Credores será formado por representantes das classes de credores conforme art. 26 da Lei n. 11.101/2005, cuja formação das classes não se confunde com as presentes na Assembleia Geral de Credores[272].

Na eleição dos representantes de cada classe do Comitê, cada classe de credores deverá votar em separado para a eleição dos respectivos representantes. Para a eleição dos respectivos representantes, a classe deverá obter votos favoráveis de credores que representem mais da metade do valor total dos créditos presentes da classe à Assembleia.

Nos termos do art. 42 da Lei n. 11.101/2005, independentemente da classe dos eleitos, o quórum de aprovação é da maioria dos créditos presentes e não da maioria dos credores.

A ausência de eleição de representantes por uma das classes não prejudica a constituição do Comitê de Credores, que funcionará com número inferior de representantes.

---

[271] Nesse sentido, mas sob o fundamento de que ninguém pode ceder mais do que tem: TJSP, Agravo de Instrumento 0021655-82.2010.8.26.0000, rel. Elliot Akel, Câmara Reservada à Falência e Recuperação, j. 1º-6-2010.

Em sentido contrário, BUSCHINELLI, Gabriel Saad Kik. Cessão de crédito na recuperação judicial. In: CEREZETTI, Sheila C. Neder; MAFFIOLETTI, Emanuelle Urbano (coords.). *Dez anos da Lei n. 11.101/2005*: estudos sobre a Lei de Recuperação e Falência. São Paulo: Almedina, 2015, p. 334.

[272] Cf. art. 26.

Art. 45. Nas deliberações sobre o plano de recuperação judicial, todas as classes de credores referidas no art. 41 desta Lei deverão aprovar a proposta.

§ 1º Em cada uma das classes referidas nos incisos II e III do art. 41 desta Lei, a proposta deverá ser aprovada por credores que representem mais da metade do valor total dos créditos presentes à assembleia e, cumulativamente, pela maioria simples dos credores presentes.

§ 2º Nas classes previstas nos incisos I e IV do art. 41 desta Lei, a proposta deverá ser aprovada pela maioria simples dos credores presentes, independentemente do valor de seu crédito.

§ 3º O credor não terá direito a voto e não será considerado para fins de verificação de quórum de deliberação se o plano de recuperação judicial não alterar o valor ou as condições originais de pagamento de seu crédito.

Quórum ordinário de aprovação do plano de recuperação judicial

Ainda que a Assembleia Geral de Credores tenha como quórum de deliberação em geral a maioria dos créditos presentes à Assembleia Geral (art. 42), independentemente das classes dos credores, excetuam-se desse quórum as deliberações sobre o plano de recuperação judicial (art. 45), a composição do Comitê de Credores (art. 44) e a forma alternativa de realização dos ativos (art. 145).

Para a aprovação do plano de recuperação judicial, estabelece a lei dois quóruns. Um ordinário, previsto no art. 45, e outro alternativo, o *cram down*, previsto no art. 58, § 1º.

O quórum ordinário de aprovação exige que cada uma das classes da Assembleia Geral aprove o plano de recuperação, por maioria dos presentes. Essa maioria é computada, entretanto, de modo diverso a depender da classe de credor.

Na classe I, referente aos titulares de créditos derivados da legislação do trabalho ou decorrentes de acidentes de trabalho, assim como na classe IV, relativa aos credores microempresários ou empresários de pequeno porte, a maioria exigida é de mais da metade dos credores presentes, independentemente do valor do crédito. O voto é considerado por cabeça, ou seja, em consideração simplesmente ao número dos credores presentes e não ao valor do respectivo crédito.

Nas classes II e III, credores com garantia real e credores quirografários, com privilégio especial, geral e subordinados, por seu turno, a maioria exige dois critérios. As classes aprovarão o plano se cumulativamente houver votos favoráveis de mais da metade dos credores presentes de cada uma dessas classes e também se houver votos favoráveis de credores que representem mais da metade do valor dos créditos presentes de cada classe na Assembleia Geral. A aprovação, assim, exige maioria relativa dos credores por cabeça e por valor de crédito.

Credor sem direito de voto

Além dos credores impedidos de votar em razão de impedimento (art. 43), também não poderão votar e não serão considerados para fins de verificação de quórum de deliberação os credores que não tiveram seus créditos alterados pelo plano de recuperação judicial, pois a Lei entende que, nessa hipótese, não teria interesse (e, por consequência, incentivos suficientes) para votar.

Embora não possa votar, o credor que não teve seus créditos alterados pelo plano de recuperação judicial poderá fazer objeções ao plano de recuperação judicial, comparecer à Assembleia e terá direito de voz. Ainda que não possa votar na Assembleia Geral de Credores, o plano de recuperação judicial poderá aumentar o risco do seu crédito, por meio de previsão de alienação de bens, interrupção de parte das atividades etc. Terá, portanto, eventual interesse o referido credor de acompanhar a deliberação dos demais credores e se manifestar sobre o plano proposto[273].

Art. 45-A. As deliberações da assembleia geral de credores previstas nesta Lei poderão ser substituídas pela comprovação da adesão de credores que representem mais da metade do valor dos créditos sujeitos à recuperação judicial, observadas as exceções previstas nesta Lei.

§ 1º Nos termos do art. 56-A esta Lei, as deliberações sobre o plano de recuperação judicial poderão ser substituídas por documento que comprove o cumprimento do disposto no art. 45 desta Lei.

§ 2º As deliberações sobre a constituição do Comitê de Credores poderão ser substituídas por documento que comprove a adesão da maioria dos créditos de cada conjunto de credores previsto no art. 26 desta Lei.

§ 3º As deliberações sobre forma alternativa de realização do ativo na falência, nos termos do art. 145 desta Lei, poderão ser substituídas por documento que comprove a adesão de credores que representem 2/3 (dois terços) dos créditos.

§ 4º As deliberações no formato previsto neste artigo serão fiscalizadas pelo administrador judicial, que emitirá parecer sobre sua regularidade, com oitiva do Ministério Público, previamente à sua homologação judicial, independentemente da concessão ou não da recuperação judicial.

Termo de adesão

Da mesma forma como já havia determinado o art. 39, § 4º, o termo de adesão procura desonerar o devedor de toda a convocação da Assembleia Geral de Credores e de sua realização. Parte-se do pressuposto de que, por já haver manifestação do quórum necessário à aprovação de determinada matéria, a deliberação pelos credores em Assembleia seria desnecessária.

O termo de adesão, assim, substituirá as deliberações da Assembleia Geral de Credores, desde que nele constem especificamente a matéria a ser objeto da aprovação e a concordância dos credores conforme o quórum necessário para cada uma das deliberações.

Nesse sentido, como regra geral, o quórum necessário para a aprovação das matérias, desde que não haja determinação de quórum qualificado pela Lei, é de maioria do valor dos créditos sujeitos à recuperação. Dentre os quóruns qualificados, por seu turno, exige-se o quórum qualificado do art. 45 para a deliberação sobre o plano de recuperação judicial, quórum do art. 26 para a constituição do Comitê de Credores.

Nesse particular, deve ser ressaltado que, quanto às deliberações sobre o plano de recuperação judicial, a remissão do art. 45-A é apenas ao art. 45. O termo de adesão, nesses termos,

---

[273] STJ, 3ª Turma, REsp 1.670.096/RJ, rel. Min. Nancy Andrighi, *DJ* 20-6-2017; TJSP, Câmara Reservada à Falência e Recuperação, AI 990.10.142738-9, rel. Des. Pereira Calças, *DJ* 6-7-2010.

deverá ser aprovado por credores que representem a maioria dos credores presentes e a maioria do valor de créditos presentes para a classe dos credores com garantia real e quirografários, e pela maioria simples dos credores da classe dos credores trabalhistas e para a classe dos credores EPPs e mês.

A remissão exclusiva ao art. 45 impede que o termo de adesão seja utilizado com o quórum alternativo do art. 58, § 1º. O quórum alternativo do *cram down* é medida excepcional para evitar que credor bloqueie a aprovação do plano para extrair maior valor do devedor (*Holdouts*) em detrimento da maioria dos créditos e das classes. Nesses termos, a falta de concordância da maioria dos credores, nos termos do art. 45, exigiria a instalação da Assembleia Geral de Credores para permitir o amplo debate entre todos os credores.

Na falência, contudo, a deliberação deverá ser tomada por todos os credores a ela submetidos, sejam concursais ou extraconcursais. Isso porque todos poderão sofrer os efeitos de determinada decisão quanto à liquidação de bens. Desta forma, o termo de adesão sobre a forma alternativa de realização do ativo na falência deverá respeitar o quórum de 2/3 dos créditos, nos termos do art. 145.

Para que a correção do preenchimento do quórum legal seja avaliada, o termo de adesão deverá ser acompanhado dos documentos que comprovem os poderes dos subscritores para novar ou transigir. Desta forma, devem ser juntados os atos de nomeação dos administradores ou diretores, acompanhados do contrato social, ou os documentos pessoais dos credores pessoas físicas, além de eventual instrumento de outorga de poderes específicos para os representantes, as procurações.

A regularidade do termo de adesão, dentro do qual se compreendem a especificação da matéria sobre a qual os credores deliberaram e o preenchimento do quórum legal, deve ser fiscalizada pelo administrador judicial, o qual emitirá parecer sobre a sua regularidade, bem como a oitiva do Ministério Público previamente à sua homologação judicial.

Art. 46.
A aprovação de forma alternativa de realização do ativo na falência, prevista no art. 145 desta Lei, dependerá do voto favorável de credores que representem 2/3 (dois terços) dos créditos presentes à assembleia.

Formas alternativas de liquidação do ativo na falência

As modalidades de alienação do ativo na falência são indicadas no art. 142 e consistem no leilão e em outras modalidades públicas de alienação. Além dessas formas de liquidação para o pagamento dos credores, na falência, estabeleceu a lei que o juiz poderá homologar qualquer outra modalidade de realização do ativo, desde que aprovada pela Assembleia Geral de Credores (art. 145).

Em que pese o art. 145 tenha sido alterado pela Lei n. 14.112/2020, o dispositivo legal remete o quórum ao art. 42, o qual, por sua vez, determina que o quórum geral de maioria simples dos presentes não se aplica às liquidações extraordinárias, estabelecidas no art. 145 e que compreendem a adjudicação dos bens pelos credores, a aquisição por meio de constituição de sociedade, de fundo ou de outro veículo de investimento, com a participação, se necessária, dos atuais sócios do devedor ou de terceiros, ou mediante conversão de dívida em capital.

Como o art. 145 faz referência ao art. 42, que excepciona a aplicação do quórum geral, mas não define o referido percentual, permanece aplicável a regra do quórum de aprovação do art. 46, que determina que, para as referidas formas alternativas de realização do ativo, o quórum é de 2/3 dos créditos presentes à assembleia[274].

---

[274] Nesse sentido: "A adoção de outras modalidades de alienação, na forma do artigo 145 da Lei n. 11.101/2005, só pode ser admitida em situações excepcionais, que devem estar explicitamente justificadas na proposta apresentada aos credores. Nessas hipóteses, as condições do negócio devem estar minuciosamente descritas no plano de recuperação judicial que deve ter votação destacada deste ponto, ser aprovado por maioria substancial dos credores e homologado pelo juiz" (STJ, 3ª Turma, REsp 689.187/SP, rel. Min. Ricardo Villas Boas Cueva, j. 5-5-2020.

CAPÍTULO III
DA RECUPERAÇÃO JUDICIAL

Seção I
Disposições Gerais

Art. 47. A recuperação judicial tem por objetivo viabilizar a superação da situação de crise econômico-financeira do devedor, a fim de permitir a manutenção da fonte produtora, do emprego dos trabalhadores e dos interesses dos credores, promovendo, assim, a preservação da empresa, sua função social e o estímulo à atividade econômica.

A concordata e sua ineficiência

O Decreto-Lei n. 7.661/45 previa a concordata como forma de compor os interesses entre os credores e devedores e se evitar a decretação da falência. Sua previsão era decorrente da necessidade de criar alternativas para que o empresário em crise econômico-financeira, reversível, pudesse se reestruturar.

A concordata era prevista em duas formas: a concordata preventiva e a concordata suspensiva (art. 139 do Decr.-Lei n. 7.661/45).

Na concordata preventiva, a qual era regida pelo art. 156 do Decreto revogado, o comerciante em crise, desde que fosse de boa-fé, poderia obter judicialmente remissão de valores ou prazo para o pagamento de seus credores, prevenindo estes de lhe promoverem sua execução coletiva falimentar. O pedido de concordata, que deveria ser feito até a citação do devedor no procedimento falimentar, impedia o prosseguimento desse último.

Na concordata suspensiva, por seu turno, o comerciante poderia retomar a administração de sua atividade, ainda que sua falência já tivesse sido decretada. Após a quebra, mas antes da liquidação dos ativos, o comerciante poderia pretender suspender a execução coletiva e reerguer a empresa.

Em ambas as formas, sua concessão independia da vontade dos credores no Decreto-Lei n. 7.661/45. Como favor legal, a concordata era concedida por sentença judicial desde que preenchidos os requisitos legais, que consistiam, na concordata preventiva, na exigência de ser comerciante, não haver pedido de declaração de falência, exercer regularmente comércio há mais de dois anos, possuir ativo cujo valor corresponde a mais de 50% do seu passivo quirografário, não ser falido ou ter título protestado por falta de pagamento (art. 158 do Dec.-Lei n. 7.661/45). Na concordata suspensiva, o devedor não poderia ter denúncia ou queixa recebida contra si ou diretores ou administradores da sociedade falida (art. 177 do Dec.-Lei n. 7.661/45).

Os credores poderiam, apenas, antes de sua concessão e no prazo de cinco dias contados da data da publicação do aviso da impetração da concordata preventiva (art. 174, II, do Dec.-Lei revogado) ou do edital de ciência da impetração da concordata (art. 181 do Dec.-Lei n. 7.661/45) opor embargos à concordata. A matéria submetida aos embargos, contudo, era restrita. Somente poderia ser alegado pelos credores prejuízo maior para os credores na concordata do que na liquidação na falência, ou impossibilidade evidente de ser cumprida a concordata; inexatidão das informações prestadas; ou qualquer ato de fraude ou má-fé do devedor[1].

A concessão ou rejeição da concordata cabia ao Magistrado exclusivamente e não dependia de qualquer consentimento dos credores. Quanto à viabilidade econômica da empresa, os embargos seriam acolhidos apenas se evidente a impossibilidade de cumprimento da concordata.

Muitas concordatas, desse modo, foram concedidas para empresários sem condições efetivas de se reestruturarem e em detrimento da vontade da maioria dos credores, o que permitiu apenas uma maior dilação de prazo para a liquidação dos ativos e um maior risco de desvio de bens.

Por outro lado, ainda que o comerciante pretendesse efetivamente se reestruturar com a concordata, o engessamento do instituto não permitia sua adequação à realidade da atividade. Os meios de recuperação eram restritos. Somente os créditos quirografários ficavam sujeitos à concordata (art. 147 do Dec.-Lei n. 7.661/45), que se restringia a lhe garantir a remissão ou dilação do pagamento apenas.

A restrição dos meios de reestruturação, sua limitação aos créditos quirografários e a independência de sua concessão em relação à viabilidade econômica da atividade não permitiram que o instituto desempenhasse sua função de efetivamente permitir a superação da crise econômico--financeira pelo empresário.

Conceito de recuperação judicial

Diante de uma crise econômico-financeira do empresário devedor, a Lei n. 11.101/2005 procurou criar instrumentos para que os diversos interesses envolvidos na condução da atividade empresarial, sejam eles do devedor, dos credores, dos consumidores, da nação, pudessem se compor para obter a melhor solução comum a todos.

Pressupõem-se, para a utilização do instituto, que a atividade esteja acometida por uma crise econômico-financeira. Esse estado de crise não pressupõe o inadimplemento já ocorrido das obrigações. A crise econômico-financeira se caracteriza quando o devedor, ainda que transitoriamente, não possua recursos financeiros disponíveis para satisfazer uma prestação vencida ou vincenda, ainda que seus ativos permanentes sejam suficientes para a satisfação de todo o passivo.

Para que essa crise pudesse ser superada coletivamente, limitaram-se os comportamentos tanto dos credores quanto do devedor, de modo que ambos fossem incentivados a negociar uma solução.

A partir da distribuição do pedido de recuperação judicial, o devedor perde sua autonomia patrimonial e apenas poderá alienar ou onerar seus bens do ativo permanente com autorização judicial e após ouvidos os credores, caso essa alienação não tenha sido submetida à aprovação dos credores no plano de recuperação judicial (art. 66). Não poderá, inclusive, satisfazer suas obrigações vencidas, com o pagamento de uma parte dos credores, exceto se houver aprovação dos credores no plano de recuperação judicial (art. 172).

Por outro lado, obstaram-se os comportamentos oportunistas dos diversos credores que, ao sinal de crise econômica do devedor, pretendessem maximizar sua utilidade pessoal e obter a satisfação de seus créditos individuais, ainda que pudessem comprometer a satisfação dos demais credores.

---

[1] BATALHA, Wilson de Souza Campos; BATALHA, Silvia Marina Labate. *Falências e concordatas*: comentários à Lei de Falências. São Paulo: LTr, 1991, p. 504.

Esse comportamento cooperativo entre os credores foi incentivado mediante a suspensão de suas ações e execuções com o deferimento do pedido de processamento da recuperação judicial (art. 6º). A suspensão propicia que, por maioria, busquem os credores uma solução comum para a satisfação de todos os débitos, seja pela novação de suas obrigações na recuperação judicial das empresas viáveis, seja por meio da liquidação dos ativos da empresa inviável, por ocasião da decretação de eventual falência.

Para permitir que o instituto pudesse efetivamente reestruturar a atividade do devedor, foram ampliados os meios de recuperação, os quais poderão ser previstos livremente pelo devedor em seu plano de recuperação judicial, conforme a necessidade da reestruturação e a complexidade da atividade empresarial. Ademais, todos os credores titulares de créditos cujos fatos geradores sejam anteriores ao pedido, e não mais apenas os quirografários, submeter-se-ão à recuperação judicial (art. 49), ressalvados aqueles que, por opção legislativa de política pública, foram expressamente excluídos do processo de recuperação.

A recuperação judicial deve ser definida, assim, justamente com base nessa finalidade de propiciar o comportamento colaborativo de todos os credores em prol da superação da crise empresarial. É instituto jurídico criado para permitir ao devedor rediscutir com os seus credores, num ambiente institucional, a viabilidade econômica da empresa e de sua condução pelo empresário para a satisfação das obrigações sociais, conforme plano de recuperação proposto e que, se aprovado pelos credores em Assembleia Geral, implicará a novação de suas obrigações.

Preservação da empresa e sua função social

No direito brasileiro, a evolução histórica[2] da legislação falimentar destaca o caráter liquidatório do sistema concursal brasileiro até o Decreto-Lei n. 7.661/45. Assentavam-se os institutos na satisfação das obrigações, sem quaisquer considerações sobre o desenvolvimento da atividade empresarial pelo próprio devedor ou sobre a proteção dos interesses de terceiros[3].

Essa solução liquidatória para o pagamento dos credores era assegurada pelas legislações falimentares por meio de uma maior ou menor participação dos devedores ou dos credores. Historicamente, o ordenamento jurídico oscilava entre ora uma maior preponderância dos credores no procedimento concursal, ora uma maior preponderância do devedor, num movimento pendular em que se procurava sanar as ineficiências da legislação anterior com a alteração da preponderância dos agentes econômicos na condução do procedimento concursal[4].

A preservação da empresa, erigida como objetivo do instituto da recuperação judicial pela Lei n. 11.101/2005, procura romper com esse movimento pendular. A empresa, conceito econômico e que poderia ser transplantado para o sistema jurídico com diferentes perfis[5], é preponderantemente caracterizada em seu perfil funcional no direito brasileiro como atividade.

Sua preservação é pretendida pela LREF como um modo de se conciliar os diversos interesses afetados com o seu desenvolvimento. Como fonte geradora de bem-estar, a função social da

---

[2]   VALVERDE, Trajano de Miranda. *Comentários à Lei de Falências*. v. 1. Rio de Janeiro: Forense, 1999, p. 9-11.

[3]   CEREZETTI, Sheila. Princípio da preservação da empresa. In: COELHO, Fábio Ulhoa (coord.). *Tratado de direito comercial*. v. 7. São Paulo: Saraiva, 2015, p. 24.

[4]   COMPARATO, Fábio Konder. *Aspectos jurídicos da macroempresa*. São Paulo: Revista dos Tribunais, 1970, p. 98-101.

[5]   ASQUINI, Alberto. Profili dell'impresa. *Rivista del Diritto Commerciale*, Milano, 1943, v. 41, Primeira Parte, p. 1-20.

atividade empresarial é justamente se desenvolver e circular riquezas, de modo a permitir a distribuição de dividendos a sócios, mas também de promover a oferta de bens e serviços aos consumidores, aumentar a concorrência entre os agentes econômicos, gerar a oferta de postos de trabalho e o desenvolvimento econômico nacional.

A LREF, nesse ponto, rompe com a dinâmica das legislações anteriores para considerar a superação da crise econômico-financeira como um modo de satisfação não apenas de interesses de credores e devedores, o que uma solução simplesmente liquidatória já poderia assegurar. Reconhece-se que a preservação da empresa e sua função social assegura também o atendimento dos interesses de terceiros, dos empregados, dos consumidores e de toda a nação.

Mais do que um simples objetivo do instituto, a preservação da empresa reflete os valores sobre os quais toda a Lei Falimentar é erigida. Por sua imposição, orientam-se o intérprete e aplicador diante de eventuais conflitos ou omissões legislativas como fundamento norteador para a superação das lacunas ou aparentes contradições.

Entre os vários casos em que a jurisprudência tem-se utilizado da preservação da empresa para suprir lacunas, pode-se apresentar, exemplificativamente, o estabelecimento de um Juízo Universal para fins de recuperação judicial, com a atribuição de competência para o juízo em que se processa a recuperação judicial aferir os atos de constrição advindos de execuções de créditos extrajudiciais sobre os bens da recuperanda[6] e a possibilidade de apresentação de aditamento ao plano de recuperação judicial[7].

A conciliação desses diversos interesses envolvidos na empresa não significa, entretanto, que a recuperação judicial deverá ser sempre concedida ou assegurada. A interpretação do art. 47 não pode gerar um assistencialismo[8], em que a recuperação judicial seria concedida independentemente do preenchimento dos requisitos legais, da vontade dos credores em Assembleia Geral ou conservada independentemente do cumprimento do plano ou das demais obrigações sociais não sujeitas à recuperação judicial. Apenas as empresas viáveis, e que sejam assim reconhecidas pelos credores em Assembleia Geral, poderão manter atividade eficiente e implementar a função social[9].

Embora a recuperação judicial objetive superar a crise econômico-financeira do empresário e garantir a preservação da empresa, esta apenas implementará sua função social se for economicamente eficiente. Apenas a atividade viável e que garanta o adimplemento de suas obrigações sociais, com a entrega de produto aos consumidores, com o recolhimento dos seus impostos, pagamento de seus trabalhadores e credores, tornará efetiva sua função social[10].

---

[6]   Cf. comentários ao art. 76.

    Na jurisprudência: STJ, AgRg no CC 130.363/SP, 2ª Seção, rel. Min. Sidnei Beneti, j. 23-10-2013; STJ, AgRg no CC 117.037/SP, 2ª Seção, rel. Min. Paulo de Tarso Sanseverino, j. 11-12-2013; STJ, AgRg no CC 127.674/DF, 2ª Seção, rel. Min. Nancy Andrighi, j. 25-9-2013; STJ, AgRg no CC 129.079/SP, 2ª Seção, rel. Min. Antonio Carlos Ferreira, j. 11-3-2015; STJ, AgRg no REsp 1.462.017/PR, 2ª Turma, rel. Min. Og Fernandes, j. 14-10-2014.

[7]   Cf. comentários ao art. 61.

[8]   A expressão é de SZTJAN, Rachel. *Comentários à Lei de Recuperação de Empresas e Falência*. 2. ed. São Paulo: Revista dos Tribunais, 2007, p. 223.

[9]   Cf. comentários ao art. 58 sobre a intervenção do Judiciário no plano, assim como art. 53 sobre a demonstração de viabilidade econômica da recuperação judicial.

[10]   STJ, AgRg no CC 110.250/DF, 2ª Seção, rel. Min. Nancy Andrighi, j. 8-9-2010.

Inviável economicamente a atividade desenvolvida pelo empresário em recuperação judicial, conforme aferição imposta pela Lei aos credores em Assembleia Geral, a falência deverá ser decretada, sob pena de ainda maior prejuízo ser causado aos credores, trabalhadores e ao mercado como um todo[11].

Caracterizada como atividade, a preservação da empresa também é objetivada na falência. O art. 75 determina que a falência visa a preservar e otimizar a utilização produtiva dos bens, ativos e recursos produtivos. Além da possibilidade de continuação provisória das atividades do falido (art. 99, XI), a alienação em conjunto dos bens preferencialmente, objetivo da falência, permitirá a preservação da atividade, que passará a ser exercida não mais pelo empresário falido, mas pelos adquirentes dos bens, em condições mais eficientes[12].

O dispositivo legal, por meio da imposição do objetivo da preservação da atividade à recuperação judicial, impede, além disso, que o instituto da recuperação judicial seja utilizado pelos agentes econômicos em detrimento dos objetivos para os quais foi concebido. Seu desvirtuamento poderia ocorrer nas hipóteses em que o devedor procura a recuperação judicial para garantir a transferência patrimonial sem sucessão em detrimento dos credores extraconcursais ou com prejuízo da continuidade da atividade, com a extinção de todos os postos de trabalho etc.[13]

A proteção do empresário e da atividade sem viabilidade econômica por meio da recuperação judicial pode gerar perda de eficiência, comprometimento da confiança dos credores, insegurança jurídica, em prejuízo de todos. A função social da empresa somente será produzida se a atividade for lucrativa e eficiente. Apenas a atividade economicamente eficiente tem condição de se perpetuar em mercados competitivos e gerar os benefícios pretendidos pela Lei a todos.

Art. 48. Poderá requerer recuperação judicial o devedor que, no momento do pedido, exerça regularmente suas atividades há mais de 2 (dois) anos e que atenda aos seguintes requisitos, cumulativamente:

I – não ser falido e, se o foi, estejam declaradas extintas, por sentença transitada em julgado, as responsabilidades daí decorrentes;

II – não ter, há menos de 5 (cinco) anos, obtido concessão de recuperação judicial;

III – não ter, há menos de 5 (cinco) anos, obtido concessão de recuperação judicial com base no plano especial de que trata a Seção V deste Capítulo;

---

[11] Para Sheila Cerezetti, a preservação da empresa deveria ser entendida por uma caracterização procedimental. Deveria ser atribuído conteúdo ao conceito por meio da identificação de um procedimento que procure preservar os diversos interesses abrangidos pela recuperação judicial (Princípio da preservação da empresa. In: COELHO, Fábio Ulhoa (coord.). *Tratado de direito comercial*. v. 7. São Paulo: Saraiva, 2015, p. 34).

[12] Relatório do Senador Ramez Tebet do Projeto na Comissão de Assuntos Econômicos do Senado. Parecer 534, de 2004.

[13] TJSP, AI 2112425-14.2015.8.26.0000, 1ª Câmara Reservada de Direito Empresarial, rel. Des. Pereira Calças, j. 16-12-2015; TJSP, AI 2231939-58.2015.8.26.0000, 1ª Câmara Reservada de Direito Empresarial, rel. Des. Maia da Cunha, j. 27-11-2015; TJSP, AI 2115424-37.2015.8.26.0000, 2ª Câmara Reservada de Direito Empresarial, rel. Des. Ricardo Negrão, j. 13-6-2016.

IV – não ter sido condenado ou não ter, como administrador ou sócio controlador, pessoa condenada por qualquer dos crimes previstos nesta Lei.

§ 1º A recuperação judicial também poderá ser requerida pelo cônjuge sobrevivente, herdeiros do devedor, inventariante ou sócio remanescente.

§ 2º No caso de exercício de atividade rural por pessoa jurídica, admite-se a comprovação do prazo estabelecido no *caput* deste artigo por meio da Escrituração Contábil Fiscal (ECF), ou por meio de obrigação legal de registros contábeis que venha a substituir a ECF, entregue tempestivamente.

§ 3º Para a comprovação do prazo estabelecido no *caput* deste artigo, o cálculo do período de exercício de atividade rural por pessoa física é feito com base no Livro Caixa Digital do Produtor Rural (LCDPR), ou por meio de obrigação legal de registros contábeis que venha a substituir o LCDPR, e pela Declaração do Imposto sobre a Renda da Pessoa Física (DIRPF) e balanço patrimonial, todos entregues tempestivamente.

§ 4º Para efeito do disposto no § 3º deste artigo, no que diz respeito ao período em que não for exigível a entrega do LCDPR, admitir-se-á a entrega do livro-caixa utilizado para a elaboração da DIRPF.

§ 5º Para os fins de atendimento ao disposto nos §§ 2º e 3º deste artigo, as informações contábeis relativas a receitas, a bens, a despesas, a custos e a dívidas deverão estar organizadas de acordo com a legislação e com o padrão contábil da legislação correlata vigente, bem como guardar obediência ao regime de competência e de elaboração de balanço patrimonial por contador habilitado.

Legitimidade para o pedido de recuperação judicial

Para que a recuperação judicial possa ter seu processamento deferido, o devedor deverá preencher cumulativamente diversos requisitos legais por ocasião da distribuição do seu pedido, momento em que o juiz apreciará se as condições da ação estão ou não presentes.

A falta dos requisitos legais exigidos por ocasião da distribuição do pedido, ainda que supridos posteriormente, impede o seu regular processamento.

a) Ser empresário ou sociedade empresária

O primeiro desses requisitos é que o autor figure como empresário ou sociedade empresária não impedida.

Por empresário deverá ser entendido todo aquele que desempenha atividade econômica, organizada e profissional, voltada à produção ou circulação de bens ou serviços e não exerça profissão intelectual, de natureza artística, literária ou científica, salvo se elemento de empresa (art. 966 do CC). Sociedade empresária, por seu turno, é a sociedade que desenvolve atividade tipicamente empresarial (art. 982 do CC).

Nas sociedades empresárias, a recuperação judicial deverá ser requerida pelos administradores. Como os poderes para requerer a recuperação judicial extrapolam os poderes de mera administração ou representação da sociedade, exige-se prévia autorização dos sócios. Se sociedade anônima, os diretores poderão requerer a recuperação judicial desde que autorizados por Assembleia Geral de acionistas (art. 122, IX, da Lei n. 6.404/76) ou, na hipótese de urgência, por determinação do controlador com ratificação da Assembleia Geral posteriormente. Na sociedade limitada, os administradores somente poderão requerer após decisão dos sócios (art. 1.071 do CC).

Os empresários ou sociedades empresárias não poderão ser nem absolutamente, nem relativamente impedidos (art. 2º). Não poderão requerer recuperação judicial a empresa pública e sociedade de economia mista, ambos absolutamente impedidos. Nem poderão os relativamente impedidos, como as instituições financeiras públicas ou privadas, cooperativa de crédito, consórcio, entidade de previdência complementar, sociedade operadora de plano de assistência à saúde, sociedade seguradora, sociedade de capitalização, as quais somente poderão ser submetidas à falência por previsão na legislação específica (art. 197).

b) Exercício atual de atividade regular há dois anos

O segundo requisito exigido para o pedido de recuperação judicial é o exercício de atividade regular.

A caracterização da atividade como empresária independe do registro público. A natureza do registro do empresário, nesse caso, é meramente declaratória e não constitutiva. Embora a inscrição no Registro Público de Empresas Mercantis seja obrigatória aos empresários e às sociedades empresárias (art. 967 do CC), sua não inscrição não descaracteriza a atividade como empresarial. Sem o registro, a atividade, embora empresarial, torna-se irregular[14].

Além de obrigatoriamente ser empresário, a regularidade da atividade também é pressuposto para o deferimento do pedido de recuperação judicial. Determinou a Lei que o empresário deverá exercer atividade regular há pelo menos dois anos.

A primeira questão relevante que desponta desse requisito é a necessidade de atividade. Para que possa pretender sua recuperação judicial, o empresário ou a sociedade empresária deverão desempenhar atividade empresarial.

Considerou a Lei que os empresários ou as sociedades empresárias inativas que não possuam atividade empresarial não têm o que ser recuperado. Outrossim, como a recuperação judicial visa à manutenção da fonte produtora, dos postos de trabalho e da geração de benefícios sociais, o empresário sem atividade não atende aos requisitos legais para a obtenção do benefício. Se evidenciada a falta de atividade, o pedido de recuperação judicial deverá ser inicialmente indeferido[15].

Por seu turno, a atividade, além de atual, deverá ser exercida pelo prazo de dois anos. A exigência de ao menos 24 meses de atividade já era exigida pelo Decreto-Lei n. 7.661/45, em seu art. 158, I, que requeria ao menos dois anos de exercício do comércio.

A doutrina e a jurisprudência divergem sobre o fundamento dessa exigência legal.

Para uma primeira corrente, os dois anos de exercício de atividade regular foram determinados como modo de impedir que obtivesse o benefício da recuperação judicial aquele que sempre tenha celebrado seus negócios na informalidade e tenha se regularizado apenas para requerer a recuperação judicial[16].

---

[14] Enunciado 199 da III Jornada de Direito Civil do CJF: "a inscrição do empresário ou sociedade empresária é requisito delineador de sua regularidade, e não da sua caracterização".

[15] TJSP, Apelação Cível n. 1023241-29.2023.8.26.0309, rel. Des. Maurício Pessoa, 2ª Câmara Reservada de Direito Empresarial, j. 29-8-2024.

[16] Em comentários ainda sobre o Decreto-Lei n. 7.661/45, que exigia o período de dois anos para a concessão da concordata preventiva no art. 158: VALVERDE, Trajano de Miranda. *Comentários à Lei de Falências*. v. II. 4. ed. Rio de Janeiro: Forense, 1999, p. 298.

Nesse sentido, a sociedade empresária que tenha sido constituída em período inferior a dois anos do seu pedido de recuperação judicial poderia ser considerada legítima, pois "o fim do preceito é afastar do benefício o comerciante que, tendo exercido irregularmente a profissão, procurou legalizar a sua situação com o objetivo de pedir a concordata"[17]. No caso de constituição inferior a dois anos, exige-se, simplesmente, que a atividade empresarial nunca tenha sido desempenhada irregularmente[18].

A fixação do período de dois anos parece, contudo, ter sido estipulada para além de simplesmente impedir o desenvolvimento da atividade irregular. O prazo de dois anos seria imposto como requisito para demonstrar a aptidão do empresário para o exercício da atividade, pois os resultados de determinada atividade não são imediatos e somente começam a aparecer após algum tempo.

Referido período, longe de apenas afastar a irregularidade, assegura que a recuperanda tenha atividade empresarial já estabilizada em seu meio social e que tenha assegurado tempo suficiente para o empresário ter reunido o conhecimento imprescindível para o seu desenvolvimento. A exigência do requisito impediria que o devedor pretenda sua recuperação, com eventual suspensão de suas obrigações, sem que reúna o conhecimento mínimo para continuar a desenvolver a atividade ou sem que sua atividade econômica seja importante no meio social a ponto de ser protegida.

Como consequência dessa fundamentação, a exigência de dois anos de exercício de atividade com o intuito de assegurar que o empresário tenha conhecimento suficiente para a continuidade do seu exercício e para que ela obtenha relevância social impediria que requeresse a recuperação judicial aquele que, nos últimos dois anos, teve o objeto social alterado. A alteração da atividade social exige que novos conhecimentos sejam adquiridos para o seu exercício, assim como altera a relevância da empresa na economia local, de modo que a alteração do objeto social requer o decurso do período de estabilização novamente do devedor[19].

A prova do exercício da regularidade da atividade há pelo menos dois anos é feita mediante a certidão (ficha completa) expedida pela Junta Comercial da sede do empresário, a quem compete a inscrição de seus atos constitutivos.

c) Não seja o empresário impedido

Além de o empresário individual ou a sociedade empresária terem que exercer atividade regular por mais de dois anos, exige a Lei que o empresário não seja falido ou tenha as obrigações extintas.

Referida limitação não alcança os sócios do empreendimento, mas apenas o empresário ou a sociedade empresária. Com personalidade jurídica distinta, a pessoa jurídica que se submete à recuperação judicial não poderá ter seu direito limitado em razão de uma restrição decorrente de situação de um terceiro, sob pena de se comprometer a preservação da empresa e o interesse dos terceiros envolvidos na atividade.

Até que estejam extintas as obrigações do empresário falido, este permanece inapto para o exercício da atividade empresarial. Outrossim, todos os seus ativos deveriam ser liquidados para a satisfação de suas obrigações.

---

[17] VALVERDE, Trajano de Miranda. *Comentários à Lei de Falências*. v. II. 4. ed. Rio de Janeiro: Forense, 1999, p. 298.

[18] Nesse sentido: TJSP, Câmara Especial de Falências e Recuperações Judiciais, rel. Des. Pereira Calças, *DJ* 4-3-2009.

[19] Nesse sentido, STJ, 4ª Turma, REsp 1.478.001/ES, rel. Min. Raul Araújo, *DJ* 10-11-2015.

Cumulativamente, o empresário não pode ter se beneficiado de outra recuperação judicial pelo procedimento ordinário ou de micro e empresas de pequeno porte (arts. 70-72). O art. 58 da Lei utiliza, como marco, a "concessão" da recuperação judicial, o que ocorre com a homologação, pelo Juízo, do plano de recuperação judicial aprovado pelos credores em AGC. Assim, é com esse marco que se inicia a contagem do prazo de 5 anos.

A restrição legal deve ser bem compreendida, dada a possibilidade de propositura e aprovação de aditamentos ao plano homologado enquanto não encerrada a recuperação judicial. A homologação de aditamento não implica nova concessão da recuperação judicial, não é considerada como ruptura à execução do plano nem justifica o reinício do prazo de fiscalização do cumprimento do plano. Por esse motivo, mesmo se aprovado e homologado modificativo ao plano de recuperação judicial, o termo inicial da contagem do prazo quinquenal fixado na Lei não será alterado (TJRJ, AI 0026487-02.2023.8.19.0000, rel. Des. Mônica Maria di Piero, 1ª Câmara de Direito Privado, j. 21-11-23).

Também não pode ser deferido o processamento da recuperação judicial do empresário individual condenado ou da sociedade empresária cujo administrador ou sócio controlador tenha sido condenado por crime falimentar.

Nessa última hipótese de pessoa jurídica devedora, em que o administrador ou sócio controlador tenha sido condenado por crime falimentar, entretanto, o impedimento não pode ser justificado constitucionalmente, pois, nos termos do art. 5º, XLV, da Constituição Federal, nenhuma pena criminal passará da pessoa do condenado.

Não há confusão entre as personalidades jurídicas entre o devedor e seus sócios ou administradores. A pessoa jurídica é diverso centro de imputação de direitos e obrigações em relação a seus sócios membros, mas a restrição imposta a ela em razão de penalidade do sócio ou administração implica que a penalidade criminal ultrapassaria o agente do crime e interferiria com o desenvolvimento da atividade social.

Impedir a recuperação judicial da pessoa jurídica com base nesse fundamento é punir os demais credores, consumidores ou a coletividade em que ela atua, os quais ficarão impossibilitados de satisfazer seus interesses com o eventual prosseguimento da atividade. Dessa forma, a restrição é inconstitucional e o seu reconhecimento exige a não aplicação da restrição legal aos empresários que pleitearem a recuperação judicial.

Demais legitimados ao pedido de recuperação judicial

Excepcionalmente, permite-se que outro interessado requeira a recuperação judicial pelo devedor, na hipótese de falecimento do empresário individual de responsabilidade ilimitada ou de falecimento de sócio.

A Lei atribui legitimidade ao cônjuge sobrevivente, aos herdeiros ou ao inventariante na hipótese de falecimento do empresário individual de responsabilidade ilimitada. Isso porque, no falecimento do titular da atividade, esses herdeiros ou o inventariante terão interesse direto em tutelar os bens da herança.

Nesse caso, não se poderia sustentar tratar-se de legitimidade extraordinária. Falecido o *de cujus*, os bens são transmitidos imediatamente aos seus herdeiros, a quem competiria tomar todas as medidas para os tutelar.

Na hipótese de sociedade empresária, a lei permite que o sócio remanescente requeira a recuperação judicial da pessoa jurídica devedora. A hipótese poderá ocorrer quando os demais sócios estiverem impedidos de fazê-lo.

É o que pode ocorrer nas sociedades limitadas, cujos administradores somente poderão requerer a recuperação judicial se houver aprovação, em Assembleia Geral de sócios, de mais da metade do capital social (arts. 1.072 e 1.076 do CC). No caso de os sócios estarem impossibilitados de comparecerem, de modo que o quórum não seria nunca atingido, os sócios remanescentes poderão requerer a recuperação judicial em nome da companhia, em verdadeira legitimidade extraordinária.

A interpretação do dispositivo não parece ser a de que, diante do voto contrário do sócio controlador, o sócio minoritário poderia requerer a recuperação judicial[20]. Esse poder conferido pela Lei não poderia ser utilizado pelo minoritário em detrimento da vontade social, expressa pela maioria dos sócios em Assembleia. Conforme as regras societárias, para que a pessoa jurídica empresária possa requerer a recuperação judicial, a assembleia geral de seus sócios deve deliberar, por maioria, sobre o pedido[21].

Eventual abuso do controlador permitiria anulação da deliberação assemblear, cuja apreciação não seria de competência do juízo da recuperação judicial, mas não confere o direito ao dissidente de requerer a recuperação judicial em detrimento da vontade da sociedade[22].

Produtor rural

Quanto ao produtor rural, a primeira interpretação que poderia ser feita do art. 48 é exigir dele que o período de dois anos de exercício de atividade regular seja realizado após o referido registro do produtor na Junta Comercial, requisito para que ele possa ser equiparado a empresário.

A interpretação da Lei, todavia, não permite chegar a tal conclusão quanto ao empresário rural.

A natureza declaratória do registro para a caracterização da atividade como empresarial como regra geral tem sua exceção na hipótese de empresário rural. No caso do agente econômico que tem como principal atividade a produção ou circulação de bens agrícolas, pecuários e agroindustriais, o registro como empresário é constitutivo.

---

[20]   Em sentido contrário, ULHOA COELHO. Para o autor: "se, na reunião ou assembleia eventualmente realizada para discussão da matéria, rejeitou-se por maioria a proposta de requerer a recuperação judicial, o sócio ou sócios minoritários vencidos podem aduzir em juízo o pedido de recuperação judicial. (...) Percebendo, contudo, que se trata de abuso do poder dos majoritários ou do controlador, e que a sociedade empresária necessita realmente do benefício da recuperação judicial, pode o juiz determinar a tramitação do processo" (ULHOA COELHO, Fábio. *Comentários à Lei de Falências e de Recuperação de Empresas*. 11. ed. São Paulo: Revista dos Tribunais, 2016, p. 180-181).

[21]   Na sociedade anônima, o art. 122, IX, da Lei n. 6.404/76 determina que é competência privativa da assembleia autorizar os administradores a confessar a falência e a pedir a concordata. Apenas em caso de urgência, esse pedido poderá ser formulado diretamente pelos administradores, com a concordância do acionista controlador, convocando-se imediatamente a assembleia geral para deliberar.

Na sociedade limitada, a norma é semelhante, conforme previsão nos arts. 1.071 e 1.072, § 4º, do Código Civil.

[22]   Nesse sentido, SZTAJN, Rachel. *Comentários à Lei de Recuperação de Empresas e Falência*. 2. ed. São Paulo: Revista dos Tribunais, 2007, p. 227.

Em sentido contrário, COELHO, Fábio Ulhoa. *Comentários à Lei de Falências e de Recuperação de Empresas*. 11. ed. São Paulo: Revista dos Tribunais, 2016, p. 181. Para o autor, o minoritário poderia propor a recuperação judicial em nome da pessoa jurídica e o juízo da recuperação judicial apreciaria se houve abuso do poder dos majoritários ou do controlador em detrimento da sociedade. Sua interpretação do termo "sócio remanescente" é a de sócio dissidente ou minoritário.

Beneficiário de um privilégio concebido pela Lei, o produtor rural ou a sociedade que desempenhem atividade principal rural serão considerados empresários ou sociedades empresárias apenas se requererem sua inscrição no Registro Público de Empresas Mercantis da respectiva sede (arts. 971 e 984 do Código Civil). Apenas após a inscrição referido agente se tornará equiparado a empresário.

Pela redação expressa dos dispositivos legais, portanto, não basta ao produtor rural para ser empresário desempenhar sua atividade econômica profissional e organizada voltada à produção ou circulação de bens ou serviços. O empresário rural somente será assim considerado se, além dessa atividade com características empresariais, inscrever-se ou seus atos constitutivos na Junta Comercial de sua sede.

Como o registro é facultativo para sua caracterização como empresário, a atividade rurícola ou agropecuária exercida anteriormente ao registro continua a ser regular, pois não há descumprimento de ônus imposto pela Lei.

A atividade apenas não será considerada atividade empresarial, requisito esse que não é imprescindível para o pedido de recuperação. Repare que apenas se exige que o devedor seja empresário e que desempenhe atividade regular há mais de dois anos.

Nesse ponto, caso opte pelo registro, o produtor rural torna-se empresário. Sua atividade econômica desenvolvida durante pelo menos dois anos será regular mesmo antes desse registro, de modo que ele preencherá, portanto, todos os requisitos para realizar o pedido de recuperação judicial.

Essa constatação era reforçada pela própria Lei. Ao produtor rural permitia-se expressamente demonstrar, como pessoa jurídica, a realização de sua atividade não apenas com a certidão de inscrição na Junta Comercial, mas também com a Declaração de Informações Econômico-fiscais da Pessoa Jurídica (DIPJ), hoje substituída pela Escrituração Contábil Fiscal. Anteriormente à alteração da Lei n. 11.101/2005 pela Lei n. 14.112, de 24 de dezembro de 2020, entendia-se que, por esse motivo, não havia qualquer razão para se discriminar a pessoa física da jurídica, ou seja, para se permitir à pessoa jurídica produtora rural demonstrar suas atividades desenvolvidas durante pelo menos dois anos por outras formas que não a certidão de inscrição na Junta Comercial, e se exigir exclusivamente referida certidão da pessoa física.

Pela alteração do art. 48 da Lei n. 11.101/2005, consolidou-se esse posicionamento de que não é necessário, para demonstração do tempo de dois anos, o registro na Junta Comercial, seja do produtor rural pessoa física, seja do produtor rural pessoa jurídica. Pelo § 2º, a comprovação do prazo de dois anos de atividade regular, inclusive antes da inscrição no Registro Público de Empresas Mercantis, pode ser demonstrada pela Escrituração Contábil Fiscal (ECF), que passou a substituir a DIPJ, ou por meio de outros registros contábeis que possam vir a substituí-la, desde que entregues tempestivamente.

Por seu turno, quanto ao produtor rural pessoa física, o prazo de dois anos poderá ser comprovado com base no Livro Caixa Digital do Produtor Rural (LCDPR) ou pelo livro-caixa utilizado para a DIRPF, caso anterior à exigência do LCDPR, ou outro registro contábil que o substitua, acompanhado pela declaração de imposto de renda da pessoa física (DIRPF) e balanço patrimonial.

Referidos documentos contábeis, além de tempestivos, deverão ter sido regularmente preenchidos, conforme padrão contábil exigido.

Assim, permite-se ao produtor rural que tenha se registrado como empresário antes do pedido de recuperação judicial, mas cuja atividade tenha se desenvolvido pelo período de dois anos mesmo que anterior ao registro, pretender a recuperação judicial[23]. A facilitação na demonstração do período de atividade está relacionada à intensa informalidade que predomina nas relações

---

[23]   Também nesse sentido: WAISBERG, Ivo. A viabilidade da recuperação judicial do produtor rural. *Revista do Advogado*, AASP, ano XXXVI, n. 131, out. 2016, p. 83-90.

estabelecidas pelos produtores rurais e na peculiaridade de sua condição, reconhecida pelo próprio Código Civil no seu art. 971.

Por essa mesma razão, a Lei n. 14.112/2005 mitigou a exigência de apresentação das demonstrações financeiras relacionadas ao período anterior ao registro na Junta Comercial como empresário ou sociedade empresarial, nos termos do art. 51, § 6º, II, da Lei, ao excepcionar o art. 51, II, que estabelece a obrigatoriedade de apresentação dos documentos contábeis referentes aos três anos anteriores ao pedido de recuperação judicial para os demais empresários.

O art. 1.179 do Código Civil é claro ao estabelecer que a obrigatoriedade de manutenção de sistema de contabilidade é aplicável apenas ao empresário e à sociedade empresária. Pela Lei, o produtor rural torna-se empresário com o registro na Junta Comercial, que é a ele excepcionalmente facultativo. Se a obrigatoriedade dos documentos somente pode ser exigida a partir do registro como empresário, ao produtor rural empresário que requer recuperação judicial apenas poderá ser imposto o ônus de produzir os documentos contábeis indicados no inciso II do art. 51 após o registro na Junta Comercial, mas não em relação ao período anterior.

Art. 48-A. Na recuperação judicial de companhia aberta, serão obrigatórios a formação e o funcionamento do conselho fiscal, nos termos da Lei n. 6.404, de 15 de dezembro de 1976, enquanto durar a fase da recuperação judicial, incluído o período de cumprimento das obrigações assumidas pelo plano de recuperação.

Recuperação judicial de companhia aberta

Determinou a Lei que, para as companhias abertas, serão obrigatórios a constituição e o funcionamento do Conselho Fiscal durante todo o processo de recuperação judicial.

Na sociedade anônima, a Lei n. 6.404/76 determina que o Conselho Fiscal é de existência obrigatória nas companhias, sejam elas de capital aberto ou fechadas, embora seu funcionamento possa não ser permanente em virtude dos custos de sua manutenção. O funcionamento poderá ser permanente se dispuser o estatuto social ou se for instalado apenas durante o exercício social por pedido dos acionistas (art. 161 da LSA).

As funções do Conselho Fiscal consistem, principalmente, na fiscalização dos atos dos administradores da sociedade e do cumprimento dos seus deveres legais e estatutários. Como consequência, deverão se manifestar sobre o relatório anual da administração, sobre as propostas dos órgãos de administração, examinar o balancete e demais demonstrações financeiras (art. 163, da LSA).

Por proporcionar aumento da fiscalização do cumprimento dos deveres fiduciários dos administradores da companhia devedora, a Lei n. 11.101/2005 impõe o funcionamento obrigatório do Conselho Fiscal nas companhias abertas, que, por conseguirem captar a poupança popular via dispersão das ações no mercado, atraem maior interesse público no regular desenvolvimento de

---

Na jurisprudência: TJSP, 2ª Câmara Reservada de Direito Empresarial, AI 2048349-10.2017, rel. Des. Araldo Telles, *DJ* 30-10-2017; TJSP, 2ª Câmara Reservada de Direito Empresarial, AI 2049452-91.2013, rel. Des. José Reynaldo, *DJ* 5-5-2014; TJSP, 2ª Câmara Reservada de Direito Empresarial, AI 2037064-59.2013, rel. Des. José Reynaldo, *DJ* 22-9-2014.

suas diversas relações jurídicas. A exigência de seu funcionamento não apenas protege os interesses dos acionistas minoritários ou sem poder de voto, como assegura a preservação de todos os demais envolvidos na atividade empresarial, dentre eles os credores.

Art. 49. Estão sujeitos à recuperação judicial todos os créditos existentes na data do pedido, ainda que não vencidos.

§ 1º Os credores do devedor em recuperação judicial conservam seus direitos e privilégios contra os coobrigados, fiadores e obrigados de regresso.

§ 2º As obrigações anteriores à recuperação judicial observarão as condições originalmente contratadas ou definidas em lei, inclusive no que diz respeito aos encargos, salvo se de modo diverso ficar estabelecido no plano de recuperação judicial.

§ 3º Tratando-se de credor titular da posição de proprietário fiduciário de bens móveis ou imóveis, de arrendador mercantil, de proprietário ou promitente vendedor de imóvel cujos respectivos contratos contenham cláusula de irrevogabilidade ou irretratabilidade, inclusive em incorporações imobiliárias, ou de proprietário em contrato de venda com reserva de domínio, seu crédito não se submeterá aos efeitos da recuperação judicial e prevalecerão os direitos de propriedade sobre a coisa e as condições contratuais, observada a legislação respectiva, não se permitindo, contudo, durante o prazo de suspensão a que se refere o § 4º do art. 6º desta Lei, a venda ou a retirada do estabelecimento do devedor dos bens de capital essenciais a sua atividade empresarial.

§ 4º Não se sujeitará aos efeitos da recuperação judicial a importância a que se refere o inciso II do art. 86 desta Lei.

§ 5º Tratando-se de crédito garantido por penhor sobre títulos de crédito, direitos creditórios, aplicações financeiras ou valores mobiliários, poderão ser substituídas ou renovadas as garantias liquidadas ou vencidas durante a recuperação judicial e, enquanto não renovadas ou substituídas, o valor eventualmente recebido em pagamento das garantias permanecerá em conta vinculada durante o período de suspensão de que trata o § 4º do art. 6º desta Lei.

§ 6º Nas hipóteses de que tratam os §§ 2º e 3º do art. 48 desta Lei, somente estarão sujeitos à recuperação judicial os créditos que decorram exclusivamente da atividade rural e estejam discriminados nos documentos a que se referem os citados parágrafos, ainda que não vencidos.

§ 7º Não se sujeitarão aos efeitos da recuperação judicial os recursos controlados e abrangidos nos termos dos arts. 14 e 21 da Lei n. 4.829, de 5 de novembro de 1965.

§ 8º Estarão sujeitos à recuperação judicial os recursos de que trata o § 7º deste artigo que não tenham sido objeto de renegociação entre o devedor e a instituição financeira antes do pedido de recuperação judicial, na forma de ato do Poder Executivo.

§ 9º Não se enquadrará nos créditos referidos no *caput* deste artigo aquele relativo à dívida constituída nos 3 (três) últimos anos anteriores ao pedido de recuperação judicial, que tenha sido contraída com a finalidade de aquisição de propriedades rurais, bem como as respectivas garantias.

Créditos submetidos à recuperação judicial

A LREF determina a regra geral de que todos os créditos já existentes, vencidos ou vincendos, por ocasião do pedido de recuperação judicial, são a ela submetidos e poderão ser abrangidos pelo plano de recuperação judicial[24].

A ampla submissão dos créditos contrasta com a disciplina anterior do Decreto-Lei n. 7.661/45, que submetia apenas os créditos quirografários à concordata (art. 147 do Dec.-Lei n. 7.661/45). Essa restrição à concordata era uma das causas de impedimento à efetiva recuperação do devedor em crise econômico-financeira.

Na Lei n. 11.101/2005, todos os créditos existentes na data da distribuição do pedido submetem-se à recuperação judicial. Em contrapartida, todos os créditos que surgirem apenas após a distribuição desse pedido não poderão ser por ele afetados e não serão submetidos a nenhuma renegociação pelo plano de recuperação judicial. Eventual novação do referido crédito deverá ser acordada individualmente com cada um desses credores, conforme as regras gerais do Código Civil.

O direito de crédito consiste na faculdade atribuída ao credor de exigir o cumprimento da prestação de seu devedor. Essa prestação exigida poderá ser tanto de pagamento de quantia certa quanto de entrega de determinada coisa ou realização de uma obrigação de fazer ou não fazer. À míngua de qualquer restrição legal, todos esses direitos de créditos, independentemente da natureza da prestação do devedor, desde que já existentes, submetem-se à recuperação judicial.

Considera-se existente o crédito a partir da ocorrência de seu fato gerador, consistente no surgimento da obrigação decorrente da relação jurídica entre o devedor e o credor[25] ou do ato ilícito[26], ainda que liquidadas as obrigações posteriormente.

Na hipótese de crédito ilíquido, eventual sentença condenatória poderia liquidá-lo, o que especificaria o valor da prestação do devedor. Ainda que a liquidação desse crédito possa ocorrer apenas após a data do pedido de recuperação judicial por sentença judicial, ela apenas o reconhece, mas não o constitui. O crédito anteriormente existente, declarado e liquidado por sentença condenatória, submete-se à recuperação judicial[27]. É o que ocorre, por exemplo, com os créditos trabalhistas decorrentes de prestação de trabalho realizada antes do pedido de recuperação judicial, mas cuja reclamação trabalhista somente tenha sido julgada em data posterior à distribuição do pedido[28].

---

[24] Para mais detalhes a respeito do tema, conferir SACRAMONE, Marcelo; PIVA, Fernanda Neves. Créditos vencidos e vincendos na recuperação judicial: o negócio jurídico sob condição suspensiva e o contrato bilateral. In: BEZERRA FILHO, Manoel Justino; REZENDE, José Horário Halvelde; WAISBERG, Ivo (org.). *Temas de direito da insolvência*: estudos em homenagem ao Professor Manoel Justino Bezerra Filho. São Paulo: IASP, 2017, p. 590-608.

[25] Nos termos do recurso repetitivo, "para o fim de submissão aos efeitos da recuperação judicial, considera-se que a existência do crédito é determinada pela data em que ocorreu o seu fato gerador" (STJ, REsp 1.843.332/RS, Min. Ricardo Villas Bôas Cueva, j. 9-12-2020).

[26] STJ, REsp 1.892.026-DF, 3ª turma, rel. Min. Nancy Andrighi, j. 6-4-2021.

[27] Nesse sentido, e revendo posição anterior, BEZERRA FILHO, Manuel Justino. *Lei de Recuperação de Empresas e Falência*. 12. ed. São Paulo: Revista dos Tribunais, 2017, p. 165.

[28] Nesse sentido, 3ª Turma, REsp 1.634.046/RS, rel. Min. Marco Aurélio Bellizze, j. 25-4-2017; TJSP, 1ª Câmara Reservada de Direito Empresarial, AI 0055093-94.2013, rel. Des. Francisco Loureiro, j. 29-8-2013; TJSP, 1ª Câmara Reservada de Direito Empresarial, AI 2110025-56.2017, rel. Des. Cesar Ciampolini, j. 29-11-2017.

Nesse sentido, inclusive, o art. 6º, § 3º, prevê a possibilidade de reserva para os créditos já existentes, mas cuja ação civil condenatória ou reclamação trabalhista ainda tramitam nos respectivos juízos.

Se a falta de liquidez não impede sua submissão à recuperação judicial, a falta de exigibilidade também não o faz. O negócio jurídico poderá ter sua eficácia submetida a um evento futuro e certo, o termo inicial. Como o evento é certo, ainda que se possa não saber quando ocorrerá, o direito de crédito já existe, embora seja vincendo. Apenas a pretensão, a possibilidade de exigência de seu cumprimento pelo devedor, é que deverá aguardar a ocorrência do evento[29].

Na LREF, os direitos de crédito já existentes, ainda que não possam ser exigidos por ocasião da distribuição do pedido, ficarão submetidos à recuperação judicial e poderão ser novados pelo plano. Embora todos os créditos existentes, vencidos ou vincendos, possam estar submetidos ao plano de recuperação judicial, não precisam necessariamente ser alterados. A menos que as condições das referidas obrigações estejam alteradas no plano de recuperação judicial, as obrigações não sofrerão quaisquer alterações pela recuperação judicial, nem os respectivos credores sofrerão quaisquer efeitos.

Créditos garantidos por penhor sobre título de crédito, direitos creditórios, aplicações financeiras ou valores mobiliários

O crédito existente, vencido ou vincendo submete-se à recuperação judicial, mesmo que seu adimplemento seja garantido por penhor sobre títulos de crédito, direitos creditórios, aplicações financeiras e valores mobiliários. Poderá ter suas condições alteradas pela recuperação judicial, que, caso aprovada, implicará sua novação.

Todavia, diante da importância da garantia, a LREF conferiu tratamento diferenciado a ela durante a recuperação judicial.

Fora da recuperação judicial, a liquidação ou o vencimento dos títulos de crédito ou dos direitos creditórios entregues pelo devedor ao credor permitiriam a amortização do crédito garantido. O terceiro devedor dos referidos títulos ou dos direitos creditórios, e que não está em recuperação judicial, efetuaria seu pagamento ao credor, que abateria o montante recebido do valor total devido pelo empresário devedor.

Diante da recuperação judicial, permitiu-se que o devedor substituísse as garantias do débito principal, mediante a aceitação pelo credor (art. 50, § 1º). A substituição ou a renovação da garantia permitiria que o valor satisfeito por terceiros fosse utilizado pelo devedor no exercício de sua atividade e como modo de permitir a recuperação da empresa. Improvável, contudo, que essa concordância, na prática, seja obtida.

Caso não haja concordância na substituição dos créditos ou títulos vencidos ou liquidados, o montante recebido de terceiros para a satisfação deles não poderá ser utilizado pelo credor para a amortização de seus créditos, como ocorreria fora da recuperação judicial. Isso porque, submetido o crédito principal à recuperação judicial, suas condições e/ou o montante poderão ser alterados pelo plano de recuperação. Como a garantia é utilizada justamente para a satisfação do débito principal caso ele não seja voluntariamente adimplido e, diante da recuperação judicial, não se sabe se suas condições originárias serão mantidas, a amortização não poderia ser realizada.

Em sentido contrário: STJ, Segunda Seção, RCDESP no CC 126.879/SP, rel. Min. Raul Araújo, j. 13-3-2013; STJ, 3ª Turma, REsp 1.321.288/MT, rel. Min. Sidnei Beneti, j. 27-11-2012; STJ, 4ª Turma, REsp 1.298.670/MS, rel. Min. Luis Felipe Salomão, j. 21-5-2015.

[29] PONTES DE MIRANDA, Francisco Cavalcanti. *Tratado de direito privado*. t. V. Rio de Janeiro: Borsoi, 1970, p. 188.

Os valores pagos pelos terceiros devedores dos títulos deverão permanecer em conta vinculada durante o período de suspensão de 180 dias a partir do processamento da recuperação judicial (art. 6º, § 4º) prorrogável por uma única vez, excepcionalmente, e, pelo prazo de 30 dias para eventual apresenta-ção do plano alternativo dos credores. A conta vinculada não precisa ser judicial e poderá ser mantida na instituição financeira do próprio credor e sob sua responsabilidade, desde que sobre os valores incidam atualização monetária e juros e os valores sejam preservados durante o período do *stay period.*

Decorrido o prazo sem a aprovação ou a rejeição do plano de recuperação judicial, desde que o *stay period* não tenha sido excepcionalmente estendido, e os credores não apresentem plano de recuperação judicial alternativo, os credores cujos créditos não estiverem satisfeitos poderão excutir a garantia, com a amortização do crédito.

A excussão da garantia, com o levantamento dos valores pelo credor, ocorrerá, também, caso a recuperação judicial seja aprovada e não tenha ocorrido novação do crédito garantido (art. 49, § 2º). Se as condições originárias do crédito não foram alteradas, concedida a recuperação judicial, o credor se comporta como se a ela não tivesse sido submetido. O montante depositado e referente à garantia será por ele levantado e utilizado para a amortização do seu crédito.

Por seu turno, caso seja concedida a recuperação judicial e sejam alteradas as condições de pagamento de seus créditos, o credor garantido pelo penhor receberá a satisfação de seu crédito conforme previsão no plano de recuperação judicial. Como os valores eventualmente depositados por terceiro em razão do penhor eram utilizados para assegurar o pagamento desse valor, o credor poderá levantar da conta vinculada apenas os valores até o limite da obrigação garantida. O remanescente deverá ser levantado pela recuperanda.

Caso seja decretada a falência do devedor, todavia, os valores depositados integrarão a Massa Falida objetiva e deverão ser utilizados para o pagamento dos credores, conforme a ordem legal, pois ainda integrarão o patrimônio do devedor e não teriam sido transferidos anteriormente à quebra ao credor[30].

Negócio jurídico sob condição suspensiva

Situação diversa do termo inicial é a da condição suspensiva. A eficácia do negócio jurídico pode estar submetida a um evento futuro e incerto, a qual poderá suspender a produção de seus efeitos. Como elemento acidental do negócio jurídico, a condição suspensiva subordina a produção de determinados efeitos do negócio jurídico, entre os quais o direito de crédito do credor, à ocorrência de um determinado acontecimento.

Embora o negócio jurídico já seja existente, a incerteza quanto à ocorrência do evento futuro implica que o direito do credor em face do devedor apenas surgirá após o evento previsto ter ocorrido, o que poderá não acontecer. Enquanto ele não ocorrer, aquele a quem o efeito aproveita terá apenas direito expectativo, mas não o direito de crédito, como faculdade de exigir do devedor o cumprimento de sua prestação (art. 125 do CC).

---

[30] Em sentido contrário, BEZERRA FILHO, Manoel Justino. Para o autor, caso decretada a falência do devedor, os valores depositados em relação ao pagamento dos títulos dados como penhor serão levantados pelo credor (*Lei de Recuperação de Empresas e Falência*. 12. ed. São Paulo: Revista dos Tribunais, 2017, p. 178).

Como o direito de crédito apenas surge após o implemento da condição suspensiva, caso o evento ocorra somente depois da distribuição do pedido de recuperação judicial, o credor não estará submetido à recuperação judicial. Seu crédito não existia por ocasião do pedido de recuperação judicial.

Se, por outro lado, o evento ocorreu anteriormente ao pedido, o crédito já existe e estará assim sujeito à recuperação judicial.

Créditos decorrentes de contratos bilaterais cuja contraprestação ainda não foi cumprida

No Decreto-Lei n. 7.661/45, o art. 165 determinava que "o pedido de concordata preventiva não resolve os contratos bilaterais, que continuam sujeitos às normas do direito comum". Pela disposição legal, os créditos vincendos do contrato deveriam continuar sendo normalmente satisfeitos pela concordatária, cujas condições não eram alteradas.

Na LREF, a submissão de todos os créditos existentes, vencidos ou vincendos, à recuperação judicial indica, numa primeira leitura, que as obrigações do devedor poderiam ser novadas pelo plano de recuperação judicial. Mas não é o que ocorre.

Os contratos bilaterais são os negócios jurídicos bilaterais em que são atribuídos direitos e deveres recíprocos a ambos os contratantes. Há uma relação sinalagmática, em que as prestações recíprocas são equivalentes para as partes. É esse sinalagma contratual a base e o motivo pelos quais as partes celebração o negócio.

Ainda que a contraprestação de um possa depender da contraprestação do outro, os direitos de crédito já são existentes desde a celebração do negócio jurídico. A exceção de contrato não cumprido suspende apenas a pretensão, faculdade de exigir, do contratante que ainda não satisfez sua prestação, mas não a existência de seu direito de crédito, o qual poderia ser satisfeito.

A existência dos direitos e das obrigações também ocorre desde a celebração do contrato bilateral, mesmo se o contrato não for de execução instantânea. No contrato bilateral de execução diferida, em que uma prestação é prolongada no tempo, como na compra e venda a prazo, ou nos contratos de duração, em que as prestações ou são reiteradas no tempo (contrato de execução periódica ou de trato sucessivo) ou em que a prestação é continuada, os direitos e obrigações recíprocos já existem desde o momento da celebração do negócio jurídico, ainda que as prestações possam eventualmente ser especificadas apenas no futuro, como ocorre com o preço num contrato de fornecimento de água, por exemplo.

Caso o credor já tenha cumprido sua contraprestação e o devedor distribua o pedido de recuperação judicial antes de cumprir a sua prestação, referido crédito, já existente, estará submetido à recuperação judicial. Os créditos, ainda que vincendos, serão submetidos à recuperação judicial para permitir ao empresário devedor proteger os diversos interesses envolvidos na manutenção de sua atividade empresarial, ainda que em detrimento da vontade da minoria dos credores.

Situação diversa ocorre se celebrado o contrato bilateral antes do pedido de recuperação e, além da prestação do devedor, não tiver sido cumprida pelo credor sua contraprestação, ou, nos contratos de duração, em relação aos créditos cuja contraprestação ainda não foi realizada. Nessas hipóteses, a submissão do crédito à recuperação judicial geraria a situação de que o credor deveria cumprir integralmente sua contraprestação, mesmo sem receber a prestação recíproca equivalente pelo devedor nas condições do contrato, o que geraria vantagem desproporcional ao devedor em recuperação.

Essa situação deve ser rejeitada. No direito privado brasileiro, o sinalagma contratual deverá ser considerado não apenas na celebração do contrato, mas durante toda a sua execução. Essa preservação do equilíbrio das prestações durante o cumprimento do contrato é disciplinada por vários dispositivos do Código Civil, cuja regulação não foi revogada pela LREF. Entre esses dispositivos legais, garante-se a possibilidade de resolução do contrato se a prestação se tornar excessivamente onerosa, com extrema vantagem para a parte adversa (art. 418 do CC) ou se assegura o direito de requerer a revisão do contrato se sobrevier desproporção manifesta entre o valor da prestação devida e o do momento de sua execução (art. 317 do CC).

Como a submissão do crédito cuja contraprestação ainda não foi realizada à recuperação judicial é imprevisível e tornaria o cumprimento dessa contraprestação excessivamente oneroso, o contrato poderia ser resolvido ou revisado para que as prestações fossem equilibradas conforme o plano. Tal situação não apenas comprometeria a negociação do plano de recuperação judicial, como poderia tornar a crise econômica da recuperanda ainda mais acentuada, o que não faz sentido.

Dessa forma, os créditos vencidos ou vincendos, existentes por ocasião do pedido, não se submeterão à recuperação se não tiverem tido a contraprestação recíproca satisfeita. A falta de satisfação dos créditos cuja contraprestação ainda não foi realizada autoriza que o credor suspenda o cumprimento de sua obrigação ou promova a resolução do contrato por inadimplemento da recuperanda, cujas obrigações não estão submetidas à recuperação judicial[31].

Apenas serão submetidos os créditos cuja contraprestação já fora anteriormente adimplida, o que impedirá que suas prestações sejam cobradas ou seja efetuada a suspensão da prestação do serviço contínuo, ou o despejo por falta de pagamento dos alugueres anteriormente vencidos etc.[32].

Credor titular da posição de proprietário fiduciário de bens móveis ou imóveis

O art. 49, § 3º, exclui da recuperação judicial os créditos conhecidos como "travas bancárias", assim conhecidos por serem créditos normalmente titularizados por instituições financeiras, as quais asseguraram sua satisfação por meio da atribuição de um direito de propriedade sobre a coisa. Entre esses créditos, o maior destaque, em razão da sua relevância prática, é o crédito do titular de propriedade fiduciária em garantia.

O negócio fiduciário mencionado no art. 49, § 3º, é gênero e pode ser caracterizado pela transmissão da propriedade para "um fim que não é a transmissão mesma, de modo que ela serve a negócio jurídico que não é o de alienação àquele a que se transmite"[33]. O proprietário fiduciário não se submete à recuperação judicial por ter verdadeiro "direito real em garantia" e não um "direito real de garantia". Ao credor é atribuída a propriedade da coisa para a garantia de um negócio jurídico principal.

---

[31] TJSP, Câmara Especial de Falências e Recuperações Judiciais, rel. Des. Romeu Ricupero, j. 30-6-2009.

[32] Nesse sentido: STJ, 4ª Turma, REsp 1.368.550/SP, rel. Min. Luis Felipe Salomão, j. 4-10-2016; TJSP, Câmara Especial de Falências e Recuperações Judiciais, AI 457.582.4/8-00, rel. Des. Romeu Ricupero, j. 18-10-2006; AI 465.743.4/7-00, rel. Des. Elliot Akel, j. 17-1-2007; AI 465.821.4/3-00, rel. Des. Elliot Akel, j. 17-1-2007; AI 496.704.4/1-00, rel. Des. Romeu Ricupero, j. 25-4-2007; AI 83.893.4/2-00, rel. Des. Pereira Calças, j. 1º-8-2007.

[33] PONTES DE MIRANDA, Francisco Cavalcanti. *Tratado de direito privado*. t. III. Rio de Janeiro: Borsoi, 1954, p. 115.

Difere-se esse direito de propriedade fiduciária sobre a coisa dos direitos reais de garantia, como a hipoteca, o penhor e a anticrese. Nestes, o credor tem um direito real sobre o bem do devedor, enquanto na propriedade fiduciária o credor tem um direito real sobre bem próprio, de sua propriedade, ainda que resolúvel.

Dentro do gênero negócio fiduciário, duas espécies podem ser apontadas. A alienação fiduciária em garantia e a cessão fiduciária em garantia. Ambos os tipos de propriedade fiduciária estão excluídos da recuperação judicial, visto que o art. 49, § 3º, exclui da submissão à recuperação judicial a propriedade fiduciária e não a restringe quanto ao tipo de negócio jurídico fiduciário que lhe deu causa[34].

A alienação fiduciária em garantia consiste na transmissão da propriedade de coisa material ao credor, pelo devedor, com escopo de garantia. A cessão fiduciária, por seu turno, também é espécie de negócio fiduciário, mas o cedente transfere ao cessionário a titularidade de direitos ou títulos de crédito com a finalidade de garantir a satisfação de uma dívida[35].

A propriedade fiduciária está disciplinada, quanto às coisas móveis infungíveis, no art. 1.361 do Código Civil. Determinou o Código Civil que as demais espécies de propriedades fiduciárias seriam submetidas à disciplina da respectiva lei especial, com a aplicação supletiva da disciplina do Código Civil apenas no que não fosse regulado. Nesses termos, a propriedade fiduciária de coisas móveis fungíveis e a cessão fiduciária de direitos[36], sejam fungíveis ou infungíveis, são disciplinadas pela Lei n. 4.728/65, em seu art. 66-B[37]. A alienação fiduciária de coisas imóveis e a cessão fiduciária de direitos creditórios decorrentes de contratos de alienação de imóveis são disciplinadas pela Lei n. 9.514/97, com as alterações recentemente implementadas pelo Marco Legal das Garantias (Lei n. 14.711/2023), que estabeleceu a possibilidade da constituição da alienação fiduciária superveniente.

Na propriedade fiduciária, a transferência da propriedade é resolúvel. Satisfeita a dívida principal pelo devedor, o bem alienado fiduciariamente retorna automaticamente à propriedade do original devedor.

Não satisfeita a dívida principal, contudo, o credor fiduciário pode retomar a coisa que é de sua propriedade.

---

[34] Nesse sentido: CALÇAS, Manoel de Queiroz Pereira; PEREIRA E SILVA, Ruth Maria Junqueira de Andrade. Da cessão fiduciária de crédito na recuperação judicial: análise da jurisprudência. *Cadernos Jurídicos – Direito Empresarial*, São Paulo: Escola Paulista da Magistratura, ano 16, n. 39, jan./mar. 2015, p. 12.

Na jurisprudência, incluindo a cessão fiduciária entre a espécie propriedade fiduciária e não a submetendo à recuperação judicial: STJ, 4ª Turma, REsp 1.263.500/ES, rel. Min. Maria Isabel Gallotti, j. 5-2-2013; STJ, EDcl no RMS 41646/PA, rel. Min. Antonio Carlos Ferreira, j. 24-9-2013; STJ, REsp 1.202.918/SP, rel. Min. Ricardo Villas Bôas Cueva, j. 7-3-2013.

Em sentido contrário: RESTIFFE NETO, Paulo; RESTIFFE, Paulo Sérgio. *Propriedade fiduciária de imóvel*. São Paulo: Malheiros, 2009, p. 41; TJPE, AI 271857801, 4ª Câmara Cível, rel. Des. Jones Figueiredo, j. 26-7-2012; TJES, AI 30089000142, 3ª Câmara Cível, rel. Des. Jorge Góes Coutinho, j. 24-6-2008.

[35] COELHO, Fábio Ulhoa. Cessão fiduciária de títulos creditórios e a recuperação judicial do devedor cedente. *Revista Magister de Direito Civil e Processual Civil*, Porto Alegre: Magister, v. 37, jul./ago. 2010, p. 21. Cf. CHALHUB, Melhim Namem. *Negócio fiduciário*. 4. ed. Rio de Janeiro: Renovar, 2009, p. 51.

[36] Súmula 59 do TJSP: "Classificados como bens móveis, para os efeitos legais, os direitos de créditos podem ser objeto de cessão fiduciária".

[37] Para Francisco Loureiro, a Lei n. 4.728/65 regularia a propriedade fiduciária de bens fungíveis ou não fungíveis, corpóreos ou incorpóreos, desde que o credor fiduciário seja instituição financeira (Comentário ao art. 1.368-A. In: PELUSO, Cezar (coord.). *Código Civil comentado*. Barueri: Manole, 2007, p. 1257).

No que se refere à alienação fiduciária superveniente, a situação é um pouco diversa, na medida em que a Lei condiciona a eficácia desta à quitação da dívida anteriormente garantida. Em caso de excussão, pelo credor fiduciário prioritário, do imóvel em que há alienação superveniente, o titular desta tem direito ao recebimento de eventual saldo da alienação (art. 22, § 4º).

Nos termos do art. 49, § 3º, o credor titular da posição de proprietário fiduciário de bens móveis ou imóveis manterá os direitos de propriedade sobre a coisa, de forma que poderá retomá-la, diante do inadimplemento, não se submetendo aos efeitos da recuperação judicial do devedor.

Pelo dispositivo legal, tutela-se o direito de propriedade do referido credor. Seu crédito não se sujeita à recuperação judicial, entretanto, apenas pelo bem que lhe foi transferido fiduciariamente em garantia, o qual deve ser liquidado pelo credor para amortizar o valor de seu crédito.

Ressalte-se que apenas o direito de propriedade do credor sobre o bem não se sujeita à recuperação judicial. Isso porque somente quanto à propriedade do referido bem o credor se diferencia dos demais para fins de não ser considerado na recuperação judicial, de forma que o tratamento desigual se justifica pois o credor seria titular de uma posição desigual em face dos demais credores sujeitos.

Embora possa retomar a posse do bem, com a consolidação da propriedade para a liquidação, os credores titulares de propriedade fiduciária não poderão voltar suas pretensões para outros bens da recuperanda fora do âmbito da recuperação judicial, pois exclusivamente quanto ao bem transferido fiduciariamente não se sujeitarão à recuperação judicial[38-39]. Do contrário, caso a interpretação sobre a limitação da extraconcursalidade apenas sobre o bem fosse diferente, haveria um estímulo para que o credor constituísse garantias fiduciárias sobre quaisquer bens, independentemente da viabilidade de sua liquidação, apenas para garantia a extraconcursalidade de seu crédito.

Cessão de crédito e garantia mínima

É comum a previsão, nos contratos bancários de mútuo aos devedores, de cessão fiduciária de recebíveis e de liberação mensal de valores que superem determinado montante de garantia mínima.

A garantia mínima dos contratos de mútuo não se confunde com o valor total da cessão fiduciária. Ainda que haja geralmente a previsão de que a totalidade da dívida seja garantida pelos recebíveis da devedora, é possível às partes convencionarem que, durante o adimplemento das prestações do contrato, o excedente a um determinado valor (garantia mínima) possa não ser retido pela credora em conta vinculada e possa ser disponibilizado à devedora para que ela possa empregar na referida atividade. Nesse sentido, a garantia mínima não se confunde com o valor total garantido da alienação fiduciária[40].

Crédito excedente ao valor do bem dado em garantia

A natureza do bem dado em garantia condiciona a possibilidade de sujeição do crédito excedente à garantia fiduciária à recuperação judicial do devedor.

Na disciplina da propriedade fiduciária sobre bem móvel infungível, regulada pelo art. 1.366 do Código Civil, e sobre bem móvel fungível, regulada pela Lei do Mercado de Capitais, quando

---

[38] Nesse sentido: TJSP, 16ª Câmara de Direito Privado, rel. Des. Mauro Conti Machado, AI 2116663-71.2018, j. 31 de janeiro de 2019; TJSP, 2ª Câmara Reservada de Direito Empresarial, AI 2150242-10.2018, rel. Des. Grava Brazil, j. 10-12-2018; TJSP, 2ª Câmara Reservada de Direito Empresarial, AI 2215893-57.2016, rel. Des. Fábio Tabosa, j. 18-.12-.2017.

[39] Cf. item abaixo.

[40] Nesse sentido, STJ, 3ª Turma, REsp 2166938-SP, rel. Min. Ricardo Villas Bôas Cueva, j. 15-10-2024; STJ, 3ª Turma, REsp 1.815.823/SP, rel. Min. Ricardo Villas Bôas Cueva, j. 7-11-2023.

vendida obrigatoriamente a coisa móvel e o produto não bastar para o pagamento da dívida e das despesas de cobrança, o devedor continuará obrigado pelo restante. O valor do crédito remanescente, entretanto, não possui qualquer privilégio em relação aos demais, de modo que se sujeita aos efeitos da recuperação judicial como crédito quirografário, caso não possua outra garantia.

Quanto ao bem imóvel, o valor do crédito excedente ao valor do bem em garantia dependerá da natureza do referido crédito principal e que motivou o contrato de alienação fiduciária do imóvel em garantia.

Nos termos do art. 26-A da Lei n. 9.514/97, alterada pela Lei n. 14.711/2023, os contratos de alienação fiduciária em garantia decorrentes de financiamentos para a aquisição ou construção de imóvel residencial do devedor, exceto as operações do sistema de consórcio, terão regulamentação específica por essa Lei. Nos termos do dispositivo legal referido, não existirá excedente de crédito se o segundo leilão for infrutífero nessa hipótese. Caso ocorra o inadimplemento da obrigação pelo devedor financiado nessa específica condição, a propriedade fiduciária será consolidada pelo credor, com a submissão do imóvel aos leilões. Após o primeiro leilão ser infrutífero, e o segundo leilão também o ser, com valor mínimo correspondente ao valor da dívida integral garantida pela alienação fiduciária, além das despesas, a dívida será considerada extinta, com recíproca quitação (art. 26-A da Lei n. 9.514/97).

Logo, na propriedade fiduciária sobre imóveis decorrente de contrato de financiamento para a aquisição ou construção de imóvel residencial do devedor, o excedente não poderá, por determinação expressa de Lei, ser exigido do devedor na recuperação judicial, sequer como crédito quirografário[41].

Para as demais hipóteses de alienação fiduciária sobre imóveis, entretanto, a Lei n. 14.711/2023 deixou expresso que o excedente continuará a ser exigido do devedor. Nos termos do art. 27 da Lei n. 9.514/97, alterado pela Lei n. 14.711/2023, em seu § 5º-A, caso o produto do segundo leilão não seja suficiente para o pagamento integral do montante da dívida, das despesas e dos encargos, o devedor continuará obrigado pelo pagamento do saldo remanescente.

O crédito relacionado a esse excedente, portanto, caso não conte com outras garantias, será considerado como crédito quirografário e, se existente antes do pedido de recuperação judicial, se sujeitará ao procedimento coletivo.

No que se refere a imóveis sob os quais recaia alienação fiduciária superveniente, o limite da extraconcursalidade da totalidade dos credores garantidos por essa modalidade de garantia estará restrito ao valor do imóvel. Significa dizer, por exemplo, que, na hipótese de o imóvel sequer ser suficiente para assegurar o cumprimento integral do credor fiduciário prioritário, os titulares de alienação fiduciária superveniente deverão ser considerados integralmente concursais, ressalvada, naturalmente, a existência de outras garantias fiduciárias capazes de afastar a concursalidade do crédito respectivo.

Execução judicial e consolidação da propriedade

Nos termos do art. 5º do Decreto-lei n. 911/69, alterado pela Lei n. 13.043/2014, permitiu-se ao credor fiduciário de bem móvel tanto a consolidação e liquidação de sua propriedade fiduciária

---

[41] Em sentido contrário, STJ julgou: "a extraconcursalidade do crédito acobertado por alienação fiduciária limita-se ao valor do bem dado em garantia sobre o qual se estabelece a propriedade resolúvel. Eventual saldo devedor que extrapole tal limite deve ser habilitado na classe dos quirografários" (STJ, REsp 1.933.993/SP, 3ª Turma, rel. Min. Nancy Andrighi, j. 25-11-2021).

como a cobrança dos valores de seu crédito, sem que isso implique renúncia à garantia. Portanto, o credor poderá pretender a busca e apreensão de seu bem móvel por meio de ações em face do terceiro e que, por este não estar em recuperação judicial, prosseguirão sem qualquer suspensão. Poderá, também, pretender a habilitação de seu crédito na recuperação judicial.

Essa faculdade da consolidação da propriedade fiduciária sobre o bem de terceiro e da execução sobre o patrimônio do devedor também ocorre em relação à propriedade fiduciária de bens imóveis, disciplinada pela Lei n. 9.514/97. Ao devedor cabe a opção de consolidar a propriedade e promover o leilão público para a venda do bem.

Nada impede que se prossiga pela via da execução para a satisfação do crédito garantido fiduciariamente, ainda que a devedora fiduciante esteja em recuperação judicial. A execução é realizada no interesse do credor, conforme prevê o art. 797 do CPC. Sendo assim, não há óbice à opção pela execução judicial do bem objeto de garantia fiduciária em detrimento da excussão extrajudicial. Trata-se de uma opção do credor, que deve escolher a melhor forma de recuperar o seu direito creditório[42].

Essa escolha pelo credor de executar o bem perante o Poder Judiciário não implica a renúncia tácita da garantia fiduciária, ainda que o credor tenha buscado, em caráter acautelatório, a penhora de outros bens diversos daqueles dados em alienação fiduciária. De acordo com o art. 114 do Código Civil, a renúncia deve ser interpretada restritivamente. Desse modo, a jurisprudência conclui que a renúncia à garantia fiduciária deve ser expressa e não decorre da mera propositura de ação de execução pelo credor fiduciário[43].

Renúncia do credor à propriedade fiduciária para se sujeitar ao plano de recuperação judicial

Diante da vedação expressa do art. 49, § 3º, à sujeição do crédito dos titulares de posição de proprietário fiduciário, o credor poderá habilitar seu crédito pelo montante total devido apenas se renunciar expressamente à garantia. Caso renuncie, seu crédito terá a natureza de crédito quirografário, se não possuir nenhuma outra forma de privilégio. Se assim o fizer, seu crédito será satisfeito na forma definida no plano de recuperação judicial e em situação de equivalência aos demais credores da referida classe.

O fato de requerer execução individual em face de outros bens não significa renúncia tácita à garantia fiduciária. A renúncia não se presume e deverá ser interpretada restritivamente. Quanto à alienação fiduciária de bens móveis fungíveis e à cessão fiduciária, a Lei n. 4.728/65 foi expressa e determinou, em seu art. 66-B, § 5º, a aplicação do artigo 1.436 do Código Civil e que regula a extinção do penhor. No referido dispositivo legal, exige-se a renúncia expressa pelo credor[44].

Dessa forma, notadamente nas situações em que o credor verificar que o bem de sua garantia se perdeu ou pereceu, ainda que parcialmente, ou, ainda, nos casos em que possa haver algum óbice à retomada da posse do bem, o credor proprietário fiduciário poderá renunciar expressamente à garantia e se habilitar na recuperação judicial. Nessa hipótese, sujeitará o seu crédito

---

[42] STJ, 3ª Turma, REsp n. 1.965.973, rel. Min. Ricardo Villas Bôas Cueva, j. 15-2-2022.

[43] STJ, 4ª Turma, AgInt no AREsp n. 1.569.649/SP, rel. Min. Luis Felipe Salomão, j. 14-9-21; REsp n. 1.338.748/SP, rel. Min. Luis Felipe Salomão, 4ª Turma, j. 2-6-2016, *DJe* 28-6-2016; TJSP, 13ª Câmara de Direito Privado, AI 2027040-88.2021.8.26.0000, rel. Des. Ana de Lourdes Coutinho Silva da Fonseca, j. 25-3-21; TJSP, 2ª Câmara Reservada de Direito Empresarial, AI 2236071-85.2020.8. 26.0000, rel. Des. Grava Brazil, j. 25-2-2021.

[44] Nesse sentido, STJ, 3ª Turma, REsp 1.338.748-SP, rel. Min. Luis Felipe Salomão, j. 2-6-2018.

à satisfação conforme o plano de recuperação judicial, mas perderá seu direito de consolidar a propriedade fiduciária do bem.

Requisitos para a constituição da propriedade fiduciária

Para que a propriedade fiduciária não seja sujeita à recuperação judicial, os requisitos legais de cada uma de suas espécies deverão ser preenchidos. O primeiro desses requisitos é legitimidade.

A legitimidade para ser titular da propriedade fiduciária depende do respectivo tipo. Se a propriedade fiduciária for de coisa móvel infungível, o Código Civil permitiu que seu titular fosse qualquer pessoa física ou jurídica (art. 1.361 do CC). Na propriedade fiduciária de coisas móveis fungíveis ou direitos, a Lei de Mercado de Capitais (Lei n. 4.728/65) exige que o proprietário fiduciário se submeta à fiscalização do Banco Central do Brasil, de modo que se restringe a legitimidade às instituições financeiras, às sociedades a elas equiparadas e às entidades estatais ou paraestatais[45]. Por fim, na propriedade fiduciária sobre imóveis, a Lei n. 9.514/97 permitiu que a alienação fiduciária poderá ser contratada por pessoa física ou jurídica, não sendo privativa das entidades que operam no Sistema Financeiro Imobiliário (art. 22, § 1º, da Lei n. 49.514/97).

O contrato de alienação fiduciária ou cessão fiduciária, outrossim, precisa especificar o objeto cuja propriedade será transferida ao credor em garantia. Para que valha perante terceiros e não permita que o referido ativo seja envolvido na recuperação judicial e seja utilizado para o pagamento dos demais credores, a individualização do objeto no contrato é imprescindível, nos termos do art. 1.462, IV, do Código Civil, que determinou a descrição da coisa objeto da transferência, com todos os elementos indispensáveis à sua identificação. A coisa deverá ser identificada, inclusive avaliada, assim como especificados devem ser todos os títulos de crédito cedidos.

Quanto a essa individualização, possível que o bem ou o crédito objeto do contrato de cessão fiduciária seja futuro, isso porque se permitiu a livre contratação sobre coisas futuras nos contratos aleatórios (art. 458 do Código Civil). Ademais, o art. 1.361, § 3º, do Código Civil, assegurou que a aquisição da propriedade superveniente, seja porque pertencia a terceiros, seja porque sequer era até então existente, torna eficaz, desde o arquivamento, a transferência da propriedade fiduciária[46].

O crédito futuro poderá ser já existente (recebível performado) ou poderá sequer ainda ter sido contratado pelo devedor fiduciante da obrigação principal, e ambos poderão ser cedidos fiduciariamente. Principalmente neste último caso, ainda que não se possam identificar todas as características do bem cedido, porque não existe ainda no momento da contratação, a especificação do objeto no contrato deverá permitir sua identificação por terceiros quando o bem vier a existir.

---

[45]   SACRAMONE, Marcelo e PIVA, Fernanda Neves. Cessão fiduciária de créditos na recuperação judicial: requisitos e limites à luz da jurisprudência. *Revista de Direito Bancário e do Mercado de Capitais*, ano 19, v. 72, Revista dos Tribunais, São Paulo, abr.-jun. 2016, p. 133-155; STF, RE 111.219, 2ª Turma, rel. Min. Aldir Passarinho, j. 10-12-1987; STF, RE 92.736, 1ª Turma, rel. Min. Thompson Flores, j. 24-6-1980.

[46]   Para Pontes de Miranda, o crédito futuro poderá ser perfeitamente cedido, desde que especificado (PONTES DE MIRANDA, José Cavalcanti. *Tratado de direito privado*, t. XXIII, 3. ed. São Paulo: Revista dos Tribunais, 1984, p. 275). No mesmo sentido, para Jorge Lobo, os créditos garantidos por cessão fiduciária de recebíveis podem ser tanto os créditos presentes (performados), quanto os futuros (a performar), pois não haveria qualquer diferenciação entre eles pelo Código Civil. LOBO, Jorge. Cessão fiduciária em garantia de recebíveis performados e a performar. In: ABRÃO, Carlos Henrique; ANDRIGHI, Fátima Nancy; BENETI, Sidnei (coords.). *10 Anos de Vigência da Lei de Recuperação e Falência*. São Paulo: Saraiva, 2015, p.87-88.

O contrato não poderá versar sobre bem indeterminado, mas poderá recair sobre objeto determinável. Nos termos do art. 66-B, § 1º, da Lei n. 4.728/65, se o bem ou a coisa cedida não puder ser identificado por número, marcas e sinais no contrato de alienação fiduciária, caberá ao proprietário fiduciário o ônus da prova da identificação do bem do seu domínio. A identificação dos bens, dessa forma, deverá ser a mais específica, mas dentro do possível. Na hipótese de recebíveis a performar decorrentes de vendas no cartão de crédito, nesses termos, bastará a identificação da operadora do cartão de crédito, do valor total da operação garantida, época em que a venda poderá ser feita etc.

Caso não haja individualização dos créditos cedidos, os pressupostos da cessão fiduciária não estarão preenchidos e os créditos se submeterão à recuperação judicial como quirografários[47].

Por fim, a propriedade fiduciária, para ser constituída e não permitir a submissão do objeto alienado fiduciariamente ao plano de recuperação judicial, precisa estar registrada, sob pena de o crédito ser considerado quirografário e se submeter ao plano. O registro deverá ser feito no Registro de Títulos e Documentos do domicílio do devedor (art. 1.361 do CC) ou na repartição competente para o licenciamento do veículo, com anotação no certificado de propriedade do veículo, e realizado antes da distribuição do pedido de recuperação judicial, momento em que se analisará se os créditos estão ou não submetidos à recuperação[48].

Há posicionamento contrário da jurisprudência, que entende que o registro é dispensável, independentemente da natureza do bem dado em garantia. Referido posicionamento é assentado no fato de o contrato valer entre as partes desde o momento da contratação e que o registro apenas visaria a produzir efeitos perante terceiros[49].

Nesses termos, o art. 1.361, § 1º, do Código Civil, e do art. 23 da Lei n. 9.514/97 estabelecem que o registro é constitutivo e não meramente declaratório.

Controvérsia jurisprudencial ocorre quanto aos bens móveis fungíveis ou direitos, haja vista que a Lei n. 4.728/65 não disciplina expressamente essa exigência do registro[50].

---

[47] TJSP, 1ª Câmara Reservada de Direito Empresarial, AI 2008734-47.2016, rel. Des. Hamid Bdine, j. 22-6-2016; TJSP, AI 2205499-25.2015.8.26.0000, rel. Des. Pereira Calças, j. 29-1-2016; TJSP, AI 2091883-72.2015.8.26.0000, rel. Des. Fábio Tabosa, j. 31-8-2015; TJSP, AI 2112204-65.2014, rel. Des. Maia da Cunha, j. 11-9-2014; TJSP, AI 0140020-90.2013, rel. Des. Araldo Telles, j. 3-2-2014; TJSP, AI 2227540-20.2014.8.26.0000, rel. Des. Claudio Godoy, j. 24-6-2015; TJSP, 1ª Câmara Reservada de Direito Empresarial, AI 2093761-61.2017, rel. Des. Cesar Ciampolini, j. 29-11-2017.

[48] TJSP, Câmara Reservada à Falência e Recuperação, AI 0408832-11.2010.8.26.0000, rel. Des. Pereira Calças, j. 12-4-2011; TJSP, 1ª Câmara Reservada de Direito Empresarial, rel. Des. Francisco Loureiro, j. 11-12-2012.

[49] Quanto aos bens imóveis, STJ, Segunda Seção, EREsp 1.866.844/SP, rel. Min. Nancy Andrighi, rel. p/ acórdão Min. Ricardo Villas Bôas Cueva, j. 27-9-2023. Sobre veículos, STJ, 3ª Turma, REsp 2095740-DF, rel. Min. Nancy Andrighi, j. 6-2-2024.

[50] Como dispensa do registro: "AGRAVO INTERNO NOS EMBARGOS DE DECLARAÇÃO NO RECURSO ESPECIAL. AGRAVO DE INSTRUMENTO. RECUPERAÇÃO JUDICIAL. CRÉDITO COM ALIENAÇÃO FIDU-CIÁRIA EM GARANTIA. EXCLUSÃO DOS EFEITOS DA RECUPERAÇÃO. REGISTRO EM CARTÓRIO DO CONTRATO. DESNECESSIDADE. PRECEDENTES. AGRAVO DESPROVIDO. 1. Consoante o entendimento dominante do Superior Tribunal de Justiça, é desnecessário o registro em cartório do contrato de alienação fiduciária para que o crédito a ele correspondente seja excluído dos efeitos da recuperação judicial, visto que "o registro se impõe como requisito tão somente para fins de publicidade, ou seja, para que a reserva de domínio seja oponível a terceiros que possam ser prejudicados diretamente pela ausência de conhecimento da existência de tal cláusula" (REsp 1.829.641/SC, Rel. Ministra NANCY ANDRIGHI, TERCEIRA TURMA, j. 3-9-2019, DJe 5-9-2019). (...) 4. Agravo interno a que se nega provimento." (STJ, AgInt nos EDcl no REsp n. 1.621.369/RS, 4ª Turma, rel. Min. Raul Araújo, j. 10-3-2020).

A exigência do registro, entretanto, é requisito para todos os tipos de propriedade fiduciária. Isso porque, como forma de garantia da obrigação principal, a propriedade será alienada de modo resolúvel, o que impediria que os demais credores fossem satisfeitos com a liquidação do ativo transferido, enquanto este permanecer na propriedade do credor. A publicidade perante esses terceiros, assim, é elemento essencial da constituição da garantia.

Como a oponibilidade a terceiros é característica essencial do direito real, ela não poderia ocorrer caso o registro, com a consequente publicidade, não fosse feito. A falta de registro, mais do que impedir a publicidade perante terceiros, não permite que entre as próprias partes seja constituída a propriedade fiduciária, porque não se pode ter um direito real não oponível *erga omnes*.

Ademais, não se justifica a diferenciação de requisitos para a transmissão fiduciária da propriedade de bens móveis infungíveis, cujo registro é requisito expresso pela Lei, da transmissão fiduciária da propriedade de bens móveis fungíveis ou direitos[51-52].

Não significa isso que o contrato, sem o registro, não valha entre as partes. Sem o registro, apenas não ocorrerá a transmissão da propriedade fiduciária ao credor, de forma que ele terá apenas um direito pessoal de crédito em face do devedor e, portanto, de natureza quirografária e sujeito à recuperação judicial.

Desde que presentes todos esses requisitos, a propriedade fiduciária transmite ao credor a propriedade dos bens e a titularidade dos direitos e títulos de créditos.

A avaliação dos bens ou direitos alienados/cedidos fiduciariamente

O valor dos bens ou direitos ofertados em cessão/alienação fiduciária ao credor estabelece o limite da não sujeição do crédito respectivo na recuperação judicial. Questão importante é definir quais os critérios para verificação do valor da garantia e, por consequência, do saldo concursal.

Se as partes tiverem contratualmente definido, por ocasião da constituição da garantia, o valor do bem ou direito respectivo, o valor contratualmente negociado deverá ser respeitado, a menos que se comprove que tais valores estão sobremaneira distantes do real valor de mercado do bem ou direito.

Caso essa escolha não tenha sido previamente realizada pelas partes, pairam dúvidas quanto ao momento de avaliação da garantia fiduciária. Parte da doutrina entende que, como o marco temporal para a submissão dos créditos à novação do plano de recuperação judicial é a data do ajuizamento da recuperação judicial, deve ser também este o termo para avaliação da garantia com base em uma interpretação analógica do art. 41, § 2º, da Lei n. 11.101/2005, que estabelece esse marco para aferição do valor do imóvel dado em garantia aos credores que compõem a classe II[53].

---

[51] Para mais aprofundamentos, conferir SACRAMONE, Marcelo; PIVA, Fernanda Neves. Cessão fiduciária de créditos na recuperação judicial: requisitos e limites à luz da jurisprudência. *Revista de Direito Bancário e do Mercado de Capitais*, São Paulo: Revista dos Tribunais, ano 19, v. 72, abr./jun. 2016, p. 133-155.

[52] Nesse sentido: Súmula 60 do TJSP: "A propriedade fiduciária constitui-se com o registro do instrumento no registro de títulos e documentos do domicílio do devedor"; TJSP, Câmara Especial de Falências e Recuperações Judiciais, rel. Des. Lino Machado, j. 30-6-2009; TJSP, 1ª Câmara Reservada de Direito Empresarial, AI 2093019-36.2017, rel. Des. Fortes Barbosa, j. 3-8-2017.

    Em sentido contrário: STJ, REsp 1.412.259, 3ª Turma, rel. Min. Marco Aurélio Bellizze, j. 17-12-2015; STJ, REsp 1.559.457, 3ª Turma, rel. Min. Marco Aurélio Bellizze, j. 17-12-2015.

[53] TOLEDO, Paulo Fernando Campos Salles. Parecer apresentado nos autos da recuperação judicial do

Contudo, o momento para valoração da garantia deve corresponder à data de excussão do bem. A propriedade fiduciária do bem deverá ser liquidada para satisfazer o crédito, de modo que o remanescente apenas poderá ser habilitado, exceto quanto aos imóveis fiduciariamente garantidos. Desse modo, como a devedora permanece à frente de seus negócios e continua a exercer normalmente suas atividades e cabe ao credor iniciar o procedimento de consolidação da propriedade e excussão da garantia, nos moldes do art. 26, § 1º, da Lei n. 9.514/97, o que naturalmente fará no momento em que julgar mais pertinente, a avaliação da garantia deverá ocorrer por ocasião da excussão do bem[54].

Propriedade fiduciária sobre bens de terceiros

No contrato de alienação fiduciária, a propriedade do bem é transferida para o credor em garantia de um negócio jurídico principal.

Como a propriedade fiduciária não submete o credor à recuperação judicial em razão de o credor ser o titular da coisa, mas apenas quanto ao bem alienado fiduciariamente, a realização de contrato de alienação fiduciária em garantia sobre bem móvel de terceiro assegura que o credor possa fazer a constrição imediata do bem que lhe foi conferido em garantia.

Ainda que seja conferido bem de terceiro, o crédito de alienação fiduciária fica fora da recuperação judicial. A interpretação do art. 49, § 3º, deve ser literal e sua determinação é a de que não se sujeita à recuperação judicial "o crédito titularizado pelo credor titular da posição de proprietário fiduciário". Como tal, independeria da titularidade originária do bem, de modo que todo o crédito ficaria não sujeito à recuperação judicial[55].

De fato, o excedente da garantia equipararia o credor a todo e qualquer outro credor sujeito à recuperação judicial, mas a titularidade da posição de proprietário de bem asseguraria ao credor a satisfação imediata do seu crédito com o referido ativo, independentemente de quem era o fiduciante.

O credor titular de propriedade fiduciária não poderá ter suspenso o seu direito de constrição sobre o bem em função da negociação do plano de recuperação judicial do devedor, independentemente da propriedade originária da garantia.

Em outras palavras, quanto à garantia conferida de alienação fiduciária, o fato de ter sido conferida por terceiro não desnatura o crédito, o qual não se sujeita à recuperação judicial. Tratando-se de crédito único, apenas garantido por bem de terceiro, a possibilidade de sua novação por meio do plano de recuperação judicial impediria a constrição imediata do bem do terceiro ou produziria efeito sobre esse, justamente o que foi expressamente afastado pelo art. 49, § 3º. É o posicionamento majoritário da jurisprudência pátria[56].

Grupo Atvos (processo n. 1050977-09.2019.8.26.0100, em trâmite perante à 1ª Vara de Falências e Recuperações Judiciais da Comarca de São Paulo).

[54] STJ, AgInt no REsp 1.932.780/SP, 3ª Turma, rel. Min. Marco Aurélio Bellizze, j. 29-11-2021; STJ, AgInt no AREsp 1.660.602/SP, 3ª Turma, rel. Min. Marco Aurélio Bellizze, j. 20-6-2022.

[55] STJ, 3ª Turma, REsp 1.938.706/SP, rel. Min. Nancy Andrighi, j. 12-9-2021.

[56] STJ, 3ª Turma, REsp 1.549.529/SP, rel. Min. Marco Aurélio Bellizze, j. 28-10-2016; REsp n. 1.938.706/SP, 3ª Turma, rel. Min. Nancy Andrighi, j. 14-9-2021; TJ-SP, Agravo de Instrumento: 2015598-23.2024.8.26.0000 São Paulo, rel. Des. Grava Brazil, j. 14-5-2024, 2ª Câmara Reservada de Direito Empresarial, Data de Publicação: 15-5-2024; TJ-SP, Agravo de Instrumento: 2223345-74.2023.8.26.0000 Araraquara, rel. Des. Maurício Pessoa, j. 18-1-2024, Data de Publicação: 18-1-2024; TJ-SP, Agravo de Instrumento: 2242176-73.2023.8.26.0000 São Paulo, rel. Des. Grava Brazil, j. 8-2-2024, 2ª Câmara Reservada de Direito Empresarial, Data de Publicação: 8-2-2024; TJ-SP, Agravo de Instrumento:

Apenas naquilo que extrapola o valor da garantia, deverá ser considerado, perante o devedor em recuperação judicial, titular de um crédito quirografário, a menos que possua cumulativamente outra garantia ou privilégio.

Proprietário fiduciário e direito à taxa de ocupação

O art. 49, § 3º, da Lei n. 11.101/2005 exclui o proprietário fiduciário dos efeitos da recuperação judicial e assegura que prevalecerão os direitos de propriedade sobre o bem dado em garantia. A despeito de as execuções movidas por credores fiduciários não serem suspensas durante o *stay period*, a Lei veda a retirada dos bens de capital essenciais durante o período do *stay period*.

Mitiga-se o direito constitucional de propriedade em favor da preservação da empresa e em benefício da ordem econômica, conforme art. 170 da Constituição Federal.

Durante o decurso do período de negociação ou até que o plano de recuperação judicial seja aprovado ou rejeitado pelos credores, desde que devidamente comprovado pelo devedor que o bem alienado fiduciariamente é de capital e essencial às suas atividades, o credor não poderá retomar o ativo.

A impossibilidade de exercício do direito de propriedade pelo seu titular, entretanto, diante do exercício da posse pela recuperanda durante o *stay period*, exige o pagamento da taxa de ocupação, sob pena de enriquecimento indevido do devedor. Como já anteriormente publicado, "essa suspensão das constrições em benefício da negociação coletiva, todavia, não pode revelar-se como estratégia do devedor e dos credores sujeitos à recuperação judicial em detrimento do credor proprietário. Ainda que o período de suspensão possa se estender por 540 dias após a alteração da Lei 14.112/20, se respeitados os prazos legais em muito jurisprudencialmente ampliados antes da referida reforma legislativa de 2020, essa proteção judicial não poderá ocorrer com o enriquecimento sem justa causa do devedor e dos credores sujeitos sob o patrimônio do credor proprietário"[57-58].

O art. 37-A da Lei n. 9.514/2020 estabelece a obrigação de o devedor fiduciante pagar mensalmente ou por fração mensal ao proprietário fiduciário taxa de ocupação correspondente a 1% do valor do imóvel indicado no contrato de garantia ou, em sua inexistência, do valor-base para cálculo do imposto de transmissão entre vivos (valor venal).

Não há norma semelhante no Código Civil ou na Lei de Mercado de Capitais, mas sua extensão decorre da proibição do enriquecimento sem causa (art. 884 do Código Civil). Para sua caracterização, o enriquecimento sem causa exige o enriquecimento de uma parte, às custas da outra e sem fundada razão.

2285316-60.2023.8.26.0000 São Paulo, rel. Des. Natan Zelinschi de Arruda, j. 9-1-2024, 2ª Câmara Reservada de Direito Empresarial, Data de Publicação: 9-1-2024; TJ-SP, Agravo de Instrumento: 2081920-59.2023.8.26.0000 São Paulo, rel. Des. Jorge Tosta, j. 20-8-2023, 2ª Câmara Reservada de Direito Empresarial, Data de Publicação: 20-8-2023; TJ-SP, Agravo de Instrumento: 2189309-06.2023. 8.26.0000 São Paulo, rel. Des. J. B. Paula Lima, j. 20-2-2024, 1ª Câmara Reservada de Direito Empresarial, Data de Publicação: 20-2-2024; TJ-SP, AI: 2200143-73.2020.8.26-0000 SP 2200143-73.2020. 8.26.0000, rel. Des. Cesar Ciampolini, j. 12-11-2020, 1ª Câmara Reservada de Direito Empresarial, Data de Publicação: 12-11-2020.

[57] SACRAMONE, Marcelo Barbosa; AMARAL, Fernando Lima Gurgel do. Alienação Fiduciária e taxa de ocupação na recuperação judicial. In: *Revista de Direito Empresarial – RDEMp*, Belo Horizonte, ano 19, i. 1, p. 13-27.

[58] TJRJ, AI 0031500-21.2019.8.19.0000, 23ª Câmara Cível, rel. Des. Murilo Kieling, j. 26-9-2019.

Todas essas características estão presentes. Ele se caracteriza pela não devolução do bem objeto de alienação fiduciária ao credor, sem qualquer remuneração pelo desapossamento de sua posse e sem fundada razão contratual. Como já exposto, "a decisão de processamento da recuperação judicial e de suspensão da retirada do bem de capital essencial procura evitar a interrupção abrupta da atividade empresarial durante a equalização do passivo sujeito à recuperação judicial. Não pretende conferir benefício absoluto à recuperanda com a possibilidade de utilização de bem alheio, sem qualquer retribuição e às custas do credor fiduciário"[59].

Após o inadimplemento e o devido processo para consolidação da propriedade em favor do credor fiduciário, a recusa pelo devedor fiduciante de entregar o bem ao credor fiduciário exigirá o pagamento de indenização ao credor fiduciário pelo período em que o bem lhe ficou indisponível. Deve-se entender que é devida a taxa de ocupação a partir da data em que o credor iniciar ou reiniciar o procedimento de excussão da garantia e for impedido de retomar o bem.

A taxa de ocupação poderá ser fixada pelo juízo em que se processa a ação de execução, ação possessória, de busca e apreensão etc., ou em ação autônoma de arbitramento de taxa de ocupação. Trata-se de crédito posterior, não sujeito aos efeitos da recuperação judicial, e imediatamente exigível.

Créditos titularizados pelos demais credores proprietários

Além dos credores proprietários fiduciários, são excluídos da recuperação judicial os créditos do arrendador mercantil, do proprietário ou promitente vendedor de imóvel, inclusive em incorporação imobiliária, cujos contratos tenham cláusula de irrevogabilidade ou irretratabilidade, ou do proprietário em contrato de venda com reserva de domínio.

Comum a todos esses contratos é a propriedade sobre a coisa de titularidade de um dos contratantes. O arrendador aluga bem próprio, adquirido para tanto, ao arrendatário, que, ao final do contrato, terá a opção de adquirir o bem ou restituí-lo. Na hipótese de recuperação judicial do arrendatário, o arrendador poderá retomar o bem na posse do arrendatário, desde que, se bem de capital imprescindível, haja o decurso do *stay period*.

O promissário adquirente de imóvel, cujo contrato contenha cláusula de irrevogabilidade ou irretratabilidade, poderá, com o registro do contrato, ter direito real de aquisição do bem. Caso o promissário adquirente, entretanto, não satisfaça suas obrigações e ingresse com recuperação judicial, o credor não poderá sofrer os efeitos da recuperação judicial, sob pena de se afetar o setor imobiliário nacional. Para tanto, conferiu-lhe a Lei o direito de preservar seu direito de propriedade em detrimento do empresário devedor em recuperação judicial, inclusive na incorporação imobiliária. O mesmo raciocínio ocorre com o proprietário vendedor de imóvel com cláusula de irrevogabilidade ou irretratabilidade.

Na compra e venda com reserva de domínio, ademais, o vendedor conserva a propriedade do bem consigo até que haja a satisfação integral do preço pelo adquirente. Essa cláusula contratual é comumente estabelecida em contratos cujo pagamento será diferido ou a prestações e procura garantir o vendedor de eventual risco de insolvência do adquirente.

Entendeu a lei que, para incentivar o desenvolvimento econômico, deveria conferir tratamento privilegiado a esses produtores ou vendedores. Caso o adquirente inadimplente obtenha a recuperação judicial, referido crédito não estará submetido ao plano de recuperação judicial, de modo que o vendedor poderá retomar a posse do bem imediatamente, a menos que seja bem de

---

[59] SACRAMONE, Marcelo Barbosa; AMARAL, Fernando Lima Gurgel do. Alienação Fiduciária e taxa de ocupação na recuperação judicial. In.: *Revista de Direito Empresarial – RDEMp*, Belo Horizonte, ano 19, i. 1, p. 13-27.

capital imprescindível ao desenvolvimento da atividade do devedor, cuja retomada seria restringida pelo prazo de suspensão.

Em suma, em todas essas hipóteses, diante de um tratamento privilegiado dispensado pela Lei, estabeleceu-se que o plano de recuperação judicial não poderá alterar as condições contratuais e que prevalecerão os direitos de propriedade sobre a coisa.

Amortização do crédito na cessão fiduciária

Como os credores proprietários não se submetem à recuperação judicial, poderão exercer seu direito de propriedade sobre os bens.

Na cessão fiduciária de direitos ou títulos de crédito, o cessionário fiduciário terá poderes mais amplos que os demais proprietários fiduciários. Poderá exigir o adimplemento dos títulos e direitos creditórios cedidos, promover todas as medidas de cobrança e execução a que o cedente teria direito e, inclusive, amortizar o valor do débito principal com o montante recebido diretamente dos terceiros devedores.

Ao contrário das demais hipóteses de propriedade fiduciária, na cessão fiduciária não ocorre desdobramento da posse, em que a posse direta fica com o devedor fiduciante e a posse indireta, em razão da propriedade, conserva-se com o credor fiduciário. Na cessão fiduciária em garantia, o próprio credor fiduciário receberá o montante exigido dos devedores dos títulos ou dos créditos que lhe foram fiduciariamente cedidos. O cessionário, nessa hipótese, poderá creditar ao devedor cedente os valores recebidos de terceiros pelos créditos cedidos, até a final liquidação da dívida principal.

Nesse sentido, plenamente aplicável o art. 66-B, § 3º, da Lei n. 4.728/65 para o caso de alienação fiduciária de bem móvel fungível ou de direitos ou títulos de crédito. Em caso de inadimplemento ou mora da obrigação garantida, o credor poderá amortizar seu crédito com os recebíveis, vender a terceiros o bem objeto da propriedade fiduciária, devendo aplicar o preço da venda no pagamento do seu crédito e das despesas decorrentes da realização da garantia, entregando ao devedor o saldo, se houver, acompanhado do demonstrativo da operação realizada. Não há qualquer impedimento do art. 49, § 3º, da Lei n. 11.101/2005 a essa forma de satisfação de crédito desse credor extraconcursal.

O raciocínio contrário, com a tentativa de aplicação do princípio da preservação da empresa, deve ser afastado. Ainda que se pretendesse conservar o desenvolvimento da atividade pelo devedor em recuperação judicial, em detrimento do art. 49, § 3º, e que deve ser interpretado restritivamente, o impedimento da alienação extrajudicial do bem fungível alienado fiduciariamente ou da amortização dos créditos durante o período de suspensão das execuções não permitiria que o devedor se utilizasse dos referidos bens durante a deliberação do plano de recuperação judicial. Como a posse conserva-se com o credor e não há nenhuma disposição que determine que o credor deva entregar o bem de sua propriedade fiduciária ao devedor, o credor apenas conservará sem qualquer utilidade o bem consigo até que decorra o prazo, o que não beneficiaria em nada o desenvolvimento da atividade do devedor.

Ressalta-se, contudo, que a amortização dos créditos com o pagamento efetuado pelos terceiros até a liquidação da dívida principal, entretanto, somente poderá ser realizada se presentes todos os requisitos da constituição da cessão fiduciária, de forma que o crédito não seja submetido à recuperação judicial. Caso contrário, o montante amortizado depois do pedido de recuperação judicial deverá ser prontamente restituído à recuperanda, pois, como crédito quirografário submetido à recuperação, o pagamento apenas poderá ser realizado nos termos do plano de recuperação aprovado[60].

---

[60]   TJSP, AI 0408832-11.2010.8.26.0000, rel. Des. Pereira Calças, j. 12-4-2011.

Dessa forma, diante de um inadimplemento do devedor da obrigação principal, o credor poderá realizar a amortização do seu crédito em razão dos recebíveis cedidos fiduciariamente em garantia da obrigação normalmente.

Apreensão ou retirada dos bens de capital essenciais à atividade

Não satisfeita a obrigação do devedor fiduciante, o credor fiduciário consolidará a propriedade do bem e poderá exigir sua reintegração na posse do bem imóvel alienado fiduciariamente (art. 30 da Lei n. 9.514/97) ou busca e apreensão do bem móvel (art. 3º do Decreto-lei n. 911/69). O credor fiduciário ficará obrigado a alienar a coisa a terceiro e a aplicar o preço no pagamento de seu crédito (art. 1.364 do CC e art. 27 da Lei n. 9.514/97).

Por não se submeter à recuperação judicial, as ações promovidas pelos credores proprietários não se submetem ao período de suspensão de todas as ações e execuções contra o devedor em recuperação judicial por 180 dias (art. 6º). Contudo, para que não se prejudique a aprovação do plano de recuperação judicial e a efetiva restruturação do devedor, impediu a Lei que os bens de capital essenciais à atividade empresarial fossem retomados durante o período de suspensão de 180 dias, o qual poderá ser estendido excepcionalmente pelo Magistrado por mais 180 dias (art. 6º, § 4º).

Ainda que as ações que visem à retomada do bem não sejam suspensas, restringe-se a retomada se o bem for essencial à manutenção da atividade e for bem de capital. O juízo da recuperação judicial, nos termos do art. 6º, § 7º-A, da Lei 11.101/2005, poderá determinar a suspensão dos atos de constrição que recaiam sobre bens de capital essenciais à manutenção da atividade empresarial durante o prazo do *stay period* ou período de suspensão[61].

Decorrido o prazo do *stay*, não há qualquer restrição legal à retomada dos bens, ainda que sejam de capital imprescindíveis ao desenvolvimento da atividade. Eventual limitação contrariaria o direito de propriedade do credor e a própria segurança jurídica à concessão dos créditos com a referida garantia, o que seria em desconformidade aos próprios princípios insculpidos na Lei n. 11.101/2005.

Pelo art. 49, § 3º, portanto, três requisitos precisam estar presentes para se impedir a retomada. Necessário que tenha ocorrido o desdobramento da posse, que o bem seja de capital e, ainda, que o bem seja essencial à atividade empresarial.

Quanto ao primeiro requisito, o desdobramento da posse ocorre, na propriedade fiduciária, como regra geral. Com a transferência fiduciária da propriedade resolúvel da coisa para o credor, o devedor, nos termos do art. 1.361, § 3º, do Código Civil, conservará consigo a posse direta da coisa, enquanto a posse indireta será atribuída ao credor proprietário.

Na alienação fiduciária de coisa móvel fungível e na cessão fiduciária de crédito e de títulos de crédito, disciplinada pela Lei n. 4.728/65, não há o desdobramento da posse como nos demais tipos de alienação fiduciária. Junto com a propriedade sobre a coisa ou o crédito, transfere-se ao credor também a posse direta sobre o bem, exceto convenção em contrário (art. 66-B, § 3º, da Lei n. 4.728/65).

Como não há desdobramento da posse, já que a posse direta e a posse indireta são atribuídas na alienação fiduciária de coisa móvel fungível e na cessão fiduciária de créditos ou de títulos de créditos ao credor fiduciário, não há qualquer necessidade de retomada, como previsto no art. 49, § 3º da Lei n. 11.101/2005, de modo que a amortização do crédito com os recebíveis poderá ser regularmente feita.

---

[61] Conferir comentários ao art. 6º.

Além de o bem móvel fungível e o crédito cedido não exigirem a retomada pelo credor, pois já estão em sua posse direta, o impedimento à retomada ocorre apenas sobre bens de capital. Por bens de capital devem ser entendidos os bens móveis ou imóveis, materiais ou imateriais, utilizados no processo produtivo para gerar outros produtos ou serviços e que não sejam consumíveis ou destinados à alienação pela atividade empresarial desenvolvida. São os maquinários, as instalações, a fábrica, os veículos etc. Sua limitação apenas aos bens inconsumíveis é decorrente, inclusive, da possibilidade de serem retomados pelo credor após o decurso do período do *stay period*, sem que comprometam a garantia.

A interpretação de bens de capital essenciais não pode ser estendida para todos os bens essenciais, de capital ou não. A norma legal, excepcional, ao restringir o direito do credor em retomar o próprio ativo, deve ser interpretada de forma restritiva.

Os bens do estoque ou produtos agrícolas ou fabris, assim, por serem destinados à alienação, ainda que imprescindíveis à atividade empresarial, não foram considerados pelo legislador como bens de capital e, por isso, poderiam ser livremente retomados pelo proprietário[62].

Nesse sentido, a Segunda Seção do Superior Tribunal de Justiça consolidou o precedente que determinou que "bem de capital é aquele utilizado no processo de produção (veículos, silos, geradores, prensas, colheitadeiras, tratores etc.), não se enquadrando em seu conceito o objeto comercializado pelo empresário. Se determinado bem não puder ser classificado como bem de capital, ao juízo da recuperação não é dado fazer nenhuma inferência quanto à sua essencialidade para fins de aplicação da ressalva contida na parte final do § 3º, do art. 49 da Lei n. 11.101/2005"[63].

Recursos financeiros, como o crédito cedido fiduciariamente, ainda que importantes para a manutenção da atividade, não podem ser considerados bem de capital também, pois consumíveis com o desenvolvimento da atividade[64]. Como "venda ou retirada do estabelecimento do devedor dos bens de capital essenciais a sua atividade" somente seria impedida durante o período do *stay period*, findo o período o bem poderia ser livremente retomado pelo credor[65]. Pela própria natureza do recurso financeiro, não se poderia permitir que o recurso fosse utilizado e consumido pelo devedor no desempenho de sua atividade, o que esvaziaria a garantia fiduciária e impediria a satisfação do credor ao término do período de respiro.

---

[62] TJMT, AI 1017207-51.2019.8.11.0000, Câmaras Isoladas Cíveis de Direito Privado, rel. Des. Rubens de Oliveira Santos Filho, j. 19-2-2020.

[63] STJ, Segunda Seção, EREsp 1.991.989/MA, rel. Min. Nancy Andrighi, j. 3-5-2022.

[64] Nesse sentido: "Cédula de crédito bancário garantida por cessão fiduciária de direitos de crédito. (...) Crédito não sujeito aos efeitos da recuperação. Recebíveis não são bens de capital na forma prevista na parte final do § 3º do art. 49" (TJSP, Câmara Reservada de Falência e Recuperação, rel. Des. Pereira Calças, AI 655.134.4/8-00, j. 15-12-2009).

No mesmo sentido: STJ, REsp 1.263.500/ES, 4ª Turma, rel. Min. Isabel Gallotti, j. 5-2-2013; STJ, 3ª Turma, REsp 1.758.746/GO, rel. Min. Marco Aurélio Bellizze, j. 25-8-2018; TJSP, 1ª Câmara Reservada de Direito Empresarial, AI 2170247-48.2021, rel. Des. Cesar Ciampolini, j. 17-9-2021.

Em sentido contrário, Eduardo Secchi Munhoz: "seria, porém, uma interpretação excessivamente apegada ao sentido literal da norma, e absolutamente desvinculada da finalidade da Lei, afastar, exclusivamente por conta da qualificação bem de capital, a aplicação dessa orientação à cessão fiduciária de direitos de crédito" (MUNHOZ, Eduardo Secchi. Cessão fiduciária de direitos de crédito e recuperação judicial de empresa. *Revista do Advogado*, n. 105, 2009, p. 44).

[65] STJ, EDCl no AgInt no AREsp 1.700.939/GO, 4ª Turma, rel. Min. Raúl Araújo, 29-11-2021.

O impedimento da retomada, outrossim, somente ocorre sobre os bens de capital imprescindíveis à continuidade da atividade empresarial.

Como as coisas móveis fungíveis e os créditos cedidos fiduciariamente são atribuídos à posse direta do credor e não se conservam com o devedor, não são imprescindíveis à manutenção da atividade empresarial do devedor, que a exerce sem contar com a disponibilidade dos referidos bens. Outrossim, bens não utilizados para a atividade empresarial, como terrenos sem ocupação, veículos não necessários à operação, poderão ser normalmente retomados.

Os bens de capital imprescindíveis à atividade, para terem a constrição suspensa durante o *stay period*, devem estar, além de na posse da recuperanda, em sua titularidade para serem considerados essenciais.

A celebração de contratos entre a devedora e terceiros para explorar determinado ativo de titularidade desses não conta com a intervenção do credor do referido ativo. Como o contrato apenas produz efeito *inter partes*, ao credor não poderá ser oposta relação jurídica de que não fez parte e de que sequer poderia ter ciência para avaliar o risco de inadimplemento do devedor originário.

A oposição de constrição do ativo durante o *stay period* apenas poderá ser realizada pela Lei entre a recuperanda e seu respectivo credor, nos termos do art. 49, § 3º, que, nesses termos, deverá figurar na relação contratual. Recuperanda, que tenha contratado com a titular do ativo a sua exploração, não poderá obstar a constrição do bem em face de um credor original da titular, haja vista que a relação contratual de exploração do imóvel independe do conhecimento desse credor. Caso contrário, qualquer devedor poderá recusar o cumprimento da obrigação e constrição do ativo conferido em garantia pela mera celebração de contrato de locação ou de qualquer forma de transferência de posse a terceiro em recuperação judicial, com evidente intuito de se escusar de suas obrigações.

Adiantamento de contrato de câmbio para exportação

Na exportação de mercadorias, o exportador precisa se socorrer de um contrato de câmbio para internalizar os recursos recebidos pela exportação. Para que o exportador não fique sem capital de giro enquanto a exportação não é paga, possível celebrar com a instituição financeira um adiantamento desse contrato de câmbio.

O adiantamento do contrato de câmbio é verdadeiro contrato de financiamento do exportador, o qual será liquidado assim que os recursos financeiros forem transferidos pelo importador ao exportador ou à instituição financeira[66].

Trata-se de contrato de compra e venda de moeda estrangeira, o qual, mediante pacto adjeto, ajusta-se à antecipação do preço. A mercadoria ou a coisa a ser vendida é justamente a moeda estrangeira, a qual será vendida à instituição financeira pelo exportador mediante o pagamento de um preço em moeda nacional.

O crédito decorrente do adiantamento do contrato de câmbio não submete a instituição financeira ao plano de recuperação judicial. Sua exclusão permite à instituição financeira a redução dos riscos do inadimplemento do contrato, o que lhe incentiva a concessão dos adiantamentos e acaba por afetar favoravelmente a balança comercial do país com a facilitação à exportação[67].

---

[66] Seus requisitos foram apresentados nos comentários ao art. 86 da Lei n. 11.101/2005.

[67] STJ, 3ª Turma, AgInt no AREsp n. 1.215.891/SP, rel. Min. Ricardo Villas Bôas Cueva, j. 17-9-2018; STJ, 3ª Turma, rel. Min. Ricardo Villas Bôas Cueva, REsp n. 1.279.525/PA, j. 7-5-2013; TJSP, 19ª Câmara de Direito Privado, Apel. n. 1082734-21.2019.8.26.0100, rel. Des. Claudia Grieco Tabosa

Sobre o referido montante, o financiador poderá prosseguir normalmente com a execução sobre os recursos financeiros do devedor em recuperação judicial.

Contudo, a Lei exclui apenas o crédito decorrente do adiantamento do contrato de câmbio dos efeitos da recuperação judicial, de modo que os encargos incidentes sobre a quantia adiantada pelo exportador se sujeitarão à novação do plano de recuperação judicial[68].

Referido credor poderá prosseguir normalmente com o processo de execução da parcela do seu crédito correspondente ao valor adiantado e não será afetado pelo período de suspensão de 180 dias (art. 6º), ainda que o prosseguimento da execução possa afetar o desenvolvimento da atividade econômica e comprometer a recuperação judicial, sob pena de se comprometer a segurança jurídica e a estabilidade contratual[69].

A restrição de retirada dos bens de capital essenciais ao desenvolvimento da recuperação judicial não se aplica ao adiantamento de contrato de câmbio, o qual é disciplinado em parágrafo diverso no art. 49, assim como o dinheiro não é considerado bem de capital para os fins do art. 49, § 3º. De modo a garantir o direito da instituição financeira sobre o recurso, ainda que o mútuo de bem fungível implique a transferência da propriedade sobre os recursos, tem a jurisprudência considerado que "o adiantamento de câmbio não integra o patrimônio da sociedade falida ou em recuperação judicial"[70].

Por seu turno, eventual insucesso na exportação das mercadorias não é suficiente para a descaracterização do adiantamento do contrato de câmbio. O adiantamento de contrato de câmbio é perfeito e acabado desde o consenso das partes. A operação de exportação, celebrada entre o exportador e o importador, não é requisito do contrato de câmbio, tampouco a entrega da mercadoria é imprescindível para o seu aperfeiçoamento.

Como contrato bilateral consensual, o contrato de câmbio se aperfeiçoa com a mera declaração de vontade das partes. É desnecessária qualquer demonstração dos comprovantes da transação internacional ou documentos de exportação dos bens. Sua celebração pode ocorrer em prazo muito anterior à exportação dos bens, inclusive para assegurar o próprio financiamento da produção a ser exportada.

Sua descaracterização, assim, não ocorre pela falta da exportação, o que, ademais, seria manifestação unilateral do devedor[71]. A descaracterização somente poderá ocorrer para mútuo bancário se for demonstrada simulação, desvio de finalidade das partes contratantes[72].

Pessoa, j. 11-4-2022; TJSP, 20ª Câmara de Direito Privado, AI n. 2131584-64.2020.8.26.0000, rel. Des. Correia Lima, j. 8-3-2021; TJMG, 12ª Câmara Cível, CC n. 1.0000.20.457662-3/000, rel. Des. José Augusto Lourenço Santos, j. 2-10-2020. TJMG, 9ª Câmara Cível, AI n. 1.0000.19.074982-0/002, rel. Des. Fausto Bawden Castro Silva, j. 28-3-2023.

[68] STJ, 3ª Turma, REsp 1.723.978/PR, rel. Min. Paulo de Tarso Sanseverino, j. 22-3-2022.

[69] Nesse sentido: STJ, 4ª Turma, AgRg 1.197.871/SP, rel. Min. Maria Isabel Gallotti, j. 11-12-2012; STJ, 3ª Turma, REsp 1.279.525/PA, rel. Min. Ricardo Villas Bôas Cueva, j. 7-3-2013.

Em sentido contrário: BEZERRA FILHO, Manoel Justino. *Lei de Recuperação de Empresas e Falência*. 12. ed. São Paulo: Revista dos Tribunais, 2017, p. 171.

[70] STJ, 4ª Turma, AG 1.246.766/SP, rel. Min. Aldir Passarinho, *DJe* 3-11-2010; STJ, 3ª Turma, CC 108.536/SP, rel. Des. Convocado Vasco Della Giustina, *DJe* 26-11-2009.

[71] TJSP, 16ª Câmara de Direito Privado, Apel. 0004258-94.2015.8.26.0659, rel. Des. Miguel Petroni Neto, j. 26-9-2017.

[72] STJ, 3ª Turma, REsp 1.350.525/SP, rel. Min. Nancy Andrighi, j 20-6-2013; TJSP, 18ª Câmara de Direito Privado, Apel. 0002590-18.2014.8.26.0435, rel. Des. Roque Antonio Mesquita de Oliveira, j. 3-4-2018.

Créditos integrantes do patrimônio de afetação na recuperação judicial

O art. 119, IX, da Lei n. 11.101/2005 excluiu o patrimônio de afetação dos efeitos da decretação da falência. Não previu essa lei, contudo, a exclusão dos créditos integrantes do patrimônio de afetação da recuperação judicial do incorporador, mas sua submissão ao plano de recuperação judicial é incompatível com a disciplina do patrimônio de afetação pela Lei n. 10.931/2004.

O patrimônio de afetação foi incluído na Lei de Incorporação Imobiliária n. 4.591/64, por meio da inserção dos arts. 31-A e seguintes pela Lei n. 10.931/2004. O objetivo de sua constituição era destacar o conjunto de ativos e de passivos vinculados à incorporação imobiliária do restante do patrimônio do incorporador imobiliário, de modo a se delimitar os riscos de cada empreendimento.

Pela constituição do patrimônio de afetação por meio da averbação no Registro de Imóveis, os ativos atrelados a essa finalidade não podem ser contaminados pela crise econômico-financeira do incorporador. Os bens vinculados ao patrimônio respondem exclusivamente pela dívida contraída para a sua consecução.

Em razão dessa afetação, o incorporador perde a autonomia sobre esse patrimônio. Os bens não poderão ser livremente dispostos pelo empresário ou utilizados em finalidade diversa de sua constituição; a constituição de garantias reais sobre os bens terá o valor revertido integralmente para a realização do empreendimento, assim como a cessão dos créditos da comercialização das unidades terá o produto como integrante do patrimônio de afetação.

Essa autonomia sobre os ativos era requisito imprescindível para que o empresário em crise econômica pudesse submeter aos credores um plano de recuperação judicial para que houvesse a novação de seus débitos diante da aprovação da maioria.

Além de essa autonomia sobre o patrimônio ter sido suprimida do empresário devedor, a Lei de Incorporação Imobiliária disciplina sistema diverso para a preservação do empreendimento, o qual, além de ser específico, é incompatível com o regime geral da recuperação geral.

Pelo sistema estabelecido pelo art. 31-F da Lei n. 4.581/64, a paralisação da obra por mais de 30 dias, ou seu retardo demasiado, sem motivo justificado, permite que a Comissão de representantes ou um sexto dos titulares de frações ideais, ou o juiz ou a instituição financeira financiadora do empreendimento, convoquem a Assembleia dos adquirentes. Em Assembleia, a maioria absoluta dos adquirentes, e não a maioria qualificada dos credores divididos em classes, poderá destituir o incorporador e instituir o condomínio para o prosseguimento das obras ou poderá deliberar pela liquidação do patrimônio de afetação. Caso o destitua e decida prosseguir com a construção, os adquirentes ficarão sub-rogados nos direitos e nas obrigações do incorporador.

Dessa forma, averbado o patrimônio de afetação no registro de imóveis, os créditos a ele vinculados ficam submetidos a regime especial, não compatível com o procedimento da recuperação judicial[73-74].

---

[73] Nesse sentido: STJ, AgInt no AREsp n. 2.141.952/RJ, rel. Min. Moura Ribeiro, 3ª Turma, j. 23-10-2023; TJSP, 2ª Câmara Reservada de Direito Empresarial, AI 2220469-93.2016, rel. Des. Fábio Tabosa, j. 29-5-2017; TJSP, 2ª Câmara Reservada de Direito Empresarial, AI 2236772-85.2016, j. 12-6-2017; TJSP, 2ª Câmara Reservada de Direito Empresarial, rel. Des. Claudio Godoy, j. 27-11-2017.

[74] Para maiores detalhes quanto ao patrimônio de afetação e sua não sujeição à recuperação judicial, conferir SACRAMONE, Marcelo. Os direitos do compromissário comprador diante da falência ou recuperação judicial do incorporador de imóveis. *Revista de Direito Bancário e do Mercado de Capitais*, ano 20, v. 76, Revista dos Tribunais, São Paulo, abr.-jun. 2017, p. 173-194.

Como mencionado anteriormente[75], eventuais sobras poderão ser utilizadas para pagamento dos credores concursais. Do mesmo modo, caso a administradora do patrimônio de afetação exerça atividades diversas que não envolvam o patrimônio afetado, poderá se valer da recuperação judicial para negociar com seus credores cujos créditos foram constituídos em razão dessa outra atividade.

Créditos objeto de compensação

A compensação dos créditos com os débitos foi regulada, na hipótese de falência, no art. 122 da LREF[76]. Na recuperação judicial, não há previsão legal para a compensação de créditos[77].

A Lei n. 11.101/2005 rompe com a disciplina anterior, que regulava a concordata no art. 164 do Decreto-Lei n. 7.661/45. Pelo Decreto-Lei revogado, a compensação de dívidas vencidas nas concordatas preventivas poderia ocorrer da mesma forma que na falência, o que permitia que a compensação se operasse de pleno direito na data da decisão que mandava processar a concordata preventiva[78].

Devem-se diferenciar dois momentos para a análise da compensação: a presença dos requisitos antes ou depois da distribuição do pedido de recuperação judicial.

Caso os requisitos legais da fungibilidade, exigibilidade e liquidez ocorram antes do pedido da recuperação judicial, a compensação será automática e independerá de qualquer manifestação, nos termos do art. 368 do Código Civil. Trata-se da compensação legal, em que todos os requisitos de fungibilidade, exigibilidade e liquidez devem estar presentes entre as obrigações recíprocas.

As obrigações recíprocas serão extintas até o montante que se compensarem desde o momento em que presentes todos os requisitos legais. Como a compensação é *ipso iure*, sua realização ocorre independentemente de sua contabilização por qualquer das partes contratantes ou de qualquer declaração de reconhecimento da extinção[79].

Caso nem todos os requisitos legais estejam presentes, possível às partes, contratualmente, suprirem a ausência do requisito legal.

A compensação voluntária ou convencional caracteriza-se pela supressão, pelo contrato existente entre as partes, de quaisquer requisitos legais da liquidez, exigibilidade e fungibilidade entre as obrigações recíprocas para a sua extinção (art. 369 do CC).

A compensação convencional poderá suprir a ausência de algum requisito legal em virtude do contrato celebrado entre as partes e que regula a extinção mútua das obrigações na medida de sua reciprocidade.

Desde que todos os requisitos estejam presentes antes do pedido de recuperação judicial, portanto, a compensação legal ocorrerá automaticamente, assim que o último dos requisitos esteja presente.

Na compensação convencional, por seu turno, os requisitos devem ter sido supridos por vontade das partes antes da distribuição do pedido de recuperação judicial. Ainda que eventual liquidação,

---

[75] Cf. comentários ao art. 1º.

[76] Cf. comentários ao art. 122.

[77] A análise pormenorizada das hipóteses foi realizada anteriormente em SACRAMONE, Marcelo. Compensação de débitos na recuperação judicial. In: MENDES, Bernardo Bicalho de Alvarenga (coord.). *Aspectos polêmicos e atuais da Lei de Recuperação de Empresas*. Belo Horizonte: D'Plácido, 2016.

[78] VALVERDE, Trajano de Miranda. *Comentários à Lei de Falências*. v. 2. 4. ed. Rio de Janeiro: Forense, p. 317.

[79] Com a admissão da compensação antes da recuperação judicial: TJSP, 1ª Câmara Reservada de Direito Empresarial, AI 0187775-47.2012, rel. Des. Ênio Zuliani, j. 26-2-2013.

fungibilidade ou vencimento ocorra apenas durante a recuperação judicial, desde que referidos requisitos sejam prescindíveis em virtude da convenção estabelecida entre as partes anteriormente, deve prevalecer a condição contratual que supria sua exigência para fins de extinção recíproca, se os demais requisitos necessários ocorrerem antes do pedido de recuperação judicial.

Solução poderá ser diversa se os requisitos para a compensação somente se apresentarem após o pedido de recuperação judicial, ainda que a LREF não tenha sido expressa ao regular a matéria[80].

Após o pedido de recuperação judicial, as relações jurídicas do empresário devedor ficam submetidas a regime especial em razão dos diversos interesses envolvidos na recuperação judicial pretendida.

Caso o débito contraído pela recuperanda seja anterior ao pedido de recuperação judicial e o crédito ou os demais requisitos para a compensação somente ocorrerem após o pedido de recuperação judicial, não haverá a recíproca extinção. O crédito titularizado pela recuperanda posteriormente em face do mesmo credor ou cujos requisitos da compensação ocorrerão apenas posteriormente à distribuição não poderá ser compensado. Isso porque o passivo da recuperanda, a partir da distribuição do pedido de recuperação judicial, desde que seja existente, submete-se a regime especial. Todos os débitos da recuperanda existentes na data do pedido, ainda que não vencidos, se submetem à recuperação judicial (art. 49) e somente poderão ser satisfeitos nos termos do plano de recuperação.

Pela LREF, a partir da distribuição do pedido de recuperação judicial, o devedor não poderá voluntariamente satisfazer seus débitos sob pena de garantir tratamento privilegiado a um dos credores em detrimento dos demais da mesma classe. O pagamento por essa forma de extinção das obrigações deverá ocorrer apenas se previsto no plano de recuperação judicial e aprovado pelos credores reunidos em Assembleia Geral. Diante da paridade de tratamento entre os credores da mesma classe, como regra, a satisfação dos créditos em virtude da compensação deverá ser justificada nos termos do art. 67, parágrafo único, da Lei n. 11.101/2005 com base na razoabilidade do tratamento e no fornecimento de bens ou serviços posteriormente ao pedido de recuperação judicial[81].

Essa impossibilidade da compensação entre créditos recíprocos, a menos que prevista no plano de recuperação, desde que o débito da recuperanda seja anterior à distribuição do pedido e não tenha sido anteriormente extinto, é conforme os princípios da LREF. Em seu art. 47, estabeleceu-se que a recuperação deverá propiciar a superação da situação de crise econômico-financeira do devedor, a fim de permitir a manutenção da fonte produtora, do emprego dos trabalhadores e dos interesses dos credores.

A não compensação dos créditos, nesses termos, permitiria que a recuperanda recebesse os créditos que lhe são devidos durante a recuperação judicial e que poderiam fomentar o desenvolvimento de sua atividade, sem que referido credor pudesse deixar de pagá-los para compensar com os créditos que deveria da recuperanda receber.

Referida conclusão também é consentânea às regras gerais da compensação estabelecidas no Código Civil. Nos termos do art. 380 do Código Civil, a compensação não poderá ser realizada em

---

[80] Na recuperação judicial, a compensação não foi disciplinada no texto da LREF em razão da falta de vencimento das obrigações. Nas palavras do relator Senador Ramez Tebet, ao criticar o texto original do projeto de lei PLC n. 71/2003: "outro exemplo é o art. 8º, que trata da compensação. Como somente na falência há o vencimento antecipado das dívidas pendentes, só para essa hipótese faz sentido estabelecer regras especiais de compensação, diferentes das previstas na legislação civil" (TEBET, Ramez. Parecer. In: MACHADO, Rubens Approbato (coord.). *Comentários à nova Lei de Falências e Recuperação de Empresas*. 2. ed. São Paulo: Quartier Latin, 2007, p. 390).

[81] TJSP, AI 2235673-75.2019.8.26.0000, 2ª Câmara Reservada de Direito Empresarial, rel. Des. Araldo Telles, j. 19-5-2020.

prejuízo do direito de terceiro. Aplicada à recuperação judicial, a compensação de crédito provocaria a satisfação prioritária do credor em detrimento de todos os demais credores, com eventual comprometimento da atividade empresarial e sem que sua satisfação estivesse deliberada no plano de recuperação judicial com a concordância de todos[82].

A recíproca, entretanto, não é verdadeira. Se a recuperanda for titular de um crédito anteriormente à distribuição do pedido de recuperação judicial e contrair um débito posteriormente ao pedido ou cujos requisitos da compensação somente forem preenchidos após este, os créditos poderão ser compensáveis. Também poderão ser compensáveis se os créditos e as obrigações contraídas forem ambos posteriores ao pedido.

Em revisão à posição anterior[83], que sustentava que a compensação não poderia ocorrer em razão de não apenas o passivo como também o ativo se submeter a regime especial por força da recuperação judicial, o posicionamento deve ser alterado desde que não envolva ativos permanentes da recuperanda.

Isso porque o art. 66 da Lei n. 11.101/2005 determina que o devedor, a partir da distribuição do seu pedido, não poderá alienar ou onerar apenas bens ou direitos integrantes de seu ativo permanente, exceto reconhecimento judicial da evidente utilidade ou aprovação dos credores[84]. Quanto aos demais ativos do empresário, circulantes, a alienação ou oneração dos bens ou direitos não encontra qualquer limitação legal. Sua alienação ou oneração poderá ser realizada regularmente, até para que o empresário em recuperação judicial possa prosseguir com o desenvolvimento de sua atividade.

Como a compensação é forma de adimplemento e extinção das obrigações, ela poderá ocorrer desde que não envolva objetos integrantes do ativo permanente, o que não ocorre com a obrigação de pagamento em dinheiro, por exemplo. Se essas obrigações recíprocas foram contraídas durante a recuperação judicial, desde que preenchidos os demais requisitos legais ou eles sejam supridos pela convenção, poderão os créditos ser reciprocamente compensados.

Ainda que o crédito da recuperanda seja anterior à recuperação judicial, não haverá empecilho à compensação legal ou voluntária no curso da recuperação judicial, se o débito contraído for posterior ao pedido, pois o devedor poderá continuar a dispor de seu ativo não permanente para satisfazer os débitos não sujeitos à recuperação judicial.

Em suma, apenas se o débito da recuperanda anteriormente à distribuição do pedido não tiver sido extinto pela compensação até a distribuição do pedido de recuperação judicial, a compensação não poderá ocorrer em razão da proteção do interesse dos credores na manutenção da atividade empresarial e no tratamento idêntico entre os credores da mesma classe. Nesse caso, a compensação dos créditos na recuperação judicial não será automática e apenas poderá ocorrer se prevista no plano de recuperação judicial e for aprovada pelos credores.

---

[82] Nesse sentido, TJSP, 1ª Câmara Reservada de Direito Empresarial, AI 2002646-90.2016, rel. Des. Teixeira Leite, j. 21-9-2016; TJSP, 1ª Câmara Reservada de Direito Empresarial, AI 2095653-39.2016, rel. Des. Ênio Zuliani, j. 21-9-2016; TJSP, 2ª Câmara Reservada de Direito Empresarial, rel. Des. Ricardo Negrão, j. 6-4-2016; TJSP, 2ª Câmara Reservada de Direito Empresarial, AI 2166093-94.2015, rel. Des. Caio Marcelo Mendes de Oliveira, j. 27-4-2016; TJSP, 1ª Câmara Reservada de Direito Empresarial, AI 2007325-07.2014.8.26.0000, rel. Des. Fortes Barbosa, j. 3-2-2015.

[83] SACRAMONE, Marcelo. Compensação de débitos na recuperação judicial. In: MENDES, Bernardo Bicalho de Alvarenga (coord.). *Aspectos Polêmicos e atuais da Lei de Recuperação de Empresas*. Belo Horizonte: D'Plácido Editora, 2016.

[84] Cf. comentários ao art. 66.

Cláusula de vencimento antecipado em razão da recuperação judicial

Embora tanto os créditos vencidos quanto os vincendos se submetam à recuperação judicial, frequentemente há estipulação contratual pelas partes de uma cláusula de vencimento antecipado em razão da recuperação judicial.

Convencionar a cláusula de vencimento antecipado para atenuar o risco de inadimplemento diante do surgimento de um evento futuro e incerto que possa comprometer a satisfação da prestação da parte adversa é perfeitamente válido (art. 333 do CC). A consideração de que esse evento futuro e incerto que majore o risco de inadimplemento possa ser a distribuição do pedido de recuperação judicial, entretanto, é questionada.

Na recuperação judicial, a cláusula de vencimento antecipado teria efeitos diretos ao credor, quer ele se submeta à recuperação judicial ou não. Entre os créditos submetidos à recuperação, a cláusula de vencimento antecipado tem o objetivo de permitir ao credor exercer seu direito de voto, ainda que a recuperanda propusesse no plano de recuperação judicial continuar a cumprir o contrato como originariamente contratado (art. 45, § 3º). Se o crédito for não sujeito, por seu turno, a previsão da cláusula garantiria ao credor o direito de exigir prontamente a propriedade dos bens, o que seria obstado apenas durante o prazo de 180 dias e desde que fossem bens de capital essenciais à atividade empresarial.

No Decreto-Lei n. 7.661/45, havia previsão de vencimento antecipado das obrigações do devedor por ocasião da decisão de processamento da concordata (art. 163). Os créditos, entretanto, não se tornavam imediatamente exigíveis. O vencimento antecipado provocava apenas a habilitação dos credores na concordata, pois o pagamento somente poderia ser realizado conforme a época prevista na concordata[85].

A Lei n. 11.101/2005 não reproduziu a disciplina do Decreto-lei revogado. Pelo contrário, o art. 49 determinou a conservação dos contratos nas condições originalmente contratadas, exceto se estabelecido de modo diverso no plano de recuperação judicial. Os créditos apenas são calculados com base na data do pedido de recuperação para a mensuração do direito de voto de cada um dos credores em eventual Assembleia Geral de Credores.

Embora não haja determinação legal de vencimento, o art. 49, § 2º, ao estipular a conservação dos contratos, permite a conclusão de que haveria liberdade contratual às partes para dosarem o risco, desde que não haja afronta à lei. Ao contrário do que já sustentamos anteriormente[86], o art. 49 da Lei autoriza a livre convenção de cláusulas contratuais e a não intervenção nos contratos, exceto com base no plano de recuperação judicial.

A recuperação judicial procura garantir a igualdade de poderes de cada credor em relação ao montante de seu crédito concursal. Caso crédito sujeito à recuperação judicial, a cláusula de vencimento antecipado apenas assegura ao credor o direito de voto em Assembleia Geral de Credores se o plano de recuperação estabelecer qualquer forma de pagamento que não à vista.

---

[85] GRAU, Eros Roberto. Concordata – Garantia por fiança e vencimento antecipado das obrigações. *Revista dos Tribunais*, São Paulo: Revista dos Tribunais, ano 76, v. 622, 1987, p. 19. Para Valverde, "a supressão do prazo não traz, na concordata preventiva, vantagem alguma para o credor, porquanto, além da moratória que suporta no curso do processo, fica sujeito ao prazo da concordata para o seu pagamento" (VALVERDE, Trajano de Miranda. *Comentários à Lei de Falências*. v. 2. 4. ed. Rio de Janeiro: Forense, 1999, p. 315).

[86] SACRAMONE, Marcelo. Cláusula de vencimento antecipado na recuperação judicial. *Revista do Advogado*, São Paulo, AASP, ano XXXVI, n. 131, out. 2016, p. 133-139.

Se o crédito não for sujeito à recuperação, a cláusula de vencimento antecipado permite a cobrança imediata do crédito, com a eventual retirada do bem em garantia.

Ainda que se pudesse argumentar que a cláusula contraria os princípios impostos pela LREF de preservação da empresa, de sua função social, ao criar o instituto da recuperação judicial para permitir ao empresário em crise econômico-financeira recuperar-se, não há afronta aos princípios da recuperação judicial na medida em que a livre convenção contratual permite aos empresários dosar os riscos do momento da contratação e estabelecer a correta remuneração pelos riscos de inadimplemento assumidos.

Nesse sentido, inegável que o pedido de recuperação judicial aumenta o risco de inadimplemento ou dificulta o adimplemento dos créditos. Ainda que crédito não sujeito à recuperação judicial, os bens de capital essenciais são impedidos de constrição durante o *stay period*, o que agrava o custo ex post dos agentes, que não poderão ficar impedidos de se protegerem contratualmente do referido agravamento.

Nesse aspecto, a cláusula de vencimento antecipado não viola sua função social (art. 421 do CC). Entendida a função social como objetivo econômico típico, a cláusula é prevista para a redução do risco de inadimplemento do crédito. Na hipótese de recuperação judicial, o titular de crédito com propriedade fiduciária em garantia tem a satisfação do referido crédito dificultada em função da recuperação judicial, que não apenas majora o risco de adimplemento do crédito, como afeta o desenvolvimento da atividade empresarial do devedor. Isso porque a recuperação judicial, conforme evidência jurimétrica, tem evidenciado que provoca maior dificuldade para o devedor contratar novos créditos no mercado, majora os juros exigidos para a contratação de novos mútuos em virtude do provisionamento bancário e dificulta o diferimento das entregas dos produtos e serviços, afetando diretamente a atividade da companhia.

Assim, o legislador brasileiro optou por não vedar expressamente, na legislação concursal, a declaração de vencimento antecipado exclusivamente pelo pedido de recuperação, ao contrário do estabelecido no *Chapter 11* do U.S. Bankruptcy Code (§ 365(e)(1), que serviu de inspiração para a LREF. Pelo contrário, o legislador assegurou, no art. 49, § 2º, da Lei n. 11.101/2005, a manutenção dos contratos e a intervenção mínima do judiciário nos negócios jurídicos empresariais, de modo que a cláusula de vencimento antecipado em virtude da recuperação judicial deverá ser considerada plenamente válida e eficaz perante as partes contratantes[87].

Ao versar sobre créditos não sujeitos à recuperação judicial, ademais, o contrato não é submetido à dinâmica da negociação do plano de recuperação judicial. Como consequência, ainda que seus efeitos possam ser produzidos em face da recuperanda, o negócio jurídico celebrado entre as partes não se submete à competência do juízo da recuperação judicial, que não poderá apreciar a validade dos seus termos, haja vista que o crédito não se submeteria à recuperação judicial[88]. O juízo da recuperação judicial não é indivisível. Ele não atrai a competência para a apreciação de todas as demandas promovidas em face da recuperanda, as quais tramitam normalmente nos respectivos juízos competentes, nos termos do art. 6º da Lei n. 11.101/2005.

---

[87] Nesse sentido, TJSP, 1ª Câmara Reservada de Direito Empresarial, AI 2019536-41.2015, rel. Des. Pereira Calças, j. 8-4-2015; TJSP, 2ª Câmara Reservada de Direito Empresarial, AI 2091701-52.2016, rel. Des. Campos Mello, j. 19-9-2016.

[88] Nesse sentido: STJ, 4ª Turma, AgInt no REsp: 1981189 RS, rel. Min. Marco Buzzi, j. 23-5-22; TJPR, 18ª Câmara Cível, 0068714-93.2020.8.16.0000 Umuarama, rel. Des. Pericles Bellusci de Batista Pereira, j. 12-4-2021; TJSP, AI n. 2095041-38.2015.8.26.0000, rel. Des. Carlos Alberto Garbi, 2ª Câm. Dir. Empresarial, j. 31-8-2015.

Créditos em face dos coobrigados, fiadores e obrigados de regresso

Ainda que o crédito esteja submetido aos efeitos da recuperação judicial do devedor, possível que esse crédito seja garantido pessoalmente por terceiros, como no aval ou na fiança.

Os efeitos da recuperação judicial sobre o crédito principal não afetam as obrigações do garantidor, que permanece pessoalmente obrigado à satisfação de sua prestação, por não estar submetido à recuperação judicial. Nem sequer a suspensão das ações e execuções, efeito da decisão de processamento da recuperação judicial (art. 6º), poderá obstar a execução dos coobrigados[89].

O prosseguimento das ações e execuções, independentemente do deferimento do processamento da recuperação judicial, tampouco atrai a competência sobre as medidas constritivas para o Juízo da recuperação judicial. Nos termos da Súmula 480 do STJ, "o Juízo da recuperação judicial não é competente para decidir sobre a constrição de bens não abrangidos pelo plano de recuperação da empresa".

Referida Súmula é aplicável exclusivamente à hipótese de constrição de ativos não pertencentes ao devedor em recuperação judicial, mas a um coobrigado. Ainda que o bem dado em garantia por terceiro seja um bem de capital essencial à recuperanda e tenha sido mencionado eventualmente no plano de recuperação judicial do devedor, o bem de terceiro não se submete à recuperação judicial. As execuções em face do terceiro não são suspensas pelo deferimento do processamento da recuperação judicial em face de terceiros, de modo que o bem poderá ser livremente constrito. A mera menção no plano de recuperação judicial do ativo não interfere nessa conclusão, haja vista que o patrimônio do terceiro não se submete à negociação coletiva e a distinção de personalidades entre a recuperanda e o proprietário do bem, utilizados para fins de conferência de uma maior garantia, não pode ser utilizado pelo devedor, sob pena de comportamento contraditório, *venire contra factum proprio*, e defraudação da garantia.

Embora o Juízo da Recuperação Judicial seja considerado universalmente competente para as medidas constritivas, quer sejam de créditos sujeitos ou não à recuperação judicial[90], sua competência se restringe aos ativos da própria recuperanda[91]. Em face dos bens dos avalistas, fiadores ou de quaisquer outros coobrigados não submetidos à recuperação judicial, o Juízo da recuperação judicial não é competente para as medidas constritivas, as quais serão realizadas regularmente pelo Juízo onde tramitam as respectivas execuções, independentemente de qualquer alteração do Juízo da Recuperação Judicial.

Por seu turno, a renúncia ou a imposição de suspensão temporária do direito à execução dos coobrigados pelos credores poderá ser incluída como cláusula no plano de recuperação judicial. Essa renúncia, ainda que temporária, ao direito de cobrança dos coobrigados, entretanto, não poderá ser imposta ao dissidente ou ao ausente da Assembleia Geral de Credores. Ainda que prevista

---

[89] STJ, Segunda Seção, REsp 1.333.349/SP, rel. Min. Luis Felipe Salomão, j. 26-11-2014; STJ, 4ª Turma, AgRg no REsp 1.342.833/SP, rel. Min. Luis Felipe Salomão, j. 15-5-2014; STJ, 3ª Turma, AgRg no AREsp 62.794/SP, rel. Min. Sidnei Beneti, j. 25-6-2013; STJ, 3ª Turma, AgRg no AREsp 677.043/SP, rel. Min. Moura Ribeiro, j. 26-9-2017; STJ, 3ª Turma, AgRg no AREsp 276.695/SP, rel. Min. Ricardo Villas Bôas Cueva, j. 18-2-2014.

[90] Cf. comentários ao art. 76.

[91] Nesse sentido, STJ, CC 114.540/SP, 2ª Seção, rel. Min. Nancy Andrighi, j. 24-8-2011; STJ, 2ª Seção, CC 112.392/PE, rel. Min. Paulo de Tarso Sanseverino, j. 13-4-2011; STJ, 2ª Seção, CC 114.987/SP, rel. Min. Paulo de Tarso Sanseverino, j. 14-3-2011. Em sentido similar, confirmando a ineficácia de cláusula no plano que previa suspensão das execuções movidas contra terceiros garantidores contra os dissidentes ou ausentes: STJ, REsp 2.059.464/RS, rel. Min. Moura Ribeiro, 3ª Turma, j. 19-11-2023.

cláusula nesse sentido no plano de recuperação judicial, referida cláusula não integra a comunhão de interesses dos credores e apenas será eficaz em face daquele que manifestamente concordar com o plano de recuperação judicial e não fizer qualquer ressalva em face da referida cláusula[92].

Como nem todos os credores possuem a mesma garantia e o mesmo risco, a maioria dos credores sem a referida garantia seria mais favorável à aprovação dessa cláusula de renúncia porque não sofreria o efeito direto dela. Não haveria, assim, comunhão de interesses a ponto de permitir que a maioria imponha sua vontade à minoria, pois os credores possuem interesses diversos, embora possam integrar uma mesma classe na Assembleia Geral de Credores. A renúncia ao direito de cobrança dos coobrigados deverá, assim, exigir a concordância expressa do credor com a cláusula prevista no plano de recuperação judicial, sob pena de a ele ser considerada ineficaz[93].

Sub-rogação no crédito

Como o crédito em face do fiador e demais coobrigados, como o segurador ou o garantidor solidário, não se sujeita aos efeitos da novação da obrigação principal, a menos que haja previsão no plano de recuperação judicial e concordância expressa do credor, possível que ocorra a satisfação do débito em face do referido credor.

O pagamento da obrigação pelos coobrigados ou terceiros interessados não implica o mesmo efeito da cessão[94]. Na cessão de crédito, há transferência voluntária de sua titularidade, enquanto na sub-rogação, um terceiro juridicamente interessado paga uma dívida em nome próprio. Em virtude desse pagamento, o devedor interessado torna-se credor perante o devedor principal, com a substituição do credor originário[95].

Nesse aspecto, imprescindível que se diferencie a sub-rogação convencional e a sub-rogação legal. Na primeira, quem satisfaz a obrigação em nome próprio e à sua conta é um *terceiro não interessado*. Nos termos do art. 347 do Código Civil, o credor poderá receber o pagamento do terceiro não interessado e lhe transferir todos os seus direitos, mas não ocorrerá a sub-rogação. O credor terá apenas direito ao reembolso do que pagou.

Na sub-rogação legal, por outro lado, exige-se que o *solvens* seja interessado na satisfação do débito. Dentre as hipóteses mais relevantes para a recuperação judicial, o *solvens* poderá ser terceiro interessado que realiza o pagamento como forma de se desobrigar ou de evitar sua responsabilização perante o credor. Não há propriamente vontade de ser titular do crédito, mas pagamento para proteger o patrimônio pessoal, de forma que inaplicáveis as disposições da cessão de crédito.

O pagamento na sub-rogação legal implica que o *solvens* passará a ocupar a posição do credor originário, com crédito da mesma natureza por esse anteriormente titularizado, assim como

---

[92] Em sentido contrário, STJ, 3ª Turma, REsp 1.532.943/MT, rel. Min. Marco Aurélio Bellizze, j. 13-9-2016; STJ, 3ª Turma, REsp 1.609.441/MS, rel. Min. Paulo de Tarso Sanseverino, j. 14-2-2018; TJGO, 6ª Câmara Cível, AI 5064322-25.2017.8.09.0000, rel. Des. Sandra Regina Teodoro Reis, j. 27-2-2018.

[93] STJ, AgRg no AgRg no Agravo em REsp 641.967/RS, 3ª Turma, rel. Min. João Otávio de Noronha, j. 15-3-2016; TJSP, Câmara Especial de Falências e Recuperações Judiciais, AI 580.551-4/0-00, rel. Des. Pereira Calças, j. 19-11-2008.

[94] Cf. comentários ao art. 83, § 4º.

[95] Para ANTUNES VARELA, "a sub-rogação pode assim definir-se, segundo um critério puramente descritivo, como a substituição do credor, na titularidade do direito a uma prestação fungível, pelo terceiro que cumpre em lugar do devedor ou que faculta a este os meios necessários ao cumprimento" (VARELA, João de Matos Antunes. *Das obrigações em geral*. 7. ed. Coimbra: Almedina, 2015, v. 2, p. 335-336).

com os mesmos privilégios, direitos e ações em face do devedor. Conforme art. 349 do Código Civil, a sub-rogação transfere ao novo credor todos os direitos, ações, privilégios e garantias do primitivo, em relação à dívida, contra o devedor principal e os fiadores.

São exemplos de pagamento, por expressa disposição do art. 831 do Código Civil, bem como do art. 786 do Código Civil, o realizado pelos fiadores, avalistas ou pelos seguradores. Tais pagamentos acarretam a sub-rogação legal do *solvens*, pois tanto o fiador quanto o segurador são contratualmente obrigados à satisfação da prestação ao credor. Considera-se também sub-rogação o pagamento do terceiro interessado que poderia ser responsabilizado pelas obrigações trabalhistas da devedora principal em recuperação judicial[96-97].

Nos últimos anos, cresceu a discussão a respeito da natureza do crédito decorrente da honra das fianças e avais, pelos respectivos garantidores.

Duas correntes se formaram: de um lado, havia quem sustentasse que, uma vez efetuado pagamento integral ao credor, extingue-se a relação entre este e o devedor, instaurando-se um outro vínculo jurídico entre o fiador e o afiançado, de modo que, realizado o pagamento pelo fiador após o pedido de recuperação judicial, seu crédito seria extraconcursal[98].

Por essa primeira posição, "o crédito passível de ser perseguido pelo fiador em face do afiançado – hipótese em exame – somente se constitui a partir do adimplemento da obrigação principal pelo garante. Antes disso, não existe dever jurídico de caráter patrimonial em favor deste"[99]. Outra corrente, adotando posição compartilhada por esse autor, sustentava que, tratando-se de sub-rogação, a legislação de regência impõe a transferência do crédito ao garantidor sub-rogado de todas as características do crédito garantido, inclusive sua natureza de sujeito, ou não, à recuperação judicial. Assim, o crédito do garantidor, decorrente do pagamento da obrigação garantida, deveria ser considerado crédito concursal ou extraconcursal a depender da natureza da obrigação adimplida e em função da sub-rogação do garantidor concursal[100].

Tal posicionamento, que já vinha se firmando como majoritário na jurisprudência nacional, foi recentemente confirmado pelo Superior Tribunal de Justiça, ao julgar o recurso especial de n. 2.123.959/GO, sob relatoria do Ministro Villas Bôas Cueva. No recurso, que discutia a natureza do

---

[96] Nesse sentido: TJSP, AI 0239075-48.2012, 1ª Câmara Reservada de Direito Empresarial, rel. Des. Francisco Loureiro, j. 26-3-2013; TJSP, AI 2152200-02.2016.8.26.0000, 2ª Câmara Reservada de Direito Empresarial, rel. Des. Caio Marcelo Mendes de Oliveira, j. 29-3-2017; TJSC, AI 0146943-21.2015, 2ª Câmara de Direito Comercial, rel. Des. Newton Varella Junior, j. 13-11-2017.

Em sentido contrário, com a aplicação da mesma regra da cessão de crédito: TJSP, AI 2025787-12.2014.8.26.0000, 1ª Câmara Reservada de Direito Empresarial, rel. Des. Fortes Barbosa, j. 3-7-2014; TJSP, AI 2089773-03.2015.8.26.0000, 1ª Câmara Reservada de Direito Empresarial, rel. Des. Teixeira Leite, j. 7-10-2015.

[97] Para maiores aprofundamentos, conferir SACRAMONE, Marcelo; PIVA, Fernanda Neves. O pagamento dos débitos da recuperanda: a sub-rogação e o direito de regresso na recuperação judicial. In: SETOGUTI, Guilherme; YARSHELL, Flávio Luiz (coords.). *Processo Societário III*. São Paulo: Quartier Latin, 2018.

[98] NEDER, Paulo. *Curso de direito civil: Contratos*. Rio de Janeiro: Forense, 2005, vol. 3, p. 519; TJSP, AI n. 2108261-06.2015.8.26.0000, rel. Des. César Peixoto, 38ª Câmara de Direito Privado, j. 16-9-2015; STJ, REsp n. 1.860.368/SP, rel. Min. Nancy Andrighi, 3ª Turma, j. 11-5-2020.

[99] STJ, REsp n. 1.860.368/SP, rel. Min. Nancy Andrighi, 3ª Turma, j. 11-5-2020.

[100] STJ, REsp n. 1.472.317/RJ, 4ª Turma, rel. Min. Luis Felipe Salomão, j. 3-5-2019; TJSP, AI n. 2094840-02.2022.8.26.0000, rel. Des. Natan Zelinschi de Arruda, 2ª Câmara Reservada de Direito Empresarial, j. 16-8-2022.

crédito do pagamento de carta de fiança, o STJ julgou que *"a relação jurídica de garantia nasce com a assinatura das cartas de fiança, momento em que se estabelece o vínculo jurídico e, portanto, a atividade negocial que liga o devedor originário ao fiador, sendo irrelevante o momento em que realizado o pagamento para o fim de submissão do crédito do fiador aos efeitos da recuperação judicial"*. Sendo assim, operada a sub-rogação do crédito garantido, *"o direito de crédito é repassado ao sub-rogado com todos os seus defeitos e qualidades. Se o credor originário tinha um crédito submetido aos efeitos da recuperação judicial, é isso o que ele tem a transferir ao fiador que pagou a dívida"*[101].

Créditos em face do produtor rural e não relacionados à atividade rural ou não contabilizados

A alteração legislativa da Lei n. 11.101/2005 consagrou entendimento jurisprudencial de que o produtor rural, pessoa física ou jurídica, desde que se inscrevesse no Registro Público de Empresas Mercantis, poderia se submeter à recuperação judicial e, inclusive, seria possível a esse demonstrar o requisito de dois anos de desenvolvimento da atividade mesmo anteriormente a esse registro[102].

Sob a justificativa de que tais credores não conheceriam a circunstância de que o devedor poderia ser caracterizado como empresário futuramente e, portanto, não seriam surpreendidos com o processo de recuperação judicial, procurou o legislador evitar que quaisquer créditos em face desse produtor fossem sujeitos à negociação coletiva.

O dispositivo legal restringiu os créditos que serão submetidos ao procedimento de recuperação a apenas os créditos relacionados diretamente à atividade rural, vencidos ou vincendos, e desde que tenham sido contabilizados pelo devedor.

A circunstância de terem surgido antes ou posteriormente ao registro do produtor rural como empresário na Junta Comercial não é relevante para a submissão ou não aos efeitos da recuperação judicial. Todos os créditos decorrentes da atividade rural e contabilizados são submetidos pela lei à negociação coletiva. O registro, apesar de constitutivo, não interfere na submissão ou não, haja vista que a unicidade patrimonial da personalidade jurídica exige tratamento único aos ativos e passivos, exceto disposição expressa excepcionando a regra[103].

A restrição aos créditos apenas relacionados à atividade é injustificável. Cria-se nova exceção à submissão de todos os créditos em face do devedor à recuperação judicial e nova diferenciação entre os submetidos à recuperação judicial e a falência, o que incentiva estratégias oportunistas das diversas partes interessadas e esvazia a recuperação judicial como negociação coletiva para a obtenção de uma melhor solução para a superação da crise e satisfação de todos os créditos.

Não obstante, todos ativos, relacionados ou não à atividade agrícola ou pecuária, ficam submetidos ao controle apenas pelos credores sujeitos à recuperação judicial, que poderão adotar estratégias para serem satisfeitos com os referidos bens em detrimento dos credores não sujeitos. Ademais, diante da existência de credores não sujeitos e que, por isso, não terão suspensas as medidas de constrição em face dos bens do devedor[104], a recuperação judicial poderá ser comprometida pela retirada de bens essenciais à continuidade da atividade, mesmo durante o *stay period*.

A distinção entre os referidos créditos, nesses termos, não encontra justificativa e, nesse sentido, deve ser rejeitada por contrariar toda a sistemática da Lei.

---

[101]   STJ, REsp n. 2.123.959/GO, 3ª Turma, rel. Min. Villas Bôas Cueva.

[102]   Cf. comentários ao art. 48.

[103]   STJ, AgInt no REsp 1.944.970/SP, 3ª Turma, rel. Min. Nancy Andrighi, j. 22-11-2021.

[104]   Cf. comentários ao art. 6º.

Por seu turno, a exigência de que os créditos tenham sido devidamente contabilizados é absolutamente ilógica. A recuperação judicial é instituto que procura assegurar a negociação coletiva para a obtenção da melhor solução para a satisfação da coletividade de credores. Como o comportamento de registro é obrigação exclusiva do devedor, este poderá escolher quais são os credores que estarão ou não submetidos à recuperação judicial, simplesmente sendo desidioso no registro daqueles que pretende privilegiar.

Considerando que a recuperação judicial deve ser compreendida como uma solução coletiva e que visa a proteger o interesse de todos os envolvidos, dentre os quais a própria coletividade de credores, a contabilização do referido crédito deve ser absolutamente indiferente para sua submissão ou não ao procedimento.

Créditos em face do produtor rural e decorrentes de operações de crédito rural

As operações de crédito rural oficial foram excluídas da recuperação judicial, se tiverem sido renegociadas entre a instituição financeira e o devedor antes do pedido de recuperação judicial.

Nem todos os créditos rurais não se sujeitam à recuperação. Apenas à recuperação judicial não se sujeita o crédito rural oficial, e desde que tenha sido anteriormente renegociado.

Os créditos rurais oficiais são aqueles disciplinados pela Lei n. 4.829/65, que os conceituou como o "o suprimento de recursos financeiros por entidades públicas e estabelecimentos de crédito particulares a produtores rurais ou a suas cooperativas para aplicação exclusiva em atividades que se enquadrem nos objetivos indicados na legislação em vigor".

Os recursos para as operações de crédito rural oficial, nos termos da Lei n. 4.829/65, são recursos controlados e decorrem da ação governamental, que determina a disponibilização de recursos, as taxas de juros e demais questões relacionadas ao financiamento rural. Os recursos têm origem diversa, mas dentre elas as dotações orçamentárias atribuídas aos órgãos do Sistema Nacional de Crédito Rural, bem como o percentual obrigatório dos depósitos à vista imposto às instituições financeiras e que deverão ser destinados ao crédito rural oficial.

A não sujeição à recuperação judicial dos créditos rurais que foram objeto de renegociação anterior teve como intuito assegurar que a instituição financeira que aceitou novas condições para o adimplemento do referido crédito não seja submetida a uma nova negociação, agora de forma coletiva.

A norma, entretanto, não tem qualquer justificativa e deve ser interpretada de forma estrita, haja vista que o crédito rural oficial não renegociado também está sujeito à recuperação.

O crédito rural, mesmo que oficial, pela própria disposição da Lei, está sujeito à recuperação judicial do produtor rural. O fato de ter sido renegociado indica simples novação da dívida, de modo que o credor previamente aceitou essas novas condições de pagamento e, diante do caso específico, entendeu que essa era a melhor solução para a satisfação individual do respectivo crédito. Dessa forma, pode ter estabelecido novas condições, inclusive mais gravosas e, eventualmente, novas garantias.

Nesse sentido, não há justificativa para que o crédito novado não se sujeite à negociação coletiva, o que inclusive poderia tutelar de forma ainda melhor o credor.

Uma vez que a Lei teve como propósito evitar que o referido credor tenha uma renegociação coletiva imposta sobre um crédito que anteriormente já tinha negociado, a melhor interpretação do dispositivo para que se garanta toda a coletividade de credores e a própria equidade de tratamento entre os demais credores que conferiram também créditos rurais é que a novação anterior não será mantida na hipótese de pedido de recuperação judicial, mas que o crédito originário, deduzido o que foi anteriormente pago, seja submetido à recuperação judicial.

Crédito para a aquisição de propriedades rurais

O crédito para a aquisição da propriedade rural contraído nos últimos três anos anteriores ao pedido de recuperação judicial e as referidas garantias não se sujeitam à recuperação judicial. Diante da falta de especificação do dispositivo legal, não há a necessidade de o mutuário revelar-se como produtor rural ou de a aquisição de propriedade rural ser para o desenvolvimento de sua atividade produtiva.

Novamente pela alteração da Lei n. 11.101/2005 pela Lei n. 14.112, de 24 de dezembro de 2020, procurou-se evitar a majoração do risco de crédito para a aquisição das propriedades rurais e, por consequência, a majoração dos juros ou da exigência de garantias para o mutuário.

Trata-se de opção legislativa criticável, haja vista que o credor não se sujeitará à recuperação judicial, o que poderá impactar a melhor solução para a superação da crise econômico-financeira e a satisfação de toda a coletividade de credores, com a possibilidade de retirada de bens essenciais ao desenvolvimento da empresa. Por seu turno, o próprio credor, considerado privilegiado ao não ser submetido, poderá ser o principal prejudicado, haja vista que não há qualquer proteção contra a própria alienação da própria propriedade rural adquirida com o financiamento, que poderá ser utilizada para a satisfação dos credores sujeitos à recuperação judicial, como na forma de venda via Unidade Produtiva Isolada.

Nesse sentido, deve ser interpretada a hipótese de forma restritiva. O crédito para a aquisição da propriedade rural deverá ter especificamente no contrato a propriedade rural a ser adquirida. O crédito genérico, utilizado para a aquisição da propriedade pelo devedor, não foi considerado protegido da recuperação judicial sequer pelo credor ao fixar as condições para sua concessão, de modo que não permite sua não submissão à recuperação judicial.

Créditos dos representantes comerciais

Os créditos dos representantes comerciais também foram excluídos da submissão na recuperação judicial.

Nos termos do art. 44 da Lei n. 4.888/65, alterado pela Lei n. 14.195/2021, as importâncias devidas pelo representado ao representante comercial, relacionadas à representação, inclusive comissões vencidas e vincendas, indenização e aviso prévio, e qualquer outra verba devida ao representante oriunda da relação estabelecida com base na representação, serão consideradas créditos da mesma natureza dos créditos trabalhistas para fins de inclusão no pedido de falência ou plano de recuperação judicial.

Embora tenham sido equiparados a créditos trabalhistas e submetidos ao procedimento falimentar pela Lei n. 4.888/65, alterada pela Lei n. 14.195/2021, referidos credores foram excluídos de sua sujeição à recuperação judicial. Em seu parágrafo único, o art. 44 da Lei n. 4.888/65 determina que "os créditos devidos ao representante comercial reconhecidos em título executivo judicial transitado em julgado após o deferimento do processamento da recuperação judicial, e a sua respectiva execução, inclusive quanto aos honorários advocatícios, não se sujeitarão à recuperação judicial, aos seus efeitos e à competência do juízo da recuperação, ainda que existentes na data do pedido, e prescreverá em cinco anos a ação do representante comercial para pleitear a retribuição que lhe é devida e os demais direitos garantidos por esta lei".

Como nos termos do art. 49 da Lei n. 11.101/2005 seriam submetidos à recuperação judicial todos os créditos existentes à data do pedido, o parágrafo único do art. 44 da Lei n. 4.888/65 cria exceção aos créditos dos representantes comerciais e em relação aos honorários advocatícios decorrentes de sua cobrança, ainda que sejam anteriormente ao pedido.

A interpretação literal de que apenas estariam excluídos os créditos do representante comercial que fossem materializados em título executivo judicial transitado em julgado após o deferimento do processamento da recuperação judicial contraria toda a lógica e racionalidade. Criar-se-ia tratamento benéfico àquele que judicializou sua pretensão, mesmo que posteriormente ao pedido, ainda que possa não haver resistência por parte do devedor para reconhecê-la, o que é incoerente.

Não se submetem à recuperação judicial, dessa forma, todos os créditos detidos pelo representante comercial em virtude da representação, além dos honorários advocatícios para exigi-las.

Créditos decorrentes de obrigações *propter rem*

A compreensão da natureza do crédito deve diferenciar os processos de recuperação judicial dos processos de falência, como tem apontado a evolução da própria jurisprudência.

Os créditos decorrentes de obrigações *propter rem*, como obrigações condominiais, não são excepcionados pela Lei n. 11.101/2005, de modo que deverão se sujeitar à recuperação judicial, como créditos quirografários.

Todos os créditos existentes à data do pedido estão sujeitos à recuperação judicial, à exceção daqueles expressamente ressalvados, o que não ocorre com as obrigações *propter rem*. A justificativa de que são despesas para a administração do ativo não afasta a possibilidade de sua submissão à recuperação judicial, haja vista que todos os demais contratos celebrados pelo devedor são débitos que pretendem a majoração das atividades e/ou dos ativos do devedor[105].

Tal diferenciação poderia ser relevante apenas na falência, ao pretender a classificação como despesas cujo pagamento antecipado seja indispensável à administração da falência, nos termos do art. 150 da Lei n. 11.101/2005, e restrito ao procedimento falimentar[106].

Cédula de Produto Rural (CPR)

Disciplinada pela Lei n. 8.929/94, a Cédula de Produto Rural pode ser definida como uma promessa de entrega de produtos rurais, com ou sem garantias. Qualquer produto de origem agropecuária poderá ser objeto de sua emissão.

A CPR pode ser classificada em duas espécies: a CPR física (tradicional) e a CPR financeira.

Na CPR física, o emitente assume a obrigação de entregar o produto de origem agropecuária objeto do título na data de vencimento, no local, na quantidade e na qualidade nele expressas[107].

---

[105] Nesse sentido, STJ, REsp n. 2.002.590/SP, rel. Min. Marco Aurélio Bellizze, 3ª Turma, j. 12-9-2023; STJ, AgInt no REsp n. 1.924.180/SP, rel. Min. Marco Aurélio Bellizze, 3ª Turma, j. 11-12-2023; STJ, AgInt nos EDcl no AREsp n. 2.131.908/SP, rel. Min. Humberto Martins, 3ª Turma, j. 16-10-2023; TJPR, AI n. 0066050-50.2024.8.16.0000, rel. Des. Guilherme Freire de Barros Teixeira, j. 24-8-2024.

Em sentido contrário, STJ, AgInt no AREsp n. 2.433.276/RJ, rel. Min. Maria Isabel Gallotti, 4ª Turma, j. 17-6-2024; STJ, AgInt no AREsp n. 2.287.396/RJ, rel. Min. Ricardo Villas Bôas Cueva, 3ª Turma, j. 18-3-2024; STJ, AgInt no AREsp n. 2.348.211/RJ, rel. Min. Moura Ribeiro, 3ª Turma, j. 16-10-2023; TJPR, AI n. 0020706-77.2023.8.16.0001, rel. Des. Themis de Almeida Furquim, j. 2-9-2024.

[106] STJ, 3ª Turma, AgInt no Resp 1.646.272/SP, rel. Min. Moura Ribeiro, j. 30-4-2018; STJ, REsp n. 1.627.457/SP, rel. Min. Nancy Andrighi, 3ª Turma, j. 27-9-2016.

[107] De acordo com R. Buranello, pela obrigação advinda da CPR representar a entrega física da mercadoria, os credores mais usuais são as *tradings companies*, empresas de insumos e fertilizantes e

A CPR financeira, por seu turno, prevê que o emitente poderá pagar em dinheiro o montante previsto na cédula, ao invés de entregar o produto de origem agropecuária. Trata-se de obrigação de pagamento de preço referenciado em cotação do produto rural. Por conta disso, a Lei n. 8.929/94 exige, em seu art. 4-A, que sejam explicitados, na cédula, a identificação do preço acordado entre as partes e adotado para obtenção do valor da CPR e, quando aplicável, a identificação do índice de preços, da taxa de juros, fixa ou flutuante, da atualização monetária ou da variação cambial a serem utilizados na liquidação da CPR, bem como a instituição responsável por sua apuração ou divulgação, a praça ou o mercado de formação do preço e o nome do índice.

Essa diferenciação é relevante porque, nos termos do art. 11 da Lei n. 8.929/94, alterado pela Lei n. 14.112/2020 e que modificou diversos dispositivos da Lei n. 11.101/2005, os créditos e as garantias decorrentes da CPR com liquidação física, em caso de antecipação parcial ou integral do preço, ou ainda representativa de operação de troca por insumos (*barter*), não se sujeitarão aos efeitos da recuperação judicial.

Diante da não sujeição do referido crédito, poderão prosseguir normalmente as execuções em face das recuperandas, mesmo durante o período de suspensão.

Igual solução ocorreria na CPR financeira, desde que tenham sido previstas garantias fiduciárias em relação à obrigação de pagamento prevista na cédula, as quais, inclusive, não se perdem em razão do beneficiamento ou transformação dos gêneros agrícolas, mas se transferem automaticamente para os produtos resultantes do beneficiamento ou da transformação, nos termos do art. 8, § 2º, da Lei n. 8.929/94.

Art. 50. Constituem meios de recuperação judicial, observada a legislação pertinente a cada caso, entre outros:

I – concessão de prazos e condições especiais para pagamento das obrigações vencidas ou vincendas;

II – cisão, incorporação, fusão ou transformação de sociedade, constituição de subsidiária integral, ou cessão de cotas ou ações, respeitados os direitos dos sócios, nos termos da legislação vigente;

III – alteração do controle societário;

IV – substituição total ou parcial dos administradores do devedor ou modificação de seus órgãos administrativos;

V – concessão aos credores de direito de eleição em separado de administradores e de poder de veto em relação às matérias que o plano especificar;

VI – aumento de capital social;

VII – trespasse ou arrendamento de estabelecimento, inclusive à sociedade constituída pelos próprios empregados;

---

cooperativas agrícolas (BURANELLO, Renato. *Manual do direito do agronegócio*. 2. ed. São Paulo: Saraiva, 2018, p. 200).

VIII – redução salarial, compensação de horários e redução da jornada, mediante acordo ou convenção coletiva;

IX – dação em pagamento ou novação de dívidas do passivo, com ou sem constituição de garantia própria ou de terceiro;

X – constituição de sociedade de credores;

XI – venda parcial dos bens;

XII – equalização de encargos financeiros relativos a débitos de qualquer natureza, tendo como termo inicial a data da distribuição do pedido de recuperação judicial, aplicando-se inclusive aos contratos de crédito rural, sem prejuízo do disposto em legislação específica;

XIII – usufruto da empresa;

XIV – administração compartilhada;

XV – emissão de valores mobiliários;

XVI – constituição de sociedade de propósito específico para adjudicar, em pagamento dos créditos, os ativos do devedor.

XVII – conversão de dívida em capital social;

XVIII – venda integral da devedora, desde que garantidas aos credores não submetidos ou não aderentes condições, no mínimo, equivalentes àquelas que teriam na falência, hipótese em que será, para todos os fins, considerada unidade produtiva isolada.

§ 1º Na alienação de bem objeto de garantia real, a supressão da garantia ou sua substituição somente serão admitidas mediante aprovação expressa do credor titular da respectiva garantia.

§ 2º Nos créditos em moeda estrangeira, a variação cambial será conservada como parâmetro de indexação da correspondente obrigação e só poderá ser afastada se o credor titular do respectivo crédito aprovar expressamente previsão diversa no plano de recuperação judicial.

§ 3º Não haverá sucessão ou responsabilidade por dívidas de qualquer natureza a terceiro credor, investidor ou novo administrador em decorrência, respectivamente, da mera conversão de dívida em capital, de aporte de novos recursos na devedora ou de substituição dos administradores desta.

§ 4º O imposto sobre a renda e a Contribuição Social sobre o Lucro Líquido (CSLL) incidentes sobre o ganho de capital resultante da alienação de bens ou direitos pela pessoa jurídica em recuperação judicial poderão ser parcelados, com atualização monetária das parcelas, observado o seguinte:

I – o disposto na Lei n. 10.522, de 19 de julho de 2002; e

II – a utilização, como limite, da mediana de alongamento no plano de recuperação judicial em relação aos créditos a ele sujeitos.

§ 5º O limite de alongamento de prazo a que se refere o inciso II do § 4º deste artigo será readequado na hipótese de alteração superveniente do plano de recuperação judicial.

Meios de recuperação judicial

Ao contrário da previsão do Decreto-Lei n. 7.661/45, que restringia os meios de superação da crise econômico-financeira que acometia o empresário à dilação do vencimento das obrigações e a remissões parciais da dívida, ou a combinação de ambas, por meio da concordata, a LREF previu apenas exemplificativamente os meios que poderão ser utilizados pelo empresário para que possa se reestruturar.

A possibilidade de utilização de quaisquer meios possíveis para a reestruturação da empresa assegura uma alteração de fim do próprio instituto. A recuperação judicial não almeja, como pretendia a concordata, apenas superar uma falta transitória de liquidez do empresário devedor diante de uma condição adversa do mercado. Procurou a Lei criar instituto apto à superação de crise econômica estrutural do empresário, que poderá readequar sua atividade e a organização de seus fatores de produção para continuar a regularmente empreender. Para tanto, deverá verificar o melhor meio para a superação de sua crise, conforme o ramo de sua atividade, natureza dos créditos, deficiência econômica apresentada na sua estrutura produtiva ou de prestação de serviços.

Nada impede, assim, que, além dos meios dispostos pelo art. 50, a recuperanda proponha meios diversos e que atendam melhor à sua necessidade, cumule vários dos meios propostos ou apresente uma combinação entre vários outros. Esses meios de recuperação judicial, entretanto, não poderão violar a Lei ou implicar tratamento diferenciado dos credores com condições semelhantes de crédito dentro da mesma classe[108].

Além de não poder atentar contra a lei, os meios de recuperação judicial deverão ser especificamente descritos no plano de recuperação judicial. A previsão de forma genérica do meio de recuperação judicial no plano não permite que os credores saibam com precisão como seus direitos serão afetados, de modo que mesmo a deliberação de aprovação do plano de recuperação judicial não autoriza a recuperanda a realizá-los. A descrição genérica do meio de recuperação judicial é considerada ineficaz e exige novo consentimento dos credores especificamente sobre o meio de recuperação a ser implementado[109].

A aprovação da Assembleia Geral de Credores, entretanto, pode não ser suficiente para, por si só, e diante da função social da empresa, autorizar o referido meio de recuperação.

Como autoestruturação, a recuperação judicial pressupõe que a vontade da recuperanda seja regularmente manifestada por meio de seus órgãos sociais, com o preenchimento de todos os requisitos imprescindíveis impostos pela legislação societária e com respeito aos acordos de acionistas ou de quotistas celebrados e arquivados na respectiva sociedade. Nada impede, por seu turno, que eventual veto do acionista vinculado por acordo parassocial possa ser reconhecido como nulo por ser abusivo no caso concreto, ou que haja o reconhecimento de eventual abuso de direito no direito de preferência, mas necessário que sejam preenchidos todos os pressupostos da lei para que o meio de recuperação judicial possa ser regularmente realizado.

Não se pode, entretanto, sob a alegação de que o princípio da preservação da empresa se sobrepõe aos interesses dos acionistas, desconsiderar toda a estruturação interna para que a companhia possa emitir sua vontade. A LREF condiciona o processamento da recuperação judicial a

---

[108] Cf. comentários ao art. 58.

[109] TJSP, 2ª Câmara de Direito Reservada de Direito Empresarial, AI 2097820-92, rel. Des. Fábio Tabosa, j. 25-9-2017; TJSP, 2ª Câmara Reservada de Direito Empresarial, AI 2260720-90.2015, rel. Des. Fábio Tabosa, j. 11-5-2016; TJSP, 2ª Câmara Reservada de Direito Empresarial, AI 2099683-88.2014.8.26.0000, rel. Des. Araldo Telles, j. 10-4-2015.

requerimento efetuado pelo próprio devedor, de modo que a violação da legislação societária ou dos acordos internos não permite considerar que a sociedade emitiu regularmente sua vontade, exceto se for reconhecido qualquer abuso[110].

Concessão de prazos e condições especiais para pagamento

O plano de recuperação judicial poderá estabelecer alteração de condições de cumprimento das obrigações. Poderá ser estabelecido o deságio ou a remissão parcial do valor do crédito principal, o pagamento dos créditos de modo parcelado, o abatimento dos juros imputados a cada prestação ou a alteração da correção monetária. Referidas alterações das condições poderão incidir tanto sobre as obrigações vencidas quanto sobre as vincendas, desde que já existentes (art. 49).

O deságio ou uma condição prolongada de pagamento não poderá causar, por si só, invalidade da cláusula. Uma remissão acentuada poderá não gerar ônus excessivo ao credor se a alternativa, a falência do empresário devedor, puder resultar ainda em menor satisfação do valor de seu crédito. Eventual excesso, o que poderia caracterizar ilegalidade do plano de recuperação judicial ao submeter os credores a condições demasiadamente onerosas, com reduções desproporcionais ao valor do crédito ou ao pagamento de parcelas ínfimas, deverá ser apreciado caso a caso[111].

De acordo com dados coletados pela 3ª Fase do Observatório da Insolvência, que analisou processos de falência do estado de São Paulo, distribuídos entre janeiro de 2010 e dezembro de 2020, a taxa média de recuperação de créditos nos processos falimentares analisados seria de 6,1%, em processos com duração média de ao menos 16 anos, o que justificaria a aprovação, pelos credores, de planos com elevadas taxas de deságio e dificultaria a declaração, pelo Poder Judiciário, de abusividade de disposições com esse teor.

A despeito disso, a falta de previsão de correção monetária, entretanto, tem sido considerada forma de enriquecimento sem causa da recuperanda. A atualização é imprescindível, pois não representa acréscimo de valor, mas mera manutenção do poder de compra da moeda, o que justifica sua aplicação até mesmo em um cenário falimentar. Por isso, sua incidência deverá ocorrer independentemente da previsão no plano de recuperação judicial[112].

A falta de previsão de juros, contudo, não implica invalidade. As partes poderão livremente dispor da forma de pagamento e, inclusive, de um parcelamento que não implique o pagamento de juros remuneratórios sobre as prestações. A ausência da previsão dos juros implica simplesmente maior deságio ao montante que deve ser satisfeito, o que poderá ser convencionado pelas partes[113].

---

[110]   Em sentido contrário: TJSP, Câmara Reservada à Falência e Recuperação, AI 0154311-66.2011, rel. Des. Pereira Calças, j. 25-1-2012.

[111]   Aceitação de Deságio de 80% e juros de 2% ao ano: TJSP, 1ª Câmara Reservada de Direito Empresarial, AI 2168279-56.2016.8.26.0000, rel. Des. Hamid Bdine, j. 8-2-2017; Deságio de 60%: TJSP, 2ª Câmara Reservada de Direito Empresarial, AI 2099546-38.2016.8.26.0000, rel. Des. Carlos Alberto Garbi, j. 31-10-2016; TJSP, 1ª Câmara de Direito Empresarial, AI 2023912-41.2013.8.26.0000, rel. Des. Teixeira Leite, j. 6-2-2014; TJSP, 1ª Câmara de Direito Empresarial, AI 0237100-88.2012.8.26.0000, rel. Des. Ênio Zuliani, j. 26-3-2013.

[112]   TJSP, 1ª Câmara Reservada de Direito Empresarial, AI 0235995-76.2012.8.26.0000, rel. Des. Ênio Zuliani, j. 26-3-2013; TJSP, 2ª Câmara Reservada de Direito Empresarial, AI 0275813-55.2012, rel. Des. Araldo Telles, j. 30-9-2013.

[113]   Em sentido contrário, TJSP, AI 2216380-90.2017, 1ª Câmara Reservada de Direito Empresarial, rel. Des. Carlos Dias Motta, j. 4-7-2018.

As condições especiais de pagamento aos credores, outrossim, não poderão ser estabelecidas de modo a submeter os pagamentos a eventos futuros e incertos dependentes exclusivamente da vontade da recuperanda. A condição meramente potestativa é vedada pelo art. 122 do Código Civil. A subordinação dos pagamentos aos credores à apuração de faturamento da recuperanda condiciona sua realização ou montante à vontade exclusiva desta. Ainda que possa sofrer a influência do mercado, o aumento de seu faturamento exige que a recuperanda implemente estratégias comerciais, reduza seus custos de produção etc. O faturamento depende, portanto, fundamentalmente da atuação da recuperanda, o que compromete a validade da cláusula[114].

Supressão ou alteração da garantia real

A alteração das condições especiais de pagamento não poderá, sem que haja a expressa concordância do credor, suprimir sua garantia real ao cumprimento da obrigação.

A garantia real referente a um determinado objeto torna a condição do credor garantido como especial em face dos demais, ainda que da mesma classe. Isso porque cada um dos credores, mesmo com garantia real, possui garantias diferentes, pois referentes a objetos distintos. No tocante à garantia, assim, o credor não participa da mesma comunhão de interesses que motivou todos a participarem da Assembleia Geral de Credores e, portanto, não poderá ficar vinculado à vontade da maioria.

A supressão da garantia, sua substituição ou a alienação do bem dado em garantia real, bem como a suspensão da exigibilidade da garantia durante o cumprimento do plano, assim, ao colocar o credor numa situação específica, fora da comunhão de interesses, exige que ele concorde expressamente quanto a essa propositura e não possa ser submetido à vontade da maioria.

A inclusão da cláusula no plano de recuperação judicial não gera sua nulidade. A cláusula, entretanto, somente será eficaz se o credor manifestar expressamente sua concordância à supressão dos seus direitos sobre a garantia[115].

Alteração das condições dos créditos em moeda estrangeira

Embora um dos meios disponíveis para a reestruturação seja a alteração das condições de pagamento, a alteração da variação cambial dos créditos em moeda estrangeira não poderá ser realizada, também, sem que haja a expressa anuência do credor.

Ainda que possam ser alterados os parâmetros para a incidência de correção monetária às obrigações anteriormente contraídas, a LREF foi expressa ao determinar que, nos créditos em

---

[114] TJSP, 1ª Câmara Reservada de Direito Empresarial, AI 0119660-37.2013, rel. Des. Francisco Loureiro, j. 6-2-2014.

[115] Nesse sentido: Súmula 61 do TJSP: "Na recuperação judicial, a supressão da garantia ou sua substituição somente será admitida mediante aprovação expressa do titular". Na jurisprudência: STJ, REsp 1.794.209/SP, rel. Min. Ricardo Villas Bôas Cueva, 2ª Seção, j. 12-5-2021; STJ, REsp 2.059.464/RS, rel. Min. Moura Ribeiro, 3ª Turma, j. 17-10-2023 (necessidade de autorização para suspensão de exigibilidade da garantia); TJSP, 1ª Câmara Reservada de Direito Empresarial, AI 2176683-62.2017, rel. Des. Hamid Bdine, j. 4-12-2017; TJSP, 1ª Câmara Reservada de Direito Empresarial, AI 2257100-36.2016.8.26.0000, rel. Des. Carlos Dias Motta, j. 24-7-2017; TJSP, 1ª Câmara Reservada de Direito Empresarial, AI 2011357-84.2016.8.26.0000, rel. Des. Fábio Tabosa, j. 27-6-2016.

Em sentido contrário: STJ, 3ª Turma, REsp 1.532.943/MT, rel. Marco Aurélio Bellizze, j. 13-9-2016.

moeda estrangeira, a variação cambial deve ser conservada como parâmetro de indexação da obrigação, a menos que com a alteração tenha concordado expressamente o credor[116].

Ressalta-se, nesse ponto, que os créditos em moeda estrangeira serão convertidos à moeda nacional apenas para efeito de mensuração do voto em Assembleia Geral de Credores. Sua conversão pelo câmbio da véspera da data da realização da Assembleia, entretanto, não é realizada para efeitos de pagamento ou de verificação de crédito, mas apenas para aferir o voto nela (art. 38, parágrafo único).

Operações e reorganizações societárias

A fusão, cisão, incorporação e transformação são operações societárias que, juntamente com outras medidas a serem tomadas pelo empresário devedor, poderão facilitar a superação de sua crise econômico-financeira. Para que elas possam ser realizadas como um meio de recuperação judicial, imprescindível que sejam respeitados o quórum de cada um dos tipos societários, bem como todos os demais requisitos definidos na legislação societária.

Sem prejuízo da observação da legislação pertinente para a realização da operação societária, esta deverá estar devidamente discriminada no plano de recuperação judicial, em todos os seus pormenores. A previsão genérica de sua realização, sem a individualização de suas respectivas condições, dos atos a serem praticados e dos objetivos a serem atingidos contraria a determinação do art. 53, I, que exige a descrição pormenorizada dos meios de recuperação a serem empregados. Tal previsão impossibilita a efetiva verificação pelos credores sobre a viabilidade desse meio de recuperação para a preservação da empresa e satisfação de seus créditos, como o próprio controle jurisdicional sobre o seu cumprimento. A previsão genérica ou mera alusão em cláusula do plano de recuperação judicial deverá ser interpretada como ineficaz a expressar a concordância da maioria dos credores[117].

A transformação é operação societária em que se altera o tipo societário do empresário. Exige-se, para sua realização, o quórum de unanimidade de concordância dos sócios nas sociedades disciplinadas pelo Código Civil, salvo se prevista a transformação no ato constitutivo, caso em que será deliberada conforme o quórum estabelecido no contrato (art. 1.114 do CC). A transformação de um tipo societário em outro, notadamente para a sociedade anônima, poderá facilitar a emissão de valores mobiliários para a captação de recursos, o ingresso de novos sócios, a alienação das participações societárias. Embora na alienação de participações societárias os recursos não sejam destinados à companhia, mas aos acionistas vendedores, a medida evita a dissolução parcial da companhia em sociedades com prazo indeterminado, diante de eventual insatisfação de sócio.

Na fusão, duas ou mais pessoas jurídicas são unidas, com o acúmulo de seus patrimônios para a formação de uma nova pessoa jurídica e a extinção da personalidade das fundidas. A nova sociedade formada sucederá as sociedades fundidas em todos os seus direitos e obrigações. Essa operação societária exige a deliberação de ambas as sociedades que pretendam se unir, com a aprovação do projeto do ato constitutivo da nova sociedade. A extinção de ambas as personalidades jurídicas e a demora na constituição de uma nova fazem com que a fusão seja raramente utilizada na prática, todavia.

---

[116] TJSP, 1ª Câmara Reservada à Falência e à Recuperação, AI 0052024-25.2011, rel. Des. Pereira Calças, j. 18-10-2011; TJSP, 1ª Câmara Reservada de Direito Empresarial, AI 2174869-15.2017, rel. Des. Carlos Alberto Garbi, j. 18-12-2017.

[117] Nesse sentido, TJSP, 2ª Câmara Reservada de Direito Empresarial, AI 2107342-80.2016, rel. Des. Fábio Tabosa, j. 19-9-2016.

A fusão se difere da incorporação, em que uma das pessoas jurídicas absorve todo o patrimônio de outra pessoa jurídica, a qual se extingue. A sociedade incorporadora sucederá a sociedade incorporada em todos os direitos e obrigações. Além da aprovação dos sócios da sociedade a ser incorporada, necessário que os sócios da sociedade incorporadora também aprovem a operação societária.

A incorporação societária de sociedade em crise por outra economicamente sadia poderá facilitar a superação da crise econômico-financeira. A sociedade incorporadora poderia se beneficiar com a *expertise* da incorporada, seus pontos comerciais, reputação, e, em contrapartida, se tornaria responsável pela satisfação dos débitos já estruturados da recuperanda incorporada.

Na cisão, por fim, uma parcela do patrimônio da pessoa jurídica poderá ser separada e transferida para uma ou mais sociedades já existentes, cisão incorporação, ou transferidas para pessoas jurídicas constituídas para esse fim.

A cisão poderá ser parcial ou total. Na cisão parcial, apenas uma parte do patrimônio é separada, de modo que a sociedade anteriormente existente continua com o patrimônio remanescente. Perante terceiros, poderá ser estipulado que a sociedade que absorver parcela do patrimônio cindido responderá apenas pelas obrigações que lhe foram transferidas (art. 233, parágrafo único, da Lei n. 6.404/76).

Na cisão total, por seu turno, o patrimônio é cindido e vertido a novas sociedades ou a sociedades já existentes, de modo que a sociedade anterior seja extinta. As sociedades que absorverem o patrimônio responderão, perante terceiro, solidariamente pelas obrigações da companhia cindida, mas responderão entre si apenas na proporção dos patrimônios líquidos que lhes foram transferidos (art. 229 c.c. art. 233 da Lei S.A.).

A cisão é importante meio de recuperação da empresa. Por meio da separação de uma parcela do patrimônio, nova pessoa jurídica poderá desenvolver, entre as várias atividades exercidas pela recuperanda, uma determinada atividade e responder pela parcela dos débitos que lhe foi transferida. Essa nova pessoa jurídica poderá aumentar seu capital social, com o ingresso de terceiros, por exemplo, e cujo montante de integralização será utilizado para satisfazer os débitos conforme o plano de recuperação judicial; ou poderá emitir novos títulos no mercado para a captação de recursos, ou poderá ser incorporada por outra sociedade do ramo, que responderá pelos seus débitos etc.

A constituição de subsidiária integral, por seu turno, permite, mediante a criação de uma sociedade anônima unipessoal, cujo sócio único será a pessoa jurídica recuperanda, a versão de ativos ou do estabelecimento empresarial para integralização do capital social (o chamado *drop down*). Em contrapartida ao recebimento dos ativos, a subsidiária integral confere à recuperanda as ações representativas do capital[118].

A constituição da subsidiária integral ou de outra pessoa jurídica com outros sócios para receber os ativos ou uma parte dos ativos da recuperanda é importante meio de recuperação judicial. Poderá ser utilizado com o fim de facilitar o desenvolvimento da atividade empresarial, agora sob a personalidade jurídica da sociedade constituída, sem os óbices de uma sociedade em crise econômico-empresarial, sem eventual indisponibilidade na contratação com o Poder Público ou de modo a facilitar a alienação da Unidade Produtiva Isolada (UPI) a terceiros ou a continuidade da atividade empresarial caso a sociedade controladora recuperanda venha a falir.

---

[118] A operação é denominada por Tepedino trespasse para subsidiária (TEPEDINO, Ricardo. O trespasse para subsidiária. In: CASTRO, Rodrigo Monteiro de; ARAGÃO, Leandro Santos de (coord.). *Direito societário e a nova Lei de Falências e Recuperação de Empresas*. São Paulo: Quartier Latin, 2006, p. 64).

Essas operações societárias, assim como a transferência de participações societárias e a aquisição do controle, com exceção da transformação da sociedade e da constituição de subsidiária integral, poderão gerar atos de concentração de mercado, e deverão ser submetidas ao controle de proteção concorrencial exercido pelo Conselho Administrativo de Defesa Econômica (CADE) quando os pressupostos legais estiverem presentes[119]. As operações de concentração societária deverão ser submetidas à apreciação dos órgãos de controle de concorrência para se verificar se não atentam contra as regras de proteção do livre mercado e geram dominação do mercado relevante de bens ou serviços.

A análise caso a caso de cada um dos atos de concentração pelo CADE permitirá, independentemente da aprovação pela Assembleia Geral de Credores, a rejeição do meio de recuperação judicial se a concentração do mercado relevante puder permitir o exercício abusivo de poder dominante ou o aumento arbitrário dos lucros. A mera concentração do mercado em razão da operação societária, todavia, não implica sua rejeição. A possibilidade de retirada do mercado via falência de um empresário impedido de se utilizar do meio de concentração para se recuperar poderá impactar mais o mercado do que a concentração pretendida ao resultar em menor concorrência entre os agentes e permitir o abuso de posição dominante de um concorrente (teoria do *Failing Firm Defense*)[120].

Transferência das participações societárias e alteração do controle societário

A transferência de participações societárias de titularidade da própria pessoa jurídica recuperanda em outras pessoas jurídicas também poderá ser utilizada como um meio de recuperação judicial. A alienação das participações permitirá o ingresso de novos recursos para o devedor recuperando, que transfere suas participações ao adquirente.

A alienação das participações societárias deverá respeitar os direitos dos sócios, tanto da pessoa jurídica cujas quotas ou ações serão transferidas quanto dos sócios da sociedade em recuperação judicial, conforme os termos da legislação societária, dos estatutos ou contratos sociais e dos acordos de acionista celebrados.

Entre as limitações existentes, caso haja a alienação do controle detido pela recuperanda em companhia aberta, o adquirente deverá realizar oferta pública de aquisição das ações com direito de voto dos minoritários, com preço mínimo de oitenta por cento do valor pago às ações do controlador (art. 254-A da Lei n. 6.404/76), ou poderá oferecer a opção de pagamento do prêmio, consistente na diferença entre o valor de mercado de suas ações e o valor do preço pago às ações do controlador.

---

[119] GUERRA, Glauco Martins; CASTRO, Rodrigo R. Monteiro. Intervenção do Estado no domínio econômico e recuperação judicial – Uma análise pontual do inciso II do art. 50 da Lei Federal 11.101/2005 e do art. 54 da Lei Federal 8.884/1994. In: CASTRO, Rodrigo Monteiro de; ARAGÃO, Leandro Santos de (coord.). *Direito societário e a nova Lei de Falências e Recuperação de Empresas*. São Paulo: Quartier Latin, 2006, p. 249.

[120] No Ato de Concentração 08012.004423/200-19, em que a Perdigão pretendeu a aquisição da Sadia, o CADE decidiu que a aplicação da teoria do *failing firm* a justificar o ato de concentração poderia ser reconhecida quando "i) a firma insolvente deve ser incapaz de cumprir com suas obrigações financeiras; (ii) a firma deve ser incapaz de se reorganizar por meio de falência ou recuperação de empresa; (iii) a firma deve empreender esforços de boa-fé para encontrar compradores que apresentem menos riscos antitruste; e (iv) deve-se comprovar que, no caso de não ocorrência da fusão notificada, os ativos da firma sairão do mercado prejudicando os consumidores".

Diferente da alienação de participações societárias da sociedade a terceiros, o que lhe permite a obtenção de recursos como contraprestação, há a possibilidade de alteração de seu próprio controle. A alienação da participação do controlador da pessoa jurídica em recuperação judicial não tem o condão, por si só, de permitir o ingresso de novos recursos à sociedade, pois o pagamento será realizado ao próprio sócio vendedor. Somente ocorreria a mudança dos sócios ou acionistas da sociedade em recuperação.

Embora não gere recursos diretos, a alteração do controle poderá permitir alteração da estratégia empresarial, com a modificação de seus administradores, maior controle sobre os atos de gestão etc. Poderá, também, ser a contraprestação necessária para que o terceiro aceite emprestar novos recursos à pessoa jurídica em crise ou a condição necessária para eventual financiamento estatal. A alienação do controle deverá garantir o direito de preferência dos demais sócios, bem como respeitar a legislação societária, com a necessidade de Oferta Pública de Aquisição de Ações (OPA), se alienação de controle em sociedade anônima aberta.

Substituição dos administradores ou administração compartilhada

A alteração da administração da sociedade é um dos meios de recuperação judicial estabelecido pela LREF. A substituição total ou parcial dos administradores do devedor, com a inserção de requisitos específicos para a nomeação de novos administradores pelos sócios, como não fazer parte do grupo de controle ou da família do controlador, é meio que pode constar no plano de recuperação judicial, o que pode contribuir para maior neutralidade da administração, que ficaria mais afastada da influência do sócio-controlador.

A substituição total ou parcial dos administradores deverá ser feita conforme o contrato social, e exige, nos termos do próprio art. 50, *caput*, o respeito à legislação societária. Nesse ponto, a destituição dos sócios eleitos no contrato social como administradores na sociedade em nome coletivo e na sociedade em comandita simples exigirá o consenso unânime dos sócios (art. 997 c.c. 999 do CC) ou a maioria do capital social, se eleitos por instrumento em separado. Na sociedade limitada, sua destituição exigirá mais da metade do capital social (art. 1071, III, do CC) e, se sócio eleito administrador no contrato social, mesmo quórum (art. 1.063, § 1º, do CC, conforme redação dada pela Lei n. 13.792/2019) e, na sociedade anônima, o quórum de destituição dos administradores é de maioria de votos (art. 129 da Lei n. 6.404/76).

A LREF, entretanto, revogou parcialmente a disposição do Código Civil e da Lei n. 6.404/76 ao permitir, como meio de recuperação, não apenas a substituição dos administradores, mas a administração compartilhada. A administração compartilhada é a possibilidade de os próprios credores, em deliberação em separado, nomearem um ou mais administradores da sociedade empresária. Revoga assim o Código Civil, que estabelecia que, para as sociedades em nome coletivo e em comandita simples, apenas sócios poderiam ser eleitos como administradores.

Na sociedade limitada, ainda que fosse possível a nomeação de terceiros como administradores, sua nomeação e destituição era sempre realizada pelos sócios. Pela administração compartilhada, confere-se o poder de os credores, por deliberação em separado, elegerem um ou mais dos administradores.

A possibilidade também é inovadora em relação às sociedades anônimas que, embora já possuíssem a regulação das assembleias em separado para a eleição de membros do conselho de administração, não permitiam a eleição de seus representantes pelos próprios credores. Pela LREF, permite-se a eleição dos membros do conselho de administração pelos credores, em Assembleia em separado, quando a estrutura for dúplice de administração, e, quando for única, só composta pela diretoria, confere-se a esses credores, desde que prevista a administração compartilhada no plano de recuperação judicial, o poder de elegerem seus próprios representantes como diretores.

Aumento do capital social e a conversão da dívida em participação societária

O aumento de capital poderá ser previsto para receber novos recursos financeiros, seja pelos sócios já existentes, seja por terceiros investidores e que ingressariam na sociedade.

Todos os requisitos exigidos na legislação societária para que o aumento possa ser realizado, contudo, devem ser respeitados, dentre os quais a deliberação dos sócios para a alteração do contrato ou do estatuto social, a avaliação dos bens para a integralização do capital na sociedade anônima (art. 8º da Lei n. 6.404/76) etc.

O aumento de capital social reduz a participação dos demais sócios da sociedade. Deve-se assegurar a estes, assim, o direito de preferência na subscrição do aumento de capital (art. 171 da LSA e art. 1.081, § 1º, do CC). A simples previsão do aumento como meio de recuperação judicial não parece revogar o direito de preferência do sócio, pois este poderá integralizar a participação com seus próprios recursos, dos quais se beneficiaria a sociedade devedora[121].

O aumento poderá ocorrer, em vez de mediante o ingresso de novos recursos financeiros, pela redução do passivo. Por interpretação sobre o dispositivo anterior, já podia ser prevista, no plano de recuperação judicial, a conversão da dívida em participação societária (*equity*). Com a inserção do inciso XVII ao art. 50, essa possibilidade foi tornada expressa. Os credores podem ter seus créditos satisfeitos mediante a dação de participação societária na sociedade devedora como pagamento.

A conversão da dívida em capital é medida que poderá ser proposta pelo empresário devedor para reduzir seu endividamento exigível. Para os credores, poderá ser meio de recuperação judicial interessante para que sejam satisfeitos durante o desenvolvimento da atividade empresarial, caso a falta de liquidez da recuperanda seja de curto prazo, e de modo a participarem nas principais decisões da recuperanda[122].

Controverte-se, entretanto, se os credores dissidentes da Assembleia Geral de Credores que aprovou o plano de recuperação judicial deverão se submeter à vontade da maioria e precisarão, obrigatoriamente, mesmo contra a sua vontade individual, tornar-se sócios da recuperanda.

A despeito de algumas posições doutrinárias[123] e jurisprudenciais favoráveis, o credor dissidente não pode ser obrigado a ser sócio contrariamente à sua vontade[124]. Para integrar o contrato plurilateral de sociedade, a declaração de vontade do futuro sócio é condição de existência do negócio jurídico.

---

[121] Em sentido contrário, SZTAJN, Rachel. *Comentários à Lei de Recuperação de Empresas e Falência*. 2. ed. São Paulo: Revista dos Tribunais, 2007, p. 239.

[122] FELSBERG, Thomas Benes; BIANCHI, Pedro Henrique Torres. Breves apontamentos sobre conversão de dívida em capital na recuperação judicial. In: *10 Anos da lei de Recuperação de Empresas e Falências*: reflexões sobre a reestruturação empresarial no Brasil. São Paulo: Quartier Latin, 2015, p. 481.

[123] A favor: FELSBERG, Thomas Benes; BIANCHI, Pedro Henrique Torres. Código de Processo Civil. Breves apontamentos sobre conversão de dívida em capital na recuperação judicial. In: *10 Anos da Lei de Recuperação de Empresas e Falências*: reflexões sobre a reestruturação empresarial no Brasil. São Paulo: Quartier Latin, 2015, p. 481; SALOMÃO, Luis Felipe; PENALVA SANTOS, Paulo. *Recuperação judicial, extrajudicial e falência*. Rio de Janeiro: Forense, 2012, p. 145.

[124] Defendem a não vinculação dos dissidentes com base no direito constitucional de livre associação os seguintes doutrinadores: PEIXOTO, E. C. *Comentários à nova Lei de Falência e Recuperação de Empresas*: Lei n. 11.101, de 9 de fevereiro de 2005. Rio de Janeiro: Forense, 2009, p. 995; TOMAZETTE, M. *Curso de direito empresarial*. v. 3. São Paulo: Atlas, 2012, p. 511; SZTAJN, R. op. cit., p. 513; BERNARDI, R. *Comentários à Lei de Recuperação de Empresas e Falência*. 2. ed. São Paulo: Revista dos Tribunais, 2007, p. 501; CAMPINHO, S. *Falência e recuperação de empresa*: o novo regime da insolvência empresarial. 6. ed. Rio de Janeiro: Renovar, 2012, p. 444; NEGRÃO, Ricardo.

No negócio jurídico de sociedade, o sócio contratante se tornará titular de direitos, mas também sujeito de obrigações para com as demais, cujos interesses seriam unificados em razão de um fim comum[125]. A constituição da sociedade não confere apenas direitos aos sócios. As obrigações impostas aos sócios são decorrentes não apenas da constituição da sociedade, mas ocorrerão durante todo o desenvolvimento da atividade ulterior pela sociedade para que seja obtido o fim comum.

Como já sustentado em outra oportunidade, "exigem-se dos sócios, nesses termos, não apenas a declaração de vontade de se associarem, mas um comportamento contínuo de colaboração em prol de uma atividade ulterior a ser desenvolvida"[126]. A declaração de vontade, assim, é pressuposto para que possa contrair obrigações decorrentes do contrato de sociedade, não apenas exigíveis para a constituição da sociedade, mas também decorrentes do dever de colaboração entre os diversos sócios.

Além da imprescindibilidade da manifestação de vontade em decorrência da imposição de obrigações para com os demais sócios, a vinculação dos dissidentes é obstada pela garantia individual do art. 5º da Constituição da República de que "ninguém poderá ser compelido a associar-se ou a permanecer associado". A garantia constitucional assegura ao indivíduo não apenas a prerrogativa de permanecer associado se quiser, apenas, como também a de somente ingressar na sociedade se o desejar. Esse direito constitucional não pode ser mitigado pela legislação infraconstitucional falimentar, de modo que o credor não poderá ser vinculado, contrariamente à sua vontade, pela deliberação majoritária dos credores em Assembleia Geral.

Não se desconhece a posição do Tribunal de Justiça do Estado de São Paulo, no julgamento do agravo de instrumento n. 2026273-55.2018.8.26.0000, extraída da recuperação judicial do Grupo Viver. Na oportunidade, a corte estadual entendeu pela legalidade de cláusula que estabelecia, como única opção de pagamento dos credores quirografários, a subscrição de novas ações de uma *holding*, com capital aberto, com os créditos sujeitos.

No acórdão, a turma indicou a inexistência do óbice constitucional narrado acima, sob o fundamento de que a esse credor dissidente garantir-se-ia o direito de alienação da participação convertida a terceiros, o que lhe asseguraria a satisfação do crédito e não implicaria violação ao direito de não permanecer associado.

Ocorre que o texto constitucional veda não somente que o Poder Judiciário imponha às partes que, após associadas, assim se mantenham, mas também a que qualquer sujeito seja "compelido a associar-se", justamente o que a conversão impositiva de capital em *equity* significaria.

Ainda que se admitisse a possibilidade de mitigação desse princípio constitucional em benefício de outros que se entendam iguais ou mais relevantes (como, por exemplo, o fomento à atividade econômica), fato é que a suposta liberdade de alienação das participações acionárias resultantes da conversão, que teria justificado tal flexibilização no caso concreto, somente é verificável nas socie-

---

Manual de direito comercial e de empresa. 3º v. 7. ed. São Paulo: Saraiva, 2012, p. 552; TOLEDO, Paulo Fernando Campos Salles de. Recuperação judicial, sociedades anônimas, debêntures, assembleia-geral de credores, liberdade de associação, boa-fé objetiva, abuso de direito, *cram down, par condicio creditorum. RDM*, São Paulo: Malheiros, ano XLV, 142, jun. 2006, p. 281.

[125] ASCARELLI, Tullio. O contrato plurilateral. In: *Problemas das sociedades anônimas e direito comparado.* Campinas: Bookseller, 2001, p. 394 e ss. No mesmo sentido, ROPPO, Enzo. *O contrato.* Coimbra: Almedina, 2009, p. 83; AULETTA. *Il contratto di società commerciale.* Milano: Giuffrè, 1937, p. 32.

[126] SACRAMONE, Marcelo; SANTOS, Eronides Aparecido Rodrigues dos. A sociedade de credores no processo falimentar. In: DELLOITE (coord.). *10 anos da Lei de Recuperação de Empresas e Falências*: reflexões sobre a reestruturação empresarial no Brasil. São Paulo: Quartier Latin, 2015.

dades anônimas de capital aberto, revelando a absoluta inviabilidade de reprodução desse precedente para recuperações judiciais de sociedades anônimas de capital fechado e de sociedades limitadas.

Nada impede, entretanto, que se estabeleçam formas alternativas de cumprimento do plano de recuperação judicial, com a possibilidade de os credores que assim optarem converterem sua dívida em capital da sociedade recuperanda.

De toda forma, para assegurar que os terceiros ingressantes não sejam responsabilizados por quaisquer dívidas anteriormente ao ingresso no capital da pessoa jurídica em recuperação, inseriu-se dispositivo que procurava tornar evidente que os débitos da pessoa jurídica apenas com o seu patrimônio devem ser satisfeitos. Eventual desconsideração da personalidade jurídica, nos termos do art. 50 do Código Civil, ocorre apenas em face dos sócios, acionistas ou administradores que participaram do ato abusivo ou diretamente se beneficiaram desse. Nestes termos, a conversão de dívida em capital, novo aporte de recursos na devedora ou a substituição dos administradores desta não permitirão a sucessão ou responsabilidade por dívidas dessa de qualquer natureza.

Por fim, cabe mencionar que, tratando-se de recuperação judicial de sociedade limitada e anônima, o aumento de capital social implicará o direito de preferência legalmente garantido dos acionistas para subscrever as novas ações, conforme art. 109, IV, da Lei n. 6.404/76.

Se sociedade anônima aberta, com o objetivo de proteger os acionistas minoritários, a legislação societária estabelece, no art. 254-A da Lei n. 6.404/67, a obrigação de realização, pelo adquirente, de *"oferta pública de aquisição das ações com direito a voto de propriedade dos demais acionistas da companhia, de modo a lhes assegurar o preço no mínimo igual a 80% (oitenta por cento) do valor pago por ação com direito a voto, integrante do bloco de controle".*

Pelo § 1º do art. 254-A, a regra deverá ser observada, não apenas nas alienações diretas de controle, mas também nas indiretas, o que nos parece reforçar a necessidade de sua observância em um cenário de troca de controle prevista em plano de recuperação judicial, ainda que tal transferência de controle ocorra por meio de conversão de crédito em ações.

Trespasse, alienação parcial de bens e arrendamento

O plano de recuperação judicial poderá estabelecer, como forma de obtenção de recursos para a recuperanda, a alienação de bens. Referida alienação poderá envolver todo estabelecimento empresarial, definido como o complexo de bens organizado pelo empresário para o exercício da empresa. A alienação do estabelecimento é chamada trespasse e importará a sub-rogação do adquirente nos contratos estipulados para a exploração do estabelecimento (art. 1.148).

Pelo Código Civil, em seu art. 1.145, exige-se a averbação do contrato de trespasse na Junta Comercial, e sua eficácia está subordinada à concordância expressa ou tácita de todos os credores. A LREF, contudo, excepciona a regra geral.

Desde que a alienação seja realizada por uma das modalidades ordinárias de alienação, com previsão no plano de recuperação judicial aprovado pelos credores e homologado judicial, dispensa-se a concordância de todos os credores, cujos créditos poderão não estar nem sequer submetidos à recuperação judicial.

Nessa alienação, outrossim, o arrematante não sucederá o alienante nas obrigações (art. 60, parágrafo único). A aquisição é realizada livre de toda ou qualquer sucessão pelo arrematante, desde que, contudo, o trespasse seja realizado por uma das modalidades ordinárias de alienação (art. 142).

Poderá o plano prever, entretanto, apenas a alienação de alguns bens ou de filiais ou unidades produtivas isoladas do devedor (art. 60). Aprovado o plano, não há óbice à alienação parcial dos ativos se houver discordância dos credores não submetidos à recuperação judicial, ou mesmo já com penhora sobre o imóvel, ainda que reduza o patrimônio geral do devedor e implique a extinção da constrição[127].

A depender da necessidade de capital, poderá ocorrer, em vez da alienação, o simples arrendamento de uma parte ou da totalidade dos ativos do devedor. Arrendamento é o contrato pelo qual ao arrendatário é transferido o uso e gozo de determinado bem do arrendador, mediante o pagamento de uma contraprestação.

Venda integral da devedora

Mesmo antes da alteração da Lei n. 11.101/2005 pela Lei n. 14.112, de 24, de dezembro de 2020, com a inserção do inciso XVIII no art. 50, entendia-se pela possibilidade de alienação integral do ativo do devedor diante do rol simplesmente exemplificativo no art. 50[128].

A venda integral da devedora poderá gerar a preservação da empresa, nos termos do art. 47, na medida em que a "alienação pode ser a única forma de o empresário devedor obter recursos para desenvolver atividade empresarial, ainda que sem ativos próprios e mesmo em outro ramo de atuação. (...) Diante da crise que o acomete, o empresário poderia, para tornar sua atividade econômica e financeiramente viável, substituir a propriedade de seus bens de produção por contratos que lhe garantiriam a possibilidade de utilizá-los, sem os encargos de sua conservação ou atualização, como os contratos de locação, comodato, *leasing*, etc."[129].

A alienação do conjunto de estabelecimentos empresariais assegura a conservação do valor do aviamento ou *going concern* na medida em que a organização realizada pelo empresário agregará valor ao conjunto de bens. Por seu turno, sua realização no procedimento de recuperação permite que o empresário devedor e que tem mais informações sobre sua atividade tenha incentivos para obter melhores ofertas, além de evitar a deterioração do valor dos bens e o custo direto que a sua realização no procedimento falimentar poderia gerar.

Nesses termos, não apenas a alienação integral dos bens na recuperação judicial é possível, como sua prática deve ser estimulada para preservar a empresa na mão de arrematantes e satisfazer em melhor medida os credores. Para tanto, determinou a lei que a venda do conjunto integral dos bens será considerada como Unidade Produtiva Isolada para fins de não sucessão em responsabilidades pelo arrematante, nos termos do art. 60 da Lei.

A venda integral dos bens, contudo, não pode ser utilizada como mecanismo para a satisfação de apenas alguns credores e em detrimento de outros, em violação aos princípios da Lei n. 11.101/2005 que assegura que a recuperação judicial foi concebida como melhor solução negocial para a superação da crise econômico-financeira e satisfação em melhor medida dos interesses de todos os envolvidos. Sequer a aprovação do plano de recuperação judicial pelos credores é suficiente para assegurar a satisfação conforme a respectiva ordem de prioridades, na medida em que nem todos os credores estão submetidos ao procedimento de recuperação judicial.

---

[127] TJSP, Câmara Reservada à Falência e Recuperação, AI 0132745-61.2011, rel. Des. Elliot Akel, j. 28-2-2012.

[128] SACRAMONE, Marcelo Barbosa; AMARAL, Fernando Lima do; MELLO, Marcus Vinícius Ramon Soares de. Recuperação Judicial como forma de liquidação integral de ativos. *Revista de Direito Empresarial*, ed. Fórum, Curitiba, ano 17, n. 3, 2020, no prelo.

[129] SACRAMONE, Marcelo Barbosa; AMARAL, Fernando Lima do; MELLO, Marcus Vinícius Ramon Soares de. Recuperação Judicial como forma de liquidação integral de ativos. *Revista de Direito Empresarial*, ed. Fórum, Curitiba, ano 17, n. 3, 2020, no prelo.

Nesse sentido, a satisfação dos créditos sujeitos à recuperação judicial, em virtude da liquidação integral dos bens, não poderia colocar os créditos não sujeitos em condições piores do que aquelas a que estariam submetidos em um cenário falimentar.

A proposta de meio de recuperação que implique a alienação integral dos bens, assim, embora seja válida, pressupõe controle judicial para verificar se foram garantidas aos credores não submetidos ou não aderentes condições, no mínimo, equivalentes àquelas que teriam na falência.

A presença desse requisito do art. 50, XVIII, da Lei seria de difícil verificação, o que pode vir a dificultar, na prática, a utilização desse instrumento para a recuperação do devedor em crise e manutenção da atividade, em razão da insegurança jurídica quanto ao seu preenchimento, essencial para a aplicação da regra de não sucessão do adquirente.

Por outro lado, considerando a (i) ineficiência da falência do Brasil, evidenciada pela baixa taxa média de recuperação dos créditos (6,1%, ao menos, no estado de São Paulo, cf. verificado pela 3ª Fase do Observatório da Insolvência, da Associação Brasileira de Jurimetria) e (ii) a sujeição dos créditos do Fisco e dos créditos extraconcursais da recuperação judicial ao concurso falimentar, essa regra de proteção, se interpretada em sua literalidade, poderia se tornar inócua.

Redução salarial, compensação de horários e redução de jornada

A reestruturação do empresário devedor poderá exigir a readequação dos contratos de trabalho celebrados à nova realidade do devedor em crise econômico-financeira.

A alteração do contrato de trabalho exigirá, entretanto, além da aprovação por Assembleia Geral de Credores, o acordo individual, nas hipóteses permitidas pela legislação do trabalho, ou a convenção coletiva, sob pena de não produzir efeitos perante a justiça do trabalho.

Dação em pagamento ou novação do débito

O plano poderá prever, como um modo de superar a crise econômico-financeira, que a satisfação dos credores ocorrerá pela entrega de prestação diversa da que lhes é devida (art. 356 do CC).

Outra possibilidade ocorre na previsão de novação da dívida. A novação é consequência da concessão da recuperação judicial (art. 59) e implica a substituição de todos os créditos existentes anteriormente ao pedido pelos créditos na forma estabelecida no plano de recuperação judicial.

Por meio da novação, poderá ocorrer inclusive a substituição da titularidade da obrigação. O plano poderá determinar a extinção da dívida anterior do devedor originário em recuperação e o surgimento de nova obrigação em face de terceiro, que com ela concordou.

Constituição de sociedade de credores ou sociedade de propósito específico

A LREF assegura, como meio de recuperação judicial, a possibilidade de alienação de ativos a sociedades de credores. Referidas sociedades de credores poderão ter por objeto o desenvolvimento de atividades, ou poderão ser criadas com o propósito específico de adquirir ou de adjudicar, em pagamento dos créditos, os ativos do devedor.

O legislador assegurou esse meio de recuperação com o intuito de preservar a empresa, ainda que sob outra titularidade. Entendida como atividade, a transferência dos ativos em pagamento dos débitos aos credores permitiria que estes, sob a forma de outra pessoa jurídica, continuassem o desenvolvimento da atividade empresarial, com a manutenção dos postos de trabalho, dos benefícios à coletividade, aos consumidores etc.

A constituição da sociedade de credores para a aquisição ou adjudicação de bens pelos créditos poderá ser um dos meios para que o empresário continue a desenvolver sua atividade, com a redução de seu passivo e de gastos com uma estrutura custosa e, por vezes, ineficiente. Entretanto, esse meio de recuperação judicial não poderá ser utilizado como um modo de fraudar credores não ingressantes nessa sociedade ou não submetidos à recuperação judicial, o que pode gerar dificuldades em sua utilização.

A primeira dessas dificuldades consiste na não vinculação da minoria dissidente à vontade da maioria dos credores. O contrato plurilateral de sociedade impõe aos sócios contratantes não apenas direitos, como também obrigações. Assegura a Constituição Federal, dessa forma, que nenhum dos sócios poderá ser compelido a ingressar na sociedade de credores ou permanecer associado contrariamente à sua vontade (art. 5º da CF). Referidos sócios dissidentes, dessa forma, não podem ser obrigados a ingressar na sociedade contrariamente à sua vontade.

Outra dificuldade na utilização desse meio de recuperação judicial consiste na preservação de interesses de credores não submetidos à recuperação judicial. Os credores tributários e os titulares de créditos contraídos após a distribuição do pedido de recuperação judicial, por exemplo, não se submetem à recuperação judicial e não podem ser prejudicados com a transferência de todos os ativos para terceiros, sem a conservação de qualquer desenvolvimento da atividade pelo devedor ou a possibilidade de os demais credores se sub-rogarem no preço da alienação.

Nesse contexto, a recuperação judicial é destinada à autorreestruturação do devedor. Os meios a ele disponibilizados devem ser utilizados para que o empresário devedor possa exercer sua atividade empresarial de modo mais adequado, cumprindo sua função econômico-social e gerando a criação e circulação de riquezas. A recuperação judicial não pode ser utilizada como um modo de liquidação dos ativos pelo devedor, com a satisfação arbitrária de seus credores e em prejuízo dos credores não submetidos à recuperação judicial. Não se permite que ele beneficie, por meio da recuperação judicial, determinados credores submetidos ao plano de recuperação judicial em detrimento dos demais credores excluídos, os quais, inclusive, teriam tratamento prioritário na hipótese falimentar.

Dessa forma, eventual abuso de direito pelo devedor poderá se revelar com uma liquidação dos bens do ativo sem que seja destinada à superação da crise econômico-financeira que acomete o devedor e sua atividade, notadamente se houver a adjudicação de bens do devedor pela sociedade de credores mediante a satisfação dos créditos e sem que remanesça qualquer possibilidade de desenvolvimento da atividade pelo devedor. O abuso deverá ser aferido caso a caso, pois a adjudicação de parte dos bens ou a alienação de parte dos ativos para terceiros para reduzir o passivo e tornar mais eficiente a atividade empresarial é, inclusive, recomendável.

Emissão de valores mobiliários

Poderão ser emitidos valores mobiliários pelas companhias em recuperação judicial para a obtenção de recursos do mercado de capitais ou para a conversão dos débitos em passivo de longo prazo.

Valor mobiliário é qualquer título de captação de investimentos pelas companhias, ofertado publicamente. Entre esses valores mobiliários, podem-se apontar as ações, as debêntures, partes beneficiárias e os bônus de subscrição, todos exclusivos às sociedades anônimas, regidos pela Lei das S/A e sujeitos à regulamentação e fiscalização da CVM. A emissão desses valores mobiliários, ainda que expressamente prevista no plano de recuperação judicial, deverá observar a legislação especial.

No tocante às ações, já abordamos a dificuldade na conversão da dívida em *equity*.

A debênture é o título de emissão mais frequente. Nela, poderá ser atribuído aos credores valor mobiliário representativo de direito de crédito contra a companhia (art. 52 da Lei n. 6.404/76). A debênture poderá ter garantia real ou garantia flutuante (privilégio geral), não gozar de preferência ou ser subordinada aos demais credores. Poderá, ainda, ser conversível em ação ou não. Além do título representativo de crédito em face da companhia, a debênture propicia ao seu titular o exercício de alguns direitos políticos da companhia, como o direito de voto em determinadas matérias de interesse comum dos debenturistas.

O plano de recuperação, se prever emissão de debêntures pela companhia, para subscrição pelos credores com os créditos sujeitos, deverá fixar, desde logo, os aspectos da emissão (por ex., critérios de determinação do limite do valor de emissão, divisão em séries), da própria debênture (por ex., se haverá ou não garantia e de que tipo, se as debêntures serão conversíveis em ações ou não) e as condições de pagamento, juros remuneratórios (se aplicáveis) e correção monetária. As condições detalhadas no plano deverão ser respeitadas no valor mobiliário que venha a ser posteriormente emitido.

Preferencialmente, o plano deverá ser acompanhado da minuta da escritura de debêntures pretendida, na forma de anexo ao plano, para assegurar a transparência aos credores e evitar quaisquer vícios na formação de sua vontade.

Cláusulas que limitam a convolação por descumprimento do plano de recuperação judicial

O descumprimento de quaisquer obrigações assumidas no plano de recuperação judicial e que venceram durante o período de fiscalização implica a convolação da recuperação judicial em falência pelo Juízo, mediante provocação dos interessados ou mesmo de ofício.

Em razão do art. 73 refletir norma de ordem pública, cogente e não disponível à vontade das partes, considera-se inválida qualquer cláusula que limite o dever do Juízo de decretar a quebra na hipótese de descumprimento das obrigações previstas no plano e vencidas durante os dois anos após sua concessão. Dentre as cláusulas mais frequentes, consideram-se inválidas as cláusulas que, diante de descumprimento da obrigação prevista no plano, exigem que o devedor em recuperação seja notificado para poder purgar sua mora, ou que condicionam qualquer requerimento de convolação à instauração de uma nova assembleia geral de credores para a proposta de aditamento ao plano de recuperação judicial, ou que exijam que o credor não satisfeito submeta-se a um procedimento de conciliação ou mediação com o devedor etc.[130].

Tributação sobre o ganho de capital resultante da alienação de bens

Pelo art. 50, § 4º, da Lei n. 11.101/2005, permitiu-se o parcelamento do imposto de renda e da Contribuição Social sobre o Lucro Líquido (CSLL) em virtude do ganho de capital decorrente da alienação dos bens ou direitos pela pessoa jurídica em recuperação judicial.

O parcelamento deverá cumprir os requisitos da Lei n. 10.522/2002, exceto quanto ao limite temporal, como, em seu art. 10-A, a desistência expressamente da impugnação ou de recurso interposto, rescisão na hipótese de decretação da falência, restrição a um único parcelamento, dentre outros. O parcelamento permitido tem como limite a mediana de alongamento em relação aos créditos submetidos à recuperação judicial, o qual será readequado se houver alteração superveniente do plano de recuperação judicial.

---

[130] Nesse sentido, TJSP, AI 2193072-25.2017, 1ª Câmara Reservada de Direito Empresarial, rel. Des. Cesar Ciampolini, j. 21-3-2018.

Em sentido contrário, STJ, 3ª Turma, REsp 1830550-SP, rel. Min. Antonio Carlos Ferreira, j. 23-4-2024.

Art. 50-A. Nas hipóteses de renegociação de dívidas de pessoa jurídica no âmbito de processo de recuperação judicial, estejam as dívidas sujeitas ou não a esta, e do reconhecimento de seus efeitos nas demonstrações financeiras das sociedades, deverão ser observadas as seguintes disposições:

I – a receita obtida pelo devedor não será computada na apuração da base de cálculo da Contribuição para o Programa de Integração Social (PIS) e para o Programa de Formação do Patrimônio do Servidor Público (Pasep) e da Contribuição para o Financiamento da Seguridade Social (Cofins);

II – o ganho obtido pelo devedor com a redução da dívida não se sujeitará ao limite percentual de que tratam os arts. 42 e 58 da Lei n. 8.981, de 20 de janeiro de 1995, na apuração do imposto sobre a renda e da CSLL; e

III – as despesas correspondentes às obrigações assumidas no plano de recuperação judicial serão consideradas dedutíveis na determinação do lucro real e da base de cálculo da CSLL, desde que não tenham sido objeto de dedução anterior.

Parágrafo único. O disposto no *caput* deste artigo não se aplica à hipótese de dívida com:

I – pessoa jurídica que seja controladora, controlada, coligada ou interligada; ou

II – pessoa física que seja acionista controladora, sócia, titular ou administradora da pessoa jurídica devedora.

Tributação sobre o desconto decorrente das renegociações de dívidas

A Lei n. 14.112, de 24 de dezembro de 2020, inseriu o art. 50-A na Lei n. 11.101/2005, o qual fora vetado pelo Presidente da República sob a justificativa de que os benefícios tributários concedidos feririam o princípio da isonomia tributária, acarretariam renúncia de receita sem o cancelamento de outra despesa obrigatória e sem que houvesse estimativa de seu impacto orçamentário e financeiro. O veto, entretanto, fora rejeitado pelo Congresso Nacional. Trata o dispositivo legal da tributação sobre o desconto obtido em razão das negociações de dívidas em virtude da recuperação judicial, sejam elas sujeitas ou não à recuperação.

Ainda que tivesse ocorrido discussão intensa sobre a necessidade de incidência ou não dos tributos sobre o desconto obtido na recuperação judicial, a inserção do art. 50-A mantém a tributação, embora permita regime diverso em razão da recuperação judicial do devedor.

O regime mais benefício de tributação ocorreria desde que a renegociação não tenha ocorrido com pessoa diretamente relacionada ao devedor em recuperação ou com a pessoa jurídica que fosse controladora, controlada, coligada ou interligada, ou a pessoa física que fosse acionista controladora, sócia, titular ou administradora da pessoa jurídica devedora.

Dentro do regime especial definido pela lei, as renegociações de dívidas realizadas pela pessoa jurídica em recuperação judicial, com eventual obtenção do deságio, implicam receita diante da redução da dívida. Mesmo que as dívidas renegociadas não estejam sujeitas ao procedimento de recuperação ou que não haja o reconhecimento de seus efeitos nas demonstrações financeiras das sociedades, a receita decorrente da redução da dívida deve ser tributada pela incidência do imposto de renda e pela Contribuição Social sobre o Lucro Líquido.

Pelo dispositivo legal, essa receita decorrente da redução da dívida não é computada na apuração da base de cálculo da Contribuição para o Programa de Integração Social (PIS) e para o Programa de Formação do Patrimônio do Servidor Público (Pasep) e da Contribuição para o Financiamento da Seguridade Social (Cofins). Para o Imposto de Renda das Pessoas Jurídicas e pelo regime de tributação com base no lucro real, permite-se que o lucro líquido seja ajustado com adições e exclusões, sem que haja a incidência do limite de redução em, no máximo, 30%.

Da mesma forma, na contribuição social sobre o lucro, o lucro líquido ajustado pode ser reduzido por compensação da base de cálculo negativa de períodos anteriores sem a limitação de 30%. São também consideradas dedutíveis na determinação do lucro real e da base de cálculo da CSLL, desde que não tenham sido objeto de dedução anterior, as despesas correspondentes às obrigações assumidas no plano de recuperação judicial.

Seção II
Do Pedido e do Processamento da Recuperação Judicial

Art. 51. A petição inicial de recuperação judicial será instruída com:

I – a exposição das causas concretas da situação patrimonial do devedor e das razões da crise econômico-financeira;

II – as demonstrações contábeis relativas aos 3 (três) últimos exercícios sociais e as levantadas especialmente para instruir o pedido, confeccionadas com estrita observância da legislação societária aplicável e compostas obrigatoriamente de:

a) balanço patrimonial;

b) demonstração de resultados acumulados;

c) demonstração do resultado desde o último exercício social;

d) relatório gerencial de fluxo de caixa e de sua projeção;

e) descrição das sociedades de grupo societário, de fato ou de direito;

III – a relação nominal completa dos credores, sujeitos ou não à recuperação judicial, inclusive aqueles por obrigação de fazer ou de dar, com a indicação do endereço físico e eletrônico de cada um, a natureza, conforme estabelecido nos arts. 83 e 84 desta Lei, e o valor atualizado do crédito, com a discriminação de sua origem, e o regime dos vencimentos;

IV – a relação integral dos empregados, em que constem as respectivas funções, salários, indenizações e outras parcelas a que têm direito, com o correspondente mês de competência, e a discriminação dos valores pendentes de pagamento;

V – certidão de regularidade do devedor no Registro Público de Empresas, o ato constitutivo atualizado e as atas de nomeação dos atuais administradores;

VI – a relação dos bens particulares dos sócios controladores e dos administradores do devedor;

VII – os extratos atualizados das contas bancárias do devedor e de suas eventuais aplicações financeiras de qualquer modalidade, inclusive em fundos de investimento ou em bolsas de valores, emitidos pelas respectivas instituições financeiras;

VIII – certidões dos cartórios de protestos situados na comarca do domicílio ou sede do devedor e naquelas onde possui filial;

IX – a relação, subscrita pelo devedor, de todas as ações judiciais e procedimentos arbitrais em que este figure como parte, inclusive as de natureza trabalhista, com a estimativa dos respectivos valores demandados;

X – o relatório detalhado do passivo fiscal; e

XI – a relação de bens e direitos integrantes do ativo não circulante, incluídos aqueles não sujeitos à recuperação judicial, acompanhada dos negócios jurídicos celebrados com os credores de que trata o § 3º do art. 49 desta Lei.

§ 1º Os documentos de escrituração contábil e demais relatórios auxiliares, na forma e no suporte previstos em lei, permanecerão à disposição do juízo, do administrador judicial e, mediante autorização judicial, de qualquer interessado.

§ 2º Com relação à exigência prevista no inciso II do *caput* deste artigo, as microempresas e empresas de pequeno porte poderão apresentar livros e escrituração contábil simplificados nos termos da legislação específica.

§ 3º O juiz poderá determinar o depósito em cartório dos documentos a que se referem os §§ 1º e 2º deste artigo ou de cópia destes.

§ 4º Na hipótese de o ajuizamento da recuperação judicial ocorrer antes da data final de entrega do balanço correspondente ao exercício anterior, o devedor apresentará balanço prévio e juntará o balanço definitivo no prazo da lei societária aplicável.

§ 5º O valor da causa corresponderá ao montante total dos créditos sujeitos à recuperação judicial.

§ 6º Em relação ao período de que trata o § 3º do art. 48 desta Lei:

I – a exposição referida no inciso I do *caput* deste artigo deverá comprovar a crise de insolvência, caracterizada pela insuficiência de recursos financeiros ou patrimoniais com liquidez suficiente para saldar suas dívidas;

II – os requisitos do inciso II do *caput* deste artigo serão substituídos pelos documentos mencionados no § 3º do art. 48 desta Lei relativos aos últimos 2 (dois) anos.

Petição inicial da recuperação judicial

A petição inicial do pedido de recuperação judicial deverá conter todos os requisitos legais estabelecidos no art. 319 do Código de Processo Civil. A tanto, deverá a petição inicial ser dirigida ao juízo do principal estabelecimento do devedor (art. 3º) e deverá indicar o nome dos empresários que pretendem a recuperação judicial, com a identificação de suas qualificações e domicílio.

O pedido de recuperação judicial deverá ser, ainda, especificado. Caso haja mais do que um empresário, deverá o pedido especificar se a recuperação judicial pretendida será para o litisconsórcio com consolidação substancial ou apenas processual (art. 48).

Além desses requisitos, a petição inicial deverá expor a causa de pedir. Os fatos e fundamentos jurídicos do pedido, exigidos pelo art. 319, III, do Código de Processo Civil, consistem justamente na crise econômico-financeira que acometeu o empresário, mas cuja atividade empresarial, por pretender-se viável, permitiria que ele se recuperasse.

A LREF exigiu que essa causa de pedir fosse detalhada. O pedido de recuperação judicial deve expor as causas concretas da situação patrimonial do devedor e as razões da crise econômico-financeira.

No próprio bojo da petição inicial, deverão ser expostas as causas que geraram a insolvência ou a falta de liquidez temporária do empresário. As causas poderão ser decorrentes de eventos externos ao empresário, como a retração da economia, a suspensão de pedidos dos principais adquirentes, a mudança do mercado. De modo concreto, contudo, deverá ser exposto como referidos eventos afetaram a atividade empresarial, não sendo admitida simplesmente uma exposição genérica da situação macroeconômica[131].

Poderão, também, ser internas. Decisões administrativas ineficientes e falta de adaptação do empresário à mudança exigida pelo mercado poderão provocar resultados econômicos desfavoráveis e comprometer a higidez financeira do empresário. Os fatores deverão, todavia, ser especificadamente expostos para permitir a compreensão pelos credores de como essa situação de crise econômico-financeira poderia ser superada.

A consistência dessa causa de pedir não deverá ser aferida pelo julgador ao deferir ou não o processamento da recuperação judicial. A cognição caberá aos credores, por ocasião da análise da viabilidade econômica do plano de recuperação judicial. As informações deverão ser exigidas a ponto de permitir essa análise de consistência ou não pelos credores no momento oportuno[132].

Para demonstrar as causas da crise econômico-financeira do devedor e que poderia superá-las com a concessão da recuperação judicial, o empresário devedor deverá juntar as demonstrações contábeis de sua atividade. À vista dessas informações, os credores devem poder verificar se as causas da crise são realmente as identificadas pelo devedor e se sua atividade é ainda viável de ser recuperada.

Consta, ainda, como requisito do art. 319 do Código de Processo Civil, a necessidade de a petição inicial indicar o valor da causa e, diante deste, recolher as custas processuais. Diante da relevância prática desses pontos, ambos exigem apreciação detalhada.

Demonstrações contábeis

Nos termos do art. 51, deverá o devedor apresentar, dessa forma, as demonstrações contábeis relativas aos três últimos exercícios sociais, bem como as demonstrações contábeis levantadas especialmente para instruir o pedido e consistentes nas demonstrações do término do último exercício social até a data do pedido de recuperação judicial. Se o balanço correspondente ao último exercício social já findo não tiver sido ainda entregue, a Lei autoriza que o devedor apresente o balanço prévio do referido ano, com a juntada do balanço definitivo até o prazo final de entrega pela lei societária.

---

[131] Pesquisa empírica realizada por Eduardo Mattos e José Marcelo Martins Proença indica que 87,93 % dos fatores de crise apontados pelos devedores diriam respeito a questões externas e macroeconômicas (MATTOS, Eduardo da Silva; PROENÇA, José Marcelo Martins. *Recuperação de empresas: curso avançado em direito, economia e finanças*. São Paulo: Revista dos Tribunais, 2023, p. 35).

[132] TJSP, 1ª Câmara Reservada de Direito Empresarial, AI 2157710-93.2016, rel. Des. Hamid Bdine, j. 11-1-2017.

As demonstrações contábeis permitirão aos credores identificar as causas da crise econômico-financeira que acomete o devedor, bem como as demonstrações levantadas desde o último exercício permitirão analisar se a atividade econômica do devedor continua viável.

Embora a lei tenha determinado que as demonstrações contábeis deverão seguir a legislação societária aplicável, não há nenhuma referência no Código Civil ao modo pelo qual as demonstrações contábeis deverão ser confeccionadas. Na Lei n. 6.404/76 (art. 177), exige-se que a escrituração seja realizada com obediência aos princípios da contabilidade geralmente aceitos, de modo que deve ser o padrão exigível das demonstrações financeiras estabelecidas pela Lei n. 11.101/2005. Referidas demonstrações serão compostas pelo balanço patrimonial, pelas demonstrações de resultados acumulados, pela demonstração de resultado desde o último exercício social e pelo relatório gerencial de fluxo de caixa e de sua projeção.

O balanço patrimonial é documento contábil que reproduz a situação real da empresa. O documento deverá ser extraído no último dia do exercício social ou especialmente para a realização do pedido de recuperação judicial. No balanço patrimonial, há a indicação do ativo e do passivo do empresário (art. 1.188 do CC), de modo a se verificar seu patrimônio líquido.

Embora não tenha o art. 51 exigido como o fez o art. 105, na hipótese de autofalência, o balanço patrimonial deverá ser acompanhado da relação de bens e direitos que compõem o ativo. Mais do que na falência, imprescindível que os credores saibam exatamente no que consistem o ativo e o passivo indicados no balanço patrimonial.

A despeito de não haver exigência expressa legal, devem os bens e direitos componentes do ativo ser discriminados. Os ativos deverão ser relacionados e ter o valor estimado pelo devedor à data do pedido de recuperação judicial.

No tocante à demonstração de resultados acumulados, embora exigido pela Lei n. 11.101, esse documento contábil não é referido pela doutrina especializada.

Entende-se que a demonstração de resultados acumulados deverá ser a demonstração dos lucros ou prejuízos acumulados, nos termos do art. 186 da Lei n. 6.404/76, que deverá conter o saldo do início do período, os ajustes de exercícios anteriores e a correção monetária do saldo inicial; as reversões de reservas e o lucro líquido do exercício; e as transferências para reservas, os dividendos, a parcela dos lucros incorporada ao capital e o saldo ao fim do período.

A exigência da demonstração do resultado desde o último exercício é redundância da Lei n. 11.101, em seu art. 51, II, *c*. Por ocasião do pedido de recuperação judicial, deverão ser apresentados o balanço patrimonial e a demonstração dos lucros ou prejuízos acumulados dos três exercícios sociais anteriores ao pedido de recuperação. Além dos três exercícios anteriores, deverão ser apresentados também esses documentos contábeis especialmente levantados até o pedido de recuperação. Não há novo documento exigido, mas mera repetição legal da exigência anterior.

Integrará as demonstrações contábeis, ainda, o relatório de fluxo de caixa. Esse documento contábil demonstra os recebimentos e pagamentos realizados pelo empresário durante o exercício social. Deve ser apresentado dos últimos três anos e do último exercício até o pedido de recuperação judicial.

Além do fluxo de caixa referente aos três exercícios anteriores e ao exercício referente ao pedido de recuperação judicial, também deverá ser apresentado documento consistente em fluxo de caixa projetado. Consiste o fluxo de caixa projetado em documento no qual serão expostas as expectativas de entradas e despesas em período futuro.

Embora as despesas possam ser estimadas com maior precisão, os recebimentos exigem o cumprimento das obrigações pelos seus devedores, e poderão ser incertos. Referido documento permitiria analisar a maior ou menor necessidade de capital pelo empresário em relação aos gastos futuros necessários e à previsão da data de seus recebimentos a fazer frente a tais despesas.

À falta de maior especificação legal, a projeção é realizada normalmente para período futuro de doze meses.

Os documentos que suportam os lançamentos contábeis ficarão à disposição do juízo e do administrador judicial. Qualquer interessado, ademais, desde que autorizado judicialmente após esclarecer os fundamentos de sua pretensão, poderá também ter acesso aos documentos.

Descrição das sociedades integrantes de grupo societário

Embora incluída a exigência como demonstração contábil, a descrição das sociedades de grupo societário em nada se confunde com as demonstrações contábeis.

A obrigação de descrição das sociedades integrantes do grupo societário independe de ter sido feito pedido de litisconsórcio ou de consolidação processual.

Para que possam obter maior eficiência operacional, com o ganho de economias de escala e a maior penetração em mercados, os empresários ou as sociedades empresárias poderão constituir-se em grupos empresariais.

Como forma de constituição, o grupo poderá ser de direito ou de fato. O grupo de direito é constituído por uma convenção de grupo em que seus integrantes se obrigam a combinar recursos ou esforços para a realização dos respectivos objetos ou a participar de atividades ou empreendimentos comuns (art. 265 da Lei n. 6.404/76). Na referida convenção são estabelecidas a estrutura administrativa do grupo, as condições de participação das diversas sociedades e são regulados os demais interesses de seus integrantes.

Os grupos de direito poderão ser de coordenação entre todas as sociedades, em que não há uma relação de controle entre os integrantes, ou de subordinação, em que a participação de uma sociedade controladora em relação às demais deve estar presente. Independentemente de coordenação ou subordinação, todavia, caracterizam-se por uma unidade de direção, que permite que todas as sociedades se beneficiem da integração.

A maior relevância prática, entretanto, consiste nos grupos de fato. Estes são os constituídos sem convenção. Consistem em sociedades com participação recíproca, interligadas por relações de controle ou coligação. Por controle, a sociedade controladora detém, direta ou indiretamente, os direitos de sócio que lhe assegurem, de modo permanente, a preponderância nas deliberações sociais e o poder de eleger a maioria dos administradores da controlada (arts. 116 e 243, § 2º da Lei n. 6.404/76). Na coligação, por seu turno, a sociedade investidora tem participação significativa na investida (art. 243, § 1º, da Lei n. 6.404/76), considerada relevante essa participação se, embora não exerça o controle, exercer o poder de participação nas decisões de política financeira ou operacional da investida, o que depende de uma verificação casuística. Todavia, a influência significativa é presumida *"quando a investidora for titular de 20% (vinte por cento) ou mais dos votos conferidos pelo capital da investida"* (art. 243, § 5º, da Lei n. 6.404/76).

O grupo, mesmo que de direito, não possui personalidade jurídica. Ainda que as sociedades integrantes possuam interesses comuns e se submetam a uma unidade de direção, cada qual conserva suas obrigações sociais apartadas das demais e seu patrimônio social isolado. Ainda que inseridos numa estrutura de grupo, independentemente de qual ele seja, a personalidade e o patrimônio de cada uma das sociedades integrantes permanecerão distintos das demais (art. 266 da Lei n. 6.404/76).

Tanto nos casos de grupos de fato como nos casos de grupo de direito, possível que uma ou algumas das sociedades integrantes sejam acometidas por crise econômico-financeira e pretendam obter a recuperação judicial. A pretensão poderá ser exercida em litisconsórcio como mera alternativa para que os empresários possam reduzir os custos processuais e suas despesas com a recuperação judicial ou

poderá ser verificada eventual situação de confusão patrimonial e absoluta dependência entre as diversas pessoas integrantes a exigir a avaliação do litisconsórcio necessário e da consolidação substancial.

Para que a atividade das requerentes seja apreciada, se garantam todas as informações necessárias aos credores para deliberação e mesmo se assegure a possibilidade de controle pelo administrador judicial e pelo Juízo a respeito do litisconsórcio facultativo ou necessário das diversas pessoas integrantes dos grupos societários, imprescindível que os requerentes apresentem a descrição das sociedades do grupo societário a que os requerentes pertencem, seja de direito, seja de fato.

Referida descrição não implica, nesse primeiro momento, a apresentação de todas as demonstrações contábeis em relação às demais sociedades de grupo societário e que não integraram o polo ativo. A exibição somente poderá ser exigida, em procedimento incidental, caso se verifiquem eventuais indícios de confusão patrimonial e que poderão fundamentar o reconhecimento do litisconsórcio necessário.

Documentos contábeis das Microempresas e Empresas de Pequeno Porte

Esses documentos contábeis poderão ter sua apresentação facilitada para Microempresas e Empresas de Pequeno Porte.

Como poderão se beneficiar de uma escrituração contábil simplificada, bem como da desnecessidade de escrituração dos livros obrigatórios, com exceção do livro-caixa (art. 26 da LC n. 123/2006), não se poderá exigir delas o mesmo rigor da escrituração contábil dos empresários com maior faturamento. Mas não há a absoluta dispensa. Os Micro e Empresários de Pequeno Porte deverão apresentar suas demonstrações contábeis, ainda que de forma simplificada, relativa aos três últimos exercícios e até o pedido de recuperação judicial[133].

Relação dos credores

O devedor deverá apresentar, ainda, a relação dos credores em seu pedido inicial. Devem ser incluídos na relação todos os créditos existentes por ocasião do pedido de recuperação judicial, vencidos ou vincendos, e que se submeterão ao plano de recuperação judicial (art. 49).

Já se entendia antes da alteração legal que, embora as exceções legais, como créditos tributários, travas bancárias e adiantamento de contratos de câmbio, não fiquem submetidas à recuperação judicial, também deveriam ser incluídas na relação de credores, em classe específica de credores não submetidos a ela. A inclusão dos credores não submetidos à recuperação judicial permitia que os credores tivessem conhecimento completo da situação econômico-financeira do devedor[134].

Pela nova redação dada ao inciso III, essa interpretação foi consagrada no texto legal de modo a exigir expressamente que conste na relação nominal de credores tanto os créditos sujeitos quanto os não sujeitos à recuperação judicial.

Nesse aspecto, inclusive, determinou-se que fosse apresentado relatório detalhado do passivo fiscal pelo devedor. O relatório procura identificar o montante dos tributos vencidos, vincendos,

---

[133] Nesse sentido: TJSP, Câmara Especial de Falências e Recuperações Judiciais, Ap. 582.213-4/2-00, rel. Des. José Araldo da Costa Telles, j. 17-12-2008.

[134] Enunciado 78 da II Jornada de Direito Comercial do Conselho da Justiça Federal: "o pedido de recuperação judicial deve ser instruído com a relação completa de todos os credores do devedor, sujeitos ou não à recuperação judicial, inclusive fiscais, para um completo e adequado conhecimento da situação econômico-financeira do devedor".

bem como eventuais parcelamentos administrativos anteriores e eventuais medidas judiciais ou administrativas tomadas para rediscutir o montante devido.

Na relação de credores apresentada, deverá ser identificado cada credor, com o respectivo endereço físico e eletrônico para que possam ser comunicados pelo administrador judicial a respeito do pedido de recuperação judicial (art. 22, I, *a*).

Além da identificação dos credores, devem ser especificadas as respectivas obrigações, sejam elas obrigações de fazer ou de dar. Todas as obrigações pecuniárias do devedor existentes à data do pedido submetem-se à recuperação judicial, exceto as exceções legais, independentemente de serem obrigações de pagar, dar ou fazer.

Essas obrigações deverão ter o montante identificado, devidamente atualizado e corrigido até a data do pedido de recuperação judicial conforme o respectivo negócio jurídico que lhe originou. O pedido de recuperação judicial não provoca o vencimento das obrigações do devedor, de modo que deverão ser esclarecidas todas as prestações devidas em razão do negócio jurídico.

Apenas para fins de votação e de mensuração do voto em Assembleia Geral é que as prestações vincendas serão trazidas a valor presente por ocasião do pedido de recuperação judicial, de modo que o total do crédito existente deverá ser indicado por ocasião do pedido de recuperação judicial.

Além disso, deverá ser apontada a natureza do crédito, conforme as específicas classes de credores definidas no art. 83 da Lei. A natureza permitirá a classificação dos créditos para fins de votação na Assembleia Geral de Credores e para evitar distinções de pagamento entre credores da mesma classe.

O negócio jurídico que originou essa obrigação deverá ser discriminado para permitir o controle pelo administrador judicial e pelos demais credores.

Não exige mais a lei a indicação dos registros contábeis de cada crédito. Além da discriminação da origem, cada negócio jurídico que ensejou as obrigações deveria estar incluído nos registros contábeis da devedora.

A despeito da necessidade, o registro faz prova em face de terceiros a respeito daquele crédito e de sua origem. A falta de registro contábil permite que haja invocação pelos credores para que o devedor demonstre a existência efetiva do negócio jurídico. O devedor poderá ser demandado pelos interessados para se verificar se não foi simplesmente criado o crédito para prejudicar os demais credores.

Relação dos empregados

A Lei exigiu a apresentação da relação integral dos empregados. Na lista dos empregados deverão constar as funções de cada qual, seus salários, indenizações e outros valores ou encargos a que têm direito. Deverá ser indicado quais valores estão pendentes de pagamento e desde quando são devidos.

A exibição da relação dos empregados é justificada para permitir aos credores avaliarem o custo operacional da empresa em recuperação judicial, a necessidade de readequação de suas operações e a repercussão social que eventuais medidas necessárias poderiam produzir em relação aos empregados. Os montantes pendentes de pagamento, por seu turno, indicariam a gravidade do endividamento do empresário, notadamente diante da limitação temporal para que, mesmo na recuperação judicial, essas dívidas fossem satisfeitas.

Tornou-se comum, na prática judicial, o pedido dos devedores para que a relação dos empregados fosse apresentada em segredo de justiça, como forma de proteção da privacidade destes. Como o processo de recuperação judicial tem como propósito a avaliação, pelos credores, da adequação das soluções propostas pelo devedor para sua reestruturação, a ampla visibilidade por estes do custo operacional da sociedade devedora justifica a necessidade de lhes garantir amplo acesso a essas informações[135].

Os prestadores de serviço de modo geral não são considerados empregados e, em virtude disso, não devem figurar na relação de empregados. A natureza do crédito como não trabalhista, mas meramente quirografário, determina que seus créditos sejam incluídos na relação geral de credores.

Certidão de regularidade

Para que possa pedir recuperação judicial, o empresário deverá estar em situação regular. O art. 51, V, exige que o empresário apresente certidão de regularidade do Registro Público de Empresas.

A Certidão Simplificada da Junta Comercial, órgão de execução do Sistema Nacional de Registro de Empresas Mercantis (SINREM), é suficiente a demonstrar a regularidade do empresário e suas principais qualificações.

Além da certidão de regularidade, exige-se que sejam apresentados o ato constitutivo da sociedade devidamente atualizado, o qual consiste no contrato social ou estatuto social, com suas alterações posteriores, e as atas de nomeação dos últimos administradores da sociedade.

Relação de bens particulares dos sócios controladores e administradores

A Lei n. 11.101/2005 exigiu que sejam apresentados os bens particulares dos sócios controladores e de seus administradores. A exigência legal ocorre independentemente da responsabilidade ilimitada ou limitada dos sócios pelas dívidas sociais, bem como de qualquer evidência de confusão patrimonial ou abuso da personalidade jurídica.

A exigência legal teria sido imposta para permitir aos credores a fiscalização se a crise econômico-financeira que acomete a sociedade empresária não teria sido causada em razão de aumento de patrimônio dos sócios ou administradores.

Nas hipóteses de pessoas jurídicas cuja responsabilidade do sócio é limitada, como as sociedades anônimas, sociedades limitadas ou nas EIRELIs, a apresentação dos referidos documentos não é justificável, pois, ainda que seja decretada a falência, seus efeitos não serão estendidos aos sócios e administradores, os quais responderão apenas pelos atos praticados com culpa ou dolo (art. 82).

Outrossim, exigir a publicidade dos ativos dos sócios controladores e administradores, além de implicar quebra do sigilo bancário e fiscal, poderá gerar riscos a eles, sem que haja utilidade na referida medida. Essa ampla publicidade sequer se justifica em razão do princípio da ampla transparência e divulgação de informações. A pessoa jurídica empresária não se confunde com os seus sócios ou administradores, que não requereram a recuperação judicial e cujas dívidas não estão na recuperação judicial submetidas. A avaliação de existência de maior ou menor patrimônio dos sócios controladores ou administradores é de tudo irrelevante para a recuperação da atividade da sociedade empresária ou para a aferição do motivo da crise ou da situação econômico-financeira do devedor, o que poderia ser obtido através da simples verificação dos demonstrativos financeiros da própria pessoa jurídica em recuperação judicial[136].

---

[135] TJSP, AI 2229256-04.2022.8.26.0000, rel. Des. Sérgio Shimura, 2ª Câmara Reservada de Direito Empresarial, j. 19-12-2024.

[136] Nesse sentido: TJSP, 2ª Câmara Reservada de Direito Empresarial, AI 2197513-20.2015, rel. Des. Caio Marcelo Mendes de Oliveira, j. 13-3-2017.

A justificativa de que o patrimônio do sócio controlador e do administrador deverá ser informado para permitir ao credor exame de eventuais garantias reais ou pessoais que poderiam ser conferidas por eles para a aprovação do plano de recuperação judicial não convence. O empresário que submete seu pedido de recuperação judicial é a pessoa jurídica e não o sócio ou administrador que lhe integra. Sua relação celebrada com esses credores não envolve esses terceiros, os quais não ficarão submetidos à possibilidade de novarem suas obrigações por meio do plano de recuperação judicial sem a concordância expressa do credor garantido, nem poderão ser obrigados a comprometer o patrimônio pessoal para preservar a atividade social.

De modo a preservar sua intimidade, assegurada pelo art. 5º da Constituição Federal, os documentos deverão ser conservados como documentos sigilosos, cujo acesso deverá ser franqueado ao administrador judicial, membro do Ministério Público e eventual credor que justifique seu interesse jurídico em aferir a informação[137].

A exigência da apresentação dos bens particulares dos sócios apenas se justifica se estes possuírem responsabilidade ilimitada perante os débitos sociais, como no caso das sociedades em comum, das sociedades em comandita simples em relação aos sócios comanditados, das sociedades em comandita por ações em relação aos sócios diretores e da sociedade em nome coletivo. Isso porque os credores deverão ter a informação da consequência de suas manifestações de vontade, na hipótese de decidirem pela recuperação judicial ou pela falência, cujos efeitos daí serão estendidos ao patrimônio dos sócios da devedora falida.

Além da hipótese de responsabilidade ilimitada, a verificação pelos credores dos ativos dos sócios controladores e dos administradores deverá ocorrer nas situações em que houver indícios de confusão patrimonial ou abuso de personalidade jurídica, nos termos do art. 50 do Código Civil. Nesses casos, os credores deverão ter ciência de que, decretada a falência do devedor, caso estejam presentes os demais requisitos da desconsideração da personalidade jurídica para outros sócios ou administradores, os efeitos patrimoniais da falência poderão ser excepcionalmente estendidos ao patrimônio deles, no limite do benefício econômico auferido por esses com a fraude.

Isso porque a nova redação do *caput* do art. 50 do Código Civil, alterada pela Lei n. 13.874/2019, estabelece que a desconsideração da personalidade jurídica visa que *"os efeitos de certas e determinadas relações de obrigações sejam estendidos aos bens particulares de administradores ou de sócios da pessoa jurídica beneficiados direta ou indiretamente pelo abuso"* e o art. 135 do Código de Processo Civil estabelece que, acolhido o pedido de desconsideração, especificamente a alienação e oneração de ativos, havidas em fraude, serão ineficazes[138].

Extratos das contas bancárias e aplicações financeiras

Por constituírem parte do patrimônio do devedor e evidenciarem a situação em que se encontra a empresa no momento do pedido, o devedor deverá, ainda, apresentar os extratos atuali-

---

Em sentido contrário e pela ampla publicidade, SCALZILLI, João Pedro; SPINELLI, Luis Felipe; TELECHEA, Rodrigo. *Recuperação de Empresas e Falência*: teoria e prática na Lei n. 11.101/2005. 2. ed. Almedina, 2017, p. 331. Na jurisprudência, TJSP, 1ª Câmara Reservada de Direito Empresarial, AI 2166789-28.2018, rel. Des. Hamid Bdine, j. 15-8-2018; TJSP, 2ª Câmara Reservada de Direito Empresarial, AI 2193651-70.2017, rel. Des. Carlos Alberto Garbi, j. 15-12-2017; TJSP, 1ª Câmara Reservada de Direito Empresarial, AI 2023231-66.2016, rel. Des. Fábio Tabosa, j. 15-8-2016.

[137] Em sentido contrário: TJSP, AI 2229256-04.2022.8.26.0000, rel. Des. Sérgio Shimura, 2ª Câmara Reservada de Direito Empresarial, j. 19-12-2024.

[138] Conferir art. 82-A e os possíveis efeitos de uma desconsideração da personalidade jurídica por ocasião da decretação da falência do devedor.

zados das contas bancárias e de suas aplicações financeiras de qualquer modalidade, inclusive em fundos de investimento ou em bolsas de valores, emitidos pelas respectivas instituições financeiras.

Certidões dos cartórios de protesto

A situação financeira do devedor deverá ainda ser informada por meio das certidões dos cartórios de protestos situados na comarca de domicílio ou sede do devedor e naquelas onde possui filial.

Embora não seja um dos requisitos imprescindíveis para se verificar a crise econômico-financeira, o protesto é um dos instrumentos que, se presentes, poderia indicá-la. A existência de protestos anteriores em face do devedor evidencia a dificuldade do devedor para adimplir suas obrigações financeiras e permitirá a verificação do início de sua crise.

Ademais, na hipótese de convolação da recuperação judicial em falência, o primeiro protesto válido permitirá a fixação do termo legal da falência e a consideração da ineficácia de eventuais atos realizados a partir deste (arts. 99, II, e 129).

Relação de ações judiciais e procedimentos arbitrais

O devedor deverá apresentar também relação de todas as ações judiciais em que figurar como parte. Deverão ser incluídas tanto as ações em que for autor e que permitirão ao devedor aumentar eventualmente o seu ativo como as ações em que for réu, nas quais poderá haver uma redução de seu patrimônio. Diante da repercussão sobre o patrimônio que garantirá os credores, deverá ser exposta a estimativa dos respectivos valores demandados.

Entre as ações a serem incluídas, deverão figurar, inclusive, as de natureza trabalhista, bem como as referentes a créditos não submetidos à recuperação judicial, como as execuções fiscais e buscas e apreensões referentes a alienações fiduciárias.

Outrossim, além das ações judiciais, as demandas arbitrais, que não são suspensas em razão da recuperação judicial em função do art. 6, § 1º, da LREF e por revelarem como ações de conhecimento, o que não permitiria a constrição imediata dos bens, ainda que envolvam créditos sujeitos à recuperação judicial, deverão ser indicadas na relação. Embora possa haver o sigilo das demandas arbitrais entre as partes, o procedimento recuperacional procura tutelar, além do devedor, o interesse da coletividade de credores submetidos ao plano de recuperação judicial. O único modo de o voto dos referidos credores ser efetivamente consciente é se possuírem as informações necessárias com relação à situação econômico-financeira do devedor e, nesses termos, a respeito das ações em que figura como parte.

Diante do interesse da coletividade dos credores, o sigilo deverá ser atenuado para franquear a estes as informações imprescindíveis para poderem orientar o respectivo voto. De modo a conciliar os interesses, nessa hipótese, a publicidade do documento ou da referida informação é atenuada diante da privacidade das partes. Seu conteúdo é restringido apenas para o devedor e os credores do processo, mas sem acesso a outros terceiros.

Relação de bens e direitos integrantes do ativo não circulante

Como forma de se atenuar a assimetria informacional entre o devedor e os credores, assegurando que estes tenham todas as informações necessárias para se aferir a crise econômico-financeira do devedor, a alteração da Lei n. 11.101/2005 reiterou a exigência de apresentação de diversos documentos. É exatamente o caso da exigência incluída no inciso XI, e que determinou a apresentação de relação de bens e direitos integrantes do ativo não circulante.

Referida relação já era, de forma integral e com especificação de cada bem, inclusive de valor, de apresentação obrigatória por ocasião da apresentação do plano de recuperação judicial, nos termos do art. 53.

Sua determinação de apresentação no momento inicial em nada beneficia o procedimento da recuperação, criando requisito oneroso dispensável ao devedor. A apresentação exclusivamente parcial dos bens, consistente apenas nos bens integrantes do ativo circulante, não permite que os credores consigam avaliar a real viabilidade do devedor ou de avaliarem se a falência seria melhor alternativa, já que o plano de recuperação judicial sequer foi apresentado. Tampouco assegura aos credores não sujeitos informação sobre quais os bens poderão ou não ser constritos, haja vista que bem do ativo circulante não significa que referidos bens sejam essenciais à recuperação.

Por seu turno, a apresentação dos negócios jurídicos celebrados com os credores proprietários do art. 49, § 3º, a despeito da redação confusa do dispositivo, permite a interpretação de que se exige a indicação das diversas onerações ou garantias fiduciárias que foram conferidas sobre os bens do devedor. A determinação já constava no próprio artigo ao se determinar a apresentação da relação de todos os créditos sujeitos e não sujeitos à recuperação judicial, com especificação.

Dessa forma, antecipa-se providência sem nenhuma funcionalidade aos credores ou ao procedimento, criando oneração injustificada ao devedor no momento inicial do processo.

O valor da causa

O valor da causa é requisito indispensável à propositura da ação, nos termos dos arts. 291 e 292 do Código de Processo Civil.

Anteriormente à alteração da Lei, não havia dispositivo legal que fixasse parâmetros para o valor da causa. À míngua de um parâmetro legal, o valor da causa era definido para refletir a estimativa do benefício econômico almejado pelo devedor.

Diante da complexidade das ações de recuperação judicial, não era possível auferir ao certo qual é o valor do benefício almejado.

Para uma corrente jurisprudencial, o proveito econômico visado pela parte com o pedido de recuperação judicial não era refletido no montante do ativo circulante, porque apenas com a aprovação do plano se saberia qual é efetivamente o proveito e que consistiria na diferença entre o valor do débito originário e o valor do débito novado. Essa impossibilidade de reconhecimento *a priori* do benefício econômico permitiria o arbitramento pelo próprio interessado, com posterior complemento diante da aprovação do plano de recuperação judicial[139].

Com essa posição jurisprudencial, entretanto, não se poderia concordar. Na prática, a complementação das custas ou cálculo do valor da causa após a aprovação do plano de recuperação judicial nunca é realizada. Outrossim, o arbitramento pela recuperanda no momento inicial, notadamente diante de sua crise econômico-financeira, que podia exigir a redução de todas as suas despesas, inclusive das custas judiciais, poderia motivar um arbitramento muito aquém da realidade empresarial, o que permitiria no mínimo um diferimento do seu recolhimento sem previsão em lei estadual.

Não fosse isso o suficiente, o valor da causa é motivado com base no proveito econômico pretendido e não no efetivamente alcançado. Condicionar sua fixação adequada a momento futu-

---

[139] TJSP, 1ª Câmara Reservada de Direito Empresarial, AI 2202451-87.2017, rel. Des. Hamid Bdine, j. 18-1-2018; TJSP, 1ª Câmara Reservada de Direito Empresarial, AI 2052662-14.2017, rel. Des. Francisco Loureiro, j. 17-5-2017; TJSP, 1ª Câmara Reservada de Direito Empresarial, AI 2005244-17.2016, rel. Des. Maia da Cunha, j. 11-2-2016.

ro desvirtua a mensuração do valor da causa, que será aferido com base no proveito obtido e não no pretendido. Nesse ponto, ressalta-se que inclusive o plano de recuperação judicial poderia não ser aprovado, o que, por esse raciocínio, poderia levar a um valor da causa zero.

Como na recuperação judicial pretende-se a superação da crise econômico-financeira do empresário, entendia-se que um parâmetro razoável a ser utilizado para estimar o valor da causa, embora não sem críticas, seria o montante do ativo circulante da empresa. Referido montante relaciona-se diretamente com o desenvolvimento da atividade econômica pelo empresário, haja vista que o ativo circulante é composto pelos bens que são objeto de negociações pelo empresário em sua atividade e serão os bens mais afetados na hipótese de constrição pelos credores, caso não seja processada a recuperação.

De toda a forma, a partir da alteração legislativa, foi determinado que o valor da causa nas ações de recuperação judicial é o montante total dos créditos sujeitos à recuperação, o que vem sendo aplicado pela jurisprudência[140].

A opção legislativa, contudo, é criticável. O valor da causa deve ser compatível e proporcional à realidade patrimonial da empresa, bem como deve ser condizente com o proveito econômico almejado.

Nesse sentido, o valor total do passivo pode ser considerado exagerado, haja vista que pode ser muito maior do que o ativo do empresário em crise e que se procura preservar. Por seu turno, a totalidade do passivo sujeito não significa que o procedimento de recuperação exigirá necessariamente a alteração do referido montante integral, haja vista que o plano poderá prever a alteração apenas de parte desses créditos ou descontos não substanciais.

O recolhimento de custas processuais e a assistência judiciária gratuita

As custas devem ser recolhidas com base no valor da causa e nos parâmetros fixados pela Lei Estadual.

A circunstância de o empresário requerer sua recuperação judicial não é suficiente para considerá-lo, por si só, em situação jurídica de pobreza. Ainda que a pessoa jurídica comprovadamente necessitada possa ser beneficiária da assistência judiciária gratuita quando efetivamente demonstre que não pode arcar com as custas e despesas do processo sem prejuízo dos seus, a isenção é incompatível com o pedido de recuperação judicial.

A viabilidade econômica da empresa é pressuposto do pedido de recuperação judicial e isso implica a possibilidade de desenvolvimento normal da atividade do devedor. Nesse aspecto, exige-se que o devedor, durante a recuperação judicial, consiga satisfazer os diversos débitos que contrair a partir de então, sem exigir a tutela estatal. Como as custas deverão ser recolhidas justamente em razão da propositura da recuperação judicial, a falta de seu recolhimento indica que a crise econômica do devedor é grave a ponto de nem sequer permitir a viabilidade econômica da empresa.

Outrossim, o processo de recuperação judicial é um processo complexo e custoso ao devedor. Exigem-se a publicação de diversos editais, eventual convocação de uma Assembleia Geral de Credores, custeio do administrador judicial, prestação de informações detalhadas mensalmente. A impossibilidade de recolhimento das custas evidencia a incompatibilidade do procedimento para o estado da crise do devedor[141].

---

[140] TJSP, AI 2122372-77.2024.8.26.0000, rel. Des. Fortes Barbosa, 1ª Câmara Reservada de Direito Empresarial, j. 5-9-2024.

[141] Nesse sentido: TJSP, 2ª Câmara de Direito Empresarial, rel. Des. Maurício Pessoa, j. 4-9-2017; TJSP, 1ª Câmara de Direito Empresarial, AI 2139098-10.2016, rel. Des. Carlos Alberto Garbi, j. 24-8-2016; TJSP, AI 0000386-16.2012, rel. Des. José Reynaldo, j. 10-4-2012.

Demonstração de crise de insolvência pelo produtor rural

A inserção do § 6º faz referência ao período do art. 48, § 3º, que trata exclusivamente da demonstração de atividade pelo período de dois anos pelo produtor rural. Diante da remissão da Lei ao art. 48, § 3º, e não simplesmente ao *caput*, a interpretação do dispositivo legal deve ser restrita ao produtor rural e não aos demais empresários.

Desta forma, nos termos da lei, ao produtor rural não basta, em sua petição inicial, expor as causas concretas da situação patrimonial do devedor e das razões da crise econômico-financeira. O produtor especificamente deverá demonstrar sua crise de insolvência, caracterizada pela insuficiência de recursos financeiros ou patrimoniais com liquidez suficiente para saldar suas dívidas.

Ao contrário do que poderá uma interpretação da norma sugerir, a aferição da efetiva demonstração da crise de insolvência não pode ser realizada pelo magistrado, notadamente no momento da apresentação da petição inicial. Isso porque a recuperação judicial é procedimento de negociação coletiva, de modo que a crise e a forma de superá-la são matéria de mérito no procedimento, atribuída de forma exclusiva à apreciação dos credores[142].

Cumpre aos credores, por ocasião da análise da viabilidade econômica do plano de recuperação judicial, verificar se o devedor efetivamente encontrava-se em crise e se tinha condição de superá-la. Interpretação contrária incentivaria, inclusive, o retardamento de pedidos de recuperação judicial pelo empresário, haja vista que teria que demonstrar sua situação de insolvabilidade ou iliquidez, o que pode aprofundar a crise que justamente se pretende combater.

Um eventual oportunismo do devedor ao requerer recuperação judicial sem se encontrar em crise econômico-financeira permitirá que os credores que isso considerem votem pela decretação da falência do referido empresário e assegurem que outros empresários arrematantes dos bens na liquidação forçada possam preservar essa atividade empresarial. O indeferimento do pedido de recuperação judicial pelo Juízo não implica a decretação da falência e permite que o empresário devedor continue a atuar no referido mercado, eventualmente em detrimento dos credores e dos interesses de todos os envolvidos.

Demonstrativos contábeis do produtor rural

No caso de produtor rural, notadamente em razão da possibilidade de demonstração de atividade econômica pelo período de dois anos antes do registro como empresário na Junta Comercial, pode não existir escrituração contábil.

Pelo período anterior ao registro enquanto empresário, portanto, as demonstrações contábeis dos três últimos exercícios e consistentes no balanço patrimonial, demonstração de resultados acumulados, demonstração do resultado desde o último exercício e relatório gerencial de fluxo de caixa e de sua projeção foram substituídas, no caso da pessoa física, pelo Livro Caixa Digital do Produtor Rural (LCDPR) e pela Declaração de Imposto sobre a Renda da Pessoa Física (DIRPF),

---

Em sentido contrário, com a permissão do diferimento do pagamento das custas em razão de interpretação do art. 5º da Lei estadual de São Paulo n. 11.608/2003: TJSP, Câmara Especial de Falências e Recuperações Judiciais, AI 619.727-40-00, rel. Des. Romeu Ricupero, j. 1º-4-2009; TJSP, Câmara Especial de Falências e Recuperações Judiciais, AI 598.567-4/9-00, rel. Des. Elliot Akel, j. 29-10-2008; TJSP, Câmara Especial de Falências e Recuperações Judiciais, AI 437.660.4/8-00, rel. Des. Elliot Akel, j. 15-3-2006.

[142] TJMT, AI 1009965-70.2021.8.11.0000, rel. Des. João Ferreira filho, 1ª Câmara de Direito Privado, j. 19-7-2022; TJSP, AI 2334804-81.2023.8.26.0000, rel. Des. J. B. Paula Lima, 1ª Câmara Reservada de Direito Empresarial, j. 17-7-2024.

dos dois últimos anos. No caso de pessoa jurídica, a interpretação extensiva é de que se poderá substituir os documentos contábeis pela Escrituração Contábil Fiscal, dos dois últimos anos.

Referida documentação não supre, entretanto, o período posterior ao registro na Junta Comercial. Após seu registro como empresário, o produtor rural terá toda a obrigação de escrituração como os demais empresários e, nesse sentido, deverá apresentar as demonstrações contáveis, nos termos do art. 51, II, em relação ao período posterior ao registro.

Art. 51-A. Após a distribuição do pedido de recuperação judicial, poderá o juiz, quando reputar necessário, nomear profissional de sua confiança, com capacidade técnica e idoneidade, para promover a constatação exclusivamente das reais condições de funcionamento da requerente e da regularidade e da completude da documentação apresentada com a petição inicial.

§ 1º A remuneração do profissional de que trata o *caput* deste artigo deverá ser arbitrada posteriormente à apresentação do laudo e deverá considerar a complexidade do trabalho desenvolvido.

§ 2º O juiz deverá conceder o prazo máximo de 5 (cinco) dias para que o profissional nomeado apresente laudo de constatação das reais condições de funcionamento do devedor e da regularidade documental.

§ 3º A constatação prévia será determinada sem que seja ouvida a outra parte e sem apresentação de quesitos por qualquer das partes, com a possibilidade de o juiz determinar a realização da diligência sem a prévia ciência do devedor, quando entender que esta poderá frustrar os seus objetivos.

§ 4º O devedor será intimado do resultado da constatação prévia concomitantemente à sua intimação da decisão que deferir ou indeferir o processamento da recuperação judicial, ou que determinar a emenda da petição inicial, e poderá impugná-la mediante interposição do recurso cabível.

§ 5º A constatação prévia consistirá, objetivamente, na verificação das reais condições de funcionamento da empresa e da regularidade documental, vedado o indeferimento do processamento da recuperação judicial baseado na análise de viabilidade econômica do devedor.

§ 6º Caso a constatação prévia detecte indícios contundentes de utilização fraudulenta da ação de recuperação judicial, o juiz poderá indeferir a petição inicial, sem prejuízo de oficiar ao Ministério Público para tomada das providências criminais eventualmente cabíveis.

§ 7º Caso a constatação prévia demonstre que o principal estabelecimento do devedor não se situa na área de competência do juízo, o juiz deverá determinar a remessa dos autos, com urgência, ao juízo competente.

Constatação preliminar ou perícia prévia

Antes da decisão de processamento da recuperação judicial, começou a ser criada jurisprudencialmente, mesmo sem qualquer respaldo anteriormente na lei, uma fase preliminar, chamada "perícia prévia", em que era nomeado pelo juiz, antes de apreciar o pedido de processamento da recuperação judicial, um perito para verificar os documentos apresentados pelo empresário e o desenvolvimento de sua atividade.

O fundamento de sua criação era que a decisão de processamento da recuperação judicial já poderia causar, por si só, diversos efeitos jurídicos, como a suspensão das ações e a impossibilidade de pagamento dos credores submetidos ao plano. Deveria, antes de ser concedida a decisão, nesse ponto de vista, verificar-se se os pressupostos mínimos do pedido já estariam presentes, entre esses o funcionamento efetivo da atividade empresarial e a correspondência da documentação apresentada com os livros fiscais e comerciais. Como o objetivo da lei seria a manutenção da função social da empresa, pressuposto para o processamento do pedido de recuperação judicial seria a demonstração efetiva do desenvolvimento da atividade empresarial.

Referido posicionamento jurisprudencial foi consagrado pela alteração legal da lei, sem se avaliar, entretanto, o efeito deletério resultante no procedimento. Como já anteriormente fora demonstrado com mensuração empírica, não só se retardava o deferimento do processamento da recuperação judicial, como a nomeação do perito para a perícia prévia, com a habitual nomeação posterior como administrador judicial caso houvesse o deferimento do processamento da recuperação judicial, gerava um incentivo perverso a esse profissional, que caso constatasse a falta de atividade ou a documentação insuficiente não seria nomeado como administrador durante o procedimento. Como consequência, demonstrou-se que a realização da perícia prévia fazia com que a mediana de indeferimentos do processamento da recuperação judicial não apenas não subisse, o que seria esperado diante da nomeação de um especialista para checar se a atividade era real e se os documentos foram apresentados, como fosse reduzida pela metade[143].

A despeito de seus resultados, a "perícia prévia", sob a nova nomenclatura de "constatação preliminar", fora consagrada pelo art. 51-A como alternativa ao juízo para a aferição da atividade e da completude da documentação apresentada.

Para evitar demora injustificada, determinou a Lei que o juiz concederá o prazo máximo de cinco dias para que o profissional apresente laudo de constatação das reais condições de funcionamento do devedor e da regularidade documentação. De forma a acelerar o procedimento, a constatação, caso determinada, deverá ocorrer inclusive sem a oitiva da parte adversa. A remuneração do referido profissional nomeado deverá ser arbitrada apenas posteriormente à apresentação do laudo, e conforme a complexidade do trabalho, assim como o devedor será intimado do resultado concomitantemente à intimação da decisão que deferir ou indeferir o processamento da recuperação judicial ou que determinar a emenda à inicial.

Ainda que consagrada como faculdade ao juízo, sua realização não tem qualquer funcionalidade e acarreta prejuízo justamente ao interesse que se procura preservar, a negociação entre devedor e credor para a solução comum de uma empresa que, em crise, pode ainda ser viável.

Isso porque, embora o juiz possa não ter conhecimento especializado sobre o ramo contábil, o que poderia exigir a nomeação de um profissional a tanto, a aferição da veracidade dos documentos contábeis, nesse momento, não lhe compete. Um indeferimento da petição inicial pela apresentação de informações inverídicas ou em função de um desenvolvimento de uma atividade inviável economicamente permite que o empresário continue a contratar e a prejudicar outros agentes econômicos livremente no mercado.

---

[143] WAISBERG, Ivo; SACRAMONE, Marcelo; NUNES, Marcelo Guedes e CORRÊA, Fernando. Judicial Restructuring in the Courts of São Paulo – Second Phase of Insolvency Monitor (Recuperação Judicial no Estado de São Paulo – 2ª Fase do Observatório de Insolvência) (April 26, 2019). Available at SSRN: https://ssrn.com/abstract=3378503 or http://dx.doi.org/10.2139/ssrn.3378503.

Essa análise durante a recuperação judicial, por seu turno, permitirá que os credores excluam do mercado, via decretação de falência, o empresário cuja crise seja irreversível ou que não tenha condição de continuar a desenvolver regularmente sua atividade[144].

Por essa razão, inclusive, o próprio artigo 51-A, ao consagrar a perícia prévia, determina que é vedado o indeferimento do processamento da recuperação judicial baseado na análise da viabilidade econômica do devedor.

A falta de veracidade das informações apresentadas, ou seja, a análise de mérito da documentação, deverá ser apurada durante o desenvolvimento da recuperação judicial pelo administrador judicial nomeado, pois é condição para que os credores possam analisar a viabilidade econômica do plano, mas não de processamento da recuperação judicial. A demonstração de sua falsidade poderá implicar a destituição dos administradores da devedora (art. 64), mas assegura que os credores, os maiores interessados, possam decidir sobre o destino da empresa.

Desta forma, nos termos do art. 51-A, a perícia prévia poderia ocorrer exclusivamente para se conferir a existência da atividade ou da completude da documentação apresentada.

Quanto aos documentos, não há qualquer necessidade de nomeação de um profissional com "capacidade técnica e idoneidade", na redação do art. 51-A. Não há qualquer necessidade de conhecimentos especializados pelo Juízo, mas apenas é necessário confrontar se todos os documentos indicados no art. 51 da LREF foram apresentados pelo devedor.

Por seu turno, a manutenção da atividade empresarial não é condição necessária para que a recuperação judicial possa se processar. A recuperação judicial pretende, sem dúvida, a manutenção da fonte produtora e dos postos de trabalho. Nada impede, contudo, que a suspensão provisória das atividades possa ser revertida por meio de uma reestruturação de sua dívida, a ponto de permitir que o empresário se reestabeleça. É intuito da Lei conferir ao empresário essa possibilidade, o que, ademais, permitiria que ele voltasse a criar postos de trabalho e reestabelecesse sua fonte produtiva.

Ainda que célere e mesmo que eventualmente sem custo, ou com custo absolutamente diminuto, haja vista que cabe ao perito apenas a constatação da existência, a perícia prévia deve ser evitada ou, ao menos, ser considerada absolutamente excepcional, pois, além de absolutamente sem nenhuma funcionalidade, gerará efeitos contrários ao pretendido pela lei.

A análise do Magistrado, dessa forma, deverá ser formal. Deverá apreciar se os documentos exigidos pela lei acompanham a petição inicial, o que poderá fazer pela simples confrontação com o art. 51, sem absolutamente nenhuma necessidade de conhecimento especializado e sem nenhuma necessidade do procedimento de se verificar se a atividade efetivamente está sendo desenvolvida[145].

||| **Art. 52.** Estando em termos a documentação exigida no art. 51 desta Lei, o juiz deferirá o processamento da recuperação judicial e, no mesmo ato:

---

[144] Em sentido contrário, pela admissão da perícia prévia: TJSP, 2ª Câmara Reservada de Direito Empresarial, rel. Des. Ramon Mateo Júnior, j. 16-3-2015; TJSP, 1ª Câmara Reservada de Direito Empresarial, AI 2058626-90.2014, rel. Des. Teixeira Leite, j. 3-7-2014.

[145] Nesse sentido, TJSP, 2ª Câmara Reservada de Direito Empresarial, Apelação 1052564-37.2017, rel. Des. Grava Brazil, j. 25-6-2018; TJSP, 1ª Câmara Reservada de Direito Empresarial, AI 2010016-86.2017, rel. Des. Cesar Ciampolini, j. 2-8-2017; TJSP, 1ª Câmara Reservada de Direito Empresarial, rel. Des. Fortes Barbosa, j. 7-11-2016.

I – nomeará o administrador judicial, observado o disposto no art. 21 desta Lei;

II – determinará a dispensa da apresentação de certidões negativas para que o devedor exerça suas atividades, observado o disposto no § 3º do art. 195 da Constituição Federal e no art. 69 desta Lei;

III – ordenará a suspensão de todas as ações ou execuções contra o devedor, na forma do art. 6º desta Lei, permanecendo os respectivos autos no juízo onde se processam, ressalvadas as ações previstas nos §§ 1º, 2º e 7º do art. 6º desta Lei e as relativas a créditos excetuados na forma dos §§ 3º e 4º do art. 49 desta Lei;

IV – determinará ao devedor a apresentação de contas demonstrativas mensais enquanto perdurar a recuperação judicial, sob pena de destituição de seus administradores;

V – ordenará a intimação eletrônica do Ministério Público e das Fazendas Públicas federal e de todos os Estados, Distrito Federal e Municípios em que o devedor tiver estabelecimento, a fim de que tomem conhecimento da recuperação judicial e informem eventuais créditos perante o devedor, para divulgação aos demais interessados.

§ 1º O juiz ordenará a expedição de edital, para publicação no órgão oficial, que conterá:

I – o resumo do pedido do devedor e da decisão que defere o processamento da recuperação judicial;

II – a relação nominal de credores, em que se discrimine o valor atualizado e a classificação de cada crédito;

III – a advertência acerca dos prazos para habilitação dos créditos, na forma do art. 7º, § 1º, desta Lei, e para que os credores apresentem objeção ao plano de recuperação judicial apresentado pelo devedor nos termos do art. 55 desta Lei.

§ 2º Deferido o processamento da recuperação judicial, os credores poderão, a qualquer tempo, requerer a convocação de assembleia-geral para a constituição do Comitê de Credores ou substituição de seus membros, observado o disposto no § 2º do art. 36 desta Lei.

§ 3º No caso do inciso III do *caput* deste artigo, caberá ao devedor comunicar a suspensão aos juízos competentes.

§ 4º O devedor não poderá desistir do pedido de recuperação judicial após o deferimento de seu processamento, salvo se obtiver aprovação da desistência na assembleia-geral de credores.

Ausência de documentos indispensáveis

Caso nem todos os documentos sejam apresentados, ou falte algum requisito sanável, deverá o juiz determinar que o autor emende ou complete a petição inicial, no prazo de 15 dias. Deverá, para tanto, determinar quais documentos não foram apresentados ou quais irregularidades devem ser sanadas (art. 321 do CPC)[146].

---

[146] Súmula 56 do TJSP: "Na recuperação judicial, ao determinar a complementação da inicial, o juiz deve individualizar os elementos faltantes".

Se o vício for insanável, como na hipótese de o devedor não ser empresário ou ser empresário absolutamente impedido de requerer a recuperação judicial (art. 2º), ou se o devedor não cumprir a diligência determinada na decisão de emenda, o juiz indeferirá a petição inicial[147].

A falta de instrução da petição inicial de recuperação judicial com os documentos indispensáveis à propositura da ação não permitirá a decretação da falência do devedor. Não há previsão para a convolação em falência na hipótese de indeferimento do pedido de recuperação judicial (art. 73).

Decisão de processamento da recuperação judicial

Desde que todos os documentos tenham sido formalmente apresentados e o devedor seja empresário legitimado ao pedido, o juiz determinará o processamento da recuperação judicial.

A decisão de processamento da recuperação não se confunde com a decisão de concessão. O processamento apenas determina que o procedimento poderá ser realizado para a apresentação do plano de recuperação judicial à negociação com os credores.

Para a decisão de processamento da recuperação judicial, não há apreciação sobre a viabilidade econômica da empresa ou sobre a veracidade das demonstrações financeiras. A análise do juízo ao deferir o processamento da recuperação judicial é meramente formal, à vista dos documentos requisitados pela Lei, e diante da legitimidade do requerente ao pedido de recuperação judicial.

A análise formal da documentação não implica que o ato judicial de processamento da recuperação judicial seja um mero despacho de expediente, sem conteúdo decisório e, portanto, irrecorrível. No Decreto-Lei n. 7.661/45, quanto ao ato judicial que determinava o processamento da concordata, a jurisprudência firmou posicionamento de que o ato judicial era irrecorrível[148].

O ato judicial de processamento da recuperação judicial possui conteúdo decisório. Além da verificação da legitimidade e da análise formal da documentação que instrui a petição inicial, essa decisão interlocutória implica a nomeação do administrador judicial, a suspensão das ações e execuções contra o devedor, impede a desistência do pedido sem a aprovação dos credores. Referidos efeitos jurídicos poderão afetar os credores e, dessa forma, poderão ser por eles submetidos a recurso de agravo de instrumento à instância superior[149].

Na decisão de processamento da recuperação judicial, será nomeado o administrador judicial, o qual, entre outras funções, fiscalizará o cumprimento dos prazos pelo devedor durante toda a negociação com os credores e, eventualmente, durante a fase de cumprimento do plano de recuperação judicial.

TJSP, Câmara Especial de Falência e Recuperações Judiciais, AI 612.654.4, rel. Des. Pereira Calças, j. 18-8-2009; AI 520.208.4/6, rel. Des. Lino Machado, j. 7-5-2008; AI 426.678.4, rel. Des. Lino Machado, j. 3-5-2006.

[147] Nesse sentido: TJSP, 1ª Câmara de Direito Empresarial, rel. Des. Fortes Barbosa, j. 7-12-2016; TJSP, 1ª Câmara Reservada de Direito Empresarial, rel. Des. Fábio Tabosa, j. 3-7-2017.

[148] Súmula 264 do STJ: "É irrecorrível o ato judicial que apenas manda processar a concordata preventiva".

[149] STJ, 4ª Turma, AgRg no AI 1.008.393, rel. Min. Fernando Gonçalves, j. 5-8-2008; TJSP, Câmara Especial de Falências e Recuperações Judiciais, AI 428.507-4/0-00, rel. Des. Romeu Ricupero, j. 3-5-2006; TJSP, 1ª Câmara Reservada de Direito Empresarial, AI 0134168-85.2013, rel. Des. Alexandre Marcondes, j. 7-11-2013.

Dispensa das certidões negativas para a contratação

A decisão de processamento determinará a dispensa da apresentação das certidões negativas para a contratação com o devedor. A dispensa de certidões negativas permite que a recuperanda em crise econômico-financeira possa continuar a desenvolver sua atividade empresarial regularmente.

Quaisquer certidões negativas não poderão ser exigidas por terceiros para a contratação. Poderão ser elas certidões negativas de processos cíveis contra si, certidão negativa de débitos tributários, certidão negativa de recuperação judicial ou de falência, de débitos trabalhistas etc. Referidas certidões, diante da crise da recuperanda, possivelmente seriam impossíveis a esta, o que impediria o desenvolvimento regular de sua atividade. Sua dispensa legal permite ao devedor continuar a empreender.

a) Certidões negativas para a contratação com o Poder Público

A apresentação de certidões negativas para a contratação com o Poder Público ou para recebimento de benefícios ou incentivos fiscais ou creditícios não era dispensada pela LREF, como o era em face dos demais contratantes. A exigência da apresentação de certidões para a contratação com o Poder Público era corroborada pelo art. 29, IV, e pelo art. 31, II, ambos da Lei n. 8.666/93, os quais exigem a apresentação de certidão negativa de falência ou concordata.

A exigência da certidão era decorrente do maior risco que os empresários em recuperação judicial teriam de inadimplir o contrato celebrado com o Poder Público, notadamente diante da confissão de que sua atividade empresarial está acometida por crise econômico-financeira. Protegeria o interesse público de que o contratante teria efetivamente condições econômicas de desenvolver o objeto do contrato.

Entretanto, a jurisprudência e a doutrina passaram a mitigar a regra, ainda sob a redação expressa anterior, a qual, pela alteração da Lei, teve a exigência da apresentação da certidão como suprimida do texto legal.

Isso porque o recebimento de benefícios fiscais ou creditícios, bem como a possibilidade de serem celebrados contratos com o Poder Público, podem ser meios imprescindíveis para possibilitar o desenvolvimento de uma atividade pelo empresário. Notadamente quando a sua atividade se concentra na execução desse tipo de contrato, a recuperação judicial do empresário poderá ser somente realizável se as referidas contratações forem possíveis[150].

A contratação de um empresário em recuperação judicial com o Poder Público, ademais, poderá não possuir diferença justificável em face dos demais contratantes a ponto de exigir um tratamento diverso. O art. 37, XXI, da Constituição Federal assegura a igualdade de condições a todos os licitantes. A exigência de certidão negativa de recuperação judicial, nesses termos, poderá ferir a garantia constitucional do tratamento idêntico entre todos, exceto na medida de suas desigualdades.

Como seria imposto a todos os particulares a impossibilidade de se exigir as certidões negativas e, portanto, de minorar o risco de um inadimplemento de sua contratação em virtude da proteção ao empresário em recuperação judicial, o Poder Público não mereceria tratamento diverso. O Poder Público é contratante como os demais, credor, e deve ter as mesmas condições impostas a estes[151].

---

[150] Nesse sentido: STJ, Agravo em REsp 309.867/ES, rel. Min. Gurgel de Faria, 1ª Turma, j. 26-6-2018.

[151] Nesse sentido: STJ, Ag. Rg no Ag de REsp 709.719/RJ, rel. Min. Herman Benjamin, j. 13-10-2015; STJ, REsp 1.471.315/RS, rel. Min. Mauro Campbell Marques, j. 10-11-2015; 2ª Turma, AgRg na MC 23.499/RS, rel. Min. Humberto Martins, rel. p/ Acórdão Min. Mauro Campbell Marques, *DJe* 19-12-2014; STJ, 4ª Turma, REsp 1.173.735/RN, Min. Luis Felipe Salomão, j. 9-5-2014; STJ, Corte Especial, REsp 1.187.404/MT, rel. Min. Luis Felipe Salomão, j. 19-6-2013.

Diante de um edital que preveja a exigência da certidão, mesmo contrariamente à alteração legal, a competência para questionar a medida, por falta de previsão legal a tanto e por extrapolar a negociação do plano de recuperação judicial entre o devedor e os credores, não é do Juízo da recuperação judicial. A análise da dispensa da certidão para a contratação com o Poder Público será do Juiz competente para apreciar o edital de licitação publicado pelo ente público e que exigiu a certidão como condição para a contratação, como em face de toda e qualquer outra ilegalidade do edital.

A única ressalva à contratação, expressamente imposta pela Lei, é que, nos termos do art. 195, § 3º, da Constituição Federal, a pessoa jurídica em débito com o sistema da seguridade social, como estabelecido em lei, não poderá contratar com o Poder Público nem dele receber benefícios ou incentivos fiscais ou creditícios.

Suspensão de ações e execuções contra a recuperanda

A decisão de processamento suspenderá todas as ações ou execuções contra o devedor[152]. A suspensão das ações, pelo prazo do *stay period* de 180 dias, exigirá que os créditos existentes até a data do pedido sejam exigidos mediante habilitação no respectivo procedimento de recuperação judicial e se submeterão ao pagamento conforme a previsão no plano de recuperação judicial.

Desnecessária a expedição de ofícios aos juízos em que tramitam as referidas ações para a suspensão. O próprio devedor deverá comunicar os juízos diretamente, já que é o maior interessado na suspensão dos feitos.

Não serão suspensas as ações de conhecimento, assim consideradas as ações ilíquidas (art. 6º, § 1º), e as reclamações trabalhistas (art. 6º, § 2º). As execuções de natureza tributária (art. 6º, § 7º) não são suspensas também pela decisão de processamento da recuperação judicial. O crédito tributário não se submete à recuperação judicial e, portanto, não há razão para suspendê-lo. Sua suspensão ocorrerá apenas se o devedor optar pelo parcelamento do seu débito tributário, nos termos da lei.

Tampouco serão suspensas as ações referentes aos credores titulares de posição de proprietário fiduciário de bens móveis ou imóveis, de arrendador mercantil, de proprietário ou promitente vendedor de imóvel cujos respectivos contratos contenham cláusula de irrevogabilidade ou irretratabilidade ou de proprietário em contrato de venda com reserva de domínio, ou de credor por adiantamento de contrato de câmbio. Referidos credores não se submetem ao procedimento falimentar, de modo que suas ações continuam a tramitar normalmente, com a única exceção de que os credores proprietários não poderão retirar bens de capital imprescindíveis à recuperação da empresa durante o *stay period* (art. 49, § 3º).

Não se suspendem também as ações e execuções em face dos coobrigados, fiadores e obrigados de regresso[153]. Em face dos fiadores e avalistas, a ação e execução continuam a tramitar normalmente e não são afetadas pela recuperação judicial do devedor principal[154].

Em sentido contrário, com a sustentação de prevalência do interesse público em face do interesse particular da recuperanda: TJSP, 1ª Câmara Reservada de Direito Empresarial, AI 2231362-46.2016, rel. Des. Francisco Loureiro, j. 2-8-2017; TJSP, 2ª Câmara Reservada de Direito Empresarial, AI 2153035-53.2017, rel. Des. Carlos Alberto Garbi, j. 27-11-2017; TJSP, 2ª Câmara Reservada de Direito Empresarial, AI 2213277-46.2015, rel. Des. Ricardo Negrão, j. 14-12-2016.

[152] Cf. art. 6º para mais detalhes.

[153] Cf. art. 49, § 1º, para mais detalhes.

[154] Enunciado 43 da I Jornada de Direito Comercial do Conselho da Justiça Federal: "a suspensão das ações e execuções previstas no art. 6º da Lei n. 11.101/2005 não se estende aos coobrigados do devedor".

Prestação mensal de contas

O administrador judicial deverá apresentar ao juiz, para juntada aos autos, relatório mensal das atividades do devedor (art. 22, II, c). Para que os relatórios mensais pelo administrador judicial possam ser realizados, o devedor deverá apresentar, mensalmente, contas com a informação de sua atividade.

A prestação de contas mensais pelo devedor não necessita ser feita no próprio processo. Diante do risco de se publicar estratégia do empresário em crise, seus parceiros comerciais etc., a prestação deverá ser mensalmente encaminhada ao administrador judicial. É o administrador que fará relatório mensal das atividades e o incluirá no processo para acompanhamento de todos os interessados.

A falta de apresentação das contas não autoriza, por si só, a decretação da falência do empresário em recuperação. O descumprimento da prestação gerará a possibilidade de os administradores da recuperanda serem destituídos pelo juízo, o qual poderá substituí-los na forma prevista nos atos constitutivos do devedor ou do plano de recuperação judicial. Enquanto o novo administrador não for nomeado, a função será desempenhada por gestor judicial escolhido pela Assembleia Geral de Credores ou pelo próprio administrador judicial (arts. 64 e 65).

Publicidade da decisão de processamento da recuperação judicial

A decisão de processamento determinará a intimação eletrônica do Ministério Público para que, caso deseje, possa participar do procedimento.

Serão também comunicadas, por intimação eletrônica, as Fazendas Públicas Federal e de todos os Estados e Municípios em que o devedor tiver estabelecimento. As Fazendas serão intimadas para que tomem conhecimento da recuperação judicial e para que informem eventuais créditos perante o devedor.

A informação não implica verificação de crédito, haja vista que os créditos fiscais não se submetem à recuperação judicial. Entretanto, a informação permite o controle dos débitos pelos credores, a quem compete aferir a viabilidade econômica da devedora e do cumprimento do plano de recuperação judicial proposto.

Para que todos os demais credores tenham conhecimento será incluída a expressão "em recuperação judicial" ao nome empresarial pelo Registro Público de Empresas Mercantis (art. 69) e haverá a publicação de edital no órgão oficial. O edital conterá resumo do pedido de recuperação judicial e da decisão que o deferiu. Além disso, conterá a relação de todos os credores apresentada pelo devedor e que deverá especificar o valor devido a cada qual e a classificação de cada um dos créditos.

Para que os credores discordantes da relação de credores apresentada pelo devedor possam indicar divergência ou habilitação administrativa, deverá constar no edital o prazo de 15 dias para manifestarem sua discordância ao administrador judicial. Como essa habilitação ou divergência administrativa pode ser feita diretamente ao administrador judicial, deverá ser especificada no edital a forma em que isso poderá ser feito, seja mediante *e-mail* ao administrador judicial, cujo endereço eletrônico deve ser identificado no edital, seja mediante entrega no ofício judicial.

Constituição do Comitê de Credores

Após a decisão de processamento da recuperação judicial, os credores poderão requerer a convocação de Assembleia Geral de Credores para a constituição do Comitê de Credores ou para a substituição de seus membros. A convocação somente será feita, entretanto, se os credores representarem pelo menos 25% do valor total dos créditos de uma determinada classe (art. 36, § 2º).

Desistência do pedido

Após a decisão de processamento da recuperação judicial, o devedor não poderá mais desistir do seu pedido de recuperação judicial, a menos que tenha aprovação de sua desistência pelos credores em Assembleia Geral.

Até que a decisão de processamento ocorra, a desistência do devedor não exige a anuência dos credores. Basta seu mero pedido para que o processo seja extinto.

Protesto de títulos e negativação nos cadastros de inadimplentes

Apenas as ações e execuções em face da recuperanda são suspensas pela decisão de processamento da recuperação judicial. Não há determinação legal de suspensão dos protestos sobre débitos submetidos à recuperação.

Os protestos afetam o crédito do devedor, pois demonstram que o devedor passa por crise econômico-financeira, já que não conseguiu satisfazer a obrigação objeto do protesto. A decisão de cancelamento ou suspensão da publicidade dos protestos durante o processamento da recuperação judicial e até a eventual decisão de concessão dos créditos permitiria que o empresário devedor obtivesse com maior facilidade crédito para o desenvolvimento de sua atividade, o que efetivaria o princípio da preservação da empresa.

Ainda que se possa sustentar que a suspensão dos protestos procuraria efetivar o princípio da preservação da empresa, a recuperação judicial não pode garantir um direito absoluto ao devedor, em detrimento de todo o mercado e do interesse de terceiros.

O protesto cambial não apenas evidencia a situação de crise econômico-financeira do devedor, como também procura garantir o tomador de seu direito de exigir o título dos endossantes e respectivos avalistas. Em face dos coobrigados, as ações e execuções prosseguem normalmente (art. 49, § 1º), de modo que a efetivação do protesto dos referidos títulos é condição para que o credor possa recuperar o crédito em face destes.

A suspensão ou o cancelamento dos referidos protestos poderia afetar o direito do credor em face de terceiros que não estão submetidos à recuperação judicial. Além de comprometer esse direito, a decisão também não garantiria o fim pretendido. A decisão de processamento já inclui, no nome do empresário devedor, a expressão "em recuperação judicial", de modo que se torna público que o empresário devedor está acometido por crise econômico-financeira, a qual é pressuposto da recuperação judicial.

Outrossim, a decisão de processamento da recuperação judicial apenas suspende as ações e execuções em face do devedor durante o *stay period*. Não há a novação das obrigações, que continuam existentes e, eventualmente, já inadimplidas. Desta forma, o protesto, que demonstra a mora no cumprimento da obrigação vencida, deve continuar da mesma forma em vigor.

Pelo mesmo raciocínio, a inclusão do devedor nos cadastros de inadimplentes não sofre alteração pela decisão de processamento da recuperação judicial. A publicidade desses débitos possui o mesmo efeito do que a inclusão da expressão "em recuperação judicial" no nome da recuperanda, além de simplesmente evidenciar a situação de inadimplemento que, ainda, persiste.

Logo, a suspensão ou o cancelamento dos protestos das dívidas submetidas à recuperação judicial, bem como a exclusão do nome do devedor dos cadastros de inadimplentes em razão do processamento poderão prejudicar os credores injustificadamente, não garantem o fim pretendido de facilitar a abertura de linhas de crédito. A manutenção do protesto e da inscrição é de rigor, pois estes simplesmente evidenciam a situação de inadimplência do devedor[155].

Seção III
Do Plano de Recuperação Judicial

Art. 53. O plano de recuperação será apresentado pelo devedor em juízo no prazo improrrogável de 60 (sessenta) dias da publicação da decisão que deferir o processamento da recuperação judicial, sob pena de convolação em falência, e deverá conter:

I – discriminação pormenorizada dos meios de recuperação a ser empregados, conforme o art. 50 desta Lei, e seu resumo;

II – demonstração de sua viabilidade econômica; e

III – laudo econômico-financeiro e de avaliação dos bens e ativos do devedor, subscrito por profissional legalmente habilitado ou empresa especializada.

Parágrafo único. O juiz ordenará a publicação de edital contendo aviso aos credores sobre o recebimento do plano de recuperação e fixando o prazo para a manifestação de eventuais objeções, observado o art. 55 desta Lei.

Legitimidade para a apresentação do plano de recuperação judicial

O plano de recuperação judicial é a proposta realizada pelo devedor aos credores para superar a crise econômico-financeira que o acomete e continuar a desenvolver a empresa com regularidade.

Ao contrário de legislações como a dos Estados Unidos, sua formulação é privativa do devedor, único legitimado que, a princípio, poderá confeccioná-lo[156]. Esses poderes exclusivos foram atribuídos ao devedor para contrabalancear os poderes dos credores, a quem competiria privativamente aprovar ou rejeitar o plano de recuperação judicial proposto, conforme o quórum legal.

Como o plano de recuperação judicial é destinado a evidenciar os meios pelos quais o devedor pretende recuperar sua atividade e precisa ser aprovado pelos seus credores, nada impede que

---

[155] Nesse sentido, Enunciado 54 da I Jornada de Direito Comercial: "o deferimento do processamento da recuperação judicial não enseja o cancelamento da negativação do nome do devedor nos órgãos de proteção ao crédito e nos tabelionatos de protesto".

TJSP, 2ª Câmara Reservada de Direito Empresarial, AI 2102879-95.2016, rel. Des. Carlos Alberto Garbi, j. 3-11-2016; TJSP, 1ª Câmara Reservada de Direito Empresarial, AI 2013229-71.2015, rel. Des. Claudio Godoy, j. 8-4-2015; TJSP, 1ª Câmara Reservada de Direito Empresarial, AI 203674-93.2016, rel. Des. Ênio Zuliani; j. 18-5-2016; TJSP, 1ª Câmara Reservada de Direito Empresarial, AI 2200725-49.2015, rel. Des. Maia da Cunha, j. 13-11-2015; TJSP, 1ª Câmara Reservada de Direito Empresarial, AI 2140500-63.2015, rel. Des. Pereira Calças, j. 9-9-2015.

Em sentido contrário: TJSP, 1ª Câmara Reservada de Direito Empresarial, AI 2008174-71.2017, rel. Des. Fábio Tabosa, j. 1º-3-2017.

[156] STJ, 3ª Turma, RMS 30.686/SP, rel. Min. Massami Uyeda, j. 7-10-2010.

haja negociação de cláusulas do plano de recuperação com os credores mesmo antes de o pedido de recuperação judicial ser distribuído, nem que suas cláusulas sejam alteradas mediante sugestões dos credores até a deliberação pelos credores em Assembleia Geral[157].

Os credores poderão fazer sugestões ou mesmo apresentar planos de recuperação judicial alternativos, mas a aceitação do plano ou das modificações sugeridas, de modo a serem submetidos à votação pela AGC, é de exclusiva apreciação do devedor, que poderá recusá-la. A apresentação do plano ou a inserção de cláusulas a serem deliberadas pelos credores são ônus exclusivos do devedor, cujas sugestões dos credores ou planos alternativos não poderão ser-lhe impostas, se assim não o desejar[158].

Como se trata de legitimidade exclusiva do devedor e rege, no Brasil, a separação da personalidade jurídica da sociedade e seus sócios, na forma do art. 49-A do Código Civil, entende-se que eventuais alterações no quadro societário da devedora, ainda que impliquem alteração do controle (ou do bloco de controle) não teriam o condão de afetar a legalidade do plano de recuperação judicial aprovado pelos credores. O novo controlador receberá a devedora no estado em que se encontra e terá o dever de honrar com o plano de recuperação judicial aprovado em assembleia geral de credores ou, caso dele discorde, deverá submeter aos credores uma proposta de aditamento ao plano[159].

Prazo para apresentação

O plano de recuperação judicial deverá ser apresentado no prazo de 60 dias. Referido prazo é contado da publicação da decisão que deferir o processamento da recuperação judicial no órgão público oficial e não da publicação do edital de aviso aos credores e interessados (art. 52, § 1º), pois sua apresentação compete ao próprio devedor. Entretanto, para que haja certeza quanto ao conhecimento da decisão e início do prazo, não basta que a decisão judicial tenha se tornado pública com sua juntada aos autos processuais, mas é exigida a ampla publicidade por meio da publicação da decisão no órgão público oficial[160].

Embora o prazo seja curto para a apresentação de todos os meios de recuperação, para a demonstração da viabilidade econômica e apresentação do laudo econômico e de avaliação dos ativos, o prazo é improrrogável, não submetido a dilação. Ainda que a função social da empresa ou a preservação de sua atividade possa ser comprometida, o descumprimento do prazo não permite a mitigação da regra pelo juiz, notadamente porque referidos princípios não são absolutos e a recuperação judicial impõe diversos custos a serem suportados pela sociedade, o que exige o cumprimento da disciplina estabelecida até para permitir que a negociação pretendida entre devedor e credores possa ocorrer regularmente.

Mesmo que complexa a atividade desenvolvida ou que o empresário tenha milhares de credores ou o pedido tenha sido deduzido em litisconsórcio ativo, o cumprimento do prazo é condição para o regular processamento da recuperação judicial e condiciona todos os demais atos processuais. Seu descumprimento evidencia que o empresário não tem condição para realizar os atos

---

[157] Conferir comentários ao art. 56.

[158] TJSP, Câmara Reservada à Falência e Recuperação, AI 661.598-4/3-00, rel. Des. Lino Machado, j. 17-11-2009.

[159] TJSP, 1ª Câmara Reservada de Direito Empresarial, AI 2214344-70.2020.8.26.0000, rel. Des. Alexandre Lazzarini, j. 23-3-2022.

[160] TJSP, Câmara Especial de Falências e Recuperações Judiciais, AI 556.674.4/0-00, rel. Des. Pereira Calças, j. 9-6-2009.

Art. 53 ||| Marcelo Barbosa Sacramone   300

imprescindíveis para recuperar sua atividade. A não apresentação do plano no prazo de 60 dias, assim, acarretará a convolação da recuperação judicial em falência[161].

Conteúdo do plano de recuperação judicial

No plano de recuperação judicial, deverão ser apresentados todos os meios (art. 50) a serem utilizados pelo devedor. Cabe ao devedor identificar todos os meios necessários para superar a crise que o acomete. Pode, para tanto, combiná-los entre si ou mesmo estruturar meio de recuperação judicial não indicado pela Lei (art. 50), desde que imprescindível para a superação da crise econômico-financeira.

A identificação dos meios, contudo, não poderá ser genérica. Sua descrição deverá ser pormenorizada, com a data, inclusive, em que serão implementados e de que modo isso ocorrerá. Como composição celebrada entre o devedor e seus credores, a recuperação judicial exige que os credores saibam exatamente sobre o que estão manifestando sua vontade. Um plano cujos meios de recuperação são previstos apenas de modo genérico não permite essa ciência inequívoca do contratado e não assegura a vinculação dos credores.

No plano deverá ser ainda demonstrada a viabilidade econômica da proposta realizada aos credores. O devedor deverá provar que a aplicação dos meios de recuperação pretendidos, diante dos demonstrativos financeiros e do fluxo de caixa projetado, permitirá ao empresário satisfazer suas obrigações do modo em que previstas no plano.

Para tanto, as prestações da dívida, tal qual previstas no plano de recuperação judicial, deverão ser contidas no fluxo de caixa projetado pelo devedor conforme os meios de recuperação judicial a serem aplicados. Além das prestações da dívida submetida à recuperação judicial, as prestações não submetidas, tal como o pagamento dos tributos anteriores e posteriores à recuperação judicial, o recolhimento dos encargos trabalhistas pela prestação de serviço durante a recuperação judicial etc., deverão estar previstas e serem possíveis de satisfação.

Essa viabilidade econômica demonstrada pelo devedor no plano de recuperação judicial deverá ser apreciada pelos credores em Assembleia Geral. A eles competirá analisar se os meios de recuperação judicial propostos são efetivamente viáveis e se a recuperação judicial do empresário ser-lhes-ia mais interessante do que a decretação da falência.

Nesse ponto, não há, na LREF, a exigência de que a recuperação judicial implique, para os credores, melhor alternativa do que o valor que receberiam do produto da liquidação na falência. Embora essa comparação possa ser considerada para, juntamente com outras circunstâncias, verificar-se eventual abuso de direito de voto pelo credor, a LREF não exigiu que o plano de recuperação judicial preveja melhor alternativa para o credor do que seria a falência. Referida consideração deverá ser feita individualmente pelos credores, de modo a se verificar o seu melhor interesse enquanto credor por ocasião do voto na Assembleia Geral de Credores[162].

---

[161] TJSP, 1ª Câmara Reservada de Direito Empresarial, rel. Des. Maia da Cunha, j. 29-8-2013; TJSP, Câmara Reservada à Falência e Recuperação, AI 990.10.105052-8, rel. Des. Pereira Calças, j. 6-4-2010; TJSP, 2ª Câmara Reservada de Direito Empresarial, AI 2070668-74.2014, rel. Des. Fábio Tabosa, j. 8-10-2014.

[162] Em sentido contrário, Paulo Fernando Campos Salles de Toledo. Para o autor, "a Lei, na verdade, não precisa deixar explícito esse ponto para que o mesmo fundamento seja aplicado, uma vez que ele decorre da própria natureza do instituto. A Lei, evidentemente, não pode impor aos credores o mal maior – que seria o de sujeitá-los a uma recuperação que os prejudique mais do que a falência do devedor" (O plano de recuperação judicial e o controle judicial da legalidade. *Revista de Direito Bancário e do Mercado de Capitais*, v. 60, 2013, p. 319).

A necessidade de assegurar aos credores condições iguais ou melhores que aquelas a que estariam sujeitos na falência somente foi apontada pela Lei como condição para que a venda integral da recuperanda possa ser tratada como UPI e para eventual verificação de esvaziamento patrimonial que implique liquidação substancial a justificar a convolação em falência e somente em relação aos créditos não sujeitos ou não aderentes ao plano. Fosse a intenção do legislador condicionar a validade do plano à garantia de melhores condições dos credores concursais, na recuperação judicial em comparação à falência, o teria feito expressamente, tal como o fez ao tratar dessas outras hipóteses.

Para que esse confronto possa ser realizado e a alternativa da falência possa ser, pelos credores, efetivamente calculada, o devedor deverá apresentar laudo econômico-financeiro e de avaliação dos bens e ativos do devedor, com a descrição de todos os ativos e os respectivos valores, bem como se pende algum ônus financeiro sobre eles. Esse laudo permitirá ao credor verificar o quanto poderia esperar receber na hipótese de liquidação dos ativos do devedor no procedimento falimentar e verificar se a recuperação judicial e seu plano de pagamento são alternativas mais condizentes ao seu interesse de maior satisfação do seu crédito.

De modo a esse documento ser confiável, a Lei determinou que o laudo econômico-financeiro e de avaliação dos bens não seja realizado simplesmente pelo empresário devedor. Ele deverá ser subscrito por profissional legalmente habilitado ou empresa especializada.

Edital de recebimento do plano de recuperação judicial

Apresentado o plano de recuperação judicial pelo devedor, deverá ser publicado edital para aviso dos credores de seu recebimento nos autos e de que poderão opor objeções, caso não concordem com o plano, no prazo de 30 dias.

A objeção é a oportunidade dada pela Lei para que o credor contribua com a análise do controle de legalidade do plano e constitui ato pessoal do credor, que poderá dela desistir a qualquer momento, desde que antes da convocação da AGC, hipótese em que, se inexistirem outras objeções, o conclave não deverá ser realizado. Desse modo, caso haja interesse em assegurar a deliberação, em assembleia, do plano, deve o credor apresentar sua própria objeção[163].

Como o prazo de 30 dias para apresentação da objeção apenas se inicia pelo edital de apresentação do plano, se o edital com a lista de credores realizada pelo administrador judicial já tiver sido publicado (art. 55, parágrafo único), não haverá prejuízo na publicação de um edital único.

Para garantir economia de custos pelo devedor, este poderá requerer a publicação de um único edital, que poderá conter tanto a lista de credores apresentada pelo administrador judicial (art. 7º, § 2º) como o aviso de recebimento do plano de recuperação judicial (art. 53, parágrafo único).

Art. 54. O plano de recuperação judicial não poderá prever prazo superior a 1 (um) ano para pagamento dos créditos derivados da legislação do trabalho ou decorrentes de acidentes de trabalho vencidos até a data do pedido de recuperação judicial.

§ 1º O plano não poderá, ainda, prever prazo superior a 30 (trinta) dias para o pagamento, até o limite de 5 (cinco) salários mínimos por trabalhador, dos créditos de natureza estritamente salarial vencidos nos 3 (três) meses anteriores ao pedido de recuperação judicial.

---

[163] TJSP, AI 243882-91.2023.8.26.0000, rel. Des. Jorge Tosta, 2ª Câmara Reservada de Direito Empresarial, j. 14-3-2024.

§ 2º O prazo estabelecido no *caput* deste artigo poderá ser estendido em até 2 (dois) anos, se o plano de recuperação judicial atender aos seguintes requisitos, cumulativamente:

I – apresentação de garantias julgadas suficientes pelo juiz;

II – aprovação pelos credores titulares de créditos derivados da legislação trabalhista ou decorrentes de acidentes de trabalho, na forma do § 2º do art. 45 desta Lei; e

III – garantia da integralidade do pagamento dos créditos trabalhistas.

Limites ao pagamento dos credores trabalhistas ou acidentários

O plano de recuperação judicial, como negócio jurídico, está submetido aos pressupostos de validade de todos os demais negócios jurídicos. Além dos pressupostos genéricos, como vícios do consentimento ou sociais, incapacidade, motivo determinante ilícito etc., a LREF impõe ao plano limites específicos.

Não poderá, assim, prever a alienação de bens concedidos como garantia real ao credor, exceto se houver concordância expressa deste (art. 50, § 1º), nem poderá determinar a alteração da variação cambial dos créditos celebrados em moeda estrangeira sem a concordância expressa do credor (art. 50, § 2º). Há, ainda, limite legal imposto em razão da natureza alimentar do crédito trabalhista[164].

Os créditos trabalhistas ou decorrentes de acidentes de trabalho vencidos até a data do pedido de recuperação submetem-se ao plano de recuperação, o qual poderá alterar suas condições de pagamento. A natureza alimentar dos referidos créditos compeliu o legislador a proteger o crédito trabalhista em relação inclusive à maioria dos demais credores e, para tanto, a limitar a possibilidade de alteração de suas condições de pagamento.

Limitação de pagamento ao prazo de um ano

Diante da natureza alimentar do referido crédito, o art. 54, *caput*, limitou a previsão do plano de recuperação judicial de pagamento dos créditos trabalhistas ou decorrentes de acidentes de trabalho vencidos até a data do pedido de recuperação judicial em um ano.

A limitação é temporal apenas, mas não impede a alteração de suas outras condições.

Não há nenhuma limitação legal a que sejam imputados deságios no pagamento do referido crédito. Os créditos trabalhistas apenas não poderão ter as condições de pagamento alteradas de modo a terem prazo superior a um ano para a sua satisfação.

Essa norma legal, de natureza cogente, não admite convenção em contrário, nem permite que seu descumprimento convalesça pelo decurso do tempo. Ainda que aprovada pela maioria dos credores trabalhistas em Assembleia Geral de Credores, a cláusula que determine o pagamento dos credores trabalhistas em prazo superior a um ano é nula por contrariar lei imperativa[165].

---

[164] Sobre o limite da habilitação do crédito trabalhista na recuperação judicial, cf. comentários aos arts. 41 e 83.

[165] TJSP, 1ª Câmara Reservada de Direito Empresarial, AI 0119660-37.2013, rel. Des. Francisco Loureiro, j. 6-2-2014; TJSP, 2ª Câmara Reservada de Direito Empresarial, AI 2035939-22.2014, rel. Des. Ricardo Negrão, j. 16-3-2015.

É controvertida na doutrina e jurisprudência a data inicial do cômputo do prazo de um ano. Em que pesem as posições de que o prazo deverá retroagir a momento anterior à concessão, como ao fim do período de 180 dias da decisão de processamento da recuperação, independentemente se houve a prorrogação judicial do período, a solução poderá resultar em prejuízo aos próprios credores, haja vista que, diante dos recursos limitados do devedor, poderão ter que aceitar deságios ainda maiores. Essa interpretação, também, parece contrariar uma análise sistemática dos demais dispositivos da Lei n. 11.101/2005.

O prazo de um ano deverá começar a partir da possibilidade de o devedor satisfazer seus credores, o que somente ocorrerá a partir da decisão de homologação da aprovação da Assembleia Geral de Credores e concessão da recuperação judicial. A partir da concessão apenas, o devedor poderá satisfazer seus credores conforme o plano de recuperação judicial, sem que, com isso, dê tratamento preferencial a alguns credores em detrimento de outros[166].

Antes da concessão, o devedor não poderá satisfazer suas obrigações previstas no plano de recuperação judicial, de modo que não é justificável que o prazo de pagamento conte a partir de momento anterior[167], seja a distribuição do pedido de recuperação ou a mera aprovação em Assembleia Geral de Credores. Nesse ponto, inclusive, ressalto que a mera aprovação dos credores não significa, necessariamente, que a recuperação judicial será concedida, de modo que ainda não ocorreu a novação recuperacional e que o devedor não poderá satisfazer ainda suas novas obrigações.

Por seu turno, também não se justifica que seja do trânsito em julgado da decisão que homologou o plano de recuperação judicial, pois estimularia o devedor a recorrer da decisão de concessão de recuperação judicial para simplesmente adiar o cumprimento de suas obrigações.

Extensão do prazo para pagamento dos credores trabalhistas

Como a limitação original ao pagamento dos créditos trabalhistas era apenas temporal, de um ano, e não impedia o deságio, a crise do devedor e sua limitação de recursos financeiros para o pagamento dos credores trabalhistas poderiam resultar em percentual diminuto de pagamento justamente para atender às condições impostas pela Lei.

Pela alteração legislativa, passou-se a admitir a extensão do prazo de um ano de pagamento em até dois anos. Dessa forma, o devedor poderá prever o pagamento dos credores trabalhistas ou com verbas decorrentes de acidente de trabalho para um período máximo de até três anos, mas desde que sejam atendidos requisitos para a garantia de pagamento integral dos referidos créditos.

Para tanto, a extensão do prazo somente será válida se houver apresentação de garantias pelo devedor e suficientes à satisfação da referida obrigação mediante análise pelo Juízo. Referidas

---

[166] STJ, 3ª Turma, REsp 1.924.164/SP, rel. Min. Nancy Andrighi, j. 15-6-2021.

[167] Em sentido contrário: BEZERRA FILHO, Manoel Justino. *Lei de Recuperação de Empresas e Falência*. 12. ed. São Paulo: Revista dos Tribunais, 2017, p. 199. Para o autor, o prazo máximo de um ano seria iniciado a partir do dia do ajuizamento do pedido de recuperação. Nesse sentido: TJSP, 2ª Câmara Reservada de Direito Empresarial, AI 2035939-22.2014, rel. Des. Ricardo Negrão, j. 16-3-2015; TJSP, 2ª Câmara Reservada de Direito Empresarial, AI 0142565-36.2013, rel. Des. Araldo Telles, j. 3-2-2014.

Para Rachel Sztajn, o prazo se iniciaria a partir da aprovação do plano de recuperação judicial (Comentários ao art. 54. In: *Comentários à Lei de Recuperação de Empresas e Falência*. 5. ed. São Paulo: Saraiva, 2012, p. 268). Nesse sentido: TJSP, 2ª Câmara Reservada de Direito Empresarial, AI 2008116-05.2016, rel. Des. Fábio Tabosa, j. 11-5-2016.

garantias não poderão ser extintas ou liquidadas, com a venda de bem na recuperação judicial, por exemplo, até que os credores sejam integralmente satisfeitos, a menos que haja a destinação do produto da liquidação justamente para a satisfação dos referidos credores.

Além das garantias, a extensão somente poderá ser aceita se houver a previsão integral de pagamento dos referidos créditos. Para que haja a extensão, não poderá ocorrer deságio, seja ele explícito ou implícito. O desconto do montante não apenas não poderia ocorrer diante de seu valor histórico, como é necessário que se preveja que o pagamento será realizado mediante correção monetária e juros de mercado, para que o montante não sofra descontos ao longo do tempo.

Imprescindível como requisito, também, que a classe de credores, por maioria de credores presentes na Assembleia Geral de Credores, aprove a extensão. A remissão ao art. 45, § 2º, limita a aplicação do quórum alternativo do art. 58, o *cram down*, na aprovação do plano de recuperação judicial com a previsão dessa cláusula de extensão.

A rejeição da maioria da classe trabalhista impede a manutenção da referida cláusula de pagamento em face desses credores, mesmo que as demais classes tenham aprovado o plano de recuperação e tenham sido preenchidos os requisitos do quórum alternativo de aprovação.

Crédito trabalhista de natureza estritamente salarial vencido nos três meses antes do pedido

Referido prazo é ainda menor na hipótese de crédito trabalhista de natureza estritamente salarial, vencido nos três meses anteriores ao pedido de recuperação judicial e limitado a cinco salários mínimos por trabalhador. Nesse caso, esse crédito alimentar do período imediatamente anterior ao pedido de recuperação judicial foi considerado imprescindível à sobrevivência dos trabalhadores.

Ressalte-se que apenas o crédito trabalhista estritamente salarial e compreendido até cinco salários mínimos e vencidos no período de até três meses anteriores ao pedido de recuperação judicial está abrangido pela limitação. Os demais créditos trabalhistas, como os créditos decorrentes de acidentes de trabalho, não possuem esse benefício.

Para essa hipótese, a alteração das condições do plano não poderá ultrapassar, para a satisfação desse crédito, prazo superior a 30 dias. Os credores deverão ser pagos, no limite desses créditos, até 30 dias da decisão de homologação da aprovação do plano de recuperação judicial.

Caso sejam ultrapassados os referidos prazos, a cláusula que assim determina o pagamento afronta norma cogente e, ainda que tenha sido aprovada pelos credores, deverá ter a nulidade reconhecida mesmo que de ofício pelo juízo.

Seção IV
Do Procedimento de Recuperação Judicial

Art. 55. Qualquer credor poderá manifestar ao juiz sua objeção ao plano de recuperação judicial no prazo de 30 (trinta) dias contado da publicação da relação de credores de que trata o § 2º do art. 7º desta Lei.

Parágrafo único. Caso, na data da publicação da relação de que trata o *caput* deste artigo, não tenha sido publicado o aviso previsto no art. 53, parágrafo único, desta Lei, contar-se-á da publicação deste o prazo para as objeções.

Objeção ao plano de recuperação judicial

Conceitua-se objeção ao plano de recuperação judicial qualquer manifestação de discordância quanto aos meios de recuperação propostos, seja porque consideradas ilegais, seja porque, poderiam gerar onerosidade excessiva aos credores, ou a discordância sobre a viabilidade econômica para a satisfação dos créditos.

Essas discordâncias quanto ao mérito do plano de recuperação judicial não geram a imediata rejeição do plano de recuperação apresentado, com a decretação da falência do devedor.

A apresentação de objeções ao plano de recuperação judicial apenas impede a concessão automática da recuperação judicial pelo juízo. Com a objeção, não pode ser presumida a concordância tácita dos credores ao plano de recuperação judicial apresentado.

O juiz não precisará julgar as matérias submetidas à objeção. O mérito do plano de recuperação judicial, objeto da objeção apresentada, é de competência exclusiva dos credores em Assembleia Geral[168]. Apresentada ao menos uma objeção ao plano de recuperação judicial, exige-se do juiz apenas a determinação de convocação da Assembleia Geral de Credores para que estes possam deliberar sobre as condições propostas pelo devedor.

Ainda que uma única objeção já seja suficiente a determinar a convocação da Assembleia Geral de Credores[169], não há impedimento para que, desde sua oposição e até a convocação da Assembleia Geral de Credores, o credor desista da sua objeção[170], caso reconsidere sua manifestação e entenda que o plano de recuperação judicial atende aos seus interesses, hipótese em que, inexistentes outras oposições de credores, será remetido o plano ao juízo para avaliação da homologação.

Todos os demais credores poderão opor suas objeções ao plano de recuperação judicial. Caso não o façam, presume-se que concordaram com o plano de recuperação judicial apresentado, de modo que é desnecessária a convocação da Assembleia Geral de Credores (art. 58).

Prazo de apresentação das objeções

Os credores terão o prazo de 30 dias para apresentarem suas objeções ao plano de recuperação judicial.

A LREF determina que esse prazo de 30 dias se iniciará a partir da publicação, por edital, da lista de credores apresentada pelo administrador judicial (art. 7º, § 2º). Ocorre que esse prazo pressupõe que o plano de recuperação judicial já tenha sido apresentado, com a lista completa dos credores que deverão votar, e seu edital de recebimento já tenha sido publicado (art. 53, parágrafo único), o que não necessariamente poderá ter ocorrido.

A lista de credores do administrador judicial deverá ser apresentada no prazo máximo de 45 dias após o fim do prazo das habilitações e divergências administrativas, o qual é de 15 dias após a publicação do edital com a decisão de processamento da recuperação judicial. Nada impede que, principalmente diante da eventual pouca quantidade de habilitações ou divergências, essa lista de credores seja apresentada em período menor.

---

[168] TJSP, Câmara Especial de Falências e Recuperações Judiciais, AI 561.271-4/2-00, rel. Des. Pereira Calças, j. 30-6-2008.

[169] TJSP, Câmara Especial de Falências e Recuperações Judiciais, AI 555.891-4/2-00, rel. Des. Pereira Calças, j. 9-6-2009; TJSP, Câmara Especial de Falências e Recuperações Judiciais, AI 545.582-4/4-00, rel. Des. Pereira Calças, j. 26-3-2008.

[170] STJ, 4ª Turma, REsp 1.1014.153/RN, rel. Min. João Otávio de Noronha, j. 4-8-2011.

Por seu turno, o prazo de apresentação do plano de recuperação judicial é de 60 dias da publicação da decisão que deferir o processamento da recuperação judicial. O devedor poderá apresentar esse plano em prazo menor, mas também poderá somente apresentar no último dia.

A falta de publicação da lista de credores apresentada pelo administrador judicial impede que o credor verifique sua própria submissão à recuperação judicial, de modo que pode ainda não ter legitimidade e interesse jurídico em apresentar sua objeção ao plano. A falta de apresentação do plano de recuperação judicial, por seu turno, impede que a objeção seja direcionada a ele.

Dessa forma, o prazo de 30 dias para a apresentação da objeção ocorrerá a partir do edital de publicação da lista dos credores apresentada pelo administrador judicial (art. 7º, § 2º), desde que o edital de recebimento do plano de recuperação judicial já tenha sido publicado. Caso não tenha sido, o prazo de 30 dias ocorrerá da publicação do edital de recebimento do plano de recuperação judicial[171].

Legitimidade para apresentação de objeções

As objeções ao plano de recuperação judicial somente poderão ser apresentadas pelos credores, conforme redação expressa do *caput* do art. 55.

São legitimados para sua oposição os credores que foram indicados na relação apresentada pelo administrador judicial. Ainda que o credor tenha deduzido habilitação administrativa não acolhida pelo administrador judicial, o mero fato de já ter apresentado impugnação judicial, ainda que não tenha sido apreciada, autoriza que o impugnante possa opor sua objeção.

Essa interpretação mais ampla da legitimidade assegura que o interessado não seja prejudicado, na ausência de decisão judicial, com uma aprovação do plano de recuperação judicial sem ao menos submeter a discussão de sua viabilidade econômica à deliberação assemblear dos credores. Contudo, ao menos a impugnação da relação de credores apresentada pelo administrador judicial deverá ter sido deduzida, pois, ainda que não seja até o momento considerado credor, pretende sê-lo. A impugnação judicial é requisito para a demonstração de que o pretenso credor possui interesse jurídico em sua oposição[172].

Dessa forma, consideram-se legitimados à oposição de objeções todos os credores submetidos à recuperação judicial ou os que impugnaram pretendendo esse reconhecimento judicial.

Essa legitimidade é assegurada ainda que os credores não tenham seus créditos alterados pelo plano. Embora os credores cujos créditos não tenham as condições ou a forma de pagamento modificadas pelo plano não sejam computados para fins de verificação do quórum de deliberação ou nem sequer tenham direito de voto na Assembleia Geral de Credores (art. 45, § 3º), poderão ser afetados pelo plano. O plano de recuperação judicial poderá colocar em risco a satisfação do referido credor, como na hipótese de estabelecer a alienação de ativos, ou ser inconsistente, o que poderá compro-

---

[171] Nesse sentido: TJSP, Câmara Reservada à Falência e Recuperação, AI 0542246-08.2010, rel. Des. Elliot Akel, j. 1º-3-2011; TJSP, Câmara Reservada à Falência e Recuperação, AI 420.549.4/2, rel. Des. Manoel de Queiroz Pereira Calças, j. 15-3-2006; TJSP, Câmara Especial de Falências e Recuperações Judiciais, AI 641.823-4/5-00, rel. Des. Romeu Ricupero, j. 18-8-2009.

[172] Na jurisprudência, tem-se admitido a possibilidade de apresentação de objeções, mesmo que o credor não tenha sido incluído na lista do administrador judicial e embora não tenha apresentado impugnação judicial: TJSP, Câmara Especial de Falências e Recuperações Judiciais, AI 641.823-4/5-00, rel. Des. Romeu Ricupero, j. 18-8-2009; TJSP, Câmara Especial de Falências e Recuperações Judiciais, AI 420.550-4/7-00, rel. Des. Pereira Calças, j. 15-3-2006.

meter o desenvolvimento da empresa pela recuperanda e resultar em maior dificuldade para que o credor seja satisfeito. O credor que se sinta prejudicado pelo plano, portanto, ainda que as condições de seu crédito não sejam alteradas, terá a possibilidade de opor objeção à sua aprovação[173].

Art. 56. Havendo objeção de qualquer credor ao plano de recuperação judicial, o juiz convocará a assembleia-geral de credores para deliberar sobre o plano de recuperação.

§ 1º A data designada para a realização da assembleia-geral não excederá 150 (cento e cinquenta) dias contados do deferimento do processamento da recuperação judicial.

§ 2º A assembleia-geral que aprovar o plano de recuperação judicial poderá indicar os membros do Comitê de Credores, na forma do art. 26 desta Lei, se já não estiver constituído.

§ 3º O plano de recuperação judicial poderá sofrer alterações na assembleia-geral, desde que haja expressa concordância do devedor e em termos que não impliquem diminuição dos direitos exclusivamente dos credores ausentes.

§ 4º Rejeitado o plano de recuperação judicial, o administrador judicial submeterá, no ato, à votação da assembleia geral de credores a concessão de prazo de 30 (trinta) dias para que seja apresentado plano de recuperação judicial pelos credores.

§ 5º A concessão do prazo a que se refere o § 4º deste artigo deverá ser aprovada por credores que representem mais da metade dos créditos presentes à assembleia geral de credores.

§ 6º O plano de recuperação judicial proposto pelos credores somente será posto em votação caso satisfeitas, cumulativamente, as seguintes condições:

I – não preenchimento dos requisitos previstos no § 1º do art. 58 desta Lei;

II – preenchimento dos requisitos previstos nos incisos I, II e III do *caput* do art. 53 desta Lei;

III – apoio por escrito de credores que representem, alternativamente:

a) mais de 25% (vinte e cinco por cento) dos créditos totais sujeitos à recuperação judicial; ou

b) mais de 35% (trinta e cinco por cento) dos créditos dos credores presentes à assembleia geral a que se refere o § 4º deste artigo;

IV – não imputação de obrigações novas, não previstas em lei ou em contratos anteriormente celebrados, aos sócios do devedor;

V – previsão de isenção das garantias pessoais prestadas por pessoas naturais em relação aos créditos a serem novados e que sejam de titularidade dos credores mencionados no inciso III deste parágrafo ou daqueles que votarem favoravelmente ao plano de recuperação judicial apresentado pelos credores, não permitidas ressalvas de voto; e

VI – não imposição ao devedor ou aos seus sócios de sacrifício maior do que aquele que decorreria da liquidação na falência.

---

[173] TJSP, Câmara Reservada à Falência e Recuperação, AI 990.10.142738-9, rel. Des. Pereira Calças, j. 6-6-2010.

§ 7º O plano de recuperação judicial apresentado pelos credores poderá prever a capitalização dos créditos, inclusive com a consequente alteração do controle da sociedade devedora, permitido o exercício do direito de retirada pelo sócio do devedor.

§ 8º Não aplicado o disposto nos §§ 4º, 5º e 6º deste artigo, ou rejeitado o plano de recuperação judicial proposto pelos credores, o juiz convolará a recuperação judicial em falência.

§ 9º Na hipótese de suspensão da assembleia geral de credores convocada para fins de votação do plano de recuperação judicial, a assembleia deverá ser encerrada no prazo de até 90 (noventa) dias, contado da data de sua instalação.

Convocação da Assembleia Geral de Credores

A apresentação de qualquer objeção ao plano de recuperação judicial exige a convocação da Assembleia Geral de Credores para que os credores deliberem sobre a aprovação ou rejeição do plano.

A Assembleia Geral de Credores apenas será desnecessária se o plano de recuperação contou com a anuência de todos os credores, o que é presumido de modo absoluto caso não tenha havido a oposição de nenhuma objeção (art. 58). Apresentada objeção por qualquer credor, a Assembleia deverá ser convocada para deliberar sobre a aprovação ou rejeição do plano de recuperação judicial.

A Assembleia Geral de Credores deverá ocorrer em até 150 dias da data do deferimento do processamento da recuperação judicial. Apesar do prazo estabelecido pela LREF, não há sanção caso a AGC ocorra extemporaneamente. A convolação em falência ocorrerá apenas se os credores, na deliberação, rejeitarem o plano proposto.

Esse prazo, contudo, é delimitado pela legislação para que haja tempo suficiente para que o devedor e os credores consigam realizar todas as negociações necessárias. Decorrido o prazo de 180 dias a partir da decisão de processamento da recuperação judicial, ou sem que seja determinada a prorrogação excepcional da suspensão, sem que tenha ocorrido a aprovação ou rejeição do plano de recuperação judicial, as ações e execuções em face da recuperanda voltarão a tramitar, independentemente de pronunciamento judicial (art. 6º, § 4º)[174], o que poderá comprometer a recuperação judicial pretendida.

---

[174] Nesse sentido, decidiu o STJ: "- Superado o prazo de suspensão previsto no art. 6º, §§ 4º e 5º, da Lei n. 11.101/2005, sem que tenha havido a aprovação do plano de recuperação, devem as ações e execuções individuais retomar o seu curso, até que seja aprovado o plano ou decretada a falência da empresa.

– O legislador concatenou o período de suspensão de 180 dias com os demais prazos e procedimentos previstos no trâmite do próprio pedido de recuperação, que deve primar pela celeridade e efetividade, com vistas a evitar maiores prejuízos aos trabalhadores e à coletividade de credores, bem como à própria empresa devedora.

– A função social da empresa exige sua preservação, mas não a todo custo. A sociedade empresária deve demonstrar ter meios de cumprir eficazmente tal função, gerando empregos, honrando seus compromissos e colaborando com o desenvolvimento da economia, tudo nos termos do art. 47 da Lei n. 11.101/2005. Nesse contexto, a suspensão, por prazo indeterminado, de ações e execuções contra a empresa, antes de colaborar com a função social da empresa, significa manter trabalhadores e demais credores sem ação, o que, na maioria das vezes, terá efeito inverso, contribuindo apenas para o aumento do passivo que originou o pedido de recuperação. (...)" (STJ, 2ª Seção, AgInt no CC 110.250/DF, rel. Min. Nancy Andrighi, j. 8-9-2010).

Eleição dos membros do Comitê de Credores

Na Assembleia Geral de Credores que deliberar pela aprovação do plano de recuperação judicial, poderão ser eleitos os membros do Comitê de Credores. Raramente constituído na prática em razão de o custo ser imputado aos próprios credores (art. 29) e da responsabilidade dos membros indicados (art. 32), o Comitê poderá ser constituído a qualquer tempo, inclusive na própria AGC de aprovação do plano de recuperação.

Sua existência, entretanto, não é obrigatória e, na sua ausência, suas funções serão desempenhadas pelo administrador judicial ou, na incompatibilidade deste, pelo próprio juiz (art. 28).

Independentemente da possibilidade de nomeação na Assembleia de deliberação sobre o plano, nada impede a constituição do Comitê de Credores antes ou depois dessa AGC. Os credores que representem ao menos 25% dos créditos de uma classe poderão requerer, a qualquer momento, a convocação da Assembleia Geral para deliberarem sobre a constituição do Comitê (art. 36, § 2º). Qualquer das classes de credores presentes na Assembleia Geral e conforme a composição do art. 26 poderá deliberar pela constituição do Comitê de Credores, com a indicação do respectivo representante, ainda que as demais classes de credores optem por não eleger o respectivo representante[175].

Alteração do plano de recuperação judicial

O plano de recuperação judicial deverá ser apresentado em 60 dias após a publicação da decisão de processamento da recuperação judicial (art. 53). Em que pese o prazo ser exíguo para que sejam discriminados todos os meios de recuperação, seja demonstrada a viabilidade econômica da proposta apresentado, com base ainda no laudo econômico-financeiro e de avaliação dos bens juntados, a apresentação do plano pelo devedor permite o início das negociações com os credores.

A apresentação do plano de recuperação judicial em prazo improrrogável não significa que ele não possa ser modificado até a Assembleia Geral de Credores. As modificações e adequações dos meios de recuperação judicial são esperadas e decorrentes da negociação realizada pelo devedor com os seus credores para a aprovação do plano de recuperação judicial.

A alteração do plano de recuperação judicial poderia ser realizada a qualquer momento, antes e mesmo durante a Assembleia Geral de Credores. Embora o art. 56, § 3º, estabeleça que o plano poderá sofrer alterações na Assembleia Geral, sua redação não impede que as modificações possam ocorrer anteriormente a esta[176]. Se a redação expressa do dispositivo permite a modificação do plano de recuperação judicial na própria Assembleia Geral de Credores, em que nem todos poderão estar presentes, menos gravosa seria a alteração em momento anterior, em que os credores poderão ser cientificados da alteração e terão a possibilidade de comparecer ou não à Assembleia.

Para que os credores não sejam surpreendidos na Assembleia Geral de Credores com um plano de recuperação judicial totalmente diverso daquele apresentado por ocasião da publicação do edital de convocação dos credores, deverão as alterações ser realizadas em prazo hábil antes da Assembleia Geral de Credores para que estes sejam cientificados. Alterações substanciais e profundas no plano de recuperação judicial exigirão prazo razoável de antecedência da Assembleia Geral para que os credores não sejam surpreendidos e possam se preparar para proferir voto qualificado na deliberação. Sem a ampla publicidade e período hábil para que os credores possam se preparar, viola-se a exigência de transparência e da garantia de informação ínsitas ao princípio da boa-fé

---

[175] Cf. comentários ao art. 26.

[176] Em sentido contrário, MUNHOZ, Eduardo Secchi. Comentários ao art. 56. In: *Comentários à Lei de Recuperação de Empresas e Falência*. 2. ed. São Paulo: Revista dos Tribunais, 2007, p. 277.

objetiva que regula todos os negócios jurídicos, dentre os quais a recuperação judicial, que busca a efetiva negociação entre credores e o devedor na recuperação judicial, não é exceção[177].

Caso a modificação seja feita na própria AGC, as alterações realizadas pelo devedor não poderão implicar diminuição dos direitos exclusivamente dos credores ausentes. A proibição legal procura evitar que os credores ausentes sejam surpreendidos e prejudicados, bem como pretende tutelar a representação da maioria dos credores, a qual preservaria o interesse dos acionistas de cada classe, desde que comuns.

Nada impede, porém, que sejam diminuídos os direitos de todos os credores, pois a maioria deles poderia tutelar o interesse de todos por ocasião da apreciação do plano de recuperação judicial, cujos efeitos de sua decisão também recairiam sobre esses votantes. O que se impede, unicamente, é que os credores ausentes possam ser isoladamente os que terão os direitos prejudicados em razão de modificação do plano de recuperação judicial em Assembleia Geral de Credores, de modo a se evitar manipulação nos quóruns pelo próprio devedor.

Deliberação de rejeição do plano de recuperação judicial

A rejeição do plano de recuperação judicial pelos credores, cujos votos não foram suficientes a preencher os quóruns de aprovação estabelecidos pelos arts. 45 ou 58 da LREF, não permite qualquer discricionariedade do julgador[178].

Ao contrário da disciplina do Decreto-Lei n. 7.661/45, cuja concordata exigia a apreciação dos requisitos pelo juiz, a LREF atribuiu aos credores o poder privativo para deliberar sobre a concessão ou não da recuperação judicial. Embora apenas ao devedor seja atribuído o poder de apresentar o plano de recuperação judicial e, neste, os meios com os quais pretende superar a crise econômico-financeira que o acomete, a apreciação da viabilidade econômica é realizada exclusivamente pelos credores. Por sofrerem os maiores efeitos de uma decisão de concessão da recuperação ou de decretação da falência, terão os credores o maior incentivo para tomar a decisão mais informada possível.

Não obtido o quórum de aprovação do plano de recuperação judicial, o Magistrado não poderá suprir a vontade dos credores.

Tampouco poderá ser determinada a apresentação de outro plano pelo devedor, após a deliberação de rejeição, para submeter à deliberação dos credores. Ao devedor não foram disponibilizadas pela Lei diversas tentativas para que a recuperação judicial fosse aprovada. Outrossim, nova alternativa permitiria ao devedor fortalecer sua posição negocial, de modo a forçar os credores a se submeterem a um plano que lhes é mais desfavorável com a segurança de que, caso rejeitado, poderia ainda apresentar plano que atendesse às vontades de todos. O princípio da preservação da empresa não pode ser utilizado como subterfúgio para assegurar que o devedor sempre imponha sua vontade aos credores, sob pena de se comprometer todo o processo de negociação informada pretendido pela LREF[179].

---

[177] TJSP, Câmara Reservada à Falência e Recuperação, AI 00032073-45.2011, rel. Des. Pereira Calças, j. 18-10-2011; TJSP, Câmara Reservada de Direito Empresarial, AI 0010477-68.2012, rel. Des. Araldo Telles, j. 30-9-2013; TJSP, 2ª Câmara Reservada de Direito Empresarial, AI 2016877-15.2022, rel. Des. Maurício Pessoa, j. 28-6-2022.

[178] Cf. comentários ao art. 58 sobre a intervenção do Judiciário no mérito do plano de recuperação judicial.

[179] Conferir comentários ao art. 58 sobre a intervenção do magistrado no resultado das deliberações dos credores.

Desta forma, a análise de mérito do plano de recuperação judicial caberá aos credores, de modo que, não preenchido o quórum necessário para a aprovação do plano de recuperação judicial, será caso de decretação da falência da recuperanda. Pela alteração da Lei, contudo, essa decretação da falência não será mais automática, dada a possibilidade de apresentação, pelos credores, de plano alternativo ao do devedor. Caso haja desinteresse dos credores em apresentarem tal plano ou se os requisitos legais não forem preenchidos, deverá a rejeição do plano proposto pelo devedor implicar a convolação da recuperação judicial em falência[180].

Plano de recuperação judicial apresentado pelos credores

Após a alteração legislativa[181], rejeitado o plano de recuperação judicial apresentado pelo devedor, a convolação em falência não é mais automática, conforme redação alterada do art. 73[182]. Não preenchidos nem o quórum de aprovação ordinário do art. 45, nem o quórum alternativo ou *cram down* do art. 58, § 1º, conferiu-se a possibilidade de os credores apresentarem plano alternativo de recuperação judicial.

A apresentação de plano alternativo pelos credores também é possibilidade conferida caso tenha ocorrido o decurso do prazo do *stay period* sem a deliberação a respeito do plano de recuperação judicial proposto pelo devedor, nos termos do art. 6º, § 4º -A.

Dessa forma, o que era prerrogativa exclusiva do devedor virou possibilidade aos credores em duas hipóteses: (i) se o devedor, após o término do *stay period*, não conseguir submeter seu próprio plano à deliberação dos credores (LRE, art. 6º, § 4º-A), ou (ii) se o plano formulado pela recuperanda for rejeitado em Assembleia Geral de Credores (LRE, art. 56, § 4º).

A inclusão do plano alternativo de credores pelo legislador privilegia a cooperação entre credor e devedor e visa a garantir aos credores uma alternativa à falência quando o plano de recuperação judicial proposto pela devedora se revelar insatisfatório. Assim, busca-se extrair a melhor eficiência econômico-financeira do plano em benefício de todos os *stakeholders*[183].

A garantia à propositura de plano alternativo, ainda, fortalece a posição dos credores para negociarem com a devedora melhores estruturas para a reorganização da recuperanda, assim como condições mais atrativas de pagamento.

Em sentido contrário: TJSP, Câmara Especial de Falências e Recuperações Judiciais, AI 461.740-4/4-00, rel. Des. Pereira Calças, j. 28-2-2007.

[180] TJSP, AI 243882-91.2023.8.26.0000, rel. Des. Jorge Tosta, 2ª Câmara Reservada de Direito Empresarial, j. 14-3-2024.

[181] Em recente precedente, o TJPR entendeu pela possibilidade de apresentação de plano alternativo em recuperação judicial ajuizada anteriormente à vigência da Lei n. 14.112/2020: TJPR, AI 0017505-17.2022.8.16.0000, 18ª Câmara Cível, rel. Des. Péricles Bellusci de Batista Pereira, j. 1-7-2022. Em sentido contrário: TJSP, AI 2016864-16.2022.8.26.0000, 2ª Câmara Reservada de Direito Empresarial, rel. Des. Maurício Pessoa, j. 28-6-2022.

[182] Cf. comentários ao art. 73.

[183] Na mesma linha: (i) Uma Análise Comparativa do Direito de propor o Plano de Recuperação Judicial à Luz das Legislações Americana e Brasileira. In: MARTINS, André Chateaubriand; YAGUI, Márcia. *Recuperação judicial*: análise comparada Brasil-Estados Unidos. São Paulo: Almedina, 2020, p. 182; (ii) MELO, Cinira Gomes Lima. *Plano de Recuperação Judicial*. 2. ed. São Paulo: Almedina, 2021, *ebook* item 3.5; (iii) BUMACHAR, Juliana. O Plano de Recuperação Judicial apresentado pelos Credores – Consequências e Controvérsias. In COSTA, Daniel Carnio; TARTUCE, Flávio; SALOMÃO, Luiz Felipe. *Recuperação de Empresas e Falência*: diálogos entre a doutrina e a jurisprudência. Barueri: Atlas, 2021, p. 417.

Nas palavras do Deputado Hugo Leal, em parecer apresentado em plenário durante a tramitação do projeto de Lei n. 6.229/2005, que se converteu na Lei n. 14.112/2020, a apresentação do plano alternativo pelos credores "trará forte aumento do poder de barganha (fortalecimento) dos credores e induzirá credores e devedores a se empenharem ainda mais na obtenção de um acordo sempre que este se mostrar viável, no sentido de se evitar o mal maior da falência". Diante da rejeição, o administrador judicial deverá, na própria Assembleia Geral de Credores, submeter à votação dos credores a possibilidade de estes apresentarem um plano alternativo no prazo de 30 dias.

O quórum de aprovação dessa possibilidade, como não versa sobre a aprovação do plano propriamente dito, é o quórum ordinário ou não qualificado do art. 42 da Lei. A possibilidade de os credores apresentarem plano alternativo em 30 dias deverá ser aprovada por votos favoráveis de credores que representem mais da metade do valor total dos créditos presentes à Assembleia Geral, independentemente das classes.

O plano alternativo de recuperação judicial, desde que aprovada a possibilidade de sua apresentação, deverá ser juntado aos autos no prazo de 30 dias. O prazo é improrrogável e preclusivo, da mesma forma que o prazo para a apresentação do plano originário pelo próprio devedor. A falta de sua apresentação implica convolação imediata da recuperação judicial em falência.

Requisitos do plano alternativo dos credores

A Lei determina que o plano de recuperação judicial, desde que apresentado no prazo de 30 dias da Assembleia Geral de Credores que rejeitou o plano de recuperação judicial do devedor, deverá preencher os requisitos do art. 53.

Para além da obrigação da discriminação pormenorizada dos meios de recuperação judicial a serem empregados, o plano poderá prever a capitalização dos créditos, inclusive com a consequente alteração do controle da sociedade devedora. Nesse caso, será permitido o exercício do direito de retirada pelo sócio do devedor.

Fora os meios de recuperação, os credores devem demonstrar a viabilidade econômica, ou seja, que as obrigações impostas no plano poderão ser satisfeitas diante do fluxo de caixa projetado e dos meios de recuperação judicial concebidos.

Pelo art. 56, § 6º, II, a Lei impôs aos credores a obrigação de apresentação também de laudo econômico-financeiro e de avaliação dos bens e ativos do devedor. O requisito não se justifica. Para além do fato de que os credores não terão acesso aos bens do devedor e às condições para a realização de laudo, o qual tampouco poderia ser produzido em lapso temporal tão curto, referidos laudos já constarão no processo diante de sua apresentação obrigatória pelo próprio devedor. Esses laudos não exigem qualquer alteração, pois a circunstância econômica do devedor, ou seus ativos, não sofreu alterações substanciais do período de rejeição do plano originário até a apresentação do plano alternativo, de modo que não precisam ser substituídos ou reapresentados[184].

---

[184] A assimetria informacional em processos de recuperação judicial é listada, justamente, como uma das barreiras para que se alcance a máxima eficiência econômica com procedimento: LANA, H. A. Assimetria de informações e a lei de recuperação de empresas e falência: uma leitura via *economic analysis of law* em prol da Eficiência. *Revista Argumentum – Argumentum Journal of Law*, 21 (2), 753-788; CACHEFFO, Ariane Sanção Vequiato; SANCHES, Simone Leticia Raimundini; GONÇALVES, Marguit Neumann; GARCIA, Evelini Lauri Morri. *Assimetria da Informação em Empresas em Recuperação Judicial: Caso Eternit*, 22º Congresso International de USP, jul. 2022.

Para evitar que os credores se utilizem da prerrogativa de propor plano alternativo de maneira abusiva, a Lei estabelece requisitos para sua apresentação. Em rol taxativo e cumulativo, o § 6º do art. 56 lista os requisitos formais e materiais específicos ao plano alternativo de credores que, caso não observados, implicam nulidade do plano alternativo e impossibilidade de sua deliberação pela AGC[185].

A imposição dos requisitos formais e materiais específicos decorre da possibilidade de o plano de recuperação produzir efeitos sobre o patrimônio dos sócios. Os credores são, em regra, pessoas alheias ao quadro societário e foi-lhes atribuído o poder de elaborar o plano alternativo, com a estipulação das condições de pagamento dos débitos da recuperanda. Ocorre que os impactos do cumprimento e/ou descumprimento do plano alternativo recairão não apenas sobre os credores que o elaboraram ou sobre ele deliberaram, mas também sobre os sócios. São esses que, em última análise, suportarão os ônus do cumprimento de um plano ilegal e/ou abusivo ou da falência decorrente do descumprimento de um plano inviável.

O plano alternativo de recuperação judicial deverá, para ser apresentado, ter apoio de parcela substancial dos credores. A exigência de uma aprovação prévia de montante substancial de créditos dificulta, embora não impossibilite, que sejam apresentados planos concorrentes pelos credores, como forma de que se incentive a criação de uma solução alternativa consensual por esses.

Nestes termos, é requisito para sua apresentação ter apoio por escrito dos credores que representem mais de 25% dos créditos totais sujeitos à recuperação judicial ou mais de 35% dos créditos dos credores presentes à Assembleia Geral de Credores que rejeitou o plano de recuperação originário e aprovou a concessão de prazo para o plano alternativo de recuperação judicial.

Quanto aos requeridos materiais, sensível é a necessária concordância dos acionistas em relação a todos os meios de recuperação que possam afetar a dinâmica societária da recuperanda. A anuência desses acionistas ao plano de recuperação não é desconsiderada pela Lei, inclusive sob pena de confisco da propriedade privada. A concordância dos acionistas é exigida pela Lei na formulação dos meios de recuperação judicial que impactarem no contrato plurilateral celebrado entre os sócios.

A razão dessa exigência de concordância dos acionistas é porque não há, propriamente, direito dos credores sobre os ativos. Ainda que a Companhia esteja em situação de insolvabilidade patrimonial, os credores não se tornam os proprietários dos ativos da companhia e os únicos a que o poder de decisão deverá ser conferido por sofrerem os efeitos diretos da deliberação. Os credores possuem apenas direitos de crédito em face da Companhia, cujos ativos, sob a orientação dos acionistas no modelo adotado do *debtor in possession*, serão utilizados para satisfazê-los.

Com efeito, o art. 56, § 6º, da LRE exige, para a apresentação do plano alternativo, o preenchimento dos requisitos previstos nos incisos I, II e III do *caput* do art. 53. Esse último dispositivo legal determina, em consonância ao direito constitucional de propriedade dos acionistas, que o plano de recuperação judicial contenha discriminação pormenorizada dos meios de recuperação que serão empregados, em atenção ao art. 50 da lei, que estabelece que os meios de recuperação judicial deverão observar a legislação pertinente a cada caso.

Nesse sentido, a lei de recuperação expressamente não se sobrepõe à legislação societária (ou qualquer outra), de modo que as normas societárias do Código Civil ou da Lei n. 6.404/76 relativas às deliberações sociais devem ser observadas no ambiente recuperacional.

---

[185] TJSP, AI 2252467-35.2023.8.26.0000, rel. Des. Jorge Tosta, 2ª Câmara Reservada de Direito Empresarial do Tribunal, j. 30-11-2023.

Desse modo, caso pretendam impor alterações aos direitos dos sócios da devedora, deverão obter a aprovação de tais sócios com observância dos quóruns estabelecidos na legislação societária. Também deverão ser observadas, se o caso, a legislação civil aplicável aos contratos e obrigações assumidas pelos sócios, razão pela qual disposições que prevejam alterações em acordo de acionistas em vigor, por exemplo, deverão exigir o consentimento desses. O plano alternativo de recuperação judicial não poderá imputar novas obrigações aos sócios do devedor que não sejam previstas em lei ou em contratos anteriormente celebrados. Caso contrário, admitir-se-á que terceiros *disponham* sobre a propriedade dos sócios, em franca violação ao art. 5º, XXII, da Constituição Federal. O inciso IV do § 6º do art. 56 da LRE, portanto, é providencial para a constitucionalidade do instituto do plano alternativo.

O plano de recuperação judicial alternativo não é uma via para expropriação da propriedade de terceiros. Se a recuperação judicial foi concebida para assegurar uma melhor relação negocial entre devedor e credor para que ambos, juntos, possam obter a melhor solução para a superação da crise que acometia a atividade, os credores não poderão penalizar o devedor ou seus acionistas por terem requerido a recuperação judicial, imputando-lhes novas obrigações contrariamente à vontade.

O plano tampouco poderá impor ao devedor ou aos seus sócios sacrifício maior do que aquele que decorreria da liquidação na falência, sob pena de se considerar confisco de seus bens pelos credores. Tais restrições são decorrências lógicas da apresentação de um plano alternativo o qual, ainda que possa gerar maior satisfação dos credores, não poderia, para tanto, piorar a situação do devedor ou dos seus sócios em relação ao que ocorreria na falência, com a liquidação forçada dos bens, sob pena de se incentivar o devedor a não realizar ou a tardar os pedidos de recuperação judicial.

Ainda, imputa o art. 56, § 6º, inciso V, consequência injustificável e que contraria a lógica de diversos outros dispositivos da Lei n. 11.101/2005. A apresentação do plano alternativo de recuperação judicial pelos credores obriga à renúncia pelos apoiadores do plano e por todos os credores que o aprovarem às garantias pessoais prestadas por pessoas naturais em relação aos créditos a serem novados.

O fundamento de sua exigência seria a impossibilidade de os garantidores serem prejudicados por uma deterioração das condições da recuperanda em virtude do plano alternativo apresentado pelos credores, o que exigiria que os referidos credores satisfizessem em maior parte o crédito que garantiram.

A justificativa, entretanto, deve ser refutada, pois incorreta. O garantidor assegura o cumprimento da obrigação do devedor principal e não precisa ter, sequer, benefício de ordem, como no aval e na fiança, caso renuncie a este. Ademais, a deterioração das condições financeiras do devedor principal, ainda que causada por terceiros e independentemente da vontade do devedor principal, não altera a medida da garantia ou a responsabilidade do garantidor.

Além de a justificativa não ter fundamento, o dispositivo legal contraria os artigos da Lei n. 11.101/2005, na medida em que o plano de recuperação não altera, a menos que haja a concordância expressa dos credores, os direitos e privilégios contra os coobrigados, fiadores e obrigação de regresso, nos termos do art. 49, § 1º. Também contraria expressamente o art. 59, que determina que o plano de recuperação judicial implica a novação dos créditos, sem prejuízo das garantias.

Além de a interpretação sistemática ser contrária ao dispositivo, esse também fere a lógica. O plano alternativo de recuperação judicial foi conferido como possibilidade aos credores não apenas para que estes pudessem apresentar uma melhor solução àquela proposta pelo devedor e como alternativa à falência, que poderá implicar a não satisfação de crédito algum. Foi conferido como forma de se incentivar o próprio devedor para que apresentasse a melhor solução possível, e não apenas aquela que seria menos ruim do que a falência, diante de um risco real de os credores a apresentarem, caso ele não o fizesse.

A necessidade de isenção das garantias pessoais prestadas por pessoas naturais, e que sequer permitiria a ressalva ao voto pelo credor para impedir sua renúncia, impossibilita na prática aos credores exercerem o respectivo direito, invalidando-se.

Consagrado pela sistemática da Lei que o crédito do devedor, novado, não afeta as garantias fornecidas por terceiros em relação a esse crédito, a menos que haja a renúncia expressa e individual de cada credor, e que o direito subjetivo conferido aos credores não poderia ser invalidado na prática pela própria legislação, a previsão de isenção das garantias pessoais não poderá ser considerada um requisito obrigatório ao plano alternativo nem implicará a renúncia, a menos que expressa e voluntariamente aceita pelos credores votantes.

Como forma de se interpretar o inciso V, porém, e assegurar o fim pretendido pelo legislador que seria não provocar maior responsabilização pelas pessoas físicas em virtude de uma redução patrimonial decorrente do plano alternativo apresentado, a responsabilização dos garantidores pessoais não poderá ser agravada em virtude da deterioração do patrimônio do devedor. Desde que essas pessoas físicas demonstrem que, caso não tivesse ocorrido a apresentação de plano alternativo e os ativos fossem de força forçada imediatamente liquidados na falência, o débito principal do devedor seria satisfeito, ainda que parcialmente, a responsabilidade deles não poderá ser agravada e estes deverão responder apenas por esse montante remanescente perante os credores. Caso não demonstrado que a liquidação forçada implicaria a possibilidade de satisfação ao menos parcial do referido crédito pelo devedor principal falido, a apresentação de plano alternativo por credor não poderá afetar nem a garantia, nem o limite da responsabilização do referido garantidor.

A falta de apresentação do plano alternativo pelos credores no prazo de 30 dias, com o apoio escrito de parcela substancial dos credores e sem os requisitos legais implicará a convolação da recuperação judicial em falência, nos termos do art. 73.

Caso o plano de recuperação judicial alternativo, entretanto, tenha sido apresentado tempestivamente e contenha todos os requisitos exigidos pela legislação pátria, será convocada Assembleia Geral de Credores, nos termos do art. 35 e seguintes para a deliberação pelos credores sobre o plano de recuperação judicial apresentado.

Direitos de recesso e preferência e o tratamento dos créditos dos sócios

O art. 172 da Lei das S/A garante o direito de preferência dos acionistas nas hipóteses de aumento de capital da sociedade, que será exercido na proporção das ações de que são titulares. O direito de preferência é garantido também nas emissões de debêntures (art. 57, § 1º, da Lei das S/A), que são títulos de dívida emitidos pela companhia, sendo vedada a privação de tal direito, na forma do art. 109 da Lei das S/A.

Assim, exceto se os sócios expressamente renunciarem a tal direito, no plano alternativo que estabelecer a conversão de créditos em *equity*, deve-se garantir o direito de preferência dos sócios – que não raro são credores da recuperandas –, sob pena de nulidade, observando-se, ainda, se o caso de troca de controle da recuperanda sociedade anônima aberta, a garantia assegurada pelo art. 254-A da Lei das S/A, como mencionado anteriormente.

O § 7º do art. 56 da LREF assegura o direito de retirada dos acionistas ao plano alternativo que estabeleça a capitalização dos créditos pelos credores e que poderá levar à alteração do controle – ou do bloco de controle – da recuperanda.

Esse direito de retirada do acionista é um desdobramento do preceito constitucional, estabelecido no art. 5º, inciso XX, de que "ninguém poderá ser compelido a associar-se ou a permanecer associado", se não houver renunciado ao referido direito e em determinadas condições.

Na Lei n. 6.404/76, o direito de recesso surge quando a assembleia geral aprovar determinadas medidas com as quais o acionista for discordante, de modo que poderá dela se retirar "mediante reembolso do valor das suas ações" (Lei das S/A, art. 137). No § 7º do art. 56, a LRE criou uma nova hipótese de direito de retirada[186], que deve observar a legislação societária para todos os fins de direito.

Do exercício desse direito de retirada surgem duas consequências relevantes. A primeira diz respeito à necessidade de apuração dos haveres dos sócios retirantes, o que deverá ocorrer nos termos do art. 45, *caput* e §§ 1º, 3º e 4º da Lei das S/A ou no art. 1.031 do Código Civil, caso se trate de sociedade limitada. A segunda é o surgimento de um crédito extraconcursal destes sócios contra a recuperanda, eis que a obrigação de pagamento dos haveres surgirá no curso do processo de recuperação judicial e estará abrangida pelo art. 67 da Lei das S/A.

Suspensão da Assembleia Geral de Credores

Como referido nos comentários ao art. 42, a Assembleia Geral de Credores é una. Ainda que instalada, a deliberação poderá não ocorrer sobre o plano de recuperação judicial no mesmo dia de sua instalação e os credores poderão aprovar, por quórum de maioria dos presentes, sua suspensão.

Caso ocorra a suspensão, desnecessário o preenchimento dos novos requisitos formais de convocação ou do quórum de instalação, haja vista que a Assembleia ocorrerá simplesmente em continuação à primeira.

Embora possa ser suspensa de forma sucessiva pelos credores para que esses possam negociar melhores condições no plano ou para que tenham condição de deliberar sobre o plano apresentado, limitou-se a possibilidade de dilação temporal para se evitar que os credores não deliberem sobre o plano de recuperação judicial até que se extrapole o prazo do *stay period* e como forma de a eles ser facultada a proposta de plano alternativo[187] ou mesmo para evitar que o devedor fique de forma injustificada dilatando a negociação com esses.

Nesses termos, o decurso do prazo de 90 dias não implica a imediata suspensão do *stay period*. O prazo foi determinado para assegurar que não haja dilação da deliberação pelos próprios credores, a quem a Lei atribuiu o poder de suspender a AGC. A limitação evita que os credores tenham o comportamento estratégico de adiar a votação do plano para extrapolar o *stay* e prosseguir com as execuções individuais ou apresentar plano alternativo.

A proibição de extensão da AGC por mais de 90 dias também limita o próprio comportamento estratégico do devedor. A dilação do tempo da Assembleia Geral de Credores poderia prolongar o período de suspensão e evitar que os credores não sujeitos à recuperação judicial e previstos no art. 49, § 3º, consigam fazer a constrição de bens de capital essenciais à manutenção da atividade.

Tampouco poderá ser decretada a falência do devedor, haja vista que a hipótese é taxativa e não está prevista como tal no art. 73.

Assim, nos termos do art. 56, § 9º, na hipótese de suspensão da Assembleia Geral de Credores, esta deverá ser encerrada no prazo de até 90 dias de sua instalação. Não há sanção expressa

---

[186] COELHO, Fabio Ulhoa. *Comentários à Lei de Falências e de Recuperação de Empresas*, 14. ed. rev. e ampl. São Paulo: Thomson Reuters Brasil, 2021, p. 232.

[187] Cf. comentários ao art. 6º.

na Lei. Seu controle, entretanto, é obrigação do administrador judicial, haja vista que deve tutelar o regular prosseguimento do feito e evitar expedientes dilatórios, tanto do devedor quanto dos credores (art. 22, II, *f*), sob pena de substituição e, excepcionalmente, diante da consideração sobre a desídia no cumprimento dos seus deveres, sua destituição.

Art. 56-A. Até 5 (cinco) dias antes da data de realização da assembleia geral de credores convocada para deliberar sobre o plano, o devedor poderá comprovar a aprovação dos credores por meio de termo de adesão, observado o quórum previsto no art. 45 desta Lei, e requerer a sua homologação judicial.

§ 1º No caso previsto no *caput* deste artigo, a assembleia geral será imediatamente dispensada, e o juiz intimará os credores para apresentarem eventuais oposições, no prazo de 10 (dez) dias, o qual substituirá o prazo inicialmente estipulado nos termos do *caput* do art. 55 desta Lei.

§ 2º Oferecida oposição prevista no § 1º deste artigo, terá o devedor o prazo de 10 (dez) dias para manifestar-se a respeito, ouvido a seguir o administrador judicial, no prazo de 5 (cinco) dias.

§ 3º No caso de dispensa da assembleia geral ou de aprovação do plano de recuperação judicial em assembleia geral, as oposições apenas poderão versar sobre:

I – não preenchimento do quórum legal de aprovação;

II – descumprimento do procedimento disciplinado nesta Lei;

III – irregularidades do termo de adesão ao plano de recuperação; ou

IV – irregularidades e ilegalidades do plano de recuperação.

Termo de adesão para a deliberação sobre o plano

Em razão da celeridade e menor onerosidade, o art. 45-A permitiu que as assembleias gerais de credores fossem substituídas pela manifestação por escrito dos credores, conforme o quórum exigido para cada uma das deliberações.

A deliberação sobre o plano de recuperação judicial também poderá ser substituída pelo termo de adesão, desde que este seja apresentado pelo menos até cinco dias antes da data da realização da assembleia geral de credores convocada para deliberar sobre o plano.

Como o prazo é antecedente, os cinco dias devem ser contados retroativamente à data em que se instalaria a Assembleia Geral de Credores em primeira convocação, e independentemente da publicação do edital já ter sido realizada.

Por versar sobre o plano de recuperação judicial, o termo de adesão deverá ser assinado pelos credores suficientes ao preenchimento do quórum ordinário do art. 45, ou seja, maioria de credores de cada uma das classes que votem o plano[188].

Para que a correção do preenchimento do quórum legal seja avaliada, o termo de adesão deverá ser acompanhado dos documentos que comprovem os poderes dos subscritores para novar ou

---

[188]   Cf. comentários ao art. 45-A.

transigir. Desta forma, devem ser juntados os atos de nomeação dos administradores ou diretores, acompanhados do contrato social, ou os documentos pessoais dos credores pessoas físicas, além de eventual instrumento de outorga de poderes específicos para os representantes, as procurações.

Impossível a aplicação do quórum alternativo do art. 58, § 1º, para fins de aprovação do plano de recuperação judicial por termo de adesão. Pressupôs a lei que, à míngua de aprovação em todas as classes de credores, a deliberação em assembleia seria imprescindível para que os credores pudessem avaliar os principais pontos de discordância.

Apresentado o termo de adesão, caso a AGC já tenha sido convocada, ela será imediatamente dispensada. Do contrário, a apresentação do termo de adesão torna prejudicado inclusive o decurso do prazo de objeções ao plano.

A apresentação do termo de adesão exigirá a possibilidade de contraditório. O juiz deverá intimar os credores para apresentarem eventuais oposições ao termo no prazo de 10 dias. A oposição, contudo, poderá versar apenas sobre matérias taxativas, como o preenchimento do quórum legal de aprovação, o descumprimento do procedimento da lei, irregularidades do termo de adesão ou irregularidades e ilegalidades do plano de recuperação.

Oferecida oposição, o devedor terá o prazo de 10 dias para manifestar-se a respeito.

A regularidade do termo de adesão, dentro do qual se compreendem a especificação da matéria sobre a qual os credores deliberaram e o preenchimento do quórum legal, deve ser fiscalizada pelo administrador judicial, o qual emitirá parecer sobre a sua regularidade no prazo de cinco dias após a manifestação do devedor.

Necessária ainda a oitiva do Ministério Público previamente à sua homologação judicial ou rejeição.

A rejeição por falta dos requisitos do Termo de Adesão não implica convolação em falência. Diante da falta de anuência expressa dos credores, a Assembleia Geral de Credores deverá ser convocada para deliberação sobre o plano de recuperação judicial proposto.

Oposição ao resultado da deliberação sobre o plano de recuperação judicial pela Assembleia Geral de Credores

Ainda que o art. 56-A, *caput*, estabeleça o procedimento de substituição da Assembleia Geral de Credores por termo de adesão, seu § 3º determina que o procedimento de oposição e contraditório é aplicável também às deliberações da Assembleia Geral de Credores sobre o plano de recuperação judicial.

O dispositivo acaba por regular eventual oposição ao resultado da Assembleia Geral de Credores sobre o plano de recuperação judicial. A despeito de a Lei mencionar apenas a aprovação do plano de recuperação judicial, a oposição deve poder ser apresentada tanto na hipótese de rejeição quanto de aprovação do plano.

A legitimidade para tanto também deverá ser estendida ao próprio devedor. Isso porque conferiu a Lei a possibilidade de apresentação de oposição pelos credores, mas, por igualdade de condições, também deve ser conferida a possibilidade ao devedor, diante de eventual rejeição do plano pela Assembleia Geral de Credores.

O prazo de dez dias será iniciado a partir da intimação dos interessados a respeito da junta-da da ata de deliberação da Assembleia Geral pelo administrador judicial.

A oposição poderá versar sobre o quórum legal de aprovação, a regularidade do procedimento ou as ilegalidades do próprio plano submetido à deliberação. Compreendem-se, como tal, o abuso do direito de voto, a falta de requisitos para o preenchimento do quórum alternativo, as ilegalidades na convocação da Assembleia Geral de Credores, em sua instalação, a não comunicação sobre cessão de créditos etc.

Sobre a oposição, haverá contraditório de dez dias e, posteriormente, o administrador judicial deverá se manifestar em cinco dias para o julgamento pelo magistrado.

Art. 57. Após a juntada aos autos do plano aprovado pela assembleia-geral de credores ou decorrido o prazo previsto no art. 55 desta Lei sem objeção de credores, o devedor apresentará certidões negativas de débitos tributários nos termos dos arts. 151, 205, 206 da Lei n. 5.172, de 25 de outubro de 1966 – Código Tributário Nacional.

Certidão negativa de débito tributário

Além da aprovação do plano pelos credores, a concessão da recuperação judicial pressupõe a regularização dos débitos tributários (arts. 57 e 68).

O credor tributário não se submete ao procedimento recuperacional, o qual pressupõe a negociação estruturada entre o devedor e seus credores. Nos termos do art. 187 do CTN, a cobrança judicial do crédito tributário não é sujeita a concurso de credores ou habilitação em falência ou recuperação judicial[189].

A inviabilidade de uma composição com o credor tributário, cuja possibilidade de anuência com eventual alteração das condições do seu crédito exigiria autorização legal específica (art. 171 do CTN), impôs tratamento diferenciado a esses credores.

Embora não se submeta à recuperação judicial, o crédito tributário precisa também ser estruturado para permitir a superação da crise econômico-financeira que acomete o empresário em recuperação judicial, sob pena de o instituto da recuperação judicial ser utilizado simplesmente para privilegiar alguns credores em detrimento de outros. Para tanto, condicionou-se a concessão da recuperação judicial à apresentação de Certidão Negativa de Débito Tributário (arts. 57 da LREF e 191-A do CTN)[190].

Entretanto, além da complexidade do sistema tributário, que pode tornar dificultoso mesmo o conhecimento das obrigações tributárias acessórias e principais, a mora de sua cobrança pelo ente fiscal aliada à dificuldade de requerimento de falência, da não suspensão do fornecimento dos fatores de produção indispensáveis para a manutenção da atividade, como trabalho ou matérias-primas, como ocorreria com os demais credores, os tributos acabam por ser os primeiros créditos a não serem satisfeitos pelo empresário em crise. Seu montante, em regra, alcança proporções altas em face dos demais créditos do devedor, o que impede que este satisfaça prontamente os débitos tributários, os quais, por outro lado, nem sequer teriam as execuções suspensas durante o *stay period* (art. 6º, § 7º).

A exigência de apresentação da Certidão Negativa de Débito Tributário para a concessão da recuperação judicial, assim, tornaria inviável, na prática, o instituto da recuperação ao impor ônus excessivo ao devedor. Outrossim, criaria tratamento privilegiado à União, aos Estados e Municí-

---

[189] Cf. comentários ao art. 6º.

[190] Art. 191-A do CTN: "A concessão de recuperação judicial depende da apresentação da prova de quitação de todos os tributos, observado o disposto nos arts. 151, 205 e 206 desta Lei".

pios, pois condicionaria a possibilidade de reestruturação de todos os outros créditos à regularidade do débito tributário.

Referido tratamento privilegiado, contudo, não seria justificável. Os créditos tributários, na falência, não seriam absolutamente prioritários. Eles apenas serão satisfeitos após o pagamento dos credores trabalhistas e após a satisfação dos credores com garantias reais. Como consequência, ainda que haja voto favorável dos credores trabalhistas e com garantia real à recuperação, a exigência da apresentação da certidão negativa de débito poderá impedir a recuperação judicial e acarretar a falência do devedor, o que poderá inclusive prejudicar o pagamento dos próprios tributos, caso não haja ativos suficientes para a satisfação integral dos credores trabalhistas ou com garantia real. A decretação da falência, nesse caso, seria pior ao credor tributário, que nada receberia, do que a concessão da recuperação judicial, com a preservação da unidade produtiva e o recolhimento de recursos aos cofres públicos.

Por fim, o art. 57 atentaria contra os demais dispositivos da LREF. Em seu art. 52, por exemplo, dispensou o legislador a apresentação de certidões negativas para que o devedor possa exercer suas atividades, exceto nas contratações com o Poder Público. Entre essas certidões negativas, a de débitos tributários aparece como uma das mais relevantes.

Ademais, o crédito tributário não é afetado pelo deferimento do processamento da recuperação judicial e não será submetido à novação de suas condições ou formas de pagamento pelo plano de recuperação judicial. Sua exequibilidade é integralmente mantida caso a recuperação judicial seja aprovada pelos demais credores e concedida judicialmente.

Dessa forma, condicionar a concessão da recuperação judicial à demonstração, por meio de certidão negativa, de que todas as obrigações tributárias foram satisfeitas não apenas contraria a garantia constitucional de igualdade de tratamento entre todos os agentes, as demais normas da LREF e o próprio interesse econômico da Fazenda Pública no recebimento da maior quantidade de seus créditos, como também inviabilizaria o próprio instituto da recuperação judicial.

Por essa razão, concebeu-se, no art. 68, a possibilidade de parcelamento e transação dos créditos tributários. Em complementação à exigência de apresentação das Certidões Negativas de Débito Tributário para fins de concessão da recuperação judicial (art. 57 da LREF e art. 191-A do CTN), o art. 68 impôs a reestruturação dos débitos tributários diante da impossibilidade de satisfação imediata de todos eles. Para tanto, determinou que as Fazendas Públicas e o INSS deveriam, mediante lei, instituir programas de parcelamento de seus créditos para fins de recuperação judicial e assegurou que esse parcelamento teria o prazo 20% superior para as microempresas e empresas de pequeno porte[191].

Ao devedor, assim, seria conferida a faculdade de submeter-se ao parcelamento do crédito tributário, o qual suspenderia a exigibilidade do crédito tributário e permitiria à recuperanda apresentar Certidão Positiva de Débito Tributário, com efeito de negativa. A medida possibilitaria o cumprimento da exigência do art. 57, que estabeleceu sua apresentação como condição imprescindível para a concessão da recuperação judicial.

A jurisprudência não é pacífica quanto à imprescindibilidade das Certidões Negativas de Débito Tributário. Historicamente, a jurisprudência atenuou a exigência diante da falta de isonomia de tratamento dos créditos tributários em relação aos demais[192]. Entretanto, as mudanças feitas pela Lei

---

[191] Cf. comentários ao art. 68.

[192] STJ, 4ª Turma, AgInt no REsp n. 1.726.128/SP, rel. Min. Raul Araújo, j. 6-3-2023; STJ, 3ª Turma, AgInt no REsp n. 2.070.315/MT, rel. Min. Moura Ribeiro, j. 11-9-2023; STJ, 3ª Turma, AgInt no REsp n. 1.977.485/RJ, rel. Min. Humberto Martins, j. 2-10-2023.

n. 14.112/2020, que assegurava a implementação efetiva do art. 68 da LREF, proporcionou uma nova visão acerca do instituto das CNDs. Com a regulação do parcelamento e da transação fiscais, toda sistemática da LREF foi alterada, o que viabilizou a eficácia do art. 57 e a exigibilidade da apresentação das CNDs como requisito à concessão da recuperação judicial. Inclusive, há precedentes na jurisprudência do Estado de São Paulo nesse sentido[193] e o próprio TJSP aprovou o Enunciado XIX: "Após a vigência da Lei n. 14.112/2020, constitui requisito para a homologação do plano de recuperação judicial, ou de eventual aditivo, a prévia apresentação das certidões negativas de débitos tributários, facultada a concessão de prazo para cumprimento da exigência".

Nessa perspectiva, em recente decisão da 3ª Turma do Superior Tribunal de Justiça no Recurso Especial 2053240/SP[194], foi reconhecida a exigência da regularidade fiscal para a concessão da recuperação judicial, ressalvando-se, no entanto, que *em relação aos débitos fiscais de titularidade da Fazenda Pública dos Estados, do Distrito Federal e dos Municípios, a exigência de regularidade fiscal, como condição à concessão da recuperação judicial, somente poderá ser implementada a partir da edição de lei específica dos referidos entes políticos (ainda que restrita em aderir aos termos da lei federal)*. O precedente foi acompanhado por outros Acórdãos[195].

Historicamente, o STJ decidia pela prescindibilidade das CNDs, mas a corte mudou seu posicionamento nesse Recurso Especial, entendendo que a Lei n. 14.112/2020 possibilitou que as condições exigidas pelo art. 57 fossem cumpridas sem ameaçar a existência e a efetividade da recuperação judicial, principalmente em virtude da possibilidade do programa legal de parcelamento factível ou das transações fiscais.

Ressalta-se que se o devedor se omitir quanto às certidões, o juiz deverá determinar a apresentação delas para a continuidade da recuperação judicial. Assim, ele deverá suspender processo de recuperação judicial e o *stay period* até que o devedor comprove sua regularidade fiscal[196] ou deverá determinar a extinção do procedimento, por falta de seu pressuposto, caso a certidão não seja apresentada.

A convolação em falência pela não apresentação das CNDs não seria possível, visto que tal hipótese não está prevista no art. 73 da LREF.

Ainda assim, excepcionalmente, em determinados casos, a exigência das CNDs deve ser mitigada diante das circunstâncias particulares do devedor. Haverá casos em que essa exigência será prejudicial ao próprio Fisco, à recuperanda e à coletividade de credores. São as hipóteses das empresas que possuem (i) passivo fiscal incompatível com as regras de parcelamento da Lei n. 10.522/2002 ou cujo ente fiscal titular do crédito sequer dispõe da transação especial exigida pela LREF e (ii) volume de débitos extraconcursais, trabalhistas e com garantia real que impeça o pagamento do

---

[193] TJSP, AgInt n. 2034594-06.2023.8.26.0000, rel. Des. Cesar Ciampolini, j. 13-7-2023; TJSP, 2ª Câmara Reservada de Direito Empresarial, AI 2215512-39.2022.8.26.0000, rel. Des. Jorge Tosta, j. 22-5-2023; TJSP, 2ª Câmara Reservada de Direito Empresarial, AI 2250132-77.2022.8.26.0000, rel. Des. Grava Brazil, j. 11-4-2023.

[194] STJ, 3ª Turma, REsp 2.053.240/SP, Rel. Min. Marco Aurélio Bellizze, j. 17-10-2023 do STJ.

[195] STJ, 3ª Turma, REsp 2.093.519/SP, rel. Min. Ricardo Villas Bôas Cueva, j. 29-11-2023; STJ, REsp n. 2.084.986/SP, rel. Min. João Otávio de Noronha, rel. p/ acórdão Min. Raul Araújo, 4ª Turma, j. 12-3-2024; STJ, AgInt no AgInt no REsp n. 2.110.542/SP, rel. Min. Marco Buzzi, 4ª Turma, j. 26-8-2024; STJ, AgInt no AREsp n. 2.512.254/GO, rel. Min. Marco Aurélio Bellizze, 3ª Turma, j. 16-9-2024.

[196] COELHO, Fábio Ulhoa. *Comentários à Lei de Falências e de Recuperação de Empresas – Lei 14.112/2020, Nova Lei de Falências. De acordo com a Rejeição de Vetos.* 15. ed. São Paulo: Thomson Reuters Brasil, 2021, p. 241-242.

Fisco em eventual falência. Nessas hipóteses, uma exceção deve ser criada na concessão da recuperação judicial como forma de se satisfazer os próprios créditos tributários protegidos pela lei. Trata-se de atender à própria finalidade da norma, que é de garantir a maior satisfação dos créditos tributários. Desse modo, é preciso ponderar se a extinção da recuperação judicial e a consequente decretação da falência da empresa se justificam diante do interesse público e das consequências que advirão aos interesses que se pretendia proteger.

Art. 58. Cumpridas as exigências desta Lei, o juiz concederá a recuperação judicial do devedor cujo plano não tenha sofrido objeção de credor nos termos do art. 55 desta Lei ou tenha sido aprovado pela assembleia geral de credores na forma dos arts. 45 ou 56-A desta Lei.

§ 1º O juiz poderá conceder a recuperação judicial com base em plano que não obteve aprovação na forma do art. 45 desta Lei, desde que, na mesma assembleia, tenha obtido, de forma cumulativa:

I – o voto favorável de credores que representem mais da metade do valor de todos os créditos presentes à assembleia, independentemente de classes;

II – a aprovação de 3 (três) das classes de credores ou, caso haja somente 3 (três) classes com credores votantes, a aprovação de pelo menos 2 (duas) das classes ou, caso haja somente 2 (duas) classes com credores votantes, a aprovação de pelo menos 1 (uma) delas, sempre nos termos do art. 45 desta Lei;

III – na classe que o houver rejeitado, o voto favorável de mais de 1/3 (um terço) dos credores, computados na forma dos §§ 1º e 2º do art. 45 desta Lei.

§ 2º A recuperação judicial somente poderá ser concedida com base no § 1º deste artigo se o plano não implicar tratamento diferenciado entre os credores da classe que o houver rejeitado.

§ 3º Da decisão que conceder a recuperação judicial serão intimados eletronicamente o Ministério Público e as Fazendas Públicas federal e de todos os Estados, Distrito Federal e Municípios em que o devedor tiver estabelecimento.

Quórum alternativo de aprovação (*cram down*)

A concessão da recuperação judicial ocorrerá caso o plano de recuperação judicial não sofra nenhuma objeção dos credores (art. 55), caso a Assembleia Geral de Credores tenha aprovado o plano de recuperação judicial, conforme o quórum ordinário previsto no art. 45 ou caso tenha sido homologado o termo de adesão com a aprovação dos credores, nos termos do art. 56-A.

Caso o quórum ordinário do art. 45 não tenha sido preenchido na Assembleia ou no Termo de Adesão, estabelece a Lei n. 11.101/2005 um quórum alternativo para a aprovação do plano de recuperação judicial. Para tanto, são estabelecidos quatro requisitos, os quais devem ser cumulativamente preenchidos.

Para aprovação do plano de recuperação judicial, deverá ocorrer o voto favorável dos credores, independentemente das classes, que representem mais da metade do valor dos créditos presentes na Assembleia Geral.

Cumulativamente, mais da metade das classes votantes na Assembleia Geral de Credores deverá aprovar o plano.

Até a alteração da Lei, entendia-se que, das quatro classes, ao menos duas tinham que ter aprovado o plano de recuperação judicial. Com a alteração legal, exigiu-se efetivamente a maioria, com a aprovação de três das quatro classes, ou de duas, caso haja apenas três classes presentes, ou de ao menos uma caso existam apenas duas classes.

Referida aprovação deverá ser realizada nos termos do art. 45, de modo que as classes dos trabalhadores e dos credores EPP e ME deverão ter voto favorável de metade dos credores presentes, contados por cabeça, enquanto as classes de credores com créditos com garantia real e com créditos quirografários ou privilegiados deverão ter aprovação tanto por maioria de credores, por cabeça, quanto em valor do crédito.

Como terceiro requisito, exige-se da classe que tenha rejeitado o plano de recuperação judicial o voto favorável de ao menos um terço dos credores. Esse voto favorável de ao menos um terço dos credores será contado por cabeça, se credores trabalhistas ou EPP e ME, ou cabeça e crédito, se credores com garantia real ou pertencentes à classe dos credores quirografários.

De modo a se evitar modificação pelo devedor do plano de recuperação judicial justamente para conseguir obter esse quórum mínimo necessário para a aprovação do plano na classe que o rejeitou, impede-se que, nessa classe que rejeitou o plano de recuperação judicial, tenha ocorrido tratamento diferenciado entre os credores dessa classe.

O preenchimento desses quatro requisitos provoca a aprovação do plano de recuperação judicial pelos credores e vincula o Magistrado à concessão da recuperação judicial ou à decretação da falência caso o quórum não tenha sido preenchido. Apesar de o § 1º do art. 58 fazer referência a um poder do juiz, não há discricionariedade para a concessão ou não da recuperação judicial. Há verdadeiro poder dever[197].

Preenchido o quórum de aprovação, o juiz deverá conceder a recuperação ou, caso não preenchido, deverá decretar a falência do empresário devedor. Mesmo que o plano de recuperação judicial seja viável, não discrimine injustamente os credores a ele submetidos e garanta a prioridade de pagamento a classes preferenciais de credores, não poderá o juiz conceder a recuperação judicial caso a classe de credores que tenha rejeitado o plano de recuperação judicial não tenha votos favoráveis de pelo menos um terço dos créditos/credores, tenha havido diferenciação de credores nessa classe, a maioria das classes não tenha aprovado e os credores que votaram favoravelmente à aprovação, independentemente da classe, não representem mais da metade do valor de todos os créditos presentes[198].

---

[197] Nesse sentido: TJSP, Câmara Especial de Falências e Recuperações Judiciais, AI 558.460-4/8-00, rel. Des. Elliot Akel, j. 24-9-2008; TJSP, 1ª Câmara Reservada de Direito Empresarial, AI 0183061-44.2012, rel. Des. Francisco Loureiro, j. 11-12-2012.

Em sentido contrário, que defende a discricionariedade do juiz de conceder a recuperação: COELHO, Fábio Ulhoa. *Comentários à Lei de Falências e de Recuperação de Empresas*. 11. ed. São Paulo: Revista dos Tribunais, 2016, p. 243. Também na jurisprudência: TJSP, Câmara Especial de Falências e Recuperações Judiciais, AI 580.607-4/6-00, rel. Des. Boris Kauffmann, j. 24-9-2008.

[198] Nesse sentido: TJSP, 1ª Câmara Reservada de Direito Empresarial, AI 2195128-65.2016, rel. Des. Ênio Zuliani, j. 2-8-2017; TJSP, 1ª Câmara Reservada de Direito Empresarial, AI 2062612-37.2023.8.26.0000, rel. Des. J. B. Paula Lima, j. 23-1-2024.

Em sentido contrário, para quem, ainda que os requisitos não tenham sido preenchidos, o juiz poderá conceder a recuperação judicial pelo *cram down* desde que não haja justificativa objetiva para rejeição do plano de recuperação judicial: TJSP, 1ª Câmara Reservada de Direito Empresarial, AI 0106661-86.2012, rel. Des. Francisco Loureiro, j. 3-7-2014; TJSP, 1ª Câmara Reservada de Direito Empresarial, AI 0155523-54.2013, rel. Des. Teixeira Leite, j. 6-2-2014; TJSP, 2ª Câmara Reservada de Direito Empresarial, AI 2050098-67.2014, rel. Des. Ramon Mateo Junior, j. 16-3-2015.

O art. 58, § 1º, nesses termos, é verdadeiro quórum alternativo de aprovação de plano de recuperação judicial e não se confunde com o *cram down* previsto na legislação americana. O poder de aprovação ou não do plano foi atribuído exclusivamente à Assembleia Geral de Credores, de modo que o Magistrado não poderá apreciar a conveniência de sua aprovação aos credores ou suprir qualquer dos requisitos não preenchidos pela deliberação assemblear.

O *cram down* americano, traduzido como "goela abaixo" dos credores, assegura ao juiz o poder de concessão da recuperação judicial ainda que alguma ou algumas classes de credores tenham deliberado pela rejeição do plano de recuperação judicial. Desde que não haja discriminação injusta (*unfair discrimination*) entre classes de credores cujos créditos tenham condições semelhantes e que o plano seja justo (*fair and equitable*), de modo que não poderia prever pagamento com preferência a uma classe de credores menos privilegiada na classificação dos créditos (*absolute priority rule*), o juiz poderá conceder a recuperação judicial e superar a rejeição da referida classe de credores[199].

Não é o que foi consagrado no direito brasileiro. Neste, essa consideração quanto à prioridade absoluta de satisfação das classes preferenciais não é requisito imprescindível. Para a aplicação do quórum alternativo previsto no art. 58, § 1º, os quatro requisitos legais precisam estar preenchidos apenas.

Por um lado, não há óbice a que uma classe de credores titulares de créditos menos privilegiados seja satisfeita com precedência ou em maior valor a uma classe de credores mais privilegiada, o que permitiria a concessão da recuperação judicial se o quórum alternativo fosse preenchido. Pelo outro, contudo, ainda que o plano atenda a maior quantidade de credores e seja viável economicamente, uma classe de credores poderá vetar o plano de recuperação judicial, em detrimento dos interesses dos demais credores, se entender que a via falimentar lhe é mais conveniente conforme seu interesse de credor.

Impossibilidade de obtenção do requisito legal de aprovação de mais de 1/3 na classe que rejeitou o plano

Ainda que o plano de recuperação judicial seja viável e atenda aos princípios do art. 47 da LREF, o juiz não poderá superar a rejeição da classe de credores se mais de um terço dos credores e/ou créditos não tiver aprovado o plano, exceto se for verificado eventual abuso de voto dos credores[200].

Contudo, há situações excepcionalíssimas, em que poderá ser impossível que o requisito de aprovação de mais de 1/3 dos credores possa ser preenchido. Na hipótese de a classe ser integrada por um único credor, ou cujo crédito supere sozinho o requisito de 2/3 de aprovação, impossível seria a obtenção de aprovação de mais de 1/3 dos credores presentes na classe que rejeitou o plano de recuperação judicial. Nessa hipótese, a rejeição apenas por um único credor poderia implicar a decretação da falência da recuperanda em detrimento da vontade da maioria.

Não há propriamente abuso da minoria no caso. O voto do referido credor poderá ser absolutamente válido, pois poderá ser proferido conforme a consideração do seu melhor interesse enquanto credor da recuperanda.

Contudo, a previsão legal para a concessão da recuperação mediante o preenchimento desse quórum alternativo deverá ser mitigada diante da situação concreta não prevista na lei.

O quórum alternativo de aprovação previsto no art. 58, § 1º, da LREF, conhecido por *cram down*, procura justamente evitar que a minoria de credores, embora maioria dentro de uma única

---

[199] U.S.C. § 1.129(b)(1).

[200] Cf. comentários ao art. 39.

classe, impeça o prevalecimento da vontade da maioria. O quórum alternativo foi criado justamente para evitar a figura do credor *holdout*, ou seja, aquele que pretende se utilizar de sua posição de bloqueio na aprovação do plano de recuperação judicial justamente para negociar maior valor em benefício próprio e em detrimento dos demais credores. Nesses termos, o quórum alternativo pretende evitar que esse credor, por seu voto desfavorável, provoque a decretação da falência da recuperanda em detrimento da vontade da maioria dos demais credores e de suas classes.

Na hipótese de o requisito da aprovação de mais de 1/3 dos credores na classe que rejeitou o plano não poder ser obtido em razão de credor único ou que supere 2/3 dos créditos da referida classe, o requisito legal, por ser impossível nesse caso, excepcionalmente, poderá ser relativizado diante do caso concreto.

Essa flexibilização, contudo, dever ser cuidadosa. Ela somente poderá ocorrer se demonstrado pelo devedor que o credor estava pretendendo se utilizar de posição do bloqueio para extrair condição não razoável do plano de recuperação judicial e incompatível com a condição dos demais credores[201].

A excepcionalidade da medida é para evitar que o devedor possa, por outro lado, beneficiar-se com a desconsideração do voto de toda a classe, ainda que tenha apresentado meio de pagamento economicamente inviável em relação à situação da empresa ou às demais classes de credores.

Nessa situação de flexibilização do requisito, apenas os demais requisitos legais deverão ter o preenchimento verificado para a concessão ou não da recuperação judicial[202].

Art. 58-A. Rejeitado o plano de recuperação proposto pelo devedor ou pelos credores e não preenchidos os requisitos estabelecidos no § 1º do art. 58 desta Lei, o juiz convolará a recuperação judicial em falência.

Parágrafo único. Da sentença prevista no *caput* deste artigo caberá agravo de instrumento.

Apreciação da viabilidade econômica do plano de recuperação judicial

A revogação do Decreto-Lei n. 7.661/45 pela Lei n. 11.101/2005 procurou justamente transferir o poder de decisão sobre a viabilidade econômica do plano do Juiz para os principais interessados, os credores.

A concordata deixa de ser um objetivo a ser perseguido a todo o custo, como um favor legal conferido pelo Juiz para proteger o comerciante de boa-fé. Desloca-se a proteção para a empresa, atividade empresarial a ser desenvolvida pelo empresário, que deverá ser assegurada, ainda que sua realização deva ser promovida por outro agente econômico.

A falta de preparo, organização ou conhecimento do empresário pode exigir que os fatores de produção por ele utilizados sejam alocados a outro agente econômico, que os adquira e possa desempenhar a atividade econômica de modo mais eficiente.

---

[201] STJ, REsp 1.880.358/SP, 4ª Turma, rel. Min. Antonio Carlos Ferreira, j. 27-2-2024.

[202] Nesse sentido, STJ, REsp 1.337.989/SP, 4ª Turma, rel. Min. Luis Felipe Salomão, j. 8-5-2018.

TJSP, Câmara Especial de Falências e Recuperações Judiciais, AI 649.192-4/2-00, rel. Des. Romeu Ricupero, j. 18-8-2009; TJSP, Câmara Especial de Falências e Recuperações Judiciais, AI 638.631-4/1-00, rel. Des. Romeu Ricupero, j. 18-8-2009; TJSP, 1ª Câmara Reservada de Direito Empresarial, AI 0235995-76.2012, rel. Des. Ênio Zuliani, j. 26-3-2013.

Embora a liquidação forçada falimentar possa comprometer uma parte do aviamento, como organização dos diversos fatores de produção para o exercício da empresa, sempre que não for possível vender seus estabelecimentos em bloco[203-204], o prosseguimento da atividade pelo empresário ineficiente apenas aumentará o seu endividamento, consumirá recursos escassos como matérias-primas e afetará outros agentes econômicos. A falência, nessa hipótese, poderá ser o meio mais eficaz de preservar a atividade empresarial, com a preservação dos interesses de todos os envolvidos, o que seria feito com a venda dos bens para outro empresário e com a satisfação dos credores com o produto dessa liquidação.

A LREF procurou atribuir participação ativa aos credores, maiores interessados na superação da crise econômico-financeira do devedor e no cumprimento de suas obrigações, para analisarem a viabilidade econômica da empresa e a possibilidade de sua efetiva recuperação judicial conforme o plano proposto pelo devedor.

Desta forma, no processo de negociação, o plano apresentado pelo devedor deverá ser negociado com os credores, os quais poderão concordar ou não com a proposta apresentada. A recuperação judicial é justamente esse exercício da liberdade contratual do devedor e de seus credores, os quais desenvolvem nova relação negocial[205].

Aos credores foi transferido o poder de decidir sobre a viabilidade econômica da empresa e sobre a aceitação da proposta de novação apresentada, pois são os credores os maiores detentores das informações necessárias para se aferir a viabilidade econômica da empresa ou os que terão maior incentivo econômico para tomar a decisão correta[206].

A mensuração dessa viabilidade econômica pelo credor, todavia, pode não ser tarefa simples. Deverá o credor avaliar a eficiência do empresário devedor e ponderar se, conforme o plano de recuperação judicial proposto, a manutenção do empresário na condução da atividade empresarial será economicamente melhor para a satisfação de seus interesses enquanto credor, não apenas quanto ao débito sujeito à recuperação judicial, mas quanto à realização de contratações futuras entre as partes. Essa ponderação é realizada com a alternativa de liquidação dos ativos através da decretação da falência, em que o credor avaliaria quanto resultaria da liquidação dos ativos, deduzidos os custos e despesas processuais, e se o seu pagamento conforme a ordem de preferência resultaria em maior satisfação de seu crédito[207].

---

[203] Cf. comentários ao art. 140.

[204] Para LOPUCKY, Lynn M., a liquidação dos ativos na falência não permitiria a conservação do aviamento. Como a atividade seria desenvolvida não apenas pelos diversos ativos específicos, mas por relações jurídicas construídas ao longo de todo o seu desempenho, a falência implicaria a redução de valor dos ativos em razão de novos custos para o estabelecimento de novas relações (*The nature of the bankrupt firm: a response to Baird and Rasmussen's the end of bankruptcy*, in 56 Stan. L. Rev., 2003-2004, p. 645-671).

[205] STJ, REsp 1.359.311/SP, rel. Min. Luis Felipe Salomão, 4ª t., DJ 30-9-2014.

[206] Nesse ponto, o Relatório apresentado pelo Senador Ramez Tebet sobre o PLC n. 71/2013 e que se converteu na Lei n. 11.101/2005, ressaltou esse papel ativo dos credores para a proteção dos interesses de todos os envolvidos. Segundo o senador, "é desejável que os credores participem ativamente dos processos de falência e de recuperação, a fim de que, diligenciando para a defesa de seus interesses, em especial o recebimento de seu crédito, otimizem os resultados obtidos com o processo, com redução da possibilidade de fraude ou malversação dos recursos da empresa ou da massa falida".

[207] Cf. comentários ao art. 39 para a análise do abuso de direito de voto pelos credores.

Intervenção judicial na aprovação do plano de recuperação judicial

Diante da atribuição legal aos credores para aferir a viabilidade econômica do plano de recuperação judicial, a Assembleia Geral dos Credores é autônoma. A consideração pelos credores sobre a viabilidade econômica da empresa e a aprovação ou rejeição do plano de recuperação judicial não poderão sofrer alterações pelo Juízo. Ao Judiciário não é dado intervir no mérito do plano de recuperação judicial ou alterar a deliberação dos credores. O Judiciário apenas conduz a relação jurídica processual que permitirá ao devedor negociar com os seus credores a melhor alternativa para superarem, juntos, a crise que acomete o devedor[208].

A autonomia da Assembleia não significa, entretanto, absoluta soberania. A deliberação da Assembleia Geral de Credores não prevalece se afrontar norma cogente. Como qualquer outro negócio jurídico, o plano de recuperação judicial e os votos dos credores se submetem aos requisitos de validade dos negócios jurídicos, os quais necessitam ter objeto lícito, possível e determinado ou determinável[209] e, por se tratar de título executivo judicial, em conjunto com a decisão homologatória, deveria se revestir dos requisitos de certeza, liquidez e exigibilidade (ou, ao menos, identificação de termo para a exigibilidade, como, por exemplo, indicação de datas de vencimento das obrigações pecuniárias eventualmente assumidas).

A intervenção do Estado no controle judicial dessa legalidade não implica interferência na livre manifestação de vontade das partes contratantes, as quais podem regular sua autonomia privada, mas simplesmente afere os limites a que essa liberdade de manifestação deve ficar adstrita[210]. Ainda que os contratantes tenham autonomia de vontade para convencionar o que melhor lhes atenda, a convenção não poderá extrapolar os limites dessa autonomia garantidos pelo direito ao afrontar normas cogentes ou os dispositivos legais que asseguram a proteção de interesses públicos ou sociais.

O Magistrado, embora não possa apreciar a viabilidade econômica da empresa, poderá verificar eventual abuso de direito do próprio devedor, ao contrariar princípios cogentes e pressupostos da recuperação judicial, como o intuito de superação da crise para a preservação da empresa e satisfação dos credores. Um plano de recuperação judicial, nesses termos, com carência exorbitante de pagamento, deságio expresso ou implícito (juros e correção monetária) excessivo se comparado ao ativo ou que não pretenda a manutenção do desenvolvimento da atividade empresarial, extrapola os limites da conveniência e oportunidade do devedor e afronta a Lei[211]. Poderá também verificar abuso de direito do credor, ao manifestar seu voto não conforme o seu interesse enquanto credor.

Nessas hipóteses, a intervenção do Magistrado não ocorre para fins de verificação da viabilidade econômica do plano, mas de análise se o exercício dos direitos pelos devedores ou credores

---

[208] Enunciado 46 da I Jornada de Direito Comercial CJF/STJ: "não compete ao juiz deixar de conceder a recuperação judicial ou de homologar a extrajudicial com fundamento na análise econômico-financeira do plano de recuperação aprovado pelos credores".

Nesse sentido: STJ, 4ª Turma, REsp 1.359.311/SP, rel. Min. Luis Felipe Salomão, j. 9-9-2014.

[209] Enunciado 44 da I Jornada de Direito Comercial CJF/STJ: "a homologação de plano de recuperação judicial aprovado pelos credores está sujeita ao controle de legalidade".

[210] STJ, REsp 1.314.209/SP, rel. Min. Nancy Andrighi, j. 22-5-2012.

[211] TJSP, Câmara Reservada de Falência e Recuperação, AI 0136362-29.2011, rel. Des. Pereira Calças, j. 28-2-2012. Em sentido diverso: TJSP, AI 2059570-43.2024.8.26.0000, 1ª Câmara Reservada de Direito Empresarial, rel. Des. J. B. Paula Lima, j. 25-9-2024; TJRJ, AI 0015397-60.2024.8.19.0000, 2ª Câmara de Direito Privado, rel. Des. Renata Machado Cotta, j. 30-4-2024.

Art. 59 ||| Marcelo Barbosa Sacramone

extrapolou os limites impostos pelas normas cogentes e pelos princípios que disciplinam o instituto da recuperação judicial[212].

Rejeição do plano de recuperação judicial

Como afirmado, prevalecem a autonomia da Assembleia Geral de Credores e a atribuição exclusiva a esses credores de apreciarem a viabilidade econômica do devedor na condução de sua atividade. Ao juízo caberá apenas a análise de eventual ilegalidade das cláusulas do plano, dos votos ou da própria deliberação, mas não poderá interferir na negociação coletiva realizada e na aprovação ou rejeição do plano de recuperação judicial realizada pelos credores.

Caso não tenham sido preenchidos os quóruns legais, seja o quórum ordinário ou o quórum alternativo do *cram down*, o juiz deverá convolar a recuperação judicial em falência. Como toda sentença de decretação de falência, o recurso cabível será de agravo de instrumento.

Art. 59. O plano de recuperação judicial implica novação dos créditos anteriores ao pedido, e obriga o devedor e todos os credores a ele sujeitos, sem prejuízo das garantias, observado o disposto no § 1º do art. 50 desta Lei.

§ 1º A decisão judicial que conceder a recuperação judicial constituirá título executivo judicial, nos termos do art. 584, inciso III, do *caput* da Lei n. 5.869, de 11 de janeiro de 1973 – Código de Processo Civil.

§ 2º Contra a decisão que conceder a recuperação judicial caberá agravo, que poderá ser interposto por qualquer credor e pelo Ministério Público.

§ 3º Da decisão que conceder a recuperação judicial serão intimadas eletronicamente as Fazendas Públicas federal e de todos os Estados, Distrito Federal e Municípios em que o devedor tiver estabelecimento.

Efeitos da concessão da recuperação judicial: a novação dos créditos

A decisão que conceder a recuperação judicial exigirá, para ampla publicidade, a intimação eletrônica das Fazendas Públicas federal, estaduais, distrital e municipais em que o devedor tiver estabelecimento.

---

[212]   Nesse sentido: STJ, 3ª Turma, REsp 1.388.051/GO, rel. Min. Nancy Andrighi, j. 10-9-2013; STJ, 4ª Turma, REsp 1.359.311/SP, rel. Min. Luis Felipe Salomão, *DJe* 30-9-2014; STJ, 3ª Turma, REsp 1.513.260/SP, rel. Min. João Otávio de Noronha, j. 5-5-2016.

En sentido contrário, com a defesa da intervenção do Magistrado em situações-limite inclusive sobre a viabilidade econômica do plano de recuperação judicial, WARDE JR., Walfrido Jorge; PEREIRA, Guilherme Setoguti J. Discricionariedade da assembleia-geral de credores e poderes do juiz na apreciação do plano de recuperação judicial. In: ELIAS, Luis Vasco (coord.). *10 anos da Lei de Recuperação de Empresas e Falências*: reflexões sobre a reestruturação empresarial no Brasil. São Paulo: Quartier Latin, 2015, p. 497.

Todos os créditos existentes, vincendos ou vencidos, submetem-se ao plano de recuperação judicial, ainda que a minoria dos credores não tenha concordado com o plano e tenha sido vencida pela maioria de votos dos demais credores, não tenham comparecido à Assembleia Geral de Credores ou não estejam habilitados no processo, exceto os créditos excluídos da sujeição (art. 49).

Pelo art. 148 do Decreto-Lei n. 7.661/45, a concordata expressamente não produzia novação. Não surgiria novo direito com a concordata ou haveria a extinção do direito de crédito anterior. Se a concordata fosse rescindida, o credor continuaria a figurar pelo mesmo montante no quadro-geral de credores, exceto se tivesse ocorrido algum pagamento pelo concordatário[213].

A concessão da recuperação judicial, ao contrário da concordata, com a aprovação pela maioria qualificada dos credores (arts. 45 ou 58, § 1º), provoca a novação de todos os créditos submetidos à recuperação judicial, conforme determinação expressa da Lei. O crédito existente anterior ao pedido de recuperação judicial é extinto pela aprovação do plano. Em seu lugar, passam a vigorar as novas condições estabelecidas no plano de recuperação judicial a cada um dos créditos.

A extinção do direito de crédito anterior e sua substituição pelo direito de crédito nas condições e formas estabelecidas no plano de recuperação judicial ocorrem mesmo quando o crédito não tenha sido habilitado na recuperação judicial. Desde que os créditos sejam existentes anteriormente à distribuição do pedido de recuperação judicial e não se encontrem nas exceções legais, o crédito está sujeito aos efeitos do plano de recuperação judicial cuja concessão foi homologada, ainda que não tenha se habilitado no procedimento recuperacional.

A sujeição, independentemente da habilitação, ocorre porque, se é obrigação do devedor informar quais são seus efetivos credores, também é ônus imposto aos credores o de se habilitarem ou impugnarem a lista do administrador judicial que não os incluiu. Sua não sujeição ao plano de recuperação judicial implicaria tratamento privilegiado ao credor em detrimento dos demais e em prejuízo à recuperação judicial pretendida pelo devedor e que favorecia o interesse coletivo de todos[214].

Efeito da concessão sobre as garantias dos terceiros

A novação dos créditos submetidos à recuperação judicial difere da novação ordinária, estabelecida no art. 360 do Código Civil. Por esse dispositivo legal, a novação provoca a extinção da obrigação anterior, substituída por uma nova relação jurídica em todos os efeitos, o que implica a extinção das garantias anteriores, sejam elas reais ou fidejussórias, bem como a extinção das obrigações dos devedores solidários.

No Decreto-Lei n. 7.661/45, a concessão da concordata não implicava novação dos créditos. Em seu art. 148, a concordata expressamente não desonerava os coobrigados com o devedor, nem os fiadores deste e os responsáveis por via de regresso.

Na LREF, a despeito de a concessão da recuperação judicial implicar novação dos créditos, ela é *sui generis*. Ela ocorre sem prejuízo das garantias, nem alteração das obrigações em face dos devedores

---

[213]   VALVERDE, Trajano de Miranda. *Comentários à Lei de Falências*. 4. ed. v. II. Rio de Janeiro: Forense, 1999, p. 262.

[214]   Nesse sentido: TJSP, 17ª Câmara de Direito Privado, AI 2065950-29.2017, rel. Des. Afonso Bráz, j. 25-5-2017; TJSP, 19ª Câmara de Direito Privado, Ap. 1018787-48.2015, rel. Des. João Camillo de Almeida Prado Costa, j. 9-5-2016; TJSP, 37ª Câmara de Direito Privado, AI 0103774-95.2013, rel. Des. Sérgio Gomes, j. 13-8-2013.

solidários e coobrigados. Nos termos do art. 49, § 1º, ainda que ocorra a novação do crédito, os credores conservam seus direitos e privilégios contra os coobrigados, fiadores e obrigados em regresso[215].

Pelo dispositivo legal, a execução contra esses coobrigados nem sequer é suspensa pela distribuição da recuperação judicial e deverá prosseguir normalmente. O credor poderá continuar e exigir a satisfação integral de seu crédito em face dos coobrigados ou garantidores, independentemente da concessão da recuperação judicial quanto ao devedor principal[216].

Caso seja integralmente satisfeito pelo coobrigado ou pelo garantidor, estes ficarão sub-rogados nos direitos do credor, com as mesmas condições e natureza do crédito deste, e poderão exigir seu ressarcimento do devedor principal. Esse ressarcimento, contudo, somente será realizado pelo devedor nos termos do plano de recuperação judicial.

Nada impede que a renúncia à cobrança dos coobrigados possa ser prevista validamente no plano de recuperação judicial a ser submetido à votação dos credores. Como nem todos os credores possuem as suas obrigações garantidas da mesma forma, a votação pela maioria não vincula a minoria, pois, nesse ponto, os credores não participam da mesma comunhão de interesses. Em outras palavras, não poderia a maioria aceitar a renúncia ao direito de exigir o cumprimento da obrigação de um coobrigado se apenas o credor minoritário dissidente tiver seu crédito garantido por terceiro. Assim, apenas se o credor não se absteve, não votou contra ou, caso tenha votado favoravelmente ao plano de recuperação judicial, não tenha ressalvado a cláusula de renúncia, perderá o direito de cobrar os coobrigados.

A cláusula de renúncia de cobrança dos coobrigados prevista no plano de recuperação judicial é válida pois não contraria norma legal e poderá ser livremente acordada entre as partes, diante de sua natureza patrimonial e dispositiva. Porém, somente produzirá efeitos em face do credor que com ela expressamente concordou.

Da mesma forma, no tocante aos direitos reais de garantia, o art. 59 faz menção expressa ao art. 50, § 1º, o qual determina que o credor, ainda que seu crédito principal tenha sido novado, conserva consigo o direito de hipoteca, anticrese ou penhor sobre os bens, exceto se houver renúncia expressa. O bem dado em garantia ao credor somente poderá ser alienado na recuperação judicial se o credor titular da garantia expressamente concordar.

Sobre isso, a jurisprudência deverá observar as mudanças advindas da promulgação do Marco Legal das Garantias (Lei n. 14.771/2023), haja vista a possibilidade de uma mesma garantia ser estendida a uma multiplicidade de credores. Vale mencionar que essas mudanças não parecem se dar em larga magnitude, inclusive por força do novo art. 1.487-A do Código Civil, § 3º, que postula que, nas hipóteses de superveniente multiplicidade de credores garantidos pela mesma hipoteca estendida, apenas o credor titular do crédito mais prioritário, conforme estabelecido no § 2º do mesmo artigo[217], poderá promover a execução judicial ou extrajudicial da garantia, exceto se convencionado

---

[215] Cf. comentários ao art. 49.

[216] O STJ, em recurso repetitivo, REsp 1.333.349/SP, rel. Min. Luis Felipe Salomão, *DJ* 26-11-2014, pacificou a controvérsia: "a recuperação judicial do devedor principal não impede o prosseguimento das execuções nem induz suspensão ou extinção de ações ajuizadas contra terceiros devedores solidários ou coobrigados em geral, por garantia cambial, real ou fidejussória, pois não se lhes aplicam a suspensão ou extinção prevista nos arts. 6º, *caput*, e 52, III, ou a novação a que se refere o art. 59, *caput*, por força do que dispõe o art. 49, § 1º, todos da Lei n. 1.101/2005".

[217] Art. 1.487-A, § 2º do CC: "A extensão da hipoteca será objeto de averbação subsequente na matrícula do imóvel, assegurada a preferência creditória em favor da: I – obrigação inicial, em relação às

de modo diverso por todos os credores[218]. A nova lei não alterou a natureza concursal dos créditos de garantia real, tampouco a extraconcursalidade daqueles de natureza fiduciária.

Efeito da concessão sobre as ações e execuções

Além de se diferenciar quanto aos coobrigados e garantidores, a novação provocada pela recuperação judicial se submete a uma condição resolutiva consistente no cumprimento do plano de recuperação judicial pelo período de dois anos, em que haverá a fiscalização judicial. Caso, no referido período, as obrigações previstas no plano de recuperação judicial não sejam satisfeitas, a recuperação judicial será convolada em falência e os credores terão seus direitos reconstituídos nas condições originalmente contratadas[219].

Convolada em falência a recuperação judicial, a novação se resolve e as obrigações voltam às suas condições anteriores, como se a novação não tivesse ocorrido, com exceção dos atos validamente praticados em cumprimento do plano de recuperação.

Se, por seu turno, as obrigações vencidas nos dois anos do período de fiscalização forem cumpridas, a recuperação judicial será encerrada. Eventual descumprimento do plano posteriormente ao período não resolve a novação obtida pela recuperação judicial. A obrigação permanece como a surgida a partir do plano de recuperação judicial e seu descumprimento permitirá que o credor a execute ou promova pedido de falência em razão da prática de ato falimentar (art. 94, III, *g*).

É em virtude desses efeitos que se sustentou, nos comentários ao art. 6º, a que se remete, que a concessão da recuperação judicial provoca a extinção das ações e execuções contra o devedor, que estavam suspensas por ocasião da decisão de processamento da recuperação judicial. Com sua extinção, eventuais penhoras realizadas deverão ser liberadas em favor da devedora executada.

Não há razão para que as execuções sejam apenas mantidas como suspensas. Caso as obrigações previstas no plano de recuperação judicial sejam descumpridas durante o período de dois anos de fiscalização judicial, a falência seria decretada, de modo que as execuções individuais também não poderiam prosseguir. Caso as obrigações sejam descumpridas depois dos dois anos, haveria um novo título executivo a ser exigido, o decorrente do plano de recuperação judicial, o que exigiria um novo processo de execução, baseado no novo título ou o pedido de falência, mas não a continuidade de um processo cujo título executivo não mais existe[220].

---

obrigações alcançadas pela extensão da hipoteca; II – obrigação mais antiga, considerando-se o tempo da averbação, no caso de mais de uma extensão de hipoteca".

[218] Entendimento similar foi atribuído às hipóteses de alienação fiduciária que, por força da nova redação do art. 22, § 3º, da Lei n. 9.514/97, aduz que: "Havendo alienações fiduciárias sucessivas da propriedade superveniente, as anteriores terão prioridade em relação às posteriores na excussão da garantia, observado que, no caso de excussão do imóvel pelo credor fiduciário anterior com alienação a terceiros, os direitos dos credores fiduciários posteriores sub-rogam-se no preço obtido, cancelando-se os registros das respectivas alienações fiduciárias".

[219] Cf. art. 61, § 2º.

[220] Conferir comentários ao art. 6º. Nesse sentido, STJ, 4ª Turma, REsp 1.272.697/DF, rel. Min. Luis Felipe Salomão, j. 2-6-2015; TJSP, 2ª Câmara Reservada de Direito Empresarial, AI 0077707-30.2012, rel. Des. Ricardo Negrão, j. 8-4-2013.

Em sentido contrário: TJSP, 20ª Câmara de Direito Privado, AI 0355982-77.2010, rel. Des. Rebello Pinho, j. 7-2-2011; TJSP, 23ª Câmara de Direito Privado, AI 0253439-93.2010, rel. Des. José Marcos

Formação do título executivo judicial

A decisão judicial que concede a recuperação judicial constitui título executivo judicial.

A Lei n. 11.101/2005 equiparou a decisão de concessão da recuperação judicial à sentença homologatória de conciliação ou de transação (art. 584, III, do revogado CPC), a qual foi prevista como título executivo judicial no art. 515, II, do Código de Processo Civil atual.

Como efeito da comparação, poderia ser sustentado que a sentença homologatória de composição judicial permitiria que a decisão de concessão fosse objeto de ação anulatória, caso apresentasse algum vício na deliberação ou que pudesse comprometer o quórum. Entretanto, embora não possa intervir no mérito da deliberação, a decisão de concessão da recuperação judicial não é meramente homologatória da vontade das partes. Ela vincula a minoria dissidente à vontade da maioria e exige a conferência dos quóruns em cada classe de credores[221].

Por não ter conteúdo meramente homologatório, a decisão não está submetida à ação anulatória. O recurso de sua concessão é o agravo de instrumento. Ele poderá ser interposto por qualquer credor ou pelo Ministério Público, no prazo de 15 dias (art. 1.003, § 5º, do CPC).

A concessão da recuperação judicial e o protesto dos títulos

Durante o processamento e até a eventual decisão de concessão da recuperação judicial, os protestos dos títulos permanecem hígidos. O protesto demonstra a mora do devedor e sua publicidade evidencia a situação de crise econômico-financeira do empresário devedor aos terceiros, o que de resto já é feito pela inserção da expressão "em recuperação judicial" no próprio nome empresarial da recuperanda. Ademais, as obrigações são efetivamente existentes e foram inadimplidas[222].

Concedida a recuperação judicial, entretanto, as obrigações existentes e sujeitas ao plano de recuperação judicial são extintas e substituídas por novas obrigações a serem satisfeitas nas condições e formas estipuladas pelo plano de recuperação. Não há mais o inadimplemento das obrigações anteriormente vencidas e que motivariam o protesto ou a negativação da devedora no cadastro de inadimplentes.

Os protestos em face da devedora e em relação aos débitos sujeitos ao plano de recuperação e a inserção ou manutenção do nome da recuperanda nos cadastros de inadimplentes em relação a esses mesmos débitos novados deverão, assim, ter a publicidade suspensa até o final do período de fiscalização judicial[223].

Marrone, j. 29-9-2010; TJSP, 11ª Câmara de Direito Privado, AI 0248733-96.2012, rel. Des. Gilberto dos Santos, j. 21-2-2013; TJSP, 38ª Câmara de Direito Privado, AI 2235661-03.2015, rel. Des. Spencer Almeida Ferreira, j. 9-12-2015.

[221] MUNHOZ, Eduardo Secchi. Comentários ao art. 59. In: *Comentários à Lei de Recuperação de Empresas e Falência*. 2. ed. São Paulo: Revista dos Tribunais, 2007, p. 296.

[222] Cf. comentários ao art. 52.

[223] STJ, 3ª Turma, REsp 1.260.301/DF, rel. Min. Nancy Andrighi, j. 21-8-2012; TJSP, 2ª Câmara Reservada de Direito Empresarial, AI 2095583-85.2017, rel. Des. Ricardo Negrão, j. 6-11-2017; TJSP, 1ª Câmara Reservada de Direito Empresarial, AI 2122611-62.2016, rel. Des. Teixeira Leite, j. 20-10-2016; TJSP, 2ª Câmara Reservada de Direito Empresarial, AI 2137018-44.2014, rel. Des. Ricardo Negrão, j. 16-3-2015; TJSP, 1ª Câmara Reservada de Direito Empresarial, AI 0030847-34.2013, rel. Des. Ênio Zuliani, j. 1º-8-2013.

Se decorrido o período de dois anos de cumprimento do plano de recuperação judicial sem que tenha a recuperação judicial sido convolada em falência, a novação não estará mais submetida a nenhuma condição resolutiva. Como a extinção das obrigações anteriores passou a ser definitiva, os protestos em face da devedora deverão ser definitivamente cancelados, assim como o seu nome excluído dos cadastros de proteção ao crédito, mas exclusivamente em razão das obrigações sujeitas ao plano e sem prejuízo dos efeitos que possam gerar perante os terceiros coobrigados.

Art. 60. Se o plano de recuperação judicial aprovado envolver alienação judicial de filiais ou de unidades produtivas isoladas do devedor, o juiz ordenará a sua realização, observado o disposto no art. 142 desta Lei.

Parágrafo único. O objeto da alienação estará livre de qualquer ônus e não haverá sucessão do arrematante nas obrigações do devedor de qualquer natureza, incluídas, mas não exclusivamente, as de natureza ambiental, regulatória, administrativa, penal, anticorrupção, tributária e trabalhista, observado o disposto no § 1º do art. 141 desta Lei.

A alienação de ativos

Um dos meios de recuperação judicial mais utilizado para a reestruturação do empresário e a obtenção de capital é a alienação de bens próprios, que permite ao empresário concentrar seus recursos no desenvolvimento da atividade empresarial mais lucrativa e reduzir os custos de manutenção e conservação de uma estrutura sem maior utilidade ou lucratividade.

A alienação garante também o atendimento da preservação da empresa e de sua função social. A aquisição de estabelecimento permite que o arrematante desenvolva a atividade empresarial de modo mais eficiente com o ativo adquirido, com a manutenção de postos de trabalho, fornecimento dos produtos aos consumidores, circulação de riqueza etc.

Salvo casos excepcionais, em que se exigirá o reconhecimento judicial da evidente utilidade da venda, após a oitiva do Comitê de Credores, a alienação ou oneração de ativos permanentes da recuperanda é proibida após a distribuição do pedido de recuperação judicial, exceto se prevista no plano de recuperação judicial e aprovada pelos credores[224]. A anuência dos credores é necessária porque a alienação de ativos poderá comprometer a satisfação dos credores por ocasião de eventual liquidação dos bens na falência, além de ser parte da proposta realizada pelo devedor para que estruture sua atividade e consiga satisfazer os credores.

Ao ser exigida a concordância dos credores, é imprescindível que o plano de recuperação judicial preveja a alienação das unidades produtivas isoladas e as caracterize detalhadamente. Para que possa manifestar seu voto de modo consciente, o credor deverá ter a informação precisa dos meios de recuperação judicial. Exige-se, assim, que a previsão de alienação não seja genérica para qualquer ativo do empresário, mas esclareça qual específico ativo será alienado, a forma e o preço pelo qual isso poderá ocorrer[225]. A previsão genérica de alienação considera-se não escrita e sem que tenha sido anuída pelo credor.

---

[224] Cf. comentários ao art. 66.

[225] Nesse sentido: TJSP, AI 2226168-89.2021.8.26.0000, 1ª Câmara Reservada de Direito Empresarial, rel. Des. Azuma Nishi, j. 27-7-2022.

A alienação mediante *stalking horse*

A partir das alterações implementadas pela Lei n. 14.112/2020 à Lei n. 11.101/2005, concedeu-se ao devedor ampla liberdade para negociação e venda de ativos, que poderão ser alienados livres de ônus por quaisquer das modalidades previstas no art. 142.

Nesse cenário, vem ganhando força na prática nacional a figura dos *talking horse*, já amplamente aceito e utilizado nos processos de insolvência americanos. A denominação é adaptada das tradicionais caças americanas e foi cunhada originalmente para se referir ao animal ou figura representativa de animal atrás da qual se escondia um caçador para aproximar-se de sua presa, saindo à frente dos demais caçadores[226].

Atualmente, é utilizada para se referir ao investidor que sai à frente dos demais na corrida para aquisição de ativos da devedora por ter, em um prévio procedimento, apresentado a melhor oferta vinculante.

A Seção 363 do U.S. *Bankruptcy Code* autoriza a venda de ativos da empresa em recuperação logo no início do procedimento antes mesmo da aprovação de plano de recuperação judicial, com vistas a preservar o valor dos ativos. Há situações em que a alienação depende de prévia autorização judicial e, há outras, em que se sujeita ao controle posterior de validade pelo Poder Judiciário. No direito americano, não há forma específica para alienação, razão pela qual é comum que se busque diretamente no mercado investidores potencialmente interessados no ativo posto à venda.

Aos interessados garante-se acesso à documentação necessária à realização de *due dilligence* e precificação do ativo, o que mitiga a assimetria informacional que pode prejudicar a avaliação do bem. Após a *due dilligence,* os interessados fazem uma proposta e, dentre os proponentes, o devedor escolhe aquele que atuará como *stalking horse*[227].

Recomenda-se que o *stalking horse* seja aquele que, dentre os interessados, tenha oferecido a melhor proposta, na medida em que uma das funções do *stalking horse* é estabelecer um preço mínimo justo para a aquisição do ativo[228].

Como mencionado, o *stalking horse* tem acesso prévio à documentação da devedora e ao ativo, o que aumenta a visibilidade quanto aos eventuais riscos atrelados à aquisição e permite uma avaliação mais precisa do bem ofertado. Diante desse acesso, o *stalking horse* auxiliaria a avaliar os ativos a serem vendidos, o que poderá lhe onerar financeiramente, mas resultará em benefício à recuperanda a qual poderá não contar com referidos valores para realizar a avaliação imprescindível à liquidação do bem. Diante dessa oneração, ser-lhe-ão assegurados determinados privilégios na aquisição do bem, desde que não prejudiquem o procedimento competitivo.

---

[226] De acordo com o dicionário Merriam-Webster, *stalking horse* é "a horse or a figure like a horse behind which a hunter stalks game".

Disponível em: https://www.merriam-webster.com/dictionary/stalking%20horse

[227] RAYKIN, Alla. Section 363 Sales: Mooting Due Process? In: *Emori Bankruptcy Developments Journal*, v. 29, issue 1, 2012.

Disponível em: https://scholarlycommons.law.emory.edu/cgi/viewcontent.cgi?article = 1168&context = ebdj

[228] BALL, Corine; KANE, John K. How to handle corporate distress sale transactions. Disponível em: https://www.jonesday.com/files/publication/7fbdc211-d634-4ae3-8377-6fbe2cd6a0e5/presentation/publicationattachment/dd598749-67d2-455f-997f-9598c2e05623/ali_aba_kane.pdf

Trata-se de contrato *sui generis* que estabelece algumas obrigações e direitos peculiares às partes. De um lado, o *stalking horse* compromete-se a adquirir o ativo respectivo pelo preço e nas condições previamente aceitas pela devedora. Por outro, garante para si prerrogativas não estendidas aos demais interessados, mas que não poderiam comprometer a concorrência imprescindível do certame.

Além do direito à realização de *due dilligence* prévia, o *stalking horse* consegue negociar detalhadamente os contornos da operação, o que torna essa modalidade muito mais atrativa aos investidores, especialmente os estrangeiros que costumeiramente adotam padrões elevados de governança e estão sujeitos a normas anticorrupção específicas e cuja obrigatoriedade de observância pela contraparte constitui cláusula padrão em suas operações.

É comum que se estabeleça alguns benefícios adicionais ao *stalking horse*, tais como o direito de ter a preferência sobre o maior lance que vier a ser dado durante o leilão judicial (*right to match*), de cobrir a maior oferta (*right to top*), um valor prefixado no caso de não conclusão da operação (*break up fee*)[229] e reembolso das despesas vinculadas à aquisição do ativo. Nesse ponto, o privilégio deverá ser fixado de forma razoável à oneração do *stalking horse* na avaliação do ativo e na elaboração das condições da proposta, como forma de se evitar que o processo competitivo seja obstado e que o maior favor de liquidação do ativo possa ser obtido.

O direito ao reembolso das despesas e a *break-up fee* devem ser fixados de maneira equitativa, suficiente a indenizar o *stalking horse* pelos gastos realizados quando havia expectativa na aquisição do ativo mas sem onerar demasiadamente a devedora.

A existência de *stalking horse* e as condições acordadas entre a devedora e esse potencial adquirente deverão vir detalhadas no plano de recuperação judicial para deliberação dos credores em conclave e do Poder Judiciário, assim como deve ser realizado processo competitivo para a escolha do *stalking horse bidder* (ofertante prioritário ou preferencial). Deve o plano de recuperação judicial conter, ainda, os critérios para participação de outros interessados na aquisição da UPI, assegurando a possibilidade a outros interessados de participarem da disputa do ativo de modo a se garantir a devida concorrência.

Importante notar que o *stalking horse* tem mera expectativa de direito, de modo que, caso não concluída a operação por qualquer razão, tais como rejeição do plano de recuperação judicial ou oferta maior por terceiro interessado, não terá, a princípio, o *stalking horse* direito a exigir indenização da recuperanda ou do terceiro adquirente. A exceção é tão somente a *break-up fee* e o reembolso das despesas, caso previstos no contrato, ou nas hipóteses de violação das normas materiais e processuais aplicáveis, como, por exemplo, se restar demonstrada violação à boa-fé da recuperanda e do terceiro.

Como a venda é realizada no âmbito do processo de recuperação judicial, mediante aprovação dos credores em assembleia geral de credores e com o crivo do Poder Judiciário, dada a devida transparência ao procedimento e garantido o direito à participação de terceiros interessados no leilão, aquele que se consagrar vencedor no certame receberá o bem livre de quaisquer ônus.

Por fim, cabe destacar que, em que pese a alienação por meio de *stalking horse* tenha ganhado relevância no cenário nacional por alienações realizadas em processos de recuperação judicial, ela também é admitida nos processos de falência e pode ser até mesmo recomendável, em determinados

---

[229] O Tribunal de Justiça de São Paulo já se manifestou sobre a legalidade do direito de cobrir a maior oferta e de *break up fee*: TJSP, AI 2230472-34.2021.8.26.0000, rel. Des. J. B. Franco de Godoi, j. 30-3-2022.

casos, seja em razão da natureza de determinados ativos que podem ser de difícil avaliação ou de baixa liquidez, seja como meio de se assegurar a mínima desvalorização possível dos ativos da massa falida[230].

Sucessão do arrematante

A Lei restringiu o risco dos adquirentes de bens alienados pela recuperanda. As obrigações do devedor e os ônus que recaiam sobre os bens arrematados deverão ser de responsabilidade exclusiva do devedor[231].

A limitação da sucessão das obrigações do devedor ao adquirente procura garantir o princípio da preservação da empresa. Separada do conceito de empresário devedor, a empresa, entendida como atividade, poderá ser desenvolvida de modo mais eficiente pelo adquirente do conjunto de bens, que poderá garantir maior circulação de riquezas. Permitir a venda de ativos livres de ônus garante que a empresa a ser desenvolvida pelo adquirente não seja impossibilitada pela ineficiência do devedor vendedor.

Por seu turno, a limitação da sucessão reduz os riscos do adquirente, o que garante aumento do valor do preço obtido pelas arrematações e, por consequência, maior satisfação de todos os credores.

Quanto aos ônus, a alienação do bem na recuperação judicial assegura o levantamento de todas as constrições ou ônus que poderiam recair sobre o ativo, como penhoras de credores, submetidos ou não submetidos à recuperação judicial, impostos pendentes como IPTU ou IPVA, multas administrativas, débitos trabalhistas etc. Referidos ônus deverão ser levantados pelos órgãos administrativos competentes mediante mero ofício do juízo da recuperação judicial, ainda que a constrição tenha sido realizada mediante determinação por juiz diverso.

Quanto à sucessão do arrematante, não haverá responsabilidade por nenhuma obrigação do devedor ou do bem adquirido existente até o momento da arrematação, sejam os débitos trabalhistas, tributários, ambientais, administrativos, penais, anticorrupção etc. A inclusão dos débitos ambientais, administrativos, penais, anticorrupção e trabalhistas foi expressamente mencionada no parágrafo único pela alteração promovida pela Lei n. 14.112, de 24 de dezembro de 2020. O dispositivo foi vetado pelo Presidente da República sob o fundamento de que as obrigações ambientais seriam protegidas constitucionalmente, assim como as da Lei Anticorrupção deveriam ser conservadas sob pena de afronta aos direitos fundamentais da probidade e da boa administração pública. O veto fora rejeitado pelo Congresso Nacional.

A despeito da inclusão expressa da não sucessão às obrigações ambientais, regulatórias, administrativas, penais, anticorrupção e trabalhistas, a redação original do dispositivo já permitia exatamente essa interpretação do texto. Isso porque determinava-se que não haveria sucessão do arrematante em nenhuma obrigação, de modo que todas essas, juntamente com as tributárias, estavam inclusas.

---

[230] Nesse sentido: TJSP, AI 21319272120248260000, rel. Des. Rui Cascaldi, 1ª Câmara Reservada de Direito Empresarial, j. 22-7-2024; TJSP, AI 2064157-45.2023.8.26.0000, rel. Des. Grava Brazil, 2ª Câmara Reservada de Direito Empresarial, j. 15-6-2023; TJSP, AI 21152241520248260000, rel. Des. Miguel, 7ª Câmara de Direito Privado, j. 28-6-2024.

[231] O Supremo Tribunal Federal considerou o dispositivo legal de acordo com a Constituição Federal. A não sucessão dos adquirentes dos bens alienados pelas empresas em dificuldades garante a função social que tais complexos patrimoniais exercem (STF, ADI 3.934-2, rel. Min. Ricardo Lewandowski, *DJ* 6-11-2009).

A inclusão de todas as obrigações, afinal, conforma-se com o intuito de maximização do valor e satisfação da coletividade de credores[232-233].

No tocante às obrigações tributárias, além de sua expressa não sucessão no art. 60 da LREF, o art. 133 do Código Tributário Nacional corrobora o dispositivo legal. Pela alteração concebida pela Lei Complementar n. 118/2005, o art. 133, § 1º, II, estabelece que na alienação judicial de filial ou unidade produtiva isolada em processo de recuperação judicial não haverá a sucessão do arrematante pelas obrigações tributárias do vendedor.

A interpretação do dispositivo legal, ao contrário do que poderia ser deduzido do veto presidencial rejeitado pelo Congresso Nacional, não contraria a Constituição Federal. A ausência de responsabilidade não impede a satisfação dos referidos créditos pelo produto da alienação pelo devedor nos termos do plano de recuperação judicial e, outrossim, garante que o melhor valor de alienação para a satisfação de todos os créditos seja efetivamente possível, o que assegura a melhor satisfação das referidas obrigações.

A não sucessão das obrigações do devedor e o levantamento dos ônus incidentes sobre o bem, entretanto, são condicionados à alienação por uma das modalidades públicas prescritas na LREF. Ao remeter ao art. 142, a LREF determina que a alienação desses ativos deverá ser realizada na modalidade do leilão, processo competitivo organizado ou qualquer outra modalidade aprovada nos termos dessa Lei.

A exigência decorre da garantia de que haveria um procedimento competitivo entre os interessados e que seria alcançado o melhor preço de aquisição do bem, com vantagens a todos os credores. Com esse produto da arrematação, o devedor poderia satisfazer seus credores, tanto os credores sujeitos quanto os não sujeitos à recuperação judicial.

A alienação de bens diretamente entre o devedor e o adquirente não é impedida pela legislação de insolvência. Todavia, a não sucessão das obrigações pelo arrematante apenas ocorrerá se a alienação ocorrer por essas formas públicas de alienação. Na hipótese de alienação direta e de modo que os credores não sejam prejudicados por uma aquisição abaixo de valor de mercado do bem, o adquirente é considerado sucessor das obrigações e passa a ser responsável pelo pagamento dos credores na medida do valor do bem adquirido, ainda que essa forma esteja prevista no plano de recuperação judicial aprovado[234].

A responsabilidade do adquirente ocorrerá, também, se este for sócio do devedor, for sociedade por ele controlada, parente em linha reta ou colateral até o quarto grau, consanguíneo ou afim, seja do devedor ou de sócio do devedor, ou, ainda, considerado agente do devedor[235].

---

[232] Em sentido contrário, BEZERRA FILHO, Manoel Justino. *Lei de Recuperação de Empresas e Falência*. 12. ed. São Paulo: Revista dos Tribunais, 2017, p. 218. Para o autor, "o adquirente deve atentar para o fato de que esta blindagem não o protegerá de sucessão nos créditos derivados da legislação do trabalho e nos decorrentes de acidentes do trabalho; quando a lei quis excluir estes créditos, mencionou-os de maneira explícita, como se vê da leitura do inc. II do art. 141".

[233] STF, ADI 3.934-2/DF, rel. Min. Ricardo Lewandowski, *DJe* 4-6-2009.

[234] TJSP, 2ª Câmara Reservada de Direito Empresarial, AI 0057674-82.2013, rel. Des. Araldo Telles, j. 30-9-2013; TJSP, 1ª Câmara Reservada de Direito Empresarial, AI 0227587-33.2011, rel. Des. Francisco Loureiro, j. 30-10-2012.

[235] Conferir comentários aos arts. 141 e 142.

Art. 60-A. A unidade produtiva isolada de que trata o art. 60 desta Lei poderá abranger bens, direitos ou ativos de qualquer natureza, tangíveis ou intangíveis, isolados ou em conjunto, incluídas participações dos sócios.

Parágrafo único. O disposto no *caput* deste artigo não afasta a incidência do inciso VI do *caput* e do § 2º do art. 73 desta Lei.

Unidade Produtiva Isolada (UPI): conceito

Embora o art. 66 condicione a alienação de ativos permanentes à aprovação do juízo, mediante evidente utilidade, ou à aprovação dos credores, o art. 60 exige que a alienação de filiais ou de unidades produtivas isoladas deve obrigatoriamente ser realizada apenas se prevista no plano de recuperação judicial aprovado pelos credores.

Ao referir-se à alienação das filiais ou às unidades produtivas isoladas, a redação do art. 60 utiliza conceitos juridicamente imprecisos. Ambas as expressões deveriam ser identificadas como estabelecimentos ou bens essenciais ao desempenho da atividade empresarial do devedor[236].

Enquanto as filiais devem ser concebidas como estabelecimentos secundários do empresário, a Unidade Produtiva Isolada (UPI) era conceituada originalmente como complexo de bens organizado pelos empresários e utilizado para o desenvolvimento da empresa ou de bem imprescindível para o desenvolvimento da atividade pelo empresário.

Isso porque, à míngua de uma definição na redação original, a proximidade do conceito de unidade produtiva isolada com o de estabelecimento era apresentada pelo próprio art. 140 da LREF, que determina os modos preferenciais de alienação. Para o dispositivo, há preferência para a alienação da empresa, com a venda de seus estabelecimentos em bloco e, posteriormente, a venda de suas filiais ou unidades produtivas isoladamente. Apenas após é que poderia ser realizada a alienação em bloco dos bens que integram cada um dos estabelecimentos. Desse modo, pela preferência legal estabelecida, as filiais e as unidades produtivas isoladas são mais do que bens individuais ou mesmo bloco de bens. Ao relacionar o seu conceito como alienação da empresa, a UPI é utilizada pela LREF como sinônimo de estabelecimento empresarial ou de bem imprescindível para o desenvolvimento da atividade pelo empresário.

A alienação de bens individuais não essenciais ou não operacionais, a despeito de também permitirem a preservação do empresário em crise, não estava originalmente contida no conceito de Unidade Produtiva Isolada. Sua não compreensão no conceito de UPI, entretanto, não impede que os bens sejam alienados ou onerados[237]. Como esses bens de capital integrantes do estabelecimento empresarial não comprometem o desenvolvimento da atividade empresarial do devedor e, portanto, afetariam menos os interesses dos credores, a alienação não precisaria ser obrigatoria-

---

[236] TOLEDO, Paulo Fernando Campos Salles de; POPPA, Bruno. UPI e estabelecimento: uma visão crítica. In: TOLEDO, Paulo Fernando Campos Salles de; SATIRO, Francisco (coord.). *Direito das empresas em crise*: problemas e soluções. São Paulo: Quartier Latin, 2012, p. 277.

[237] A diferenciação entre a alienação de UPI e a alienação de demais bens é realizada, na jurisprudência, em TJSP, 1ª Câmara Reservada de Direito Empresarial, AI 2104480-39.2016, rel. Des. Francisco Loureiro, j. 18-8-2016.

mente aprovada pelos credores em Assembleia Geral. A alienação ou oneração dos bens ou direitos podia ser aprovada em Assembleia Geral, mas poderá ocorrer também independentemente da manifestação dos credores, mediante o reconhecimento judicial de sua evidente utilidade[238].

A jurisprudência tinha considerado, entretanto, à míngua de uma definição legal mais precisa e diante da expressa ressalva de que o adquirente não seria responsabilizado, que poderiam ser alienados como UPI quaisquer ativos do devedor, inclusive ativos isolados e não operacionais. Com exceção do ativo dado em garantia real ao credor, o qual não poderá ser objeto de alienação, exceto se houver deste concordância (art. 50, § 1º), poderiam ser alienados sem sucessão quaisquer ativos imobilizados do empresário[239].

Embora não se tenha alterado o art. 140, que continua a caracterizar a Unidade Produtiva Isolada como estabelecimento, a alteração legislativa, com a inserção do art. 60-A, consagra essa posição jurisprudencial para se permitir a alienação de quaisquer bens, produtivos ou não, sem que haja nenhuma discussão a respeito da sucessão dos arrematantes.

Pela nova redação do art. 60-A, a Unidade Produtiva Isolada poderá abranger bens, direitos ou ativos de qualquer natureza, tangíveis ou intangíveis, isolados ou em conjunto, incluídas participações dos sócios.

A desnecessidade de serem secundários ou de remanescerem bens

Para ser objeto de alienação como unidade produtiva isolada, não precisa ser alienado exclusivamente estabelecimento secundário ou mesmo não se exige que nem sequer remanesçam bens ao empresário devedor em recuperação judicial. A alienação do único estabelecimento empresarial do devedor em crise ou de bens essenciais não significa, necessariamente, fraude, ou um modo de não satisfazer seus credores não sujeitos à recuperação, os quais poderiam perder a garantia do patrimônio do devedor para a satisfação de seus créditos.

Decerto a alienação do estabelecimento empresarial ou dos bens do empresário devedor não pode ser realizada como um modo de liquidação ordinária dos bens, o qual é exclusivo da falência, procedimento concursal que implica a inclusão de todos os créditos conforme uma ordem legal de pagamento.

Se houver esvaziamento patrimonial da devedora que implique liquidação substancial da empresa em prejuízo de credores não sujeitos à recuperação judicial, por não terem sido reservados bens, direitos ou projeção de fluxo de caixa futuro suficientes à manutenção da atividade econômica para fins de cumprimento de suas obrigações, é caso de convolação da recuperação judicial em falência, nos termos do art. 73[240].

---

[238] Cf. Comentários ao art. 66.

[239] Para Luiz Fernando Valente de Paiva e Giuliano Colombo, o conceito de UPI deveria ser abrangente e compreenderia qualquer ativo do devedor. Poderia ser definida como todo e qualquer conjunto de bens e/ou ativos, "tangíveis ou intangíveis, móveis ou imóveis, representativos ou úteis à exploração de uma atividade empresarial, incluindo ações, direitos, contratos, bens móveis ou imóveis e filiais" (Venda de ativos na recuperação judicial: evolução, desafios e oportunidades. In: ELIAS, Luis Vasco (coord.). *10 anos da Lei de Recuperação de Empresas e Falências*: reflexões sobre a reestruturação empresarial no Brasil. São Paulo: Quartier Latin, 2015, 273).

Por todos, TJSP, Câmara Especial de Falências e Recuperações Judiciais, AI 624.330-4/0-00, rel. Des. Pereira Calças, j. 5-5-2009.

[240] Cf. comentários ao art. 73.

Os meios de recuperação judicial, entre os quais a alienação do estabelecimento empresarial, pressupõem a tentativa de reestruturação da atividade do devedor para que se desenvolva regularmente. Nesse contexto, nada impediria que o empresário devedor pretendesse a alienação de seu único estabelecimento empresarial como meio para obter capital para o desenvolvimento de sua atividade em outro local ou com outros bens e de modo a manter seu faturamento a ser utilizado para o pagamento dos credores não sujeitos. Não se impede a venda do todo, desde que haja a garantia de que a projeção de fluxo de caixa futuro seja suficiente para a manutenção da atividade econômica ou que o produto da alienação deverá ser utilizado para a satisfação de todos os credores, sem prejuízo do que os credores não sujeitos receberiam no procedimento falimentar.

As hipóteses de fraude devem ser avaliadas no caso a caso, em que as alienações judiciais são realizadas como simples forma de liquidação de bens. Contudo, mesmo nesses casos, não se poderia alegar que o adquirente de boa-fé seria responsável pelas obrigações da recuperanda, nos termos do art. 74. Isso porque a aquisição foi de estabelecimento empresarial e impossível ao adquirente perquirir a real intenção do alienante, sob pena de se comprometer toda a possibilidade de alienação dos bens na recuperação judicial[241].

Nessa situação, resta a responsabilização dos administradores da pessoa jurídica ou do próprio empresário individual de responsabilidade ilimitada pessoalmente pelos prejuízos causados pelo ato ilegal, inclusive mediante responsabilidade criminal (art. 168).

Art. 61. Proferida a decisão prevista no art. 58 desta Lei, o juiz poderá determinar a manutenção do devedor em recuperação judicial até que sejam cumpridas todas as obrigações previstas no plano que vencerem até, no máximo, 2 (dois) anos depois da concessão da recuperação judicial, independentemente do eventual período de carência.

§ 1º Durante o período estabelecido no *caput* deste artigo, o descumprimento de qualquer obrigação prevista no plano acarretará a convolação da recuperação em falência, nos termos do art. 73 desta Lei.

§ 2º Decretada a falência, os credores terão reconstituídos seus direitos e garantias nas condições originalmente contratadas, deduzidos os valores eventualmente pagos e ressalvados os atos validamente praticados no âmbito da recuperação judicial.

Período de fiscalização judicial

Concedida a recuperação judicial, o devedor poderá permanecer sob fiscalização judicial até que se cumpram todas as obrigações previstas no plano que vencerem até, no máximo, dois anos depois da concessão da recuperação judicial.

Esse biênio legal de fiscalização judicial pressupôs o acompanhamento direto do empresário devedor em seu momento mais crítico, de implementação da estruturação negociada com seus credores. No período, o plano de recuperação judicial alcançaria seus amplos efeitos e o devedor

---

[241] Cf. comentários ao art. 74.

poderia evidenciar que possui condições de desempenhar sua atividade regularmente, sem que comprometa o mercado em que atua com a sua crise econômico-financeira.

Além dos credores, diretamente ou por meio do Comitê de Credores, o cumprimento do plano de recuperação judicial ficará submetido à apreciação direta do Magistrado durante o período. Por meio do administrador judicial, o qual deverá apresentar relatórios mensais sobre a atividade do empresário em recuperação judicial (art. 22, II, *c*) e acompanhar o cumprimento do plano de recuperação judicial, o Magistrado deverá tutelar a satisfação dos credores pelas obrigações convencionadas no plano e cujo vencimento ocorra nos dois anos da concessão.

Descumpridas as obrigações do plano de recuperação judicial vencidas no período de dois anos após a concessão da recuperação judicial, decretará o juiz a convolação da recuperação em falência (art. 73). O descumprimento das obrigações previstas no plano durante o período de supervisão demonstra que o desenvolvimento da atividade econômica pelo devedor é inviável.

Os custos impostos a todo mercado diante da manutenção dessa atividade irregular, que não satisfaz suas obrigações, tornam-se insuperáveis. Mesmo diante do princípio da preservação da empresa, o inadimplemento das obrigações contratadas assegura vantagem competitiva da recuperanda em detrimento dos demais agentes de mercado e dos consumidores, aumenta o custo do crédito diante do maior risco de inadimplemento de seus contratantes, assim como afetará a manutenção duradoura dos postos de trabalho. Impõe-se, dessa forma, que os empresários que não possuam condições de se recuperar sejam retirados do mercado antes que seus efeitos negativos contaminem os demais agentes econômicos[242].

A convolação em falência é efeito do descumprimento e poderá ser decretada de ofício pelo juiz (art. 73, IV), independentemente da vontade dos credores ou do devedor, embora seja prudente a intimação de ambos para se manifestarem sobre o cumprimento do plano antes dessa decisão. Poderá ocorrer, também, mediante requerimento do credor, do administrador judicial (art. 22, II, *b*), do Comitê de Credores, se constituído (art. 27, II, *b*), ou do Ministério Público, como fiscal de aplicação da Lei.

A despeito de a concessão implicar a novação dos créditos submetidos ao plano de recuperação judicial, a convolação da falência por descumprimento das obrigações no período de dois anos gera a reconstituição dos direitos de crédito nas condições originalmente contratadas.

Como já se sustentou, essa novação em razão da concessão da recuperação judicial é *sui generis*[243]. Embora implique a extinção das obrigações originárias e sua substituição pela obrigação nas condições e formas estabelecidas no plano de recuperação judicial aprovado, a novação é submetida a uma condição resolutiva. Essa condição justamente consiste em que as obrigações a se vencerem no prazo de dois anos da concessão não sejam descumpridas e gerem a convolação da recuperação judicial em falência.

Caso haja o implemento dessa condição, a obrigação originária extinta pela novação volta a viger. Serão apenas descontados do montante originalmente devido ao credor os valores pagos durante a recuperação judicial[244].

---

[242] Conforme parecer do Senador Ramez Tebet à Comissão de Assuntos Econômicos sobre o PLC n. 71/2003, "caso haja problemas crônicos na atividade ou na administração da empresa, de modo a inviabilizar sua recuperação, o Estado deve promover de forma rápida e eficiente sua retirada do mercado, a fim de evitar a potencialização dos problemas e o agravamento da situação dos que negociam com pessoas ou sociedades com dificuldades insanáveis na condução do negócio".

[243] Cf. comentários ao art. 59.

[244] Cf. comentários ao art. 59.

A despeito da convolação e do retorno dos créditos à sua condição originária, a Lei expressamente ressalva dessa determinação que o retorno à condição originária deve ocorrer desde que preservados os atos validamente praticados durante a recuperação judicial. Os atos praticados durante a recuperação judicial devem ser preservados para garantir a segurança jurídica dos contratantes e envolvidos com o empresário em recuperação judicial.

Nesses termos, os créditos voltam à sua condição originária desde que esse retorno não seja incompatível com os atos validamente praticados durante a recuperação judicial. Se os meios de recuperação previstos no plano geraram efeitos perante terceiros de boa-fé ou de modo que seu desfazimento prejudicasse os interesses dos próprios credores, a relação creditícia pode não voltar integralmente ao seu *status* anterior em benefício da preservação dos atos validamente praticados durante a recuperação judicial. São exemplos a conversão das dívidas em ações da recuperanda, a constituição da sociedade pelos credores, operações societárias envolvendo terceiros etc.

Possibilidade de dispensa do período de fiscalização judicial

Na redação originária do art. 61, o devedor obrigatoriamente deveria permanecer em recuperação judicial até que se cumprissem todas as obrigações previstas no plano que vencessem até dois anos depois da concessão da recuperação judicial.

Pela redação originária, entendia-se que o dispositivo legal era norma cogente. Ele obrigava as partes, que não podiam dispor sobre esse período de fiscalização. Como norma cogente, o biênio legal de fiscalização do cumprimento do plano não poderia ser alterado pelas partes, que não poderiam nem o reduzir, nem o aumentar.

A alteração legislativa no art. 61 substituiu especificadamente essa obrigatoriedade e previu que o juiz poderá determinar a manutenção do devedor em recuperação judicial. Entretanto, ao magistrado não pode ser considerado que foram dados poderes para, conforme o seu próprio juízo de valor, determinar ou não a manutenção do devedor em recuperação judicial e a fiscalização do cumprimento das obrigações.

Como poder dever, a fiscalização do plano de recuperação judicial é obrigação do Juízo da Recuperação Judicial e não poderá ser por este disposta conforme o seu juízo de conveniência e oportunidade. Corrobora o argumento o fato de que ambas as partes poderão desejar a preservação do período de dois anos de fiscalização inclusive para a execução dos meios de soerguimento previstos, como a alienação de UPI sem sucessão, o que somente poderia ocorrer durante o período de fiscalização da recuperação judicial.

Concebida a recuperação judicial como negociação coletiva entre devedores e credores para a obtenção de uma solução comum para a superação da crise econômica que acometeu a atividade do devedor e como forma de se preservá-la, a alteração do art. 61 deverá ser interpretada como o estabelecimento às partes de uma norma dispositiva. Nesses termos, há possibilidade de as partes dessa relação negocial dispensarem a fiscalização judicial durante o período dos dois primeiros anos de cumprimento das obrigações do plano caso entendam que a manutenção do devedor em recuperação judicial mais prejuízos do que benefícios traria a todos[245].

Ao magistrado, assim, não será disponível fiscalizar ou não as atividades do devedor. O plano de recuperação judicial, contudo, poderá prever como solução negocial entre os devedores e credores que referido período poderá ser alterado ou dispensado por ambas as partes.

---

[245] REsp 1.152.968/SC, 3ª Turma, rel. Min. Ricardo Villas Bôas Cueva, j. 15-2-2022.

Termo *a quo* do período de fiscalização judicial e carência no cumprimento das obrigações

O período de dois anos de fiscalização judicial deverá ser iniciado a partir da publicação da decisão de concessão da recuperação judicial ao empresário devedor. Esse marco temporal era estabelecido porque a publicação da decisão permite a produção dos efeitos da novação dos créditos perante os credores, assim como tornava de conhecimento dos demais interessados a concessão da recuperação judicial.

Em razão da possibilidade de convolação da recuperação judicial em falência caso as obrigações previstas no plano e vencidas durante esse biênio não sejam satisfeitas, o empresário devedor passou a estabelecer no plano de recuperação judicial um período de carência. Esse consiste num lapso temporal em que o empresário devedor desenvolverá suas atividades sem a satisfação de determinados credores. O vencimento das diversas obrigações, ressalvada a limitação às obrigações trabalhistas, poderá ocorrer apenas após o decurso de um determinado prazo, o que lhe permitiria mitigar o risco da convolação.

Pela redação originária do art. 61, entendia-se que esse período de carência previsto para o início dos pagamentos aos credores, entretanto, não poderia superar o período de fiscalização, sob pena de se afrontar norma cogente, o que ocorreria, também, caso o valor das prestações vencidas no período também fosse insignificante diante do montante total devido.

Isso porque se concebia, com base na redação original do dispositivo legal, que o biênio legal teria sido determinado justamente para fiscalizar o cumprimento das obrigações da recuperanda. A cláusula do plano que estabeleceria que as obrigações venceriam apenas após esse período ou cujo valor seria insignificante diante do montante total devido impediria a efetiva fiscalização judicial do cumprimento das obrigações. Ainda que indiretamente, a cláusula afrontaria a disposição legal e deveria ser reputada como inválida[246].

A jurisprudência, contudo, ao invés de reconhecer como inválida referida cláusula, e como forma de se preservarem a deliberação da Assembleia Geral de Credores e a própria preservação da negociação coletiva realizada, estabeleceu que o período de fiscalização seria contado a partir do término da carência. O Enunciado II do Grupo de Câmaras Reservadas de Direito Empresarial do Tribunal de Justiça de São Paulo previu que "o prazo de dois anos de supervisão judicial, previsto no art. 61, *caput*, da Lei n. 11.101/2005, terá início após o transcurso do prazo de carência fixado".

Ainda que se pretendesse que a fiscalização judicial pelo período de dois anos fosse efetiva, a eternização do acompanhamento judicial da recuperanda ou sua modificação conforme as vicissitudes do plano de recuperação judicial descumpriam os próprios pressupostos da recuperação judicial[247]. Isso porque o instituto é previsto para assegurar que o empresário, após consenso

---

[246] Nesse sentido: TJSP, Câmara Especial de Falências e Recuperações, AI 0136362-29.2011, rel. Des. Pereira Calças, j. 28-2-2012; TJSP, 1ª Câmara Reservada de Direito Empresarial, AI 2210739-29.2014, rel. Des. Cláudio Godoy, j. 24-6-2015; TJSP, 2ª Câmara Reservada de Direito Empresarial, AI 2140328-87.2016, rel. Des. Fábio Tabosa, j. 17-11-2016.

[247] Em sentido contrário, com a posição de que o período de fiscalização se inicia após o término da carência: TJSP, 2ª Câmara Reservada de Direito Empresarial, AI 2171802-76.2016, rel. Des. Claudio Godoy, j. 14-8-2017; TJSP, 2ª Câmara de Direito Empresarial, AI 2058848-87.2016, rel. Des. Caio Marcelo Mendes de Oliveira, j. 27-3-2017; e TJSP, 2ª Câmara Reservada de Direito Empresarial, AI 2102479-81.2016, rel. Des. Carlos Alberto Garbi, j. 13-3-2017; TJSP, 2ª Câmara Reservada de Direito Empresarial, AI 2042945-75.2017, rel. Des. Claudio Godoy, j. 2-10-2017; TJSP, 1ª Câmara Reservada de Direito Empresarial, AI 2169776-71.2017, rel. Des. Cesar Ciampolini, j. 8-11-2017.

obtido com a maioria dos credores sobre a melhor forma de fazê-lo, possa desenvolver regularmente sua atividade econômica. Esse desenvolvimento, contudo, é impedido. O prolongamento do período de fiscalização judicial impunha maiores encargos e ônus justamente a esse empresário em crise, o qual deveria continuar a apresentar balancetes mensais, deveria arcar com as despesas prolongadas de uma administração judicial, honorários judiciais de seus patronos etc.

Ademais, embora possa se sustentar que esse período de fiscalização do cumprimento do plano possa ser benéfico aos credores, cujos interesses serão tutelados pelo Poder Judiciário, sob pena de convolação automática da recuperação judicial em falência, o período de dois anos de fiscalização gera enorme dificuldade às empresas em crise. Durante todo o período de fiscalização, a recuperanda permanecerá com a inclusão em seu nome empresarial da expressão "em recuperação judicial". Pelo estigma de inadimplente e de que são baixas as taxas de recuperação efetiva dos empresários submetidos à recuperação judicial, a extensão desse período podia dificultar a obtenção de crédito pelos empresários, a celebração de novos negócios jurídicos no mercado e, portanto, sua própria recuperação.

Como comentado acima, em razão dessas dificuldades que podem ser geradas pelo período de fiscalização, a alteração do art. 61 conferiu às partes o direito de disciplinar referido período, inclusive suprimindo-o, desde que o plano de recuperação judicial com a previsão dessa isenção tenha sido aprovado pelos credores.

Pelo mesmo raciocínio, estabeleceu-se que a negociação dos meios de recuperação judicial pelas partes deve ser absolutamente ampla, com a possibilidade de dispor sobre os prazos de pagamento e, inclusive, a carência do pagamento das obrigações. Nesse sentido, caso as partes não tenham disposto sobre a renúncia ou a limitação ao período de carência, este deverá ser computado a partir da concessão da recuperação judicial, independentemente de eventual período de carência concedido pelo plano de recuperação.

Aditamento ou alteração do plano de recuperação judicial aprovado

A despeito de não existir previsão legal expressa, tem sido admitida a alteração do plano de recuperação judicial anteriormente aprovado durante o período de fiscalização de seu cumprimento ou mesmo após o período de fiscalização, desde que o processo de recuperação judicial não tenha sido encerrado[248].

Como qualquer negócio jurídico, as obrigações estabelecidas entre as partes contratantes poderão ser por elas modificadas durante o seu cumprimento desde que obtido o consenso. O plano de recuperação judicial aprovado, a princípio imutável diante do princípio do *pacta sunt servanda*, poderia ser adaptado às novas circunstâncias fáticas que, surgidas durante seu cumprimento, alteraram suas premissas econômico-financeiras, desde que houvesse consenso entre o devedor e seus credores[249].

No âmbito da recuperação judicial, esse consenso dos credores deve ser obtido mediante procedimento assemblear em que a maioria por classe dos credores presentes vinculará a minoria dissidente, nos termos dos arts. 45 e 58, § 1º. Esse procedimento é destinado à tutela do interesse da coletividade dos credores em detrimento do interesse singular de cada um dos titulares de crédito em consideração ao princípio da preservação da empresa.

---

[248] STJ, 4ª Turma, REsp 1.302.735/SP, rel. Min. Luis Felipe Salomão, j. 17-3-2016.

[249] TJSP, 1ª Câmara Reservada de Direito Empresarial, AI 2177416-33.2014, rel. Des. Cláudio Godoy, j. 11-3-2015.

Dessa forma, aplicam-se às deliberações da Assembleia Geral de Credores para a alteração do plano de recuperação judicial o mesmo quórum de aprovação ordinário (art. 45) ou alternativo (art. 58, § 1º), inclusive com a incidência de todas as limitações legais[250].

Aplica-se também, nesse caso, a previsão do § 3º do art. 45 da Lei, segundo o qual não terão direito a voto os credores cujos créditos não sejam alterados em valor ou condições de pagamento. Assim, votarão na assembleia instalada para deliberação do aditamento apenas os credores cujos créditos forem alterados ou afetados pelo modificativo. Os credores titulares de créditos não afetados poderão participar do conclave com direito a voz, mas não terão direito de voto, haja vista que, se não tiverem as condições de pagamento alteradas, já concordaram previamente com suas condições[251].

Diversamente da proposta inicial de plano de recuperação judicial, o aditamento dispensa a oposição de objeções em seu procedimento. Não se pode presumir, por falta de previsão legal, que os credores concordaram com a alteração da obrigação estabelecida no plano de recuperação judicial por terem se mantido silentes. O silêncio não presume concordância, exceto se o contrário é determinado por lei.

Apresentado o aditamento ao plano de recuperação judicial, o devedor deverá publicar edital de apresentação do aditamento ao plano de recuperação judicial e de convocação da Assembleia Geral de Credores para deliberação.

Embora o quórum seja similar ao de deliberação sobre o plano de recuperação judicial, para o cômputo do quórum deverão ser descontados eventuais créditos já satisfeitos durante o procedimento de recuperação judicial. O abatimento dos valores já pagos permite a obtenção do interesse da efetiva maioria dos credores em cada uma das classes sujeitas.

A aprovação do aditamento ao plano não implica concessão de nova recuperação judicial, a qual, do contrário, estaria impedida pelo art. 48, II. Com a homologação judicial dessa aprovação pelos credores, extinguem-se, simplesmente, as obrigações convencionadas anteriormente no plano com o surgimento de novas obrigações tal como aprovadas no aditamento, em verdadeira novação.

Por não haver nova concessão da recuperação judicial, contudo, o período de fiscalização judicial de seu cumprimento não recomeçaria. O período de supervisão judicial inicia-se a partir da publicação da decisão de concessão da recuperação judicial, a qual ocorreu anteriormente e findará no biênio legal[252].

Ademais, como a extinção das obrigações previstas anteriormente no plano contou com a anuência dos credores, não haveria a partir de então como ser considerado eventual descumprimento de obrigação anterior, já não mais existente, pela recuperanda.

O período de supervisão judicial foi fixado pela Lei para que haja o acompanhamento pelo Juízo do cumprimento das obrigações da devedora nesse momento inicial, em que haveria grande dificuldade de sua reestruturação. Caso haja concordância dos credores, por meio do aditamento

---

[250] Enunciado 77 da II Jornada de Direito Comercial promovida pelo Conselho da Justiça Federal: "As alterações do plano de recuperação judicial devem ser submetidas à assembleia-geral de credores, e a aprovação obedecerá ao quórum previsto no art. 45 da Lei n. 11.101/2005, tendo caráter vinculante a todos os credores submetidos à recuperação judicial, observada a ressalva do art. 50, § 1º, da Lei n. 11.101/2005, ainda que propostas as alterações após dois anos da concessão da recuperação judicial e desde que ainda não encerrada por sentença".

[251] Cf. comentários ao art. 45, § 3º.

[252] Nesse sentido, STJ, AgInt no AREsp 1.663.617/SP, 4ª Turma, rel. Min. Raúl Araújo, j. 22-11-2021.

do plano de recuperação judicial, quanto à extinção das obrigações vencidas no período e sua substituição por obrigação diversa, o período de supervisão teria decorrido sem que tenham ocorrido quaisquer descumprimentos a motivar a convolação em falência.

Decorrido o prazo de dois anos da concessão da recuperação judicial, desde que cumpridas as obrigações vencidas no biênio legal ou tenha ocorrido a concordância da maioria dos credores com o aditamento do plano e a novação das obrigações vencidas, o processo de recuperação judicial deve ser encerrado, pois o período de fiscalização não se renova. O cumprimento das obrigações previstas no plano de recuperação judicial passa a ser fiscalizado apenas pelos credores individualmente, o que permite que o processo de recuperação judicial não se eternize[253].

Por outro lado, se o aditamento ao plano de recuperação judicial for rejeitado, não há imediata decretação de falência, por falta de previsão no art. 73, nem possibilidade de apresentação de plano de recuperação judicial alternativo pelos credores, por falta de previsão legal. Rejeitado o aditamento ao plano de recuperação judicial, as obrigações previstas no plano de recuperação judicial originário continuam a ser exigidas normalmente. A falência poderá ser decretada pelo descumprimento dessas ou pela presença de outras condições do art. 73.

Art. 62. Após o período previsto no art. 61 desta Lei, no caso de descumprimento de qualquer obrigação prevista no plano de recuperação judicial, qualquer credor poderá requerer a execução específica ou a falência com base no art. 94 desta Lei.

Execução das obrigações descumpridas após o prazo de fiscalização judicial

Decorrido o período de dois anos de fiscalização, com o cumprimento das obrigações da recuperanda, a novação torna-se definitiva. O cumprimento das obrigações vencidas no período de dois anos após a concessão permite o encerramento do processo (art. 63).

Esse encerramento, entretanto, não significa que o plano de recuperação judicial foi integralmente cumprido, ou que não existam mais obrigações perante os credores. Ele apenas encerra o período de fiscalização direta pelo juízo, por meio do processo judicial, e atribui exclusivamente aos credores a função de fiscalização do cumprimento das obrigações remanescentes previstas no plano de recuperação judicial.

O descumprimento das obrigações previstas no plano de recuperação judicial e vencidas durante os dois anos após a concessão da recuperação judicial provoca a convolação da recuperação judicial em falência (art. 61). Nessa hipótese, a novação será resolvida e os credores retornam à situação original.

Decorrido o prazo sem descumprimento, entretanto, a novação torna-se definitiva. O descumprimento posterior não implica o retorno das obrigações sujeitas ao plano de recuperação judicial às condições originais.

---

[253] Nesse sentido, TJSP, 1ª Câmara Reservada de Direito Empresarial, Ap. 1085973-43.2013, rel. Des. Alexandre Lazzarini, j. 19-12-2018.

Em sentido contrário, com a consideração de que a homologação judicial da aprovação do aditamento ao plano tem a mesma natureza da que aprovou o primeiro plano e, portanto, submeter-se-ia aos mesmos efeitos, notadamente a novo período de fiscalização judicial: TJSP, 2ª Câmara Reservada de Direito Empresarial, Ap. 0051560-89.2011, rel. Des. Campos Mello, j. 17-10-2016; TJSP, 2ª Câmara Reservada de Direito Empresarial, AI 2037035-67.2017, rel. Des. Alexandre Marcondes, j. 25-9-2017.

Como a decisão judicial que conceder a recuperação judicial constitui título executivo judicial (art. 59, § 1º), o descumprimento de qualquer obrigação prevista no plano de recuperação judicial e vencida após o período de dois anos permite que o credor promova execução específica de seu crédito.

Poderá, alternativamente, formular pedido de falência, autônomo, baseado em descumprimento de obrigação prevista no plano de recuperação judicial (art. 94, III, *g*). A conveniência do pedido de falência é atribuída ao credor não satisfeito, o qual não precisa exaurir os meios de execução individual para pretender a execução coletiva falimentar.

Art. 63. Cumpridas as obrigações vencidas no prazo previsto no *caput* do art. 61 desta Lei, o juiz decretará por sentença o encerramento da recuperação judicial e determinará:

I – o pagamento do saldo de honorários ao administrador judicial, somente podendo efetuar a quitação dessas obrigações mediante prestação de contas, no prazo de 30 (trinta) dias, e aprovação do relatório previsto no inciso III do *caput* deste artigo;

II – a apuração do saldo das custas judiciais a serem recolhidas;

III – a apresentação de relatório circunstanciado do administrador judicial, no prazo máximo de 15 (quinze) dias, versando sobre a execução do plano de recuperação pelo devedor;

IV – a dissolução do Comitê de Credores e a exoneração do administrador judicial;

V – a comunicação ao Registro Público de Empresas e à Secretaria Especial da Receita Federal do Brasil do Ministério da Economia para as providências cabíveis.

Parágrafo único. O encerramento da recuperação judicial não dependerá da consolidação do quadro-geral de credores.

Encerramento da recuperação judicial

O empresário devedor ficará sob fiscalização judicial pelo período de dois anos após a concessão de sua recuperação judicial. Caso tenham sido cumpridas as obrigações vencidas no referido período, o processo de recuperação judicial deverá ser encerrado, ainda que remanesçam obrigações a serem vencidas posteriormente.

O encerramento do processo de recuperação judicial deverá ocorrer tão logo o período seja completado, e desde que haja a satisfação das obrigações, para permitir que a recuperanda desenvolva sua atividade regularmente. O não cumprimento das obrigações vencidas no período implicará convolação em falência, mas, desde que satisfeitas, de rigor o pronto encerramento do processo, com a redução dos custos ao devedor de suportar uma fiscalização judicial, mediante o acompanhamento do administrador judicial.

O inadimplemento de obrigações vencidas após o período de dois anos da publicação da decisão de concessão da recuperação judicial, ainda que o processo de recuperação judicial não tenha sido encerrado, não permite a convolação da recuperação judicial em falência. As hipóteses de convolação em falência são taxativas e exigem interpretação restritiva diante dos efeitos gerados. Apenas o inadimplemento das prestações vencidas durante o biênio legal poderá gerar a convolação em falência (art. 73, IV, c.c. art. 61, § 1º).

Descumpridas obrigações vencidas apenas posteriormente ao período de dois anos, ainda que o processo de recuperação judicial não tenha sido encerrado, impossível assim a decretação de falência por falta de previsão legal. O processo de recuperação judicial deverá ser mesmo assim encerrado e os credores poderão, nos termos do art. 62, executar individualmente seu título executivo judicial ou mesmo requerer a falência do empresário devedor em procedimento autônomo.

O encerramento não é condicionado ao julgamento das habilitações ou impugnações judiciais, sejam tempestivas ou retardatárias. A formação do quadro-geral de credores é absolutamente indiferente ao encerramento do feito, o qual é condicionado apenas ao cumprimento das obrigações que se vencerem a até, no máximo, dois anos da concessão da recuperação judicial.

Caso pendente a análise das habilitações ou impugnações, haverá sua simples conversão em ações autônomas, as quais serão apreciadas pelo Juízo da Recuperação regularmente e mesmo depois de encerrado o procedimento de recuperação judicial[254].

Para que ocorra a sentença de encerramento do processo de recuperação judicial, deverá o administrador judicial apresentar relatório sobre a execução do plano de recuperação judicial, no prazo de 15 dias após decisão judicial. A demonstração do cumprimento das obrigações vencidas no período de dois anos após a concessão da recuperação judicial é imprescindível para ser proferida a sentença de encerramento do processo.

Na sentença de encerramento do processo, desde que apresentado anteriormente o relatório pelo administrador judicial, deverá ser determinado o pagamento de eventual saldo remanescente de honorários. A falta de pagamento desses honorários, após o encerramento do processo de recuperação judicial, não mais permitirá a convolação em falência. Haverá título executivo judicial, entretanto, a permitir que o administrador judicial execute seu crédito ou peça a falência do devedor.

Deverá ainda ser determinada na sentença de encerramento a apuração do saldo das custas judiciais a serem recolhidas, sob pena de inscrição na dívida ativa.

Para que o empresário possa desenvolver sua atividade normalmente, outrossim, será oficiado o Registro Público de Empresas, cujos atos são efetivados pela Junta Comercial de cada Estado, para a retirada da expressão "em recuperação judicial" do nome empresarial do devedor.

Exigiu-se, ainda, a comunicação à Secretaria Especial da Receita Federal do Brasil do Ministério da Economia para as providências cabíveis, pois fora determinada, no art. 69, a anotação da recuperação judicial nos registros correspondentes desde a decisão do processamento da recuperação judicial.

Determina-se, ainda, a dissolução do Comitê de Credores e dispensa-se o administrador judicial da manutenção de seus encargos.

Art. 64. Durante o procedimento de recuperação judicial, o devedor ou seus administradores serão mantidos na condução da atividade empresarial, sob fiscalização do Comitê, se houver, e do administrador judicial, salvo se qualquer deles:

---

[254] Cf. comentários ao art. 10.

I – houver sido condenado em sentença penal transitada em julgado por crime cometido em recuperação judicial ou falência anteriores ou por crime contra o patrimônio, a economia popular ou a ordem econômica previstos na legislação vigente;

II – houver indícios veementes de ter cometido crime previsto nesta Lei;

III – houver agido com dolo, simulação ou fraude contra os interesses de seus credores;

IV – houver praticado qualquer das seguintes condutas:

a) efetuar gastos pessoais manifestamente excessivos em relação a sua situação patrimonial;

b) efetuar despesas injustificáveis por sua natureza ou vulto, em relação ao capital ou gênero do negócio, ao movimento das operações e a outras circunstâncias análogas;

c) descapitalizar injustificadamente a empresa ou realizar operações prejudiciais ao seu funcionamento regular;

d) simular ou omitir créditos ao apresentar a relação de que trata o inciso III do *caput* do art. 51 desta Lei, sem relevante razão de direito ou amparo de decisão judicial;

V – negar-se a prestar informações solicitadas pelo administrador judicial ou pelos demais membros do Comitê;

VI – tiver seu afastamento previsto no plano de recuperação judicial.

Parágrafo único. Verificada qualquer das hipóteses do *caput* deste artigo, o juiz destituirá o administrador, que será substituído na forma prevista nos atos constitutivos do devedor ou do plano de recuperação judicial.

Manutenção do devedor em recuperação judicial na condução de sua atividade

Durante a recuperação judicial, o empresário permanece na condução de sua atividade empresarial. Os órgãos sociais da pessoa jurídica continuam a funcionar de acordo com a disciplina do contrato social e do estatuto social, assim como o empresário individual de responsabilidade ilimitada continua a exercer pessoalmente a produção ou a circulação organizada e profissional de bens ou serviços. No chamado sistema *debtor-in-possession*, o empresário devedor continua na condução de sua atividade e não pode ser substituído, contra a sua vontade, em razão do pedido de recuperação judicial.

A regra assenta-se na premissa de que, ainda que esteja em crise econômico-financeira, o devedor é o proprietário dos ativos e não poderia ser, nem pelos próprios credores, expropriado. A manutenção do devedor na condução de sua atividade incentiva-o a requerer a recuperação judicial por ocasião de sua crise, na medida em que não haveria risco de perda do controle de seus bens.

Outrossim, a manutenção do devedor na condução de sua empresa mostra-se economicamente mais eficiente. A crise econômico-financeira que acomete a sua atividade empresarial não necessariamente é decorrente de um comportamento desidioso do devedor. Sua situação de iliquidez transitória poderá ser decorrente de fatores externos que não ligados à má gestão.

Ao deter o conhecimento para a organização dos fatores de produção, o devedor pode ser o profissional mais apto ao desenvolvimento de sua atividade. Do contrário, a avaliação das causas da crise econômico-financeira deverá ser realizada pelos credores em Assembleia Geral, os quais poderão exigir que a gestão da atividade seja alterada, sob pena de rejeitarem o plano de recuperação judicial proposto.

A condução da referida atividade pelo devedor, durante a recuperação judicial, entretanto, não será livre. O devedor será fiscalizado pelo Comitê de Credores (art. 27, II, *a*), caso existente, e pelo administrador judicial (art. 22, II, *c*). Referida fiscalização versa sobre o acompanhamento de sua atividade empresarial, o cumprimento do plano de recuperação judicial aprovado pelos credores e apresentação de informações exigidas durante todo o procedimento recuperacional.

Exceto se estabelecido no plano de recuperação judicial aprovado, não há ingerência propriamente dita dos credores ou do administrador judicial na gestão do devedor. Esses não precisarão aprovar ou ratificar as decisões administrativas ou o modo pelo qual o desenvolvimento da atividade econômica é realizado, exceto eventual alienação de unidades produtivas isoladas (art. 60). A condução da atividade é integralmente realizada pelo devedor e apenas a verificação de sua regularidade e do cumprimento do plano é submetida ao acompanhamento pelos órgãos da recuperação judicial.

Excepcionalmente, permite a LREF que sejam afastados da gestão da atividade o devedor ou seus administradores. Esse afastamento deverá ser determinado pelo juiz, que poderá agir de ofício, quando as circunstâncias se mostrarem presentes, ou mediante requerimento do Comitê de Credores, do Administrador judicial ou de qualquer credor.

As hipóteses de afastamento são taxativas na Lei. Estabelece o art. 64 que o devedor ou os administradores poderão ser afastados se tiverem sido condenados em sentença penal transitada em julgado por crime cometido em recuperação judicial ou falência anteriores ou por crime contra o patrimônio, a economia popular ou a ordem econômica previstos na legislação vigente; houver indícios veementes de terem cometido crime previsto nesta Lei; agiram com dolo, simulação ou fraude contra os interesses de seus credores; efetuaram gastos pessoais manifestamente excessivos em relação a sua situação patrimonial; efetuaram despesas injustificáveis por sua natureza ou vulto, em relação ao capital ou gênero do negócio, ao movimento das operações e a outras circunstâncias análogas; descapitalizaram injustificadamente a empresa ou realizaram operações prejudiciais ao seu funcionamento regular; simularam ou omitiram créditos ao apresentar a relação de credores; negaram-se a prestar informações solicitadas pelo administrador judicial ou pelos demais membros do Comitê; ou tiverem seu afastamento previsto no plano de recuperação judicial.

Esse afastamento poderá ocorrer a qualquer momento no processo de recuperação, antes da Assembleia Geral de Credores que deliberará sobre o plano de recuperação, ou durante a fase de fiscalização judicial. Exceto se estabelecido de modo diverso no plano de recuperação judicial apresentado aos credores, o afastamento poderá perdurar até o encerramento do processo de recuperação judicial.

Destituição do devedor ou dos administradores da pessoa jurídica

Controverte a doutrina sobre a abrangência do dispositivo ao se referir ao devedor e aos administradores[255]. A utilização do termo "devedor" pela LREF não é inequívoca.

---

[255] Nesse sentido, Eduardo Secchi Munhoz, para quem "a melhor interpretação dos arts. 64 e 65 é que, em vez do devedor, deve-se ler sócio controlador" (Comentários ao art. 64. In: *Comentários à Lei de Recuperação de Empresas e Falência*. 2. ed. São Paulo: Revista dos Tribunais, 2007, p. 308). CEREZETTI, Sheila Christina Neder. *A recuperação judicial de sociedade por ações*. São Paulo: Malheiros, 2012, p. 47.

Corrente oposta é defendida por João Pedro Scalzilli, Luis Felipe Spinelli e Rodrigo Tellechea. Para os autores, o acionista controlador apenas excepcionalmente poderia ter o seu exercício de voto suspenso (*Recuperação de empresas e falência*. 2. ed. São Paulo: Almedina, 2017, p. 342).

Como devedor, a rigor, deveriam ser caracterizados todos os empresários sujeitos à recuperação judicial, seja a pessoa natural do empresário individual de responsabilidade ilimitada, sejam as pessoas jurídicas como a Empresa Individual de Responsabilidade Limitada (EIRELI) ou as sociedades empresárias.

O conceito de devedor também identifica o sócio, mas apenas o de responsabilidade ilimitada pelas obrigações sociais. Pelo art. 190, todas as vezes que esta Lei se referir a devedor ou falido, compreender-se-á que a disposição também se aplica aos sócios ilimitadamente responsáveis, os quais terão a falência decretada por ocasião da falência da pessoa jurídica (art. 82).

A interpretação literal do dispositivo legal, dessa forma, impediria o afastamento dos sócios de responsabilidade limitada, pois não se confundiriam com a pessoa jurídica devedora. Tal conclusão seria corroborada pelo projeto de lei que se converteu na LREF, o qual, apesar de prever originalmente a possibilidade de afastamento do controlador das sociedades empresárias, por meio da suspensão de seu direito de voto, teve a norma suprimida no Senado Federal.

Essa interpretação literal do art. 64, entretanto, e que permitiria o afastamento da pessoa jurídica do desenvolvimento de sua própria atividade, entretanto, é passível de crítica.

O afastamento da pessoa jurídica do desenvolvimento de suas próprias atividades, as quais passariam a ser exercidas pelo gestor judicial em nome desta, não afastaria a ingerência apenas dos sócios controladores, mas também dos próprios minoritários. Referido afastamento da pessoa jurídica da condução de sua atividade, na interpretação literal da lei, prejudicaria os direitos dos sócios não controladores, os quais, em detrimento de não terem participado ou influenciado na deliberação societária que determinou gastos excessivos, descapitalização injustificada etc., sofreriam limitação em seus direitos.

Essa interpretação literal não deve predominar. A interpretação do art. 64, nesses termos, deverá ser a de garantir efetiva proteção do interesse dos credores em razão de atos que prejudiquem o desenvolvimento das atividades empresariais ou da regularidade do processo, sem que, contudo, possam ser prejudicados os interesses daqueles que não participaram dos eventuais atos lesivos.

Devem-se diferenciar, na redação do *caput* do art. 64, os empresários individuais de responsabilidade ilimitada dos demais empresários pessoas jurídicas ou sociedades empresárias. A compreensão do termo "devedor", para fins de afastamento, deverá envolver simplesmente o empresário individual de responsabilidade ilimitada, o qual administra sua própria atividade.

Quanto às pessoas jurídicas e sociedades empresárias, a existência de quaisquer das hipóteses legais dos incisos do art. 64 implicaria a destituição de todos ou de apenas alguns de seus administradores, conforme a conduta ou a situação apresentada.

Caso a irregularidade constatada, entretanto, não seja propriamente do administrador, mas decorrente de comportamento ou interferência do sócio/acionista controlador, a destituição dos administradores da pessoa jurídica será insuficiente a sanar o vício e permitir a regularidade do procedimento recuperacional. A simples destituição do administrador da sociedade, sem a supressão dos direitos do controlador, não seria eficiente para garantir a regularidade da atividade social.

Nessas hipóteses, a simples destituição do administrador permitiria que houvesse nova nomeação pelo sócio controlador de administrador com as mesmas características do destituído e que continuasse a tutelar novamente seus interesses particulares. Essa situação torna-se ainda mais provável no contexto brasileiro em que as sociedades empresariais são caracterizadas, em grande medida, por um controle familiar concentrado, amplamente majoritário ou totalitário.

Diante de irregularidade em razão da interferência do controlador, ainda que sócio de responsabilidade limitada e que, portanto, não seria compreendido propriamente no âmbito do termo "devedor", a interpretação do art. 64 deve ser a de que, em vez do afastamento de toda a pessoa jurídica da condução de sua atividade, poderiam ser apenas suprimidos temporariamente os direitos de voto do sócio/acionista controlador[256].

Essa situação deve ser excepcional. A suspensão dos direitos de voto do controlador deve ocorrer apenas quando o sócio controlador tutela seus interesses exclusivos em detrimento do interesse da coletividade dos sócios ou da regularidade do processo. Deve ocorrer, também, nas hipóteses em que o próprio controlador foi condenado criminalmente ou há indícios de que tenha praticado crime falimentar.

Essa suspensão temporária dos direitos do controlador ou o afastamento do empresário individual de responsabilidade ilimitada não implica, todavia, o confisco de sua propriedade privada pelos credores. A condução da atividade empresarial deve ser realizada pelo próprio devedor na recuperação judicial. Apenas excepcionalmente, constatadas irregularidades nessa condução ou atos fraudulentos em prejuízo dos credores, é que, durante o procedimento recuperacional, o devedor poderá ser afastado da condução de suas atividades e ser substituído por um gestor.

Destituído o administrador da sociedade empresária, e desde que a destituição não seja decorrente de irregularidade advinda da ingerência do sócio controlador, haverá nomeação de novo administrador na forma prevista nos atos constitutivos da sociedade ou conforme regulado no plano de recuperação judicial.

Nomeação de *watchdog*

O art. 64 da LREF prevê a possibilidade de se limitar os poderes dos administradores e/ou do acionista controlador da sociedade em recuperação judicial como forma de proteção dos interesses dos credores. A hipótese de afastamento, com nomeação de gestor judicial, deve ser excepcional e ocorrer somente nas hipóteses taxativamente previstas na Lei.

A gradação do ilícito praticado e as particularidades do caso concreto devem ser sopesadas, contudo, com a vinculação da atividade ao nome do referido sócio/administrador de pessoa jurídica, pois isso poderia implicar a retirada da condução da atividade daquele que mais informações sobre essa teria e de eventual rompimento em face dos clientes, fornecedores e empregados. Deve ser confrontado o ilícito praticado com a utilidade da medida de destituição diante da necessidade de se preservar a atividade empresarial e de se assegurar a melhor satisfação dos credores.

Diante dessa situação, a solução conciliatória para impedir maiores danos pelo administrador à recuperanda e credores, bem como para não prejudicar a atividade da recuperanda e maximizar a satisfação dos credores, poderá ser determinar a limitação de poderes dos administradores da recuperanda. Ainda que a lei não expressamente a determine, se foram conferidos poderes amplos no art. 64, parágrafo único, da LRF para a destituição judicial, também foram conferidos poderes para limitar as atribuições.

Por essa alternativa, que mitigaria eventual assimetria informacional e as chances de um conflito de interesses entre os credores e os controladores/administradores, seria possível aumentar o nível de acompanhamento das atividades do devedor. Assim, cogitar-se-ia nomear um agente fiscalizador das atividades, que acompanhará de maneira mais próxima e detalhada o dia a dia das atividades e o processo decisório do devedor, com acesso amplo à documentação contábil, financeira, gerencial, dentre outros. A esse fiscalizador convencionou-se atribuir o nome de *"watchdog"* (cão de guarda).

---

[256] Contra a hipótese de destituição dos sócios com responsabilidade limitada: TJSP, 1ª Câmara Reservada de Direito Empresarial, Ap. 0019334-55.2013, rel. Des. Cesar Ciampolini, j. 19-7-2017.

A figura do *watchdog* é construção judicial diante de violações menores de deveres pelo administrador da recuperanda e que exigiria maior controle de sua atuação. Trata-se de medida branda de controle para a constatação de irregularidades de pequena monta e que não afetam totalmente a confiança nos administradores. Trata-se de "forma mais branda de intervenção na administração da sociedade, que tem por precípuo escopo assegurar a incolumidade do patrimônio social, bem como acompanhar e fiscalizar diuturnamente as atividades da sociedade"[257].

Como o direito de fiscalização, inclusive judicial, é assegurado pela LREF de maneira ampla, com a possibilidade de requisição de documentos, pedido de prestação de informações etc., não há impedimento para que, diante de determinadas circunstâncias concretas que justifiquem a intervenção, o juízo nomeie um watchdog para o exercício dessa fiscalização em benefício de todos os interessados, até mesmo do administrador judicial e do próprio juízo. A indicação das hipóteses previstas no art. 64, notadamente da falta das informações necessárias para que o processo de recuperação judicial possa se desenvolver com regularidade, permite ao judiciário nomear o watchdog às expensas da própria recuperanda[258].

Ainda que essa função pudesse ser realizada diretamente pelo administrador judicial, entende-se que a nomeação do watchdog reforça essa fiscalização. Ela impõe o acompanhamento in loco diário da operação e das movimentações financeiras da recuperanda, que continua a ser gerida pelos seus administradores, os quais não são afastados, embora possam ter a função limitada a determinados assuntos.

Art. 65. Quando do afastamento do devedor, nas hipóteses previstas no art. 64 desta Lei, o juiz convocará a assembleia-geral de credores para deliberar sobre o nome do gestor judicial que assumirá a administração das atividades do devedor, aplicando-se-lhe, no que couber, todas as normas sobre deveres, impedimentos e remuneração do administrador judicial.

§ 1º O administrador judicial exercerá as funções de gestor enquanto a assembleia-geral não deliberar sobre a escolha deste.

§ 2º Na hipótese de o gestor indicado pela assembleia-geral de credores recusar ou estar impedido de aceitar o encargo para gerir os negócios do devedor, o juiz convocará, no prazo de 72 (setenta e duas) horas, contado da recusa ou da declaração do impedimento nos autos, nova assembleia-geral, aplicado o disposto no § 1º deste artigo.

Nomeação do gestor judicial

O art. 65 complementa o artigo anterior e disciplina a forma de nomeação do gestor judicial.

Nas hipóteses de destituição do administrador da pessoa jurídica, desde que a irregularidade que a motivou não seja decorrente da subordinação do administrador ao sócio controlador da

---

[257] TJSP, 1ª Câmara Reservada de Direito Empresarial, AI 2193774-29.2021.8.26.0000, rel. Des. Azuma Nishi.

[258] Indicando que, inexistentes indícios de fraude, não é cabível *watchdog*: TJSP, AI 2225757-75.2023.8.26.0000, rel. Des. J. B. Franco de Godoi, 1ª Câmara Reservada de Direito Empresarial, j. 17-11-2023.

Reconhecendo a possibilidade de *watchdog* analisar, inclusive, documentos pretéritos: TJSP, AI 2318877-75.2023.8.26.0000, rel. Des. Ricardo Negrão, 2ª Câmara Reservada de Direito Empresarial, j. 26-4-2024.

pessoa jurídica, sua substituição será regulada pelo contrato ou estatuto social ou será realizada conforme determinado no plano de recuperação judicial (art. 64). Caso a destituição seja decorrente da subordinação do administrador ao controlador, a substituição do administrador nos termos do contrato ou do estatuto social é medida absolutamente ineficaz para se assegurar a regularidade da administração da sociedade empresária em recuperação judicial. Isso porque o sócio controlador simplesmente nomearia outro administrador que continuaria a proteger seus interesses particulares em detrimento dos interesses sociais.

Afastado da administração o empresário individual de responsabilidade ilimitada ou se suspensos os poderes de voto do sócio controlador, deverá ser nomeado um gestor judicial pela Assembleia Geral de Credores[259].

Ao contrário do administrador judicial, que tem como função precípua a fiscalização das atividades da recuperanda e o cumprimento do plano de recuperação judicial aprovado durante o procedimento de recuperação judicial (art. 22), o gestor judicial tem a função de efetivamente administrar as atividades da recuperanda. É o gestor judicial quem poderá, na hipótese de afastamento do empresário individual, gerir os fatores de produção e celebrar negócios jurídicos com terceiros. Na hipótese de suspensão dos poderes do sócio controlador, o gestor judicial terá os poderes para votar e deliberar na Assembleia Geral da sociedade, com as prerrogativas próprias do controlador, sem prejuízo do direito de voto pelos outros sócios não controladores.

O exercício dessas funções não poderá ser realizado apenas nos interesses dos credores, todavia, mas também no interesse dos próprios sócios da recuperanda ou do empresário individual afastado. O gestor judicial não é representante dos credores, apesar de ser por eles nomeado. Exercerá encargo no interesse de toda a coletividade envolvida com a recuperação judicial, de modo que a esse gestor judicial aplicam-se todos os deveres, impedimentos e normas a respeito da remuneração do administrador judicial.

Afastado o empresário individual de responsabilidade ilimitada ou suspenso o direito de voto do sócio controlador, o administrador judicial exercerá as funções de gestor da atividade ou os poderes de voto do controlador até que a Assembleia Geral de Credores delibere sobre a nomeação de um gestor judicial para a administração das atividades do devedor ou para o exercício do voto do controlador.

A Assembleia Geral de Credores, à míngua de quórum especial definido para a deliberação, deverá nomear o gestor pelo quórum da maioria dos créditos presentes, independentemente da classe a que pertencerem (art. 42).

Caso o nomeado recuse o encargo ou esteja impedido, será convocada, em 72 horas da recusa ou da declaração de impedimento, nova AGC para a nomeação de novo gestor judicial, ficando o administrador judicial no encargo enquanto isso não ocorrer.

Art. 66. Após a distribuição do pedido de recuperação judicial, o devedor não poderá alienar ou onerar bens ou direitos de seu ativo não circulante, inclusive para os fins previstos no art. 67 desta Lei, salvo mediante autorização do juiz, depois de ouvido o Comitê de Credores, se houver, com exceção daqueles previamente autorizados no plano de recuperação judicial.

---

[259] Nesse sentido: TJSP, 2ª Câmara Reservada de Direito Empresarial, AI 0165218-32.2013, rel. Des. Ramon Mateo Júnior, j. 31-8-2015.

§ 1º Autorizada a alienação de que trata o *caput* deste artigo pelo juiz, observar-se-á o seguinte:

I – nos 5 (cinco) dias subsequentes à data da publicação da decisão, credores que corresponderem a mais de 15% (quinze por cento) do valor total de créditos sujeitos à recuperação judicial, comprovada a prestação da caução equivalente ao valor total da alienação, poderão manifestar ao administrador judicial, fundamentadamente, o interesse na realização da assembleia geral de credores para deliberar sobre a realização da venda;

II – nas 48 (quarenta e oito) horas posteriores ao final do prazo previsto no inciso I deste parágrafo, o administrador judicial apresentará ao juiz relatório das manifestações recebidas e, somente na hipótese de cumpridos os requisitos estabelecidos, requererá a convocação de assembleia geral de credores, que será realizada da forma mais célere, eficiente e menos onerosa, preferencialmente por intermédio dos instrumentos referidos no § 4º do art. 39 desta Lei.

§ 2º As despesas com a convocação e a realização da assembleia geral correrão por conta dos credores referidos no inciso I do § 1º deste artigo, proporcionalmente ao valor total de seus créditos.

§ 3º Desde que a alienação seja realizada com observância do disposto no § 1º do art. 141 e no art. 142 desta Lei, o objeto da alienação estará livre de qualquer ônus e não haverá sucessão do adquirente nas obrigações do devedor, incluídas, mas não exclusivamente, as de natureza ambiental, regulatória, administrativa, penal, anticorrupção, tributária e trabalhista.

§ 4º O disposto no *caput* deste artigo não afasta a incidência do inciso VI do *caput* e do § 2º do art. 73 desta Lei.

Alienação ou oneração de bens após pedido de recuperação judicial

Distribuído o pedido de recuperação judicial, o devedor passa a sofrer limitações decorrentes da proteção dos interesses dos credores à satisfação de seus créditos. Entre essas limitações, perde o devedor a disponibilidade sobre os bens de seu ativo não circulante.

Os ativos circulantes são aqueles destinados à comercialização pelo empresário devedor no desenvolvimento de sua atividade empresarial. A alienação destes prescinde de qualquer autorização, sob pena de se comprometer a própria atividade empresarial que se procura preservar.

Por outro lado, como o patrimônio geral do devedor é a garantia de satisfação das obrigações dos credores, a alienação ou oneração de ativos não circulantes pelo devedor poderia aumentar o risco de inadimplemento de suas obrigações por ocasião de eventual liquidação dos bens num procedimento falimentar.

A alienação ou oneração também poderia tornar inviável o desenvolvimento da atividade empresarial e impossibilitar a recuperação da empresa, com prejuízo a todos os envolvidos. Por essa razão, mesmo as alienações para a satisfação de credores não sujeitos à recuperação, ou as onerações para se garantirem obrigações contraídas durante a recuperação judicial, todas as alienações ou onerações de bens do ativo não circulante ficam obstadas, a menos que autorizadas pelo juiz ou pelo plano de recuperação judicial.

A necessidade de obter recursos financeiros poderá justificar, entretanto, uma pretensão de alienação de uma parte de seus ativos. Além da alienação da Unidade Produtiva Isolada, ou de sua extensão a quaisquer bens do devedor poder ser autorizada pelos credores no plano de recuperação judicial como meio de soerguimento da atividade, nos termos do art. 60, é possível que a falta de liquidez da recuperanda exija a alienação de outros bens[260].

A alienação de bens integrantes do ativo não circulante poderá ser percebida como imprescindível, no caso concreto, para a continuidade do desenvolvimento de sua empresa. Diante de uma situação comum de falta de capital de giro da recuperanda, a alienação de uma parte de seus ativos não circulantes pode se revelar como a única forma de a recuperanda obter capital para conseguir suportar a manutenção de sua atividade até que a composição com os seus credores possa ser realizada.

A alienação dos ativos não circulantes poderá ser realizada por aprovação no plano de recuperação judicial pela Assembleia Geral de Credores ou, antes ou depois dessa Assembleia e mesmo sem previsão no plano de recuperação, por decisão judicial.

Para essa decisão judicial, haverá manifestação prévia do Comitê de Credores, se houver, ou do administrador judicial em sua ausência, embora essas manifestações não sejam vinculantes ao juízo. A despeito da alteração da redação do dispositivo, condicionam-se a alienação e a oneração de bens do ativo permanente à autorização judicial o que, portanto, exige que haja evidente utilidade da alienação ou oneração para o desenvolvimento da empresa.

Por evidente utilidade deve-se exigir que a alienação ou oneração sejam indispensáveis para o cumprimento do plano de recuperação judicial ou para permitir a manutenção da atividade empresarial da recuperanda até que a deliberação dos credores sobre o plano de recuperação judicial possa ocorrer[261].

Outrossim, deve-se diferenciar a previsão do art. 60 e a do art. 66. Apenas aos credores foi conferido o poder de apreciar a viabilidade econômica do plano de recuperação judicial, de modo que o controle pelo magistrado restringe-se aos aspectos de legalidade do plano.

Nesse sentido, não poderia o devedor, por comportamento estratégico, não incluir como meio de recuperação judicial determinada venda de bem, que sabe que poderia sofrer restrições por parte dos credores, para requerer em momento posterior sua alienação por autorização judicial. A possibilidade de venda de bens pelo art. 66 é restrita aos bens ou direito de seu ativo não circulante, desde que referido ativo não possa comprometer o plano de recuperação judicial ou afetar os meios de recuperação judicial por ele dispostos. Caso isso ocorra, é imprescindível a manifestação dos credores por Assembleia Geral e que apreciará a viabilidade econômica de eventual aditamento ao plano de recuperação judicial proposto.

Tratando-se de bem sobre o qual incida direito real de garantia, como a hipoteca, o penhor ou a anticrese, contudo, aplica-se a mesma regra geral estabelecida para as alienações de bens estabelecidas no plano de recuperação judicial (art. 50, § 1º). A alienação somente poderá ser realizada com a supressão do direito real de garantia incidente sobre o bem se houver concordância expressa do credor titular da garantia.

Convocação de Assembleia Geral de Credores

Como a alienação ou oneração de bens do ativo não circulante poderão comprometer o patrimônio devedor e mesmo prejudicar a manutenção de sua atividade empresarial, ainda que sujeitas à apreciação da conveniência pelo Juízo ao conceder autorização, os credores poderão impugnar sua realização diretamente ao administrador judicial para obstar referida venda.

---

[260] Para a diferenciação do conceito de UPI com os demais ativos permanentes, cf. comentários ao art. 60.

[261] A diferenciação entre a alienação de UPI e a alienação de demais bens é realizada, na jurisprudência, em TJSP, 1ª Câmara Reservada de Direito Empresarial, AI 2104480-39.2016, j. 18-8-2016.

Para tanto, foi criado procedimento para se verificar a melhor vontade da coletividade de credores em relação a essa alienação.

Nesse sentido, após a publicação da decisão que autorizou a alienação ou oneração de bens, os credores terão o prazo de cinco dias para se manifestar diretamente ao administrador judicial sua insatisfação com relação à venda, de forma fundamentada, e requerer uma Assembleia Geral de Credores para deliberar sobre essa.

As diversas manifestações deverão ser de credores que, juntos, correspondam a mais de 15% do valor total de créditos sujeitos à recuperação judicial. Além do percentual representativo dos credores, a Lei exigiu que os credores prestem caução a respeito do valor total da alienação, como forma de se ressarcir a recuperanda por eventuais perdas e danos que eventual atraso na venda possa causar.

Em 48 horas após o encerramento do prazo para manifestação dos credores, o administrador judicial apresentará relatório das manifestações recebidas e, desde que preenchidos os requisitos legais, requererá a convocação da Assembleia Geral de Credores. As despesas de convocação e da instalação da AGC serão suportadas pelos credores requerentes, em proporção ao valor total de seus créditos.

Não sucessão do adquirente dos ativos nas obrigações do devedor

A LREF garantiu que a alienação de filiais ou de unidades produtivas isoladas do devedor (UPI), desde que realizada por um dos modos públicos disciplinados no art. 142 da LREF e mediante aprovação no plano de recuperação judicial, permitirá ao arrematante a aquisição dos bens livre de toda e qualquer sucessão nas obrigações do devedor e de qualquer encargo existente sobre os bens[262].

A isenção de responsabilidade para a UPI e filiais não foi reproduzida originalmente pelo art. 66 para a alienação ou oneração de bens não circulantes e fora do plano de recuperação judicial, mas a falta de previsão expressa não significava imediata sucessão.

Sustentava-se que a alienação de bens individuais, que não se confundiam com estabelecimentos empresariais, não gerava o risco de ineficácia do trespasse caso não restassem bens suficientes para solver o passivo (art. 1.145 do CC), ou a sucessão geral do adquirente pelas obrigações contabilizadas do devedor (art. 1.146 do CC), por falta de previsão legal.

Contudo, poderia se cogitar de o adquirente ser responsável apenas por eventuais ônus incidentes sobre o bem, porque não poderia alegar seu desconhecimento, ou pela satisfação das obrigações *propter rem*, como qualquer outra alienação em que o vendedor não estivesse sujeito à recuperação judicial. Entretanto, a interpretação sistemática dos diversos dispositivos da Lei n. 11.101/2005 já impedia essa conclusão.

Se a alienação do estabelecimento empresarial, desde que realizada por uma das formas públicas de alienação previstas no art. 142 e aprovada pelos credores no plano de recuperação judicial, teria seu objeto livre de qualquer ônus e não implicaria sucessão do arrematante nas obrigações do devedor, o mesmo efeito deverá ser produzido em relação aos bens menos importantes ao desenvolvimento da atividade ou que, em regra, afetariam menos a garantia dos credores.

Se a alienação do estabelecimento, mesmo sem remanescerem outros ativos para a satisfação do passivo ou mesmo sem a anuência da totalidade dos credores, era prevista como livre de

---

[262] Cf. comentários ao art. 60.

ônus ou débitos, com mais razão e por gerar menos riscos de insatisfação das obrigações, a alienação ou oneração de outros ativos não circulantes também deveria ser realizada sem responsabilidade do adquirente. Se a situação mais gravosa aos credores é permitida, não seria lógico proibir a menos gravosa.

De forma a retirar qualquer risco do adquirente e evitar qualquer controvérsia, a alteração da Lei n. 11.101/2005 pela Lei n. 14.112, de 24 de dezembro de 2020, incluiu o art. 66, § 3º, no qual se determinava que a alienação, desde que feita por uma das formas públicas de alienação disciplinadas pelo art. 142, está livre de qualquer ônus e não há sucessão do adquirente nas obrigações do devedor, quaisquer que fossem. Pela redação do art. 66, § 3º, determina-se que, "desde que a alienação seja realizada com observância do disposto no § 1º do art. 141 e no art. 142 desta Lei, o objeto da alienação estará livre de qualquer ônus e não haverá sucessão do adquirente nas obrigações do devedor, incluídas, mas não exclusivamente, as de natureza ambiental, regulatória, administrativa, penal, anticorrupção, tributária e trabalhista".

O veto do Presidente da República, fundamentado na impossibilidade constitucional de se impedir a sucessão das obrigações ambientais e da Lei Anticorrupção, fora levantado pelo Congresso Nacional. A despeito da inserção expressa, a interpretação sistemática já era permitida pela redação original da Lei n. 11.101/2005.

A alienação de bens deve ser interpretada em conjunto com o art. 60 da Lei n. 11.101/2005. Nesse aspecto, a alienação do estabelecimento empresarial, desde que realizada por uma das formas públicas de alienação, terá seu objeto livre de qualquer ônus e não implicará sucessão do arrematante nas obrigações do devedor. A ausência de risco na aquisição assegura maior valor das arrematações e, por consequência, maior possibilidade de satisfação dos interesses de todos os credores, sujeitos e não sujeitos à recuperação judicial. Pela mesma razão, notadamente porque exigirá inclusive a aprovação judicial na hipótese de ativos não circulantes, não deverá ocorrer sucessão nos demais bens.

A alienação sem qualquer possibilidade de sucessão permitirá que os ativos dispensáveis ao prosseguimento da atividade empresarial sejam alienados a outros empresários, que poderão alocar esses fatores de produção de forma mais eficiente. Outrossim, aumenta a possibilidade de existirem interessados, o que permite ao empresário a redução dos custos com ativos desnecessários para o desenvolvimento de sua atividade, bem como o aumento do valor obtido nas arrematações, o qual reverterá ao pagamento de toda a coletividade de credores.

Nem se alegue que a impossibilidade de sucessão permitiria a liquidação ordinária dos ativos, em detrimento dos credores não sujeitos à recuperação judicial. A alienação dos ativos continua condicionada à evidente utilidade para a recuperação judicial reconhecida pelo juiz e, mesmo se aprovada pela Assembleia Geral de Credores, poderá gerar a convolação em falência se verificado o esvaziamento patrimonial da devedora que implica liquidação substancial da empresa, nos termos do art. 73.

Art. 66-A. A alienação de bens ou a garantia outorgada pelo devedor a adquirente ou a financiador de boa-fé, desde que realizada mediante autorização judicial expressa ou prevista em plano de recuperação judicial ou extrajudicial aprovado, não poderá ser anulada ou tornada ineficaz após a consumação do negócio jurídico com o recebimento dos recursos correspondentes pelo devedor.

Alienação ou oneração de bens sem aprovação dos credores ou autorização judicial

Não há imposição de sanção pela LREF para o descumprimento da proibição legal de alienação ou oneração de bens sem o preenchimento dos requisitos legais. No art. 149 do Decreto-Lei n. 7.661/45, com disposição semelhante para a concordata, o decreto revogado previa que, caso a concordata fosse rescindida, a alienação ou oneração seriam consideradas ineficazes perante a Massa Falida.

Na atual LREF, por falta de previsão legal, aplica-se a disciplina genérica do Código Civil. Como o art. 66 determina que, após a distribuição do pedido de recuperação judicial, o devedor não poderá alienar ou onerar bens ou direitos de seu ativo permanente, violada lei imperativa que determinava a aprovação dos credores da UPI ou a autorização judicial, o negócio jurídico será considerado nulo.

Sua realização, todavia, apenas implicará a convolação em falência se o plano de recuperação judicial já tiver sido aprovado e não constar a previsão de alienação ou oneração, pois o desfazimento do ativo permanente implicará descumprimento da obrigação geral do plano de manter o desenvolvimento regular da atividade empresarial (art. 73, IV). Caso o plano não tenha sido ainda aprovado, não há previsão expressa de convolação em falência. A alienação ou oneração implicarão apenas o afastamento do devedor ou a destituição de seus administradores, por haverem agido contra o interesse dos seus credores (art. 64, III)[263].

Preservação do negócio jurídico de alienação ou oneração

A celeridade e a segurança são primordiais para a venda ou a oneração dos bens não circulantes, tanto para o devedor em recuperação judicial, que precisa dos recursos financeiros para manter sua atividade, como para os arrematantes interessados que, diante do risco e da incerteza, podem não maximizar o preço ofertado pelos bens ou podem desistir do negócio jurídico a ser celebrado.

Além do risco de sucessão nas obrigações do devedor, o que foi expressamente excluído pela alteração legal, há ainda o risco de a decisão judicial que autorizava a alienação ou oneração ser reformada por instâncias superiores, reconsiderada ou mesmo que o negócio jurídico seja anulado ou tornado sem efeito por motivos diversos.

Para assegurar o adquirente ou o financiador garantido a respeito do risco do negócio, o que impactará no preço e na disponibilização do mercado para contratar, a Lei garantiu a consumação do negócio jurídico, a partir do recebimento do preço ou dos recursos pelo devedor, gera ato jurídico perfeito que não poderá ter seus efeitos alterados, a menos que por vontade expressa das partes. Satisfeito o preço da venda ou entregues os recursos objetos da garantia, o adquirente ou o financiador não sofrerão qualquer risco de que o negócio jurídico no futuro possa ser desfeito ou ter sua eficácia comprometida, qualquer que seja o motivo da anulação ou ineficácia.

Pressupõe-se, entretanto, que o adquirente ou financiador estejam de boa-fé na conclusão do negócio jurídico e haja autorização judicial ou previsão no plano de recuperação judicial ou extrajudicial. A proteção legal não protege a má-fé dos contratantes em razão do desconhecimento do não atendimento da regularidade do procedimento que exige a autorização judicial ou a aprovação nos planos.

---

[263] Em sentido contrário, ao entender a possibilidade de decretação da falência: COELHO, Fábio Ulhoa. *Comentários à nova Lei de Falências e de Recuperação de Empresas*. 11. ed. São Paulo: Revista dos Tribunais, 2016, p. 266; TJSP, 1ª Câmara Reservada de Direito Empresarial, AI 0071641-34.2012, rel. Des. Pereira Calças, j. 5-6-2012.

Art. 67. Os créditos decorrentes de obrigações contraídas pelo devedor durante a recuperação judicial, inclusive aqueles relativos a despesas com fornecedores de bens ou serviços e contratos de mútuo, serão considerados extraconcursais, em caso de decretação de falência, respeitada, no que couber, a ordem estabelecida no art. 83 desta Lei.

Parágrafo único. O plano de recuperação judicial poderá prever tratamento diferenciado aos créditos sujeitos à recuperação judicial pertencentes a fornecedores de bens ou serviços que continuarem a provê-los normalmente após o pedido de recuperação judicial, desde que tais bens ou serviços sejam necessários para a manutenção das atividades e que o tratamento diferenciado seja adequado e razoável no que concerne à relação comercial futura.

Créditos contraídos durante a recuperação judicial

Para evitar que o empresário que requeira sua recuperação judicial seja estigmatizado pelo mercado, cujos agentes econômicos com ele não negociariam em virtude da crise econômico-financeira e do risco de inadimplemento, conferiu a LREF um tratamento diferenciado a esses credores.

Os créditos contraídos durante a recuperação judicial serão considerados pela lei como extraconcursais em caso de decretação da falência do devedor (art. 84). Referidos créditos são aqueles que passam a existir apenas após a distribuição do pedido de recuperação judicial, seja porque o contrato celebrado entre as partes seja celebrado apenas após essa distribuição, seja porque a condição suspensiva da obrigação apenas ocorreu após essa data, ou, ainda, nos contratos bilaterais com cumprimento de prestação diferida ou de prestação continuada, porque a contraprestação da parte contrária e que exigiria o cumprimento da prestação pela parte anterior apenas foi realizada após a distribuição do pedido de recuperação judicial[264].

Embora o *caput* do art. 67 imponha a natureza extraconcursal apenas aos créditos contraídos "durante a recuperação judicial", o que poderia indicar que o período se iniciaria a partir da publicação da decisão de processamento da recuperação judicial, o artigo deve ser compreendido em conjunto com o art. 49. No art. 49, compreende-se sujeitos à recuperação judicial apenas os créditos existentes até a data de submissão ao pedido de recuperação judicial, de modo que todos os demais existentes a partir dessa data não estão sujeitos ao plano de recuperação judicial e não poderão ser novados.

Por seu turno, o benefício garantido aos credores que contratarem com a recuperanda visa justamente estimular que o empresário devedor consiga desenvolver regularmente sua atividade e não seja impactado pela divulgação de sua crise econômico-financeira no mercado. A partir da distribuição do pedido, a imagem do empresário devedor já é afetada, pois se torna público que o empresário devedor se encontra em crise econômica e que haveria maior risco de inadimplemento de suas obrigações. Natural que, já a partir da distribuição do pedido, maiores sejam suas dificuldades para celebrar novos contratos e manter a regularidade da prestação de sua atividade.

Não fossem esses argumentos suficientes, o parágrafo único do dispositivo assegura benefício do privilégio geral aos créditos quirografários anteriores ao pedido, desde que haja o fornecimento dos bens ou serviços durante a recuperação judicial. Se apenas os créditos constituídos posteriormente à publicação da decisão de processamento fossem considerados extraconcursais, o

---

[264] Cf. comentários ao art. 49 sobre os créditos submetidos à recuperação judicial.

crédito entre a distribuição do pedido e a publicação da decisão de processamento da recuperação judicial poderia ser considerado menos privilegiado do que o crédito constituído anteriormente à recuperação judicial, em que pese o risco do fornecimento seja muito maior e a lei pretendesse estimular a manutenção das contratações após ela, o que seria ilógico[265].

Como créditos extraconcursais, os credores receberão o produto da liquidação dos bens do falido antes do pagamento dos créditos existentes anteriormente ao pedido de recuperação judicial, inclusive créditos trabalhistas, com garantia real e tributários.

Benefício aos créditos existentes anteriormente ao pedido de recuperação judicial

Para que o fornecimento de produtos e serviços continue a ocorrer normalmente durante a recuperação judicial, além de considerar o crédito contraído após a recuperação judicial como extraconcursal, na hipótese de decretação de falência, a LREF ainda melhorava a classificação do próprio crédito anterior.

O credor quirografário anterior ao pedido de recuperação judicial, e que continuava a fornecer serviços e bens durante a recuperação judicial, tinha a prioridade do pagamento de seu crédito anterior elevada em eventual decretação da falência do devedor. Na medida do valor dos bens ou serviços fornecidos durante a recuperação judicial (e que são especificadamente considerados créditos extraconcursais), o crédito existente anteriormente ao pedido de recuperação judicial e considerado quirografário era elevado na ordem de prioridade de pagamento para crédito com privilégio geral (art. 83).

A alteração da Lei n. 11.101/2005 pela Lei n. 14.112, de 24 de dezembro de 2020, suprimiu a classificação dos créditos em privilegiado especial e geral. Todos os demais créditos, com exceção dos especificados pelo referido artigo como os trabalhistas, com garantia real, subquirografários ou subordinados, serão considerados quirografários, pelo que a elevação na classificação dos prestadores durante a recuperação judicial não fazia mais sentido.

A *par conditio creditorum* na recuperação judicial – as subclasses de credores

Com exceção do art. 58, § 1º, que regula a possibilidade de concessão da recuperação judicial com base no quórum alternativo de aprovação (*cram down*), não há nenhum impedimento legal a exigir o tratamento idêntico no plano de recuperação judicial entre os credores pertencentes a uma mesma classe de credores.

Ao contrário da falência, o princípio da *par conditio creditorum* na recuperação judicial não é uma limitação legal. Decorre, entretanto, de uma construção doutrinária[266] e jurisprudencial que

---

[265] Em sentido contrário, para quem entende que é considerado crédito extraconcursal apenas após a decisão de processamento da recuperação judicial: STJ, 4ª Turma, REsp 1.185.567/RS, rel. Min. Maria Isabel Gallotti, rel. p/ acórdão Min. Antônio Carlos Ferreira, j. 5-6-2014; STJ, 4ª Turma, REsp 1.399.853/SC, rel. Min. Maria Isabel Gallotti, rel. p/ acórdão Min. Antônio Carlos Ferreira, j. 10-2-2015; STJ, 3ª Turma, REsp 1.398.092/SC, rel. Min. Nancy Andrighi, j. 6-5-2014.

[266] Ainda sobre a concordata: MENDONÇA, José Xavier Carvalho de. *Tratado de direito comercial brasileiro*, v. VIII, 4. ed. Rio de Janeiro: Freitas Bastos,1947, n. 1077, p. 345; quanto à recuperação judicial: PAIVA, Luiz Fernando Valente de. Aspectos relevantes do instituto da recuperação judicial e necessária mudança cultural. In: OLIVEIRA, Fátima Bayma de (coord.). *Recuperação de empresas: uma múltipla visão da nova Lei*. São Paulo: Pearson Prentice Hall, 2006, p. 91-92.

se baseia nos interesses supostamente homogêneos de cada classe de credores, a ponto de não ser permitido tratamento diverso entre credores com características semelhantes de créditos.

Em razão dessa homogeneidade dos interesses dos credores dentro da respectiva classe, pode-se extrair o interesse da maioria de credores dentro de uma comunhão formada.

Ainda que credores constantes de uma respectiva classe devessem ter absolutamente as mesmas características dos créditos[267], pôde-se constatar que a homogeneidade dos créditos de uma classe é mais teórica e é distante da realidade existente. Créditos com natureza muito diversa poderão ser encontrados nas classes de credores, notadamente na terceira classe, composta pelos credores quirografários e privilegiados, o que agruparia desde instituições financeiras, até fornecedores de matéria-prima, prestados de serviços, *shopping center* como locadores etc.

Na legislação norte-americana, nesse contexto, está previsto que os credores poderão ser classificados pelas características substanciais de seus créditos, o que permitiria a flexibilização das classes de credores. A criação de classes permitiria a obtenção de uma maioria mais efetiva de credores na deliberação assemblear, pois o quórum seria exigido em cada uma das classes formadas, cujos créditos teriam características semelhantes[268].

No direito brasileiro, as quatro classes de credores para fins de votação são determinadas pela Lei, de modo que não se permite flexibilização pelo devedor, nos termos do art. 41 da Lei n. 11.101/2005.

A jurisprudência e a doutrina, contudo, de modo a adequar o plano de recuperação judicial à realidade existente, em que credores de uma classe poderão ser muito distintos em relação aos credores da mesma classe, vinham considerando o princípio da *par conditio creditorum* não de modo absoluto e aceitando a criação de subclasses de credores para fins de pagamento, mas não votação.

A criação de subclasses para pagamento procurou, pela jurisprudência, atender às características especiais de determinados créditos e sua importância para a recuperação judicial do devedor. Pela criação da subclasse, permitir-se-ia a distinção de tratamento entre credores da mesma classe em razão das peculiaridades dos referidos créditos[269].

Mas a diferenciação de pagamento entre credores de uma mesma classe não poderia ser arbitrária, a ponto de gerar tratamento diverso a credores semelhantes[270]. A criação de subclasse para o pagamento apenas podia ser realizada se fosse justificável o tratamento diverso em virtude do peculiar interesse dos referidos credores para a recuperação judicial, como o tratamento mais benéfico aos credores parceiros ou que realizassem investimentos na devedora etc.[271].

---

[267] Cf. comentários ao art. 41.

[268] TOLEDO, Paulo Fernando Campos Salles de. Recuperação judicial, sociedades anônimas, debêntures, assembleia geral de credores, liberdade de associação, boa-fé objetiva, abuso de direito, *cram down, par condicio creditorum*. *RDM*, São Paulo: Malheiros, 142, 2006, p. 270.

[269] Enunciado CJF n. 57: "o plano de recuperação judicial deve prever tratamento igualitário para os membros da mesma classe de credores que possuam interesses homogêneos, sejam estes delineados em função da natureza do crédito, da importância do crédito ou de outro critério de similitude justificado pelo proponente do plano e homologado pelo Magistrado".

[270] TJSP, 1ª Câmara Reservada de Direito Empresarial, AI 0187811-89.2012, rel. Des. Francisco Loureiro, j. 23-4-2013.

[271] Nesse sentido: TJSP, 2ª Câmara Reservada, AI 2083871-69.2015.8.26.0000, rel. Des. Campos Mello, j. 31-8-2015; AI 2082726-12.2014.8.26.0000, rel. Ramon Mateo Júnior, j. 26-1-2015; AI 2010328-67.2014.8.26.0000, rel. Des. Ricardo Negrão, j. 10-12-2014; TJSP, 1ª Câmara Reservada de Direito

Se o tratamento dos credores deveria ser idêntico dentro da classe, em regra, diante da semelhança dos créditos presentes, era imprescindível que se pudesse estimular os contratantes e fornecedores a continuarem a fazê-lo mesmo durante a recuperação judicial. Para tanto, a nova redação do art. 67, parágrafo único, consagra a posição jurisprudencial que já admitia a previsão no plano de recuperação judicial das subclasses de credores para fins de pagamento.

Embora o princípio da equidade exija que os credores sejam tratados da mesma forma dentro de uma mesma classe, a criação de subclasses de credores procura atender às características especiais de determinados créditos e sua importância para a recuperação judicial do devedor.

Como indicado, antes da alteração da Lei, a jurisprudência permitia a criação de subclasses em razão da possibilidade de tratamento diverso a credores que, a despeito de terem créditos da mesma natureza, possuem condições peculiares e que justificariam tratamento diverso pelo plano de recuperação judicial, na medida de sua desigualdade[272].

O art. 67, parágrafo único, consagra essa posição jurisprudencial. O plano de recuperação judicial poderá prever tratamento diferenciado aos créditos, desde que tal previsão decorra da necessidade de estimular referidos credores parceiros a prover normalmente seus bens ou serviços após o pedido de recuperação judicial. A criação de subclasse exige que esse fornecimento seja imprescindível para a manutenção da atividade e que o privilégio conferido seja adequado e razoável em virtude desse fornecimento.

Nesses termos, pela criação da subclasse, permite-se a distinção de tratamento entre credores da mesma classe, desde que justificável o tratamento diverso em virtude do peculiar interesse dos referidos credores. No plano de recuperação judicial, assim pode ser estabelecido que os credores de uma determinada classe, desde que sejam parceiros da devedora desde antes do ajuizamento da recuperação judicial e que continuem a fornecer determinados bens ou serviços em igual quantidade ou preço do que faziam antes, ou desde que realizem determinados financiamentos ao devedor, etc, podem ser considerados credores parceiros e, como tal, receberão uma maior satisfação do crédito sujeito à recuperação judicial do que os demais credores da mesma classe[273].

O parágrafo único do art. 67 estabelece requisitos objetivos para que a criação de subclasses no plano de recuperação judicial seja reputada legal e restringe as hipóteses anteriormente aceitas pela jurisprudência[274]. Até a promulgação da Lei n. 14.112/2020 admitia-se a criação de subclasses de credores a partir de critérios objetivos e justificáveis. Comumente, eram criadas subclasses voltadas à proteção das parcerias comerciais da devedora, por meio do estabelecimento de melhores condições de pagamento aos fornecedores que continuassem a negociar com a recuperanda. Mas não eram somente essas as subclasses criadas: frequentemente, dividiam-se credores pela origem de seus créditos (financeiros ou não financeiros), pelo valor dos créditos etc.

Empresarial, AI 2081350-54.2015.8.26.0000, rel. Des. Francisco Loureiro, j. 9-9-2015; AI 2147847-50.2015, rel. Des. Maia da Cunha, j. 10-9-2015; AI 2084119-5.2015, rel. Des. Fábio Tabosa, j. 5-10-2015; AI 2249476-67.2015, rel. Des. Fortes Barbosa, j. 24-2-2016.

[272] Nesse sentido: STJ, REsp 1.634.844-SP, Terceira Turma, rel. Min. Ricardo Villas Bôas Cueva, j. 12-3-2019.

[273] Conferir comentários ao art. 50.

[274] É o conteúdo da atual jurisprudência do STJ: "No plano de recuperação judicial, a criação de subclasses entre credores é possível, desde que previsto critério objetivo e justificado, envolvendo credores com interesses homogêneos, vedando-se a estipulação de descontos que permitam a supressão de direitos de credores minoritários ou isolados" (STJ, 3ª Turma, AgInt no REsp n. 2030487, rel. Min. Moura Ribeiro, j. 22-5-2023).

Atualmente, a criação de subclasses com base em requisitos objetivos diversos daqueles previstos no art. 67, parágrafo único, está vedada. O silêncio legislativo evidencia que a intenção do legislador era restringir as hipóteses de criação de subclasses aos credores fornecedores que, mesmo após o pedido de recuperação judicial, mantêm suas relações com a recuperanda. Privilegia-se expressamente o credor que continuar a negociar com a recuperanda no momento em que a obtenção de crédito costuma ser mais difícil, e, desse modo, auxiliam a devedora na superação da crise econômico-financeira.

Caso pretendesse autorizar a criação de subclasses ao bel prazer do devedor, com base em critérios objetivos genéricos, assim o teria feito o legislador. Não o fez, de modo que a regra do art. 67, parágrafo único, deve ser interpretada restritivamente[275].

Nem poderia ser diferente. Se as classes de credores são utilizadas para a uniformidade de pagamento, os meios diversos de recuperação para cada credor criariam tratamento desigual entre credores iguais, sem qualquer razoabilidade. Ademais, como as classes de credores são também utilizadas como forma de se computar os votos e de se obter a maioria dos interesses de cada classe, a diversidade das formas de pagamento entre os credores impediria que se computasse a vontade efetiva da maioria ou, pior, permitiria ao devedor construir exatamente o quórum de aprovação estritamente necessário na referida classe, em detrimento da minoria que receberia em piores condições.

Para que o devedor não tenha incentivo a alterar o quórum de deliberação sobre o plano de recuperação judicial por meio da criação de subclasses, o controle judicial sobre a diversidade de tratamento é imprescindível. O controle poderá ser ainda mais efetivo se o quórum por maioria para a deliberação sobre o plano de recuperação judicial necessitar ser obtido não apenas na classe de credores, como previsto expressamente pela Lei, como também na própria subclasse criada.

A exigência de quórum de votação na subclasse e na classe autonomamente asseguraria que os credores não seriam prejudicados por uma maioria construída apenas pelos credores tratados mais favoravelmente.

Garante também que a subclasse possa ser formada não apenas por credores parceiros, estratégicos ou que colaborariam com o desenvolvimento das atividades da recuperanda, como expressamente autorizou a lei, mas que também poderia ser formada por apenas créditos que justificariam tratamento menos favorável, como uma subclasse de créditos decorrentes de multa, por exemplo, e que teriam um tratamento pior do que os demais créditos da mesma classe, pois a subclasse de credores menos privilegiada não foi vedada pela Lei.

A necessidade de quórum na classe e na subclasse não permitiria o comportamento estratégico do devedor e eventual tentativa de desvirtuar o quórum legal de votação.

---

[275] Nesse sentido: "a criação de subclasses com tratamento diferenciado entre credores, prevista no art. 67, parágrafo único da LRF é permitida haja vista a importância de determinados credores para o soerguimento da empresa em crise. No entanto, constata-se que a diferença havida entre credores não pode ser arbitrária, a ponto de gerar tratamento diverso a credores semelhantes. Seria justificável um tratamento mais favorável, por exemplo, aos credores que realizassem investimentos na devedora após a concessão da recuperação judicial ou se comprometessem a continuar fornecendo crédito com condições favoráveis no curso da recuperação judicial. Os critérios do artigo 67, parágrafo único, devem, portanto, ser interpretados restritivamente, não podendo ficar a critério do devedor criar indistintamente subclasses. Isso porque as classes de credores são utilizadas para uniformizar a ordem do pagamento e, por isso, eventual criação de subclasses ao exclusivo critério do devedor feriria a razoabilidade e igualdade entre credores nas mesmas situações" (TJSP, 1ª Câmara Reservada de Direito Empresarial, AI n. 2092411-28.2023.8.26.0000, rel. Des. Alexandre Lazzarini, 27-9-2023).

a) Vedação à exigência de aprovação do plano para o tratamento privilegiado

O art. 67, parágrafo único, deve ser interpretado restritivamente para o preenchimento das condições para a subclasse de credores. Conforme o parágrafo único estabelece, a única possibilidade para a criação de subclasses é para aqueles credores que fomentarem a atividade empresarial da recuperanda por meio do fornecimento de bens ou serviços necessários para a manutenção de suas atividades. Referida condição privilegiada a ser conferida ao credor, ademais, deve ser adequada e razoável.

A exigência de concordância dos credores ao plano de recuperação judicial é condição inválida e que extrapola a exigência dos requisitos legais para a consideração do credor parceiro e de seu tratamento privilegiado. Além de não se restringir ao fornecimento de bens ou serviços durante a recuperação judicial, requisito exclusivo exigido por lei, a cláusula desvirtua o processo de votação e macula a vontade coletiva da AGC[276]. Isso porque a cláusula força os credores a votarem a favor do plano para obterem condições mais vantajosas, visto que os credores dissidentes serão menos privilegiados. Tal prática subverte a intenção do legislador de conferir aos credores o poder de aferir, por maioria, a viabilidade econômica da atividade empresarial e a recuperabilidade do devedor, o que, pelo art. 187 do Código Civil, caracteriza-se como abuso de direito.

Os meios de pagamento definidos no art. 50 são dispostos a todos os credores, os quais, diante da individual avaliação a respeito da conveniência desses para a maior satisfação do respectivo crédito, poderão declarar o voto sobre o plano de recuperação judicial proposto. A exigência de voto favorável para o recebimento de forma privilegiada promove distinção injustificada, haja vista que não fundamentada em manutenção de fornecimento de bens ou serviço, tampouco razoável, pois gera distinção entre credores com a mesma condição de crédito.

Pune-se com pagamento a menor a minoria discordante pelo mero exercício do seu direito de voto em sentido contrário, caso vencida pela maioria, o que afronta o livre exercício do direito de voto conferido pela lei e a igualdade legal entre os credores da mesma classe.

b) Vedação à exigência de concordância com a cláusula de não litigar como condição para credor parceiro

Assim como a exigência de votação favorável ao plano não pode ser considerada como requisito para a consideração do credor como parceiro ou de forma a receber de maneira privilegiada em face dos demais credores da classe, tampouco poderá ser exigida a anuência a uma obrigação de não litigar com terceiros, sejam eles sócios ou administradores, sociedades coligadas ou integrantes do mesmo grupo da devedora ou terceiros absolutamente não relacionados com a atividade empresarial ou a devedora.

De forma análoga à cláusula de supressão das garantias em face dos coobrigados[277], a cláusula de não litigar, por si só, é cláusula válida, tendo em vista que versa sobre direitos patrimoniais disponíveis dos referidos credores. Se o direito de ação é assegurado constitucionalmente pelo art. 5º, XXXV, da CF[278], a repercussão patrimonial do respectivo direito é disponível voluntariamente pelo seu titular.

---

[276]   Nesse sentido: TJSP, 1ª Câmara de Direito Empresarial, AI 223764-45.2022.8.26.0000, rel. Des. Cesar Ciampolini, j. 8-11-2023.

[277]   Cf. comentários ao art. 39.

[278]   Art. 5º, XXXV – a lei não excluirá da apreciação do Poder Judiciário lesão ou ameaça a direito.

Se a renúncia a direito pelos credores é válida, entretanto, ela extrapola os limites da comunhão determinada pela LREF. Se a Lei determinou a reunião dos credores para deliberarem sobre a melhor forma de recebimento dos respectivos créditos e como um meio para que possam obter a melhor solução para a superação da crise econômico-financeira que acomete a empresa do devedor, a imposição aos dissidentes ou discordantes de renúncia dos respectivos direitos de demandar em face de terceiros extrapola essa finalidade legal de superação da crise do devedor.

Assim como a renúncia à cobrança dos coobrigados, a cláusula limita direitos em face de terceiros não submetidos ao procedimento da recuperação judicial. Trata-se, assim, aos discordantes e dissidentes, de cláusula ineficaz, que exigirá expressamente sua concordância e cuja vontade da maioria conforme o quórum legal não lhes pode ser imposta.

c) Vedação ao tratamento diferenciado de credores com créditos reconhecidos e/ou majorados após a aprovação do plano

A Lei estabeleceu como marco para a classificação dos créditos como sujeitos ou não à novação do plano de recuperação judicial a data do pedido, nos termos do art. 49 da Lei n. 11.101/2005. Por outro lado, reconheceu o legislador a possibilidade de se desconhecer, em tal data, o *an debeatur* e/ou o *quantum debeatur*, que podem ainda estar sendo apurados em ações próprias, bem como de ocorrência de equívocos quando da elaboração das listas de credores, que poderão deixar de indicar determinados créditos ou indicá-los incorretamente. É por esse motivo que se instituiu a fase de verificação de créditos, conforme art. 7º e seguintes da Lei n.11.101/2005.

O julgamento de todos os incidentes não constitui requisito para a votação do plano ou para o encerramento da recuperação judicial.

Diante da obrigação de apresentação da lista de credores pelo próprio devedor, com a correção dos referidos créditos, a imposição pelo plano de recuperação judicial de condições de pagamento mais desfavoráveis aos credores sujeitos cujos créditos tenham sido reconhecidos ou majorados após a aprovação do plano de recuperação judicial violaria o direito conferido aos próprios credores de pleitearem o reconhecimento da correção do referido crédito.

Essa cláusula deve ser considerada ilegal, seja por impor indevido tratamento diferenciado entre credores da mesma classe e que violaria a limitação do art. 67, parágrafo único, seja por criar incentivo a comportamentos oportunistas do devedor, pois pode motivar a inclusão a menor ou a não inclusão de determinados créditos, bem como a apresentação de impugnações de determinados créditos somente para impor ao credor pior condição para o pagamento do crédito[279].

Art. 68. As Fazendas Públicas e o Instituto Nacional do Seguro Social – INSS poderão deferir, nos termos da legislação específica, parcelamento de seus créditos, em sede de recuperação judicial, de acordo com os parâmetros estabelecidos na Lei n. 5.172, de 25 de outubro de 1966 – Código Tributário Nacional.

Parágrafo único. As microempresas e empresas de pequeno porte farão jus a prazos 20% (vinte por cento) superiores àqueles regularmente concedidos às demais empresas.

---

[279] Em sentido contrário: TJRJ, AI 0011824-24.2018.8.19.0000, rel. Des. Mônica Maria Costa, 8ª Câmara Cível, j. 18-9-2018.

Parcelamento de créditos tributários

Em complementação à exigência de apresentação das Certidões Negativas de Débito Tributário para fins de concessão da recuperação judicial (arts. 57 da LREF e 191-A do CTN), o art. 68 impôs a reestruturação dos débitos tributários diante da impossibilidade de satisfação imediata de todos eles. Para tanto, determinou que as Fazendas Públicas e o INSS deveriam, mediante lei, instituir programas de parcelamento de seus créditos para fins de recuperação judicial e assegurou que esse parcelamento teria o prazo 20% superior para as microempresas e empresas de pequeno porte.

A adoção do parcelamento do crédito tributário suspenderia a exigibilidade do crédito tributário e permitiria à recuperanda apresentar Certidão Positiva de Débito Tributário, com efeito de negativa. A medida possibilitaria o cumprimento da exigência do art. 57, que estabeleceu sua apresentação como condição imprescindível para a concessão da recuperação judicial.

Até que a lei específica de parcelamento para fins de recuperação judicial fosse promulgada pelos entes federativos, estabeleceu o art. 155-A, § 4º, do Código Tributário Nacional que seriam aplicadas as leis gerais de parcelamento ao devedor em recuperação judicial. Determinou-se, ainda, que o prazo de parcelamento dos entes federativos municipais ou estaduais não poderia ser inferior ao concedido pela lei federal específica.

A Lei Federal que disciplinou o parcelamento especial dos débitos em face da União foi promulgada apenas em 2014 (Lei n. 13.043). A despeito do art. 155-A do Código Tributário Nacional, que determinava a aplicação de lei geral do parcelamento do ente da Federação à míngua da lei específica, a jurisprudência se sedimentou, antes da promulgação da Lei n. 13.043/2014, no sentido de que a concessão da recuperação judicial não poderia ser obstada pela não regularização dos débitos tributários diante da falta de lei especial de parcelamento[280].

Antes da Lei n. 13.043, sob os argumentos de que deveria prevalecer o princípio da preservação da empresa (art. 47) e de que haveria direito pelo empresário em recuperação judicial à obtenção de um parcelamento de seus débitos tributários conforme lei específica mais favorável às empresas em crise, permitiu-se a concessão da recuperação judicial sem nenhuma regularização fiscal.

No tocante aos débitos tributários federais, o parcelamento para os empresários em recuperação judicial foi estabelecido pela Lei n. 13.043/2014, que acrescentou, em seu art. 43, o art. 10-A à Lei n. 10.522/2002. Pelo dispositivo legal, foi exigido que o pagamento dos débitos com a Fazenda Nacional fosse realizado em 84 prestações mensais e consecutivas, com percentual progressivo, bem como que o pretendente renunciasse a qualquer alegação de direito sobre a qual se fundasse a ação judicial ou o recurso administrativo. Pela Lei do Parcelamento, esse pedido implica a desistência de qualquer discussão por via administrativa ou judicial do débito.

Embora haja Lei que discipline as condições de parcelamento dos créditos tributários do devedor em recuperação judicial, e também para os créditos de qualquer natureza das autarquias e fundações públicas federais (incluído pela Lei n. 13.494/2017 no art. 8º, da Lei n. 10.522/2002), entendeu a jurisprudência que o parcelamento permitido na Lei n. 13.043/2014 não era condizente com o tratamento exigido pelos empresários em recuperação judicial. O estabelecimento do prazo de 84 meses, a inexistência de qualquer deságio e ainda a exigência de renúncia à pretensão deduzida em juízo questionando o tributo criariam tratamento desigual entre os diversos credores, cujas condições de pagamento superam as condições estabelecidas pela Fazenda Nacional.

---

[280] STJ, REsp 1.187.404/MT, rel. Min. Luis Felipe Salomão, *DJ* 19-6-2013; TJSP, 1ª Câmara Reservada de Direito Empresarial, AI 2141319-34.2014, rel. Des. Francisco Loureiro, j. 25-9-2014.

Sob o fundamento de que se criou tratamento desigual e desproporcional ao Fisco para o recolhimento dos tributos em detrimento da atividade empresarial, a Lei n. 13.043/2014 vinha sendo considerada inconstitucional por afronta aos princípios da igualdade (art. 5º da CF), da função social da propriedade (art. 170, III, da CF), do devido processo legal (art. 5º, LIV, da CF) e da ampla defesa (art. 5º, LV, da CF).

Diante da relevante finalidade social da Lei de preservação da empresa, dos empregos e da atividade econômica, assentou a jurisprudência, mesmo após a nova Lei, a dispensa da apresentação de certidões negativas de débitos fiscais ou de parcelamento especial para a concessão da recuperação judicial[281].

Com a alteração legislativa pela Lei n. 14.112/2020, esse posicionamento jurisprudencial não pode mais prevalecer.

Ainda que o crédito tributário não se sujeitasse ao plano de recuperação e as execuções fiscais tributárias não fossem sobrestadas pelo processamento da recuperação judicial (art. 6º), a dispensa da apresentação de certidões negativas de débito ou dos parcelamentos tributários para a concessão da recuperação judicial permitiu, pela interpretação de até então, que as execuções fiscais tributárias prosseguissem normalmente em face do empresário devedor[282]. Contudo, de modo a evitar que as medidas constritivas requeridas na execução fiscal de créditos tributários recaíssem sobre bens indispensáveis à recuperação judicial, o credor fiscal mais privilegiado não conseguiu satisfazer seus créditos por meio da constrição dos ativos do devedor.

Nestes termos, não se pode permitir que a regularização da atividade empresarial seja realizada exclusivamente em relação aos créditos privados e às custas dos créditos tributários, considerados pelo Legislador como mais privilegiados[283].

Pela alteração legislativa promovida pela Lei n. 14.112/2020, nos termos da nova redação do art. 10-A da Lei n. 10.522/2002, será permitido parcelamento fiscal em até 120 prestações mensais e sucessivas, com percentuais crescentes. Poderão ser utilizados créditos decorrentes de prejuízo fiscal e de base de cálculo negativa da CSLL ou com outros créditos relativos a tributos adminis-

---

[281] Nesse sentido: HARADA, Kiyoshi. Os aspectos tributários e as questões controvertidas. In: *10 anos de vigência da Lei de Recuperação e Falência*. São Paulo: Saraiva, 2015. AZEVEDO, Luiz Augusto Roux. Recuperação judicial de empresas e falência: alguns aspectos tributários. In: *10 anos da Lei de Recuperação de Empresas e Falências*: reflexões sobre a reestruturação empresarial no Brasil (Luis Vasco Elias coord.). São Paulo: Quartier Latin, 2015, p. 239-240.

Na jurisprudência: TJSP, AI 2109677-09.2015, rel. Des. Ricardo Negrão, *DJ* 9-9-2015; TJ, 1ª Câmara Reservada de Direito Empresarial, AI 20001458-62.2016, rel. Des. Fortes Barbosa, j. 16-3-2016; TJSP, 2ª Câmara Reservada de Direito Empresarial, AI 2109677-09.2015, rel. Des. Ricardo Negrão, j. 9-9-2015; TJSP, 1ª Câmara Reservada de Direito Empresarial, AI 2167082-32.2017, rel. Des. Hamid Bdine, j. 27-11-2017; STJ, 4ª Turma, AgInt no REsp n. 1.726.128/SP, rel. Min. Raul Araújo, j. 6-3-2023; STJ, 3ª Turma, AgInt no REsp n. 2.070.315/MT, rel. Min. Moura Ribeiro, j. 11-9-2023; STJ, 3ª Turma, AgInt no REsp n. 1.977.485/RJ, rel. Min. Humberto Martins, j. 2-10-2023.

[282] Nesse sentido: STJ, 2ª Turma, REsp 1.512.118/SP, rel. Min. Herman Benjamin, *DJe* 31-3-2015; STJ, 2ª Turma, AgRg no Ag. em REsp 543.830/SP, rel. Min. Herman Benjamin, *DJe* 25-8-2015; STJ, Corte Especial, REsp 1.187.404/MT, rel. Min. Luis Felipe Salomão, j. 19-6-2013.

[283] Sobre a exigência do parcelamento tributário: TJRJ, AI 0046087.14.20208.19.0000, rel. Des. Eduardo Gusmão Alves de Brito Neto, j. 6-4-2021; TJPR, AI 0021847-08.2021.8.16.0000, rel. Des. Marcelo Gobbo Dalla Dea, j. 15-9-2021; TJSP, 2ª Câmara Reservada de Direito Empresarial, AI 2248841-13.2020.8.26.0000, rel. Des. Ricardo Negrão, j. 10-8-2021.

tradores pela Secretaria Especial da Receita Federal do Brasil, para a liquidação de até 30% da dívida consolidada no parcelamento. Nessa hipótese, o remanescente poderá ser parcelado em até 84 parcelas, com percentuais crescentes sobre o endividamento.

Para o referido parcelamento, contudo, a recuperanda deverá firmar termo de compromisso em que haverá, dentre diversas obrigações, a de amortizar o saldo devedor do parcelamento com percentual do produto de cada alienação de bens e direitos integrantes do ativo não circulante com até 30% do produto da alienação.

Na hipótese de parcelamento, a recuperanda será excluída caso 6 parcelas consecutivas ou 9 parcelas alternadas estiverem inadimplidas, a falta de pagamento de 1 a 5 parcelas, se todas as demais estiverem pagas, o esvaziamento patrimonial etc., o que permitirá a imediata exigibilidade do total do débito confessado e não pago, bem como a faculdade de a Fazenda Nacional requerer a convolação da recuperação judicial em falência.

Outrossim, pela alteração na Lei n. 10.522/2002, também é admissível a transação fiscal para créditos tributários ou não tributários inscritos em dívida ativa da União para todos os empresários em recuperação judicial.

A transação deverá ser proposta pelos empresários em recuperação judicial após a aprovação do plano de recuperação judicial e deverá ter o prazo máximo de 120 meses e limite máximo para reduções será de 70%, em juízo de conveniência e oportunidade que será realizado pela Procuradoria da Fazenda Nacional. A rescisão da transação ocorrerá com a falta de pagamento de 6 parcelas consecutivas ou 9 alternadas, ou a falta de pagamento de 1 até 5 parcelas, conforme o caso, se todas as demais estiverem pagas.

Por seu turno, na hipótese de o ente público não possuir legislação sobre o parcelamento, deve-se exigir do empresário devedor que, nos termos do art. 155-A do Código Tributário Nacional, opte pelas normas gerais de parcelamentos do ente da Federação titular do crédito e que não poderá ser inferior à lei federal específica.

Nesses termos, considerando que o art. 68 preconiza que o Ente Federativo tem a obrigação de instituir parcelamento especial para as empresas em crise, que, portanto, devem ter tratamento mais benéfico do que outras para que possam recuperar efetivamente sua atividade empresarial e assegurar a proteção de todos, inclusive do próprio Fisco, que se beneficiaria com o recolhimento de novos tributos, não poderia o ente da federação conferir tratamento mais benéfico a empresários sadios de determinado ramo em detrimento da igualdade de tratamento aos empresários em recuperação judicial e cuja necessidade de restruturação dos débitos é reconhecida pelo próprio Estado na LREF.

Desse modo, à míngua de legislação específica que discipline o parcelamento para fins de recuperação judicial de algum ente federativo, devem ser aos empresários em crise exigidas a apresentação da CND ou a adoção do parcelamento, ainda que ele seja o melhor parcelamento tributário vigente para o Ente da Federação, independentemente do ramo de atuação[284].

A transação com a União Federal

A Lei n. 13.988/2021 instituiu a "transação resolutiva de litígio relativo à cobrança de créditos da Fazenda Pública, de natureza tributária ou não tributária". A Lei estabelece os critérios para a

---

[284] A competência para a pretensão de enquadramento em programa de parcelamento de débitos federais não seria do Juízo da Recuperação Judicial, mas da Justiça Federal: STJ, AgRg no CC 137.529/RJ, rel. Min. Moura Ribeiro, j. 9-12-2015.

transação com a Fazenda Nacional, que será celebrada a partir de uma análise de conveniência e oportunidade pelo ente federativo.

A norma estabelece a obrigatoriedade de a transação observar os princípios da transparência, da isonomia, da capacidade contributiva, transparência, moralidade, da razoável duração dos processos, razoabilidade e publicidade, todos consagrados constitucionalmente.

Recentemente, a Lei n. 13.988/2020 foi alterada pela Lei n. 14.375/2022, a qual, dentre outros aspectos, permitiu a transação tributária relativa a créditos tributários sobre administração da Secretaria Especial da Receita Federal. A Secretaria Especial da Receita Federal é órgão vinculado ao Ministério da Economia, criada pela Lei n. 11.457/2007 e tem como função a administração tributária e aduaneira da União. Além disso, cabe à Secretaria Especial da Receita Federal também "planejar, executar, acompanhar e avaliar as atividades relativas a tributação, fiscalização, arrecadação, cobrança e recolhimento das contribuições sociais".

Pelo parágrafo único do art. 11 da Lei n. 8.212/91, são contribuições sociais sob a fiscalização da Receita Federal aquelas devidas pelos empresários e sociedades empresárias[285] incidentes sobre a remuneração paga ou creditada aos segurados a seu serviço; as devidas pelos empregados domésticos; as devidas pelos trabalhadores incidentes sobre o salário-contribuição; as devidas pelos empresários e sociedades empresárias incidentes sobre o lucro e faturamento; e as incidentes sobre a receita de concursos de prognósticos.

A norma institui a possibilidade de transação tributária por proposta individual ou por adesão na cobrança de créditos inscritos em dívida ativa da União, suas autarquias, fundações públicas e créditos cuja competência para cobrança seja da Procuradoria-Geral da União ou em contencioso administrativo. A transação por adesão implicará a aceitação do devedor de todas as condições do edital.

Na transação individual, as partes terão liberdade para fixar as condições da transação, observadas as restrições indicadas no art. 3º da Lei e as restrições dos arts. 5º e 11, § 2º. Dentre as obrigações estabelecidas no referido dispositivo, está a desistência de impugnações ou recursos administrativos relativos aos tributos objeto da transação e a renúncia a ações judiciais ou recursos quanto aos tributos objeto da transação.

A mesma crítica feita à redação anterior da Lei n. 13.043/2014 deve ser replicada em relação ao art. 3º da Lei n. 13.988/2020. A determinação de renúncia a todos os direitos relacionados aos tributos transacionados é inconstitucional, por violação ao art. 5º, inciso XXXV, da Constituição Federal.

A Lei n. 13.988/2020 permite a celebração de transações que prevejam descontos nas multas, juros e encargos legais de créditos classificados como irrecuperáveis ou de difícil recuperação, conforme critérios estabelecidos pela autoridade competente; o oferecimento de prazos e pagamentos especiais, inclusive o diferimento da moratória; oferecimento, substituição ou alienação de garantias e constrições; utilização de prejuízo fiscal e base de cálculo negativo de Contribuição Social sobre o Lucro Líquido (CSLL), na apuração do Imposto de Renda ou do próprio CSLL, até o limite de 70% do saldo remanescente, após incidência de juros; e uso de precatórios para amortização da dívida.

Autoriza-se, ainda, que as obrigações assumidas pelo devedor sejam garantidas por qualquer modalidade de garantia, inclusive cessão fiduciária de direitos creditórios. A impossibilidade de concessão de garantias não poderá obstar a celebração da transação.

---

[285] De forma não técnica, a Lei se refere à "empresas" para se referir aqueles que exercem atividade empresarial.

A legislação também regulamenta transações coletivas (por adesão) para a resolução de litígios aduaneiros ou tributários objeto de relevante e disseminada controvérsia judicial e de processos (judiciais ou administrativos) que versem sobre créditos de até 60 salários mínimos. Além disso, incentiva-se a adoção de métodos extrajudiciais de solução de conflitos para solução de processos de pequeno valor. Essas hipóteses dependem de regulamentação do Ministério da Economia.

Art. 69. Em todos os atos, contratos e documentos firmados pelo devedor sujeito ao procedimento de recuperação judicial deverá ser acrescida, após o nome empresarial, a expressão "em Recuperação Judicial".

Parágrafo único. O juiz determinará ao Registro Público de Empresas e à Secretaria Especial da Receita Federal do Brasil a anotação da recuperação judicial nos registros correspondentes.

Inclusão da expressão "em recuperação judicial"

Os contratantes e os terceiros envolvidos com a atividade empresarial devem poder ter ciência de que o empresário passa por crise econômico-financeira e está em recuperação judicial. Isso porque o empresário em recuperação judicial tem limitações à sua plena autonomia quanto à disposição patrimonial e à realização de sua atividade.

A alienação de bens do seu ativo permanente somente poderá ser realizada após aprovação judicial diante da evidente utilidade, assim como a alienação de unidades produtivas isoladas somente poderá ser realizada se especificada e aprovada pelos credores no plano de recuperação judicial. Pela inclusão da expressão "em recuperação judicial", o terceiro adquirente, por exemplo, não poderá alegar desconhecimento em relação à falta de algum requisito exigido.

A averbação da inclusão da expressão "em Recuperação Judicial" no nome empresarial do devedor deverá ser determinada ao Registro Público de Empresas, a cargo das Juntas Comerciais, por ocasião da decisão de processamento da recuperação judicial. Sua inclusão no nome empresarial deverá perdurar até o encerramento do processo de recuperação.

Além de averbação no Registro Público de Empresas, determinou a alteração da Lei n. 11.101/2005 pela Lei n. 14.112, de 24 de dezembro de 2020, que o juiz determine à Secretaria Especial da Receita Federal do Brasil a anotação da recuperação judicial nos registros correspondentes.

A expressão, entretanto, acaba estigmatizando o devedor. Ao tomarem conhecimento da crise econômico-financeira que acomete a recuperanda, natural que os contratantes tomem maiores cautelas para reduzirem seu risco ao celebrarem negociações com a recuperanda. A expressão, nesses termos, restringe o desenvolvimento regular da atividade pelo devedor, e pode, inclusive, agravar a sua crise econômica.

Para reduzir essa consequência negativa, a expressão deverá ser retirada assim que o processo de recuperação judicial for encerrado, ainda que penda recurso de apelação com efeito suspensivo da decisão de encerramento. Presentes o *fumus boni iuris* decorrente do cumprimento das obrigações vencidas durante o período de dois anos de fiscalização judicial, poderá ser antecipado o provimento de exclusão da expressão do nome empresarial enquanto perdura a apreciação do recurso que desafia a sentença de encerramento.

Seção IV-A
Do Financiamento do Devedor e do Grupo Devedor durante a Recuperação Judicial

Art. 69-A. Durante a recuperação judicial, nos termos dos arts. 66 e 67 desta Lei, o juiz poderá, depois de ouvido o Comitê de Credores, autorizar a celebração de contratos de financiamento com o devedor, garantidos pela oneração ou pela alienação fiduciária de bens e direitos, seus ou de terceiros, pertencentes ao ativo não circulante, para financiar as suas atividades e as despesas de reestruturação ou de preservação do valor de ativos.

O financiamento do empresário em recuperação (*DIP financing*)

Para que possa manter sua atividade empresarial, com o pagamento de seus fornecedores, empregados, contratos de aluguel ou demais serviços essenciais, notadamente diante de uma situação de iliquidez, a concessão de novo crédito poderá ser fundamental ao empresário em recuperação judicial.

A concessão de novos créditos por instituições financeiras ou investidores é essencial para o desenvolvimento das atividades empresariais da recuperanda. Contudo, esses novos contratos poderiam ser obstados diante do risco financeiro do negócio jurídico. Consciente da crise econômico-financeira que já acomete o devedor, o credor poderia não ter interesse econômico em celebrar o novo negócio em virtude da maior probabilidade de inadimplemento ou da decretação da falência do devedor.

A Lei Falimentar, nesse ponto, deveria criar estímulos para que os interessados em financiar os empresários em crise possam ter segurança jurídica nas contratações, bem como possam tutelar o risco de inadimplemento do devedor através da concessão de eventuais novas garantias ou do compartilhamento de garantias anteriores. Por outro lado, deveria assegurar os direitos dos credores sujeitos à recuperação judicial e que poderiam ser afetados pela oneração injustificada do patrimônio do devedor, com a elevação do passivo ou perda da chance de obter melhor valor de liquidação do ativo.

Embora a redação original da Lei n. 11.101/2005 nada dispusesse sobre o financiamento do devedor em recuperação judicial, a alteração legal inseriu a Seção IV-A para disciplinar o tema, ainda que de forma tímida.

Pelo sistema adotado pela Lei n. 11.101/2005 do *debtor-in-possession* (DIP), após a distribuição do pedido de recuperação judicial e a menos que a Assembleia Geral de Credores aprove plano de recuperação judicial que substitua o devedor, esse empresário em recuperação judicial permanecerá na condução da atividade[286]. Por esse sistema, o devedor poderá praticar todos os negócios jurídicos imprescindíveis ao desenvolvimento da empresa, dentre os quais a celebração de novos contratos, inclusive de financiamento, para o fomento de sua atividade, sem que haja qualquer necessidade de aprovação pela Assembleia Geral de Credores[287].

---

[286] Cf. Comentários ao art. 64.

[287] Nesse sentido, TJSP, AI 2176529-15.2015, 2ª Câmara Reservada de Direito Empresarial, j. 16-12-2015.

A livre possibilidade de celebrar novos contratos somente será suprimida se o próprio devedor for afastado da condução da atividade nas hipóteses legais, ocasião em que deverá o Comitê de Credores submeter à autorização do juiz todos os atos de endividamento necessários à continuação da atividade empresarial durante o período que antecede a aprovação do plano de recuperação judicial, conforme art. 27, II, *c*, da LREF.

Mas se mesmo na hipótese de afastamento do devedor não é exigida a submissão dos contratos que gerem maior endividamento do devedor à aprovação pela Assembleia Geral de Credores, menos ainda se exigirá quando o próprio devedor estiver na condução de sua atividade empresarial[288].

A livre contratação pelo devedor de financiamento será limitada, contudo, se houver a necessidade de conferir garantias consistentes em bens ou direitos de seu ativo permanente[289]. Desde que seja necessária a alienação fiduciária ou oneração de bens ou direitos do ativo não circulante, seus ou de terceiros, considerados como tais os bens destinados ao funcionamento das atividades do devedor e que não sejam destinados à venda, exige-se prévia autorização judicial, depois de ouvido o Comitê de Credores ou o administrador judicial, caso o Comitê seja inexistente.

A despeito de o art. 69-A exigir como imprescindível a autorização judicial, deve-se interpretar o dispositivo em consonância com o art. 66. A autorização judicial somente será necessária para a obtenção de financiamento às atividades e às despesas de reestruturação ou de preservação do valor de ativos, com a oneração ou alienação fiduciária de bens e direitos, se os credores, pela Assembleia Geral ou pelos modos alternativos de deliberação, não tenham aprovado o plano de recuperação judicial com a previsão do referido meio de soerguimento.

Para a autorização judicial, após a oitiva do Comitê de Credores, caso existente, ou do administrador judicial, deverá ser reconhecida a evidente utilidade para a reestruturação empresarial. Não apenas deverá ser aferida a importância do financiamento da manutenção da atividade produtiva, como deverá ser apreciado se a garantia concedida ou a oneração do bem em garantia são imprescindíveis e razoáveis ao financiamento pretendido, bem como se não promovem a expropriação dos bens do devedor em detrimento dos demais credores.

Art. 69-B. A modificação em grau de recurso da decisão autorizativa da contratação do financiamento não pode alterar sua natureza extraconcursal, nos termos do art. 84 desta Lei, nem as garantias outorgadas pelo devedor em favor do financiador de boa-fé, caso o desembolso dos recursos já tenha sido efetivado.

Segurança jurídica do financiamento

Para que haja estímulo para que o financiador forneça recursos ao empresário em recuperação judicial, necessário que se garanta segurança jurídica ao fornecedor.

---

[288] Com essa posição, DIAS, Leonardo Adriano Ribeiro. Para o autor, todavia, se o financiamento for destinado a investimento ou à implementação de medidas previstas no plano de recuperação judicial, o financiamento deverá ser incluído no plano de recuperação judicial e ser aprovado pelos credores (*Financiamento na Recuperação Judicial e na Falência*. São Paulo: Quartier Latin, 2014, p. 97).

[289] Cf. comentários ao art. 66.

Embora o risco de inadimplemento de seu crédito faça com que o financiador majore os juros cobrados ou as garantias exigidas, o risco jurídico, de que a decisão judicial que autorizou o financiamento possa ser revogada, poderá inviabilizar o financiamento como um todo.

Para limitar o risco jurídico, determinou a Lei, no art. 69-B, que a autorização judicial, ainda que passível modificação por recurso às instâncias superiores, permitirá ao financiador ter o seu crédito tutelado e os riscos limitados para efetivar os desembolsos dos recursos prometidos. Ainda que haja a modificação em grau de recurso ou mesmo reconsideração da decisão autorizativa da contratação, o financiamento não perderá nem o privilégio e nem as garantias caso o financiador já tenha efetivado a transferência de recursos financeiros ao devedor.

Além da oneração e alienação fiduciária de bens ou direitos que podem ser realizadas para garantir o financiamento e que, portanto, não serão invalidadas na hipótese de reversão da decisão, o crédito decorrente do financiamento realizado ao devedor em recuperação judicial deve receber tratamento privilegiado dentre os demais créditos, como forma de incentivar o financiador a disponibilizar os recursos que podem ser imprescindíveis ao desenvolvimento da atividade empresarial do devedor.

Decerto, os créditos concedidos durante a recuperação judicial não se submetem aos seus efeitos e permitem sua imediata execução na hipótese de inadimplemento, nos termos do art. 49. Durante a recuperação judicial, contudo, não há obrigatoriedade de pagamento dos créditos decorrentes do financiamento com prioridade em relação aos demais créditos sujeitos à recuperação, a menos que tal exigência seja convencionada no contrato de mútuo celebrado, cujo descumprimento poderá permitir novo pedido falimentar ou a imediata execução da obrigação.

No caso de decretação de falência, os créditos concedidos durante a recuperação judicial, inclusive os decorrentes de contrato de mútuo, serão considerados extraconcursais[290].

Embora o crédito seja considerado extraconcursal, privilegiado em relação a todos os demais créditos sujeitos à recuperação judicial por ocasião da falência, o crédito atribuído ao financiador recebia, na redação original da Lei n. 11.101/2005, tratamento menos privilegiado em relação a outros créditos extraconcursais, bem como aos pedidos de restituição em dinheiro (art. 85).

Os pedidos de restituição em dinheiro, por ocasião da falência, eram satisfeitos anteriormente a todos os créditos extraconcursais (art. 85). Mesmo quanto aos créditos extraconcursais, nos termos da redação originária do art. 84, V, da LREF, os créditos contraídos durante a recuperação judicial eram pagos após os todos os demais créditos extraconcursais, e, ainda, dentre os créditos contraídos durante a recuperação judicial, o crédito de financiamento era considerado quirografário, a menos que tivesse sido garantido, e era satisfeito conforme a ordem estabelecida no art. 83 da LREF.

De forma a assegurar efetivamente o financiador, foi alterado o art. 84 para conferir-lhe privilégio. O valor efetivamente entregue ao devedor em recuperação judicial pelo financiador deverá ser satisfeito após a satisfação das despesas indispensáveis à falência e dos créditos trabalhistas estritamente salariais vencidos nos três meses anteriores à decretação da falência e limitados em cinco salários mínimos. Em face de todos os demais, seu pagamento deverá ser prioritário.

Art. 69-C. O juiz poderá autorizar a constituição de garantia subordinada sobre um ou mais ativos do devedor em favor do financiador de devedor em recuperação judicial, dispensando a anuência do detentor da garantia original.

---

[290] Cf. Comentários ao art. 67.

§ 1º A garantia subordinada, em qualquer hipótese, ficará limitada ao eventual excesso resultante da alienação do ativo objeto da garantia original.

§ 2º O disposto no *caput* deste artigo não se aplica a qualquer modalidade de alienação fiduciária ou de cessão fiduciária.

Garantia subordinada

A autorização judicial ou a aprovação da Assembleia Geral de Credores não suprem a necessidade de anuência do titular da garantia, caso sobre o bem que se pretenda onerar ou transferir incida garantia real e como forma de desconstituí-la (art. 50, § 1º). Nesse cenário, se os ativos do devedor já estiverem integralmente onerados, dificilmente se conseguiria a anuência do titular para que este renunciasse à garantia em benefício da nova oneração ao financiador.

Pela alteração legislativa, não se avançou a ponto de compartilhar com o financiador as garantias ou mesmo de se conceder garantia prioritária sobre um bem ao financiador, desde que se garantisse a satisfação do credor anterior. Tampouco se permitiu a prioridade de garantia sobre bens alienados fiduciariamente ou sobre cessões fiduciárias, sequer sobre qualquer valor excedente, na medida em que o bem se encontraria na propriedade fiduciária do credor originário.

Nesses termos, de forma tímida e que poderá se revelar como insuficiente para assegurar a garantia do financiamento, notadamente se o devedor não tiver mais bens livres e sem oneração, o art. 69-C conferiu a possibilidade de constituição de garantia subordinada sobre os bens do devedor anteriormente já objeto de um direito real de garantia apenas.

Sua constituição independe da manifestação de vontade do credor originário garantido, porque a nova constituição da garantia não prejudica seu direito. A garantia subordinada consiste em nova oneração sobre o bem, de segunda ordem, de modo que ficará sempre limitada ao excesso resultante da alienação do ativo objeto da garantia original, caso eventualmente exista.

Art. 69-D. Caso a recuperação judicial seja convolada em falência antes da liberação integral dos valores de que trata esta Seção, o contrato de financiamento será considerado automaticamente rescindido.

Parágrafo único. As garantias constituídas e as preferências serão conservadas até o limite dos valores efetivamente entregues ao devedor antes da data da sentença que convolar a recuperação judicial em falência.

Rescisão do contrato de financiamento

Decretada a falência, os contratos bilaterais não serão resolvidos e podem ser cumpridos pelo administrador judicial se o cumprimento reduzir ou evitar o aumento do passivo da massa falida ou for necessário à manutenção e preservação de seus ativos, mediante autorização do Comitê, nos termos do art. 117.

Como contrato bilateral, o contrato de financiamento para o empresário em recuperação judicial é exceção a essa regra geral. A decretação da falência antes de todos os recursos financiadores serem transferidos pelo financiador permitiria, pela regra geral, que o administrador judicial exigisse a continuidade de cumprimento do contrato sob o risco de a Massa Falida não conseguir satisfazê-lo.

Para evitar o aumento do risco provocado pela decretação da falência, caso os recursos financeiros não tenham sido integralmente transferidos, o administrador judicial da Massa Falida não poderá exigir o seu cumprimento pelo financiador. O contrato é automaticamente rescindido quanto à parte remanescente. Isso porque as garantias constituídas e preferências não serão desconstituídas, mas serão conservadas até o limite dos valores efetivamente entregues ao devedor antes da sentença de quebra.

Art. 69-E. O financiamento de que trata esta Seção poderá ser realizado por qualquer pessoa, inclusive credores, sujeitos ou não à recuperação judicial, familiares, sócios e integrantes do grupo do devedor.

Legitimidade para o contrato de financiamento

De forma a se estimular os contratantes, qualquer pessoa poderá ser considerada financiadora do empresário devedor em recuperação judicial, sejam credores sujeitos ou não à recuperação judicial, parentes, sócios ou integrantes do grupo do devedor.

Longe de parecer simples, a ampla legitimidade assegura que o financiador não sofrerá limitações em seus direitos em virtude do contrato. Nesses termos, ainda que a oneração ou alienação dos bens seja realizada para parente do devedor ou da sociedade falida, ou mesmo sócio da sociedade falida, inaplicável a regra do art. 141, § 1º, que impede que o bem transferido ou onerado esteja livre de quaisquer ônus e de que não haverá sucessão do contratante nas obrigações do devedor.

DIP financing celebrado com partes relacionadas

O art. 69-E autoriza que o financiamento com a empresa em recuperação judicial seja realizado por qualquer pessoa, inclusive, credores concursais ou extraconcursais, familiares, sócios e demais integrantes do grupo do qual a recuperanda participe.

A alteração é pertinente, mas cabe tecer algumas considerações acerca de operações celebradas notadamente com partes relacionadas, diante de eventual risco de o financiamento DIP não ser realizado em condições de mercado ou que assegurem o melhor interesse da recuperanda. Ainda que a lei tenha tentado incentivar a ampla legitimidade para a concessão do DIP por expressa previsão do art. 69-E, isso não impede uma análise casuística do magistrado acerca de eventual abuso que eventualmente tenha levado à celebração do DIP entre recuperanda, notadamente quando envolva como financiador pessoas relacionadas à própria devedora.

Apesar de apenas as operações que envolvem oneração de bem do ativo não circulante dependerem de autorização judicial, não há impedimento para que, ao tomar conhecimento da celebração do financiamento por manifestação de um credor, por exemplo, exerça o juízo o controle de legalidade da transação.

Nesses casos, a transação entre a devedora e o financiador deve ser analisada casuisticamente, a partir das normas que regulam as operações entre partes relacionadas na Lei das S/A, notadamente quando envolver partes relacionadas.

O art. 245 da Lei n. 6.404/76 impõe aos administradores das sociedades que zelem "para que as operações entre as sociedades, se houver, observem condições estritamente comutativas, ou com pagamento compensatório adequado", sob pena de responsabilização pelas perdas e danos decorrentes da operação.

Assim, exige-se que negócios entre partes relacionadas sejam realizados em condições comutativas, visando ao melhor interesse e cumprimento do objeto social das sociedades envolvidas na operação. As operações não podem favorecer a sociedade coligada, controlada ou controladora, de modo que se deve garantir a equivalência entre as obrigações assumidas pelas partes no contrato[291].

A doutrina americana estabeleceu duas relativamente simples questões a serem respondidas para aferição da comutatividade das operações entre partes relacionadas: a operação segue os parâmetros de negócios similares já realizados anteriormente? A operação seria celebrada nestes mesmos termos caso celebrada com terceiro não interessado[292]?

Essa análise acerca da boa-fé das partes na operação deverá ser feita pelo juízo para averiguar a sua licitude. É o que se interpreta do art. 69-B, que impede a modificação da contratação em prejuízo do financiador de boa-fé.

Art. 69-F. Qualquer pessoa ou entidade pode garantir o financiamento de que trata esta Seção mediante a oneração ou a alienação fiduciária de bens e direitos, inclusive o próprio devedor e os demais integrantes do seu grupo, estejam ou não em recuperação judicial.

Garantidores do contrato de financiamento

Assim como qualquer pessoa poderá realizar o financiamento sem sofrer restrições no procedimento de recuperação judicial, as garantias reais poderão recair sobre bens e direitos de terceiros ou do próprio devedor ou dos demais integrantes do seu grupo que estejam ou não em recuperação judicial.

A oneração pelo devedor de seus bens e direitos não circulantes, como já visto, exigirá aprovação pela Assembleia Geral de Credores ou autorização judicial mediante avaliação de sua conveniência na preservação do valor de ativos e do desenvolvimento da atividade empresarial e mediante a análise da razoabilidade da garantia à obrigação.

Seção IV-B
Da Consolidação Processual e da Consolidação Substancial

Art. 69-G. Os devedores que atendam aos requisitos previstos nesta Lei e que integrem grupo sob controle societário comum poderão requerer recuperação judicial sob consolidação processual.

---

[291]   EIZIRIK, Nelson. *Lei das S/A comentada*, v. IV: arts. 206 a 300. 2. ed., São Paulo: Quartier Latin, 2015, p. 251.

[292]   CLARK, Robert Charles. *Corporate Law*, 12th ed. Boston: Aspen Law & Business, 1986, p. 147.

§ 1º Cada devedor apresentará individualmente a documentação exigida no art. 51 desta Lei.

§ 2º O juízo do local do principal estabelecimento entre os dos devedores é competente para deferir a recuperação judicial sob consolidação processual, em observância ao disposto no art. 3º desta Lei.

§ 3º Exceto quando disciplinado de forma diversa, as demais disposições desta Lei aplicam-se aos casos de que trata esta Seção.

Litisconsórcio ativo e sociedades integrantes de grupos empresariais

O litisconsórcio ativo foi tratado para o pedido de falência no art. 94, § 1º, da LREF. Quanto à possibilidade de litisconsórcio ativo na recuperação judicial, a LREF era originalmente silente. Não havia disciplina específica sobre os pedidos de recuperação judicial formulados por empresários individuais ou pessoas jurídicas que, sendo requerentes em litisconsórcio ativo, integrassem um mesmo grupo societário.

À míngua de qualquer restrição legal, a lacuna foi suprimida pelo art. 189 da LREF, que determinava a aplicação subsidiária do Código de Processo Civil, e que, em sua disciplina, permitia que duas ou mais pessoas pudessem litigar, no mesmo processo, em conjunto, ativa ou passivamente (art. 113 do CPC). Na regulação processual, o litisconsórcio é admitido sempre que entre as partes houver comunhão de direitos ou obrigações relativamente à lide, entre as causas houver conexão pelo pedido ou pela causa de pedir ou ocorrerem questões por ponto comum de fato ou de direito.

A omissão legal foi suprida pela alteração legislativa com a inserção da Seção IV-B na Lei n. 11.101/2005.

O litisconsórcio ativo entre os integrantes de grupos empresariais preenche os requisitos legais e assegura que os empresários possam ter seu pedido de recuperação judicial processado em conjunto. Entre os integrantes do grupo poderá haver comunhão de direitos ou obrigações, a recuperação judicial pretendida poderia ser necessária para estruturar todo o grupo e a causa da crise econômico-financeira que acomete cada um dos devedores poderá ser, inclusive, comum. A possibilidade de litigar conjuntamente no mesmo processo permite aos litisconsortes a economia processual, o impedimento de decisões contraditórias e a tentativa de reestruturar todo o grupo econômico de forma harmônica[293].

---

[293] Inicialmente, a jurisprudência era reticente quanto à admissão do litisconsórcio. Embora não diferenciasse os casos de consolidação substancial, em que haveria litisconsórcio necessário, dos casos em que haveria apenas consolidação processual, com litisconsórcio facultativo, o litisconsórcio era rejeitado nos casos em que as sociedades integrantes do grupo possuíssem o principal estabelecimento empresarial em comarcas diversas. Para essa posição jurisprudencial, a natureza contratual da recuperação judicial exigiria a presença dos credores na assembleia geral e que não se criasse óbice à sua participação, de modo que a regra de competência absoluta estabelecida no art. 3º deveria ser respeitada. Nesse sentido: TJSP, Câmara Reservada de Recuperação e Falência, Apelação 625.206-4/2-00, rel. Des. Pereira Calças, j. 9-6-2009.

Consolidação processual

Para que possam obter maior eficiência operacional, com o ganho de economias de escala e a maior penetração em mercados, os empresários ou as sociedades empresárias poderão constituir grupos empresariais.

Como forma de constituição, o grupo poderá ser de direito ou de fato. O grupo de direito é constituído por uma convenção de grupo em que seus integrantes se obrigam a combinar recursos ou esforços para a realização dos respectivos objetos ou a participar de atividades ou empreendimentos comuns (art. 265 da Lei n. 6.404/76). Na referida convenção são estabelecidas a estrutura administrativa do grupo, as condições de participação das diversas sociedades e são regulados os demais interesses de seus integrantes.

Os grupos de direito poderão ser de coordenação entre todas as sociedades, em que não há uma relação de controle entre os integrantes, ou de subordinação, em que a participação de uma sociedade controladora em relação às demais deve estar presente. Independentemente de coordenação ou subordinação, todavia, caracterizam-se por uma unidade de direção, que permite que todas as sociedades se beneficiem da integração.

A maior relevância prática, entretanto, consiste nos grupos de fato. Estes são os constituídos sem convenção. Consistem em sociedades com participação recíproca, interligadas por relações de controle ou coligação. Por controle, a sociedade controladora detém, direta ou indiretamente, os direitos de sócio que lhe assegurem, de modo permanente, a preponderância nas deliberações sociais e o poder de eleger a maioria dos administradores da controlada. Na coligação, por seu turno, a sociedade investidora tem participação significativa na investida, considerada relevante essa participação se, embora não exerça o controle, exercer o poder de participação nas decisões de política financeira ou operacional da investida.

O grupo, mesmo que de direito, não possui personalidade jurídica. Ainda que as sociedades integrantes possuam interesses comuns e se submetam a uma unidade de direção, cada qual conserva suas obrigações sociais apartadas das demais e seu patrimônio social isolado. Ainda que inseridos numa estrutura de grupo, independentemente de qual ele seja, a personalidade e o patrimônio de cada uma das sociedades integrantes permanecerão distintos das demais (art. 266 da Lei n. 6.404/76).

Embora no grupo de direito possa ser sustentado o prevalecimento da convenção do grupo sobre os interesses sociais de cada integrante[294], no grupo de fato há impedimento expresso a tanto. Os administradores que favorecerem sociedade integrante do grupo, com prejuízo da companhia, responderão pelas perdas e danos, notadamente se não respeitarem condições estritamente comutativas ou com pagamento compensatório adequado nas operações entre as sociedades (art. 245 da Lei n. 6.404/76).

Dessa forma, nos grupos de fato, de forma ainda mais nítida, a manutenção da autonomia patrimonial no interior do grupo societário implica que os débitos contraídos pela sociedade em face de terceiros não poderão ser exigidos em relação às demais do grupo, cuja solidariedade não se pressupõe. O terceiro contratante possui, como risco de inadimplemento de seu crédito, a garantia do patrimônio geral apenas da sociedade devedora.

---

[294] Cf. PRADO, Viviane Muller. *Conflito de interesses nos grupos societários*. São Paulo: Quartier Latin, 2006, p. 57.

Nesses casos, possível que uma ou algumas das sociedades integrantes desse grupo de fato sejam acometidas por crise econômico-financeira e pretendam obter a recuperação judicial. A pretensão poderá ser exercida em litisconsórcio como mera alternativa para que os empresários possam reduzir os custos processuais e suas despesas com a recuperação judicial.

Trata-se de litisconsórcio facultativo ou de consolidação processual, em que apenas algumas sociedades pertencentes ao grupo poderão pretender litigar conjuntamente, sem que haja a necessidade de inclusão das demais. Os processos poderiam ser inclusive reunidos, desde que não estivessem as recuperações judiciais em fase distinta[295].

Nada impediria que as referidas sociedades promovessem processos autônomos de recuperação judicial, assim como poderiam procurar se reestruturar de outra forma, ou ingressar com pedido de autofalência.

Nessa situação, os credores de cada uma das pessoas jurídicas não se confundem entre si nem possuem como garantia um único patrimônio social, cuja autonomia é assegurada a cada uma das pessoas jurídicas no interior do grupo[296]. A relação jurídica estabelecida entre a pessoa jurídica integrante do grupo e o credor baseia-se na maximização dos interesses dos próprios agentes da relação jurídica.

Como litisconsorte ativo facultativo, portanto, exige-se na consolidação processual que todos os requisitos exigidos pela LREF sejam preenchidos por cada um dos autores, os quais, ademais, deverão apresentar individualmente a documentação exigida no art. 51 dessa lei para se permitir a análise individualizada da crise e dos meios para seu soerguimento pelos seus respectivos credores.

Competência na consolidação processual

A regra geral do litisconsórcio facultativo do Código de Processo Civil exigia que referido litisconsórcio somente seria possível na hipótese de o foro competente ser comum a todos os autores ou haver competência relativa, a qual poderia ser modificada pelas partes, nos termos do art. 54 do CPC.

Na Lei n. 11.101/2005, entretanto, o art. 3º estabelece que a competência para o deferimento da recuperação judicial é absoluta do juízo do local do principal estabelecimento de cada devedor. A competência em razão da matéria é inderrogável pelas partes (art. 62 do CPC), o que impediria que houvesse litisconsórcio facultativo se, para um dos autores, o juízo for absolutamente incompetente, ou seja, se o seu principal estabelecimento empresarial (art. 3º) situar-se em comarca diversa do estabelecimento das demais[297].

A alteração da Lei n. 11.101/2005 pela Lei n. 14.112, de 24 de dezembro de 2020, contudo, criou norma específica que excepciona a regra geral. O principal estabelecimento, embora regra de competência absoluta, não é mais aferido conforme cada um dos empresários devedores, mas em relação a todos os requerentes.

---

[295] TJSP, 1ª Câmara Reservada de Direito Empresarial, AI 2027132-66.2021, rel. Des. Fortes Barbosa, j. 8-4-2021.

[296] TJSP, 1ª Câmara Reservada de Direito Empresarial, AI 2067513-29.2015, rel. Des. Francisco Loureiro, j. 20-5-2015.

[297] Nesse sentido, em caso em que decidido que não haveria confusão patrimonial entre as sociedades do grupo: TJSP, Câmara Especial de Falências e Recuperações Judiciais, AI 645.330-4/4-00, rel. Des. Pereira Calças, j. 15-9-2009.

Embora a regra tenha sido fundamentada na redução dos custos do devedor, a norma é criticável. Isso porque, diante da consolidação processual, não há atividade comum ou mesmo confusão patrimonial entre os devedores. As atividades podem ser absolutamente distintas, de modo que cada qual poderá ter um local do principal estabelecimento absolutamente diverso do estabelecimento do outro.

Por seu turno, a adoção da regra de competência como do principal estabelecimento, como aquele em que economicamente seja mais relevante e como forma de se tornar o procedimento de recuperação judicial mais eficiente, não considera simplesmente os interesses dos devedores, mas também dos diversos credores. A unificação de competência, ainda que os devedores sejam absolutamente independentes entre si, exigirá que o credor possa ser obrigado a se deslocar para lugar absolutamente diverso das principais contratações, o que poderá comprometer inclusive o princípio da participação ativa dos credores no feito.

Art. 69-H. Na hipótese de a documentação de cada devedor ser considerada adequada, apenas um administrador judicial será nomeado, observado o disposto na Seção III do Capítulo II desta Lei.

Administrador judicial

A pluralidade subjetiva no polo ativo, na hipótese de consolidação processual, é apenas medida de economia processual, mas não imprescindível. Assegura-se o litisconsórcio facultativo como mera alternativa para que os diversos empresários do mesmo grupo possam coordenar suas ações e reduzir custos comuns para a superação da crise econômica

Dentre esses custos comuns figura o administrador judicial.

Ainda que a remuneração do administrador judicial seja fixada com base no padrão de mercado, desde que submetida a limite de 5% do passivo sujeito à recuperação, a fiscalização de mais de um empresário não aumentará os honorários exatamente na mesma proporção, haja vista o aproveitamento de diversos atos, a possível proximidade fática, contábil e administrativa entre os diversos devedores.

A nomeação de um único profissional no processo, nesses termos, foi decorrente dessa possibilidade de maximização da eficiência da atividade e redução dos custos comuns.

Art. 69-I. A consolidação processual, prevista no art. 69-G desta Lei, acarreta a coordenação de atos processuais, garantida a independência dos devedores, dos seus ativos e dos seus passivos.

§ 1º Os devedores proporão meios de recuperação independentes e específicos para a composição de seus passivos, admitida a sua apresentação em plano único.

§ 2º Os credores de cada devedor deliberarão em assembleias gerais de credores independentes.

§ 3º Os quóruns de instalação e de deliberação das assembleias gerais de que trata o § 2º deste artigo serão verificados, exclusivamente, em referência aos credores de cada devedor, e serão elaboradas atas para cada um dos devedores.

§ 4º A consolidação processual não impede que alguns devedores obtenham a concessão da recuperação judicial e outros tenham a falência decretada.

§ 5º Na hipótese prevista no § 4º deste artigo, o processo será desmembrado em tantos processos quantos forem necessários.

Independência dos devedores na consolidação processual

Na consolidação processual, preenchidos os requisitos legais, o processo poderá ser promovido em conjunto pelos litisconsortes, embora os efeitos não necessitem ser unitários.

A autonomia da personalidade perante as sociedades do mesmo grupo garante que o credor possa aferir os riscos da contratação diretamente com base no patrimônio individual da contraparte, bem como assegura que eventual situação de crise de outra pessoa jurídica integrante do grupo não contamine as demais, eventualmente em situação financeira sadia.

Em virtude disso, na consolidação processual, as dívidas de todo o grupo ou das demais sociedades que o integram não devem ser consolidadas num quadro-geral de credores único, bem como não devem ser submetidas a um único plano de recuperação. A autonomia das personalidades jurídicas implica o tratamento diferenciado do risco contratado por cada um dos credores, os quais não podem ser assim igualados.

Como consequência da autonomia patrimonial, os planos devem ser separados para cada pessoa jurídica, ainda que integrem um único documento, e cada qual deverá ser votado por seus próprios credores, em Assembleia Geral de Credores que deverá ser instalada e ter quórum de deliberação conforme quórum obtido entre os credores de cada um dos empresários devedores.

O resultado da deliberação será apurado em face de cada uma das devedoras, de modo que é possível que um dos autores obtenha a concessão da recuperação judicial enquanto outro tenha a falência decretada[298]. Nessa hipótese, diante da impossibilidade de coordenação dos atos processuais, o processo será desmembrado em tantos quantos forem necessários.

Art. 69-J. O juiz poderá, de forma excepcional, independentemente da realização de assembleia geral, autorizar a consolidação substancial de ativos e passivos dos devedores integrantes do mesmo grupo econômico que estejam em recuperação judicial sob consolidação processual, apenas quando constatar a interconexão e a confusão entre ativos ou passivos dos devedores, de modo que não seja possível identificar a sua titularidade sem excessivo dispêndio de tempo ou de recursos, cumulativamente com a ocorrência de, no mínimo, 2 (duas) das seguintes hipóteses:

I – existência de garantias cruzadas;

II – relação de controle ou de dependência;

---

[298] Cf. CEREZETTI, Sheila C. Neder. Grupos de sociedades e recuperação judicial: o indispensável encontro entre direitos societário, processual e concursal. In: YARSHELL, Flávio Luiz; PEREIRA, Guilherme Setoguti J. (coord.). *Processo societário II*. São Paulo: Quartier Latin, 2015, p. 763.

III – identidade total ou parcial do quadro societário; e

IV – atuação conjunta no mercado entre os postulantes.

Consolidação substancial

A consolidação, seja a processual ou seja a substancial, é um dos instrumentos projetados pelo direito da insolvência para o tratamento da crise de grupos societários, que teriam se transformado na principal técnica de organização da empresa contemporânea[299]. A utilização de cada qual, porém, dependerá de determinadas circunstâncias específicas, especialmente, do nível de confusão patrimonial entre as sociedades do grupo e da maneira que se portam perante o mercado. É possível conceber circunstâncias em que a recuperação recomendaria uma reestruturação conjunta, mas autônoma entre os integrantes do grupo societário (consolidação processual) e outras, diversas, que demandariam, para a melhor tutela dos direitos dos credores, o enfrentamento unitário e interdependente da reestruturação de todas as sociedades (consolidação substancial).

Assim, situação diversa da consolidação processual ocorre no litisconsórcio necessário, chamado de consolidação substancial, se justifica quando, no interior do grupo, as diversas personalidades jurídicas não são preservadas como centros de interesses autônomos[300]. A disciplina do grupo societário não é respeitada por quaisquer dos seus integrantes, os quais atuam conjuntamente com confusão patrimonial, unidade de gestão e de empregados e com o prevalecimento de um interesse comum do grupo em detrimento dos interesses sociais das pessoas jurídicas que lhe integram.

A confusão patrimonial, a unidade de gestão e de empregados, bem como a atuação conjunta em prol de um interesse comum do grupo, em detrimento dos interesses de cada personalidade, podem ser reveladas, no caso concreto, nas circunstâncias de as sociedades integrantes do grupo possuírem um caixa único com pagamentos sem contrapartida, garantia cruzada entre seus integrantes, administrador único para todas as sociedades, semelhança ou identidade entre os sócios, atuação num mesmo ramo de atividade, utilização de bens das outras sociedades ou de empregados sem contraprestação, identificação perante os credores como grupo etc.[301].

A confusão entre os patrimônios e a desconsideração da autonomia de cada uma das sociedades poderão ser de tal monta que impeçam a aferição, sem grande dificuldade, do limite de responsabilidade e das obrigações de cada qual perante os terceiros. Ao não respeitarem em sua própria atuação o patrimônio separado ou a autonomia de cada uma das sociedades integrantes, nem seus

---

[299] MUNHOZ, Eduardo Secchi. *A empresa contemporânea e direito societário: poder de controle e grupos de sociedades.* São Paulo: Juarez de Oliveira, 2002.

[300] "A consolidação substancial só tem cabimento quando o fenômeno jurídico subjacente – o grupo – não corresponder à concorrência de pluralidade jurídica com unidade econômica, porque essa pluralidade jurídica é ineficaz ou inútil. Ou seja, quando as sociedades que integram o grupo não puderem ser materialmente identificadas como centros autônomos de imputação, ainda que formalmente se distingam umas das outras" (BORTOLINI, Pedro Rebello. *Recuperação judicial dos grupos de empresas [recurso eletrônico]: aspectos teóricos e práticos da consolidação processual e substancia.* Indaiatuba, SP: Foco, 2023, sem marcação de página).

[301] TJSP, 1ª Câmara Reservada de Direito Empresarial, AI 2014254-85.2016, rel. Des. Hamid Bdine, *DJ* 15-6-2016; TJSP, 1ª Câmara Reservada de Direito Empresarial, AI 2094959-07.2015.8.26.0000, rel. Des. Carlos Alberto Garbi, j. 5-10-2015.

respectivos interesses sociais, as sociedades se comportaram em desconsideração à personalidade jurídica de cada qual, como uma única sociedade, um único patrimônio, uma única coletividade.

Em face dos credores, caso perceptível a esses terceiros, essa atuação conjunta das pessoas jurídicas implica que, nas relações jurídicas celebradas, não houve a mensuração do risco de recebimento apenas em razão do patrimônio individual da contratante, mas sim de todo o grupo societário que atuava unido para a tutela de seus interesses comuns. Replicar a lógica da negociação realizada no mercado dentro da recuperação judicial seria forma de proteção dos interesses dos credores, na medida em que significa a manutenção, em certa medida, da análise econômica considerada pelas partes contratantes *ex ante*.

Diante desse "intransponível entrelaçamento negocial"[302] entre as sociedades, e de seu conhecimento pelos credores a ponto de mensurarem o risco de forma única para todo o grupo, e não apenas por integrarem grupo societário, cujas regras afinal foram desrespeitadas, deveria ser reconhecida excepcionalmente a chamada consolidação substancial, que é justamente a reprodução dessa atuação una, anteriormente existente na prática no processo de recuperação judicial. Implica o tratamento unificado das pessoas jurídicas integrantes do grupo.

A providência seria absolutamente excepcional, pois feriria a disciplina legal societária, que determinava a autonomia patrimonial dos devedores. Sua excepcionalidade, aferida caso a caso, contudo, é necessária para evitar mal maior, que seria o tratamento diverso dos credores em face de cada devedora respectiva, quando os próprios a consideraram, por ocasião da contratação, as devedoras como uma só. Somente quando haja uma interdependência dos devedores, com a desnaturação da autonomia patrimonial de cada ente e a publicidade dessa atuação única a ponto de assegurar que os credores tenham sopesado os riscos dessa identidade única por ocasião da contratação, é que se permitirá, excepcionalmente, a junção patrimonial e das obrigações dos devedores em face da coletividade de credores.

A alteração legal com a inclusão do art. 69-J, contudo, de forma criticável, caracteriza a possibilidade de consolidação excepcional em determinadas hipóteses, mas sem atenção à exigência de que haja necessário conhecimento pelos credores a respeito da confusão patrimonial dos devedores e de forma a se presumir que mensuração os respectivos riscos contratuais com base nesse conhecimento.

Desta forma, estabeleceu que a consolidação substancial deverá ser reconhecida pelo Juízo quando preenchidos, cumulativamente, os requisitos do *caput* do art. 69-J com, ao menos, dois daqueles listados nos incisos. Para enfrentar essa realidade, o art. 69-J estabelece requisitos para que se admita a consolidação substancial.

O primeiro deles seria de que as sociedades componham um mesmo grupo econômico. O termo é mais amplo do que o utilizado para a consolidação processual, que exige para o pedido conjunto que as devedoras integrem "grupo sob controle societário comum".

Sob a exigência de apenas um grupo econômico, as sociedades não precisam estar sob um grupo de direito, com uma convenção que regule os interesses de todos os integrantes. Bastaria um grupo de fato, sem a necessidade de uma convenção formal, e que seria caracterizado pela existência de sociedades controladoras, controladas ou coligadas.

Ainda que nos grupos de fato se exija a preservação do interesse de casa sociedade, sob pena de ser caracterizado conflito de interesses ou abuso de poder de controle, de modo a se exigir pagamento compensatório para a reparação dos danos causados, nos termos dos arts. 115, 245 e 246 da

---

[302] A expressão é do Desembargador Carlos Alberto Garbi em TJSP, 2ª Câmara Reservada de Direito Empresarial, AI 2094959-07.2015.8.26.0000, j. 5-10-2015.

Lei n. 6.404/76, reconhece a Lei n. 11.101/2005 a unificação patrimonial entre as diversas pessoas independentes como uma solução prática para minorar os prejuízos causados pela confusão patrimonial indissociável e possibilidade de superação da crise econômico-financeira que acomete o grupo.

Pela não exigência de grupo sob controle societário comum, além dos grupos de subordinação, em que as sociedades ficam subordinadas a um controle de uma outra ou de outras sociedades[303], bastaria para a consolidação substancial a presença de grupos de coordenação. Mesmo que não haja controle, esses grupos se caracterizam pela colaboração entre os diversos integrantes, os quais se coordenam para uma direção unitária e o desenvolvimento de uma atividade comum em proveito de todos os integrantes[304].

Bastaria que as sociedades tenham entre si uma influência significativa a ponto de participarem nas decisões das políticas financeira ou operacional da investida. A caracterização abrangente do termo "grupo econômico" pretende exigir a caracterização das diversas pessoas em torno de um único propósito. Independentemente de qualquer participação societária que assegurasse o controle ou a convenção entre as pessoas, elas se associam, com unidade de direção, para combinar recursos e esforços para a realização de um empreendimento comum, com o desenvolvimento de uma atividade única[305].

O segundo requisito exigido é que as pessoas estejam em consolidação processual. O requisito de unificação das relações obrigacionais e dos ativos dos diversos devedores pressupõe que os devedores tenham requerido a recuperação judicial em litisconsórcio e estejam submetidos ao procedimento recuperacional[306].

Pela norma, há uma especificação da consolidação substancial à processual. Ainda que os efeitos da consolidação substancial sejam absolutamente diversos dos efeitos da consolidação processual, a presença do referido litisconsórcio no processo é um passo anterior e imprescindível. A despeito da diferenciação e da exigência de tratamento excepcional, com determinação judicial justificada, "a análise dos processos de primeira instância demonstra que a consolidação substancial, ainda que reconhecidamente distinta da processual, em geral, por inércia dos envolvidos, desta decorre de maneira quase automática"[307].

A exigência de requerimento de consolidação processual não impede, contudo, como se pretende, a determinação de exigência do litisconsórcio necessário, abaixo tratado. Se é requisito para a consolidação substancial o requerimento das pessoas da recuperação judicial em consolidação processual, o requerimento apenas de parte dessas sociedades não basta. Além dos demais requisitos legais, todas as sociedades envolvidas na confusão patrimonial e que desempenham a

---

[303] MUNHOZ, Eduardo Secchi. *Empresa contemporânea e direito societário*. São Paulo: Juarez de Oliveira, 2002, p. 116.

[304] MUNHOZ, Eduardo Secchi. *Empresa contemporânea e direito societário*. São Paulo: Juarez de Oliveira, 2002, p. 117.

[305] SCALZILLI, João Pedro; SPINELLI, Luis Felipe; TELLECHEA, Rodrigo. *Recuperação de empresas e falência: teoria e prática na Lei 11.101/2005*. 3. ed. rev., atual. e ampl. São Paulo: Almedina, 2018, p. 337.

[306] TJSP, 2ª Câmara Reservada de Direito Empresarial, AI 2041079-66.2016.8.26.0000, rel. Des. Carlos Alberto Garbi, j. 31-10-2016; TJSP, 1ª Câmara Reservada de Direito Empresarial, AI 2032440-88. 2018.8.26.0000; rel. Des. Fortes Barbosa, 4ª Vara Cível de São Bernardo do Campo, j. 20-6-2018.

[307] CEREZZETI, Sheila Neder; SATIRO, Francisco. A silenciosa "consolidação" da consolidação substancial: resultados de pesquisa empírica sobre recuperação judicial de grupos empresariais. *Revista do Advogado*, v. 36, n. 131, p. 216-223, out. 2016.

atividade comum deverão fazer parte do pedido, sob pena de a devedora escolher apenas os ativos e os passivos que se submeterão ao procedimento[308].

Exige-se, ainda, a constatação da interconexão e da confusão entre ativos ou passivos dos devedores, de modo que não seja possível identificar a sua titularidade sem excessivo dispêndio de tempo ou de recursos. A exigência evidencia que a consolidação substancial se justifica nas hipóteses de embaralhamento grave entre as sociedades devedoras, de modo que seja inviável identificar, com clareza, as responsabilidades e obrigações de cada qual.

Como a norma não tem termos inúteis, a interconexão não se confunde com a confusão. Pela interconexão, haveria a existência de relações jurídicas entre as diversas sociedades do grupo, as quais contrairiam obrigações ou se beneficiariam do ativo de outras[309].

Pelo Código Civil, a confusão patrimonial foi conceituada a partir do art. 50, § 2º. Pelo dispositivo legal, a confusão patrimonial pode ser caracterizada pela ausência de separação de fato entre os patrimônios, o que ocorreria por meio do cumprimento repetitivo de obrigações dos integrantes, transferência de ativos ou de passivos sem efetivas contraprestações.

Essa interconexão e confusão indissociável entre ativos ocorre nas hipóteses de caixa único entre as diversas pessoas, administração comum, cessão de empregados sem contraprestação, utilização de ativos de pessoa diversa para a prestação de atividade em benefício do grupo, contratação de obrigações em benefício de sociedade diversa etc.[310].

A interconexão e confusão apenas não bastam. Caso os ativos e passivos de cada um dos devedores possam ser identificáveis, ainda que por meio de perícia, a consolidação substancial deverá ser evitada. Sua admissão somente ocorre por uma solução prática de se tornar possível a pretensão de recuperação judicial do grupo como um todo quando o tratamento individualizado de cada uma das pessoas se tornar na prática impossível de ser realizado, seja por conta do dispêndio excessivo de tempo, seja pelo excessivo dispêndio de dinheiro para que a diferenciação fosse realizada.

Por fim, exige-se a ocorrência de, no mínimo, duas condições, cumulativas, dentre as quais: a existência de garantias cruzadas; relação de controle ou de dependência; identidade total ou parcial do quadro societário; e atuação conjunta no mercado entre os postulantes. Pode-se, assim, pela redação estrita da lei, aceitar uma consolidação substancial sem que haja qualquer conhecimento da confusão patrimonial pelos credores e diante de uma simples existência de um grupo societário com relação de controle e identidade de sócios, o que afronta a legítima expectativa dos credores.

A norma legal, todavia, deve ser interpretada.

A mera existência de garantias cruzadas pode evidenciar simplesmente maior diligência entre os credores, assim como a existência do grupo e da identidade do quadro societário é absolutamente irrelevante isoladamente para que haja a unificação.

A consolidação substancial apenas se justifica diante de uma análise casuística, a depender das circunstâncias fáticas não apenas dos devedores, mas das relações jurídicas celebradas com os respectivos credores. Para além do grupo societário e da confusão patrimonial, circunstâncias de controle absoluto pelos devedores, é imprescindível que os diversos elementos do caso revelem que

---

[308] Conferir tópico sobre litisconsórcio necessário.

[309] MUNHOZ, Eduardo Secchi. Consolidação processual e substancial. *Revista do Advogado*, São Paulo, n. 150, jun. 2021, p. 28.

[310] TJSP, AI 2107166-96.2019.8.26.0000, rel. Des. Fortes Barbosa, 1ª Câmara Reservada de Direito Empresarial, 1ª Vara Cível de Cotia, j. 17-7-2019.

essa confusão patrimonial entre os devedores seja de conhecimento dos credores a ponto de se presumir que houve mensuração dos respectivos riscos contratuais com base nesse conhecimento.

O tratamento único conferido aos devedores, com a unificação da coletividade de credores, apenas se justifica se a solução diversa, que é a regra geral, ou seja, a consideração de cada qual como credor de cada devedor respectivamente nos termos do contrato, implicar uma situação de tratamento manifestamente injusto. A consideração do grupo como um todo pelos credores faria com que a solução judicial diversa, com tratamento individual a cada um dos devedores, em relação aos seus respectivos credores, provocasse uma inversão dos riscos pelos credores contratados, em prejuízo da própria coletividade de credores[311].

A consolidação substancial implica a apresentação de plano unitário e do tratamento igualitário entre os credores componentes de cada classe, ainda que de diferentes pessoas jurídicas integrantes do grupo. Por consequência, a votação do referido plano será feita em único conclave de credores e haverá um único resultado, seja a aprovação ou a rejeição do plano, para todas as recuperandas em consolidação substancial.

Consolidação substancial obrigatória e consolidação substancial voluntária

A consolidação substancial é medida excepcional. Não é decorrência natural do litisconsórcio ativo e com a consolidação processual não se confunde[312]. A unificação do tratamento entre os litisconsortes exige decisão judicial e a demonstração de que presente a situação excepcional de não respeito à autonomia das personalidades jurídicas das sociedades integrantes do grupo, o que deve ser avaliado no caso a caso.

Apenas quando presente a demonstração dessa disfunção das personalidades jurídicas é que o Magistrado deverá determinar, de ofício ou mediante requerimento dos interessados, a consolidação substancial, tratamento unificado dos ativos e passivos de todas as sociedades integrantes do grupo[313].

Não há possibilidade ou discricionariedade jurisdicional, mas poder dever. A desconsideração da autonomia patrimonial pelos devedores e sua consideração pelos credores implicam procedimento unificado de apresentação do plano, lista de credores única, deliberação única dos credores em face de todo o grupo, com quórum unificado.

Nessas hipóteses de confusão, a consolidação substancial é obrigatória pelo Juízo e não pode ser disponível às partes, haja vista que versa sobre quórum e, nesse aspecto, o credor poderá ter comportamento estratégico em face de um outro determinado credor que poderá ser prejudicado.

Nada impede, por outro lado, que consolidação substancial seja deliberada pelos credores. Ainda que ausentes os critérios da disfunção das personalidades jurídicas, como acima especifica-

---

[311] Em sentido semelhante, conferir CEREZETTI, Sheila C. Neder. Grupos de Sociedades e Recuperação Judicial: o Indispensável Encontro entre Direitos Societário, Processual e Concursal. In: YARSHELL, Flávio Luiz; PEREIRA, Guilherme Setoguti. *Processo Societário*. Volume II. São Paulo: Quartier Latin, 2015.

[312] Cf. CEREZETTI, Sheila Neder; SATIRO, Francisco. A silenciosa "consolidação" da consolidação substancial. *Revista do Advogado*, São Paulo, ano XXXVI, n. 131, out. 2016, p. 216.

[313] Em sentido contrário, em que, independentemente do entrelaçamento das personalidades jurídicas dos integrantes do grupo empresarial, seria exigida deliberação dos credores de cada sociedade para a consolidação substancial, TJSP, 2ª Câmara Reservada de Direito Empresarial, AI 2123667-67.2015, rel. Des. Fábio Tabosa, j. 16-11-2015; STJ, Medida Cautelar 23282, rel. Min. Raul Araújo, j. 18-11-2014.

dos, os devedores poderão pretender a unificação dos ativos e passivos dos litisconsortes. Como qualquer outro meio de recuperação judicial proposto no plano de recuperação judicial, deverão os credores aceitar por deliberação assemblear dos credores de cada um dos litisconsortes, mediante a aprovação por quórum qualificado (art. 45). Trata-se de consolidação substancial voluntária, em que não há a confusão imprescindível para sua imposição obrigatória pelo Juízo, mas em que os credores voluntariamente concordaram com o referido tratamento.

Litisconsórcio necessário

Nessa hipótese de consolidação substancial, há verdadeiro litisconsórcio necessário (art. 114 do CPC) a exigir o pedido conjunto de recuperação judicial por todos os empresários integrantes desse grupo, desde que haja a confusão entre todos e o conhecimento pelos terceiros contratantes da referida situação.

Ainda que a consolidação substancial possa ser determinada pelo Juízo em face dos devedores integrantes do mesmo grupo econômico que estejam em recuperação judicial sob consolidação processual, pelo art. 69-J, e se determine, no art. 69-G, que trata da consolidação processual, a necessidade de requerimento dos devedores, não há discricionariedade para se escolher qual pessoa ingressará ou qual não fará parte do pedido de recuperação judicial em consolidação substancial. Diante do litisconsórcio necessário, ou há o ingresso de todos os integrantes do grupo sob confusão, ou a ausência dos ativos e passivos implicará a extinção do processo de recuperação judicial.

Conforme a própria LREF dispõe em seu art. 189, aplicam-se aos seus procedimentos as normas do Código de Processo Civil, desde que não sejam incompatíveis com os princípios da LREF. Dessa forma, utiliza-se o conceito e as normas do litisconsórcio ativo necessário determinado no art. 114 do Código de Processo Civil para a constatação da obrigatoriedade do ingresso de todos os integrantes do grupo sob confusão patrimonial indissociável[314].

Trata-se de medida absolutamente excepcional e decorrente de uma disfunção apresentada pelo próprio grupo econômico ao não cumprir as normas societárias que lhe garantiam a autonomia jurídica e patrimonial dos seus integrantes, que deveriam ter interesses autônomos entre si, nos termos da Lei n. 6.404/76.

A autonomia patrimonial decorrente das personalidades jurídicas distintas é desconsiderada pelo próprio grupo societário, que trata as diversas integrantes como conjunto de ativos e passivos, simplesmente, e não como sujeito independente de direitos. Corrobora tal disposição o fundamento de que a recuperanda não pode escolher os ativos e o passivo que se sujeitarão à recuperação judicial, nos termos do art. 49 e do art. 53 da Lei n. 11.101/2005, de forma que não poderá, logicamente, escolher as pessoas jurídicas com confusão patrimonial que ficarão fora do procedimento de recuperação judicial.

Diante da confusão patrimonial indissociável, o passivo e o ativo de todos os integrantes do grupo devem ser tratados como uma totalidade. A reestruturação de um dos integrantes do grupo depende da reestruturação dos demais, visto que a separação das personalidades, não realizada pelos devedores ou pelos credores no momento da contratação, causaria prejuízos a ambos. Se o ingresso de apenas parte do grupo prejudicaria a possibilidade de preservação da atividade empre-

---

[314] Nesse sentido: TJSP, AI n. 2146244-63.2020.8.26.0000, 1ª Câmara Reservada de Direito Empresarial, rel. Des. Cesar Ciampolini, j. 29-9-2020; TJSP, AI n. 2172093-71.2019.8.26.0000, 2ª Câmara Reservada de Direito Empresarial, rel. Des. Mauricio Pessoa, j. 30-1-2020; TJSP, AI n. 2050662-70.2019.8.26.0000, 1ª Câmara Reservada de Direito Empresarial, rel. Des. Cesar Ciampolini, j. 8-8-2023.

sarial do grupo como um todo, haja vista que os ativos e passivos entre as diversas personalidades jurídicas são indissociáveis, também haveria o tratamento diferenciado entre os credores que contrataram formalmente com uma das pessoas jurídicas que se submeteu ao procedimento de recuperação judicial em relação a outros que contrataram com as demais, haja vista que ambos assumiram o mesmo risco patrimonial em face de um conjunto único.

Como litisconsórcio necessário, todas as sociedades integrantes do grupo deverão integrar a relação processual, sob pena de nulidade (art. 115 do CPC), e a competência deverá ser fixada para o processamento do pedido de recuperação judicial no local do principal estabelecimento de todo o grupo (art. 3º)[315], o que passou a ser consagrado pela aplicação supletiva das normas da consolidação processual, nos termos do art. 69-G, § 3º.

Como consequência do litisconsórcio necessário, deve-se determinar o ingresso da pessoa jurídica que ficou fora do procedimento, sob pena de indeferimento da decisão de processamento da recuperação judicial para o restante do grupo societário[316].

Contudo, não caberá litisconsórcio necessário para aquelas sociedades que possuem participação relevante entre si, mas que ainda sim preservem a autonomia de sua personalidade diante da falta de confusão de ativos e passivos de forma indissociável. Visto que essa autonomia garante que o credor possa aferir os riscos da contratação diretamente com base no capital social da contraparte, bem como assegura que eventual crise de outra pessoa jurídica integrante do grupo não contamine as demais. Assim, nesse caso, as dívidas de todo o grupo ou das demais sociedades que o integram não devem ser submetidas a um único plano de recuperação.

Art. 69-K. Em decorrência da consolidação substancial, ativos e passivos de devedores serão tratados como se pertencessem a um único devedor.

§ 1º A consolidação substancial acarretará a extinção imediata de garantias fidejussórias e de créditos detidos por um devedor em face de outro.

§ 2º A consolidação substancial não impactará a garantia real de nenhum credor, exceto mediante aprovação expressa do titular.

Lista única de credores para todo o grupo

O tratamento uno necessário à consolidação substancial implica equalização dos credores componentes de cada classe, ainda que de diferentes pessoas jurídicas integrantes do grupo, numa

---

[315] Nesse sentido: TJSP, 1ª Câmara Reservada de Direito Empresarial, AI 0281187-66.2011, rel. Des. Pereira Calças, *DJ* 26-6-2012; TJSP, 1ª Câmara Reservada de Direito Empresarial, AI 990.10.007217-0, rel. Des. Elliot Akel, j. 23-11-2010; TJSP, 1ª Câmara Reservada de Direito Empresarial, AI 994.09.283035-5, rel. Des. Romeu Ricupero, *DJ* 6-4-2010; TJSP, 2ª Câmara de Direito Empresarial, AI 2048229-98.2016, rel. Des. Caio Marcelo Mendes de Oliveira, j. 15-8-2016.

[316] STJ, REsp 2.001.535/SP, rel. Min. Humberto Martins, rel. p/ acórdão Min. Nancy Andrighi, 3ª Turma, j. 27-8-2024; TJSP, 1ª Câmara de Direito Empresarial, AI 2050662-70.2019.8.26.0000, rel. Des. Cesar Ciampolini, *DJ* 7-8-2019; TJSP, 2ª Câmara de Direito Empresarial, AI 2172093-71.2019.8.26.0000, rel. Des. Maurício Pessoa, *DJ* 30-1-2020; TJSP, 1ª Câmara de Direito Empresarial, AI 2138841-43.2020.8.26.0000, rel. Des. Cesar Ciampolini, *DJ* 6-10-2020.

mesma lista de credores, até porque se revelaria impossível delimitar as responsabilidades individuais de cada uma das devedoras.

Diante da unificação da lista de credores para todo o grupo devedor, haverá a extinção das garantias fidejussórias e dos créditos detidos por um devedor em face do outro, porque todos são considerados como se fossem um só. As garantias reais, entretanto, não são afetada pela consolidação substancial, haja vista que o credor pode ser garantido pelo próprio devedor, a menos que haja renúncia expressa do credor titular.

Art. 69-L. Admitida a consolidação substancial, os devedores apresentarão plano unitário, que discriminará os meios de recuperação a serem empregados e será submetido a uma assembleia geral de credores para a qual serão convocados os credores dos devedores.

§ 1º As regras sobre deliberação e homologação previstas nesta Lei serão aplicadas à assembleia geral de credores a que se refere o *caput* deste artigo.

§ 2º A rejeição do plano unitário de que trata o *caput* deste artigo implicará a convolação da recuperação judicial em falência dos devedores sob consolidação substancial.

Plano único para todas as recuperandas e deliberação única pelos credores

Como consequência da consolidação substancial, além de o passivo ser tratado em lista única de credores, o ativo também deverá ser considerado como pertencente a todo o grupo, independentemente de sua titularidade formal.

Os meios de soerguimento da recuperação judicial devem ser previstos com especificidade para todo o grupo recuperando por meio de um plano unitário de recuperação judicial.

A votação do referido plano será feita em único conclave de credores, seja uma única Assembleia Geral de Credores, ou um modo alternativo de deliberação para todo o grupo sujeito. Como um único devedor e um conjunto unificado de credores, os quóruns tanto de instalação quanto de deliberação deverão ser analisados como único para todo o conjunto, de modo a se gerar um resultado harmônico para todo o grupo[317].

Obtido o quórum suficiente para a aprovação do plano de recuperação judicial, a todos os requerentes será concedida a recuperação judicial. Rejeitado o plano de recuperação, sem a apresentação de plano alternativo pelos credores, haverá a convolação em falência da recuperação judicial de todas as devedoras.

---

[317] Com a determinação de consolidação substancial em razão da unicidade de direção e relação de interdependência entre as empresas do grupo: TJSP, 1ª Câmara Reservada de Direito Empresarial, AI 2215135-49.2014.8.26.0000, rel. Des. Teixeira Leite, j. 25-3-2015; TJSP, 2ª Câmara Reservada de Direito Empresarial, AI 2116130-54.2014.8.26.0000, rel. Des. Tasso Duarte de Melo, j. 13-11-2014.

Seção V
Do Plano de Recuperação Judicial para Microempresas e Empresas de Pequeno Porte

Art. 70. As pessoas de que trata o art. 1º desta Lei e que se incluam nos conceitos de microempresa ou empresa de pequeno porte, nos termos da legislação vigente, sujeitam-se às normas deste Capítulo.

§ 1º As microempresas e as empresas de pequeno porte, conforme definidas em lei, poderão apresentar plano especial de recuperação judicial, desde que afirmem sua intenção de fazê-lo na petição inicial de que trata o art. 51 desta Lei.

§ 2º Os credores não atingidos pelo plano especial não terão seus créditos habilitados na recuperação judicial.

Recuperação judicial de ME e EPP

A Constituição Federal, em seu art. 170, IX, determinou que a ordem econômica seria baseada no princípio de tratamento favorecido para as empresas de pequeno porte. Esse tratamento favorecido seria ainda mais imprescindível quando esses empresários fossem acometidos por crise econômico-financeira que lhes comprometeria seus já escassos recursos.

Em virtude do custo e da complexidade inerentes a um processo de recuperação judicial, a LREF facultou às Microempresas e Empresas de Pequeno Porte um procedimento mais simplificado e menos oneroso de recuperação judicial. Embora o procedimento especial de recuperação judicial apenas por estas possa ser requerido, nada impede que, diante das limitações existentes ao procedimento especial, as MEs e EPPs requeiram a recuperação judicial pelo procedimento ordinário.

Conceito de Microempresa e Empresa de Pequeno Porte

A Lei Complementar n. 123/2006, que criou o Estatuto Nacional de Microempresa e da Empresa de Pequeno Porte, definiu quais pessoas podem ser assim qualificadas. Nos termos do art. 3º dessa Lei Complementar, são consideradas microempresas a sociedade empresária, a sociedade simples, a empresa individual de responsabilidade limitada e o empresário individual, se estiverem devidamente registrados no registro competente e a receita bruta anual for igual ou inferior a R$ 360.000,00 para a microempresa e de R$ 360.000,00 a R$ 4.800.000,00 (alteração feita pela LC n. 155/2016)[318].

Para fins de falência e recuperação judicial, apenas os empresários são submetidos à Lei n. 11.101/2005 (art. 1º). Embora seja possível que se caracterizem como microempresas ou empresas de pequeno porte, a sociedade simples, não empresária, a Microempresa e a Empresa de Pequeno Porte precisão ser necessariamente empresárias para requererem a recuperação judicial, ou seja, precisarão exercer profissionalmente, de forma organizada, atividade econômica voltada à produção ou circulação de bens ou serviços.

---

[318] O art. 3º, § 4º, da Lei Complementar n. 123/2006 estabelece as hipóteses de exclusão da pessoa jurídica ao conceito de Microempresário ou Empresário de Pequeno Porte.

A descaracterização como ME ou EPP durante o curso do procedimento especial não afeta o rito processual. O momento para a apreciação das características para a adoção ou não do procedimento especial é a distribuição do pedido de recuperação, momento em que todos os requisitos deverão estar presentes.

Procedimento especial para a recuperação judicial

O procedimento especial será regulado pela Seção V, cujas normas especiais excepcionam o procedimento ordinário de recuperação judicial. No silêncio das normas do procedimento especial, aplicam-se supletivamente as normas do procedimento ordinário.

O procedimento especial de recuperação para ME e EPP deve ser requerido já na petição inicial de recuperação judicial. Em razão da aplicação supletiva das normas do procedimento ordinário, a petição inicial deverá ser instruída com os documentos requeridos pelo art. 51.

As Microempresas e Empresas de Pequeno Porte são dispensadas da manutenção de escrituração dos livros, com exceção do livro caixa (art. 26 da LC n. 123/2006). Dessa forma, no tocante às demonstrações contábeis relativas aos três últimos exercícios sociais, poderão apresentar livros e escrituração contábil simplificados (art. 51, § 2º).

Verificação de crédito

Estabeleceu o art. 70, § 2º, que apenas os credores submetidos ao plano de recuperação judicial deverão habilitar seus créditos na recuperação judicial pelo procedimento especial. A norma procurava esclarecer a diferença entre o procedimento especial, que se restringia inicialmente aos créditos quirografários, e o procedimento ordinário, que submetia todos os credores existentes até a distribuição do pedido; procurava evidenciar a ausência de efeitos aos credores não afetados pelo plano especial.

Com a alteração formulada pela Lei Complementar n. 147/2014, que alterou a redação do art. 71, e ampliou os créditos submetidos ao procedimento especial, o art. 70, § 2º, determina que deverão se habilitar todos os credores, exceto os titulares de créditos tributários, os titulares de créditos decorrentes de adiantamento de contrato de câmbio para exportação ou credores proprietários ou, por fim, os com créditos decorrentes de repasse de recursos oficiais (art. 71, I).

Art. 70-A. O produtor rural de que trata o § 3º do art. 48 desta Lei poderá apresentar plano especial de recuperação judicial, nos termos desta Seção, desde que o valor da causa não exceda a R$ 4.800.000,00 (quatro milhões e oitocentos mil reais).

Produtor rural de reduzido endividamento

De forma a incentivar a superação da crise pelo produtor rural, permitiu-se-lhe a adoção do procedimento especial de EPP e ME. Ao contrário dos Microempresários e Empresários de Pequeno Porte, a adoção do procedimento não seria decorrente de uma receita bruta anual reduzida e da necessidade que o empresário teria de reduzir suas despesas processuais.

Pela possibilidade conferida ao produtor rural, ainda que seu faturamento seja muito superior a esse, o produtor rural poderá optar pelo procedimento especial se o seu endividamento sujeito à recuperação judicial, parâmetro utilizado para a fixação do valor da causa, nos termos do art. 51, § 6º, for diminuto, de até R$ 4.800.000,00.

Art. 71. O plano especial de recuperação judicial será apresentado no prazo previsto no art. 53 desta Lei e limitar-se-á às seguintes condições:

I – abrangerá todos os créditos existentes na data do pedido, ainda que não vencidos, excetuados os decorrentes de repasse de recursos oficiais, os fiscais e os previstos nos §§ 3º e 4º do art. 49;

II – preverá parcelamento em até 36 (trinta e seis) parcelas mensais, iguais e sucessivas, acrescidas de juros equivalentes à taxa Sistema Especial de Liquidação e de Custódia – SELIC, podendo conter ainda a proposta de abatimento do valor das dívidas;

III – preverá o pagamento da 1ª (primeira) parcela no prazo máximo de 180 (cento e oitenta) dias, contado da distribuição do pedido de recuperação judicial;

IV – estabelecerá a necessidade de autorização do juiz, após ouvido o administrador judicial e o Comitê de Credores, para o devedor aumentar despesas ou contratar empregados.

Parágrafo único. O pedido de recuperação judicial com base em plano especial não acarreta a suspensão do curso da prescrição nem das ações e execuções por créditos não abrangidos pelo plano.

Credores abrangidos

O procedimento especial de recuperação judicial de ME e EPP apenas permitia, em sua redação original, a sujeição dos créditos quirografários existentes na data do pedido, vencidos ou vincendos. A restrição aos credores quirografários não permitia, na maioria dos casos, que o procedimento especial permitisse a superação da crise econômico-financeira das MEs e EPPs, cujos débitos poderiam não se limitar a esses credores. Como consequência, o procedimento era muito pouco utilizado, na prática, pelos empresários em crise.

A Lei Complementar n. 147/2014 alterou a redação original do art. 71, I, da LREF para aumentar a utilidade do procedimento especial. Permitiu-se que, com abrangência semelhante ao art. 49, todos os créditos existentes na data do pedido, ainda que não vencidos, fossem submetidos ao procedimento especial de recuperação judicial.

Excetuaram-se apenas os créditos fiscais. Embora os créditos fiscais sejam considerados quaisquer créditos que possam ser objeto de cobrança mediante execução fiscal, quer sejam tributários ou não, ou seja, qualquer crédito titularizado por pessoa jurídica de direito público, da administração direta ou indireta, sua exclusão não apenas é incompatível como os demais artigos da Lei n. 11.101/2005, como garante tratamento privilegiado desproporcional à medida da desigualdade entre os credores. Conforme já referido[319], a interpretação de créditos fiscais deverá ser a de créditos fiscais tributários. Os créditos fiscais não tributários permanecem submetidos ao plano de recuperação judicial.

Além dos créditos fiscais tributários, estão excluídos os créditos dos credores proprietários e os créditos decorrentes de adiantamentos de contrato de câmbio (art. 49, §§ 3º e 4º), além dos

---

[319] Cf. comentários ao art. 6º.

créditos em virtude de repasses de recursos oficiais. Os créditos referentes a repasses de recursos oficiais não são definidos com precisão pela legislação, mas devem compreender todos os créditos decorrentes de financiamentos realizados por instituição que administre recursos públicos, como Banco Nacional de Desenvolvimento Econômico e Social (BNDES), Conselho Nacional de Pesquisa, Desenvolvimento Científico e Tecnológico (CNPQ) etc.

Plano especial de recuperação judicial

Apresentados todos os documentos do art. 51 e presentes todos os demais requisitos legais, será deferido o processamento do pedido de recuperação judicial. A partir da publicação da decisão, o empresário devedor terá o prazo improrrogável de 60 dias para a apresentação do plano de recuperação judicial.

Nos termos do art. 53, o plano de recuperação judicial deverá conter a discriminação pormenorizada dos meios de recuperação a serem empregados, a demonstração da viabilidade econômica da empresa e deverá vir acompanhado do laudo econômico-financeiro e de avaliação dos bens e ativos do devedor.

Dentre os meios de recuperação a serem empregados pelo devedor para reestruturar sua atividade, estabeleceu a LREF que os credores deverão ser satisfeitos, independentemente da classe, em até 36 parcelas mensais, iguais e sucessivas. Ainda que o cumprimento das parcelas seja protraído por mais três anos, o período de fiscalização judicial, conforme definido no art. 61, será limitado ao período de dois anos após a concessão da recuperação judicial. Satisfeitas as prestações vencidas durante esse biênio legal, a recuperação judicial será encerrada, independentemente do pagamento do saldo remanescente[320].

Sobre as parcelas, para que se mantenha o valor dos créditos, incidirão juros equivalentes ao Sistema Especial de Liquidação e de Custódia (SELIC).

Pela Lei Complementar n. 147/2014 previu-se a possibilidade de esse pagamento ser realizado com deságio. Embora na redação original só houvesse a possibilidade de parcelamento, a alteração legislativa permitiu que o devedor propusesse abatimento do montante a ser pago, desde que o pagamento ocorresse em até 36 prestações mensais.

A Lei simplesmente impôs que a moratória não poderia ser realizada em mais do que 36 meses e que a condição de pagamento não fosse mais gravosa do que o fracionamento em 36 parcelas mensais e consecutivas. Nada impede, portanto, que os pagamentos sejam realizados em menos tempo ou em menos parcelas. Estabeleceu a LREF, entretanto, um fluxo contínuo, mensal, de pagamento, o qual não poderia ser alterado pelo devedor, em detrimento dos credores.

O primeiro pagamento deverá ocorrer no prazo máximo de 180 dias. A lei estabeleceu o termo *a quo* para sua contagem. O período de carência de 180 dias para o pagamento da primeira parcela inicia-se da distribuição do pedido de recuperação judicial e não da concessão da recuperação.

O plano de recuperação judicial pelo procedimento especial, outrossim, não pode dispensar a autorização judicial prévia para o devedor aumentar as despesas, ainda que seja em razão da contratação de empregados. Para aumento do passivo, é imprescindível a autorização judicial prévia, após a oitiva do administrador judicial e do Comitê de Credores, se existente.

---

[320] TJSP, 2ª Câmara Reservada de Direito Empresarial, AI 2098877-48.2017, rel. Des. Araldo Telles, j. 18-9-2017.

A exigência de autorização judicial prévia foi realizada em benefício dos credores. Dispensada a deliberação da Assembleia Geral de Credores para aprovação do plano de recuperação judicial no procedimento especial, os credores não terão oportunidade para discutir sobre nenhum aumento de despesa eventualmente previsto.

Essa limitação, entretanto, na prática, poderá engessar a dinâmica empresarial. Qualquer contratação realizada pelo empresário na condução de sua atividade e que possa gerar um aumento de seu passivo, pela redação literal do dispositivo, exigiria autorização judicial, o que tornaria a atividade empresarial impossível de ser praticada.

A tanto, a redação do dispositivo deverá ser interpretada como necessária à autorização judicial para aumento de despesas habituais ou permanentes e desde que ainda possam comprometer a capacidade de pagamento da devedora. A mera celebração de contratos não exige autorização, bem como poderia, pelo contrário, comprometer a atividade empresarial.

A finalidade da norma é proteger os credores, os quais poderiam ter o interesse ainda mais comprometido diante de um engessamento da atividade empresarial. Imprescindível, assim, a autorização judicial apenas quando a recuperanda contrair obrigações duradouras, que perdurem no tempo, mas desde que possam ser relevantes a comprometer os ativos da recuperanda.

Stay period no procedimento especial

Deferido o processamento da recuperação judicial, todas as ações e execuções em face do empresário em recuperação judicial deverão ficar suspensas, pelo prazo improrrogável de 180 dias[321].

Além das exceções previstas no art. 6º, também não se suspenderão as ações e execuções, e, consequentemente, o curso da prescrição, de todos os créditos não abrangidos pelo plano. Dessa forma, as ações ou execuções em razão de créditos tributários, dos credores proprietários titulares de créditos em virtude de adiantamento de contrato de câmbio, ou de credores titulares de créditos decorrentes de repasses de recursos oficiais prosseguirão normalmente.

Art. 72. Caso o devedor de que trata o art. 70 desta Lei opte pelo pedido de recuperação judicial com base no plano especial disciplinado nesta Seção, não será convocada assembleia-geral de credores para deliberar sobre o plano, e o juiz concederá a recuperação judicial se atendidas as demais exigências desta Lei.

Parágrafo único. O juiz também julgará improcedente o pedido de recuperação judicial e decretará a falência do devedor se houver objeções, nos termos do art. 55, de credores titulares de mais da metade de qualquer uma das classes de créditos previstos no art. 83, computados na forma do art. 45, todos desta Lei.

Procedimento especial e oposição de objeções ao plano de recuperação judicial

Um dos maiores custos no procedimento de recuperação judicial é a realização da Assembleia Geral de Credores. Além de onerosa a sua convocação, mediante publicação na imprensa

---

[321] Cf. comentários ao art. 6º.

oficial e jornais de circulação regional ou nacional (art. 191), poderá haver a necessidade de locação de espaço para sua realização, funcionários para a organização e segurança etc.

A simplificação do procedimento e menor onerosidade pretendidas à recuperação judicial das microempresas e empresas de pequeno porte exigiram que a convocação da AGC fosse suprimida.

No procedimento especial de recuperação judicial, apresentado o plano de recuperação, será publicado aviso aos credores sobre o recebimento do plano e será fixado o prazo de 30 dias para que os credores apresentem objeções (art. 53, parágrafo único). O prazo de 30 dias será iniciado da publicação do aviso de recebimento do plano de recuperação, desde que já tenha sido publicada a relação de credores apresentada pelo administrador judicial (art. 7º, § 2º). Caso não tenha sido, o prazo se inicia a partir dessa última publicação (art. 55).

Ao contrário do procedimento ordinário, a oposição de objeção não exigirá a convocação da AGC. Dispensada a Assembleia Geral de Credores, a recuperação judicial será concedida desde que não haja objeções ao plano de recuperação judicial de credores titulares de mais da metade dos créditos de cada uma das classes do art. 83.

O art. 72, nesse ponto, faz referência não às classes presentes da Assembleia Geral de Credores, conforme ordenado no art. 41, mas às classes de credores da falência. A falta de harmonia entre as classes da falência e as classes da AGC gera controvérsia na medida em que a maioria deve ser obtida em cada classe de credores da falência, mas a contagem deverá ser realizada conforme os votos de cada classe de Assembleia da recuperação judicial.

O cômputo da maioria, dessa forma, deverá ser realizado nos termos do art. 45. Desse modo, as classes dos credores titulares de créditos derivados da legislação do trabalho ou decorrentes de acidente de trabalho deverão ser computadas por cabeça. A maioria na classe dos credores titulares de garantia real, ou da classe dos créditos quirografários, com privilégio especial e privilégio geral, deverá ser computada por cabeça e por valor do crédito.

Não há indicação dos credores subquirografários. Contudo, eles deverão ser incluídos nessa terceira classe de credores, de modo que suas objeções deverão ser contadas por cabeça e por valor de crédito.

Os credores subordinados, por seu turno, nos termos do art. 83, são definidos como os créditos dos sócios ou dos administradores sem vínculo trabalhista, além dos assim definidos em lei. Os credores subordinados, então, se forem os sócios ou administradores, não poderão opor objeções diante de impedimento a eles aplicável pelo art. 43.

Somente se o credor for definido como subordinado pela própria lei e não for compreendido nos impedimentos do art. 43 é que poderá sua objeção ser computada. A maioria deverá ser obtida pelo valor do crédito e por cabeça.

Por fim, controvérsia existe sobre os credores microempresa e empresa de pequeno porte. Embora o art. 45 estabeleça classe própria a eles e determine que o cômputo de seu voto seja realizado por cabeça, na falência esses credores são considerados integrantes da classe dos credores privilegiados especiais, cujos votos são computados por cabeça e crédito dentro da mesma classe.

A melhor interpretação desse dispositivo parece ser que, como as classes de credores são determinadas, na redação do art. 72, pelo art. 83, os credores microempresa e empresas de pequeno porte deverão ser considerados apenas como credores com privilégio especial, cuja maioria, dessa forma, deverá ser computada por cabeça e crédito, nos termos do art. 41.

Caso as objeções superem a maioria dos credores e/ou dos créditos de cada uma das classes, a recuperação judicial não será concedida e o juiz decretará a falência do empresário. Por outro lado, ainda que haja objeções, desde que elas não superem a maioria dos credores ou dos créditos de cada classe, a depender da referida classe, o juiz deverá conceder a recuperação judicial.

Período de fiscalização judicial no procedimento especial

A LREF não estabeleceu o período de fiscalização para o procedimento especial de recuperação judicial.

À míngua de qualquer determinação, poderia se entender que o período de fiscalização deveria perdurar por ao menos 36 meses após a concessão da recuperação judicial, período em que o plano deveria ser cumprido[322]. A interpretação, contudo, deverá ser rejeitada.

Na falta de qualquer especificação, o art. 70 determina a aplicação supletiva das normas da recuperação judicial. Pelo art. 61, a recuperação judicial poderá ser encerrada após o período de dois anos da decisão de concessão, independentemente da previsão de obrigações vincendas, desde que as obrigações vencidas no período tenham sido adimplidas.

Ainda que haja a previsão de obrigações depois do período de 24 meses após a concessão da recuperação judicial, como ocorre no procedimento especial de recuperação judicial de EPP e ME, assim, o processo de recuperação judicial deverá ser encerrado no período de dois após a concessão, desde que todas as obrigações vencidas durante esse período tenham sido satisfeitas[323].

---

[322] ZANINI, Carlos Klein. Comentários ao art. 72. In: SOUZA JR., Francisco Satiro de; PITOMBO, Antônio Sérgio A. de Moraes (coord.). *Comentários à Lei de Recuperação de Empresas e Falência*. 2. ed. São Paulo: Revista dos Tribunais, 2007, p. 328.

[323] Nesse sentido, TJSP, 2ª Câmara Reservada de Direito Empresarial, AI 2098877-48.2017, rel. Des. Araldo Telles, j. 18-9-2017.

CAPÍTULO IV
DA CONVOLAÇÃO DA RECUPERAÇÃO JUDICIAL EM FALÊNCIA

Art. 73. O juiz decretará a falência durante o processo de recuperação judicial:

I – por deliberação da assembleia-geral de credores, na forma do art. 42 desta Lei;

II – pela não apresentação, pelo devedor, do plano de recuperação no prazo do art. 53 desta Lei;

III – quando não aplicado o disposto nos §§ 4º, 5º e 6º do art. 56 desta Lei, ou rejeitado o plano de recuperação judicial proposto pelos credores, nos termos do § 7º do art. 56 e do art. 58-A desta Lei;

IV – por descumprimento de qualquer obrigação assumida no plano de recuperação, na forma do § 1º do art. 61 desta Lei.

V – por descumprimento dos parcelamentos referidos no art. 68 desta Lei ou da transação prevista no art. 10-C da Lei n. 10.522, de 19 de julho de 2002; e

VI – quando identificado o esvaziamento patrimonial da devedora que implique liquidação substancial da empresa, em prejuízo de credores não sujeitos à recuperação judicial, inclusive as Fazendas Públicas.

§ 1º O disposto neste artigo não impede a decretação da falência por inadimplemento de obrigação não sujeita à recuperação judicial, nos termos dos incisos I ou II do *caput* do art. 94 desta Lei, ou por prática de ato previsto no inciso III do *caput* do art. 94 desta Lei.

§ 2º A hipótese prevista no inciso VI do *caput* deste artigo não implicará a invalidade ou a ineficácia dos atos, e o juiz determinará o bloqueio do produto de eventuais alienações e a devolução ao devedor dos valores já distribuídos, os quais ficarão à disposição do juízo.

§ 3º Considera-se substancial a liquidação quando não forem reservados bens, direitos ou projeção de fluxo de caixa futuro suficientes à manutenção da atividade econômica para fins de cumprimento de suas obrigações, facultada a realização de perícia específica para essa finalidade.

Convolação da recuperação judicial em falência

A LREF confere o instituto da recuperação judicial para permitir a preservação de atividades econômicas viáveis, conforme um consenso obtido entre credores e o devedor. Apenas as atividades economicamente viáveis asseguram benefício social, com a manutenção de postos de trabalho, circulação de riquezas, aumento da concorrência etc.

O desenvolvimento de atividade inviável pelo empresário devedor exige, por seu turno, a imediata retirada do agente econômico, via decretação da falência. A empresa inviável não permite a manutenção dos empregados, o pagamento dos tributos, a satisfação de seus credores e a circulação de produtos ou serviços. Sua preservação sem o atendimento de sua função social apenas impõe ônus exacerbado aos credores, os quais suportariam, sem nenhuma contrapartida, os prejuízos advindos dessa inviabilidade. A empresa inviável deverá ser retirada imediatamente do mercado, sob pena de aumentar o risco do crédito e prejudicar os diversos agentes econômicos.

Embora ao devedor cumpra privativamente a apresentação do plano de recuperação judicial com os diversos meios para superar a crise econômica que acomete a sua empresa, a Lei confere aos credores, exclusivamente, a apreciação da viabilidade econômica ou não do desenvolvimento da atividade empresarial nos parâmetros propostos pelo devedor.

Para garantir que essa negociação seja regularmente feita e para assegurar que a proposta seja cumprida, estabeleceu a LREF hipóteses taxativas de decretação da falência. As hipóteses de convolação em falência são determinadas taxativamente pela Lei, pois ou indicariam a inviabilidade econômica do devedor, ou assegurariam a este, conforme o parágrafo único do art. 73, o amplo contraditório e a possibilidade de dilação probatória para demonstrar fato impeditivo, modificativo ou extintivo do ato falimentar demonstrado pela parte autora do processo falimentar[1].

Deliberação dos credores

A primeira hipótese de convolação da recuperação judicial em falência decorre da deliberação pela falência do devedor tomada pela maioria dos créditos presentes na AGC.

Os credores, a qualquer momento na condução do processo de recuperação judicial, poderão deliberar pela decretação da falência do devedor. Não impõe a Lei nenhum requisito para motivar a deliberação. Entretanto, como essa deliberação ocorrerá em momento diverso da apreciação do plano de recuperação judicial, deverão os credores se fundar em irregularidades praticadas pelo devedor que justifiquem a inviabilidade do desenvolvimento de sua atividade empresarial.

Nos termos do art. 42, a que faz remissão o dispositivo legal, a deliberação deverá ocorrer por votos da maioria dos créditos presentes na Assembleia Geral, independentemente das classes.

Não apresentação do plano de recuperação judicial no prazo

Caso o devedor não apresente o plano de recuperação judicial no prazo de 60 dias após a publicação da decisão que deferiu o processamento da recuperação judicial (art. 53) terá a sua falência decretada.

Referido prazo é improrrogável. Apenas em situações excepcionalíssimas o juiz poderia dilatar esse prazo. Isso ocorreria na hipótese de recuperação extremamente complexa, ou em virtude de decisão interlocutória, entre o início do processamento da recuperação e a data de apresentação do plano, e que resulte em alteração dos parâmetros a serem utilizados pelo devedor, como exclusão ou inclusão de alguma pessoa jurídica integrante do grupo que requereu a recuperação judicial.

---

[1] No tocante à taxatividade das causas da convolação em falência: STJ, 4ª Turma, rel. Min. Luis Felipe Salomão, j. 6-4-2017; STJ, 4ª Turma, REsp 1.366.845/MG, rel. Min. Maria Isabel Gallotti, *DJ* 18-6-2015.

A falta de apresentação do plano tempestivamente nem sequer permite que os credores tenham conhecimento da proposta realizada. O impedimento ao início das negociações entre credores e devedor compromete o desenvolvimento regular do procedimento e evidencia que o devedor não tem condições de continuar a atuar no mercado e de satisfazer suas diversas obrigações.

A decretação da falência pelo descumprimento do prazo não exige provocação dos credores ou demais interessados. Por ser norma cogente e de ordem pública, o juiz pode, de ofício, reconhecer o descumprimento da obrigação do devedor e decretar-lhe imediatamente a falência.

Rejeição do plano pelos credores e não apresentação ou rejeição do plano alternativo

Ao deliberarem sobre o plano de recuperação judicial, os credores poderão rejeitar sua aprovação e a concessão da recuperação judicial.

O plano de recuperação judicial será considerado rejeitado se não for preenchido o quórum ordinário (art. 45) ou o quórum alternativo de aprovação do plano, conhecido por *cram down* (art. 58, § 1º). A não aprovação pelos credores do plano de recuperação judicial não mais provocará a decretação imediata da falência.

Com a inserção da possibilidade de apresentação de plano alternativo pelos credores, nos termos do art. 56, § 4º, o administrador judicial deverá submeter à votação da assembleia geral de credores a concessão de prazo de 30 dias para a apresentação por esses de plano de recuperação judicial.

Caso os credores não aprovem referida concessão de prazo, deverá ser convolada a recuperação judicial em falência.

Por seu turno, caso aprovem a concessão, o plano alternativo, que deve preencher os demais requisitos do art. 56, § 6º, deverá ser submetido a nova deliberação de credores e, caso não preenchido o quórum de aprovação, haverá a convolação da recuperação judicial em falência.

Argumentos favoráveis ao princípio da preservação da empresa ou de que a atividade empresarial seria viável economicamente, a despeito dos votos contrários dos credores, devem ser rejeitados. O princípio da preservação da empresa não é absoluto, nem poderá gerar assistencialismo.

A preservação da empresa ocorre tanto na recuperação judicial quanto na falência, de modo que a convolação nessa última não lhe afetaria.

Por outro lado, a função social da atividade econômica, com a manutenção de postos de trabalho, aumento da concorrência, redução dos preços ao consumidor, somente se produzirá se for economicamente eficiente. A análise sobre essa possibilidade de se tornar eficiente, conforme proposto pelo devedor no plano de recuperação judicial, foi atribuída exclusivamente aos credores, principais parceiros do devedor nessa condução, os que sofrerão os maiores riscos de uma decisão equivocada e que possuirão a maior quantidade e qualidade de informações para que profiram sua manifestação pelo voto em Assembleia.

O procedimento de recuperação judicial apenas procura assegurar um ambiente propício para que o devedor consiga negociar e obter um consenso com os seus credores sobre a melhor solução para que, juntos, superem a crise econômico-financeira que acomete o devedor. Ao Magistrado compete apenas verificar a regularidade do procedimento para que o plano possa ser apresentado pelo devedor e para que os credores possam manifestar, por meio do voto, sua concordância ou não à novação pretendida.

A não obtenção de aprovação do plano pela maioria qualificada dos credores não prejudica o princípio da preservação da empresa, apenas demonstra que a manutenção da atividade empresarial pelo empresário devedor é inviável economicamente.

Inviável economicamente a atividade desenvolvida pelo empresário em recuperação judicial, conforme aferição imposta pela Lei aos credores em Assembleia Geral, a falência deverá ser decretada, sob pena de ainda maior prejuízo ser causado aos credores, trabalhadores e ao mercado como um todo[2].

Seu reconhecimento pelos credores exige a imediata retirada do mercado do agente econômico devedor, com a possibilidade de alocação mais eficiente dos diversos recursos por ele utilizados e continuidade de manutenção da atividade empresarial por outro empresário que poderá adquirir os bens na liquidação, sob pena de se aumentar o risco de inadimplemento do mercado, em prejuízo de todos[3].

Descumprimento do plano de recuperação judicial aprovado

Durante o período de fiscalização judicial, o qual pode perdurar por dois anos após a concessão da recuperação judicial (art. 61), o descumprimento de qualquer obrigação vencida no período acarreta a convolação da recuperação judicial em falência.

O descumprimento é aferido no próprio processo de recuperação judicial, mediante a comunicação do credor ou do administrador judicial. A manifestação quanto ao descumprimento exige a conferência do direito de contraditório a ser realizado pelo devedor, que poderá justificar que a obrigação não é exigível, que o credor não cumpriu sua obrigação acessória para o recebimento, como a de comunicar a conta bancária diretamente à recuperanda, ou que efetivamente já satisfez a obrigação.

Caso seja demonstrado que não houve efetivamente a satisfação de obrigação vencida no período de fiscalização, a norma imperativa determina que o juiz deverá decretar a falência do devedor[4]. Não há óbice para sua decretação se o descumprimento do plano de recuperação, embora tenha ocorrido no prazo de dois anos, somente for apreciado posteriormente a esse período. Ainda que detectado após o período de dois anos de fiscalização judicial, desde que o descumprimento ocorra de obrigações vencidas no referido período, é possível a convolação em falência[5].

Decretação da falência por prática de ato falimentar ou descumprimento de obrigação não submetida à recuperação judicial

Os credores poderão requerer a falência do empresário devedor pelas obrigações inadimplidas não submetidas à recuperação judicial. A recuperação judicial do devedor não obsta o pedido de falência em razão de créditos extraconcursais não satisfeitos, como as obrigações contraídas

---

[2]   Para Cerezetti, a preservação da empresa deveria ser entendida por uma caracterização procedimental. Deveria ser atribuído conteúdo ao conceito por meio da identificação de um procedimento que procure preservar os diversos interesses abrangidos pela recuperação judicial (CEREZETTI, Sheila. Princípio da preservação da empresa. In: COELHO, Fábio Ulhoa (coord.). *Tratado de direito comercial*. v. 7. São Paulo: Saraiva, 2015, p. 34).

[3]   TJSP, 2ª Câmara Reservada de Direito Empresarial, AI 2232277-32.2015, rel. Des. Caio Marcelo Mendes de Oliveira, j. 13-6-2016.

[4]   Nesse sentido, TJSP, AI 2108885-50.2018, 1ª Câmara Reservada de Direito Empresarial, rel. Des. Hamid Bdine, j. 8-8-2018.

[5]   TJSP, 2ª Câmara Reservada de Direito Empresarial, Ap. 0199374-13.2008, rel. Des. Ricardo Negrão, j. 29-5-2017; TJSP, 2ª Câmara Reservada de Direito Empresarial, AI 2029205-84.2016, rel. Des. Campos Mello, j. 19-9-2016.

durante a recuperação judicial. Referidas obrigações não serão submetidas à novação da recuperação judicial e, portanto, deverão ser cumpridas sob pena de decretação da falência.

Além da não satisfação das referidas obrigações extraconcursais (art. 94, I e II), poderá ser decretada a falência do devedor na hipótese de demonstração de prática de ato falimentar (art. 94, III).

A falência, com base no parágrafo único do art. 73, contudo, não poderá ser reconhecida no próprio processo de recuperação, nem de ofício pelo juiz. O descumprimento dessas obrigações ou a prática de ato falimentar deverá ser deduzido pelo credor legitimado por processo autônomo, cuja distribuição ocorrerá por prevenção ao juiz da recuperação judicial (art. 6, § 8º), mas que exigirá todo o trâmite pelo procedimento dos arts. 94 e seguintes, com direito a amplo contraditório e dilação probatória se necessária[6].

Descumprimento dos parcelamentos tributários ou da transação tributária

Para que a recuperação judicial seja concedida, o crédito tributário deverá ser ou satisfeito, ou equalizado. As Fazendas Públicas e o INSS poderão deferir parcelamento tributário dos seus créditos para fins de recuperação judicial, nos termos do art. 68 da Lei n. 11.101/2005.

Nos termos do art. 10-A da Lei n. 10.522/2002, já comentado por ocasião da análise do art. 68, dessa Lei, será permitido parcelamento fiscal em até 120 prestações mensais e sucessivas, com percentuais crescentes.

Referido parcelamento será considerado descumprido, porém, se seis parcelas consecutivas ou nove parcelas alternadas estiverem com inadimplementos. A falta de pagamento de uma a cinco parcelas, se todas as demais estiverem pagas também será caso de descumprimento, assim como o esvaziamento patrimonial etc., o que permitirá a imediata exigibilidade do total do débito confessado e não pago, bem como a faculdade de a Fazenda Nacional requerer a convolação da recuperação judicial em falência.

Pela alteração na Lei n. 10.522/2002, também é admissível a transação fiscal para créditos tributários ou não tributários inscritos em dívida ativa da União para todos os empresários em recuperação judicial.

A rescisão da transação ocorrerá com a faltada de pagamento de seis parcelas consecutivas ou nove alternadas, ou a falta de pagamento de uma até cinco parcelas, conforme o caso, se todas as demais estiverem pagas.

O descumprimento dos parcelamentos fiscais ou da transação fiscal, conforme a Lei n. 10.522/2002 estabelece os requisitos para tal, exigirá a convolação pelo Juízo, inclusive de ofício, da recuperação judicial em falência, sem prejuízo de à Fazenda ser permitido o pedido de falência.

Esvaziamento patrimonial da devedora

A liquidação da devedora ou a venda integral de seus bens é novo meio de soerguimento expressamente previsto no art. 50, XVIII, da Lei n. 11.101/2005. Para que o referido meio de recuperação judicial possa ser aceito, entretanto, imprescindível que sejam garantidas aos credores não submetidos ou não aderentes condições pelo menos equivalentes àquelas que eles teriam na falência[7].

Se aprovado o plano de recuperação judicial com meio de liquidação do devedor e as condições mínimas de recebimento dos valores que seriam satisfeitos na falência não sejam confirmadas ou se deteriorarem, bem como se a venda de Unidades Produtivas Isoladas (art. 60) ou de

---

[6] Nesse sentido, TJSP, Câmara Reservada à Falência e Recuperação, AI 0414780-31.2010, rel. Des. Romeu Ricupero, j. 29-3-2011.

[7] Cf. comentários ao art. 50.

ativos não circulantes (art. 66) implicarem o esvaziamento patrimonial da devedora, sem a garantia dos referidos credores não sujeitos, o Juízo deverá convolar a recuperação judicial em falência.

O esvaziamento patrimonial pode não ser absolutamente evidente. Sua avaliação deverá ser casuística e apreciar se houve a majoração do risco de recebimento pelos credores não sujeitos à recuperação judicial em razão da liquidação substancial dos bens do devedor, sem assegurar o adimplemento desses, ou a reserva de bens, direitos ou projeção de fluxo de caixa futuro suficiente para o desenvolvimento da atividade e satisfação das obrigações não sujeitas à recuperação judicial.

Preservação dos atos de alienação

Ainda que haja a convolação em falência em virtude do esvaziamento patrimonial da devedora, os atos de alienação ou oneração de bens não são invalidados ou considerados ineficazes por essa razão.

A inserção do 73, § 2º, procura assegurar que não haja risco a ponto de comprometer as arrematações de bens e, por consequência, a própria satisfação dos créditos de todos os interessados. Por seu turno, a manutenção da validade e eficácia das alienações não prejudicará a coletividade de credores, mesmo dos não sujeitos.

Diante da liquidação substancial com esvaziamento patrimonial, o juiz deverá determinar o bloqueio dos recursos financeiros referentes ao produto das alienações e a devolução ao devedor dos valores repassados aos credores, os quais devem ficar à disposição do Juízo ou serem depositados em conta judicial.

Art. 74.
Na convolação da recuperação em falência, os atos de administração, endividamento, oneração ou alienação praticados durante a recuperação judicial presumem-se válidos, desde que realizados na forma desta Lei.

Efeitos da convolação sobre os atos praticados na recuperação

Convolada a recuperação judicial em falência, as obrigações do devedor serão reconstituídas nas condições originalmente contratadas, com a dedução dos valores eventualmente pagos durante a recuperação judicial (art. 61, § 2º). Trata-se do aperfeiçoamento da condição resolutiva e que implica a desconstituição da novação promovida pela concessão da recuperação judicial.

Embora a convolação reconstitua a situação original, com o retorno das obrigações ao *status quo ante*, esse retorno não poderá alterar os atos praticados durante a recuperação judicial e acarretar prejuízos a terceiros de boa-fé, que legitimamente contraíram direitos em face do empresário em recuperação judicial.

Os atos praticados durante a recuperação judicial consideram-se perfeitos, desde que realizados de modo regular, conforme os termos da Lei e do plano de recuperação judicial. A presunção de validade dos atos de administração, endividamento, oneração ou alienação poderá, entretanto, ceder caso demonstrado que os atos foram realizados em contrariedade à norma legal.

Caso contrário, a preservação dos atos como válidos e eficazes garante a proteção dos terceiros contratantes, os quais de boa-fé convencionaram com a recuperanda. Sua preservação estimula a contratação com o empresário em crise econômica. Outrossim, as obrigações contraídas após a distribuição do pedido de recuperação judicial são consideradas extraconcursais em caso de decretação de falência (art. 67).

CAPÍTULO V
DA FALÊNCIA

Seção I
Disposições Gerais

Art. 75. A falência, ao promover o afastamento do devedor de suas atividades, visa a:

I – preservar e a otimizar a utilização produtiva dos bens, dos ativos e dos recursos produtivos, inclusive os intangíveis, da empresa;

II – permitir a liquidação célere das empresas inviáveis, com vistas à realocação eficiente de recursos na economia; e

III – fomentar o empreendedorismo, inclusive por meio da viabilização do retorno célere do empreendedor falido à atividade econômica.

§ 1º O processo de falência atenderá aos princípios da celeridade e da economia processual, sem prejuízo do contraditório, da ampla defesa e dos demais princípios previstos na Lei n. 13.105, de 16 de março de 2015 (Código de Processo Civil).

§ 2º A falência é mecanismo de preservação de benefícios econômicos e sociais decorrentes da atividade empresarial, por meio da liquidação imediata do devedor e da rápida realocação útil de ativos na economia.

Princípios da falência

A falência era tradicionalmente vista como um modo de se excluir, do mercado, atividades empresariais inviáveis, de modo a se proteger o crédito. Concomitantemente, era concebida como meio de liquidação dos ativos do empresário devedor para assegurar o pagamento dos credores, conforme a ordem legal e a *par conditio creditorum*[1] – igualdade de tratamento dentro da classe.

A atual Lei Falimentar procurou alterar esse paradigma. O procedimento falimentar não visa apenas à retirada do empresário devedor do mercado, com a liquidação dos seus ativos para a satisfação dos credores. A falência passa a ser concebida como um modo de o exercício de a atividade se tornar mais eficiente, com a preservação da função social da empresa, agora apenas sob o comando de outro empresário arrematante dos bens na liquidação forçada.

---

[1] REQUIÃO, Rubens. *Curso de direito falimentar.* v. 1, n. 12. 17. ed. São Paulo: Saraiva, 1998, p. 25-17; MENDONÇA, Carvalho de. *Tratado de direito comercial brasileiro.* v. VII, n. 89. 7. ed. Rio de Janeiro: Freitas Bastos, 1964, p. 157.

Na redação do art. 75, I, ao se referir ao termo "empresa", a LREF o utiliza não tipicamente enquanto atividade, no perfil funcional predominante, mas em seu perfil objetivo na classificação de Asquini[2]. Nesse perfil, empresa é sinônimo de estabelecimento empresarial, ou conjunto de ativos utilizados pelo empresário para o desenvolvimento de sua atividade econômica.

Decretada a falência do empresário, determina o art. 75 que seu estabelecimento empresarial deverá ser preservado para otimizar a utilização produtiva dos bens, dos ativos e dos seus recursos produtivos, inclusive os intangíveis. Embora o devedor seja afastado da administração de seus bens, a conservação dos fatores de produção do devedor, sejam eles materiais ou imateriais, é imprescindível para se garantir que a empresa, agora sim em seu perfil funcional como atividade produtiva, também seja assegurada.

Ainda que a falência acarrete a interrupção do desenvolvimento da atividade, o princípio da preservação da empresa, não apenas como estabelecimento empresarial, mas também no perfil funcional, como atividade empresarial, deverá nortear todo o desenvolvimento do processo falimentar.

Nesse ponto, curial apontar que a recuperação judicial não é o único meio para se assegurar a preservação da empresa e, inclusive, caso a sua manutenção seja economicamente inviável, a continuidade do seu desenvolvimento pelo empresário em recuperação poderá comprometer a higidez do mercado, com o aumento do risco de inadimplemento das contratações, o fechamento de postos de trabalho, consumo ineficiente de matérias-primas etc.

Entendida como atividade econômica organizada e exercida profissionalmente, a empresa deverá ser preservada na recuperação judicial, desde que viável seu exercício pelo empresário devedor, ou na falência, em formato diverso[3].

Decerto que a falência acarreta o afastamento do empresário devedor da condução de sua atividade empresarial, a qual será cessada, com a arrecadação do conjunto de ativos pelo administrador judicial. Excepcionalmente apenas, nos casos em que a interrupção da atividade possa aumentar o passivo e reduzir o valor do ativo, poderá o Juiz Universal autorizar a continuação provisória da atividade do falido. A medida excepcional de não interrupção da atividade, entretanto, expressamente chamada provisória, ocorrerá até que os ativos possam ser liquidados, o que confirma a regra geral de interrupção.

Com o afastamento do devedor, procura-se assegurar a conservação dos bens e otimizar sua utilização produtiva para sua liquidação. A alienação em conjunto da maior quantidade dos bens produtivos, por outro lado, permitirá que o adquirente continue a desenvolver a atividade por meio do estabelecimento empresarial adquirido, a partir de então com maior eficiência, o que asseguraria a preservação da atividade empresarial e garantiria sua função social.

Por seu turno, a liquidação célere das empresas inviáveis, como inserido pela alteração legislativa expressamente, assegurará uma alocação mais eficiente dos recursos escassos por quem as adquirir, o que assegurará sua melhor utilização e maior aproveitamento.

---

[2] ASQUINI, Alberto. Profili dell'impresa. *Rivista del Diritto Commerciale*, Milano, 1943, v. 4, Primeira Parte, p. 1-20.

[3] Nesse sentido: TJSP, 1ª Câmara Reservada de Direito Empresarial, AI 2093698-07.2015, rel. Des. Pereira Calças, j. 16-12-2015.

Nesses termos, o próprio parecer do Senador Ramez Tebet esclarece esse intuito da legislação: "assim, é possível preservar uma empresa, ainda que haja a falência, desde que se logre aliená-la a outro empresário ou sociedade que continue sua atividade em bases eficientes"[4].

A maximização da utilização produtiva dos bens para sua liquidação e a obtenção de maior valor para a satisfação dos credores somente poderão ocorrer se o procedimento falimentar for célere. A celeridade processual já é concebida como direito fundamental pelo art. 5º, LXXVIII, da Constituição Federal, pelo qual se garante a todos a razoável duração do processo e os meios que garantam a celeridade de sua tramitação.

No âmbito do processo falimentar, o princípio da celeridade é ainda mais marcante. A celeridade na arrecadação do ativo permite sua imediata conservação pelo administrador judicial, assim como a pronta liquidação permitirá que o bem não se desvalorize. Ambos resultarão não apenas na manutenção da utilidade produtiva dos ativos para que a atividade empresarial possa ser desenvolvida pelo adquirente, como também no maior valor a ser obtido para a satisfação dos diversos credores.

Ademais, a falência perde seu caráter punitivo. O risco é da essência do empresário, que faz do desenvolvimento da atividade econômica sua profissão. Natural que, diante do risco, seja exposto ao sucesso de sua atividade e, eventualmente, ao insucesso.

Para fomentar que o empresário continue a empreender, mesmo após fracassar anteriormente, o que é decorrente do risco e inerente à atividade empresarial, a falência é concebida como instituto pelo qual seus ativos serão liquidados para a satisfação dos seus credores, mas também como forma de o empresário retornar de forma célere ao mercado. A partir da extinção de suas obrigações pela liquidação de seus bens, o fomento ao empreendedorismo permitirá que o empresário se restabeleça e possa voltar a desenvolver sua atividade empresarial, em benefício de todos e do desenvolvimento econômico nacional.

Art. 76. O juízo da falência é indivisível e competente para conhecer todas as ações sobre bens, interesses e negócios do falido, ressalvadas as causas trabalhistas, fiscais e aquelas não reguladas nesta Lei em que o falido figurar como autor ou litisconsorte ativo.

Parágrafo único. Todas as ações, inclusive as excetuadas no *caput* deste artigo, terão prosseguimento com o administrador judicial, que deverá ser intimado para representar a massa falida, sob pena de nulidade do processo.

Juízo Universal da Falência

A falência é processo de execução coletiva, a que todos os credores do falido deverão ser submetidos para conseguirem obter a satisfação de seu crédito mediante a liquidação dos ativos do devedor.

A maximização do valor dos bens em liquidação e a igualdade de tratamento dos credores na satisfação dos referidos créditos somente poderão ocorrer se o juízo da falência for universal.

---

4   TEBET, Ramez. Relatório apresentado à Comissão de Assuntos Econômicos sobre o PLC n. 71, de 2003. In: MACHADO, Rubens Approbato (coord.). *Comentários à nova Lei de Falências e Recuperação de Empresas.* 2. ed. São Paulo: Quartier Latin, 2007, p. 394.

Princípio indicado no art. 126 da LREF, a universalidade desponta de todo o sistema falimentar e assegura que seus regramentos possam ser cumpridos.

Por universalidade, entende-se que o juízo falimentar será o único competente à arrecadação de todos os bens e à suspensão das execuções individuais (art. 6º) para assegurar que os credores se submetam ao procedimento falimentar e sejam classificados e satisfeitos conforme a natureza de suas obrigações. O Juiz Universal será o único competente para apreciar todas as questões materiais para liquidar os bens da Massa e o único competente para realizar o pagamento da coletividade dos credores, o que torna possível a satisfação conforme a ordem legal de preferência de pagamento entre as classes e a garantia de que os credores serão tratados de forma idêntica aos demais de suas classes, o princípio da *par conditio creditorum*.

Em virtude dessa universalidade, decretada a falência, mesmo que haja penhora anterior realizada no juízo em que tramita a execução individual, a execução não poderá prosseguir. Os ativos da Massa Falida não poderão ser atingidos por decisões proferidas por juízo diverso do Juízo Universal, único absolutamente competente para a realização dos atos de liquidação[5].

Indivisibilidade do Juízo Falimentar

Além de universal, o juízo será indivisível. Indivisível significa que o juízo falimentar será o único competente para conhecer as ações patrimoniais em face do falido. As ações promovidas pelo falido, em que ele figure no polo ativo processual, tramitarão normalmente nos respectivos juízos competentes, exceto se forem disciplinadas pela Lei Falimentar. Apenas as promovidas por terceiros em face do falido é que serão atraídas ao juízo falimentar.

A função básica da indivisibilidade é permitir maior celeridade à resolução dos conflitos de interesses e evitar o risco de decisões contraditórias[6]. A indivisibilidade garante a segurança jurídica de que os credores em igualdade de condições serão julgados da mesma forma e com atenção às peculiaridades daquele empresário devedor.

Essa indivisibilidade, entretanto, deve ser esclarecida.

As ações ilíquidas, entendidas como as ações de conhecimento em face do devedor, as quais não serão suspensas pela decretação da falência (art. 99, V), promovidas anteriormente à quebra, continuam a ser apreciadas pelo juízo a que originalmente distribuídas (art. 6º, § 1º). Não há *vis attractiva* do juízo falimentar em relação a essas ações, que permanecerão em trâmite nos juízos em que originalmente distribuídas, pois a Lei determina que apenas as ações em face do falido serão de competência do juízo falimentar, além de sua competência anterior já ter se perpetuado (art. 43 do CPC)[7].

---

5   STJ, 2ª Seção, CC 130.994/SP, rel. Min. Nancy Andrighi, j. 13-8-2014; STJ, 2ª Seção, EDcl no CC 104.879/GO, rel. Min. João Otávio de Noronha, j. 25-5-2011; TJSP, 1ª Câmara Reservada de Direito Empresarial, AI 0200518-89.2012, rel. Des. Pereira Calças, j. 2-10-2012.

6   A indivisibilidade procurava evitar o comportamento oportunista dos credores. Como explica Valverde, "para fugir à inspeção geral do juiz da falência, dos credores e do próprio devedor, atentos ao que se passava neste último, iam certos autores propor as suas ações duvidosas, senão temerárias, perante outro juiz, completamente alheio ao estado da falência, e aí conseguiam, pela complacência, ou negligência do síndico ou liquidatário, o que queriam. Quando os credores, ou o devedor sabiam da ação, já não havia muitas vezes remédio algum" (VALVERDE, Trajano de Miranda. *Comentários à Lei de Falência*. v. I. 4. ed. Rio de Janeiro: Forense, 1999, p. 141).

7   STJ, AgRg no REsp 1.471.615, Min. Marco Buzzi, *DJ* 24-9-2014; TJSP, 1ª Câmara Reservada de Direito Empresarial, AI 2262493-73.2015, rel. Des. Ênio Zuliani, j. 28-3-2016; TJSP, 1ª Câmara Re-

O raciocínio se aplicava, inclusive, se houvesse procedimento arbitral[8]. Como anteriormente era sustentado, o procedimento arbitral iniciado em face do devedor decretado falido prosseguiria regularmente, mesmo após a decretação da falência, em analogia à aplicação do art. 6, § 1º, da Lei n. 11.101/2005. Não havia impedimento à observância da convenção de arbitragem celebrada anteriormente, e o administrador judicial poderia praticar todos os atos regulares à conservação dos direitos da Massa Falida[9].

Com a nova redação do art. 6º, § 9º, o prosseguimento dos procedimentos arbitrais foi expresso no texto legal e o administrador judicial não pode recusar a eficácia da convenção de arbitragem.

Nesses processos, a Massa Falida deverá ser intimada na pessoa do administrador judicial, sob pena de nulidade dos atos praticados posteriormente à decretação da falência. Decretada esta, o administrador judicial tem a função de representar a Massa Falida de modo a preservar a coletividade de credores, seja nas ações submetidas ao Juízo Universal, seja nas ações não submetidas à avocação de competência e que tramitam nas varas de origem.

Todavia, a competência não era tão clara na hipótese de ações ilíquidas promovidas após a decretação da falência. Para uma primeira corrente, as ações de conhecimento promovidas após a decretação da falência deveriam ser atraídas ao juízo indivisível. A indivisibilidade ocorreria em face das ações sobre bens, interesses e negócios do falido, de modo que as ações distribuídas posteriormente à decretação da falência e em face do falido deveriam ao juízo indivisível ser remetidas[10].

Uma segunda corrente, entretanto, considerava que as ações ilíquidas promovidas em face do falido não seriam atraídas pelo juízo indivisível. O art. 76 deveria ser interpretado em conjunto com o art. 6º, § 1º. Nesse último, haveria exceção legal à indivisibilidade do juízo falimentar, e permitiria que as ações ilíquidas, mesmo as que forem distribuídas posteriormente à decretação da falência, prosseguissem no juízo competente, até a eventual definição do crédito líquido, conforme as regras gerais de competência[11].

Essa segunda corrente acabou por prevalecer na jurisprudência, que assentou, em julgamento de recurso repetitivo, a competência do Juízo não falimentar para a apreciação da demanda. Nesse aspecto, em caso envolvendo litisconsórcio passivo, assentou-se que "a competência para processar e julgar demandas cíveis com pedidos ilíquidos contra Massa Falida, quando em litisconsórcio passivo com pessoa jurídica de direito público, é do juízo cível no qual for proposta a ação de conhecimento, competente para julgar ações contra a Fazenda Pública, de acordo as respectivas normas de organização judiciária"[12].

---

servada de Direito Empresarial, AI 2103385-08.2015, rel. Des. Pereira Calças, j. 12-8-2015; TJSP, 1ª Câmara Reservada de Direito Empresarial, AI 2262493-73.2015, rel. Des. Ênio Zuliani, j. 28-3-2016.

[8] Conferir comentários ao art. 6º, § 9º.

[9] Nesse sentido: TJSP, Câmara Especial de Falências e Recuperações Judiciais, AI 531.020-4/3-00, rel. Des. Pereira Calças, j. 25-6-2008.

[10] Sobre esse posicionamento: TJSP, 19ª Câmara de Direito Privado, AI 7277146-1, rel. Des. Ricardo Negrão, j. 15-9-2008; TJSP, 1ª Câmara Reservada de Direito Empresarial, AI 2191275-19.2014, rel. Des. Pereira Calças, j. 25-11-2014; TJSP, Câmara Especial de Falências e Recuperações Judiciais, ED 5556.686-4/6-01, rel. Des. Pereira Calças, j. 28-5-2008.

[11] STJ, AgRg no REsp 1.471.615/SP, rel. Min. Marco Buzzi, j. 16-9-2014, *DJe* 24-9-2014.

[12] STJ, 1ª Seção, REsp 1.643.873/SP, rel. Min. Og Fernandes, j. 13-12-2017.

Essa interpretação jurisprudencial também foi consagrada ao se garantir a eficácia da convenção de arbitragem tanto na falência quanto na recuperação judicial[13]. Mesmo decretada a falência do devedor, os procedimentos arbitrais poderão ser instalados em face da Massa Falida, não sendo, portanto, de competência absoluta a apuração do Juízo indivisível falimentar.

Exceções ao juízo indivisível falimentar

Além das ações ilíquidas em face do falido, também não serão processadas perante o juízo falimentar as reclamações trabalhistas. A competência constitucional é delimitada pelo art. 114 da CF e reproduzida no art. 6º, § 2º, da LREF. As reclamações trabalhistas prosseguirão normalmente no juízo trabalhista até a apuração do respectivo crédito, o qual deverá ser inscrito no quadro-geral de credores da falência.

As execuções fiscais também não serão atraídas para a competência falimentar. As execuções fiscais prosseguirão no respectivo juízo, quer propostas antes ou depois da decretação da falência do devedor. Sem se desprender do que já anteriormente determinado no Código Tributário Nacional, que estabelecia que a cobrança do crédito tributário não se submetia ao concurso de credores ou à habilitação na falência, o art. 76 determina que as execuções fiscais permanecerão no juízo competente.

O prosseguimento da execução fiscal não permitirá, contudo, a satisfação do crédito independentemente dos demais credores. Imprescindível a inclusão do crédito fiscal no quadro-geral de credores, de modo a se manter a prioridade de tratamento entre as diversas classes de credores, bem como a igualdade de tratamento dos credores dentro de uma mesma classe. Dessa forma, poderá o exequente efetuar uma penhora no rosto dos autos do processo falimentar, o que acarretará a anotação do valor do crédito devido, ou, caso renuncie a essa faculdade legal, poderá o credor fiscal se habilitar diretamente no procedimento falimentar.

Exceção ao juízo indivisível ocorre, também, nas hipóteses de ações promovidas em face da Massa Falida pela União, autarquias e empresas públicas federais ou em que estas são interessadas. O art. 109, I, da Constituição Federal excetua a competência da justiça federal apenas para as ações falimentares. O entendimento quanto às referidas ações, contudo, é estrito e não em relação a todas as ações em face da Massa Falida. Apenas as ações com pedido de decretação da falência ou as ações disciplinadas pela própria legislação falimentar, caso tenham como partes ou interessados a União, suas autarquias federais ou empresas públicas, serão atraídas para o juízo falimentar.

Art. 77. A decretação da falência determina o vencimento antecipado das dívidas do devedor e dos sócios ilimitada e solidariamente responsáveis, com o abatimento proporcional dos juros, e converte todos os créditos em moeda estrangeira para a moeda do País, pelo câmbio do dia da decisão judicial, para todos os efeitos desta Lei.

Vencimento antecipado das obrigações

O art. 77 reproduz, quase de modo idêntico, o art. 25, *caput*, do Decreto-Lei n. 7.661/45[14]. Na falência, para que ocorra o tratamento isonômico dos credores, a decretação determina o vencimento

---

[13] Conferir comentários ao art. 6º, § 9º.

[14] Sobre o art. 25 do Decreto-Lei n. 7.661/45, com redação similar, versava Trajano de Miranda Valverde: "trata-se, pois, de uma regra, pode dizer-se, universal, cuja finalidade é assegurar a todos os

antecipado das obrigações do falido. O vencimento antecipado das obrigações permite a mensuração de todos os débitos existentes do falido em um momento único, o da decretação de sua quebra.

Essa equalização dos débitos na data da quebra assegura que os credores da mesma classe possam receber, proporcionalmente ao valor de cada crédito, o produto resultante da liquidação dos ativos de modo proporcional ao referido crédito. Isso porque, além de se saber efetivamente o valor de todos os créditos numa única data, incidirá correção monetária de modo idêntico sobre todos os créditos até a data do referido pagamento, mas com base no mesmo termo inicial.

Os créditos já vencidos à data da quebra deverão ser atualizados e corrigidos nos termos do contrato ou da Lei até a data da decretação da falência.

Em relação aos créditos que até então eram vincendos, a decretação da falência exige sua mensuração a valor presente por ocasião da quebra. O vencimento será antecipado e serão abatidos proporcionalmente os juros remuneratórios estabelecidos no contrato.

Os juros remuneratórios deverão ser descontados porque incidem sobre as prestações no tempo justamente para recompensar o credor pela indisponibilidade dos recursos até que o vencimento ocorra. Antecipado o vencimento para a decretação da falência, sua incidência sobre as prestações vincendas não se justifica em relação ao período posterior à quebra, de modo que deverá ser proporcionalmente em relação a essa data abatido.

A *par conditio creditorum* exige apenas o vencimento antecipado das obrigações do falido. No tocante aos seus créditos, não há justificativa para alterar a obrigação da contraparte. Os créditos do falido não se tornam antecipadamente vencidos em razão de sua falência e permanecem inalterados, na condição originariamente adquirida.

Conversão dos créditos em moeda estrangeira

Caso o crédito esteja em moeda estrangeira, seja vencido ou vincendo, a mensuração de seu montante será realizada pelo câmbio da data da decretação da quebra. Se vincendo, da mesma forma que em relação aos créditos em moeda corrente, a antecipação do vencimento ocorrerá com o desconto proporcional dos juros remuneratórios exigidos.

A conversão do crédito em moeda estrangeira por ocasião da falência estabelece regime diverso da recuperação judicial. Enquanto na recuperação judicial, os créditos em moeda estrangeira são mantidos como originalmente contratados, de modo que a obrigação permanece indexada à moeda escolhida (art. 50, § 2º) e a conversão é feita apenas para fins de voto na AGC (art. 38, parágrafo único), na falência todos os créditos em moeda estrangeira serão convertidos à data da quebra.

Nos créditos em moeda estrangeira, como a taxa de câmbio poderá variar ao longo do dia da decretação da falência, o juiz falimentar poderá determinar o parâmetro a ser utilizado, como a média do mercado naquela data[15]. A despeito de a média do dia refletir melhor o posicionamento legal, na prática esse cálculo poderá gerar morosidade e insegurança. De modo a facilitar sua apreensão pelos credores, a taxa de fechamento do dia da decretação da falência é medida de fácil compreensão por todos os credores e não gerará maiores cálculos pelos administradores judiciais, o que garante o princípio da celeridade imposto pela lei ao procedimento.

---

credores tratamento igual na insolvência ou na falência do devedor comum, evitando, por outro lado, as delongas e complicações que, no processo de liquidação do patrimônio onerado ou falido, acarretaria a manutenção do termo ou do prazo" (*Comentários à Lei de Falências*. v. 1. 4. ed. Rio de Janeiro: Forense, 1999, p. 221).

[15] A taxa média do dia é parâmetro indicado por Valverde (*Comentários*, v. 3, p. 130).

Art. 78. Os pedidos de falência estão sujeitos a distribuição obrigatória, respeitada a ordem de apresentação.

Parágrafo único. As ações que devam ser propostas no juízo da falência estão sujeitas a distribuição por dependência.

Distribuição dos pedidos de falência

Historicamente, permitia-se à parte a escolha, dentro do foro competente, a qual juízo seria endereçado o pedido de falência.

A partir do Decreto n. 5.746/1929, a escolha entre os diversos juízos competentes não era mais disponível às partes. Para que o procedimento falimentar tramitasse com regularidade, sem que a parte pudesse escolher o juiz que tivesse posicionamento mais correspondente ao necessário no seu processo, estabeleceu a legislação falimentar que o processo de falência deveria, nos foros em que há mais de um juízo competente, ser distribuídos. A distribuição entre os juízos garante que os processos sejam aleatoriamente designados a cada qual e de forma alternada, de modo a se garantir a igualdade não somente entre as partes, como entre a carga de trabalho atribuída a cada juízo.

Ainda que não prevista expressamente na Lei Falimentar a distribuição na hipótese de pedido autônomo de recuperação judicial, a distribuição obrigatória é estabelecida pelo Código de Processo Civil, o qual é aplicado supletivamente à LREF. Pelo art. 284 do Código de Processo Civil, todos os processos deverão ser distribuídos onde houver mais de um juiz.

Distribuída a falência, as ações reguladas pela LREF e cuja competência é do juízo falimentar, quer tenham sido promovidas pela Massa Falida ou em face desta, conforme art. 76, serão distribuídas por dependência[16]. O contrário, contudo, não é verdadeiro.

As ações ordinárias em face da Massa Falida não induzem a prevenção para esta. Eventual processo de execução individual anterior, ou medida cautelar antecedente, ou mesmo de pedido de recuperação extrajudicial não tornarão esse juízo prevento para o pedido de falência. Apenas tornam prevento a distribuição de pedido anterior de falência ou de recuperação judicial relativo ao mesmo devedor e desde que ainda não tenham sido extintos (art. 6, § 8º)[17].

Art. 79. Os processos de falência e os seus incidentes preferem a todos os outros na ordem dos feitos, em qualquer instância.

Preferência dos processos falimentares

A celeridade é princípio constitucional que deve orientar a condução de todos os processos judiciais. Sua importância no processo falimentar é ainda mais marcante. A celeridade no proce-

---

[16] Cf. comentários ao art. 76.

[17] Nesses termos: TJSP, Câmara Especial de Falências e Recuperações Judiciais, rel. Des. José Roberto Lino Machado, AI 531.557-4/3-00, j. 25-6-2008.

dimento falimentar assegura a maximização do valor de liquidação dos ativos, maior satisfação dos credores, melhores condições para a preservação da empresa com a aquisição de ativos de produção não deteriorados.

Essa importância determina que os processos falimentares receberão tratamento privilegiado na realização de seus atos processuais pelo Ofício Judicial. Tanto os processos principais quanto os diversos incidentes ou ações em razão dele atraídas receberão tratamento preferencial em relação aos demais processos em trâmite na primeira instância ou nas instâncias superiores.

Art. 80. Considerar-se-ão habilitados os créditos remanescentes da recuperação judicial, quando definitivamente incluídos no quadro-geral de credores, tendo prosseguimento as habilitações que estejam em curso.

Habilitações na hipótese de convolação em falência

Convolada a recuperação judicial do devedor em falência[18] (art. 73), a Lei determina que não será necessário refazer toda a verificação de créditos já realizada durante a recuperação judicial.

Os créditos cujas impugnações foram definitivamente julgadas ou os quais não foram objeto de divergência ou impugnação e cujos valores não foram integralmente satisfeitos durante a recuperação judicial, serão considerados habilitados na falência, com a dedução do montante que já foi pago. Ao referir-se aos créditos definitivamente incluídos no quadro-geral de credores, não exigiu a Lei que o quadro-geral de credores tenha sido homologado judicialmente, apenas que os créditos tenham sido definitivamente incluídos.

No tocante às habilitações retardatárias ou impugnações judiciais que estivessem em curso, elas prosseguiriam normalmente, com a verificação do crédito pretendido ou questionado.

Diante da semelhança do procedimento de cognição dos créditos tanto na recuperação judicial quanto na falência, a LREF procurou, com o dispositivo, criar uma preclusão. Os credores que não deduziram suas divergências administrativas ou impugnações judiciais durante a recuperação judicial não poderão deduzi-las caso haja a convolação em falência[19]. Para a celeridade do procedimento falimentar, seria desnecessário reabrir toda a fase de verificação de créditos novamente.

A preclusão quanto à discussão dos créditos, entretanto, não desobriga que se proceda à adequação desses créditos à falência. Os créditos deverão ser atualizados e corrigidos até a data da decretação da falência e não mais do pedido de recuperação judicial (art. 9º, II), bem como deverão ser deduzidas as quantias satisfeitas durante a recuperação judicial. Para tanto, o devedor

---

[18]   O artigo reproduz o dispositivo anteriormente revogado, art. 153 do Decreto-Lei n. 7.661/45, que estabelecia que "os credores anteriores à concordata, independentemente de nova declaração, concorrerão à falência pela importância total dos créditos admitidos, deduzidas as quantias que tiverem recebido na concordata (...)".

[19]   ANDRIGHI, Fátima Nancy. Comentários ao art. 80. In: CORRÊA-LIMA, Osmar Brina; CORRÊA LIMA, Sérgio Mourão (coord.). *Comentários à nova Lei de Falência e Recuperação de Empresas*. Rio de Janeiro: Forense, 2009, p. 518.

deverá apresentar, no prazo de cinco dias da decretação da falência, a lista com a relação nominal dos credores, com a natureza, importância, classificação dos créditos e endereço dos credores. Deverá ser apresentado, inclusive, os créditos contraídos durante a recuperação judicial e que serão classificados como extraconcursais.

Ainda que a verificação de crédito, com a chance de divergências administrativas e impugnações judiciais possa ocorrer, apenas será possível a discussão sobre as alterações promovidas em relação aos créditos considerados habilitados no procedimento de recuperação judicial. O art. 80 da LREF, ao consagrar a preclusão quanto aos créditos já definitivos da recuperação judicial, não permite que, com o reinício da fase de verificação de créditos, seja novamente reapreciada a natureza ou a importância dos créditos já definitivamente incluídos no QGC.

Art. 81. A decisão que decreta a falência da sociedade com sócios ilimitadamente responsáveis também acarreta a falência destes, que ficam sujeitos aos mesmos efeitos jurídicos produzidos em relação à sociedade falida e, por isso, deverão ser citados para apresentar contestação, se assim o desejarem.

§ 1º O disposto no *caput* deste artigo aplica-se ao sócio que tenha se retirado voluntariamente ou que tenha sido excluído da sociedade, há menos de 2 (dois) anos, quanto às dívidas existentes na data do arquivamento da alteração do contrato, no caso de não terem sido solvidas até a data da decretação da falência.

§ 2º As sociedades falidas serão representadas na falência por seus administradores ou liquidantes, os quais terão os mesmos direitos e, sob as mesmas penas, ficarão sujeitos às obrigações que cabem ao falido.

Extensão da falência

O art. 6º da Lei n. 2.024/1908 e, posteriormente, o art. 6º do Decreto 5.746/1929, que revogou o dispositivo legal anterior, estabeleciam que a falência da sociedade acarretava a de todos os sócios pessoal e solidariamente responsáveis. A redação dos dispositivos era semelhante àquela constante no art. 81 da LREF.

A doutrina do período já criticava os dispositivos. À época, sustentava-se que, como a pessoa jurídica não se confundia com a personalidade jurídica de seus sócios, as obrigações foram contraídas pela pessoa jurídica, de modo que os sócios responderiam apenas subsidiariamente em face desta pela satisfação das obrigações. Outrossim, criticava-se a decretação da falência por extensão porque os sócios, embora tivessem a falência decretada, ao não desenvolverem em nome próprio a atividade comercial, nem sequer podiam ser qualificados como comerciantes[20].

O art. 5º do Decreto-Lei n. 7.661/45, diante das críticas apresentadas, alterou o entendimento. Estabeleceu não mais a decretação da falência dos sócios, mas apenas sua submissão aos demais

---

[20] VALVERDE, Trajano de Miranda. *Comentários à Lei de Falências*. v. I. 2. ed. Rio de Janeiro: Forense, 1954, p. 77.

efeitos da falência[21]. Ainda que não fossem decretados falidos, os sócios solidariamente responsáveis tinham os bens arrecadados, os quais eram objeto de liquidação desde que os bens da sociedade não fossem suficientes para a satisfação de suas obrigações[22].

Na LREF, o art. 81 retornou ao sistema anterior ao do Decreto-Lei n. 7.661/45. Pelo dispositivo legal, a decretação da falência da sociedade implica a falência dos sócios ilimitadamente responsáveis, os quais deverão ser citados no pedido de falência para apresentarem contestação, se o desejarem[23].

São sócios ilimitadamente responsáveis o sócio comanditado, na sociedade em comandita simples, os sócios diretores, na sociedade em comandita por ações, os sócios da sociedade em nome coletivo e os sócios da sociedade em comum. A extensão da falência a esses sócios independe de qualquer demonstração de fraude ou confusão patrimonial. A mera existência de impontualidade injustificada, execução frustrada ou prática de ato falimentar e que enseje a decretação da falência do devedor implicará a falência de todos os seus sócios solidariamente responsáveis.

Além dos sócios atuais, a extensão também implicará a decretação da falência dos sócios que se retiraram voluntariamente ou que tenham sido excluídos da sociedade em dois anos da decretação. A decretação da falência desses sócios apenas ocorrerá se remanescerem dívidas da sociedade, existentes desde o arquivamento da alteração do contrato social que excluiu o sócio da sociedade, e não tiver sido ultrapassado o prazo de dois anos desse arquivamento. Isso porque, nos termos do art. 1.032 do Código Civil, a resolução da sociedade em relação a um sócio, qualquer que seja o motivo, não o exime da responsabilidade pelas obrigações anteriores, até dois anos após averbada a resolução da sociedade.

Presumiu o legislador, pela extensão da falência aos sócios ilimitadamente responsáveis, que eles não teriam condições de satisfazer as obrigações da sociedade falida. Como os sócios responderiam ilimitadamente pelas obrigações, o inadimplemento da sociedade, de forma injustificada,

---

[21] "Art. 5º Os sócios solidária e ilimitadamente responsáveis pelas obrigações sociais não são atingidos pela falência da sociedade, mas ficam sujeitos aos demais efeitos jurídicos que a sentença declaratória produza em relação à sociedade falida. Aos mesmos sócios, na falta de disposição especial desta lei, são extensivos todos os direitos e, sob as mesmas penas, todas as obrigações que cabem ao devedor ou falido.

Parágrafo único. O disposto neste artigo aplica-se ao sócio de responsabilidade solidária que há menos de dois anos se tenha despedido da sociedade, no caso de não terem sido solvidas, até a data da declaração da falência, as obrigações sociais existentes ao tempo da retirada. Não prevalecerá o preceito, se os credores tiverem consentido expressamente na retirada, feito novação, ou continuado a negociar com a sociedade, sob a mesma ou nova firma."

[22] BATALHA, Wilson de Souza Campos; BATALHA, Silvia Marina Labate. *Falências e concordatas*: comentários à Lei de Falências. São Paulo: LTr, 1991, p. 356-357.

[23] O artigo reproduz a disposição da legislação argentina, Lei n. 19.551/72, que, em seu art. 164, estabelece que "la quiebra de la sociedad importa la quiebra de sus socios con responsabilidad ilimitada. Tambien implica la de los socios con igual responsabilidad que se hubieren retirado o hubieren sido excluidos después de producida la cesación de pagos, por las dívidas existentes a la fecha en la que el retiro fuera inscripto en el Registro Público del Comercio, justificado en el concurso. Cada vez que la ley se refiere al falido el devedor, se entiende que la disposición se aplica tambien a los socios indicados en este artículo".

Art. 81 ||| Marcelo Barbosa Sacramone

evidenciaria que os sócios não teriam condições de adimplir com o débito, já que não evitaram o inadimplemento do ente social que faliu[24].

A presunção legal, contudo, que atribui a insolvência aos sócios em razão do inadimplemento das obrigações sociais, não é conforme os demais dispositivos do ordenamento jurídico. No direito brasileiro, as pessoas jurídicas não se confundem com as pessoas que as integram. Ademais, as pessoas jurídicas detêm autonomia patrimonial, de modo que seu patrimônio social não se confunde com o patrimônio de cada um dos seus integrantes.

Mesmo em face das sociedades sem personalidade jurídica, como a sociedade em comum, ainda que os sócios sejam ilimitadamente responsáveis, com exceção dos sócios contratantes, os demais sócios respondem apenas subsidiariamente pelas obrigações sociais. A responsabilidade é secundária e apenas permitirá a constrição dos bens dos sócios se os bens da sociedade forem insuficientes à satisfação de suas obrigações.

Essa insolvência econômica, entretanto, não é pressuposto para a decretação da falência da sociedade, cujos ativos poderão superar o montante de seu passivo. Bastará a insolvência jurídica, nos termos do art. 94 da LREF, para a decretação da falência da pessoa jurídica, de modo que os sócios ilimitadamente responsáveis poderiam exigir, antes de ter os bens constritos para a satisfação de uma dívida que não é sua, a liquidação dos bens sociais.

Além da crítica referente ao benefício de ordem, a falência é aplicável, nos termos do próprio art. 1º da LREF ao empresário e sociedade empresária. Os sócios podem não desenvolver nenhuma atividade em nome próprio e não ser caracterizados como empresários, mas ainda assim terem a falência decretada pelo simples fato de serem sócios ilimitadamente responsáveis do falido[25]. Como benefício legal assegurado ao empresário para que tenha suas obrigações extintas com maior facilidade e possa retornar ao mercado em condições mais favoráveis do que o particular para continuar desenvolvimento econômico por meio da circulação de produtos e de serviços[26], a decretação da falência de sócio não empresário cria tratamento diferenciado com os demais particulares, sem nenhuma justificativa.

A interpretação literal da regra do art. 81, portanto, não se justifica. Referido artigo deverá ser interpretado conforme a redação anterior do Decreto-Lei n. 7.661/45, que, na hipótese de falência, apenas estendia os efeitos patrimoniais aos sócios ilimitadamente responsáveis, mas não impunha a decretação de sua falência. Apenas os efeitos patrimoniais da falência deveriam ser aos sócios estendidos, com a arrecadação dos bens particulares, cuja liquidação ocorreria apenas após a insuficiência dos bens sociais.

---

[24] Para Paulo Campos Salles de Toledo, "pela própria natureza da composição societária, esses sócios respondem com seus patrimônios pessoais pelas obrigações assumidas pela sociedade, em solidariedade com esta. Assim, se estas vêm a falir, os bens desses sócios também responderão pelas dívidas sociais, juntamente com os da sociedade. Daí a considerá-los igualmente falidos, a distância não é grande" (Extensão da falência a sócios ou controladores de sociedades falidas. *Revista do Advogado*, São Paulo, AASP, n. 105, 2009, p. 154).

[25] SACRAMONE. Marcelo. A extensão da falência e a desconsideração da personalidade jurídica. In: LUCCA, Newton de; VASCONCELOS, Miguel Pestana de (coord.). *Falência, insolvência e recuperação de empresas*: estudos luso-brasileiros. São Paulo: Quartier Latin, 2015.

[26] Cf. comentários ao art. 158.

Art. 82. A responsabilidade pessoal dos sócios de responsabilidade limitada, dos controladores e dos administradores da sociedade falida, estabelecida nas respectivas leis, será apurada no próprio juízo da falência, independentemente da realização do ativo e da prova da sua insuficiência para cobrir o passivo, observado o procedimento ordinário previsto no Código de Processo Civil.

§ 1º Prescreverá em 2 (dois) anos, contados do trânsito em julgado da sentença de encerramento da falência, a ação de responsabilização prevista no *caput* deste artigo.

§ 2º O juiz poderá, de ofício ou mediante requerimento das partes interessadas, ordenar a indisponibilidade de bens particulares dos réus, em quantidade compatível com o dano provocado, até o julgamento da ação de responsabilização.

Responsabilidade dos acionistas, sócios de responsabilidade limitada ou administradores

Nas sociedades cujos sócios respondem de maneira limitada pelas obrigações sociais, a decretação da falência da sociedade pelo inadimplemento de suas obrigações sociais não gera a extensão da falência aos seus integrantes[27].

Nas sociedades limitadas, os sócios respondem apenas pela integralização do capital social. Nas sociedades anônimas, por seu turno, o acionista responde apenas pela integralização de sua ação subscrita. Integralizado o capital social na sociedade limitada ou integralizada a ação subscrita, na sociedade anônima, ainda que a sociedade não possua ativos suficientes a satisfazerem seus credores sociais, os bens pessoais dos sócios não poderão ser constritos para adimplir com as obrigações sociais.

Decretada a falência da sociedade, da mesma forma, ainda que os ativos não sejam suficientes para a satisfação dos credores concursais, os sócios ou administradores não serão responsabilizados pelas obrigações da sociedade. Não possuem ambos a responsabilidade secundária pelo adimplemento dessas obrigações sociais, como ocorre com os sócios ilimitadamente responsáveis.

Diversamente da responsabilidade secundária, os sócios limitadamente responsáveis e os administradores da sociedade falida responderão pelos prejuízos causados à sociedade quando agirem com culpa ou dolo ao exercerem suas funções ou responderão perante terceiros pelos danos gerados ao extrapolarem culposamente os poderes que lhes foram conferidos pelo contrato ou estatuto social.

A responsabilidade dos sócios e administradores, nesse caso, é primária. Os administradores não são responsáveis pelas obrigações que contraírem em nome da sociedade e em razão de ato regular de gestão, ainda que o ato por eles praticado resulte em prejuízos ao ente coletivo (art. 158 da Lei n. 6.404/76). Nos limites dos poderes que lhes foram atribuídos, os administradores vinculam a sociedade perante os terceiros, a qual se torna obrigada pelo adimplemento das obrigações contraídas.

Responderão, entretanto, perante a sociedade, tanto os sócios quanto os administradores pelos danos causados se tiverem agido, dentro de suas atribuições, com culpa e dolo. Sua responsabilidade

---

[27] Cf. comentários ao art. 81.

é pelo prejuízo causado à sociedade e independe de qualquer demonstração de insuficiência dos ativos da sociedade para arcar com o prejuízo sofrido.

Os sócios poderão ser responsabilizados pela orientação da sociedade para fim estranho ao objeto social ou lesivo ao interesse nacional, ou se orientarem a favorecer outra sociedade em prejuízo dos minoritários; promover alteração societária para obter vantagem indevida em prejuízo dos demais acionistas etc. Por seu turno, os administradores poderão ser responsabilizados em razão dos prejuízos causados em virtude da violação de seus deveres de diligência, lealdade, sigilo, ao praticarem ato de liberalidade à custa da companhia, utilizar em proveito próprio os bens da sociedade, ou receber de terceiros vantagem pessoal em razão do exercício de seu cargo, usar em benefício próprio oportunidade comercial conhecida em razão do cargo ou, de qualquer modo, intervir em operação social em que tiverem interesse conflitante com o da companhia (arts. 154 e seguintes da Lei n. 6.404/76).

Em face dos danos causados a terceiro e não mais à sociedade, os sócios ou administradores responderão também por culpa na realização dos atos. Perante terceiros, contudo, os sócios ou administradores serão diretamente responsáveis apenas se tiverem extrapolado suas funções determinadas no contrato ou estatuto social ou se tiverem violado disposição legal. Caso tenham ficado restritos aos limites dos poderes que lhes foram conferidos pelo contrato social ou pela lei, apenas a sociedade poderá ser responsabilizada, embora possa ter direito de regresso aos administradores, se estes agiram com culpa ou dolo.

Perante os terceiros, a ação para o ressarcimento não será promovida pela Massa Falida, por meio do administrador judicial. A ação de responsabilidade deverá ser promovida pelos próprios terceiros prejudicados, para o ressarcimento dos seus prejuízos, pois o administrador judicial não é substituto processual nem dos credores, nem dos terceiros[28].

Ação de responsabilização

Pelo art. 82 da LREF, a ação de responsabilização desses sócios e administradores de responsabilidade limitada pelos prejuízos causados à própria sociedade deverá ser promovida pela Massa Falida, por meio do administrador judicial. Diante da falência da sociedade por eles integrada, deverá ser distribuída ao próprio juízo da falência. O Juízo Universal, pela disposição legal, será o competente para conhecer da pretensão e apreciar a violação e o prejuízo causado.

Na omissão do administrador judicial, poderão os credores ou o Ministério Público requerer a destituição do administrador judicial, por desídia no exercício de suas funções. Não poderão os credores, entretanto, apresentarem-se como substitutos processuais da Massa Falida, pois a lei não lhes atribuiu legitimidade extraordinária[29].

Não se justifica a força de atração do juízo falimentar na ação promovida pelos terceiros diretamente em face dos administradores pelos danos sofridos diretamente pela atividade deles sem poderes atribuídos pelo contrato social ou estatuto. Como o administrador, ao agir sem os poderes necessários, não o fez como órgão social, não há interesse da Massa Falida em exigir o julgamento pelo juízo indivisível.

---

[28]   Nesse sentido, ADAMEK, Marcelo Vieira von. *Responsabilidade civil dos administradores de S/A e as ações correlatas.* São Paulo: Saraiva, 2009, p. 386.

[29]   Em sentido contrário, CAMPINHO, Sérgio. *Falência e recuperação de empresa.* 2. ed. Rio de Janeiro: Renovar, 2006, p. 212-213.

Para a ação de responsabilização promovida pela Massa Falida, o art. 82 da LREF estabelece prazo prescricional fora das hipóteses determinadas pelos arts. 205 e seguintes do Código Civil. Para o dispositivo legal, o prazo para a distribuição da ação de responsabilização será de dois anos contados do trânsito em julgado da sentença de encerramento da falência.

Como norma especial e posterior, revoga-se, quanto aos administradores e acionistas de sociedades falidas, o art. 287 da Lei n. 6.404/76, que estabelece, no inciso II, *b*, 2, o prazo de três anos contra os administradores ou acionistas, a contar da aprovação do balanço referente ao exercício em que a violação teria ocorrido.

Medidas cautelares e a investigação de desvio de ativos

Apesar de desnecessária a menção na LREF, pois já expressamente autorizada pelo Código de Processo Civil, o juiz poderá, para garantir o resultado útil da demanda, determinar as medidas cautelares, de ofício ou a requerimento das partes interessadas. As providencias cautelares exigem a prova da verossimilhança do direito alegado e o *periculum in mora* de que os bens particulares dos réus possam ser comprometidos até que ocorra o provimento final.

Para resguardar o resultado útil da ação condenatória, poderá o juízo determinar a indisponibilidade de bens particulares dos réus, em quantidade compatível com o dano provocado.

Questão relevante, entretanto, no tocante às medidas cautelares, é a da possibilidade de decretação do sigilo para a própria parte enquanto as investigações em relação a eventual desvio de ativo estão em curso.

Caso estejam presentes, no processo falimentar, indícios de que tenha ocorrido desvio ou ocultação de bens, possível a instauração, pelo administrador judicial, de incidente cautelar para a apuração do referido desvio. Referido incidente permitirá não apenas a arrecadação de eventuais bens para a satisfação dos credores, como eventual apuração de indícios para a eventual ação de responsabilidade dos sócios ou administradores da falida.

Para que esses objetivos possam ser alcançados, excepcionalmente a publicidade dos atos processuais poderá ser mitigada.

A exigência da publicidade é princípio básico da administração pública e modo de realização dos demais princípios constitucionais. Em face do poder Judiciário, o princípio da publicidade assegura, em sua vertente externa, que todos tenham acesso aos julgamentos e atos processuais, o que garante a independência e imparcialidade do juiz no julgamento e na condução do processo. Em sua vertente interna, como conhecimento das decisões pelas próprias partes, a publicidade assegura o exercício do contraditório e da ampla defesa pela parte que, insatisfeita, poderá ainda recorrer à instância superior, quando admissível.

Diante do interesse público ou social de arrecadação de ativos desviados ou de apuração de responsabilidades para a satisfação dos credores, resguardado pelo art. 5º, LX, da Constituição Federal e pelo art. 189, I, do CPC, essa publicidade externa dos atos processuais poderá ser restringida em face dos terceiros sempre que sua realização impeça a própria efetividade do ato jurisdicional.

Excepcionalmente, todavia, a própria publicidade interna, perante a parte e seus patronos, poderá ser restringida. O interesse público incidente no procedimento falimentar para a satisfação dos interesses da coletividade de credores e para a preservação da própria empresa em crise e dos interesses que nela estão envolvidos conflita-se com a exigência de publicidade e fiscalização pelo falido dos atos processuais. Sua ciência sobre as diligências realizadas para a localização dos ativos poderá permitir ao devedor promover nova dissipação dos bens ou a criação de obstáculos para a apuração de suas condutas.

Esse direito de controle dos atos judiciais pelo falido por meio da publicidade, desde que presentes as circunstâncias que indiquem que podem comprometer a efetividade das medidas, deve ser sopesado com a relevância social e o interesse público na apuração dos atos de desvio ou ocultação praticados e em detrimento da coletividade de credores.

Essa restrição da publicidade mesmo interna não é nova no direito brasileiro. O Código de Processo Civil previu a possibilidade de decretação de medidas cautelares sem a informação à parte adversa, ou *inaudita altera parte*, sempre que necessária para assegurar a utilidade do provimento e que poderia ser comprometida caso houvesse a ciência da parte.

Nessa hipótese, o contraditório não é suprimido, mas apenas diferido. A verificação da ocorrência de desvio de ativos da Massa Falida ou sua ocultação pode ser realizada sem a ciência imediata do devedor ou de seu patrono, nos termos do art. 300, § 2º, do CPC, desde que esse conhecimento possa obstar a efetividade da medida ou comprometer o intuito de preservar os bens da Massa Falida ou apurar eventual conduta ilícita de seus sócios ou administradores. Após as diligências necessárias para a apuração, a responsabilização civil dos infratores e as medidas de constrição sobre os ativos dela decorrentes serão realizadas sob o crivo do contraditório, respeitado o devido processo legal, e com o exercício da prerrogativa do advogado de consultar o incidente de investigação tão logo o resultado da diligência seja comunicado no feito[30].

Art. 82-A. É vedada a extensão da falência ou de seus efeitos, no todo ou em parte, aos sócios de responsabilidade limitada, aos controladores e aos administradores da sociedade falida, admitida, contudo, a desconsideração da personalidade jurídica.

Parágrafo único. A desconsideração da personalidade jurídica da sociedade falida, para fins de responsabilização de terceiros, grupo, sócio ou administrador por obrigação desta, somente pode ser decretada pelo juízo falimentar com a observância do art. 50 da Lei n. 10.406, de 10 de janeiro de 2002 (Código Civil) e dos arts. 133, 134, 135, 136 e 137 da Lei n. 13.105, de 16 de março de 2015 (Código de Processo Civil), e não aplicada a suspensão de que trata o § 3º do art. 134 da Lei n. 13.105, de 16 de março de 2015 (Código de Processo Civil).

Desconsideração das personalidades jurídicas e extensão de falência

Inicialmente, o art. 81, que estabelece a extensão da falência, é norma limitadora de direitos e merece interpretação restritiva. Sua aplicação somente poderá ocorrer nas hipóteses de sociedades tipicamente com sócios de responsabilidade ilimitada e solidária, tais como as sociedades em nome coletivo, as sociedades em comandita simples, quanto aos sócios comanditados, as sociedades em comandita por ações, quanto aos sócios diretores, e as sociedades em comum.

Estariam excluídos da possibilidade de extensão os sócios com responsabilidade tipicamente limitada, como o são os sócios das sociedades limitadas e das sociedades anônimas. Mesmo que, por norma específica, referidos sócios tenham responsabilidade solidária entre si e ilimitada em relação às obrigações sociais, como ocorre com diretores de instituição financeira, a norma somente é aplicável para os sócios cujos tipos societários prescrevem essa responsabilidade.

A despeito dessa aplicação extremamente restrita, nas hipóteses de abuso de personalidade jurídica, caracterizado pelo desvio de finalidade ou pela confusão patrimonial, nos termos do

---

30 Nesse sentido, STJ, 3ª Turma, REsp 1.446.201 – SP, rel. Min. Nancy Andrighi, j. 7-8-2014; TJSP, 6ª Câmara de Direito Privado, AI 2188664-88.2017, rel. Des. José Roberto Furquim Cabella, j. 12-4-2018; TJSP, 1ª Câmara Reservada de Direito Empresarial, rel. Des. Ênio Zuliani, j. 2-8-2017.

art. 50 do Código Civil, tem sido aplicado o instituto da desconsideração da personalidade jurídica (art. 50 do CC) para estender a falência da pessoa jurídica aos seus sócios, ainda que possuam responsabilidade limitada pelas obrigações sociais[31-32].

O instituto da desconsideração não possuía previsão na Lei Falimentar até a alteração legislativa, o que motivava uma parte substancial da doutrina a entender que sua aplicação seria impossível. Para essa corrente, a LREF possui sistemas próprios de responsabilização de seus sócios, como os arts. 81 e 82, cuja disciplina é incompatível com a desconsideração.

Foi justamente esse posicionamento doutrinário que motivou a inserção do art. 82-A, que vedou a extensão da falência ou de seus efeitos, no todo ou em parte, aos sócios de responsabilidade limitada, aos controladores da sociedade falida.

O art. 82-A foi inserido na Lei n. 11.101/2005 para se tentar impedir a aplicação da extensão de falência ou de seus efeitos aos sócios de responsabilidade limitada, aos controladores e aos administradores da sociedade falida.

A interpretação da norma deve ser realizada para que haja a compreensão de seus institutos. Diversas situações devem ser diferenciadas, portanto. Além da responsabilidade secundária dos sócios ilimitadamente responsáveis, há, ainda, a responsabilidade primária dos sócios ou administradores, os quais causam danos à sociedade.

A responsabilidade secundária dos sócios ilimitadamente responsáveis exige que estes apenas sejam responsabilizados por dívidas contraídas pela sociedade após terem sido esgotados todos os bens sociais. Pela Lei, decretada a falência da pessoa jurídica, os efeitos da falência serão estendidos a todos os sócios ilimitadamente responsáveis, quer tenham ou não participação nas referidas obrigações e mesmo que tenham atuado regularmente, nos termos do art. 81.

Situação diversa é a responsabilidade primária, disciplinada pelo art. 82[33], que determina que os administradores e sócios de responsabilidade limitada poderão ter a responsabilidade pessoal em face dos prejuízos gerados à sociedade aferida pelo próprio Juiz Universal[34]. Essa responsabilidade é decorrente do descumprimento de seus deveres sociais, como a utilização de recursos da pessoa jurídica para benefício próprio ou de terceiro (art. 1.017 do CC). Nesse caso, os sócios ou administradores envolvidos com o ato danoso poderão causar um prejuízo à própria pessoa jurídica e, por via indireta, à coletividade de credores diante da redução do patrimônio geral. Para que possa ser indenizada, a Massa Falida poderá pleitear a responsabilização apenas dos envolvidos pelo ressarcimento dos prejuízos sofridos, mas a decretação de sua falência não implicará a extensão dos efeitos a eles.

Como poderá a Massa Falida responsabilizar seus controladores e administrações pelos prejuízos que sofreu, conferiu o art. 82-A a possibilidade de que os terceiros prejudicados possam diretamente responsabilizar seus sócios de responsabilidade limitada, os controladores e os administradores da sociedade falida beneficiados direta ou indiretamente pelo abuso de personalidade jurídica.

Disciplinado no art. 50 do Código Civil, o instituto da desconsideração da personalidade jurídica foi criado para coibir abusos da personalidade e reforçar a própria autonomia do ente coletivo.

---

[31] STJ, 3ª Turma, REsp 1.125.767/SP, rel. Min. Nancy Andrighi, j. 9-8-2011.

[32] Essa aplicação ocorre também no direito argentino, cuja disciplina, no art. 165 da Lei n. 19.551/72, estabelece que "la quiebra de una sociedad importa la de toda a persona que, bajo la aparencia de la actuación de aquella, ha effectivado de actos en su interés personal y despuesto de los bienes como si fueron proprios, en fraude de los acreedores".

[33] Cf. comentários ao art. 82 para maiores aprofundamentos.

[34] TJSP, Câmara Especial de Falências e Recuperações Judiciais, rel. Des. Romeu Ricupero, j. 27-3-2008; STJ, 3ª Turma, REsp 1.036.398/RS, rel. Min. Nancy Andrighi, j. 16-12-2008.

Apenas se presentes as hipóteses de desvio de finalidade ou de confusão patrimonial, poderiam os efeitos de certas obrigações ser estendidos aos bens particulares dos administradores ou dos sócios da pessoa jurídica beneficiados direta ou indiretamente pelo abuso.

A interpretação a ser feita é de que, de forma técnica, a parte requerente no feito não poderá ser a Massa Falida. Isso porque, por prejuízo direto a ela causado, a Massa Falida tem a ação de responsabilização dos sócios e administradores prevista no art. 82. Não haveria qualquer necessidade de se desconsiderar sua personalidade jurídica para responsabilizar os agentes causadores do prejuízo sofrido, haja vista a possibilidade de aplicação do art. 82.

A desconsideração poderá ocorrer na petição inicial de habilitação de crédito em face da Massa Falida ou em incidente de desconsideração. Por incidente, não haverá a suspensão do processo principal.

A despeito do interesse patrimonial e particular do credor para satisfazer seu crédito pela desconsideração da personalidade jurídica, determinou o art. 82-A que o juízo poderá determinar sua instauração de ofício. O requerimento da parte ou do Ministério Público para a instauração, entretanto, deve ser interpretado como imprescindível, em detrimento do texto legal. Isso porque se trata de interesse particular do credor, que pode renunciar ao seu direito de crédito. Outrossim, não há desconsideração para a satisfação da Massa Falida, o que justificaria a intervenção de ofício do Juízo diante da proteção da coletividade de credores, porque essa poderia ingressar com ação de responsabilização diretamente, sem que nada fosse desconsiderado.

A redação do parágrafo único restringe os fundamentos necessários para a aplicação do instituto da desconsideração da personalidade jurídica, que apenas poderá ser reconhecida se estiverem presentes os requisitos do desvio de finalidade ou de confusão patrimonial.

Não há atribuição exclusiva de competência ao Juízo falimentar. A jurisprudência do STJ firmou posicionamento de que o art. 82-A, parágrafo único, não pretende definir a competência exclusiva do Juízo Universal da Falência, mas tão somente disciplinar os requisitos materiais e o seu processamento quando instaurado o incidente no âmbito dos autos da falência. Dessa forma, nada impediria que outros juízos, em demandas diversas que envolvam a falida, possam decretar a desconsideração da personalidade jurídica para afetar sócio e administradores[35].

Desconsideração da personalidade jurídica e grupo societário

Ainda que o artigo 82-A tenha vedado a desconsideração da personalidade jurídica para a extensão da falência aos sócios de responsabilidade limitada, aos controladores e aos administradores da sociedade falida, sua aplicação deve ser restrita às hipóteses em que haja atuação única da sociedade falida perante os terceiros contratantes.

Situação peculiar, todavia, ocorre com os grupos societários que tenham abusado da personalidade jurídica não para lesionar simplesmente uma das integrantes do grupo, o que exigiria a responsabilidade primária do art. 82, mas de modo a gerar confusão com a falida em face do terceiro contratante. O raciocínio é exatamente o mesmo utilizado para a consolidação substancial no litisconsórcio ativo de empresários integrantes do grupo empresarial na recuperação judicial[36].

Nos grupos societários de fato, constituídos sem nenhuma convenção, as diversas pessoas jurídicas são interligadas por relações de controle ou coligação. Ainda que possuam interesses comuns, todas as personalidades jurídicas e o patrimônio de cada um dos integrantes permanecem

---

[35] STJ, CC 200775-SP, 2ª Seção, rel. Min. Nancy Andrighi, rel. p/ acórdão, Min. Antonio Carlos Ferreira, j. 28-8-2024.

[36] Cf. comentários ao art. 69-G.

distintos dos demais, tanto entre si quanto em relação aos terceiros[37]. Essa autonomia patrimonial assegura que, em regra, as obrigações contraídas por uma das pessoas jurídicas não poderão ser exigidas das demais e o terceiro contratante aferiu o risco da contratação apenas em relação ao patrimônio da sociedade contratante.

Se, no interior do grupo, o administrador favorecer sociedade em prejuízo de outro integrante, ou realizar entre as sociedades negócios jurídicos em condições não comutativas ou com pagamento compensatório adequado, responderá em face da sociedade pelo prejuízo causado (art. 245 da Lei n. 6.404/76). Também a sociedade controladora que violar essa autonomia patrimonial, mesmo que no interior do grupo societário, deverá reparar os danos causados pela violação de seus deveres. Em ambas as situações, portanto, aplicável, em conjunto com os dispositivos societários, o art. 82 da LREF.

Situação diversa ocorre quando, no interior do grupo, as diversas personalidades jurídicas não são preservadas como centros de interesses autônomos, mas não apenas para prejudicar o integrante em benefício de outro, mas como forma de atuação única do grupo perante terceiros. A disciplina do grupo societário não é respeitada por quaisquer dos seus integrantes, os quais atuam conjuntamente com confusão patrimonial, unidade de gestão e de empregados e com o prevalecimento de um interesse comum do grupo em detrimento dos interesses sociais de todas as pessoas jurídicas que lhes integram.

Nessa forma de atuação, o terceiro contratante não mensura o risco da contratação apenas em face do patrimônio individual da sociedade que com ele diretamente contrata. A existência de um caixa único de pagamento e as garantias cruzadas dos demais integrantes do grupo demonstram que o patrimônio é considerado pelo contratante como um todo.

Mas não só. A unidade de gestão implica que todas as sociedades são representadas pelas mesmas pessoas, de modo que a pessoa jurídica que efetivamente aparece revela-se apenas como uma formalidade. Tal característica é ainda mais acentuada se o grupo opera com uma única marca ou marcas semelhantes para todo o grupo, o que indica que seus produtos são desenvolvidos de forma conjunta por todos os integrantes.

Por fim, a comunhão de empregados, sem a devida contrapartida entre os integrantes, evidencia que não apenas perante terceiros o grupo é visto como uma entidade única, mas que as próprias sociedades integrantes desconsideram a personalidade jurídica entre si e não garantem sua autonomia patrimonial.

Nessa hipótese excepcional, de fraude à personalidade jurídica, os credores não podem ser tratados de forma diversa caso tenham contratado com sociedade sem qualquer ativo ou se tiverem contratado com uma *holding* patrimonial que concentra os ativos do grupo. Ao se comportar como uma unidade, o grupo contratante deverá ser tratado dessa mesma forma na hipótese de crise econômico-financeira e de modo a não gerar uma distinção entre os diversos credores contratantes.

Por meio da aplicação da desconsideração da personalidade jurídica, devem-se considerar as diversas sociedades não como simples integrantes de um grupo de fato, mas como verdadeiros sócios de uma sociedade em comum, a qual desenvolve uma única atividade perante terceiros e em benefício de todos os integrantes. Como nessa hipótese os sócios integrantes respondem com os bens pessoais ilimitada e solidariamente entre si pelas obrigações sociais contraídas no exercício da empresa, a decretação da falência dessa sociedade em comum, formada pelas diversas sociedades que operam com confusão patrimonial e que exerçam perante terceiros atividade sob

---

[37] A distinção entre os diversos tipos de grupo e seus efeitos pode ser encontrada nos comentários ao art. 48.

unidade gerencial, laboral e patrimonial[38], sem consideração aos respectivos interesses sociais, acarreta a extensão da falência a todas as suas sociedades integrantes.

Para os efeitos dessa extensão, a desconsideração da personalidade jurídica não possui prazo decadencial, mas apenas poderá ser reconhecida após regular contraditório, o qual já era exigido antes da própria alteração do Código de Processo Civil. Embora se admitisse que o pedido de desconsideração da personalidade jurídica cumulado com pedido de decretação da falência por extensão ocorresse nos próprios autos falimentares, sem necessidade de ação autônoma[39], os arts. 133 e seguintes do Código de Processo Civil disciplinaram esse procedimento. A partir da promulgação do Código de Processo Civil, o pedido de desconsideração deverá tramitar em incidente apartado e exigirá a citação da parte adversa para se manifestar e requerer as provas cabíveis.

O art. 82-A apenas excepcionou a aplicação do efeito suspensivo ao procedimento principal de falência, bem como permitiu sua instauração de ofício pelo próprio Magistrado, o que, diante da proteção de toda a coletividade de credores que seria atraída pela decretação da falência e da arrecadação dos ativos das demais falidas, extrapolariam os interesses patrimoniais e justificaria a atuação jurisdicional para instauração sem provocação.

Desconsideração da personalidade jurídica e recuperação judicial

Com a evolução do microssistema de insolvência nacional e o aumento da complexidade e relevância das recuperações judiciais em trâmite no país, começa-se a observar tentativas de estender o art. 82-A à recuperação judicial. Esses movimentos não encontram respaldo no ordenamento jurídico.

O art. 134 do Código de Processo Civil esclarece que o incidente de desconsideração é cabível em todas as fases do processo de conhecimento, no cumprimento de sentença e na execução fundada em título executivo extrajudicial.

Nenhuma dessas hipóteses está presente no caso de recuperação judicial, que se trata de procedimento de jurisdição voluntária no qual o devedor, ao ver-se em um cenário de crise econômico-financeira superável, à sua livre vontade, inicia o procedimento a fim de buscar solução comum com os credores para o seu soerguimento e para a maior satisfação dos créditos, com o respaldo da suspensão das ações e execuções prevista no art. 6º da Lei.

Não há coerção do devedor para pagamento de suas obrigações reconhecidas em títulos executivos judiciais ou extrajudiciais, os quais, em sua maior parte, estarão sujeitos à novação prevista no plano.

A recuperação judicial em nada se assemelha a um processo executivo e com ele não pode ser confundido. Enquanto na execução o bem jurídico tutelado é direito de crédito do credor, que busca o adimplemento coercitivo da dívida contraída pelo devedor, na recuperação judicial o que se busca não é o cumprimento forçoso da obrigação, mas a negociação do devedor junto aos credores de condições que possibilitem a superação da crise econômico-financeira.

Tampouco há confusão com o processo de conhecimento principal. A análise do *quantum debeatur* e do *an debeatur* ocorre incidentalmente na recuperação judicial com o objetivo exclusivo de garantir à coletividade de credores a necessária visibilidade acerca do quórum de votação

---

[38] STJ, 3ª Turma, ROMS 14.168/SP, rel. Min. Nancy Andrighi, j. 30-4-2002.

[39] STJ, 4ª Turma, REsp 1.180.714/RJ, rel. Min. Luis Felipe Salomão, j. 5-4-2011; STJ, 3ª Turma, REsp 1.258.751/SP, rel. Min. Nancy Andrighi, j. 15-12-2011; STJ, 4ª Turma, REsp 1.034.536/MG, rel. Min. Fernando Gonçalves, j. 5-2-2009; STJ, 3ª Turma, REsp 228.357/SP, rel. Min. Castro Filho, j. 9-12-2003; STJ, 4ª Turma, REsp 418.385/SP, rel. Min. Aldir Passarinho Junior, j. 19-6-2007.

do plano de recuperação judicial. Não por outro motivo, a Lei estabelece que as ações por quantias ilíquidas tramitarão perante os juízos competentes.

O objetivo da legislação de insolvência é assegurar a maximização do valor da devedora, reduzir o custo para a satisfação dos credores, alocar de maneira apropriada os custos do insucesso do negócio e garantir a higidez do mercado. Na Lei n. 11.101/2005, alcança-se tal objetivo quando a maioria dos credores, ao avaliarem a viabilidade econômica do devedor na condução de sua atividade e a adequação do plano de recuperação judicial proposto para a maior satisfação dos respectivos créditos, verifica a eficiência do devedor na organização dos diversos fatores de produção e a possibilidade de soerguimento.

Nesse aspecto, a Lei n. 11.101/2005 consagrou a característica negocial da recuperação judicial, a qual não é afastada pela supervisão judicial, cuja função é assegurar um ambiente propício à negociação e a observância dos limites estabelecidos pelas normas cogentes.

A desconsideração da personalidade jurídica, por seu turno, é procedimento diverso que em nada se relaciona com a recuperação judicial. Disciplinado no art. 50 do Código Civil, o instituto da desconsideração da personalidade jurídica foi criado para coibir abusos da personalidade jurídica. Diante de desvio de finalidade ou de confusão patrimonial, os efeitos de certas obrigações são estendidos aos bens particulares dos administradores ou dos sócios beneficiados direta ou indiretamente pelo abuso.

Além de não se confundir a recuperação judicial com o processo de conhecimento ou de execução para fins de cabimento pela legislação processual, a desconsideração da personalidade jurídica é incompatível com os propósitos do processo de recuperação judicial.

Como dito, a recuperação judicial pretende uma composição entre devedor e a coletividade de credores; a desconsideração, por sua vez, busca responsabilizar terceiros diversos do devedor por determinadas obrigações contraídas pela sociedade a que são ligados. Trata-se, portanto, de institutos diversos com propósitos díspares.

O descabimento da desconsideração como incidente no processo de recuperação judicial é decorrente justamente de a desconsideração não implicar qualquer alteração nas relações jurídicas existentes entre a sociedade e seus credores, nem impactar a eventual composição pretendida pela recuperação.

A legislação processual não admite o cabimento do incidente de desconsideração da personalidade jurídica na jurisdição voluntária e tal procedimento tampouco é compatível com os fins e o objetivo da recuperação judicial.

A Lei n. 11.101/2005 restringe sua adoção, apenas, ao processo falimentar, conforme art. 82-A. Referido dispositivo foi incluído com o objetivo de restringir a prática jurisprudencial de ampliação das hipóteses de extensão de falência para além das sociedades com sócios ilimitadamente responsáveis, como previsto no art. 81. Assim, vedou-se a extensão da falência, mas se conferiu a possibilidade de desconsideração da personalidade jurídica da sociedade falida para fins de responsabilização de terceiros.

A norma, inserida no capítulo relativo à falência da Lei n. 11.101/2005, é clara ao permitir a utilização do incidente de desconsideração da personalidade jurídica na falência. O silêncio legislativo em relação à recuperação judicial deve ser interpretado de forma estrita, de modo a garantir que a desconsideração da personalidade jurídica seja utilizada exclusivamente nos processos falimentares.

Na falência, a incompatibilidade processual e de finalidades existente no tocante à recuperação judicial não se vislumbra, na medida em que a falência caracteriza-se como procedimento de execução coletiva para a satisfação dos credores. Com essa, esse instituto de responsabilização é com ela compatível.

Seção II
Da Classificação dos Créditos

Art. 83. A classificação dos créditos na falência obedece à seguinte ordem:

I – os créditos derivados da legislação trabalhista, limitados a 150 (cento e cinquenta) salários mínimos por credor, e aqueles decorrentes de acidentes de trabalho;

II – os créditos gravados com direito real de garantia até o limite do valor do bem gravado;

III – os créditos tributários, independentemente da sua natureza e do tempo de constituição, exceto os créditos extraconcursais e as multas tributárias;

IV – REVOGADO

a) REVOGADO

b) REVOGADO

c) REVOGADO

d) REVOGADO

V – REVOGADO

a) REVOGADO

b) REVOGADO

c) REVOGADO

VI – créditos quirografários, a saber:

a) aqueles não previstos nos demais incisos deste artigo;

b) os saldos dos créditos não cobertos pelo produto da alienação dos bens vinculados ao seu pagamento;

c) os saldos dos créditos derivados da legislação trabalhista que excederem o limite estabelecido no inciso I do *caput* deste artigo;

VII – as multas contratuais e as penas pecuniárias por infração das leis penais ou administrativas, incluídas as multas tributárias;

VIII – os créditos subordinados, a saber:

a) os previstos em lei ou em contrato; e

b) os créditos dos sócios e dos administradores sem vínculo empregatício cuja contratação não tenha observado as condições estritamente comutativas e as práticas de mercado; e

IX – os juros vencidos após a decretação da falência, conforme previsto no art. 124 desta Lei.

§ 1º Para os fins do inciso II do *caput* deste artigo, será considerado como valor do bem objeto de garantia real a importância efetivamente arrecadada com sua venda, ou, no caso de alienação em bloco, o valor de avaliação do bem individualmente considerado.

§ 2º Não são oponíveis à massa os valores decorrentes de direito de sócio ao recebimento de sua parcela do capital social na liquidação da sociedade.

§ 3º As cláusulas penais dos contratos unilaterais não serão atendidas se as obrigações neles estipuladas se vencerem em virtude da falência.

§ 4º REVOGADO

§ 5º Para os fins do disposto nesta Lei, os créditos cedidos a qualquer título manterão sua natureza e classificação.

§ 6º Para os fins do disposto nesta Lei, os créditos que disponham de privilégio especial ou geral em outras normas integrarão a classe dos créditos quirografários.

Classificação dos créditos

Na falência, preenchidos os pressupostos estabelecidos pela Lei (art. 94), presume-se que o empresário devedor não possui bens suficientes para satisfazer todas as suas obrigações e que deve ser impedido de continuar a exercer sua atividade, sob pena de aumentar o prejuízo social.

A impossibilidade de satisfação de todos os credores imporia que estes buscassem desenvolver um comportamento oportunista de maximização da utilidade individual. A falta de recursos para a satisfação de todos incentiva os credores a buscarem a constrição de bens do devedor, para o adimplemento de seus créditos, com primazia em face dos demais e em detrimento destes, haja vista que os ativos do devedor podem não ser suficientes para satisfazer todos os créditos.

Diante dessa presunção de insolvência, procurou-se evitar que alguns poucos credores, que tivessem promovido ações e execuções mais céleres, fossem beneficiados. Para tanto, determinou-se que os credores deveriam ser tratados de forma semelhante conforme a identidade de natureza de seus créditos e satisfeitos na mesma proporção com os ativos do devedor. É o chamado princípio da *par conditio creditorum*.

A falência consiste justamente nesse procedimento de execução coletiva, em que os ativos do devedor serão arrecadados e liquidados para a satisfação de seus credores, cujos créditos deverão ser satisfeitos em igualdade de condições aos créditos semelhantes.

Em razão da natureza do crédito ou da qualidade do titular, estabelece a Lei que determinados créditos devam receber tratamento prioritário em face dos demais. O privilégio no tratamento é decorrente da maior vulnerabilidade de seu titular, ou da maior relevância social.

Os credores, assim, devem ser agrupados em classes em razão da semelhança de qualidade entre seus créditos e de modo a receberem tratamento idêntico em face dos ativos do devedor. A identidade de tratamento ocorre, contudo, apenas entre os credores da mesma classe.

Em razão da natureza do crédito ou da qualidade de seu titular, as classes serão ordenadas pela Lei para que sejam satisfeitas conforme ordem de privilégio preestabelecida. O produto da liquidação dos ativos do empresário devedor declarado falido somente será utilizado para o pagamento de determinada classe de credores se as classes mais privilegiadas de credores, conforme a ordem de preferência estabelecida pela lei, já tiverem sido integralmente satisfeitas.

Cumpre ressaltar, entretanto, que os credores concursais (art. 83) apenas serão satisfeitos após a satisfação dos credores extraconcursais (art. 84).

Os créditos concursais são os créditos provenientes da atividade do empresário devedor enquanto este ainda estava na condução de sua atividade empresarial, desde que antes do pedido de recuperação judicial convolada em falência, ou antes da decretação desta. Com exceção do tratamento excepcional conferido aos créditos trabalhistas, de natureza estritamente salarial, vencidos nos três meses anteriores à decretação da falência. Desde que até o limite de cinco salários mínimos por trabalhador, os créditos deverão ser pagos como credores extraconcursais, com prioridade absoluta tão logo haja recursos disponíveis a tanto[40].

Crédito trabalhista e decorrente de acidente de trabalho

A classe mais privilegiada entre os credores concursais é a formada pelos credores trabalhistas, cujos créditos são derivados da legislação do trabalho, e pelos titulares de créditos decorrentes de acidente de trabalho.

Concebida como crédito derivado da legislação do trabalho, a classe não se restringe às relações de emprego. São incluídos como credores integrantes dessa classe os titulares de créditos decorrentes de todas as relações laborais, como trabalhadores eventuais ou temporários, avulsos, autônomos.

Ainda que a sentença apenas tenha sido proferida posteriormente à decretação da quebra ou ao pedido de recuperação judicial, com a condenação da recuperanda ou da Massa Falida ao pagamento da indenização, o crédito trabalhista será considerado concursal se a prestação laboral foi realizada antes da decretação da falência ou do pedido de recuperação judicial.

A sentença condenatória da justiça trabalhista, mesmo que prolatada apenas após a distribuição do pedido de recuperação judicial ou a decretação da falência do devedor, apenas reconhece um crédito que já era existente desde o fato gerador consistente na prestação laboral.

Ainda que o crédito fosse vincendo, ou seja, mesmo que o empregador tivesse prazo para satisfazer sua obrigação, o direito do credor em face da prestação do devedor já era existente. A inexigibilidade ou iliquidez do crédito não se confundem com a sua existência, único requisito exigido para a sua submissão à recuperação judicial ou à falência como crédito concursal.

Embora possa ser ilíquido, a sentença não é condição necessária à sua consolidação. O crédito poderia ter sido reconhecido administrativamente pelo devedor, ao incluir o credor em sua lista, ou poderia ter sido reconhecido pelo administrador judicial extrajudicialmente, ou mesmo poderia ter sido pago anteriormente pelo devedor. A sentença da reclamação trabalhista, assim, não o constitui. Embora posterior, além de condenatória, a sentença é declaratória, pois ela apenas reconhece o que já era devido anteriormente pelo falido ou pela recuperanda[41].

---

[40] Cf. comentários ao art. 151.

[41] Nesse sentido: STJ, 3ª Turma, REsp 1.686.168/RS, rel. Min. Nancy Andrighi, j. 12-9-2017; TJSP, 1ª Câmara Reservada de Direito Empresarial, AI 2128416-93.2016, rel. Des. Hamid Bdine, j. 1º-12-2016; TJSP, 1ª Câmara Reservada de Direito Empresarial, AI 2109838-19.2015, rel. Des. Teixeira Leite, j. 14-10-2015; TJSP, 1ª Câmara Reservada de Direito Empresarial, AI 0055093-94.2013, rel.

O trabalho desempenhado após o pedido de recuperação judicial ou após a decretação da falência do empregador, por outro lado, é considerado extraconcursal. Também são considerados extraconcursais, para fins de se assegurar a prioridade de seu recebimento, os créditos trabalhistas estritamente salariais vencidos nos três meses antes da decretação da falência e limitados a cinco salários mínimos por credor.

Integrantes da mesma classe dos créditos trabalhistas estão os credores titulares de créditos decorrentes de acidente de trabalho. Caracterizam-se como tal os créditos originados de indenização em face do empregador para ressarcimento de dano sofrido pelo trabalhador por ato doloso ou culposo imputável ao empregador falido.

Os créditos decorrentes de acidente do trabalho são considerados créditos concursais, desde que o fato gerador, ou seja, o ato lesivo sofrido pelo trabalhador tenha ocorrido antes da sentença de decretação da falência do empregador, independentemente de a sentença condenatória ao ressarcimento da obrigação ser posterior à falência. Apenas os fatos praticados posteriormente à decretação da falência permitirão que o crédito do empregado lesado seja considerado crédito extraconcursal.

Diversos são os créditos que podem ser considerados créditos trabalhistas.

a) FGTS

Controverteu-se sobre as verbas referentes ao FGTS, se teriam a natureza tributária ou trabalhista.

A Lei n. 8.036/90, em seu art. 15, estabelece a obrigação de empregadores de depositar o Fundo de Garantia por Tempo de Serviço aos trabalhadores que lhe fornecem serviços ou mão de obra[42]. Pelo dispositivo legal, o pagamento deveria ser feito, mediante depósito em conta bancária vinculada, a cada um dos trabalhadores, os quais são expressamente caracterizados, portanto, como credores do valor referido ao Fundo de Garantia do Tempo de Serviço[43].

Des. Francisco Loureiro, j. 31-7-2012.

[42] "Art. 15. Para os fins previstos nesta lei, todos os empregadores ficam obrigados a depositar, até o dia 7 (sete) de cada mês, em conta bancária vinculada, a importância correspondente a 8 (oito) por cento da remuneração paga ou devida, no mês anterior, a cada trabalhador, incluídas na remuneração as parcelas de que tratam os arts. 457 e 458 da CLT e a gratificação de Natal a que se refere a Lei n. 4.090, de 13 de julho de 1962, com as modificações da Lei n. 4.749, de 12 de agosto de 1965."

[43] Nesse sentido: Recurso Extraordinário 709.212, em que discorreu o Ministro Gilmar Mendes: "(...) Ocorre que o art. 7º, III, da nova Carta expressamente arrolou o Fundo de Garantia do Tempo de Serviço como um direito dos trabalhadores urbanos e rurais, colocando termo, no meu entender, à celeuma doutrinária acerca de sua natureza jurídica. Desde então, tornaram-se desarrazoadas as teses anteriormente sustentadas, segundo as quais o FGTS teria natureza híbrida, tributária, previdenciária, de salário diferido, de indenização etc. Trata-se, em verdade, de direito dos trabalhadores brasileiros (não só dos empregados, portanto), consubstanciado na criação de um 'pecúlio permanente', que pode ser sacado pelos seus titulares em diversas circunstâncias legalmente definidas (cf. art. 20 da Lei n. 8.036/1995)" (STF, Pleno, ARE 709.212/DF, rel. Min. Gilmar Mendes, j. 13-11-2014).

No mesmo sentido, AI 2166143-57.2014.8.26.0000, 1ª Câmara Reservada de Direito Empresarial, rel. Des. Teixeira Leite, j. 3-2-2015; AI 2069532-42.2014.8.26.0000, 2ª Câmara Reservada de Direito Empresarial, rel. Des. Araldo Telles, j. 26-1-2015.

Em sentido contrário: AI 2149298-13.2015.8.26.0000, 1ª Câmara Reservada de Direito Empresarial do Tribunal de São Paulo, rel. Des. Pereira Calças.

O depósito é decorrente da relação laboral, condicionado ao pagamento do salário do empregado e destinado à proteção dos trabalhadores. Ainda que destinadas ao FGTS pelo empregador, as verbas não possuem a natureza tributária. O Estado apenas promove o recolhimento da contribuição do FGTS e realiza a fiscalização de seu cumprimento.

A titularidade do crédito é do próprio empregado, em decorrência de sua prestação laboral, de modo que o crédito tem natureza trabalhista[44].

b) Multas rescisórias

As multas previstas nos arts. 467 e 477, § 8º, da CLT são decorrentes do não pagamento das verbas rescisórias incontroversas e do não pagamento da indenização devida pela rescisão do contrato de trabalho sem justa causa.

A verba possui natureza preponderantemente indenizatória e deve ser considerada trabalhista em função de sua vinculação direta com o contrato de trabalho. A imposição ao empregador de pagamento da quantia equivalente ao salário do empregado não tem natureza de penalidade meramente administrativa. Sua função precípua é ressarcir prejuízos materiais do empregado que deixou de receber as verbas rescisórias no prazo legal.

Direito garantido do trabalhador e com natureza indenizatória em razão do não recebimento das verbas decorrentes da prestação laboral, referidos créditos devem ser classificados como crédito trabalhista[45].

c) Honorário de advogado

Os honorários advocatícios, pelo art. 24 do Estatuto da Advocacia (Lei n. 8.906/94), eram considerados créditos privilegiados na falência[46]. Diante da redação do artigo, a jurisprudência se posicionava, ainda que não de modo pacífico, pela natureza de privilégio geral do referido crédito, ainda que reconhecesse a natureza alimentícia do referido crédito.

A natureza alimentar do crédito trabalhista foi consagrada pelo Supremo Tribunal Federal na Súmula Vinculante 47. Pela súmula, "os honorários advocatícios incluídos na condenação ou destacados do montante principal devido ao credor consubstanciam verba de natureza alimentar cuja satisfação ocorrerá com a expedição de precatório ou requisição de pequeno valor, observada ordem especial restrita aos créditos dessa natureza".

Posteriormente, o C. Superior Tribunal de Justiça pacificou a matéria em julgamento de recurso repetitivo. Entendeu-se que a prioridade ao crédito trabalhista deveria ser entendida de forma ampla. O legislador teria priorizado referidos créditos para assegurar que o trabalhador

---

[44] STF, Pleno, ARE 709.212/DF, rel. Min. Gilmar Mendes, j. 13-11-2014; TJSP, 2ª Câmara Reservada de Direito Empresarial, AI 2213909-38.2016, rel. Des. Alexandre Marcondes, j. 27-4-2017; TJSP, 1ª Câmara Reservada de Direito Empresarial, AI 2217594-53.2016, rel. Des. Francisco Loureiro, j. 6-2-2017; TJSP, 2ª Câmara Reservada de Direito Empresarial, AI 2071548-95.2016, rel. Des. Carlos Alberto Garbi, j. 15-8-2016.

[45] STJ, 3ª Turma, REsp 1.395.298/SP, rel. Min. Nancy Andrighi, j. 11-3-2014; TJSP, 1ª Câmara Reservada de Direito Empresarial, AI 0006932-53.2013, rel. Des. Fortes Barbosa, j. 26-3-2013; TJSP, 1ª Câmara Reservada de Direito Empresarial, AI 0111333-06.2013, rel. Des. Pereira Calças, j. 24-10-2013.

[46] Art. 24 da Lei n. 8.906/94: "A decisão judicial que fixar ou arbitrar honorários e o contrato escrito que os estipular são títulos executivos e constituem crédito privilegiado na falência, concordata, concurso de credores, insolvência civil e liquidação extrajudicial".

pudesse receber seus proventos para sustento próprio e dos seus. Por essa posição, "se do caráter alimentício também estão revestidos os honorários, não vejo motivo pelo qual não se deveria estender também a eles a proteção legal"[47]. Como o honorário é uma figura afim ao salário em razão de sua natureza alimentar, o privilégio conferido pela LREF ao salário deve ser estendido também aos honorários advocatícios, pois constituiriam a remuneração do patrono pelo desenvolvimento de seu trabalho[48].

A posição jurisprudencial vinculante do STJ, foi consagrada pelo art. 85, § 14, da Lei n. 13.105/2015[49], que a estendeu.

São considerados créditos trabalhistas os honorários sucumbenciais ou contratuais, titularizados por pessoa física ou pessoa jurídica.

d) Remunerações devidas ao representante comercial pela representação

Nos termos do art. 44 da Lei n. 4.888/65, alterado pela Lei n. 14.195/2021, as importâncias devidas pelo representado ao representante comercial, relacionadas à representação, inclusive comissões vencidas e vincendas, indenização e aviso prévio, e qualquer outra verba devida ao representante oriunda da relação estabelecida com base na representação, serão consideradas créditos da mesma natureza dos créditos trabalhistas para fins de inclusão no pedido de falência ou no plano de recuperação judicial.

Assegura a Lei, assim, a equiparação de todos os créditos devidos ao representante comercial pelo representado falido como de natureza de créditos trabalhistas, desde que sejam créditos decorrentes da representação comercial.

Embora se equiparem aos créditos trabalhistas na falência, os créditos do representante comercial não se sujeitam à recuperação judicial, ainda que existentes anteriormente ao pedido de recuperação. Em confusa redação, que não pode ser interpretada literalmente para excluir apenas os créditos que tenham sentença que os reconheça posteriormente e em detrimento dos que não tiverem sentença, determinou o art. 44, parágrafo único, da Lei n. 4.888/65 que "os créditos devidos ao representante comercial reconhecidos em título executivo judicial transitado em julgado após o deferimento do processamento da recuperação judicial, e a sua respectiva execução, inclusive quanto aos honorários advocatícios, não se sujeitarão à recuperação judicial, aos seus efeitos e à competência do juízo da recuperação, ainda que existentes na data do pedido, e prescreverá em cinco anos a ação do representante comercial para pleitear a retribuição que lhe é devida e os demais direitos garantidos por esta lei".

---

[47] Fundamento do voto da relatora em STJ, 3ª Turma, REsp 988.126/SP, rel. Min. Nancy Andrighi, j. 20-4-2010.

[48] STJ, Corte Especial, REsp repetitivo 1.152.218/RS, rel. Min. Luis Felipe Salomão, j. 7-5-2014.

No mesmo sentido: TJSP, 1ª Câmara Reservada de Direito Empresarial, AI 2184877-85.2016, rel. Des. Francisco Loureiro, j. 16-1-2017; TJSP, 1ª Câmara Reservada de Direito Empresarial, AI 2158941-58.2016, rel. Des. Hamid Bdine, j. 11-1-2017; TJSP, 1ª Câmara Reservada de Direito Empresarial, AI 2141962-21.2016, rel. Des. Teixeira Leite, j. 20-10-2016.

[49] Art. 85, § 14, do CPC: "Os honorários constituem direito do advogado e têm natureza alimentar, com os mesmos privilégios dos créditos oriundos da legislação do trabalho, sendo vedada a compensação em caso de sucumbência parcial".

e) Limite de 150 salários mínimos

A Lei determinou que receberão tratamento prioritário na falência os credores titulares de créditos derivados da legislação do trabalho até o limite de 150 salários mínimos por credor. A limitação, por expressa disposição legal, apenas afeta os créditos em razão da relação de trabalho. Os créditos decorrentes de acidente de trabalho, por seu turno, receberão o tratamento privilegiado independentemente do valor, pois a limitação foi expressamente imposta apenas aos créditos trabalhistas.

Essa limitação aos créditos trabalhistas é decorrente da opção legislativa. A limitação foi fundamentada em que o tratamento prioritário seria justificado apenas até o montante da imprescindibilidade do referido crédito para a sobrevivência de seu titular. Acima de 150 salários mínimos, considerou o legislador que o valor excedente não teria mais a natureza alimentar ou não teria mais a ponto de justificar o tratamento distinto em relação aos demais créditos.

Outrossim, a limitação tem o intuito de proteger os menores credores. O limite impede que os demais credores trabalhistas titulares de créditos menores sejam prejudicados por um credor titular de crédito muito superior. Na ausência de ativos suficientes para a satisfação das obrigações de toda a classe, o rateio dos valores deveria ser proporcional ao crédito, o que poderia comprometer a satisfação da remuneração dos demais credores titulares de menores valores (art. 91).

Superado o limite de 150 salários mínimos, o valor remanescente deve ser classificado como crédito quirografário. Como quirografário, o excedente somente poderá ser satisfeito após os demais credores concursais preferenciais serem pagos.

A limitação de 150 salários mínimos, contudo, ocorre apenas para efeito de pagamento na falência. Não há a mesma limitação para os créditos trabalhistas submetidos à recuperação judicial, os quais deverão ser satisfeitos no prazo de até um ano[50]. A limitação ao montante do crédito trabalhista na recuperação judicial não se justifica porque não há, na recuperação judicial, a existência de um concurso de credores. Ao contrário da falência, os ativos do devedor não serão rateados entre os credores de cada classe, de modo que a limitação seria imprescindível para proteger os credores com menor quantidade de crédito. Na recuperação judicial, os credores deverão ser satisfeitos conforme previsão no plano de recuperação judicial aprovado pelos próprios credores.

A despeito da limitação legal dos créditos trabalhistas na falência, o art. 41, § 1º, da LREF estabeleceu que, independentemente do valor, os titulares de créditos decorrentes da legislação do trabalho votam na Assembleia Geral de Credores com a respectiva classe pelo total do crédito.

Como já apontado nos comentários ao referido artigo, o dispositivo legal cria verdadeiro contrassenso na Lei. Na hipótese de falência, determinou o voto com o montante total exclusivamente na classe trabalhista, ainda que o referido credor sofra os efeitos idênticos dessa decisão aos credores quirografários, pelo menos em relação à parte de seu crédito que extrapole 150 salários mínimos. Não faz sentido o credor votar como integrante de uma classe e não sofrer como tal os efeitos da deliberação tomada.

A interpretação desse dispositivo legal, portanto, deverá ser realizada em conjunto com a limitação do art. 83, I, e reforça a aplicação do limite de 150 salários mínimos apenas à falência, de forma que o excedente do referido valor caracteriza o credor como quirografário.

---

[50] Cf. comentários aos arts. 41 e 54.

O art. 41, § 1º, deve ser interpretado de modo que sua aplicação fique restrita à recuperação judicial. O credor da recuperanda poderá, na AGC, votar com o valor total de seus créditos, ainda que supere o referido valor de 150 salários mínimos.

Na falência, ressalte-se, o credor apenas será considerado trabalhista até o referido valor de 150 salários mínimos. Deverá votar na AGC, portanto, como trabalhista até o limite legal, e como quirografário pelo valor excedente, o que permitirá que os efeitos da deliberação recaiam sobre si próprio na medida de seus interesses[51].

Por seu turno, ainda que inseridos na mesma classe dos credores trabalhistas, os créditos decorrentes de acidente de trabalho não possuem a limitação de até 150 salários mínimos. O art. 83, I, como norma restritiva, deverá ser interpretado de modo estrito. Independentemente do valor, o crédito decorrente de acidente do trabalho será sempre considerado com privilégio em detrimento dos demais créditos concursais.

f) Cessão de crédito trabalhista na falência e na recuperação judicial

A transferência voluntária do crédito trabalhista para terceiro provocava, na redação original da Lei n. 11.101/2005, a reclassificação do crédito como quirografário, por expressa disposição legal na falência, mas cujo raciocínio também era aplicável para a recuperação judicial.

Para parte da doutrina, a determinação legal procuraria desestimular a aquisição por terceiros desses créditos trabalhistas, o que poderia ocorrer por valores em muito inferiores ao montante a que esses credores teriam direito[52].

A alteração da natureza do crédito era justificada, também, em razão dos direitos dos terceiros. Ela decorria da perda do caráter alimentar do crédito em face do cessionário, que o adquiria voluntariamente em razão de seu interesse pecuniário. Como os ativos a serem liquidados são únicos, o direito prioritário aos créditos trabalhistas ocorria em decorrência de sua imprescindibilidade à subsistência daqueles que efetivamente desempenharam suas atividades sem obter a remuneração. Perdida essa característica pela cessão do crédito, não deveria ocorrer o tratamento diferenciado[53].

A imposição legal de alteração dos referidos créditos, embora pudesse efetivamente desestimular o assédio aos credores trabalhistas para que alienassem seus créditos, entretanto, prejudicava ainda mais referidos credores. Isso porque, como a cessão impunha a desnaturação do crédito trabalhista para crédito quirografário, com um aumento, portanto, do risco de satisfação do crédito pela Massa Falida, os valores oferecidos ao cedente eram ainda menores[54].

Diante desse contexto, a alteração legislativa assegurou que a cessão do crédito trabalhista não desconfiguraria a sua natureza e classificação. Procurou a Lei gerar o estímulo para que o credor trabalhista, caso o desejasse, pudesse ceder o respectivo crédito mediante o pagamento de um preço, o qual poderia atender de maneira mais tempestiva às suas necessidades.

---

[51] Cf. comentários ao art. 41.

[52] COELHO, Fábio Ulhoa. *Comentários à nova de Lei de Falências e de Recuperação de Empresas*. 3. ed. São Paulo: Saraiva, 2005, p. 231.

[53] STJ, AgInt no Ag. em REsp 818.764/SP, rel. Min. Ricardo Villas Bôas Cueva, j. 7-6-2016.

[54] SOUZA JR., Francisco Satiro. Art. 83. In: SOUZA JR., Francisco Satiro de; PITOMBO, Antônio S. A. de M. (coord.). *Comentários à Lei de Recuperação de Empresas e Falência*. 2. ed. São Paulo: Revista dos Tribunais, 2007, p. 363, n. 393.

Ainda que possa haver o assédio de investidores em relação ao crédito, cumpre ao credor trabalhista a apreciação da conveniência e oportunidade de preservá-lo ou cedê-lo a terceiro em razão de um preço. O estímulo traria concorrência aos pretendentes à cessão, aumentando o preço.

Além da concorrência, para que o melhor preço fosse ofertado, a natureza e a classificação do crédito trabalhista deveriam ser preservadas em face do cessionário. Ainda que o cessionário adquira créditos de diversos credores e mesmo que a soma supere 150 salários mínimos, o crédito originalmente classificado como trabalhista preservará a sua natureza.

Dessa forma, pela Lei, ainda que titularizado por cessionário que não seja trabalhador e mesmo que os créditos trabalhistas superem, em virtude da aquisição, 150 salários mínimos, a natureza do crédito não será alterada. O limite de 150 salários mínimos recai individualmente sobre os créditos cedidos, e não sobre a soma de créditos adquiridos pelo cessionário[55].

Da mesma forma que a cessão do crédito, os pagamentos por terceiros interessados ou que poderiam ser obrigados implica a sub-rogação. A sub-rogação em relação a créditos trabalhistas sujeitos à recuperação judicial transfere ao novo credor todos os direitos, ações, privilégios e garantias do credor originário, conforme o art. 349 do Código Civil. Assim, o sub-rogado preserva o direito de voto individual de cada credor trabalhista cujo crédito tenha sido satisfeito[56].

Credor com garantia real

Os credores titulares de crédito com garantia real são aqueles cujos créditos são garantidos por penhor, anticrese e hipoteca, nos termos do art. 1.419 do Código Civil.

A garantia real conferida a determinados créditos reduz o risco de inadimplemento do devedor. Fora do regime concursal, os referidos bens conferidos em garantia ficam vinculados ao adimplemento do credor, o qual prefere a qualquer outro para ser satisfeito com o produto de sua alienação, embora essa limitação não ocorra na falência[57].

Esse menor risco contraído pelo credor em relação ao inadimplemento das obrigações pelo devedor torna o referido crédito especial em relação aos demais e com tratamento privilegiado no regime falimentar (art. 83, II), assim como lhe é garantido, na recuperação judicial, que a alienação do bem objeto da garantia, a supressão da referida garantia ou sua substituição somente serão admitidas mediante aprovação expressa do credor (art. 50, § 1º). Na Assembleia Geral de Credores, a peculiaridade desses créditos faz com que eles se agrupem numa classe distinta das demais[58].

O titular de crédito com garantia real somente receberá tratamento privilegiado, porém, na medida da garantia. O crédito somente será considerado integrante dessa segunda classe até o valor do bem dado em garantia. Esse valor será apurado conforme o montante obtido com a alienação do bem, pelo administrador judicial, por ocasião da liquidação de todos os ativos integrantes

---

[55] CAVALLI, Cássio. O princípio da fixação do crédito trabalhista cedido na recuperação judicial e na falência. Agenda Recuperacional. São Paulo. v. 1, n. 7, p. 1-5, mar./2023. Disponível em: www.agendarecuperacional.com.br. Acesso em: 30-10-2023.

[56] Nesse sentido: TJSP, 1ª Câmara Reservada de Direito Empresarial, AI n. 2298795-57.2022.8.26.0000, rel. Des. Azuma Nishi, j. 5-7-2023.

[57] SOUZA JR., Francisco Satiro de. Comentários ao art. 83, II. In: SOUZA JR., Francisco Satiro de; PITOMBO, Antônio S. A. de M. (coord.). Comentários à Lei de Recuperação de Empresas e Falência. 2. ed. São Paulo: Revista dos Tribunais, 2007, p. 364.

[58] Cf. comentários ao art. 41.

da Massa Falida, ainda que referido valor obtido seja inferior ao valor indicado no contrato que originou o crédito, pois o valor real do bem a mercado é a medida efetiva da garantia.

Se o bem foi vendido em bloco, ou seja, em conjunto com outros bens, determina a Lei que o produto de sua venda deve ser considerado o valor de sua avaliação individual. A aplicação literal do art. 83, § 1º, entretanto, poderá gerar benefício irrazoável, notadamente quando o conjunto for vendido com amplo deságio. Nessa hipótese, e de modo a garantir a igualdade de tratamento com os demais credores, o deságio aplicado ao conjunto e resultante da alienação em bloco deverá ser aplicado ao valor da avaliação individual do bem dado em garantia para se apurar o montante do crédito a ser incluído na classe dos credores titulares de crédito com garantia real.

Caso o bem dado em garantia supere, inclusive, o valor do principal e também seja suficiente para garantir o pagamento dos juros vencidos após a decretação da falência, o art. 124 determina uma exceção legal. Em que pesem os juros vencidos após a falência não devam ser satisfeitos antes de serem pagos todos os créditos principais de todos os credores de todas as classes (art. 124, *caput*), no caso dos créditos com garantia real, os juros poderão integrar a respectiva classe e poderão ser pagos em detrimento do pagamento do montante principal do crédito das demais, desde que o produto da alienação da coisa dada em garantia real seja suficiente para assegurar-lhes o pagamento (art. 124, parágrafo único).

O crédito que superar o valor do bem dado em garantia não possui nenhuma diferenciação em face dos demais créditos. Nos termos do art. 83, VI, *b*, os saldos dos créditos não cobertos pelo produto da alienação dos bens vinculados ao seu pagamento, o valor remanescente, deverá ser considerado quirografário na ordem de pagamento.

Cumpre ressaltar que, ao contrário do estabelecido no art. 1.419 do Código Civil, o produto da liquidação do bem não fica vinculado à satisfação prioritária do referido crédito garantido por esse bem. Na falência, não há vinculação entre o produto propriamente da liquidação e o crédito garantido. O valor da liquidação é imprescindível apenas para a aferição da real medida do crédito como integrante da classe dos credores com garantia real. O produto será utilizado para o pagamento dos credores conforme a ordem legal de pagamento.

a) Garantia real conferida sobre bem de terceiro

A garantia real conferida sobre bem de terceiro, não integrante do patrimônio do empresário recuperando ou do devedor falido, não permite a classificação do crédito como crédito com garantia real. Embora a classificação do crédito seja realizada com base no maior ou menor risco de inadimplemento do crédito, referido risco deveria ser aferido apenas em relação ao patrimônio do devedor.

O privilégio conferido na ordem de pagamento ocorre apenas em relação ao prestador da garantia real. Conferida a garantia por terceiro, o qual não se submete à recuperação ou a decretação da falência, o inadimplemento da obrigação pelo devedor não permitiria qualquer constrição em seu patrimônio, além do que poderia ser realizado por um credor sem qualquer forma de garantia. Outrossim, o montante de sua garantia, haja vista que ela é limitada ao valor do bem conferido, dependeria do comportamento de terceiro alheio à falência ou à recuperação judicial.

A diferenciação de tratamento na ordem de pagamento ou na formação das classes de credores, portanto, não se justifica. Como exemplo, o tratamento diverso dispensado pela Massa Falida ou pela Recuperanda sobre os ativos e que poderá influenciar no valor da garantia dos referidos credores, não repercutirá diretamente sobre o valor da garantia desse credor, o que diferencia seus interesses de todos os demais credores com garantia real.

Dessa forma, o credor titular de crédito com garantia real sobre bem de terceiro não submetido à recuperação judicial ou falido deverá, em face da recuperanda ou da falida, ser considerado quirografário[59].

b) A hipoteca judiciária

O Código Civil não distingue, ao regular no art. 1.419, as garantias reais sobre bens de terceiro. A hipoteca poderá ser convencional, legal ou judiciária.

A hipoteca judicial é instituto previsto no art. 495 do CPC e no art. 167, I, 2, da Lei n. 6.015/73 e assegura que o credor de prestação em dinheiro ou convertida a tal poderá, por mera apresentação da sentença perante o cartório de registro imobiliário, independentemente de ordem judicial, averbar oneração na matrícula de imóvel do devedor de forma a garantir seu cumprimento. Ainda que não haja requerimento do credor, a constituição da hipoteca judiciária poderá decorrer de efeito da própria sentença de procedência do pedido condenatório, ainda que genérico, e mesmo que pendente impugnação com recurso dotado de efeito suspensivo.

A hipoteca judiciária implicará, ao credor hipotecário, o direito de preferência quanto ao pagamento em relação a outros credores, mediante a prioridade no registro, nos termos do art. 495, § 4º, Código de Processo Civil.

Independentemente de sua fonte, portanto, cria a hipoteca judiciária vínculo real ao cumprimento da obrigação. Trata-se de direito real de garantia que gera direito de sequela e oponibilidade *erga omnes*.

Dessa forma, na hipótese de falência ou recuperação judicial, o credor com a hipoteca judiciária constituída até a data da distribuição do pedido de recuperação judicial ou da decretação da falência figurará na classe dos credores com garantia real, na medida do bem que lhe foi conferido em garantia[60].

Contudo, essa posição é criticada por alguns doutrinadores que entendem que a hipoteca judicial é um ato de constrição judicial, decorrente de uma relação jurídica de direito pessoal, e não de direito real. Para esses, não seria apropriado dar preferência para a hipoteca judicial na classificação de crédito. Ainda, outra crítica feita é que esse instituto poderia levar um credor da classe III (credores quirografários) à classe II (credores de garantia real), o que violaria o *par conditio creditorum*[61].

Credores tributários

Após o pagamento dos créditos trabalhistas e dos credores com garantia real, deverá ser satisfeita a classe formada pelos créditos tributários. Essa ordem de pagamento é inovação da Lei

---

[59] Nesse sentido: TJSP, 1ª Câmara Reservada de Direito Empresarial, AI 2181667-26.2016, rel. Des. Cesar Ciampolini, j. 22-2-2017; TJSP, 1ª Câmara Reservada de Direito Empresarial, AI 2268926-93.2015, rel. Des. Hamid Bdine, j. 15-6-2016; TJSP, 2ª Câmara Reservada de Direito Empresarial, AI 2140518-21.2014, rel. Des. Ricardo Negrão, j. 10-4-2015; TJSP, 1ª Câmara Reservada de Direito Empresarial, AI 0211493-73.2012, rel. Des. Pereira Calças, j. 30-10-2012; TJSP, 1ª Câmara Reservada de Direito Empresarial, AI 0216714-71.2011, rel. Des. Francisco Loureiro, j. 5-6-2012.

[60] Nesse sentido, TJSP, 1ª Câmara Reservada de Direito Empresarial, AI 2020462-46.2020.8.26.0000, rel. Pereira Calças, j. 15-7-2020; TJSP, 2ª Câmara Reservada de Direito Empresarial, AI 2258660-37.2021.8.26.0000, rel. Sérgio Shimura, j. 12-12-2022.

[61] GARBI, Carlos Alberto. A classificação do crédito com hipoteca judiciária na falência e na recuperação judicial – uma falsa questão. Migalhas. maio/2023.

n. 11.101/2005 e foi também consagrada por alteração do próprio Código Tributário Nacional, pela Lei Complementar n. 118/2005, que alterou a redação do art. 186, I, do Código Tributário Nacional. No Decreto-Lei n. 7.661/45, os créditos tributários eram satisfeitos logo após os credores trabalhistas, e com precedência em relação aos créditos com garantia real.

O crédito tributário não se confunde com o crédito fiscal[62]. A Lei n. 4.930/64 caracteriza, em seu art. 39, § 2º, os créditos fiscais como quaisquer créditos da Fazenda Pública, tanto tributários quanto não tributários. Referidos créditos fiscais recebem tratamento privilegiado quanto à cobrança e submissão ao juízo falimentar. Nos termos do art. 5º da Lei n. 6.830/80 (Lei de Execução Fiscal), a Dívida Ativa da Fazenda Pública exclui a de qualquer outro juízo, inclusive o da falência, e permite ao titular de crédito fiscal não se habilitar no processo falimentar, mas proceder à penhora no rosto dos autos, embora somente possa ser satisfeito pelo juízo falimentar conforme a ordem de pagamento dos credores[63].

Embora espécie dos créditos fiscais, apenas os créditos tributários integram essa terceira classe preferencial de pagamento. Os demais créditos fiscais deverão ser classificados conforme a natureza da obrigação.

São créditos tributários a prestação pecuniária compulsória, que não constitua sanção de ato ilícito, instituída em lei e cobrada mediante atividade administrativa vinculada (art. 3º do CTN). Créditos tributários são os direitos surgidos das obrigações decorrentes notadamente dos impostos, das taxas e das contribuições de melhoria.

Estabeleceu o art. 83, III, que os créditos tributários formarão a terceira classe de preferência do pagamento, independentemente de sua natureza e tempo de constituição. O dispositivo, entretanto, deverá ser interpretado para não gerar confusão.

Considera-se crédito tributário concursal apenas o crédito tributário decorrente de fato gerador anterior à decretação da falência do contribuinte. Os créditos decorrentes de fatos geradores posteriores são classificados como créditos extraconcursais e deverão ser satisfeitos com prioridade a todos os créditos concursais.

Dentro da classe dos credores tributários, o art. 187 do Código Tributário Nacional estabelece uma ordem preferencial de pagamento ou a criação de subclasses. Em vez de serem pagos todos os credores da classe proporcionalmente, conforme a *par conditio creditorum*, devem ser satisfeitos preferencialmente, em detrimento dos demais da mesma classe, os créditos da União; posteriormente e caso haja ativo suficiente, os créditos dos Estados e Distrito Federal e, finalmente, os créditos do Município.

Não integram a referida classe as multas tributárias. Ainda que decorrentes do inadimplemento da obrigação tributária principal, as multas apenas ingressam na classe dos credores subquirografários, por expressa disposição legal no art. 83, VII.

a) Contribuições sociais e imposto de renda

A contribuição social também deverá ser considerada crédito tributário, por equiparação realizada pelo art. 51 da Lei n. 8.212/91 ao tratamento conferido na falência e recuperação judicial aos créditos titularizados pela União.

---

[62] Cf. comentários ao art. 6º.

[63] Cf. comentários ao art. 6º.

Deve-se diferenciar, entretanto, as contribuições devidas. A quota-parte do empregador na contribuição social é crédito equiparado a tributário e deverá ser inscrito na Classe III, dos créditos tributários, em nome de seu titular INSS.

A quota-parte do empregado na contribuição social, descontada pelo empregador por ocasião do pagamento do salário do empregado, contudo, já pertence ao INSS desde o dia em que os valores foram descontados do salário do empregado e poderá, inclusive, ser objeto de pedido de restituição[64].

O empregador é mero depositário dos valores descontados dos empregados. Sua titularidade e exigibilidade, portanto, são da autarquia federal, legitimada ativa a tanto, e não pelos próprios empregados[65].

Contudo, o fato gerador é justamente o pagamento dos salários, de modo que, caso ele não tenha ocorrido, não há contribuição social devida. Por ocasião da habilitação de crédito, os valores deverão ser integralmente habilitados com relação ao montante salarial e encargos devidos aos trabalhadores. Apenas por ocasião de seu pagamento, na falência, o administrador judicial deverá reter o percentual devido para o pagamento da contribuição previdenciária, como deverá também fazer a recuperanda[66].

Raciocínio idêntico ocorre com a retenção de Imposto de Renda do empregado pelo empregador. Como a verba somente será descontada da remuneração do empregado no momento do pagamento, o valor da remuneração pelo trabalho deverá ser integralmente incluído na habilitação de crédito do credor trabalhista, mas os valores referentes às contribuições sociais e ao Imposto de Renda deverão ser retidos pelo administrador judicial por ocasião do pagamento na falência ou pela recuperanda durante o cumprimento do plano de recuperação judicial. Caso o pagamento ao trabalhador já tenha ocorrido e o montante do Imposto de Renda já lhe tenha sido retido pelo empregador, cumpre à União Federal pretender, como crédito tributário, a restituição dos valores[67].

Crédito com privilégio especial e crédito com privilégio geral

O art. 83, IV, determinava que a quarta classe dos credores concursais era composta pelos créditos previstos no art. 964 do Código Civil, os definidos como créditos com privilégio especial determinados por lei, os créditos decorrentes de direito de retenção sobre a coisa dada em garantia e os créditos de titularidade de microempreendedores e de empresários de pequeno porte.

Embora os créditos com privilégio especial fossem assim definidos em razão de uma relação entre um determinado bem e uma obrigação que sua liquidação favoreceria (art. 963 do CC), as alterações legislativas indicavam que não havia propriamente uma diferença de natureza dos referidos créditos em face dos demais, mas uma opção legislativa por garantir a determinados créditos um benefício em face dos demais.

Da mesma forma que o crédito de privilégio especial, era prevista originalmente na Lei n. 11.101/2005 a classe dos credores titulares de crédito com privilégio geral. Referida classe era

---

[64] Cf. comentários ao art. 85.

[65] STJ, 1ª Turma, REsp 1.183.383/RS, rel. Min. Luiz Fux, j. 5-10-2010.

[66] TJSP, 2ª Câmara Reservada de Direito Empresarial, AI 2102386-21.2016, rel. Des. Ricardo Negrão, j. 3-10-2016; TJSP, 2ª Câmara Reservada de Direito Empresarial, AI 2079308-66.2014, rel. Des. Ramon Mateo Júnior, j. 17-11-2014; TJSP, 2ª Câmara Reservada de Direito Empresarial, AI 0131141-65.2011, rel. Des. Araldo Telles, j. 11-9-2012.

[67] TJSP, 2ª Câmara Reservada de Direito Empresarial, AI 0129956-21.2013, rel. Des. Araldo Telles, j. 17-2-2014.

assim caracterizada por receber tratamento benéfico em relação aos créditos quirografários e sub-quirografários apenas.

Eram considerados créditos com privilégio geral os créditos do art. 965 do Código Civil, os créditos anteriores à quebra de titularidade dos fornecedores da recuperanda e os assim definidos em outras leis civis, salvo disposição em contrário.

A classificação foi revogada pela alteração legislativa. Os anteriores créditos considerados com privilégio especial ou geral passam a integrar a classe dos créditos quirografários.

Créditos quirografários

Os créditos quirografários são os titulares de créditos sem privilégio na ordem de pagamento do procedimento falimentar. São assim definidos residualmente, ou seja, são considerados créditos quirografários todos os créditos que não possuam tratamento diferenciado estabelecido pela Lei, bem como os créditos trabalhistas excedentes a 150 salários mínimos ou os créditos excedentes ao valor do bem dado em garantia pelo devedor.

Crédito quirografário, contudo, não é sinônimo de crédito sem garantia. As garantias fidejussórias, como aval e fiança, não geram qualquer preferência no recebimento em relação a determinado credor, de modo que o crédito titularizado em face do devedor será considerado crédito quirografário.

Classificam-se também como créditos quirografários os créditos dos sócios e dos administradores cuja contratação tenha observado as condições estritamente comutativas e as práticas de mercado. Tais créditos deixam de ser considerados subordinados somente por serem titularizados pelos sócios e equiparam-se a todos os demais créditos sem garantia.

Créditos subquirografários

Na falência, as multas decorrentes do descumprimento de obrigações ou imposição de penas pecuniárias em razão de infrações penais, administrativas ou tributárias serão satisfeitas apenas após todos os demais créditos principais dos demais credores terem sido satisfeitos.

São considerados créditos subquirografários os créditos decorrentes de imposição de penalidade em razão do descumprimento de obrigações legais ou contratuais.

As penas pecuniárias são decorrentes do descumprimento de uma determinada obrigação imposta pela Lei. São penas pecuniárias as impostas pela lei penal em razão do cometimento de um crime ou contravenção penal. Também são assim consideradas as multas administrativas de modo geral, como as aplicadas pela Fazenda Pública ou suas autarquias, em razão do descumprimento de obrigações. São elas as multas impostas por agências reguladoras, como IBAMA, ANATEL, ANEEL, CADE etc.

Classificadas como créditos fiscais, visto que detidas pela Fazenda Pública, que poderia inscrever o crédito na Dívida Ativa, além das multas administrativas figuram as multas tributárias em razão do não recolhimento dos tributos ou descumprimento de prestação acessória.

Créditos subordinados

Os créditos subordinados são os definidos por lei ou contrato.

As partes, ao celebrarem contrato, podem estipular qual a natureza do crédito a que conferem à parte contrária. Exemplo mais típico dessa situação ocorre com as debêntures sem garantia e que contenham cláusula de subordinação (art. 58, § 4º, da Lei n. 6.404/76), cujos valores deverão ser incluídos como créditos subordinados.

Além da estipulação por contrato, determina a Lei que os créditos dos sócios ou administradores sem vínculo empregatício serão considerados também como subordinados se a contratação não tiver observado as condições estritamente comutativas e as práticas de mercado.

Os créditos dos sócios e administradores com vínculo empregatício serão considerados créditos trabalhistas, se decorrentes dessa relação de trabalho. Por seu turno, os créditos dos sócios e dos administradores sem vínculo empregatício em face da sociedade e cuja contratação tenha observado as condições estritamente comutativas e as práticas de mercado serão considerados quirografários, como todo e qualquer outro crédito sem privilégio detidos pelos outros credores.

Pela alteração da legislação, como crédito subordinado somente será considerado o crédito dos sócios e dos administradores em contratações fora do parâmetro de mercado.

A legislação falimentar, nesse aspecto, parece tutelar a contratação pelos sócios e administradores em parâmetros não equitativos e que forneceriam a estes, inclusive, o direito de recebimento dos excedentes acima do valor de mercado como crédito subordinado. A interpretação não poderá ser assim tão simples.

Nos termos do art. 156, § 2º, da Lei n. 6.404/76, Lei das S.A., o negócio contratado pelo administrador em condições não razoáveis e equitativas é considerado anulável, de modo que o administrador deveria transferir para a companhia as vantagens que tiver auferido. De forma análoga, nas sociedades simples e regra geral para os demais tipos societários, no art. 1.010, o administrador deve aplicar o cuidado e a diligência para tutelar os interesses da sociedade, e não os próprios, de modo que deverá restituir, pelo art. 1.017 do Código Civil, o prejuízo do emprego de bens sociais em proveito próprio.

Pela análise dos dispositivos, poder-se-ia sustentar que, enquanto o referido crédito não for anulado, ele seria devido pela massa falida integralmente e, por conta disso, deveria ser satisfeito como subordinado, da forma em que previsto pela lei.

Contudo, o art. 5º da própria Lei n. 11.101/2005 determina que as obrigações a título gratuito não são exigíveis do devedor no procedimento falimentar, nem na recuperação judicial.

O crédito contratado em condição não equitativa, nesses termos, enquanto não for anulado, não poderia ter seu excedente incluído pois referido valor foi contraído sem qualquer prestação pelo referido credor.

Nesse aspecto, contraído em condições não equitativas, o valor de mercado da remuneração deverá ser incluído como crédito subordinado, como opção legal por sancionar referida prática desconforme ao sistema jurídico, mas apenas em relação ao valor de mercado da contraprestação. Quanto ao excedente, que extrapola o valor de mercado da contraprestação efetivamente realizada pelo credor, deve ser considerado como obrigação a título gratuito e, portanto, não passível de ser exigido do devedor, nem na recuperação judicial, nem na falência.

Tais créditos, outrossim, devem ser distinguidos dos demais créditos dos sócios em razão de sua participação no capital social da pessoa jurídica falida. Os créditos originados da participação no capital social são os devidos aos sócios em razão do exercício de seu direito de retirada, de terem sido excluídos da companhia, ou de dissolução parcial da pessoa jurídica por qualquer outra razão. Nessa hipótese, não se inclui esse crédito entre os créditos quirografários ou subordinados.

Como é resultante da participação no capital social e não de obrigação contraída pela pessoa jurídica, os sócios apenas receberão referidos valores após a satisfação de todas as obrigações sociais. Os valores decorrentes de sua participação no capital apenas serão aos sócios ou seus herdeiros distribuídos após a satisfação de todos os credores e, caso remanesçam ativos, após a satisfação dos juros a que eles têm direito em razão do crédito[68].

Juros posteriores à decretação da falência

O crédito principal será atualização e corrigido com os juros estabelecidos no contrato ou determinados subsidiariamente pela lei até a data da decretação da falência. Os juros incidentes antes da falência deverão ser pagos conforme a ordem de pagamento estabelecida pela LREF no art. 83 juntamente com o crédito principal.

Os juros vencidos posteriormente à falência não serão pagos juntamente com o principal. Nos termos do art. 124, referidos juros contra a Massa vencidos posteriormente à decretação da falência não poderão ser exigidos dela, se o produto da liquidação dos ativos não for suficiente para o pagamento de todos os credores. Excetuam-se dessa disposição os juros das debêntures e dos créditos com garantia real, nos termos do art. 124, parágrafo único, da Lei n. 11.101/2005.

A despeito de não poderem ser exigidos da Massa se não houver bens suficientes para pagamento de todos os demais, os juros vencidos após a decretação da falência foram incluídos numa classe de credores, nos termos do art. 83, IX.

Referida inclusão somente traz complicações. Como o referido crédito não terá como marco temporal a decretação da falência, como todos os demais créditos, e sua majoração será feita ao longo do tempo, a lista de credores e o quadro-geral de credores precisará estar sempre em mutação até o momento do pagamento da referida classe, o que torna impossível o trabalho de todos.

Por seu turno, nos termos do art. 41, os titulares dos referidos créditos não poderão votar na Assembleia Geral de Credores, por ali não estarem especificados e, como todos os credores teriam direito a juros, o voto de todos com ou sem esse referido acréscimo seria absolutamente idêntico.

Desta forma, deve-se realizar uma interpretação sistemática dos dispositivos da Lei, de modo a se assegurar que os juros vencidos após a decretação de falência somente serão satisfeito nos termos do art. 124 da Lei n. 11.101/2005.

Os juros posteriores à decretação da falência, nesses termos, não deverão integral o Quadro-Geral de Credores. Eles somente serão satisfeitos após satisfeitos todos os demais créditos principais. Caso isso ocorra, o pagamento dos juros deverá respeitar a ordem preferencial de pagamento de cada uma das classes.

Exceção a essa regra geral ocorre com juros das debêntures e dos créditos com garantia real. Desde que o bem dado em garantia seja suficiente para assegurar o pagamento do crédito principal e dos juros, ambos serão satisfeitos conjuntamente com o produto de sua liquidação[69].

Art. 84. Serão considerados créditos extraconcursais e serão pagos com precedência sobre os mencionados no art. 83 desta Lei, na ordem a seguir, os relativos a:

I – REVOGADO

---

[68] Cf. comentários ao art. 153.
[69] Cf. comentários ao art. 124.

I-A – às quantias referidas nos arts. 150 e 151 desta Lei;

I-B – ao valor efetivamente entregue ao devedor em recuperação judicial pelo financiador, em conformidade com o disposto na Seção IV-A do Capítulo III desta Lei;

I-C – aos créditos em dinheiro objeto de restituição, conforme previsto no art. 86 desta Lei;

I-D – às remunerações devidas ao administrador judicial e aos seus auxiliares, aos reembolsos devidos a membros do Comitê de Credores, e aos créditos derivados da legislação trabalhista ou decorrentes de acidentes de trabalho relativos a serviços prestados após a decretação da falência;

I-E – às obrigações resultantes de atos jurídicos válidos praticados durante a recuperação judicial, nos termos do art. 67 desta Lei, ou após a decretação da falência;

II – às quantias fornecidas à massa falida pelos credores;

III – às despesas com arrecadação, administração, realização do ativo, distribuição do seu produto e custas do processo de falência;

IV – às custas judiciais relativas às ações e às execuções em que a massa falida tenha sido vencida;

V – aos tributos relativos a fatos geradores ocorridos após a decretação da falência, respeitada a ordem estabelecida no art. 83 desta Lei.

§ 1º As despesas referidas no inciso I-A do *caput* deste artigo serão pagas pelo administrador judicial com os recursos disponíveis em caixa.

§ 2º O disposto neste artigo não afasta a hipótese prevista no art. 122 desta Lei.

Créditos extraconcursais: definição

Os créditos extraconcursais são os contraídos pela Massa Falida durante o procedimento concursal, seja como remuneração aos seus próprios agentes para o desenvolvimento do processo, seja por obrigações contraídas perante terceiros, ou ainda os créditos contraídos pelo devedor durante o procedimento de recuperação judicial e que veio a se convolar em falência. Com exceção dos créditos contraídos durante a recuperação judicial, são créditos constituídos em razão da arrecadação, liquidação dos ativos da Massa Falida e pagamento dos credores.

Excetuam-se a essa definição os créditos trabalhistas de natureza estritamente salarial vencidos nos três meses anteriores à decretação da falência, até o limite de cinco salários mínimos por trabalhador. Referidos créditos não foram contraídos durante o procedimento falimentar ou de recuperação judicial, nem são decorrentes destes. São créditos anteriores à decretação da falência e que, em razão da prioridade atribuída pela lei em sua satisfação, decorrente da sua finalidade de permitir a subsistência do trabalhadores, serão pagos tão logo haja disponibilidade em caixa na Massa Falida[70].

Também pela alteração legal excetuam-se, dessa definição, os créditos em dinheiro objeto de pedido de restituição, nos termos do art. 86. Na redação original da Lei n. 11.101/2005, referidos créditos deveriam ser satisfeitos posteriormente aos créditos trabalhistas prioritários, mas antes de todos os demais créditos extraconcursais. Pela alteração legislativa, ambos os créditos

---

[70]   Cf. comentários ao art. 151.

foram incluídos como créditos extraconcursais e deverão ser satisfeitos conforme a ordem de prioridade definida no art. 84.

Esses créditos extraconcursais são satisfeitos com o produto da liquidação dos ativos da Massa Falida com prioridade em relação aos créditos concursais, já existentes por ocasião da decretação da falência ou do pedido de recuperação judicial convolada em falência.

Na hipótese de os ativos da Massa serem insuficientes para a satisfação integral de todos os créditos extraconcursais, o pagamento deverá respeitar a ordem do art. 84 da LREF, haja vista que o próprio *caput* do dispositivo determina o pagamento conforme a ordem a seguir prevista. Na insuficiência de ativos, a classe posterior somente poderá ser satisfeita, com o pagamento proporcional ao crédito de todos os credores, após a satisfação da classe anterior.

A universalidade do Juízo Universal da Falência, disciplinada no art. 76, assegura que todos os credores deverão ser satisfeitos na execução coletiva falimentar, ainda que seus créditos sejam considerados extraconcursais. A extraconcursalidade não implica não submissão do credor à falência ou à sua execução individual, que também será suspensa pela decretação da quebra do devedor[71], mas apenas que o credor receberá tratamento privilegiado em relação aos demais créditos concursais do devedor.

A despeito do nome, os créditos são submetidos ao concurso de credores e, à falta de recursos suficientes para a satisfação da integralidade de todos os créditos com iguais características e, portanto, da mesma classe, o produto da liquidação dos bens do devedor será rateado entre todos da classe, em atenção ao princípio da *par conditio creditorum*. Dessa forma, ainda que crédito extraconcursal, o credor deverá requerer seu ingresso nos autos da falência, embora a formalidade da habilitação de crédito possa ser, no caso, dispensada em razão da celeridade[72].

Despesas cujo pagamento antecipado seja indispensável e créditos trabalhistas estritamente salariais

Determina a Lei que o pagamento antecipado do crédito trabalhista estritamente salarial, vencido nos três meses antes da decretação da falência e até cinco salários mínimos, deverá ser feito tão logo haja disponibilidade em caixa. Entretanto, sua prioridade de pagamento é condicionada a pagamentos anteriores efetuados pela Massa a credores ainda mais preferenciais.

A antecipação do pagamento dos credores trabalhistas deverá ser realizada após a restituição dos bens de terceiros que se encontrem em poder do devedor na data da decretação da falência[73]. Tais bens deverão ser restituídos com absoluta prioridade (art. 85).

Essa prioridade é exigida porque os bens de terceiros, arrecadados pelo administrador judicial, não deveriam compor a Massa Falida objetiva e ser liquidados pelo administrador judicial para a satisfação dos credores do falido e da Massa. Apenas o patrimônio do falido e dos sócios ilimitadamente responsáveis deverá ser utilizado para a satisfação das obrigações sociais, sob pena de se ferir o direito constitucional à propriedade privada.

Também deverão ser satisfeitas, na mesma prioridade em relação aos créditos trabalhistas, as despesas urgentes cujo pagamento antecipado seja indispensável à administração da falência, entre

---

[71] Cf. comentários ao art. 6º.

[72] TJSP, 1ª Câmara Reservada de Direito Empresarial, AI 0238842-51.2012, rel. Des. Francisco Loureiro, j. 3-4-2014.

[73] Cf. comentários ao art. 149.

estas os gastos necessários à continuação provisória da atividade empresarial pela Massa Falida (art. 150). Sua preferência assegura que o procedimento falimentar se desenvolva com celeridade e eficiência, o que garante a maximização do valor dos ativos para a satisfação de toda a coletividade de credores ao tornar possíveis a arrecadação, a avaliação e a liquidação dos bens da Massa Falida.

O financiamento ao devedor em recuperação judicial (*Dip financing*)

Após a satisfação integral dos créditos trabalhistas estritamente salariais e prioritários, na ordem de prioridade de pagamento o segundo a ser satisfeito será o crédito decorrente do valor efetivamente entregue ao devedor em recuperação judicial pelo financiador e que não tenha sido garantido por alienação fiduciária de bens ou direitos do devedor.

Garantido pela propriedade fiduciária, a rescisão do contrato de financiamento em razão da convolação em falência permitirá que o credor execute a garantia mediante pedido de restituição do específico bem na falência.

O remanescente não garantido, ou caso o financiamento tenha sido realizado sem oneração ou alienação fiduciária de bens ou direitos, deverá ser satisfeito com absoluta prioridade em relação aos demais créditos, com exceção dos trabalhistas estritamente salariais e das despesas imprescindíveis à manutenção da Massa e de seus bens. Essa prioridade de pagamento ao financiamento procurou mitigar os riscos do investidor e incentivar a criação de um mercado de crédito.

A prioridade é conferida, ainda, independentemente da pessoa do seu titular. Mesmo que sócios e integrantes do grupo do devedor, ou credores da recuperanda, o crédito titularizado pelo financiador receberá a prioridade na ordem de pagamentos.

A prioridade se restringe, contudo, aos valores efetivamente liberados. Caso a convolação em falência ocorra antes de os valores terem liberação integral, o contrato será rescindido e haverá crédito decorrente, nos termos do contrato, ao montante efetivamente entregue, sobre o qual incidirão os encargos contratuais até a decretação da falência do devedor.

Créditos em dinheiro objeto de restituição

Na redação original do art. 86, parágrafo único, da Lei n. 11.101/2005, os créditos em dinheiro objeto da restituição eram satisfeitos imediatamente após os pagamentos das despesas cujo pagamento antecipado era indispensável à administração da falência (art. 150) e dos credores trabalhistas prioritários (art. 151). Excepcionavam-se, apenas, as contribuições previdenciárias e tributos descontados do salário, os quais, em razão de o falido não ter sobre eles disponibilidade, eram considerados de propriedade dos terceiros e deveriam ser restituídos com prioridade, como se bens fossem (art. 85)[74].

Pela nova sistemática do art. 84, decorrente da alteração legal, e do art. 149, embora os bens arrecadados no processo de falência ou que se encontrem em poder do devedor na data da decretação da falência devam ser restituídos aos credores, a restituição em dinheiro somente será feita após a satisfação das despesas cujo pagamento antecipado seja indispensável à administração da falência (art. 150) e dos credores trabalhistas prioritários (art. 151), além dos créditos do financiador.

Pela nova redação do art. 86, IV, os tributos passíveis de retenção na fonte, de desconto de terceiro ou os valores recebidos pelos agentes arrecadadores e não recolhidos aos cofres públicos também são considerados restituição em dinheiro para fins de definição de ordem de pagamento.

---

[74] Cf. comentários ao art. 151 para mais detalhes.

A prioridade de tratamento dos pedidos de restituição em dinheiro decorreria de um equiparação legal ao direito de propriedade, embora com ele não se confunda. Não há direito propriamente sobre um bem, mas crédito em face do devedor em função de uma propriedade anterior ou de uma situação a ela equiparada, como definido nas diversas hipóteses do art. 86.

Remunerações devidas ao administrador judicial e seus auxiliares e reembolsos de despesas aos membros do Comitê de Credores

No Decreto-Lei revogado, em seu art. 124, estabelecia-se a prioridade dos credores trabalhistas em detrimento dos encargos e dívidas da Massa. O art. 186 do Código Tributário Nacional, por seu turno, também garantia a preferência dos créditos tributários às obrigações da Massa Falida.

Ambas as normas acarretavam, assim, a impossibilidade de satisfação dos encargos e das dívidas da Massa, entre estes a remuneração do síndico, antes da satisfação dos débitos trabalhistas e fiscais. De modo a assegurar a remuneração pelas funções exercidas pelo síndico, o Superior Tribunal de Justiça tinha consolidado o posicionamento de que a remuneração do síndico seria considerada crédito trabalhista para efeitos de pagamento[75].

A Lei n. 11.101/2005, ao revogar o Decreto-Lei n. 7.661/45, além de estabelecer a prioridade dos créditos extraconcursais sobre os concursais, para efeitos de pagamento, assegurou o tratamento prioritário ao administrador judicial e auxiliares, ao reembolso das despesas dos membros do Comitê de Credores, bem como aos créditos relativos aos serviços prestados pelos trabalhadores durante o procedimento falimentar.

Pela alteração legal da Lei n. 11.101/2005, embora os tenha considerado credores extraconcursais, as despesas de pagamento antecipado, os pagamentos das verbas trabalhistas prioritárias e o pagamento dos pedidos de restituição em dinheiro já eram feitos com prioridade em relação ao pagamento da remuneração do administrador judicial. Alteração material, propriamente, foi a inserção prioritária do pagamento do crédito do financiador antes da satisfação do pedido de restituição em dinheiro.

O administrador judicial será nomeado pelo juízo falimentar para o exercício das funções, basicamente, de verificação de créditos, arrecadação, liquidação dos ativos e pagamento dos credores (art. 22). Para o desempenho dessas funções, determinou a Lei que a remuneração do administrador judicial na falência deve refletir o valor de mercado para o desempenho de funções correlatas, desde que não extrapole o limite de 5% do valor total de liquidação do ativo da Massa Falida[76].

Do total fixado de remuneração do administrador judicial, entretanto, deverá ser reservado o montante de 40% apenas para pagamento após a aprovação de suas contas e do relatório final da falência (art. 24, § 2º). De modo a se garantir que os demais credores não precisem aguardar até o fim do processo para receberem seus créditos, mas não se prejudique a possibilidade de o administrador judicial receber sua remuneração com prioridade, esses valores deverão ser reservados para o pagamento posteriormente, ainda que se pague com precedência os demais credores conforme a ordem de pagamento.

Caso não consiga desempenhar pessoalmente a função, seja em razão da complexidade de determinada atuação, seja diante da necessidade de conhecimentos específicos sobre determinada atividade, o administrador judicial poderá requerer ao juiz a contratação de auxiliares (art. 22, I,

---

[75] Súmula 219 do STJ: "Os créditos decorrentes de serviços prestados à massa falida, inclusive a remuneração do síndico, gozam dos privilégios próprios dos trabalhistas".

[76] Cf. comentários ao art. 24 a respeito da forma de pagamento do administrador judicial.

h). A remuneração desses auxiliares será fixada judicialmente em razão da complexidade do trabalho e dos valores praticados no mercado e será satisfeita também com prioridade pela Massa Falida, na mesma classe dos créditos decorrentes da remuneração do administrador judicial.

De forma prioritária, na mesma classe da remuneração dos administradores judiciais e seus auxiliares, estão incluídos os reembolsos devidos a membros do Comitê de Credores. Ainda que os membros do Comitê não sejam remunerados pelo devedor ou pela Massa Falida, as despesas para a realização dos atos, desde que devidamente comprovadas e com autorização do juiz, serão ressarcidas nessa referida classe de pagamento, nos termos do art. 29.

Créditos derivados da legislação do trabalho ou decorrentes de acidentes de trabalho relativos a serviços prestados após a decretação da falência

Os créditos trabalhistas ou acidentários decorrentes de prestação de trabalho à Massa Falida também integrarão a quarta classe dos credores extraconcursais juntamente com o administrador judicial e seus auxiliares e o reembolso das despesas dos membros do Comitê de Credores. Na hipótese de não existirem ativos para a satisfação da integralidade de todos os credores dessa classe, o produto da liquidação dos bens deverá ser rateado proporcionalmente ao valor do crédito entre todos eles.

Ingressam nessa classe, contudo, apenas os credores cuja prestação laboral ou o acidente de trabalho tenham ocorrido após a decretação da falência. Se a sentença condenatória foi proferida após a decretação, mas o trabalho ou o acidente tiverem ocorrido antes da decretação, o crédito trabalhista é considerado concursal e não extraconcursal, pois o crédito, ainda que não reconhecido ou ilíquido, era existente antes da quebra[77].

Obrigações resultantes de atos jurídicos válidos praticados durante a recuperação judicial e obrigações contraídas após a decretação da falência

Os créditos decorrentes do fornecimento de bens ou de serviços durante a recuperação judicial são considerados créditos extraconcursais.

Na recuperação judicial, ao contrário da falência, não há interrupção da atividade do empresário devedor. Este, por meio do plano de recuperação judicial, procura se reestruturar e negociar a satisfação dos créditos existentes até o momento da distribuição do pedido de recuperação judicial com os seus credores. Durante o procedimento da recuperação, dessa forma, continua o empresário a desenvolver sua atividade econômica, com a produção e circulação de produtos e serviços ao mercado.

Diante da crise econômica que o motivou a ingressar com a recuperação judicial, natural que os seus fornecedores e consumidores deixem de contratar com o recuperando se tiverem receio de que esse empresário em crise poderá não ter condições de cumprir suas obrigações e de que não serão satisfeitos por ocasião de eventual falência.

A prioridade no tratamento conferido aos credores que continuarem a contratar com o empresário durante sua recuperação judicial é assegurada pela legislação de modo a se incentivar que não haja a interrupção do fornecimento de mercadorias ou serviços justamente no período em que o empresário devedor mais necessita. Independentemente de qualquer garantia, assim, os

---

[77] Cf. comentários ao art. 83.

credores que tiverem contratado com o empresário recuperando durante a recuperação judicial serão considerados, pelo montante contratado no período, credores extraconcursais e serão satisfeitos com prioridade aos demais credores.

O marco temporal para esse tratamento como crédito extraconcursal dos créditos contraídos durante a recuperação judicial é a distribuição do pedido de recuperação. Embora a expressão "durante a recuperação judicial" pudesse indicar que os créditos extraconcursais, na hipótese de convolação em falência, seriam os créditos contraídos após a publicação da decisão de processamento da recuperação judicial, a interpretação sistemática do art. 84 com os arts. 67 e 49 da LREF justifica o tratamento preferencial desde a distribuição do pedido. É a partir dessa data que a imagem do empresário devedor já está afetada, pois se torna público que o empresário se encontra em crise econômico-financeira e que haveria maior risco de inadimplemento de suas obrigações a justificar o tratamento privilegiado aos agentes que, com o devedor, mantiverem as contratações[78].

As obrigações contraídas pela Massa Falida por meio do administrador judicial durante o procedimento falimentar serão consideradas nessa classe, com exceção dos créditos trabalhistas durante a falência, incluídos na classe acima, e dos tributos relativos a fatos geradores posteriores à decretação da falência, que terão classe própria menos prioritária dentro dos créditos extraconcursais.

Em ambas as hipóteses, seja de obrigações contraídas após a recuperação judicial, seja de obrigações contraídas após a decretação da falência, determinava a Lei que fosse respeitada a classificação dos créditos do art. 83.

O dispositivo original tratava de créditos tributários na mesma redação. Ao cindir o dispositivo, o legislador acabou por exigir que o respeito à ordem estabelecida do art. 83 fosse inserido no inciso V, que versa sobre crédito tributário e que não possui nenhuma especificidade a exigir essa consideração.

Por absoluta falha legislativa, deve-se compreender a ordem de pagamento do art. 83 nos créditos extraconcursais contraídos após a recuperação judicial ou a falência. Entre esses créditos posteriores à recuperação judicial ou à decretação de falência, ficaram na classe precedente os créditos trabalhistas ou acidentários após a decretação da falência. Também foram menos privilegiados os créditos tributários por fatos geradores após a decretação da falência.

Assim, impõe-se sua divisão e classificação em classes conforme a natureza da respectiva obrigação. Deverão ser satisfeitos, nesses termos, os credores extraconcursais cujos créditos passaram a existir a partir da distribuição do pedido de recuperação judicial ou de sua decretação da falência, nestes termos: créditos trabalhistas ou acidentários surgidos durante a recuperação judicial, credores com garantias reais durante a recuperação judicial ou falência, créditos tributários sobre fatos geradores durante a recuperação judicial, credores quirografários, subquirografários e subordinados durante a recuperação judicial ou após a decretação da falência, nessa respectiva ordem.

Quantias fornecidas à Massa Falida pelos credores

Após a decretação da falência, os credores poderão fornecer recursos financeiros à Massa Falida para que o procedimento possa se desenvolver regularmente, como para o exercício de atos

---

[78] Cf. comentários ao art. 67.

de arrecadação ou liquidação, na hipótese de a Massa Falida não possuir recurso para arcar com as despesas imprescindíveis a tanto.

Esses recursos entregues à Massa Falida para o desenvolvimento do procedimento serão considerados créditos extraconcursais e deverão ser pagos assim que satisfeita a remuneração do administrador judicial e dos trabalhadores que desempenharam suas funções após a decretação da falência.

Despesas com arrecadação, administração, realização do ativo e distribuição do seu produto, bem como custas do processo de falência

No Decreto-Lei n. 7.661/45, em seu art. 125, II, estabelecia-se que seriam extraconcursais e integrantes da mesma classe de credores as quantias fornecidas à Massa pelos credores ou pelo síndico.

Na Lei n. 11.101/2005, a antiga classe foi bipartida. Os créditos fornecidos pelos credores serão satisfeitos com prioridade. Em classe imediatamente seguinte dos credores extraconcursais, por seu turno, continuou a ser tratado o administrador judicial que satisfaz determinadas despesas para a realização de suas funções com os seus próprios recursos e que pretende o ressarcimento perante a Massa Falida.

Diante da falta de recursos da Massa Falida ou da urgência de realização de determinados atos de arrecadação, administração, realização do ativo, pagamento dos credores ou custas do próprio processo falimentar, o administrador judicial poderá arcar com essas despesas com os próprios recursos financeiros. Desde que essas despesas sejam deferidas pelo juiz Falimentar, o administrador judicial se torna credor extraconcursal da Massa Falida pelo referido valor a ser ressarcido.

Na falência, as dívidas de taxa de condomínio posteriores à decretação da falência são entendidas como despesas necessárias à administração do ativo, sendo créditos extraconcursais.

As dívidas de taxa de condomínio anteriores à decretação da falência, entretanto, assim como as dívidas condominiais anteriores à distribuição do pedido de recuperação judicial são créditos concursais quirografários, pois não contam com nenhum privilégio na ordem de recebimento.

Custas judiciais relativas às ações e execuções em que a Massa Falida tenha sido vencida

As custas em processos promovidos pela Massa Falida deverão ser consideradas despesas para a arrecadação dos ativos. A cobrança de determinados créditos em face de terceiros permitirá que o montante arrecadado reverta ao pagamento dos credores, o que se caracteriza como uma forma de o administrador judicial cumprir o seu encargo de arrecadar todos os ativos do devedor.

Embora se caracterize como despesas da arrecadação, e, portanto, como crédito extraconcursal, nem sempre a Massa Falida possuirá recursos financeiros em caixa para fazer frente imediatamente a essas despesas. Por essa razão, e diante de eventual perspectiva de que a Massa Falida poderá obter recursos para suportar referidas despesas, o recolhimento das custas nos referidos processos poderá ser diferido até a liquidação preferencial no juízo falimentar[79].

As custas sucumbenciais em que incorre a Massa Falida por ter sido vencida em processos judiciais serão obrigações cujos fatos geradores ocorrerão após a decretação da falência. Dessa

---

[79] TJSP, 30ª Câmara de Direito Privado, AI 1.155.055-0/7, rel. Des. Carlos Russo, j. 28-5-2008.

forma, são consideradas créditos extraconcursais, mas em subclasse menos privilegiada do que a subclasse composta pelas despesas da Massa Falida com o trâmite do processo falimentar.

Tributos relativos a fatos geradores ocorridos após a decretação da falência

Sem maiores explicações quanto a esse dispositivo, a alteração da Lei de Falência excluiu da classe dos credores extraconcursais referente aos demais créditos surgidos durante a falência o crédito tributário.

O crédito tributário relativo a fato gerador posterior à decretação da falência será a última classe de prioridade dentro dos créditos extraconcursais. Enquanto os tributos relativos a fatos geradores ocorridos durante a recuperação judicial, juntamente com todos os demais créditos contraídos a partir da falência, serão classificados em classe mais prioritária dentro dos créditos extraconcursais, inclusive sob a ordem do art. 83, houve opção legislativa por considerar referido crédito como menos prioritário. Os tributos gerados durante o procedimento de falência apenas serão satisfeitos prioritariamente aos créditos concursais.

Seção III
Do Pedido de Restituição

Art. 85. O proprietário de bem arrecadado no processo de falência ou que se encontre em poder do devedor na data da decretação da falência poderá pedir sua restituição.

Parágrafo único. Também pode ser pedida a restituição de coisa vendida a crédito e entregue ao devedor nos 15 (quinze) dias anteriores ao requerimento de sua falência, se ainda não alienada.

Pedido de restituição

Decretada a falência do empresário devedor, o administrador judicial deverá arrecadar todos os bens do devedor, no local onde se encontrem (art. 108). A arrecadação deverá ser realizada ato contínuo à assinatura do termo de compromisso. Essa celeridade imposta pela Lei ocorre em razão da tentativa de se evitar a deterioração ou o desvio dos ativos cuja liquidação deverá satisfazer os credores.

A celeridade almejada poderia não ser realizada se cumprisse ao administrador judicial, antes de proceder à arrecadação dos ativos, aferir se a propriedade do bem pertence realmente ao falido. Ainda que seja facilmente verificada a propriedade dos imóveis em razão de consulta ao Registro, a propriedade dos móveis exige maior consideração.

Diante da celeridade, cumpre ao administrador arrecadar todos os bens que estão na posse do falido, em seu estabelecimento empresarial, ainda que eventualmente sejam de terceiros. Outrossim, cumpre a arrecadação de todos os bens do falido, ainda que na posse de terceiros ou em outra localidade.

Para se evitar que o bem de terceiro seja liquidado ou que seu produto seja utilizado para o pagamento dos credores do falido, o titular do direito de propriedade do bem arrecadado pelo administrador judicial poderá apresentar pedido de restituição para discutir a propriedade do ativo e retomar-lhe a posse.

O pedido de restituição é o meio pelo qual os proprietários de bens arrecadados pela Massa Falida, móvel ou imóvel, material ou imaterial, poderão exercer seu direito de sequela em razão da titularidade do bem. É instrumento de efetivação da garantia fundamental à propriedade, como direito constitucional, no procedimento falimentar (art. 5º da CF).

O pedido de restituição é restrito aos procedimentos falimentares. Na recuperação judicial, a pretensão sobre o bem de propriedade do credor não sujeito à recuperação judicial é realizada por meio da ação de busca e apreensão ou de reintegração de posse, ressalvada a imprescindibilidade do bem de capital durante o *stay period*[80].

Referidos proprietários não são credores da Massa Falida quanto ao referido bem e não se sujeitam à habilitação no procedimento de verificação de crédito. Pelo pedido de restituição, procuram retomar a posse de coisa que lhes é própria, antes de ser liquidada pela Massa Falida ou antes de o produto dessa alienação ser partilhado entre os credores. Por não serem credores, a restituição da coisa ao proprietário deverá ocorrer pela Massa Falida com prioridade em relação ao pagamento de quaisquer credores, mesmo extraconcursais, pois a coisa a ser restituída não deveria integrar a Massa Falida objetiva.

São requisitos para o pedido de restituição a demonstração de que o bem foi arrecadado pela Massa Falida ou de que se encontra em seu poder e a demonstração da propriedade do bem cuja posse se pretende reaver.

Coisas vendidas a crédito e entregues ao devedor nos 15 dias anteriores à decretação da sua falência

Num contrato sinalagmático de compra e venda, a entrega da coisa pelo alienante apenas poderá ser exigida antes do pagamento do preço pelo adquirente na hipótese de o contrato celebrado prever que o pagamento do preço será diferido ou a prazo (art. 491 do CC).

Nesse caso, a tradição da coisa móvel, objeto de um contrato consensual de compra e venda, transfere sua propriedade ao adquirente. Como a propriedade não pertence mais ao vendedor, na hipótese de não pagamento do preço pelo adquirente e decretação de sua falência, o requisito legal para o pedido de restituição não estaria preenchido. Por essa lógica, o credor não teria direito à restituição da coisa e deveria habilitar seu crédito na falência.

Entretanto, o art. 85, parágrafo único, cria exceção à regra. Não se protege com a exceção a propriedade do bem indevidamente arrecadado. Tutela-se a "revocabilidade do negócio jurídico de venda de mercadoria, considerado eivado de má-fé"[81], haja vista que o devedor, desde que o bem tenha sido entregue com 15 dias anteriormente ao pedido de falência, deveria ter ciência da crise econômico-financeira que motivaria a decretação de sua quebra.

A presunção de má-fé não comporta prova em contrário e é decorrente do estado de crise econômico-financeiro presumido pela Lei. Procura a Lei evitar que o devedor, ciente de sua precária condição financeira, contraia débitos a prazo com seus contratantes de boa-fé e obtenha a propriedade dos ativos que lhe foram entregues. Nessa hipótese de a entrega da coisa ao devedor ter ocorrido no prazo de 15 dias anteriores ao pedido de sua falência, nos casos de previsão

---

[80]   Cf. comentários aos arts. 6º e 49.

[81]   SALLES, Marcos Paulo de Almeida. Comentários ao art. 85. In: SOUZA JR., Francisco Satiro de; PITOMBO, Antônio Sérgio A. de Moraes (coord.). *Comentários à Lei de Recuperação de Empresas e Falência*. 2. ed. São Paulo: Revista dos Tribunais, 2007, p. 379.

contratual de pagamento a prazo pelo devedor falido, garantiu-se ao credor o direito de pedir a restituição da coisa entregue e cujo preço ainda não foi pago.

Esse pedido de restituição, contudo, é condicionado a que a coisa entregue não tenha sido vendida pela Massa antes do pedido de restituição. Referida limitação visa a proteger o terceiro de boa-fé que, desconhecedor da crise financeira do empresário vendedor, adquire o bem regularmente. Nessa hipótese, a coisa já vendida ao terceiro não poderia ser restituída ao proprietário originário, sob pena de se prejudicar o terceiro de boa-fé.

Art. 86. Proceder-se-á à restituição em dinheiro:

I – se a coisa não mais existir ao tempo do pedido de restituição, hipótese em que o requerente receberá o valor da avaliação do bem, ou, no caso de ter ocorrido sua venda, o respectivo preço, em ambos os casos no valor atualizado;

II – da importância entregue ao devedor, em moeda corrente nacional, decorrente de adiantamento a contrato de câmbio para exportação, na forma do art. 75, §§ 3º e 4º, da Lei n. 4.728, de 14 de julho de 1965, desde que o prazo total da operação, inclusive eventuais prorrogações, não exceda o previsto nas normas específicas da autoridade competente;

III – dos valores entregues ao devedor pelo contratante de boa-fé na hipótese de revogação ou ineficácia do contrato, conforme disposto no art. 136 desta Lei.

IV – às Fazendas Públicas, relativamente a tributos passíveis de retenção na fonte, de descontos de terceiros ou de sub-rogação e a valores recebidos pelos agentes arrecadadores e não recolhidos aos cofres públicos.

Parágrafo único. (REVOGADO)

Restituições em dinheiro

O art. 86 da LREF estabelece as hipóteses em que poderia ocorrer a restituição em dinheiro. Embora nas hipóteses do art. 85 da Lei a coisa deva ser entregue ao proprietário com precedência ao pagamento de quaisquer outros credores, em razão de o pedido de restituição ser garantia do direito constitucional de propriedade, nas hipóteses de restituição em dinheiro não há um direito de propriedade propriamente dito a ser tutelado, mas um direito de crédito.

Trata-se, portanto, não de direito de restituição em razão de um direito de propriedade propriamente dito, mas de uma equiparação legal. Determinados créditos, em razão da causa de sua constituição, foram considerados pela Lei como possíveis de restituição em dinheiro pela Massa Falida, em equiparação ao direito dos proprietários.

A despeito dessa equiparação, entretanto, houve uma diferenciação quanto ao pagamento desses credores em relação aos titulares do direito de propriedade sobre coisas a serem restituídas. Somente poderá ser efetuado o pagamento dos valores após a satisfação dos credores trabalhistas prioritários, como aqueles que possuem crédito salarial, em até cinco salários mínimos, decorrentes de salários vencidos nos três meses anteriores ao pedido de falência, das despesas cujo pagamento antecipado seja imprescindível (art. 150) e do crédito do financiador, nos termos do art. 84.

a) Coisa alienada ou perdida antes do pedido de restituição

Após a arrecadação dos bens pelo administrador judicial e antes do pedido de restituição pelo proprietário, as coisas poderão se perder, seja por deterioração, furto, ou por terem sido transformadas em outras, ou poderão ser alienadas pela Massa Falida para com o produto da liquidação satisfazer os credores. Nessas hipóteses, há a impossibilidade de a coisa ser restituída ao seu antigo proprietário, seja pela impossibilidade material diante da inexistência, seja pela impossibilidade jurídica em razão de ter sido entregue a um terceiro de boa-fé, que deveria ser protegido.

O crédito do antigo proprietário cuja coisa não lhe pode ser restituída recebeu tratamento prioritário pela LREF. Receberá o requerente o valor da avaliação do bem, caso a coisa tenha se perdido, ou, caso tenha ocorrido a sua alienação pela Massa Falida, receberá o preço pago pelo adquirente. Em ambas as hipóteses, os valores serão atualizados até a data do efetivo pagamento ao antigo proprietário.

Equipara-se à hipótese de perda a deterioração substancial da coisa. Se a coisa se tornar imprestável à sua finalidade, a deterioração equipara-se à perda, pois a coisa de propriedade do requerente se torna sem função. Permite-se, assim, o pedido de restituição pelo credor[82].

A coisa que se perdeu ou foi alienada pelo devedor antes da decretação da falência, de modo que não pôde ser arrecadada pelo administrador judicial, não pode ser objeto de pedido de restituição em dinheiro. Isso porque o pedido de restituição tem como pressuposto a inclusão na Massa Falida objetiva de bem que lhe não fizesse parte, de modo que deveria ser entregue ao seu real proprietário. Caso o bem não tivesse sido incluído pela arrecadação ou não existisse mais por ocasião da decretação da falência, o direito do antigo proprietário é exclusivamente de crédito em face do devedor.

b) Adiantamento de contrato de câmbio para exportação

Em razão de exportação de seus produtos, o empresário exportador deverá, para internalizar os recursos em moeda nacional decorrente do pagamento pelo importador em moeda estrangeira, realizar um contrato de câmbio com instituição financeira.

Como o pagamento da mercadoria exportada poderá ser diferido ou mesmo poderá demorar da celebração do contrato até a efetiva entrega da mercadoria no local onde estipulado, o exportador poderá necessitar de recursos financeiros para continuar a desenvolver suas atividades até que o pagamento seja efetuado. Possível, assim, celebrar com a instituição financeira um adiantamento desse contrato de câmbio (ACC), em que a instituição financeira adianta ao exportador, em moeda nacional, os recursos que este receberá em moeda estrangeira do importador.

Esse adiantamento de contrato de câmbio é verdadeiro contrato de financiamento do exportador, que poderá ter a falência decretada antes de entregar as mercadorias prometidas à exportação ou requerer sua recuperação judicial. Não cumprido o contrato, o importador deixará de pagar o preço e, por consequência, a instituição financeira não se ressarciria dos valores que foram ao exportador adiantados.

Diante da crise econômico-financeira do devedor, o legislador optou por não submeter os valores que foram fornecidos pela instituição financeira ao exportador, seja em razão da recuperação judicial, seja em virtude da decretação de sua falência. A medida foi justificada para se

---

[82] TJSP, 2ª Câmara Reservada de Direito Empresarial, Ap. 0000018-63.2004, rel. Des. Ligia Araújo Bisogni, j. 30-9-2013.

evitar maior risco de inadimplemento e, por consequência, serem exigidos maiores juros para os adiantamentos aos exportadores nacionais, com comprometimento do desenvolvimento nacional[83].

Referida proteção ao específico crédito foi considerada constitucional. O Supremo Tribunal Federal na ADPF 312 reconheceu a constitucionalidade do § 3º do art. 75 da Lei n. 4.728, de 1965, e do art. 86, II, da Lei n. 11.101, quando foi arguido que os artigos contrariariam os preceitos fundamentais do direito ao trabalho, da proteção ao salário e do privilégio de pagamento de crédito trabalhista. A Suprema Corte reconheceu que as normas dão prevalência ao interesse público, visando fortalecer a atividade produtiva, comercial e exportadora do país e gerar empregos direta e indiretamente. Assim, as normas não infringiriam os preceitos constitucionais, à luz dos princípios da razoabilidade e proporcionalidade.

Sob o mesmo fundamento de que referido crédito das instituições financeiras deveria receber tutela diferenciada para reduzir os riscos do inadimplemento do contrato e incentivar a concessão dos adiantamentos e facilitar a exportação, com ganhos à balança comercial do país, os valores adiantados pela instituição financeira poderão ser objeto de pedido de restituição, caso o exportador tenha a falência decretada. O pedido de restituição do adiantamento de contrato de câmbio permitirá a prioritária e imediata satisfação das instituições financeiras credoras, desde que respeitado o adiantamento dos pagamentos dos credores trabalhistas até cinco salários-mínimos e cujos créditos tenham vencido nos últimos três meses (art. 151)[84].

O montante a ser restituído compreenderá o valor do principal e da correção monetária desde o adiantamento até o pagamento[85]. As demais verbas acessórias ao crédito deverão ser objeto de habilitação de crédito pelos respectivos legitimados.

O art. 86, II, exige que o prazo total da operação, inclusive prorrogações, não exceda o prazo determinado pela autoridade competente, no caso, o Banco Central do Brasil. O Banco Central, através da Circular n. 4.002, aumentou o prazo dos contratos de câmbio para 1.500 dias entre a contratação e a liquidação da operação de exportação. O banco estendeu o prazo através da Circular visando a minimizar os impactos na economia e no comércio exterior decorrentes da pandemia do Covid-19. Tal Circular foi revogada pela Resolução n. 277, de 31 de dezembro de 2022, porém ainda se manteve o prazo máximo de 1.500 dias (art. 38 da Resolução n. 277 do Bacen de 31-12-2022).

Referido prazo, contudo, é somente para a baixa da operação perante o Bacen e não propriamente para sua validade ou para a manutenção do referido crédito como extraconcursal à falência ou não sujeito à recuperação judicial.

A ausência de documento de exportação tampouco desnatura a natureza do contrato de adiantamento de contrato de câmbio para exportação[86]. Nesse particular, sequer a exportação precisa necessariamente ter ocorrido, pois assinado o contrato de câmbio que a precede, o contrato é considerado já como aperfeiçoado.

---

[83] Cf. comentários ao art. 49, § 4º.

[84] Súmula 307 do STJ: "A restituição de adiantamento de contrato de câmbio, na falência, deve ser atendida antes de qualquer crédito".

[85] Súmula 36 do STJ: "A correção monetária integra o valor da restituição, em caso de adiantamento de câmbio, requerida em concordata ou falência".

[86] TJSP, 24ª Câmara de Direito Privado, AP 1016124-02.2021.8.26.0068, rel. Des. Salles Vieira, j. 15-9-2022.

Há verdadeira antecipação do preço em moeda nacional da moeda estrangeira comprada para entrega futura. Trata-se de contrato de compra e venda. Conforme leciona a i. Ministra Nancy Andrighi[87], *"enquanto contrato bilateral perfeito, a compra e venda torna-se obrigatória desde que as partes acordem quanto ao objeto e ao preço, o que efetivamente ocorre na hipótese de contratação de câmbio com antecipação do preço (ACC)"*.

Dessa forma, o contrato se aperfeiçoa com a convenção sobre o objeto e o preço, de modo que é desnecessária a descrição das mercadorias a serem exportadas, do importador e do país destinatário. Deve apenas haver averbação da informação sobre o valor adiantado e a informação de que referido valor serve para os fins do art. 75 da Lei n. 4.728/65.

c) Restituição dos valores pagos em razão do contrato ineficaz

Poderá ter sido celebrado contrato entre o devedor e terceiros, antes da decretação da falência. Referido contrato poderá ser declarado como ineficaz se, independentemente da vontade das partes contratantes, estiverem presentes quaisquer das situações do art. 129 da LREF. Além da ineficácia objetiva, possível a revogação também do contrato caso seja demonstrada a intenção de ambas as partes contratantes de prejudicar os credores e o efetivo prejuízo à Massa Falida (art. 130). Em ambas as hipóteses, as partes retornariam ao estado anterior à contratação (art. 136).

Em razão desse retorno ao estado anterior, previu a Lei que o contratante de boa-fé terá direito à restituição dos bens ou valores entregues ao devedor. Como o art. 86, III, assim como o art. 136, *caput*, são expressos ao se referirem apenas ao contratante de boa-fé, a restituição será aplicável apenas nas hipóteses de ineficácia objetiva do art. 129 e desde que o terceiro contratante esteja ainda de boa-fé.

Como a ação revocatória tem como requisito justamente a demonstração de que o terceiro estava de má-fé, ainda que expressamente prevista a possibilidade do art. 86, III, não caberá a esse terceiro a restituição das coisas ou valores entregues ao devedor falido.

d) Tributos passíveis de retenção na fonte ou valores recebidos pelos agentes arrecadadores

Anteriormente à alteração legislativa que inseriu o inciso IV no art. 86, o dinheiro poderia ser objeto de pedido de restituição, desde que tivesse sido recebido em nome de outrem ou em razão de o falido não ter sobre ele disponibilidade, nos termos da Súmula 417 do Supremo Tribunal Federal[88].

Ainda que os valores não tivessem sido efetivamente arrecadados pelo administrador judicial ou que existissem por ocasião da quebra, já que poderiam ter sido utilizados no desenvolvimento da atividade empresarial, a contribuição previdenciária e os tributos descontados dos empregados e não repassados aos cofres públicos poderiam ser objeto de pedido de restituição.

Nesse ponto, mesmo que os recursos financeiros retidos tivessem sido convertidos em outros bens pelo devedor, entendia-se que não se poderia privilegiar a coletividade de credores em detrimento dos recursos do INSS ou da União, os quais não integravam o patrimônio do falido[89].

---

[87] STJ, 3ª Turma, REsp 1.350.525, rel. Min. Nancy Andrighi, j. 20-6-2013.

[88] Súmula 417 do STF: "Pode ser objeto de restituição, na falência, dinheiro em poder do falido, recebido em nome de outrem, ou do qual, por lei ou contrato, não tivesse ele a disponibilidade".

[89] Nesse sentido: TJSP, 1ª Câmara Reservada de Direito Empresarial, Ap. 0016455-17.2012, rel. Des. Francisco Loureiro, j. 31-5-2017; TJSP, 2ª Câmara Reservada de Direito Empresarial, Ap. 0032845-

Os valores eram restituídos antes da satisfação de quaisquer credores, mesmo dos trabalhadores prioritários ou das despesas de antecipação necessária.

A contribuição do empregado não recolhida ao Instituto Nacional do Seguro Social (INSS), a partir do momento em que foi retida pelo empregador, era entendida como de propriedade do INSS, pois o empregador não tinha a disponibilidade sobre os seus valores. O mesmo raciocínio era empregado quanto ao desconto do Imposto de Renda Retido na Fonte que não tinha sido repassado pelo empregador aos cofres públicos.

Em ambas as hipóteses, a partir da retenção pelo empregador, os recursos eram entendidos como de propriedade não do empregador, que não poderia utilizá-los no desenvolvimento de sua atividade. Decretada a sua falência antes do recolhimento, poderiam ser objeto de pedido de restituição para que fossem entregues ao INSS ou aos cofres públicos[90].

A partir da alteração legislativa, incluiu-se como hipótese de pedido de restituição em dinheiro às Fazendas Públicas todos os tributos passíveis de retenção na fonte, de descontos de terceiro ou de sub-rogação e a valores recebidos pelos agentes arrecadadores e não recolhidos aos cofres públicos. Incluídos como objeto de restituição em dinheiro, esses valores somente permitirão a satisfação dos respectivos credores após a satisfação dos créditos trabalhistas prioritários, das despesas cuja antecipação é necessária e dos créditos dos financiadores.

Referidos credores serão satisfeitos conforme a igualdade de tratamento entre todos os demais credores dessa classe de restituição de dinheiro.

Art. 87. O pedido de restituição deverá ser fundamentado e descreverá a coisa reclamada.

§ 1º O juiz mandará autuar em separado o requerimento com os documentos que o instruírem e determinará a intimação do falido, do Comitê, dos credores e do administrador judicial para que, no prazo sucessivo de 5 (cinco) dias, se manifestem, valendo como contestação a manifestação contrária à restituição.

§ 2º Contestado o pedido e deferidas as provas porventura requeridas, o juiz designará audiência de instrução e julgamento, se necessária.

§ 3º Não havendo provas a realizar, os autos serão conclusos para sentença.

Procedimento do pedido de restituição

O pedido de restituição tem natureza de ação, a qual deverá ser distribuída por dependência ao processo de falência e será apreciada pelo Juiz Universal.

62.2012, rel. Des. Alexandre Marcondes, j. 19-5-2017; TJSP, 1ª Câmara Reservada de Direito Empresarial, Ap. 0048174-51.2011, rel. Des. Cesar Ciampolini, j. 7-12-2016.

[90] Nesse sentido: STJ, 1ª Turma, REsp 1.183.383/RS, rel. Min. Luiz Fux, j. 5-10-2010; STJ, 1ª Turma, REsp 780.971/RS, rel. Min. Teori Zavascki, j. 5-6-2007; STJ, 1ª Turma, REsp 769.174/RS, rel. Min. José Delgado, j. 15-12-2005.

Como ação, o pedido de restituição deverá ser realizado por petição inicial, que, em razão da aplicação supletiva do Código de Processo Civil, deverá preencher todos os requisitos indicados no art. 319 desse Código. Deve o pedido ser, assim, subscrito por advogado e se submeter a um procedimento contencioso, em que todos os elementos precisam ser apresentados na petição inicial para permitir à parte contrária o exercício de seu direito ao contraditório.

Entre esses elementos, destaca o art. 87 da LREF a fundamentação do pedido. O fato e os fundamentos jurídicos do pedido já eram descritos como requisitos obrigatórios no art. 319, III, do Código de Processo Civil. Por eles deve ser entendido que o requerente deverá esclarecer sua causa de pedir, deverá evidenciar o motivo pelo qual a coisa estava na posse do empresário falido e indicar em quais hipóteses previstas em lei o seu pedido de restituição se amolda.

A descrição da coisa reclamada também estava contida no requisito de se evidenciar "o pedido com as suas especificações", como detalhado no art. 319, IV, do Código de Processo Civil. Como a restituição pretende a retomada da posse do objeto arrecadado pelo administrador judicial, a coisa deverá ser especificada. Não se pode admitir pedido genérico de restituição, pois é imprescindível a demonstração da propriedade específica sobre o bem.

Deverá o proprietário identificar a coisa, até para que possa demonstrar sua arrecadação e propriedade, de modo que eventual determinação de restituição possa ser efetivamente cumprida. A prova sobre a propriedade da coisa e sobre sua arrecadação pelo administrador judicial compete, em regra, ao requerente, que poderá demonstrar ambas as questões por quaisquer meios de prova.

Estando regular a petição inicial do pedido de restituição, o juiz determinará a intimação do falido, do Comitê, dos credores e do administrador judicial para que possam, se desejarem, contestar o pedido. O interesse dos credores em se oporem ao pedido é decorrente da possibilidade de redução do acervo integrante da Massa Falida objetiva e que poderá ser liquidado para sua satisfação.

O falido, o Comitê de Credores, os credores e o administrador judicial deverão ser intimados pelo diário oficial. Referida intimação tem natureza de verdadeira citação, pois integra os requeridos em nova relação jurídica processual.

Não há obrigatoriedade de intimação do Ministério Público. Entretanto, ainda que não haja obrigatoriedade, considerando o interesse envolvido no pedido de restituição, sua intimação é conveniente ao procedimento, inclusive para a especificação das provas a serem produzidas para o esclarecimento das questões. A ausência de intimação, contudo, pela falta de imposição legal, não gerará nulidade na sentença prolatada.

O prazo para a contestação é de cinco dias. O prazo, contudo, não é comum, mas sucessivo. De modo a acelerar o trâmite processual, a intimação será única para todos os requeridos. O prazo de cada qual, entretanto, apenas será iniciado após o término do prazo do requerido anterior, sucessivamente e independentemente de nova intimação específica.

Considerando o interesse público do processo falimentar e a tutela da coletividade dos credores, a falta de contestação ao pedido não implica a imposição dos efeitos da revelia, com a necessária presunção de veracidade dos fatos descritos na petição inicial do pedido de restituição. Diante do interesse público do pedido, independentemente de apresentação ou não de contestação, os fatos deverão ser cotejados com as provas apresentadas ou poderá o juiz determinar a produção probatória para esclarecer fatos que julgar necessários.

O pedido de restituição comporta instrução exauriente. Contestado o pedido, o juiz deverá intimar o autor para a réplica, ocasião em que o autor poderá se manifestar sobre eventuais fatos impeditivos ou modificativos apresentados na contestação.

Posteriormente, as partes poderão requerer as provas a serem produzidas e, se o Magistrado entender pertinente, poderá designar o início da instrução probatória, com eventual produção de prova pericial, testemunhal etc. Caso contrário, julgará antecipadamente a lide, com a prolação de sentença.

Art. 88. A sentença que reconhecer o direito do requerente determinará a entrega da coisa no prazo de 48 (quarenta e oito) horas.

Parágrafo único. Caso não haja contestação, a massa não será condenada ao pagamento de honorários advocatícios.

Sentença do pedido de restituição

A sentença de procedência do pedido de restituição implica a condenação da Massa Falida em restituir, no prazo de quarenta e oito horas, a coisa ou o valor em dinheiro ao requerente proprietário.

A execução provisória, entretanto, antes do trânsito em julgado, exigirá a prestação de caução pelo requerente (art. 90, parágrafo único) para que possa receber a coisa ou a prestação pecuniária, caso tenha havido a interposição do recurso de apelação por quaisquer dos requeridos.

O cumprimento da sentença condenatória de restituição de valores em dinheiro, contudo, somente poderá ocorrer se o administrador judicial da Massa Falida já tiver satisfeito todos os credores trabalhistas por obrigações estritamente salariais, até o valor de cinco salários mínimos, e cujo vencimento do salário tenha ocorrido no prazo de três meses antes do pedido de falência (art. 86, parágrafo único, c.c. art. 151).

Ademais, caso os recursos financeiros não sejam suficientes para a satisfação de todos os pedidos de restituição, o montante deverá ser partilhado na proporção do direito, entre todos, ou deverá ser aguardada a liquidação dos ativos da falida para que haja recursos para a satisfação prioritária desses créditos.

Em virtude do procedimento de satisfação dos créditos decorrentes do pedido de restituição, inaplicável à hipótese a multa de 10% decorrente do não cumprimento voluntário da sentença condenatória de quantia certa pelo administrador judicial (art. 523, § 1º, do CPC). O procedimento específico da Lei Falimentar impede a imposição de multa à Massa Falida, a qual pode não ter cumprido o prazo de 15 dias do pagamento voluntário determinado pelo Código de Processo Civil em razão da exigência de satisfação prévia dos credores trabalhistas ou da falta de recursos até a liquidação dos ativos arrecadados[91].

Condenação nas verbas sucumbenciais

Caso procedente o pedido, a Massa Falida somente será condenada ao pagamento de honorários advocatícios ao advogado da parte contrária se houver resistência ao pedido de restituição.

---

[91]   Nesse sentido: TEIXEIRA, Sálvio de Figueiredo; TEIXEIRA, Vinicius de Figueiredo. Comentários ao art. 88, *caput*. In: CORRÊA-LIMA, Osmar Brina; CORRÊA LIMA, Sérgio Mourão (coord.). *Comentários à nova Lei de Falências e Recuperação de Empresas*. Rio de Janeiro: Forense, 2009, p. 628.

A exceção ao princípio da causalidade nas condenações nas verbas sucumbenciais é decorrente da impossibilidade de entrega voluntária da coisa pelo administrador judicial. Em virtude da celeridade da arrecadação, o administrador judicial deverá arrecadar todos os bens na posse do falido, ainda que de terceiros (art. 108). A restituição desses bens somente poderá ocorrer mediante pedido de restituição, cuja propriedade e arrecadação serão apreciadas pelo Juízo Universal.

Como não apenas a Massa Falida, por meio do administrador judicial, mas qualquer credor, o Comitê de Credores e o falido poderão se opor ao pedido de restituição, a Massa Falida deverá arcar com os honorários advocatícios, diante da sucumbência, ainda que tenha sido outro legitimado que apresentou contestação. A justificativa a tanto é que a contestação é do interesse de toda a coletividade de credores na preservação dos ativos a serem liquidados e revertidos para o pagamento de todos.

A condenação da Massa ao pagamento de honorários, contudo, não deve ocorrer se for verificado, no caso específico, que houve exercício pelo credor de seu direito de contestar exclusivamente em razão de seu interesse particular ou de modo a prejudicar, por meio de manifestação irrazoável, todos os demais credores.

A despeito da redação expressa quanto aos honorários advocatícios, não houve exceção no tocante à imposição ao vencido das custas judiciais e despesas processuais. Sucumbente a Massa Falida, assim, deverá ser imposta a ela a condenação ao ressarcimento de todas as custas e despesas processuais incorridas pelo requerente, ainda que não tenha ocorrido resistência à sua pretensão.

Nos termos do art. 84, IV, referidos créditos em relação às custas judiciais deverão ser considerados extraconcursais e devem ser pagos com prioridade em relação a todos os débitos concursais. De acordo com o art. 84, IV, serão consideradas créditos extraconcursais as custas judiciais relativas às ações e execuções em que a Massa Falida tenha sido vencida. Independentemente da sua contestação, procedente o pedido de restituição, será considerada a Massa Falida sucumbente e, desse modo, deverá arcar com as referidas custas e despesas processuais[92] a que, em razão da arrecadação dos bens, deu causa.

Caso o pedido de restituição seja julgado improcedente, deverá o autor arcar com todas as custas e despesas judiciais, assim como com os honorários advocatícios da parte adversa. No caso, sucumbente o autor, deverá ser condenado ao pagamento das custas e dos honorários advocatícios de todos aqueles que contestaram o pedido de restituição.

Art. 89. A sentença que negar a restituição, quando for o caso, incluirá o requerente no quadro-geral de credores, na classificação que lhe couber, na forma desta Lei.

Sentença de improcedência do pedido de restituição

A sentença que negar o pedido de restituição da coisa, desde que reconheça o crédito do autor, dispensa-o de habilitar referido crédito no procedimento falimentar.

---

[92] Em sentido diverso, ao não considerar vencida a Massa Falida que não apresentou contestação ao pedido e de modo que ela não será responsável pelo ressarcimento das custas: TEIXEIRA, Sálvio de Figueiredo e TEIXEIRA, Vinicius de Figueiredo. Comentários ao art. 88, *caput*. In: CORRÊA-LIMA, Osmar Brina; CORRÊA LIMA, Sérgio Mourão (coord.). *Comentários à nova Lei de Falências e Recuperação de Empresas*. Rio de Janeiro: Forense, 2009, p. 629.

O julgamento de improcedência do pedido de restituição poderá ocorrer em razão de não se reconhecer a propriedade do bem, sua arrecadação pelo administrador judicial da Massa Falida ou sua existência por ocasião da decretação da quebra do devedor. Nessas hipóteses, poderá ser reconhecido um direito de crédito do autor em face do falido ou não.

Caso o pedido seja julgado improcedente, mas se reconheça que o autor possui um crédito em face do falido, como, por exemplo, em razão da falta de demonstração da arrecadação do bem, que se perdeu por culpa do devedor antes da decretação da falência, ou na hipótese de já ter sido alienada para terceiro a coisa vendida a prazo e entregue pelo vendedor, a Lei dispensa nova habilitação de crédito. O reconhecimento do crédito permitirá sua inclusão automática no quadro-geral de credores na classificação a que pertencer.

Essa inclusão de crédito somente será realizada nas hipóteses em que o crédito for efetivamente verificado. Nas situações em que o pedido for julgado improcedente em razão de inexistência de qualquer relação entre as partes ou com o objeto pretendido, a sentença que negar a restituição apenas condenará o vencido nas verbas sucumbenciais.

Art. 90. Da sentença que julgar o pedido de restituição caberá apelação sem efeito suspensivo.

Parágrafo único. O autor do pedido de restituição que pretender receber o bem ou a quantia reclamada antes do trânsito em julgado da sentença prestará caução.

Julgamento do pedido de restituição e recurso

O pedido de restituição, por consistir em verdadeira ação distribuída por dependência ao processo principal de falência, será julgado por sentença. A sentença extingue a fase de conhecimento do pedido de restituição e, como haveria conhecimento exauriente do pedido, implica coisa julgada material. Impossível a dedução, assim, de novo pedido de restituição da mesma coisa e sob o mesmo fundamento, por força da coisa julgada.

Quer seja o pedido procedente, quer seja improcedente, a decisão poderá ser desafiada pelo recurso de apelação, o qual não terá efeito suspensivo, mas apenas devolutivo. A despeito da ausência do efeito suspensivo, a sentença de improcedência do pedido não implicará que o bem possa ser liquidado pela Massa Falida, pois se condiciona a disponibilidade da coisa ao trânsito em julgado do pedido (art. 91). Nesse ponto, a necessária celeridade do procedimento falimentar e a maximização do valor dos bens para a satisfação da coletividade de credores foram subjugadas pelo legislador diante da segurança jurídica do requerente e pretenso proprietário do bem.

Por seu turno, caso procedente o pedido de restituição, o efeito unicamente devolutivo permitiria à Massa Falida a entrega do bem e a redução dos custos de sua conservação, desde que prestada caução para ressarci-la dos eventuais prejuízos advindos caso a sentença de procedência do pedido seja reformada em recurso.

O recebimento da apelação apenas em seu efeito devolutivo, entretanto, restringe-se ao objeto do pedido de restituição. A regra especial deverá ser interpretada restritivamente. Outrossim, não há justificativa na redução das despesas da Massa Falida com a conservação dos bens em relação aos demais objetos da sentença. Esses demais elementos constantes da sentença, como a condenação ao ressarcimento das custas e despesas processuais da parte adversa ou condenação do sucumbente em honorários advocatícios, poderão ser objeto de recurso de apelação, o qual deverá ser recebido em seu duplo efeito, conforme estabelece a regra geral do art. 1.012 do Código de Processo Civil[93].

O recurso de apelação deverá ser interposto no prazo de 15 dias, conforme aplicação supletiva das regras do Código de Processo Civil, e poderá ser realizado por qualquer uma das partes, inclusive por credor que não tenha apresentado contestação, haja vista que possui interesse jurídico em fazê-lo.

Execução provisória

Nos termos do art. 515, I, do Código de Processo Civil, a sentença proferida que reconheça a exigibilidade de obrigação de pagar quantia ou obrigação de entregar coisa é título executivo judicial e que poderá ser submetida ao procedimento de cumprimento de sentença.

O recurso de apelação da sentença de procedência do pedido de restituição, recebido sem efeito suspensivo, permitiria a exigência de seu cumprimento antes mesmo do trânsito em julgado. Trata-se da execução provisória da sentença, a qual correrá por iniciativa e responsabilidade do exequente, que se obriga, se a sentença for reformada, a reparar os danos que o executado houver sofrido (art. 520 do CPC).

Em linha ao determinado no art. 520, IV, do Código de Processo Civil, a LREF determinou que execução provisória exigirá caução idônea, arbitrada pelo juiz, pois o levantamento de depósito em dinheiro ou a transferência da posse da coisa poderão gerar danos à Massa Falida e aos credores, que ficarão alijados de coisa que, eventualmente, poderá ser reconhecida como pertencente à Massa Falida no julgamento do recurso de apelação.

Diante do risco de reversão do provimento judicial, imprescindível a imposição de caução idônea para que, na execução provisória da sentença que acolheu o pedido de restituição, a coisa seja entregue ao proprietário ou os valores ao requerente.

Art. 91. O pedido de restituição suspende a disponibilidade da coisa até o trânsito em julgado.

Parágrafo único. Quando diversos requerentes houverem de ser satisfeitos em dinheiro e não existir saldo suficiente para o pagamento integral, far-se-á rateio proporcional entre eles.

Efeito do pedido de restituição

Para que o requerente não fique prejudicado em razão da alienação de bem de sua propriedade, a Lei determina que o pedido de restituição suspenderá a disponibilidade da coisa até o trânsito em julgado. Mesmo tendo sido o pedido de restituição julgado improcedente e interposta apelação sem efeito suspensivo pelo requerente, a Massa Falida não poderá alienar o bem objeto do pleito de restituição até que haja o trânsito em julgado da sentença.

A indisponibilidade da coisa em decorrência do pedido de restituição apenas não ocorrerá caso o bem seja perecível, deteriorável ou sujeito a considerável desvalorização ou de conservação arris-

---

[93] Nesse sentido: TJSP, 1ª Câmara Reservada de Direito Empresarial, AI 0089729-23.2012, rel. Des. Ênio Zuliani, j. 31-7-2012.

cada ou dispendiosa (art. 22, III, *j*, c.c. art. 113). Como, se a coisa se perder, a Massa Falida deverá restituir ao antigo proprietário o valor de avaliação do bem, não se justifica tornar indisponível o bem perecível ou deteriorável. A deterioração dos bens prejudica os credores, que deverão ressarcir ao eventual proprietário e não obterão qualquer produto com a alienação; assim como prejudica o próprio proprietário, que, embora seja ressarcido, ficará sem a coisa de sua propriedade.

Nas hipóteses de bens sujeitos a considerável desvalorização ou de conservação arriscada ou dispendiosa, a Massa poderá ser ressarcida pela conservação da coisa, assim como o risco da desvalorização da coisa pertencerá ao seu proprietário. Entretanto, possível que o pedido de restituição seja improcedente, de modo que todos os gastos de conservação ou o risco de desvalorização da coisa sejam imputados à própria Massa, em detrimento dos credores.

Nessas hipóteses, a alienação deverá ocorrer mediante autorização judicial e após a oitiva do Comitê de Credores e do falido, no prazo de 48 horas. Como há interesse jurídico do requerente, sua oitiva também deverá será imprescindível, embora não haja determinação expressa na Lei (art. 113).

Embora a Lei não tenha tratado da hipótese de indisponibilidade por ocasião do pedido de restituição de dinheiro, aplicável a ele, por analogia, o mesmo efeito. Em virtude da utilização dos recursos financeiros para pagamento de credores sem prioridade, será possível que, por ocasião do julgamento do pedido de restituição, todo o dinheiro da Massa Falida tenha sido utilizado para a satisfação de credores extraconcursais ou concursais. Para que o requerente não fique prejudicado, por ocasião da distribuição do pedido de restituição necessário que se determine a reserva de valores para a eventual satisfação de seu pedido.

Rateio dos valores aos requerentes

Caso haja diversos pedidos de restituição em dinheiro (art. 86) julgados procedentes e não haja recursos financeiros na Massa Falida para a satisfação de todos os requerentes ou outros bens a serem pela Massa Falida liquidados, o art. 91, parágrafo único, determina a igualdade de tratamento entre esses credores.

Diante da insuficiência de ativos, os requerentes do pedido de restituição deverão receber proporcionalmente ao crédito a que têm direito. Serão realizados rateios proporcionais até que todos os créditos sejam satisfeitos para que se possa iniciar a satisfação dos demais credores, com exceção dos credores trabalhistas prioritários (art. 151).

Art. 92. O requerente que tiver obtido êxito no seu pedido ressarcirá a massa falida ou a quem tiver suportado as despesas de conservação da coisa reclamada.

Ressarcimento das despesas de conservação

Procedente o pedido de restituição, reconhece-se a propriedade da coisa arrecadada pela Massa Falida ao requerente. Durante o período de indisponibilidade da coisa, efeito imediato da distribuição do pedido de restituição, contudo, a Massa Falida, o próprio administrador judicial ou terceiros nomeados como depositários do bem poderão ter gastos para se desincumbirem de sua obrigação de conservação da coisa arrecadada.

Reconhecida a propriedade do requerente, este deverá ressarcir aqueles por toda a conservação da coisa de sua propriedade, sob pena de auferir benefício indevido, ou seja, enriquecer-se sem causa.

Art. 93. Nos casos em que não couber pedido de restituição, fica resguardado o direito dos credores de propor embargos de terceiros, observada a legislação processual civil.

Embargos de terceiro

A tutela da propriedade do bem arrecadado pelo administrador judicial da Massa Falida é realizada pelo pedido de restituição. Nas hipóteses em que o pedido de restituição não seja cabível, a lei assegurou ao credor a oposição de embargos de terceiro contra a Massa Falida.

Não há mais a faculdade de propositura de qualquer uma das medidas, conforme estabelecia o art. 79 do Decreto-Lei n. 7.661/45[94]. A LREF impôs que os embargos de terceiro poderão ser opostos apenas se o pedido de restituição for inadequado.

Os embargos de terceiro poderão ser opostos por todo aquele que sofrer constrição ou ameaça de constrição sobre bens que possua ou sobre os quais tenha direito incompatível com o ato constritivo (art. 674 do CPC). É a medida cabível na hipótese, por exemplo, de se estar na iminência de arrecadar determinado objeto, com a expedição de mandado de arrecadação já ocorrida, ou na hipótese de o locatário ter o bem arrecadado pela Massa Falida em detrimento da propriedade do locador.

Os embargos de terceiro têm natureza de ação, serão distribuídos por dependência ao Juízo Universal e autuados em apartado. Sua distribuição não implica a automática indisponibilidade da coisa objeto do pedido, como no pedido de restituição. As medidas de constrição poderão ser suspensas se, por decisão judicial, forem reconhecidos como suficientemente provados o domínio ou a posse da coisa, mas será possível, inclusive, a exigência de caução para tanto (art. 678 do CPC).

A improcedência dos embargos de terceiro, mesmo que haja reconhecimento do crédito, não permite a inclusão no quadro-geral de credores do embargante. Embora isso ocorra com o requerente do pedido de restituição (art. 89), não há previsão legal ao embargante.

A sentença dos embargos de terceiro, outrossim, será desafiada pelo recurso de apelação. Ao contrário do pedido de restituição, por seu turno, referida apelação será recebida em seu duplo efeito, devolutivo e suspensivo (art. 1.012 do CPC). Impossível a execução provisória diante do referido efeito.

Impossibilidade de reconhecimento do conluio fraudulento nos embargos de terceiro

Os embargos de terceiro possuem limite de cognição restrito. Versa-se apenas sobre a regularidade da constrição do referido bem diante do direito legítimo do embargante que não figura no processo em que a constrição foi promovida.

---

[94] Art. 79 do Decreto-Lei n. 7.661/45: "Aquele que sofrer turbação ou esbulho na sua posse ou direito, por efeito da arrecadação ou do sequestro, poderá, se não preferir usar do pedido de restituição (art. 76), defender os seus bens por via de embargos de terceiro.

§ 1º Os embargos obedecerão à forma estabelecida na lei processual civil.

§ 2º Da sentença que julgar os embargos, cabe apelação, que pode ser interposta pelo embargante, pelo falido, pelo síndico ou por qualquer credor, ainda que não contestante".

A alegação de fraude do terceiro embargante com o falido, em conluio fraudulento para prejudicar os credores, não pode dilatar esse objeto dos embargos. Isso porque figura nos embargos de terceiro, como parte, apenas o embargante e a massa falida que promoveu a constrição do referido bem.

Os demais envolvidos no contrato fraudulento ou os beneficiários do referido ato e sobre os quais os efeitos do reconhecimento de uma ineficácia recairão não figuram nos polos da ação e, por isso, não poderão sofrer os efeitos da decisão. A ação revocatória mostra-se, nesse aspecto, imprescindível para se garantir o contraditório pleno e a ampla defesa de todos os afetados, em litisconsórcio necessário.

Nesse sentido, versando sobre hipótese análoga ao reconhecimento da ineficácia subjetiva do terceiro, a Súmula 195 do STJ determina que, "em embargos de terceiro, não se anula ato jurídico, por fraude contra credores".

Seção IV
Do Procedimento para a Decretação da Falência

Art. 94. Será decretada a falência do devedor que:

I – sem relevante razão de direito, não paga, no vencimento, obrigação líquida materializada em título ou títulos executivos protestados cuja soma ultrapasse o equivalente a 40 (quarenta) salários mínimos na data do pedido de falência;

II – executado por qualquer quantia líquida, não paga, não deposita e não nomeia à penhora bens suficientes dentro do prazo legal;

III – pratica qualquer dos seguintes atos, exceto se fizer parte de plano de recuperação judicial:

a) procede à liquidação precipitada de seus ativos ou lança mão de meio ruinoso ou fraudulento para realizar pagamentos;

b) realiza ou, por atos inequívocos, tenta realizar, com o objetivo de retardar pagamentos ou fraudar credores, negócio simulado ou alienação de parte ou da totalidade de seu ativo a terceiro, credor ou não;

c) transfere estabelecimento a terceiro, credor ou não, sem o consentimento de todos os credores e sem ficar com bens suficientes para solver seu passivo;

d) simula a transferência de seu principal estabelecimento com o objetivo de burlar a legislação ou a fiscalização ou para prejudicar credor;

e) dá ou reforça garantia a credor por dívida contraída anteriormente sem ficar com bens livres e desembaraçados suficientes para saldar seu passivo;

f) ausenta-se sem deixar representante habilitado e com recursos suficientes para pagar os credores, abandona estabelecimento ou tenta ocultar-se de seu domicílio, do local de sua sede ou de seu principal estabelecimento;

g) deixa de cumprir, no prazo estabelecido, obrigação assumida no plano de recuperação judicial.

§ 1º Credores podem reunir-se em litisconsórcio a fim de perfazer o limite mínimo para o pedido de falência com base no inciso I do *caput* deste artigo.

§ 2º Ainda que líquidos, não legitimam o pedido de falência os créditos que nela não se possam reclamar.

§ 3º Na hipótese do inciso I do *caput* deste artigo, o pedido de falência será instruído com os títulos executivos na forma do parágrafo único do art. 9º desta Lei, acompanhados, em qualquer caso, dos respectivos instrumentos de protesto para fim falimentar nos termos da legislação específica.

§ 4º Na hipótese do inciso II do *caput* deste artigo, o pedido de falência será instruído com certidão expedida pelo juízo em que se processa a execução.

§ 5º Na hipótese do inciso III do *caput* deste artigo, o pedido de falência descreverá os fatos que a caracterizam, juntando-se as provas que houver e especificando-se as que serão produzidas.

Insolvência jurídica e insolvabilidade econômica

A insolvabilidade econômica do devedor consiste na falta de recursos para que possa satisfazer todo o seu passivo. A impossibilidade de satisfazer todos os credores imporia que eles buscassem desenvolver um comportamento oportunista e de maximização da utilidade individual. Cada credor procuraria, em uma execução singular, liquidar os bens do devedor para que com o referido produto fosse satisfeito com primazia, ainda que em detrimento dos demais, cujos bens do devedor seriam insuficientes para o pagamento dos créditos.

A falência procura evitar que o devedor gere uma majoração dos riscos de inadimplemento dos débitos e influencie negativamente todo o mercado. Tenta-se prevenir, também, que apenas o credor mais oportunista obtenha a satisfação de seu crédito em detrimento dos demais, diante da insolvabilidade econômica do devedor.

A apuração de todo o ativo e passivo antes de se decretar a falência do empresário devedor impediria que se cumprisse esse objetivo. Por ocasião da manutenção da atividade de empresário devedor, o mercado já teria sido atingido, assim como os credores mais céleres já podem ter se beneficiado com o aumento do prejuízo dos demais.

A constatação da insolvabilidade econômica, dessa forma, foi feita por presunção legal, diante de situações jurídicas que normalmente ocorrem quando essa insolvabilidade econômica está presente. Na falência, presume-se de forma absoluta que o empresário devedor, diante do preenchimento dos pressupostos legais da impontualidade injustificada, execução frustrada ou prática de atos falimentares, não possui bens suficientes para satisfazer suas obrigações.

Trata-se de uma insolvência jurídica, imposta quando presentes os requisitos objetivos do art. 94 da LRRF. Como se trata de uma presunção legal, o preenchimento dos requisitos legais e suficientes à caracterização da insolvência jurídica poderia revelar apenas uma situação de iliquidez temporária, de modo que, por ocasião do término da liquidação dos bens pela Massa Falida e do pagamento dos credores, poderia ocorrer uma falência superavitária, em que os ativos superam o montante do passivo.

Contudo, a presunção legal absoluta não permite que o devedor demonstre que seus ativos são maiores que o passivo para impedir a decretação da falência. Referida demonstração exigiria dilação temporal incompatível com a urgência para a tutela dos demais bens jurídicos em risco. Dessa forma, presentes os requisitos objetivos para a caracterização da insolvência jurídica, a impontualidade injustificada, a execução frustrada ou a prática de atos falimentares, ainda que o devedor tenha mais ativos que passivos, presume a lei sua impossibilidade de satisfazer suas obrigações por ocasião do vencimento e impõe a decretação de sua falência[95].

Impontualidade injustificada

O art. 94, I, da LREF identifica a primeira modalidade de insolvência do empresário devedor: a impontualidade injustificada. Pelo dispositivo, aquele que não paga, de modo injustificado, obrigação líquida e vencida materializada em título executivo protestado e de valor superior a 40 salários mínimos deverá ter a falência decretada.

a) Obrigações líquidas e exigíveis

O primeiro requisito dessa modalidade é que a obrigação precisa ser líquida e exigível. A prestação será líquida se for certa quanto à sua existência e, quanto ao seu conteúdo ou montante, for determinada.

O fato de se exigir o montante do valor devido não impede que obrigações de dar ou de fazer, diversas da obrigação de pagar quantia certa, sejam também objeto de pedido falimentar. A identificação da prestação, com a especificação dos objetos a serem entregues ou das prestações, positivas ou negativas, a serem realizadas, permite a determinação do conteúdo da obrigação[96].

A certeza quanto à sua existência não é afetada pela condição ou pelo termo, os quais poderão apenas suspender sua exigibilidade. Demonstrado o implemento da condição ou do termo, a obrigação torna-se plenamente exigível e poderá subsidiar um pedido falimentar caso presentes os demais requisitos legais.

---

[95] Nesse sentido: STJ, 4ª Turma, REsp 433.652/RJ, rel. Min. Luis Felipe Salomão, j. 18-9-2014.

[96] VALVERDE, Trajano de Miranda. *Comentários à Lei de Falências*. v. 1. 4. ed. Rio de Janeiro: Forense, 1999, p. 19.

b) Materializada em título executivo

Essa obrigação certa e de valor determinado precisa também estar materializada em título executivo, o qual pode ser judicial ou extrajudicial.

Entre os títulos executivos judiciais, o art. 515 do Código de Processo Civil inclui as decisões proferidas no processo civil que reconheçam a exigibilidade da obrigação de pagar quantia, de fazer, de não fazer ou de entregar coisa; a decisão homologatória de autocomposição judicial ou extrajudicial; o formal e a certidão de partilha; o crédito de auxiliar da justiça; a sentença penal condenatória transitada em julgado; a sentença arbitral; a sentença estrangeira homologada pelo STJ; e a decisão interlocutória estrangeira após a concessão do *exequatur* à carta rogatória pelo STJ.

Por seu turno, os títulos extrajudiciais são definidos pelo art. 784 do Código de Processo Civil. São eles os títulos de crédito, a escritura pública ou outro documento público assinado pelo devedor, documento particular assinado pelo devedor e por duas testemunhas, além de quaisquer outros determinados pela lei.

Entre eles, a Lei n. 10.931/2004 assegurou ser título executivo extrajudicial a Cédula de Crédito Bancário. A CCB representaria dívida em dinheiro, certa, líquida e exigível desde que conste, no título, o montante devido. Pode, por expressa autorização do art. 28 da referida Lei, o montante devido ser demonstrado em planilha de cálculo ou nos extratos da conta corrente.

No caso da duplicata, a Lei n. 5.474/68, em seu art. 15, admite que a duplicata constituirá título executivo extrajudicial, para que possa ser executada pelo credor, desde que tenha sido aceita.

A constituição da duplicata sem aceite como título executivo extrajudicial e que permite o pedido de falência também poderá ocorrer em razão de o aceite nesse título ser obrigatório. As duplicatas serão remetidas pelo vendedor ou por intermédio de instituições financeiras ao comprador das mercadorias ou beneficiário dos serviços no prazo de 30 dias de sua emissão. A duplicata, quando não for à vista, deverá ser devolvida pelo comprador no prazo de 10 dias devidamente assinada ou contendo as razões da falta do aceite, como a avaria ou não recebimento das mercadorias, vícios, defeitos, divergência no prazo.

Se não tiver sido aceita ou se nem sequer tenha sido devolvida, o que motiva a extração da triplicata a partir dos livros de escrituração, a duplicata/triplicata constituirá título executivo desde que, cumulativamente, tenha sido protestada, esteja acompanhada de documento hábil comprobatório da entrega e recebimento da mercadoria ou prestação de serviço e o sacado não tenha, comprovadamente, recusado o aceite, no prazo e nas condições permitidas pela Lei.

A remessa da duplicata para o sacado para aceite ou recusa em trinta dias tem sido relativizada, em razão da dinâmica do comércio e de a duplicata ter se tornado eletrônica, emitida apenas por ocasião de sua cobrança[97]. Essa dinâmica comercial tem permitido, inclusive, que o boleto bancário, desde que preencha todos os demais requisitos legais exigidos, equipare-se à duplicata para efeito de constituição do título executivo extrajudicial.

Entretanto, a despeito de a demonstração da remessa não ser exigida, caso não tenha sido demonstrada, possível ao devedor, como não teve oportunidade anteriormente de fazê-lo, de justificar por que a duplicata poderia por ele não ter sido aceita, nos termos do art. 8º da Lei n. 5.474/68.

---

[97] STJ, 4ª Turma, REsp 228.637/SP, rel. Min. Barros Monteiro, j. 18-3-2004; STJ, 3ª Turma, REsp 1.307.016/SC, rel. Min. Moura Ribeiro, j. 24-2-2015.

c) Protesto

Para que a impontualidade possa ser demonstrada, exigiu a lei que o título executivo seja protestado.

O protesto exigido pela legislação falimentar é o extrajudicial. O protesto judicial é apenas o realizado, em procedimento cautelar, para prevenir responsabilidade. O extrajudicial é o protesto realizado perante o Oficial de Cartório de Protesto.

A Lei de Falência exige o protesto para se demonstrar a impontualidade do devedor. É em função dessa demonstração da impontualidade que o protesto é exigido a todos os títulos executivos, judiciais ou extrajudiciais para que o título fundamente o pedido falimentar.

Mesmo que o devedor tenha ciência de todo o procedimento judicial ou arbitral que o condenou ao pagamento da obrigação, o protesto desse título será imprescindível para que ocorra a demonstração de seu inadimplemento. Mesmo nos títulos executivos judiciais, portanto, exige-se que haja o protesto para fins falimentares ou protesto especial.

O protesto falimentar não será exigido, todavia, se já houver protesto cambial. Este, segunda espécie de protesto extrajudicial, é realizado nas obrigações materializadas em títulos de crédito.

O protesto cambial é suficiente para instruir o pedido falimentar e não exige novo protesto para fins falimentares. Isso porque o protesto cambial demonstra que houve a apresentação do título ao sacado para seu aceite ou ao devedor para o pagamento da obrigação. Além de requisito para a exigência da satisfação da obrigação cambial pelos demais coobrigados, embora seja facultativo para a cobrança do título em face do devedor principal, demonstra o protesto cambial que o devedor tem ciência do que era devido e não satisfez no vencimento obrigação exigível, de modo que já é suficiente para a formalidade exigida pelo pedido falimentar[98].

Para se ter a certeza de que o devedor tem ciência a respeito do inadimplemento de sua obrigação, o instrumento do protesto precisa identificar a pessoa que recebeu a notificação do protesto, ainda que não seja necessariamente o representante legal da pessoa jurídica, mas apenas um de seus funcionários. Na omissão do instrumento de protesto da identificação do recebedor, ele precisa ser acompanhado do documento que a identifique, como o aviso de recebimento das notificações encaminhadas por carta e desde que haja a identificação do recebedor[99].

O recebimento da notificação por funcionário, ainda que sem poderes como representante legal, faz ciente a pessoa jurídica devedora, pela teoria da aparência. Além de dificultar a cientificação do devedor caso se exigisse apenas que a notificação fosse recebida pelo representante legal da pessoa jurídica, ao receber a notificação e se identificar, o funcionário coloca-se, perante terceiros, como responsável pela sociedade empresária, vinculando-a[100].

---

[98] Súmula 41 do TJSP: "O protesto comum dispensa o especial para o requerimento de falência".

Nesse sentido, TJSP, 1ª Câmara Reservada de Direito Empresarial, AI 2130549-11.2016, rel. Des. Hamid Bdine, j. 10-8-2016.

[99] Súmula 361 do STJ: "A notificação do protesto, para requerimento de falência da empresa devedora, exige a identificação da pessoa que a recebeu".

[100] STJ, 1ª Turma, AgRg no Ag 736.583/MG, rel. Min. Luiz Fux, j. 14-8-2007; STJ, 2ª Turma, AgRg no REsp 1.037329/RJ, rel. Min. Humberto Martins, j. 26-8-2008.

Súmula 55 do TJSP: "Para a validade do protesto basta a entrega da notificação no estabelecimento do devedor e sua recepção por pessoa identificada".

TJSP, 1ª Câmara Reservada de Direito Empresarial, Ap. 0032253-73.2008, rel. Des. Pereira Calças, j. 30-10-2012; TJSP, 2ª Câmara Reservada de Direito Empresarial, AI 0011890-19.2012, rel. Des. Ricardo Negrão, j. 4-12-2012.

Caso não tenha o devedor sido localizado para o recebimento da notificação do protesto, é possível que o protesto seja realizado por edital. Exige-se, entretanto, a demonstração da prévia tentativa de notificação pessoal do devedor para que possa ser realizado o protesto por edital. O protesto realizado por edital, sem que tenha sido demonstrado que houve a tentativa de notificação pessoal do representante legal do devedor, é irregular e não se presta ao pedido de falência[101].

d) Mínimo de 40 salários mínimos

No Decreto-Lei n. 7.661/45, não havia limite mínimo da obrigação devida para instruir pedido falimentar. Diante dos gravíssimos efeitos que o pedido falimentar produz e de seu objetivo de manter a higidez de todo o mercado, com o afastamento do empresário insolvente para que não comprometa o crédito em geral, a doutrina e a jurisprudência passaram a exigir que a obrigação tivesse valor não desprezível.

A Lei n. 11.101/2005 consagrou esse entendimento e estabeleceu valor mínimo para fundamentar o pedido falimentar. A obrigação devida deverá ser de ao menos 40 salários mínimos. O valor padrão será aferido com base no salário mínimo nacional, independentemente da época de constituição da obrigação, por ocasião do pedido falimentar, momento em que todos os requisitos para o pedido deverão estar preenchidos.

De modo a evitar discussões quanto ao montante e oportunismo do credor que, diante de previsão contratual ou legal de encargos, aguarda que seu título, de valor menor, supere o valor de 40 salários mínimos na data do pedido, o valor da correção monetária, dos juros e de todos e quaisquer encargos, sejam eles legais ou contratuais da obrigação, será desprezado para a aferição do montante de 40 salários mínimos. Para fins de verificação quanto à superação do valor de 40 salários mínimos, deve ser considerado apenas o valor histórico da obrigação principal materializada no título executivo[102].

A exigência de uma obrigação nesse valor mínimo, porém, não exige que um único título tenha ao menos 40 salários mínimos. É possível que diversos títulos, desde que protestados, tenham o valor somado para alcançar tal parâmetro, bem como é possível que os referidos títulos sejam de titularidade, inclusive, de diferentes credores. Nessa hipótese, os credores poderão, para alcançar referido montante, reunir-se em litisconsórcio ativo.

e) Obrigações reclamáveis na falência

Para que possam motivar um pedido falimentar, as obrigações deverão ser exigíveis no procedimento falimentar.

Não poderão ser exigíveis na falência as obrigações previstas no art. 5º da LREF, como as decorrentes de obrigações a título gratuito e das despesas que os credores fizerem para tomar parte na recuperação judicial ou na falência, salvo as custas judiciais decorrentes de litígio com o devedor.

---

[101] STJ, 4ª Turma, REsp 472.801/SP, rel. Min. Aldir Passarinho Júnior, j. 21-2-2008; TJSP, 2ª Câmara Reservada de Direito Empresarial, Ap. 0002243-17.2011, rel. Des. Araldo Telles, j. 17-3-2014; TJSP, 1ª Câmara Reservada de Direito Empresarial, Ap. 1008709-69.2015, rel. Des. Maia da Cunha, j. 1º-4-2016.

[102] TJSP, 2ª Câmara Reservada de Direito Empresarial, Ap. 1006251-86.2014, rel. Des. Carlos Alberto Garbi, j. 31-8-2015; TJSP, 2ª Câmara Reservada de Direito Empresarial, Ap. 1080666-11.2013, rel. Des. Tasso Duarte de Melo, j. 28-5-2014; TJSP, 2ª Câmara Reservada de Direito Empresarial, Ap. 1038145-46.2016, rel. Des. Maurício Pessoa, j. 13-11-2017.

Execução frustrada

A segunda modalidade de pedido de falência exige a frustração da execução. O executado que não paga, não deposita e não nomeia bens suficientes à penhora é presumivelmente, pela Lei, insolvente e poderá ter sua falência decretada.

A não satisfação do montante não exige exclusivamente o processo autônomo de execução. Ainda mesmo sob a vigência do Código de Processo Civil revogado, a partir da alteração pela Lei n. 11.232/2005, possível a execução da sentença no mesmo processo em que prolatada, por meio de uma nova fase, conhecida por fase de cumprimento de sentença. Nessa fase executiva do processo sincrético, desde que não satisfeito o exequente, não haja depósito e o executado não nomeie bens suficientes à penhora, possível a extração da certidão para instruir processo falimentar.

A decretação de sua falência não ocorre no mesmo processo de execução, mas exigirá novo processo falimentar. O credor deverá, no processo, instruir o seu pedido de falência com certidão do processo de execução individual em que não foi satisfeito.

A frustração da execução individual é demonstrada por uma certidão em que conste que não houve a satisfação do débito líquido, certo e exigível executado, o depósito dos valores ou a nomeação de bens suficientes à penhora. Para tanto, no processo de execução, caso não tenha ocorrido, no prazo de três dias da citação do processo de execução, pagamento ou depósito de valores, nem o oficial de justiça tenha localizado bens à penhora, imprescindível que o exequente requeira a intimação do executado para que nomeie bens a serem penhorados na execução (art. 829, § 2º, do CPC). Apenas a ausência de nomeação de bens, após regular intimação do executado, que poderá ser na própria pessoa de seu patrono no processo de execução, permitirá a demonstração dos requisitos necessários ao pedido de falência baseado na execução frustrada[103].

Ao contrário do pedido por impontualidade injustificada, o pedido falimentar baseado na execução frustrada não exige obrigação não satisfeita de valor superior a 40 salários mínimos. Como o credor já se utilizou do Estado para exigir o cumprimento da obrigação e mesmo assim não foi satisfeito, considerou a Lei que, independentemente do valor, os efeitos negativos na sociedade pela insolvência do devedor já são suficientes para a decretação de sua falência[104].

Também não se exigiria que o título executivo que motivou a execução tenha sido protestado. A certidão de que já foi promovida execução frustrada é suficiente a demonstrar que o devedor teve ciência de sua obrigação e que, mesmo regularmente citado, não satisfez o débito líquido, certo e exigível executado ou depositou os valores exigidos ou nomeou bens suficientes à penhora[105].

O credor não poderá cumular, entretanto, dois modos de cobrança de seu título executivo, sob pena de *bis in idem*. Não poderá, simultaneamente, exigir o cumprimento na execução individual e a falência no procedimento específico. Desse modo, deverá o credor demonstrar, por ocasião de seu pedido de falência, que a execução individual que movia em face do devedor está suspensa ou foi extinta[106].

---

[103] TJSP, MS 2115531-13.2017, rel. Des. Fortes Barbosa, j. 16-11-2017.

[104] Súmula 39 do TJSP: "No pedido de falência fundado em execução frustrada é irrelevante o valor da obrigação não satisfeita".

[105] Súmula 50 do TJSP: "No pedido de falência com fundamento na execução frustrada ou nos atos de falência não é necessário o protesto do título executivo".

[106] Súmula 48 do TJSP: "Para ajuizamento com fundamento no art. 94, II, da Lei n. 11.101/2005, a execução singular anteriormente aforada deverá ser suspensa".

TJSP, 1ª Câmara Reservada de Direito Empresarial, Ap. 1124978-04.2015, rel. Des. Francisco Lou-

Prática de atos falimentares

O terceiro e último fundamento do pedido falimentar é a prática de atos de falência. Referidos atos são indicados taxativamente pelo art. 94, III, e identificam atos normalmente praticados pelo devedor que, ciente de seu estado de crise econômico-financeira, tenta se beneficiar ou beneficiar alguns credores em detrimento de todos os credores remanescentes.

Presume a legislação falimentar que a prática dos referidos atos falimentares, a menos que realizada conforme previsão no plano de recuperação judicial, revela a insolvência do devedor, de modo a exigir seu afastamento da condução de sua atividade, sob pena de aumento do risco à satisfação dos credores e eventual prejuízo a toda a ordem econômica.

A menos que expressamente exigido pela Lei, os atos falimentares não requerem a demonstração da intenção do devedor em prejudicar seus credores. A prática dos atos, demonstrada objetivamente, é suficiente para a decretação da falência do devedor.

O primeiro desses atos falimentares é a liquidação precipitada dos ativos. Nela, o devedor aliena seus bens com maior consideração sobre a celeridade da venda do que com o valor obtido pelos bens, desde que sem justificativa. Procura a lei evitar a desconstituição do estabelecimento empresarial ou de seus principais ativos em detrimento da satisfação dos credores.

Os meios ruinosos são considerados atos falimentares porque aumentam, de modo injustificado e irrazoável, o risco de inadimplência do devedor. Este, ciente da crise econômica que o acomete, pode se lançar em operações arriscadas de modo descomedido e sem nenhuma proteção aos credores. Pode ainda vender, para obter capital, os bens fundamentais ao desenvolvimento da atividade, de modo a comprometê-la.

Mais comum é a prática de atos fraudulentos, aqueles praticados pelo devedor para, sob uma falsa impressão, obter, ocultar para si ou terceiro, ou desviar recursos de futura liquidação pelos credores. Tais atos são revelados, pelo rol taxativo do art. 94, III, pela prática de negócio simulado para prejudicar credores, pela transferência de estabelecimento a terceiros, sem contar com bens para satisfazer seus débitos, na simulação de transferência do principal estabelecimento com o objetivo de burlar a legislação ou a fiscalização, na concessão ou no reforço de garantias a obrigações contraídas anteriormente ou tentativa de ocultação de seus bens.

Revela a insolvência do devedor, também, quando o empresário tenta ocultar-se de seu domicílio, do local de sua sede ou de seu principal estabelecimento, para evitar que os credores consigam ser satisfeitos. A situação não se confunde com a mera alteração do domicílio comercial do empresário, ainda que não haja comunicação aos credores. Deve ser demonstrada a tentativa de ocultação ou a criação de óbice à satisfação dos credores pelo devedor. A mera alteração de domicílio comercial não permite a conclusão de que seria imposta maior dificuldade aos credores no recebimento ou na tentativa de ocultação[107].

A situação é diversa do abandono de seu estabelecimento empresarial. Nessa hipótese, não apenas realizar atos ruinosos e que poderão expor os ativos empresariais a grande prejuízo, como

---

reiro, j. 18-8-2016; TJSP, 2ª Câmara Reservada de Direito Empresarial, Ap. 0041334- 94.2006, rel. Des. Campos Mello, j. 16-11-2015; TJSP, 2ª Câmara Reservada de Direito Empresarial, Ap. 0028576-14.2011, rel. Des. Lígia Araújo Bisogni, j. 24-4-2012.

[107] Nesse sentido: TJSP, 1ª Câmara Reservada de Direito Empresarial, Ap. 1027163-07.2015, rel. Des. Cesar Ciampolini, j. 19-7-2017; STJ, 4ª Turma, REsp 1.366.845/MG, rel. Min. Maria Isabel Gallotti, j. 18-6-2015.

também não conduzir a atividade empresarial e realizar os atos imprescindíveis para a obtenção regular dos recursos decorrentes da produção e alienação dos bens ou comercialização dos serviços demonstram que o devedor não pretende mais satisfazer suas obrigações.

O abandono de seu estabelecimento poderá revelar-se quando o empresário se ausenta sem deixar representante habilitado e com recursos suficientes para pagar os credores.

Por fim, também caracteriza ato falimentar o descumprimento de obrigação prevista no plano de recuperação judicial. O não cumprimento da obrigação prevista no plano de recuperação judicial, durante o período de fiscalização, permitirá a convolação automática da recuperação judicial em falência. Ato falimentar a fundamentar o pedido de falência é o descumprimento das obrigações previstas no plano e vencidas após o período de dois anos de fiscalização judicial. Nesse caso, o descumprimento não motivará a convolação em falência, mas permitirá que o credor não satisfeito apresente novo pedido falimentar.

Art. 95. Dentro do prazo de contestação, o devedor poderá pleitear sua recuperação judicial.

Pedido de recuperação judicial como defesa no pedido de falência

A contestação ao pedido falimentar deverá ser apresentada no prazo de 10 dias. Como forma de defesa, o devedor poderá requerer sua recuperação judicial.

Embora o art. 95 não faça nenhuma limitação, deverá ser interpretado em conjunto com os demais dispositivos legais. A recuperação judicial não impede que seja decretada a falência com base no cometimento de atos falimentares pelo devedor (art. 73, parágrafo único), assim como o pedido de falência baseado na prática de ato falimentar não permite que seja realizado depósito elisivo para impedir a decretação da falência (art. 98).

A novação das obrigações pelo devedor em recuperação judicial ou o pagamento da obrigação não obstam a decretação da falência pela prática de ato falimentar. Embora não impeçam a decretação da falência, nada obsta que o pedido de recuperação judicial seja realizado enquanto se apura o cometimento desses atos. O devedor de boa-fé poderá sobre crise econômico-financeira exigir o pedido de recuperação judicial, notadamente diante da desconfiança de seus demais contratantes a partir do pedido de falência.

Dessa forma, embora o requerimento de recuperação judicial possa ser deduzido como defesa em face do pedido de falência, sob quaisquer dos fundamentos, não se justifica que, em face do pedido de falência baseado no cometimento de atos falimentares, a decisão de processamento da recuperação judicial permita a suspensão do procedimento falimentar. Como nem a novação das obrigações, nem sua satisfação, impedirão a decretação da falência, a recuperação judicial deverá tramitar conjuntamente com o procedimento falimentar.

Prazo de 10 dias

O pedido de recuperação judicial exigirá que o juiz profira, caso todos os documentos tenham sido regularmente apresentados (art. 51), decisão de processamento da recuperação judicial (art. 52), o que suspenderá todas as ações e execuções em face do devedor, em regra, durante o *stay period*[108].

---

[108] Cf. comentários ao art. 6º.

O pedido de falência é um pedido de instauração de uma execução coletiva, de modo que também será suspenso para o processamento da recuperação judicial, a menos que baseado em prática de atos falimentares.

Em virtude dos efeitos produzidos pela decisão de processamento, desde que proferida antes da sentença de decretação da falência, o prazo de dez dias para a apresentação do pedido de recuperação judicial não possui maior razão de ser. Ainda que apresentado depois de decorrido o prazo legal, essa decisão de processamento da recuperação judicial implicará os mesmos efeitos sobre o processo de falência do que a decisão de processamento proferida em recuperação judicial requerida no prazo regular de dez dias. Em ambas, haverá a suspensão do procedimento falimentar[109].

Não há, por seu turno, extinção imediata do pedido de falência. A propositura da recuperação judicial não implica a extinção do procedimento falimentar, mesmo após a decisão de processamento. Como qualquer outra execução, o procedimento falimentar permanecerá apenas suspenso e poderá ser retomado caso haja a desistência do processo de recuperação judicial pelo devedor, com a anuência da maioria dos credores se após a decisão de processamento[110].

Cumulação com defesa de mérito

A mera suspensão do pedido de falência, que poderia excepcionalmente prosseguir posteriormente, assegura a possibilidade de apresentação de outras formas de defesa, de mérito, simultaneamente ao pedido de recuperação judicial. O devedor poderá apresentar defesa de mérito em sua contestação, com a dedução das matérias previstas no art. 98, bem como poderá fazer, concomitantemente, depósito elisivo.

Pelo princípio da eventualidade, os argumentos defensivos não poderão ser interpretados como excludentes entre si. O pedido de recuperação judicial, por seu turno, somente suspenderá o pedido de falência se houver decisão de processamento. Caso o pedido não seja regularmente instruído com os documentos necessários ou não estejam presentes as condições necessárias para o processamento do pedido, como a regularidade do desenvolvimento da atividade empresarial pelo prazo de dois anos pelo devedor, ou se houver desistência do pedido de recuperação judicial, o pedido de falência continuaria a tramitar e exigirá a apreciação da contestação apresentada pelo réu.

Forma

O pedido de recuperação judicial deverá ser deduzido em ação autônoma, a qual será distribuída ao juízo falimentar em razão da prevenção decorrente do pedido falimentar.

Deverá ser apresentado em ação autônoma, pois os requisitos para o seu processamento, diante dos documentos imprescindíveis do art. 51 e que devem acompanhar a petição inicial, são diversos do pedido de falência. Deduzido em ação autônoma, evitará o tumulto processual, assim como permitirá que, na hipótese de o deferimento do processamento da recuperação judicial não ocorrer, o procedimento falimentar prossiga normalmente.

---

[109] Nesse sentido: TJSP, 2ª Câmara Reservada de Direito Empresarial, Ap. 1000554-50.2017, rel. Des. Alexandre Marcondes, j. 25-9-2017.

[110] Nesse sentido: TJSP, Câmara Especial de Falências e Recuperações Judiciais, Ap. 514.560-4/2-00, rel. Des. Elliot Akel, j. 25-6-2008.

Concedida a recuperação judicial, haverá a novação das obrigações, o que permitirá a extinção da execução coletiva, da mesma forma que ocorrida com as execuções individuais, ressalvada a hipótese de pedido fundado em prática de ato falimentar[111]. Convolada a recuperação judicial em quebra, o anterior pedido falimentar perderá o interesse jurídico de forma superveniente, o que também resultará na extinção do feito.

Art. 96. A falência requerida com base no art. 94, inciso I do *caput*, desta Lei, não será decretada se o requerido provar:

I – falsidade de título;

II – prescrição;

III – nulidade de obrigação ou de título;

IV – pagamento da dívida;

V – qualquer outro fato que extinga ou suspenda obrigação ou não legitime a cobrança de título;

VI – vício em protesto ou em seu instrumento;

VII – apresentação de pedido de recuperação judicial no prazo da contestação, observados os requisitos do art. 51 desta Lei;

VIII – cessação das atividades empresariais mais de 2 (dois) anos antes do pedido de falência, comprovada por documento hábil do Registro Público de Empresas, o qual não prevalecerá contra prova de exercício posterior ao ato registrado.

§ 1º Não será decretada a falência de sociedade anônima após liquidado e partilhado seu ativo nem do espólio após 1 (um) ano da morte do devedor.

§ 2º As defesas previstas nos incisos I a VI do *caput* deste artigo não obstam a decretação de falência se, ao final, restarem obrigações não atingidas pelas defesas em montante que supere o limite previsto naquele dispositivo.

Contestação no pedido de falência

No prazo de dez dias (art. 98), o empresário devedor citado[112] em um pedido de falência poderá, além de requerer o processamento de sua recuperação judicial, apresentar todas as defesas que entender cabíveis para desconstituir a impontualidade injustificada, a execução frustrada ou os atos falimentares, conforme os fundamentos expostos pelo credor em seu requerimento falimentar.

Embora o *caput* do art. 96 faça referência apenas às defesas do pedido de falência fundamentado na impontualidade injustificada do devedor, referidas defesas devem ser estendidas a todos

---

[111] Cf. comentários ao art. 59.

[112] Cf. comentários ao art. 98 para formas de citação.

os demais fundamentos do pedido de falência. Isso porque, ainda que versem sobre pedidos falimentares baseados na execução frustrada ou na prática de atos falimentares, as defesas poderão apontar a irregularidade do procedimento ou a falta de elementos imprescindíveis para que possa ser decretada a falência do devedor, como a falta de legitimidade do autor, por não ser credor[113].

A enumeração realizada pelo art. 96 é apenas exemplificativa e não esgota a possibilidade de o devedor demonstrar a falta dos elementos necessários ou fatos impeditivos, modificativos ou extintivos do direito do autor. Expressão dessa posição é que o devedor, conforme inciso V, poderá alegar "qualquer outro fato que extinga ou suspenda obrigação ou não legitime a cobrança do título".

As matérias defensivas podem ser tanto de natureza processual como de natureza material. Entre as processuais, figuram a incompetência absoluta, nulidade da citação, falta de condições da ação.

A alegação de inadequação da via eleita em razão de o título permitir a execução individual do crédito do autor deve ser rejeitada. O pedido de falência, desde que preenchidos os requisitos legais, não pressupõe a utilização do processo executivo previamente e é opção atribuída ao credor para exigir a satisfação do seu crédito. Isso porque basta, notadamente no pedido fundamentado em impontualidade injustificada, a demonstração do inadimplemento da obrigação feita por meio do protesto. É desnecessária a demonstração da insolvabilidade econômica do devedor[114].

Em relação às defesas de mérito, podem elas versar sobre a obrigação exigida. Dessa forma, pode-se alegar a inexistência da obrigação, sua invalidade ou sua inexigibilidade. Entre os fatos modificativos, a ocorrência da prescrição, o pagamento da dívida ou qualquer outra forma de extinção da obrigação, como a compensação.

Especificamente quanto aos requisitos para o processo falimentar, pode-se arguir a falsidade do título executivo que substancia a obrigação, a irregularidade ou qualquer outro vício do protesto ou de seu instrumento e, ainda, a apresentação de pedido de recuperação judicial, o qual, se deferido o processamento, suspenderá todas as ações e execuções em face do devedor.

Caso os fatos impeditivos, modificativos ou extintivos somente atinjam uma parte das obrigações ou dos títulos que fundamentam o processo falimentar, as obrigações remanescentes deverão ser confrontadas aos requisitos legais impostos para a decretação da falência. As obrigações remanescentes e que não foram atingidas pelas defesas de mérito do empresário poderão, desde que suficientes para demonstrar a insolvência jurídica do empresário, permitir a decretação de sua quebra.

Pode-se alegar, também, a cessação das atividades empresariais há mais de dois anos antes do pedido de falência. A cessação das atividades, entretanto, precisa ser demonstrada por documento hábil do Registro Público de Empresas, embora possa ser refutada por demonstração de exercício posterior. Como a falência procura tutelar a higidez do mercado, o encerramento prévio da atividade do empresário torna desnecessária a tutela do interesse público por meio do procedimento falimentar, desde que o encerramento seja regular.

O encerramento regular é exigido tanto do empresário individual quanto da pessoa jurídica empresária. O empresário individual deverá ter requerido o cancelamento dessa firma após a

---

[113] Em sentido contrário: PARENTONI, Leonardo Netto; GUIMARÃES, Rafael Couto. Comentários ao art. 96. In: CORRÊA-LIMA, Osmar Brina; CORRÊA LIMA, Sérgio Mourão (coords.). *Comentários à nova Lei de Falência e Recuperação de Empresas*. Rio de Janeiro: Forense, 2009, p. 683.

[114] Súmula 42 do TJSP: "A possibilidade de execução singular do título executivo não impede a opção do credor pelo pedido de falência".

liquidação de seus ativos. Nas sociedades empresárias, os sócios deverão declarar extinta a sociedade após regular dissolução acompanhada por liquidação e partilha dos ativos remanescentes. Apenas posteriormente ao registro do cancelamento da firma individual ou da extinção da sociedade será iniciado o prazo decadencial de dois anos para sofrer o pedido de falência.

A liquidação da sociedade anônima é realizada nos termos dos arts. 214 e seguintes da Lei n. 6.404/76 e assegura o pagamento dos credores da sociedade por meio da liquidação dos ativos. Encerrada a liquidação, o credor poderá, na hipótese de não ser satisfeito, exigir dos acionistas, individualmente, o pagamento de seu crédito até o limite da soma por eles recebida. Poderá, ainda, propor contra o liquidante ação de perdas e danos (art. 218 da Lei n. 6.404/76).

O encerramento irregular da atividade ou a cessação sem qualquer formalização no Registro Público de Empresas, contudo, não obstará o decreto falimentar. A interrupção informal do desenvolvimento da atividade permite a qualquer momento a continuidade da existência da sociedade empresarial, ainda que sem personalidade jurídica, assim como o potencial de restabelecimento pelo empresário individual, o que exige a intervenção estatal na hipótese de preenchimento dos requisitos legais para se decretar a falência diante da possibilidade de continuar a prejudicar o mercado e os credores[115].

Por fim, poderá ser alegado como defesa, em procedimento falimentar deduzido em face do espólio do empresário individual de responsabilidade ilimitada falecido, que o falecimento já ocorreu há mais de um ano. O prazo de um ano estipulado pelo art. 96, § 1º, impede que haja o sobrestamento do inventário do *de cujus*. O credor poderá, caso não realizada ainda a partilha dos bens, habilitar-se diretamente no inventário.

Art. 97. Podem requerer a falência do devedor:

I – o próprio devedor, na forma do disposto nos arts. 105 a 107 desta Lei;

II – o cônjuge sobrevivente, qualquer herdeiro do devedor ou o inventariante;

III – o cotista ou o acionista do devedor na forma da lei ou do ato constitutivo da sociedade;

IV – qualquer credor.

§ 1º O credor empresário apresentará certidão do Registro Público de Empresas que comprove a regularidade de suas atividades.

§ 2º O credor que não tiver domicílio no Brasil deverá prestar caução relativa às custas e ao pagamento da indenização de que trata o art. 101 desta Lei.

Legitimados ativos ao pedido de falência

Legitimados ativos ao pedido de falência são aqueles que possuem interesse a ser resguardado pela decretação de falência do devedor no procedimento falimentar, inclusive o próprio devedor.

---

[115] TJSP, 1ª Câmara Reservada de Direito Empresarial, Ap. 1129923-68.2014, rel. Des. Carlos Dias Motta, j. 29-3-2017.

a) Próprio devedor

O devedor poderá requerer sua própria falência. A hipótese é a de autofalência e não exige que o empresário devedor, ao contrário do que se exige do credor empresário, esteja regular perante o Registro Público de Empresas.

O requerimento de autofalência não é imposição ao empresário devedor, mas mera faculdade. No Decreto-Lei n. 7.661/45, o devedor que não requeresse sua autofalência no prazo de 30 dias do vencimento de obrigação líquida não adimplida perderia o direito de pleitear a concordata (art. 140 do Dec.-Lei n. 7.661/45). A jurisprudência, entretanto, atenuou a regra em razão do sopesamento de interesses na preservação da atividade[116].

Na Lei n. 11.101/2005, embora o art. 105 determine a obrigação de o empresário requerer sua autofalência quando, diante da crise econômico-financeira que o acomete, não reunir condições para pleitear sua recuperação judicial, não foi prevista nenhuma sanção ao seu descumprimento. Ao empresário que tem a falência decretada a pedido de terceiros antes de requerer sua própria quebra ou mesmo sem que o tenha feito não foi estabelecida nenhuma penalidade, nem foi estabelecido prazo para que requeresse a autofalência. Seu interesse restringe-se à tentativa de extinguir suas obrigações para que possa reiniciar sua atividade empresarial.

O pedido de autofalência deve ser realizado pelo próprio empresário individual de responsabilidade ilimitada ou pelos administradores da sociedade. Como o pedido de autofalência extrapola as funções ordinárias de gestão e representação das sociedades, ainda que não exista disposição expressa na lei societária, os administradores precisam ser autorizados por deliberação assemblear[117].

b) Cônjuge, herdeiros e inventariante

Na hipótese de falecimento do empresário individual, seu cônjuge sobrevivente, qualquer herdeiro ou o inventariante poderão requerer a falência do espólio. Diferente das demais hipóteses, o requerimento tem prazo decadencial de um ano da morte do devedor (art. 96, § 1º). Referido prazo é imposto para não se impedir a celeridade do inventário.

c) Quotista e acionista

A lei atribuiu aos quotistas ou aos acionistas, desde que na forma da lei ou do contrato social, a possibilidade de requerer a autofalência da pessoa jurídica. A lei foi silente quanto à regulamentação dessa hipótese, de modo que aos contratos sociais das pessoas jurídicas foi atribuída a possibilidade dessa regulação privada dos interesses.

Na omissão do contrato social, deve-se entender pela impossibilidade de os sócios requererem a autofalência. Essa conclusão resulta do princípio da conservação dos contratos sociais e do prevalecimento da vontade da maioria dos sócios na condução da sociedade.

A Lei societária estabeleceu quóruns de deliberação para que a pessoa jurídica possa requerer a autofalência. O sócio minoritário, que discordou da deliberação que rejeitou o pedido de autofalência, não poderia voltar-se contra a deliberação majoritária e requerer a autofalência em detrimento da vontade dos demais. Mesmo o sócio majoritário, se não tiver ocorrido a deliberação

---

[116] Súmula 190 do Supremo Tribunal Federal: "O não pagamento de título vencido há mais de trinta dias, sem protesto, não impede a concordata preventiva".

[117] O art. 122, IX, da Lei n. 6.404/76 é expresso para as sociedades anônimas. Não há previsão expressa, entretanto, para as sociedades limitadas. Em razão de o pedido de autofalência expressar poderes extraordinários de administração, não conferidos regularmente aos administradores, devem ser aplicados por analogia a previsão de exigência de aprovação assemblear e o quórum de deliberação para a dissolução da sociedade de 2/4 do capital social (art. 1.071, VI, c.c. art. 1.076, I, do CC).

ou se a deliberação não tiver obtido o quórum de aprovação suficiente, também não poderá requerer o pedido de autofalência[118].

d) Credores

Por fim, também são legitimados a requerer a falência do empresário devedor seus credores. A disposição legal altera a regulação existente no Decreto-Lei n. 7.661/45, que exigiria que o credor com garantia real renunciasse à coisa que possuía em garantia ou comprovasse que o bem era insuficiente para a satisfação do crédito. Na Lei n. 11.101/2005, não há, quanto aos credores, nenhuma limitação. Desde que seja possuidor de crédito e preencha os fundamentos do art. 94 da LREF, poderá requerer a falência de seu devedor.

O credor com garantia real não precisa renunciar à sua garantia para que possa pedir a falência do devedor. Decretada a falência, o bem em garantia será liquidado e seu produto será utilizado para o pagamento de todos os credores preferenciais ao credor. Apenas o remanescente será rateado entre todos os credores com garantia real.

Caso sejam empresários, para requererem a falência de outro empresário devedor, os credores empresários deverão demonstrar a regularidade de seus registros. Deverão, assim, junto aos documentos que demonstram o preenchimento dos requisitos conforme o fundamento utilizado para o pedido de decretação de falência, incluir certidão do Registro Público de Empresas Mercantis que demonstre a regularidade de suas atividades.

O requisito legal procura estimular que o empresário credor tenha situação regular e registre seus atos constitutivos na Junta Comercial. O registro irregular no Registro Civil impede, ainda que desenvolva atividade empresarial, nos termos do art. 966 do Código Civil, que o empresário irregular figure como autor de pedido de falência de terceiro[119].

O requisito da regularidade para requerer a falência de terceiro, entretanto, não é exigido para o requerimento da própria autofalência[120] ou para a ter a falência decretada por pedido de terceiros. Ademais, o credor que não seja empresário está dispensado da apresentação de qualquer certidão.

e) Credores fiscais

Não há, na LREF, qualquer restrição a que os credores fiscais possam requerer a falência do empresário devedor. Apesar de controvertida, a impossibilidade do pedido não resulta da Lei n. 11.101/2005, mas das demais leis que disciplinam o crédito tributário.

O art. 187 do CTN determina que a cobrança judicial do crédito tributário não é sujeita a concurso de credores ou habilitação em falência, concordata, inventário ou arrolamento. Pelo dispositivo legal, a Fazenda Pública possui a ação de execução fiscal do crédito inscrito na dívida ativa para a exigência de seus créditos, em atividade vinculada e de forma que o Fisco não poderia optar por outra via de cobrança.

Corrobora essa disposição legal o art. 38 da Lei n. 6.830/80, ao determinar que "a discussão judicial da Dívida Ativa da Fazenda Pública só é admissível em execução, na forma desta Lei", o que impediria que, diante de uma hipótese de pedido de falência baseado em crédito tributário,

---

[118] Cf. comentários ao art. 105.

Com a mesma interpretação, TJSP, 2ª Câmara Reservada de Direito Empresarial, Ap. 0002743-85.2014, rel. Des. Campos Mello, j. 24-8-2016.

[119] TJSP, Câmara Especial de Falências, Ap. 547.014-4/8-00, rel. Des. Pereira Calças, j. 28-5-2008.

[120] Cf. comentários ao art. 105.

o empresário devedor pudesse se defender quanto ao seu adimplemento, a existência ou a exigibilidade da obrigação[121].

Entretanto, melhor medida seria se o legislador tivesse possibilitado o pedido de falência dos empresários devedores.

Quanto ao argumento de que o Fisco poderia comprometer o desenvolvimento econômico nacional com diversos pedidos de falência, não há diferenciação do Fisco com os demais credores. A possibilidade mais célere de exigência do crédito, sob pena de decretação de falência, poderia incentivar os credores a manterem sua condição fiscal regularizada, com ganhos econômicos para toda a coletividade.

Ademais, o empresário que não consegue desempenhar sua atividade econômica com o devido recolhimento dos seus tributos e demais encargos compromete a circulação de riqueza e gera uma distorção no sistema de mercado ao obter tratamento menos oneroso em relação aos seus concorrentes.

O pedido de falência permitiria manter a higidez do mercado, a concorrência em igualdade de condições entre todos os agentes e recolhimento regular dos tributos, em benefício do desenvolvimento econômico nacional.

f) Credor que não tiver domicílio no Brasil

O credor que não tiver domicílio no Brasil também poderá requerer a falência do empresário devedor. A Lei exigiu, entretanto, que o referido credor preste caução relativa às custas e ao pagamento de eventual indenização por perdas e danos que possa gerar.

A caução é exigida em razão da maior dificuldade de localização e execução de seus bens pessoais caso, em virtude de um pedido de falência denegado, venha a causar dano ao empresário devedor requerido.

Como seu intuito é exclusivamente assegurar a satisfação do devedor que poderá ser prejudicado em razão de um pedido doloso de falência, a caução deverá ser dispensada nas hipóteses em que o credor tiver bens imóveis no Brasil suficientes a arcar com eventual prejuízo causado. Essa interpretação resulta da aplicação analógica do art. 83 do Código de Processo Civil, que dispôs sobre hipótese semelhante de exigência de caução para o ressarcimento das despesas e honorários advocatícios.

Art. 98. Citado, o devedor poderá apresentar contestação no prazo de 10 (dez) dias.

Parágrafo único. Nos pedidos baseados nos incisos I e II do *caput* do art. 94 desta Lei, o devedor poderá, no prazo da contestação, depositar o valor correspondente ao total do crédito, acrescido de correção monetária, juros e honorários advocatícios, hipótese em que a falência não será decretada e, caso julgado procedente o pedido de falência, o juiz ordenará o levantamento do valor pelo autor.

---

[121] Nesse sentido: STJ, 1ª Turma, REsp 287.824/MG, rel. Min. Francisco Falcão, j. 20-10-2005; STJ, REsp 136.565/RS, rel. Min. Ruy Rosado de Aguiar, j. 14-6-1999.

Emenda à petição inicial

A petição inicial de falência deverá conter todos os requisitos do art. 319 do Código de Processo Civil, além dos requisitos a cada um dos fundamentos ao pedido de falência, nos termos do art. 94 da LREF. Deverá a petição inicial ser instruída com todos os documentos indispensáveis à propositura da ação de falência.

Nos termos do art. 321 do Código de Processo Civil, caso o juiz verifique que a petição inicial não preenche os requisitos legais, deverá, desde que o defeito e as irregularidades sejam sanáveis, determinar que o autor, no prazo de 15 dias, emende a petição inicial ou a complemente. A determinação de emenda à petição inicial deve indicar com precisão o que deve ser corrigido ou completado (art. 321 do CPC).

Caso não seja emendada e o defeito sanado no prazo, o juiz deverá indeferir a petição inicial, com a extinção do processo.

Citação no pedido de falência

Caso todos os requisitos legais estejam preenchidos e a documentação imprescindível a demonstrar o pedido tenha sido juntada, determinará o juiz a citação do empresário devedor e fixará o montante de honorários advocatícios para o patrono do autor na hipótese de depósito elisivo.

A citação no procedimento falimentar não é disciplinada pela LREF. Em sua omissão, o art. 189 da LREF determina a aplicação do Código de Processo Civil ao procedimento falimentar, no que couber.

Anteriormente à revogação do Código de Processo Civil, como o processo de falência se trata de uma execução coletiva, vedavam-se as formas citatórias não permitidas para o processo de execução, como a citação pelo correio (art. 222, *d*, do CPC antigo) e a citação por hora certa (arts. 654 e 655 do CPC revogado)[122].

Entretanto, após a reforma da legislação processual, nos termos do art. 246 do Código de Processo Civil, a citação poderá ser realizada pelo correio, por oficial de justiça, pelo escrivão se o citando comparecer em cartório, por edital ou por meio eletrônico. Não há mais impedimento à realização da citação por correio ou, por hora certa, na execução individual, a qual, inclusive, foi expressamente mencionada no art. 254 do Código de Processo Civil[123].

Dessa forma, no procedimento falimentar, pela aplicação do Código de Processo Civil, a citação será realizada pelo correio, preferencialmente, e, quando frustrada, por oficial de justiça. Sendo o citando pessoa jurídica, nos termos do art. 248, § 2º, do Código de Processo Civil, será válida a entrega do mandado a pessoa com poderes de gerência geral ou de administração ou, ainda, a funcionário responsável pelo recebimento da correspondência.

A correspondência deverá ser encaminhada ao endereço da sede do empresário devedor conforme registro na Junta Comercial do respectivo Estado. O empresário deveria manter suas informações atualizadas no Registro Público de Empresas Mercantis, de modo que, independentemente de quaisquer outras diligências, poderá o empresário ser citado por edital caso não localizado[124].

---

[122] TJSP, Câmara Especial de Falências e Recuperações Judiciais, Ap. 449.103-4/0-00, rel. Des. Pereira Calças, j. 9-8-2006.

[123] Sobre a regência do novo Código de Processo Civil: TJSP, 31ª Câmara de Direito Privado, AI 2091426-06.2016, rel. Des. Francisco Casconi, j. 24-5-2016.

[124] Súmula 51: "No pedido de falência, se o devedor não for encontrado em seu estabelecimento será promovida a citação editalícia independentemente de quaisquer outras diligências".

TJSP, 2ª Câmara Reservada de Direito Empresarial, AI 2120339-66.2014, rel. Des. Ramon Mateo

Entretanto, caso essa não localização tenha ocorrido por duas vezes, em que o oficial de justiça tenha procurado o citando em seu domicílio, sem tê-lo encontrado, e, havendo suspeita de ocultação, poderá o oficial de justiça proceder à citação por hora certa do empresário devedor. A citação consistirá na intimação de qualquer pessoa da família ou, em sua falta, qualquer vizinho de que, no dia útil imediato, voltará a fim de efetuar a citação, na hora que designar (art. 252 do CPC). Não o encontrando, dará o empresário por citado e certificará ao escrivão, que encaminhará ao executado, no prazo de dez dias, carta ou correspondência dando ciência de todo o ocorrido (art. 254 do CPC).

Contestação e depósito elisivo

Desde que em termos a petição inicial, o empresário devedor será citado para, no prazo de dez dias, se assim desejar, apresentar contestação. Esse prazo de dez dias conta-se a partir da juntada aos autos do mandado de citação devidamente cumprido, ou da juntada aos autos do aviso de recebimento, quando a citação ocorrer pelo correio, ou, ainda, do dia útil seguinte ao fim do prazo concedido pelo juiz, quando a citação ocorrer por edital (art. 231 do CPC).

Como já referido[125], o devedor poderá apresentar todas as suas defesas na contestação. As matérias defensivas poderão ser tanto de conteúdo processual, como também poderão ser apresentadas defesas de mérito e que têm o condão de desconstituir a obrigação, o inadimplemento ou os requisitos imprescindíveis para a promoção do pedido falimentar.

Na hipótese de pedido falimentar fundamentado na impontualidade injustificada ou na execução frustrada, assegurou a Lei a possibilidade de o devedor realizar o depósito elisivo de pedido. Este caracteriza-se por ser o pagamento correspondente ao valor total do crédito exigido, acrescido de correção monetária, juros e honorários advocatícios.

O Decreto-Lei n. 7.661/45 exigia que o depósito elisivo fosse realizado no prazo de 24 horas, o que era entendido como insuficiente. Pela LREF, o depósito poderá ser realizado no prazo de dez dias para a apresentação da defesa.

A realização do depósito elisivo não equivale ao reconhecimento do pedido, pois pode ser feito juntamente com a contestação, em que o requerido impugna os fatos constitutivos do direito de crédito do credor ou a falta de requisitos para que possa promover esse pedido.

Se realizado na integralidade, o depósito elide a insolvência jurídica, pressuposto da decretação da falência. Sua realização, contudo, não exige a imediata extinção do feito falimentar, mas o procedimento falimentar deverá prosseguir para a verificação de quem poderá levantar os recursos. Embora a possibilidade de decretação da falência fique afastada, a natureza do pedido não é convertida para ação de cobrança, cuja publicidade deverá, inclusive perante terceiros, ser conservada até sua extinção[126].

Júnior, j. 31-8-2015; TJSP, Câmara Reservada à Falência e Recuperação, AI 9036271-40.2009, rel. Des. Pereira Calças, j. 6-4-2010.

[125] Cf. Comentários aos arts. 95 e 96 da LREF.

[126] TJSP, 1ª Câmara Reservada de Direito Empresarial, AI 2188812-70.2015, rel. Des. Teixeira Leite, j. 22-10-2015; TJSP, 1ª Câmara Reservada de Direito Empresarial, AI 2204255-95.2014, rel. Des. Claudio Godoy, j. 3-2-2015; TJSP, 1ª Câmara Reservada de Direito Empresarial, AI 2036744-38.2015, j. 8-4-2015.

O depósito elisivo, entretanto, pode ser realizado ainda que não tenha sido apresentado contestação ao pedido, do mesmo modo que a apresentação da defesa é independente da realização do depósito. As consequências da contestação e da realização do depósito elisivo variam, embora seja certo que, realizado o depósito, ainda que os argumentos da contestação não prevaleçam, impede-se a decretação da falência.

Se não prevalecerem os argumentos defensivos apresentados na contestação ou, em sua ausência, os documentos juntados demonstrarem efetivamente a legitimidade do crédito e o preenchimento dos demais requisitos legais, o juiz deverá decretar a falência do devedor caso não tenha ocorrido o depósito elisivo. Se, diante dessa situação, tiver ocorrido o depósito elisivo, o juiz deverá julgar procedente o pedido falimentar, mas declarar elidida a falência em relação ao depósito, com o levantamento do montante referente ao depósito elisivo pelo autor.

Os argumentos da contestação deverão ser sempre apreciados antes do depósito elisivo, justamente para se verificar sobre a procedência ou não do pedido e, por consequência, quem suportará os encargos sucumbenciais. Para tanto, poderá ser necessária a abertura da fase instrutória, ocasião em que as partes poderão demonstrar, por todos os meios de prova regularmente admitidos, os fatos constitutivos, impeditivos ou modificativos do direito alegado.

Nesse sentido, na hipótese de serem acolhidos os argumentos da contestação, o juiz julgará improcedente o pedido falimentar com a prolação da sentença denegatória da falência e determinará o levantamento do montante do depósito elisivo pelo próprio devedor, caso ele o tenha realizado.

Depósito elisivo no pedido de falência por prática de ato falimentar

Diante da redação do art. 98, parágrafo único, a doutrina controverte sobre a possibilidade de realização do depósito elisivo no pedido de falência fundamentado na prática de atos falimentares.

Para parte dos doutrinadores, em razão do princípio da preservação da empresa, o depósito elisivo deveria ser admitido, ainda que não houvesse menção expressa na legislação[127]. O segundo fundamento a tanto decorreria de que, ainda que fundamentado na prática de atos falimentares, exige-se que o requerente seja credor para deduzir o pedido em face do terceiro. Para essa corrente, o depósito elisivo, ainda que não previsto, retiraria a legitimidade do requerente para realizar o pedido e, por isso, poderia ser admitido[128].

Referida posição, contudo, não parece ser a mais correta. O silêncio da LREF quanto à possibilidade de depósito elisivo no pedido de falência fundamentado na prática de atos falimentares é eloquente. Ela apenas permitiu o depósito elisivo para as demais hipóteses, de impontualidade injustificada e de execução frustrada.

A má-fé no desenvolvimento da atividade empresarial, com a prática de ato de falência que gere maior risco de inadimplemento do devedor, ou a tentativa de ocultar bens em benefício próprio ou de terceiro, não pode ser premiada. Caso permitido o depósito elisivo nessa hipótese, o devedor cujos atos foram descobertos e propiciaram o pedido de falência poderia simplesmente depositar o montante devido sem maiores repercussões.

---

[127] PERIN JR., Ecio. *Curso de direito falimentar e recuperação de empresas*. 4. ed. São Paulo: Saraiva, 2011, p. 148.

[128] COELHO, Fábio Ulhoa. *Comentários à Lei de Falências e de Recuperação de Empresas*. 11. ed. São Paulo: Saraiva, 2016, p. 373.

A falência, contudo, é procedimento que procura a tutela não apenas do credor individual, mas de toda a coletividade dos credores, dos demais envolvidos na condução da atividade empresarial e da higidez do mercado como um todo. A satisfação de apenas um desses agentes não impedirá que todos os demais sejam lesados com a prática dos atos falimentares pelo devedor[129].

Depósito elisivo extemporâneo

O depósito elisivo deverá ser realizado no prazo de dez dias da citação no processo falimentar, nos termos do art. 98 da LREF.

Sua realização intempestiva exige consideração sobre os seus efeitos.

Se o depósito elisivo for realizado posteriormente ao período de 10 dias, mas antes da decretação da falência, embora realizado após o prazo legal, o depósito integral do montante devido satisfaz o credor e elide a presunção de insolvência jurídica do devedor. Efetuado o depósito elisivo anteriormente à decretação da falência, portanto, a falência está elidida, embora o processo deva prosseguir para se verificar, após a análise da eventual contestação, se o credor tem efetivamente direito de crédito ao montante depositado ou se o depósito elisivo deverá ser levantado pelo próprio devedor, diante da demonstração de fato impeditivo, extintivo ou modificativo do direito de crédito do credor.

Caso realizado posteriormente à decretação da falência, apenas excepcionalmente poderá exigir a sua revogação[130].

Art. 99. A sentença que decretar a falência do devedor, entre outras determinações:

I – conterá a síntese do pedido, a identificação do falido e os nomes dos que forem a esse tempo seus administradores;

II – fixará o termo legal da falência, sem poder retrotraí-lo por mais de 90 (noventa) dias contados do pedido de falência, do pedido de recuperação judicial ou do 1º (primeiro) protesto por falta de pagamento, excluindo-se, para esta finalidade, os protestos que tenham sido cancelados;

III – ordenará ao falido que apresente, no prazo máximo de 5 (cinco) dias, relação nominal dos credores, indicando endereço, importância, natureza e classificação dos respectivos créditos, se esta já não se encontrar nos autos, sob pena de desobediência;

IV – explicitará o prazo para as habilitações de crédito, observado o disposto no § 1º do art. 7º desta Lei;

V – ordenará a suspensão de todas as ações ou execuções contra o falido, ressalvadas as hipóteses previstas nos §§ 1º e 2º do art. 6º desta Lei;

---

[129] Nesse sentido, ALMEIDA, Amador Paes de. *Curso de falência e recuperação de empresa*. 26. ed. São Paulo: Saraiva, 2012, p. 118-119; NEGRÃO, Ricardo. *Manual de direito comercial e de empresa*. v. 3. 7. ed. São Paulo: Saraiva, 2012, p. 315.

[130] Cf. comentários ao art. 99.

VI – proibirá a prática de qualquer ato de disposição ou oneração de bens do falido, submeten-do-os preliminarmente à autorização judicial e do Comitê, se houver, ressalvados os bens cuja venda faça parte das atividades normais do devedor se autorizada a continuação provisória nos termos do inciso XI do *caput* deste artigo;

VII – determinará as diligências necessárias para salvaguardar os interesses das partes envolvidas, podendo ordenar a prisão preventiva do falido ou de seus administradores quando requerida com fundamento em provas da prática de crime definido nesta Lei;

VIII – ordenará ao Registro Público de Empresas e à Secretaria Especial da Receita Federal do Brasil que procedam à anotação da falência no registro do devedor, para que dele constem a expressão "falido", a data da decretação da falência e a inabilitação de que trata o art. 102 desta Lei;

IX – nomeará o administrador judicial, que desempenhará suas funções na forma do inciso III do *caput* do art. 22 desta Lei sem prejuízo do disposto na alínea *a* do inciso II do *caput* do art. 35 desta Lei;

X – determinará a expedição de ofícios aos órgãos e repartições públicas e outras entidades para que informem a existência de bens e direitos do falido;

XI – pronunciar-se-á a respeito da continuação provisória das atividades do falido com o administrador judicial ou da lacração dos estabelecimentos, observado o disposto no art. 109 desta Lei;

XII – determinará, quando entender conveniente, a convocação da assembleia-geral de credores para a constituição de Comitê de Credores, podendo ainda autorizar a manutenção do Comitê eventualmente em funcionamento na recuperação judicial quando da decretação da falência;

XIII – ordenará a intimação eletrônica, nos termos da legislação vigente e respeitada as prerro-gativas funcionais, respectivamente, do Ministério Público e das Fazendas Públicas federal e de todos os Estados, Distrito Federal e Municípios em que o devedor tiver estabelecimento, para que tomem conhecimento da falência.

§ 1º O juiz ordenará a publicação de edital eletrônico com a íntegra da decisão que decreta a fa-lência e a relação de credores apresentada pelo falido.

§ 2º A intimação eletrônica das pessoas jurídicas de direito público integrantes da adminis-tração pública indireta dos entes federativos referidos no inciso XIII do *caput* deste artigo será direcionada:

I – no âmbito federal, à Procuradoria-Geral Federal e à Procuradoria-Geral do Banco Central do Brasil;

II – no âmbito dos Estados e do Distrito Federal, à respectiva Procuradoria-Geral, à qual competirá dar ciência a eventual órgão de representação judicial específico das entidades interessadas; e

III – no âmbito dos Municípios, à respectiva Procuradoria-Geral ou, se inexistir, ao gabinete do Prefeito, à qual competirá dar ciência a eventual órgão de representação judicial específico das entidades interessadas.

§ 3º Após decretada a quebra ou convolada a recuperação judicial em falência, o administrador deverá, no prazo de até 60 (sessenta) dias, contado do termo de nomeação, apresentar, para apreciação do juiz, plano detalhado de realização dos ativos, inclusive com a estimativa de tempo não superior a 180 (cento e oitenta) dias a partir da juntada de cada auto de arrecadação, na forma do inciso III do *caput* do art. 22 desta Lei.

Sentença declaratória da falência

Presentes os fundamentos da impontualidade injustificada, da execução frustrada ou demonstrada a prática de atos falimentares, desde que não efetuado o depósito elisivo pelo empresário devedor, será proferida a sentença declaratória da falência.

A despeito da nomenclatura, a sentença falimentar não tem natureza meramente declaratória. Ela não apenas reconhece a situação de insolvência preexistente do devedor, mas também cria e modifica uma situação jurídica. Sua natureza, portanto, é de sentença constitutiva.

A partir da decretação da falência do devedor, as relações jurídicas anteriormente celebradas passam a ser submetidas a um novo regime jurídico. Os ativos do falido serão submetidos ao procedimento de execução concursal, com sua liquidação, assim como as obrigações serão apuradas por meio da verificação de crédito e apenas serão satisfeitas com o respeito à regra da *par conditio creditorum*.

Como qualquer sentença, a decisão que põe fim a uma das fases do processo deverá ser constituída pelo relatório, pela fundamentação e pelo dispositivo. Além desses requisitos genéricos, a sentença declaratória de falência possuirá também os requisitos específicos exigidos pelo art. 99 da LREF e que procuram ordenar todo o procedimento falimentar.

Identificação do falido e de seus administradores

A exigência de inclusão do nome do falido é decorrente dos efeitos provocados pela falência sobre a sua pessoa, seus bens e seus contratos.

A identificação dos administradores da pessoa jurídica, por outro lado, para que também sejam considerados falidos. Falido é apenas o empresário individual de responsabilidade ilimitada ou a sociedade empresária. Os sócios serão decretados falidos apenas se forem sócios de sociedades em que possuam responsabilidade ilimitada pelas obrigações sociais (art. 81).

A inclusão, na sentença de decretação de falência, dos nomes dos últimos administradores da sociedade empresarial decretada falida é exigência apenas para a imposição a eles de diversas obrigações na condução do procedimento falimentar, como a apresentação de informações a respeito dos bens não localizados no estabelecimento empresarial do devedor, da causa da falência, do contador responsável pela escrituração dos livros obrigatórios etc.

Termo legal da falência

Deverá ser fixado o termo legal da falência, período em que o empresário devedor, ciente da crise econômico-financeira que o acomete, estaria mais propenso a praticar atos que privilegiassem a si próprio ou a alguns credores em detrimento de outros ou com o intuito de evitar futura arrecadação.

O termo legal poderá ser fixado em até 90 dias do primeiro protesto, desde que não cancelado, do pedido de falência ou do pedido de recuperação judicial, o que vier primeiro. Durante esse período, determinados atos praticados pelo devedor serão considerados objetivamente como ineficazes perante a Massa Falida, que poderá arrecadar os ativos, ainda que transferidos a terceiros (art. 129).

Os marcos estabelecidos na Lei como base à fixação do termo legal são taxativos. Não é dado ao juiz fixar termo legal diverso daqueles indicados no inciso II do art. 99, ampliá-lo ou utilizar marco diverso, ainda que seja para fixá-lo nos 90 dias anteriores ao período em que notoriamente tenha se iniciado a crise, como no caso de pedido de homologação de plano de recuperação extrajudicial[131].

A taxatividade do art. 99, II, não prejudica a análise e eventual revogação de eventuais atos praticados pelo devedor com a intenção de prejudicar credores, que poderão ser revogados em ação própria na forma do art. 130 da Lei, desde que demonstrado o conluio fraudulento e o prejuízo à Massa Falida[132].

Lista dos credores do falido

A sentença declaratória de falência marca o início do procedimento de verificação de créditos. Para tanto, ela determina que o falido deverá apresentar, sob pena de prática de crime de desobediência, lista nominal dos credores, com a indicação do endereço de cada credor, a importância dos créditos, sua natureza e classificação, no prazo de cinco dias.

A exigência do endereço de cada credor permite que o administrador judicial comunique os credores, por carta, sobre a decretação da falência e a habilitação de seus respectivos créditos (art. 22, I, *a*).

A lista de credores do devedor, com a especificação da natureza, classificação e valor dos respectivos credores, permitirá que os credores discordantes ou não habilitados apresentem suas habilitações ou divergências administrativas.

Prazo para as habilitações administrativas

A sentença declaratória informará aos credores o prazo para as habilitações de crédito ou divergências administrativas, que será de quinze dias. Com a publicação do edital com a íntegra da sentença de declaração da falência e a relação de credores (art. 99, parágrafo único), os credores terão o prazo de 15 dias para apresentar, diretamente ao administrador judicial ou ao cartório, suas habilitações de crédito administrativas[133].

A sentença não deve se restringir a explicitar o prazo, mas também deverá esclarecer o local onde as habilitações administrativas deverão ser apresentadas e a forma em que serão aceitas, o que deverá ser reproduzido no edital (art. 99, parágrafo único). Nesse sentido, deverá constar que as habilitações administrativas sejam entregues em cartório, o qual as encaminhará ao administrador judicial. Para facilitar os trâmites processuais, é recomendável, entretanto, que as habilitações sejam encaminhadas diretamente ao domicílio do administrador judicial, o qual deverá ser especificado, ou, melhor ainda, ao endereço eletrônico comunicado por este e que deverá integrar o edital, o que permitirá maior celeridade e desonerará o cartório judicial.

Suspensão de todas as ações ou execuções contra o falido

Na sentença deverá constar a determinação de suspensão de todas as ações ou execuções contra o falido, exceto as de conhecimento. O efeito é automático em decorrência da decretação da falência (art. 6º), mas o legislador determinou sua inclusão na sentença para tornar a suspensão ainda mais de conhecimento de todos.

---

[131] STJ, REsp 1.890.290/RS, 3ª Turma, rel. Min. Ricardo Villas Bôas Cueva, j. 22-2-2022.

[132] Cf. comentários ao art. 130.

[133] Cf. comentários ao art. 7º.

Atos de disposição ou oneração de bens do falido

Pelo mesmo fundamento de publicidade perante terceiros, exigiu-se a proibição, na sentença, de prática de qualquer ato de disposição ou oneração de bens do falido. Apesar de a vedação legal ser expressa no art. 103, o falido, após a decretação de sua falência, fica impedido de continuar a desenvolver sua atividade comercial, bem como não terá mais a disposição de seus próprios bens, os quais serão arrecadados pelo administrador judicial[134].

A alienação de ativos do devedor nem sequer pelo administrador judicial poderá ser livremente realizada. Qualquer ato de disposição ou de oneração exige autorização judicial e do Comitê de Credores, se houver (art. 22, § 3º). A alienação poderá ocorrer diretamente pelo administrador judicial apenas na hipótese excepcional de deferimento judicial da continuidade provisória da atividade.

Diligências necessárias

Para salvaguardar o interesse de todos os envolvidos, a sentença declaratória de falência poderá determinar a realização de qualquer diligência, conforme o caso concreto. A autorização legal ampla decorre das particularidades de cada situação e que podem exigir do Magistrado medidas adicionais para a arrecadação, proteção e guarda dos ativos. Poderá, assim, o Magistrado determinar, para que a arrecadação ocorra, o arrombamento de portas, a contratação de seguranças para o acompanhamento da diligência, a contratação de investigadores de ativos desviados etc.

Entre as medidas acautelatórias, poderá ordenar a prisão preventiva do falido ou de seus administradores, desde que haja indícios de que tenham praticado crime previsto na Lei Falimentar e a medida se justifique em virtude da proteção à ordem pública, econômica, por conveniência da instrução criminal ou para assegurar a aplicação da lei penal.

Anotação da expressão "falido" no nome empresarial

A sentença de decretação de falência determinará a expedição de ofício para a anotação nos registros a cargo da Junta Comercial do Estado em que sediado o empresário ou em que localizadas as filiais da pessoa jurídica.

A anotação no nome empresarial da expressão "falido", bem como do efeito de torná-lo inabilitado para a realização dos atos empresariais e da data da decretação da quebra, procura assegurar a publicidade da sentença e a efetividade da decisão perante terceiros. Impede-se que contratantes de boa-fé, desconhecedores da decretação da falência, contratem com o empresário devedor que deveriam saber que está inapto para a realização do comércio.

Nos registros do devedor na Secretaria Especial da Receita Federal do Brasil também será anotada a expressão "falido", a data da decretação da falência e a inabilitação para o desempenho da atividade empresarial.

Nomeação do administrador judicial e caução

A sentença de decretação da falência nomeará o administrador judicial para que exerça todas as funções impostas pela Lei, notadamente a arrecadação dos bens e documentos do devedor, a realização do ativo e a verificação dos créditos (art. 22).

---

[134] Cf. comentários ao art. 103.

Na falência, o administrador judicial receberá o valor fixado de remuneração pelo juiz, o qual atentará à capacidade de pagamento do devedor, o grau de complexidade do trabalho, os valores praticados no mercado para o desempenho de atividades semelhantes, o que não poderá extrapolar, contudo, cinco por cento do valor de venda dos bens da Massa (art. 24). Na hipótese de não existirem ativos na Massa, portanto, toda a diligência realizada pelo administrador judicial para tentar localizar ativos do devedor falido, seu trabalho na elaboração de relatórios e na verificação de créditos poderiam não ser remunerados.

Diante do risco de inexistência de ativos em alguns procedimentos falimentares e da possibilidade de todo o trabalho desenvolvido não ser remunerado, o próprio credor tem, por vezes, sido nomeado como administrador judicial. A providência, entretanto, poderá gerar morosidade injustificada e ineficiência incompatíveis aos princípios do direito falimentar. Isso porque o credor ou o seu advogado podem não contar com a confiança do juízo para desempenhar o encargo de administrador judicial ou simplesmente não serem especializados a tanto.

A Lei n. 11.101/2005, revogando o Decreto-Lei n. 7.661/45, não exige mais tentativa prévia de nomeação dos maiores credores como administrador judicial[135]. Nos termos do art. 60 do Decreto-Lei n. 7.661/45, apenas após três recusas é que o Juiz Universal podia nomear um síndico dativo. A revogação da norma anterior ocorreu justamente em razão da possibilidade de falta de conhecimento técnico do credor para o exercício da função, falta da necessária profissionalização e de uma atuação consentânea aos interesses de todos os envolvidos.

De modo a se evitar que o administrador judicial nomeado não seja remunerado pelas funções realizadas, além de se garantir a nomeação de um profissional de confiança do juízo e com conhecimentos técnicos para garantir o desenvolvimento regular do procedimento, a jurisprudência vinha admitindo a fixação de uma caução. A caução era fixada na própria sentença de decretação da falência quando houver risco de inexistência de ativos a serem arrecadados e liquidados.

Sua função seria exclusivamente remunerar minimamente o trabalho de localização de ativos e verificação de créditos pelo administrador judicial e deverá ser recolhida pelo credor, no prazo a ser determinado pelo juiz, sob pena de revogação da falência e extinção do processo por falta de pressupostos processuais.

A determinação não violava o art. 25, que determina que caberá ao devedor ou à Massa Falida arcar com as despesas relativas à remuneração do administrador judicial. Diante do risco de total falta de ativos da Massa Falida para remunerar o administrador judicial pelo seu trabalho, a caução a ser depositada pelo requerente seria o mínimo necessário para que o processo possa regularmente se desenvolver, sem o quê haveria risco de o administrador judicial nomeado não ter nenhuma remuneração pelos seus serviços. Nos termos do art. 82 do Código de Processo Civil, aplicável supletivamente à LREF, cumpre ao autor antecipar as despesas relativas ao processo ou determinadas pelo juiz.

Seu valor, entretanto, não poderia ser fixado a ponto de impor ao requerente enorme ônus processual. Caso sejam localizados ativos para serem liquidados, o credor poderia levantar o valor da caução e reaver os valores como créditos extraconcursais, nos termos do art. 84, II[136].

---

[135]   Cf. comentários ao art. 21 da LREF.

[136]   Pela admissão da caução: STJ, 3ª Turma, REsp 1.526.790/SP, rel. Min. Ricardo Villas Bôas Cueva, j. 10-3-2016; TJSP, 2ª Câmara Reservada de Direito Empresarial, AI 2212243-65.2017, rel. Des. Alexandre Marcondes, j. 23-1-2018; TJSP, 2ª Câmara Reservada de Direito Empresarial, AI 2127645-

Se a caução não fosse depositada pelo credor regularmente intimado a tanto, a falência deveria ser sumariamente encerrada, diante da impossibilidade de localização de ativos a serem arrecadados e liquidados (art. 156) e com a subsistência das obrigações do devedor (art. 158)[137].

A Lei n. 14.112/2020 promoveu singela alteração nessa lógica. O art. 114-A estabelece que, na ausência de ativos a serem arrecadados ou na insuficiência de ativos para arcar com as despesas do processo, o juiz, após oitiva do Ministério Público, determinará a publicação de edital convocando os credores interessados no prosseguimento da falência a se manifestarem. O prosseguimento estará condicionado ao pagamento das despesas e honorários do administrador judicial.

Em que pese o referido artigo possa gerar a interpretação de que a prática jurisprudencial de que a determinação da caução por ocasião da decretação da falência não teria mais necessidade, o art. 114-A estabelece hipótese diversa de caução posteriormente às diligências do administrador judicial e diante da arrecadação de poucos ativos.

Na suspeita de não existirem ativos a serem arrecadados pelo administrador judicial, contudo, o trabalho desenvolvido por esse não seria remunerado pelas forças da Massa Falida. Nesse cenário, portanto, a caução por ocasião da decretação da falência, excepcionalmente, poderia ainda ser exigida como forma de se assegurar valor mínimo a remunerar a diligência da arrecadação pelo administrador judicial.

Ofícios aos órgãos e às repartições públicas

De modo a se permitir ao administrador judicial o conhecimento de todos os bens do falido a ser arrecadados, a sentença determinará a expedição de ofícios aos órgãos e repartições públicas para que informem a existência de bens e direitos do falido, bem como determinem o bloqueio ou a indisponibilidade dos bens.

É determinada a expedição de ofícios à União, ao Estado e ao Município em que a pessoa jurídica possui sua sede. Por meio de sistema eletrônico, são determinados os bloqueios de todos os bens imóveis registrados em nome do empresário falido nos Cartórios de Registro de Imóveis, dos veículos nos Detrans, dos recursos em instituições financeiras por meio de comunicação eletrônica ao Banco Central do Brasil, bem como são requeridas as declarações de imposto de renda dos últimos exercícios à Receita Federal do Brasil.

Continuação provisória ou lacração do estabelecimento empresarial

A continuação provisória das atividades do falido pelo administrador judicial ou a lacração dos estabelecimentos deverá ser decidida pelo juiz na sentença. A sentença de decretação da falência provoca o afastamento do devedor da condução de sua atividade e da administração de seus bens, os quais deverão ser arrecadados pelo administrador judicial. Por ocasião da decretação, poderá o juiz determinar a lacração do estabelecimento empresarial, com o bloqueio de

---

81.2017, rel. Des. Araldo Telles, j. 21-9-2017; TJSP, 2ª Câmara Reservada de Direito Empresarial, AI 2062293-16.2016, rel. Des. Carlos Alberto Garbi, j. 15-8-2016; TJSP, 1ª Câmara Reservada de Direito Empresarial, Ap. 1002556-51.2014, rel. Des. Cesar Ciampolini, j. 29-11-2017.

[137] Pelo encerramento anômalo: TJSP, 1ª Câmara Reservada de Direito Empresarial, Ap. 0053693-87.2012, rel. Des. Ênio Zuliani, j. 8-2-2017.

todos os ativos do empresário devedor, via sistemas eletrônicos de constrição ou mediante a expedição de ofícios.

Em vez da lacração do estabelecimento para a liquidação imediata dos ativos, contudo, poderá ser decidido, em consideração à preservação da empresa, à maximização do valor dos ativos e à maior satisfação dos credores, que a atividade empresarial poderá ser provisoriamente mantida. Na hipótese em que o Juiz Universal considerar que a continuação provisória da atividade é do interesse da Massa Falida, o desenvolvimento da atividade empresarial será assumido pelo administrador judicial.

Este, todavia, não deverá gerir a empresa indefinidamente. A continuidade é excepcionalmente permitida até que todas as condições para a melhor liquidação dos ativos e satisfação dos credores estejam presentes.

Enquanto ela ocorrer, entretanto, fica o administrador judicial dispensado de obter autorização judicial prévia para a alienação dos bens do empresário devedor, desde que a alienação esteja normalmente vinculada ao desenvolvimento da atividade empresarial. A regra excepciona o art. 22, § 3º, que exige que o administrador judicial obtenha, na falência, autorização judicial, após a oitiva do Comitê, para transigir sobre ativos pertencentes à Massa Falida.

Durante a continuidade provisória da atividade, o administrador judicial poderá realizar os atos negócios jurídicos ordinários para o desenvolvimento desta. Entre os negócios jurídicos, a comercialização dos produtos ou serviços, aquisição de mercadorias etc. A alienação de bens não dependerá de autorização judicial, desde que os bens sejam integrantes de seu ativo circulante, naturalmente destinados a tanto.

Constituição do Comitê de Credores

Diante da complexidade da atividade desempenhada pelo empresário falido e de uma necessidade de maior fiscalização e acompanhamento pelos credores das funções desempenhadas pelo administrador judicial, poderá o juiz, por ocasião da sentença de decretação de falência, determinar a convocação da AGC para deliberação sobre eventual constituição do Comitê de Credores.

Na prática e à míngua de maior interesse dos credores na constituição do Comitê, seja em virtude da não previsão de remuneração para o desenvolvimento dessa atividade, seja em razão da possibilidade de responsabilização do nomeado para a função, raramente tem sido determinada a convocação da AGC a tanto.

A intimação do Ministério Público e das Fazendas Públicas

A decretação da falência constitui o concurso de credores, a partir do qual o Ministério Público poderá atuar como fiscal da regular aplicação da Lei para assegurar a proteção aos interesses da coletividade de credores e ao interesse público na higidez do mercado. Sua intimação eletrônica da sentença de falência é imprescindível antes da prática dos demais atos do processo, de modo que possa intervir no feito, se o desejar, com poderes para promover ação de responsabilidade, apurar o cometimento de crimes falimentares, recorrer das decisões judiciais etc.

As Fazendas Públicas dos locais em que a falida possuir estabelecimento empresarial ou filial deverão ser comunicadas da falência para que possam apurar eventual existência de débito tributário do falido. Como são dispensadas da habilitação de crédito tributário na falência, não receberão a comunicação por carta endereçada pelo administrador judicial, mas serão comunicadas eletronicamente imediatamente da sentença para que possam promover a execução fiscal, com o requerimento de penhora no rosto dos autos falimentares, se o desejarem.

Além da Fazenda Pública, serão intimadas as pessoas jurídicas de direito público integrantes da administração pública indireta dos entes federativos em que o devedor tiver estabelecimento. A intimação deverá ser direcionada à Procuradora Geral Federal à Procuradoria Geral do Banco Central do Brasil, à respectiva Procuradoria Geral Estadual e, nos municípios, à Procuradoria Geral ou, se inexistir, ao gabinete do Prefeito, os quais deverão dar ciência às entidades interessadas.

Publicação de edital

Para garantir o mais amplo conhecimento da decretação da falência do devedor, a sentença declaratória da falência deve ser publicada, em sua íntegra, por edital eletrônico. A publicação, entretanto, deverá ser realizada com a lista dos credores realizada pelo próprio devedor e que dará início à verificação de créditos.

Como a lista de credores poderá não constar dos autos, mas deverá ser apresentada pelo devedor no prazo de cinco dias, a publicação do referido edital poderá não ser imediata. Não se pode, todavia, prolongar sua publicação, sob pena de se obstar o prosseguimento de todos os demais atos falimentares dele dependentes.

A publicidade do edital será realizada por publicação na imprensa oficial e no endereço eletrônico do administrador judicial (art. 191 da LREF).

Revogação da sentença declaratória de falência em razão de composição

A revogação da falência não se confunde com o seu encerramento. O encerramento do procedimento falimentar ocorre pela inexistência de credores habilitados, pela inexistência de ativos a serem liquidados ou de produto dessa liquidação a ser rateado entre os credores[138]. O encerramento não implicará o fim da inabilitação do falido e nem a extinção de suas obrigações, a menos que ocorra alguma das hipóteses do art. 158 da LREF.

Por seu turno, a revogação da sentença falimentar é a reconsideração da existência dos pressupostos necessários à sua decretação, com o retorno do empresário ao seu status anterior. Pela revogação, o empresário retorna ao desenvolvimento de sua atividade empresarial como se não houvesse falido e sem que sofresse quaisquer efeitos dessa medida. Inclusive, com a revogação da falência, faltará o pressuposto objetivo para a punibilidade da conduta descrita como crime falimentar e eventualmente praticada pelo devedor ou terceiros[139].

Ainda que não haja previsão legal para a reconsideração ou revogação da sentença de decretação da falência do empresário devedor, a revogação tem sido admitida em hipóteses excepcionais. A rigor, decretada a falência do empresário devedor, o empresário perderá a autonomia patrimonial sobre os seus ativos e o poder de sua administração, os quais deverão ser arrecadados pelo administrador judicial para a formação da Massa Falida objetiva e pagamento de todos os credores, conforme o princípio da *par conditio creditorum*[140]. Dessa forma, eventual pagamento

---

[138] Cf. comentários ao art. 154.

[139] Cf. comentários ao art. 180.

[140] Cf. comentários ao art. 103.

realizado diretamente pelo devedor seria considerado nulo, pois ele não mais teria poder sobre os seus bens, bem como pelo fato de o credor dever receber conforme a igualdade de tratamento dos credores da mesma classe.

Entretanto, diante do princípio da preservação da empresa e dos ônus sociais que a liquidação forçada falimentar implica a todos os interessados, a composição deve ser admitida e homologada desde que o crédito do autor do pedido de falência baseado na impontualidade injustificada ou na execução frustrada seja novado, o que fará desaparecer o pressuposto da insolvência jurídica do falido[141].

Para que essa composição e a revogação da decretação da falência não prejudiquem os interesses dos terceiros credores ou do mercado em geral, a quem a decretação da falência foi destinada a proteger, além de excepcional, a revogação somente deve ocorrer se a composição quanto ao débito for realizada logo após a sentença de decretação da falência e de forma a não estabilizar uma situação jurídica falimentar, se não remanescerem credores já habilitados nos autos falimentares e também não satisfeitos ou se houver indícios do cometimento de crimes falimentares praticados[142].

A composição posterior à quebra não pode ser utilizada como alternativa ao devedor para se garantir caso seus argumentos em eventual contestação não sejam acolhidos, notadamente quando há outros credores não satisfeitos, ou ainda como forma de evitar a persecução penal.

Plano de realização de ativos

Como forma de se acelerar o procedimento falimentar e de torná-lo mais eficiente, princípios que orientaram a alteração da Lei n. 11.101/2005 pela Lei n. 14.112, de 24 de dezembro de 2020, determinou-se a imediata liquidação dos ativos pelo administrador judicial, o que deverá ser realizado em até 180 dias da arrecadação dos bens, sob pena de destituição (art. 22, III, j).

Para que isso possa ser programado, o administrador judicial deverá, no prazo de até 60 dias da assinatura do termo de nomeação, apresentar um plano detalhado de realizado dos ativos.

O plano terá o prazo de 60 dias para apresentação para que o administrador judicial ou já tenha empreendido a arrecadação de todos os bens ou já consiga ao menos estimar quais bens deverão ser arrecadados e de que forma estruturará a liquidação dos ativos e em que prazo, o qual não poderá ser superior a 180 dias a partir da juntada de cada auto de arrecadação no processo.

Art. 100. Da decisão que decreta a falência cabe agravo, e da sentença que julga a improcedência do pedido cabe apelação.

---

[141] Nesse sentido, STJ, REsp 879.994/RS, rel. Min. Sidnei Beneti, j. 25-5-2010; TJSP, AI 2118307-83.2017.8.26.0000, 1ª Câmara Reservada de Direito Empresarial, rel. Des. Alexandre Lazzarini, j. 7-3-2018; TJSP, AI 2022568-49.2018.8.26.0000, 1ª Câmara Reservada de Direito Empresarial, rel. Des. Hamid Bdine, j. 27-2-2018; TJSP, AI 2224986-44.2016.8.26.0000, 1ª Câmara Reservada de Direito Empresarial, rel. Des. Francisco Loureiro, j. 22-5-2017.

[142] TJSP, Apelação 1030969-16.2016, 1ª Câmara Reservada de Direito Empresarial, rel. Des. Alexandre Lazzarini, j. 10-8-2018; TJSP, AI 1012840-86.2015, 2ª Câmara Reservada de Direito Empresarial, rel. Des. Carlos Al-berto Garbi, j. 18-5-2015.

Recurso da sentença declaratória de falência

A sentença declaratória da falência desafia o recurso de agravo de instrumento. A despeito de a decisão que decretar a quebra ser considerada sentença, e não mera decisão interlocutória, já que encerra uma fase processual, o recurso de agravo permitiria a formação de um instrumento, sem que houvesse a remessa dos autos ao Tribunal. Como consequência de o recurso ser acompanhado pelas principais peças processuais, permitir-se-ia a continuidade do procedimento falimentar.

O recurso de agravo de instrumento da sentença declaratória de falência será dirigido diretamente ao tribunal competente e será instruído com os documentos obrigatórios, além de a petição ser acompanhada do comprovante de pagamento do respectivo preparo, sob pena de deserção (art. 1.017 do CPC). Sua interposição tem prazo de 15 dias (art. 1.003, § 5º, do CPC).

Terão legitimidade para recorrer o próprio falido, os credores, os quais serão afetados juridicamente pelo decreto de falência, o Ministério Público e eventuais terceiros interessados, desde que demonstrem a possibilidade de a decisão atingir direito de que se afirme titular. O prazo de quinze dias inicia-se a partir da intimação da decisão aos respectivos patronos ou a Ministério Público.

Diante da interposição do recurso de agravo e de sua comunicação, o recorrente deverá juntar aos autos do processo cópia do recurso e da relação de documentos que o instruíram, no prazo de três dias, a menos que eletrônicos os autos. O juiz prolator da decisão recorrida, à vista do recurso, poderá exercer seu juízo de retratação e reconsiderar a sentença prolatada ou modificá-la.

Embora não possua, em regra, efeito suspensivo, o relator do recurso poderá atribuir-lhe esse efeito, com a suspensão do prosseguimento dos atos falimentares até a apreciação final do recurso, o que permitiria ao empresário devedor prosseguir com a sua atividade empresarial até a decisão final do recurso, caso isso ocorra.

Recurso da sentença denegatória da falência

A sentença denegatória da falência poderá ser proferida caso tenham sido acolhidos os argumentos da defesa, que desconstituem os fundamentos da impontualidade injustificada, da execução frustrada ou da prática de atos de falência. Nessa hipótese, as verbas de sucumbência serão impostas ao autor, que deverá arcar com as custas do processo e com os honorários fixados ao patrono do empresário devedor.

Poderá ser prolatada a sentença denegatória, também, em razão de estarem presentes todos os requisitos legais para a decretação da falência, mas o empresário devedor realizou, no prazo da contestação, o depósito elisivo. Nessa hipótese, será proferida a sentença denegatória apenas em virtude de o depósito elisivo ter sido realizado, o qual deverá ser levantado pelo credor. Como deu causa à demanda, ao empresário devedor deverá ser imposta a condenação nas verbas sucumbenciais. Deverá o réu arcar com as custas e os honorários advocatícios fixados ao patrono do requerente credor.

A sentença denegatória da falência implica a extinção do procedimento falimentar. O recurso cabível em face da referida sentença é o recurso de apelação, o qual deverá ser interposto em 15 dias da intimação dos patronos a respeito da referida decisão.

Art. 101. Quem por dolo requerer a falência de outrem será condenado, na sentença que julgar improcedente o pedido, a indenizar o devedor, apurando-se as perdas e danos em liquidação de sentença.

§ 1º Havendo mais de 1 (um) autor do pedido de falência, serão solidariamente responsáveis aqueles que se conduziram na forma prevista no *caput* deste artigo.

§ 2º Por ação própria, o terceiro prejudicado também pode reclamar indenização dos responsáveis.

Responsabilização do requerente de má-fé

A mera distribuição do pedido de falência gera enormes transtornos ao devedor. A impressão gerada ao mercado de aumento de risco de inadimplemento do empresário devedor faz com que seus fornecedores reduzam as contratações realizadas, ou exijam maiores garantias no pagamento de seus produtos. Seu crédito poderá também ser restringido pelas instituições financeiras, que poderão verificar maior dificuldade para serem satisfeitas.

Diante dos efeitos deletérios que o processo de falência pode causar, exige-se do requerente diligência na distribuição do seu pedido e impõe-se ao Magistrado a apuração direta de eventual responsabilização pelos danos causados por abuso desse seu direito.

Proferida a sentença denegatória da falência em razão da falta dos requisitos legais para o reconhecimento da insolvência, ao juiz compete a análise da conduta do requerente. Caso verifique que o requerente propôs a medida com o intuito de causar dano ao patrimônio do devedor ou tenha assumido a possibilidade de produção desse resultado, condenará o requerente ao ressarcimento do prejuízo causado.

A conduta dolosa do requerente de prejudicar o requerido precisa ser manifesta. O juízo deve ter, no próprio processo falimentar, os elementos suficientes a demonstrar que o autor pretendia exclusivamente prejudicar o empresário e não obter a satisfação de seu crédito[143].

Na hipótese de litisconsórcio ativo para o pedido de falência, deverá ser perquirido o dolo de cada um dos autores. Caso todos tenham ingressado com o pedido falimentar dolosamente, com a intenção de causar dano ao patrimônio do devedor, a condenação ao ressarcimento das perdas e danos deverá ser solidária. Os autores responderão solidariamente pelo integral ressarcimento dos prejuízos causados ao empresário devedor.

A conduta dolosa do requerente exigirá, na própria sentença denegatória, a condenação deste ao ressarcimento de perdas e danos sofridos ou a serem geradas ao empresário devedor, o que poderá ser apurado, se não demonstradas nos autos, por meio da liquidação de sentença.

Na hipótese de sentença denegatória da falência e ausência de condenação dos requerentes ao ressarcimento do prejuízo causado por falta de demonstração de dolo, o empresário prejudicado poderá promover ação própria, indenizatória, para pretender o ressarcimento dos prejuízos que

---

[143] TJSP, 2ª Câmara Reservada de Direito Empresarial, Ap. 0168371-06.2009, rel. Des. Roberto Mac Cracken, j. 20-5-2013.

lhe foram causados, ocasião em que deverá demonstrar, além das perdas e danos que sofreu, a intenção do agente de lhe prejudicar por meio da distribuição do pedido falimentar.

Seção V
Da Inabilitação Empresarial, dos Direitos e Deveres do Falido

Art. 102. O falido fica inabilitado para exercer qualquer atividade empresarial a partir da decretação da falência e até a sentença que extingue suas obrigações, respeitado o disposto no § 1º do art. 181 desta Lei.

Parágrafo único. Findo o período de inabilitação, o falido poderá requerer ao juiz da falência que proceda à respectiva anotação em seu registro.

Efeitos da sentença de decretação de falência sobre o falido

A Lei n. 11.101/2005 preservou a mesma redação de diversos dispositivos que deram tratamento ao falido como se ele fosse apenas o empresário individual de responsabilidade ilimitada. Referido tratamento ao falido em consideração apenas à pessoa física torna a interpretação de diversos dispositivos mais complexa, visto que pode ser decretada a falência não apenas do empresário individual, como de pessoas jurídicas e, inclusive, das sociedades sem personalidade jurídica.

Falido é o empresário devedor, sujeito de obrigações não adimplidas e cuja falência foi decretada. O falido poderá ser o empresário individual de responsabilidade ilimitada, a Empresa Individual de Responsabilidade Limitada (EIRELI) ou as sociedades empresárias, assim como os sócios de responsabilidade ilimitada de sociedade empresária decretada falida (art. 81).

Os administradores da pessoa jurídica falida, seus liquidantes e sócios ou acionistas, desde que não tenham responsabilidade ilimitada pelas obrigações sociais, não serão considerados falidos e poderão exercer sua atividade empresarial regularmente, assim como participar de outras sociedades, mesmo depois da quebra. Os efeitos da sentença de falência impostos aos falidos não podem ser a eles estendidos, como a inabilitação e a arrecadação de seus bens.

Embora não se submetam às limitações, como os administradores e o liquidante são órgãos que fazem a pessoa jurídica presente, a eles são impostas as obrigações que deveriam ser pelos falidos satisfeitas (art. 81, § 2º).

Inabilitação do falido

Entre as limitações impostas ao falido, ao empresário individual de responsabilidade ilimitada e aos sócios de responsabilidade ilimitada de uma sociedade empresarial falida, figura a inabilitação para o exercício de qualquer atividade empresarial. O falido não poderá desenvolver, desde a sentença declaratória da falência até a sentença que extingue suas obrigações, atividade econômica organizada para a produção ou para a circulação de bens ou de serviços de modo profissional.

O princípio constitucional da livre-iniciativa garante o exercício de qualquer trabalho, ofício ou profissão (art. 5º, XIII, da CF). A norma constitucional é de eficácia contida, ou seja, garante o pleno exercício do trabalho, mas este poderá ser restringido pela Lei, como ocorreu no caso da LREF.

Embora o empresário individual ou os sócios ilimitadamente responsáveis do devedor permaneçam plenamente capazes de exercer seus direitos e de contrair obrigações, não poderão exercer atividade empresarial. A inabilitação é limitada ao desenvolvimento de atividade empresarial apenas. Poderá o falido ser sócio de outras pessoas jurídicas e mesmo ser administrador, desde que não tenha sido condenado por crime falimentar[144], assim como empregado.

A inabilitação do empresário para o desenvolvimento da atividade empresarial visa a impedir que o falido continue a contrair obrigações, o que permitiria que agravasse a situação dos credores com um aumento de seu passivo. Outrossim, os credores poderiam, até o período em que seus créditos não estivessem extintos, pretender a arrecadação dos diversos fatores de produção utilizados para o desenvolvimento da atividade econômica, o que a comprometeria.

Essa limitação da inabilitação é imposta como efeito automático da decretação da falência e perdurará até a extinção das obrigações do falido, que poderá ocorrer com o pagamento de todos os créditos, o pagamento de 50% dos créditos quirografários com a liquidação de todo o ativo, ou com o decurso do prazo de cinco anos contados do encerramento, se o falido não tiver sido condenado por crime falimentar, ou de 10 anos se o tiver (art. 158).

Se, por seu turno, a inabilitação for decorrente de sentença penal, que poderá determinar como um dos efeitos da condenação criminal por prática de crime falimentar justamente a inabilitação (art. 181, I), há exceção ao limite até a extinção das obrigações do falido. Pela imposição do efeito criminal, caso o período de inabilitação imposto pela sentença ultrapasse a extinção das obrigações, prevalecerá o efeito penal.

Durante o período de inabilitação, os negócios jurídicos celebrados pelo empresário individual falido ou pelo sócio de responsabilidade ilimitada na condução de atividade empresarial serão considerados nulos, por afronta à proibição legal. A prática, inclusive, é tipificada como crime falimentar (art. 176).

Caso o falido seja pessoa jurídica, não se justifica a imposição da inabilitação aos administradores ou aos sócios de responsabilidade limitada da pessoa jurídica, os quais com ela não se confundem e não têm a falência decretada juntamente com a falência desta. A inabilitação é imposta apenas sobre os próprios empresários, ou seja, ficam impedidos de realizar a atividade empresarial a pessoa jurídica ou a sociedade empresária.

Decorrido o prazo da inabilitação, o falido poderá requerer ao Juiz Universal, mediante sentença, o cancelamento das restrições. Como o efeito da inabilitação foi registrado automaticamente pela averbação da sentença falimentar no Registro Público de Empresas Mercantis, deverá ser cancelado o efeito mediante anotação no próprio registro. Cessados os efeitos, o empresário poderá desenvolver regularmente sua atividade empresarial.

Art. 103. Desde a decretação da falência ou do sequestro, o devedor perde o direito de administrar os seus bens ou deles dispor.

Parágrafo único. O falido poderá, contudo, fiscalizar a administração da falência, requerer as providências necessárias para a conservação de seus direitos ou dos bens arrecadados e intervir nos processos em que a massa falida seja parte ou interessada, requerendo o que for de direito e interpondo os recursos cabíveis.

---

[144] Art. 147 da Lei n. 6.404/76 e art. 1.011 do Código Civil.

Perda do direito de administração dos bens

Decretada a falência do devedor, o administrador judicial deverá arrecadar todos os bens do falido, em sua posse ou na posse de terceiros (art. 108). Serão arrecadados todos os bens, também, dos sócios ilimitadamente responsáveis, cuja falência da sociedade tenha sido a eles estendida (art. 81).

Para que essa arrecadação dos ativos possa ocorrer e para evitar que o falido possa dispersar seus bens, em prejuízo da satisfação de todos os credores, o falido perde o direito de administrar seus bens ou deles dispor. A perda do poder de disposição e de administração somente ocorrerá sobre os bens que podem ser objeto de arrecadação. O bem de falência e os impenhoráveis ou inalienáveis serão conservados na posse do falido, já que não são arrecadáveis (art. 108), e, por consequência, sobre eles poderá o falido manter seu poder de administração e disposição.

Eventual disposição dos bens pelo falido contrariaria norma imperativa. A alienação dos bens ou a imposição de ônus sobre estes serão considerados negócios jurídicos nulos, de modo que o administrador judicial poderá livremente arrecadá-los e liquidá-los, sem que haja direito do terceiro contratante, o qual não poderá alegar a boa-fé em razão da ampla publicidade exigida da sentença de declaração da falência.

A perda dos poderes de administração e de disposição não implica perda do direito de propriedade pelo falido. A arrecadação apenas retira a posse dos bens do falido ou a detenção dos bens dele por terceiros para que eles possam ser liquidados e o produto revertido para o pagamento dos credores. Satisfeitos os credores, caso existam bens remanescentes, o falido retoma sua posse e seus poderes de administração e de disposição.

A perda do direito de administração ou de disposição dos bens é efeito automático da falência e não exige sua declaração. Essas limitações poderão, entretanto, ser antecipadas. Caso haja suspeita de dilapidação do patrimônio ou risco de desvio de ativos em detrimento dos credores, poderá ser decretado o arresto ou sequestro dos bens do falido como medida cautelar assecuratória da sentença de decretação da falência. No caso do sequestro dos bens, o falido perderá o direito de administrá-los ou de deles dispor.

Essas limitações deverão perdurar até o encerramento do processo de falência e o término do exercício da função pelo administrador judicial. Ao contrário da imposição ao falido da inabilitação para o exercício da atividade empresarial, que perdura até a extinção de suas obrigações (art. 102), encerrado o procedimento falimentar, mesmo sem que todas suas obrigações tenham sido extintas, o falido administrará os novos bens de que se tornar titular.

Direito de fiscalização

O falido, embora perca o direito de administrar seus bens ou o poder de deles dispor, poderá acompanhar e fiscalizar a arrecadação e a conservação dos bens realizadas pelo administrador judicial.

O seu poder de fiscalização dos atos do administrador judicial é decorrente de seu direito de propriedade sobre os bens, o qual não é suprimido em virtude da arrecadação na falência. Pode, assim, o devedor examinar e dar parecer quanto às contas do administrador judicial, impugnar suas manifestações, exigir esclarecimentos etc.

Como maior conhecedor de seus bens e direitos, o falido poderá, ainda, requerer as providências necessárias para sua melhor conservação, bem como informar ao administrador judicial e ao Juízo Universal o melhor modo de liquidá-los.

Intervenção como assistente

Poderá, por fim, diante de seu interesse jurídico na maximização do valor de seus ativos para que, pagos os credores, os bens possam retornar à sua posse e administração, intervir o falido nos processos em que a Massa Falida seja parte ou interessada.

Decretada a falência, o falido perderá sua legitimidade *ad causam* e será substituído pela Massa Falida, representada pelo administrador judicial[145]. A perda da legitimidade *ad causam*, entretanto, ocorre apenas para as causas patrimoniais. Para todas as demais causas não patrimoniais ou que envolvam a alteração de *status* do falido, inclusive quanto à sua decretação da falência, o empresário devedor, seja ele empresário individual de responsabilidade ilimitada ou sociedade empresária, continuará legitimado para promover todas as ações ou para ser requerido nelas, inclusive ação rescisória em razão da decretação de sua falência. Isso porque, no tocante a essas ações, a Massa Falida não tem nenhum interesse em promovê-las. A utilidade na alteração do provimento é apenas do falido, o qual deverá ter uma alternativa para proteger diretamente seus direitos[146].

Nas ações patrimoniais, a Massa Falida, a partir da decretação da falência, é a legitimada a figurar como parte, autora ou ré. O falido, entretanto, desde que tenha interesse jurídico, poderá intervir nesses feitos.

A intervenção poderá ser realizada tanto pelo empresário individual de responsabilidade ilimitada declarado falido como pelas sociedades empresárias, ainda que em processo de dissolução acarretado pela decretação da falência. Embora a falência implique a dissolução da sociedade, não acarreta a extinção de sua personalidade jurídica. Apenas será iniciada a liquidação de seus ativos para a satisfação do passivo, mas a personalidade apenas poderá ser encerrada após finda essa liquidação.

Para a tutela de seu direito de propriedade sobre os ativos componentes da Massa Falida objetiva, o seu antigo representante, ou seja, o antigo administrador nomeado no contrato social ou pelos sócios representará a sociedade em juízo.

Seu ingresso será realizado na condição de interessado nos processos em que a Massa Falida figurar como autora ou ré. O falido, entretanto, tutela direito próprio, sobre a propriedade de seus bens, cuja posse é detida pela Massa Falida. Dessa forma, seu ingresso no processo é realizado como assistente litisconsorcial *sui generis*, pois, diante de conflito com os interesses da Massa Falida, terá o direito de continuar a defender seus bens e direitos[147].

É a Massa Falida que deterá a legitimidade para ser parte nas demandas patrimoniais, mas o falido poderá proteger seus respectivos direitos diante da inércia dessa ou mesmo diante de conflito de interesses.

Como assistente, poderá o falido contestar o pedido em face da Massa, requerer provas a produzir, acompanhar a fase instrutória e recorrer das decisões que lhe são desfavoráveis[148].

---

[145] Cf. comentários ao art. 22, III, *n*.

[146] STJ, 3ª Turma, REsp 1.126.521/MT, rel. Min. João Otávio de Noronha, j. 17-3-2015; TJSP, 1ª Câmara Reservada de Direito Empresarial, AI 2087555-65.2016, rel. Des. Ênio Zuliani, j. 9-11-2016.

[147] STJ, AgInt no REsp 1.915.225/SP, 4ª Turma, rel. Min. Antonio Carlos Ferreira, j. 16-8-2021.

[148] Nesse sentido: STJ, 3ª Turma, REsp 1.330.167/SP, rel. Min. Sidnei Beneti, j. 5-2-2013; STJ, 4ª Turma, REsp 706.401/PR, rel. Min. Raul Araújo, j. 1º-4-2014; TJSP, 2ª Câmara Reservada de Direito Empresarial, Ap. 0044608-23.2009, rel. Des. Ricardo Negrão, j. 29-5-2017.

Sua função não se circunscreve a auxiliar a Massa Falida pois sofrerá os efeitos da demanda. Como é proprietário dos bens e poderá protegê-los, poderá, eventualmente, contrariar os interesses do assistido e como forma de proteger seus respectivos bens[149].

Art. 104. A decretação da falência impõe aos representantes legais do falido os seguintes deveres:

I – assinar nos autos, desde que intimado da decisão, termo de comparecimento, com a indicação do nome, da nacionalidade, do estado civil e do endereço completo do domicílio, e declarar, para constar do referido termo, diretamente ao administrador judicial, em dia, local e hora por ele designados, por prazo não superior a 15 (quinze) dias após a decretação da falência, o seguinte:

a) as causas determinantes da sua falência, quando requerida pelos credores;

b) tratando-se de sociedade, os nomes e endereços de todos os sócios, acionistas controladores, diretores ou administradores, apresentando o contrato ou estatuto social e a prova do respectivo registro, bem como suas alterações;

c) o nome do contador encarregado da escrituração dos livros obrigatórios;

d) os mandatos que porventura tenha outorgado, indicando seu objeto, nome e endereço do mandatário;

e) seus bens imóveis e os móveis que não se encontram no estabelecimento;

f) se faz parte de outras sociedades, exibindo respectivo contrato;

g) suas contas bancárias, aplicações, títulos em cobrança e processos em andamento em que for autor ou réu;

II – entregar ao administrador judicial os seus livros obrigatórios e os demais instrumentos de escrituração pertinentes, que os encerrará por termo;

III – não se ausentar do lugar onde se processa a falência sem motivo justo e comunicação expressa ao juiz, e sem deixar procurador bastante, sob as penas cominadas na lei;

IV – comparecer a todos os atos da falência, podendo ser representado por procurador, quando não for indispensável sua presença;

V – entregar ao administrador judicial, para arrecadação, todos os bens, papéis, documentos e senhas de acesso a sistemas contábeis, financeiros e bancários, bem como indicar aqueles que porventura estejam em poder de terceiros;

VI – prestar as informações reclamadas pelo juiz, administrador judicial, credor ou Ministério Público sobre circunstâncias e fatos que interessem à falência;

---

[149] Em sentido contrário, TJSP, 2ª Câmara Reservada de Direito Empresarial, Ap. 0044608-23.2009, rel. Des. Ricardo Negrão, j. 29-5-2017.

VII – auxiliar o administrador judicial com zelo e presteza;

VIII – examinar as habilitações de crédito apresentadas;

IX – assistir ao levantamento, à verificação do balanço e ao exame dos livros;

X – manifestar-se sempre que for determinado pelo juiz;

XI – apresentar ao administrador judicial a relação de seus credores, em arquivo eletrônico, no dia em que prestar as declarações referidas no inciso I do *caput* deste artigo

XII – examinar e dar parecer sobre as contas do administrador judicial.

Parágrafo único. Faltando ao cumprimento de quaisquer dos deveres que esta Lei lhe impõe, após intimado pelo juiz a fazê-lo, responderá o falido por crime de desobediência.

Deveres impostos ao falido

A Lei impunha diversos deveres ao falido. Referidos deveres deverão ser realizados pelo empresário individual de responsabilidade ilimitada, cuja falência foi decretada, assim como pelos sócios ilimitadamente responsáveis. Na hipótese de pessoa jurídica ou sociedade empresária decretadas falidas, as obrigações deverão ser cumpridas pelos seus administradores ou liquidantes (art. 81, § 2º)[150].

Pela alteração legislativa, houve a alteração do termo para a imposição aos representantes legais do falido. A interpretação, contudo, não foi em nada alterada e deverá compreender também o empresário individual de responsabilidade ilimitada.

A inobservância dos deveres não mais implicará prisão administrativa, como uma forma de coerção aplicada pelo próprio Juízo Universal para obrigar o falido a cumpri-los (art. 35 do Dec.-Lei n. 7.661/45). A norma já havia sido revogada pelo art. 5º, LXI e LXVII, da Constituição Federal[151].

Pela LREF, a prisão administrativa foi revogada. O descumprimento dos deveres pelo falido, entretanto, gerará o cometimento de crime de desobediência (art. 330 do CP).

Assinar o termo de comparecimento

A primeira obrigação imposta ao falido é a assinatura do termo de comparecimento. No referido termo, deverá o falido apresentar os principais elementos para que haja o prosseguimento regular do processo falimentar.

---

[150] Fundamentado no princípio da transparência e da informação, o TJSP considerou que os administradores nomeados no período do Regime de Administração Especial Temporária (RAET), anterior à decretação de falência, embora tenham exercido a administração transitoriamente, também possuem o dever de prestar as informações indicadas no art. 104, ainda que restritas ao período da gestão (TJSP, 1ª Câmara Reservada de Direito Empresarial, AI 2084287-66.2017, rel. Des. Carlos Dias Motta, j. 13-12-2017).

[151] Súmula 280 do Superior Tribunal de Justiça: "O art. 35 do Decreto-Lei n. 7.661, de 1945, que estabelece a prisão administrativa, foi revogado pelos incisos LXI e LXVII do art. 5º da Constituição Federal de 1988".

A assinatura do termo de comparecimento, antes da alteração legislativa, era realizada diretamente no cartório, mediante intimação a tanto, do mesmo modo que poderia o falido apresentar as declarações exigidas por lei por escrito diretamente no processo[152]. Em casos mais complexos e de modo a permitir que as situações que levaram à crise empresarial possam ser esclarecidas, assim como para que o falido prestasse informações sobre o destino de bens ou negociações com outros empresários, poderia ser determinada a oitiva do falido em audiência.

Pela alteração legal, a despeito da redação confusa do art. 104, I, o termo de comparecimento deverá ser realizado diretamente perante o administrador judicial, em dia por este designado no prazo de até 15 dias da intimação do falido.

No termo de comparecimento, deverá o falido declarar suas qualificações, como nome, nacionalidade, estado civil, endereço. Caso o falido seja pessoa jurídica, o administrador deverá indicar os nomes dos sócios, acionistas controladores, dos diretores ou administradores, com a apresentação do contrato social.

Além da qualificação, exige-se a informação do falido quanto às causas de sua crise econômico-financeira, bem como que aponte o nome do contador que realizava a escrituração dos livros obrigatórios. A necessidade de indicação do contador é decorrente de sua responsabilidade solidária com o empresário por eventual escrituração dolosamente equivocada perante terceiros (art. 1.177 do CC).

O procurador, decretada a falência, não poderá mais atuar em nome do representado falido e deverá prestar contas de sua gestão (art. 120 da LREF). Deverá, assim, o falido informar quais procurações e mandatos outorgou antes de falir, de modo a permitir que o administrador judicial exija a prestação de contas de cada qual e possa apurar o ativo ou o passivo da Massa Falida.

Além dessas informações, o falido deverá, ainda, informar todos os seus ativos que não se encontrem em seu estabelecimento empresarial, mas estejam em poder de terceiros. Referidos bens deverão ser arrecadados pelo administrador judicial e a informação pelo falido permitirá que a arrecadação seja mais célere, com ganho a todos.

As ações ou quotas detidas pelo falido em outras sociedades também são ativos a serem arrecadados. Da mesma forma que já determinado com relação à informação sobre os ativos, o devedor deverá informar de quais sociedades é sócio e exibir o respectivo contrato como prova.

Por fim, deverá o falido informar suas contas bancárias, aplicações, títulos em cobrança e processos em andamento como autor ou réu. No tocante ao processo, o falido perderá sua legitimidade *ad causam* e deverá ser substituído pela Massa Falida, que atuará por meio do administrador judicial[153].

Entregar os livros e demais instrumentos de escrituração ao administrador judicial

O falido deverá entregar ao administrador judicial seus livros. A despeito da referência legal aos livros obrigatórios, determinou-se a entrega ao administrador judicial dos demais instru-

---

[152] Sobre a possibilidade de apresentação das declarações por escrito, em cartório, na presença do escrivão: TJSP, Câmara Especial de Falências e Recuperações Judiciais, AI 566.803-4-8-00, rel. Des. José Roberto Lino Machado, j. 19-11-2008.

[153] Cf. comentários ao art. 22, III, *n*.

mentos de escrituração pertinentes, o que compreende os demais livros, facultativos. Cumpre ao próprio administrador judicial encerrar os livros por termo.

A escrituração contábil permitirá ao administrador judicial verificar os débitos do falido e confrontá-los com cada uma das habilitações ou divergências administrativas.

A falta de elaboração, escrituração ou autenticação dos livros empresariais obrigatórios gera o cometimento de crime pelo falido, com pena de detenção de um a dois anos (art. 178).

Entregar ao administrador judicial todos os bens e informações necessárias para administrá-los

Dentre as principais obrigações do devedor está a de entregar os seus bens para a arrecadação. Todos os bens deverão ser arrecadados pelo administrador judicial para a formação da Massa Falida objetiva.

Sua entrega deverá ser realizada diretamente ao administrador judicial, juntamente com a indicação dos bens que estejam porventura em poder de terceiros para que também sejam arrecadados.

Além dos bens, o devedor deverá entregar todos os papéis e documentos, assim como toda a informação necessária para a arrecadação e conservação dos bens, como senhas de acesso a sistemas contábeis, financeiros e bancários.

Comunicar a pretensão de se ausentar da comarca

Decretada a falência, o falido deverá comparecer a todos os atos da falência, embora possa fazê-lo por procurador, quando sua presença não for indispensável. A necessidade de comparecimento é decorrente de sua obrigação de prestar todos os esclarecimentos que se fizerem necessários para a regular e célere arrecadação de ativos, bem como para a verificação do passivo existente.

Em virtude dessa obrigação de esclarecimento sobre as relações jurídicas por ele anteriormente celebradas, não poderá o falido se ausentar da comarca em que se processa a falência sem motivo justo e sem deixar procurador. O juiz deverá ser comunicado de sua pretensão de ausentar-se da comarca.

A comunicação não é sinônimo de autorização como era exigido pelo art. 34, III, do Decreto-Lei n. 7.661/45. Pela LREF, o falido, desde que possua motivo justo e deixe procurador, poderá ausentar-se. A mera comunicação do Juízo Universal é necessária para que o juiz possa aferir se o motivo é realmente justo e se sua ausência não poderá implicar atraso em ato imprescindível a ser praticado pelo falido no processo, mas não consiste em autorização[154].

Como a falência exige o comparecimento do falido em diversos atos judiciais ou para que preste informações ou esclarecimentos a respeito de um determinado fato, sua ausência poderá comprometer a celeridade do processo. Nessa hipótese excepcional, embora haja apenas a necessidade de comunicação a respeito da ausência, poderá o juiz, devidamente comunicado sobre o

---

[154]   STJ, 4ª Turma, HC 92.327/RJ, rel. Min. Massami Uyeda, j. 25-3-2008.

interesse em se ausentar do falido, impedir que o falido saia da comarca, se houver o risco de comprometimento do feito, sob pena de desobediência[155].

Manifestar-se sempre que for determinado

Como conhecedor das relações jurídicas por ele contraídas e dos seus ativos, o falido deverá prestar as informações e esclarecimentos sempre que for exigido. Deverá, assim, informar quem são seus credores, por meio da apresentação da relação de credores no prazo de cinco dias a contar da publicação da sentença declaratória (art. 99, III).

Deverá se manifestar nas habilitações de crédito apresentadas e que contrariam a lista de credores apresentadas pelo próprio falido, bem como assistir ao administrador judicial no exame de seus livros e da sua contabilidade. O esclarecimento pelo falido auxiliará o administrador judicial na formação de sua lista de credores e poderá evitar a apresentação de impugnação judicial pelo credor preterido. Sua assistência no exame dos documentos contábeis, ademais, poderá permitir a detecção mais facilmente de inconsistências nas habilitações pretendidas ou na localização de bens para a formação da Massa Falida objetiva.

De modo a se garantir o atendimento do interesse de todos os envolvidos na regularidade do procedimento falimentar, o falido deverá examinar e dar parecer sobre as contas do administrador judicial. Maior interessado na satisfação dos credores e na existência de eventual saldo remanescente que lhe seria devolvido, o falido tem a obrigação de fiscalizar os atos do administrador judicial durante o desempenho de seu encargo e deverá apontar quaisquer falhas na arrecadação, conservação ou liquidação de seus bens para a satisfação dos seus credores.

Apresentar arquivo eletrônico com a relação de seus credores ao administrador judicial

A alteração da Lei n. 11.101/2005 alterou a redação do art. 104, XI, para determinar que o devedor deverá apresentar ao administrador judicial a relação de seus credores, em arquivo eletrônico no dia em que prestar as declarações do termo de compromisso.

A providência não se confunde com a do art. 99, III, que ordena a apresentação no prazo máximo de cinco dias, da relação nominal dos credores, indicando endereço, importância, natureza e classificação dos respectivos créditos, se esta já não se encontrar nos autos, sob pena de desobediência.

No art. 104, XI, a apresentação é apenas do arquivo eletrônico contendo a referida lista para facilitar o trabalho a ser desenvolvido pelo administrador judicial de conferência dos créditos. A relação dos credores do devedor já terá sido juntada nos autos para que se publique o edital e se permita o início da fase de verificação de créditos.

---

[155] STJ, 4ª Turma, HC 121.107/PB, rel. Min. Maria Isabel Gallotti, j. 4-11-2014.

Seção VI
Da Falência Requerida pelo Próprio Devedor

Art. 105. O devedor em crise econômico-financeira que julgue não atender aos requisitos para pleitear sua recuperação judicial deverá requerer ao juízo sua falência, expondo as razões da impossibilidade de prosseguimento da atividade empresarial, acompanhadas dos seguintes documentos:

I – demonstrações contábeis referentes aos 3 (três) últimos exercícios sociais e as levantadas especialmente para instruir o pedido, confeccionadas com estrita observância da legislação societária aplicável e compostas obrigatoriamente de:

a) balanço patrimonial;

b) demonstração de resultados acumulados;

c) demonstração do resultado desde o último exercício social;

d) relatório do fluxo de caixa;

II – relação nominal dos credores, indicando endereço, importância, natureza e classificação dos respectivos créditos;

III – relação dos bens e direitos que compõem o ativo, com a respectiva estimativa de valor e documentos comprobatórios de propriedade;

IV – prova da condição de empresário, contrato social ou estatuto em vigor ou, se não houver, a indicação de todos os sócios, seus endereços e a relação de seus bens pessoais;

V – os livros obrigatórios e documentos contábeis que lhe forem exigidos por lei;

VI – relação de seus administradores nos últimos 5 (cinco) anos, com os respectivos endereços, suas funções e participação societária.

Autofalência

Faculta-se ao empresário devedor em crise econômico-financeira e que não tenha a possibilidade de pleitear sua recuperação judicial requerer a autofalência.

No Decreto-Lei n. 7.661/45 havia verdadeira obrigação. Em seu art. 8º, determinava-se que o comerciante que não pagasse no vencimento obrigação líquida, sem justificativa, deveria, em 30 dias, requerer ao juiz a declaração de sua falência. Caso não o fizesse, estava vedada ao comerciante a concordata preventiva, nos termos do art. 140 do Decreto-Lei revogado.

A despeito dessa sanção no direito anterior, a jurisprudência, sopesando a higidez do mercado ao interesse de preservação da atividade e ao desenvolvimento econômico nacional, abrandava a regra[156].

---

[156] A Súmula 190 do Supremo Tribunal Federal estabelecia que "o não pagamento de título vencido há mais de trinta dias, sem protesto, não impede a concordata preventiva".

Art. 105 ||| Marcelo Barbosa Sacramone · **504**

Na legislação atual, esse entendimento jurisprudencial prevaleceu. Embora tenha sido imposta a autofalência como obrigação, pois o art. 105 estabelece que o devedor "deverá" requerer sua autofalência na hipótese de crise, não houve a imposição de sanção ao empresário devedor inerte. Garantiu-se, assim, verdadeiramente, apenas uma faculdade ao devedor, o que fez com que os pedidos de autofalência fossem pouco frequentes.

A expressão "autofalência" não poderá significar, entretanto, que é o próprio devedor que a decretaria. Autofalência apenas reflete o pedido de decretação judicial da falência realizado pelo próprio devedor diante de uma crise econômico-financeira insanável.

Pedido de decretação da autofalência

O pedido de decretação da autofalência deverá ser realizado pelo próprio empresário, o qual poderá ser pessoa física ou pessoa jurídica[157].

A demonstração da condição de empresário é um dos requisitos essenciais para a realização do pedido. Ela consistirá no contrato social ou no estatuto em vigor.

Não se exige, entretanto, como se requer para o pedido de recuperação ou para o pedido de falência de terceiro devedor, que o pedido seja realizado por empresário regular. A juntada da certidão de inscrição no Registro Público de Empresas Mercantis, com exceção do produtor rural, é desnecessária, porque a caracterização do empresário ocorre pelo desenvolvimento da atividade econômica organizada e voltada a produção de bens ou serviços (art. 966 do CC).

Prova da desnecessária demonstração da regularidade do desenvolvimento da atividade empresarial é o art. 105, IV. À míngua da existência do contrato social, o que poderá ocorrer nas sociedades em comum com contratos verbais, permitiu a Lei que fosse realizada a indicação de todos os sócios, com seus endereços. Assegura-se o pedido, assim, a despeito da falta de inscrição dos atos constitutivos no Registro Público de Empresas Mercantis, exceto quanto ao empresário rural, cujo registro é imprescindível para caracterizá-lo como tal.

De modo a compatibilizar a permissão com a exigência do art. 987 do Código Civil, que exige que a demonstração da sociedade entre os sócios deveria ser realizada por escrito, o requerimento da autofalência da sociedade em comum deverá possuir a concordância de todos os sócios, pois não há impedimento de que possam reconhecer a sociedade. Na falta de concordância, contudo, a indicação de todos os sócios não é suficiente ao pedido de autofalência, pois, entre os sócios, a sociedade apenas poderá ser demonstrada por escrito.

Além da demonstração da condição de empresário, será necessário que o administrador da sociedade esteja devidamente autorizado ao requerimento.

O empresário individual de responsabilidade ilimitada realiza o pedido em nome próprio. Para que a pessoa jurídica possa realizá-lo, entretanto, seus administradores precisam ser devidamente autorizados pelos sócios membros, pois o ato foge de sua atribuição ordinária, de seus atos normais de gestão ou seus sócios precisam ter, pelo estatuto ou contrato social, poderes para realizar o pedido em nome da pessoa jurídica[158].

Na sociedade limitada, o Código Civil não determinou que o pedido de autofalência dependa da manifestação dos sócios, apenas o pedido de concordata (art. 1.071, VIII, do CC). Entretanto, como

---

[157] Cf. comentários ao art. 97.
[158] Cf. comentários ao art. 97.

a dissolução da sociedade é uma das consequências do pedido de autofalência (art. 1.071, VI, do CC), os sócios devem previamente deliberar a autorização para que o administrador possa requerê-la.

Embora o quórum para o requerimento da concordata nas sociedades limitadas, que pode ser aplicado por analogia à recuperação judicial ou extrajudicial, seja de metade do capital social (art. 1.076, II, do CC), a hipótese não se assemelha ao pedido de autofalência, de modo que a esta é inaplicável. O quórum aplicável é por analogia o mesmo da dissolução da sociedade. Para o pedido de autofalência, assim, os sócios devem deliberar para aprovação do pedido, com quórum de deliberação de no mínimo 3/4 do capital social (art. 1.076, I, do CC).

Pelo mesmo raciocínio realizado para as sociedades limitadas, para a sociedade anônima e sociedade em comandita por ações, o quórum de deliberação é o de maioria absoluta do capital social (art. 136, X, da Lei n. 6.404/76). Na hipótese de urgência, entretanto, o pedido de autofalência poderá ser realizado pelos administradores apenas com a concordância do acionista controlador, convocando-se imediatamente a Assembleia Geral para deliberação sobre a ratificação ou não do pedido (art. 122 da Lei n. 6.404/76).

Às demais sociedades empresariais regidas pelo Código Civil aplicam-se, supletivamente, as normas da sociedade simples. À míngua de disposição específica quanto ao quórum para requerimento da autofalência, aplicável o quórum de deliberação para a dissolução da sociedade, o qual será o de maioria absoluta do capital social, se sociedades por prazo indeterminado, ou de unanimidade, nas sociedades de prazo determinado (art. 1.033, II e III, do CC).

O devedor, em seu requerimento, além de demonstrar que os administradores estavam devidamente autorizados a requerer a autofalência, deverá justificar a impossibilidade de continuidade da atividade empresarial e demonstrar, por meio dos documentos contábeis, a efetiva crise que o acomete.

Não há mais a necessidade de que já tenha ocorrido o inadimplemento de obrigações. Basta a demonstração, pelos documentos contábeis, de que há crise econômico-financeira que impossibilita o empresário devedor de continuar a desenvolver sua atividade, com o pagamento das obrigações vincendas ou já vencidas.

Pedido de autofalência feito por liquidante ou interventor

O pedido de autofalência realizado por meio do liquidante ou interventor, outrossim, não exige contraditório ou prévia intimação dos antigos administradores da sociedade em liquidação extrajudicial.

A partir do momento da decretação da liquidação extrajudicial, referidos administradores perdem o poder de representar a pessoa jurídica, o que passa a ser feito pelo liquidante. O pedido de falência, autorizado pela Agência Reguladora, é realizado pela própria pessoa jurídica por meio do liquidante que a representa. Caracteriza-se, assim, como pedido de autofalência.

Para o pedido de autofalência, embora se exija o preenchimento de todos os requisitos legais, prescinde-se de qualquer contraditório ou citação dos antigos administradores. Eventual questionamento em relação à ausência dos requisitos legais para que a Agência Reguladora autorize o liquidante a requerer a decretação da autofalência deverá ser deduzido em ação própria no Juízo Competente para se analisar a ilegalidade do ato administrativo[159].

---

[159] Nesse sentido: TJSP, 1ª Câmara Reservada de Direito Empresarial, AI 2180570-25.2015.8.26.0000, rel. Des. Ênio Zuliani, *DJ* 10-8-2016; TJSP, 1ª Câmara Reservada de Direito Empresarial, AI 2170391-

Demonstrações contábeis

Para demonstrar a crise, deverá o empresário juntar as demonstrações contábeis dos últimos três exercícios sociais e as levantadas especialmente para instruir o pedido. As demonstrações contábeis são gênero que compreende diversas peças contábeis que indicam determinado aspecto da atividade empresarial. A exigência de apresentação das demonstrações dos três exercícios anteriores, além das levantadas para o pedido, procura evidenciar a evolução da crise econômica que acometeu a empresa, bem como identificar eventual decisão administrativa que poderá ter levado a esse processo deficitário.

Entre as demonstrações contábeis exigidas, figuram o balanço patrimonial, a demonstração de resultados acumulados, a demonstração do resultado desde o último exercício social e o relatório do fluxo de caixa.

O balanço patrimonial deverá exprimir, com fidelidade e clareza, a situação real da empresa. É documento contábil que indica o ativo e o passivo do empresário (art. 1.188 do CC). O balanço patrimonial deverá ser acompanhado de balanço de resultado econômico, em que constarão os créditos e débitos do empresário.

O balanço é extraído no último dia do exercício social ou será levantado especialmente para a realização do pedido de recuperação judicial ou autofalência e permitirá a análise do ativo e do passivo durante determinado período, de modo a se verificar o patrimônio líquido do empresário.

O balanço patrimonial apenas indicará o valor total do ativo. A LREF, entretanto, exigiu que os bens e direitos componentes do ativo sejam discriminados. Para tanto, além do balanço patrimonial, os ativos deverão ser relacionados, com os documentos comprobatórios da referida propriedade. Na lista dos ativos, cada bem deverá ter seu valor estimado. Não há necessidade de avaliação técnica dos bens, mas o valor de mercado à data do pedido de autofalência deverá ser estimado pelo devedor.

Na hipótese de sociedade cujos sócios sejam ilimitadamente responsáveis, como ocorre com a sociedade em comum, a decretação da falência da sociedade implicará a falência do sócio. Em virtude disso, deverá ser apresentada, também, a relação dos bens pessoais dos sócios junto ao pedido de autofalência (art. 105, IV).

Além do balanço patrimonial, a Lei determinou que fosse juntada a demonstração de resultados acumulados. Esse documento contábil não é referido pela doutrina especializada. Entende-se que o documento deverá ser a demonstração dos lucros ou prejuízos acumulados, nos termos do art. 186 da Lei n. 6.404/76, que deverá conter o saldo do início do período, os ajustes de exercícios anteriores e a correção monetária do saldo inicial; as reversões de reservas e o lucro líquido do exercício; e as transferências para reservas, os dividendos, a parcela dos lucros incorporada ao capital e o saldo ao fim do período.

A imprecisão legal se repisa na alínea *c*, ao repetir a exigência do inciso I do art. 105. O balanço patrimonial e a demonstração dos lucros ou prejuízos acumulados deverão ser referentes aos três exercícios sociais anteriores ao pedido de autofalência. Além dos três exercícios anteriores, deverão ser apresentados também esses documentos contábeis até o pedido de autofalência, conforme levantamento especial realizado especificamente para o pedido e desde o último exercício social. É a única interpretação possível do inciso I do art. 105 com a sua alínea *c*.

32.2015.8.26.0000, rel. Des. Pereira Calças, *DJ* 16-3-2016; TJSP, Câmara Reservada à Falência e Recuperação, AI 990.10.372030-0, rel. Des. Romeu Ricupero, *DJ* 23-11-2010.

Integrará, por fim, as demonstrações contábeis o relatório de fluxo de caixa. Esse documento contábil demonstra os recebimentos e pagamentos realizados pelo empresário durante o exercício social. Deve ser apresentado dos últimos três anos e do último exercício até o pedido de autofalência.

Relação nominal dos credores

No pedido de autofalência, antecipa-se a providência somente exigida após a decretação da quebra quando ela é requerida por terceiros (art. 99, III). O devedor já deverá apresentar, por ocasião de seu pedido de autofalência, quem são seus credores, seus endereços, por quais valores e de que natureza é o crédito.

Livros obrigatórios e demais documentos contábeis

O empresário deverá apresentar seus livros obrigatórios em cartório, por ocasião de seu pedido de autofalência. É livro obrigatório comum a todos os empresários o livro Diário (art. 1.180 do CC).

No livro Diário, deverão ser lançadas, com individuação, clareza e caracterização do documento respectivo, diariamente, todas as operações relativas ao exercício da empresa (art. 1.184 do CC), além de serem lançados no Diário o balanço patrimonial e de resultado econômico. O livro Diário poderá ser substituído pelo sistema de fichas de lançamento, caso a escrituração seja mecanizada ou eletrônica.

Além do livro Diário, deverão ser apresentados pelo empresário devedor todos os outros livros obrigatórios especiais. Esses são obrigatórios não a todos os empresários, mas apenas àqueles que desenvolvem determinada atividade empresarial. São especiais o livro de Registro de Ações Nominativa, o livro de Transferência de Ações Nominativas, Registro de Partes Beneficiárias, Livro de Atas das Assembleias Gerais, Registro de Duplicatas etc.

Como apenas o empresário registrado no Registro Público de Empresas Mercantis poderá ter os livros obrigatórios autenticados antes de serem postos em uso (art. 1.181, parágrafo único, do CC), a obrigação de apresentação dos livros para o pedido de autofalência somente será exigida do empresário regular. Ao empresário irregular, permitido expressamente de requerer a autofalência, não se pode impor uma obrigação a ele impossível.

Relação de seus administradores nos últimos cinco anos

Por fim, deverá ser apresentada, juntamente com o pedido de autofalência, a lista de todos os administradores da sociedade empresária dos últimos cinco anos, com os respectivos endereços, funções e participação societária.

A identificação dos administradores da sociedade permitirá maior celeridade na apuração de eventual responsabilização por culpa e dolo no desempenho de suas funções administrativas (art. 82), a qual será realizada pelo próprio Juízo Universal e independentemente da realização do ativo e da prova de sua insuficiência para cobrir o passivo.

Art. 106. Não estando o pedido regularmente instruído, o juiz determinará que seja emendado.

Processamento do pedido de autofalência

Caso o pedido de autofalência não esteja em termos, com todos os documentos imprescindíveis à propositura da ação juntados e preenchidos todos os demais requisitos da petição inicial estabelecidos pelo Código de Processo Civil (art. 319 do CPC), não será indeferida a petição inicial automaticamente. A LREF exigiu que, desde que sanável a falha da petição inicial, fosse concedida a possibilidade de o autor corrigir seus vícios.

O art. 106 é complementado pelo art. 321 do Código de Processo Civil. Se a petição inicial do pedido de autofalência possuir defeitos ou irregularidades sanáveis, deverá ser determinado que o autor, no prazo de 15 dias, emende-a ou a complemente. A decisão de emenda não poderá ser genérica. Ela deve indicar com precisão o que deverá ser corrigido ou quais documentos precisam ser juntados.

O decurso do prazo sem a complementação dos documentos ou a regularização dos demais vícios processuais não permitirá que o juízo decrete a falência. Diante da falta dos requisitos legais, o juiz deverá indeferir a petição inicial, com a extinção do feito, sem resolução do mérito.

A consideração dos documentos imprescindíveis a acompanharem a petição inicial, conforme exigência do art. 105 da LREF, contudo, não poderá ser apreciada com excessivo rigor à formalidade legal. Deverão ser sopesados, no caso concreto, os diversos interesses incidentes sobre a atividade empresarial para se permitir que, diante das circunstâncias do caso, ainda que falte algum documento essencial, mesmo assim a falência possa ser decretada. Isso porque, em que pese a falta de documento devesse gerar a inépcia da petição inicial, a decisão de extinção permitiria que o empresário continuasse a desenvolver sua atividade empresarial, o que poderia agravar sua crise econômico-financeira, dificultar a arrecadação dos ativos, permitir que ainda mais credores não sejam satisfeitos, lesionar ainda mais o mercado etc.

Impugnação ao pedido

Instruído o pedido com todos os documentos imprescindíveis à ação, o procedimento poderá ser iniciado. O procedimento de autofalência, ao contrário do procedimento ordinário, não exige a citação[160].

Como é o próprio devedor, empresário individual ou sociedade empresária, que ingressa com o pedido de autofalência, não se exige contraditório, e a relação jurídica processual já está aperfeiçoada.

Trata-se de procedimento de jurisdição voluntária. Os sócios, acionistas dissidentes ou credores não precisarão ser citados no procedimento. Os poderes conferidos pela Assembleia Geral de sócios aos administradores permitem que seja a própria sociedade a requerente do pedido de falência. A mesma situação ocorre caso, diante da Lei Especial, tenham sido atribuídos ao liquidante, por autorização da agência reguladora, os poderes de representação da sociedade liquidanda e, entre estes, o de requerer sua autofalência.

Ainda que não necessitassem ser citados, o art. 8º, § 1º, do Decreto-Lei n. 7.661/45 previa a possibilidade de impugnação ao pedido realizada pelos sócios dissidentes da sociedade empresária requerente da autofalência. A norma não foi reproduzida na LREF, mas, diante de seu interesse

---

[160] Quanto ao pedido de autofalência realizado por sociedades relativamente excluídas da LREF e à possibilidade de contestação ao pedido falimentar, conferir comentários ao art. 2º.

jurídico, possível, embora não necessária para a regularidade do processamento, a impugnação dos sócios dissidentes ou de credores ao pedido de autofalência[161].

Poderão os sócios ou credores interessados sustentar que os requisitos objetivos do pedido de autofalência não estão preenchidos. Os impugnantes poderão apontar a carência de algum documento indispensável, a falta da condição do devedor como empresário ou a ausência do estado de crise econômico-financeira, se patente sua inexistência.

A conveniência e oportunidade do pedido de autofalência, bem como o julgamento da ausência dos elementos substanciais para o requerimento da recuperação judicial (art. 105), contudo, não poderão ser motivos de impugnação pelos interessados[162]. O pedido de autofalência é faculdade do empresário devedor, cuja decisão deverá ser tomada, na hipótese de sociedade empresária, conforme quórum de deliberação assemblear.

A alegação de que os sócios poderiam demonstrar a possibilidade de aportes de novos recursos para aumento de capital ou pela escolha de algum outro meio de recuperação judicial não poderá ser aceita para obstar a autofalência, pois os meios de recuperação judicial poderão não ser escolhidos pelo empresário devedor. A recuperação judicial é faculdade do devedor, o qual poderá recusá-la.

Ao Juízo Universal não cabe a apreciação da gravidade da crise econômica ou se o pedido de autofalência é realmente a melhor alternativa ao empresário devedor diante da crise, ainda que tenham sido impugnados pelos sócios ou credores[163]. Não poderá o Magistrado substituir o devedor em seu juízo de conveniência e oportunidade.

A suspeita de fraude, outrossim, também não é motivo para suspender a decretação da autofalência. O objetivo da falência é não apenas a preservação dos interesses do devedor empresário na satisfação de seus credores com a liquidação dos ativos, mas também a higidez do mercado, com a retirada do agente econômico que poderia prejudicar as relações econômicas e afetar o desenvolvimento econômico.

A suspeita de fraude, nesse ponto, não obsta a falência, ainda que seja reconhecida, pois a manutenção da atividade empresarial fraudulentamente realizada poderá prejudicar ainda mais o mercado como um todo. Decretada a falência, entretanto, nada impediria a responsabilização dos sócios ou administradores que, com culpa ou dolo, realizaram ato ilícito e causaram dano à própria pessoa jurídica.

---

[161] A permitir a apresentação de impugnação: TJSP, 1ª Câmara Reservada de Direito Empresarial, Ap. 1006442-87.2014, rel. Des. Cesar Ciampolini, j. 17-10-2017.

[162] Em sentido contrário, Ricardo Tepedino. Para o autor, a impugnação poderá "fundar-se na negativa do estado de falência ou na demonstração de que ele pode ser superado mediante a recuperação que a lei oferece ao devedor, ou mesmo por outros meios, como a oferta do sócio discordante de aportar novos recursos pelo aumento de capital" (Comentários ao art. 106. In: TOLEDO, Paulo F. C. Salles de; ABRÃO, Carlos Henrique (coord.). *Comentários à Lei de Recuperação de Empresas e Falência*. 5. ed. São Paulo: Saraiva, 2012, p. 397).

[163] Em sentido contrário, para quem a apreciação poderia ocorrer desde que os fundamentos da crise tenham sido impugnados pelos sócios ou credores: SCALZILLI, João Pedro; SPINELLI, Luis Felipe; TELLECHEA, Rodrigo. *Recuperação de empresas e falência*. São Paulo: Almedina, 2016, p. 463.

Desistência ao pedido

Nada impede que o empresário devedor, antes da sentença, desista de seu pedido de auto-falência.

A despeito de as ações de conhecimento (art. 485, § 4º) e a execução (art. 775 do CPC) exigirem a anuência dos réus, impugnantes ou embargantes para que ocorra a desistência do pedido, as hipóteses não são aplicáveis ao pedido de autofalência. Como procedimento de jurisdição voluntária, o pedido de autofalência pressupõe a vontade livremente manifestada do empresário devedor e não exige contestação, embora possa permitir a manifestação de terceiros. A desistência do empresário devedor, nesses termos, não exige a anuência de qualquer pessoa nem a concordância dos impugnantes.

A resistência à desistência não obstará a extinção do pedido, mas permitirá que os credores ou interessados, em via autônoma, façam o pedido falimentar caso reúnam os requisitos impostos pela Lei.

Art. 107. A sentença que decretar a falência do devedor observará a forma do art. 99 desta Lei.

Parágrafo único. Decretada a falência, aplicam-se integralmente os dispositivos relativos à falência requerida pelas pessoas referidas nos incisos II a IV do *caput* do art. 97 desta Lei.

Sentença declaratória da autofalência

A sentença declaratória da autofalência deverá apresentar os mesmos requisitos da sentença que decretou a falência do empresário devedor mediante pedido de terceiro (art. 99). Decretada a falência, o procedimento falimentar de arrecadação, liquidação, verificação de créditos e satisfação dos credores será idêntico tanto à falência decretada mediante pedido de terceiro como à autofalência.

Em face da sentença que decretou a autofalência, caberá recurso de agravo de instrumento, que poderá ser interposto pelos sócios dissidentes ou credores. Como são juridicamente interessados no feito, ambos poderão recorrer da sentença falimentar, ainda que não tenham oposto impugnação anteriormente.

Caso tenha sido proferida sentença denegatória da falência, o recurso a ser interposto é o recurso de apelação (art. 100).

Seção VII
Da Arrecadação e da Custódia dos Bens

Art. 108. Ato contínuo à assinatura do termo de compromisso, o administrador judicial efetuará a arrecadação dos bens e documentos e a avaliação dos bens, separadamente ou em bloco, no local em que se encontrem, requerendo ao juiz, para esses fins, as medidas necessárias.

§ 1º Os bens arrecadados ficarão sob a guarda do administrador judicial ou de pessoa por ele escolhida, sob responsabilidade daquele, podendo o falido ou qualquer de seus representantes ser nomeado depositário dos bens.

§ 2º O falido poderá acompanhar a arrecadação e a avaliação.

§ 3º O produto dos bens penhorados ou por outra forma apreendidos entrará para a massa, cumprindo ao juiz deprecar, a requerimento do administrador judicial, às autoridades competentes, determinando sua entrega.

§ 4º Não serão arrecadados os bens absolutamente impenhoráveis.

§ 5º Ainda que haja avaliação em bloco, o bem objeto de garantia real será também avaliado separadamente, para os fins do § 1º do art. 83 desta Lei.

Arrecadação dos bens e documentos

O administrador judicial, imediatamente após a assinatura do termo de compromisso, deverá realizar a arrecadação dos bens. A arrecadação deverá ser imediata porque a sentença declaratória de falência impede os atos de disposição e de administração pelo falido. A administração desses bens passa à Massa Falida, a qual, representada pelo administrador judicial, deverá deles tomar posse.

Pela arrecadação, o administrador judicial toma posse dos bens do falido. A arrecadação dos bens permite a formação da chamada Massa Falida objetiva, conjunto de bens do falido e que serão destinados à liquidação para a satisfação dos credores.

Momento da arrecadação

Para que os bens sejam conservados e possam ser liquidados para o pagamento dos credores, deverá o administrador judicial imediatamente arrecadar os bens do falido.

A celeridade para garantir a maximização do valor dos ativos não exige que o administrador judicial seja acompanhado de oficial de justiça, nem que se respeitem os dias úteis ou os horários comerciais. Munido da decisão que lhe nomeou como administrador judicial, o administrador judicial poderá praticar todos os atos diretamente. A intervenção judicial apenas deverá ser requerida se o administrador judicial encontrar óbice no cumprimento de suas atribuições, ocasião em que poderá requerer as medidas adequadas para possibilitar a arrecadação do ativo.

O cumprimento de sua atribuição de arrecadação não fica limitado à comarca do Juízo Universal.

A Lei garante que o administrador judicial arrecade os bens no local onde estiverem. Não necessita o administrador judicial, nesses termos, de qualquer providência jurisdicional para exercer sua atribuição, inclusive além dos limites territoriais a que se circunscreve a competência do juiz[164]. Poderá, assim, em outra comarca ou outro Estado da Federação, arrecadar os ativos, lacrar o estabelecimento, imitir-se na posse do imóvel etc.

---

[164] Nesse sentido, GONÇALVES NETO, Alfredo de Assis. Administração da falência, realização do ativo e pagamento dos credores. In: SANTOS, Paulo Penalva (coord.). *A nova Lei de Falências e de Recuperação de Empresas*. Rio de Janeiro: Forense, 2006, p. 257.

Apenas caso imprescindível a intervenção judicial em local que extrapole a competência do Juízo Universal, como a necessidade de requerer auxílio policial, ou o arrombamento do estabelecimento, será necessária a expedição de carta precatória ao Juízo competente do local onde o ato de arrecadação deva ser realizado.

A decretação de sigilo em incidentes investigatórios e de arrecadação de bens

O art. 108 autoriza ao administrador que requeira "todas as medidas necessárias" à arrecadação dos bens. O dispositivo legal deve ser interpretado em consonância com os dispositivos da Constituição Federal e do Código de Processo Civil; nesse sentido, deve o magistrado observar as disposições do art. 5º, LV, da Constituição Federal e do 9º do CPC que consagram a garantia da ampla defesa e do contraditório e estabelecem as situações em que se admite contraditório diferido; do art. 5º, LX, da Constituição Federal e art. 11 do CPC, que determinam a publicidade dos atos processuais como regra; do art. 139, que autoriza a adoção de medidas coercitivas atípicas; e do art. 300, que exige os requisitos à concessão das tutelas de urgência e evidência.

Assim, são admissíveis medidas cautelares para a apuração de responsabilidade dos sócios e administradores por eventuais desvios de ativos praticados em detrimento dos demais credores. De fato, essas medidas têm sido crescentemente utilizadas como um instrumento em benefício da garantia de maior satisfação dos créditos.

Nesse contexto, quanto ao processo de falência, há a possibilidade de decretação do sigilo do processo, não apenas para os terceiros como, excepcionalmente, para a própria parte interessada em relação ao incidente investigatório em que poderá o juízo determinar medidas acautelatórias contra o patrimônio dos investigados[165] ou para a busca e arrecadação de bens da falida[166].

O sigilo, porém, não é absoluto ou eterno.

Entende-se que o sigilo processual é uma forma eficaz de impedir o óbice à efetividade da tutela jurisdicional e até mesmo para proteger a própria parte de constrangimentos decorrentes da publicidade externa que determinados atos processuais são capazes de lhe causar. No procedimento falimentar, há um conflito entre o interesse público incidente para a satisfação dos interesses da coletividade de credores e para a preservação da própria empresa em crise, e a exigência de publicidade e fiscalização dos atos processuais.

Nos casos em que a publicidade poderá implicar constrangimento à própria parte, a publicidade externa dos atos processuais poderá ser restringida em face de terceiros sempre que sua realização impeça a própria efetividade do ato jurisdicional ou constranja a parte

Todavia, a publicidade interna, ou seja, quanto às partes envolvidas, poderá ser restringida de forma absolutamente excepcional e muito mais restrita.

O interesse público em incidente de procedimento falimentar para a satisfação dos interesses da coletividade de credores e para a preservação da própria empresa falida (CF, art. 5º, LX, e CPC,

---

[165]   STJ, 3ª Turma, REsp 168.612/SC, rel. Min. Ricardo Villas Bôas Cueva, j. 22-3-2022.

[166]   "Agravo de instrumento. Falência. Decretação de sigilo ao incidente processual instaurado pela administradora judicial com o escopo de localizar bens da falida no exterior. Medida necessária a fim de assegurar a efetividade do procedimento. Massa falida que poderá exercer o contraditório de modo diferido. Inexistência de violação à regra prevista no art. 103, parágrafo único, da LRF. Recurso improvido" (TJSP, 1ª Câmara Reservada de Direito Empresarial, AI 2019752-94.2018.8.26.0000, rel. Des. Hamid Bdine, j. 6-6-2018).

art. 189, I) conflita-se com a exigência de publicidade e fiscalização pelo falido dos atos processuais. Sua ciência sobre as diligências realizadas para a localização do ativo poderia permitir ao devedor promover nova dissipação patrimonial ou gerar óbices à apuração das condutas investigadas.

Para que seja atingido o resultado útil pretendido, o princípio da publicidade não será absoluto. O contraditório e a ampla defesa podem ser diferidos. Dessa forma, a restrição desses se admite quando presentes razões autorizadoras consistentes na necessidade de preservação do interesse público e no perigo de que a publicidade possa comprometer a efetividade da medida acautelatória pretendida.

A restrição da publicidade interna não inova no ordenamento e é aceita no Código de Processo Civil. A legislação processual autoriza a decretação de medidas cautelares como o arresto ou o sequestro sem a comunicação prévia à parte adversa sempre que se mostrar necessário o elemento surpresa para assegurar a utilidade do provimento. Seu fundamento são os mencionados arts. 9º e 300 do Código de Processo Civil, que asseguram ao juiz conceder tutela de urgência sem a oitiva da contraparte para garantir o resultado útil do processo, de ofício ou a requerimento da parte, desde que presentes provas do *periculum in mora* e do *fumus boni iuris*.

A decretação de sigilo *ex parte*, porém, deve ocorrer apenas se presentes circunstâncias que indiquem a possibilidade de a tramitação pública do processo comprometer a efetividade das medidas pretendidas. Por previsão legal, a publicidade dos atos processuais poderá ser mitigada apenas diante dessa exceção. A tanto, sempre deve ser sopesado o direito do investigado à publicidade com a relevância social e o interesse público na apuração dos atos de desvio ou ocultação praticados e em detrimento da coletividade de credores.

Nesse aspecto, os limites da utilização das medidas cautelares e a possibilidade de decretação de sigilo em relação às próprias partes devem ser observados em atenção aos princípios da publicidade, do contraditório e da ampla defesa e a medida excepcional deverá ser acompanhada e fiscalizada atentamente pelo Juiz Universal e pelo Ministério Público.

Como forma de o contraditório poder ser efetivamente desempenhado, mesmo quando excepcionalmente se justifique a investigação sigilosa, a parte atingida deverá exercer amplamente seu direito ao contraditório após a efetivação das medidas constritivas.

Dessa forma, caso as circunstâncias fáticas assim exijam, a verificação da ocorrência de desvio de ativos da massa falida ou de sua ocultação pode ser realizada sem a ciência prévia da parte. Para tanto, necessário demonstrar que o conhecimento prévio poderá obstar a efetividade da medida ou comprometer o intuito de preservar os bens da massa falida. Realizada a constrição, cessa o *fumus boni iuris* para a decretação do sigilo, de modo que todo o procedimento deverá ser realizado sob o crivo do contraditório, respeitado o devido processo legal e com o exercício da prerrogativa do advogado de consultar o incidente de investigação, todas as provas coletadas e todos os contratos celebrados com os auxiliares autorizados pelo juízo, tão logo o resultado da diligência seja comunicado no feito.

Bens e documentos a serem arrecadados

Essa arrecadação terá por objeto todos os bens que estiverem nos estabelecimentos do devedor, ainda que não sejam de sua propriedade. A celeridade exigida pela arrecadação seria incompatível com a apreciação sobre a propriedade ou não do ativo pelo administrador judicial. Eventual bem de terceiro arrecadado poderá ser objeto de pedido de restituição pelo terceiro, cuja propriedade será apreciada, após contraditório, pelo Juiz Universal.

Além dos bens que estiverem no estabelecimento do devedor, cumpre ao administrador judicial a arrecadação de todos os bens do falido, ainda que em posse de terceiros. Entre esses bens em poder de terceiro, a lei determina a arrecadação do produto dos bens objeto de penhora ou por outra forma apreendidos.

Não obsta a arrecadação a existência de penhora ou de qualquer constrição judicial sobre o ativo. Com a decretação da falência, as execuções movidas em face do falido são suspensas justamente para submeter todos os exequentes ao procedimento concursal, o que assegura que a arrecadação possa ser realizada[167].

Ademais, o art. 140 determina a alienação preferencial de todos os estabelecimentos, a alienação de filiais ou unidades produtivas isoladamente, de bens em conjunto ou dos bens individualmente considerados. Os ativos da Massa Falida devem ser assim vendidos preferencialmente em bloco, o que não permitirá que o juízo da execução individual faça a alienação do bem penhorado.

Desse modo, todos os bens do devedor deverão ser arrecadados, independentemente de penhora determinada por outro juízo. Caso o bem tenha sido de qualquer forma apreendido judicialmente, a arrecadação ocorrerá mediante ofício ao juízo que determinou a apreensão para sua entrega à Massa Falida pelo administrador judicial[168].

Caso a alienação do bem já tenha sido realizada por ocasião da decretação da falência, o produto da alienação deverá ser arrecadado pela Massa Falida, mediante ofício judicial requisitando a transferência[169].

A possibilidade de alienação na execução individual do bem penhorado da Massa Falida após a decretação da falência poderá ocorrer apenas se a hasta pública já houver sido designada e houver aprovação do Juízo Universal. Nessa hipótese, em razão da celeridade na liquidação dos ativos, possível a realização da liquidação pelo próprio juízo da ação de execução, com a alienação do bem, desde que não se prejudique a coletividade de credores com um impedimento de obtenção de maiores valores na hipótese de alienação em grupo dos bens pelo Juízo Universal. A interpretação já era a consagrada expressamente pela redação do art. 70, § 4º, do Decreto-Lei n. 7.661/45, a qual, todavia, não foi reproduzida na LREF.

A falência, entretanto, implica que apenas o Juízo Universal realizará o pagamento dos valores para a satisfação dos credores, conforme a ordem das classes e a *par conditio creditorum*. Dessa forma, ainda que realizada a alienação, o produto da venda deverá ser arrecadado pela Massa Falida, mediante ofício ao juízo do processo para a remessa dos valores ao processo de falência.

Deverão ser arrecadados, também, todos os bens dos sócios ilimitadamente responsáveis. Referidos bens, todavia, não deverão ser confundidos com os bens da pessoa jurídica falida, pois os sócios respondem apenas subsidiariamente pelas dívidas da sociedade, na hipótese de seus

---

[167] TJSP, Câmara Especial de Falências e Recuperações Judiciais, AI 521.757-4/8-00, rel. Des. José Araldo da Costa Telles, j. 26-3-2008; TJSP, 1ª Câmara Reservada de Direito Empresarial, Ap. 0028127-22.2012, rel. Des. Fortes Barbosa, j. 3-7-2014.

[168] Em sentido contrário, para quem apenas haveria direito ao produto da alienação do bem: FRANCO, Vera Helena de Mello. Comentários ao art. 108. In: SOUZA JR., Francisco Satiro de; PITOMBO, Antônio Sergio A. de Moraes (coords.). *Comentários à Lei de Recuperação de Empresas e Falência*. 2. ed. São Paulo: Revista dos Tribunais, 2007, p. 430.

[169] TJSP, Câmara Especial de Falências e Recuperações Judiciais, AI 557.321-4/7-00, rel. Des. Pereira Calças, j. 27-2-2008.

ativos serem insuficientes. Os bens dos sócios ilimitadamente responsáveis deverão, portanto, ser separados, pois de sua liquidação deverão participar, além dos credores sociais, também os credores particulares do sócio.

Além dos bens, deverão ser arrecadados também todos os livros e documentos do falido. Os livros obrigatórios deverão ser depositados pelo falido no Ofício Judicial (art. 104, II). Os demais livros facultativos e documentos contábeis deverão ser entregues pelo falido ao administrador judicial. Caso não o faça, o administrador judicial deverá arrecadar todos os documentos pertinentes à falência.

A arrecadação dos bens materiais e móveis faz-se por meio da apreensão pelo administrador judicial. Quanto aos automóveis, necessária averbação da arrecadação e indisponibilidade junto ao Departamento de Trânsito (Detran). No caso dos bens imóveis, a arrecadação é realizada mediante averbação de mandado de arrecadação e indisponibilidade do bem no Cartório de Registro de Imóveis. A arrecadação de marcas e de direitos sobre propriedade industrial, como patentes e registros, será realizada mediante registro no Instituto Nacional de Propriedade Industrial (INPI)[170].

Bens não arrecadáveis

A LREF determinou que os bens absolutamente impenhoráveis não serão arrecadados. O art. 833 do Código de Processo Civil determina quais são esses bens.

São bens absolutamente impenhoráveis os bens inalienáveis e os declarados, por ato voluntário, não sujeitos à execução; os móveis, pertences e utilidades domésticas que guarnecem a residência do executado, salvo os de elevado valor ou que ultrapassem as necessidades comuns correspondentes a um médio padrão de vida; os vestuários, bem como os pertences de uso pessoal do executado, salvo se de elevado valor; os vencimentos, subsídios, soldos, salários, remunerações, proventos de aposentadoria, pensões, pecúlios e montepios; as quantias recebidas por liberalidade de terceiro e destinadas ao sustento do devedor e sua família, os ganhos de trabalhador autônomo e os honorários de profissional liberal; os livros, as máquinas, as ferramentas, os utensílios, os instrumentos ou outros bens móveis necessários ou úteis ao exercício de qualquer profissão; o seguro de vida; os materiais necessários para obras em andamento, salvo se estas forem penhoradas; a pequena propriedade rural, assim definida em Lei, desde que trabalhada pela família; os recursos públicos recebidos por instituições privadas para a aplicação compulsória em educação, saúde ou assistência social; até o limite de quarenta salários mínimos, a quantia depositada em caderneta de poupança do empresário individual. Na hipótese de pessoa jurídica, como a falência implica sua dissolução, não haverá impedimento na arrecadação do montante investido em caderneta de poupança; os recursos públicos do fundo partidário recebidos por partido político e os créditos oriundos de alienação de unidades imobiliárias, sob regime de incorporação imobiliária, vinculados à execução da obra.

É ainda impenhorável o bem de família (Lei n. 8.009/90), considerado tal o imóvel residencial da entidade familiar e os equipamentos e móveis que guarnecem a residência. Na hipótese de propriedade de outros bens imóveis utilizados como residência, a impenhorabilidade recairá apenas sobre o de menor valor, a menos que algum dos imóveis tenha sido registrado no Cartório de Registro de Imóveis como bem de família.

---

[170] Conferir comentários ao art. 82 a respeito da arrecadação de bens desviados e o procedimento de investigação sigiloso.

Além do bem de família, a meação do cônjuge também é impenhorável. Caso o falido seja sócio ilimitadamente responsável ou empresário individual de responsabilidade ilimitada, o administrador judicial não poderá arrecadar a meação do cônjuge, a depender do regime de bens do casamento, pois as dívidas de um dos cônjuges não obrigam ao outro, exceto se os débitos foram contraídos em benefício da família (art. 1.666 do CC).

Por fim, não será arrecadado, por expressa disposição legal, o patrimônio de afetação (art. 119, IX, da LREF).

Avaliação

Os bens arrecadados deverão ser prontamente avaliados pelo administrador judicial no próprio local onde arrecadados. A avaliação carece de maiores formalidades e poderá ser realizada pelo administrador judicial por meio de pesquisa de mercado, como tabela FIPE, por meio de corretores de imóveis locais, cotação do valor mobiliário no mercado na data da arrecadação etc.

O administrador judicial deverá avaliar os bens individualmente ou em conjunto. Essa discricionariedade atribuída ao administrador judicial decorre do modo pelo qual seria mais eficiente, para o melhor resultado financeiro para todos, os bens serem alienados. A avaliação em bloco poderá ocorrer em razão da preferência pela alienação conjunta dos bens, conforme ordem preferencial de alienação estabelecida pelo art. 140.

A avaliação individual do bem apenas será necessária se ele for objeto de garantia real. A avaliação individual do bem dado em garantia real decorre da necessidade de se permitir a aferição do montante exato da garantia dada ao credor para que seu titular possa ser classificado conforme a ordem de credores do art. 83. O credor titular de crédito com garantia real apenas será considerado tal na medida do valor da garantia e, pelo excedente, será classificado como credor quirografário (art. 83, § 1º).

Caso a avaliação do bem seja complexa, exija conhecimentos específicos não detidos pelo administrador judicial ou não possa ser realizada no ato de arrecadação, o administrador judicial poderá requerer prazo para sua apresentação e, inclusive, requerer a contratação de avaliador para auxiliá-lo na função. O laudo de avaliação, nesse caso, não poderá exceder a 30 dias da apresentação do auto de arrecadação (art. 110).

Sobre o laudo de avaliação, o juiz deverá determinar a intimação do falido e credores para apresentarem eventual impugnação ao valor obtido. A impugnação não precisa ser instruída com laudos de avaliação discordantes e permitirá que o juízo determine a nomeação de avaliador especializado para a elaboração de laudo a tanto, se necessário, antes da homologação judicial.

Guarda e responsabilidade

Arrecadados os bens, o administrador judicial fica incumbido de sua guarda e conservação e será responsável pessoalmente pela deterioração ou perda dos bens arrecadados em razão de culpa ou dolo no desempenho do seu encargo. Para resguardar-se dessa responsabilização poderá o administrador judicial contratar auxiliares, mediante a aprovação judicial, como seguranças, depositário especializado ou serviços de cofre. Poderá, ainda, remover os bens para local que facilite sua guarda e conservação (art. 112).

Os custos da guarda e conservação dos ativos, contudo, ficarão a cargo da Massa Falida, que deverá ressarcir o administrador judicial por todas suas despesas. As despesas da Massa Falida para a conservação dos ativos são créditos extraconcursais e serão pagos com prioridade (art. 84, III).

Caso impossibilitado o administrador judicial de manter a guarda dos bens consigo, poderá escolher pessoa para o exercício do encargo de depositário fiel, inclusive, o próprio falido ou qualquer de seus representantes (art. 108, § 1º, da LF).

Essa atribuição da guarda dos bens a terceiro, notadamente ao falido, deverá ser apreciada cuidadosamente pelo administrador judicial. Isso porque, ainda que tenha submetido o depósito dos bens arrecadados a terceiros, a guarda e conservação dos bens permanece sob a sua responsabilidade pessoal. Na hipótese de deterioração ou perda da coisa arrecadada e depositada com o terceiro, o administrador judicial responsabilizar-se-á solidariamente com ele pela perda ou deterioração dos bens em razão de culpa ou dolo do depositário, embora possa, em regresso, ressarcir-se.

Art. 109. O estabelecimento será lacrado sempre que houver risco para a execução da etapa de arrecadação ou para a preservação dos bens da massa falida ou dos interesses dos credores.

Lacração do estabelecimento

Exceto se determinada, na sentença de decretação da falência, a continuação provisória da atividade empresarial pelo administrador judicial, a atividade será totalmente interrompida e os bens serão imediatamente arredados, avaliados e liquidados.

Para evitar que antes da arrecadação pelo administrador judicial os bens sejam dilapidados ou de qualquer forma desviados, na própria sentença de decretação da falência o Juiz Universal deverá determinar a lacração dos estabelecimentos empresariais (art. 99, XI).

A lacração deveria ser realizada pelo oficial de justiça, que, assim que proferida a sentença de falência, deveria fechar os estabelecimentos, trancando as portas e outros acessos a quaisquer pessoas. No mesmo ato, ainda, deveria elaborar relação de bens que comporiam o estabelecimento do devedor.

Enquanto a arrecadação dos ativos não se realiza, o devedor fica responsável pela conservação e guarda de seus bens, sob pena de responsabilização. Para tanto, suas despesas com a conservação do ativo serão consideradas créditos extraconcursais, mas deverão ser aprovadas pelo Juízo Universal para que se evite locupletamento indevido e fraude do falido.

A ausência de estrutura judiciária suficiente na Justiça Estadual para que a lacração por oficiais de justiça seja rápida e eficiente, bem como a falta de segurança na atribuição da conservação dos bens pelo próprio falido até que a arrecadação ocorra, têm, na prática, exigido que os próprios administradores judiciais façam a lacração do estabelecimento enquanto realizam a arrecadação dos ativos e os destinam à liquidação.

A lacração realizada pelo próprio administrador judicial permite o contato imediato com os bens que precisa arrecadar. A lacração realizada pelo próprio administrador judicial permitirá que ele analise o melhor modo de conservação dos bens e se a simples lacração do estabelecimento já será suficiente para evitar que os bens sejam dilapidados até que consiga terminar de arrecadá-los e de liquidar todo o ativo.

Art. 110. O auto de arrecadação, composto pelo inventário e pelo respectivo laudo de avaliação dos bens, será assinado pelo administrador judicial, pelo falido ou seus representantes e por outras pessoas que auxiliarem ou presenciarem o ato.

§ 1º Não sendo possível a avaliação dos bens no ato da arrecadação, o administrador judicial requererá ao juiz a concessão de prazo para apresentação do laudo de avaliação, que não poderá exceder 30 (trinta) dias, contados da apresentação do auto de arrecadação.

§ 2º Serão referidos no inventário:

I – os livros obrigatórios e os auxiliares ou facultativos do devedor, designando-se o estado em que se acham, número e denominação de cada um, páginas escrituradas, data do início da escrituração e do último lançamento, e se os livros obrigatórios estão revestidos das formalidades legais;

II – dinheiro, papéis, títulos de crédito, documentos e outros bens da massa falida;

III – os bens da massa falida em poder de terceiro, a título de guarda, depósito, penhor ou retenção;

IV – os bens indicados como propriedade de terceiros ou reclamados por estes, mencionando-se essa circunstância.

§ 3º Quando possível, os bens referidos no § 2º deste artigo serão individualizados.

§ 4º Em relação aos bens imóveis, o administrador judicial, no prazo de 15 (quinze) dias após a sua arrecadação, exibirá as certidões de registro, extraídas posteriormente à decretação da falência, com todas as indicações que nele constarem.

Inventário e laudo de avaliação

O administrador judicial deverá apresentar no processo de falência o auto de arrecadação, o qual será composto pelo inventário e avaliação dos bens arrecadados e deverá ser assinado por todos aqueles que acompanharam a arrecadação.

O inventário consiste na relação dos bens arrecadados, com a menção às suas características, estado de conservação e especificidades. A individualização dos bens deve ser realizada para maior controle, desde que essa individualização seja possível, a depender da quantidade de bens e de sua natureza.

Deve ser descrito no inventário, ainda, se o bem foi arrecadado em poder de terceiro e a que título na posse deste estava ou se, arrecadado no próprio estabelecimento do devedor, há indicativos de que sejam da propriedade de terceiro ou se são por estes pretendidos.

Na hipótese de arrecadação dos livros e documentos contábeis, o inventário será composto pela indicação das características dos livros, estado em que se encontram, se houve o preenchimento das formalidades legais para a escrituração, quantidade de páginas escrituradas e data de início e do último lançamento.

Caso o bem arrecadado seja imóvel, a especificação de suas características legais é feita pelo registro no Cartório de Registro de Imóveis. Em razão disso, após a arrecadação do bem, o administrador judicial deve exibir, no prazo de 15 dias, as certidões de registro, extraídas posteriormente à decretação da falência, com todas as indicações que nelas constarem.

Além dos bens do empresário devedor, o inventário deverá descrever todos os bens dos sócios ilimitadamente responsáveis que foram arrecadados. A lista dos ativos não poderá, entretanto, ser confundida com a lista dos bens do devedor. Isso porque as Massas Falidas subjetivas deverão ser separadas. Os ativos do sócio ilimitadamente responsável serão liquidados e o produto será utilizado para a satisfação de seus credores particulares e, apenas após a satisfação destes, o excedente será partilhado entre os credores sociais[171].

No auto de arrecadação, o inventário deverá ser acompanhado do laudo de avaliação dos bens arrecadados (art. 108). Em razão da celeridade e do objeto de maximização do valor dos ativos com a pronta liquidação, os bens arrecadados deverão ser prontamente avaliados pelo administrador judicial no próprio local onde arrecadados.

Excepcionalmente, o administrador judicial poderá não ter os conhecimentos necessários para a realização da avaliação necessária, o que exigirá a contratação de um avaliador auxiliar, ou o local pode não permitir uma avaliação imediata, como diante de iminente risco de dilapidação ou perda dos bens, o que exigirá a pronta remoção. Nessas situações excepcionais, o administrador judicial poderá requerer prazo para a apresentação do laudo de avaliação depois da apresentação do auto de arrecadação com o inventário.

O laudo de avaliação, nesse caso, não poderá exceder a 30 dias da apresentação do auto de arrecadação. Excepcionalmente, diante das condições particulares do bem a ser avaliado, da quantidade de bens, do local onde arrecadado ou dos conhecimentos necessários, poderá o Juiz Universal dilatar excepcionalmente esse prazo.

De sua apresentação, serão intimados os credores e o falido para se manifestarem e apresentarem eventuais impugnações quanto ao laudo de avaliação, o qual poderá exigir, para sua solução, a designação de laudo pericial. Caso não tenha havido impugnações ou estas tenham sido afastadas, o laudo de avaliação deverá ser judicialmente homologado[172].

Art. 111. O juiz poderá autorizar os credores, de forma individual ou coletiva, em razão dos custos e no interesse da massa falida, a adquirir ou adjudicar, de imediato, os bens arrecadados, pelo valor da avaliação, atendida a regra de classificação e preferência entre eles, ouvido o Comitê.

Adjudicação pelos credores

O Decreto-Lei n. 7.661/45 não possuía norma similar. Em falências com poucos ativos, em que havia dificuldade para a liquidação dos bens e cujo procedimento de alienação poderia ser mais custoso do que o próprio valor resultante da alienação dos ativos, era muito comum o processo falimentar se prolongar demasiadamente até que os ativos fossem deteriorados ou alienados como sucata, com prejuízo da coletividade de credores.

Diante da dificuldade e dos custos de liquidação, formas alternativas de alienação do ativo somente poderiam ser realizadas com a aprovação da Assembleia Geral de Credores (arts. 122 e 123 do Dec.-Lei n. 7.661/45). O procedimento exigia tempo e poderia impor maiores custos e despesas, por vezes incompatíveis com a pouca expressão dos ativos a serem liquidados.

---

[171] Cf. comentários ao art. 81.
[172] Cf. comentários ao art. 108.

Art. 112 ||| Marcelo Barbosa Sacramone · 520

A Lei n. 11.101/2005 permitiu que, nessas situações peculiares, a regra de liquidação da falência fosse abreviada. Presentes a dificuldade de liquidação, os custos altos do pregão, proposta fechada ou leilão se comparados ao pequeno valor dos ativos, a Lei autoriza a alienação ou adjudicação imediata dos bens aos próprios credores, desde que no interesse da Massa Falida e ouvido o Comitê de Credores. Essa especial forma de liquidação, contudo, deverá respeitar o valor de avaliação e a ordem preferencial de pagamento dos credores (art. 83).

Ainda que no valor da avaliação, deverá ser preservada a *par conditio creditorum*, de modo que nenhum credor mais privilegiado que o adquirente poderá ser prejudicado. Nesses termos, o juiz Universal poderá, mediante pedido do administrador judicial ou do próprio credor, autorizar o credor mais privilegiado a adjudicar os bens, pelo valor da avaliação, com a satisfação dos seus créditos na medida do valor dos bens.

Caso não haja interesse do credor mais privilegiado na ordem de preferência do art. 83 em adjudicar, outro credor menos privilegiado poderá adquirir o bem. Essa aquisição, todavia, deverá ocorrer mediante o pagamento do preço da avaliação, pois o produto da alienação deve ser utilizado para a satisfação do crédito do credor mais privilegiado. A adjudicação pelo credor menos privilegiado apenas poderá ocorrer se houver a satisfação dos credores mais privilegiados, sob pena de se ferir a *par conditio creditorum*.

O mesmo raciocínio ocorre se houver outros credores na mesma classe do credor que pretende a adjudicação. A tutela do princípio da *par conditio creditorum* exige que o credor adquira e não adjudique o bem pelo valor da avaliação, caso haja outros credores de sua classe. Isso porque o produto da alienação deverá ser repartido entre todos os credores da classe, proporcionalmente ao valor do crédito.

A adjudicação somente poderia ocorrer se todos os demais credores dessa classe concordassem em se tornar condôminos da coisa e ainda pelo valor proporcional do crédito em face do devedor.

Art. 112.
Os bens arrecadados poderão ser removidos, desde que haja necessidade de sua melhor guarda e conservação, hipótese em que permanecerão em depósito sob responsabilidade do administrador judicial, mediante compromisso.

Remoção dos bens

A arrecadação dos bens e sua avaliação devem ocorrer no próprio local onde se encontrarem. Até que a liquidação ocorra, esses bens arrecadados ficarão sob a guarda e responsabilidade do administrador judicial, ainda que nomeie terceiro, inclusive o falido, como depositário fiel dos bens (art. 108, § 1º).

A guarda e conservação dos bens pelo administrador judicial poderão exigir, diante do risco de deterioração ou perda se permanecerem no local onde foram arrecadados, que os bens sejam removidos. Essa remoção dos ativos não exigirá a aprovação judicial, pois é providência que decorre do dever de guarda do administrador judicial. Deverá, todavia, ser comunicada ao processo para garantir a fiscalização por todos os interessados.

O administrador judicial, responsável pelos ativos arrecadados, ainda que tenha nomeado terceiro como depositário, poderá verificar a necessidade de remoção dos bens para local mais seguro

521 Comentários à Lei de Recuperação de Empresas e Falência ‖‖ Art. 113

e que propicie condições mais adequadas para a conservação dos ativos. É o que ocorre com bens de conservação arriscada ou onerosa, como quadros, veículos, joias, máquinas de alto valor.

O administrador judicial será responsável por qualquer deterioração ocorrida com os ativos em razão de sua remoção, exceto se demonstrar força maior ou caso fortuito. Continuará responsável, mesmo após a remoção, pela guarda dos ativos, ainda que nomeie depositário fiel para auxiliá-lo na atribuição[173]. As despesas dessa remoção, contudo, deverão ser ressarcidas pela Massa Falida, pois decorrentes da arrecadação e liquidação dos bens.

‖‖ **Art. 113.** Os bens perecíveis, deterioráveis, sujeitos à considerável desvalorização ou que sejam de conservação arriscada ou dispendiosa, poderão ser vendidos antecipadamente, após a arrecadação e a avaliação, mediante autorização judicial, ouvidos o Comitê e o falido no prazo de 48 (quarenta e oito) horas.

Venda antecipada

A alienação antecipada dos ativos era prevista no art. 73 do Decreto-Lei n. 7.661/45 e era justificada em virtude das fases estanques no procedimento falimentar anterior. O ativo poderia ser prontamente liquidado, mesmo antes do início da fase de realização dos ativos, se fosse de fácil deterioração, de guarda arriscada ou grande despesa.

Não mais se exige que a liquidação dos ativos ocorra apenas após a apuração do passivo, como ocorria no Decreto-Lei revogado. A liquidação dos ativos ocorrerá logo após a arrecadação e avaliação. Todavia, a norma legal ainda se justifica, agora sob outro fundamento.

A liquidação dos bens arrecadados procurará promover a preservação da empresa e a maximização do valor dos ativos do devedor. A alienação dos ativos em conjunto permitirá que o adquirente continue a desempenhar a atividade que o conjunto de ativos já realizava. Permite, outrossim, que integre o preço de alienação o valor da organização. O aviamento, como a organização dos diversos fatores de produção, integraria o conjunto de ativos e permitiria que o valor dos bens em conjunto superasse o valor resultante dos valores individuais de cada ativo. Para tanto, determina o art. 140 que a alienação dos ativos ocorrerá preferencialmente pela venda de seus estabelecimentos em bloco, depois com a venda de suas filiais ou unidades produtivas, bloco de bens e, por fim, com a alienação dos bens individualmente.

Poderá ocorrer, entretanto, que a alienação dos ativos conjuntamente seja morosa, em razão da necessidade de avaliação de todos os bens. A depender da situação do ativo, desse modo, será mais útil para o procedimento falimentar se sua alienação ocorrer antecipadamente.

Os bens perecíveis, deterioráveis, sujeitos a considerável desvalorização ou que sejam de conservação arriscada ou dispendiosa são bens que poderão exigir a venda antecipada. Bens perecíveis são os que, em razão do tempo, perderão as qualidades ou características essenciais. Bens deterioráveis, os que, em razão de sua própria natureza, perderão sua utilidade. Sujeitos a considerável desvalorização são os que, em razão de avanços tecnológicos, perdem rapidamente o valor. De conservação arriscada são os bens que exigem medidas de conservação especiais, sob

---

[173] Cf. comentários ao art. 108.

pena de danificarem outros bens, ou os bens que podem se perder, por atraírem a atenção de furtadores etc. De conservação dispendiosa, os bens que exigem alto custo para a sua guarda, sob pena de perderem a qualidade, as características ou de se perderem.

A alienação antecipada poderá ser requerida pelo administrador judicial, pelo falido ou por qualquer credor interessado. Do pedido será intimado a se manifestar o falido e o Comitê de Credores, em 48 horas. Ao Ministério Público também deverá ser conferida a possibilidade de se manifestar (art. 142, § 7º).

Ao Juiz Universal competirá decidir sobre o melhor interesse da Massa Falida e se a alienação antecipada, com eventual redução dos custos ou riscos, compensa a perda que será gerada pela venda individual do ativo em relação ao restante do conjunto de bens do devedor.

Não se exige mais, como era estabelecido no art. 73, § 2º, do Decreto-Lei n. 7.661/45, que a alienação antecipada ocorra necessariamente por leilão. A omissão legal permite a adoção de qualquer das formas de alienação estabelecidas no art. 142, seja o pregão, proposta fechada ou leilão.

Notadamente se bens perecíveis ou rapidamente deterioráveis, poderão ser utilizadas modalidades extraordinárias de realização do ativo[174] como a venda direta. A despeito de se caracterizar modalidade excepcional, pois impede a concorrência para a obtenção do maior preço para a Massa Falida, a natureza perecível ou deteriorável do bem poderá ser a tal ponto de impedir, inclusive, a formalização de um procedimento de alienação público. Nessa hipótese, como única forma de a Massa Falida obter recursos e liquidar os ativos, a venda direta poderá ser realizada, mediante requerimento fundamento do administrador judicial e decisão judicial.

Art. 114. O administrador judicial poderá alugar ou celebrar outro contrato referente aos bens da massa falida, com o objetivo de produzir renda para a massa falida, mediante autorização do Comitê.

§ 1º O contrato disposto no *caput* deste artigo não gera direito de preferência na compra e não pode importar disposição total ou parcial dos bens.

§ 2º O bem objeto da contratação poderá ser alienado a qualquer tempo, independentemente do prazo contratado, rescindindo-se, sem direito a multa, o contrato realizado, salvo se houver anuência do adquirente.

Contratos para a produção de renda

Embora os bens devam ser prontamente arrecadados e alienados, é possível que a liquidação não possa ocorrer imediatamente em razão de circunstâncias fática ou jurídica. Como circunstância fática, possível que as alienações tenham sido tentadas, mas que não tenha havido arrematantes, que o procedimento de alienação seja moroso em razão de particularidade do bem, como imóveis que carecem de regularização, ou exigem maiores informações quanto ao aproveitamento da área etc. Impedimentos jurídicos, por seu turno, poderão ser decorrentes da suspensão da liquidação em razão de pedido de restituição por terceiro, embargos de terceiro ou qualquer outra medida jurídica que impeça a alienação do bem.

---

[174] Cf. comentários ao art. 144.

Para que o ativo, enquanto não for liquidado, possa produzir renda para a Massa Falida e aumentar seus recursos a serem partilhados entre os credores, a Lei permite que sejam celebrados contratos para a utilização do referido bem. São exemplos desses contratos o contrato de locação de bem, o contrato de arrendamento do estabelecimento empresarial, de cessão provisória de uma patente etc.

Como se destina a produzir renda para a Massa, o contrato precisa ser, em regra, oneroso. Admite-se, entretanto, que, excepcionalmente, possa não existir contraprestação pecuniária, nas hipóteses em que a mera conservação pelo contratante já desonere a Massa Falida de altas despesas.

Referidos contratos, entretanto, são destinados à produção de renda, mas não poderão implicar a disposição total ou parcial de bens. A alienação deverá ser realizada por um dos meios de liquidação previstos na LREF e com a consideração dos bens em conjunto.

Para a celebração dos contratos, diante da celeridade necessária, não há previsão de procedimento licitatório pelos contratantes. Todavia, os contratos têm sido frequentemente celebrados para benefício de terceiro, em detrimento dos interesses da Massa Falida. Procedimentos licitatórios para a escolha do contratante, que poderá oferecer melhor proposta, são, portanto, recomendáveis e buscam o melhor interesse da Massa Falida, desde que realizados com celeridade.

Para a celebração desses contratos, exige-se a mera aprovação do Comitê de Credores, embora se prescinda, pela lei, da autorização judicial. Na ausência do Comitê de Credores e diante do pedido do administrador judicial, o contrato deverá ser submetido à apreciação judicial, pois cumpre ao juiz realizar as atribuições do Comitê em sua falta (art. 28).

A falta de procedimento licitatório expresso para a escolha do contratante, bem como a natureza excepcional dos contratos de produção de renda, exige que não seja conferido nenhum privilégio ao contratante. Ademais, diante do escopo de obtenção da maximização do valor dos ativos para a satisfação dos credores, não se poderia imputar nenhuma restrição à alienação dos bens, sob pena de impactar naturalmente o preço obtido, em prejuízo de toda a coletividade. O contrato, assim, não implicará direito de preferência do contratante na aquisição dos bens por ocasião de sua liquidação[175].

Nesse ponto, a LREF é corroborada pela própria Lei de Locação. A Lei n. 8.245/91, em seu art. 27, assegura que, no caso de venda, promessa de venda, cessão ou promessa de cessão de direitos ou dação em pagamento, o locatário terá preferência para adquirir o imóvel locado, em igualdade de condições com terceiros. Todavia, no art. 32, ressalvou-se que o direito de preferência não alcança os casos de perda da propriedade ou venda por decisão judicial.

Ainda que realizados por prazo determinado e longo, também não haverá direito de o contratante permanecer com a utilização da coisa no período contratado. Os contratos celebrados não permitirão que se impeça a liquidação dos ativos do devedor ou que se assegure o melhor interesse da Massa Falida, de modo que, ainda que haja contrato celebrado, o ativo poderá ser liquidado e entregue ao arrematante, sem que haja imposição de multa à Massa Falida. A rescisão contratual apenas não ocorrerá se o arrematante concordar com a manutenção da posse do bem com o contratante originário.

---

[175] A jurisprudência é pacífica ao assegurar a inexistência do direito de preferência: TJSP, Câmara Reservada à Falência e à Recuperação Judicial, AI 990.10.111199-3, rel. Des. Elliot Akel, j. 14-9-2010; TJSP, 2ª Câmara Reservada de Direito Empresarial, AI 2051501-37.2015, rel. Des. Fábio Tabosa, j. 15-6-2015; TJSP, 2ª Câmara Reservada de Direito Empresarial, Ap. 0001125-48.2010, rel. Des. Araldo Telles, j. 30-9-2013.

Embora não seja imposta multa à Massa Falida pela rescisão do contrato, poderá o contratante requerer ressarcimento de eventuais prejuízos sofridos em razão de investimentos realizados, desde que sua expectativa de continuar a utilizar-se do ativo da Massa Falida seja legítima.

Art. 114-A. Se não forem encontrados bens para serem arrecadados, ou se os arrecadados forem insuficientes para as despesas do processo, o administrador judicial informará imediatamente esse fato ao juiz, que, ouvido o representante do Ministério Público, fixará, por meio de edital, o prazo de 10 (dez) dias para os interessados se manifestarem.

§ 1º Um ou mais credores poderão requerer o prosseguimento da falência, desde que paguem a quantia necessária às despesas e aos honorários do administrador judicial, que serão considerados despesas essenciais nos termos estabelecidos no inciso I-A do *caput* do art. 84 desta Lei.

§ 2º Decorrido o prazo previsto no *caput* sem manifestação dos interessados, o administrador judicial promoverá a venda dos bens arrecadados no prazo máximo de 30 (trinta) dias, para bens móveis, e de 60 (sessenta) dias, para bens imóveis, e apresentará o seu relatório, nos termos e para os efeitos dispostos neste artigo

§ 3º Proferida a decisão, a falência será encerrada pelo juiz nos autos.

Caução no processo de falência

O Decreto-Lei n. 7.661/45 estipulava, no art. 75, que na situação de os bens arrecadados serem insuficientes para cobrir as custas do processo, um ou mais credores poderiam requerer o prosseguimento da falência mediante o custeio das despesas, ou o processo falimentar seria encerrado.

Embora a Lei n. 11.101/2005 não tivesse dispositivo parecido em sua redação original, a jurisprudência passou a acolher a tese da caução. Diante da suspeita de ausência de bens da Massa para arcar com as diligências necessárias à recuperação do administrador judicial, solução jurisprudencial encontrada foi o adiantamento de recursos financeiros pelos credores à falência: a exigência de caução para os honorários mínimos do administrador judicial[176]. Na suspeita de ausência de recursos a serem arrecadados, o Magistrado, a partir da sentença de declaração de falência, impõe aos credores o ônus de efetuar caução no processo, para que haja um mínimo de recursos a custear as diligências efetuadas pelo administrador judicial.

Ao pretender a decretação da quebra do empresário devedor, o credor deveria proporcionar todos os elementos necessários ao desenvolvimento regular do processo. Poderia, assim, ser exigido dele o adiantamento de recursos para custear as despesas processuais, entre as quais a remuneração do administrador judicial, o qual diligenciaria para a localização de bens da Massa a serem liquidados. Na hipótese de serem localizados ativos, o valor da caução seria devolvido ao requerente, que figuraria como credor extraconcursal. Caso nada fosse localizado, ao menos o administrador judicial receberia remuneração suficiente para custear suas despesas.

---

[176] Cf. comentários ao art. 99.

Pela alteração legislativa empreendida na Lei n. 11.101/2005, foi inserido o art. 114-A, que procurou disciplinar procedimento a tanto.

Pelo dispositivo legal, se o administrador judicial nomeado no procedimento falimentar não encontrar bens suficientes para as despesas do processo, ele informará imediatamente o Juízo, após manifestação do MP. Nessa hipótese, será concedido prazo de 10 dias, via publicação de edital, para que qualquer interessado requeira o que pretender para a arrecadação de bens.

Nesse prazo, um ou mais credores poderão requerer o prosseguimento da falência, desde que paguem a caução, entendia como uma quantia necessária às despesas e aos honorários do administrador judicial de forma mínima para efetuar as diligências. Referido valor deverá ser fixado pelo Juízo diante das circunstâncias.

A falta de antecipação dos valores pelo credor a título de caução, diante da suspeita de inexistência de ativo, implica ausência de recursos imprescindíveis para custear as despesas processuais de arrecadação, de modo que o processo falimentar deve ser encerrado por falta de ativos a serem liquidados (art. 154)[177].

Ressalta-se, neste ponto, que a falta de recolhimento da caução não poderá implicar a revogação da falência anteriormente decretada, com a extinção do processo por falta de pressuposto processual. De modo a permitir eventual apuração criminal, em que a decretação da falência é condição objetiva de punibilidade (art. 180), o procedimento falimentar precisa ser simplesmente encerrado, com a submissão do falido a todos os efeitos da decretação de sua falência.

Para esse encerramento judicial, o administrador judicial promoverá a venda dos bens que foram eventualmente arrecadados em 30 ou 60 dias, se móveis ou imóveis, respectivamente, e apresentará relatório final. Se houver recurso suficiente para ser rateado entre os credores após o pagamento das despesas da massa e dos seus próprios honorários, conforme a ordem de pagamento do art. 84, deverá promover a verificação de crédito àqueles que poderão ser satisfeitos.

Caso os valores sejam recolhidos pelos credores, esses valores antecipados serão considerados despesas essenciais da Massa Falida. As despesas essenciais estão indicadas no art. 84, I-A, e seu pagamento deverá ser absolutamente prioritário. Caso sejam, durante o processo falimentar, arrecadados e liquidados bens da Massa, o produto dessa liquidação pagará prioritariamente os valores adiantados pelos credores (art. 84, I-A).

---

[177] Nesse sentido: STJ, 3ª Turma, REsp 1.526.790/SP, rel. Min. Ricardo Villas Bôas Cueva, j. 10-3-2016; TJSP, 2ª Câmara Reservada de Direito Empresarial, Ap. 0017908-91.2005.8.26.0100, rel. Des. Carlos Alberto Garbi, j. 24-8-2016; TJSP, Agravo de Instrumento 2104078-55.2016.8.26.0000, rel. Des. Cesar Ciampolini, j. 22-6-2016; TJSP, 2ª Câmara Reservada de Direito Empresarial, AI 2062293-16.2016.8.26.0000, rel. Des. Carlos Alberto Garbi, j. 15-8-2016; TJSP, 1ª Câmara Reservada de Direito Empresarial, AI 2113131-94.2015.8.26.0000, rel. Des. Ênio Zuliani, j. 13-11-2015.

Em sentido contrário, pela impossibilidade de imposição da caução: STJ, 3ª Turma, REsp 1.236.713/SP, rel. Min. Paulo de Tarso Sanseverino, *DJ* 7-5-2014; TJSP, 1ª Câmara Reservada de Direito Empresarial, rel. Des. Francisco Loureiro, j. 26-2-2013.

Seção VIII
Dos Efeitos da Decretação da Falência sobre as Obrigações do Devedor

Art. 115. A decretação da falência sujeita todos os credores, que somente poderão exercer os seus direitos sobre os bens do falido e do sócio ilimitadamente responsável na forma que esta Lei prescrever.

Efeitos da falência sobre as obrigações do devedor

A sentença que decreta a falência constitui o empresário devedor em novo regime jurídico, impondo-lhe obrigações. Não apenas quanto à pessoa do empresário são impostas obrigações, como a sentença declaratória de falência submete suas relações jurídicas a diferentes efeitos jurídicos em virtude da constituição do concurso de credores.

De modo a ser possível a formação da Massa Falida subjetiva, ou seja, a verificação de quem são os credores do empresário devedor falido, a sentença declaratória da falência submete todos os credores ao Juízo Universal. As obrigações do empresário falido, ainda que vincendas, se vencerão antecipadamente por ocasião da decretação da quebra (art. 77) e todas as ações e execuções em face do falido serão suspensas (art. 6º). Desse modo, todos os credores deverão ser submetidos ao concurso de credores e será possível a execução coletiva no Juízo Universal[178].

A submissão dos credores ao concurso impede seus comportamentos oportunistas em detrimento dos demais credores. Os credores apenas poderão exercer os direitos sobre os bens do falido, tanto o empresário devedor falido quanto o sócio ilimitadamente responsável decretado falido por extensão da pessoa jurídica devedora (art. 81), na forma estabelecida pela LREF. A força atrativa do juízo falimentar permite que os credores sejam tratados com igualdade de condições conforme a sua classe, assim como que os bens sejam liquidados com a maximização de seu valor e interesse da coletividade dos credores.

Impede-se, dessa forma, o prosseguimento das execuções individuais dos credores. Assim como se obsta a satisfação desses créditos realizada por outros juízos que não o universal, ainda que com os recursos da penhora realizada anteriormente ou decorrentes da alienação judicial do bem anteriormente penhorado. Tampouco se permite a satisfação extrajudicial, com a amortização de seus créditos em virtude de depósitos mantidos consigo, exceto se créditos não submetidos à falência[179]. Para se preservar a ordem de pagamento dos credores e o princípio da *par conditio creditorum*, os créditos deverão ser regularmente habilitados e serão satisfeitos conforme rateio judicialmente realizado.

Os credores deverão habilitar seus créditos na falência e serão satisfeitos com o produto da liquidação dos ativos, conforme a ordem de pagamento dos credores. Caso o crédito não seja

---

[178] Cf. comentários ao art. 76.

[179] Cf. comentários aos arts. 85 e 86.

Nesse sentido: TJSP, 1ª Câmara Reservada de Direito Empresarial, Ap. 0005272-14.2011, rel. Des. Ênio Zuliani, j. 8-5-2012.

satisfeito, encerrada a falência o credor poderá prosseguir com a sua execução individual até que a obrigação do devedor seja extinta.

Art. 116. A decretação da falência suspende:

I – o exercício do direito de retenção sobre os bens sujeitos à arrecadação, os quais deverão ser entregues ao administrador judicial;

II – o exercício do direito de retirada ou de recebimento do valor de suas quotas ou ações, por parte dos sócios da sociedade falida.

Suspensão do direito de retenção

O direito de retenção é o direito de manutenção da posse sobre coisa do devedor até que determinada obrigação seja satisfeita. É o poder jurídico de uma pessoa sobre uma coisa para compelir o proprietário desta a satisfazer determinada obrigação.

O direito de retenção é conferido pelo Código Civil a diversos credores, que poderão não restituir a coisa até que seus créditos sejam satisfeitos. É o caso do locatário por reter a coisa objeto de locação até que seja ressarcido pelas perdas e danos decorrentes da rescisão do contrato por prazo determinado (art. 571 do CC), ou em razão do ressarcimento de benfeitorias (art. 578 do CC); do depositário, que poderá conservar consigo a coisa depositada até que seja ressarcido das despesas do depósito (art. 644 do CC); do mandatário sobre coisa do mandante até que seja ressarcido pelas despesas para o cumprimento do contrato (art. 681 do CC); do possuidor de boa-fé até que seja ressarcido pelas benfeitorias necessárias e úteis (art. 1.219 do CC) etc.

Esse direito de retenção é suspenso por ocasião da decretação da falência do devedor. E não poderia ser diferente. Se o direito de retenção procura compelir o devedor a satisfazer sua obrigação, a partir do momento em que decretada a falência a Massa Falida somente poderá realizar o pagamento dos credores conforme a ordem estabelecida na LREF. Outrossim, todos os credores deverão ser satisfeitos com o produto da liquidação dos ativos do devedor, de modo que, na execução coletiva, não se poderia preservar bens para satisfazer apenas um dos seus credores.

Nesses termos, o administrador judicial tem a atribuição de arrecadar todos os ativos do devedor, ainda que estejam na posse de terceiro, para liquidá-los em benefício de toda a Massa Falida subjetiva. O credor, nesses termos, deverá restituir ao administrador judicial todos os bens do falido em sua posse e habilitar seu crédito no procedimento falimentar, caso não tenha sido já incluído corretamente.

Esse direito de retenção, entretanto, apesar de suspenso após a decretação da falência, não é totalmente desconsiderado pela LREF. A Lei de Falência confere a esses credores que teriam direito de se autotutelarem pelo direito de retenção a classificação de seus créditos como privilegiados especiais (art. 83, IV, *c*).

Suspensão do direito de retirada ou da apuração dos haveres

O direito de retirada é conferido ao sócio a qualquer momento com prazo indeterminado, desde que haja notificação com 60 dias de antecedência (art. 1.029 do CC). Se de prazo determinado, o sócio de sociedade limitada poderá retirar-se da sociedade quando dissentiu de deliberação societária que aprovou alteração do contrato social, fusão da sociedade, incorporação de outra ou dela por outra (art. 1.077 do CC). Nas sociedades anônimas, esse direito de retirada é conferido ao sócio dissidente de deliberações assembleares que exijam quórum qualificado e impliquem substancial alteração da relação societária (art. 137 da Lei n. 6.404/76).

O sócio da sociedade falida não poderá retirar-se da sociedade após a decretação da falência. A vedação legal procura proteger os credores. Todos os ativos da sociedade empresária deverão ser utilizados para o pagamento dos credores e apenas o remanescente poderá ser partilhado entre os sócios da sociedade. Outrossim, procura garantir que as obrigações impostas pela LREF sejam cumpridas durante o procedimento falimentar, bem como impedir qualquer dificuldade na apuração de eventual responsabilização caso tenham agido com culpa e dolo (art. 82).

Ainda que tenham exercido seu direito de retirada anteriormente à decretação da quebra, não poderão os sócios receber os haveres apurados em razão de sua participação societária, se estes ainda não foram pagos. A apuração de haveres é consequência da retirada do sócio da sociedade e refere-se ao pagamento da participação desse sócio no patrimônio social. Decretada a falência, entretanto, esse direito de crédito do sócio retirante fica suspenso. Na falência, esse sócio, juntamente com os demais sócios, apenas poderá ser reembolsado de sua participação no patrimônio social após o pagamento de todos os credores sociais. Os ativos remanescentes, após o pagamento de todos os credores pelo valor principal e juros, serão partilhados entre todos os sócios ou acionistas da sociedade falida.

Art. 117. Os contratos bilaterais não se resolvem pela falência e podem ser cumpridos pelo administrador judicial se o cumprimento reduzir ou evitar o aumento do passivo da massa falida ou for necessário à manutenção e preservação de seus ativos, mediante autorização do Comitê.

§ 1º O contratante pode interpelar o administrador judicial, no prazo de até 90 (noventa) dias, contado da assinatura do termo de sua nomeação, para que, dentro de 10 (dez) dias, declare se cumpre ou não o contrato.

§ 2º A declaração negativa ou o silêncio do administrador judicial confere ao contraente o direito à indenização, cujo valor, apurado em processo ordinário, constituirá crédito quirografário.

Não resolução dos contratos bilaterais

Todos os contratos são negócios jurídicos bilaterais, em que há declarações de vontade contrapostas e convergentes das duas partes. Alguns desses negócios jurídicos bilaterais, contudo, impõem obrigações a ambas as partes contratantes. Definem-se os contratos bilaterais como os negócios jurídicos que impõem, a ambos os contratantes, obrigações e direitos recíprocos.

No âmbito do Código Civil, o contratante que não está em crise somente poderá exigir do outro contratante o cumprimento de sua prestação após cumprir a sua, mas, se sobrevier ao outro contratante uma situação de crise capaz de comprometer ou tornar duvidoso o cumprimento da prestação, esse primeiro contratante poderá recusar-se ao cumprimento de sua obrigação até que o outro a realize ou dê garantia que a realizará (arts. 476 e 477 do CC). A falência não deixa de ser uma situação que torna evidente a diminuição do patrimônio do devedor e que pode comprometer a realização de sua prestação, de modo que o contratante poderia se recusar a cumprir sua prestação.

A legislação falimentar derrogou parcialmente referida disposição ao estabelecer que a falência, por si só, não resolverá os contratos bilaterais cujas prestações ainda não tenham sido totalmente adimplidas pelos contratantes. Caso o empresário devedor falido já tenha cumprido sua obrigação, deverá a parte contratante adimplir sua prestação. Caso o não cumprimento seja só do devedor, poderá o administrador judicial decidir se irá ou não cumprir a prestação pela Massa Falida.

Ao administrador judicial cumprirá avaliar se é conveniente à Massa Falida o cumprimento do contrato ou sua resolução. O cumprimento implicaria à Massa Falida, por meio do administrador judicial, a realização da prestação contratual a que o devedor falido se obrigou e, por consequência, a parte contratante adversa deveria também cumprir as prestações a que também se obrigou.

A conveniência à Massa Falida será aferida conforme o cumprimento do contrato possa reduzir ou evitar o aumento do passivo. Poderá ser conveniente a manutenção do contrato, também, se ele puder aumentar ou preservar o ativo da Massa Falida.

O cumprimento do contrato bilateral pelo administrador judicial requer a aprovação do Comitê de Credores. Na ausência do Comitê, o Juiz Universal decidirá sobre os melhores interesses da Massa Falida e poderá permitir ou não o cumprimento da avença.

De modo que o credor não fique prejudicado pelo não cumprimento pela Massa Falida, caso decida cumprir sua prestação, poderá interpelar o administrador judicial para que este se manifeste se cumprirá ou não o contrato. A interpelação deverá ocorrer no prazo de 90 dias da assinatura do termo de nomeação do administrador judicial e ele terá o prazo de 10 dias para se manifestar.

O silêncio do administrador judicial é equivalente à sua resposta negativa. A resolução do contrato implicará indenização ao contratante pelos prejuízos sofridos com a resolução, os quais serão apurados em processo ordinário. A condenação da Massa Falida ao ressarcimento dos prejuízos permitirá ao contratante prejudicado a habilitação do valor de seu crédito no quadro-geral de credores da falência.

A perda do prazo de 90 dias para a interpelação do administrador judicial, entretanto, não impede o direito de o contratante ser ressarcido pelos prejuízos sofridos com a resolução do contrato.

O que implica o ressarcimento é o prejuízo causado e seu surgimento deverá ocorrer pelo não cumprimento do contrato pela Massa Falida, não pela demora de interpelação do administrador judicial. Dessa forma, ainda que tenha perdido o prazo de interpelação, o contratante não fica impedido de requerer, por ação própria, a condenação da Massa Falida ao prejuízo sofrido.

Não feita a interpelação tempestiva, o contratante apenas perderá a presunção legal de que o silêncio do administrador judicial, após tempestivamente interpelado, implicará negativa no cumprimento. Outrossim, não poderá se indenizar pelos danos que poderiam ter sido evitados caso soubesse que o contrato não seria cumprido no prazo de interpelação do administrador judicial.

O prejuízo a ser ressarcido pela Massa Falida compreende tanto os danos emergentes quanto os lucros cessantes[180]. A previsão legal da opção do administrador judicial em cumprir ou não o contrato não garante à Massa o direito de não ressarcir os lucros cessantes caso opte pelo não cumprimento.

A previsão da LREF procura simplesmente evitar que o contrato seja resolvido em razão de aumento do risco de não cumprimento pelo empresário falido ou evitar que se exija da Massa Falida

---

[180] Para Manoel Justino Bezerra Filho, os lucros cessantes não poderiam ser ressarcidos pela Massa Falida pois o administrador judicial resolveu o contrato com base em expressa previsão legal (*Lei de Recuperação de Empresas e Falência*. 10. ed. São Paulo: Revista dos Tribunais, 2014, p. 282).

uma garantia em relação ao cumprimento. Caso opte por não cumprir a avença, a Massa Falida deverá arcar com todos os danos decorrentes do descumprimento, seja dano emergente, seja lucro cessante, sob pena de se punir o contratante de boa-fé pelos investimentos realizados e em virtude dos lucros legitimamente esperados com o contrato.

Cláusula resolutiva contratual em razão da falência

As partes poderão prever no contrato que um evento futuro e incerto importe a rescisão do contrato. A condição poderá evidenciar um aumento de risco de não satisfação da parte adversa, de modo que as partes poderiam concordar que nenhuma delas cumprisse as prestações avençadas.

A condição resolutiva poderá ser a própria decretação da falência de um dos contratantes. Sem dúvida, embora a insolvência econômica não seja requisito para a decretação da falência do devedor, sua decretação evidencia um aumento do risco de inadimplemento das obrigações.

Por meio da cláusula, pretenderiam as partes desfazer todos os efeitos do negócio jurídico, com o retorno à situação anterior à celebração do contrato, ou permitir a desoneração da parte de cumprir, nos contratos com prestação continuada, as prestações futuras. O surgimento da condição resolutiva, nesses termos, poderia fazer com que a Massa Falida não pudesse mais contar com a prestação de serviços fundamentais da parte adversa para a conservação de seus bens ou para a maximização do valor dos ativos.

Para parte substancial da doutrina, ainda sob a regência do Decreto-Lei n. 7.661/45, embora a decretação da falência não implicasse a resolução dos contratos, a falta de proibição legal permitiria que os contratantes convencionassem que a decretação da falência poderia resolver os contratos[181]. Isso porque, pela teoria, as partes poderiam livremente se precaver quanto aos riscos de inadimplemento da parte adversa, bem como quanto à maior morosidade ou dificuldade para o cumprimento das prestações acordadas[182].

Já sob a égide da Lei n. 11.101/2005, parte da doutrina entende que a LREF, ao regular os contratos bilaterais, estabelece norma de natureza supletiva. Apenas se os contratantes não convencionaram de forma diversa é que o administrador judicial poderia dar cumprimento ao

---

[181] José Xavier Carvalho de Mendonça sustenta que a convenção não provoca "ofensa a princípio algum de ordem pública. O direito da massa, agindo esta como representante do falido, mede-se pelo direito deste" (*Tratado de direito comercial brasileiro*. v. VII. Rio de Janeiro: Freitas Bastos, 1946, p. 460). No mesmo sentido, VALVERDE, Trajano de Miranda. *Comentários à Lei de Falências*. v. 1. 4. ed. Rio de Janeiro: Forense, 1999, p. 298; FERREIRA, Waldemar. *Tratado de direito comercial*. v. 14. São Paulo: Saraiva, 1965, p. 515-516; Já na vigência da Lei n. 11.101/2005, MARTINS, Glauco. Efeitos da decretação da falência sobre as obrigações do devedor. In: PAIVA, Luiz Fernando (coord.). *Direito falimentar e a nova Lei de Falências e Recuperação de Empresas*. São Paulo: Quartier Latin, 2005, p. 451.

[182] CARVALHO DE MENDONÇA, José Xavier. *Tratado de direito comercial brasileiro*. v. VII. Rio de Janeiro: Freitas Bastos, 1946, p. 460. Para o autor: "é válido, portanto, o pacto em virtude do qual a declaração da falência opera como condição resolutiva do contrato, cessando as relações jurídicas criadas, para que o síndico ou liquidatário não substitua o falido na execução; não seria lícito, entretanto, ao cocontratante reclamar preferências ou privilégios fundados nesse pacto, salvo o seu direito de concorrer na falência" (idem).

contrato, caso não preferisse rescindi-lo por ocasião da falência[183]. Para essa posição, caso estabelecida a cláusula resolutória expressa em razão da falência no contrato, este estaria rescindido por vontade das próprias partes, sem qualquer possibilidade de se exigir o cumprimento das prestações da parte adversa.

Essa interpretação, contudo, não parece prevalecer diante do art. 117 da LREF[184]. Na norma legal, confere-se ao administrador judicial a possibilidade de cumprir ou não o contrato, conforme esse cumprimento possa reduzir o passivo ou aumentar o ativo da Massa Falida.

Essa opção atribuída ao administrador judicial pelo legislador revela efetivo poder-dever. Ao administrador judicial compete tutelar o interesse social de preservação da coletividade de credores, cuja maximização do valor dos ativos liquidados permitirá sua maior satisfação em razão do rateio (art. 75 da Lei n. 11.101/2005). A norma, nesses termos, mais do que disciplinar a relação jurídica na ausência de manifestação anterior da autonomia de vontade das partes contratantes, como ocorreria se fosse uma norma dispositiva, protege o interesse comum da coletividade de credores, da Massa Falida e da própria efetividade do procedimento falimentar como um modo de se preservar a empresa e de se garantir o desenvolvimento econômico nacional.

Ao tutelar o interesse público, nesse ponto, a norma falimentar possui natureza tipicamente cogente e consiste na intervenção do Estado no domínio privado, regulando-o. O interesse privado das partes contratantes e sua autonomia de vontade não poderiam ser exercidos em contrariedade à disciplina legal e aos interesses públicos que se pretende assegurar.

No caso de a condição resolutiva ser a decretação da falência, a cláusula impediria a maximização dos ativos a serem liquidados para pagamento dos credores ou poderia provocar a majoração do passivo. Ambas as consequências ocorreriam em detrimento da coletividade interessada.

A cláusula resolutiva, dessa forma, violaria norma cogente e deve ser considerada juridicamente impossível. Como condição impossível, a cláusula de resolução em razão da falência deve ser considerada inexistente e o negócio jurídico a ela subordinado permanecerá eficaz, independentemente da decretação da falência.

Independentemente da previsão da cláusula resolutiva, o art. 117 assegura ao administrador judicial o direito de cumprir os contratos bilaterais, desde que seu cumprimento seja conveniente aos interesses do procedimento falimentar. Os contratos bilaterais não se resolverão, ainda que expressamente prevista a cláusula resolutiva, a menos que o administrador judicial decida que o seu cumprimento não interessa à coletividade de credores[185].

---

[183] COELHO, Fábio Ulhoa. *Comentários à nova Lei de Falências e de Recuperação de Empresas*. São Paulo: Saraiva, 2005, p. 317.

[184] Na doutrina, SANTOS, Penalva. *Obrigações e contratos na falência*. 2. ed. Rio de Janeiro: Renovar, 2003; LOBO, Jorge. *Direito concursal*. 3. ed. Rio de Janeiro: Forense, 1999; KIRSCHBAUM, Deborah. Cláusula resolutiva expressa por insolvência nos contratos empresariais: uma análise econômico--jurídica. *Revista de Direito da GV*, v. 2, n. 1, jan./jun. 2006, p. 41; MAMEDE, Gladston. *Direito empresarial brasileiro*: falência e recuperação de empresas. v. 4. 7. ed. São Paulo: Atlas, 2015, p. 325; BEZERRA FILHO, Manoel Justino. *Lei de Recuperação de Empresas e Falência*. 10. ed. São Paulo: Revista dos Tribunais, 2014, p. 282.

[185] Nesse sentido: TJSP, Câmara Especial de Falências e Recuperações Judiciais, Ap. 577.263-4/8-00, rel. Des. Lino Machado, j. 9-6-2009.

Em sentido contrário: TJSP, 1ª Câmara Reservada de Direito Empresarial, Ap. 0003654-06.2011, rel. Des. Pereira Calças, j. 6-5-2015.

Art. 118. O administrador judicial, mediante autorização do Comitê, poderá dar cumprimento a contrato unilateral se esse fato reduzir ou evitar o aumento do passivo da massa falida ou for necessário à manutenção e preservação de seus ativos, realizando o pagamento da prestação pela qual está obrigada.

Contrato unilateral

Os contratos unilaterais são os que exigem o cumprimento de prestações apenas por uma das partes contratantes.

Se no contrato unilateral figurar como credor da prestação o empresário falido, o devedor deverá continuar a cumprir a prestação a que se obrigou. A Massa Falida, representada pelo administrador judicial, após a decretação da falência, poderá demandar judicialmente o cumprimento dessa obrigação ou substituirá o falido no processo judicial que exige a satisfação da prestação de seu devedor.

Situação diversa ocorre se o devedor da obrigação for o falido. No Decreto-Lei n. 7.661/45, como somente havia previsão de cumprimento pelo síndico dos contratos bilaterais (art. 43 do Dec.-Lei n. 7.661/45), a doutrina da época entendia que o credor apenas poderia habilitar seu crédito no procedimento falimentar. Não existia a possibilidade de cumprimento do contrato pelo síndico, sob a justificativa de que o credor não poderia ser beneficiado em face de todos os demais que deveriam ser satisfeitos conforme a ordem de pagamento dos credores.

O cumprimento da prestação pela Massa Falida, por meio de seu administrador judicial, poderá ser conveniente para reduzir ou evitar o aumento do passivo, ou para manter ou preservar os ativos. O não cumprimento do contrato pela Massa Falida permitirá que o credor possa excutir eventual garantia, como uma propriedade fiduciária que lhe fora transferida em garantia de contrato de mútuo, com prejuízo à Massa Falida e à coletividade de credores caso determinado ativo seja retirado via pedido de restituição pelo credor.

Nos mesmos termos do artigo anterior, o cumprimento do contrato unilateral deverá ser mantido pelo administrador judicial desde que seja conveniente aos interesses da Massa Falida. Desde que previamente autorizado pelo Comitê de Credores, caso existente e, na sua ausência, por decisão judicial, o administrador judicial poderá dar cumprimento aos contratos.

Requisito para o cumprimento, o interesse da Massa Falida impede que sejam cumpridos os contratos unilaterais gratuitos pela Massa Falida. As obrigações a título gratuito não são exigíveis do devedor na falência (art. 5º, I), de modo que os contratos unilaterais gratuitos, como pode o ser o contrato de doação, não poderão ser satisfeitos pelo administrador judicial. Na hipótese de referido contrato ser oneroso, como uma doação remuneratória, não haveria impedimento ao cumprimento pelo administrador judicial, desde que conveniente à Massa Falida.

Art. 119. Nas relações contratuais a seguir mencionadas prevalecerão as seguintes regras:

I – o vendedor não pode obstar a entrega das coisas expedidas ao devedor e ainda em trânsito, se o comprador, antes do requerimento da falência, as tiver revendido, sem fraude, à vista das faturas e conhecimentos de transporte, entregues ou remetidos pelo vendedor;

II – se o devedor vendeu coisas compostas e o administrador judicial resolver não continuar a execução do contrato, poderá o comprador pôr à disposição da massa falida as coisas já recebidas, pedindo perdas e danos;

III – não tendo o devedor entregue coisa móvel ou prestado serviço que vendera ou contratara a prestações, e resolvendo o administrador judicial não executar o contrato, o crédito relativo ao valor pago será habilitado na classe própria;

IV – o administrador judicial, ouvido o Comitê, restituirá a coisa móvel comprada pelo devedor com reserva de domínio do vendedor se resolver não continuar a execução do contrato, exigindo a devolução, nos termos do contrato, dos valores pagos;

V – tratando-se de coisas vendidas a termo, que tenham cotação em bolsa ou mercado, e não se executando o contrato pela efetiva entrega daquelas e pagamento do preço, prestar-se-á a diferença entre a cotação do dia do contrato e a da época da liquidação em bolsa ou mercado;

VI – na promessa de compra e venda de imóveis, aplicar-se-á a legislação respectiva;

VII – a falência do locador não resolve o contrato de locação e, na falência do locatário, o administrador judicial pode, a qualquer tempo, denunciar o contrato;

VIII – caso haja acordo para compensação e liquidação de obrigações no âmbito do sistema financeiro nacional, nos termos da legislação vigente, a parte não falida poderá considerar o contrato vencido antecipadamente, hipótese em que será liquidado na forma estabelecida em regulamento, admitindo-se a compensação de eventual crédito que venha a ser apurado em favor do falido com créditos detidos pelo contratante;

IX – os patrimônios de afetação, constituídos para cumprimento de destinação específica, obedecerão ao disposto na legislação respectiva, permanecendo seus bens, direitos e obrigações separados dos do falido até o advento do respectivo termo ou até o cumprimento de sua finalidade, ocasião em que o administrador judicial arrecadará o saldo a favor da massa falida ou inscreverá na classe própria o crédito que contra ela remanescer.

Contratos específicos

O art. 117 da LREF determinou que o administrador judicial poderá dar cumprimento ao contrato bilateral, desde que esse cumprimento reduzisse ou evitasse o aumento do passivo ou fosse necessário para a manutenção e preservação dos ativos. O administrador judicial, entretanto, poderia ser interpelado para que declarasse se cumpria ou não o contrato. Sua declaração negativa permitia, além da indenização, que o contratante pudesse reconhecer a resolução do contrato entre as partes e, nesses termos, deixasse de cumprir a sua avença.

Determinou a Lei, contudo, que alguns contratos bilaterais exigiriam disciplina específica, ora diversa da regra geral dos contratos falência, ora com peculiaridade em relação à legislação específica que os disciplina.

a) Compra e venda com coisa em trânsito

O contrato de compra e venda é típico contrato bilateral em que o comprador é obrigado ao pagamento do preço, enquanto o vendedor é obrigado à entrega da mercadoria.

Determina o Código Civil, no art. 495, que, se a coisa ainda não foi entregue ao comprador e este for decretado falido, o vendedor poderá suspender a entrega da coisa, até que o comprador lhe dê caução de pagar no tempo devido.

A LREF excepciona esse dispositivo legal se a entrega da coisa ocorrer não entre presentes, mas entre ausentes.

Se, por ocasião da decretação da falência do comprador, a coisa já tiver sido expedida a ele pelo vendedor, embora ainda não tenha sido recebida pelo comprador, o vendedor poderá suspender a sua entrega. Assegura a LREF, nesses termos, o direito de o vendedor não cumprir o contrato, caso ainda não tenha recebido o preço pelo devedor falido, desde que a coisa ainda esteja em trânsito (*right of stoppage in transitu*), o que é conforme o Código Civil.

Contudo, excepciona a LREF o Código Civil se a coisa em trânsito já tiver sido alienada a terceiros anteriormente à decretação da falência do devedor. Ainda que não tenha a posse da coisa consigo, o devedor pode tê-la revendido à vista das faturas e conhecimento de transportes entregues pelo vendedor. Essa tradição simbólica da coisa é disciplinada pelo art. 529 do Código Civil, que garante a possibilidade de venda sobre documentos, em que a tradição da coisa é substituída pela entrega do seu título representativo e dos outros documentos exigidos pelo contrato.

Desde que a coisa tenha sido revendida pelo comprador antes do requerimento de sua falência e desde que não tenha sido realizada para fraudar o próprio vendedor ou os demais credores, o vendedor permanece obrigado a entregar a coisa já expedida, ainda que possa não receber o preço contratado em virtude da falência.

b) Compra e venda de coisas compostas

O contrato de compra e venda poderá ser de execução instantânea ou de execução diferida. Nesse último, em que a prestação da parte poderá se protrair no tempo, pode ser estipulado que a obrigação do vendedor seja cumprida por entrega de coisa simples, unitária, ou mediante a execução de prestações periódicas, pela entrega parcial de partes que formam a coisa composta.

A coisa composta poderá ser caracterizada como o bem que se compõe de diversos outros elementos imprescindíveis para que a utilidade pretendida pelo comprador por meio do contrato possa ocorrer. A coisa composta poderá ser integrada por diversas partes, as quais poderão ser entregues não de modo conjunto ou simultâneo ao comprador, mas de forma sucessiva.

Determina a LREF que, se o falido tiver vendido a coisa composta e o administrador judicial pretender não cumprir o contrato, o comprador poderá devolver à Massa Falida as partes já recebidas. Isso porque poderá não ter utilidade econômica ao comprador o recebimento de apenas parte da coisa composta adquirida.

Resolvido o contrato pelo administrador judicial, poderá o comprador devolver as partes já recebidas da coisa. Caso já tenha pagado parte do preço, poderá habilitar-se para pretender a devolução do montante satisfeito. Independentemente do pagamento parcial, além disso, poderá, diante do prejuízo sofrido, pretender seu ressarcimento mediante a habilitação do montante das perdas e danos na falência, após sua apuração por ação de conhecimento.

Por não possuir o comprador direito de retenção, seu crédito em decorrência do montante pago será considerado quirografário, assim como o crédito decorrente da condenação da Massa Falida em perdas e danos em razão da resolução do contrato.

Ambos os créditos, todavia, não poderão ser considerados créditos extraconcursais. Os créditos decorrentes de enriquecimento ilícito da Massa Falida, ao contrário da previsão do art. 124, § 2º, III, do Decreto-Lei n. 7.661/45, não são considerados débitos da Massa Falida. Não há a previsão, no art. 84 da LREF, dos referidos créditos como extraconcursais. Referidos créditos são decorrentes de atos juridicamente válidos praticados antes da decretação de falência e não posteriormente a esta, de modo que só lhes resta a classificação como concursais quirografários[186].

c) Compra e venda ou prestação de serviços mediante pagamento do preço a prestações

No contrato bilateral de compra e venda ou de prestação de serviços, o vendedor ou o prestador do serviço poderão ser decretados falidos antes de cumprirem as prestações devidas, com a entrega da coisa móvel ou a prestação do serviço.

O administrador judicial, como em qualquer contrato bilateral, poderá, desde que seja conveniente à redução do passivo ou a conservação dos ativos da Massa Falida, prosseguir com o cumprimento das prestações a que o falido era obrigado. Poderá o administrador judicial, entretanto, se julgar não ser conveniente à Massa Falida o cumprimento, resolver o contrato (art. 117).

Resolvido o contrato pelo administrador judicial, sem que a coisa tenha sido entregue ou o serviço prestado, o adquirente do bem ou do serviço deverá se habilitar pelo montante que eventualmente já despendeu, além das perdas e danos.

Ao contrário do que estabelecia o art. 44, III, do Decreto-Lei n. 7.661/45, a resolução do contrato não implica a classificação dos créditos como dívidas da Massa. O adquirente apenas será habilitado como credor em sua classe própria, em regra quirografária, e receberá conforme a *par conditio creditorum*, juntamente com os demais credores cujos créditos possuem a mesma natureza.

d) Compra e venda de coisa móvel com reserva de domínio

Pela cláusula de reserva de domínio nos contratos de compra e venda, o vendedor reserva para si a propriedade da coisa vendida até que o preço esteja integralmente pago, embora a posse da coisa possa ser atribuída ao comprador (art. 521 do CC).

Na hipótese de falência do comprador, se o administrador judicial resolver não prosseguir com a execução do contrato bilateral, a coisa cuja posse lhe foi entregue, mas que permanece na propriedade do vendedor até que o preço seja integralmente pago, deverá ser restituída ao vendedor.

Pelo art. 119, IV, da LREF, o administrador judicial não precisará, para a devolução do bem, aguardar a distribuição de pedido de restituição desse proprietário. Assegura-se a possibilidade, diante da resolução do contrato, de o bem ser imediatamente devolvido e de modo a se exigir a devolução dos valores eventualmente pagos, caso não seja preferível o cumprimento do contrato, com o pagamento do preço remanescente.

Os valores eventualmente pagos pela aquisição da coisa, todavia, deverão ser cobrados do vendedor. Caso não sejam voluntariamente devolvidos, deverá a Massa Falida promover a ação de cobrança no juízo competente.

e) Compra e venda a termo de bens com cotação em bolsa ou mercado

As partes contratantes poderão celebrar contrato em que estipulam que, em determinada data futura, o vendedor entregará a coisa e o comprador pagará um determinado preço ajustado naquela data.

---

[186] Nesse sentido: MARTINS, Glauco Alves. Efeitos da decretação da falência sobre as obrigações do devedor. In: PAIVA, Luiz Fernando (coord.). *Direito falimentar e a nova Lei de Falências e Recuperação de Empresas*. São Paulo: Quartier Latin, 2005, p. 457.

O comprador ou o vendedor poderão, contudo, falir antes de o referido termo ocorrer. Nesse caso, se a coisa objeto do contrato de compra e venda tiver cotação em bolsa ou mercado e o administrador judicial resolver não manter o cumprimento do contrato bilateral, a LREF determinou que a parte receberá o valor da diferença da oscilação da mercadoria na bolsa.

Nada impede que o administrador judicial dê cumprimento ao contrato com o pagamento do preço convencionado ou com a entrega dos bens, nos termos do art. 117 da LREF, caso seu cumprimento possa reduzir ou evitar o aumento do passivo da Massa Falida ou for necessário à manutenção da preservação de seus ativos. O art. 119, V, apenas é aplicável, por sua própria redação expressa, na hipótese em que a coisa não é entregue ou o preço não é pago[187].

Nada impede que essa não entrega ou o inadimplemento do preço seja decorrente da resolução do contrato pelo administrador judicial. A falta de restrição da Lei quanto aos motivos de não cumprimento não permite ao intérprete fazê-lo, de modo que não há nenhum impedimento para que o administrador judicial, nos termos da regra geral dos contratos bilaterais (art. 117), resolva não cumprir o contrato[188].

Resolvido o contrato antes do termo por decisão do administrador judicial, será avaliado o valor do bem na data em que deveria ser entregue ou pago o preço, conforme a previsão no contrato, em comparação com o valor do bem na data da celebração do contrato. A diferença entre essas oscilações do preço deverá ser paga à parte adversa.

Se a oscilação for positiva, ou seja, se a coisa no termo valer mais do que no momento do contrato, o comprador deverá pagar ao vendedor a diferença. Por seu turno, se valer menos, o comprador deverá receber do vendedor a diferença.

Essa disciplina peculiar aos contratos de compra e venda de bens cotados em bolsa ou mercado de balcão não pode, entretanto, ser interpretada literalmente, sob pena de ser ilógica e irrazoável. As partes, ao celebrarem o contrato de compra e venda de coisa cotada em bolsa ou mercado de balcão fixam determinado preço para o bem. A diferença entre o valor da cotação do bem no momento da celebração e a diferença do bem no termo desconsidera absolutamente o montante fixado pelas partes contratantes e permitiria ao administrador judicial da Massa Falida ter incentivos para descumprir o contratado sempre que a diferença de valores gere maiores benefícios do que o cumprimento do contrato.

De modo a se assegurar a autonomia de vontade dos contratantes e a produção de seus efeitos, o dispositivo legal deverá ser interpretado de forma diversa. Decretada a falência de uma das partes e desde que o administrador judicial opte por não executar o contrato pela efetiva entrega dos bens ou pagamento do preço, deverá ser apurada a diferença de cotação da época da liquidação em bolsa ou mercado em relação ao valor fixado originalmente em contrato. Falido o vendedor, caso o valor da cotação seja inferior ao preço originalmente contratado, o comprador deverá pagar à Massa a diferença. Caso contrário, poderá se habilitar na Massa Falida como credor da referida diferença.

---

[187] Em sentido contrário, FRONTINI, Paulo Salvador. Comentários ao art. 119. In: SOUZA JR., Francisco Satiro de; PITOMBO, Antônio Sérgio A. de Moraes (coord.). *Comentários à Lei de Recuperação de Empresas e Falência*. 2. ed. São Paulo: Revista dos Tribunais, 2007, p. 448.

[188] Para Glauco Alves Martins, o art. 119, V, criaria norma especial que não permitiria, inclusive, a aplicação da regra do art. 117. O administrador judicial seria obrigado a dar execução ao contrato, a menos que a execução tenha se tornado impossível (Efeitos da decretação da falência sobre as obrigações do devedor. In: PAIVA, Luiz Fernando (coord.). *Direito falimentar e a nova Lei de Falências e Recuperação de Empresas*. São Paulo: Quartier Latin, 2005, p. 461).

f) Promessa de compra e venda de imóveis

O contrato de promessa de compra e venda é contrato preliminar, pelo qual as partes se obrigam a concluir outro negócio jurídico, o contrato principal de compra e venda. A LREF determina que o contrato de compromisso de compra e venda será disciplinado pela legislação respectiva.

A regulação do compromisso de compra e venda de imóvel varia a depender do objeto do contrato. Entretanto, as diversas disciplinas têm em comum a garantia dos adquirentes dos imóveis, com a manutenção do contrato celebrado, independentemente de a falência ser do vendedor ou do próprio adquirente.

Os imóveis loteados são regulados pela Lei n. 6.766/79, Lei de Parcelamento do Solo Urbano. Em seu art. 30, determinou-se que a sentença declaratória de falência, tanto do comprador quanto do vendedor, não rescindirá os contratos de compromisso de compra e venda. O dispositivo legal, assim, cria exceção ao art. 117, e que garantia ao administrador judicial o direito de resolver os contratos bilaterais.

Na falência das partes contratantes de promessa de compra e venda de imóveis loteados, se a falência for do vendedor, a Massa Falida deverá dar cumprimento ao contrato. Se a falência for do comprador, os direitos sobre o lote serão submetidos à liquidação de ativos pela Massa.

O compromisso de compra e venda de imóveis não loteados é disciplinado no Decreto-Lei n. 58/1937. No art. 12, determina o Decreto que a sentença declaratória de falência não resolverá o contrato. Caso a falência decretada seja do proprietário vendedor, o administrador judicial continuará obrigado pelo contrato. Se a falência for do compromissário comprador, o administrador judicial arrecadará os direitos sobre o bem e os liquidará para que o produto possa satisfazer os credores da Massa.

Se o bem imóvel foi unidade imobiliária decorrente de empreendimento de incorporação, o compromisso é regulado pela Lei n. 4.591/64, lei de incorporação imobiliária, que assegura o direito do compromissário comprador, na falência do incorporador imobiliário e independentemente da manifestação de vontade do administrador judicial, sobre a unidade autônoma adquirida[189].

Ao disciplinar a promessa de venda de frações ideais vinculadas às unidades autônomas, a Lei de Incorporação Imobiliária estabeleceu que o comprador, ainda que decretada a falência do incorporador posterior ao término da obra, terá o direito de adjudicação compulsória do bem (art. 32, § 2º, da Lei de Incorporação).

Caso a obra não tenha sido finalizada, por seu turno, a falência do incorporador imobiliário assegura aos adquirentes o direito de prosseguirem na construção da edificação para a entrega das unidades autônomas (art. 43, III, da Lei de Incorporação). Em Assembleia Geral, a maioria dos adquirentes poderá decidir pelo prosseguimento da construção.

Para efetivar esse direito, a jurisprudência assegurou que os adquirentes poderiam contratar outra construtora e alienar as unidades estoques, unidades não comercializadas pela incorporadora

---

[189] Para mais detalhes sobre os direitos do compromissário comprador, conferir o meu artigo "Os direitos do compromissário comprador diante da falência ou recuperação judicial do incorporador de imóveis" (*Revista de Direito Bancário e do Mercado de Capitais*, São Paulo: Revista dos Tribunais, ano 20, v. 76, abr./jun. 2017, p. 173-194).

Art. 119 ||| Marcelo Barbosa Sacramone 538

originária, além das unidades dos adquirentes que não tenham concordado com o prosseguimento da obra[190]. Garantiu, também, que os adquirentes, se optassem por continuar a construção, não poderiam ser considerados sucessores nas obrigações da incorporadora falida e existentes até a deliberação de prosseguimento, ainda que contraídas em virtude do empreendimento[191].

No caso de continuidade do empreendimento pelos adquirentes, os demais credores serão satisfeitos, conforme a ordem legal, apenas com o produto da liquidação dos demais bens componentes da Massa Falida.

Caso os adquirentes, em Assembleia Geral, decidam por não prosseguir com a construção, o administrador judicial poderá arrecadar o ativo e liquidar para a satisfação de todos os credores. Os adquirentes serão classificados como credores privilegiados do patrimônio geral do falido (art. 43, III, da Lei n. 4.591/64).

g) Contrato de locação

Ao contrário do Decreto-Lei n. 7.661/45, que disciplinava a locação apenas do estabelecimento do falido, o art. 119, VIII, regula qualquer bem objeto do contrato de locação celebrado pelo devedor falido, seja locação empresarial ou não, de bem móvel ou imóvel.

Na disciplina da LREF, o contrato de locação também é excepcionado da regra geral do art. 117. Na hipótese de ser decretada a falência do locador, o contrato não será resolvido. A Massa Falida, por meio do administrador judicial, não poderá optar pela resolução do contrato.

A decretação da falência do locador apenas exigirá que os aluguéres sejam pagos à Massa e não mais ao empresário falido. Como o pagamento dos aluguéres aumentará os ativos da Massa, não há utilidade para que o contrato seja resolvido pelo administrador judicial, o que apenas resultaria em prejuízo ao locatário e impediria a Massa Falida de auferir recursos durante o procedimento falimentar.

Caso a falência seja do locatário, e não do locador, o administrador judicial poderá denunciar o contrato a qualquer momento. A possibilidade de denúncia do contrato pelo locatário a qualquer momento durante a sua execução assegura ao administrador judicial o direito de não ser obrigado a responder a interpelação dos credores sobre o interesse na manutenção do contrato e o direito de seu silêncio não ser interpretado como resolução (art. 117).

Outrossim, assegura à Massa Falida o direito de, na hipótese de denúncia do contrato, não incorrer na multa contratual em decorrência da inexecução culposa do contrato, pois a denúncia unilateral é assegurada ao locatário falido pela própria lei, que não previu, ao contrário do art. 117, § 2º, a possibilidade de indenização.

h) Acordo para compensação e liquidação de obrigações no sistema financeiro nacional

Os acordos para compensação ou liquidação de obrigações no sistema financeiro nacional são regulados pela Medida Provisória n. 2.192-70/2001, em seu art. 30. São contratos necessariamente celebrados com uma instituição financeira por escritura pública ou particular e, desde que preenchidos esses requisitos, os credores não estarão submetidos à regra geral da legislação falimentar, que exige a habilitação do credor pelo valor e natureza de seus créditos, bem como o cumprimento das obrigações em face do falido.

---

[190] STJ, REsp 1.115.605/RJ, 3ª Turma, rel. Min. Nancy Andrighi, j. 7-4-2011; STJ, AgInt no REsp 1.331.007/DF, 4ª Turma, rel. Min. Maria Isabel Gallotti, j. 1º-12-2016.

[191] STJ, REsp 1.485.379/SC, 2ª Turma, rel. Min. Og Fernandes, j. 16-12-2014.

Decretada a falência da parte contratante, a parte não falida poderá considerar o contrato vencido antecipadamente. Ao contrário do estabelecido aos contratos bilaterais, que não serão resolvidos por ocasião da falência, exceto por conveniência da Massa Falida (art. 117), permite-se que, na hipótese de cláusula de compensação das obrigações no sistema financeiro nacional, o contratante não falido possa declarar o vencimento antecipado das obrigações.

Vencido o contrato, as obrigações serão liquidadas na forma do respectivo regulamento e será admitida a compensação de eventual crédito do falido com os créditos da contraparte.

i) Patrimônio de afetação[192]

O art. 119, IX, exclui do procedimento falimentar o patrimônio de afetação e o submete à legislação respectiva.

O patrimônio de afetação foi regulado pela Lei n. 10.931/2004, que inseriu os arts. 31-A e seguintes na Lei n. 4.591/64 sob a justificativa de aumentar a segurança jurídica dos adquirentes de unidade autônomas em incorporações imobiliárias[193]. Os direitos dos compromissários compradores já eram, contudo, protegidos diante da crise econômico-financeira do incorporador imobiliário pela Lei n. 4.591/64 e pela construção jurisprudencial sobre os seus dispositivos[194].

Sua promulgação, efetivamente, surgiu para garantir o direito dos demais credores do empreendimento afetado à incorporação imobiliária. O risco do empreendimento sob afetação passa a ser partilhado entre todos os credores do empreendimento, sejam adquirentes, fornecedores, financiadores, trabalhadores, e não é contaminado ou majorado pela crise econômico-financeira do incorporador.

A instituição do patrimônio de afetação destaca o conjunto de ativos e passivos de uma incorporação imobiliária dos demais bens e débitos componentes do patrimônio geral do incorporador. Ele consiste na vinculação dos ativos e passivos para a realização de determinado empreendimento imobiliário e entrega das unidades imobiliárias aos respectivos adquirentes. O conjunto de ativos será separado do patrimônio geral do incorporador e responderá exclusivamente pelas dívidas contraídas para a consecução do empreendimento[195].

Separado o patrimônio de afetação mediante a averbação, pelo incorporador imobiliário, no Registro de Imóveis, seus bens não serão arrecadados pelo administrador judicial na hipótese de decretação da falência do incorporador, nem seu passivo será habilitado na Massa Falida, nos termos do art. 31-F da Lei n. 4.591/64[196]. Decretada a falência do incorporador, os credores de

---

[192] Para mais detalhes, conferir o meu artigo "Os direitos do compromissário comprador diante da falência ou recuperação judicial do incorporador de imóveis" (*Revista de Direito Bancário e do Mercado de Capitais*, São Paulo: Revista dos Tribunais, ano 20, v. 76, abr./jun. 2017, p. 173-194).

[193] CHALHUB, Melhim Namen. A afetação patrimonial no direito positivo brasileiro. In: GUERRA, Alexandre; BENACCHIO, Marcelo (coord.). *Direito imobiliário brasileiro.* São Paulo: Quartier Latin, 2011, p. 668.

[194] Conferir acima os comentários sobre a promessa de compra e venda de imóveis.

[195] SILVA, José Marcelo Tossi. *Incorporação imobiliária.* São Paulo: Atlas, 2010, p. 173; GOMES, Orlando. *Introdução ao direito civil.* 15. ed. Rio de Janeiro: Forense, 2000, p. 203; CAMPINHO, Sérgio. *Falência e recuperação de empresa*: o novo regime de insolvência empresarial. 2. ed. Rio de Janeiro: Renovar, 2006, p. 351.

[196] "Art. 31-F. Os efeitos da decretação da falência ou da insolvência civil do incorporador não atingem os patrimônios de afetação constituídos, não integrando a massa concursal o terreno, as acessões e demais bens, direitos creditórios, obrigações e encargos objeto da incorporação."

Art. 120 ||| Marcelo Barbosa Sacramone

obrigações não contraídas em virtude do empreendimento não poderão pretender a liquidação dos bens do patrimônio de afetação para serem satisfeitos, mas apenas do restante do patrimônio geral do incorporador.

Falido o incorporador, os adquirentes poderão, no prazo de 60 dias, reunir-se em Assembleia para deliberar pela instituição do condomínio de construção, eleição dos membros da comissão de representantes e se decidem continuar a construção da obra ou se preferem a liquidação do patrimônio de afetação (art. 31-F, § 1º).

Apenas os adquirentes deliberarão pela continuidade, embora se sub-roguem nas obrigações de pagamento dos demais credores do patrimônio de afetação caso por ela decidam (art. 31-F, §§ 11 e 12, da Lei de Incorporação). Se deliberarem pela continuidade da obra, os adquirentes, por meio da Comissão de Representantes, poderão receber diretamente as prestações devidas pelos adquirentes das unidades, colocar à venda os apartamentos não alienados pela incorporadora, contratar nova construtora, mas deverão satisfazer as obrigações contraídas pelo incorporador para o desenvolvimento do próprio empreendimento.

Nesse ponto, inclusive, determinou a Lei expressamente que as obrigações trabalhistas, previdenciárias e tributárias vinculadas ao patrimônio de afetação e existentes até a decretação da falência deverão ser pagas em até um ano da deliberação de continuidade da obra ou até a concessão do habite-se, sob pena de ineficácia da deliberação pela continuação da obra e a consequente desafetação da incorporação, com a arrecadação e liquidação dos ativos pela Massa Falida[197].

Poderão deliberar, por outro lado, pela liquidação do patrimônio de afetação. Se for esse o resultado da deliberação, o empreendimento também não será arrecadado pela Massa Falida. A Comissão deverá promover a alienação do ativo da incorporação, pagar os credores decorrentes do empreendimento conforme a ordem de preferência e restituir aos credores as quantias despendidas por cada qual para a aquisição das unidades. Apenas o saldo remanescente, caso existente, será arrecadado pela Massa Falida.

Art. 120. O mandato conferido pelo devedor, antes da falência, para a realização de negócios, cessará seus efeitos com a decretação da falência, cabendo ao mandatário prestar contas de sua gestão.

§ 1º O mandato conferido para representação judicial do devedor continua em vigor até que seja expressamente revogado pelo administrador judicial.

§ 2º Para o falido, cessa o mandato ou comissão que houver recebido antes da falência, salvo os que versem sobre matéria estranha à atividade empresarial.

Contrato de mandato

Pode-se conceituar o contrato de mandato como um negócio jurídico bilateral pelo qual o mandatário recebe poderes do mandante para praticar atos ou administrar interesses, em seu nome e com poderes outorgados por procuração, ou apenas em seu interesse (art. 653 do CC)[198].

---

[197] Art. 9º da Lei n. 10.931/2004.

[198] Segundo Pontes de Miranda, quando o Código Civil alude à procuração como instrumento do manda-

Decretada a falência do mandante, o contrato de mandato será rescindido automaticamente. Em decorrência dessa rescisão, o mandatário deverá prestar contas de sua gestão.

Esse mandato celebrado pelo falido mandante apenas não será rescindido se for referente à prestação de serviços jurídicos. O mandato *ad judicia* foi excepcionado da determinação legal para proteger o próprio falido.

Embora todos os mandatos com outro objeto sejam automaticamente rescindidos pela decretação da falência do mandante, o mandato celebrado com advogado para a representação judicial poderia exigir a prática de atos urgentes para tutelar os próprios interesses do falido mandante. A urgência da prática dos referidos atos poderá ser incompatível, notadamente num momento inicial, com a administração de todos os interesses da Massa Falida pelo administrador judicial. Até que esse administrador judicial se informe sobre as principais questões envolvendo a Massa Falida e decida por manter ou não o contrato, o mandato *ad judicia* continua em vigor.

Por outro lado, se o falido era o mandatário, o contrato será rescindido, desde que tenha por objeto a realização de negócios ou o desenvolvimento da atividade empresarial.

O falido, após a decretação de sua quebra, perde o direito de administrar seus próprios bens e se torna inapto ao desenvolvimento da atividade empresarial. Se não poderá administrar os próprios bens ou realizar atividades empresariais no seu interesse, quanto menos poderia realizá-las no interesse de terceiros.

O contrato será mantido apenas se não for relacionado à atividade empresarial, pois não haveria, dessa forma, qualquer inaptidão do falido para a realização dos atos no interesse do mandante ou do comitente.

Essa mesma disciplina jurídica é aplicável ao contrato de comissão. Esse é celebrado entre comitente e comissário, pelo qual o comissário se obriga a adquirir ou a vender bens, em nome próprio e sob sua responsabilidade perante terceiros, mas no interesse do comitente (arts. 693 e ss. do CC).

Falido o comitente ou o comissário, o contrato será rescindido, desde que verse sobre matéria abrangida pela atividade empresarial.

Art. 121. As contas correntes com o devedor consideram-se encerradas no momento de decretação da falência, verificando-se o respectivo saldo.

Contrato de conta corrente

O contrato de conta corrente é negócio jurídico bilateral atípico no direito brasileiro, pelo qual as partes contratantes, necessariamente empresários, possuem relações negociais continuadas entre si e, em vez de se satisfazerem imediatamente, com a apuração simultânea de todos os créditos e débitos, obrigam-se a reciprocamente lançar contabilmente créditos e débitos até que, ao final do período convencionado, seja apurado saldo que, a partir desse momento, se tornará exigível da parte devedora.

O contrato de conta corrente é gênero, cujas espécies podem ser apontadas como o contrato de conta corrente propriamente dito, o contrato de conta corrente contábil e o contrato de conta

---

to, "não faz da procuração a forma, o documento do mandato; apenas se referiu ao que mais acontece" (PONTES DE MIRANDA, Francisco Cavalcanti. *Tratado de direito privado*, t. XLIII, op. cit., p. 110).

corrente bancária[199]. Todas as três espécies são submetidas ao regulamento do art. 121 e exigirão o encerramento da conta corrente no momento da decretação da falência.

No contrato de conta corrente propriamente dito, os empresários contratantes obrigam-se a lançar reciprocamente créditos ou débitos, os quais não serão compensados por ocasião de cada lançamento, mas cuja apuração do saldo será realizada no termo convencionado. No contrato de conta corrente contábil, por seu turno, não há reciprocidade nas remessas de valores. Há mera escrituração pelo empresário dos débitos de seu cliente, que dispõe de crédito em seu estabelecimento. Findo determinado período, o montante devido é apurado para o pagamento do empresário.

Em seu tipo mais usual, o contrato de conta corrente bancária se diferencia dos demais pela ausência de reciprocidade das remessas ou reclamação do saldo apenas no vencimento da conta[200]. Trata-se de contrato *sui generis*, em que há mera demonstração gráfica das operações. No contrato de conta corrente bancária, o saldo é sempre apurado diariamente e as operações são limitadas ao montante de recursos disponibilizados ao correntista[201].

Ao contrário da não resolução dos contratos bilaterais, como determinada pelo art. 117, o contrato de conta corrente será automaticamente rescindido pela decretação da falência de qualquer dos empresários contratantes. Os contratos de conta corrente serão encerrados por ocasião da decretação da falência do empresário, independentemente de o saldo da conta ser positivo ou negativo e independentemente do prazo convencionado no contrato para a apuração do saldo.

Se houver saldo positivo em favor da Massa Falida por ocasião da quebra, o empresário deverá depositar os valores em conta judicial a favor da Massa. Caso haja débito, o empresário deverá se habilitar na Massa Falida pelo valor devido.

Não poderá ocorrer, contudo, qualquer lançamento na conta corrente após a decretação da falência, seja a crédito ou a débito. Apresentados após a quebra eventuais cheques emitidos pelo falido, o cheque não poderá ser pago pela instituição financeira, ainda que remanesçam recursos disponíveis na conta, pois ela deverá ser automaticamente encerrada com a falência. Para que a instituição financeira, contudo, não possa alegar que não tinha ciência da falência e que apenas cumpriu o contrato de conta corrente ao pagar o título, o que evitaria sua obrigação de ressarcimento, a instituição financeira contratante deverá ser informada da decretação da falência mediante ofício a ser expedido por ocasião da decretação da falência, ou mediante bloqueio por comunicação eletrônica ao Banco Central do Brasil.

Art. 122. Compensam-se, com preferência sobre todos os demais credores, as dívidas do devedor vencidas até o dia da decretação da falência, provenha o vencimento da sentença de falência ou não, obedecidos os requisitos da legislação civil.

Parágrafo único. Não se compensam:

---

[199] TEPEDINO, Ricardo. Comentários ao art. 121. In: TOLEDO, Paulo F. C. Salles de; ABRÃO, Carlos Henrique (coord.). *Comentários à Lei de Recuperação de Empresas e Falência*. 5. ed. São Paulo: Saraiva, 2012, p. 432.

[200] WAISBERG, Ivo; GORNATI, Gilberto. *Contratos e operações bancárias*. 2. ed. São Paulo: Saraiva, 2016, p. 141-142.

[201] ABRÃO, Nelson. *Direito bancário*. 12. ed. São Paulo: Revista dos Tribunais, 2009, p. 223.

I – os créditos transferidos após a decretação da falência, salvo em caso de sucessão por fusão, incorporação, cisão ou morte; ou

II – os créditos, ainda que vencidos anteriormente, transferidos quando já conhecido o estado de crise econômico-financeira do devedor ou cuja transferência se operou com fraude ou dolo.

Compensação das obrigações na falência[202-203]

A compensação foi consagrada no Código Civil no art. 368, o qual determina que "se duas pessoas forem ao mesmo tempo credor e devedor uma da outra, as duas obrigações extinguem-se, até onde se compensarem"[204].

Pelo direito civil, essa compensação opera-se automaticamente e independentemente de qualquer manifestação de vontade das partes[205]. Ao contrário da legislação alemã[206], que exigiu a declaração pela parte para que a compensação pudesse ser realizada, o direito brasileiro não submeteu a eficácia da compensação a qualquer requisito, exceto a reciprocidade das obrigações compensáveis, a liquidez, a fungibilidade e a exigibilidade[207].

Seu fundamento seria evitar a necessidade de um duplo pagamento. O credor não precisaria pagar seu devedor e exigir que ele também satisfizesse sua obrigação recíproca. A compensação extinguiria essas obrigações pelo cumprimento presumido das prestações recíprocas devidas.

A compensação ocorreria por força de lei, mas desde que alguns requisitos fossem preenchidos. As obrigações, para serem extintas pela compensação legal, precisam ser recíprocas entre as partes, cada qual figurando como devedora e credora uma da outra. Além disso, as dívidas precisam ser líquidas, o que pressupõe a certeza quanto à sua existência e ao seu montante; precisam ser vencidas, o que deverá ser entendido que as dívidas deverão ser exigíveis do devedor; e, por fim, precisam ser fungíveis entre si, de modo que se exige que ou as prestações sejam em dinheiro ou em coisas do mesmo gênero entre si[208].

---

[202] Cf. para mais detalhes meu artigo "Compensação de débitos na recuperação judicial" (In: MENDES, Bernardo Bicalho de Alvarenga (coord.). *Aspectos polêmicos e atuais da Lei de Recuperação de Empresas*. Belo Horizonte: D'Plácido, 2016.

[203] Sobre a compensação na recuperação judicial, cf. comentários ao art. 49.

[204] No Código Comercial de 1850, o art. 439 exigia a declaração pelo devedor. Ainda mais evidente, os anteprojetos brasileiros do Código das Obrigações de 1964 e de 1965, ambos exigiriam, nos arts. 259 e 249, respectivamente, declaração como elemento indispensável à compensação.

[205] O Código Civil adota o sistema francês de compensação automática das obrigações. No Código Civil francês, art. 1.290, determina-se que "a compensação se opera de pleno direito, pela força da lei, ainda que sem conhecimento dos devedores".

[206] § 388 do BGB: A compensação efetiva-se através de declaração perante a outra parte. A declaração é ineficaz quando for emitida sob condição ou termo. O sistema alemão fora também seguido pelo Código português, o qual determinou, em seu art. 848º, que "a compensação torna-se efetiva mediante declaração de uma das partes à outra". Nos termos do art. 854º, "feita a declaração de compensação, os créditos consideram-se extintos desde o momento em que se tornaram compensáveis".

[207] Em sentido contrário, para quem a compensação não se opera *ipso iure*, mas exige a alegação da parte contratante: PONTES DE MIRANDA, Francisco Cavalcanti. *Tratado de direito privado*. v. 24. Rio de Janeiro: Borsoi, 1971, p. 327.

[208] Esses requisitos legais poderão ser suprimidos pelas partes voluntariamente para que convencionem previamente a compensação. É a chamada compensação convencional.

Art. 122 ||| Marcelo Barbosa Sacramone   544

Como presunção de duplo pagamento pelo sistema francês, a compensação foi sustentada como impossível de ser realizada se todos os seus pressupostos não estiverem presentes antes da decretação da falência. Após sua decretação, o falido não teria autonomia patrimonial e não poderia realizar livremente o pagamento de suas obrigações, de modo que a compensação, como presunção de pagamento, não poderia ser efetuada[209].

Embora o direito civil brasileiro tenha optado pelo sistema francês, que dispensa a declaração da parte para que a compensação legal seja realizada, a Lei de Falência permitiu expressamente a compensação das obrigações, mesmo após a decretação da quebra de um dos devedores. Destacou-se, para tanto, a função de garantia da compensação no direito brasileiro. O empresário já devedor deveria ser estimulado a celebrar contrato com seu credor, pelo qual lhe poderia emprestar recursos financeiros e que permitissem a esse credor a superação de sua crise econômico-financeira, pois saberia que seu risco de não satisfação estaria garantido por sua própria dívida[210].

Preenchidos todos os requisitos legais, como a reciprocidade, a liquidez, a exigibilidade e a fungibilidade entre as obrigações, o art. 122 da LREF assegurou que a compensação, por ocasião da falência, pudesse ser realizada e, inclusive, com preferência sobre todos os demais credores.

A compensação na falência e o princípio da *par conditio creditorum*

Por implicar a extinção das dívidas recíprocas até o valor do débito, a compensação poderia ocorrer em detrimento dos demais credores da falência, os quais, mesmo que com créditos mais privilegiados àquele a ser compensado, poderiam não ser satisfeitos, o que feriria o tratamento igualitário entre credores da mesma classe e a própria ordem legal de pagamentos estabelecida pela Lei.

Para uma primeira posição doutrinária, o art. 122 não poderia ferir a *par conditio creditorum*, sob pena de inconstitucionalidade. A compensação não poderia implicar tratamento privilegiado, sob pena de ser gerado tratamento desigual entre os credores semelhantes e de se tratar diferentemente credor não na medida da preferência do seu crédito ou de sua garantia[211]. Como a preferência dos créditos seria baseada em sua causa ou em sua natureza, o tratamento privilegiado gerado pela compensação não seria justificável.

---

[209] VILLELA, João Baptista. *Da compensabilidade no concurso falencial*, tese para doutoramento na Faculdade de Direito da Universidade de Minas Gerais, Belo Horizonte, 1963, p. 34. Para Ripert e Roblot, a compensação seria impossível durante a falência justamente em virtude da indisponibilidade do pagamento. A massa de credores teria desapossado todo o patrimônio do devedor (RIPERT, Georges; ROBLOT, René. *Traité elementaire de droit commercial*. Paris: R. Pichon et R. Durand-Auzias, 1976, p. 729-730). A lei de falências argentina adota o sistema francês e determina que, para preservar a *par conditio creditorum*, é vedada a compensação após a decretação da falência do devedor (art. 130 da Lei n. 24.522/95).

[210] Sobre o art. 46 do Decreto-Lei n. 7.661/45, correlato ao artigo vigente: VALVERDE, Trajano de Miranda. *Comentários à Lei de Falências*. v. I. 4. ed. Rio de Janeiro: Forense, 1999, p. 352.

[211] FRONTINI, Paulo Salvador. Comentários ao art. 122. In: SOUZA JR., Francisco Satiro de; PITOMBO, Antonio Sergio de Moraes (coord.). *Comentários à Lei de Recuperação de Empresas e Falência*. 2. ed. São Paulo: Revista dos Tribunais, 2007, p. 456. Também nesse sentido, GONTIJO, Vinícius José Marques. A compensação na falência: subclasse no quadro-geral de credores. *Revista dos Tribunais*, ano 89, v. 883, 2009, p. 54 e ss.

Para essa posição, a aplicação da compensação ficaria adstrita apenas à classe do respectivo credor. A obrigação do credor apenas poderia ser extinta pela compensação se as classes de credores mais privilegiadas já tivessem sido integralmente satisfeitas pela Massa Falida[212].

A posição doutrinária, contudo, parece não refletir a disposição legal. A Lei n. 11.101/2005, no art. 122, foi expressa ao determinar que a compensação extingue os créditos recíprocos, ainda que em detrimento dos demais créditos, mesmo que preferenciais[213].

Em razão da limitação do risco de inadimplemento a ser conferida ao devedor para se tornar também credor, estabeleceu a LREF preferência absoluta do crédito a ser compensado sobre os demais créditos até o limite das obrigações recíprocas[214]. Essa garantia de recebimento incentivaria os novos contratos com os empresários para superarem a crise econômico-financeira que os acomete e manter o desenvolvimento da atividade empresarial.

O tratamento privilegiado dos créditos a serem compensados tampouco violaria o art. 186 do Código Tributário Nacional, que estabelece que o crédito tributário deve ser pago com prioridade, exceto aos créditos trabalhistas, decorrentes de acidente de trabalho, com garantia real ou decorrentes de pedido de restituição ou créditos extraconcursais. Isso porque o crédito submetido à compensação deverá ser equiparado a crédito extraconcursal, já que será pago com prioridade em face de todos os créditos concursais e, inclusive, com preferência a todos os demais credores da própria Massa Falida[215].

Apenas se remanescer débito pelo credor em face da Massa Falida, o credor deverá satisfazê-lo. Pelo contrário, se remanescer crédito, o credor deverá pretender sua habilitação na falência na respectiva classe.

Obrigações a serem compensáveis na falência

Em razão da reciprocidade das obrigações, não se admite a compensação de obrigação contraída pela Massa Falida posteriormente à decretação da falência com obrigações dos credores em

---

[212] MORAIS, Juliana Ferreira. *A compensação de créditos na falência*: hermenêutica do art. 122 da Lei n. 11.101, de 9 de fevereiro de 2005. Dissertação apresentada ao curso de Mestrado em Direito Empresarial da Faculdade de Direito Milton Campos, Nova Lima, 2006, p. 111. No mesmo sentido, a posição é defendida por Gontijo. Para o autor, "compensam-se, com preferência sobre todos os demais credores da mesma classe, as dívidas do devedor vencidas até o dia da decretação da falência, provenha o vencimento da sentença de falência ou não, obedecidos os requisitos da legislação civil" (GONTIJO, Vinícius José Marques. A compensação na falência: subclasse no quadro-geral de credores. *Revista dos Tribunais*, ano 89, v. 883, 2009, p. 72).

[213] Nesse sentido: COELHO, Fábio Ulhoa. *Comentários à nova Lei de Falências e de Recuperação de Empresas*. 4. ed. São Paulo: Saraiva, 2007, p. 335; REQUIÃO, Rubens. *Curso de direito falimentar*. v. 1. 17. ed. São Paulo: Saraiva, 1998, p. 212.

[214] Nesse sentido, TEPEDINO, Ricardo. Comentários ao art. 122. In: ABRÃO, Carlos Henrique; TOLEDO, Paulo F. C. Salles de (coord.). *Comentários à Lei de Recuperação de Empresas e falência*. 5. ed. São Paulo: Saraiva, 2012, p. 435; COELHO, Fábio Ulhoa. *Comentários à nova Lei de Falências e de Recuperação de Empresas*. 4. ed. São Paulo: Saraiva, 2007, p. 317; MARIANO, Álvaro A. C. Compensação na falência. In: SZTAJN, Rachel; SALLES, Marcos Paulo de Almeida; TEIXEIRA, Tarcisio (coord.). *Direito empresarial*: estudos em homenagem ao professor Haroldo Malheiros Duclerc Verçosa. São Paulo: IASP, 2015, p. 290.

[215] A jurisprudência adotou esse posicionamento. TJSP, 2ª Câmara Reservada de Direito Empresarial, AI 0140527-51.2013, rel. Des. Tasso Duarte de Melo, j. 19-5-2014; TJSP, 4ª Câmara de Direito Privado, AI 492.175-4/7, rel. Des. Maia da Cunha, j. 25-10-2007. Ainda sob a vigência do Decreto-Lei n. 7.661/45, cujo art. 46 tinha redação semelhante, STJ, 2ª Turma, REsp 731.779/RS, rel. Min. Mauro Campbell Marques, *DJe* 16-4-2009.

face do devedor falido. Apenas as obrigações existentes até a decretação da falência podem ser compensáveis, como desponta da redação expressa do art. 122.

Para serem compensáveis, as obrigações devem ser detidas pelos mesmos titulares dos créditos. Contraída a dívida pela Massa Falida, o débito não poderia ser compensado com o débito do credor em face do empresário falido, por não se confundirem. Tampouco, na situação oposta, poderia ser compensado o débito contraído em face da Massa Falida com o débito do empresário falido.

Para que a compensação possa ocorrer, além da reciprocidade, os demais requisitos legais devem estar presentes. As obrigações deverão já estar vencidas por ocasião da decretação da falência, ainda que a obrigação do empresário falido venha a se vencer antecipadamente por ocasião da decretação da sua quebra.

Apenas as obrigações do falido e dos sócios ilimitadamente responsáveis serão antecipadamente vencidas em razão da decretação de sua quebra (art. 77). As obrigações dos credores, por seu turno, não são alteradas.

Esse não vencimento das obrigações dos credores impediria, para uma parcela substancial da doutrina, que se reconhecesse a possibilidade de compensação dos débitos do falido com esses débitos dos terceiros, se permanecessem vincendos[216].

Nesse caso, todavia, ainda que a obrigação do credor vença apenas durante o procedimento falimentar, a compensação deveria poder ocorrer por ocasião de seu vencimento, sob pena de se penalizar o credor de boa-fé em benefício dos demais em mora. A proibição de compensação dessas obrigações penalizaria o credor de boa-fé, cujas obrigações não foram inadimplidas e que não poderia ter suas obrigações extintas em virtude de seus créditos. Contudo, seria admissível a extinção das obrigações do credor que, já vencidas, não as satisfez anteriormente à decretação da falência. Interpretação contrária à compensação beneficiaria o credor inadimplente em comparação ao adimplente, o que não pode ser admitido.

Compensação voluntária e impedimentos

Por fim, a falta dos requisitos da reciprocidade, fungibilidade, liquidez e exigibilidade poderão ser supridos por convenção pelas partes, a chamada compensação voluntária.

Essa composição entre as partes para suprir os requisitos da compensação legal deve ser realizada antes da decretação da falência, pois exige que o devedor mantenha a autonomia e administração dos seus ativos.

---

[216] NEGRÃO, Ricardo. *Manual de direito comercial e de empresas*. v. III. São Paulo: Saraiva, 2012, p. 455; FERREIRA, Waldemar Martins. *Instituições de direito comercial*. v. IV. Rio de Janeiro: Freitas Bastos, 1946, p. 211. Para Pontes de Miranda, "se o crédito do falido ainda não se venceu, não pode ele alegar compensação. Inclusive se se venceu no mesmo dia da abertura da falência" (*Tratado de direito privado*. v. 24. Rio de Janeiro: Borsoi, 1971, p. 395). Laurentino de Azevedo baseia sua interpretação quanto à impossibilidade de compensação em razão da irrenunciabilidade, pelo credor-devedor do falido, do prazo a seu favor para intervir a compensação (*Da compensação*. São Paulo: Globo, 1920, p. 86). PACHECO, José da Silva. *Processo de falência e concordata*. v. II. Rio de Janeiro: Borsoi, 1970, p. 517. Para Marlon Tomazette, "quando o crédito do falido é vincendo, não há dúvida de que o devedor poderá renunciar ao prazo que é estipulado em seu favor, porém, essa renúncia só se efetua após a decretação da falência, não sendo mais possível cogitar da compensação" (*Curso de direito empresarial*. v. 3. 2. ed. São Paulo: Atlas, 2012, p. 400).

Essa convenção, ao permitir a extinção das obrigações compensáveis, fica submetida aos limites da autonomia privada e não poderá atentar contra os interesses da ordem pública. Se realizada dentro do termo legal (art. 129), dessa forma, a convenção poderá ser considerada ineficaz perante a Massa Falida ao garantir uma satisfação privilegiada dos credores, seja para suprir o requisito da exigibilidade (art. 129, I), seja para suprir o requisito da fungibilidade (art. 129, II).

No tocante à reciprocidade das obrigações, estabeleceu o art. 122, parágrafo único, restrições quanto à convenção pelas partes e a compensação das obrigações, além dos impedimentos do art. 373 do Código Civil e decorrentes da natureza do crédito.

Ainda que os créditos em face do falido tenham sido transferidos pelos credores originários aos devedores do falido, as obrigações somente serão compensáveis se a cessão de crédito tiver ocorrido anteriormente à decretação da falência, exceto na hipótese de sucessão por fusão, incorporação, cisão ou morte.

Para proteger os demais credores a serem satisfeitos pela Massa Falida e que seriam naturalmente prejudicados com a redução dos ativos em razão da compensação dos débitos, a cessão de crédito realizada ao cessionário quando este já conhecia ou devesse conhecer o estado de crise econômico-financeira do devedor, ou cuja transferência se operou com o intuito de fraude ou dolo em face dos terceiros, não poderá permitir a compensação com os créditos da Massa Falida.

Art. 123. Se o falido fizer parte de alguma sociedade como sócio comanditário ou cotista, para a massa falida entrarão somente os haveres que na sociedade ele possuir e forem apurados na forma estabelecida no contrato ou estatuto social.

§ 1º Se o contrato ou o estatuto social nada disciplinar a respeito, a apuração far-se-á judicialmente, salvo se, por lei, pelo contrato ou estatuto, a sociedade tiver de liquidar-se, caso em que os haveres do falido, somente após o pagamento de todo o passivo da sociedade, entrarão para a massa falida.

§ 2º Nos casos de condomínio indivisível de que participe o falido, o bem será vendido e deduzir-se-á do valor arrecadado o que for devido aos demais condôminos, facultada a estes a compra da quota-parte do falido nos termos da melhor proposta obtida.

Contrato de sociedade

A falência do sócio empresário tratada no art. 123 é a decorrente de suas obrigações particulares e submete o contrato de sociedade à disciplina já estabelecida pelo Código Civil. Essa falência do sócio por obrigação particular não se confunde com a disposição do art. 81, ao versar sobre o inadimplemento das obrigações sociais e sua extensão aos sócios ilimitadamente responsáveis.

A falência do sócio por descumprimento de suas obrigações particulares não implica a falência da sociedade do qual ele faz parte, independentemente de sua responsabilidade como sócio ser ilimitada e solidária com os demais pelas obrigações sociais. As personalidades jurídicas são diversas e, apesar de o sócio poder ser responsável ilimitada e solidariamente pelas obrigações sociais, como nas sociedades em nome coletivo ou o sócio comanditado na sociedade em comandita simples, a recíproca não é verdadeira. A sociedade não é responsável subsidiariamente pelas dívidas particulares de seus sócios.

Falido o sócio, o contrato plurilateral de sociedade poderá permanecer válido e eficaz perante as demais partes contratantes, apenas com a rescisão em face do contratante falido. A característica do contrato plurilateral de sociedade é a de justamente subsistir entre as demais partes na hipótese de haver a resolução em face de apenas um ou alguns dos sócios contratantes[217].

O art. 1.030, parágrafo único, do Código Civil, ao disciplinar o tipo da sociedade simples, cujas normas aplicam-se supletivamente às sociedades contratuais, determina que o sócio, caso declarado falido, será excluído de pleno direito da sociedade. A exclusão de pleno direito implica a resolução automática do contrato de sociedade em relação ao falido, independentemente de qualquer manifestação de vontade, deliberação societária dos demais sócios ou declaração judicial. Nada impede que haja decisão judicial ou que a sociedade delibere sobre a resolução do sócio, mas ambas apenas terão conteúdo declaratório, pois sua exclusão foi decorrente da própria lei por ocasião de sua falência.

A exclusão do sócio falido da sociedade implica, quanto a esta, sua dissolução ao menos parcial. A dissolução total da sociedade somente ocorrerá se houver previsão contratual ou do estatuto ou houver deliberação dos sócios remanescentes (art. 1.033 do CC).

A rescisão do contrato de sociedade em relação ao referido sócio implica a apuração do valor de sua quota. Apenas o valor desses haveres será arrecadado pela Massa Falida do sócio falido e será rateado entre seus credores. A sociedade permanece hígida e continua a desenvolver sua atividade regularmente.

Na resolução parcial, determina o Código Civil, em seu art. 1.031, que o valor da cota será apurado com base na situação patrimonial da sociedade à data da resolução, verificada em balanço especial, mediante ação judicial de apuração de haveres, e deverá ser pago no prazo de 90 dias. Tanto a LREF quanto o Código Civil, contudo, permitiram que o contrato pudesse dispor sobre modo diverso de avaliar o montante da cota e como efetuar o pagamento de seu valor.

Dissolvida totalmente a sociedade, contudo, seja pela estipulação em contrato social ou por deliberação dos sócios remanescentes, a dissolução total exige a liquidação da sociedade. Os ativos sociais, nessa hipótese, deverão ser liquidados para a satisfação de todas as obrigações sociais. Os valores remanescentes, então, serão partilhados entre os sócios conforme disposto no contrato social e em relação à quantidade de cotas titularizadas, o que será arrecadado pela Massa Falida do respectivo sócio.

Essa resolução de pleno direito, entretanto, ocorrerá apenas em face da falência do sócio quotista. Os acionistas de sociedades por ações e de sociedades em comandita por ações, caso venham a falir, não serão imediatamente excluídos das sociedades, com a apuração de seus haveres. Suas ações serão arrecadadas pela Massa Falida e liquidadas, mediante alienação.

Falência do condômino

Para permitir mais facilmente a arrecadação e liquidação dos ativos pela Massa Falida, a falência do condômino implicará a extinção do condomínio indivisível, cujo bem será arrecadado e integralmente alienado pela Massa Falida.

A liquidação do bem não será realizada apenas na parte ideal do condômino falido, o que resultaria em dificuldade para a sua alienação. O bem será no todo submetido à alienação, mas do

---

[217] ASCARELLI, Tullio. *Problemas das sociedades anônimas e direito comparado*. Campinas: Bookseller, 2001, p. 372-451.

produto da venda a ser arrecadado pela Massa Falida será descontado o valor das partes ideais de cada um dos demais condôminos não falidos.

Embora não tenha sido garantida a propriedade aos condôminos de sua fração ideal, assegurou-se a eles o direito de preferência na aquisição do bem. Os condôminos, pelo valor do melhor lance ou proposta obtido para a arrematação, poderão adquirir a quota-parte do falido e manter o condomínio da coisa entre os demais condôminos. Na hipótese de mais de um condômino interessado, a quota-parte do falido será adquirida pelo que oferecer o melhor preço.

Art. 124. Contra a massa falida não são exigíveis juros vencidos após a decretação da falência, previstos em lei ou em contrato, se o ativo apurado não bastar para o pagamento dos credores subordinados.

Parágrafo único. Excetuam-se desta disposição os juros das debêntures e dos créditos com garantia real, mas por eles responde, exclusivamente, o produto dos bens que constituem a garantia.

Juros e correção monetária

O art. 124 da LREF reproduz parcialmente a redação do art. 26 do Decreto-Lei n. 7.661/45, que determinava que não corriam juros contra a Massa Falida caso o ativo não fosse suficiente para pagar o valor principal dos créditos. A redação do dispositivo revogado, entretanto, não permitia uma definição clara sobre a incidência absoluta dos juros ou apenas a partir da decretação da falência.

Na redação do art. 124, torna a LREF claro que os débitos do falido serão atualizados e sofrerão a incidência de juros até o momento da decretação da falência. Apenas os juros incidentes após a decretação da falência é que não serão exigíveis se o ativo não bastar para a satisfação do valor principal dos créditos.

A correção monetária apenas corrige o valor da moeda no tempo de modo a preservar seu poder aquisitivo diante da inflação. Como é mera atualização de valor, ainda que não seja prevista expressamente na Lei, a correção deverá incidir sobre os créditos desde o momento em que formados até o seu devido pagamento pela Massa Falida[218]. Para que a incidência seja realizada de forma uniforme para todos os créditos, entretanto, o valor do crédito deverá ser habilitado na falência, assim como na recuperação judicial, com a correção monetária até a data da decretação da falência ou do pedido de recuperação judicial, sem prejuízo de sua incidência por ocasião do pagamento do referido crédito[219].

---

[218] Nesse sentido: TJSP, 1ª Câmara Reservada de Direito Empresarial, Ap. 9000007-24.2003, rel. Des. Ênio Zuliani, j. 31-7-2012.

Em sentido contrário, Manoel Justino Bezerra Filho. Para o autor, não apenas os juros, como a própria correção monetária incidente após a decretação da falência, ficam condicionados à existência de recursos para a satisfação de todos os créditos principais. Nesse sentido, "se houver saldo, serão pagos correção e juros contados da data do decreto falimentar até o momento do efetivo pagamento desta nova parcela, devolvendo-se ao falido o que sobrar" (*Lei de Recuperação de Empresas e Falência*. 12. ed. São Paulo: Revista dos Tribunais, 2017, p. 336). Também no sentido de não ser exigida nem a correção monetária após a quebra: TJSP, 1ª Câmara Reservada de Direito Empresarial, AI 0154026-05.2013, rel. Des. Maia da Cunha, j. 20-3-2014.

[219] Cf. comentários ao art. 9º.

Os juros moratórios, incidentes a partir do vencimento da obrigação e que poderá ser provocado pela própria decretação da falência, por seu turno, podem ser classificados em juros contratuais ou legais, caso previstos ou não no contrato. Na inexistência dos juros contratuais, nos termos do art. 406 do Código Civil, os juros legais serão fixados segundo a taxa que estiver em vigor para a mora do pagamento de impostos devidos à Fazenda Nacional.

Até o momento da decretação da falência, referidos juros incidem normalmente sobre os créditos do falido e integram, juntamente com a correção monetária até a data do pagamento, o valor do crédito principal. Referido montante de crédito deverá ser satisfeito pela Massa Falida, conforme a ordem de pagamento estabelecida pelos arts. 86, 84 e 83 e independentemente da existência de ativos para a satisfação do montante de todos os credores.

A exigibilidade dos juros moratórios que se vencerem após a decretação da falência, contudo, apenas poderá ocorrer na hipótese de o ativo liquidado ter sido suficiente para a satisfação do valor principal, simplesmente atualizado, de todos os créditos pela Massa Falida. Os juros serão pagos, nessa hipótese, conforme a ordem de pagamento das classes de credores e de modo a preservar a *par conditio creditorum* em cada classe[220].

O pagamento dos juros vencidos após a decretação da falência somente será feito como integrante do valor do crédito e, portanto, antes da satisfação do valor do principal de todos os demais credores, nas hipóteses de debêntures e de créditos com garantia real.

As debêntures, sejam elas da espécie de garantia real, ou garantia flutuante, quirografária ou subordinada (art. 58 da Lei n. 6.404/76), asseguram o direito de pagamento dos juros, mesmo incidentes após a decretação da falência, por expressa opção legislativa. Onde a lei não restringiu, não caberia ao intérprete fazê-lo, de modo que todas as espécies estão abrangidas pelo dispositivo.

Também se exceptuam da regra geral os créditos com garantia real. Os juros incidentes após a decretação da falência para esses créditos, entretanto, ficarão limitados ao montante de liquidação da garantia, ou seja, ao valor de venda dos bens que foram dados para a respectiva garantia.

Art. 125. Na falência do espólio, ficará suspenso o processo de inventário, cabendo ao administrador judicial a realização de atos pendentes em relação aos direitos e obrigações da massa falida.

Falência do espólio

O empresário individual, caracterizado no art. 966 do Código Civil como aquele que desenvolve profissionalmente atividade econômica organizada voltada à produção de bens ou a circulação de serviços, poderá falecer sem saldar seus débitos, os quais poderão motivar um pedido de decretação de falência.

Além de poderem remanescer obrigações após a morte, esta não implica, necessariamente, o fim da atividade empresarial. Ainda que falecido o empresário individual, sua atividade pode-

---

[220] Nesse sentido: STJ, 2ª Turma, rel. Min. Assusete Magalhães, j. 18-6-2015; STJ, 2ª Turma, AgRg no AREsp 452.264/SE, rel. Min. Herman Benjamin, *DJe* 27-3-2014; STJ, 4ª Turma, REsp 1.102.850/PE, rel. Min. Maria Isabel Gallotti, j. 4-11-2014.

rá continuar a ser realizada pelo espólio, por meio do inventariante. Até que o inventário seja finalizado, com o pagamento dos débitos e a partilha dos bens aos herdeiros, o inventariante permanecerá na administração dos bens deixados, a herança (art. 1.991 do CC). Nada impede que, no decurso da administração da herança pelo inventariante, surjam novas obrigações também não satisfeitas.

Seja por dívida contraída anteriormente, seja por débito posterior à sua morte, o espólio do empresário falecido poderá falir até um ano da morte do devedor (art. 96, § 1º) ou até que a partilha seja realizada. A morte do empresário devedor não impede que seus credores possam exigir a satisfação de seus créditos ou requerer a falência do espólio, mas a possibilidade fica submetida ao prazo decadencial de um ano. Referido prazo é estabelecido para que não se impeça o processamento do inventário, que já tramitaria há tempo, exigiria procedimento especial e precisaria findar.

O pedido de falência do espólio também não poderá ocorrer após a partilha. Feita a partilha definitiva dos bens, não mais subsiste o espólio. Eventuais débitos não satisfeitos após a partilha somente são de responsabilidade dos herdeiros, cada qual em proporção da parte que na herança lhe coube (art. 1.997 do CC).

Decretada a falência do espólio, o inventário será suspenso. O administrador judicial, nomeado por ocasião da sentença de decretação da falência, deverá arrecadar todos os bens e satisfazer todos os credores do falido.

Não há patrimônio especial ou apartado do empresário empresarial a exigir a separação de suas relações jurídicas decorrentes da atividade empresarial das demais relações jurídicas patrimoniais. Independentemente de os créditos serem decorrentes da atividade empresarial ou não, serão satisfeitos pelo administrador judicial conforme a ordem legal de pagamento determinada na falência (arts. 83 e 84) e em relação à sua natureza ou credor.

Satisfeitos todos os credores, conforme a ordem legal de pagamento prevista na falência, esta será encerrada e o procedimento de inventário voltará a tramitar. No inventário, os ativos remanescentes serão partilhados pelo inventariante entre os herdeiros, conforme o procedimento especial (art. 642 do CPC).

Caso os bens sejam liquidados pelo administrador judicial da falência e sejam insuficientes para a satisfação de todo o passivo do empresário falido, o procedimento falimentar será encerrado após os rateios. Com o encerramento da falência, o inventário poderá prosseguir e será considerado negativo, pela ausência de bens a serem partilhados.

Art. 126. Nas relações patrimoniais não reguladas expressamente nesta Lei, o juiz decidirá o caso atendendo à unidade, à universalidade do concurso e à igualdade de tratamento dos credores, observado o disposto no art. 75 desta Lei.

Demais relações patrimoniais

A LREF estabeleceu que todas as demais relações patrimoniais não disciplinadas especificamente pela Lei Falimentar não ficarão submetidas exclusivamente à disciplina geral do Código Civil.

A despeito da regulação específica aos contratantes, seriam preponderantes, na hipótese de decretação da quebra do devedor, os princípios falimentares. A norma legal, diante da impossibilidade de se prever todas as situações de interesse da Massa Falida, assegurou ao juízo falimentar a competência para decidi-las com base nos princípios estabelecidos pela LREF.

Permitiu-se ao juiz decidir as questões envolvendo essas relações jurídicas com base na unidade, consistente na compreensão de que a Massa Falida objetiva é una, um complexo de ativo que, para que possa maximizar o valor dos ativos e assegurar maior satisfação dos credores, deverá ser alienado preferencialmente em conjunto.

Deverá o juiz atentar também à universalidade do concurso. Como execução coletiva, os credores deverão ser submetidos a um mesmo procedimento para a satisfação de seus créditos. Apenas diante de uma universalidade, poderão todos os credores ser satisfeitos, conforme a ordem legal de pagamento e a *par conditio creditorum* entre credores da mesma classe, com o produto da liquidação dos ativos do devedor comum.

Art. 127. O credor de coobrigados solidários cujas falências sejam decretadas tem o direito de concorrer, em cada uma delas, pela totalidade do seu crédito, até recebê-lo por inteiro, quando então comunicará ao juízo.

§ 1º O disposto no *caput* deste artigo não se aplica ao falido cujas obrigações tenham sido extintas por sentença, na forma do art. 159 desta Lei.

§ 2º Se o credor ficar integralmente pago por uma ou por diversas massas coobrigadas, as que pagaram terão direito regressivo contra as demais, em proporção à parte que pagaram e àquela que cada uma tinha a seu cargo.

§ 3º Se a soma dos valores pagos ao credor em todas as massas coobrigadas exceder o total do crédito, o valor será devolvido às massas na proporção estabelecida no § 2º deste artigo.

§ 4º Se os coobrigados eram garantes uns dos outros, o excesso de que trata o § 3º deste artigo pertencerá, conforme a ordem das obrigações, às massas dos coobrigados que tiverem o direito de ser garantidas.

Falência dos coobrigados solidários

A solidariedade passiva é disciplinada de modo geral pelo Código Civil. Em seus arts. 275 e seguintes, o Código Civil permite que o credor de devedores solidários exija a dívida comum parcial ou totalmente de alguns ou de todos os devedores. O pagamento parcial por um dos devedores aproveita aos demais, mas mantêm todos os devedores solidariamente obrigados pelo valor remanescente.

A LREF excepciona essa regra geral ao tratar da falência dos coobrigados solidários pela dívida principal do devedor também falido. A disposição do art. 127 da LREF reproduz, a tanto, o art. 27 do Decreto-Lei n. 7.661/45, que já garantia esse benefício ao credor.

Como na falência os créditos serão pagos conforme ordem de preferência de classes, nos termos dos arts. 83 e 84, e, no interior de cada classe de credor, deverá ser assegurado o princípio da *par conditio creditorum*, com rateios proporcionais se não existirem bens suficientes a satisfazer toda a dívida, a LREF assegurou um tratamento mais favorável ao credor com garantia solidária de outros coobrigados falidos. Para que tenha melhores chances de ter o seu crédito integralmente satisfeito pelas Massas Falidas, a Lei permite ao credor, ainda que já tenha recebido parcialmente o seu crédito, habilitar o valor integral da obrigação nas demais Massas Falidas solidariamente responsáveis. Não fica o credor, como ficaria na regra geral do Código Civil, restrito a exigir dos demais devedores apenas o valor remanescente ainda não satisfeito.

A habilitação pelo valor integral permite ao credor melhor possibilidade de receber seu crédito. Na hipótese de rateio parcial, por exemplo, como o valor habilitado é superior a simplesmente o montante remanescente não satisfeito, o credor obteria maior valor de pagamento.

A pretensão do credor subsiste até o adimplemento de seu crédito. Se já tiverem sido extintas as obrigações do falido em razão de sentença no procedimento falimentar, não há crédito a ser habilitado perante a respectiva Massa Falida.

Além de poder habilitar o montante total de seu crédito em cada uma das Massas Falidas dos coobrigados, o credor deverá comunicar aos juízos falimentares o recebimento de seu crédito apenas quando ele for integralmente satisfeito. Se o pagamento superar o valor integralmente devido, o credor deverá devolver o montante excedente.

Essa devolução, contudo, não será realizada simplesmente ao último devedor que satisfez a obrigação. O valor será devolvido às Massas Falidas na proporção do que pagaram e que tinham a seu cargo. Do montante total a ser devolvido pelo credor deverá ser verificado o valor a cada Massa Falida, o qual deverá ser apurado com base na proporção do valor pago a maior da quota em relação ao montante total a ser devolvido.

Caso os coobrigados sejam garantes uns dos outros, como ocorre com os endossos sucessivos num título cambial ou em razão do aval, o montante a ser devolvido pelo credor que recebeu a maior não será repartido entre os coobrigados na proporção do valor pago a maior por cada qual. Caso sejam garantes uns dos outros, o valor deverá ser devolvido conforme a ordem das obrigações.

Nesse caso, a devolução do montante excedente ao crédito deverá respeitar o direito dos coobrigados a serem ressarcidos. A devolução dos valores deverá ocorrer ao endossatário e não ao endossante ou devedor principal, assim como deverá ocorrer ao avalista ou fiador e não ao afiançado, em razão do direito de ressarcimento em face do coobrigado.

Direito de regresso do coobrigado insolvente

Não obstante serem devolvidos os montantes eventualmente recebidos a maior pelo próprio credor, a Massa Falida do coobrigado solidário que pagou a obrigação em parte superior à sua quota terá ação de regresso contra as demais Massas Falidas. O coobrigado que satisfez a obrigação poderá se habilitar na Massa Falida dos demais coobrigados e pretender o ressarcimento da parte que pagou em relação à cota que a referida Massa Falida tinha a seu cargo.

Caso nem todos os coobrigados solidários sejam falidos, as normas do regresso são diversas e, nessa hipótese, reguladas pelo art. 283 do Código Civil. Se houver coobrigado solidário não falido, o coobrigado que satisfizer integralmente a obrigação e em percentual que supere o valor atribuído a si poderá exigir o pagamento proporcional à quota de cada um dos outros codevedores.

A quota do coobrigado falido, contudo, caso não tenha sido satisfeita pela Massa Falida, será dividida igualmente por todos os coobrigados, que poderão se habilitar na Massa para pretender o ressarcimento do que pagaram.

Art. 128. Os coobrigados solventes e os garantes do devedor ou dos sócios ilimitadamente responsáveis podem habilitar o crédito correspondente às quantias pagas ou devidas, se o credor não se habilitar no prazo legal.

Sub-rogação do fiador e ação de regresso dos coobrigados solventes

O art. 128 complementa a disposição legal do art. 127 e assegura o direito de regresso dos coobrigados e dos garantes que satisfizeram a obrigação do devedor principal falido.

A distinção entre os dispositivos refere-se aos coobrigados e garantes solventes do devedor principal. Isso porque sua obrigação não vencerá antecipadamente por ocasião da decretação da falência do devedor principal, exceto se houver previsão contratual, nos termos do art. 333 do Código Civil[221].

Satisfeito o débito, o coobrigado *solvens* poderá exigir o crédito da Massa Falida do devedor para receber sua quota-parte. Satisfeita a quantia, o devedor se sub-roga no crédito, e poderá, caso o credor não tenha se habilitado no prazo legal, habilitar-se na falência para participar dos rateios e ser ressarcido.

Mesmo que não tenham ainda cumprido sua prestação, como a obrigação poderá ser deles exigida pelo credor quando se vencer, os coobrigados ou garantes poderão, se o credor não se habilitar no prazo legal, pretender a habilitação da quantia devida. Embora a Lei expressamente tenha assegurado a possibilidade de o coobrigado que ainda não satisfez sua obrigação se habilitar, a rigor o coobrigado poderá simplesmente requerer pedido de reserva.

Seu direito em face da Massa Falida apenas surgirá a partir do momento em que satisfizer sua obrigação, com a sub-rogação no crédito. Somente a partir da demonstração desse direito é que o coobrigado ou garantidor poderá receber os rateios efetuados pela Massa Falida. Como o vencimento de sua obrigação poderá se protrair no tempo, e o coobrigado poderá perder o rateio devido ao se sub-rogar na posição do credor, poderá ele garantir o seu direito ao ressarcimento por meio do pedido de reserva.

Se o credor já tiver se habilitado na Massa Falida do devedor principal, desnecessária nova habilitação dos coobrigados ou garantes. Os coobrigados ou garantes que satisfizerem a obrigação apenas precisarão comunicar ao juízo falimentar sua sub-rogação no crédito, de modo que a habilitação anterior será retificada para incluí-los.

---

[221] Art. 333 do Código Civil: "Ao credor assistirá o direito de cobrar a dívida antes de vencido o prazo estipulado no contrato ou marcado neste Código: I – no caso de falência do devedor, ou de concurso de credores; II – se os bens, hipotecados ou empenhados, forem penhorados em execução por outro credor; III – se cessarem ou se tornarem insuficientes, as garantias do débito, fidejussórias, ou reais, e o devedor, intimado, se negar a reforçá-las. *Parágrafo único. Nos casos deste artigo, se houver, no débito, solidariedade passiva, não se reputará vencido quanto aos outros devedores solventes"*.

Seção IX
Da Ineficácia e da Revogação de Atos Praticados antes da Falência

Art. 129. São ineficazes em relação à massa falida, tenha ou não o contratante conhecimento do estado de crise econômico-financeira do devedor, seja ou não intenção deste fraudar credores:

I – o pagamento de dívidas não vencidas realizado pelo devedor dentro do termo legal, por qualquer meio extintivo do direito de crédito, ainda que pelo desconto do próprio título;

II – o pagamento de dívidas vencidas e exigíveis realizado dentro do termo legal, por qualquer forma que não seja a prevista pelo contrato;

III – a constituição de direito real de garantia, inclusive a retenção, dentro do termo legal, tratando-se de dívida contraída anteriormente; se os bens dados em hipoteca forem objeto de outras posteriores, a massa falida receberá a parte que devia caber ao credor da hipoteca revogada;

IV – a prática de atos a título gratuito, desde 2 (dois) anos antes da decretação da falência;

V – a renúncia à herança ou a legado, até 2 (dois) anos antes da decretação da falência;

VI – a venda ou transferência de estabelecimento feita sem o consentimento expresso ou o pagamento de todos os credores, a esse tempo existentes, não tendo restado ao devedor bens suficientes para solver o seu passivo, salvo se, no prazo de 30 (trinta) dias, não houver oposição dos credores, após serem devidamente notificados, judicialmente ou pelo oficial do registro de títulos e documentos;

VII – os registros de direitos reais e de transferência de propriedade entre vivos, por título oneroso ou gratuito, ou a averbação relativa a imóveis realizados após a decretação da falência, salvo se tiver havido prenotação anterior.

Parágrafo único. A ineficácia poderá ser declarada de ofício pelo juiz, alegada em defesa ou pleiteada mediante ação própria ou incidentalmente no curso do processo.

Ineficácia objetiva e ação revocatória

Diante da situação de crise econômico-financeira que poderá implicar a decretação de sua falência, o devedor, se empresário individual, ou os administradores ou sócios controladores, se pessoa jurídica, estarão mais suscetíveis a praticar atos para beneficiar alguns credores em detrimento de outros ou desviar bens para assegurar o benefício próprio ou de terceiros, ainda que com o comprometimento de seu patrimônio geral e da garantia de satisfação da coletividade de credores.

Alguns atos praticados pelo devedor, nessas condições, serão reputados pela Lei como ineficazes. A ineficácia permite a recomposição do patrimônio do devedor, reduzido indevidamente por atos do devedor que já sabia de sua situação de crise econômico-financeira, de modo a assegurar o interesse de todos os credores.

Essa ineficácia não significa que determinados negócios jurídicos praticados pelo devedor não produzam efeitos jurídicos, mas que apenas sua produção de efeitos perante a Massa Falida não ocorrerá. A ineficácia não compromete a validade ou a existência do negócio jurídico realizado, mas as pressupõe.

O negócio jurídico, para ser considerado ineficaz, pressupõe que seja existente e que possua todos os requisitos necessários à sua constituição regular, mas que, por características peculiares impostas pela Lei ou pelas partes, terá seus efeitos suprimidos quanto às partes ou apenas algumas pessoas.

A existência do negócio jurídico ocorre com a presença de seus elementos constituintes, como a declaração da vontade. A validade, por seu turno, decorre da presença dos elementos necessários à regularidade da formação ou manutenção do negócio jurídico, como forma prescrita ou não defesa em lei, partes capazes e objeto lícito, possível e determinado ou determinável.

Embora o negócio jurídico possa existir e ter todos os elementos necessários para que seja válido, as partes ou a lei poderão suprimir os efeitos produzidos em face de todos ou de apenas alguns dos envolvidos. É o que ocorre, por exemplo, com a condição resolutiva convencionada pelas partes, as quais negociaram o fim da produção de efeitos do contrato na hipótese de determinado evento futuro e incerto. É também o que é imposto pela Lei sobre determinados negócios jurídicos praticados pelo falido.

Até que a falência do devedor fosse decretada, os negócios por ele realizados eram perfeitamente existentes e poderiam preencher todos os requisitos de validade e de eficácia. Decretada sua falência, contudo, a LREF determina que alguns negócios jurídicos sejam ineficazes perante a Massa Falida, de modo que terão os efeitos suprimidos, *ex tunc*, mas apenas quanto a esta.

Quanto aos contratantes, o devedor falido e os demais que com ele convencionaram, o negócio jurídico é perfeitamente eficaz. Por essa razão, caso o ativo arrecadado pelo administrador judicial em razão do reconhecimento da ineficácia do negócio jurídico de transferência a terceiro de sua propriedade não seja liquidado para a satisfação dos credores, o bem será restituído ao terceiro adquirente e não ao devedor falido que o alienou.

Perante a Massa Falida, contudo, o negócio jurídico declarado ineficaz não produzirá efeitos. Para a Massa Falida, o bem transferido a terceiro por negócio jurídico declarado pelo juízo falimentar como ineficaz continua na propriedade do devedor e deverá ser arrecadado, assim como eventual garantia fornecida pelo devedor a contrato anteriormente realizado com terceiro não implica qualquer constrição sobre o bem.

A LREF tratou os casos de ineficácia em duas hipóteses distintas. Apesar da distinção quanto aos elementos necessários para sua caracterização, ambas produzem a ineficácia *ex tunc* do negócio jurídico praticado em face da Massa Falida. Isso porque, embora a ineficácia não resulte expressamente da redação do art. 130, o negócio fraudulento não se constitui com nenhum vício do consentimento ou social. Apenas a circunstância posterior e externa ao negócio, consistente na decretação da falência do devedor, limita-lhe os efeitos caso venha a ocorrer, o que poderá não necessariamente acontecer.

A primeira hipótese é a disciplinada no art. 129, cujos negócios jurídicos apontados presumirão que o contratante sabia da condição de crise do devedor e que este pretendia fraudar seus credores. Nesse caso, o reconhecimento da ineficácia objetiva, independentemente do ânimo dos agentes, poderá ser realizado de ofício pelo juízo, nos próprios autos falimentares.

A segunda hipótese versa sobre os negócios jurídicos passíveis de ação revocatória, previstos no art. 130. Ao contrário dos casos de ineficácia objetiva, exigirão a demonstração do conluio fraudulento entre as partes contratantes para prejudicar os credores, e terão os elementos apreciados mediante a promoção de ação revocatória pelo interessado.

Declaração de ineficácia objetiva

O art. 129 considera como ineficazes perante a Massa Falida determinados negócios jurídicos praticados pelo devedor antes da decretação de sua falência. Seja por sua natureza e/ou pelo momento em que praticados, referidos atos são presumidos como realizados pelo devedor com consciência da crise econômico-financeira que o acometia e de modo a garantir o benefício próprio ou de um ou mais credores em detrimento de todos os demais.

Trata-se de hipóteses objetivas de ineficácia dos negócios jurídicos. Pela presunção legal, absoluta, prescinde-se da demonstração de que o devedor tinha conhecimento da crise econômico-financeira que o acometia ao praticar os negócios jurídicos indicados.

Tampouco há necessidade de demonstração do intuito fraudulento dos contratantes ao celebrarem o negócio jurídico. Ainda que de boa-fé, sem o intuito de fraudar os demais credores, o contratante está submetido à ineficácia perante a Massa Falida do negócio jurídico contratado com o devedor na iminência de sua falência ser decretada. A fraude, presumida absolutamente pela lei, resultaria da prática do ato pelo devedor em crise durante o período suspeito.

Não há previsão expressa de exigência de demonstração do prejuízo aos credores para a declaração de ineficácia objetiva em razão dos atos praticados pelo devedor e arrolados no art. 129 da LREF.

Nos casos de ineficácia objetiva, independentemente do intuito fraudulento dos agentes ou do conluio para prejudicar a coletividade de credores, presumiu a Lei que os atos indicados reduziriam a quantidade de ativos da Massa Falida ou feririam a *par conditio creditorum*, com o benefício de um ou alguns dos credores em detrimento de todos os demais.

Para uma primeira corrente doutrinária, diante da falta de exigência, a LREF presumiria de modo absoluto o dano causado à coletividade de credores. Ainda que demonstrado que nenhum prejuízo tenha sido causado à coletividade de credores, como no caso de se aumentar o patrimônio do devedor, o negócio jurídico geraria uma subversão das preferências legais de pagamento dos credores, o que teria sido coibido pela legislação e não poderia ficar a critério do devedor[222].

A despeito dessa corrente doutrinária, embora o prejuízo tenha sido presumido pela Lei diante da prática dos atos descritos no art. 129, a presunção não pode ser considerada absoluta, sob pena de a lei estabelecer disciplina para proteger os credores e que poderá resultar inclusive em prejuízo maior a eles. Ainda que seja presumido o dano aos credores, o devedor ou o contratante poderão demonstrar que não houve nenhum prejuízo causado a essa coletividade, o que permitiria que a eficácia do negócio jurídico fosse preservada.

Não obsta o argumento a impossibilidade de subversão da ordem legal de pagamento aos credores. O art. 117 da LREF permite ao administrador judicial dar cumprimento aos contratos bilaterais caso o cumprimento reduza ou evite o aumento do passivo da Massa Falida, ou seja, necessário à manutenção ou preservação de seus ativos. A subversão da ordem, nesses termos, é admissível se em prol dos interesses de toda a coletividade de credores. Nada impediria, assim, com base no mesmo juízo de valor, que fosse considerada a preservação dos interesses da Massa Falida por ocasião da declaração de eficácia ou ineficácia do negócio jurídico praticado pelo devedor.

---

[222] Defendem essa posição: LEONEL, Jayme. *Da ação revocatória no direito da falência*. 2. ed. São Paulo: Saraiva, 1951, p. 56; SCALZILLI, João Pedro; SPINELLI, Luis Felipe; TELLECHEA, Rodrigo. *Recuperação de empresas e falência*. 2. ed. São Paulo: Almedina, 2017, p. 771-772.

Dessa forma, a demonstração de falta de prejuízo aos credores poderia evidenciar que a preservação dos efeitos do negócio jurídico seria mais benéfica à Massa Falida e aos próprios credores do que a declaração de sua ineficácia. Nessa hipótese excepcional, o negócio jurídico não poderia ser declarado ineficaz, sob pena de se prejudicar os próprios credores a que a norma se destinou a proteger[223].

Preenchido os requisitos legais, entretanto, o negócio jurídico será declarado ineficaz, mas apenas quanto à Massa Falida. No tocante ao devedor e aos demais contratantes, o negócio permanece existente, válido e eficaz.

Os efeitos do negócio jurídico declarado ineficaz não poderão atingir a Massa Falida. Quanto à ineficácia da constituição da garantia real ou da renúncia, o administrador judicial deverá considerar o bem sem o respectivo ônus e considerar aceita a herança ou o legado. Se tiver ocorrido transferência ineficaz de bens a terceiro, o administrador judicial deverá arrecadar os bens pertencentes ao falido como se o negócio jurídico de transferência de propriedade não tivesse ocorrido.

Procedimento para declaração da ineficácia

O negócio jurídico não poderá ser reconhecido automaticamente como ineficaz por ocasião da decretação da falência. Embora a ciência da crise econômico-financeira que o acometia e a intenção de fraudar os credores sejam presumidas pela Lei, os demais elementos, objetivos, precisam ser demonstrados para o reconhecimento da ineficácia. A ineficácia exige, assim, declaração judicial.

Sua arguição ou declaração, entretanto, não exigirão maiores formalidades ou ação própria. A declaração de ineficácia do negócio jurídico é de competência absoluta do juízo falimentar. Poderá ser reconhecida pelo juiz de ofício no próprio processo falimentar, ou ser provocada pelos interessados, entre eles credores, administrador judicial ou Ministério Público, como fiscal da Lei.

A despeito de não existir previsão legal e a jurisprudência ter dispensado como requisito imprescindível, o contraditório prévio é não apenas prudente como imprescindível à apreciação do pedido. A Constituição Federal garante o direito à ampla defesa a todos, de modo que o falido e o terceiro beneficiado com o ato deverão ser intimados para se manifestarem e, se o desejarem, apresentarem fatos desconstitutivos, impeditivos ou modificativos do direito alegado[224].

Nada impede que, entretanto, a pretensão seja promovida mediante ação autônoma, a ser distribuída por dependência ao processo falimentar, em que o legitimado pretenda uma sentença declaratória de ineficácia objetiva do negócio jurídico.

Embora se sustente que em ambos os procedimentos, incidental ou mediante ação autônoma, o contraditório é indispensável, as decisões definitivas sobre as questões terão natureza diversa e serão submetidas a diferentes recursos. O reconhecimento incidental da ineficácia ou seu indeferimento no processo da falência será realizado por decisão interlocutória, que desafiará o

---

[223] Nesse sentido: TEPEDINO, Ricardo. Comentários ao art. 129. In: TOLEDO, Paulo F. C. Salles de; ABRÃO, Carlos Henrique (coord.). *Comentários à Lei de Recuperação de Empresas e Falência*. 5. ed. São Paulo: Saraiva, 2012, p. 452; AZZONI, Clara Moreira. *Fraude contra credores no processo falimentar*. Curitiba: Juruá, 2017, p. 121.

[224] Em sentido contrário, com a dispensa do contraditório prévio: TJSP, 1ª Câmara Reservada de Direito Empresarial, AI 0071641-34.2012, rel. Des. Pereira Calças, j. 5-6-2012; TJSP, Câmara Especial de Falências e Recuperações Judiciais, AI 560.668-4/7-00, rel. Des. José Roberto Lino Machado, j. 17-12-2008.

recurso de agravo de instrumento. Se a pretensão for deduzida por ação declaratória autônoma, todavia, o pedido será julgado por sentença, a qual desafiará o recurso de apelação.

A Lei não estabeleceu prazo para que possa ser arguida a ineficácia ou para que o juiz possa reconhecê-la de ofício, ao contrário da hipótese da ação revocatória (art. 132). Dessa forma, até que ocorra o trânsito em julgado da sentença de extinção das obrigações do falido, momento em que a coletividade de credores não mais existirá, a ineficácia poderá ser alegada ou declarada pelo Juízo Universal[225].

Negócios jurídicos que poderão ser declarados ineficazes

As hipóteses legais de ineficácia pela decretação da falência são taxativas. Como no art. 129 há presunção legal de fraude e de ciência do estado de crise econômica pelo devedor, os negócios jurídicos descritos no art. 129 deverão ser interpretados de maneira estrita.

a) Extinção de obrigações inexigíveis dentro do termo legal

O termo legal é fixado pelo juiz por ocasião da sentença de quebra (art. 99, II). Esse período que imediatamente antecede o pedido de falência é considerado um período suspeito, em que o devedor, já ciente da crise econômico-financeira que acometia a sua atividade e de sua dificuldade para satisfazer todos os credores, estaria mais propenso a celebrar alguns negócios jurídicos com o intuito de beneficiar alguns credores em detrimento de outros.

De modo a considerar as circunstâncias concretas de cada devedor falido, o termo legal não foi fixado pela lei de modo estático. Atribuiu a LREF ao Juiz Universal a competência para fixá-lo, conforme as exigências do caso concreto, em até 90 dias do que ocorrer primeiro, seja o pedido de falência, o pedido de recuperação judicial ou o primeiro protesto válido por falta de pagamento.

Nesse período suspeito, o pagamento das dívidas não vencidas realizado pelo devedor será considerado ineficaz. A ineficácia desse pagamento é prevista para impedir que o devedor favoreça algum dos seus credores e viole a *par conditio creditorum*, pois o pagamento é realizado na iminência da decretação de sua falência, momento em que todos os seus ativos serão liquidados e partilhados para pagamento dos credores conforme a ordem legal.

Ressalte-se que o mero pagamento do credor titular de crédito já exigível não é considerado ineficaz. O pagamento somente será considerado ineficaz perante a Massa Falida se a obrigação do devedor ainda não tiver sido exigível.

Embora o art. 129, I, faça referência à obrigação ainda não vencida, o dispositivo legal deve ser interpretado de forma ampla. A extinção de qualquer obrigação ainda inexigível, seja em razão da não ocorrência ainda do termo para a cobrança do crédito, seja em virtude de qualquer outra razão, como a pendência de condição suspensiva, implica benefício injusto ao credor em relação a todos os demais e deverá ser considerada ineficaz.

O reconhecimento da ineficácia do negócio jurídico ocorre em razão da presunção de fraude dessa prática. Como não é habitual na prática empresarial a satisfação das obrigações antes de sua exigibilidade, qualquer que ela seja, notadamente quando o devedor nem sequer consegue satisfazer as suas obrigações já exigíveis em razão de sua crise econômico-financeira, presume a Lei

---

[225] Nesse sentido: TJSP, 1ª Câmara Reservada de Direito Empresarial, AI 2070960-59.2014, rel. Des. Fortes Barbosa, j. 3-2-2015.

que a referida antecipação foi realizada pelo devedor com o intuito de privilegiar o respectivo credor e em detrimento dos demais.

A ineficácia envolve todas as formas de extinção do direito de crédito. Além do pagamento, o crédito ainda inexigível poderá ser extinto pela compensação voluntária, pela dação em pagamento etc. Mesmo que o crédito seja extinto com deságio, ou seja, com o pagamento com desconto da obrigação total, se a obrigação era ainda inexigível a sua satisfação antecipada foi realizada em prejuízo da coletividade de credores e da ordem legal de pagamento por ocasião da liquidação dos ativos e deverá ser reconhecida como ineficaz.

A presunção de que o devedor tinha ciência ou deveria tê-la de sua crise econômico-financeira, que não ocorre de um dia para o outro, é que limita o pagamento da obrigação ainda inexigível como ineficaz apenas se ocorrida durante o termo legal da falência. Anteriormente ao termo, a presunção legal não ocorre. Não significa, entretanto, que não se possa demonstrar, por meio da ação revocatória (art. 130), que o devedor, em conluio fraudulento com o seu credor, pretendeu favorecê-lo, causando prejuízo aos demais credores.

b) Dação em pagamento dentro do termo legal

A segunda hipótese de negócio jurídico celebrado pelo devedor dentro do termo legal e que deverá ser considerado ineficaz é a dação em pagamento de dívidas exigíveis.

A dação em pagamento é forma extintiva da obrigação e consiste em cumprimento da prestação pelo devedor de modo diverso do convencionado inicialmente pelas partes, desde que seja esse cumprimento aceito pelo credor.

A ineficácia, já prevista na hipótese anterior para o caso de as obrigações serem vincendas, incide no caso também sobre as obrigações exigíveis. O pagamento de forma diversa do convencionado retira ativo integrante do patrimônio geral do devedor e que servirá para, por meio de sua liquidação, satisfazer todos os credores conforme a ordem legal de pagamento.

Decerto é que o pagamento da forma que contratualmente convencionado também retira o ativo do patrimônio geral e também prejudicará o remanescente dos credores, embora seja considerado pagamento regular pela LREF, a menos que se demonstrem o prejuízo e o concluiu fraudulento por meio da ação revocatória. Na dação em pagamento, contudo, pressupõe-se que o credor apenas aceitou receber de modo diverso porque tinha ciência de que, do contrário, não seria satisfeito ou porque pretendia se favorecer.

A consideração da dação em pagamento como ineficaz garante a igualdade dos credores de cada classe e assegura o cumprimento da ordem de pagamento estabelecida pela Lei.

c) Constituição do direito real de garantia ou direito de retenção dentro do termo legal por dívidas anteriores

Por fim, também será considerada ineficaz a constituição de direito real de garantia ou do direito de retenção dentro do termo legal.

Nessa hipótese de ineficácia, procura-se garantir que determinados credores não sejam favorecidos em detrimento dos outros de sua mesma classe, mas desde que em relação a obrigações anteriormente já existentes. Estabelece a norma legal que as obrigações originalmente contratadas não poderão ter, na iminência de a falência ser decretada, sua natureza alterada em razão da constituição de direito real de garantia ou de direito de retenção.

A constituição da garantia real sobre uma obrigação já existente eleva o crédito de quirografário para crédito com garantia real na medida do valor do bem dado em garantia (art. 83,

II). Por seu turno, ainda que o exercício do direito de retenção seja suspenso pela decretação da falência (art. 116), a constituição do direito de retenção tem o efeito de elevar o crédito quirografário para a classe dos credores com privilégio especial (art. 83, IV, c)[226]. Em ambas as hipóteses, o aumento da preferência na ordem de pagamento dos credores beneficiados pelo devedor permitiria uma maior chance de terem o crédito satisfeito pela liquidação dos ativos de devedor falido.

A constituição do direito real de garantia ou do direito de retenção apenas será considerada ineficaz se for constituída sobre uma obrigação já existente anteriormente. Se a obrigação for contraída no mesmo momento em que constituída a garantia ou o direito de retenção, não há nenhuma irregularidade e as garantias permanecerão perfeitamente eficazes[227].

A ineficácia foi determinada pelo art. 129, III, apenas para evitar o favorecimento do credor, o qual já era titular de crédito menos privilegiado. A celebração de negócio jurídico dentro do termo legal em que o devedor assegura o cumprimento de sua prestação com a garantia real é perfeitamente eficaz perante a Massa Falida e também é natural. Diante de um aumento de sua crise econômica, natural que o devedor tenha que oferecer melhores condições ou maiores garantias de cumprimento de suas prestações em razão do maior risco de inadimplemento.

Outrossim, também não será considerada ineficaz a constituição da garantia real e do direito de retenção aos créditos anteriores, desde que a garantia ou o direito de retenção tenham sido conferidos antes do termo legal da falência. Caso ocorra conluio fraudulento entre o devedor falido e o contratante, com o intuito de prejudicar os demais credores e com o dano efetivamente sofrido pela Massa Falida, o negócio jurídico poderá ser considerado ineficaz, mas por meio da ação rescisória e da demonstração de seus requisitos legais (art. 130).

Constituída no termo legal a garantia real sobre obrigação existente anteriormente, essa constituição será ineficaz perante a Massa Falida. O crédito será classificado da forma em que originalmente contratado[228].

Além da constituição da garantia, o reforço da garantia realizado dentro do termo legal também é considerado ineficaz. Como o credor é classificado como titular de crédito com garantia real no limite do valor do bem gravado, um reforço a essa garantia favorecerá o credor em detrimento dos demais.

Se o bem dado em garantia se deteriorou ou se depreciou, entretanto, o reforço da garantia é obrigação do próprio devedor, nos termos do art. 1.425 do Código Civil, sob pena de a obrigação considerar-se vencida. Dessa forma, o cumprimento dessa obrigação pelo devedor não revela in-

---

[226] Com visão contrária, que sustenta a inutilidade da previsão, diante da suspensão do direito de retenção perante a Massa Falida: MAMEDE, Gladston. *Direito empresarial brasileiro*. v. 4. São Paulo: Atlas, 2006, p. 548.

Contudo, embora a previsão do art. 116 estabeleça a suspensão do direito de retenção, o dispositivo legal não interfere na classificação dos créditos dos titulares que possuem, em face da obrigação do devedor, o direito de reter os bens até que sejam pagos. Ainda que referidos bens possam ser imediatamente arrecadados pelo administrador judicial, o crédito não será classificado como quirografário, mas como privilegiado especial, o que justifica a previsão legal do art. 129, III.

[227] TJSP, 2ª Câmara Reservada de Direito Empresarial, Ap. 0033338-45.2011, rel. Des. Tasso Duarte de Melo, j. 29-1-2013.

[228] Aplicando esse raciocínio para a hipótese de novação dos débitos anteriores ao termo legal com a constituição de nova garantia dentro do termo: TJSP, 1ª Câmara Reservada de Direito Empresarial, Ap. 0033995-78.2012, rel. Des. Hamid Bdine, j. 15-3-2017.

tuito de fraudar os credores, mas é cumprimento do dever legal apenas, o que, portanto, não deverá ser considerado ineficaz[229].

Sobre o bem dado em hipoteca considerada ineficaz perante a Massa Falida, contudo, podem ter sido conferidas regularmente hipotecas a outros credores, legitimamente. Na hipótese de ineficácia da hipoteca diante da Massa Falida, a situação desses credores garantidos por hipotecas posteriores exigirá a consideração sobre o efetivamente contratado para a classificação dos créditos deles.

O credor titular de hipotecas posteriores sobre o bem apenas será assegurado com o montante remanescente do produto da liquidação do bem após o pagamento dos créditos garantidos com hipotecas anteriores (art. 1.476 do CC). Desse modo, por ocasião da falência, o credor com garantia de hipoteca posterior somente seria considerado credor com garantia real pelo valor do ativo dado em garantia que superasse o valor da garantia da hipoteca de primeiro grau, já que apenas na medida desse valor remanescente seria efetivamente garantido. O valor excedente de seu crédito seria classificado como quirografário.

Reconhecida a ineficácia da primeira hipoteca perante a Massa Falida, o produto da liquidação do ativo não é considerado garantia integral dos credores hipotecários posteriores. Como a hipoteca foi considerada ineficaz perante a Massa Falida somente, referidos credores hipotecários posteriores não poderiam se beneficiar dessa ineficácia em detrimento dos demais.

Estabeleceu o art. 129, III, dessa forma, que, diante da ineficácia da hipoteca, a Massa Falida deveria receber a parte que caberia ao credor da hipoteca ineficaz. Como o produto da alienação do bem será partilhado entre os credores, conforme a ordem legal de pagamento, a consequência do dispositivo é que o valor que seria resultante da hipoteca ineficaz não é repassado às hipotecas subsequentes de modo a alterar o valor do crédito com garantia real. Os créditos garantidos por hipotecas posteriores continuarão a ser classificados como créditos com garantia real apenas na medida do excedente do produto da liquidação do bem e satisfação do valor da primeira hipoteca, pois o valor da hipoteca anterior considerada ineficaz deverá ser destinado à Massa Falida.

d) Prática de atos gratuitos

Além de contrariarem o interesse de obtenção de lucro no desenvolvimento de sua atividade econômica, escopo meio dos empresários e sociedades empresárias, a realização de atos de liberalidades pelo empresário agrava a crise econômico-financeira que acomete sua atividade.

Os atos a título gratuito beneficiam algumas pessoas às custas do patrimônio geral do devedor. Podem ser definidos como todos os negócios jurídicos que, direta ou indiretamente, transfiram a terceiros bens, sejam eles materiais ou imateriais, ou serviços, sem que haja qualquer remuneração ou contraprestação de modo geral e desde que tenham sido voluntariamente praticados pelo devedor, o qual não estava legalmente obrigado a tanto.

A despeito do tipo do negócio jurídico praticado, será considerado ato de liberalidade se sua realização reduz a garantida de satisfação dos demais credores, por reduzir o patrimônio geral do devedor, sem que haja qualquer contraprestação a tanto e sem que o devedor estivesse obrigado a fazê-lo.

---

[229] Nesse sentido: TEPEDINO, Ricardo. Comentários ao art. 129. In: TOLEDO, Paulo F. C. Salles de; ABRÃO, Carlos Henrique (coord.). *Comentários à Lei de Recuperação de Empresas e Falência*. 5. ed. São Paulo: Saraiva, 2012, p. 456-457.

Por não ser considerada habitual no desenvolvimento da atividade empresarial, ainda mais em situação de crise do devedor, a prática de atos de liberalidade pelo devedor será considerada ineficaz. O período do termo legal, de até 90 dias do primeiro protesto, do pedido de recuperação judicial ou do pedido de falência (art. 99, II), não pareceu ao legislador suficiente, entretanto, diante da anormalidade do referido ato e dos danos que poderia causar aos credores.

A ineficácia acometerá todos os atos gratuitos praticados pelo devedor falido durante o período de dois anos antes da decretação de sua falência. Realizados atos de liberalidade no referido período, independentemente da vontade do devedor de fraudar seus credores, o ato não será eficaz perante a Massa Falida, que poderá, por meio de seu administrador judicial, arrecadar os bens transferidos aos terceiros. É o que ocorre na hipótese de a própria sociedade pagar a cessão de quotas celebrada entre os sócios[230] ou dar bem próprio graciosamente em garantia de obrigação de terceiros etc.

e) Renúncia à herança ou a legado

Assim como os atos gratuitos são considerados ineficazes perante a Massa Falida, também foi considerada ineficaz perante a Massa Falida a renúncia à herança ou ao legado em até dois anos da decretação da falência.

A renúncia à herança ou ao legado implica o não acréscimo de ativos ao patrimônio geral do devedor, o que compromete o interesse dos credores. Como o não acréscimo patrimonial contraria o intuito lucrativo buscado pelos empresários, a LREF determinou que sua ineficácia deveria ocorrer não apenas durante o termo legal, mas se estender em dois anos antes da decretação da falência do empresário.

Com o reconhecimento da ineficácia da renúncia perante a Massa Falida, o administrador judicial poderá arrecadar os bens da herança ou do legado e liquidá-los para o pagamento dos credores. A arrecadação não será obstada nem sequer se os bens da herança já tiverem sido partilhados entre os outros herdeiros, com homologação judicial. Sendo ineficaz a renúncia em relação à Massa Falida, poderá ela buscar os bens que lhe pertencem para satisfazer seus credores.

Todavia, caso, por ocasião da renúncia o herdeiro ou legatário não for ainda empresário, o ato de renúncia não poderá ser ineficaz perante a sua Massa Falida, mesmo que praticado no período de dois anos da sua quebra. Isso porque a presunção legal de que o devedor tinha ciência de sua crise econômico-financeira e renunciou à herança para privilegiar terceiros ou a si próprio em detrimento de seus credores não poderá ser aplicável. Se nem sequer era empresário à época, não se poderia pressupor que a renúncia ocorreu para prejudicar credores que nem sequer existiriam.

f) Transferência de estabelecimento empresarial

O estabelecimento empresarial foi previsto como universalidade de fato, conjunto de bens organizados pelo empresário para o desenvolvimento da empresa (art. 1.142 do CC). Como universalidade de fato, poderá ser o estabelecimento empresarial objeto de negócio jurídico que lhe seja compatível, entre os quais o trespasse.

Trespasse é a alienação do estabelecimento empresarial. Sua disciplina é regulada pelo Código Civil, que estabelece que a averbação na Junta Comercial e sua publicação na imprensa oficial é condição de eficácia perante os terceiros (art. 1.144 do CC). Determina, ainda, que o adquirente responderá por todo o passivo contabilizado e que o empresário alienante ficará solidariamente responsável

---

[230] STJ, 4ª Turma, REsp 1.119.969/RJ, rel. Min. Luis Felipe Salomão, j. 15-8-2013.

pelo prazo de um ano (art. 1.146 do CC). Como o adquirente apenas será responsável pelos débitos contabilizados e como poderão não remanescer bens ao vendedor, o art. 1.145 assegurou a proteção aos credores. Estabeleceu que, se ao alienante não restarem bens suficientes para solver o seu passivo, a eficácia da alienação do estabelecimento depende do pagamento de todos os credores, ou do consentimento destes, de modo expresso ou tácito, em trinta dias a partir de sua notificação.

A LREF, no art. 129, VI, corrobora essa regulação do Código Civil, apenas ampliando a hipótese de venda para qualquer forma de transferência do estabelecimento empresarial.

Essas formas de transferência, entretanto, pressupõem comportamento voluntário do devedor. A alienação forçada do estabelecimento, como por meio da alienação judicial, não acarreta a ineficácia do ato. Isso porque não haveria, na hipótese, possibilidade de o devedor obstar a transferência por sua vontade, os credores existentes poderiam pretender o concurso e a aquisição por alienação judicial é entendida como modo originário de aquisição da propriedade, o que asseguraria o adquirente de boa-fé.

A despeito de a hipótese legal não exigir o conluio fraudulento entre o alienante e o adquirente para prejudicar os credores, a ineficácia da transferência do estabelecimento empresarial exigirá que alguns requisitos sejam preenchidos.

O primeiro requisito a ser apontado para que a transferência do estabelecimento empresarial seja considerada ineficaz é que ela acarrete redução patrimonial do devedor, a ponto de não lhe restarem bens suficientes para satisfazer o seu passivo. Não necessariamente a transferência do estabelecimento reduz a esse ponto o ativo. Ainda que não ocorra mediante contrato de compra e venda, em que o empresário obteria o preço, mas eventualmente por simples doação, a transferência do estabelecimento não impede que remanesçam bens na propriedade do devedor e que estes sejam suficientes para o pagamento de seu passivo.

Dentro do patrimônio geral do devedor, poderão existir diversas universalidades de fato, complexos de bens organizados para o exercício de uma determinada empresa, nos termos do art. 1.142 do CC. Ainda que ocorra a transferência de um desses estabelecimentos, nada impede que existam outros ou que remanesçam bens não vinculados à atividade e ainda suficientes para o pagamento do passivo.

Caso não remanesçam bens suficientes, a ineficácia ainda exige que não tenha ocorrido o consentimento dos credores existentes por ocasião dessa transferência. Esse consentimento poderá ser expresso ou tácito. Pelo consentimento expresso, o credor concorda com a transferência e aceita o risco de não ser satisfeito com os bens remanescentes.

O consentimento também poderá ser tácito. Ele ocorre se os credores, regularmente notificados, não se opuserem à transferência. O silêncio dos credores, ao contrário do estabelecido na regra geral, faz presumir sua anuência.

O tempo não é um dos requisitos temporais dessa ineficácia. Para que a transferência do estabelecimento empresarial seja considerada ineficaz, ao contrário das hipóteses anteriores, a transferência do estabelecimento empresarial não precisa ter ocorrido dentro do termo legal ou do período de dois anos anterior à quebra[231].

---

[231] Em sentido contrário, SCALZILLI, João Pedro; SPINELLI, Luis Felipe; TELLECHEA, Rodrigo. *Recuperação de empresas e falência*: teoria e prática na Lei n. 11.101/2005. 2. ed. São Paulo: Almedina, 2017, p. 809.

Não há nenhuma limitação temporal para a hipótese. Ainda que muitos anos antes da decretação da falência ou do primeiro protesto ou pedido falimentar, poderá ser considerada ineficaz a transferência do estabelecimento empresarial, desde que remanesçam obrigações existentes ao tempo da transferência como não satisfeitas.

Por fim, embora a lei exija para a ineficácia a transferência do estabelecimento empresarial, como conjunto de bens organizados para o exercício da atividade, a jurisprudência tem considerado que a ineficácia poderá ser reconhecida se a transferência não envolver todo o estabelecimento empresarial. A transferência de bens essenciais do estabelecimento pode ser modo pelo qual os empresários contratantes procurariam evitar a incidência da ineficácia e da responsabilidade do adquirente pelo pagamento dos débitos contabilizados, embora pudessem comprometer a continuidade do desenvolvimento da atividade empresarial pelo alienante e a satisfação de seus credores. Nessa hipótese de alienação de bens individuais, mas que revelariam o desmantelamento do estabelecimento, a alienação de bem produtivo fundamental ao desenvolvimento da atividade empresarial deve ser equiparada à alienação de estabelecimento empresarial e deverá ser reputada ineficaz[232].

A possibilidade de extensão da ineficácia à alienação parcial do estabelecimento empresarial, contudo, não poderá ser confundida com a alienação de bens. A transferência de bens individuais não implica, por si só, ineficácia se o vendedor vier a falir em momento futuro e remanescerem credores.

A alienação de bens não produtivos é decorrente do próprio desenvolvimento da atividade empresarial, que pressupõe a circulação dos bens, mercadorias e produtos, a consumidores e fornecedores. Por seu turno, a alienação de bens, mesmo integrantes do ativo permanente, desde que não considerados estabelecimento empresarial, ou parte fundamental deste, poderá ser fundamental e providência necessária para que o devedor consiga obter recursos para o pagamento de dívidas e para o desenvolvimento mais eficiente de sua empresa. Nesses casos, a alienação somente poderá ser considerada ineficaz se tiver havido conluio fraudulento com o adquirente para prejudicar os credores, nos termos do art. 130[233].

A consideração em contrário implicaria risco insuperável ao adquirente, que poderia perder a coisa adquirida a qualquer momento após sua aquisição, e inviabilizaria as negociações e a própria circulação de bens.

Decerto a ineficácia deve ser aplicada na hipótese de alienação substancial do estabelecimento empresarial, de modo análogo à transferência total do estabelecimento, pois o legislador intentou proteger os credores discordantes e que teriam o patrimônio geral do devedor comprometido. O bem transferido, entretanto, deve ser fundamental para o desenvolvimento da empresa, de modo que sua ausência descaracterize o próprio estabelecimento e não permita que o vendedor prossiga com a atividade, o que prejudicaria os credores.

---

[232] TJSP, Câmara Especial de Falências e Recuperações Judiciais, AI 618.398-4/0-00, rel. Des. José Araldo da Costa Telles, j. 5-5-2009.

[233] Nesse sentido, ainda sob a égide do Decreto-Lei n. 7.661/45, que possuía regulamentação semelhante no art. 52, VIII: STJ, 3ª Turma, REsp 1.079.781, rel. Min. Nancy Andrighi, j. 14-9-2010; STJ, 3ª Turma, REsp 681.798/PR, rel. Min. Carlos Alberto Menezes Direito, *DJ* 22-8-2005; STJ, 4ª Turma, REsp 252.350/SP, rel. Min. Ruy Rosado de Aguiar, *DJ* 18-12-2000.

TJSP, 2ª Câmara Reservada de Direito Empresarial, AI 2250055-15.2015, rel. Des. Carlos Alberto Garbi, j. 17-2-2016.

g) Registro de direitos reais e de transferência de propriedade

Por fim, a última hipótese de ineficácia objetiva consiste no registro de quaisquer direitos reais e de transferência de propriedade entre vivos, por título oneroso ou gratuito, ou a averbação relativa a imóveis realizados após a decretação da falência, salvo se tiver havido prenotação anterior.

Decretada a falência, o empresário devedor está inapto para o desenvolvimento de sua atividade. Qualquer negócio jurídico por ele realizado após a decretação de sua falência será considerado nulo, como, por exemplo, um contrato de compra e venda.

A despeito de o contrato ser celebrado antes da decretação da falência, o que o tornaria válido, alguns efeitos pretendidos pelo contrato apenas poderão ser constituídos após o devido registro. No direito brasileiro, os direitos reais sobre imóveis constituídos ou transmitidos por atos entre vivos só se adquirem com o registro dos referidos títulos no Cartório de Registro de Imóveis (art. 1.227 do CC), assim como eventuais direitos reais sobre os bens precisarão ser registrados para valerem perante terceiros.

A despeito de o negócio jurídico ter se realizado anteriormente à decretação da falência, pode ocorrer de o registro dos direitos reais ou averbação relativa a imóvel apenas ocorrerem após a decretação. Nessa hipótese, o art. 129, VII, da LREF considera esse registro ineficaz perante a Massa Falida, a menos que tenha ocorrido prenotação anterior à quebra.

A ineficácia dos referidos registros é exigida para permitir que se identifiquem, por ocasião da decretação da falência, os ativos pertencentes ao devedor falido e integrantes da Massa Falida objetiva. Por seu turno, evita que o empresário em crise, na iminência da quebra, aliene fraudulentamente seus ativos em prejuízo aos credores.

Ineficazes o registro ou a averbação, o bem continua na propriedade do alienante ou não sofrerá qualquer restrição para que possa ser arrecadado pelo administrador judicial e liquidado para o pagamento dos credores. Eventual ressarcimento do montante pago pelo adquirente poderá ser exigido mediante pedido de restituição em dinheiro, caso o contratante esteja de boa-fé (art. 86, III), sem prejuízo das perdas e danos, a ser apurada em ação própria e habilitada perante a Massa Falida.

Situação diversa, entretanto, ocorre se a alienação dos bens é feita muito antes da decretação da falência ao adquirente de boa-fé que, entretanto, não submete seu título a registro para a transferência da propriedade. Embora formalmente a hipótese se amolde ao art. 129, VII, a vedação não objetivava restringir essa situação, que extrapola o objetivo da norma e deverá, assim, ser excepcionalmente admitida.

Art. 130. São revogáveis os atos praticados com a intenção de prejudicar credores, provando-se o conluio fraudulento entre o devedor e o terceiro que com ele contratar e o efetivo prejuízo sofrido pela massa falida.

Ação revocatória

A ação revocatória falimentar consiste numa espécie do gênero ação pauliana, cujo objeto identifica-se pelo combate à fraude contra credores, mas que, diante de sua aplicação no âmbito familiar, desenvolveu conotação própria.

Em semelhança à fraude contra credores, procura a ação revocatória, diante da demonstração do *consilium fraudis* e do *eventus damni*, recompor o patrimônio do devedor utilizado como garantia geral aos credores. Entretanto, embora tenha sido utilizado, de forma atécnica, o verbo "revogar" no *caput* do art. 130, a ação revocatória não implica a revogação dos negócios jurídicos a ela submetidos como na fraude contra credores.

A fraude contra credores é disciplinada como vício social pelos arts. 158 a 165 do Código Civil e implica a anulabilidade do negócio jurídico por expressa disposição legal. Embora o verbo "revogar", utilizado no *caput* do art. 130, signifique anular, a ação revocatória falimentar tem origem etimológica em '*re-vocare*', com significado de trazer de volta, fazer voltar[234]. Pretende a ação revocatória, para proteger a coletividade de credores integrantes da Massa Falida subjetiva, retirar os efeitos do negócio praticado pelo devedor, trazendo-os de volta, mas tão somente em face da proteção dos interesses da Massa Falida.

A ação revocatória atinge o efeito do negócio jurídico praticado e exclusivamente quanto à Massa Falida, pois o negócio jurídico praticado possui todos os pressupostos e elementos essenciais para a sua constituição e manutenção, mas apenas o surgimento de um fato posterior e acidental ao negócio jurídico, a decretação da falência, poderia lhe afetar em virtude do interesse de proteção da coletividade de credores. Dessa forma, somente quanto a estes a eficácia do negócio jurídico poderia ser retirada diante de um *consilium* fraudulento que lhes prejudicasse. Quanto aos demais, o negócio jurídico permanece integralmente eficaz e obriga as partes contratantes.

A diferença entre a declaração de ineficácia objetiva e a ação revocatória, ou ineficácia subjetiva, portanto, revela-se nos elementos necessários para a sua configuração e não nas consequências geradas. Ao contrário da declaração de ineficácia objetiva, o *consilium fraudis* e o *eventus damni* devem ser demonstrados na ação revocatória.

Para que a ação revocatória promova a ineficácia relativa pretendida, exige-se a demonstração do conluio fraudulento entre o devedor e o terceiro contratante para prejudicar os credores. O intuito fraudulento é requisito subjetivo imprescindível para a ineficácia. Para sua demonstração, exige-se que o contratante tenha consciência de que o negócio jurídico praticado diminuirá o patrimônio do devedor, em detrimento de seus outros credores[235].

Esse intuito de se prejudicar os credores poderá ser direto, o *animus nocendi*. Neste, o contratante sabe que o negócio jurídico reduz o patrimônio do devedor e o faz deliberadamente para lesar, por meio do aumento dos riscos de inadimplemento, os credores.

Suficiente, entretanto, a demonstração do dolo indireto. O dolo indireto se limita à consciência do prejuízo aos credores que poderia ser causado pela celebração do negócio jurídico pelo contratante. Basta, para sua demonstração, que se prove que o contratante tinha ciência de que se beneficiava com o negócio jurídico e que saiba que o negócio reduz o patrimônio geral do empresário devedor, o qual aumentaria o risco de inadimplemento dos demais credores.

Além do elemento subjetivo, exige-se o prejuízo causado à Massa Falida, o *eventus damni*. A coletividade de credores deve sofrer um efetivo dano, o qual deverá ser revelado pelo aumento do passivo ou redução do ativo a ser liquidado. Ainda que ambos não sejam alterados, considera-se também prejuízo à coletividade de credores a alteração da natureza de um determinado crédito, como de quirografário a crédito com garantia real, pois feriria o princípio da *par conditio creditorum*.

---

[234] THEODORO JR., Humberto. *Fraude contra credores*: a natureza da sentença pauliana. 2. ed. Belo Horizonte: Del Rey, 2001, p. 146.

[235] STJ, REsp 302.558/RJ, 4ª Turma, rel. Min. Aldir Passarinho Junior, j. 1-3-2007; STJ, REsp 823.336/SP, 3ª Turma, rel. Min. Ari Pargendler, j. 13-3-2007.

O nexo causal entre o prejuízo e o negócio jurídico cuja ineficácia se pretende também deverá estar presente e ser demonstrado. O prejuízo deve ser diretamente relacionado à celebração do negócio jurídico e poderá ser caracterizado pelo simples fato de que, caso o negócio jurídico não tivesse sido realizado, o dano não teria sido causado.

Ressalta-se que, para a ação revocatória, o negócio jurídico realizado mediante conluio pelos contratantes não precisa ter ocorrido durante período imputado pela lei como suspeito ou na iminência da decretação da falência. Ao contrário das hipóteses de declaração de ineficácia do art. 129, não se condiciona a eficácia do negócio jurídico perante a Massa Falida à sua realização no termo legal ou no prazo de dois anos, com exceção da transferência do estabelecimento empresarial.

Nos casos da ação revocatória, em que a demonstração do *consilium fraudis* e do *eventus damni* é imprescindível, a lei não estabeleceu essa limitação temporal. O negócio jurídico poderá ser celebrado antes da decretação da falência do devedor a qualquer momento e será considerado ineficaz se os demais elementos objetivos e subjetivos estiverem presentes[236].

Art. 131. Nenhum dos atos referidos nos incisos I, II, III e VI do *caput* do art. 129 desta Lei que tenham sido previstos e realizados na forma definida no plano de recuperação judicial ou extrajudicial será declarado ineficaz ou revogado.

Declaração de ineficácia objetiva e plano de recuperação judicial e extrajudicial

Ao excepcionar os negócios jurídicos que poderão ser reconhecidos como objetivamente ineficazes perante a Massa Falida, o art. 131 está deslocado. Referem-se aos negócios jurídicos previstos no art. 129 e não na ação revocatória.

Os negócios jurídicos referidos no art. 129, com exceção dos atos de mera liberalidade ou gratuitos, não serão reconhecidos como objetivamente ineficazes se tiverem sido praticados em cumprimento ao plano de recuperação judicial aprovado pelos credores ou ao plano de recuperação extrajudicial homologado.

Desde que tenha havido a concordância da maioria qualificada dos credores, que aprovou o plano de recuperação judicial submetido à Assembleia Geral, ou dos credores sujeitos ao plano de recuperação extrajudicial homologado, o negócio jurídico praticado pelo devedor será perfeitamente eficaz. O consentimento dos credores impede que possam imputar ao devedor o prejuízo causado ao seu patrimônio geral em eventual decretação futura de falência.

A antecipação no pagamento de dívidas, a dação em pagamento, a constituição de direito real de garantia ou a transferência de estabelecimento sem a anuência de todos os credores poderão ser meios previstos para que o devedor consiga reestruturar sua atividade econômica para permitir a satisfação de suas dívidas com os credores. Desde que aprovado pelos credores reunidos em Assembleia Geral e homologado judicialmente, ou homologado no plano de recuperação extrajudicial, os

---

[236] Em sentido contrário, com a posição de que o negócio jurídico deve ser praticado durante o termo legal: SCALZILLI, João Pedro; SPINELLI, Luis Felipe; TELLECHEA, Rodrigo. *Recuperação de empresas e falência*. 2. ed. São Paulo: Almedina, 2017, p. 815-816.

meios de restruturação da atividade do devedor implicam a novação dos créditos anteriores ao pedido de recuperação judicial e dos credores sujeitos à recuperação extrajudicial, e vinculam os devedores e os credores às novas condições de cumprimento das obrigações[237].

Referidos meios de recuperação judicial não poderão permitir, ainda que inseridos nas hipóteses do art. 129 de ineficácia objetiva, a presunção legal de serem fraudulentos ou de causarem prejuízo à coletividade de credores.

Os atos de mera liberalidade, contudo, estão excluídos do permissivo legal. Como a previsão de não reconhecimento da ineficácia é decorrente da possibilidade de alguns negócios jurídicos reputados objetivamente ineficazes serem relevantes para a preservação da empresa, seja pela redução de seu passivo ou das despesas geradas pelo desenvolvimento da atividade econômica, impossível que o mesmo raciocínio fosse aplicável aos atos de mera liberalidade.

A prática de atos a título gratuito ou a renúncia à herança ou a legado não podem ser vistos como meios de recuperação, por apenas reduzirem o valor do ativo que poderia ser liquidado para a satisfação dos credores, sem que haja qualquer vantagem a tanto.

Art. 132. A ação revocatória, de que trata o art. 130 desta Lei, deverá ser proposta pelo administrador judicial, por qualquer credor ou pelo Ministério Público no prazo de 3 (três) anos contado da decretação da falência.

Legitimidade ativa

Para a propositura da ação revocatória, a LREF conferiu legitimidade concorrente à Massa Falida, por meio do administrador judicial, aos credores e ao Ministério Público.

A LREF alterou a sistemática do Decreto-Lei n. 7.661 quanto a essa legitimidade ativa. Em seu art. 55, o decreto revogado apenas conferia legitimidade aos credores na inércia do síndico, após trinta dias da publicação do aviso de início da realização o ativo.

Além de ao administrador judicial, o qual tem o dever de tutelar o interesse da Massa Falida, a LREF ampliou a legitimidade para conferi-la diretamente também aos credores, principais interessados na arrecadação da maior quantidade de bens do devedor falido e assim considerados os habilitados no procedimento falimentar. Conferiu também legitimidade ao Ministério Público, que diretamente poderia proteger, via ação revocatória, o interesse da coletividade de credores[238].

Como o interesse jurídico diretamente protegido pela ação revocatória é o da Massa Falida, ainda que indiretamente também se tutele os interesses dos credores e o próprio interesse difuso de higidez do procedimento falimentar em prol do desenvolvimento econômico nacional, confere-se aos legitimados ativos uma legitimidade extraordinária, como substitutos da Massa Falida. Ao ingressarem com a ação revocatória não tutelarão interesses próprios, com exceção do administrador judicial, mas o próprio interesse jurídico da Massa Falida.

---

[237] Cf. comentários ao art. 59.

[238] Nesse sentido: TJSP, 2ª Câmara Reservada de Direito Empresarial, AI 2185163-63.2016, rel. Des. Claudio Godoy, j. 27-3-2017.

A consequência dessa legitimidade extraordinária é que a propositura da ação por qualquer um dos legitimados, desde que possua o mesmo objeto, impedirá a propositura da ação por outro, em virtude da litispendência. Proposta a ação, diverso legitimado, se pretender intervir, poderá fazê-lo como assistente litisconsorcial.

O falido, pessoa física ou sociedade empresária, ou seus sócios não são legitimados para a propositura da ação revocatória. O empresário devedor não poderá pretender a declaração de ineficácia do negócio jurídico que ele próprio celebrou, sob pena de comportamento contraditório.

Os seus sócios, por seu turno, não possuem interesse jurídico. Embora possam receber o produto da liquidação dos bens da sociedade após o pagamento de todos os credores sociais, esse interesse é meramente econômico. Juridicamente, apenas a Massa Falida tem interesse e será beneficiada com o reconhecimento da ineficácia do negócio jurídico praticado pelo devedor em conluio fraudulento com o terceiro contratante. A legitimidade aos sócios apenas poderia ser conferida, portanto, de modo extraordinário para proteger os interesses da Massa, mas dependeria da lei, a qual não os consagrou[239].

Prazo decadencial

No Decreto-Lei n. 7.661/45, os arts. 55 e 56 previam que a ação revocatória deveria ser proposta em um ano a partir do início da fase de liquidação dos ativos, o que, portanto, poderia ser período prolongado.

Com disciplina diversa, a LREF estabeleceu o prazo de três anos para a propositura da ação revocatória. O termo inicial da contagem desses três anos, entretanto, é da publicação da sentença de decretação da falência do devedor, ocasião em que será nomeado o administrador judicial, que se dará ciência ao MP e aos credores.

Ainda que o negócio jurídico do qual se poderia pretender a ineficácia somente seja conhecido posteriormente, o termo *a quo* deverá ser o da publicação da sentença. Isso porque o estabelecimento do prazo procura tutelar a segurança jurídica das relações, as quais não poderão sofrer eternamente o risco de serem consideradas ineficazes, ainda que o contratante estivesse de má-fé. Por seu turno, procura-se estimular o administrador judicial e os demais legitimados a buscarem todas as informações necessárias assim que decretada a falência, não permitindo que a inércia possa beneficiá-los com uma dilação do prazo.

O prazo de três anos é decadencial. Não ressalvado o prazo como prescricional, o princípio da operabilidade do Código Civil determina que todos os prazos estabelecidos em leis extravagantes serão considerados decadenciais.

Contudo, esse prazo de três anos incidirá desde que não tenha ocorrido o trânsito em julgado da sentença de extinção das obrigações do falido. Se o processo de falência tiver sido encerrado antes de findo o prazo, com a extinção das obrigações do falido estarão terminadas as funções do administrador judicial, os credores não terão mais créditos a serem exigidos do devedor e o Ministério Público, em virtude disso, não terá interesse coletivo a ser protegido por sua atuação.

---

[239] Em sentido contrário: STJ, 3ª Turma, REsp 308.891/SP, rel. Min. Nancy Andrighi, j. 29-11-2005.

Art. 133. A ação revocatória pode ser promovida:

I – contra todos os que figuraram no ato ou que por efeito dele foram pagos, garantidos ou beneficiados;

II – contra os terceiros adquirentes, se tiveram conhecimento, ao se criar o direito, da intenção do devedor de prejudicar os credores;

III – contra os herdeiros ou legatários das pessoas indicadas nos incisos I e II do *caput* deste artigo.

Legitimidade passiva

A ação revocatória, por afetar os efeitos perante a Massa Falida do negócio jurídico convencionado, deverá ser integrada por um litisconsórcio passivo composto pelo falido e pelos contratantes que com o falido se conluiaram para prejudicar os credores. Trata-se de verdadeiro litisconsórcio necessário, determinado pela lei e em razão da natureza da relação jurídica que determina que o juiz deverá decidir a lide de modo uniforme para todos os contratantes (art. 114 do CPC).

Todos os que figuraram no contrato ou foram beneficiados pelo negócio do devedor, seja porque foram pagos ou garantidos, deverão figurar no polo passivo da ação revocatória.

Quanto ao empresário devedor, a doutrina controverte sobre sua inclusão no polo passivo. Para uma parte da corrente, como o falido perdeu a legitimidade *ad causam* e foi substituído pelo administrador judicial[240], a Massa Falida já tutelaria os seus interesses, de modo que ele não deveria ser incluído no polo passivo. O falido, se o desejar, poderá ingressar como mero assistente simples no feito[241].

A posição, entretanto, não deve prevalecer. Na ação revocatória, o interesse da Massa Falida é oposto ao interesse do falido, ainda que a Massa Falida, por meio do administrador judicial, não a tenha promovido. O interesse da Massa Falida, promovido por si própria ou por qualquer outro legitimado concorrente, é a ineficácia do negócio jurídico fraudulento praticado pelo devedor falido, o qual pressupõe a vontade anterior deste de celebrar o negócio.

O interesse do falido, portanto, é oposto ao interesse da Massa Falida, o qual não apenas impede que haja, excepcionalmente, a substituição do devedor pela Massa Falida como também que, caso assim não fosse, pudesse ser assistente simples da Massa Falida com interesses contrários. Não fosse isso o bastante, o art. 133, I, é expresso ao determinar que a ação revocatória deverá ser integrada no polo passivo contra todos os que figuraram no negócio jurídico, entre eles o devedor falido.

Nesses termos, excepcionalmente, na revocatória, o falido deverá obrigatoriamente ser citado para, se assim o desejar, tutelar o negócio jurídico por ele celebrado antes de ter a falência decretada.

Além dos contratantes, beneficiados ou garantidos pelo negócio jurídico, os terceiros que, a despeito de não figurarem na relação contratual, adquiriram os bens do adquirente também deve-

---

[240] Cf. comentários ao art. 22, III, *n*.

[241] Nesse sentido, TEPEDINO, Ricardo. Comentários ao art. 133. In: TOLEDO, Paulo F. C. Salles de; ABRÃO, Carlos Henrique (coord.). *Comentários à Lei de Recuperação de Empresas e Falência*. 5. ed. São Paulo: Saraiva, 2012, p. 471.

rão figurar no polo passivo da ação e sofrerão as consequências da ineficácia perante a Massa Falida. Todos deverão, contudo, ter tido a intenção, ao se criar o direito, de se beneficiar em detrimento dos demais credores.

Os terceiros adquirentes somente deverão ser intimados se sabiam do intuito fraudulento da contratação anterior e mesmo assim decidiram adquirir os ativos ou se estavam originalmente de má-fé juntamente com o devedor e o seu contratante. Os terceiros de boa-fé, adquirentes que não tinham ciência nem deveriam ter conhecimento sobre o negócio jurídico fraudulento anterior, não sofrerão qualquer efeito da ação revocatória e não deverão figurar no polo passivo. Como não tiveram o intuito de prejudicar os credores ou de se beneficiar em detrimento destes, têm o direito sobre o bem assegurado independentemente do resultado da ação revocatória.

Nessa hipótese de alienação do bem pelo contratante a terceiro de boa-fé, a ineficácia do primeiro negócio jurídico, celebrado entre o falido e o vendedor, não implicará a arrecadação do bem já vendido ao terceiro ou tornará o segundo negócio jurídico, celebrado entre o vendedor e o terceiro adquirente, ineficaz, a menos que esse terceiro não seja de boa-fé e tenha tido ciência de que se beneficiava em detrimento dos demais credores. Feita a venda do bem a terceiro de boa-fé, apenas será conferido à Massa Falida o direito de indenização por perdas e danos em face do contratante vendedor[242].

O falecimento do contratante, beneficiado ou do terceiro adquirente não impede o reconhecimento da ineficácia do negócio jurídico. O *de cujus* deverá ser substituído pelo espólio, se o inventário ainda estiver em processamento, ou por seus herdeiros ou legatários.

Art. 134. A ação revocatória correrá perante o juízo da falência e obedecerá ao procedimento ordinário previsto na Lei n. 5.869, de 11 de janeiro de 1973 – Código de Processo Civil.

Foro competente

Ao estabelecer a indivisibilidade do Juízo Universal, o art. 76 da LREF estabelece sua competência para conhecer todas as ações concernentes aos seus bens, interesses e negócios. Excetuam-se apenas as reclamações trabalhistas, fiscais e as não reguladas pela LREF em que o falido for autor ou litisconsorte ativo[243].

Independentemente de a Massa Falida ter promovido a ação revocatória ou de a ação ter sido promovida por outro legitimado concorrente, a ação revocatória teve a competência disciplinada pela LREF. Deverá ser, assim, obrigatoriamente distribuída por dependência ao Juízo Universal da Falência.

Procedimento da ação revocatória

O art. 134 estabelece que a ação revocatória tramitará pelo procedimento ordinário e se submeterá à disciplina do Código de Processo Civil, cuja Lei n. 5.869/73 foi revogada pela Lei n. 13.105/2015.

---

[242] Nesse sentido: TJSP, 2ª Câmara Reservada de Direito Empresarial, AI 0023920-86.2012, rel. Des. Ricardo Negrão, j. 18-12-2012; TJSP, 3ª Câmara de Direito Privado, Ap. 9084535-88.2009, rel. Des. Egidio Giacoia, j. 6-3-2012.

[243] Cf. comentários ao art. 76.

A petição inicial deverá possuir todos os requisitos legais estabelecidos no art. 319 do Código de Processo Civil. Além de ser dirigida ao juízo falimentar competente, deverá qualificar as partes, apresentar os fatos e os fundamentos jurídicos do pedido consistentes na descrição do conluio fraudulento entre os contratantes e o prejuízo causado à coletividade de credores, bem como conter pedido específico de ineficácia perante a Massa Falida do negócio jurídico objeto da ação.

O valor da causa, o qual deve ser expressamente indicado na petição inicial e permitirá o recolhimento das custas processuais cabíveis, deverá valorar o montante da pretensão e consistirá no valor dos bens que serão, caso o negócio jurídico seja considerado ineficaz, arrecadados pela Massa Falida.

Preenchidos os requisitos legais da petição inicial da ação revocatória, sob pena de emenda ou de inépcia da petição inicial, os réus serão citados para, se o desejarem, contestarem o pedido.

Caso não figurem no polo ativo da ação revocatória, o administrador judicial da Massa Falida e o Ministério Público deverão ser cientificados da pretensão, embora não exista determinação legal a tanto. O administrador judicial deverá ser cientificado, pois poderá ingressar, se o desejar, como assistente litisconsorcial, assim como o Ministério Público, por seu turno, deverá ser cientificado para atuar como *custos legis*.

Após réplica, poderá ocorrer eventual necessidade de dilação probatória, com o saneamento do feito. A ação revocatória permitirá juízo exauriente, com a ampla dilação probatória sobre os elementos essenciais à demonstração do *consilium fraudis* e do *eventus damni*.

Art. 135. A sentença que julgar procedente a ação revocatória determinará o retorno dos bens à massa falida em espécie, com todos os acessórios, ou o valor de mercado, acrescidos das perdas e danos.

Parágrafo único. Da sentença cabe apelação.

Sentença da ação revocatória

A decisão final que julga o pedido deduzido na ação revocatória, por colocar fim ao mérito da lide e extinguir uma fase processual, é uma sentença. Como sentença, o recurso cabível é o recurso de apelação, o qual, à míngua de qualquer determinação excepcional, será recebido no duplo efeito, devolutivo e suspensivo (art. 1.012 do CPC).

A sentença de procedência do pedido deduzido na ação revocatória determinará a ineficácia do negócio jurídico praticado pelo falido em face da Massa Falida, embora seus efeitos regulares permaneçam quanto a terceiros e ao próprio devedor. Quanto à Massa Falida, a ineficácia do negócio jurídico implica que não houve, para si, transferência de determinado bem ao contratante, pagamento da obrigação ou a constituição de eventual garantia.

Diante da ineficácia, o bem transferido continua a pertencer à propriedade exclusiva da Massa Falida e, como tal, deverá ser arrecadado pelo administrador judicial, ainda que esteja na posse de terceiro. A arrecadação, entretanto, nem sempre ocorrerá e dependerá do ato considerado ineficaz. Se a ineficácia versar, por exemplo, simplesmente sobre a constituição da garantia real sobre bem, referido ônus será simplesmente desconsiderado pelo administrador judicial.

O bem a ser arrecadado consiste na coisa ou direito em espécie transferido a terceiro ou cuja posse ao terceiro foi atribuída, acrescidos de todos os seus acessórios. São acessórios a serem restituídos pelo possuidor de má-fé, nos termos do art. 1.216 do Código Civil, todos os frutos colhidos e percebidos, bem como pelos que, por culpa sua, deixou de perceber, desde o momento em que se constituiu de má-fé. Do montante poderão ser deduzidas apenas as despesas de produção e custeio dos referidos frutos, além dos valores das benfeitorias necessárias, pelo menor valor, seja o atual ou o de custo (art. 1.220 do CC).

Caso o bem tenha perecido, se deteriorado ou de qualquer forma se perdido, o possuidor, como é pressuposto na ação revocatória que esteja de má-fé, será responsável por essa perda, a menos que prove que de igual modo a coisa teria perecido se estivesse na posse do falido ou do administrador judicial (art. 1.218 do CC).

Se o contratante for responsável pelo perecimento ou perda da coisa, ou a tiver transferido a terceiro de boa-fé, o qual não se submeterá aos efeitos da sentença da ação revocatória e tem a propriedade da coisa protegida, deverá restituir o valor de mercado do bem. Considerando que o valor procura equivaler à coisa que deveria ser entregue, o valor de mercado deve ser entendido como o valor atual por ocasião da publicação da decisão definitiva que determinou a ineficácia do negócio jurídico.

Procedente a ação revocatória, a LREF garantiu uma alternativa ao contratante para que não perca a propriedade do bem adquirido. Mesmo que a coisa não tenha se perdido ou perecido, o contratante poderá optar entre restituir a coisa em espécie, se ainda existente, ou o equivalente valor de mercado do bem.

A opção de restituição do valor de mercado do bem não prejudica a Massa Falida, nem o contratante. A depender da natureza da coisa, o bem poderá ser indispensável ao contratante em sua atividade, de modo que sua restituição em valor poderá ser-lhe mais benéfica. Por seu turno, perante a Massa Falida, como o bem é destinado à liquidação para pagamento dos credores, a devolução do valor de mercado do bem permitirá maior celeridade para esses pagamentos.

Independentemente de sua escolha pela restituição *in natura* ou em valor, haverá responsabilidade pelo ressarcimento das perdas e danos sofridos pela Massa Falida. As perdas e danos envolverão não apenas os danos emergentes, mas também os lucros cessantes em razão da indisponibilidade da coisa durante todo o período, como, por exemplo, os aluguéis do período em que permaneceu na posse da coisa.

Art. 136. Reconhecida a ineficácia ou julgada procedente a ação revocatória, as partes retornarão ao estado anterior, e o contratante de boa-fé terá direito à restituição dos bens ou valores entregues ao devedor.

§ 1º Na hipótese de securitização de créditos do devedor, não será declarada a ineficácia ou revogado o ato de cessão em prejuízo dos direitos dos portadores de valores mobiliários emitidos pelo securitizador.

§ 2º É garantido ao terceiro de boa-fé, a qualquer tempo, propor ação por perdas e danos contra o devedor ou seus garantes.

Efeitos da declaração de ineficácia ou da ação revocatória

Declarada a ineficácia objetiva de determinado negócio jurídico (art. 129) ou reconhecido o conluio fraudulento e o prejuízo aos credores por meio da ação revocatória (art. 130), as partes contratantes ou as pessoas que se beneficiaram do negócio tornado ineficaz perante a Massa Falida retornarão ao estado anterior.

O retorno ao *status quo ante* significa que a declaração de ineficácia produzirá efeitos *ex tunc*, desde então. Todos os efeitos produzidos pelo negócio jurídico serão suprimidos desde o momento em que o negócio foi realizado, e não apenas a partir do momento em que ele foi declarado, embora apenas em relação à Massa Falida.

A restrição da ineficácia apenas à Massa Falida significa que o devedor não se beneficiará do reconhecimento da ineficácia. Satisfeitos todos os credores, ou por qualquer outro modo extintivo dos créditos, o produto desse bem não retornará ao devedor, mas será entregue ao contratante ou beneficiário, cujos efeitos do negócio jurídico perante todos os demais, inclusive o devedor, permanecem hígidos.

Como consequência desse retorno ao estado anterior, a Massa Falida arrecadará todos os bens transferidos. Os demais efeitos, entretanto, ficam sujeitos à apreciação da boa ou da má-fé do contratante ou terceiro beneficiado.

Caso o contratante ou terceiro adquirente esteja de má-fé, seja pela ação revocatória ou pela declaração de ineficácia, que prescinde de sua demonstração, deverão ser arrecadados os bens transferidos, como também os seus acessórios, ou o equivalente em dinheiro, além de a Massa Falida poder exigir o ressarcimento de todas as perdas e danos sofridos[244].

Se, por outro lado, o contratante ou o terceiro esteja de boa-fé, o que poderá ocorrer somente nas hipóteses do art. 129, mas não necessariamente, a arrecadação versará apenas sobre os bens transferidos pelo devedor. Os acessórios, considerados os frutos percebidos ou que deveriam ter sido colhidos até a decretação da eficácia, não precisarão ser restituídos pelo possuidor de boa-fé (art. 1.214 do CC).

Ademais, o contratante ou beneficiário de boa-fé terá direito de restituição sobre os bens ou valores que foram entregues ao devedor falido, como, por exemplo, num negócio jurídico de permuta. O bem será devolvido em espécie ou, caso alienado, seu valor será restituído ao credor com primazia em relação aos demais créditos[245].

Sem prejuízo dessa restituição, o contratante ou o terceiro de boa-fé poderá cobrar as perdas e danos sofridos em razão da ineficácia do negócio jurídico. Essa cobrança poderá envolver tanto os danos emergentes quanto os lucros cessantes em razão do reconhecimento da ineficácia do negócio jurídico e deverá ser realizada por habilitação de crédito, após a regular apuração do valor. O crédito será incluído na classe própria, como crédito quirografário, e será satisfeito conforme a ordem de pagamento dos credores.

Se o contratante ou beneficiário estiver de má-fé, por outro lado, não perderão o direito sobre o montante ou os bens que foram entregues ao devedor falido em razão do contrato. O reconhecimento da ineficácia faz com que ambas as partes retornem ao estado anterior. A impossibilidade de cobrança pelo credor de má-fé implicaria evidente enriquecimento indevido da Massa Falida.

A diferença com o contratante de boa-fé, entretanto, é que apenas o contratante de boa-fé terá direito ao pedido de restituição do art. 86. O contratante de má-fé apenas poderá habilitar o valor dos bens que entregou ao devedor falido, mas seu crédito será classificado, à míngua de qualquer preferência, como crédito quirografário.

---

[244]   Cf. comentários ao art. 135.

[245]   Cf. comentários ao art. 86, III.

Securitização de crédito

A securitização de créditos caracteriza a operação financeira em que são emitidos valores mobiliários lastreados em créditos, vencidos ou vincendos. A operação destina-se a obter recursos financeiros imediatos pela credora, a qual cede seus créditos a uma securitizadora, que, lastreada nesses e para satisfazer o valor da cessão, emite valores mobiliários a serem ofertados no mercado de capitais a terceiros investidores.

A securitização de créditos do devedor impede a declaração de ineficácia ou a revogação do ato de cessão. Diante do interesse público presente na dispersão dos valores mobiliários, protegem-se os adquirentes dos valores mobiliários emitidos pelo securitizador e que têm os créditos cedidos como garantia.

Pelo dispositivo, caso tenha havido conluio fraudulento entre o empresário falido e o securitizador, não se poderá reconhecer a ineficácia da cessão dos créditos, para não se comprometer o suporte conferido à emissão dos valores mobiliários e acabar por prejudicar os investidores que adquiriram os títulos.

Art. 137. O juiz poderá, a requerimento do autor da ação revocatória, ordenar, como medida preventiva, na forma da lei processual civil, o sequestro dos bens retirados do patrimônio do devedor que estejam em poder de terceiros.

Medida cautelar de sequestro

Ainda que desnecessária a previsão expressa na LREF, em virtude da aplicação supletiva do Código de Processo Civil à LREF (art. 189), previu-se a possibilidade de concessão de tutelas provisórias, como medidas preventivas.

Determinou a LREF que a tutela provisória ocorrerá mediante requerimento do autor da ação revocatória. A interpretação do dispositivo, entretanto, deve ser ampla e ser realizada de modo consentâneo ao Código de Processo Civil.

A tutela provisória de urgência, disciplinada pelos arts. 294 e seguintes do Código de Processo Civil, poderá ser requerida tanto como medida antecedente à ação revocatória, como incidentalmente a esta. Para proteger o direito pretendido, diante de um risco iminente de que o resultado útil do processo a ser distribuído possa ficar comprometido, poderá não ser justificável nem sequer aguardar a explanação de todos os argumentos e documentos a demonstrar seu pedido na ação revocatória. Possível, diante de um risco iminente, requerer a tutela estatal para proteger o direito de a parte autora ter o mérito de sua ação apreciada no momento oportuno e de modo a preservar que eventual resultado favorável ainda lhe seja útil.

Além de poder ser antecedente ou incidental à ação revocatória, a concessão da tutela de urgência, outrossim, não fica adstrita ao requerimento do autor da ação. O juiz poderá determinar as medidas que considerar adequadas para salvaguardar o provimento final da ação, desde que presentes os requisitos legais.

Para que essa tutela de urgência possa ser deferida, imprescindível que estejam presentes o *fumus boni iuris*, probabilidade do direito da parte autora, e o *periculum in mora*, risco de que se possa comprometer o resultado útil do processo. No caso da ação revocatória, deverá ser provável, diante das provas apresentadas, que ocorreu o conluio fraudulento entre o devedor e seu contratante ou terceiro beneficiado, bem como o prejuízo causado à coletividade de credores. Além disso, deve estar presente o risco de que o objeto transferido ao terceiro se deteriore ou possa ser transferido ou ocultado, bem como que haja risco de a Massa Falida não ser indenizada pelo seu valor, se isso ocorrer.

Diante do risco de perecimento ou alienação do bem transferido e desde que presentes o *fumus boni iuris*, poderá o juiz Universal determinar cautelarmente a medida de sequestro da coisa objeto do negócio jurídico cuja ineficácia se pretende na ação revocatória. Pelo sequestro, a posse da coisa será retomada do poder de terceiro e deverá ser conservada pela Massa Falida. Como aproveita à Massa Falida, o bem não necessariamente será conservado pelo autor da ação revocatória se promovida por outro legitimado, até que a ação revocatória seja julgada.

Nada impede, por seu turno, que o provimento seja diverso, desde que suficiente para proteger o resultado útil do processo e seja menos gravoso à parte contrária. Nos termos do art. 301 do Código de Processo Civil, podem ser concedidas as medidas de arresto, arrolamento de bens, registro de protesto contra alienação de bem ou qualquer outra medida idônea para a asseguração do direito.

Além da tutela provisória de urgência, não há óbice legal a que seja também concedida tutela provisória de evidência. Independentemente da demonstração de perigo de dano ou risco ao resultado útil do processo, a antecipação dos efeitos da revocatória poderá ser concedida se ficar caracterizado o abuso do direito de defesa ou o propósito protelatório, as alegações puderem ser comprovadas documentalmente e houver tese fundada em julgamento de casos repetitivos ou súmula vinculante, ou, ainda, se a petição inicial da ação revocatória estiver instruída com prova documental suficiente a que o réu não oponha prova capaz de gerar dúvida razoável (art. 311 do CPC).

Art. 138. O ato pode ser declarado ineficaz ou revogado, ainda que praticado com base em decisão judicial, observado o disposto no art. 131 desta Lei.

Parágrafo único. Revogado o ato ou declarada sua ineficácia, ficará rescindida a sentença que o motivou.

Negócio jurídico baseado em decisão judicial

O negócio jurídico poderá ser objeto de declaração de ineficácia objetiva ou de ação revocatória, ainda que tenha se fundamentado em decisão judicial, exceto se realizado conforme previsão do plano de recuperação judicial aprovado pelos credores. Procurou o legislador impedir que o Poder Judiciário fosse utilizado pelo devedor para fraudar seus credores ou prejudicar a ordem de pagamento de seus créditos.

O devedor falido poderá se compor com o seu credor para realizar uma dação em pagamento da dívida vincenda, transação que poderá ser objeto de homologação judicial e resultar na satisfação da dívida, dentro do termo legal, por meio diverso do anteriormente previsto. Da mesma forma pode ser homologada judicialmente uma obrigação de constituição de direito real de garantia à dívida já existente, a qual poderia ser realizada dentro do termo legal. Ou, entre outros exemplos, o devedor poderá cumprir sentença judicial condenatória, que o obrigava a alienar o estabelecimento empresarial a terceiro, sem que houvesse o consentimento dos credores.

Além dessas hipóteses de ineficácia objetiva, a decisão judicial poderá homologar composição fraudulenta entre devedor e credor para prejudicar terceiros, ou condenar o devedor a pagar determinada quantia baseada em negócio jurídico fraudulento praticado entre o credor e o devedor etc. Os pagamentos ou, de modo geral, os negócios jurídicos decorrentes dessas decisões judiciais poderão ser reconhecidos como ineficazes, desde que presentes os elementos objetivo e subjetivo da ação revocatória.

Reconhecida a ineficácia do negócio jurídico, a decisão judicial baseada nesse negócio jurídico também será considerada ineficaz perante a Massa Falida, mesmo que tenha transitado em julgado ou que se sustente que há ato jurídico perfeito. Embora a redação do art. 138 determine sua rescisão, o termo não foi empregado em sentido próprio.

A declaração de ineficácia ou a ação revocatória, nesse ponto, não tem o poder de rescindir a sentença ou a decisão judicial, até porque o negócio jurídico em que nelas foi baseado continua vigorando e produzindo efeitos entre os contratantes e eventuais beneficiários. Apenas a eficácia da decisão judicial e do negócio jurídico dela decorrente, e exclusivamente perante a Massa Falida, ficará obstada, de modo a se assegurar a proteção do patrimônio geral do devedor e assegurar o atendimento da ordem legal de pagamento dos credores[246].

Seção X
Da Realização do Ativo

Art. 139. Logo após a arrecadação dos bens, com a juntada do respectivo auto ao processo de falência, será iniciada a realização do ativo.

Liquidação do ativo

Para que os créditos possam ser satisfeitos na execução coletiva, os ativos do falido, e que compõem a Massa Falida objetiva, deverão ser liquidados. Liquidação é a conversão em dinheiro das coisas e dos direitos do falido, arrecadados pelo administrador judicial, e que objetiva a satisfação dos créditos habilitados e das despesas e encargos da Massa Falida.

Ainda que normalmente a liquidação de ativos se realize pela alienação judicial, essa forma não é imprescindível. A liquidação poderá ocorrer mediante modos extraordinários aprovados pelos credores em Assembleia Geral, como a formação de sociedade de credores para a adjudicação de bens (art. 145).

Embora a liquidação seja imprescindível para o pagamento dos credores, não é necessário que se aguarde a finalização da fase de verificação de crédito para que a liquidação se inicie ou que se espere a arrecadação de todos os ativos.

No Decreto-Lei revogado, a fase de liquidação era estanque e não podia ocorrer simultaneamente à verificação de créditos e arrecadação dos ativos, pois o devedor poderia, até seu início, pretender a concordata suspensiva (art. 178 do Dec.-Lei n. 7.661/45). Apenas após a

---

[246] Nesse sentido: TJSP, Câmara Reservada à Falência e Recuperação, Ap. 9104745-97.2008, rel. Des. Pereira Calças, j. 22-11-2011; TJSP, Câmara Reservada à Falência e Recuperação, AI 0270793-97.2011.

publicação do relatório do síndico, o qual descreverá todo o valor do ativo arrecadado e do passivo submetido à execução concursal, a fase de liquidação dos ativos poderia ser iniciada (art. 114 do Dec.-Lei n. 7.661/45).

Essa divisão do procedimento falimentar em fases estanques resultava, em regra, na alienação dos bens apenas após longos anos de trâmite processual, não sem grande prejuízo à coletividade de credores em razão de sua deterioração ou de terem se tornado ultrapassados.

Com o intuito de maximizar a utilidade produtiva dos bens e de obter uma maior satisfação dos créditos, em benefício da coletividade de credores e do próprio devedor, que receberá o valor remanescente após a satisfação de todos os credores, a liquidação dos ativos do falido deverá ser realizada assim que o auto de arrecadação e avaliação dos bens for juntado ao processo e independentemente de qualquer publicação. Ela independe da formação ou homologação do quadro-geral de credores, assim como independe necessariamente do encerramento da própria arrecadação de todos os ativos do devedor.

A alienação imediata após a juntada do auto de arrecadação e avaliação de cada ativo, além de evitar a deterioração ou obsolescência dos bens, reduzirá as despesas da Massa Falida para sua guarda e conservação. A liquidação imediata dos ativos separadamente apenas será obstada se, para que se maximize a obtenção de recursos com a alienação de maior quantidade de estabelecimentos empresariais, ou de bens em conjunto, conforme a ordem preferencial do art. 140 e mediante ponderação do administrador judicial, necessite-se aguardar o término da arrecadação dos outros bens do falido.

A desvinculação entre a realização dos ativos e a formação do quadro-geral de credores em nada compromete a ordem de pagamento dos créditos. A imediata liquidação dos bens não significa que os pagamentos dos credores serão feitos imediatamente com o produto dessa liquidação. Os valores permanecerão depositados até que se possa realizar o pagamento das classes de credores.

Art. 140. A alienação dos bens será realizada de uma das seguintes formas, observada a seguinte ordem de preferência:

I – alienação da empresa, com a venda de seus estabelecimentos em bloco;

II – alienação da empresa, com a venda de suas filiais ou unidades produtivas isoladamente;

III – alienação em bloco dos bens que integram cada um dos estabelecimentos do devedor;

IV – alienação dos bens individualmente considerados.

§ 1º Se convier à realização do ativo, ou em razão de oportunidade, podem ser adotadas mais de uma forma de alienação.

§ 2º A realização do ativo terá início independentemente da formação do quadro-geral de credores.

§ 3º A alienação da empresa terá por objeto o conjunto de determinados bens necessários à operação rentável da unidade de produção, que poderá compreender a transferência de contratos específicos.

§ 4º Nas transmissões de bens alienados na forma deste artigo que dependam de registro público, a este servirá como título aquisitivo suficiente o mandado judicial respectivo.

Ordem de preferência da liquidação

Para se obter a maximização do valor do ativo para o pagamento dos credores, os bens deverão ser liquidados com celeridade. O art. 139 determina que, logo após a juntada do termo de arrecadação e avaliação, os bens já devem ser alienados.

Incompatível com essa celeridade almejada que se aguarde todo o decurso da fase de verificação de créditos, com a homologação do quadro-geral de credores. Independentemente de sua formação, a liquidação dos bens já poderá ser iniciada, pois sua conversão em pecúnia não significa imediato pagamento aos credores, os quais, assim, não serão prejudicados se ainda não incluídos no quadro-geral de credores. Os valores permanecerão depositados até que a satisfação dos credores, por classes, possa ocorrer.

A alienação dos ativos, outrossim, não necessita aguardar nem sequer que todos os ativos do patrimônio do devedor falido sejam arrecadados. Entretanto, sua alienação deverá ser confrontada com a conveniência do atendimento da forma preferencial de alienação dos bens, ou da combinação de formas de alienação, o que poderá exigir que a arrecadação de outros ativos seja aguardada.

A ordem de preferência estabelecida para a liquidação inicia-se pelo maior conjunto de ativos possível e segue até a alienação dos bens separados, individualmente considerados. Com essas formas preferenciais, pretendeu o legislador preservar os interesses dos credores e da coletividade, pois a alienação dos bens em conjunto almejaria o maior valor dos ativos e a maior preservação da empresa.

A maximização do valor do ativo é obtida pela maior valorização do aviamento empresarial. Como atributo do estabelecimento empresarial, o aviamento, fundo de comércio, *azienda* ou *goodwill* é representado pela diferença entre o valor dos bens individualmente considerados e o seu valor como conjunto de ativos organizado pelo empresário para o desenvolvimento de uma determinada atividade. A alienação dos bens agrupados preserva essa organização, a qual possui conteúdo econômico, o que lhes acrescenta valor.

Além de maximizar o valor dos bens, a alienação do conjunto de ativos pretende preservar a empresa e sua função social, de modo que não fique adstrita à recuperação judicial. Concebida preponderantemente como atividade empresarial no perfil funcional de Asquini[247], a empresa poderia ser preservada mesmo diante da decretação da falência do empresário. Adquiridos os bens em conjunto, o empresário adquirente poderá continuar a desenvolver a atividade empresarial, agora de forma mais eficiente, com a preservação dos postos de trabalho, da concorrência, dos interesses dos consumidores e do desenvolvimento econômico nacional.

Essa ordem preferencial de formas de alienação estabelecida pelo art. 140, contudo, não exige que as formas mais preferenciais sejam obrigatoriamente tentadas antes de se passar à seguinte. Subsequentes alienações infrutíferas dos bens, até que se chegue a um menor conjunto, poderão comprometer a celeridade da liquidação, além de gerarem maior deterioração dos ativos, com a perda de parte de seu valor produtivo, e maiores despesas com sua conservação.

As formas de alienação, dessa forma, devem ser avaliadas pelo administrador judicial conforme as circunstâncias do caso concreto e as peculiaridades dos bens, de modo fundamentado e que poderá ser submetido à impugnação dos credores e à decisão judicial. Seu intuito é

---

[247] ASQUINI, Alberto. Perfis da Empresa (Fábio Konder Comparato trad.). *Revista de Direito Mercantil*, São Paulo: Revista dos Tribunais, n. 104, 1996.

a busca da maior eficiência do procedimento e de se preservar o maior interesse dos credores e da coletividade[248].

Formas de alienação dos ativos

A primeira forma de alienação tratada é a venda do conjunto de estabelecimentos empresariais do devedor como um todo.

O estabelecimento é definido como complexo de bens organizado para o desenvolvimento de determinada atividade (art. 1.142 do CC). Entre os bens componentes desses estabelecimentos figuram as coisas móveis e imóveis, os bens intangíveis e, entre estes, inclusive, as posições contratuais necessárias à exploração rentável da unidade de produção. Como complexo de bens, o estabelecimento poderá ser objeto de negócio jurídico e, na hipótese de falência, poderá ser liquidado como tal.

Nesses termos, o art. 1.148 do Código Civil complementa a disposição da LREF, ao determinar que a transferência do estabelecimento importará a sub-rogação do adquirente nos contratos estipulados para exploração do estabelecimento, desde que não tenham caráter pessoal, podendo os terceiros rescindir o contrato em noventa dias a contar da publicação da transferência, se ocorrer justa causa, ressalvada a responsabilidade do alienante.

Como complexo de bens para o desenvolvimento da atividade empresarial, possível que o empresário possua diversos estabelecimentos empresariais. O exercício de atividades diversas, as quais requerem particularidades no conjunto de bens, ou seu exercício em localidades diferentes poderão exigir que o empresário constitua diversos complexos de bens para desempenhá-la. O empresário poderá ser titular, assim, ainda que de um único patrimônio, de diversos estabelecimentos empresariais.

Na forma preferencial de alienação, todos os estabelecimentos empresariais do devedor poderão ser vendidos conjuntamente. Embora estabelecimentos empresariais distintos, poderia haver alguma ligação operacional entre eles que poderia ser preservada com a alienação em conjunto e continuar a ser explorada pelo adquirente.

Caso o administrador judicial avalie que a alienação em conjunto de todos os estabelecimentos empresariais não seria possível ou conveniente à Massa Falida, ou que os valores a serem obtidos seriam inferiores em relação à venda dos estabelecimentos empresariais isoladamente ou após aguardar toda a arrecadação, deverá proceder à alienação em separado de cada um dos estabelecimentos empresariais, isoladamente considerados.

A alienação dos estabelecimentos empresariais, ainda que isolados dos demais, continua a permitir a conservação do aviamento, assim como da preservação da empresa. A atividade econômica produzida poderá ser mantida sob o comando do adquirente por meio da utilização dos bens organizados adquiridos. Para tanto, assim como já referido na aquisição do conjunto de estabele-

---

[248] Nesse sentido: TJSP, Câmara Especial de Falências e Recuperações Judiciais, AI 532.553-4/2-00, rel. Des. Manoel Pereira Calças, j. 26-3-2008; TJSP, 2ª Câmara Reservada de Direito Empresarial, AI 2253816-54.2015, rel. Des. Ricardo Negrão, j. 25-5-2016.

Em sentido contrário, João Pedro Scalzilli, Luis Felipe Spinelli e Rodrigo Tellechea. Para os autores, "o administrador judicial não pode simplesmente avançar para a opção seguinte se não se verificou a ausência de interessados na hipótese anterior" (*Recuperação de empresas e falência*. 2. ed. São Paulo: Almedina, 2017, p. 840).

cimentos, a alienação dos bens envolverá também a cessão das posições contratuais para que o adquirente possa continuar a desenvolver o empreendimento.

Na impossibilidade ou fracasso das alienações dos estabelecimentos empresariais, em conjunto ou isoladamente, os bens deverão ser vendidos preferencialmente em blocos ou, se inviável, de forma individual. Nessas hipóteses de alienação dos bens destacados do restante do estabelecimento empresarial, a preservação da atividade empresarial não mais seria viável.

Embora a empresa não possa ser preservada, para que se permita a maximização do valor dos seus ativos à Massa Falida, deve-se, contudo, buscar o maior aproveitamento dos bens, com a menor quantidade de ativos remanescentes. Na impossibilidade de alienação do estabelecimento, realiza-se a alienação dos ativos em blocos em consideração à sua vocação produtiva e ao emprego que deles pode ser efetuado.

A alternativa remanescente é a alienação dos bens individualmente considerados. Para a Massa Falida, essa forma de alienação é a menos economicamente atrativa, pois implica, além de perda da capacidade produtiva dos bens se considerados no conjunto, a provável sobra de ativos pouco valorizados pelo mercado.

Todavia, essa forma de alienação não significa que a liquidação seja ineficiente. As tentativas de venda infrutíferas do estabelecimento indicam que o mercado não considera a organização do empresário como lucrativa ou não valoriza a atividade gerada. A falta de consideração dessa atividade como atrativa pelo mercado exige que os bens sejam empregados de forma diversa por seus adquirentes, integrando-os em outras estruturas produtivas. Há, assim, melhor alocação dos recursos produtivos, com menor desperdício das matérias-primas e dos meios de produção, o que implica melhor eficiência à economia.

Art. 141. Na alienação conjunta ou separada de ativos, inclusive da empresa ou de suas filiais, promovida sob qualquer das modalidades de que trata o art. 142:

I – todos os credores, observada a ordem de preferência definida no art. 83 desta Lei, sub-rogam-se no produto da realização do ativo;

II – o objeto da alienação estará livre de qualquer ônus e não haverá sucessão do arrematante nas obrigações do devedor, inclusive as de natureza tributária, as derivadas da legislação do trabalho e as decorrentes de acidentes de trabalho.

§ 1º O disposto no inciso II do *caput* deste artigo não se aplica quando o arrematante for:

I – sócio da sociedade falida, ou sociedade controlada pelo falido;

II – parente, em linha reta ou colateral até o 4º (quarto) grau, consanguíneo ou afim, do falido ou de sócio da sociedade falida; ou

III – identificado como agente do falido com o objetivo de fraudar a sucessão.

§ 2º Empregados do devedor contratados pelo arrematante serão admitidos mediante novos contratos de trabalho e o arrematante não responde por obrigações decorrentes do contrato anterior.

§ 3º A alienação nas modalidades de que trata o art. 142 desta Lei poderá ser realizada com compartilhamento de custos operacionais por 2 (duas) ou mais empresas em situação falimentar.

Sub-rogação dos credores no produto da liquidação

A liquidação dos ativos assegura a sub-rogação de todos os credores nos valores obtidos com a realização dos bens, conforme a ordem legal de preferência estabelecida pelo art. 83.

A disposição assegura que nenhum credor terá qualquer privilégio na satisfação de seus créditos em face de qualquer bem, nem mesmo se a coisa alienada lhe tivesse sido conferida como garantia do adimplemento da obrigação, como ocorre com os credores com garantia real.

Ainda que excepcionalmente se possa permitir ao juízo da execução individual, em razão dos princípios da celeridade processual e da economia dos atos processuais, a manutenção da hasta pública anteriormente designada para alienação dos bens integrantes da Massa Falida objetiva, o produto da alienação não poderá ser utilizado para a satisfação do credor individual daquele feito.

Diante da instauração da execução coletiva falimentar, todos os credores devem se submeter ao Juízo Universal para o recebimento de seus créditos conforme a ordem legal de pagamento e a igualdade de credores. O produto da alienação, assim, deverá ser remetido ao processo falimentar para que possa ser partilhado entre os credores, independentemente se a falência foi decretada antes ou depois da alienação do bem na execução individual, pois os recursos integram a Massa Falida objetiva a partir da decretação da falência[249].

Alienada a coisa, todos os credores serão satisfeitos com o produto de sua liquidação, respeitada a ordem legal de pagamento e o princípio da *par conditio creditorum*. Para reduzir os custos operacionais desse procedimento, referidos custos podem ser compartilhados entre duas ou mais empresas em situação familiar.

Não sucessão do adquirente nas obrigações do falido

A não sucessão do adquirente em relação aos ativos adquiridos é exceção à regra geral estabelecida no Código Civil[250] e legislações esparsas, como a Consolidação das Leis do Trabalho[251] e o Código Tributário Nacional[252]. Nessas legislações, estabelece-se a obrigação do adquirente do estabelecimento de responder pelas obrigações do alienante de modo a se assegurar a proteção ao respectivo credor.

---

[249] Nesse sentido: STJ, 2ª Seção, CC 112.390/PA, rel. Min. Sidnei Beneti, j. 23-3-2011; STJ, 2ª Seção, AgRg no CC 95.001/BA, rel. Min. Fernando Gonçalves, j. 22-4-2009; TJSP, 2ª Câmara Reservada de Direito Empresarial, AI 0235575-71.2012, j. 30-9-2013.

[250] Art. 1.146 do CC: "O adquirente do estabelecimento responde pelo pagamento dos débitos anteriores à transferência, desde que regularmente contabilizados, continuando o devedor primitivo solidariamente obrigado pelo prazo de um ano, a partir, quanto aos créditos vencidos, da publicação, e, quanto aos outros, da data do vencimento".

[251] Art. 10 da CLT: "Qualquer alteração na estrutura jurídica da empresa não afetará os direitos adquiridos por seus empregados".

[252] Art. 133 do CTN: "A pessoa natural ou jurídica de direito privado que adquirir de outra, por qualquer título, fundo de comércio ou estabelecimento comercial, industrial ou profissional, e continuar a respectiva exploração, sob a mesma ou outra razão social ou sob firma ou nome individual, responde pelos tributos, relativos ao fundo ou estabelecimento adquirido, devidos até a data do ato".

O risco de o adquirente responder pelo passivo do alienante interferiria no preço oferecido para a aquisição, com prejuízo de todos os credores. A possibilidade de responsabilidade pelas obrigações tornará o negócio menos atraente ao arrematante, ou seja, a coisa adquirida, em razão das dívidas, valerá menos, de modo que o lance ofertado para sua aquisição seria naturalmente inferior ao que poderia ser se não houvesse risco de responsabilização. Em razão desse risco, que reverteria no preço, a própria alienação da coisa poderá se tornar inviável.

Outrossim, eventual responsabilidade de pagamento do terceiro credor implicaria tratamento privilegiado a esse credor em detrimento dos demais, cujos créditos, ainda que mais preferenciais, poderiam não ser satisfeitos.

Na LREF, para se garantir a maximização do valor dos ativos liquidados e se assegurar o respeito ao princípio da *par conditio creditorum*, o art. 141 estabeleceu que os bens objetos de alienação estarão livres de qualquer ônus que sobre eles recaia, pois todos os credores deverão, sem privilégio de qualquer um, se sub-rogar no produto da liquidação.

O dispositivo foi considerado constitucional pelo Supremo Tribunal Federal[253]. A despeito de ser questionada a desproteção que a não sucessão poderia gerar aos credores trabalhistas, a alienação dos bens asseguraria a preservação da empresa, com o desenvolvimento de sua função social e a manutenção dos postos de trabalho. Os credores, assim, deveriam ser satisfeitos conforme a ordem de pagamento determinado pela lei, mas apenas em face do produto obtido com a liquidação do ativo.

Para ausência de sucessão, os gravames existentes sobre os bens alienados deverão ser levantados, pois o credor garantido deverá habilitar seu crédito na falência e será satisfeito com o produto da liquidação quando ocorrer o pagamento de todos os credores de sua classe, sem que possua qualquer direito privilegiado a receber o crédito do referido adquirente.

Além de os ônus serem levantados, o adquirente não responderá por quaisquer obrigações do vendedor, ainda que contabilizadas e mesmo se de natureza tributária, trabalhistas ou decorrentes de acidentes de trabalho.

Quanto às trabalhistas, mesmo que os empregados continuem a trabalhar com o bem adquirido, a partir da alienação para o arrematante, este não responderá pelas obrigações trabalhistas anteriores. Para incentivar que o arrematante se beneficie do conhecimento desses prestadores e mantenha os postos de trabalho anteriormente existentes, poderá manter os trabalhadores no exercício de suas funções, mediante novo contrato de trabalho. De qualquer forma, ainda que assim o faça, não responderá pelas obrigações trabalhistas em face do falido ou por qualquer crédito decorrente do contrato de trabalho anterior e celebrado com o devedor falido.

Quanto às obrigações tributárias, a Lei Complementar n. 118/2005 inseriu parágrafo único no art. 133 do Código Tributário Nacional para excepcionar a regra geral de sucessão nas obrigações. Determinou-se, assim, que a sucessão tributária do adquirente nas obrigações do vendedor não ocorrerá na hipótese de alienação do bem por processo falimentar.

Responsabilização excepcional do adquirente

A não sucessão do arrematante nas obrigações do devedor falido não poderão ser utilizada, contudo, como uma oportunidade para o próprio devedor se beneficiar e fraudar seus credores.

---

[253] STF, ADI 3.934-2/DF, rel. Min. Ricardo Lewandowski, *DJ* 27-5-2009.

Tanto o devedor quanto qualquer sócio da pessoa jurídica devedora não poderão usufruir de informação privilegiada que possuam sobre determinado ativo para se beneficiar da crise econômica da empresa de que participavam em detrimento dos credores sociais.

Se o arrematante for sócio da sociedade falida ou sociedade controlada pelo falido, parente em linha reta ou colateral até o quarto grau, consanguíneo ou afim do falido ou de sócio da sociedade falida, ou for, de qualquer forma, agente do falido com o objetivo de fraudar a sucessão, ocorrerá a responsabilidade do arrematante pelas obrigações do falido.

Como hipótese excepcional, o rol deverá ser considerado taxativo e não comporta interpretação extensiva. Entretanto, não se justifica a limitação do dispositivo aos sócios influentes ou com ligação direta à administração da pessoa jurídica para aumentar a disputa pelos ativos[254]. Qualquer dos sócios é mais provável que tenha informação sobre determinado ativo que qualquer adquirente, de modo que a sucessão procura evitar o aproveitamento oportunista da crise econômico-financeira como uma oportunidade em detrimento dos demais credores.

Art. 142. A alienação de bens dar-se-á por uma das seguintes modalidades:

I – leilão eletrônico, presencial ou híbrido;

II – (REVOGADO);

III – (REVOGADO);

IV – processo competitivo organizado promovido por agente especializado e de reputação ilibada, cujo procedimento deverá ser detalhado em relatório anexo ao plano de realização do ativo ou ao plano de recuperação judicial, conforme o caso;

V – qualquer outra modalidade, desde que aprovada nos termos desta Lei.

§ 1º (REVOGADO).

§ 2º (REVOGADO).

§ 2º-A A alienação de que trata o *caput* deste artigo:

I – dar-se-á independentemente da conjuntura do mercado no momento da venda ser favorável ou desfavorável, dado o caráter forçado da venda;

II – independerá da consolidação do quadro geral de credores;

---

[254] Em sentido contrário, Alfredo de Assis Gonçalves Neto. Para o autor, a restrição não teria justificativa e reduziria a disputa pelo ativo. O sócio com participação exígua na sociedade e alheio à administração societária não poderia ser considerado sucessor das obrigações (Administração da falência, realização do ativo e pagamento dos credores. In: SANTOS, Paulo Penalva (coord.). *A nova Lei de Falências e de Recuperação de Empresas – Lei n. 11.101/2005*. Rio de Janeiro: Forense, 2006, p. 264).

III – poderá contar com serviços de terceiros como consultores, corretores e leiloeiros;

IV – deverá ocorrer no prazo máximo de 180 (cento e oitenta) dias, contado da data da lavratura do auto de arrecadação, no caso de falência;

V – não estará sujeita à aplicação do conceito de preço vil.

§ 3º Ao leilão eletrônico, presencial ou híbrido dar-se-á, no que couber, as regras da Lei n. 13.105, de 16 de março de 2015 (Código de Processo Civil).

§ 3º-A A alienação por leilão eletrônico, presencial ou híbrido dar-se-á:

I – em primeira chamada, no mínimo pelo valor de avaliação do bem;

II – em segunda chamada, dentro de 15 (quinze) dias, contados da primeira chamada, por no mínimo 50% (cinquenta por cento) do valor de avaliação; e

III – em terceira chamada, dentro de 15 (quinze) dias, contados da segunda chamada, por qualquer preço.

§ 3º-B A alienação prevista nos incisos IV e V do *caput* deste artigo, conforme disposições específicas desta Lei, observará o seguinte:

I – será aprovada pela assembleia geral de credores;

II – decorrerá de disposição de plano de recuperação judicial aprovado; ou

III – deverá ser aprovada pelo juiz, considerada a manifestação do administrador judicial e do Comitê de Credores, se existente.

§ 4º (REVOGADO).

§ 5º (REVOGADO).

§ 6º (REVOGADO).

§ 7º Em qualquer modalidade de alienação, o Ministério Público e as Fazendas Públicas serão intimados por meio eletrônico, nos termos da legislação vigente e respeitadas as respectivas prerrogativas funcionais, sob pena de nulidade.

§ 8º Todas as formas de alienação de bens realizadas de acordo com esta Lei serão consideradas, para todos os fins e efeitos, alienações judiciais.

Modalidades de liquidação de ativos

No Decreto-Lei revogado, a escolha das modalidades ordinárias de alienação era atribuída ao síndico, o qual poderia escolher entre o leilão ou a proposta fechada (arts. 117 e 118 do Dec.-Lei revogado). Assegurava-se que os credores, por requerimento de no mínimo ¼ do montante total de créditos, deliberassem por maioria de créditos sobre qual dessas modalidades ordinárias deveria ser utilizada pelo síndico (art. 122 do Dec.-Lei n. 7.661/45), ou mesmo decidissem, por quórum de 2/3 do total de créditos, pela realização de uma modalidade extraordinária de alienação (art. 123 do Dec.-Lei n. 7.661/45).

A LREF alterou o regime anterior e atribuiu ao Juiz Universal a decisão quanto à escolha da modalidade de alienação dos bens integrantes da Massa Falida objetiva.

A conveniência e oportunidade da escolha de uma das modalidades era do juízo, que devia escolhê-la de forma fundamentada e orientada a implementar o melhor interesse da coletividade de credores. Caso a decisão tangenciasse essa finalidade, poderia ser objeto de recurso por qualquer dos interessados, mediante agravo de instrumento[255].

Entre as modalidades ordinárias de alienação, a LREF disponibilizava três alternativas: o leilão por lances orais, as propostas fechadas e o pregão.

A alteração legislativa, contudo, suprimiu o procedimento até então vigente.

Foram revogados a proposta fechada e o pregão como modalidades ordinárias e específicas de alienação, embora possam ser realizados dentro de um procedimento competitivo.

O leilão tornou-se o procedimento ordinário a ser utilizado. Para sua realização, o juiz não precisará de qualquer deliberação da Assembleia Geral de Credores ou oitiva prévia obrigatória de qualquer outro agente, como o administrador judicial ou o Comitê de Credores.

Além do leilão, foram inseridas outras modalidades públicas de alienação, as quais também serão consideradas alienações judiciais.

Pela nova redação do dispositivo legal, independentemente da modalidade adotada, poderá ser realizado como alienação judicial qualquer processo competitivo e público de venda, que garanta o acesso a todos os interessados. Dentro dessas modalidades alternativas, há o processo competitivo organizado por agente especializado e de reputação ilibada. Poderá ocorrer qualquer outra modalidade também de venda, desde que se garantam a transparência e a concorrência entre os interessados.

Tais modalidades alternativas deverão ser aprovadas pela Assembleia Geral de Credores, decorrer de disposição de plano de recuperação judicial aprovado ou deverá ser aprovada pelo juiz, considerada a manifestação do administrador judicial e do Comitê de Credores, se existente.

Sua realização independe da consolidação do Quadro-Geral de Credores, pois a liquidação dos bens não implica pagamento dos credores, o que poderia, ademais, tardar o procedimento. Para que seja célere a liquidação, a venda deverá ocorrer no prazo máximo de 180 dias da realização do auto de arrecadação do bem, no caso de falência, sob pena de destituição do administrador judicial, e poderá contar com serviços de terceiros como consultores, corretores e leiloeiros.

Independentemente da modalidade de alienação, não há necessidade de prévia oitiva do Ministério Público ou das Fazendas Públicas acerca da decisão sobre a alienação. Ambos precisarão ser apenas intimados de sua realização por meio eletrônico, sob pena de nulidade.

A arrematação do bem deverá constar em auto de arrematação, o qual será lavrado de imediato e deverá mencionar as condições nas quais os bens foram alienados. O pagamento do lance deverá ser realizado de imediato pelo ofertante, exceto se estabelecido de modo diverso no edital.

A arrematação apenas será considerada perfeita após a assinatura do auto de arrematação pelo juiz, pelo arrematante e pelo leiloeiro.

---

[255] Nesse sentido, BERNARDI, Ricardo. Comentários ao art. 142. In: SOUZA JR., Francisco Satiro de; PITOMBO, Antônio Sérgio A. de Moraes (coord.). *Comentários à Lei de Recuperação de Empresas e Falência*. 2. ed. São Paulo: Revista dos Tribunais, 2007, p. 498.

a) Preço vil

Não há a necessidade de serem designadas diversas praças ou de os lances serem superiores ao valor da avaliação do bem. No procedimento falimentar, a alienação poderá ocorrer em praça única, em que será vencedor aquele que oferecer o maior valor, independentemente de ser inferior ao valor da avaliação.

Nada impede, entretanto, que, diante do caso concreto, o Juiz Universal fixe praças sucessivas para a alienação do bem e com preços mínimos decrescentes, inclusive mediante a publicação de edital único, o que atenderia aos princípios da publicidade, celeridade processual e objetivaria a maximização do valor dos ativos para a satisfação dos credores.

No procedimento de leilão eletrônico, nesse ponto, a lei foi inclusive expressa. Haverá no procedimento a tentativa de venda em três chamadas, com valores mínimos decrescentes, de valor da avaliação do bem, 50% do referido valor e de qualquer preço em terceira chamada.

O preço ofertado, qualquer que seja ele, não poderá ser considerado vil para impedir a alienação.

Diante das peculiaridades do procedimento falimentar e de recuperação, medidas céleres para a liquidação dos ativos podem ser exigidas em razão da conservação dispendiosa dos bens, risco de perecimento ou deterioração das coisas, em razão de os ativos não serem relevantes para o desenvolvimento da atividade e necessitarem ser liquidados para reverter o produto para a manutenção da atividade principal com urgência, ou pela inexistência de interessados, notadamente diante do estigma ainda existente em face de bens de Massa Falida e que tem afugentado os interessados das aquisições.

O preço vil não é aplicado em função desse caráter forçado da venda e da celeridade exigida e que compele à liquidação célere, ainda que em detrimento da conjuntura do mercado no momento da venda.

Leilão

Independentemente de o bem a ser alienado ser móvel ou imóvel, o leilão poderá ser designado pelo Juiz Universal e será realizado por meio de um leiloeiro público, preferencialmente por meio eletrônico (art. 882 do CPC). A Lei n. 11.101/2005 conferiu também a possibilidade de o leilão ocorrer de forma presencial ou de forma híbrida, tanto presencial quanto eletrônico. A conveniência da apreciação dessas formas deverá ser realizada pelo Magistrado diante da maior possibilidade de concorrência entre os pretendentes e como força de se obter o melhor valor na liquidação.

A escolha do leiloeiro caberá ao Juiz Universal, embora possa ser indicado pelo administrador judicial, a quem compete a realização dos ativos (art. 22, III, *i*). Não há impedimento para que haja indicação pelos próprios credores tampouco, embora o juízo não lhes fique adstrito e deva decidir conforme sua melhor consideração sobre os interesses da Massa Falida.

Ao leiloeiro compete a publicação do edital com a divulgação da alienação judicial, o recebimento e depósito do produto da alienação e prestação de contas nos dois dias subsequentes ao depósito.

Não mais se exige antecedência de 15 dias para a publicação do edital com bens móveis ou de 30 dias para bens imóveis. Pelo art. 887, § 1º, do Código de Processo Civil, a publicação do edital deverá ocorrer pelo menos com 5 dias de antecedência à data do leilão.

A publicação do referido edital deverá ocorrer no sítio eletrônico próprio dedicado à recuperação judicial e à falência, além de no diário oficial eletrônico.

Para estabelecer esse encargo, receberá o leiloeiro comissão estabelecida por Lei ou arbitrada pelo juiz diretamente pelo arrematante (art. 884, parágrafo único, do CPC). Ainda que tenha sido estabelecido o montante obrigatório de 5% do valor da arrematação como comissão ao leiloeiro público, conforme parágrafo único do art. 24 do Decreto n. 21.981/1932, a norma foi revogada parcialmente pelo CPC, o qual garantiu o direito ao Juiz Universal de estabelecer montante diverso em consideração às despesas exigidas do leiloeiro para a divulgação da alienação e ao valor do bem a ser alienado. Apenas na omissão de decisão judicial o valor da comissão será de 5%.

O leilão consiste, na data designada no anúncio publicado e no local indicado, na oferta de lances sucessivos pelos interessados. Os lances poderão ser eletrônicos, no leilão eletrônico, ou orais, no caso de leilão presencial, embora ambas as modalidades possam também ser simultâneas, no leilão híbrido. Sagrar-se-á vencedor aquele que ofertar o maior lance pelo bem submetido à alienação.

Haverá a previsão, no edital, de três chamadas sucessivas. Em primeira chamada, os lances poderão ocorrer a partir do valor mínimo de avaliação do bem; em segunda chamada, 15 dias após a primeira, os lances terão o valor mínimo a partir de 50% do valor de avaliação; em terceira chamada, 15 dias depois da segunda, os lances não terão valor mínimo e poderá sagrar-se vencedor quem apresentou o maior lance.

Processo competitivo e outras modalidades de alienação

A alteração da Lei n. 11.101/2005 pela Lei n. 14.112, de 24 de dezembro de 2020, não mais restringiu as modalidades de liquidação dos bens.

Embora o leilão ainda seja a modalidade preferencial, na medida em que sequer precisa ser aprovada pelos credores ou constar do plano de recuperação judicial aprovado, demais modalidades poderão ser determinadas.

Desde que haja aprovação pela Assembleia Geral de Credores, estejam previstas no plano de recuperação judicial ou sejam aprovadas pelo juiz após manifestação do administrador judicial e do Comitê de Credores, o procedimento de liquidação poderá ser estruturado para melhor atender às peculiaridades dos bens a serem liquidados, desde que garanta ampla publicidade e a possibilidade de a maior quantidade de interessados concorrerem para ofertar o melhor preço possível ao bem.

Nesse aspecto, o processo competitivo poderá ser organizado por agente especializado e de reputação ilibada, desde que o procedimento seja detalhado em relatório anexo ao plano de realização do ativo apresentado pelo administrador judicial ou ao plano de recuperação judicial.

Outra modalidade, ademais, poderá ser realizada sem inclusive a participação de agente especializado. É o que poderá ocorrer com a intimação pelo Juízo de que os diversos pretendentes possam ofertar valores no próprio processo, ou mediante proposta fechada por ele próprio conduzida, ou mesmo pregão da forma em que anteriormente era estruturado pela Lei.

Propostas fechadas e pregão como demais modalidades de liquidação

Tanto as modalidades de propostas fechadas quanto de pregão foram revogadas pela alteração legislativa.

Sua realização, contudo, poderá continuar a ocorrer dentro da possibilidade de sua realização por qualquer outra modalidade pública. Para tanto, deverão ser aprovadas pela Assembleia Geral de Credores, decorrer de disposição de plano de recuperação judicial aprovado ou ser aprovadas pelo juiz, após a manifestação do administrador judicial e do Comitê de Credores.

A proposta fechada é modalidade ordinária de alienação na qual é designada, por publicação de edital, uma determinada data pelo juiz para que sejam abertos os envelopes com as propostas fechadas apresentados em cartório até a referida data.

Nessa modalidade, as ofertas não são de conhecimento dos demais ofertantes por ocasião de sua apresentação. As ofertas serão realizadas em envelopes fechados, entregues ao cartório sob recibo, e que somente serão abertos pelo Juiz Universal na data e horário constantes no edital, com a presença de todos os interessados.

Não existe a possibilidade de o ofertante, à vista da abertura da proposta, oferecer maior valor. O vencedor será aquele que tiver oferecido proposta de maior valor pelo bem a ser alienado, o qual será reconhecido pelo próprio juiz ao término das aberturas dos envelopes.

A proposta fechada é modalidade menos custosa do que o leilão porque dispensa a presença do leiloeiro público.

O auto de arrematação é lavrado em juízo, com a assinatura de todos os presentes e a juntada de todas as propostas apresentadas nos autos da falência. O pregão, por seu turno, consiste numa modalidade híbrida, que reúne tanto uma primeira fase de propostas fechadas quanto uma segunda fase de leilões por lances orais.

No pregão, deverá ser publicado edital aos interessados para apresentarem propostas fechadas, as quais serão abertas em data, horário e local determinados pelo Juiz Universal, da mesma forma que disciplinada a modalidade de proposta fechada.

Abertos os envelopes, contudo, o juiz verificará o maior valor ofertado, assim como aferirá todas as propostas de ao menos 90% do maior valor ofertado. Todos esses proponentes, caso haja, serão habilitados para a segunda fase e deverão ser notificados para comparecerem ao leilão.

A segunda fase do pregão desenvolve-se na forma de um leilão por lances orais em data, hora e local designados pelo edital, o que pode ser no momento imediatamente seguinte à abertura das propostas ou em momento posterior. O leilão será realizado por lances orais e terá lance mínimo do maior valor ofertado pelos presentes na fase de proposta fechada, ainda que inferior ao maior valor realizado na fase de propostas fechadas.

Entre os presentes, aquele que apresentou a melhor oferta na fase de propostas fechadas ficará vinculado ao valor anteriormente oferecido e será reconhecido como vencedor e arrematante se nenhum outro lance oral foi apresentado. Como o ofertante do maior lance na fase de proposta fechada poderá não estar presente, vencerá o leilão o interessado que oferecer o maior lance, ainda que inferior ao maior valor obtido na fase de proposta fechada.

Caso o ofertante da maior proposta fechada não tenha comparecido ao leilão, e este não tenha resultado em oferta superior ou igual ao valor anteriormente apresentado, o ofertante será obrigado a prestar a diferença entre a sua proposta e o lance do arrematante do bem. A certidão do juízo sobre o ocorrido valerá como título executivo para a cobrança dos valores dessa diferença pelo administrador judicial.

Art. 143. Em qualquer das modalidades de alienação referidas no art. 142 desta Lei, poderão ser apresentadas impugnações por quaisquer credores, pelo devedor ou pelo Ministério Público, no prazo de 48 (quarenta e oito) horas da arrematação, hipótese em que os autos serão conclusos ao juiz, que, no prazo de 5 (cinco) dias, decidirá sobre as impugnações e, julgando-as improcedentes, ordenará a entrega dos bens ao arrematante, respeitadas as condições estabelecidas no edital.

§ 1º Impugnações baseadas no valor de venda do bem somente serão recebidas se acompanhadas de oferta firme do impugnante ou de terceiro para a aquisição do bem, respeitados os termos do edital, por valor presente superior ao valor de venda, e de depósito caucionário equivalente a 10% (dez por cento) do valor oferecido.

§ 2º A oferta de que trata o § 1º deste artigo vincula o impugnante e o terceiro ofertante como se arrematantes fossem.

§ 3º Se houver mais de uma impugnação baseada no valor de venda do bem, somente terá seguimento aquela que tiver o maior valor presente entre elas.

§ 4º A suscitação infundada de vício na alienação pelo impugnante será considerada ato atentatório à dignidade da justiça e sujeitará o suscitante à reparação dos prejuízos causados e às penas previstas na Lei n. 13.105, de 16 de março de 2015 (Código de Processo Civil), para comportamentos análogos.

Impugnação à arrematação

Assinado o auto de arrematação, o qual descreverá todas as condições nas quais foi alienado o bem, o Código de Processo Civil estabeleceu que poderão ser apresentadas impugnações sobre a existência de vícios ou de preço vil de alienação. Embora o Código de Processo Civil estabeleça o prazo de dez dias após o aperfeiçoamento da arrematação, a qual é considerada por ocasião da assinatura do auto pelo juiz, pelo arrematante e pelo leiloeiro (art. 903, § 2º, do CPC), a LREF possui disposição específica na matéria.

Sobre as alienações realizadas no procedimento de insolvência, as impugnações deverão ser apresentadas no prazo de 48 horas da assinatura do auto de arrematação, sob pena de preclusão[256]. São legitimados para oporem as impugnações quaisquer credores habilitados, o próprio devedor ou o Ministério Público, e os autos serão remetidos ao Juiz Universal para decidir no prazo de cinco dias.

Os demais interessados ou credores não habilitados no procedimento não são considerados pela Lei como legitimados a impugnar a alienação, como arrendatário ou locatário do ativo alienado[257].

Decorrido o prazo de 48 horas sem que tenham sido opostas impugnações ou desde que tenham sido julgadas improcedentes, será expedida carta de arrematação do bem imóvel, com o respectivo mandado de imissão na posse, ou mandado de entrega do bem móvel ao arrematante, a menos que o depósito do valor da arrematação e o pagamento da comissão do leiloeiro não tenham sido realizados.

Impugnações à arrematação baseadas no valor de liquidação

As impugnações aos valores de avaliação e da submissão dos bens à venda eram grande ponto de retardamento da liquidação dos ativos no procedimento falimentar.

---

[256] TJSP, 2ª Câmara Reservada de Direito Empresarial, AI 2162004-62.2014, rel. Des. Araldo Telles, j. 10-4-2015.

[257] TJSP, 1ª Câmara Reservada de Direito Empresarial, AI 0010185-83.2012, rel. Des. Francisco Loureiro, j. 8-5-2012.

Para se acelerar o procedimento liquidatório como forma de maximizar o valor dos ativos, reduzir as despesas e gerar maior satisfação dos credores, exigiu-se que as impugnações sobre o valor de venda fossem tempestivas, no prazo de 48 horas da assinatura pelo juiz do auto de arrematação.

Ainda que tempestivas, as impugnações sobre o valor de venda devem vir acompanhadas de oferta firme do impugnante ou de terceiro para a aquisição do bem. Mas não basta que haja simplesmente maior proposta, haja vista que o proponente deveria tê-la feito durante o procedimento competitivo e nos termos do edital de alienação, sob pena de sempre ser invalidado o procedimento competitivo por concorrente posterior que der maior lance.

A impugnação sobre o maior valor deverá apresentar, concomitantemente à oferta firme de valor superior, irregularidade no procedimento e que comprometeu o lance do proponente ou o impossibilitou de comparecer ao certame conforme previsão do edital.

O procedimento de impugnação depois do certame não poderá promover novo certame, sem o cumprimento do edital anterior e em que vai prevalecer intempestivamente a melhor proposta, mas fora do procedimento competitivo. É imprescindível que haja indicação de falha no procedimento, o que pode ter comprometido o preço vencedor.

Por sustentar a irregularidade do procedimento, o que poderá impactar a liquidação do bem, a própria lei exigiu depósito caução do equivalente a 10% do valor oferecido. O montante é exigido para que a proposta apresentada seja efetivamente firme e, também, para a satisfação de eventuais perdas e danos que poderão resultar de uma demora injustificada diante da impugnação. A suscitação infundada de vício na alienação pelo impugnante será considerada ato atentatório à dignidade da justiça e sujeitará o suscitante à reparação dos prejuízos causados.

A impugnação vincula o impugnante e o terceiro ofertante aos seus termos, de modo que acolhidos os fundamentos de irregularidade do procedimento, prevalecerá a proposta que indique o maior preço pelo bem.

Art. 144. Havendo motivos justificados, o juiz poderá autorizar, mediante requerimento fundamentado do administrador judicial ou do Comitê, modalidades de alienação judicial diversas das previstas no art. 142 desta Lei.

Modalidades extraordinárias de liquidação

O art. 144 teve toda a sua disciplina tratada pelo art. 142, embora não tenha sido revogado pela Lei n. 14.112/2020. De toda forma, a disciplina do art. 142 simplesmente reiterou sua disposição.

Diante das circunstâncias particulares do caso, o leilão e as formas competitivas de alienação podem não ser as modalidades ordinárias mais aptas a maximizarem o valor dos ativos para a satisfação dos créditos.

Mediante requerimento do administrador judicial ou do Comitê de Credores, desde que haja motivos justificados, poderá o juiz autorizar modalidade extraordinária de liquidação dos ativos. Entre os motivos a justificarem uma alienação extraordinária, figuram as características peculiares dos bens arrecadados, as quais podem dificultar sua aquisição pelo mercado, ou exigirem liquidação rápida em virtude da deterioração ou dificuldade de conservação dos bens etc.

Nesse ponto, a LREF já previa a possibilidade de adjudicação no art. 111 e a venda antecipada no art. 113. Prudente, assim, que não se limitem as modalidades de liquidação ao leilão, propostas fechadas e pregão para que se consiga maximizar o valor dos ativos para satisfazer os credores e extinguir as obrigações do falido, diante das características peculiares dos bens e da conveniência dos interesses da Massa Falida.

Para tanto, imprescindível que se aplique, para que a alienação possa ser realizada, a regra da não sucessão do arrematante nas obrigações do devedor, sob pena de a liquidação na forma extraordinária não ser efetivamente possível e atrativa[258]. A aplicação da não sucessão a essa forma de liquidação extraordinária decorre da aplicação analógica do art. 145.

Na modalidade extraordinária de alienação, em que fora aprovada pela Assembleia Geral de Credores e deverá ser homologada pelo juízo, a liquidação do ativo deverá ser realizada sem sucessão ao arrematante dos bens[259]. Não se justifica que, se a modalidade extraordinária for decidida pelo juízo diretamente mediante pedido do administrador judicial ou do Comitê de Credores, seja realizada qualquer distinção de tratamento, notadamente se essa impossibilidade de não sucessão comprometer a própria eficácia da previsão legal.

Todavia, qualquer modalidade extraordinária a ser autorizada deverá respeitar a preferência legal das classes de credores, bem como a *par conditio creditorum* entre os credores da mesma classe.

Art. 144-A. Frustrada a tentativa de venda dos bens da massa falida e não havendo proposta concreta dos credores para assumi-los, os bens poderão ser considerados sem valor de mercado e destinados à doação.

Parágrafo único. Se não houver interessados na doação referida no *caput* deste artigo, os bens serão devolvidos ao falido.

Doação dos bens

Os ativos arrecadados do devedor devem ser liquidados para que o produto dessa liquidação seja utilizado para a satisfação dos credores.

Concebeu a Lei que a liquidação deve ser célere não apenas para a obtenção do maior valor do ativo, em razão da desvalorização ou deterioração dos bens ao longo do tempo, mas também como modo de reduzir os gastos da Massa Falida na conservação dos bens arrecadados.

Os bens que não obtiverem nenhuma proposta no procedimento competitivo que não tenha fixado valor mínimo para a aquisição poderão ser arrematados pelos próprios credores, mediante proposta de amortização dos referidos créditos.

Diante de insucesso da liquidação e desde que não haja interesse dos credores em serem satisfeitos através da adjudicação do bem, os bens serão considerados sem valor de mercado e, para que não consumam mais recursos da massa com a sua conservação, deverão ser destinados à doação.

Caso não haja interessados na doação dos bens, sua posse deverá ser devolvida ao falido.

---

[258] Cf. comentários ao art. 141.

[259] Cf. comentários ao art. 145.

Art. 145. Por deliberação tomada nos termos do art. 42 desta Lei, os credores poderão adjudicar os bens alienados na falência ou adquiri-los por meio de constituição de sociedade, de fundo ou de outro veículo de investimento, com a participação, se necessária, dos atuais sócios do devedor ou de terceiros, ou mediante conversão de dívida em capital.

§ 1º Aplica-se irrestritamente o disposto no art. 141 desta Lei à transferência dos bens à sociedade, ao fundo ou ao veículo de investimento mencionados no *caput* deste artigo.

§ 2º (REVOGADO).

§ 3º (REVOGADO).

§ 4º Será considerada não escrita qualquer restrição convencional à venda ou à circulação das participações na sociedade, no fundo de investimento ou no veículo de investimento a que se refere o *caput* deste artigo.

Modalidades extraordinárias aprovadas em AGC

Além de as modalidades extraordinárias poderem ser requeridas pelo administrador judicial e pelo Comitê de Credores e serem determinadas pelo Juiz Universal (art. 144), a Assembleia Geral de Credores poderá deliberar pela adjudicação dos bens alienados na falência ou adquiri-los por meio de constituição de sociedade, de fundo ou de outro veículo de investimento, com a participação, se necessária, dos atuais sócios do devedor ou de terceiros, ou mediante conversão de dívida em capital.

A permissão já era constante do Decreto-Lei n. 7.661/45, que autorizava aos credores que representassem mais de 2/3 dos créditos determinarem qual seria a forma pela qual o síndico deveria realizar o ativo da Massa Falida. Assegura-se a liquidação alternativa como forma de maximizar a satisfação dos interesses dos credores e de reduzir o tempo do processo. Embora o art. 46 da LREF tenha estabelecido o percentual de 2/3 dos créditos presentes na AGC, a alteração legislativa no art. 145 determinou a remissão ao art. 42 da Lei. Referida remissão, entretanto, não implica a aplicação do quórum de maioria simples nessa hipótese, entretanto.

O art. 145, ao fixar o quórum para a aprovação das formas de liquidação alternativa de bens, faz referência ao art. 42. Esse, por seu turno, determina que o quórum geral de maioria simples dos créditos presentes não se aplica às liquidações extraordinárias, estabelecidas no art. 145 e que compreendem a adjudicação dos bens pelos credores, a aquisição por meio de constituição de sociedade, de fundo ou de outro veículo de investimento, com a participação, se necessária, dos atuais sócios do devedor ou de terceiros, ou mediante conversão de dívida em capital.

Como o art. 145 faz referência ao art. 42, que excepciona a aplicação do quórum geral, permanece aplicável a regra do quórum de aprovação do art. 46, que determina que, para as referidas formas alternativas de realização do ativo, o quórum é de 2/3 dos créditos presentes à assembleia[260].

Não há qualquer impedimento para, nesse caso, admitir-se a aplicação também das formas alternativas de deliberação previstas no art. 39, § 4º, da Lei, como o termo de adesão firmado por tantos credores quantos satisfaçam o quórum de aprovação específico, votação por meio do sistema eletrônico ou outro mecanismo reputado suficientemente seguro pelo juiz[261].

---

[260] Conferir comentários ao art. 46.

[261] Nesse sentido: WAISBERG, Ivo; GORNATI, Gilberto. Realização do ativo na falência: a deliberação pelos credores na Lei n. 11.101/2005 e suas alterações pela Lei n. 14.112/2020. In: VASCONCELOS,

Ressalta-se que a reunião da AGC é desnecessária para a liquidação extraordinária de ativos caso já haja concordância do quórum de aprovação. Contudo, para que a liquidação ocorra, é necessário cumprir as exigências. Dessa forma, dois terços do passivo alimentar devem concordar com a liquidação, e a realização do ativo deve ser descrita de maneira absolutamente completa e detalhada. Ainda, ela não poderá reduzir os direitos dos credores dissidentes ou discordantes, os quais devem receber, no mínimo, o valor que receberiam caso houvesse a liquidação ordinária dos bens.

Aprovada a deliberação pelos credores, a constituição da sociedade ou fundo de investimento será submetida à homologação judicial. Embora a conveniência e oportunidade da liquidação tenham sido conferidas aos credores pela LREF, ao juiz será permitido o controle de legalidade da forma proposta, a qual não poderá subverter a ordem de preferência legal de pagamento dos credores ou a *par conditio creditorum* conforme estabelece o art. 126 da LREF.

Para que essas modalidades de liquidação do ativo sejam economicamente viáveis e se assegure o recebimento do maior valor pelo bem a ser liquidado, a remissão do art. 145 ao art. 141 garante que não haverá responsabilidade do arrematante pelo débito do falido. Ainda que não tenha ocorrido a liquidação pelas modalidades ordinárias, mas por uma modalidade extraordinária deliberada pelos credores, o objeto da alienação estará livre de qualquer ônus e não haverá sucessão do arrematante nas obrigações do devedor, inclusive as de natureza tributária, as derivadas da legislação do trabalho e as decorrentes de acidente de trabalho.

Constituição de sociedade de credores ou de empregados e fundos de investimentos

Entre as modalidades extraordinárias de liquidação do ativo, a constituição de sociedade de credores ou de empregados, de fundo ou de outro veículo de investimento, com a participação, se necessária, dos atuais sócios do devedor ou de terceiros, para adjudicar os ativos pelo valor dos créditos é uma dessas formas.

A constituição da sociedade já era disciplinada no Decreto-Lei n. 7.661/45, em seu art. 123, § 1º. Reunidos em sociedade, os credores poderiam continuar com a atividade empresarial do falido, mas deveriam ressarcir os dissidentes da deliberação que aprovou a constituição da sociedade pelo montante a que eles teriam direito na falência, conforme a avaliação dos bens e a ordem de pagamento dos credores, deduzidas as importâncias correspondentes aos encargos e dívidas da Massa (art. 123, § 5º, do Dec.-Lei n. 7.661/45).

Na atual Lei Falimentar, a previsão de pagamento em dinheiro dos credores dissidentes foi suprimida do texto legal. A omissão, contudo, não significa que os referidos credores deverão se submeter à vontade da maioria e deverão obrigatoriamente se tornar sócios dos demais credores[262].

O princípio da maioria não pode ser entendido como absoluto. A vontade da maioria apenas vincula a minoria dentro da comunhão de interesses e de um determinado fim determinados pela Lei.

Ronaldo et al. (coord). *Reforma da Lei de Recuperação e falência – Lei n. 14.112/2020*. São Paulo: Editora IASP, 2021, p. 1091-1106.

[262] Em sentido contrário, com a sustentação de que a maioria vincula a minoria, como nas deliberações societárias: SALOMÃO, Luis Felipe; PENALVA SANTOS, Paulo. *Recuperação judicial, extrajudicial e falência*. Rio de Janeiro: Forense, 2012, p. 142.

No procedimento falimentar, os credores deliberam na AGC orientados pela finalidade da maior satisfação dos seus créditos, motivo pelo qual a Lei os uniu para integrarem a Massa Falida subjetiva. O princípio da colaboração exige que a minoria se vincule à deliberação da maioria, mas apenas dentro desse interesse comum, pois do contrário não se justifica a renúncia à liberdade individual de autotutelar seu próprio interesse.

No caso da sociedade de credores ou de constituição de fundos ou outros veículos de investimento, sua constituição extrapola a mera modalidade extraordinária de realização do ativo. A aquisição de ativos da Massa Falida pela sociedade dos credores, em contrapartida aos créditos detidos pelos sócios em face da Massa Falida, ainda que possa ser estruturada para respeitar a *par conditio creditorum* e a preferência legal entre as classes, não poderá exigir que os credores, contra sua vontade, sejam obrigados a se associarem.

O contrato de sociedade exige, como condição de sua existência, como qualquer negócio jurídico, a declaração de vontade do futuro sócio. Somente por meio desta é que as obrigações decorrentes do contrato de sociedade poderão ser impostas ao sócio; obrigações que não se restringem à constituição da sociedade, mas que também são impostas em razão do dever colaborativo do sócio durante todo o desenvolvimento da atividade social.

Além de a manifestação de vontade ser imprescindível para que ao credor possam ser impostos os seus deveres como sócio, a impossibilidade de submissão da minoria dissidente à vontade da maioria fica ainda mais explícita na hipótese de o credor ser impedido de se associar. Os credores fiscais, por exemplo, não poderão ingressar na sociedade exceto se houver lei que os autorize.

Não fosse isso o suficiente, a interpretação de que a minoria deverá ser submetida à maioria quanto à constituição da sociedade de credores seria também inconstitucional. O art. 5º da Constituição da República assegura como direito fundamental o direito à livre associação ao estabelecer que "ninguém poderá ser compelido a associar-se ou a permanecer associado"[263].

Dessa forma, ainda que tenha sido suprimido o dispositivo legal que determinava a obrigação de a maioria dos credores pagar os credores dissidentes, a consequência de seu não dever de se associarem é que os credores deverão ser satisfeitos em dinheiro pela Massa Falida.

Referido pagamento, contudo, não necessariamente deverá ser integral. Os credores dissidentes deverão receber em pecúnia os valores a que teriam direito caso ocorresse a liquidação ordinária dos ativos da Massa Falida, conforme a preferência legal e a igualdade dos credores dentro da mesma classe. Os valores que seriam obtidos na liquidação ordinária (valor de avaliação) e utilizados

---

[263] Defendem a não vinculação dos dissidentes com base no direito constitucional de livre associação os seguintes doutrinadores: PEIXOTO, Euler da Cunha. Comentários ao art. 145. In: CORRÊA-LIMA, Osmar Brina; CORRÊA LIMA, Sérgio Mourão (coord.). *Comentários à nova Lei de Falência e Recuperação de Empresas*: Lei n. 11.101, de 9 de fevereiro de 2005. Rio de Janeiro: Forense, 2009, p. 995; TOMAZETTE, Marlon. *Curso de direito empresarial*. v. 3. São Paulo: Atlas, 2012, p. 511; SZTAJN, Rachel. Comentários ao art. 145. In: TOLEDO, Paulo Fernando Campos Salles de; ABRÃO, Carlos Henrique (coord.). *Comentários à Lei de Recuperação de Empresas e Falência*. 5. ed. São Paulo: Saraiva, 2012, p. 501; CAMPINHO, Sérgio. *Falência e recuperação de empresa*: o novo regime da insolvência empresarial. 6. ed. Rio de Janeiro: Renovar, 2012, p. 444.

Em sentido contrário, SALOMÃO, Luis Felipe; PENALVA SANTOS, Paulo. *Recuperação judicial, extrajudicial e falência*. Rio de Janeiro: Forense, 2015, p. 157.

para pagamento à data presumida deverão ser trazidos à data presente da liquidação extraordinária, com o desconto da correção monetária pelo período estimado. O art. 149, § 2º, impede a inércia dos credores dissidentes, estabelecendo que estes terão o prazo de sessenta dias para procederem ao levantamento dos valores que lhe couberem.

Essa interpretação pode ser deduzida do próprio texto legal do art. 145. Ao permitir que seja constituída "sociedade de credores ou dos empregados do próprio devedor", a LREF diferenciou dois tipos de credores, os empregados e os demais. A justificativa para essa diferenciação deve vir de uma interpretação conjunta entre o *caput* e o § 2º desse artigo, que dispõe que, "no caso de constituição de sociedade formada por empregados do próprio devedor, estes poderão utilizar créditos derivados da legislação do trabalho para a aquisição ou arrendamento da empresa".

A explicação para que apenas os credores trabalhistas possam adquirir ou arrendar a empresa mediante a utilização de seus créditos ocorre em virtude do pagamento dos credores dissidentes. Isso porque, como os credores dissidentes deverão receber o mesmo valor que receberiam caso ocorresse a liquidação ordinária dos ativos, com uma sociedade constituída por todos os credores trabalhistas, como classe preferencial entre os credores concursais, não haveria a necessidade de pagamento dos demais credores, desde que o valor dos ativos não supere o valor de seus créditos e desde que todos os credores trabalhistas tenham se tornado sócios.

Quanto aos demais credores, por seu turno, a utilização exclusiva de seu crédito para a aquisição dos ativos impediria o pagamento dos demais credores com mais preferência na ordem de pagamento ou dissidentes da mesma classe. Para que a constituição da sociedade seja possível, nesses termos, referidos credores ou deverão aportar capital próprio suficiente para a satisfação dos credores dissidentes na medida do que receberiam na falência, ou poderão se associar com os sócios da pessoa jurídica falida ou terceiros para que o façam.

Na sociedade ou fundo de investimento eventualmente constituído, não poderá ocorrer qualquer restrição convencional à venda ou à circulação das participações. Qualquer cláusula limitadora da circulação será considerada não escrita.

Ressalta-se que o administrador judicial permaneceria com seu papel de organização e fiscalização do processo de falência antes e durante o plano de liquidação. A sua atuação é indispensável para assegurar o tratamento paritário a todos os credores e observância da lei. Essas funções permanecerão até a extinção do processo falimentar.

Art. 146. Em qualquer modalidade de realização do ativo adotada, fica a massa falida dispensada da apresentação de certidões negativas.

Certidões negativas para liquidação do ativo

A apresentação de certidão ativa é exigida para assegurar, nas alienações de bens, que não haja óbice ao recolhimento dos tributos pelas Fazendas, com a dispersão dos bens e maior dificuldade para a cobrança do devedor.

No procedimento falimentar, por seu turno, a liquidação dos ativos é meio pelo qual a Massa Falida obtém os recursos financeiros para efetuar o pagamento de todos os credores do devedor falido, conforme a ordem legal de preferência de pagamento. Entre os créditos que deverão ser satisfeitos, encontra-se o crédito fiscal, tributário ou não tributário.

Art. 147 ||| Marcelo Barbosa Sacramone

Dessa forma, no procedimento falimentar, a exigência de apresentação de certidão negativa seria ilógica, pois, além de ser determinada judicialmente, a liquidação é feita justamente para que se consiga satisfazer o crédito fiscal.

Art. 147. As quantias recebidas a qualquer título serão imediatamente depositadas em conta remunerada de instituição financeira, atendidos os requisitos da lei ou das normas de organização judiciária.

Produto da liquidação dos ativos

O Decreto-Lei n. 7.661/45 determinava, em seu art. 63, IV, que o síndico deveria depositar na instituição financeira as quantias pertencentes à Massa Falida. A LREF manteve o mesmo sentido da legislação anterior, ao determinar que o produto da liquidação não poderá ser conservado com o administrador judicial, mas deverá ser imediatamente depositado.

Nos termos do art. 892 do Código de Processo Civil, o arrematante deverá efetuar o pagamento do lance ou de sua proposta de imediato, por depósito judicial ou por meio eletrônico. Em regra, pela disposição legal, o administrador judicial não receberá os valores decorrentes da liquidação dos bens, os quais deverão ser depositados diretamente pelo arrematante na conta judicial indicada.

Pela Lei n. 11.101/2005, assegurou-se que a conta em que os recursos devem ser depositados deverá ser remunerada pela instituição financeira, para evitar que o recurso não apenas perca valor pelo decurso do tempo, mas que também se maximize ao longo do tempo por meio do pagamento de juros.

A despeito de os depósitos judiciais serem realizados no Estado de São Paulo no Banco do Brasil, em razão de convênio celebrado entre essa instituição financeira e o Tribunal de Justiça, a Lei não restringe a instituição financeira. Nada impede que o Juiz Universal autorize, diante de busca de maior rentabilidade para os recursos da Massa Falida até que consiga fazer os rateios entre os credores, que o depósito dos recursos da Massa Falida seja feito em aplicação financeira conservadora ou com baixo risco em outra instituição financeira.

Art. 148. O administrador judicial fará constar do relatório de que trata a alínea *p* do inciso III do art. 22 os valores eventualmente recebidos no mês vencido, explicitando a forma de distribuição dos recursos entre os credores, observado o disposto no art. 149 desta Lei.

Plano de rateio

O administrador judicial deverá apresentar ao juiz relatório mensal, até o décimo dia do mês seguinte ao vencido, com a conta demonstrativa da administração e em que especificará detalhadamente as receitas e as despesas da Massa Falida (art. 22).

No referido relatório, deverão constar os valores recebidos pela Massa Falida como produto da liquidação dos ativos daquele mês e a indicação de todos os recursos financeiros já constantes na conta judicial da Massa.

Caso o montante já seja suficiente para se realizar os rateios entre os credores, e o quadro-geral de credores já esteja formado, ainda que apenas provisoriamente, o administrador judicial deverá apresentar plano de rateio, com a previsão do montante de pagamento dos credores de uma determinada classe, em atenção ao princípio da *par conditio creditorum* e da ordem legal de pagamento das classes dos credores.

SEÇÃO XI
Do Pagamento aos Credores

Art. 149. Realizadas as restituições, pagos os créditos extraconcursais, na forma do art. 84 desta Lei, e consolidado o quadro-geral de credores, as importâncias recebidas com a realização do ativo serão destinadas ao pagamento dos credores, atendendo à classificação prevista no art. 83 desta Lei, respeitados os demais dispositivos desta Lei e as decisões judiciais que determinam reserva de importâncias.

§ 1º Havendo reserva de importâncias, os valores a ela relativos ficarão depositados até o julgamento definitivo do crédito e, no caso de não ser este finalmente reconhecido, no todo ou em parte, os recursos depositados serão objeto de rateio suplementar entre os credores remanescentes.

§ 2º Os credores que não procederem, no prazo fixado pelo juiz, ao levantamento dos valores que lhes couberam em rateio serão intimados a fazê-lo no prazo de 60 (sessenta) dias, após o qual os recursos serão objeto de rateio suplementar entre os credores remanescentes.

Forma de pagamento

O pagamento dos credores é realizado diretamente pelo Juízo Universal com os recursos depositados em conta judicial logo que consolidado o quadro-geral de credores. A consolidação do quadro não exige o trânsito em julgado de todas as impugnações judiciais ou habilitações apresentadas, pois possível que a segurança dos credores possa ser assegurada mediante determinação de reserva de valores para os incidentes ainda em discussão judicial[264].

A realização do rateio poderá ocorrer mediante expedição de guia de levantamento, a cada um dos credores, ou mediante a expedição de ofício à instituição financeira em que os valores estão depositados para que transfira para a conta de cada um dos credores, previamente informada nos autos, os valores a eles devidos.

Para maior celeridade, possível que o administrador seja autorizado a realizar diretamente o pagamento aos credores, conforme o plano de distribuição apresentado ou a necessidade de arcar com as despesas autorizadas da Massa Falida. Esse pagamento poderá ser realizado mediante o levantamento dos recursos financeiros da Massa Falida e a prestação de contas devida (art. 22, III, *p*).

Os pagamentos deverão ser realizados mediante rateio. Isso porque, para se garantir mais eficiência do procedimento falimentar, desnecessário que se aguarde a liquidação de todos os ativos ou mesmo a obtenção de recursos financeiros para o pagamento integral de todos os credores de uma mesma classe.

---

[264] Nesse sentido: STJ, 3ª Turma, REsp 1.300.455/SP, rel. Min. Paulo de Tarso Sanseverino, j. 17-10-2013.

O rateio consiste na divisão dos recursos financeiros obtidos pela liquidação dos ativos da Massa Falida para o pagamento dos credores. Ao contrário do art. 127 do Decreto-Lei n. 7.661/45, que estabelecia que ao menos 5% do valor total dos créditos da classe fossem satisfeitos no rateio, na LREF não há um limite mínimo de recursos financeiros para que o rateio seja realizado. O montante de recursos financeiros já obtidos para a realização do rateio será aferido pelo administrador judicial e decidido pelo Juiz Universal em relação às despesas necessárias ao pagamento e ao tempo de liquidação do restante dos bens.

Mesmo que insuficiente ao pagamento integral dos credores, o rateio permitirá o pagamento dos credores de uma mesma classe proporcionalmente ao valor dos referidos créditos. As classes de credores, por seu turno, serão satisfeitas conforme a ordem legal de pagamento e de modo que apenas se iniciará o pagamento da classe inferior na ordem de preferência quando a classe prioritária já tiver seus créditos integralmente satisfeitos.

Ordem legal de pagamento dos credores

A redação do art. 149 não é absolutamente clara ao estabelecer uma ordem legal de pagamentos. Sua interpretação deverá ser complementada pelos diversos outros dispositivos da LREF, que asseguram prioridade de recebimento.

Antes de propriamente o pagamento dos credores ser realizado, os ativos arrecadados ou que se encontravam em poder do devedor na data da decretação da falência e que não pertenceriam ao falido devem ser restituídos aos seus proprietários. Os bens em espécie, objetos de pedido de restituição, deverão ser devolvidos com preferência (art. 85).

Aos credores propriamente ditos, iniciam-se os pagamentos dos credores extraconcursais, nos termos do art. 84.

A prioridade absoluta de pagamento ocorre com as despesas cujo pagamento antecipado seja indispensável à administração da falência ou à continuação provisória da atividade empresarial do falido (art. 150). A prioridade de seu pagamento é exigida pois condição necessária para que o procedimento se desenvolva regularmente.

Seu pagamento é sucedido pelos credores trabalhistas, cujas verbas sejam estritamente decorrentes de salários vencidos nos três meses anteriores à decretação da falência, até o limite de cinco salários mínimos por trabalhador (art. 151).

Pagam-se integralmente, depois, os créditos dos financiadores durante a recuperação judicial em virtude dos recursos efetivamente despendidos.

Nos termos do art. 86, parágrafo único, as restituições em dinheiro serão realizadas imediatamente após esses pagamentos.

Posteriormente, são satisfeitos os demais créditos extraconcursais contraídos pela própria Massa Falida, após a decretação da falência, ou pela recuperanda, após o pedido de recuperação judicial, na ordem sucessiva do art. 84. Tais créditos destinam-se ao desenvolvimento regular da atividade da recuperanda ou à realização dos atos regulares do procedimento falimentar, com os atos de arrecadação, avaliação, conservação e liquidação dos ativos pelo administrador judicial e, em virtude disso, são pagos com prioridade em relação aos créditos concursais (art. 84).

Por fim, serão satisfeitos os credores concursais, conforme a ordem legal de preferência (art. 83).

Caso, após a satisfação de todos os créditos principais devidamente atualizados até a data do efetivo pagamento, remanesçam ativos, serão satisfeitos os juros vencidos após a decretação da falência (art. 124). Exceto os juros das debêntures e dos créditos com garantia real, os quais serão satisfeitos por ocasião do pagamento do crédito principal, os juros sobre os demais créditos apenas

601   Comentários à Lei de Recuperação de Empresas e Falência ||| Art. 149

serão satisfeitos após o pagamento de todos os créditos principais. O pagamento dos juros deverá ser realizado conforme a ordem legal já indicada.

O saldo remanescente será entregue ao falido, se houver (art. 153).

Reserva de valores para pagamento

Para não ser preterido nos rateios a serem realizados enquanto seu crédito não for incluído no quadro-geral de credores, o credor poderá requerer a reserva de importâncias para a satisfação de seu crédito.

Além dos credores concursais, qualquer outro credor poderá requerer a reserva de valores para a satisfação de seus créditos, inclusive os extraconcursais. Sua constituição assegura que haverá recursos para a satisfação do credor, ainda que a Massa Falida passe a pagar os demais credores menos privilegiados. Até que seu crédito seja liquidado ou se resolva a discussão sobre o valor ou a natureza de seu crédito a permitir que seja incluído no quadro-geral de credores, seu interesse na satisfação de seu crédito permanece preservado com a constituição da reserva.

A reserva poderá ser requerida pelo juiz competente para a apreciação da ação de conhecimento em face da Massa Falida (art. 6º, § 3º), pelo credor diretamente ao Juízo Universal por ocasião de seu pedido de habilitação retardatária (art. 10, § 4º), ou de ofício pelo Juiz Universal diante da oposição de impugnação ao crédito (art. 16).

A reserva somente será constituída, entretanto, se houver recursos na Massa Falida que garantam a satisfação de todos os credores mais privilegiados do que o credor requerente. Como se deve preservar a igualdade de credores dentro da classe e se assegurar o cumprimento da ordem legal de preferência entre elas, a reserva apenas será constituída em benefício do credor se houver risco de que, até a apuração do crédito, referido credor tenha o direito de recebimento prejudicado. Caso os recursos da Massa Falida sejam insuficientes à satisfação de sua classe de credores, ainda que proporcionalmente, a constituição da reserva de valores apenas prejudicaria os demais credores, mas não garantiria o pagamento desse. Dessa forma, sem utilidade ao credor, a reserva não deverá ser constituída ou não poderá ser mantida e seus valores deverão ser rateados entre os credores mais privilegiados.

Constituída a reserva, a importância que se destinaria ao credor em razão do rateio permanecerá na conta judicial da Massa Falida até que o crédito seja finalmente apreciado e a controvérsia sobre a sua existência, montante ou natureza seja resolvida.

Com a inclusão do crédito determinada por decisão definitiva, os valores reservados serão pagos ao credor. Se o montante do crédito não for acolhido, ou for apenas acolhido uma parte, ou o crédito foi considerado de natureza menos preferencial, o credor apenas será satisfeito com os valores da reserva até o montante habilitado e desde que conforme a igualdade de recebimento proporcional dos créditos da classe a que pertence. Eventual valor remanescente da reserva será utilizado pela Massa Falida para rateio suplementar entre os demais credores remanescentes.

Pagamento dos credores dos sócios ilimitadamente responsáveis

A Lei n. 11.101/2005, embora determine a extensão da falência para os sócios ilimitadamente responsáveis, não regula a forma de pagamento dos credores desses sócios[265].

---

[265] Cf. comentários ao art. 81.

Art. 149 ||| Marcelo Barbosa Sacramone 602

Considerando a subsidiariedade dos sócios ilimitadamente responsáveis quanto às obrigações sociais, à míngua de regulamentação legal, deve ser aplicada a mesma disciplina do Decreto-Lei n. 7.661/45. Em razão do benefício de ordem dos sócios em relação à liquidação dos ativos da sociedade para a satisfação das dívidas sociais (art. 1.024 do CC), devem-se diferenciar os credores da sociedade dos credores particulares dos sócios.

Conforme o que estabelecia o art. 128 do Decreto-Lei n. 7.661/45, caso concorram na falência credores sociais e credores particulares dos sócios solidários, os credores dos sócios deverão figurar em quadro-geral de credores apartado dos credores da sociedade. Os credores da sociedade serão pagos com o produto dos bens sociais. Se remanescerem bens, os recursos serão partilhados entre as diferentes massas particulares dos sócios de responsabilidade ilimitada, na razão proporcional dos seus respectivos quinhões no capital social, se outra coisa não tiver sido estipulada no contrato da sociedade.

Se o montante dos ativos da sociedade não for suficiente para a satisfação integral de seus credores, estes concorrerão, pelo saldo de seus créditos, em cada uma das massas particulares dos sócios. Os recursos dos sócios ilimitadamente responsáveis serão partilhados entre os seus credores particulares e os credores da sociedade, conforme a ordem legal de pagamento e a preferência entre classes relacionadas à natureza do crédito.

Não levantamento dos valores pelos credores

Determinado o rateio pelo Juiz Universal, os credores serão intimados para informar a conta bancária para que os recursos possam lhes ser transferidos diretamente pela Massa Falida ou serão intimados a comparecerem ao Ofício Judicial para o recebimento de seus créditos, mediante guia de levantamento.

Decorrido o prazo fixado pela decisão judicial sem o fornecimento das informações da conta para depósito ou sem o comparecimento no Ofício Judicial para o recebimento dos valores, os credores serão intimados para informar a conta ou comparecerem em juízo no prazo de 60 dias. Decorrido o prazo sem o cumprimento pelo credor, o montante dos recursos financeiros que lhe seria atribuído será rateado entre os credores remanescentes.

A doutrina diverge se o credor que não comparecer perde o seu direito de crédito[266]. Pela redação do art. 149, § 2º, o prazo de 60 dias é decadencial. O decurso do prazo implica que o credor perderá o seu direito, mas não apenas quanto ao rateio realizado, mas sim quanto ao montante de crédito a que teria direito e que seria satisfeito por meio daquele rateio. Embora o credor não perca todo o seu direito de crédito em face da Massa Falida, será considerado não tendo mais direito de crédito sobre aquele montante que receberia se se mantiver inerte, tanto que o dispositivo legal determina que referido recurso seja objeto de rateio entre os credores remanescentes.

---

[266] Para Francisco Satiro Souza Junior, "o não exercício da prerrogativa de recebimento prioritário não extingue o crédito nem tampouco o próprio privilégio, o qual poderá ser exercido, a pedido de interessado, em eventual novo rateio. O que decai após o decurso dos 60 dias é o seu direito prioritário de participar daquele rateio" (Comentários ao art. 149. In: SOUZA JR., Francisco Satiro; PITOMBO, Antônio Sérgio A. de Moraes (coord.). *Comentários à Lei de Recuperação de Empresas e Falência*. 2. ed. São Paulo: Revista dos Tribunais, 2007, p. 508).

Em sentido contrário: COELHO, Fábio Ulhoa. *Comentários à Lei de Falências e de Recuperação de Empresas*. São Paulo: Revista dos Tribunais, 2016, p. 515.

Caso sua classe de credores não tenha sido integralmente satisfeita e ocorram novos rateios, o credor poderá deles participar, mas apenas com a diferença do montante, ou seja, com o desconto dos valores referentes ao rateio de cujo direito teria decaído.

Art. 150. As despesas cujo pagamento antecipado seja indispensável à administração da falência, inclusive na hipótese de continuação provisória das atividades previstas no inciso XI do *caput* do art. 99 desta Lei, serão pagas pelo administrador judicial com os recursos disponíveis em caixa.

Despesas indispensáveis à administração da falência

No Decreto-Lei n. 7.661/45, o art. 124 estabelecia que os créditos extraconcursais eram pagos com preferência sobre os créditos concursais. Contudo, a Lei n. 3.726/60 alterou a redação do art. 102 do Decreto-Lei e conferiu aos créditos trabalhistas uma preferência no recebimento em relação aos encargos ou dívidas da Massa, assim como o art. 186 do Código Tributário Nacional assegurava uma prioridade dos créditos tributários em face dos demais, com exceção dos créditos trabalhistas[267]. Ao privilegiar referidos créditos em detrimento das despesas e encargos da Massa, o tratamento privilegiado comprometia o procedimento de liquidação dos ativos e a administração da Massa Falida, em prejuízo da coletividade de credores, o que fazia com que a jurisprudência ignorasse parcialmente a regra e autorizasse a realização de determinadas despesas da Massa antes do pagamento dos credores[268].

Para assegurar a celeridade do procedimento falimentar e a maximização do valor de seus ativos para a satisfação da coletividade de credores, a LREF conferiu tratamento privilegiado às despesas da Massa que exigem o pagamento antecipado, embora a alteração legislativa tenha passado a classificá-las dentro de crédito extraconcursal.

As despesas à administração da falência são espécies de créditos extraconcursais (art. 84, III). São consideradas despesas todos os gastos a serem efetuados pela Massa Falida para que os ativos possam ser arrecadados, avaliados, conservados ou liquidados. Como créditos extraconcursais, as despesas com a administração da Massa Falida deveriam ser pagas após a satisfação dos créditos do financiador, pedidos de restituição em dinheiro, bem como da remuneração do administrador judicial, obrigações resultantes de atos durante a recuperação judicial e das quantias fornecidas à Massa pelos credores (todos no art. 84, I e II).

Entretanto, entre os créditos extraconcursais, algumas dessas despesas podem ser imediatamente necessárias para que o ativo não se deteriore ou desvalorize, com prejuízo à coletividade dos credores, ou de modo a manter a continuidade da atividade empresarial, o que permitiria a maximização do valor dos ativos por ocasião de sua liquidação. Seu pagamento, dessa forma, deverá ser feito com absoluta prioridade, ressalvados apenas os pedidos de restituição de bens em espécie, pois não compreendem os ativos do devedor falido e que poderiam ser utilizados para a satisfação das demais obrigações.

---

[267] REQUIÃO, Rubens. *Curso de direito falimentar.* v. 1. 16. ed. São Paulo: Saraiva, 1995, p. 282-288.

[268] VALVERDE, Trajano de Miranda. *Comentários à Lei de Falências.* v. II. 4. ed. Rio de Janeiro: Forense, 1999, p. 194, e comentários dos atualizadores da obra J. A. Penalva Santos e P. Penalva Santos, p. 201.

Art. 151 ||| Marcelo Barbosa Sacramone

São despesas indispensáveis que exigem pagamento antecipado, por exemplo, a contratação de segurança para os bens valiosos da Massa Falida, a remoção de bens rapidamente deterioráveis para local adequado para sua conservação, assim como os gastos necessários à continuação provisória da atividade.

A imprescindibilidade do pagamento antecipado das referidas despesas faz com que se tornem uma classe especial dentro dos credores extraconcursais, cujos pagamentos poderão ser feitos integralmente, sem que haja a necessidade de rateio dos valores entre todos os credores nessa condição, como ocorre com os demais credores extraconcursais. Sua urgência obriga sua realização mesmo antes do pagamento dos credores concursais trabalhistas prioritários, cujos créditos sejam salariais e vencidos até os três últimos meses antes do pedido de falência, da satisfação dos pedidos de restituição em dinheiro e mesmo dos demais extraconcursais.

Essa absoluta prioridade do pagamento e independência da satisfação dos demais credores exige que apenas as despesas urgentes ou decorrentes da continuação provisória da atividade sejam assim classificadas. A consideração de sua urgência deverá ser feita, inicialmente, pelo administrador judicial, que deverá praticar todos os atos conservatórios de direitos e ações, bem como requerer todas as medidas e diligências necessárias para o cumprimento da LREF (art. 22, III, *l* e *o*), sob pena de responsabilidade pessoal pelos prejuízos causados à Massa Falida (art. 32).

O administrador judicial poderá efetuar o pagamento desses credores com os recursos que a Massa Falida possuir em caixa. A despeito da omissão legal, embora a consideração de sua urgência deva ser feita pelo administrador judicial inicialmente, a efetivação do pagamento deverá ser previamente autorizada pelo Juízo Universal, após oitiva do falido e do Ministério Público. Caso a urgência seja iminente, poderá o administrador judicial efetuar excepcionalmente o pagamento, mas deverá submeter sua ratificação ao Juízo Universal, que apreciará a urgência da medida e a diligência do administrador judicial.

As demais despesas da Massa, desde que não urgentes, embora necessárias para o desenvolvimento regular do processo, deverão ser pagas conforme a subclasse dos créditos extraconcursais que se classificarem e em consideração ao princípio da *par conditio creditorum* entre os credores em semelhantes condições.

Art. 151. Os créditos trabalhistas de natureza estritamente salarial vencidos nos 3 (três) meses anteriores à decretação da falência, até o limite de 5 (cinco) salários mínimos por trabalhador, serão pagos tão logo haja disponibilidade em caixa.

Crédito trabalhista de pagamento antecipado

No Decreto-Lei n. 7.661, após a alteração de sua redação original pela Lei n. 3.726/60, os credores trabalhistas passaram a preferir no pagamento às dívidas e encargos da Massa Falida (art. 102).

Se por um lado procurava-se dar conteúdo social à legislação, com a prioridade de pagamento dos credores trabalhistas, por outro a interpretação literal do dispositivo exigia que as despesas essenciais à administração da Massa Falida não poderiam ser realizadas caso não houvesse recursos para a satisfação integral dos credores trabalhistas, o que podia inviabilizar o regular desenvolvimento do processo.

Na LREF, esse conteúdo social foi mantido pelo legislador, o qual, contudo, procurou conciliar esse princípio com a eficiência e a celeridade necessárias ao procedimento falimentar para garantir a maximização do valor dos ativos a todos os credores.

Para garantir a dignidade dos trabalhadores, estabeleceu que os créditos trabalhistas indispensáveis à sobrevivência iminente do credor deveriam ser satisfeitos de forma antecipada, tão logo o administrador judicial verificasse que há disponibilidade em caixa e mesmo antes da realização integral do ativo[269].

São considerados indispensáveis à sua sobrevivência iminente os créditos trabalhistas de natureza estritamente salarial vencidos nos três meses anteriores à decretação da falência e até o limite de cinco salários mínimos por trabalhador.

Para que possa ter o pagamento antecipado, o primeiro critério é que o crédito trabalhista tenha natureza estritamente salarial. Como tal, o crédito precisa ser decorrente de serviços laborais prestados. Não se incluem como salarial as verbas indenizatórias recebidas pelo trabalhador, ainda que decorrentes do seu trabalho, como indenização de férias não gozadas, aviso prévio indenizado, verbas rescisórias, embora sejam incluídos as horas extras e o décimo terceiro salário.

Referido crédito precisa ainda ser vencido nos três meses anteriores à decretação da falência, cujo limite será de até cinco salários mínimos por trabalhador. Essas restrições, tanto quantitativa quanto temporal, asseguram que apenas o crédito mais importante à sobrevivência imediata do trabalhador tenha a satisfação antecipada em relação aos demais créditos. Os créditos que superarem esse valor ou que tenham vencido anteriormente aos três meses que precedem a decretação serão pagos juntamente com os demais créditos trabalhistas e após a satisfação dos pedidos de restituição em dinheiro e dos credores extraconcursais.

Art. 152. Os credores restituirão em dobro as quantias recebidas, acrescidas dos juros legais, se ficar evidenciado dolo ou má-fé na constituição do crédito ou da garantia.

Dolo ou má-fé do credor

Além de a conduta ser criminalmente penalizada (art. 175), no âmbito civil a constituição simulada de créditos ou de garantia com o intuito de prejudicar de se beneficiar ou de prejudicar terceiros credores foi também penalizada.

A habilitação desses créditos irregulares poderá ser desconstituída por impugnação judicial ou, caso já incluídos no quadro-geral de credores, por meio de ação autônoma de retificação do quadro-geral de credores até o encerramento da falência (art. 19). Enquanto referida ação não for julgada, o pagamento do crédito questionado será condicionado à prestação de caução pelo suposto credor.

Para evitar que créditos ou garantias sejam irregularmente constituídos, além de se permitir que o administrador judicial, o Comitê, qualquer credor ou o Ministério Público apresentem ação para excluí-los do quadro-geral de credores, impôs a LREF sanção ao credor que auferiu benefícios em razão de tal prática.

---

[269] Nesse sentido: TJSP, Câmara Reservada à Falência e Recuperação, AI 990.10.194574-6, rel. Des. Pereira Calças, j. 10-8-2010.

Desde que o pagamento de crédito irregularmente constituído ou de garantia fraudulenta já tenha sido realizado, com evidente prejuízo à Massa Falida e aos demais credores, a LREF impõe a obrigação de restituição em dobro. Essa obrigação, contudo, exige a demonstração de dolo ou a má-fé do credor. A mera incerteza jurídica quanto à existência do crédito ou da garantia não é suficiente para penalizar o agente. Exige-se que ele saiba que seu crédito ou garantia efetivamente não existem, ou seja, que saiba que irregularmente recebeu recursos da Massa Falida que, do contrário, deveriam ser destinados ao rateio dos demais credores.

Outrossim, a penalização civil, ao contrário da penal, não é realizada em razão da simples constituição fraudulenta do crédito ou da garantia. Exige-se que a Massa Falida e os credores tenham sofrido prejuízo em razão de sua constituição irregular. É imprescindível, para a imposição de sanção civil ao credor, que seu crédito tenha sido satisfeito, ainda que apenas parcialmente.

Preenchidos esses requisitos, ao credor será imposta a obrigação de restituir em dobro à Massa Falida as quantias recebidas, devidamente atualizadas e corrigidas com juros legais desde o pagamento.

Art. 153. Pagos todos os credores, o saldo, se houver, será entregue ao falido.

Saldo remanescente

A decretação da falência não exige a insolvabilidade econômica do empresário devedor; seus ativos não precisam ser necessariamente inferiores ao passivo. Para a decretação da falência do empresário, basta que estejam presentes as circunstâncias do art. 94, impontualidade injustificada, execução frustrada ou prática de ato falimentar, ou, ainda, que as obrigações previstas no plano de recuperação judicial não sejam cumpridas durante o período de fiscalização judicial, com a consequente convolação da recuperação judicial em falência.

Embora não seja frequente na prática, é possível que o falido não seja economicamente insolvente e possa, com a liquidação de seus ativos, satisfazer todas as suas obrigações. Caso haja o adimplemento de todas as obrigações, com a satisfação de todos os credores, tanto no valor do crédito principal quanto dos juros vencidos após a decretação da falência, o remanescente do ativo componente da Massa Falida objetiva deverá retornar à administração do devedor falido.

Decretada a falência, o devedor não perde a propriedade de seus ativos. Apenas os poderes de administração, uso, fruição e disposição são limitados pelo administrador judicial durante o procedimento falimentar e em atenção aos interesses dos credores. Caso eles sejam satisfeitos integralmente, não há mais razão para que essa limitação ao direito de propriedade ocorra, e os bens deverão ser entregues ao devedor empresário.

Entrega do saldo à sociedade falida

Caso o falido seja sociedade empresarial, a decretação da falência implica sua dissolução. Conforme os arts. 1.087 e 1.044 do Código Civil, as sociedades empresárias disciplinadas pelo Código Civil dissolvem-se de pleno direito por ocasião da decretação de sua falência. A sociedade anônima, por seu turno, possui disposição legal semelhante no art. 206, II, c, da Lei n. 6.404/76.

Essa dissolução total, entretanto, não implica imediatamente na extinção da personalidade jurídica, de modo a exigir que o saldo remanescente da falência seja diretamente partilhado entre os sócios.

Se remanescerem ativos após a satisfação dos credores falimentares, o remanescente deverá ser entregue ao seu proprietário. Como a dissolução resultante da falência não gera, imediatamente, a extinção da personalidade, a qual somente ocorrerá com o cancelamento do registro na Junta Comercial após regular liquidação, o saldo remanescente deverá ser entregue à própria pessoa jurídica, na pessoa de seu representante legal, e não aos seus sócios.

Seção XII
Do Encerramento da Falência e da Extinção das Obrigações do Falido

Art. 154. Concluída a realização de todo o ativo, e distribuído o produto entre os credores, o administrador judicial apresentará suas contas ao juiz no prazo de 30 (trinta) dias.

§ 1º As contas, acompanhadas dos documentos comprobatórios, serão prestadas em autos apartados que, ao final, serão apensados aos autos da falência.

§ 2º O juiz ordenará a publicação de aviso de que as contas foram entregues e se encontram à disposição dos interessados, que poderão impugná-las no prazo de 10 (dez) dias.

§ 3º Decorrido o prazo do aviso e realizadas as diligências necessárias à apuração dos fatos, o juiz intimará o Ministério Público para manifestar-se no prazo de 5 (cinco) dias, findo o qual o administrador judicial será ouvido se houver impugnação ou parecer contrário do Ministério Público.

§ 4º Cumpridas as providências previstas nos §§ 2º e 3º deste artigo, o juiz julgará as contas por sentença.

§ 5º A sentença que rejeitar as contas do administrador judicial fixará suas responsabilidades, poderá determinar a indisponibilidade ou o sequestro de bens e servirá como título executivo para indenização da massa.

§ 6º Da sentença cabe apelação.

Encerramento da falência

O encerramento da falência ocorrerá desde que todos os ativos já tenham sido liquidados e seu produto tenha sido utilizado para o pagamento dos credores.

A falência não pressupõe, para seu encerramento, que todos os credores tenham sido satisfeitos. O encerramento ocorrerá na ausência de outros ativos do falido a serem liquidados e rateados para o pagamento dos credores, ainda que remanesçam credores não satisfeitos. Também poderá ocorrer se não houver credores habilitados, sequer o credor requerente da falência[270]. Em ambas essas hipóteses, não há mais qualquer utilidade na continuidade do processo.

---

[270] Nesse sentido, TJSP, Câmara Reservada à Falência e Recuperação, Ap. 0023816-07.2006, rel. Des. Lino Machado, j. 12-4-2011; TJSP, Câmara Reservada à Falência e Recuperação, Ap. 9204905-96.2009, rel. Des. Romeu Ricupero, j. 6-4-2010.

Pelo art. 16, § 2º, corroborado pelo art. 158 da Lei n. 11.101/2005, sequer o passivo precisa ser totalmente apurado. Desde que o ativo tenha sido todo liquidado e seu produto tenha sido rateado entre as classes mais prioritárias de pagamento, em atenção à ordem legal, o processo de falência poderá ser encerrado ainda que o quadro geral de credores não esteja concluído, pois a sentença de encerramento implicará a extinção de todos os débitos.

Para que o encerramento da falência possa ser realizado, é necessário que haja a aprovação das contas pelo administrador judicial, por sentença (art. 154), apresentação do relatório final da falência (art. 155) e sentença de encerramento (art. 156).

Prestação de contas do administrador judicial

Com a liquidação de todo o ativo e a realização dos rateios entre os credores, caso bens tenham sido arrecadados, o administrador judicial deverá apresentar suas contas do desempenho de seu encargo ao Juízo Universal.

As contas deverão ser prestadas em 30 dias do último rateio em autos apartados aos autos falimentares. A despeito da omissão legal, devem ser as contas prestadas conforme padrão contábil, com especificação das receitas e das despesas da Massa Falida e virem acompanhadas de toda a documentação probatória.

Caso não prestadas, o administrador judicial deverá ser intimado pessoalmente a apresentá-las, no prazo de cinco dias, sob pena de crime de desobediência e de ser destituído de suas funções (art. 23).

De sua apresentação será publicado aviso aos interessados para que, no prazo de 10 dias, possam apresentar impugnações.

A despeito de a Lei apenas determinar a intimação do Ministério Público após a realização das diligências necessárias à apuração dos fatos na impugnação, sua intimação anterior permitiria que o Ministério Público apresentasse qualquer outra controvérsia sobre a prestação de contas, de modo a contribuir com a dilação probatória. Outrossim, o contraditório a ser realizado pelo administrador judicial deverá ocorrer antes das diligências necessárias à apuração dos fatos e de modo que as questões suscitadas possam ser esclarecidas.

Dessa forma, após o prazo de 10 dias para impugnação, o Ministério Público será intimado para se manifestar em cinco dias, findo o qual o administrador judicial terá direito ao contraditório e poderá se manifestar caso tenha ocorrido impugnação ou parecer contrário do Ministério Público.

A dilação probatória para a apuração dos fatos objeto da impugnação, se necessária, poderá ocorrer após a manifestação do administrador judicial e, ao final, o juiz julgará as contas por sentença, em face da qual caberá recurso de apelação.

Caso a sentença julgue as contas do administrador judicial rejeitadas, fixará suas responsabilidades e poderá determinar a indisponibilidade ou o sequestro de bens. Servirá como título executivo judicial para que a Massa Falida possa exigir a indenização pelos prejuízos que tenha sofrido.

Art. 155. Julgadas as contas do administrador judicial, ele apresentará o relatório final da falência no prazo de 10 (dez) dias, indicando o valor do ativo e o do produto de sua realização, o valor do passivo e o dos pagamentos feitos aos credores, e especificará justificadamente as responsabilidades com que continuará o falido.

Relatório final da falência

Após o julgamento favorável das prestações de contas do administrador judicial, por sentença judicial (art. 154), o administrador apresentará a versão condensada dessa prestação, com o resultado de toda a atividade desenvolvida no procedimento falimentar.

O relatório final marca o término das funções do administrador judicial. Ele deverá ser apresentado no prazo de 10 dias do julgamento favorável de suas contas, sob pena de ser intimado pessoalmente a fazê-lo no prazo de cinco dias e de crime de desobediência e destituição (art. 23).

Como resultado da atividade, o relatório conterá o valor total do ativo e do produto de sua realização, o valor do passivo e os pagamentos efetuados aos credores. Constarão, ainda, quais os créditos que não puderam ser satisfeitos, cuja responsabilidade pelo adimplemento continuará com o falido ou, se o montante do ativo tiver sido suficiente para o pagamento de todos os credores, o montante excedente que foi devolvido ao falido.

Apenas após a apresentação do relatório final pelo administrador judicial e com o término de suas funções, o juiz poderá determinar o pagamento do montante reservado de 40% de sua remuneração (art. 24, § 2º).

Art. 156. Apresentado o relatório final, o juiz encerrará a falência por sentença e ordenará a intimação eletrônica às Fazendas Públicas federal e de todos os Estados, Distrito Federal e Municípios em que o devedor tiver estabelecimento e determinará a baixa da falida no Cadastro Nacional da Pessoa Jurídica (CNPJ), expedido pela Secretaria Especial da Receita Federal do Brasil.

Parágrafo único. A sentença de encerramento será publicada por edital e dela caberá apelação.

Sentença de encerramento da falência

Após o julgamento das contas do administrador judicial (art. 154), a apresentação do relatório final (art. 155) e o pagamento do remanescente da remuneração ao administrador judicial, desde que não remanesçam questões pendentes, o processo de falência será encerrado por sentença judicial.

Ao contrário do Decreto-Lei n. 7.661/45, não há mais prazo para que o encerramento ocorra. Embora o Decreto-Lei previsse o prazo de dois anos, nos termos do art. 132, tal prazo raramente era cumprido.

Na LREF, embora não tenha sido estipulado prazo para que o encerramento ocorra, o qual deverá ocorrer após a liquidação de todos os ativos arrecadados e o pagamento dos credores com o produto dessa liquidação, exige-se celeridade na condução do procedimento para que ele chegue rapidamente ao seu termo.

O encerramento da falência não significa, necessariamente, que as obrigações do devedor falido estão extintas. A extinção das obrigações não decorre do encerramento do processo falimentar.

A sentença de encerramento é sentença de natureza terminativa do processo apenas.

O encerramento ocorrerá na ausência de outros ativos do falido a serem liquidados e rateados para o pagamento dos credores, ainda que remanesçam credores não satisfeitos. Também poderá ocorrer se não houver credores habilitados, sequer o credor requerente da falência[271]. Em ambas essas hipóteses, não há mais qualquer utilidade na continuidade do processo.

Pelo mesmo fundamento da falta de ativos a serem rateados entre os credores, se não houver o depósito de caução para custear a remuneração mínima do administrador judicial nas diligências para a arrecadação dos ativos componentes da Massa Falida[272], o processo também deverá ser encerrado.

A extinção das obrigações, por seu turno, é condicionada a outros requisitos e que consistem no montante de satisfação dos credores ou no prazo decorrido do encerramento da falência.

A sentença de encerramento será publicada por edital na imprensa oficial e será determinada a intimação eletrônica às Fazendas Públicas, bem como se determinará a baixa da falida no Cadastro Nacional da Pessoa Jurídica (CNPJ), expedido pela Secretaria Especial da Receita Federal do Brasil.

Da sentença caberá recurso de apelação, o qual poderá ser interposto por qualquer credor, pelo próprio falido ou pelo MP[273].

||| **Art. 157.** (REVOGADO).

Término da suspensão da prescrição

Na redação originária da Lei, era suspensa a prescrição por ocasião da decretação da falência do devedor ou da publicação da decisão de processamento da recuperação judicial, haja vista que as execuções individuais promovidas pelos credores foram suspensas para que eles se habilitassem na execução coletiva falimentar ou no processo de recuperação (art. 6º). Com o trânsito em julgado da sentença de encerramento da falência, a prescrição das obrigações em face do falido e do sócio ilimitadamente responsável voltava a correr, pois a obrigação não precisava ter sido extinta quando fosse encerrado o processo de falência.

A partir do trânsito em julgado da sentença de encerramento, desde que as obrigações do falido não tivessem sido extintas, seus credores podiam continuar a promover execuções individuais em face dele e de seus sócios ilimitadamente responsáveis para serem satisfeitos. Com a

---

[271] Nesse sentido, TJSP, Câmara Reservada à Falência e Recuperação, Ap. 0023816-07.2006, rel. Des. Lino Machado, j. 12-4-2011; TJSP, Câmara Reservada à Falência e Recuperação, Ap. 9204905-96.2009, rel. Des. Romeu Ricupero, j. 6-4-2010.

[272] Cf. comentários ao art. 99, a respeito da nomeação do administrador judicial e da possibilidade de exigência de caução quando houver risco de inexistência de ativos a serem arrecadados.

[273] Para que possa recorrer da sentença, o credor deverá ter se habilitado no processo. Súmula 45 do TJSP: "Quem não se habilitou, ainda que seja o requerente da falência, não tem legitimidade para recorrer da sentença de encerramento do processo".

TJSP, 2ª Câmara Reservada de Direito Empresarial, AI 2032037-17.2014, rel. Des. Tasso Duarte de Melo, j. 13-11-2014.

Por ser expresso o recurso na Lei, a interposição do agravo de instrumento contra a referida sentença é considerada erro grosseiro e não tem sido admitida: TJSP, 2ª Câmara Reservada de Direito Empresarial, AI 2110665-93.2016, rel. Des. Carlos Alberto Garbi, j. 3-10-2016.

possibilidade de exigirem o adimplemento de seu direito de crédito, a prescrição em virtude de eventual inércia em promover a cobrança podia ser a esse credor imposta.

A alteração da legislação revogou o dispositivo legal. Isso porque, pela nova redação do art. 158, as obrigações serão extintas com o encerramento do processo de falência por sentença, nos termos do art. 156.

Art. 158. Extingue as obrigações do falido:

I – o pagamento de todos os créditos;

II – o pagamento, após realizado todo o ativo, de mais de 25% (vinte e cinco por cento) dos créditos quirografários, facultado ao falido o depósito da quantia necessária para atingir a referida porcentagem se para isso não tiver sido suficiente a integral liquidação do ativo;

III – (REVOGADO);

IV – (REVOGADO);

V – o decurso do prazo de 3 (três) anos, contado da decretação da falência, ressalvada a utilização dos bens arrecadados anteriormente, que serão destinados à liquidação para a satisfação dos credores habilitados ou com pedido de reserva realizado;

VI – o encerramento da falência nos termos do arts. 114-A ou 156 desta Lei.

Extinção das obrigações do falido

Ao ter a falência decretada, o empresário falido fica inabilitado para qualquer atividade empresarial até que suas obrigações sejam extintas por sentença e desde que não tenha sido condenado por crime falimentar (art. 102).

A sentença de encerramento de sua falência, nesses termos, não é suficiente para assegurar que o empresário poderá retomar suas atividades, nem que ele não tenha mais obrigações perante seus credores originários. A retomada do desenvolvimento de suas atividades exigirá a extinção de suas obrigações, a qual poderá ocorrer por diversas formas.

A LREF, pela nova redação legislativa, estabeleceu quatro hipóteses de extinção da obrigação.

A primeira delas consiste no pagamento de todos os créditos. O pagamento é uma das modalidades extintivas da obrigação, mas não a única extintiva. Apesar de a LREF fazer referência apenas a pagamento, deve-se interpretar o dispositivo de forma ampla como a indicar qualquer outra modalidade de extinção do direito de crédito, como a compensação, a dação em pagamento, a novação, a confusão, ou a remissão da dívida. Essas formas de extinção das obrigações poderão tanto ocorrer durante o procedimento falimentar quanto após o seu encerramento e poderão ser realizadas pela Massa Falida, pelo falido ou por terceiro.

A hipótese de satisfação integral das obrigações do falido é de difícil ocorrência prática. Para facilitar a extinção das obrigações do falido, com um incentivo para que os empresários possam desenvolver sua atividade empresarial sobre o risco de serem acometidos por uma crise econômico-financeira e possam retornar a empreender e a realizar regularmente suas atividades, a LREF conferiu aos empresários falidos um privilégio que não usufruem devedores cuja falência não foi decretada. Assegurou a lei que suas obrigações serão extintas se, depois de liquidados todos os seus bens, os recursos tiverem sido suficientes para o pagamento de 25% do crédito quirografário, conforme a ordem legal de pagamento.

Pelo art. 158, II, todos os créditos decorrentes de credores extraconcursais e, entre os concursais, os credores trabalhistas, com garantia real, tributários, deverão ser integralmente satisfeitos. Após a satisfação de todos esses credores prioritários, ainda deverá ser demonstrado o pagamento de 25% dos créditos de todos os credores quirografários.

Caso o produto da liquidação dos ativos da Massa Falida não seja suficiente para essa satisfação, poderá o falido depositar a quantia necessária para satisfazer os créditos remanescentes até o referido percentual. Esse pagamento, também, poderá ser realizado por qualquer terceiro ou interessado, em benefício do devedor falido.

As obrigações serão extintas também com o decurso do prazo de três anos da decretação da falência. Caso o procedimento falimentar ainda não tenha sido encerrado, isso não poderá permitir que o falido não precise adimplir mais nenhuma obrigação. Ressalta-se, nesse prazo, que os ativos arrecadados anteriormente serão destinados à liquidação para a satisfação dos credores habilitados, com pedido de reserva realizado e, pela interpretação lógica, que realizaram pedidos de habilitação e que se encontram ainda pendentes de julgamento.

Por fim, caso o processo de falência dure menos do que três anos após a decretação da sua falência e não satisfaça 25% ao menos dos créditos quirografários, se poderia ainda pensar em continuidade das obrigações do falido posteriormente ao seu encerramento. A Lei n. 11.101/2005, em sua nova redação, contudo, determinou que, encerrado o processo de falência, seja porque não foi depositada caução pelos credores e não foram localizados, seja porque o administrador judicial apresentou relatório final, sobre o qual foi proferida sentença de encerramento, as obrigações em face do falido são extintas.

A extinção das obrigações, ainda que não satisfeitas, permite que o falido possa retomar a desenvolver suas atividades, contraindo novos débitos e créditos. É o chamado *fresh start*, ou recomeço, e procura incentivar o empresário que teve insucesso a continuar arriscando e empreendendo.

Ressalvam-se as obrigações tributárias quanto à extinção pelo encerramento da falência. No tocante às obrigações tributárias, o Código Tributário Nacional fora recebido como lei complementar e, nesse ponto, não poderá ser derrogado por lei ordinária, como é a Lei n. 11.101/2005. Nesse aspecto, determinou o Código Tributário Nacional, em seu art. 191, por meio de sua nova redação conferida pela Lei Complementar n. 118/2005 e que o adaptou à legislação falimentar, que a extinção das obrigações do falido requereria prova de quitação de todos os tributos. Para que a extinção das obrigações tributárias do falido possa, nessas hipóteses, ser reconhecida, é necessário apresentar Certidão Negativa de Débito Tributário, o que é um contrassenso, haja vista que todos os ativos do devedor já foram liquidados e que este continuará a ficar obstado de iniciar, na prática, nova atividade empresarial[274].

Responsabilidade tributária dos sócios e administradores da falida

O art. 134, VII, do Código Tributário Nacional estabelece aos sócios a responsabilidade solidária pelas obrigações tributárias do ente coletivo em razão dos atos ou omissões praticados

---

[274] Pelo reconhecimento de que as obrigações tributárias não habilitadas não se extinguem com o encerramento da falência e dispensando a apresentação de certidões negativas de débitos tributários para a reabilitação: TJSP, Apel. 0003113-17.2014.8.26.0213, 8ª Câmara de Direito Privado, rel. Des. Benedito Antonio Okuno,j. 8-8-2022.

em caso de liquidação da sociedade, desde que não seja possível exigir o cumprimento da obrigação principal pelo contribuinte. O art. 134, III, estabelece a responsabilidade dos administradores pelos tributos devidos pelas sociedades e/ou bens administrados[275].

O entendimento jurisprudencial predominante é de que tal responsabilidade decorre, dentre outras hipóteses de infração à lei, do encerramento irregular da sociedade[276] ou da demonstração de comportamento culposo ou doloso dos sócios ou administradores. A mera falta de recursos financeiros para realizar o pagamento dos tributos não é causa de responsabilização dos sócios e administradores, sob pena de se ferir a responsabilidade limitada dos diversos tipos societários[277].

Nesse aspecto, destaca-se que o encerramento das atividades da sociedade em falência constitui meio regular de extinção da personalidade jurídica, após regular dissolução societária, uma vez que pode ser requerido pela própria devedora que se acomete de crise insuperável conforme art. 97, I, da Lei, e decorre de regular liquidação e pagamento dos credores, por meio de controle judicial.

Assim, encerrada a falência, não poderá o Fisco redirecionar execuções fiscais aos sócios e administradores da companhia que não tenham atuado com abuso de poder ou infringido o ordenamento jurídico[278].

Reabilitação da pessoa jurídica empresária

A extinção das obrigações permitirá que o empresário possa retornar a ser habilitado para desenvolver suas atividades empresariais (art. 102). Essa reabilitação do empresário é usualmente restrita apenas aos empresários individuais de responsabilidade ilimitada, pessoas naturais, haja vista que as pessoas jurídicas empresárias se dissolvem de pleno direito por ocasião da decretação de sua falência.

A sociedade em nome coletivo, a sociedade limitada, a sociedade em comandita simples, a sociedade limitada, são disciplinadas pelos arts. 1.087 e 1.044 do Código Civil, que determinam que a decretação da falência as dissolverá. A mesma causa de dissolução ocorre com as sociedades anônimas e as sociedades em comandita por ações (art. 206 da Lei n. 6.404/76).

A dissolução de pleno direito da sociedade, por ocasião da decretação de sua falência, não implica sua extinção automática. A extinção da personalidade jurídica ocorre apenas com a conclusão da liquidação de seus ativos e o cancelamento de sua inscrição no Registro Público das Empresas Mercantis (art. 51, § 3º, do CC).

Com o pagamento de seu passivo realizado pelo procedimento falimentar, o eventual remanescente deverá ser entregue ao próprio empresário, ou seja, à própria pessoa jurídica (art. 153). Nada impede, nesses termos, que a pessoa jurídica, após sua reabilitação, conforme disposto no

---

[275] STJ, REsp 1.876.549/RS, 2ª Turma, rel. Min. Mauro Campbell Marques, j. 6-5-2022.

[276] O STJ, no julgamento do Recurso Especial repetitivo n. 1.371.128/RS, fixou a seguinte tese jurídica (Tema 630): "Em execução fiscal de dívida ativa tributária ou não tributária, dissolvida irregularmente a empresa, está legitimado o redirecionamento ao sócio-gerente".

Nesse contexto, o STJ editou a Súmula 470: "O inadimplemento da obrigação tributária pela sociedade não gera, por si só, a responsabilidade solidária do sócio-gerente".

[277] STJ, REsp REsp 1.643.944/SP, 1ª Seção, rel. Min. Assusete Magalhães, j. 25-2-2022.

[278] STJ, EDv nos Embargos de Divergência n. 1.530.483/SP, 1ª Seção, rel. Min. OG Fernandes, j. 22-6-2022.

art. 158, retorne a desenvolver suas atividades empresariais, haja vista que sua personalidade jurídica não fora ainda extinta[279].

Tal conclusão é conforme o princípio da preservação da empresa, princípio norteador do sistema falimentar, e que garante que os interesses dos diversos agentes envolvidos com o desenvolvimento da atividade empresarial possam continuar a auferir os benefícios dela após a regularização do empresário.

Art. 159. Configurada qualquer das hipóteses do art. 158 desta Lei, o falido poderá requerer ao juízo da falência que suas obrigações sejam declaradas extintas por sentença.

§ 1º A secretaria do juízo fará publicar imediatamente informação sobre a apresentação do requerimento a que se refere este artigo, e, no prazo comum de 5 (cinco) dias, qualquer credor, o administrador judicial e o Ministério Público poderão manifestar-se exclusivamente para apontar inconsistências formais e objetivas.

§ 2º (REVOGADO).

§ 3º Findo o prazo, o juiz, em 15 (quinze) dias, proferirá sentença que declare extintas todas as obrigações do falido, inclusive as de natureza trabalhista.

§ 4º A sentença que declarar extintas as obrigações será comunicada a todas as pessoas e entidades informadas da decretação da falência.

§ 5º Da sentença cabe apelação.

§ 6º Após o trânsito em julgado, os autos serão apensados aos da falência.

Procedimento de reabilitação do falido

Para que possa ser declarada a extinção das obrigações do falido e ele possa voltar a desenvolver sua atividade empresarial, sua reabilitação deve ser declarada por sentença. Essa sentença extintiva das obrigações poderá ser requerida pelo falido ao Juízo Universal diante do preenchimento de qualquer dos requisitos estabelecidos no art. 158.

O requerimento será autuado em apartado, pois o pedido de reabilitação ocorrerá necessariamente enquanto ainda estiver pendente o processo de falência, haja vista que, do contrário, a reabilitação poderá ocorrer na própria sentença de encerramento da falência.

Em razão do requerimento, será publicado edital na imprensa oficial com o aviso de que qualquer credor, administrador judicial e o Ministério Público terão o prazo de 5 dias, contado da publicação do edital, para opor-se ao pedido de reabilitação do falido.

Se houver oposição, o falido deverá ser intimado para exercer seu direito ao contraditório e demonstrar os fatos constitutivos de seu direito.

O requerimento será julgado por sentença no prazo de 15 dias. Da sentença poderá ser interposto o recurso de apelação.

---

[279] Nesse sentido: TJSP, Câmara Especial de Falências e Recuperações Judiciais, Ap. 555.048-4/6-00, rel. Des. Romeu Ricupero, j. 28-5-2008.

A publicidade da sentença de extinção das obrigações deverá ser ampla para permitir ao falido sua reinserção no mercado. Ela será comunicada a todas as pessoas e entidades informadas por ocasião da decretação da falência.

Art. 159-A. A sentença que declarar extintas as obrigações do falido, nos termos do art. 159 desta Lei, somente poderá ser revogada por ação rescisória, na forma prevista na Lei n. 13.105, de 16 de março de 2015 (Código de Processo Civil), a pedido de qualquer credor, caso se verifique que o falido tenha sonegado bens, direitos ou rendimentos de qualquer espécie anteriores à data do requerimento a que se refere o art. 159 desta Lei.

Parágrafo único. O direito à rescisão de que trata o *caput* deste artigo extinguir-se-á no prazo de 2 (dois) anos, contado da data do trânsito em julgado da sentença de que trata o art. 159 desta Lei.

Ação rescisória da sentença de extinção das obrigações

A extinção das obrigações pelo encerramento do procedimento falimentar ou pelo decurso de três anos da decretação da falência pressupõe que o falido, de boa-fé, tenha apresentados todos os seus bens para que fossem liquidados e o produto tenha permitido o pagamento aos credores.

A sonegação de bens, direitos ou rendimentos pelo falido viola os pressupostos que motivaram o próprio instituto da falência e que consistiram no estímulo para que houvesse a execução coletiva de todos os bens do devedor para satisfazer a coletividade de credores conforme a ordem legal de pagamento, mas que também o empresário devedor que teve seus bens integralmente liquidados, mesmo que remanescessem débitos, pudesse voltar a empreender no mercado tão logo suas dívidas fossem extintas.

Nesse aspecto, caso extintas suas obrigações por sentença e se constate o desvio ou a ocultação de bens, qualquer credor poderá promover ação rescisória da sentença de extinção das obrigações, desde que o faça no prazo de até dois do trânsito em julgado desta, sob pena de prescrição.

Art. 160. Verificada a prescrição ou extintas as obrigações nos termos desta Lei, o sócio de responsabilidade ilimitada também poderá requerer que seja declarada por sentença a extinção de suas obrigações na falência.

Reabilitação do sócio ilimitadamente responsável

A despeito da previsão do art. 190, que já determina a aplicação da disciplina do devedor falido ao sócio ilimitadamente responsável, a LREF fez questão de ser expressa quanto à extinção das obrigações do sócio ilimitadamente responsável.

Desde que haja a prescrição de suas obrigações ou o preenchimento das hipóteses presentes no art. 158, o sócio ilimitadamente responsável poderá requerer a declaração, por sentença, da extinção de todas as suas obrigações.

A tanto, deverá promover requerimento em autos em apartado, cujo procedimento deverá seguir o disposto no art. 159 e permitirá o pronunciamento da extinção por sentença, que poderá ser desafiada pelo recurso de apelação.

A partir do trânsito em julgado da sentença de extinção das obrigações, o sócio será considerado habilitado como empresário e poderá retomar o desenvolvimento de suas atividades empresariais.

CAPÍTULO VI

DA RECUPERAÇÃO EXTRAJUDICIAL

Art. 161. O devedor que preencher os requisitos do art. 48 desta Lei poderá propor e negociar com credores plano de recuperação extrajudicial.

§ 1º Estão sujeitos à recuperação extrajudicial todos os créditos existentes na data do pedido, exceto os créditos de natureza tributária e aqueles previstos no § 3º do art. 49 e no inciso II do *caput* do art. 86 desta Lei, e a sujeição dos créditos de natureza trabalhista e por acidentes de trabalho exige negociação coletiva com o sindicato da respectiva categoria profissional.

§ 2º O plano não poderá contemplar o pagamento antecipado de dívidas nem tratamento desfavorável aos credores que a ele não estejam sujeitos.

§ 3º O devedor não poderá requerer a homologação de plano extrajudicial, se estiver pendente pedido de recuperação judicial ou se houver obtido recuperação judicial ou homologação de outro plano de recuperação extrajudicial há menos de 2 (dois) anos.

§ 4º O pedido de homologação do plano de recuperação extrajudicial não acarretará suspensão de direitos, ações ou execuções, nem a impossibilidade do pedido de decretação de falência pelos credores não sujeitos ao plano de recuperação extrajudicial.

§ 5º Após a distribuição do pedido de homologação, os credores não poderão desistir da adesão ao plano, salvo com a anuência expressa dos demais signatários.

§ 6º A sentença de homologação do plano de recuperação extrajudicial constituirá título executivo judicial, nos termos do art. 584, inciso III do *caput*, da Lei n. 5.869, de 11 de janeiro de 1973 – Código de Processo Civil.

Recuperação extrajudicial

No Decreto-Lei n. 7.661/45, as composições entre o devedor e seus credores eram consideradas atos falimentares. Nos termos do art. 2º, III, do Decreto revogado, poderia ter sua falência decretada o comerciante que convocou seus credores e lhes propôs dilação, remissão de créditos ou cessão de bens.

Na LREF, a composição individual entre o devedor e seus credores, fora do ambiente jurisdicional, não é considerada ato falimentar (art. 167) e poderá permitir que o empresário, diante de uma crise pontual ou de uma iliquidez para o cumprimento de determinada obrigação, preserve sua atividade. Por meio de acordos individuais com alguns ou todos os credores, que vincularão os contratantes nos termos acordados pelo princípio da *pacta sunt servanda* e independentemente de qualquer homologação judicial, a atividade empresarial do devedor poderia ser restruturada.

Essa solução de mercado, entretanto, nem sempre se mostrava suficiente. A depender da dispersão dos créditos, o devedor poderá ter dificuldade para realizar a negociação individual com cada um dos credores. Além disso, se o credor for economicamente significante, seja pela sua influência ou pelo tamanho de seu crédito, poderá exigir que a composição tutele exclusivamente os seus interesses, em detrimento dos interesses dos demais credores e da própria atividade empresarial.

Procurou a LREF criar um instituto que permitisse consagrar essa composição privada e assegurasse a submissão de uma minoria discordante ou dispersa ao interesse da maioria dos credores, o que os acordos individuais não poderiam promover.

Por seu turno, a complexidade e, consequentemente, o tempo e os custos de um processo de recuperação judicial poderão não ser adequados à simplicidade da crise do devedor ou de sua estrutura de crédito. Se a crise é pontual ou os meios de recuperação envolvem uma ou apenas algumas classes ou espécies de credores, não se justifica que todos os créditos existentes sejam submetidos a um plano de recuperação, nem que todas as ações individuais sejam suspensas, nem a nomeação necessária de um administrador judicial para fiscalizar a atuação do devedor, nem um procedimento de verificação dos créditos etc.

A recuperação extrajudicial é justamente a composição privada celebrada entre o devedor e uma parte ou a totalidade dos credores de uma ou mais classes ou grupos, a qual é condicionada à homologação judicial e que permite a produção de seus efeitos em relação a todos os credores aderentes ou, desde que preenchidos os requisitos legais, a vinculação da minoria dissidente às condições contratuais anuídas com a maioria dos credores.

O termo "extrajudicial" é utilizado, nesse aspecto, para identificar que a negociação realizada pelos credores não ocorre durante o procedimento judicial. A composição entre os credores e o devedor é privada. Apenas após os credores já terem aderido à proposta negociada é que os seus termos e condições são apresentados à homologação judicial.

Ainda que a composição entre o devedor e o credor já seja suficiente para a produção dos efeitos entre os contratantes, a homologação judicial é imprescindível para a caracterização da recuperação extrajudicial. Embora o plano de recuperação seja extrajudicialmente proposto e aceito, a recuperação extrajudicial exige uma fase judicial em seu procedimento, em que a composição será judicialmente homologada. Além de poder vincular os credores dissidentes à composição celebrada com a maioria dos credores aderentes, a homologação confere força de título executivo judicial ao acordo e submete todos os envolvidos à disciplina dos crimes falimentares.

Espécies de recuperação extrajudicial

Há duas modalidades de recuperação extrajudicial: a recuperação extrajudicial meramente homologatória ou facultativa (art. 162) e a recuperação extrajudicial impositiva (art. 163).

Na modalidade meramente homologatória ou facultativa, a recuperação extrajudicial caracteriza-se pela aderência ao plano de todos os credores por ele sujeitos. Os credores voluntariamente concordaram com as novas condições ou forma de satisfação dos seus respectivos créditos.

Como a composição entre credor e devedor já é suficiente para novar as obrigações, a homologação judicial seria desnecessária para a produção dos efeitos entre os signatários. A faculdade de sua realização por meio da recuperação extrajudicial, portanto, apenas assegura que a sentença fará dessa composição título executivo judicial e que as partes estarão sujeitas à disciplina dos crimes falimentares.

Por seu turno, na modalidade de recuperação extrajudicial impositiva, nem todos os credores sujeitos ao plano de recuperação extrajudicial são signatários ou aderentes. Apenas uma parte dos credores concordou com as alterações das condições ou forma de pagamento de seus créditos.

Se mais de 50% de todos os créditos de uma determinada classe ou grupo de credores sujeitos ao plano tiverem concordado com os seus termos, a homologação do plano de recuperação extrajudicial implicará sua imposição, mesmo contra a vontade, a todos os credores dissidentes da referida classe ou grupo (art. 163). Nesse caso, a homologação será obrigatória para a produção dos efeitos em face desses credores não aderentes, pois não se vincularam voluntariamente aos seus termos contratuais anteriormente.

Legitimidade ativa para o pedido

O devedor, para pretender a recuperação extrajudicial, precisa preencher todos os requisitos legais subjetivos. Sua falta não obsta a que o devedor celebre acordos individuais com todos os credores, nem que submeta referida composição à homologação judicial para transformar o contrato celebrado em título executivo judicial, mas essa composição não terá a natureza de recuperação extrajudicial.

Entre os requisitos subjetivos, o devedor deverá atender a todas as condições para o pedido de recuperação judicial. Deverá, assim, ser empresário e não se caracterizar como empresa pública e sociedade de economia mista, instituição financeira pública ou privada, cooperativa de crédito, consórcio, entidade de previdência complementar, sociedade operadora de plano de assistência à saúde, sociedade seguradora, sociedade de capitalização e outras entidades legalmente equiparadas às anteriores. Outrossim, deverá ele exercer regularmente suas atividades há mais de dois anos, não ser falido ou, se o foi, ter as obrigações extintas; não ter sido condenado ou não ter, como administrador ou sócio controlador, pessoa condenada por qualquer crime falimentar[1].

Ainda que o art. 48 estabeleça que o empresário devedor não poderá obter a recuperação extrajudicial se tiver, há menos de cinco anos, obtido a concessão de recuperação judicial ordinária ou com base em plano especial para ME ou EPP, o art. 161, § 3º, excepcionou essa exigência. Apenas não poderá requerer a homologação de plano de recuperação extrajudicial o empresário devedor que tenha requerido a recuperação judicial, cujo pedido ainda esteja pendente, ou que a tenha obtido há menos de dois anos.

Tampouco poderá pedir a recuperação extrajudicial, nesse período de dois anos, o que tenha obtido a homologação de outro plano de recuperação extrajudicial. Ressalte-se, nesse ponto, que a mera submissão de pedido de recuperação extrajudicial indeferido não acarreta impedimento a novo pedido. Só se impede novo pedido de recuperação extrajudicial ao devedor que o requereu anteriormente e obteve sua homologação judicial no prazo de dois anos.

Por fim, o art. 198 determina que os devedores proibidos de requerer concordata nos termos da legislação específica em vigor na data da publicação da LREF ficam proibidos de requerer recuperação judicial ou extrajudicial[2].

---

[1] Cf. comentários ao art. 48.

[2] Cf. comentários ao art. 198.

TJSP, Câmara Especial de Falências e Recuperações Judiciais, AI 451.651-4/0-00, rel. Des. Romeu Ricupero, j. 6-12-2006.

Legitimidade passiva dos credores

O devedor poderá pretender a homologação de plano de recuperação extrajudicial que obrigue a todos os credores ou a apenas algumas classes de credores ou, ainda, apenas a algum grupo de credores, cujos créditos possuam condições semelhantes. Condição é que o crédito seja existente à data do pedido, vencido ou vincendo, líquido ou ilíquido.

A sujeição ao plano de recuperação extrajudicial é definida conforme juízo de conveniência e oportunidade atribuído exclusivamente ao devedor. Apenas este poderá determinar a quais credores formulará propostas de novação de suas obrigações. Na hipótese de recuperação extrajudicial impositiva, em que a maioria poderá vincular a minoria discordante, essa escolha poderá sofrer limitações legais para garantir que todos os credores cujos créditos possuam condições semelhantes também sejam incluídos no plano de recuperação extrajudicial, de modo a se assegurar que o quórum de aprovação seja respeitado[3].

Alguns credores, entretanto, não se sujeitam à recuperação extrajudicial. Os credores tributários, por não poderem renunciar ao crédito ou transacionar exceto por despacho da autoridade administrativa e desde que autorizada por lei (art. 152 do CTN), não podem se submeter à negociação exigida pelo plano de recuperação extrajudicial.

Os créditos de titularidade do proprietário fiduciário, do arrendador mercantil, vendedor ou promitente vendedor de imóvel com cláusula de irretratabilidade e do vendedor com cláusula de reserva de domínio também não poderão estar submetidos ao plano de recuperação extrajudicial. Embora possam renegociar os seus créditos individualmente com o devedor, em razão do direito de propriedade titularizado sobre a coisa, não poderão ser sujeitos ao plano contra a sua vontade.

A instituição financeira credora por adiantamento de contrato de câmbio ao exportador também não poderá ser sujeita ao plano de recuperação extrajudicial, a menos que voluntariamente tenha a ele aderido. Apesar de a composição privada não ser impedida, o legislador procurou impedir que os incentivos à exportação brasileira fossem obstados. Dessa forma, assegurou que as instituições financeiras que adiantassem a importância de futuro contrato de câmbio aos exportadores não seriam submetidas a uma negociação dos créditos dele, caso o exportador fosse acometido por crise financeira antes de adimplir seu contrato.

Além desses credores que já eram excluídos da própria sujeição à recuperação judicial, também foram excluídos os credores derivados da legislação do trabalho ou decorrentes de acidente de trabalho, a menos que haja negociação coletiva com o sindicato da respectiva categoria profissional e que concorde com a submissão dos referidos credores. A exigência de prévia negociação coletiva com o sindicato é decorrente da vulnerabilidade presumida dos referidos credores. A vulnerabilidade do titular dos referidos créditos fez com que o legislador impedisse a renegociação dos créditos ou suas condições mediante recuperação extrajudicial, embora na recuperação judicial ela seja admitida, ainda que com grande limitação.

Limitações ao plano de recuperação extrajudicial

A recuperação extrajudicial é modo pelo qual o empresário procura superar sua crise econômico-financeira. Como poderá submeter apenas uma parte dos credores do devedor, não poderia ser por ele utilizada para beneficiar alguns poucos credores em detrimento de todos os demais. Por isso, a primeira limitação imposta ao plano de recuperação extrajudicial é que não poderá contem-

---

[3]   Cf. comentários ao art. 163, § 1º.

plar o pagamento antecipado de dívidas ou assegurar aos credores a ele sujeitos um tratamento mais benéfico ou favorável do que aos demais credores.

No art. 163, ainda há outras limitações ao plano. O plano de recuperação extrajudicial não poderá determinar a alienação de bem gravado ou a supressão ou substituição de garantia real, a menos que haja concordância expressa do credor titular da garantia. Ademais, não se pode estabelecer o afastamento da variação cambial nos créditos em moeda estrangeira, sem que haja anuência expressa do credor.

Desistência da adesão ao plano pelo credor

Anteriormente à distribuição do pedido de recuperação extrajudicial, o plano é um contrato entre as partes signatárias e será permitida a desistência ou não conforme as obrigações e os direitos contratados pelas partes. Até a distribuição do pedido, a relação jurídica será regida integralmente pela vontade das partes, como manifestação de sua autonomia privada.

Com a distribuição do pedido de recuperação extrajudicial, o credor aderente à proposta permanecerá a ela vinculado. Como poderá vincular os credores, mesmo não aderentes, o plano de recuperação extrajudicial exige determinado quórum de aderência dos credores. A desistência do credor após a distribuição do pedido prejudica não apenas a si próprio, mas poderá interferir nos direitos dos demais signatários.

Para proteger o legítimo interesse dos demais signatários, a menos que haja anuência expressa de todos, o credor aderente não poderá desistir de seu consentimento.

Homologação do plano de recuperação extrajudicial

A sentença que homologa o plano de recuperação extrajudicial, nos termos do art. 515, III, do Código de Processo Civil vigente, diante da revogação do art. 584, III, da Lei n. 5.869/73, terá natureza de título executivo judicial.

Ao contrário da recuperação judicial, a novação das obrigações promovida pela recuperação extrajudicial é definitiva. Seu descumprimento não permite a convolação em falência e o retorno das obrigações às condições originárias. Entretanto, poderá o credor protestar seu título executivo judicial e promover pedido de falência baseado na impontualidade injustificada do devedor (art. 94, I), cujo processo deverá ser distribuído por ausência de prevenção do juízo da recuperação extrajudicial (art. 6º, § 8º).

Caso a obrigação do título executivo judicial consistente na homologação do plano de recuperação extrajudicial seja descumprida, além do pedido de falência, poderá o credor alternativamente promover o cumprimento da sentença.

Na hipótese de cumprimento da sentença de homologação, o art. 516, II, do Código de Processo Civil determina que será competente o juízo que decidiu a causa no primeiro grau de jurisdição. A competência do juízo da recuperação extrajudicial desponta do texto legal, bem como decorre do objetivo de se evitar, com a concentração de todas as execuções baseadas no mesmo título judicial, decisões conflitantes entre si e que poderiam ser causadas caso as execuções se processassem em juízos autônomos[4].

---

[4] Nesse sentido: TJSP, 1ª Câmara Reservada de Direito Empresarial, AI 2103240-78.2017, rel. Des. Fortes Barbosa, j. 9-8-2017; TJSP, 1ª Câmara Reservada de Direito Empresarial, AI 2075744-74.2017,

Art. 162. O devedor poderá requerer a homologação em juízo do plano de recuperação extrajudicial, juntando sua justificativa e o documento que contenha seus termos e condições, com as assinaturas dos credores que a ele aderiram.

Recuperação extrajudicial meramente homologatória ou facultativa

Trata o dispositivo legal da modalidade de recuperação extrajudicial meramente homologatória ou facultativa.

Nessa modalidade, a proposta de alterações das condições ou formas de satisfação das obrigações foi aceita por todos os credores a ela sujeitos. Como todos os sujeitos ao plano são signatários anuentes, o plano poderá versar sobre apenas uma parte dos credores integrantes de uma mesma espécie ou apenas alguns integrantes de grupo de credores com condições semelhantes de créditos.

Como a celebração da composição entre as partes contratantes já é suficiente para gerar a novação das obrigações e a vinculação dos signatários, nos termos do princípio do *pacta sunt servanda*, o pedido de homologação judicial do contrato é meramente facultativo para a produção desses efeitos.

Essa homologação, entretanto, assegura que o acordo se constitua em título executivo judicial e permite que, no caso de descumprimento do avençado, o credor possa protestar o título e requerer a decretação da falência do devedor mediante pedido fundado em sua impontualidade injustificada (art. 94, I). Os signatários também ficarão submetidos à disciplina dos crimes falimentares previstos na LREF.

Para que esse pedido de homologação judicial do acordo possa ser realizado, o devedor deverá distribuir o pedido no foro do seu principal estabelecimento empresarial (art. 3º). O pedido deverá ser acompanhado de justificativa para a novação pretendida e do plano de recuperação extrajudicial, em que todas as condições e os termos negociados deverão ter sido incluídos, devidamente assinado por todos os credores a ele sujeitos.

Para que o credor signatário fique efetivamente vinculado pelo plano de recuperação extrajudicial, imprescindível que, na hipótese de pessoa jurídica, as assinaturas sejam acompanhadas dos instrumentos demonstrativos dos poderes conferidos aos representantes para que pudessem transacionar com o devedor.

Embora o pedido de recuperação pelo devedor deva ser expressamente autorizado pelas assembleias-gerais de sócios da pessoa jurídica devedora, a qual deverá instruir seu pedido com a ata da referida Assembleia que teria autorizado a realização de seu pedido pelos administradores (art. 122, IX, da Lei n. 6.404/76), essa exigência não é imposta aos credores. A alteração das condições ou formas de pagamento dos créditos não extrapola os limites da administração ordinária, de modo que desnecessária a concessão de poderes especiais aos diretores ou administradores dos credores para celebrarem o acordo. Necessário demonstrar, entretanto, que foram a eles atribuídos os poderes de representação da pessoa jurídica e que não haveria nenhuma restrição no contrato ou estatuto social para sua realização.

---

rel. Des. Alexandre Lazzarini, j. 21-6-2017; TJSP, 1ª Câmara Reservada de Direito Empresarial, AI 2201355-08.2015, rel. Des. Francisco Loureiro, j. 16-3-2016; TJSP, 1ª Câmara Reservada de Direito Empresarial, AI 2234426-98.2015, rel. Des. Francisco Loureiro, j. 21-1-2016.

Tratamento diferenciado entre os credores signatários

Como nessa modalidade de recuperação extrajudicial todos os credores sujeitos ao plano manifestaram sua concordância às alterações de seus créditos, não há nenhum empecilho a que os signatários, mesmo com condições e naturezas semelhantes de créditos, sofram tratamento diferenciado pelo plano de recuperação extrajudicial.

Os credores podem livremente se compor com seus devedores. A estipulação de cláusulas e condições para a novação de suas obrigações, desde que não viole norma legal, a qual, no caso, é restrita à defesa de tratamento mais favorável do que àqueles não signatários, é exercício de autonomia privada e poderá ocorrer livremente entre as partes contratantes. Nada impede, assim, que o contratante tenha obtido melhores condições que outro credor signatário em igualdade de condições de crédito originalmente.

Art. 163. O devedor poderá também requerer a homologação de plano de recuperação extrajudicial que obriga todos os credores por ele abrangidos, desde que assinado por credores que representem mais da metade dos créditos de cada espécie abrangidos pelo plano de recuperação extrajudicial.

§ 1º O plano poderá abranger a totalidade de uma ou mais espécies de créditos previstos no art. 83, incisos II, IV, V, VI e VIII do *caput*, desta Lei, ou grupo de credores de mesma natureza e sujeito a semelhantes condições de pagamento, e, uma vez homologado, obriga a todos os credores das espécies por ele abrangidas, exclusivamente em relação aos créditos constituídos até a data do pedido de homologação.

§ 2º Não serão considerados para fins de apuração do percentual previsto no *caput* deste artigo os créditos não incluídos no plano de recuperação extrajudicial, os quais não poderão ter seu valor ou condições originais de pagamento alteradas.

§ 3º Para fins exclusivos de apuração do percentual previsto no *caput* deste artigo:

I – o crédito em moeda estrangeira será convertido para moeda nacional pelo câmbio da véspera da data de assinatura do plano; e

II – não serão computados os créditos detidos pelas pessoas relacionadas no art. 43 deste artigo.

§ 4º Na alienação de bem objeto de garantia real, a supressão da garantia ou sua substituição somente serão admitidas mediante a aprovação expressa do credor titular da respectiva garantia.

§ 5º Nos créditos em moeda estrangeira, a variação cambial só poderá ser afastada se o credor titular do respectivo crédito aprovar expressamente previsão diversa no plano de recuperação extrajudicial.

§ 6º Para a homologação do plano de que trata este artigo, além dos documentos previstos no *caput* do art. 162 desta Lei, o devedor deverá juntar:

I – exposição da situação patrimonial do devedor;

II – as demonstrações contábeis relativas ao último exercício social e as levantadas especialmente para instruir o pedido, na forma do inciso II do *caput* do art. 51 desta Lei; e

III – os documentos que comprovem os poderes dos subscritores para novar ou transigir, relação nominal completa dos credores, com a indicação do endereço de cada um, a natureza, a classificação e o valor atualizado do crédito, discriminando sua origem, o regime dos respectivos vencimentos e a indicação dos registros contábeis de cada transação pendente.

§ 7º O pedido previsto no *caput* deste artigo poderá ser apresentado com comprovação da anuência de credores que representem pelo menos 1/3 (um terço) de todos os créditos de cada espécie por ele abrangidos e com o compromisso de, no prazo improrrogável de 90 (noventa) dias, contado da data do pedido, atingir o quórum referido no caput deste artigo, por meio de adesão expressa, facultada a conversão do procedimento em recuperação judicial a pedido do devedor.

§ 8º Aplica-se à recuperação extrajudicial, desde o respectivo pedido, a suspensão de que trata o art. 6º desta Lei, exclusivamente em relação às espécies de crédito por ele abrangidas, e somente deverá ser ratificada pelo juiz se comprovado o quórum inicial exigido pelo § 7º deste artigo.

Recuperação extrajudicial impositiva

Nessa modalidade de recuperação extrajudicial, os efeitos do plano de recuperação recairão não apenas sobre os credores aderentes, mas sobre os demais credores da mesma classe ou do mesmo grupo a eles sujeitos.

A modalidade foi criada pela LREF com o intuito de preservar o interesse da coletividade de credores. Se a restruturação da atividade empresarial foi imprescindível para que a crise econômico-financeira que acomete o empresário seja superada, não se justificaria que um credor, mesmo movido pela consideração de seus interesses enquanto credor e não exclusivamente enquanto particular, obstasse a utilidade que poderia ser gerada a toda a coletividade dos credores.

Para assegurar que esse interesse comum da coletividade de credores seja preservado, em detrimento dos interesses individuais de qualquer credor, a Lei estabeleceu determinados requisitos para que a minoria dos credores fique vinculada à vontade da maioria.

Mais da metade dos credores de cada espécie ou grupo

A Lei exigiu que os credores que representem mais da metade do total de créditos de cada espécie por ele abrangida tenha aderido ao plano de recuperação extrajudicial.

O percentual mínimo de signatários, entretanto, é extraído não do total de créditos submetidos ao plano, mas sim de cada classe ou grupo de credores.

O plano de recuperação extrajudicial poderá pretender a alteração das condições de pagamento de todos os créditos pertencentes a uma ou a diversas classes de credores, conforme definição no art. 83 para a falência. São classes os créditos dos credores garantidos por penhor, hipoteca ou anticrese, os créditos privilegiados de forma especial ou geral, os quirografários e os subordinados.

Os créditos trabalhistas ou decorrentes de acidente de trabalho, a menos que haja negociação coletiva com o sindicato dos trabalhadores, os créditos tributários e os créditos dos credores proprietários estão excluídos da recuperação extrajudicial (art. 161, § 1º). O art. 163 também excluiu, como classe de credores, os créditos subquirografários. Como as multas tributárias não podem se submeter à recuperação extrajudicial, impossível seria que se computassem todos os créditos da referida classe para vincular a minoria. Dessa forma, além dos créditos tributários, os demais créditos subquirografários, como as multas contratuais e penas pecuniárias por infração das leis penais ou administrativas, não estão sujeitos ao plano de recuperação extrajudicial.

Ainda que se pretenda a novação dos créditos componentes de diversas classes, o percentual de mais de 50% de aprovação deverá ser obtido durante a recuperação extrajudicial. Anteriormente à alteração legislativa, o percentual de 60% era requisito para o pedido, de modo que ele precisaria ser obtido previamente à distribuição do pedido em cada uma das classes abrangidas.

Para estimular a utilização do instituto, em seus § 7º, a nova redação da Lei n. 11.101/2005 passou a permitir que o pedido de recuperação extrajudicial seja realizado com a comprovação de anuência de credores que representem ao menos 1/3 de todos os créditos de cada espécie por ele abrangidos. No prazo improrrogável de 90 dias após a distribuição do pedido, o devedor deverá demonstrar que obteve mais da metade de aprovação de cada classe ou grupo, com a adesão expressa dos referidos credores.

A possibilidade de renegociação nas classes ou em grupos de credores da classe

O devedor, contudo, diante das peculiaridades da sua crise econômico-financeira, pode pretender a alteração das condições ou da forma de satisfação de apenas uma parcela ou grupo dos créditos de determinada classe de credores. A crise, para ser superada, poderá não exigir a negociação com todos os credores de uma determinada classe, mas com apenas alguns.

A definição do grupo de credores deverá ser clara e objetiva. Não poderá o devedor escolher qual credor se submeterá ao plano de recuperação extrajudicial e qual não. O grupo de credores deverá ser definido, entre os credores de uma mesma classe ou espécie, por aqueles que possuem semelhantes condições de pagamento e de natureza do crédito.

Essas três condições são cumulativas pelo art. 163, § 1º. Além de pertencerem à mesma classe, os credores deverão titularizar créditos com a mesma natureza e sujeitos a semelhantes condições de pagamento. Embora os critérios não sejam precisos, os requisitos procuram delimitar parâmetros objetivos para que os créditos possam ser agrupados e, principalmente, para evitar que o devedor escolha, por critérios subjetivos e de sua inteira conveniência, quais são os credores que se sujeitarão ao plano e integrarão o quórum de aprovação.

Definido o grupo, todos os credores a ele pertencentes em razão da semelhança de sua natureza e condições de pagamento estarão sujeitos ao plano de recuperação extrajudicial e serão computados para aferição do quórum de mais da metade dos credores aderentes para a vinculação dos credores remanescentes.

Se o crédito for em moeda estrangeira, seu valor será convertido para a moeda nacional pelo câmbio da véspera da data de assinatura do plano. O índice a ser adotado deverá refletir a média dos preços da moeda estrangeira, à míngua de qualquer especificação pela legislação. Por seu turno, a fixação da véspera da data da assinatura cria dificuldades para aferição do quórum, pois cada um dos credores aderentes com créditos em moeda estrangeira terá uma cotação diferente, se tiverem assinado o plano em datas diversas.

Os credores não aderentes, por não serem signatários do plano, mas que deverão ser computados para se verificar se a eles o plano poderá ser imposto contra a vontade, deverão ter o crédito em moeda estrangeira convertido na véspera da distribuição do pedido.

Exceto anuência expressa do credor, o crédito em moeda estrangeira conserva a variação cambial até o momento do pagamento. A conversão para a moeda nacional à taxa da véspera da assinatura do plano é realizada apenas para o cômputo do percentual necessário para a homologação do plano de recuperação extrajudicial, mas não para a satisfação do crédito.

Os demais credores, não pertencentes à classe dos créditos ou ao grupo de credores submetidos à recuperação extrajudicial, não integrarão o quórum e não terão os créditos originais de qualquer forma alterados.

Credores impedidos

Ainda que sejam os créditos da mesma espécie ou integrantes do mesmo grupo de créditos em razão de semelhança nas condições de pagamento ou de sua natureza, alguns créditos não serão computados para fins exclusivos de apuração do quórum.

Não integrarão o quórum os mesmos credores impedidos de votar o plano de recuperação judicial. São eles os sócios do devedor, bem como as sociedades coligadas, controladoras, controladas ou as que tenham sócio ou acionista com participação superior a 10% (dez por cento) do capital social do devedor ou em que o devedor ou algum de seus sócios detenha participação superior a 10% (dez por cento) do capital social; o cônjuge ou parente, consanguíneo ou afim, colateral até o segundo grau, ascendente ou descendente do devedor, de administrador, do sócio controlador, de membro dos conselhos consultivo, fiscal ou semelhantes da sociedade devedora e à sociedade em que quaisquer dessas pessoas exerçam essas funções (art. 43).

O sentido da proibição legal é vedar que credores com conflito de interesse possam votar na recuperação judicial (art. 43) ou aderir ao plano de recuperação extrajudicial (art. 163, § 3º, II). O conflito, entretanto, não se restringe, simplesmente, aos interesses da devedora e dos credores. Proíbe-se que credores, com interesses diversos dos interesses exclusivos como credores, interfiram na verificação da viabilidade econômica ou não do plano. É nesse sentido que o art. 43, parágrafo único, da Lei n. 11.101/2005, veda inclusive o direito de voto de qualquer credor com parentesco com o devedor ou com administrador da sociedade recuperanda.

O impedimento, nesses termos, gera um conflito formal de interesses. Independentemente se concorda ou não com o plano de recuperação extrajudicial, o credor com conflito de interesses fica obstado de se manifestar. A impossibilidade de se manifestar seja quando for contrário, seja quando for favorável ao plano do devedor, garante que prevaleça o interesse da maioria na comunhão de credores, enquanto interesse exclusivamente destes.

Não se conforma à LREF a interpretação de que os impedidos apenas não poderiam ser computados no quórum de mais da metade dos créditos para a aprovação, mas que deveriam integrar a comunhão de credores, pois essa interpretação exigiria a verificação do sentido da manifestação e não do impedimento propriamente dito. Nesse ponto, a interpretação do art. 163, § 3º, II, deve ser a de que os credores impedidos não serão computados na comunhão de credores para ser verificado se houve a adesão voluntária de mais de 50% desses credores.

O impedimento, entretanto, é para finalidade exclusiva de apuração do quórum de aprovação. Essa finalidade exclusiva evidencia que referidos credores, a despeito de serem impedidos de votar, estarão submetidos aos efeitos do plano de recuperação extrajudicial se a classe dos créditos a que pertencem ou ao grupo de credores cujos créditos têm a mesma natureza ou condições semelhantes de pagamento tiverem sido incluídos no plano de recuperação extrajudicial.

Essa submissão dos credores aos efeitos do plano de recuperação extrajudicial é escolhida pelo devedor, ao contrário da recuperação judicial, mas essa escolha não é aleatória ou arbitrária.

O devedor não escolhe os credores que ficarão submetidos ao seu plano de recuperação extrajudicial, mas deverá, caso opte não por uma ou mais espécies de créditos e sim por um grupo de credores, incluir todos os credores cujos créditos tenham a mesma natureza e sejam sujeitos a semelhantes condições de pagamento. Os credores impedidos, desde que tenham os créditos de mesma natureza e condições de pagamento, deverão ser submetidos obrigatoriamente aos efeitos da recuperação extrajudicial. A despeito de não votarem, não poderá nem sequer o devedor deixar de incluí-los.

Por estarem impedidos de se manifestarem sobre o plano, os credores impedidos não ficarão simplesmente submetidos à vontade do devedor. De modo a garantir que o plano atenda ao interesse dos credores, a LREF atribuiu à maioria qualificada dos demais credores, cujos interesses devem ser semelhantes por deterem créditos nas mesmas condições, o poder de vincular a minoria e os impedidos à novação promovida pelo plano de recuperação extrajudicial.

O tratamento idêntico entre os credores

Na recuperação extrajudicial meramente homologatória ou facultativa, como todos os credores são aderentes ao plano, não há necessidade de que sejam dispensadas condições idênticas para a novação de suas obrigações. Como qualquer composição submetida à autonomia privada dos contratantes, os credores poderão voluntariamente escolher se concordam ou não com as condições que lhes foram oferecidas e se discordam que outros credores tenham sido tratados de maneira mais favorável ou não.

Na recuperação extrajudicial impositiva, contudo, nem todos os credores são aderentes ao plano. A adesão de credores que representem mais de metade dos credores de cada classe ou grupo de credores assegura a homologação judicial do plano e sua imposição aos credores integrantes das classes ou dos grupos sujeitos ao plano, mas que eram dissidentes.

Como a maioria dos credores aderentes vinculará a minoria dos integrantes da mesma espécie ou grupo, os credores deverão ter igualdade de tratamento pelo plano de recuperação extrajudicial. A diferenciação de tratamento não permitiria que se verificasse efetivamente se a maioria qualificada concorda com as condições que lhe foram propostas. A falta de caracterização do interesse da maioria impede que a minoria tenha que renunciar aos seus interesses particulares em prol de um interesse comum de toda a coletividade de credores.

É em virtude da diferenciação dos interesses, o que impede as distinções em propostas diferentes para os credores ou a consideração dos interesses comuns se os credores não possuírem condições semelhantes de crédito entre si, que a previsão de alienação de bem objeto de garantia real, a supressão da garantia ou sua substituição somente serão admitidas mediante a aprovação expressa do credor titular da respectiva garantia.

Documentos complementares para a recuperação extrajudicial impositiva

Além de instruir seu pedido de homologação judicial com o plano de recuperação e com a justificativa do devedor (art. 162), a recuperação extrajudicial na modalidade impositiva exige que o pedido seja instruído com outros documentos para que seja possível aferir se foi preenchido o quórum de mais da metade de adesão pelos credores. Os documentos, ademais, prestam-se a evidenciar a situação de crise econômica do devedor, que a medida de recuperação era efetivamente necessária e que não houve abuso ou fraude pelo devedor.

Embora ao devedor tenha sido conferida a atribuição exclusiva de formular o plano de recuperação extrajudicial, aos credores atribuiu-se o papel fundamental de efetivamente avaliar se o plano lhes é conveniente. A orientação acerca do fornecimento de informações adquire importância central para o bom deslinde do processo.

Na recuperação extrajudicial, embora as informações tenham que ter sido fornecidas aos credores no momento da aderência ou não ao plano proposto, antes, portanto, da distribuição de seu pedido de homologação, a exposição da situação patrimonial do devedor, as demonstrações contábeis relativas ao último exercício social e as levantadas especialmente para instruir o pedido deverão instruir a petição inicial. Isso porque, além de as informações assegurarem melhor consideração pelos credores de seus benefícios ou riscos, o que já teria sido realizado por ocasião da aderência ao plano de recuperação extrajudicial, as informações também permitem a proteção dos credores contra abusos e condutas ilegais do devedor.

A exposição da situação patrimonial do devedor permitirá que os credores verifiquem o estado econômico do devedor e, inclusive, se não foram levados a erro por ocasião da concordância ao plano. As demonstrações contábeis, consistentes no balanço patrimonial, na demonstração de resultados acumulados, na demonstração de resultado desde o último exercício e relatório de fluxo de caixa e sua projeção, por seu turno, permitem identificar a evolução da crise e quando ela efetivamente ocorreu.

Para aferir se o quórum de mais da metade dos credores aderentes foi preenchido, além de o plano ser acompanhado das assinaturas dos aderentes, necessário demonstrar que os subscritores efetivamente tinham poderes para novar ou transigir. Imprescindível, assim, que se juntem, na hipótese de assinatura por procurador, os documentos demonstrativos dos poderes atribuídos para vincular o credor ou, na hipótese de pessoa jurídica, o demonstrativo de nomeação do representante, acompanhado do ato constitutivo que lhe conferiria poderes a tanto.

O devedor deverá juntar, ainda, a relação nominal completa de credores. A relação de credores prevista no dispositivo refere-se a todos os credores e não somente aos que se sujeitam ao plano de recuperação extrajudicial. Isso porque uma das hipóteses de impugnação previstas no art. 164, § 3º, é a de não preenchimento do percentual mínimo de mais da metade de aprovação dos créditos no período de até 90 dias da distribuição do pedido.

Para que o credor possa identificar a correção do quórum, se não houve nenhum credor classificado indevidamente para apenas permitir seu preenchimento, e se, pelos meios de recuperação extrajudicial propostos, foi tratado com isonomia pelo devedor em relação aos demais credores com condições idênticas ou da mesma natureza, necessário que se possa verificar quem são os demais credores. Essa aferição exige que seja apresentada relação nominal completa dos credores, a indicação do endereço de cada um, a natureza, a classificação e o valor atualizado do crédito, com a discriminação de sua origem, regime dos respectivos vencimentos e a indicação dos registros contábeis de cada transação pendente.

A apresentação incompleta, imprecisa ou mesmo inconsistente da relação nominal de todos os credores pode levar à dificuldade de impugnação. O vício, contudo, é sanável e não implica, por si só, indeferimento do pedido de recuperação extrajudicial. Poderá ser permitido que a documentação seja suprida, com a abertura de prazo para as impugnações judiciais pelos credores.

Suspensão das ações e execuções

A partir da distribuição do pedido de recuperação extrajudicial, as ações e execuções cujos créditos são sujeitos ao plano de recuperação deverão ser suspensas. Para a suspensão, exige-se que haja o preenchimento do quórum de ao menos 1/3 de aprovação pelos credores do plano proposto, de forma que a suspensão deverá ser ratificada pelo juízo ao analisar esse requisito essencial.

A suspensão das ações e execuções promovidas pelos credores submetidos ao plano de recuperação extrajudicial assegura que os bens da recuperanda não sejam constritos por credores que, caso o plano de recuperação extrajudicial seja homologado judicialmente, terão os créditos novados. A preservação dos ativos da devedora enquanto o procedimento da recuperação extrajudicial ocorre assegura o resultado útil do processo, a preservação da atividade empresarial com a satisfação dos interesses dos diversos agentes envolvidos com o seu desenvolvimento, bem como a igualdade de tratamento entre os credores sujeitos.

Se o plano de recuperação extrajudicial não pretender alterar as condições ou a forma de pagamento dos referidos créditos, não há razão para que o trâmite das ações ou execuções deles seja realmente suspenso.

Por esse raciocínio, a suspensão deverá ocorrer com relação às ações e execuções promovidas por todos os credores sujeitos ao plano de recuperação extrajudicial. Entre os credores sujeitos ao plano encontram-se os credores aderentes ou signatários, os quais anuíram com a novação pretendida pelo devedor (recuperação extrajudicial meramente homologatória), como também os credores dissidentes, que não anuíram com a alteração das condições dos seus créditos, mas que, mesmo assim, poderão ter os créditos novados caso os demais requisitos do art. 163 estejam presentes (recuperação extrajudicial impositiva)[5].

O prazo de suspensão não era definido originalmente na LREF para a recuperação extrajudicial. Pela alteração legislativa, consagrou-se a aplicação do prazo do art. 6º da Lei, de modo que o prazo deve ser de 180 dias de suspensão das ações e execuções dos credores submetidos à recuperação judicial, prorrogável uma única vez por igual período, desde que não haja desídia do devedor (art. 6º)[6].

Conversão da recuperação extrajudicial em recuperação judicial

Se o credor distribuir o pedido de recuperação extrajudicial com aderência ao plano por ao menos 1/3 dos credores do grupo ou classe a ele submetidos, mas sem a anuência demonstrada de credores que representem mais da metade de cada classe ou grupo, o devedor terá o prazo de 90 dias para obter a anuência dos credores remanescentes.

Não obtida a aderência dos credores remanescentes para a obtenção do quórum de aprovação, não haverá a decretação da falência do devedor e o pedido de homologação será indeferido. Contudo, franqueou a Lei a possibilidade de o devedor requerer a conversão do procedimento em recuperação judicial.

Art. 164. Recebido o pedido de homologação do plano de recuperação extrajudicial previsto nos arts. 162 e 163 desta Lei, o juiz ordenará a publicação de edital eletrônico com vistas a convocar os credores do devedor para apresentação de suas impugnações ao plano de recuperação extrajudicial, observado o disposto no § 3º deste artigo.

---

[5] Nesse sentido: TJSP, 1ª Câmara Reservada de Direito Empresarial, AI 2136938-12.2016, rel. Des. Cesar Ciampolini, j. 8-2-2017; TJSP, 1ª Câmara Reservada de Direito Empresarial, AI 2179994-61.2017, rel. Des. Cesar Ciampolini, j. 7-2-2017.

[6] Nesse sentido, antes da alteração legal, TJSP, 1ª Câmara Reservada de Direito Empresarial, AI 2136938-12.2016, rel. Des. Cesar Ciampolini, j. 8-2-2017; TJSP, 1ª Câmara Reservada de Direito Empresarial, AI 2204224-07.2016, rel. Des. Cesar Ciampolini, j. 22-2-2017.

§ 1º No prazo do edital, deverá o devedor comprovar o envio de carta a todos os credores sujeitos ao plano, domiciliados ou sediados no país, informando a distribuição do pedido, as condições do plano e prazo para impugnação.

§ 2º Os credores terão prazo de 30 (trinta) dias, contado da publicação do edital, para impugnarem o plano, juntando a prova de seu crédito.

§ 3º Para opor-se, em sua manifestação, à homologação do plano, os credores somente poderão alegar:

I – não preenchimento do percentual mínimo previsto no *caput* do art. 163 desta Lei;

II – prática de qualquer dos atos previstos no inciso III do art. 94 ou do art. 130 desta Lei, ou descumprimento de requisito previsto nesta Lei;

III – descumprimento de qualquer outra exigência legal.

§ 4º Sendo apresentada impugnação, será aberto prazo de 5 (cinco) dias para que o devedor sobre ela se manifeste.

§ 5º Decorrido o prazo do § 4º deste artigo, os autos serão conclusos imediatamente ao juiz para apreciação de eventuais impugnações e decidirá, no prazo de 5 (cinco) dias, acerca do plano de recuperação extrajudicial, homologando-o por sentença se entender que não implica prática de atos previstos no art. 130 desta Lei e que não há outras irregularidades que recomendem sua rejeição.

§ 6º Havendo prova de simulação de créditos ou vício de representação dos credores que subscreverem o plano, a sua homologação será indeferida.

§ 7º Da sentença cabe apelação sem efeito suspensivo.

§ 8º Na hipótese de não homologação do plano o devedor poderá, cumpridas as formalidades, apresentar novo pedido de homologação de plano de recuperação extrajudicial.

Procedimento para homologação do plano de recuperação extrajudicial

Tanto na modalidade meramente homologatória ou facultativa quanto na modalidade impositiva, o procedimento da recuperação extrajudicial é idêntico.

Distribuído o pedido de homologação, o juiz deverá verificar se a petição inicial preenche os requisitos gerais do art. 319 do Código de Processo Civil. A petição inicial deverá também ser instruída com os documentos imprescindíveis à propositura da ação, os quais variarão conforme o pedido.

Se pedido de homologação do plano de recuperação extrajudicial na modalidade facultativa, a petição inicial deverá ser instruída com a justificativa do pedido, com o plano de recuperação extrajudicial devidamente assinado pelos aderentes, e, se sociedade empresária, com a deliberação societária que autorize os administradores a requererem a recuperação extrajudicial (art. 162).

Caso o pedido verse sobre a homologação de plano de recuperação extrajudicial na modalidade impositiva, além da justificativa e do plano de recuperação assinado, deverão ser juntados a exposição da situação patrimonial do devedor, suas demonstrações contábeis do último exercício social e as levantadas especialmente para instruir o pedido, os documentos que demonstrem os poderes dos signatários, bem como a relação nominal completa dos credores, com as devidas especificações (art. 163, § 6º).

Em virtude da alteração legal no art. 163, § 7º, a petição inicial poderá já comprovar a aderência de mais da metade dos credores de cada classe ou grupo. Caso não o faça, deverá demonstrar a concordância de ao menos 1/3 dos créditos de cada espécie ou grupo por ele abrangidos, com o compromisso de obter a concordância dos créditos remanescentes em 90 dias.

A falta de preenchimento dos requisitos necessários, desde que suprível, exigirá determinação para que o autor emende a petição inicial ou a complete no prazo de 15 dias, sob pena de indeferimento (art. 321 do CPC).

Recebida a petição inicial, deverá o juiz ratificar a suspensão das ações e execuções promovidas pelos credores sujeitos ao plano de recuperação extrajudicial[7] e cuja suspensão já teria se iniciado a partir da distribuição do pedido.

Se o requerente apresentar a adesão de mais de 50% dos créditos de cada classe ou grupo ao plano submetidos, o juiz determinará a imediata publicação de edital no órgão oficial e em jornal de grande circulação nacional ou das localidades da sede e das filiais do devedor.

Ainda que a alteração legislativa do quórum não tenha alterado o procedimento, caso o requerente apresente, em sua petição inicial, apenas a adesão de 1/3 pelo menos dos créditos, deverá ser aguardado o prazo de 90 dias para que sejam juntadas as adesões dos credores remanescentes à obtenção do quórum.

Nessa segunda hipótese, a publicação do edital, com o início do prazo de impugnação aos credores, somente poderá ocorrer a partir do preenchimento do quórum de concordância, eis que principal matéria da própria impugnação.

Nomeação de administrador judicial

Ao contrário da decisão de processamento da recuperação judicial, não há previsão de nomeação de administrador judicial na recuperação extrajudicial. Essa nomeação seria, a princípio, incompatível com a redução dos custos e da complexidade do procedimento buscada pela LREF.

Entretanto, se a recuperação extrajudicial possuir grande quantidade de credores a ela submetidos, a análise das impugnações ao plano poderá revelar-se complexa e exigir do Magistrado estrutura e celeridade incompatíveis com a realidade atualmente existente no Poder Judiciário. Nessa hipótese, a nomeação do administrador judicial poderá ser excepcionalmente admitida. Deverá ser realizada nos termos dos arts. 21 e seguintes da Lei.

Publicação de edital e envio de carta aos credores

O edital será publicado uma única vez, às custas do devedor. Pelo edital, serão convocados todos os credores do devedor para apresentarem, se o desejarem, impugnações ao plano de recuperação extrajudicial.

Ainda que todos os credores tenham assinado o plano ou dado ciência do pedido de recuperação extrajudicial, o edital é indispensável, pois qualquer outro credor, mesmo que não reconhecido

---

[7] Cf. comentários ao art. 161.

pelo devedor ou classificado de forma diferente, poderá oferecer impugnação judicial, a qual será apreciada pelo juiz.

A partir da publicação do edital, os credores terão o prazo de 30 dias para impugnarem o plano. Nesse prazo de 30 dias, e para que haja plena ciência dos credores quanto ao pedido de recuperação extrajudicial, o devedor deverá demonstrar o envio de carta a todos os credores sujeitos ao plano, desde que domiciliados ou sediados no país.

Contenta-se a Lei apenas com o aviso dos credores no Brasil domiciliados, para assegurar a celeridade no procedimento. Entretanto, com os meios de comunicação existentes, a falta de comunicação, ainda que apenas eletrônica, de credores estrangeiros relevantes poderá indicar dolo do devedor, o que deve ser, no caso concreto, avaliado.

A carta informará sobre a distribuição do pedido, as condições do plano e o prazo de 30 dias para a impugnação, a contar da publicação do edital.

Impugnações à homologação judicial do plano

Ao contrário das objeções ao plano de recuperação judicial, as impugnações à homologação não são destinadas a evidenciar contrariedade à proposta apresentada, simplesmente, o que exigiria a convocação da Assembleia Geral de Credores, inexistente para aprovação do plano na recuperação extrajudicial.

Na recuperação extrajudicial, as impugnações são restritas ao não preenchimento, pelo devedor, dos requisitos imprescindíveis para que o plano de recuperação extrajudicial seja homologado ou à previsão de cláusulas que contrariem as normas legais. Ao determinar que as impugnações poderão versar *somente* sobre as matérias referidas, cria o art. 164, § 3º, rol taxativo.

A impugnação deverá ser instruída com a prova de seu crédito, pois a legitimidade foi apenas conferida aos credores. Não somente os credores sujeitos ao plano, entretanto, poderão apresentar impugnações e terão interesse em sua não homologação. Embora o plano de recuperação extrajudicial não possa assegurar um tratamento mais favorável aos credores sujeitos ao plano do que aos credores que não estão submetidos, se o devedor descumprir essa determinação legal ou, nas cláusulas do plano, prever a realização de atos falimentares, em conluio com os credores para prejudicar os demais ou violar outras vedações legais, poderão os demais credores terem interesse em que o plano de recuperação extrajudicial não seja homologado.

A primeira matéria que poderá ser deduzida na impugnação é o não preenchimento do percentual mínimo para a homologação da recuperação extrajudicial impositiva. Como o percentual de mais da metade dos créditos é apurado em cada classe sujeita ao plano ou em cada um dos grupos de créditos com condições de pagamento ou natureza semelhantes, o credor poderá sustentar que o próprio crédito ou de terceiros não possui a natureza indicada pelo devedor, ou que seu montante é diverso.

Embora não haja uma fase de verificação de créditos no procedimento de recuperação extrajudicial, os créditos poderão ser avaliados judicialmente, pois poderão interferir no percentual de mais da metade dos aderentes para que o plano seja aprovado. A relevância de sua apreciação, todavia, restringe-se a essa interferência, de modo que, se a alteração for insignificante para alterar o percentual definido pela Lei, a impugnação poderá ser rejeitada sem a sua apreciação.

Afeta também o referido quórum e poderá ser matéria de impugnação a demonstração de simulação de créditos ou o vício de representação dos credores aderentes do plano. Em ambas as hipóteses, o quórum de mais da metade dos créditos poderá ser comprometido, o que gerará o indeferimento do plano. Na simulação de créditos, o crédito do credor que aderiu ao plano pode ser inexistente ou menor do que o reconhecido. No vício de representação, a falta de poderes para que o representante manifestasse a vontade do representado implica sua não adesão ao plano.

Além de matérias que afetem o preenchimento do quórum de aprovação, a impugnação poderá indicar que o plano pretenda assegurar a prática de ato falimentar previsto no art. 94, III, ou implique conluio entre devedor e credor para prejudicar a coletividade de credores ou ainda descumpra qualquer outro requisito legal.

Embora o juiz não possa intervir no mérito do plano de recuperação extrajudicial para a análise de sua homologação, o negócio jurídico celebrado entre as partes deverá preencher os requisitos legais para que seja válido. Ao juiz, por ocasião da homologação do plano de recuperação extrajudicial, cumpre, portanto, a análise da legalidade do plano.

Julgamento das impugnações

Apresentada a impugnação, o devedor poderá exercer seu direito de contraditório no prazo de cinco dias.

Não há previsão de intimação obrigatória ao Ministério Público para manifestação sobre as impugnações e sobre o plano. Diante do veto ao art. 4º, a ausência de intimação do *Parquet* não implica qualquer nulidade do feito.

Ainda que desnecessária, sua intimação poderá ser conveniente. Notadamente nos casos em que haja grande quantidade de credores submetidos ao plano de recuperação extrajudicial ou em que as impugnações versem sobre prática de crime falimentar, o interesse público poderá justificar sua atuação como *custos legis* e extrapola o mero interesse patrimonial disponível das partes contratantes.

Decorrido o prazo legal para a manifestação do devedor ou, diante das particularidades do caso, após a manifestação do Ministério Público, o juiz deverá decidir no prazo de cinco dias se rejeita as impugnações e homologa o plano de recuperação extrajudicial ou se as acolhe, com o indeferimento da homologação do plano.

A despeito da falta de previsão legal, não há impedimento para que o Magistrado, diante da complexidade da matéria controvertida, determine dilação probatória para firmar seu convencimento. Não acolhidas as impugnações e presentes todos os requisitos legais, o plano de recuperação judicial será homologado. Caso contrário, o pedido será indeferio.

Na hipótese de homologação do plano de recuperação extrajudicial, com a rejeição das impugnações apresentadas, não haverá a condenação dos impugnantes ao ressarcimento das verbas de sucumbência.

A despeito da jurisprudência assentada sobre o cabimento de honorários advocatícios nas impugnações de crédito no procedimento da recuperação judicial, o processo de recuperação extrajudicial aproxima-se mais, embora não se identifique totalmente, em virtude da possibilidade de vinculação dos não aderentes, de um procedimento de jurisdição voluntária.

As impugnações no procedimento de recuperação extrajudicial não são destinadas a questionar o valor do crédito apresentado ou a resistir ao pedido da parte autora. Elas restringem-se apenas a indicar a falta dos requisitos imprescindíveis à homologação do plano de recuperação extrajudicial, os quais, inclusive, devem ser apreciados de ofício pelo juízo.

Diante da resistência ao pedido, é cabível a condenação da parte sucumbente aos ônus da referida sucumbência. A apresentação de impugnação ao pedido de homologação gera resistência ao pedido e permitirá a condenação em honorários do sucumbente, em razão do princípio da causalidade e como forma de ressarcir o ganhador pela resistência infundada gerada, seja à requerente da recuperação extrajudicial ou aos impugnantes[8].

A homologação do plano de recuperação extrajudicial ou o indeferimento do seu pedido será realizado por sentença, da qual caberá a interposição de recurso de apelação. Essa apelação, por expressa determinação no art. 164, § 7º, apenas será recebida no efeito devolutivo, de modo que a sentença que apreciou o pedido de homologação produz seus efeitos imediatamente e constituirá título executivo judicial.

Caso a sentença tenha indeferido a homologação do plano de recuperação extrajudicial, não há decretação da falência do devedor. Este continua a desenvolver suas atividades regularmente e poderá, inclusive, distribuir novo pedido de homologação após o seu trânsito em julgado ou requerer sua recuperação judicial.

Art. 165. O plano de recuperação extrajudicial produz efeitos após sua homologação judicial.

§ 1º É lícito, contudo, que o plano estabeleça a produção de efeitos anteriores à homologação, desde que exclusivamente em relação à modificação do valor ou da forma de pagamento dos credores signatários.

§ 2º Na hipótese do § 1º deste artigo, caso o plano seja posteriormente rejeitado pelo juiz, devolve-se aos credores signatários o direito de exigir seus créditos nas condições originais, deduzidos os valores efetivamente pagos.

Produção de efeitos

O plano de recuperação extrajudicial produzirá todos os seus efeitos a partir da homologação judicial, mesmo que ainda penda recurso de apelação sobre a sentença homologatória. A novação das obrigações a ele submetidas ocorrerá apenas após a sua homologação, seja em face dos credores aderentes ou dos demais credores não aderentes, mas está sujeita às suas disposições.

Quanto aos credores não aderentes, na recuperação extrajudicial na modalidade impositiva, a sentença de homologação é condição imprescindível para que se verifique se os requisitos legais foram preenchidos para que a minoria dissidente fique vinculada à maioria dos credores aderentes. Somente após a homologação judicial do plano poderão esses credores ter os créditos novados e vincular-se ao plano do qual discordavam.

A exigência da homologação judicial para a novação das obrigações também ocorre em face dos credores signatários. A adesão ao plano de recuperação extrajudicial, com a anuência do credor à proposta do devedor, é realizada sob condição suspensiva. Condiciona-se a produção dos efeitos dessa composição à homologação judicial do plano.

Se o plano de recuperação extrajudicial não for homologado, a novação das obrigações não ocorrerá. O credor, mesmo que signatário do plano, terá o direito de exigir seus créditos nas condições originalmente contratadas, com a dedução dos valores eventualmente recebidos.

---

[8] Pela condenação em honorários: STJ, 3ª Turma, REsp 1.924.580/RJ, rel. Min. Nancy Andrighi, j. 22-6-2021.

Contudo, o art. 165, § 1º, assegura a possibilidade de o plano de recuperação extrajudicial determinar a produção de efeitos aos signatários antes mesmo da homologação judicial. Desde que os efeitos sejam exclusivamente quanto à modificação do valor ou da forma de pagamento dos credores signatários, o plano de recuperação poderá produzir efeitos a partir da composição entre o devedor e cada um dos credores.

Todavia, mesmo nesse caso, subordina-se a manutenção desses efeitos à homologação judicial. Nessa situação, a aderência ao plano faz-se sob condição resolutiva. O plano poderá produzir a partir da assinatura os efeitos quanto à modificação de valor e forma de pagamento dos credores signatários, mas sob a condição de ser homologado judicialmente. Caso a recuperação extrajudicial seja indeferida, não ocorrerá a novação e os efeitos anteriores serão desconstituídos. As obrigações retornam às suas condições como originalmente contratadas e o seu cumprimento poderá ser exigido pelos credores, deduzidos dos valores a serem exigidos os valores recebidos pelos credores durante o procedimento.

Art. 166. Se o plano de recuperação extrajudicial homologado envolver alienação judicial de filiais ou de unidades produtivas isoladas do devedor, o juiz ordenará a sua realização, observado, no que couber, o disposto no art. 142 desta Lei.

Alienação judicial de filiais ou UPIs

A alienação de bens é um dos principais meios de recuperação. A venda de bens do ativo permanente do empresário devedor em recuperação extrajudicial não exige autorização judicial ou prévia manifestação dos credores, como se requer na recuperação judicial (arts. 66 e 60). Na hipótese de decretação superveniente de falência, contudo, essas alienações poderão ser consideradas ineficazes perante a Massa Falida, caso presentes as hipóteses dos arts. 129 ou 130.

Entre esses bens, para obter o melhor valor em razão do aviamento, o devedor poderá prever, no plano de recuperação extrajudicial, alienar um ou alguns dos seus estabelecimentos empresariais. O trespasse ou a alienação do estabelecimento empresarial do devedor, contudo, tanto de filiais quanto de unidades produtivas isoladas, somente poderá ser realizado no plano de recuperação extrajudicial por meio de um dos modos públicos de alienação previstos na Lei (art. 142). O leilão, a proposta fechada e o pregão assegurariam ampla concorrência para aquisição dos bens do devedor, o que garantiria o melhor interesse dos credores.

A remissão à disciplina exclusiva do art. 142, entretanto, implica que essa alienação dificilmente ocorrerá num plano de recuperação extrajudicial. Não houve nenhuma referência ao art. 60 ou ao art. 141, os quais exonerariam o adquirente de qualquer sucessão nas obrigações do devedor.

Além de impor meio mais oneroso e moroso para que a alienação do estabelecimento seja realizada, não assegurou a Lei nenhum benefício a essa realização. Mesmo que a alienação seja judicial, não houve nenhuma determinação legal de que os ativos serão adquiridos livres de toda e qualquer sucessão pelos arrematantes ou exceção ao regramento geral para a alienação perante o plano de recuperação extrajudicial.

À míngua de qualquer exceção determinada pela Lei, aplicam-se o art. 1.146 do Código Civil, que impõe a responsabilidade ao adquirente pelos débitos contabilizados do alienante, o art. 133 do Código Tributário Nacional, que determina que o adquirente que continuar a exploração do estabelecimento empresarial responderá pelos tributos relativos a este, além dos arts. 10 e 448 da Consolidação das Leis do Trabalho, os quais impõem ao novo empregador a responsabilidade do antigo em face dos empregados.

Art. 167. O disposto neste Capítulo não implica impossibilidade de realização de outras modalidades de acordo privado entre o devedor e seus credores.

Acordos privados

Ao contrário do Decreto-Lei n. 7.661/45, em seu art. 2º, III, que previa os acordos entre o devedor e seus credores como ato falimentar, a LREF assegura a possibilidade de qualquer composição individual com os credores, mesmo em paralelo ao procedimento de recuperação extrajudicial.

Os acordos privados poderão ser celebrados pelos empresários, ainda que estes não possuam os requisitos legais para requererem a recuperação judicial ou a extrajudicial.

Como são expressões da autonomia privada das partes contratantes, nada impede que, mesmo no plano de recuperação extrajudicial, os signatários ou aderentes renunciem ao direito de não se vincularem aos termos do plano de recuperação extrajudicial se ele não for homologado pelo juiz. Referida cláusula permitirá que os signatários, como em um acordo individual com cada qual, disciplinem seus direitos e vinculem-se voluntariamente ao contrato, independentemente do resultado do pedido de homologação judicial do plano.

CAPÍTULO VI-A
DA INSOLVÊNCIA TRANSNACIONAL

Seção I
Disposições Gerais

Art. 167-A. Este Capítulo disciplina a insolvência transnacional, com o objetivo de proporcionar mecanismos efetivos para:

I – a cooperação entre juízes e outras autoridades competentes do Brasil e de outros países em casos de insolvência transnacional;

II – o aumento da segurança jurídica para a atividade econômica e para o investimento;

III – a administração justa e eficiente de processos de insolvência transnacional, de modo a proteger os interesses de todos os credores e dos demais interessados, inclusive do devedor;

IV – a proteção e a maximização do valor dos ativos do devedor;

V – a promoção da recuperação de empresas em crise econômico-financeira, com a proteção de investimentos e a preservação de empregos; e

VI – a promoção da liquidação dos ativos da empresa em crise econômico-financeira, com a preservação e a otimização da utilização produtiva dos bens, dos ativos e dos recursos produtivos da empresa, inclusive os intangíveis.

§ 1º Na interpretação das disposições deste Capítulo, deverão ser considerados o seu objetivo de cooperação internacional, a necessidade de uniformidade de sua aplicação e a observância da boa-fé.

§ 2º As medidas de assistência aos processos estrangeiros mencionadas neste Capítulo formam um rol meramente exemplificativo, de modo que outras medidas, ainda que previstas em leis distintas, solicitadas pelo representante estrangeiro, pela autoridade estrangeira ou pelo juízo brasileiro poderão ser deferidas pelo juiz competente ou promovidas diretamente pelo administrador judicial, com imediata comunicação nos autos.

§ 3º Em caso de conflito, as obrigações assumidas em tratados ou convenções internacionais em vigor no Brasil prevalecerão sobre as disposições deste Capítulo.

§ 4º O juiz somente poderá deixar de aplicar as disposições deste Capítulo se, no caso concreto, a sua aplicação configurar manifesta ofensa à ordem pública.

§ 5º O Ministério Público intervirá nos processos de que trata este Capítulo.

§ 6º Na aplicação das disposições deste Capítulo, será observada a competência do Superior Tribunal de Justiça prevista na alínea "i" do inciso I do *caput* do art. 105 da Constituição Federal, quando cabível.

Processos de insolvência transnacional

A Lei n. 11.101/2005 tratava das sociedades estrangeiras, mas exclusivamente em relação à competência do domicílio da filial, sucursal ou agência da empresa com sede fora do Brasil, de modo que a sociedade estrangeira que aqui tenha filial poderia ingressar com recuperação judicial ou se submeter ao pedido de falência (art. 3º).

A presença de empresários com bens ou credores não restritos às fronteiras de um único país exigiu disposição legislativa expressa para regular a necessidade prática de procedimento falimentar e recuperacional de sociedades estrangeiras cujos bens e débitos estejam no Brasil, assim como de sociedades brasileiras cujos bens e obrigações estejam fora do país.

A insolvência transnacional consiste nos procedimentos coletivos, quer sejam administrativos ou judiciais, que disciplinam a crise econômico-financeira do devedor com bens, créditos ou atividades em mais de um país. Tais procedimentos coletivos pressupõem a insolvabilidade do devedor ou crise econômico-financeira severa e poderão ser tanto de liquidação como de restruturação do devedor para a melhor satisfação dos créditos de toda a coletividade de credores.

Ao analisar essa necessidade de regulação, a primeira corrente teórica construída foi o territorialismo. Para os adeptos dessa posição doutrinária, as jurisdições estatais deveriam ser independentes e cada qual seria responsável exclusiva pela apreciação dos bens do empresário devedor que no país se encontrassem e pela distribuição dos valores entre os diversos credores habilitados no referido processo.

O art. 3º da Lei n. 11.101/2005 adotou originalmente os postulados da teoria territorialista. Ao determinar que a filial, sucursal ou agência de um empresário estrangeiro seriam consideradas um estabelecimento autônomo em relação à matriz estrangeira, permitiu o processo de falência ou recuperação em relação aos ativos e passivos no Brasil localizados, independentemente de o estabelecimento principal estar no exterior[1].

Dessa forma, e diante da ausência de qualquer proibição legal, as sociedades estrangeiras poderiam ser submetidas ao processo de falência e de recuperação judicial no Brasil, desde que possuíssem ativos no país. O processo, entretanto, apenas poderia regular as obrigações e os direitos aqui localizados, haja vista que não poderia interferir na jurisdição de outro país.

A principal crítica a essa posição consiste na pluralidade de tratamentos jurídicos. Limitados à jurisdição de cada nação, os credores poderiam ser submetidos a regras de diversos ordenamentos jurídicos, com diferentes disciplinas acerca da prioridade do pagamento dos credores, da liquidação dos ativos, do sistema de garantias. Nações diversas, outrossim, contam com distinto aparelhamento de estruturas judiciárias, o que poderia causar maior morosidade ou celeridade de pagamento de alguns credores em detrimento dos demais. Não obstante, o tratamento diverso entre pessoas jurídicas interdependentes poderia comprometer a recuperação judicial de um grupo empresarial transnacional[2].

---

[1] CAMPINHO, Sergio. *Falência e recuperação de empresa*. 5. ed. Rio de Janeiro: Renovar, 2010, p. 40; AMADOR PAES DE ALMEIDA. *Curso de falência e recuperação de empresa*. 21. ed. São Paulo: Saraiva, 2005, p. 69.

[2] FELSBERG, Thomas Benes; CAMPANA FILHO, Paulo Fernando. A recuperação judicial de sociedades sediadas no exterior: as lições da experiência estrangeira e os desenvolvimentos do Brasil. In:

Essa necessidade de submissão dos credores a um mesmo tratamento motivou corrente oposta, conhecida por universalismo. Para o universalismo, o conjunto de ativos e de passivos de um mesmo devedor, independentemente do local onde estejam, deve ser avaliado por uma Corte única, sob uma única legislação, a do domicílio principal do devedor (*Center of Main Interest*)[3]. O Estado em que estão localizados os principais interesses do devedor teria jurisdição mundial para a arrecadação de todos os ativos, ainda que localizados em outros países, e para a distribuição de valores entre todos os credores do devedor em comum.

A corrente do universalismo, entretanto, não é isenta de críticas. Além da dificuldade de mensuração do local do principal centro de interesses do devedor, a submissão a uma jurisdição diversa poderá acarretar, em virtude de diversa ordem de prioridade ou de diferente eficiência do Judiciário, tratamento diverso ao credor local sujeito a processo de insolvência estrangeiro. Sua adoção exigiria norma legal que disciplinasse a insolvência transnacional, sob pena de o territorialismo permanecer como princípio adotado como consequência da própria soberania nacional[4].

Para tentar disciplinar essas diversas relações jurídicas envolvendo insolvências transnacionais, a Comissão das Nações Unidas sobre Direito Mercantil Internacional (United Nations Commission on International Trade Law – UNCITRAL) propôs uma Lei Modelo sobre insolvências transfronteiriças em 1997 com o objetivo de orientar a elaboração de leis locais. Sua adoção foi realizada por diversos países, como Estados Unidos da América, Reino Unido, Japão etc. e passa agora a ser consagrada, em grande parte, na alteração legislativa da Lei n. 11.101/2005.

A disciplina não regula os grupos societários transnacionais, mas apenas a crise econômico-financeira de um único empresário, cujos bens ou passivos estejam dispersos entre várias jurisdições, embora suas orientações quanto à disciplina do centro de interesses principais possam ser aplicadas aos grupos empresariais em crise por analogia.

Tampouco pretende harmonizar o direito substancial dos diversos países. Embora objetive uma harmonização do tratamento dos ativos e passivos do específico devedor em crise, com a atribuição da principal responsabilidade por administrar os ativos do devedor à jurisdição em que localizado o centro de interesses principais do devedor, independentemente da qualidade de países em que o devedor tem os seus ativos ou passivos, não descura da proteção aos credores locais pela possibilidade de recusa de coordenação dos atos pelas autoridades locais[5] se ferirem manifestamente a ordem pública local, embora seja esperado que isso ocorra apenas raramente[6].

Ainda que o conceito de "ordem pública" não tenha sido definido, a própria lei modelo exige que sua interpretação seja restritiva e aplicada apenas excepcionalmente, em circunstâncias limitadas, a ponto de não comprometer a cooperação internacional. Tal fato se revela na própria norma legal a exigir que a afronta seja manifesta. Outrossim, como indicado pelo próprio Guia da Lei Modelo, a ordem pública não poderia ser estendida a todas as normas cogentes, não dispositivas pelas partes interessadas, mas deveria se restringir a princípios fundamentais da lei, particu-

---

CEREZETTI, Sheila C. Neder; MAFFIOLETTI, Emanuelle Urbano. *Dez anos da Lei n. 11.101/2005*. São Paulo: Almedina, 2015, p. 470-471.

[3] Pela Lei Modelo da UNCITRAL de 1997, o centro de principal interesse do devedor corresponde "ao local onde o devedor exerce habitualmente a administração dos seus interesses de forma habitual e cognoscível por terceiros".

[4] SATIRO, Francisco; CAMPANA FILHO, Paulo Fernando. A insolvência transnacional: para além da regulação estatal e na direção dos acordos de cooperação. In: TOLEDO, Paulo Fernando Campos Salles de; SATIRO, Francisco (coords.). *Direito das Empresas em crise*: problemas e soluções. São Paulo: Quartier Latin, 2012, p. 124.

[5] Guide to enactment and interpretation of the UNCITRAL Model Law on Cross-Border Insolvency, p. 19.

[6] Guide to enactment and interpretation of the UNCITRAL Model Law on Cross-Border Insolvency, p. 26.

larmente garantias constitucionais[7]. Por esse motivo, o fato de o sistema de insolvência nacional ser regido por regras diversas, ainda que as divergências sejam substanciais, não deveria obstar o reconhecimento do processo estrangeiro pelo Poder Judiciário brasileiro[8].

A estruturação do capítulo da insolvência transnacional pode ser apontada como alicerçada em quatro pilares: a facilitação de acesso dos representantes de processos estrangeiros e por credores ao processo local; o reconhecimento de decisões estrangeiras; e a possibilidade de concessão de medidas de assistência pelo tribunal local em caráter liminar ou após o reconhecimento do processo estrangeiro; e a cooperação entre as cortes onde localizados os ativos e coordenação dos procedimentos concorrentes.

Quanto ao primeiro alicerce, a atuação perante o processo estrangeiro é assegurada aos representantes do processo de insolvência local, independente de decisão judicial, e com a possibilidade de pleitear providências à autoridade estrangeira pelo art. 167-E. O representante estrangeiro, por seu turno, poderá postular diretamente ao juiz brasileiro, pleitear o reconhecimento do processo estrangeiro no Brasil e, a partir deste, iniciar procedimento de insolvência no Brasil ou participar desse, além de ter acesso direto aos processos em que o devedor figurar como parte, nos termos do art. 167-F.

O reconhecimento de decisões estrangeiras também é facilitado. Procedimentos formais como a exigência de homologação da decisão estrangeira pelo STJ ou da concessão de *exequatur* às cartas rogatórias consumiriam tempo e permitiriam a deterioração dos ativos ou o prejuízo aos credores. Desde que o procedimento de insolvência estrangeiro seja um procedimento coletivo de liquidação ou de restruturação, e o representante estrangeiro seja legitimado, o Juízo brasileiro do principal estabelecimento deverá reconhecer o processo estrangeiro sem outros requisitos formais, nos termos do art. 167-J.

Para a efetivação dos procedimentos de insolvência transnacional, medidas de assistência poderão ser concedidas a partir do reconhecimento do processo estrangeiro (art. 167-M) ou mesmo como medidas de tutela provisória após o simples pedido de reconhecimento do procedimento (art. 167-L). As medidas de assistência serão as necessárias para a proteção da Massa ou para a eficiência da administração, dentre as quais figuram as medidas específicas decorrentes do reconhecimento de um processo estrangeiro como principal, como a suspensão do curso de quaisquer processos de execução ou de quaisquer outras medidas individualmente tomadas por credores relativas ao patrimônio do devedor e a ineficácia de transferência, de oneração ou de qualquer forma de disposição de bens do ativo não circulante do devedor realizadas sem prévia autorização judicial.

A cooperação entre autoridades ou representantes estrangeiros é fomentada para se obterem os objetivos dos processos de insolvência transnacionais. Pela disposição legal, a cooperação não depende de qualquer formalização ou sequer do prévio pedido de reconhecimento do processo estrangeiro (art. 167-P e O).

Em processos de insolvência concorrentes em diversas jurisdições, a coordenação entre os procedimentos deverá ser realizada pelas autoridades. Nesse aspecto, a coordenação é realizada pela determinação de que as medidas de assistência ao processo estrangeiro deverão ser consistentes com os efeitos do processo de insolvência brasileiro, tenha sido ele reconhecido antes ou depois da distribuição do processo de insolvência brasileiro e, mesmo que reconhecido o processo estrangeiro como principal, as medidas de assistência deverão ser conformes aos efeitos do processo de insolvência nacional (art. 167-S).

Objetivos da insolvência transnacional

Pela Lei Modelo da UNCITRAL, estabeleceu-se um universalismo mitigado ou modificado.

---

[7]   Guide to enactment and interpretation of the UNCITRAL Model Law on Cross-Border Insolvency, p. 52.

[8]   Nesse sentido: CAMPANA FILHO, Paulo Fernando. Comentários ao art. 167-J. In: TOLEDO, Paulo Fernando Campos Salles (coord.) *Comentários à Lei de Recuperação de Empresas*. São Paulo: Thomson Reuters, 2021, p. 929.

Dentre seus objetivos, apresentados no art. 167-A e que reproduzem os objetivos do preâmbulo da Lei Modelo da UNCITRAL e auxiliam na definição desse sistema, figuram justamente a cooperação, a necessidade de segurança jurídica para se assegurarem a atividade econômica e o investimento, com uma coordenação dos atos para que se protejam os interesses de todos os credores, interessados e devedor, de modo a proteger e maximizar o valor dos ativos, bem como assegurar a recuperação das empresas.

A Lei assegura a cooperação entre os Juízes e autoridades das diversas jurisdições para a uniformidade de aplicação de tratamento à empresa insolvente, respeitada a soberania do país para reconhecer-se como juiz principal ou auxiliar em face de processo instaurado em outra jurisdição. Por essa corrente intermediária, o processo de insolvência estrangeiro poderá ser reconhecido como principal ou não acessório, caso tenha ou não sido instaurado em país em que o devedor possua seus principais interesses[9].

Caso o processo estrangeiro seja reconhecido como principal, o juiz local poderá colaborar com a jurisdição estrangeira e, para tanto, inclusive atribuir poderes ao representante estrangeiro para liquidar os ativos e satisfazer os credores, desde que os interesses dos credores locais estejam protegidos e não se fira a ordem pública, sem prejuízo de determinar a suspensão de ações e execuções em face do devedor ou de qualquer medida de assistência adicional ao representante estrangeiro.

Pelo universalismo mitigado adotado, ainda que se reconheça a limitação decorrente da não unificação das regras de direito material, pretende-se uma uniformidade de tratamento entre os diversos ativos e passivos, ressalvada a violação à ordem pública local. Para tanto, reconhece-se o processo principal no local em que identificado o centro dos principais interesses do devedor e a possibilidade de processos não principais nas demais jurisdições em que se encontrarem bens ou credores do devedor. Enquanto os processos principais coordenariam os atos conforme a respectiva legislação, os processos não auxiliares não permitiriam uma competência plena para administrar os bens e os credores locais, mas apenas prestariam assistência ao processo principal e restringiriam a submissão aos seus atos caso houvesse violação à ordem pública[10].

Diante da relevância desses processos, a manifestação do Ministério Público foi estabelecida como obrigatória pela Lei. A obrigatoriedade de intervenção do Ministério Público não encontra paralelo na Lei Modelo da UNCITRAL e tampouco é indene de críticas, havendo quem aponte que a natureza dos direitos tratados nos processos de insolvência transnacional continua, como regra, a ser meramente patrimonial, de modo que não seria justificável a imposição da intervenção do *parquet*, que poderia até mesmo prejudicar a marcha do processo desnecessariamente[11]. A intervenção obrigatória, nesse caso, seria, de acordo com essa corrente, contraditória à opção legislativa de restringir a participação do Ministério Público a situações pontuais, de maior relevância, nos processos de insolvência. Melhor alternativa seria deixar a critério do magistrado brasileiro a decisão sobre os casos e circunstâncias de imprescindível oitiva do Ministério Público[12].

---

[9] Cf. comentários ao art. 167 – I.

[10] WESTBROOK, J. L. Multinational Enterprises in General Default: Chapter 15, the ALI Principles, and the EU Insolvency Regulation. *American Bankrutpcy Law Journal*, v. 76, n. 1, 2001, p. 10.

[11] SCALZILLI, João Pedro; SPINELLI, Luis Felipe; TELLECHEA, Rodrigo. *Recuperação de empresas e falência: teoria e prática na Lei 11.101/2005*. 4. ed. São Paulo: Almedina, 2023, p. 299; TOLEDO, Paulo Fernando Campos Salles; BECUE, Sabrina Maria Fadel. Comentários aos artigos 167-A a 167-G. In: TOLEDO, Paulo Fernando Campos Salles (coord.). *Comentários à Lei de Recuperação de Empresas*. São Paulo: Thomson Reuters, 2021, p. 883.

[12] TOLEDO, Paulo Fernando Campos Salles; LANGEN, Julia Tamer. A insolvência transnacional no Brasil. In: *Ensaios de direito empresarial: estudos em homenagem ao professor Ivanildo Figueiredo*. Recife: Editora da UFPE, 2021.

Norma geral supletiva aos tratados

As normas estabelecidos em todo o capítulo de insolvência transnacional são normas supletivas. Ainda que anteriores, os tratados ou convenções internacionais em vigor deverão prevalecer sobre suas disposições, sempre que forem conflitantes.

Competência exclusiva do Superior Tribunal de Justiça

Determinou a Lei n. 11.101/2005 a observância da competência exclusiva do Superior Tribunal de Justiça para homologação de decisões definitivas estrangeiras e a concessão de *exequatur* às cartas rogatórias para cumprimento de decisões interlocutórias, quando cabível.

O procedimento de cooperação estabelecido entre as autoridades dos países envolvidos com a empresa transnacional torna, contudo, possível o reconhecimento pelo próprio juízo, de forma célere e mais eficiente, das medidas promovidas para coordenar os diversos atos em relação aos ativos e à satisfação dos credores. Nesse sentido, o próprio art. 167-F determina o pedido direto pelo representante estrangeiro à autoridade nacional, de modo que a referência feita seria desconexa à sistemática prevista pelas regras de insolvência transnacional da LREF e da Lei Modelo, que a serviu de inspiração.

A UNCITRAL esclarece, no guia de interpretação da Lei Modelo por ela elaborado, que a intenção seria estabelecer um sistema de cooperação entre as jurisdições independente das formalidades, em que se "autorizaria os tribunais, quando se envolverem em comunicação transnacional, nos termos do art. 25, a renunciar ao uso das formalidades (por exemplo, comunicação através de tribunais superiores, cartas rogatórias ou outros canais diplomáticos ou consulares) que sejam inconsistentes com a política por trás do dispositivo".

Independente do reconhecimento do juízo estrangeiro como principal ou acessório, o sistema de insolvência transnacional propugna pela cooperação direta entre os juízes, com a autorização para que eles se comuniquem diretamente e, mesmo diante do não reconhecimento dos juízos como auxiliares, determina que os rateios aos credores no processo estrangeiro sejam considerados pelo Juiz local.

Tais providências exigidas de cooperação tornam seu cumprimento por cartas rogatórias ou mesmo sentenças estrangeiras com necessário reconhecimento pelo Tribunal Superior como incompatíveis com o procedimento e, por sua própria redação, aplicáveis apenas excepcionalmente, sob pena de os ativos serem dissipados e a crise econômico-financeira não poder ser superada, em detrimento de todos.

Outrossim, sua desnecessidade decorre de a autoridade local não ficar adstrita ao cumprimento das decisões ou a um juízo de mera delibação. A Lei assegura a cooperação entre os diversos agentes do processo e o poder à autoridade local para recusar-se a cumprir as decisões estrangeiras caso violem a ordem pública ou não protejam os interesses dos credores locais.

Além disso, não se pode descuidar de que as finalidades entre os instrumentos são distintas. Na homologação de sentenças estrangeiras e concessão de *exequatur*, examinam-se decisões definitivas de mérito, transitadas em julgado, prolatadas por órgãos judicantes de jurisdições estrangeiras a fim de se conceder ou recuar a execução destas ordens judiciais. Por sua vez, o regime de cooperação jurídica estabelecido para as insolvências transfronteiriças trata do reconhecimento de existência de um processo estrangeiro, ainda em trâmite e como um todo, sendo o reconhecimento e aplicação de efeitos de decisões proferidas em tal processo estrangeiro uma consequência desse reconhecimento.

Art. 167-B. Para os fins deste Capítulo, considera-se:

I – processo estrangeiro: qualquer processo judicial ou administrativo, de cunho coletivo, inclusive de natureza cautelar, aberto em outro país de acordo com disposições relativas à insolvência nele vigentes, em que os bens e as atividades de um devedor estejam sujeitos a uma autoridade estrangeira, para fins de reorganização ou liquidação;

II – processo estrangeiro principal: qualquer processo estrangeiro aberto no país em que o devedor tenha o seu centro de interesses principais;

III – processo estrangeiro não principal: qualquer processo estrangeiro que não seja um processo estrangeiro principal, aberto em um país em que o devedor tenha estabelecimento ou bens;

IV – representante estrangeiro: pessoa ou órgão, inclusive o nomeado em caráter transitório, que esteja autorizado, no processo estrangeiro, a administrar os bens ou as atividades do devedor, ou a atuar como representante do processo estrangeiro;

V – autoridade estrangeira: juiz ou autoridade administrativa que dirija ou supervisione um processo estrangeiro; e

VI – estabelecimento: qualquer local de operações em que o devedor desenvolva uma atividade econômica não transitória com o emprego de recursos humanos e de bens ou serviços.

Definições na insolvência transnacional

Diante de um processo de insolvência transnacional, definições precisavam ser aclaradas pela Lei Modelo para sua adoção pelos diversos países, bem como para limitar a aplicação dos diversos outros dispositivos legais.

Como já referido nos comentários ao art. 167-A, o processo estrangeiro deverá ser um procedimento coletivo. O procedimento coletivo é requisito para a disciplina da insolvência transnacional, pois a coordenação de atos entre autoridades de diversas jurisdições apenas se justifica como forma de maximização do valor dos ativos do devedor para a maior satisfação de toda a coletividade de credores, e não para a satisfação de apenas alguns credores particulares.

Além de coletivo, o procedimento poderá ser judicial, administrativo ou mesmo cautelar. Para fins de processo estrangeiro, mais do que a forma, relevante é que ele se destine à reorganização da empresa ou à liquidação dos bens. Essa finalidade é preenchida pela consideração se substancialmente todos os ativos ou responsabilidades de devedor são submetidos ao processo, ressalvadas exceções locais a tanto, como a exclusão de alguma classe de credores, de créditos específicos ou de ativos afetados a determinada finalidade.

O procedimento deverá versar ainda sobre insolvência do devedor. Por insolvência deve ser compreendida não apenas a insuficiência total de ativos do devedor para satisfazer seus passivos, mas os procedimentos que versem sobre uma crise financeira severa do devedor e que o impossibilite, ainda que transitoriamente, de satisfazer suas obrigações.

Por fim, é requisito do processo estrangeiro sua submissão a um controle ou a uma supervisão por uma autoridade estrangeira, seja ela um juiz ou uma autoridade administrativa. Independentemente de o devedor manter o controle ou não de seus ativos, a supervisão dos atos praticados é requisito legal de sua caracterização e poderá ser realizada diretamente pela Corte ou por um representante indicado a tanto, seja desde o início do processo ou apenas em sua fase final, de homologação.

Diante dessa crise, deverá ser pretendida a liquidação dos ativos do devedor ou a equalização do passivo com a restruturação da atividade em benefício de todos os credores.

Tais processos poderão ser principais ou não principais. Principal é o processo em que esteja localização o centro de interesses principais[13] do devedor. Enquanto não principal ou acessório é o processo de insolvência no local em que o devedor tenha bens simplesmente ou desenvolva atividade com recursos, desde que não seja considerado o centro de interesses principais do devedor.

Por seu turno, o representante estrangeiro será aquele que, mesmo nomeado transitoriamente, tenha poderes para administrar os bens ou a atividade, ou que possa representar o processo nos outros países. Nesse aspecto, como não tem poderes para administrar os bens ou a atividade no processo estrangeiro, o membro do Ministério Público não é parte legítima para pleitear o reconhecimento do processo estrangeiro no Brasil[14].

Art. 167-C. As disposições deste Capítulo aplicam-se aos casos em que:

I – autoridade estrangeira ou representante estrangeiro solicita assistência no Brasil para um processo estrangeiro;

II – assistência relacionada a um processo disciplinado por esta Lei é pleiteada em um país estrangeiro;

III – processo estrangeiro e processo disciplinado por esta Lei relativos ao mesmo devedor estão em curso simultaneamente; ou

IV – credores ou outras partes interessadas, de outro país, têm interesse em requerer a abertura de um processo disciplinado por esta Lei, ou dele participar.

Aplicação da insolvência transnacional

O art. 167, em suas diversas alíneas, apresenta as controvérsias que podem existir no processo de insolvência transnacional e que pretendem ser disciplinadas pela regulação.

A coordenação recíproca dos atos entre as autoridades, seja a solicitação de assistência por autoridade estrangeira no Brasil em razão de um processo estrangeiro ou, o inverso, a assistência a uma autoridade nacional em um país estrangeiro é um dos pilares da insolvência transnacional e meio de alcançar os objetivos de maximização do valor dos ativos e a maior satisfação dos credores.

Por assistência deve-se entender todo e qualquer pedido direcionado pela autoridade a outra de país diverso para cumprimento de determinado ato, como a suspensão de medidas de constrição, a transferência de recursos, a arrecadação de bens etc. As medidas de assistência são definidas de forma apenas exemplificativa, pelos arts. 167-M e N, justamente para permitir a coordenação dos atos e a concessão das medidas necessárias para a preservação dos ativos do devedor e a maior satisfação da coletividade de credores. Nesse aspecto, o próprio art. 167-A, § 2º, assegura que as medidas de assistência aos processos estrangeiros formam um rol meramente exemplificativo, de modo que outras medidas poderão ser deferidas pelo juiz competente ou promovidas diretamente pelo administrador judicial, com imediata comunicação nos autos.

---

13   Cf. comentários ao art. 167-I para a definição de centro de interesses principais.

14   TJSP, Apel. 1028368-61.2021.8.26.0100, 1ª Câmara Reservada de Direito Empresarial, rel. Des. Fortes Barbosa, j. 31-8-2021.

A assistência poderá ocorrer entre autoridades, mesmo sem que haja processos de insolvência concorrentes, e como forma de tornar mais efetivo o procedimento ocorrido em outra jurisdição, seja local ou estrangeira. Em processos concorrentes de insolvência em diversos países, por seu turno, a legislação tenta coordenar os diversos atos dos processos principais e dos processos não principais para que se consigam obter os objetivos pretendidos e se assegurar o melhor interesse de toda a coletividade dos credores.

Para assegurar a proteção dos interesses das partes do processo de outra jurisdição, cujas relações jurídicas tenham sido celebradas no exterior, a Lei assegura que esses interessados possam promover o processo local de insolvência ou possam dele participar.

Em relação ao tema, cabe destacar que a Lei Modelo, em razão da ambição de uniformização pretendida pela UNCITRAL, não sugeriu critérios para a escolha da lei aplicável ao processo ou tampouco critérios para a resolução de conflitos internacionais de jurisdição. Prevalecem, assim, as regras de cada Estado sobre o tema.

Por fim, cumpre destacar a opção legislativa de não reiterar, nesse capítulo, tal como facultado pela Lei Modelo, casos de não incidência do direito da insolvência, como, por exemplo, para deixar clara a exclusão de seguradoras, não empresários ou consumidores pessoas físicas que, em outros Estados Nacionais, são legitimados para os processos de insolvência.

Art. 167-D. O juízo do local do principal estabelecimento do devedor no Brasil é o competente para o reconhecimento de processo estrangeiro e para a cooperação com a autoridade estrangeira nos termos deste Capítulo.

§ 1º A distribuição do pedido de reconhecimento do processo estrangeiro previne a jurisdição para qualquer pedido de recuperação judicial, de recuperação extrajudicial ou de falência relativo ao devedor.

§ 2º A distribuição do pedido de recuperação judicial, de recuperação extrajudicial ou de falência previne a jurisdição para qualquer pedido de reconhecimento de processo estrangeiro relativo ao devedor.

Competência na insolvência transnacional

Com a mesma regra utilizada pelo art. 3º da Lei, determinou-se que o juízo do principal estabelecimento do devedor no Brasil é o competente para o reconhecimento de processo estrangeiro e para a cooperação com a autoridade estrangeira.

Há prevenção em razão da distribuição do pedido de recuperação judicial, de recuperação extrajudicial ou de falência para qualquer pedido de reconhecimento de processo estrangeiro concorrente em relação ao devedor. Por seu turno, o inverso também é verdadeiro. A distribuição do pedido de reconhecimento do processo estrangeiro previne a jurisdição para qualquer pedido de recuperação judicial, de recuperação extrajudicial ou de falência relativo ao devedor.

A prevenção assegura que não haja decisões contraditórias entre o processo de insolvência local e as medidas de assistência requeridas em virtude do processo de insolvência estrangeiro. A unificação em apenas um Juízo competente permite a cooperação entre as autoridades como forma de se maximizarem os ativos do devedor e a satisfação coletiva dos credores.

Art. 167-E. São autorizados a atuar em outros países, independentemente de decisão judicial, na qualidade de representante do processo brasileiro, desde que essa providência seja permitida pela lei do país em que tramitem os processos estrangeiros:

I – o devedor, na recuperação judicial e na recuperação extrajudicial;

II – o administrador judicial, na falência.

§ 1º Na hipótese de que trata o inciso II do *caput* deste artigo, poderá o juiz, em caso de omissão do administrador judicial, autorizar terceiro para a atuação prevista no *caput* deste artigo.

§ 2º A pedido de qualquer dos autorizados, o juízo mandará certificar a condição de representante do processo brasileiro.

Representação do processo brasileiro

Independentemente de decisão judicial, para que possa tutelar os bens e relações jurídicas do processo brasileiro, a Lei determina quem poderá atuar diretamente nos processos estrangeiros, requerendo providências que poderão ou não ser atendidas, conforme a legislação do respectivo país. Determina a lei, nesse aspecto, os representantes do processo brasileiro para a atuação nos procedimentos estrangeiros, mas atuação que deverá ser pautada na legislação estrangeira do país em que ela é requerida.

Na recuperação judicial ou extrajudicial, o devedor não perde a administração de bens e continua a conduzir regularmente sua atividade. Dessa forma, a representação no exterior é feita diretamente pelo devedor, a quem compete proteger os diversos interesses.

Na falência, por seu turno, a massa falida passa a ser administrada pelo administrador judicial, a quem competem a arrecadação dos ativos e sua liquidação para a satisfação dos credores com o seu produto. O administrador judicial passa a representar a Massa Falida em todos os processos judiciais ou administrativos, inclusive fora do país. Isso não impede que terceiros sejam autorizados judicialmente a representar a Massa no exterior, diante de eventual impossibilidade do administrador judicial ou de sua morosidade.

Embora a própria lei determine quem são os representantes do processo brasileiro e legitimados a atuar no exterior em razão deles, esses autorizados poderão requerer que o juiz certificação essa condição.

Seção II
Do Acesso à Jurisdição Brasileira

Art. 167-F. O representante estrangeiro está legitimado a postular diretamente ao juiz brasileiro, nos termos deste Capítulo.

§ 1º O pedido feito ao juiz brasileiro não sujeita o representante estrangeiro nem o devedor, seus bens e suas atividades à jurisdição brasileira, exceto no que diz respeito aos estritos limites do pedido.

§ 2º Reconhecido o processo estrangeiro, o representante estrangeiro está autorizado a:

I – ajuizar pedido de falência do devedor, desde que presentes os requisitos para isso, de acordo com esta Lei;

II – participar do processo de recuperação judicial, de recuperação extrajudicial ou de falência do mesmo devedor, em curso no Brasil; e

III – intervir em qualquer processo em que o devedor seja parte, atendidas as exigências do direito brasileiro.

Atuação do representante estrangeiro

Um dos pilares da legislação de insolvência transnacional é a representação do processo estrangeiro diretamente pelo representante. Trata-se do direito de acesso direto ao Judiciário nacional para que o representante estrangeiro possa postular.

Para que referido direito seja efetivo, o dispositivo legal assegura a proteção ao representante estrangeiro, ao devedor e aos seus bens diante do simples pedido realizado. O acesso à jurisdição pelo representante estrangeiro não permite, por si só, que todo o ativo sob sua supervisão ou a atividade sejam sujeitos à jurisdição brasileira. Entretanto, a limitação refere-se ao procedimento de insolvência e à proteção exclusivamente diante do pedido. Eventual conduta de má-fé do representante ou desvio não fica impedido de ser apurada pela legislação pátria.

O representante estrangeiro é aquele legitimado a representar o processo estrangeiro no país ou que tenha poderes para administrar os bens ou a atividade naquele específico feito, nos termos do art. 167-B.

Sua legitimidade é aferida pela demonstração de que possui poderes, ainda que transitórios, para administrar os bens ou as atividades do devedor, ou para atuar como representante do processo estrangeiro

Desde que seja reconhecido o processo estrangeiro nos termos do art. 167-H, o representante estrangeiro poderá requerer a falência do devedor no Brasil, nos termos da legislação nacional. O dispositivo legal amplia o rol de legitimados do art. 97 da Lei n. 11.101/2005.

Poderá, ainda, intervir no processo de recuperação judicial, de recuperação extrajudicial ou de falência desse devedor que no Brasil concomitantemente tramite ou intervir em processo em que o devedor seja parte.

Art. 167-G. Os credores estrangeiros têm os mesmos direitos conferidos aos credores nacionais nos processos de recuperação judicial, de recuperação extrajudicial ou de falência.

§ 1º Os credores estrangeiros receberão o mesmo tratamento dos credores nacionais, respeitada a ordem de classificação dos créditos prevista nesta Lei, e não serão discriminados em razão da sua nacionalidade ou da localização de sua sede, estabelecimento, residência ou domicílio, respeitado o seguinte:

I – os créditos estrangeiros de natureza tributária e previdenciária, bem como as penas pecuniárias por infração de leis penais ou administrativas, inclusive as multas tributárias devidas a Estados estrangeiros, não serão considerados nos processos de recuperação judicial e serão classificados como créditos subordinados nos processos de falência, independentemente de sua classificação nos países em que foram constituídos;

II – o crédito do representante estrangeiro será equiparado ao do administrador judicial nos casos em que fizer jus a remuneração, exceto quando for o próprio devedor ou seu representante;

III – os créditos que não tiverem correspondência com a classificação prevista nesta Lei serão classificados como quirografários, independentemente da classificação atribuída pela lei do país em que foram constituídos.

§ 2º O juiz deve determinar as medidas apropriadas, no caso concreto, para que os credores que não tiverem domicílio ou estabelecimento no Brasil tenham acesso às notificações e às informações dos processos de recuperação judicial, de recuperação extrajudicial ou de falência.

§ 3º As notificações e as informações aos credores que não tiverem domicílio ou estabelecimento no Brasil serão realizadas por qualquer meio considerado adequado pelo juiz, dispensada a expedição de carta rogatória para essa finalidade.

§ 4º A comunicação do início de um processo de recuperação judicial ou de falência para credores estrangeiros deverá conter as informações sobre providências necessárias para que o credor possa fazer valer seu direito, inclusive quanto ao prazo para apresentação de habilitação ou de divergência e à necessidade de os credores garantidos habilitarem seus créditos.

§ 5º O juiz brasileiro deverá expedir os ofícios e os mandados necessários ao Banco Central do Brasil para permitir a remessa ao exterior dos valores recebidos por credores domiciliados no estrangeiro.

Credores estrangeiros

Para o processo nacional, os credores estrangeiros terão os mesmos direitos e serão classificados da mesma forma que os credores nacionais, os quais deverão ser tratados de maneira indiferente à localidade de sua residência ou nacionalidade. A despeito de a lei fazer referência a "credores estrangeiros", a regra de tratamento deve ser interpretada também para abarcar os créditos decorrentes de instrumentos celebrados e regidos por legislação estrangeira, ainda que celebrados com credores brasileiros.

Excepciona a regra, conforme possibilidade conferida pela própria Lei Modelo, os créditos estrangeiros de natureza tributária e previdenciária e as penas pecuniárias por infração de leis penais ou administrativas, inclusive as multas tributárias devidas a Estados estrangeiros. Referidos créditos não serão considerados nos processos de recuperação judicial, ainda que as penas pecuniárias o sejam no Brasil. No processo de falência, a paridade também é desconsiderada, pois esses créditos serão classificados como créditos subordinados, independentemente de sua classificação nos países em que foram constituídos;

Se o respectivo crédito não possuir correspondência com uma classificação prevista nessa lei, será considerado quirografário para todos os fins da legislação nacional.

Para que referidos credores estrangeiros tenham conhecimento sobre as informações dos processos nacionais de recuperação judicial, de recuperação extrajudicial ou de falência, o juízo deverá determinar as medidas apropriadas, conforme o caso, para que o credor possa fazer valer seu direito no processo nacional.

A comunicação é relevante notadamente para a informação sobre o procedimento de insolvência local e para que os credores estrangeiros possam habilitar os respectivos créditos. Quanto aos credores titulares de créditos com garantia real, como outras jurisdições dispensam eventualmente a habilitação, a comunicação deverá informar sobre a necessidade de participar do procedimento de verificação de crédito.

Entretanto, como corolário da igualdade de tratamento entre os credores locais ou estrangeiros, estes devem ser notificados toda a vez que a intimação dos credores locais se fizer necessária.

Suas notificações ou intimações, outrossim, não necessitarão de expedição de cartas rogatórias. Será permitida qualquer forma de comunicação, desde que julgada adequada pelo Juízo e como forma de se evitarem procedimentos burocráticos e morosos, que impeçam efetivamente a tutela da coletividade e a proteção adequada dos ativos.

Seção III
Do Reconhecimento de Processos Estrangeiros

Art. 167-H. O representante estrangeiro pode ajuizar, perante o juiz, pedido de reconhecimento do processo estrangeiro em que atua.

§ 1º O pedido de reconhecimento do processo estrangeiro deve ser acompanhado dos seguintes documentos:

I – cópia apostilada da decisão que determine a abertura do processo estrangeiro e nomeie o representante estrangeiro;

II – certidão apostilada expedida pela autoridade estrangeira que ateste a existência do processo estrangeiro e a nomeação do representante estrangeiro; ou

III – qualquer outro documento emitido por autoridade estrangeira que permita ao juiz atingir plena convicção da existência do processo estrangeiro e da identificação do representante estrangeiro.

§ 2º O pedido de reconhecimento do processo estrangeiro deve ser acompanhado por uma relação de todos os processos estrangeiros relativos ao devedor que sejam de conhecimento do representante estrangeiro.

§ 3º Os documentos redigidos em língua estrangeira devem estar acompanhados de tradução oficial para a língua portuguesa, salvo quando, sem prejuízo aos credores, for expressamente dispensada pelo juiz e substituída por tradução simples para a língua portuguesa, declarada fiel e autêntica pelo próprio advogado, sob sua responsabilidade pessoal.

Pedido de reconhecimento de processo estrangeiro

Perante o juízo competente do principal estabelecimento, nos termos do art. 3º, o representante poderá requerer o reconhecimento do processo estrangeiro em que for nomeado. É legitimado o representante estrangeiro, como aquele definido no art. 167-B, IV, e que esteja autorizado, no processo estrangeiro, a administrar os bens ou as atividades do devedor ou a atuar como representante do processo estrangeiro.

Art. 167-I ||| Marcelo Barbosa Sacramone

Para demonstrar o procedimento estrangeiro, é desnecessária a homologação de sentença estrangeira ou o cumprimento de uma carta rogatória expedida pela autoridade estrangeira.

O representante juntará todos os documentos que demonstram sua existência, como a cópia da decisão de abertura e de sua nomeação como representante estrangeiro, ou de que teria poderes para administrador os bens ou a atividade. Alternativamente, poderá ser juntada, para demonstrar o processo estrangeiro, a certidão da autoridade estrangeira que ateste esses fatos.

A interpretação das exigências formais dos documentos deve ser feita pela análise dos arts. 167-H e 167-I.

A Lei procura evitar a obrigação de legalização dos documentos. O art. 167, H, exige o apostilamento da decisão e da certidão, o que significa que eles precisam estar legalizados para a produção de efeitos em outro país que não o de origem e, caso não sejam provenientes de um país signatário da Convenção da Apostila de Haia, que dispensa o apostilamento para fins de seu reconhecimento, o documento deve ser consularizado.

A despeito da exigência legal, conferiu a Lei autonomia ao Juízo, conforme sua avaliação, para que reconheça o processo estrangeiro mesmo sem esses documentos. Esses documentos poderão ser substituídos por quaisquer outros, mesmo não apostilados, emitidos por autoridade estrangeira e que demonstrem a existência do processo e a identificação do representante.

Os documentos precisarão ser traduzidos nos termos da Lei n. 11.101/2005. Embora o texto da Lei Modelo determine tradução para a língua oficial e inclusive permite que a Corte a dispensasse, a alteração da Lei n. 11.101/2005 determina a tradução oficial para a língua portuguesa, impondo maior formalidade. O juiz, contudo, poderá dispensar essa formalidade e aceitar tradução simples, desde que o advogado garanta sua autenticidade, sob responsabilidade pessoal.

Relação dos processos do devedor no exterior

Ainda que não seja propriamente uma exigência para o reconhecimento, o pedido deve ser acompanhado da relação de todos os processos do devedor em outros países e que sejam de conhecimento desse representante.

A apresentação desses processos decorre da eventual necessidade de o Juiz brasileiro ter que tomar medidas como a suspensão de ações e execuções em face do devedor em virtude desse processo estrangeiro. O conhecimento dos diversos processos em trâmite perante outros países que não o do representante e em relação ao mesmo devedor permitirá que o Juiz avalie se a medida é consistente e se não comprometerá as ações tomadas nesses outros feitos.

Art. 167-I. Independentemente de outras medidas, o juiz poderá reconhecer:

I – a existência do processo estrangeiro e do representante estrangeiro, a partir da decisão ou da certidão referidas no § 1º do art. 167-H desta Lei que os indicarem como tal;

II – a autenticidade de todos ou de alguns documentos juntados com o pedido de reconhecimento de processo estrangeiro, mesmo que não tenham sido apostilados; e

III – o país onde se localiza o domicílio do devedor, no caso dos empresários individuais, ou o país da sede estatutária do devedor, no caso das sociedades, como seu centro de interesses principais, salvo prova em contrário.

Presunções para o reconhecimento do procedimento estrangeiro

A Lei estabelece presunções para o reconhecimento do procedimento estrangeiro pelo juiz, notadamente para acelerar as decisões judiciais. Sem prejuízo, não há obrigação legal do reconhecimento. As presunções não impedem que se investigue o fato ou que se exijam outros documentos, caso necessário.

A existência do processo efetivamente de insolvência e da legitimidade do representante do processo estrangeiro pode ser reconhecida pelo juízo a partir da presunção da decisão que determine a abertura do processo estrangeiro e da nomeação do representante ou da certidão que ateste a existência do processo e a nomeação do representante.

A autenticidade dos documentos juntados também poderá ser presumida diante da responsabilização pelo advogado de sua veracidade, ainda que não tenham sido apostilados.

Por fim, a lei não define no que consistiria o centro de interesses principais e a Lei Modelo da UNCITRAL, nesse aspecto, confere a definição aos países que a adotarem.

Com suporte na Regulação da Comunidade Europeia, o centro de interesses principais deve corresponder ao local onde o devedor conduz a administração dos seus interesses de forma regular e é reconhecido por terceiros. Por essa definição, como o processo de insolvência principal tenderia a ter um escopo universal, de afetar todos os credores e sujeitar todos os ativos do devedor, pressupõe-se que os credores conheceriam referido centro. A justificativa para tanto é que o reconhecimento por terceiros é imprescindível para que sejam calculados e antecipados não apenas o risco de insolvência do devedor, mas os custos e benefícios de um consequente procedimento principal em determinada jurisdição.

O centro do principal interesse simplesmente poderá ser presumido em virtude da localização do domicílio do devedor, se empresário individual, ou do país da sede estatutária do devedor, no caso das sociedades. A presunção facilitaria o reconhecimento célere do processo e como forma de facilitar as medidas de assistência que possam ser necessárias. A presunção, contudo, é *iuris tantum*. Cede se houver prova em contrário de que a administração dos interesses do devedor é conduzida em local diverso da sede estatutária do devedor e que seria prontamente reconhecido pela coletividade de credores.

Art. 167-J. Ressalvado o disposto no § 4º do art. 167-A desta Lei, o juiz reconhecerá o processo estrangeiro quando:

I – o processo enquadrar-se na definição constante do inciso I do *caput* do art. 167-B desta Lei;

II – o representante que tiver requerido o reconhecimento do processo enquadrar-se na definição de representante estrangeiro constante do inciso IV do *caput* do art. 167-B desta Lei;

III – o pedido cumprir os requisitos estabelecidos no art. 167-H desta Lei; e

IV – o pedido tiver sido endereçado ao juiz, conforme o disposto no art. 167-D desta Lei.

§ 1º Satisfeitos os requisitos previstos no *caput* deste artigo, o processo estrangeiro deve ser reconhecido como:

I – processo estrangeiro principal, caso tenha sido aberto no local em que o devedor tenha o seu centro de interesses principais; ou

II – processo estrangeiro não principal, caso tenha sido aberto em um local em que o devedor tenha bens ou estabelecimento, na forma definida no inciso VI do *caput* do art. 167-B desta Lei.

§ 2º Não obstante o previsto nos incisos I e II do § 1º deste artigo, o processo estrangeiro será reconhecido como processo estrangeiro não principal se o centro de interesses principais do devedor tiver sido transferido ou de outra forma manipulado com o objetivo de transferir para outro Estado a competência jurisdicional para abertura do processo.

§ 3º A decisão de reconhecimento do processo estrangeiro poderá ser modificada ou revogada, a qualquer momento, a pedido de qualquer parte interessada, se houver elementos que comprovem que os requisitos para o reconhecimento foram descumpridos, total ou parcialmente, ou deixaram de existir.

§ 4º Da decisão que acolher o pedido de reconhecimento caberá agravo, e da sentença que o julgar improcedente caberá apelação.

Decisão de reconhecimento do processo estrangeiro

Desde que o pedido tenha sido endereçado ao juízo do principal estabelecimento do devedor no Brasil, seja um processo coletivo de insolvência em que os bens e as atividades de um devedor estejam sujeitos a uma autoridade estrangeira para fins de reorganização ou liquidação, o pedido seja feito por um representante do processo estrangeiro e os documentos essenciais que demonstrem referidas condições tiverem sido juntados, o juiz reconhecerá o processo estrangeiro.

Não há possibilidade de qualquer consideração pelo Juiz se o processo estrangeiro deveria ou não ter sido iniciado. Desde que o reconhecimento não viole manifestamente a ordem pública e os requisitos tenham sido preenchidos, o reconhecimento deve ser concedido pelo Juízo brasileiro.

Preenchidos os requisitos impostos pela Lei, o reconhecimento deverá ocorrer independentemente do seu mérito. Embora não haja considerações pelo Juízo brasileiro sobre o mérito do processo estrangeiro, ele não se submete a qualquer ordem ou decisão de reconhecimento pela autoridade estrangeira. O reconhecimento deverá ser concedido pelo livre convencimento motivado do Juízo brasileiro e em vista da presença dos requisitos exigidos pela Lei nacional.

A decisão de reconhecimento pode ser modificada ou revogada a pedido de qualquer das partes. Extinto o processo estrangeiro, revogada sua decisão de instauração, alterada sua natureza de procedimento de insolvência, ou surgindo novos elementos que demonstrem a falta dos requisitos para seu reconhecimento, o Juízo poderá reconsiderar a decisão ou seus efeitos.

A decisão que reconhece o processo estrangeiro simplesmente permite o início de nova fase do processo, de modo que deverá ser desafiada por agravo de instrumento. A sentença que não o reconhece e extingue o processo permitirá a interposição do recurso de apelação.

Sobre o julgamento dos pedidos e a melhor forma de interpretá-los, as *Guidelines* da UNCITRAL acerca da interpretação da Lei Modelo deixam claro que (i) um dos principais objetivos da Lei Modelo é simplificar o procedimento para o reconhecimento de processos de insolvência estrangeiros, reduzindo os custos incidentes e, em especial, assegurando a certeza e segurança às partes quanto à decisão de reconhecimento (item 29 das *Guidelines*); e (ii) diferenças entre as legislações de insolvência dos Estados não deveriam ser compreendidas como questões de ordem pública a justificar o indeferimento do pedido de reconhecimento de processos estrangeiros (item 30 das *Guidelines*)[15].

---

[15] Veja-se: "29. One of the key objectives of the Model Law is to establish simplified procedures for recognition of qualifying foreign proceedings that would avoid time-consuming legalization or

Tipos de processo estrangeiro

Questão pertinente nesse reconhecimento é se o processo estrangeiro será considerado principal ou não principal. A diversidade de classificação é pertinente em consideração aos efeitos que o reconhecimento de um processo principal e de um processo não principal produzirão, notadamente diante do intuito de tratamento uniforme pretendido pela Lei e sob a lei da jurisdição em que tramita o processo principal, ressalvada manifesta contrariedade à ordem pública[16].

Nesse aspecto, o reconhecimento de um processo estrangeiro como principal produz os efeitos, dentre outros, de suspensão do curso de quaisquer processos de execução ou de quaisquer outras medidas individualmente tomadas por credores relativas ao patrimônio do devedor e a ineficácia de transferência, de oneração ou de qualquer forma de disposição de bens do ativo não circulante do devedor realizadas sem prévia autorização judicial (art. 167-M).

Principal é o processo estrangeiro que ocorre no centro de interesses principais do devedor, e que se presume como o de sua sede administrativa ou domicílio do empresário individual por ocasião da realização do processo estrangeiro, a menos que essa sede tenha sido transferida ou manipulada para alterar a competência. Nesse aspecto, deverá ser verificado o país de administração dos interesses do devedor e que seria prontamente reconhecido pela coletividade de credores, independentemente de sua sede estatutária, no momento do início do processo estrangeiro.

Não principal é o processo estrangeiro localizado em país em que existam simplesmente bens ou estabelecimentos[17].

Art. 167-K. Após o pedido de reconhecimento do processo estrangeiro, o representante estrangeiro deverá imediatamente informar ao juiz:

I – qualquer modificação significativa no estado do processo estrangeiro reconhecido ou no estado de sua nomeação como representante estrangeiro; e

II – qualquer outro processo estrangeiro relativo ao mesmo devedor de que venha a ter conhecimento.

Dever de informação do representante estrangeiro

Como a decisão de reconhecimento do processo pode ser alterada ou os efeitos por ela produzidos diante da modificação das circunstâncias do processo estrangeiro ou da legitimidade do representante estrangeiro, a este foi imposta a obrigação de comunicar o Juízo brasileiro a respeito dessas modificações substanciais.

Nesse aspecto, como alterações no processo estrangeiro são frequentes e esperadas, apenas as modificações significativas e que puderem impactar no reconhecimento do processo estrangeiro ou em seus efeitos devem ser comunicadas.

Também deverá ser informado qualquer conhecimento sobre outro processo estrangeiro em face do devedor. Além dessa informação já ter que ser apresentada para o reconhecimento inicial do

---

other processes and provide certainty with respect to the decision to recognize" (UNCITRAL. *Model Law on Cross-Border Insolvency Law with Guide to Enactment and Interpretation*, p. 28).

[16]   Cf. comentários ao art. 167-A.

[17]   Cf. comentários ao art. 167-I.

Art. 167-L │││ Marcelo Barbosa Sacramone 654

processo estrangeiro, mesmo posteriormente ao reconhecimento esse dever persiste, como forma de possibilitar ao Juízo avaliar a coerência das medidas de suspensão eventualmente determinadas com esses processos e o próprio reconhecimento do processo estrangeiro como principal ou não principal.

Art. 167-L. Após o ajuizamento do pedido de reconhecimento do processo estrangeiro, e antes da sua decisão, o juiz poderá conceder liminarmente as medidas de tutela provisória, fundadas em urgência ou evidência, necessárias para o cumprimento desta Lei, para a proteção da massa falida ou para a eficiência da administração.

§ 1º Salvo no caso do disposto no inciso IV do *caput* do art. 167-N desta Lei, as medidas de natureza provisória encerram-se com a decisão sobre o pedido de reconhecimento.

§ 2º O juiz poderá recusar-se a conceder as medidas de assistência provisória que possam interferir na administração do processo estrangeiro principal.

Medidas de tutela provisória

Diante de uma urgência na proteção dos ativos do devedor ou dos interesses dos credores, mesmo antes da decisão sobre o reconhecimento do processo estrangeiro, o juiz poderá, a partir do pedido de reconhecimento, conceder tutela provisória que se fizer necessária para preservar os bens ou os interesses do devedor e dos seus credores.

Dentre as diversas medidas, poderão ser deferidas medidas de suspensão de determinadas ações e execuções em face do devedor, liquidação antecipada de bens perecíveis ou deterioráveis do devedor para a conservação do respetivo valor, dentre todas e quaisquer outras medidas que se fizerem necessárias para a preservação dos bens do devedor ou dos interesses das partes do feito.

Como medidas de tutela provisória, exige-se o preenchimento do *periculum in mora* e da verossimilhança do direito. Imprescindível que haja risco de prejuízo aos interesses do devedor e da coletividade de credores caso as medidas não sejam concedidas, bem como que as medidas sejam coerentes com os efeitos que seriam produzidos pelo reconhecimento do processo estrangeiro e coletivas, destinadas à proteção de todas as partes e não apenas de credores individuais.

Em razão dessa coerência exigida entre as medidas provisórias e os efeitos pretendidos com o reconhecimento do processo estrangeiro, as tutelas provisórias concedidas em favor de processos não principais não podem prejudicar processos estrangeiros principais.

As medidas coletivas, como provisórias, possuem efeitos até a decisão sobre o reconhecimento do processo estrangeiro. Elas apenas procuram assegurar os objetivos pretendidos e que seriam resultantes do processo de reconhecimento do processo estrangeiro. Cessarão, nesse aspecto, quando os efeitos produzidos por esse iniciarem.

Art. 167-M. Com o reconhecimento de um processo estrangeiro principal, decorrem automaticamente:

I – a suspensão do curso de quaisquer processos de execução ou de quaisquer outras medidas individualmente tomadas por credores relativas ao patrimônio do devedor, respeitadas as demais disposições desta Lei;

II – a suspensão do curso da prescrição de quaisquer execuções judiciais contra o devedor, respeitadas as demais disposições desta Lei;

III – a ineficácia de transferência, de oneração ou de qualquer forma de disposição de bens do ativo não circulante do devedor realizadas sem prévia autorização judicial.

§ 1º A extensão, a modificação ou a cessação dos efeitos previstos nos incisos I, II e III do *caput* deste artigo subordinam-se ao disposto nesta Lei.

§ 2º Os credores conservam o direito de ajuizar quaisquer processos judiciais e arbitrais, e de neles prosseguir, que visem à condenação do devedor ou ao reconhecimento ou à liquidação de seus créditos, e, em qualquer caso, as medidas executórias deverão permanecer suspensas.

§ 3º As medidas previstas neste artigo não afetam os credores que não estejam sujeitos aos processos de recuperação judicial, de recuperação extrajudicial ou de falência, salvo nos limites permitidos por esta Lei.

Efeitos do reconhecimento de um processo estrangeiro principal

As medidas determinadas pelo art. 167-M são automáticas e decorrentes do reconhecimento de um processo estrangeiro principal[18]. Medidas outras, sejam elas provisórias ou para procedimentos estrangeiros não principais, poderão ser determinadas em juízo de conveniência pelo Juiz, o que não ocorre com as medidas nesse dispositivo legal determinadas.

Ao contrário das medidas provisórias requeridas, que o Juiz poderá apreciar sua conveniência aos objetivos do processo de insolvência transnacional, os efeitos especificados por esse artigo são decorrências do reconhecimento do processo estrangeiro principal. As medidas são necessárias para que haja um procedimento de insolvência transnacional ordenado, em que a maior satisfação da coletividade de credores seja possível.

O reconhecimento implicará, para evitar que ativos do devedor sejam constritos por credores individuais sujeitos ao procedimento de reestruturação ou liquidação, a suspensão de todos os processos de execução individuais ou quaisquer medidas de constrição sobre o patrimônio do devedor.

Determinou o art. 167-M, § 3º, diante da possibilidade expressa pela Lei Modelo de limitação dos efeitos em razão da legislação pátria, que os créditos não sujeitos ao processo de recuperação judicial, extrajudicial ou de falência não poderão ser afetados pela suspensão. Todavia, na hipótese de bem de capital essencial e que possa comprometer o procedimento de recuperação judicial, ainda que o crédito não esteja sujeito, medidas constritivas não poderão recair sobre o referido bem se créditos indicados no art. 49, § 3º.

Em virtude da suspensão das execuções, suspende-se também a prescrição das execuções contra o devedor.

---

[18] Com fundamento no art. 167-M, a representante do processo de recuperação judicial do Grupo Prosafe (processo n. 0129945-03.2021.8.19.0001), em trâmite perante o Tribunal Superior de Singapura, pleiteou o reconhecimento do processo em Singapura como principal e (i) a suspensão de todas as ações movidas contra as sociedades do Grupo; (ii) a suspensão do curso da prescrição de execuções judiciais movidas contra quaisquer das sociedades do grupo; (iii) a ineficácia da transferência, oneração ou qualquer forma de disposição dos bens do ativo não circulante das requerentes sem prévia autorização judicial. O juízo da 3ª Vara Empresarial do Rio de Janeiro deferiu os pedidos em 5-7-2021. Não há notícia de recursos contra essa decisão.

A suspensão das execuções não impede, contudo, o prosseguimento ou o ajuizamento de quaisquer ações de conhecimento ou processos arbitrais para se reconhecer, em face do devedor, eventual crédito e seu montante. Tais ações não repercutirão sobre os bens do devedor e não prejudicarão o processo de insolvência transnacional, pelo que deverão ser preservadas.

Por seu turno, o reconhecimento do processo estrangeiro implica a suspensão dos direitos de alienar ou onerar o respectivo patrimônio pelo devedor a terceiros, sob pena de ineficácia. A suspensão é decorrente da necessidade de preservação dos ativos do devedor, notadamente diante da impossibilidade de os credores promoverem constrições para assegurar a satisfação dos respectivos créditos. A restrição, contudo, ocorre apenas em face do ativo não circulante do devedor e desde que não haja prévia autorização judicial.

Art. 167-N. Com a decisão de reconhecimento do processo estrangeiro, tanto principal como não principal, o juiz poderá determinar, a pedido do representante estrangeiro e desde que necessárias para a proteção dos bens do devedor e no interesse dos credores, entre outras, as seguintes medidas:

I – a ineficácia de transferência, de oneração ou de qualquer forma de disposição de bens do ativo não circulante do devedor realizadas sem prévia autorização judicial, caso não tenham decorrido automaticamente do reconhecimento previsto no art. 167-M desta Lei;

II – a oitiva de testemunhas, a colheita de provas ou o fornecimento de informações relativas a bens, a direitos, a obrigações, à responsabilidade e à atividade do devedor;

III – a autorização do representante estrangeiro ou de outra pessoa para administrar e/ou realizar o ativo do devedor, no todo ou em parte, localizado no Brasil;

IV – a conversão, em definitiva, de qualquer medida de assistência provisória concedida anteriormente; e

V – a concessão de qualquer outra medida que seja necessária.

§ 1º Com o reconhecimento do processo estrangeiro, tanto principal como não principal, o juiz poderá, a requerimento do representante estrangeiro, autorizá-lo, ou outra pessoa nomeada por aquele, a promover a destinação do ativo do devedor, no todo ou em parte, localizado no Brasil, desde que os interesses dos credores domiciliados ou estabelecidos no Brasil estejam adequadamente protegidos.

§ 2º Ao conceder medida de assistência prevista neste artigo requerida pelo representante estrangeiro de um processo estrangeiro não principal, o juiz deverá certificar-se de que as medidas para efetivá-la se referem a bens que, de acordo com o direito brasileiro, devam ser submetidos à disciplina aplicável ao processo estrangeiro não principal, ou certificar-se de que elas digam respeito a informações nele exigidas.

Medidas necessárias diante do reconhecimento do processo estrangeiro

O reconhecimento de um processo estrangeiro, independentemente se principal ou acessório, poderá exigir a determinação de medidas para conservar os ativos e interesses dos diversos envolvidos.

Ao contrário dos efeitos do art. 167-M, automáticos após o reconhecimento de processo estrangeiro principal, as medidas não são automáticas em decorrência do reconhecimento do processo estrangeiro, mas discricionárias e meramente exemplificativas, conforme o juízo de sua conveniência à proteção dos efeitos do processo estrangeiro.

Dentre as diversas medidas que podem ser determinadas, sem prejuízo de outras, determinou a Lei a ineficácia de transferência, de oneração ou de qualquer outra forma de disposição de bens do ativo do devedor sem prévia autorização judicial; produção probatória e coleta de informações; possibilidade de administração ou de liquidação de bens do devedor; conversão das medidas provisórias determinadas antes do reconhecimento do processo estrangeiro.

Embora possam ser concedidas para processos estrangeiros principais e não principais, a diferenciação entre esses tipos exige que se avalie a adequação da medida determinada. Enquanto a autoridade estrangeira de um processo principal procura controlar todos os ativos do devedor, a autoridade de um processo estrangeiro não principal controla apenas parte dos bens do devedor e que lhe são pertinentes. Nesses termos, se forem determinadas para processos não principais, o Juízo deve se certificar que se refiram a bens que se submetam ao processo não principal, que as medidas sejam decorrentes das informações nele exigidas e que não haja interferência com a administração de outros processos de insolvência, notadamente um procedimento estrangeiro principal.

Destinação de bens e recursos

À discricionariedade do Juízo, permite-se a destinação do ativo do devedor que estava localizado no Brasil ao representante estrangeiro ou a outra pessoa para sua liquidação e/ou distribuição entre os credores. Ressalva a Lei que a destinação dos valores deverá ser feita apenas se os interesses dos credores domiciliados ou estabelecidos no Brasil estiverem adequadamente protegidos.

Nesse aspecto, embora ressalve a lei o tratamento adequado aos credores nacionais, referida ressalva deve ser compreendida no âmbito de um objetivo de coordenação entre as jurisdições para a universalização de um procedimento de insolvência transnacional com o tratamento adequado entre toda a coletividade de credores.

Art. 167-O. Ao conceder ou denegar uma das medidas previstas nos arts. 167-L e 167-N desta Lei, bem como ao modificá-las ou revogá-las nos termos do § 2º deste artigo, o juiz deverá certificar-se de que o interesse dos credores, do devedor e de terceiros interessados serão adequadamente protegidos.

§ 1º O juiz poderá condicionar a concessão das medidas previstas nos arts. 167-L e 167-N desta Lei ao atendimento de condições que considerar apropriadas.

§ 2º A pedido de qualquer interessado, do representante estrangeiro ou de ofício, o juiz poderá modificar ou revogar, a qualquer momento, medidas concedidas com fundamento nos arts. 167-L e 167-N desta Lei.

§ 3º Com o reconhecimento do processo estrangeiro, tanto principal quanto não principal, o representante estrangeiro poderá ajuizar medidas com o objetivo de tornar ineficazes quaisquer atos realizados, nos termos dos arts. 129 e 130, observado ainda o disposto no art. 131, todos desta Lei.

§ 4º No caso de processo estrangeiro não principal, a ineficácia referida no § 3º deste artigo dependerá da verificação, pelo juiz, de que, de acordo com a lei brasileira, os bens devam ser submetidos à disciplina aplicável ao processo estrangeiro não principal.

Proteção dos credores, do devedor e de terceiros interessados

As medidas provisórias (art. 167-L) e as necessárias (art. 167-N) são sujeitas à conveniência do Juízo e conforme sua percepção de que são imprescindíveis para a proteção dos objetivos do processo de insolvência transnacional. A Lei estabeleceu um balanceamento de interesses a serem protegidos. Cumpre ao Juízo avaliar se as medidas requeridas pelo representante estrangeiro são efetivamente necessárias e qual será o impacto nos interesses dos diversos agentes afetados.

O sopesamento dos objetivos pretendidos com os interesses dos diversos afetados permitirá ao Juízo adequar as medidas pleiteadas à preservação dos interesses pretendida. Nesse aspecto, poderá não apenas condicionar as medidas requeridas, como modificar ou revogá-las se não mais necessárias.

O representante estrangeiro é legitimado para requerer o reconhecimento de ineficácia objetiva ou a promover ações revocatórias, nos termos dos arts. 129 e 130, diante do reconhecimento do processo estrangeiro.

A despeito da falta de limitação legal, o Guia da Lei Modelo da UNCITRAL esclarece que as ações possíveis ao representante do processo estrangeiro são restritas às possíveis ao procedimento de insolvência, caso fosse local. Nesse sentido, as medidas de ineficácia objetiva e de ações revocatórias somente poderão ser realizadas diante de um processo estrangeiro de liquidação forçada do devedor. Não se equipara o representante do processo estrangeiro aos credores individuais para fins de requerimento de medidas a estes isoladamente permitidas fora do processo coletivo, pois tangencia os objetivos da legislação de insolvência transnacional.

Tratando-se de processo não principal, as medidas devem se circunscrever aos bens objetos que estejam sujeitos ao respectivo processo estrangeiro. Não se permite que medidas amplas sejam concedidas a ponto de extrapolar os interesses do referido processo estrangeiro.

Seção IV
Da Cooperação com Autoridades e Representantes Estrangeiros

Art. 167-P. O juiz deverá cooperar diretamente ou por meio do administrador judicial, na máxima extensão possível, com a autoridade estrangeira ou com representantes estrangeiros, na persecução dos objetivos estabelecidos no art. 167-A desta Lei.

§ 1º O juiz poderá comunicar-se diretamente com autoridades estrangeiras ou com representantes estrangeiros, ou deles solicitar informação e assistência, sem a necessidade de expedição de cartas rogatórias, de procedimento de auxílio direto ou de outras formalidades semelhantes.

§ 2º O administrador judicial, no exercício de suas funções e sob a supervisão do juiz, deverá cooperar, na máxima extensão possível, com a autoridade estrangeira ou com representantes estrangeiros, na persecução dos objetivos estabelecidos no art. 167-A desta Lei.

§ 3º O administrador judicial, no exercício de suas funções, poderá comunicar-se com as autoridades estrangeiras ou com os representantes estrangeiros.

O dever de cooperação com a autoridade estrangeira

Para que haja a maximização dos ativos e a maior satisfação dos credores e dos interesses de todos os envolvidos no processo de insolvência transnacional, a cooperação entre os representantes de dois ou mais países é fundamental. Estabelecida como um dos alicerces da disciplina da insolvência transnacional (art. 167-A), a cooperação assegura que os objetivos pretendidos no art. 167-B e a melhor solução para a reorganização ou liquidação do devedor sejam alcançados. Somente através da cooperação os ativos poderão ser mais bem preservados, os credores como coletividade poderão ser mais adequadamente tratados e será possível se reestruturar de forma mais eficiente a atividade do devedor.

Essa cooperação não é apenas incentivada, como é obrigatória em qualquer momento do processo, antes do reconhecimento do processo estrangeiro ou mesmo do seu pedido, e posteriormente ao seu reconhecimento durante a implementação das medidas de assistência.

O juiz, nesse aspecto, não precisará de qualquer formalidade para essa cooperação, ou qualquer necessidade de carta rogatória. Sua comunicação poderá ser direta com a autoridade estrangeira ou com o representante estrangeiro, prestando-lhes informação ou as medidas de assistência necessárias, desde que sejam tomadas precauções e haja transparência para se protegerem os direitos das partes envolvidas, bem como poderá requerê-las diretamente da autoridade estrangeira. Dentre as medidas, informações do processo, atos processuais ou decisões poderão ser compartilhados de forma célere entre os envolvidos.

Além do juiz, foi conferido poder ao administrador judicial para que, no exercício de suas funções, comunique-se diretamente com a autoridade estrangeira ou com os representantes estrangeiros. Sob a supervisão judicial, o administrador poderá cooperar com a autoridade estrangeira ou com o representante estrangeiro para implementar os objetos do processo de insolvência transnacional.

A adoção das Diretrizes da Judicial Insolvency Network (JIN)

A Lei n. 14.112/2020 alterou de maneira relevante a cooperação jurídica entre juízos. À vista de tais alterações, o CNJ aprovou, em 2021, a Resolução n. 394/2021[19], que institui regras para a cooperação e comunicação direta entre os juízos brasileiros e estrangeiros. A Resolução recomenda a utilização do guia de boas práticas da Judicial Insolvency Network. A entidade foi constituída em 2016 com o objetivo de conectar juízes de diversas nacionalidades[20].

Ainda em 2016, a JIN publicou diretrizes à comunicação e cooperação entre as cortes responsáveis por processos de insolvência, administradores judiciais, síndicos, *trustees* e partes envolvidas, denominadas *Guidelines for Communication and Cooperation between Courts in Cross-Border Insolvency Matters* (*JIN Guidelines*). As *JIN Guidelines* são adotadas, atualmente, por 16 países. Com a publicação da Resolução n. 394/2021, o Brasil passou a ser uma das nações adeptas às diretrizes.

---

[19] BRASIL, Conselho Nacional de Justiça. Recomendação n. 394 de 4 de junho de 2021. Institui regras de cooperação e de comunicação direta com juízes estrangeiros de insolvência para o processamento e julgamento de insolvências transnacionais. Disponível em: https://atos.cnj.jus.br/atos/detalhar/3956

[20] JUDICIAL INSOLVENCY NETWORK, JIN Guidelines, 2016. Disponível em: https://jin-global.org/jin-guidelines.html

A Resolução confirma que o objetivo da cooperação direta é garantir a eficiência na administração dos processos de insolvência concorrentes, o atendimento dos objetivos do art. 167-A, o compartilhamento das informações entre os juízos com a consequente redução dos custos para as partes e a diminuição da litigância entre as partes nos processos concorrentes.

De acordo com a Resolução, a comunicação e a cooperação entre juízos previstas na Lei n. 11.101/2005 visam não apenas à administração eficiente, justa e tempestiva dos processos concorrentes, mas também eventual assistência para a compreensão mútua sobre os processos de insolvência em trâmite perante cada um dos juízos.

A cooperação entre os juízos deverá ser estabelecida no chamado protocolo de insolvência (*insolvency protocol*) a ser firmado pelos juízos concorrentes, ao qual se recomenda a observância das *JIN Guidelines*, como permite o art. 167-Q, inciso IV, da Lei n. 11.101/2005. Os protocolos de insolvência poderão dispor sobre a comunicação direta entre os juízos, coordenação de atos e realização de audiências conjuntas e deverá se restringir a questões procedimentais. Não se admite a alteração de direitos materiais ou do poder jurisdicional dos juízos concorrentes através do protocolo de insolvência, em respeito à soberania dos Estados envolvidos.

Admite-se, porém, a comunicação e coordenação entre juízos para a decisão de questões materiais. A norma deve ser interpretada de acordo com a inviolabilidade da soberania estatal, do que decorre o exercício jurisdicional e impossibilidade de determinado Estado decidir processos em trâmite em outros Estados. A intenção da norma não é que o juízo estrangeiro decida questões relativas ao processo que tramita no Brasil. Pretende-se, na verdade, possibilitar aos magistrados de processos concorrentes que discutam os pontos relevantes aos processos e possam exercer eventual influência na decisão do magistrado nacional e avaliar a melhor forma de coordenar suas atuações.

De acordo com a Resolução, cabe a realização de audiências de instrução conjuntas, que serão presididas pelo magistrado da jurisdição em que será realizada a audiência, de acordo com as regras processuais do país em que realizada a audiência. Os juízos responsáveis pelos processos concorrentes podem alinhar previamente à audiência questões procedimentais, tal como a forma como se dará a participação do juízo estrangeiro, sem que isso implique derrogação da jurisdição.

Art. 167-Q. A cooperação a que se refere o art. 167-P desta Lei poderá ser implementada por quaisquer meios, inclusive pela:

I – nomeação de uma pessoa, natural ou jurídica, para agir sob a supervisão do juiz;

II – comunicação de informações por quaisquer meios considerados apropriados pelo juiz;

III – coordenação da administração e da supervisão dos bens e das atividades do devedor;

IV – aprovação ou implementação, pelo juiz, de acordos ou de protocolos de cooperação para a coordenação dos processos judiciais; e

V – coordenação de processos concorrentes relativos ao mesmo devedor.

Meios de cooperação

Todos os meios são dispostos para a cooperação entre as autoridades ou os representantes estrangeiros com o objetivo de tornar o procedimento mais célere e de forma a atender aos seus objetivos.

A indicação dos meios que poderão ser utilizados, embora não exclua outros, assegura a abreviação dos procedimentos para a coordenação das medidas de assistência ou de comunicação Além da comunicação por quaisquer meios considerados apropriados, pode ser nomeada uma pessoa para agir sob a supervisão do juiz.

Poderão também ser coordenados os atos de administração ou supervisão dos bens ou atividades do devedor ou coordenação entre os processos concorrentes do mesmo devedor mediante a aprovação ou implementação de acordos ou de protocolos de cooperação.

SEÇÃO V
Dos Processos Concorrentes

Art. 167-R. Após o reconhecimento de um processo estrangeiro principal, somente se iniciará no Brasil um processo de recuperação judicial, de recuperação extrajudicial ou de falência se o devedor possuir bens ou estabelecimento no País.

Parágrafo único. Os efeitos do processo ajuizado no Brasil devem restringir-se aos bens e ao estabelecimento do devedor localizados no Brasil e podem estender-se a outros, desde que esta medida seja necessária para a cooperação e a coordenação com o processo estrangeiro principal.

Procedimento de recuperação judicial, extrajudicial e falência após um reconhecimento de processo estrangeiro

A lei não proíbe a distribuição de pedido de insolvência, seja ele um pedido de recuperação judicial ou extrajudicial, ou um pedido de falência em face do devedor, se já tiver ocorrido o reconhecimento de um processo estrangeiro como principal.

A restrição existente é que o pedido somente poderá ser promovido se houver bens ou estabelecimentos do devedor no Brasil, haja vista a possibilidade disso decorrente de coordenação dos atos.

Desnecessário que haja a demonstração de atividade econômica no Brasil para que esses processos possam ocorrer. Contudo, a mera circunstância de existirem credores locais, sem que haja ativo, não permitirá a distribuição do pedido de insolvência se já tiver ocorrido o reconhecimento do processo estrangeiro como principal, haja vista que o referido pretende ser universal, com a satisfação de todos os credores.

Assim como o processo somente pode ser iniciado se houver bens, os efeitos do processo ajuizado também se restringem aos bens no Brasil localizados, pois o processo estrangeiro já teria sido reconhecido como principal. Excepcionalmente, os efeitos poderão ser estendidos a outros países, como na venda de bens para se preservar o *going concern* de todo o conjunto, ou quando os ativos tiverem sido desviados para esses outros países e como forma de se atender a cooperação com o processo principal.

Art. 167-S. Sempre que um processo estrangeiro e um processo de recuperação judicial, de recuperação extrajudicial ou de falência relativos ao mesmo devedor estiverem em curso simultaneamente, o juiz deverá buscar a cooperação e a coordenação entre eles, respeitadas as seguintes disposições:

I – se o processo no Brasil já estiver em curso quando o pedido de reconhecimento do processo estrangeiro tiver sido ajuizado, qualquer medida de assistência determinada pelo juiz nos termos dos arts. 167-L ou 167-N desta Lei deve ser compatível com o processo brasileiro, e o previsto no art. 167-M desta Lei não será aplicável se o processo estrangeiro for reconhecido como principal;

II – se o processo no Brasil for ajuizado após o reconhecimento do processo estrangeiro ou após o ajuizamento do pedido de seu reconhecimento, todas as medidas de assistência concedidas nos termos dos arts. 167-L ou 167-N desta Lei deverão ser revistas pelo juiz e modificadas ou revogadas se forem incompatíveis com o processo no Brasil e, quando o processo estrangeiro for reconhecido como principal, os efeitos referidos nos incisos I, II e III do *caput* do art. 167-M serão modificados ou cessados, nos termos do § 1º do art. 167-M desta Lei, se incompatíveis com os demais dispositivos desta Lei;

III – qualquer medida de assistência a um processo estrangeiro não principal deverá restringir-se a bens e a estabelecimento que, de acordo com o ordenamento jurídico brasileiro, devam ser submetidos à disciplina aplicável ao processo não principal, ou a informações nele exigidas.

Coordenação entre processos concorrentes

Assim como no art. 167-R permite-se a propositura de um processo de insolvência nacional após o reconhecimento de um processo estrangeiro, o contrário também é possível. A distribuição do processo de recuperação judicial, extrajudicial ou a falência não impedem que o pedido de reconhecimento de um processo estrangeiro seja realizado, nem implicam a extinção desse.

Caso ambos estejam tramitando, o objetivo do artigo é assegurar que haja cooperação e coordenação entre o juiz e a autoridade estrangeira ou o representante estrangeiro para que os objetivos de ambos os processos sejam obtidos. Nesse sentido, mesmo que haja um procedimento de insolvência brasileiro distribuído, será possível ao juiz determinar medidas de assistência para assegurar o resultado do processo de insolvência estrangeiro.

Concebeu-se, contudo, nessa hipótese de processos de insolvência concorrentes, a prevalência do processo nacional. As medidas de assistência em favor do processo estrangeiro somente poderão ser concedidas se compatíveis com o processo brasileiro e quaisquer medidas de assistência que tenham sido anteriormente a este concedidas deverão ser revisadas para torná-las consistentes com o processo nacional.

Se o processo estrangeiro for reconhecido como principal, mas anteriormente ao seu pedido já houver processo de insolvência nacional, os efeitos automáticos previstos no art. 167-M não serão aplicados, pois condicionados os efeitos à proteção dos ativos e da coletividade de credores conforme resultante do próprio processo nacional.

Por seu turno, na situação inversa, em que o processo nacional foi distribuído posteriormente ao pedido do reconhecimento de um processo estrangeiro principal, todas as medidas de assistência provisória eventualmente deferidas deverão ser compatibilizadas com o processo nacional. O reconhecimento desse processo estrangeiro, outrossim, fará com que os efeitos automáticos como a suspensão dos processos de execução, da prescrição e a ineficácia de transferência ou oneração de bens somente sejam concedidos na medida em que não forem incompatíveis com o processo de insolvência brasileiro.

Caso o processo estrangeiro seja um processo não principal, as medidas de assistência devem se limitar aos bens que devam ser submetidos ao processo do referido país, conforme a legislação nacional.

Art. 167-T. Na hipótese de haver mais de um processo estrangeiro relativo ao mesmo devedor, o juiz deverá buscar a cooperação e a coordenação de acordo com as disposições dos arts. 167-P e 167-Q desta Lei, bem como observar o seguinte:

I – qualquer medida concedida ao representante de um processo estrangeiro não principal após o reconhecimento de um processo estrangeiro principal deve ser compatível com este último;

II – se um processo estrangeiro principal for reconhecido após o reconhecimento ou o pedido de reconhecimento de um processo estrangeiro não principal, qualquer medida concedida nos termos dos arts. 167-L ou 167-N desta Lei deverá ser revista pelo juiz, que a modificará ou a revogará se for incompatível com o processo estrangeiro principal;

III – se, após o reconhecimento de um processo estrangeiro não principal, outro processo estrangeiro não principal for reconhecido, o juiz poderá, com a finalidade de facilitar a coordenação dos processos, conceder, modificar ou revogar qualquer medida antes concedida.

Coordenação com diversos processos estrangeiros

No art. 167-T, refere a legislação à situação em que mais de um processo estrangeiro de insolvência em face do mesmo devedor estão em trâmite, exista ou não também no Brasil processo de insolvência pendente.

Na hipótese de existir um processo de insolvência brasileiro, o juiz deverá cooperar na forma do art. 167-S com as demais autoridades estrangeiras, embora não possa descurar do art. 167-T quanto à prevalência entre elas.

Na hipótese de concorrência entre duas ou mais jurisdições estrangeiras, determinou a Lei a coordenação e cooperação entre as autoridades com a consistência das medidas conferidas aos diferentes processos estrangeiros.

Ao contrário do art. 167-S, que assegurou a primazia do procedimento local em face dos processos estrangeiros, na concorrência entre processos estrangeiros se dá prevalência ao processo estrangeiro principal nas medidas de assistência, caso haja um, pois se pretende universal em face dos demais.

Quaisquer medidas requeridas em benefício de um processo de insolvência não principal somente poderão ser concedidas se compatíveis com o processo de insolvência principal e se tiverem sido concedidas anteriormente ao reconhecimento deste, elas devem ser revistas para se tornarem compatíveis com o processo principal.

Art. 167-U. Na ausência de prova em contrário, presume-se a insolvência do devedor cujo processo estrangeiro principal tenha sido reconhecido no Brasil.

Parágrafo único. O representante estrangeiro, o devedor ou os credores podem requerer a falência do devedor cujo processo estrangeiro principal tenha sido reconhecido no Brasil, atendidos os pressupostos previstos nesta Lei.

Presunção de insolvência

O dispositivo legal era indicado pela Lei Modelo da UNCITRAL, em seu art. 31, para jurisdições em que fosse necessário demonstrar a insolvência do devedor para se requerer a falência, o que se presumiria em função do reconhecimento de um processo de insolvência principal pelo país.

No Brasil, contudo, não se exige a demonstração da insolvabilidade do devedor para o procedimento falimentar. Nesse sentido, o próprio art. 167-U, parágrafo único, determina que deverão ser atendidos os pressupostos da Lei para sua declaração, os quais constam no art. 94.

Art. 167-V. O juízo falimentar responsável por processo estrangeiro não principal deve prestar ao juízo principal as seguintes informações, entre outras:

I – valor dos bens arrecadados e do passivo;

II – valor dos créditos admitidos e sua classificação;

III – classificação, segundo a lei nacional, dos credores não domiciliados ou sediados nos países titulares de créditos sujeitos à lei estrangeira;

IV – relação de ações judiciais em curso de que seja parte o falido, como autor, réu ou interessado;

V – ocorrência do término da liquidação e o saldo, credor ou devedor, bem como eventual ativo remanescente.

Dever de informação pelo juiz brasileiro

O dispositivo não reproduz a Lei Modelo da UNCITRAL. Pelo dispositivo legal, cria-se a obrigação do Juízo falimentar nacional e que seja responsável por um processo não principal, prestar ao juízo estrangeiro de um processo principal informações sobre o valor dos bens arrecadados e do passivo, o valor dos créditos admitidos e sua classificação, a relação de ações em curso em que o falido seja parte e a ocorrência de eventual término da liquidação e saldo.

O dispositivo legal, entretanto, deverá ser compreendido no âmbito dos demais artigos da disciplina da insolvência transnacional. Nesse aspecto, e de modo a se garantirem a uniformidade de tratamento entre os credores e a maximização do valor dos ativos do devedor sujeito à insolvência transnacional, o juízo brasileiro deverá cooperar com a autoridade estrangeira a fim de permitir a coordenação dos atos entre os processos concorrentes.

Na hipótese de falência brasileira e o reconhecimento de um processo de insolvência estrangeiro como principal, processos concorrentes, portanto, os atos de arrecadação, liquidação e pagamento dos credores deverão ser coordenados com a autoridade estrangeira do processo principal.

Com o reconhecimento do processo estrangeiro como principal, o qual se pretende universal e com aplicação da legislação do respectivo país, o juízo brasileiro não apenas deverá prestar as informações necessárias, mas deverá prestar as medidas de assistência a este e coordenar seus atos conforme esse propósito de tratamento internacional da crise do devedor, desde que assegurada a proteção dos credores locais e que não haja contrariedade à ordem pública[21].

Art. 167-W. No processo falimentar transnacional, principal ou não principal, nenhum ativo, bem ou recurso remanescente da liquidação será entregue ao falido se ainda houver passivo não satisfeito em qualquer outro processo falimentar transnacional.

Devolução de recursos ao falido

O dispositivo não reproduz a Lei Modelo da UNCITRAL.

Sua redação poderia ser dispensada, haja vista que a determinação resulta da própria consideração dos processos de insolvência transnacional e da coordenação dos diversos atos a serem praticados pelas autoridades para a satisfação da coletividade de credores.

Ao versar sobre o processo de insolvência brasileiro, o juízo local deverá, se for o principal, coordenar os atos com as demais autoridades estrangeiras em processos não principais, de modo que toda a coletividade de credores seja satisfeita e antes da devolução de qualquer recurso remanescente ao devedor, como resulta da própria lei local e que considera os credores estrangeiros com igualdade de tratamento em relação aos locais. Por seu turno, tratando-se de processo de insolvência brasileiro não principal, a coordenação dos atos exige a cooperação do Juízo brasileiro, desde que haja a devida proteção aos credores locais e não haja contrariedade à ordem pública.

Art. 167-X. O processo de falência transnacional principal somente poderá ser finalizado após o encerramento dos processos não principais ou após a constatação de que, nesses últimos, não haja ativo líquido remanescente.

---

[21] Cf. comentários ao art. 167-A.

Encerramento do processo de falência principal

Novamente o legislador pátrio inovou em relação à Lei Modelo. Novamente a disposição legal é decorrência lógica da compreensão dos pilares da insolvência transnacional (art. 167-A) e da necessidade de cooperação entre as autoridades.

Determinou o legislador pátrio que o se o processo nacional de falência for um processo principal, ainda que seus ativos já tenham sido liquidados, o processo não poderá ser encerrado se houver processos estrangeiros não principais em que ainda existam ativos. Como se pretende a universalidade do processo principal, os atos das diversas autoridades devem ser coordenados para a maximização do valor dos ativos e a satisfação de toda a coletividade de credores. Nesse sentido, o processo principal mantém correlação com os atos de todos os processos não principais, os quais deverão ser coerentes para permitir um tratamento uniforme e internacional a todos os credores. Desta forma, não se justifica a extinção do processo principal na pendência de ativos dos processos estrangeiros não principais.

Art. 167-Y. Sem prejuízo dos direitos sobre bens ou decorrentes de garantias reais, o credor que tiver recebido pagamento parcial de seu crédito em processo de insolvência no exterior não poderá ser pago pelo mesmo crédito em processo no Brasil referente ao mesmo devedor enquanto os pagamentos aos credores da mesma classe forem proporcionalmente inferiores ao valor já recebido no exterior.

Regra de pagamento em processos concorrentes

O art. 167-Y estabelece regra de pagamento em processos de insolvência em trâmite e de forma a assegurar a *par conditio creditorum* entre credores da mesma classe. O dispositivo legal assegura a coordenação e cooperação na administração de processos de insolvência transnacional e concorrentes.

Ressalvado seu direito sobre um bem ou garantia real, e que ou permitiram a satisfação com a própria coisa ou sejam créditos dessa classe na medida do bem, se o credor já houver recebido parcialmente no processo estrangeiro, o pagamento remanescente do credor no Brasil somente poderá ser feito em consideração ao valor por ele já recebido no exterior e de forma que todos os credores da respectiva classe sejam satisfeitos em igualdade de proporções.

O artigo garante, assim, que os credores da mesma classe sejam tratados no Brasil de forma idêntica entre si em consideração ao que já teriam recebido em outras jurisdições em relação ao crédito.

CAPÍTULO VII
DISPOSIÇÕES PENAIS

Crimes falimentares

A despeito da nomenclatura de crime falimentar tipicamente utilizada pela doutrina e jurisprudência, os crimes previstos na LREF poderão ocorrer não apenas no caso de falência, como também no de recuperação judicial e extrajudicial.

Poderão ocorrer antes ou depois da sentença de decretação da falência, antes ou após a concessão da recuperação judicial ou a homologação do plano de recuperação extrajudicial.

Para sua caracterização, a conduta prevista no tipo penal não precisa ter sido a causa da decretação da falência ou o que agravou a crise econômico-financeira do devedor e lhe exigiu o pedido de recuperação. Basta que a conduta se subsuma ao tipo penal e que prejudique os interesses dos credores ou da Massa Falida.

Entretanto, para que não sejam punidas condutas muito anteriores à falência ou à recuperação, sem nenhuma limitação temporal, o que poderia gerar insegurança aos agentes, exigiu-se que as condutas que possam ser penalizadas guardem uma relação com a crise empresarial ocorrida, embora não precisem ser a causa dela.

Como sujeito ativo dos crimes falimentares, a conduta típica poderá ser praticada pelo devedor ou pelos agentes envolvidos no processo. O concurso de agentes para o cometimento de um crime também é possível, tanto na modalidade de coautoria quanto na participação.

O sujeito passivo é aquele que teve o bem da vida, como o interesse juridicamente protegido pela norma penal, lesionado. Poderão ser sujeitos passivos o Estado, na tutela da administração da justiça, a coletividade de credores ou o próprio devedor.

Dolo direto ou eventual

O dolo do agente é elemento subjetivo imprescindível à caracterização do crime. A mera culpa dos agentes para a imputação de crime, como negligência, imperícia e imprudência na realização de suas atividades poderá causar insegurança jurídica, notadamente nos crimes pré-falimentares ou recuperacionais. Isso porque o risco do insucesso e de gerar prejuízo aos credores é inerente à condução da atividade econômica empresarial. A possibilidade de se interpretar a conduta arriscada do administrador ou empresário e que gerou prejuízos como uma conduta culposa, que poderia não ter previsto a possibilidade de esse resultado ser causado, poderia desestimular a tomada das decisões necessárias ao regular desenvolvimento da empresa.

Nos termos do art. 18 do Código Penal, a imprudência, negligência ou imperícia do agente somente serão suficientes à caracterização do crime se forem incluídas no tipo penal (art. 18 do CP). Do contrário, a materialidade exige a presença do dolo.

Nenhum dos tipos criminais falimentares, entretanto, prevê a culpa como elemento subjetivo do tipo, de modo que apenas o dolo do agente será exigido para caracterizar o crime, seja o dolo direto, seja o dolo eventual.

Concurso de crimes

Além do concurso de pessoas, possível também o concurso de crimes.

No Decreto-Lei n. 7.661/45, vigia o princípio da unicidade dos crimes falimentares, em que seria punível apenas o delito com a pena mais grave. Como a decretação da falência era condição de punibilidade do crime falimentar, convertia-se a pluralidade dos atos praticados pelo devedor antes da decretação da quebra em unidade. Entendia-se, ademais, que os sujeitos passivos das diversas condutas típicas eram os mesmos, de modo que não seria justificado o concurso de crimes. A pluralidade dos atos era convertida em unidade, pois se considerava que o evento ofensivo era um só, pois não constituía cada qual crime por si mesmo.

Embora a decretação da falência, a concessão da recuperação judicial ou a homologação da recuperação extrajudicial continuem como condições objetivas de punibilidade para os crimes falimentares (art. 180), a Lei atual altera toda a previsão anterior do Decreto-Lei n. 7.661/45 na constituição dos tipos penais. Os tipos penais são previstos de forma diferenciada, com penas autônomas, além de condutas praticadas após a decretação da falência ou mesmo sem que esta tenha ocorrido, quando há apenas concessão da recuperação judicial ou homologação da extrajudicial. Dessa forma, a prática de condutas previstas em tipos diversos não implica o cometimento de um tipo penal único.

À míngua de qualquer previsão na LREF, aplicável supletivamente a disciplina geral do Código Penal que institui a regulação do concurso de crimes. Independentemente se o concurso de crimes envolve crimes comuns e crimes falimentares, aos quais o Decreto-Lei n. 7.661/45 determinava a aplicação do concurso formal (art. 192 do Dec.-Lei n. 7.661/45), a falta de previsão específica acarreta que tanto o concurso entre tipos criminais falimentares entre si, como o concurso entre tipos penais falimentares e comuns impõem a aplicação da disciplina geral do Código Penal e, portanto, a possibilidade de concurso material ou formal conforme o caso.

Ademais, essa interpretação quanto ao fim do princípio da unicidade dos crimes falimentares condiz com a orientação do relator do Projeto de Lei que se converteu na Lei n. 11.101/2005 e que informa todos os tipos penais falimentares[1]. Nos termos do parecer ao PLC n. 71/2003, o Senador Ramez Tebet esclareceu que um dos princípios norteadores da lei seria o rigor na punição de crimes relacionados à falência e à recuperação judicial. Os atos fraudulentos deveriam ser punidos com rigor para evitar que os credores ou o juízo fossem induzidos a erro, notadamente na recuperação judicial, em que o devedor teria maior liberdade para apresentar proposta a seus credores[2].

---

[1]   TEBET, Ramez. Parecer 534/2004 para a Comissão de Assuntos Econômicos.

[2]   Em sentido contrário, STJ, 6ª Turma, Habeas Corpus 2007/0270707-3, rel. Min. Og Fernandes. *DJ* 12-3-2013.

Seção I
Dos Crimes em Espécie
Fraude a Credores

Art. 168. Praticar, antes ou depois da sentença que decretar a falência, conceder a recuperação judicial ou homologar a recuperação extrajudicial, ato fraudulento de que resulte ou possa resultar prejuízo aos credores, com o fim de obter ou assegurar vantagem indevida para si ou para outrem.

Pena – reclusão, de 3 (três) a 6 (seis) anos, e multa.

Aumento da pena

§ 1º A pena aumenta-se de 1/6 (um sexto) a 1/3 (um terço), se o agente:

I – elabora escrituração contábil ou balanço com dados inexatos;

II – omite, na escrituração contábil ou no balanço, lançamento que deles deveria constar, ou altera escrituração ou balanço verdadeiros;

III – destrói, apaga ou corrompe dados contábeis ou negociais armazenados em computador ou sistema informatizado;

IV – simula a composição do capital social;

V – destrói, oculta ou inutiliza, total ou parcialmente, os documentos de escrituração contábil obrigatórios.

Contabilidade paralela e distribuição de lucros ou dividendos a sócios e acionistas até a aprovação do plano de recuperação judicial

§ 2º A pena é aumentada de 1/3 (um terço) até metade se o devedor manteve ou movimentou recursos ou valores paralelamente à contabilidade exigida pela legislação, inclusive na hipótese de violação do disposto no art. 6º-A desta Lei.

Concurso de pessoas

§ 3º Nas mesmas penas incidem os contadores, técnicos contábeis, auditores e outros profissionais que, de qualquer modo, concorrerem para as condutas criminosas descritas neste artigo, na medida de sua culpabilidade.

Redução ou substituição da pena

§ 4º Tratando-se de falência de microempresa ou de empresa de pequeno porte, e não se constatando prática habitual de condutas fraudulentas por parte do falido, poderá o juiz reduzir a pena de reclusão de 1/3 (um terço) a 2/3 (dois terços) ou substituí-la pelas penas restritivas de direitos, pelas de perda de bens e valores ou pelas de prestação de serviços à comunidade ou a entidades públicas.

Fraude a credores

O tipo penal de fraude a credores era previsto no art. 187 do Decreto-Lei n. 7.661/45, cujo núcleo do tipo foi estendido para abarcar, além das fraudes praticadas antes ou depois da decretação da falência, também as cometidas antes ou depois da concessão da recuperação judicial ou da homologação do plano de recuperação extrajudicial.

Como sujeito ativo do crime de fraude a credores não figura mais apenas o devedor. Embora assim previsto no art. 187 do Decreto-Lei n. 7.661/45, a LREF não prevê a hipótese, nesse caso, de crime próprio de autoria do devedor.

Qualquer agente que pratique ato fraudulento para se beneficiar ou beneficiar a outrem, e que prejudique ou possa prejudicar os credores, é sujeito ativo do delito. Embora a doutrina aponte o crime como próprio, de autoria do devedor, não há essa limitação no tipo legal. Nada impediria que o devedor também seja vítima dessa prática criminal, juntamente com os seus credores prejudicados, ainda que o crime seja normalmente praticado pelo devedor.

O art. 168, § 3º, inclui expressamente a possibilidade de concurso de agentes. Incorrerão nas mesmas penas os contadores, técnicos contábeis, auditores e outros profissionais que concorrerem para as condutas criminosas, na medida de sua culpabilidade. Eles poderão praticar a conduta fraudulenta juntamente com o devedor ou terceiro ou poderão auxiliá-lo ou instigá-lo a praticá-la.

Como sujeito passivo figura a coletividade de credores, a qual será prejudicada pelos atos fraudulentos praticados. É sujeito passivo também a administração da justiça, expressa na tutela da regularidade do procedimento falimentar ou recuperacional para a satisfação dos credores.

O núcleo do tipo é praticar o ato fraudulento, que consiste em ato que extingue, modifica ou cria direitos de forma ardilosa, com o objetivo de obter ou assegurar vantagem indevida para si ou para outrem em prejuízo efetivo ou potencial à coletividade de credores.

O prejuízo efetivo aos credores não é requisito do tipo. A consumação do crime ocorre com a realização do ato fraudulento, ainda que o prejuízo aos credores não tenha efetivamente ocorrido. Trata-se de crime de perigo, em que o dano efetivo ao bem jurídico protegido é desnecessário.

Por essa razão, o crime não poderá ocorrer na modalidade tentada. Praticado o ato fraudulento, ainda que o prejuízo não tenha sido causado aos credores, o crime já está consumado.

Exige-se, contudo, o dolo específico de se beneficiar ou a terceiro em detrimento dos credores. Esse dolo específico é elemento subjetivo imprescindível ao tipo penal.

A pena imposta ao tipo penal é de reclusão de três a seis anos, além da multa.

Causas de aumento de pena

A pena do crime deverá ser majorada, como causa de aumento de pena, se o ato ardiloso praticado para prejudicar os credores for realizado ou corroborado por meio da escrituração contábil. Em razão da maior culpabilidade do agente, a LREF impôs aumento de pena se a contabilidade do empresário, a qual é destinada a fornecer as informações necessárias para a verificação da situação patrimonial do devedor, for utilizada fraudulentamente para ocultar ou dissimular a ocorrência do ato fraudulento.

O aumento de pena será de 1/6 a 1/3 se a escrituração contábil ou os balanços forem escriturados com dados falsos, para criar a falsa impressão de que o ato fraudulento é regular ou de que não teria ocorrido. Também se houver omissão na escrituração contábil ou no balanço de lançamento que dele deveria constar ou a alteração ilegal de lançamento verdadeiro.

São ainda causas de aumento se o agente destrói, apaga ou corrompe dados contábeis armazenados em sistemas informatizados, simula a composição do capital social ou destrói, oculta ou inutiliza, total ou parcialmente, os documentos de escrituração contábil obrigatórios.

A contabilidade paralela e a distribuição de dividendos a sócios e acionistas até a aprovação do plano de recuperação judicial são causa de aumento maior, de 1/3 à metade. Elas ocorrem se o devedor mantiver ou movimentar recursos sem contabilizá-los, de modo a evitar sua ciência pelos credores ou por órgãos de fiscalização. Conhecida como "caixa dois", a contabilidade paralela é o descumprimento da obrigação de escriturar os recursos financeiros legalmente imposta ao empresário.

Não é necessário que tenha sido realizada uma segunda escrituração dos referidos valores, em concomitância à escrituração regular. Ainda que o termo "contabilidade paralela" possa gerar alguma confusão, basta a ausência de escrituração dos ativos com expressão econômica da empresa para sua caracterização.

Causa de diminuição de pena

No Decreto-Lei n. 7.661/45, a falta de instrução do comerciante e o tamanho de sua atividade permitiam ao juiz isentar a pena (art. 186, parágrafo único, do Dec.-Lei n. 7.661/45).

O diminuto porte econômico do empresário e a falta de habitualidade do ato fraudulento continuam a justificar menor reprimenda penal. Entendeu o legislador que as atividades econômicas com menor faturamento anual poderiam impedir que o empresário ou o administrador se instruísse com outros profissionais mais especializados ou promovesse gestão mais profissional, o que lhe reduziria a culpabilidade.

Por seu turno, desde que os atos fraudulentos não sejam habituais, o desenvolvimento dessa atividade de pequena expressão econômica prejudica de modo reduzido o bem jurídico tutelado. A normalmente reduzida quantidade de credores não revela a necessidade de uma reprimenda tão gravosa.

Dessa forma, se o autor do fato for microempresa ou empresa de pequeno porte, e desde que não se constate prática habitual de condutas fraudulentas, terá direito subjetivo à redução de sua pena de reclusão de 1/3 a 2/3 ou substituição pelas penas restritivas de direitos, pelas de perda de bens e valores ou pelas de prestação de serviços à comunidade ou a entidades públicas.

‖ Violação de sigilo profissional

Art. 169. Violar, explorar ou divulgar, sem justa causa, sigilo empresarial ou dados confidenciais sobre operações ou serviços, contribuindo para a condução do devedor a estado de inviabilidade econômica ou financeira:

Pena – reclusão, de 2 (dois) a 4 (quatro) anos, e multa.

Violação de sigilo profissional

A informação estratégica da empresa é importante para o desenvolvimento de sua atividade e pode envolver dados de clientes estratégicos, métodos de produção ou negócios futuros ou operações societárias a serem realizadas. O sigilo empresarial é a informação confidencial necessária para garantir ao empresário uma vantagem competitiva sobre os seus concorrentes. Os dados confidenciais, por seu turno, são informações sobre os contratos celebrados pelo empresário, seus parceiros, fornecedores etc.

A violação dessa confidencialidade poderá aumentar sua concorrência, sua vantagem econômica sobre determinado produto ou reduzir-lhe o lucro.

Como poderá agravar a situação de crise econômico-financeira do devedor ou dificultar-lhe a superação, a violação é criminalmente reprimida com o intuito de proteger a coletividade de credores a ser satisfeita com o patrimônio do devedor.

É sujeito ativo do crime qualquer detentor da informação privilegiada ou confidencial. Entre estes credores, fornecedores ou o próprio devedor, desde que a eles tenha sido confiada a confidencialidade da informação empresarial.

Como sujeitos passivos, a coletividade de credores será a afetada. Se a atividade for conduzida a estado de inviabilidade econômica ou financeira, seus créditos terão maior dificuldade para serem satisfeitos, pois haverá redução do patrimônio geral do devedor ou maior dificuldade para a continuidade da atividade empresarial.

O núcleo do tipo é a conduta de violar, explorar ou divulgar a informação confidencial, sem justa causa. Esta ocorre se o agente, para proteger juridicamente um determinado direito próprio, for obrigado a divulgar a referida informação protegida.

Exige-se que tenha ocorrido dolo específico de violar a confidencialidade e que o agente tenha ciência de que poderia conduzir o devedor ao estado de inviabilidade econômica ou financeira.

O prejuízo é essencial à consumação do delito. A divulgação da informação confidencial deverá conduzir o devedor ao estado de inviabilidade econômica ou financeira, ainda que possa ser superável, ou seja, ainda que sua falência não precise ter sido decretada. Todavia, o prejuízo consistente no agravamento da crise ou em sua condução é imprescindível à consumação do crime, o qual se caracteriza, portanto, como crime material, cujo resultado é necessário para a sua consumação.

Apesar da controvérsia doutrinária, como crime material a tentativa é possível, desde que iniciados os atos de execução consistentes na divulgação ou violação das informações confidenciais e o resultado lesivo não tenha ocorrido por circunstâncias alheias à vontade do agente.

Divulgação de informações falsas

Art. 170. Divulgar ou propalar, por qualquer meio, informação falsa sobre devedor em recuperação judicial, com o fim de levá-lo à falência ou de obter vantagem:

Pena – reclusão, de 2 (dois) a 4 (quatro) anos, e multa.

Divulgação de informações falsas

Em crise econômico-financeira que exige o pedido de recuperação judicial, o empresário devedor conta com a oportunidade de obter a confiança de seus credores para, com a aprovação do plano de recuperação judicial proposto, superar a crise que o acomete. A divulgação ou propagação de informações falsas sobre o devedor, nesse momento crítico, poderá afetar sua credibilidade e comprometer todo o procedimento de recuperação judicial.

Poderá ser sujeito ativo do delito qualquer pessoa, inclusive credores ou pessoas ligadas ao próprio devedor, desde que o façam dolosamente, com o objetivo de levar o devedor à falência ou de obterem vantagem por meio dessa divulgação.

O sujeito passivo do delito é diretamente o devedor. A coletividade dos credores e a administração de justiça, entretanto, também são afetadas pela divulgação de informações falsas e são protegidas com a sua criminalização.

O núcleo do tipo é divulgar ou propalar informação falsa, o que é caracterizado por tornar pública a informação ou propagar a informação falsa já tornada pública.

Para a caracterização do tipo penal, a conduta deverá ser praticada com dolo específico. O agente deverá saber que a informação é falsa. Além disso, deverá fazer sua divulgação com o intuito de prejudicar a recuperanda para levá-la à falência ou obter vantagem.

Referida informação falsa não precisa levar à falência ou gerar a vantagem. O crime é formal e não depende da decretação da falência ou da obtenção da vantagem para se consumar.

A vantagem tampouco precisa ser econômica, nem precisa ser indevida. A decretação da falência poderá facilitar o recebimento do crédito preferencial do agente, o qual, dessa forma, geraria um benefício lícito e devido.

A consumação do crime ocorre com o conhecimento, por terceiro, da informação falsa divulgada ou propalada pelo sujeito ativo com o intuito de levar o devedor à falência ou de obter vantagem. A forma tentada poderá ocorrer se a tentativa de divulgação ou a propagação for realizada por mais de um ato, o qual é interrompido.

O crime é apenado com reprimenda de reclusão de dois a quatro anos, mais multa.

Indução a erro

Art. 171. Sonegar ou omitir informações ou prestar informações falsas no processo de falência, de recuperação judicial ou de recuperação extrajudicial, com o fim de induzir a erro o juiz, o Ministério Público, os credores, a assembleia-geral de credores, o Comitê ou o administrador judicial:

Pena – reclusão, de 2 (dois) a 4 (quatro) anos, e multa.

Indução a erro

As informações do processo de falência, de recuperação judicial ou de recuperação extrajudicial permitem que os credores e os demais agentes do processo avaliem a situação econômico-financeira do devedor para verificarem a melhor solução para que os créditos sejam satisfeitos. A veracidade das informações apresentadas no processo, dessa forma, é condição imprescindível para que todos possam buscar os melhores meios para a satisfação dos interesses envolvidos com a atividade empresarial.

De modo a assegurar que as informações sejam fidedignas, tipificou a LREF como crime a conduta de sonegar ou omitir informações ou a conduta de prestar informações falsas nos referidos processos. Por sonegar, o agente faz crer que não possui a informação que lhe foi exigida, enquanto na omissão o agente simplesmente se recusa a informá-la. Na conduta comissiva de prestar informações falsas, por seu turno, o agente sabe que a informação não é verdadeira e, ainda assim, a transmite no processo.

Como sujeito ativo, qualquer pessoa poderá ser autor do delito, desde que tenha sido dela exigida a prestação da informação no processo falimentar ou recuperacional.

Como sujeito passivo, figuram o devedor, seus credores e a administração da justiça, os quais poderiam ser prejudicados se a informação falsa ou a falta de informação dificultar o regular desenvolvimento do feito.

Os agentes devem possuir dolo específico. O tipo penal não se limita, em seu núcleo do tipo, a exigir que as informações sejam sonegadas ou omitidas, ou que sejam prestadas informações falsas no processo de falência, de recuperação judicial ou de recuperação extrajudicial. É imprescindível que o agente realize as condutas do núcleo do tipo com o fim de induzir a erro o juiz, o Ministério Público, os credores, a Assembleia Geral de Credores, o Comitê ou o administrador judicial.

As informações, assim, deverão ser prestadas falsamente no processo ou omitidas ou sonegadas pela parte regularmente intimada a prestá-las no feito. A informação, entretanto, deverá ser apta a que esses agentes do processo sejam enganados ou sejam mantidos em erro em relação a fato pertinente ao processo de falência ou de recuperação. Se a informação não for relevante para causar esse erro ou se o agente por ela não puder se enganar, o fato não é típico.

O crime é formal. Ainda que a informação não tenha induzido em erro os agentes do processo, mas desde que fosse relevante para fazê-lo, o crime se consuma. O momento da consumação é o da apresentação das informações no processo ou quando decorrido o prazo sem que as informações tenham sido prestadas.

Na forma comissiva é possível a tentativa, desde que a conduta do núcleo do tipo possa ser interrompida.

Favorecimento de credores

Art. 172. Praticar, antes ou depois da sentença que decretar a falência, conceder a recuperação judicial ou homologar plano de recuperação extrajudicial, ato de disposição ou oneração patrimonial ou gerador de obrigação, destinado a favorecer um ou mais credores em prejuízo dos demais:

Pena – reclusão, de 2 (dois) a 5 (cinco) anos, e multa.

Parágrafo único. Nas mesmas penas incorre o credor que, em conluio, possa beneficiar-se de ato previsto no *caput* deste artigo.

Favorecimento de credores

O Decreto-Lei n. 7.661/45, em seu art. 188, II, punia a conduta de pagar antecipadamente alguns credores em detrimento de outros. Na LREF, as condutas do tipo penal foram ampliadas.

Comete o crime de favorecimento de credores todo devedor que, antes ou depois da sentença que decretar a falência, conceder a recuperação judicial ou homologar plano de recuperação extrajudicial, transferir ou onerar ativos ou contrair obrigações com o objetivo de beneficiar alguns credores em prejuízo dos demais.

O núcleo do tipo consiste na conduta de dispor, onerar ou gerar obrigações. Dispor consiste em transferir parcela do patrimônio para terceiro. Onerar significa impor ônus real sobre o ativo, dando-o em garantia à satisfação do crédito ou limitando parcialmente o direito de propriedade, como mediante a constituição de usufruto sobre o bem etc. Gerar obrigações, por seu turno, consiste em toda a forma de reduzir o patrimônio geral em razão de vincular-se ao cumprimento de prestação em face de terceiro.

O tipo penal somente poderá ser cometido pelo devedor ou pelo administrador de pessoa jurídica devedora, únicos capazes de onerar ou dispor dos bens integrantes do patrimônio. Nada impede, entretanto, que terceiros pratiquem a conduta, como coautores, ou possam participar, auxiliar ou instigar o cometimento do delito, como partícipes.

O sujeito passivo é a coletividade de credores, que será prejudicada pela prática do ato, seja pela redução do montante dos ativos, seja pela majoração indevida do passivo. Também é lesada a administração da justiça, com a quebra do tratamento igualitário aos credores titulares de créditos em condições semelhantes.

A alienação, imposição de ônus ou contração de obrigações perante terceiros não caracteriza, por si só, a conduta delitiva. É imprescindível que o núcleo do tipo seja realizado com dolo específico de prejudicar os demais credores.

As condutas precisam ser realizadas pelo agente com o objetivo de reduzir o seu patrimônio pessoal e de, com isso, impedir ou dificultar a satisfação dos demais credores.

O crime se consuma pela realização do ato pelo devedor com essa consciência, ainda que o efetivo prejuízo aos credores não seja causado. Caracterizado como crime formal, o resultado delitivo não precisa ser efetivamente produzido para que o crime se consume, o que dificulta a modalidade tentada.

Desvio, ocultação ou apropriação de bens

Art. 173. Apropriar-se, desviar ou ocultar bens pertencentes ao devedor sob recuperação judicial ou à massa falida, inclusive por meio da aquisição por interposta pessoa:

Pena – reclusão, de 2 (dois) a 4 (quatro) anos, e multa.

Desvio, ocultação ou apropriação de bens

O tipo penal era previsto no Decreto-Lei n. 7.661/45, nos arts. 188, III, e 189, I, os quais puniam a conduta de desviar bens da Massa ou de ocultá-los. A LREF reproduziu parcialmente os dispositivos legais, com a amplificação do núcleo do tipo para a conduta também de apropriar-se.

Pelo tipo penal, qualquer pessoa, seja o falido, credores ou terceiros poderão praticar as condutas descritas no núcleo do tipo. Os sujeitos passivos, por seu turno, consistem na coletividade de credores, os quais serão prejudicados pela redução do patrimônio do devedor ou pela maior dificuldade de sua liquidação, assim como na própria administração da justiça.

No núcleo do tipo, as ações penalizadas são as de apropriar-se, desviar e ocultar. Apropriar-se é tomar para si a coisa, a qual pertenceria à Massa Falida ou ao devedor em recuperação judicial. Na recuperação judicial, a atividade empresarial é desenvolvida regularmente pelo empresário devedor, que continua a prestar serviços ou a alienar produtos ou mercadorias. A compra e venda de bens de seu ativo circulante, nessa hipótese, é atividade regular e não se amolda ao tipo penal.

Desviar é alterar o destino da coisa, assegurar sua posse por terceiro ou não pela Massa Falida ou pelo devedor. Ocultar, por fim, é esconder, dificultar a localização dos ativos pelo administrador judicial para que possa realizar sua arrecadação ou sua fiscalização durante o procedimento de recuperação judicial.

Para que a ação seja típica, os bens apropriados, desviados ou ocultados deverão ser da titularidade da Massa Falida ou de devedor em recuperação judicial. Os bens de empresário em recuperação extrajudicial, ainda que apropriados, desviados ou ocultados, embora possam gerar ineficácia, diante da decretação da falência posterior (arts. 129 e 130), não poderão penalizar o agente que praticou as condutas, por falta de previsão legal.

Embora se exija o dolo do agente ao praticar apropriação, desvio ou ocultação dos bens da Massa Falida ou do devedor em recuperação judicial, não se exige o ânimo de prejudicar os demais credores.

A mera apropriação, desvio ou ocultação dos ativos, ainda que não gere o prejuízo aos demais credores, como poderá ocorrer, por exemplo, na hipótese de todos os credores serem pagos com os ativos remanescentes, já é suficiente para a consumação do tipo penal. Trata-se de crime formal, cuja tentativa somente será possível se, no caso concreto, a ação do agente conseguir ser interrompida, embora já tenha sido iniciada.

O crime é apenado com reclusão de dois a quatro anos, mais multa.

Aquisição, recebimento ou uso ilegal de bens

Art. 174. Adquirir, receber, usar, ilicitamente, bem que sabe pertencer à massa falida ou influir para que terceiro, de boa-fé, o adquira, receba ou use:

Pena – reclusão, de 2 (dois) a 4 (quatro) anos, e multa.

Aquisição, recebimento ou uso ilegal de bens

O tipo penal não encontrava previsão legal no Decreto-Lei n. 7.661/45.

No novo tipo penal, o crime poderá ser cometido por qualquer pessoa. Todo aquele que adquirir ou receber bem pertencente à Massa Falida, seja diretamente do devedor, seja por meio de terceiro, use o ativo ou influencie terceiro de boa-fé para adquirir, receber ou usar, poderá ser criminalmente punido.

O tipo penal procura assegurar a proteção aos interesses da coletividade de credores, a qual seria satisfeita por meio da liquidação dos ativos do devedor, bem como o interesse da administração da justiça em um processo falimentar regular.

O núcleo do tipo é caracterizado pelas condutas de adquirir, receber, usar ou de influir para que terceiro adquira, receba ou use bens da Massa Falida. Com exceção do núcleo do tipo usar, trata-se de especialidade do crime de receptação, previsto no art. 180 do Código Penal.

A aquisição, o recebimento ou o uso, ilícitos, poderão ocorrer onerosa ou gratuitamente. Não descaracteriza o tipo penal a conduta do agente que utiliza o bem ou ocupa a propriedade de modo a evitar que ela seja deteriorada ou invadida, bem como o que pretende remunerar a Massa Falida pela sua utilização indevida. Por meio do dispositivo legal, coíbem-se a apropriação ou utilização sem a concordância do administrador judicial e decisão do Juiz Universal, os quais não avaliaram a conveniência, à Massa Falida, da realização do contrato, ainda que possa resultar em rendimentos ou em redução de despesas a esta.

Apenas os bens da Massa Falida permitem a caracterização do crime. A conduta de adquirir, receber ou utilizar ilicitamente bens de empresário em recuperação judicial ou extrajudicial não se subsume ao tipo legal, pois os próprios devedores deverão tutelar os respectivos patrimônios, que permanecerão em sua posse.

Para a caracterização do delito, o agente deverá ter conhecimento de que os bens são de titularidade da Massa Falida e, ainda assim, dolosamente decidiu adquiri-los, recebê-los ou utilizá-los.

A necessidade de ciência do agente quanto à titularidade do ativo impede que o crime seja cometido com dolo eventual. Não basta que o agente assuma o risco de o bem ser de titularidade da Massa, ele deve saber que o é e, ainda assim, decidiu adquiri-lo, recebê-lo ou utilizá-lo.

O crime se consuma com a aquisição, o recebimento ou a utilização dos bens, sem a devida autorização judicial, por terceiro. Ou, ainda, pela influência para que o terceiro de boa-fé o faça. Ainda que esse terceiro, entretanto, não adquira, receba ou utilize, o crime se consuma pela simples influência para que o faça.

A tentativa é possível, desde que os atos de execução sejam interrompidos por circunstâncias alheias à vontade do agente.

A pena para sua prática é de reclusão, de dois a quatro anos, e multa.

Habilitação ilegal de crédito

Art. 175. Apresentar, em falência, recuperação judicial ou recuperação extrajudicial, relação de créditos, habilitação de créditos ou reclamação falsas, ou juntar a elas título falso ou simulado:

Pena – reclusão, de 2 (dois) a 4 (quatro) anos, e multa.

Habilitação ilegal de crédito

De modo a coibir que o passivo da falência, recuperação judicial ou extrajudicial não espelhe os débitos realmente existentes do devedor, puniu criminalmente o legislador a conduta de se pretender no processo a inclusão de créditos falsos.

São condutas puníveis a de apresentar a relação de créditos falsos em juízo, a qual poderá ser apresentada tanto pelo devedor como pelo administrador judicial. Também são condutas previstas no tipo penal a de habilitar créditos falsos no processo, a de realizar reclamação de crédito falso ou a de juntar a esta documento falso ou simulado.

A habilitação de crédito é o requerimento realizado pelo credor para inclusão de crédito no quadro-geral credores da Massa Falida ou do devedor em recuperação. Por habilitação deverá ser entendida não apenas a habilitação tempestiva como a retardatária, mas também a impugnação judicial do credor, realizada à lista apresentada pelo administrador judicial, e que não tenha contemplado o crédito ou o tenha incluído com natureza ou valor diversos do pretendido.

A reclamação, por seu turno, não é instrumento previsto formalmente no procedimento falimentar. Deve ser entendida como tal qualquer pedido apresentado no procedimento para obter a satisfação de um crédito, como o é o pedido de reserva de valores, o pedido de restituição, embargos de terceiro.

Além de se punir a pretensão de inclusão de créditos falsos, pune-se também a conduta de juntar documentos falsos ou simulados para o reconhecimento de um crédito, ainda que ele seja verdadeiro.

Para que a conduta seja punível, o agente deverá ter ciência de que o crédito pretendido é falso ou de que o documento juntado para inclusão do crédito é material ou ideologicamente falso.

Podem ser agentes do crime qualquer credor, o próprio devedor ou o administrador judicial, aos quais compete a apresentação das listas de credores ou a verificação dos créditos. Como sujeitos passivos, protegem-se a coletividade de credores e o interesse da justiça na regularidade do procedimento judicial.

O crime se consuma pela protocolização da relação de credores, habilitação de crédito, reclamação ou pela juntada dos documentos falsos nestas. Ainda que o crédito não seja incluído no quadro-geral de credores ou possa ter sido rejeitado, o crime independe da produção desse resultado e já é considerado consumado.

O crime é punido com reclusão, de dois a quatro anos, e multa.

Exercício ilegal de atividade

Art. 176. Exercer atividade para a qual foi inabilitado ou incapacitado por decisão judicial, nos termos desta Lei:

Pena – reclusão, de 1 (um) a 4 (quatro) anos, e multa.

Exercício ilegal de atividade

Um dos efeitos da sentença de decretação de falência é a inabilitação do falido[3]. Referido efeito incide sobre o empresário individual de responsabilidade ilimitada, assim como sobre os sócios de responsabilidade ilimitada de sociedade empresária decretada falida (art. 81). Os administradores da pessoa jurídica falida, seus liquidantes e sócios ou acionistas, desde que não tenham responsabilidade ilimitada pelas obrigações sociais, não serão considerados falidos e poderão exercer sua atividade empresarial regularmente, assim como participar de outras sociedades, mesmo depois da quebra.

Pela inabilitação para o exercício de qualquer atividade empresarial, o falido não poderá desenvolver, desde a sentença declaratória da falência até a sentença que extingue suas obrigações, atividade econômica organizada para a produção ou para a circulação de bens ou de serviços de modo profissional.

Mas a inabilitação não se circunscreve a essas hipóteses. O empresário individual de responsabilidade ilimitada poderá ser afastado do exercício de sua atividade nas hipóteses do art. 64,

---

[3] Cf. comentários ao art. 102.

assim como a inabilitação para a atividade empresarial poderá ser imposta como efeito não automático da condenação por crime falimentar e que poderá perdurar até cinco anos após a extinção da punibilidade ou até a cessação pela reabilitação penal (art. 181, I).

Além da inabilitação, o art. 176 determina também o cometimento do crime pelo incapacitado. A incapacidade deve ser entendida de modo amplo para compreender a hipótese de impedimento de exercício de determinadas atividades, como o impedimento para o exercício de cargo ou função em conselho de administração, diretoria ou gerência das sociedades empresárias imposto como efeito da sentença criminal condenatória (art. 181, II).

O descumprimento dessa inabilitação ou dessa incapacitação é justamente o núcleo do tipo penal. A conduta penalizada, entretanto, não é a prática de ato isolado pelo agente, mas o desenvolvimento de uma atividade, conjunto de atos direcionados a um fim.

Comete referido crime apenas o falido, o qual tem a inabilitação imposta, exceto se atuar por meio de interposta pessoa, situação em que será admitido o concurso de agentes.

Por seu turno, o bem jurídico tutelado é o princípio da administração da justiça e o interesse dos credores, com impossibilidade de o falido majorar seu passivo e assegurar com seu patrimônio a satisfação dos credores.

O crime exige a demonstração de dolo do agente. Suficiente, entretanto, que se demonstre o dolo genérico de desempenhar a atividade, embora não seja necessária a demonstração de qualquer prejuízo efetivo ao interesse dos credores.

A tentativa não é admitida. Exigido o desempenho de atividade, ou o crime se consumou ou não há início de atos de execução que poderão ser interrompidos por eventos externos à vontade do agente.

O crime é punido com reclusão de um a quatro anos e multa.

Violação de impedimento

Art. 177. Adquirir o juiz, o representante do Ministério Público, o administrador judicial, o gestor judicial, o perito, o avaliador, o escrivão, o oficial de justiça ou o leiloeiro, por si ou por interposta pessoa, bens de massa falida ou de devedor em recuperação judicial, ou, em relação a estes, entrar em alguma especulação de lucro, quando tenham atuado nos respectivos processos:

Pena – reclusão, de 2 (dois) a 4 (quatro) anos, e multa.

Violação de impedimento

O tipo penal já era previsto no Decreto-Lei n. 7.661/45, em seu art. 190.

Pelo crime de violação de impedimento, penaliza-se a conduta de todos os envolvidos diretamente com o trâmite processual. Podem ser sujeitos ativos do crime o juiz, o representante do Ministério Público, o administrador judicial, o gestor judicial, o perito, o avaliador, o escrivão, o oficial de justiça ou o leiloeiro, tanto se agirem por si como por interposta pessoa.

O advogado do devedor, a despeito de exercer também funções relevantes no processo, não foi incluído como sujeito ativo do delito. Tampouco foi incluído o depositário judicial de eventuais bens arrecadados pela Massa Falida.

O tipo penal busca evitar que os envolvidos com a condução do procedimento falimentar ou recuperacional se utilizem de informações obtidas em razão da função exercida no processo para se beneficiarem. Tutelam-se a administração da justiça e a regularidade dos procedimentos judiciais.

Ainda que a situação de conflito de interesses possa não ocorrer propriamente, pois poderá ser de interesse da Massa Falida ou da recuperanda a alienação de ativos, a proibição de aquisição pelos envolvidos evita que o procedimento judicial seja conduzido para tutelar qualquer interesse que não o do devedor e da coletividade de credores.

O núcleo do tipo penal é adquirir os bens da Massa Falida ou de devedor em recuperação judicial. Caracteriza o tipo não apenas comprar o ativo, mas qualquer outro negócio jurídico que permita a obtenção da titularidade do bem.

Além da aquisição, também comete o crime aquele que participa de qualquer forma de negócio jurídico em relação a esses bens com o objetivo de obter lucro.

Para sua consumação, o crime exige o dolo do agente de adquirir ou obter o lucro com a negociação dos bens do devedor. Ainda que o agente não tenha obtido vantagem com a negociação e mesmo se a Massa Falida ou o devedor em recuperação judicial não tenham sofrido quaisquer prejuízos, o crime se consuma independentemente do resultado produzido. A tentativa é possível desde que haja o início dos atos de execução, mas que tenham sido interrompidos por circunstâncias alheias à vontade do agente, como o lance para a aquisição do bem, embora tenha sido superado por lance superior de terceiro.

O crime é penalizado com reclusão de dois a quatro anos e multa.

Omissão dos documentos contábeis obrigatórios

Art. 178. Deixar de elaborar, escriturar ou autenticar, antes ou depois da sentença que decretar a falência, conceder a recuperação judicial ou homologar o plano de recuperação extrajudicial, os documentos de escrituração contábil obrigatórios:

Pena – detenção, de 1 (um) a 2 (dois) anos, e multa, se o fato não constitui crime mais grave.

Omissão dos documentos contábeis obrigatórios

Para que os credores tenham acesso ao montante do passivo e do ativo da recuperanda, bem como de modo a se poder verificar quais são os ativos a serem arrecadados pela Massa Falida, a escrituração contábil é imprescindível tanto na falência quanto nos procedimentos de recuperação judicial e extrajudicial. Diante dessa importância, a falta de escrituração contábil obrigatória é tipificada como crime falimentar.

Como a obrigação de realizar a escrituração é do próprio empresário devedor, nos termos do art. 967 do Código Civil, apenas poderá ser sujeito ativo do delito o empresário devedor que teve a falência decretada, que teve a recuperação judicial concedida ou o plano de recuperação extrajudicial homologado ou os administradores da pessoa jurídica devedora. A despeito de crime próprio, nada impede que haja concurso de agentes com terceiros, como contadores e outros responsáveis pela escrituração.

O núcleo do tipo é a conduta omissiva de não elaborar, escriturar ou autenticar os documentos contábeis. Não apenas a não elaboração dos documentos contábeis obrigatórios, como sua não autenticação pela Junta Comercial, são coibidas pelo tipo penal.

A supressão, ocultação ou distribuição dos documentos contábeis obrigatórios não são condutas punidas nesse tipo penal. Destruir, apagar, corromper, omitir lançamentos, ocultar, inutilizar são causas de aumento de pena do crime de fraude a credores, previsto no art. 168.

Reputa-se como escrituração contábil obrigatória a todos os empresários o Livro Diário. Ele é o único livro obrigatório comum a todos os empresários e no qual devem ser lançadas, diariamente, com individuação, clareza e caracterização do documento respectivo, todas as operações relativas ao exercício da empresa, além do balanço patrimonial e o de resultado econômico (art. 1.180 do CC).

Alguns livros, a despeito de obrigatórios, apenas são exigidos em hipóteses específicas de desenvolvimento da atividade empresarial. Entre eles, podem ser apontados os Livros de Registro de Ações Nominativas, Livro de Transferência de Ações Nominativas, Livro de Registro de Partes Beneficiárias, Livro de Atas das Assembleias Gerais, entre outros impostos às Sociedades Anônimas, além do Livro de Registro de Duplicata, exigido dos empresários emitentes de duplicatas, e do Livro de Entrada e Saída de mercadorias, para os proprietários de armazéns-gerais etc.

A falta de elaboração, escrituração ou autenticação de qualquer desses livros obrigatórios, antes ou depois da falência, da concessão da recuperação judicial ou da homologação do plano da recuperação extrajudicial, gera a consumação do crime, ainda que não tenha sido causado nenhum prejuízo aos credores. Trata-se de crime de perigo abstrato, em que a lesão ao bem jurídico tutelado e consistente na regularidade do procedimento, na administração da justiça e nos interesses dos credores, é presumida.

Por ser crime omissivo, a tentativa é impossível de se caracterizar.

O crime é apenado com detenção de um ano a dois meses e multa, desde que o fato não constitua crime mais grave.

Seção II
Disposições Comuns

Art. 179. Na falência, na recuperação judicial e na recuperação extrajudicial de sociedades, os seus sócios, diretores, gerentes, administradores e conselheiros, de fato ou de direito, bem como o administrador judicial, equiparam-se ao devedor ou falido para todos os efeitos penais decorrentes desta Lei, na medida de sua culpabilidade.

Equiparação dos sócios e administradores a devedor

O empresário devedor poderá ser a pessoa natural do empresário individual de responsabilidade ilimitada e que atua em nome próprio, sociedade empresária sem personalidade jurídica ou pessoa jurídica que desempenha atividade empresarial[4]. A pessoa jurídica, a despeito da possibilidade de

---

4   Cf. comentários ao art. 1º.

responsabilização criminal por infração à legislação ambiental (Lei n. 9.605/98) ou à ordem econômica (Lei n. 8.137/90), não possui responsabilidade penal pelo cometimento de crimes falimentares.

Em razão de a personalidade jurídica atuar por meio de seus órgãos societários, o legislador equiparou, para a criminalização das condutas previstas nos diversos tipos penais falimentares, os sócios, diretores, gerentes, administradores e conselheiros, de fato ou de direito, ao devedor.

A equiparação não impõe, contudo, a responsabilização de todos os mencionados conjuntamente. Os sujeitos apenas respondem se praticaram pessoalmente a conduta descrita no tipo penal ou se houver concurso de agentes para a prática delitiva, com a pluralidade de pessoas, liame subjetivo entre todos os agentes e relevância da conduta de cada qual para o cometimento do crime.

No concurso de agentes, poderá dar-se a coautoria, em que o coautor pratica a conduta descrita no núcleo do tipo penal, ou poderá ocorrer a simples participação, em que o partícipe, embora não tenha praticado a conduta típica pessoalmente, auxiliou, induziu ou instigou o coautor a praticá-la. Cada um dos agentes responderá apenas na medida de sua culpabilidade.

Os sócios ou conselheiros não possuem, apenas por essa condição, os poderes de fazer presente a pessoa jurídica em determinada atuação perante terceiros. A prática desses atos de "presentação" é realizada necessariamente pelos diretores, gerentes ou administradores, os quais não necessariamente, a depender do tipo societário, precisam ser sócios. A responsabilidade criminal do sócio ou do conselheiro, dessa forma, apenas poderá ocorrer se for demonstrada sua participação efetiva ou sua influência na realização da conduta prevista no tipo penal.

Art. 180. A sentença que decreta a falência, concede a recuperação judicial ou concede a recuperação extrajudicial de que trata o art. 163 desta Lei é condição objetiva de punibilidade das infrações penais descritas nesta Lei.

Condição objetiva de punibilidade

A condição objetiva de punibilidade é o elemento que, embora exterior ou sem nenhuma ligação com a conduta descrita no tipo penal, pressupõe sua ocorrência para possibilitar o *jus puniendi* estatal. A condição objetiva de punibilidade apresenta-se como requisito imprescindível para que o crime falimentar seja punido.

Ainda que a conduta típica seja praticada pelo sujeito ativo culposamente, não pretendeu o legislador punir o agente criminalmente em qualquer hipótese. Somente quando ocorrerem as circunstâncias descritas como condições objetivas de punibilidade, o fato previsto torna-se criminalmente relevante para ser punível.

São previstas como condição objetiva de punibilidade para os crimes falimentares a decretação da falência, a concessão da recuperação judicial ou a homologação do plano de recuperação extrajudicial. Caso o devedor pretenda realizar a reestruturação de sua atividade empresarial para a superação de sua crise econômico-financeira mediante operações societárias ou negócios bilaterais com cada qual dos seus credores, por exemplo, desde que esses meios de recuperação não sejam realizados no âmbito de um plano de recuperação extrajudicial homologado ou de uma recuperação judicial concedida judicialmente, as condutas típicas por ele eventualmente praticadas não serão puníveis, por falta das condições objetivas de punibilidade.

As condutas descritas no tipo penal, como não se vinculam a essa condição exterior, poderão ser praticadas antes ou depois da quebra ou da concessão da recuperação. Contudo, como o poder repressor do Estado apenas surge após o implemento da condição objetiva de punibilidade, a ação penal, mesmo que a conduta tenha sido praticada anteriormente, somente poderá se iniciar após seu implemento, pois antes de tal fato essa conduta não se caracterizará como crime falimentar.

Ainda que o procedimento falimentar ou os procedimentos de recuperação judicial e extrajudicial já tenham sido encerrados, não há óbice à persecução penal por crime falimentar, desde que a sentença de decretação da falência, concessão da recuperação judicial ou homologação do plano de recuperação extrajudicial tenham se mantido hígidas. Condições objetivas de punibilidade são apenas as sentenças de quebra, de concessão ou de homologação do plano, independentemente do prosseguimento do procedimento concursal.

Outrossim, ainda que não haja credores habilitados ou ativos a serem arrecadados, o que pode ter motivado o encerramento do procedimento falimentar, o interesse da coletividade de credores ou da administração da justiça ainda estará presente a impedir que o fato descrito como no tipo penal seja punível. O bem jurídico protegido poderia ainda ser lesado, pois a falta de habilitação ou da localização de ativos não significa que não haja outros credores, embora não habilitados no procedimento falimentar ou que nem sequer precisam se habilitar, como os credores tributários. Ademais, a administração da justiça, mesmo na ausência de credores, continuaria a ser lesada pela prática criminosa.

Por seu turno, a reforma ou anulação da sentença de decretação da falência, concessão da recuperação judicial ou homologação do plano de recuperação extrajudicial, torna a conduta descrita no tipo penal impunível. O inquérito policial poderá ser trancado, a condenação criminal transitada em julgado poderá ser objeto de revisão criminal ou a ação criminal deverá ser extinta, por falta de justa causa.

Art. 181. São efeitos da condenação por crime previsto nesta Lei:

I – a inabilitação para o exercício de atividade empresarial;

II – o impedimento para o exercício de cargo ou função em conselho de administração, diretoria ou gerência das sociedades sujeitas a esta Lei;

III – a impossibilidade de gerir empresa por mandato ou por gestão de negócio.

§ 1º Os efeitos de que trata este artigo não são automáticos, devendo ser motivadamente declarados na sentença, e perdurarão até 5 (cinco) anos após a extinção da punibilidade, podendo, contudo, cessar antes pela reabilitação penal.

§ 2º Transitada em julgado a sentença penal condenatória, será notificado o Registro Público de Empresas para que tome as medidas necessárias para impedir novo registro em nome dos inabilitados.

Efeitos da condenação criminal

Além dos efeitos genéricos das condenações penais, previstos no art. 91 do CP, e consistentes em tornar certa a obrigação de indenizar o dano causado e perder os instrumentos do crime e seus proventos para a União, a LREF impôs efeitos secundários específicos aos crimes falimentares.

Esses efeitos específicos não são automáticos e decorrentes por si sós da condenação, como ocorre com os efeitos gerais determinados pelo Código Penal. Para os efeitos específicos, exige-se decisão fundamentada na sentença condenatória em atenção à culpabilidade do agente e às demais características da prática delitiva.

Os efeitos específicos poderão ser impostos cumulativa ou individualmente. Consistem na inabilitação para o exercício da atividade empresarial, no impedimento para o exercício de cargo ou função em conselho de administração, diretoria ou gerência das sociedades empresariais e na impossibilidade de gerir empresa por mandato ou por gestão de negócios.

Os efeitos impostos na sentença condenatória perdurarão até cinco anos após a extinção da punibilidade ou poderão cessar com a reabilitação penal do sujeito ativo. A reabilitação é disciplinada pelos arts. 93 e seguintes do Código Penal e exige ao menos dois anos da data da extinção da pena ou término de sua execução, demonstração da residência no país durante esses dois anos, demonstração de bom comportamento e ressarcimento do dano causado.

Para que os efeitos específicos sejam devidamente cumpridos pelo sujeito ativo do crime, o Registro Público de Empresas Mercantis será notificado tão logo haja o trânsito em julgado da sentença penal condenatória para impedir qualquer averbação societária ou inscrição que descumpra o efeito específico determinado.

Art. 182. A prescrição dos crimes previstos nesta Lei reger-se-á pelas disposições do Decreto-Lei n. 2.848, de 7 de dezembro de 1940 – Código Penal, começando a correr do dia da decretação da falência, da concessão da recuperação judicial ou da homologação do plano de recuperação extrajudicial.

Parágrafo único. A decretação da falência do devedor interrompe a prescrição cuja contagem tenha iniciado com a concessão da recuperação judicial ou com a homologação do plano de recuperação extrajudicial.

Prescrição dos crimes falimentares

Prescrição é a perda do direito de o Estado punir o sujeito ativo de um crime ou de executar a pena em face deste. Sua imposição evita a inércia estatal e assegura que as penas cumpram suas funções de repressão e de prevenção, as quais se perderiam após longo período da prática do fato típico.

O Decreto-Lei n. 7.661/45 estabelecia, em seu art. 199, que a prescrição extintiva da punibilidade dos crimes falimentares operava-se em dois anos. O prazo se iniciava a partir do trânsito em julgado da sentença que encerrava a falência ou declarava cumprida a concordata.

Essa prescrição era sempre de dois anos e independia do montante de pena cominada ao crime falimentar. Como seu início apenas ocorria após o fim do processo falimentar, o qual deveria ser encerrado em dois anos, embora raramente respeitasse esse prazo, o STF editou a Súmula 147, a qual determinou que "a prescrição de crime falimentar começa a correr da data em que deveria estar encerrada a falência, ou do trânsito em julgado da sentença que a encerrar ou que julgar cumprida a concordata".

Dessa forma, o prazo prescricional se iniciaria ou da sentença de encerramento da falência ou de cumprimento da concordata, desde que anterior ao prazo de dois anos a partir da decretação da falência. A partir desse momento, correria o prazo prescricional por mais de dois anos.

A LREF alterou toda a disciplina legal e determinou a aplicação do Código Penal quanto à prescrição dos crimes falimentares.

Nos termos do art. 109 do Código Penal, a prescrição se regulará pelo máximo da pena privativa de liberdade cominada a cada um dos crimes e seu prazo será conforme o disposto nesse artigo.

Seu marco inicial, nos termos do art. 182 da LREF, também foi alterado. A prescrição punitiva começa a correr no dia da decretação da falência, da concessão da recuperação judicial ou da homologação da recuperação extrajudicial.

Caso o crime tenha sido cometido previamente à decretação da falência ou à concessão ou homologação da recuperação, inaplicável a regra geral do Código Penal, que estabelece seu início a partir do dia em que o crime se consumou ou em que, no caso de tentativa, cessou a atividade criminosa (art. 111 do CP). Nos crimes falimentares prévios à decretação da falência ou concessão ou homologação da recuperação, o prazo prescricional somente se iniciará em momento futuro, qual seja, no dia da decretação da falência, da concessão da recuperação judicial ou da homologação do plano de recuperação extrajudicial.

Esse início em momento posterior é justificável. Como apenas após a condição objetiva de punibilidade surge a pretensão estatal de reprimir a conduta delitiva, o prazo para evitar a inércia estatal apenas poderá se iniciar a partir do momento em que o Estado poderia punir a conduta[5].

Quanto aos crimes falimentares ocorridos após a sentença de decretação da falência, ou de concessão da recuperação judicial ou homologação do plano de recuperação extrajudicial, o início do prazo prescricional não poderia ocorrer a partir dessas decisões. A prescrição da pretensão punitiva estatal visa coibir a inércia do Estado em punir os agentes. Seu início não poderá ocorrer antes de o Estado ser considerado inerte, ou seja, quando ainda não tem a pretensão de punir os agentes.

Se o crime for pós-falimentar ou recuperacional, o marco inicial da prescrição deverá respeitar as regras gerais do Código Penal. A prescrição da pretensão punitiva deve se iniciar do dia em que houve a consumação do delito ou, no caso de tentativa, do dia em que cessaram os atos de execução (art. 111 do CP).

Aplicáveis ao prazo prescricional, também, os marcos interruptivos. Nos termos do art. 117 do Código Penal, a prescrição se interrompe pelo recebimento da denúncia e pela publicação da sentença ou acórdão condenatórios recorríveis.

A LREF insere nova causa de interrupção. Se o empresário em recuperação judicial ou que tenha tido o plano de recuperação extrajudicial homologado vier a ter a falência decretada, a decretação dessa falência interromperá a prescrição punitiva que teria se iniciado por ocasião da concessão da recuperação judicial ou da homologação do plano de recuperação extrajudicial.

Além da prescrição da pretensão punitiva estatal, baseada na aplicação dos prazos estabelecidos em razão do máximo de pena em abstrato cominado à prática delitiva, aplicáveis ainda a prescrição retroativa e a prescrição da pretensão executória.

---

[5]   Nesse sentido: STJ, 5ª Turma, AgInt no Recurso em HC 78.686/SP, rel. Min. Reynaldo Soares da Fonseca, j. 8-2-2018.

Seção III
Do Procedimento Penal

Art. 183. Compete ao juiz criminal da jurisdição onde tenha sido decretada a falência, concedida a recuperação judicial ou homologado o plano de recuperação extrajudicial, conhecer da ação penal pelos crimes previstos nesta Lei.

Competência criminal

A competência para apuração dos crimes falimentares é da Justiça Comum Estadual. Entre os diversos foros, a competência para apurar o cometimento dos crimes falimentares foi atribuída ao juízo criminal do foro onde tenha sido decretada a falência, tenha sido concedida a recuperação judicial ou homologado o plano de recuperação extrajudicial.

Em complemento a essa definição, Leis de diversos Estados da Federação atribuíram competência criminal ao juízo da falência ou da recuperação para a apuração dos referidos crimes, de forma que a competência criminal e para o procedimento falimentar e recuperacional foi cumulativamente concentrada no mesmo juízo.

A discussão sobre a cumulação ou não das funções criminais ao juiz da falência e recuperação judicial, entretanto, já ocorria em face do art. 109, § 2º, do Decreto-Lei n. 7.661/45, que possuía redação semelhante e atribuía a competência para apuração dos crimes falimentares ao juiz criminal. Durante a sua vigência, a Lei estadual de São Paulo, Lei n. 3.947/83, atribuía competência criminal ao juiz da Falência para apurar os delitos falimentares cometidos.

Em discussão sobre a constitucionalidade dessa lei estadual, o Supremo Tribunal Federal entendeu que a fixação de competência entre os diversos juízos seria matéria de procedimento, nos termos do art. 24, XI, da Constituição Federal, de modo que não haveria nenhuma ilegalidade formal. Caberia à Lei de organização judiciária de cada Estado da Federação a atribuição das funções a cada órgão jurisdicional, de forma que não haveria qualquer inconstitucionalidade em atribuir competência criminal ao juízo da falência e da recuperação para apurar os crimes falimentares[6].

Embora a Lei estadual paulista[7], que atribuiu competência criminal ao juízo da falência ou recuperação, tenha sido considerada constitucional, por falta de vício formal, não convém a cumulação de funções. De fato, o envolvimento do Juiz Universal com a crise econômico-financeira do devedor, com a insatisfação dos créditos e com a regularidade do procedimento para a qual deve-

---

[6] STF, RHC 63.787/SP, rel. Min. Rafael Mayer, j. 27-6-1986.

[7] A Lei estadual paulista n. 3.947/1983, em seu art. 15, foi regulada pela Resolução do TJSP 200/2005, que, ao criar as Varas de Falência e Recuperação Judicial da Capital, atribuiu-lhes a competência para o julgamento dos processos criminais falimentares. A competência para o processo criminal falimentar foi assentada também na jurisprudência. Nesse sentido: TJSP, 4ª Câmara de Direito Criminal, Ap. 9198152-31.2006, rel. Des. Eduardo Braga, j. 28-6-2011; TJSP, OE, CC 134.724.0/7-00, rel. Des. Sidnei Beneti, j. 15-1-2007.

ria zelar poderia comprometer sua neutralidade. O juiz da falência ou da recuperação poderá não ter a imparcialidade necessária para o julgamento dos crimes falimentares[8].

O concurso de crimes entre os delitos comuns e o delito falimentar, em razão da conexão, implica a competência para o julgamento de ambos os crimes ao Juízo Universal da falência ou da recuperação judicial, cuja competência é determinada em razão da natureza da infração.

Contudo, se o delito conexo ou continente ao crime falimentar for atribuído à competência da jurisdição militar, tiver sido praticado por menor, cuja competência é atribuída ao juízo da Infância e Juventude (art. 79, I e II, do CPP), ou for de competência da Justiça Federal (art. 109 da CF), haverá a separação obrigatória dos processos para julgamento pelos juízos competentes.

Art. 184. Os crimes previstos nesta Lei são de ação penal pública incondicionada.

Parágrafo único. Decorrido o prazo a que se refere o art. 187, § 1º, sem que o representante do Ministério Público ofereça denúncia, qualquer credor habilitado ou o administrador judicial poderá oferecer ação penal privada subsidiária da pública, observado o prazo decadencial de 6 (seis) meses.

Titularidade da ação penal

O art. 100 do Código Penal determina que a ação penal será pública incondicionada, exceto ressalva em contrário. O art. 184 da Lei n. 11.101/2005 corrobora o já determinado pelo Código Penal e atribui a titularidade da ação penal para apuração dos crimes falimentares ao Ministério Público.

Na ação penal pública incondicionada, o Ministério Público, como legitimado a promover a pretensão punitiva estatal, não se subordina a qualquer condição de procedibilidade. Não se necessita de representação da vítima e a ação penal poderá ser promovida inclusive contra sua vontade.

A natureza pública incondicionada refere-se aos bens jurídicos afetados com a prática criminal. Os crimes falimentares possuem como bens jurídicos tutelados os interesses da coletividade de credores e da administração da justiça. Não se limitam as condutas criminosas a prejudicar apenas os interesses de uma determinada vítima, mas os interesses difusos de toda uma coletividade, razão pela qual não se afiguraria razoável condicionar sua apuração à manifestação de vontade de apenas alguns prejudicados.

Como titular da ação penal pública, o Ministério Público deverá promover a denúncia com a exposição do fato criminoso, com todas as suas circunstâncias, a qualificação do acusado ou esclarecimentos pelos quais se possa identificá-lo, a classificação do crime e, quando necessário, o rol de testemunhas, em atenção ao art. 41 do Código Penal.

Não oferecida a denúncia no prazo legal[9] e desde que haja a inércia do órgão ministerial, qualquer credor habilitado ou o administrador judicial poderá oferecer ação penal privada subsidiária da pública. Se não houver inércia do Ministério Público, que poderá requerer o arquivamento do inquérito policial ou a produção de maiores informações sobre o crime, não caberá ação penal privada subsidiária da pública.

---

[8] Nesse sentido, PITOMBO, Antônio Sérgio A. de Moraes. Comentários ao art. 183. In: SOUZA JR., Francisco Satiro de; PITOMBO, Sérgio A. de Moraes (coords.). *Comentários à Lei de Recuperação de Empresas e Falência.* 2. ed. São Paulo: Revista dos Tribunais, 2007, p. 575-576.

[9] Cf. comentários ao art. 187.

Apenas o credor habilitado ou o administrador judicial poderão promover a ação penal privada. Ainda que pendente impugnação sobre o referido crédito incluído na lista do devedor ou do administrador judicial, o credor é considerado habilitado se tiver figurado nas listas de credores, independentemente de a impugnação ainda estar pendente ou de o quadro-geral de credores ainda não ter sido homologado.

A ação penal privada subsidiária da pública poderá ser oferecida no prazo decadencial de seis meses, o qual se inicia a partir do término do prazo para o oferecimento da denúncia ministerial.

Oferecida a queixa privada, o Ministério Público poderá aditá-la, repudiá-la e oferecer denúncia substitutiva. Poderá também intervir em todos os termos do processo, fornecer elementos de prova, interpor recurso e, a todo tempo, no caso de negligência do querelante, retomar a ação como parte principal (art. 29 do CPP).

Art. 185. Recebida a denúncia ou a queixa, observar-se-á o rito previsto nos arts. 531 a 540 do Decreto-Lei n. 3.689, de 3 de outubro de 1941 – Código de Processo Penal.

Procedimento criminal

Durante a vigência do Decreto-Lei n. 7.661/45, o procedimento criminal era disciplinado pelos arts. 503 a 512 do Código de Processo Penal, os quais foram revogados pela LREF[10].

A Lei n. 11.101/2005 remeteu o procedimento para apuração dos crimes falimentares à disciplina do procedimento sumário, estabelecida nos arts. 531 a 540 do Código de Processo Penal. Embora o processo sumário seja tipicamente utilizado para apuração dos crimes a que seja cominada a pena privativa de liberdade inferior a quatro anos (art. 394, II, do CPP), ele se aplica aos crimes falimentares independentemente da pena cominada, diante de expressa determinação do art. 185.

A despeito da aplicação do procedimento sumário, independentemente da pena aos crimes cominada, inclusive na hipótese em que seria possível a aplicação do rito sumaríssimo, como no caso do art. 178, são aplicáveis os institutos despenalizadores previstos na Lei n. 9.099/95, como a transação penal e a suspensão condicional do processo, quando cabíveis, por serem normas de direito material.

Pelo procedimento sumário, a denúncia ou a ação privada subsidiária da pública poderá apresentar até cinco testemunhas a serem ouvidas em audiência de instrução. Essa peça inicial poderá ser rejeitada liminarmente quando for manifestamente inepta, faltar condição para o exercício da ação penal, ou justa causa. Caso a denúncia ou a queixa não seja rejeitada, ela será recebida e será determinada a citação do acusado para responder à acusação por escrito no prazo de 10 dias.

Em sua resposta à acusação, por meio de advogado, o acusado poderá arguir preliminares e alegar tudo o que interesse à sua defesa. Poderá oferecer documentos e justificações, especificar as provas pretendidas e arrolar as testemunhas, no máximo cinco, qualificando-as e requerendo sua intimação, quando necessário (art. 396-A do CPP).

---

10   Cf. comentários ao art. 200.

O juiz poderá absolver sumariamente o acusado quando verificar a existência manifesta de causa excludente da ilicitude do fato; a existência manifesta de causa excludente da culpabilidade do agente, salvo inimputabilidade; que o fato narrado evidentemente não constitui crime; ou está extinta a punibilidade do agente.

Caso não o absolva sumariamente, o juiz receberá a denúncia ou a queixa e designará audiência de instrução. No rito sumário, essa audiência deverá ocorrer em no máximo 30 dias. Na audiência, será ouvido o ofendido, se houver, as testemunhas da acusação, as testemunhas da defesa, serão requeridos eventuais esclarecimentos dos peritos ou reconhecimento de pessoas e, ao final, será interrogado o acusado.

As alegações finais serão feitas oralmente, pela acusação e sucessivamente pela defesa, no prazo de vinte minutos, prorrogáveis por mais dez. A sentença será proferida imediatamente ao final (art. 534 do CPP).

Art. 186. No relatório previsto na alínea *e* do inciso III do *caput* do art. 22 desta Lei, o administrador judicial apresentará ao juiz da falência exposição circunstanciada, considerando as causas da falência, o procedimento do devedor, antes e depois da sentença, e outras informações detalhadas a respeito da conduta do devedor e de outros responsáveis, se houver, por atos que possam constituir crime relacionado com a recuperação judicial ou com a falência, ou outro delito conexo a estes.

Parágrafo único. A exposição circunstanciada será instruída com laudo do contador encarregado do exame da escrituração do devedor.

Exposição dos crimes no relatório do administrador judicial

Conforme determinação no art. 22, III, *e*, o administrador judicial deverá, no prazo de 40 dias da assinatura do termo de compromisso, prorrogável por igual período, apresentar relatório com as causas da falência, o procedimento do devedor antes e depois da sentença, bem como apontar eventual responsabilidade civil e penal dos envolvidos[11].

A exposição circunstanciada das causas da falência deverá ser acompanhada de laudo do contador com o exame da escrituração do devedor. Ao verificar as causas que geraram ou agravaram a situação de crise econômica do devedor, poderá o administrador judicial identificar operações fraudulentas ou condutas que poderiam permitir a responsabilização penal dos agentes.

O relatório não condiciona o oferecimento da denúncia ou queixa por eventuais crimes cometidos. O Ministério Público poderá, desde que tenha todos os elementos necessários, promover denúncia em face do responsável pelo cometimento de crime imediatamente. Outrossim, como titular da ação penal, o Ministério Público poderá verificar outras condutas típicas não apontadas pelo administrador judicial, classificar de forma diversa os tipos penais sugeridos e determinar a apuração de qualquer fato não totalmente esclarecido[12].

---

[11] Cf. comentários ao art. 22.

[12] Cf. comentários ao art. 187.

Art. 187. Intimado da sentença que decreta a falência ou concede a recuperação judicial, o Ministério Público, verificando a ocorrência de qualquer crime previsto nesta Lei, promoverá imediatamente a competente ação penal ou, se entender necessário, requisitará a abertura de inquérito policial.

§ 1º O prazo para oferecimento da denúncia regula-se pelo art. 46 do Decreto-Lei n. 3.689, de 3 de outubro de 1941 – Código de Processo Penal, salvo se o Ministério Público, estando o réu solto ou afiançado, decidir aguardar a apresentação da exposição circunstanciada de que trata o art. 186 desta Lei, devendo, em seguida, oferecer a denúncia em 15 (quinze) dias.

§ 2º Em qualquer fase processual, surgindo indícios da prática dos crimes previstos nesta Lei, o juiz da falência ou da recuperação judicial ou da recuperação extrajudicial cientificará o Ministério Público.

Prazo para o oferecimento da denúncia

Se possuir todos os elementos necessários, o Ministério Público deverá promover a ação penal tão logo seja intimado da sentença de decretação da falência, de concessão da recuperação judicial ou de homologação da recuperação extrajudicial. A despeito de não constar expressamente a recuperação extrajudicial, sua homologação é condição objetiva de punibilidade dos crimes falimentares e exigirá a intimação do Ministério Público para eventual aferição criminal.

O prazo para oferecimento da denúncia é de cinco dias, contado da data em que o órgão do Ministério Público for intimado, se o réu estiver preso, ou de quinze dias se o réu estiver solto ou afiançado.

Nessa hipótese de réu solto ou afiançado, o Ministério Público poderá, para obter maior convicção ou elementos da prática delitiva, decidir por aguardar a apresentação do relatório pelo administrador judicial, o qual poderá ser apresentado no prazo de 40 dias contado da assinatura do termo de compromisso do administrador judicial, prorrogável por igual período (art. 22, III, *e*). Caso decida aguardar a apresentação do relatório do administrador judicial, a denúncia deverá ser oferecida em 15 dias de sua apresentação.

Poderá o Ministério Público, entretanto, por falta dos elementos necessários para firmar sua convicção acerca da materialidade delitiva e dos indícios de autoria do crime, requisitar a instauração de inquérito policial para maior investigação. Requisitado o inquérito policial, o prazo da denúncia se contará a partir do recebimento em definitivo dos autos do inquérito policial. O prazo será de cinco dias se o réu estiver preso e de quinze dias se ele estiver solto ou afiançado.

Investigação criminal

Caso o Ministério Público precise de mais elementos para a promoção da ação penal, poderá, em vez de oferecer imediatamente a denúncia, requisitar a abertura de inquérito policial.

Anteriormente à LREF, a coleta de informações era realizada pelo inquérito judicial, instituto que era previsto nos arts. 103 e seguintes do Decreto-Lei n. 7.661/45 para apuração especificadamente dos delitos falimentares. O inquérito era presidido pelo juiz falimentar, diante da exposição dos fatos pelo síndico, e permitia requerimentos de produção de provas pelos credores, pelo Ministério Público e pelo falido.

Entretanto, como peça meramente informativa, que não vinculava o membro do Ministério Público, o qual deveria formar livremente sua convicção de acordo com as provas, não havia a necessidade de atender a todos os pedidos de prova. Sua natureza meramente investigatória não exigia, majoritariamente, o contraditório do investigado.

A produção probatória era conduzida pelo Juiz Universal. Eram a este atribuídos os poderes investigativos e de condução de toda a produção probatória. Ao final, era conferida vista ao Ministério Público para o oferecimento de denúncia ou, caso não houvesse indícios de crimes falimentares, para o pedido de apensamento aos autos falimentares.

A LREF não reproduziu a previsão do inquérito judicial para a investigação dos crimes falimentares, e isso não poderia ser diferente. A despeito de se sustentar que a polícia judiciária, por meio do inquérito policial, não estaria apta para conduzir a investigação dos crimes falimentares, nem teria todos os elementos necessários a tanto, a coleta de provas perante o julgador deverá ser realizada apenas mediante contraditório e num sistema acusatório, em que ao julgador não compete a investigação inicial e se mantém equidistante da acusação e da defesa.

A investigação preparatória para a obtenção de elementos suficientes a embasar a pretensão punitiva estatal, com a coleta de elementos iniciais de prova sobre a materialidade e a autoria delitivas, não poderia ser promovida inquisitorialmente pelo próprio julgador, o qual ficaria vinculado ao sentido a que ele próprio dirigiu a coleta probatória. A imparcialidade do julgamento somente poderia ser garantida por meio de um modelo acusatório, em que a coleta inicial dos elementos para a realização da acusação seja feita por um órgão não vinculado ao julgador e sob a presidência do titular da ação penal.

Dessa forma, a fase de investigação, inquisitiva, deverá ser realizada apenas pela polícia judiciária, por meio do inquérito policial, sob a presidência do MP como titular da ação penal. O Ministério Público poderá oferecer diretamente a denúncia após a decretação da falência, concessão da recuperação judicial ou homologação da recuperação extrajudicial. Poderá, entretanto, requisitar a instauração de inquérito policial para que, por meio da polícia judiciária, possa convencer-se da presença dos elementos necessários para o oferecimento de sua denúncia.

Art. 188. Aplicam-se subsidiariamente as disposições do Código de Processo Penal, no que não forem incompatíveis com esta Lei.

Aplicação supletiva do Código de Processo Penal

Para a apuração dos crimes falimentares, na omissão da Lei n. 11.101/2005, será aplicada a disciplina do Código de Processo Penal, desde que não seja incompatível com as demais normas da LREF.

Pela aplicação supletiva do Código de Processo Penal, forçoso admitir a figura do assistente de acusação nos procedimentos criminais falimentares. Ainda que o credor possa não ser diretamente afetado pela prática criminal, como o interesse da coletividade de credores é um dos bens jurídicos a serem tutelados pelos tipos penais, o credor habilitado será legitimado para figurar como assistente de acusação no procedimento criminal.

Ainda que a LREF não tenha sido expressa, também são aplicáveis supletivamente as regras gerais do Código Penal aos crimes falimentares, notadamente em razão do art. 12 do Código Penal, que estabelece que as regras gerais se aplicam aos fatos incriminados por lei especial, se a LREF não dispuser de modo diverso. É o que ocorre em relação a prescrição, modos de interrupção, aplicação e substituição da pena, concurso de crimes e de pessoas etc.

CAPÍTULO VIII

DISPOSIÇÕES FINAIS E TRANSITÓRIAS

Art. 189. Aplica-se, no que couber, aos procedimentos previstos nesta Lei, o disposto na Lei n. 13.105, de 16 de março de 2015 (Código de Processo Civil), desde que não seja incompatível com os princípios desta Lei.

§ 1º Para os fins do disposto nesta Lei:

I – todos os prazos nela previstos ou que dela decorram serão contados em dias corridos; e

II – as decisões proferidas nos processos a que se refere esta Lei serão passíveis de agravo de instrumento, exceto nas hipóteses em que esta Lei prever de forma diversa.

§ 2º Para os fins do disposto no art. 190 da Lei n. 13.105, de 16 de março de 2015 (Código de Processo Civil), a manifestação de vontade do devedor será expressa e a dos credores será obtida por maioria, na forma prevista no art. 42 desta Lei.

Aplicação supletiva do Código de Processo Civil

A LREF determinou que se aplicasse, supletivamente às suas disposições legais, a disciplina do Código de Processo Civil.

Sua aplicação, entretanto, é apenas subsidiária. A Lei n. 11.101/2005 cria um microssistema, orientado por princípios próprios e em que se destacam a orientação à preservação da empresa (art. 47) e as imprescindíveis celeridade e economia processual para otimizar a utilização produtiva dos bens (art. 75). Essa especialidade derroga as regras gerais do Código de Processo Civil, cuja aplicação fica restrita aos casos de lacuna legislativa.

Não existindo disciplina sobre determinado ato processual previsto na Lei n. 11.101/2005, aplicam-se ao referido ato processual as normas legais do Código de Processo Civil, desde que, todavia, compatíveis com os demais dispositivos legais da LREF. A exigência de aplicação do Código de Processo Civil "no que couber" impede que as lacunas legais sejam completadas pelas regras gerais previstas no Código de Processo Civil se comprometerem os demais princípios estabelecidos na LREF, impedirem a consecução de seus objetivos ou se divergirem das demais regras processuais específicas estabelecidas para a falência ou recuperação.

Prazos processuais

A classificação das normas falimentares entre o direito material e o processual reflete controvérsia histórica sobre a natureza jurídica da falência e que passa a ter, após o Código de Processo Civil, contornos relevantes.

Com o objetivo de assegurar a *par conditio creditorum* e o saneamento do meio empresarial, assim como a preservação da empresa, os institutos da falência e da recuperação disciplinam de forma prevalente um procedimento para o reconhecimento e a satisfação dos direitos dos envolvidos. Ainda que se possa, não sem críticas, sustentar essa natureza predominante processual e não substancial dos institutos, a disciplina da falência e da recuperação judicial é permeada por regras de direito substancial e de direito processual.

A diferenciação das normas concursais de direito material das normas de direito processual foi reconhecida como tarefa inglória, senão impossível, já desde o início da República, cuja Constituição de 1891 distinguia a competência entre os entes federativos para legislar sobre processo, com sua atribuição à época aos Estados.

A despeito da confluência das normas substanciais com as processuais, podem-se caracterizar como normas de direito material as orientadas ao exercício dos direitos dos respectivos titulares. As normas de direito processual, por seu turno, são as que disciplinam o procedimento ou regulam a prestação jurisdicional.

Essa distinção quanto à natureza das diversas normas encontrava relevância a partir da promulgação do Código de Processo Civil, com a determinação, em seu art. 219, da contagem dos prazos processuais em dias úteis. Nos termos da redação expressa do parágrafo único do dispositivo legal, essa forma de contagem ocorreria apenas quanto aos prazos processuais, o que permitiria a contagem dos prazos para a prática de atos materiais em dias corridos, de forma ininterrupta. Na insolvência, essa distinção e a aplicação supletiva do Código de Processo Civil geraram intensa controvérsia jurisprudencial sobre a contagem dos referidos prazos no procedimento.

De forma a resolver o problema e diante do princípio da celeridade do procedimento de recuperação, a alteração legislativa determinou que todos os prazos previstos na Lei n. 11.101/2005 ou dela decorrentes deverão ser contados em dias corridos[1].

A disciplina recursal

A aplicação supletiva do Código de Processo Civil à Lei n. 11.101/2005 também não se faz sem controvérsia quanto aos recursos das diversas decisões no procedimento de falência e recuperação.

Diante da omissão da LREF quanto à disciplina dos recursos, aplicáveis as regras específicas de cada uma das espécies previstas no Código de Processo Civil, assim como as normas gerais sobre os recursos, desde que compatíveis com as demais normas do procedimento concursal[2].

O recurso de agravo de instrumento tem sua hipótese de interposição disciplinada pelo art. 1.015 do Código de Processo Civil. Além das hipóteses taxativamente indicadas, o recurso poderá

---

[1]   STJ, EDCls no AgInt no REsp 1.914.050/DF, 4ª Turma, rel. Min. Marco Buzzi, j. 4-8-2021.

[2]   O STJ já determinou que o prazo para interposição de agravos de instrumento nos processos de falência e recuperação judicial deverá ser contado em dias úteis, na forma do Código de Processo Civil: STJ, AgInt no REsp 1.937.868/RJ, 4ª Turma, rel. Min. Marco Buzzi, j. 27-9-2021.

Em sentido diverso: TJMT, AI 1017879-88.2021.8.11.0000, 1ª Câmara de Direito Privado, rel. Des. João Ferreira Filho, j. 4-8-2022.

ser interposto apenas quando expressamente referido pela Lei. As demais decisões interlocutórias do procedimento serão recorríveis após o sentenciamento do feito, por meio da interposição do recurso de apelação.

Os procedimentos de recuperação judicial e de falência, contudo, possuem dinâmica diversa e própria, que não se compatibiliza com essas hipóteses taxativas de interposição do agravo de instrumento.

Durante todo o procedimento da recuperação ou da falência, a LREF indicou expressamente a possibilidade de interposição do agravo de instrumento como recurso cabível apenas em face das decisões judiciais sobre a impugnação (art. 17), sobre a concessão da recuperação judicial (art. 59, § 2º) e sobre a sentença de decretação da falência (art. 100). Mantida a disciplina geral do recurso de agravo de instrumento tal como prevista no art. 1.015 do Código de Processo Civil, por mais relevantes que sejam as decisões interlocutórias aos interesses das partes, elas apenas poderiam ser revistas por ocasião do recurso de apelação às sentenças de encerramento da recuperação judicial ou do encerramento da falência.

A sentença de encerramento da recuperação judicial apenas ocorrerá após decorrido todo o período de fiscalização. Da mesma forma, a sentença de encerramento da falência apenas será proferida após a arrecadação de todos os ativos, liquidação dos bens e rateio entre os credores.

Diante da especificidade dos procedimentos de recuperação e falência, portanto, a interpretação sobre o texto originário da Lei é que se deveria aplicar, por analogia, o permissivo legal do art. 1.015, parágrafo único, do Código de Processo Civil. Por essa regra, caberia agravo de instrumento contra decisões interlocutórias proferidas em procedimentos especiais, quais sejam, o de liquidação de sentença ou de cumprimento de sentença, no processo de execução e no processo de inventário. Como os processos de recuperação e de falência possuiriam procedimentos específicos e que, da mesma forma que os referidos no permissivo legal, seriam incompatíveis com o recurso apenas por ocasião da sentença de encerramento, a hipótese deveria ser estendida às decisões interlocutórias proferidas no processo de falência e de recuperação[3].

Foi justamente essa interpretação consagrada pela alteração legislativa no art. 189. Todas as decisões proferidas nos processos de insolvência são passíveis de agravo de instrumento, a menos que haja previsão diversa na lei de falência.

---

[3]   No sentido do cabimento do agravo de instrumento, mesmo fora das hipóteses taxativas do Código de Processo Civil: STJ, 4ª Turma, REsp 1.722.866/MT, rel. Luis Felipe Salomão, dj. 25-9-2018; TJSP, 1ª Câmara Reservada de Direito Empresarial, AI 2118749-49.2017, rel. Des. Hamid Bdine, j. 6-12-2017; TJSP, 1ª Câmara Reservada de Direito Empresarial, AI 2247121-50.2016, rel. Des. Francisco Loureiro, j. 3-5-2017; TJSP, 1ª Câmara Reservada de Direito Empresarial, AI 2215905-37.2017, rel. Des. Carlos Dias Motta, j. 29-11-2017.

Recurso Repetitivo sobre o Tema 1.022 do STJ assegura o cabimento de agravo de instrumento contra todas as decisões interlocutórias proferidas nos processos de recuperação judicial ou de falência, por força do art. 1.015, parágrafo único, do CPC.

Enunciado 69 da I Jornada de Direito Processual Civil: "A hipótese do art. 1.015, parágrafo único, do CPC abrange os processos concursais, de falência e recuperação".

Em sentido contrário, pela taxatividade: TJSP, 2ª Câmara Reservada de Direito Empresarial, Ag. Reg 2149627-88.2016, rel. Des. Caio Marcelo Mendes de Oliveira, j. 13-2-2017.

Negócio jurídico processual

A partir do Código de Processo Civil de 2015, as partes podem adequar os procedimentos a que se submetem aos seus interesses. O art. 190 do Código de Processo Civil determina que, desde que os direitos controvertidos no processo admitam autocomposição, é lícito às partes estipularem mudanças no procedimento para ajustá-lo às especificidades da causa e convencionar sobre os seus ônus, poderes, faculdades e deveres processuais, antes ou durante o processo.

A realização do negócio jurídico processual não está impedida no procedimento de falência ou recuperação. Contudo, o Código de Processo Civil, que disciplina a possibilidade do negócio, é aplicável apenas diante da lacuna na disciplina da Lei n. 11.101/2005.

A existência de determinação expressa na Lei n. 11.101/2005 quanto ao procedimento impede sua alteração pelo devedor, ainda que possua a concordância de seus credores. Isso porque as diversas normas do procedimento de recuperação e de falência disciplinam interesses que não apenas os das partes ali envolvidas, como devedor e credor. A recuperação e a falência são institutos orientados à promoção da preservação da empresa, de sua função social e do estímulo à atividade econômica. Visam não apenas à proteção dos interesses dos diversos contratantes, mas ao interesse público de toda a coletividade envolvida com o desenvolvimento da atividade.

Nada impede, entretanto, que o negócio jurídico processual verse sobre a forma do cálculo dos prazos processuais, sobre as formas de comunicação dos atos processuais, ou que as partes, nos termos do art. 191 do Código de Processo Civil, fixem calendário para a prática dos atos processuais.

Na hipótese de negócio jurídico processual, a manifestação do devedor, para ser acolhida, deverá ser expressa. A dos credores, por seu turno, será obtida por maioria dos presentes na deliberação, independentemente da classe.

Art. 189-A. Os processos disciplinados nesta Lei e os respectivos recursos, bem como os processos, os procedimentos e a execução dos atos e das diligências judiciais em que figure como parte empresário individual ou sociedade empresária em regime de recuperação judicial ou extrajudicial ou de falência terão prioridade sobre todos os atos judiciais, salvo o *habeas corpus* e as prioridades estabelecidas em leis especiais.

Prioridade dos processos de insolvência

Em função da celeridade imprescindível aos processos de insolvência, pois garantirá a maximização do valor dos ativos, a menor despesa para sua conservação, bem como a maior satisfação dos credores, os procedimentos de insolvência devem ser considerados prioritários, exceto em face do *habeas corpus* e de prioridades legais.

Mas não somente os procedimentos de insolvência terão referida prioridade. Todos os demais processos, procedimentos ou execução de atos e diligências judiciais requeridas ou que ocorram em face de empresário em recuperação judicial, extrajudicial ou Massa Falida serão considerados prioritários em face de todos os outros atos judiciais, ressalvado o *habeas corpus* e outros prioritários por lei.

Art. 190. Todas as vezes que esta Lei se referir a devedor ou falido, compreender-se-á que a disposição também se aplica aos sócios ilimitadamente responsáveis.

A equiparação do devedor ao sócio ilimitadamente responsável

Decretada a falência da sociedade, a falência será estendida aos sócios ilimitadamente responsáveis independentemente de qualquer demonstração de fraude ou confusão patrimonial, pois presumiu a Lei que, por não terem evitado o inadimplemento do ente social, os sócios não teriam condições financeiras de satisfazer todas as suas obrigações. São sócios ilimitadamente responsáveis o sócio comanditado, na sociedade em comandita simples, os sócios diretores, na sociedade em comandita por ações, os sócios da sociedade em nome coletivo e os sócios da sociedade em comum.

A extensão da falência aos sócios não mais implica que estes apenas seriam submetidos aos efeitos da falência, como era disciplinado pelo art. 5º do Decreto-Lei n. 7.661/45. Pela regra atual do art. 81, a própria falência será estendida, não sem críticas, aos sócios ilimitadamente responsáveis[4].

Referidos sócios devem ser considerados, para todos os efeitos legais, falidos e a eles serão impostas todas as obrigações e restrições dos devedores.

Art. 191. Ressalvadas as disposições específicas desta Lei, as publicações ordenadas serão feitas em sítio eletrônico próprio, na internet, dedicado à recuperação judicial e à falência, e as intimações serão realizadas por notificação direta por meio de dispositivos móveis previamente cadastrados e autorizados pelo interessado.

Parágrafo único. As publicações ordenadas nesta Lei conterão a epígrafe "recuperação judicial de", "recuperação extrajudicial de" ou "falência de".

Publicações dos atos processuais

A despeito da nova redação do dispositivo legal, sua interpretação deve ser a de que os atos processuais deverão ser publicados sempre na imprensa oficial.

Embora o art. 191, *caput*, determine que a publicação seja feita no endereço eletrônico dedicado à recuperação judicial, como o site mantido pelo administrador judicial, a publicação na imprensa oficial é sempre imprescindível para a produção dos efeitos dos atos processuais[5].

O que a nova redação do dispositivo pretendeu foi tornar desnecessária a publicação cumulativa em jornais e revistas. Ainda que a possibilidade de ampla dispersão dos credores ou a difusão da atividade empresarial do devedor por amplo território exigissem que medidas adicionais para a ciência desses diversos interessados fossem tomadas, a providência onerava substancialmente o procedimento e o patrimônio do devedor já em crise.

---

4   Cf. comentários ao art. 81.

5   STJ, REsp 1.641.651/MT, 4ª Turma, rel. Min. Luis Felipe Salomão, j. 18-5-2021.

Art. 192 ||| Marcelo Barbosa Sacramone   698

Para que as publicações possam ser facilmente identificadas pelos interessados, deverão conter título em destaque e que faça referência ao procedimento a que se submete o devedor. Na epígrafe, portanto, deverá ser incluída a expressão "recuperação judicial de", "recuperação extrajudicial de" ou "falência de".

Para facilitar as intimações, permitiu a lei as notificações diretas por meio de dispositivos móveis previamente cadastrados e autorizados pelo interessado.

Art. 192. Esta Lei não se aplica aos processos de falência ou de concordata ajuizados anteriormente ao início de sua vigência, que serão concluídos nos termos do Decreto-Lei n. 7.661, de 21 de junho de 1945.

§ 1º Fica vedada a concessão de concordata suspensiva nos processos de falência em curso, podendo ser promovida a alienação dos bens da massa falida assim que concluída sua arrecadação, independentemente da formação do quadro-geral de credores e da conclusão do inquérito judicial.

§ 2º A existência de pedido de concordata anterior à vigência desta Lei não obsta o pedido de recuperação judicial pelo devedor que não houver descumprido obrigação no âmbito da concordata, vedado, contudo, o pedido baseado no plano especial de recuperação judicial para microempresas e empresas de pequeno porte a que se refere a Seção V do Capítulo III desta Lei.

§ 3º No caso do § 2º deste artigo, se deferido o processamento da recuperação judicial, o processo de concordata será extinto e os créditos submetidos à concordata serão inscritos por seu valor original na recuperação judicial, deduzidas as parcelas pagas pelo concordatário.

§ 4º Esta Lei aplica-se às falências decretadas em sua vigência resultantes de convolação de concordatas ou de pedidos de falência anteriores, às quais se aplica, até a decretação, o Decreto-Lei n. 7.661, de 21 de junho de 1945, observado, na decisão que decretar a falência, o disposto no art. 99 desta Lei.

§ 5º O juiz poderá autorizar a locação ou arrendamento de bens imóveis ou móveis a fim de evitar a sua deterioração, cujos resultados reverterão em favor da massa. (incluído pela Lei n. 11.127, de 2005)

Direito intertemporal

Norma de direito intertemporal, o art. 192 regula os regimes aplicados aos procedimentos iniciados anteriormente à vigência da Lei n. 11.101/2005[6]. A distribuição de pedidos de falência ou de recuperação após a vigência da Lei n. 11.101/2005 passa a ser disciplinada integralmente pela nova disciplina legal, mas, aos procedimentos iniciados anteriormente, estabeleceu a norma legal de direito intertemporal um sistema misto, em que é conferida ora ultratividade ao revogado Decreto-Lei n. 7.661/45, ora retroatividade à LREF.

A regra geral é estabelecida pelo *caput*. A despeito de ter sido revogado expressamente pelo art. 200, o Decreto-Lei n. 7.661/45 continuará a produzir efeitos em relação aos processos de falên-

---

6   Para o início da vigência, conferir comentários ao art. 201.

cia ou de concordata ajuizados anteriormente à vigência da LREF. A partir de sua vigência, todos os pedidos falimentares ou de recuperação serão submetidos à disciplina do novo diploma legal.

O procedimento falimentar ajuizado anteriormente à LREF permanece disciplinado pelo Decreto-Lei n. 7.661/45, que disciplinará todos os requisitos para o pedido, legitimidade, meios de defesa e elementos para a decretação da falência. Da mesma forma, permanece aplicável o Decreto-Lei n. 7.661/45 às concordatas, preventivas ou suspensivas, requeridas anteriormente à vigência da LREF.

Excepciona a regra geral prevista no *caput* o § 4º do art. 192. Ainda que esse pedido falimentar tenha sido distribuído antes da vigência da LREF, se a falência for decretada já sob a vigência da LREF, ou em razão da convolação da concordata, aplica-se ao processo falimentar, a partir da decretação da falência, a nova legislação. Nessa hipótese, contudo, todo o procedimento anterior à decretação da quebra, e inclusive quanto aos pressupostos para a sua decretação, continuará a ser disciplinado pelo Decreto revogado.

Se a falência tiver sido decretada anteriormente à LREF, aplica-se o Decreto-Lei n. 7.661/45, não apenas na fase inicial até a decretação da falência, mas até o encerramento do processo. A despeito de sua previsão legal, mesmo nesses casos regulados pelo Decreto até o encerramento do procedimento falimentar, fica vedada a concessão da concordata suspensiva.

Embora o Decreto-Lei n. 7.661/45 permaneça aplicável nessas hipóteses, não se justificaria a manutenção de suas fases estanques e sucessivas, que comprometiam a maximização do valor dos ativos e a satisfação dos credores. Diante da impossibilidade de concessão da concordata suspensiva, os ativos, assim que arrecadados pelo síndico, poderiam ser imediatamente alienados, independentemente da formação do quadro-geral de credores ou da conclusão do inquérito judicial. Podem também ser locados ou arrendados, mediante autorização judicial, para produzir renda para a Massa Falida até que possam ser alienados.

À concordata preventiva requerida anteriormente à vigência da Lei, ainda que não tenha tido o procedimento deferido ou sido concedida, assim como à concordata suspensiva anteriormente concedida, continuará a ser aplicável a regulação do Decreto-Lei n. 7.661/45.

Os pedidos de concordata anterior não obstam, contudo, o pedido de recuperação judicial pelo devedor. Desde que este não tenha descumprido obrigação da concordata, poderá deduzir pedido de recuperação judicial, o qual somente não poderá ser baseado no procedimento especial para microempresa e empresa de pequeno porte.

Caso o concordatário deduza pedido de recuperação judicial, o processo anterior de concordata será extinto e os créditos submetidos à concordata serão inscritos na lista do devedor, com a dedução dos valores já satisfeitos.

Art. 193. O disposto nesta Lei não afeta as obrigações assumidas no âmbito das câmaras ou prestadoras de serviços de compensação e de liquidação financeira, que serão ultimadas e liquidadas pela câmara ou prestador de serviços, na forma de seus regulamentos.

Câmaras ou prestadoras de serviços de compensação e liquidação financeira

As câmaras ou prestadoras de serviço de compensação e liquidação financeira são órgãos estabelecidos para aumentar a segurança de operações financeiras de determinados mercados sistematicamente relevantes. Estes, diante de sua importância para a economia nacional como um

Art. 193-A ||| Marcelo Barbosa Sacramone   **700**

todo, poderiam ter suas obrigações sujeitas a uma disciplina especial, que limitaria a autonomia de vontade dos contratantes ao estabelecer parâmetros em prol de todo o sistema.

Em razão desse interesse de preservação desses mercados relevantes, os contratantes poderão voluntariamente submeter suas relações jurídicas, ou poderá essa submissão ser determinada por Lei, à intervenção de uma câmara ou prestadora de serviços de compensação e liquidação financeira.

Conhecida também como *clearings houses*, as câmaras ou prestadoras de serviços de compensação asseguram o adimplemento das obrigações contraídas em seu âmbito, com a satisfação das obrigações contraídas pelo devedor em face do credor. Celebrado o contrato entre as partes contratantes, a *clearing* intervém na relação jurídica firmada e passa a intermediar o cumprimento das obrigações das partes contratantes, tal como convencionadas.

A relação jurídica anteriormente celebrada com a parte contratante passa a ser integrada pela câmara ou prestadora de serviços de compensação e liquidação, que substitui a contraparte dos contratantes e biparte a relação jurídica. O devedor passa a ter como polo oposto a *clearing*, assim como também a terá como polo oposto o credor. É ela quem fará o adimplemento das obrigações contraídas perante o credor, exigirá do devedor o cumprimento de suas obrigações ou a excussão das garantias caso a obrigação do devedor não tenha sido perante ela cumprida.

A câmara permite que as operações realizadas em seu âmbito se despersonalizem e tenham o risco de inadimplemento controlado. Pela intermediação, o risco do inadimplemento do contratante passa a ser o risco da própria câmara, que satisfará as obrigações contraídas perante o credor. De modo a garantir que possuirá recursos suficientes para satisfazer as obrigações contraídas em seu âmbito, não apenas as câmaras poderão estabelecer limites às operações contraídas, como regras para a satisfação das obrigações, a exigência de garantias e a análise constante de sua higidez.

Para que esse mercado relevante seja preservado, a submissão de suas obrigações ao regramento da *clearing* impede que, mesmo que um dos contratantes tenha a recuperação judicial concedida, o plano de recuperação extrajudicial homologado ou a falência decretada, suas obrigações sejam alteradas. Os contratos não serão resolvidos nem as obrigações se vencerão antecipadamente na falência ou serão novadas pela recuperação.

Art. 193-A. O pedido de recuperação judicial, o deferimento de seu processamento ou a homologação do plano de recuperação judicial não afetarão ou suspenderão, nos termos da legislação aplicável, o exercício dos direitos de vencimento antecipado e de compensação no âmbito de operações compromissadas e de derivativos, de modo que essas operações poderão ser vencidas antecipadamente, desde que assim previsto nos contratos celebrados entre as partes ou em regulamento, proibidas, no entanto, medidas que impliquem a redução, sob qualquer forma, das garantias ou de sua condição de excussão, a restrição do exercício de direitos, inclusive de vencimento antecipado por inexecução, e a compensação previstas contratualmente ou em regulamento.

§ 1º Em decorrência do vencimento antecipado das operações compromissadas e de derivativos conforme previsto no *caput* deste artigo, os créditos e débitos delas decorrentes serão compensados e extinguirão as obrigações até onde se compensarem.

§ 2º Se houver saldo remanescente contra o devedor, será este considerado crédito sujeito à recuperação judicial, ressalvada a existência de garantia de alienação ou de cessão fiduciária.

Operações compromissadas e de derivativos

As operações compromissadas são aquelas em que uma instituição financeira assume o compromisso de realizar uma operação contrária ao que se fez inicialmente, como a venda de um título com a obrigação de recompra do determinado título após um determinado tempo. As operações compromissadas são reguladas pela Resolução do Conselho Monetário Nacional n. 3.339/2006, que especifica os títulos que poderão ser objetivo das operações compromissadas.

Por seu turno, derivativos são contratos cujo objeto é fixado em razão de um ativo subjacente, que poderá ser físico ou financeiro. Como espécie de contratos diferenciais, "as partes não se propõem realmente a entregar a mercadoria, o título, ou valor, e a pagar o preço, mas, tão só, à liquidação pela diferença entre o preço estipulado e a cotação do bem vendido no dia do vencimento"[7].

Pela redação do art. 193-A, as operações compromissadas e os contratos derivativos não poderão ter suas garantias e a condição de excussão dessas comprometidas pela recuperação judicial. Perante o devedor em recuperação judicial, na medida do contrato, o contratante poderá compensar o crédito e o débito da referida operação e excutir as garantias do contrato, ainda que não sejam fiduciárias, sem sofrer interferência da recuperação judicial. Apenas o saldo remanescente será considerado crédito sujeito à recuperação judicial, e desde que sobre ele ainda não penda garantia fidejussória.

A proteção legal foi opção legislativa para restringir o risco do contratante que poderia ser afetado pelo inadimplemento do contratado, notadamente ainda porque esse contratante, geralmente no mercado de derivativos, realizou operações relacionadas à contratação inicial para conseguir neutralizar o risco da variação do ativo objeto do contrato. O inadimplemento da operação contratual descasa as operações e poderá gerar reflexo negativo em todo o sistema, com um alastramento da crise.

Nas operações compromissadas e de derivativos, além disso, determina o dispositivo legal que a recuperação judicial ou extrajudicial não poderá interferir no exercício do direito contratual de reconhecer o vencimento antecipado do contrato. O vencimento antecipado assegura que o contratante possa liquidar a operação e evitar o eventual risco de oscilação do bem objeto do contrato e que poderá alterar, rapidamente, o montante das prestações das partes.

Como na recuperação judicial o crédito do contratante não poderá ser satisfeito e este está sujeito à habilitação do referido crédito para ser satisfeito nos termos do plano de recuperação judicial, a previsão de vencimento antecipado no contrato de derivativo permitiria ao contratante liquidar a operação e evitar eventual escalada do valor da prestação da contratada, a qual, sem que houvesse garantia, não poderá ser satisfeita fora do plano de recuperação.

---

[7] GOMES, Orlando. *Contratos*. Rio de Janeiro: Forense, 1993, n. 365, p. 489

Art. 194. O produto da realização das garantias prestadas pelo participante das câmaras ou prestadores de serviços de compensação e de liquidação financeira submetidos aos regimes de que trata esta Lei, assim como os títulos, valores mobiliários e quaisquer outros de seus ativos objetos de compensação ou liquidação serão destinados à liquidação das obrigações assumidas no âmbito das câmaras ou prestadoras de serviços.

Liquidação das obrigações no âmbito das câmaras ou prestadoras de serviços

As obrigações assumidas no âmbito das câmaras ou prestadoras de serviços de compensação e de liquidação financeira não são afetadas pela falência ou recuperação dos devedores[8]. Para que essas obrigações possam ser satisfeitas, mesmo diante de uma crise econômico-financeira do devedor, as garantias conferidas pelos participantes deverão ser preservadas.

Somente com a preservação das garantias, as câmaras ou prestadoras de serviços de compensação e liquidação financeira, as quais ocuparão a posição de contraparte nas relações jurídicas celebradas pelos contratantes, poderão assegurar a existência de patrimônio suficiente para satisfazer as obrigações que passam a assumir ante o credor contratante.

Ainda que o devedor não satisfaça suas obrigações por ocasião da liquidação da operação contratada, as câmaras ou prestadoras de serviços de compensação e de liquidação financeira deverão satisfazer as obrigações perante o credor contratante, haja vista que passam a ocupar a posição de contraparte. Diante desse inadimplemento, contudo, para que consigam ter fundos suficientes para satisfazer suas obrigações perante os credores contratantes, as *clearings houses* devem controlar para que as garantias conferidas pelos participantes sejam suficientes para a liquidação da operação financeira.

A operação de compensação e de liquidação financeira, nesses moldes, pressupõe que as garantias possam ser excutidas ainda que o devedor inadimplente tenha sido decretado falido, tenha a recuperação judicial concedida ou o plano de recuperação extrajudicial homologado.

Conferidas garantias ou títulos, valores mobiliários ou quaisquer outros de seus ativos como objetos de compensação ou liquidação, os bens serão destinados à liquidação das obrigações assumidas no âmbito das câmaras ou das prestadoras de serviços. Seus titulares não serão credores com garantia real simplesmente, mas poderão utilizar os referidos bens para a liquidação das obrigações assumidas, sob pena de se comprometer o mercado relevante que se procura preservar.

Caso remanesçam créditos da *clearing* após a liquidação dos bens e das garantias, as câmaras ou prestadoras de serviços deverão se habilitar na Massa Falida ou na recuperação como credoras quirografárias. Na hipótese de remanescerem valores decorrentes da liquidação das garantias, os recursos financeiros deverão ser restituídos à Massa Falida ou à recuperanda.

Art. 195. A decretação da falência das concessionárias de serviços públicos implica extinção da concessão, na forma da lei.

---

8   Cf. comentários ao art. 193.

Falência de concessionária de serviços públicos

As concessionárias de serviços públicos poderão requerer a recuperação judicial, a homologação do plano de recuperação extrajudicial ou ter a falência decretada[9]. Apenas as concessionárias de energia elétrica, durante a concessão, ficam obstadas de requererem a recuperação judicial ou de terem plano de recuperação extrajudicial homologado, embora possam ter sua falência decretada (art. 18 da Lei n. 12.767/2012).

Decretada a falência da concessionária de serviços públicos, contudo, o contrato bilateral não poderá continuar a ser executado pelo administrador judicial da Massa Falida, nem poderá ser submetido à alienação para terceiros.

A concessão é forma de delegação à pessoa jurídica empresária da prestação de serviço público pelo Estado, que não deseja prestá-lo diretamente. Condiciona-se a concessão à demonstração da capacidade da concessionária para o seu desempenho, por sua conta e risco e por prazo determinado. O reconhecimento da insolvência jurídica pela sentença de decretação da falência do concessionário implica a falta de capacidade do devedor de desempenhar regularmente a prestação de serviços públicos e acarreta a resolução do contrato.

Por esse mesmo fundamento, não apenas a concessão de serviço público, como a concessão de execução de obra pública deverá ser extinta na hipótese de falência do concessionário. Essa interpretação extensiva, outrossim, é consentânea à regulação da Lei n. 8.987/95, que disciplina a concessão e permissão de prestação de serviços públicos e determina que, em seu art. 35, VI, todas as concessões, sejam de prestação de serviços ou de construção de obra pública, serão extintas em razão da decretação da falência do concessionário, assim como também as permissões de prestação de serviço público (art. 40 da Lei n. 8.987/95).

Extinta a concessão, os bens afetados à prestação do serviço público serão revertidos ao poder concedente para que possa desempenhar a prestação anteriormente delegada. A reversão, entretanto, exigirá a indenização do prejuízo causado pela retirada da propriedade dos bens reversíveis, indispensáveis à prestação pelo poder concedente.

Art. 196. Os Registros Públicos de Empresas, em cooperação com os Tribunais de Justiça, manterão banco de dados público e gratuito, disponível na internet, com a relação de todos os devedores falidos ou em recuperação judicial.

Parágrafo único. Os Registros Públicos de Empresas, em cooperação com o Conselho Nacional de Justiça, deverão promover a integração de seus bancos de dados em âmbito nacional.

Banco de dados de empresários decretados falidos ou em recuperação judicial

O Registro Público de Empresas Mercantis e Atividades Afins, nos termos da Lei n. 8.934/94, tem como principais funções dar garantia, publicidade, autenticidade, segurança e eficácia aos negócios jurídicos das empresas mercantis, bem como inscrever os empresários nacionais e estrangeiros, com a manutenção atualizada de suas informações.

---

[9] Cf. comentários ao art. 2º.

Entre as informações mais pertinentes sobre os empresários consta a sua situação de crise econômico-financeira e que motivou a decretação da sua falência ou o seu pedido de recuperação judicial.

Diante da relevância dessa informação para os contratantes do mercado, a LREF determinou que o Registro Público de Empresas deverá manter banco de dados com a relação de todos os empresários que tenham tido a falência decretada ou a recuperação judicial concedida.

Considerada como composição entre o devedor e alguns de seus credores, o devedor que tiver plano de recuperação extrajudicial homologado não será incluído no banco de dados, o qual ficará adstrito aos falidos e submetidos à recuperação judicial.

Para que haja a atualização dos referidos bancos de dados, determina a Lei a cooperação dos Registros Públicos de Empresas com os Tribunais de Justiça.

Como o órgão executivo do Registro Público de Empresas é a Junta Comercial, com atribuição estadual, as Juntas Comerciais deverão promover a integração de seus bancos de dados com os dos demais Estados da Federação para que a informação permaneça completa e disponível facilmente em âmbito nacional, em cooperação com o Conselho Nacional de Justiça.

Art. 197. Enquanto não forem aprovadas as respectivas leis específicas, esta Lei aplica-se subsidiariamente, no que couber, aos regimes previstos no Decreto-Lei n. 73, de 21 de novembro de 1966, na Lei n. 6.024, de 13 de março de 1974, no Decreto-Lei n. 2.321, de 25 de fevereiro de 1987, e na Lei n. 9.514, de 20 de novembro de 1997.

Aplicação supletiva da Lei n. 11.101/2005

O Decreto-Lei n. 73/66 disciplina o Sistema Nacional de Seguros Privados e as operações de seguro. No âmbito desse sistema, as sociedades seguradoras foram relativamente excluídas da aplicação da Lei n. 11.101/2005[10].

Submetidas à fiscalização da Superintendência dos Seguros Privados (SUSEP), as sociedades seguradoras não poderão requerer a recuperação judicial ou extrajudicial e não se submeterão à falência requerida pelos credores (art. 26 do Decr.-Lei n. 73/66, com redação alterada pela Lei n. 10.190/2001)[11]. Sua falência apenas poderá ser decretada após liquidação extrajudicial e apuração de que o ativo não é suficiente para o pagamento de pelo menos a metade dos credores quirografários ou quando houver fundados indícios da ocorrência de crime falimentar, mediante pedido do liquidante autorizado pela SUSEP.

A esse procedimento de liquidação extrajudicial, em caso de lacuna na lei específica, são aplicadas as disposições da legislação falimentar, desde que compatíveis.

A Lei n. 6.024/74, por seu turno, regula a intervenção e liquidação extrajudicial de instituições financeiras e é complementada pelo Decreto-Lei n. 2.321/87, que instituiu o Regime de Administração Especial Temporária (RAET). A esses regimes especiais será aplicada a Lei n. 11.101/2005, mas apenas de maneira supletiva, se não houver disposição contrária nessas leis especiais.

---

[10]   Cf. comentários ao art. 2º.

[11]   Cf. comentários ao art. 198.

A falência das instituições financeiras somente poderá ser decretada após a intervenção ou liquidação pelo Banco Central do Brasil. A autorização do pedido de falência pelo liquidante ou interventor somente poderá ocorrer se houver a constatação de que o ativo não é suficiente para satisfazer metade dos créditos quirografários ou se a gravidade dos fatos apurados aconselhar a medida (art. 12 da Lei n. 6.024/74).

Por fim, a Lei n. 9.514/97 disciplina o Sistema de Financiamento Imobiliário e estabelece a possibilidade de securitização dos créditos dos adquirentes dos imóveis realizada por companhia securitizadora. Os Certificados de Recebíveis Imobiliários poderão ser emitidos lastreados em créditos imobiliários, os quais constituirão patrimônio separado.

Na hipótese de insuficiência dos bens do patrimônio separado, não será decretada sua falência. O agente fiduciário, nesse caso, convocará assembleia-geral dos beneficiários para deliberar sobre a liquidação desse patrimônio, aplicando-se supletivamente a Lei n. 11.101/2005 ao procedimento.

Art. 198. Os devedores proibidos de requerer concordata nos termos da legislação específica em vigor na data da publicação desta Lei ficam proibidos de requerer recuperação judicial ou extrajudicial nos termos desta Lei.

Devedores proibidos de requerer a concordata

Além das sociedades relativamente excluídas da disciplina da LREF e especificadas no art. 2º, entre as quais as instituições financeiras, cooperativa de crédito, administradora de consórcio, entidade de previdência complementar, sociedade operadora de plano de assistência à saúde, sociedade seguradora, sociedade de capitalização[12], estabeleceu a LREF norma genérica para impedir que qualquer dos empresários não autorizados a requererem a concordata, e porventura não indicados expressamente no art. 2º, pudessem submeter pedido de recuperação.

Entendeu a LREF que as limitações que motivavam as legislações específicas a impedirem esses empresários de requererem a concordata justificam a manutenção do óbice à concessão da recuperação judicial ou à homologação do plano de recuperação extrajudicial.

Art. 199. Não se aplica o disposto no art. 198 desta Lei às sociedades a que se refere o art. 187 da Lei n. 7.565, de 19 de dezembro de 1986.

§ 1º Na recuperação judicial e na falência das sociedades de que trata o *caput* deste artigo, em nenhuma hipótese ficará suspenso o exercício de direitos derivados de contratos de locação, arrendamento mercantil ou de qualquer outra modalidade de arrendamento de aeronaves ou de suas partes.

---

[12] Cf. comentários ao art. 2º.

§ 2º Os créditos decorrentes dos contratos mencionados no § 1º deste artigo não se submeterão aos efeitos da recuperação judicial ou extrajudicial, prevalecendo os direitos de propriedade sobre a coisa e as condições contratuais, não se lhes aplicando a ressalva contida na parte final do § 3º do art. 49 desta Lei.

§ 3º Na hipótese de falência das sociedades de que trata o *caput* deste artigo, prevalecerão os direitos de propriedade sobre a coisa relativos a contratos de locação, de arrendamento mercantil ou de qualquer outra modalidade de arrendamento de aeronaves ou de suas partes.

Sociedades exploradoras de transporte aéreo

O Código Brasileiro de Aeronáutica (Lei n. 7.565/86), em seu art. 187, impedia que as empresas que tivessem por objeto a exploração de serviços aéreos ou de infraestrutura aeronáutica estavam impedidas de impetrar concordata.

A vedação à obtenção da concordata impediria que as viações aéreas pudessem requerer recuperação judicial ou ter o plano de recuperação extrajudicial homologado, nos termos do art. 198. O art. 199 da LREF cria, entretanto, exceção à regra geral.

Além de continuarem submetidas à decretação da falência, as sociedades exploradoras de serviços aéreos ou de infraestrutura aeronáutica poderão ter a recuperação judicial concedida ou ter plano de recuperação extrajudicial homologado. Todavia, os efeitos gerais da recuperação não são integralmente aplicáveis às suas relações jurídicas.

A despeito de serem, pela regra geral, submetidos todos os créditos existentes por ocasião do pedido, vencidos ou vincendos, à recuperação (art. 49), os créditos titularizados em face das viações aéreas e decorrentes dos contratos de locação, arrendamento mercantil ou de qualquer outra modalidade de arrendamento de aeronave ou de suas partes não se submeterão à recuperação judicial ou extrajudicial por expressa disposição legal, mesmo que os contratos tenham sido já resolvidos e as aeronaves apreendidas ou devolvidas aos credores proprietários[13].

Como referidos créditos não poderão ser novados, a decisão de processamento da recuperação judicial não suspenderá o exercício dos direitos derivados dos referidos contratos. As ações e execuções dos referidos créditos, em face da recuperanda, prosseguirão normalmente e, inclusive, permitirão a retirada das próprias aeronaves. Ainda que bens de capital essenciais para o desempenho de sua atividade e mesmo durante o período do *stay period*, conferiu-se expressamente o direito de esses credores tutelarem o seu crédito, inclusive em detrimento da atividade empresarial desenvolvida pela recuperanda[14].

Decretada a falência da devedora exploradora dos serviços aéreos ou de infraestrutura aeronáutica, os eventuais direitos de propriedade do credor sobre as aeronaves ou suas partes na posse do falido não serão prejudicados. O credor, mediante pedido de restituição dos ativos, poderá recuperar a posse da coisa arrecadada diante de eventual resolução do contrato.

---

[13] Nesse sentido: TJSP, Câmara Reservada à Falência e Recuperação, AI 0134526-21.2011.8.26.0000, rel. Des. Roberto Mac Cracken, j. 13-12-2011; TJSP, 2ª Câmara Reservada de Direito Empresarial, AI 0275763-43.2011.8.26.0000, j. 29-1-2013.

[14] Nesse sentido: TJSP, Câmara Reservada de Falência e Recuperação, AI 0134526-21.2011, rel. Des. Roberto Mac Cracken, j. 13-12-2011; TJSP, Câmara Reservada de Falência e Recuperação, AI 0076764-47.2011, rel. Des. Araldo Telles, j. 23-8-2011.

Art. 200. Ressalvado o disposto no art. 192 desta Lei, ficam revogados o Decreto-Lei n. 7.661, de 21 de junho de 1945, e os arts. 503 a 512 do Decreto-Lei n. 3.689, de 3 de outubro de 1941 – Código de Processo Penal.

Revogação do Decreto-Lei n. 7.661/45 e do Código de Processo Penal

A LREF revogou expressamente o Decreto-Lei n. 7.661/45, em sua totalidade. Ressalvou-se a manutenção da aplicação desse Decreto apenas aos casos de pedidos de falência ou de concordata distribuídos anteriormente à vigência da nova Lei e desde que não tenham a falência decretada já a partir desta, conforme regulação pelo art. 192.

Além da revogação do Decreto-Lei n. 7.661, houve a revogação parcial do Código de Processo Penal, Decreto-Lei n. 3.689/41, no tocante à disciplina do processo e julgamento dos crimes falimentares. O processo para apuração e julgamento dos crimes falimentares passa a ser regulado pela própria legislação falimentar, embora as demais disposições do Código de Processo Penal possam ser aplicadas nas lacunas legais e no que não forem a estas incompatíveis.

Art. 201. Esta Lei entra em vigor 120 (cento e vinte) dias após sua publicação.

Início da vigência

A Lei n. 11.101 entrou em vigor 120 dias depois de sua publicação. Publicada em 9 de fevereiro de 2005 no *Diário Oficial da União*, a Lei permaneceu em *vacatio legis* por esse período, lapso em que o Decreto-Lei n. 7.661/45 continuou totalmente em vigor.

A partir de 9 de junho de 2005, a Lei n. 11.101 passou a produzir todos os seus efeitos jurídicos.

Normas de direito intertemporal na Lei n. 14.112/2020

Art. 5º Observado o disposto no art. 14 da Lei n. 13.105, de 16 de março de 2015 (Código de Processo Civil), esta Lei aplica-se de imediato aos processos pendentes.

§ 1º Os dispositivos constantes dos incisos seguintes somente serão aplicáveis às falências decretadas, inclusive as decorrentes de convolação, e aos pedidos de recuperação judicial ou extrajudicial ajuizados após o início da vigência desta Lei:

I – a proposição do plano de recuperação judicial pelos credores, conforme disposto no art. 56 da Lei n. 11.101, de 9 de fevereiro de 2005;

II – as alterações sobre a sujeição de créditos na recuperação judicial e sobre a ordem de classificação de créditos na falência, previstas, respectivamente, nos arts. 49, 83 e 84 da Lei n. 11.101, de 9 de fevereiro de 2005;

III – as disposições previstas no *caput* do art. 82-A da Lei n. 11.101, de 9 de fevereiro de 2005;

IV – as disposições previstas no inciso V do *caput* do art. 158 da Lei n. 11.101, de 9 de fevereiro de 2005.

§ 2º As recuperações judiciais em curso poderão ser encerradas independentemente de consolidação definitiva do quadro-geral de credores, facultada ao juiz essa possibilidade no período previsto no art. 61 da Lei n. 11.101, de 9 de fevereiro de 2005.

§ 3º As disposições de natureza penal somente se aplicam aos crimes praticados após a data de entrada em vigor desta Lei.

§ 4º Fica permitido aos atuais devedores em recuperação judicial, no prazo de 60 (sessenta) dias, contado da regulamentação da transação a que se refere o art. 10-C da Lei n. 10.522, de 19 de julho de 2002, apresentar a respectiva proposta posteriormente à concessão da recuperação judicial, desde que:

I – as demais disposições do art. 10-C da Lei n. 10.522, de 19 de julho de 2002, sejam observadas; e

II – o processo de recuperação judicial ainda não tenha sido encerrado.

§ 5º O disposto no inciso VI do *caput* do art. 158 terá aplicação imediata, inclusive às falências regidas pelo Decreto-Lei n. 7.661, de 21 de junho de 1945.

§ 6º Fica permitido aos devedores em recuperação judicial, no prazo de 60 (sessenta) dias, contado da entrada em vigor desta Lei, solicitar a repactuação do acordo de transação resolutiva de litígio formalizado anteriormente, desde que atendidos os demais requisitos e condições exigidos na Lei n. 13.988, de 14 de abril de 2020, e na respectiva regulamentação.

Aplicação das alterações da Lei n. 14.112/2020 no tempo

Ainda que a Lei de Falência seja norma mista, de cunho tanto processual quanto material, a Lei n. 14.112/2020 determinou, em seu art. 5º, que todas as alterações realizadas serão aplicadas a partir da vigência da Lei. Considerando que a Lei n. 14.112/2020 teve sua vigência decorridos 30 dias de sua publicação oficial, que ocorreu em 24 de dezembro de 2020, a norma entra em vigor em 23 de janeiro de 2021.

Pela norma transitória, ainda que o processo de insolvência já esteja em curso a partir da vigência da Lei, as alterações determinadas pela Lei n. 14.112/2020 aplicam-se de imediato, respeitados os atos processuais praticados e as situações jurídicas consolidadas.

Algumas normas legais, entretanto, tiveram a aplicação imediata ressalvada pela legislação. Para se garantir que os parâmetros da negociação em curso não sejam alterados, determinou-se que esses institutos somente seriam aplicáveis às falências decretadas após 23 de janeiro de 2021 e às recuperações judiciais ou extrajudiciais distribuídas após essa data.

A primeira das ressalvas é a propositura de plano de recuperação judicial pelos credores. Como o plano alternativo alteraria a negociação desenvolvida pelo devedor e que se iniciou a partir da propositura do plano de recuperação judicial originário pelo devedor, eventual possibilidade de propositura de plano pelos credores poderia obrigar a reiniciar as negociações diante da necessidade de alterar seus termos.

Tampouco podem ser alteradas a sujeição dos créditos na recuperação judicial e a ordem de classificação de créditos na falência. No tocante à recuperação judicial, as alterações à sujeição dos créditos, como a alteração dos créditos relacionados aos produtores rurais, somente incidem a partir das distribuições dos pedidos realizados a partir de 23 de janeiro de 2021. Da mesma forma, a alteração da classificação dos créditos na falência, como o fim das classes de credores privilegiados, a alteração da classe dos credores subordinados etc., somente é aplicável para as decretações de falência sob a vigência da nova Lei.

Também não terá aplicação para as falências anteriormente decretadas a vedação à extensão da falência ou de seus efeitos. A limitação imposta pelo art. 82-A fica adstrita às novas decretações de falência, assim como a extinção das obrigações do falido pelo decurso do prazo de três anos contado da decretação da falência, ressalvada a utilização dos bens arrecadados anteriormente. Quanto a esse último aspecto, evitou a Lei que o credor fosse surpreendido com o fim do prazo para apresentar suas habilitações ou impugnações retardatárias, de modo que o prazo somente incidirá para as decretações de falência já sob a égide da Lei n. 14.112/2020.

Quanto às recuperações judiciais anteriores, determinou a Lei expressamente, em seu art. 5º, § 2º, que, após o decurso do biênio legal de fiscalização, poderão ser imediatamente encerradas independentemente da formação do quadro geral de credores.

Nesse aspecto, decerto já havia a interpretação doutrinária e jurisprudencial de que o quadro geral de credores não era condição imprescindível para o encerramento da recuperação judicial e que o decurso do período de fiscalização poderia ocorrer sem a sua homologação. Pela norma legal expressa, agora, referida interpretação foi consolidada.

REFERÊNCIAS

ABRÃO, Nelson. *Direito bancário*. 12. ed. São Paulo: Revista dos Tribunais, 2009.

_____. *O síndico da administração concursal*. São Paulo: Revista dos Tribunais, 1988.

ADAMEK, Marcelo Vieira von. *Responsabilidade civil dos administradores de S/A e as ações correlatas*. São Paulo: Saraiva, 2009.

ALMEIDA, Amador Paes de. *Curso de falência e recuperação de empresa*. 21. ed. São Paulo: Saraiva, 2005.

_____. *Curso de falência e recuperação de empresa*. 26. ed. São Paulo: Saraiva, 2012.

ANDRIGHI, Fátima Nancy. Comentários ao art. 80. In: CORRÊA-LIMA, Osmar Brina; CORRÊA LIMA, Sérgio Mourão (coord.). *Comentários à nova Lei de Falência e Recuperação de Empresas*. Rio de Janeiro: Forense.

ASCARELLI, Tullio. O contrato plurilateral. In: *Problemas das sociedades anônimas e direito comparado*. Campinas: Bookseller, 2001.

_____. *Problemas das sociedades anônimas e direito comparado*. Campinas: Bookseller, 2001.

ASQUINI, Alberto. Perfis da empresa. Trad. Fábio Konder Comparato. *Revista de Direito Mercantil*, São Paulo: Revista dos Tribunais, n. 104, 1996.

_____. Profili dell'impresa. *Rivista del Diritto Commerciale*, Milano, v. 41, Primeira Parte, p. 1-20, 1943.

AULETTA. *Il contratto di società commerciale*. Milano: Giuffrè, 1937.

AYOUB, Luiz Roberto; CAVALLI, CÁSSIO. *A construção jurisprudencial da recuperação judicial de empresas*. 2. ed. Rio de Janeiro: Forense, 2016.

AZEVEDO, Laurentino. *Da compensação*. São Paulo: Globo, 1920.

AZEVEDO, Luiz Augusto Roux. Recuperação judicial de empresas e falência: alguns aspectos tributários. In: ELIAS, Luis Vasco (coord.). *10 anos da Lei de Recuperação de Empresas e Falências*: reflexões sobre a reestruturação empresarial no Brasil. São Paulo: Quartier Latin, 2015.

AZZONI, Clara Moreira. *Fraude contra credores no processo falimentar*. Curitiba: Juruá, 2017.

BALBINO, Paulo de Carvalho. *Comentários à nova Lei de Falência e Recuperação de Empresas*. Coords. Osmar Brina Corrêa-Lima e Sérgio Mourão Corrêa Lima. Rio de Janeiro: Forense, 2009.

BARRETO FILHO, Oscar. *Teoria do estabelecimento comercial*. São Paulo: Max Limonad, 1969.

BATALHA, Wilson de Souza Campos; BATALHA, Silvia Marina Labate. *Falências e concordatas*: comentários à Lei de Falências. São Paulo: LTr, 1991.

BERNARDI, R. *Comentários à Lei de Recuperação de Empresas e Falência*. Coords. Francisco Satiro de Souza Jr. e Antonio Sérgio A. de Moraes Pitombo. 2. ed. São Paulo: Revista dos Tribunais, 2007.

BERNARDI, Ricardo. Comentários ao art. 142. In: SOUZA JR., Francisco Satiro de; PITOMBO, Antônio Sérgio A. de Moraes (coords.). *Comentários à Lei de Recuperação de Empresas e Falência*. 2. ed. São Paulo: Revista dos Tribunais, 2007.

BERNIER, Joice Ruiz. *Administrador judicial*. São Paulo: Quartier Latin, 2016.

BEZERRA FILHO, Manoel Justino. *Lei de Recuperação de Empresas e Falência*. 10. ed. São Paulo: Revista dos Tribunais, 2014.

_____. *Lei de Recuperação de Empresas e Falência*. 12. ed. São Paulo: Revista dos Tribunais, 2017.

BRITO CORREIA, Luis. *Os administradores de sociedades anônimas*. Coimbra: Almedina, 1993.

BUSCHINELLI, Gabriel Saad Kik. *Abuso do direito de voto na assembleia-geral de credores*. São Paulo: Quartier Latin, 2014.

_____. Cessão de crédito na recuperação judicial. In: CEREZETTI, Sheila C. Neder; MAFFIOLETTI, Emanuelle Urbano (coords.). *Dez anos da Lei n. 11.101/2005*: estudos sobre a Lei de Recuperação e Falência. São Paulo: Almedina, 2015.

CALÇAS, Manoel de Queiroz Pereira; PEREIRA E SILVA, Ruth Maria Junqueira de Andrade. Da cessão fiduciária de crédito na recuperação judicial: análise da jurisprudência. *Cadernos Jurídicos – Direito Empresarial*, São Paulo: Escola Paulista da Magistratura, ano 16, n. 39, p. 12, jan./mar. 2015.

CAMILO JR., Ruy Pereira. Empresa em crise e tributação. In: *Direito das empresas em crise*: problemas e soluções. São Paulo: Quartier Latin, 2012.

CAMPINHO, Sergio. *Falência e recuperação de empresa*. 5. ed. Rio de Janeiro: Renovar, 2010.

_____. *Falência e recuperação de empresa*: o novo regime de insolvência empresarial. 2. ed. Rio de Janeiro: Renovar, 2006.

_____. *Falência e recuperação de empresa*: o novo regime da insolvência empresarial. 4. ed. Rio de Janeiro: Renovar, 2009.

_____. *Falência e recuperação de empresa*: o novo regime da insolvência empresarial. 6. ed. Rio de Janeiro: Renovar, 2012.

CAMPOS, Wilson Cunha. As obrigações a título gratuito e sua exigibilidade contra a empresa em processo de recuperação judicial. In: LUCCA, Newton de; DOMINGUES, Alessandra de Azevedo; ANTONIO, Nilva M. Leonardi (coords.). *Direito recuperacional*. São Paulo: Quartier Latin, 2012. v. 2, p. 377.

CARPENTER, Marcelo Lamego; HENRICI, Ricardo Loretti. Recuperação judicial no Brasil de empresas estrangeiras. In: MENDES, Bernardo Bicalho de Alvarenga (coord.). *Aspectos polêmicos e atuais da Lei de Recuperação de Empresas*. Belo Horizonte: D'Plácido, 2016.

CARVALHO DE MENDONÇA, José Xavier. *Tratado de direito comercial brasileiro*. Rio de Janeiro: Freitas Bastos, 1946. v. VII.

CARVALHOSA, Modesto. *Comentários à Lei de Sociedades Anônimas*. 4. ed. São Paulo: Saraiva, 2009. v. 4. t. 1.

CEREZETTI, Sheila C. N. *A recuperação judicial de sociedade por ações*. São Paulo: Malheiros, 2012.

_____. As classes de credores como técnica de organização de interesses. In: TOLEDO, Paulo F. C. Salles de; SATIRO, Francisco (coords.). *Direito das empresas em crise*: problemas e soluções. São Paulo: Quartier Latin, 2012.

_____. Grupos de sociedades e recuperação judicial: o indispensável encontro entre direitos societário, processual e concursal. In: YARSHELL, Flávio Luiz; PEREIRA, Guilherme Setoguti J. (coords.). *Processo societário II*. São Paulo: Quartier Latin, 2015.

_____. Princípio da preservação da empresa. In: COELHO, Fábio Ulhoa (coord.). *Tratado de direito comercial*. São Paulo: Saraiva, 2015. v. 7.

CEREZETTI, Sheila C. N.; SATIRO, Francisco. A silenciosa "consolidação" da consolidação substancial. *Revista do Advogado*, São Paulo, ano XXXVI, n. 131, p. 216, out. 2016.

CHALHUB, Melhim Namem. A afetação patrimonial no direito positivo brasileiro. In: GUERRA, Alexandre; BENACCHIO, Marcelo (coords.). *Direito imobiliário brasileiro*. São Paulo: Quartier Latin, 2011.

_____. *Negócio fiduciário*. 4. ed. Rio de Janeiro: Renovar, 2009.

COELHO, Fábio Ulhoa. Cessão fiduciária de títulos creditórios e a recuperação judicial do devedor cedente. *Revista Magister de Direito Civil e Processual Civil*, Porto Alegre: Magister, v. 37, p. 21, jul./ago. 2010.

_____. *Comentários à nova Lei de Falências e de Recuperação de Empresas*. 2. ed. São Paulo: Saraiva, 2005.

_____. *Comentários à nova Lei de Falências e de Recuperação de Empresas*. 3. ed. São Paulo: Saraiva, 2005.

_____. *Comentários à nova Lei de Falências e de Recuperação de Empresas*. 4. ed. São Paulo: Saraiva, 2007.

_____. *Comentários à Lei de Falências e de Recuperação de Empresas*. 11. ed. São Paulo: Revista dos Tribunais, 2016.

_____. *Curso de direito comercial*. 8. ed. São Paulo: Saraiva, 2008. v. 3.

_____. *Curso de direito comercial*. 13. ed. São Paulo: Saraiva, 2012. v. 3.

_____. *Curso de direito comercial*. 17. ed. São Paulo: Revista dos Tribunais, 2016. v. 3.

COMPARATO, Fábio Konder. *Aspectos jurídicos da macroempresa*. São Paulo: Revista dos Tribunais, 1970.

_____. Falência. Legitimidade da Fazenda Pública em requerê-la. *Revista dos Tribunais*, São Paulo, n. 442, p. 50-51, 1972.

DE LUCCA, Newton. *Comentários à nova Lei de Falências e de Recuperação de Empresas*. Coords. Newton de Lucca e Adalberto Simão Filho. São Paulo: Quartier Latin, 2005.

_____. *Comentários à nova Lei de Falências e Recuperação de Empresas*. Coords. Osmar Brina Correa-Lima e Sérgio Mourão Correa Lima. Rio de Janeiro: Forense, 2009.

DI PIETRO, Maria Sylvia Zanella. *Direito administrativo*. 16. ed. São Paulo: Atlas, 2003.

DIAS, Leonardo Adriano Ribeiro. *Financiamento na Recuperação Judicial e na Falência*. São Paulo: Quartier Latin, 2014.

DINAMARCO, Cândido Rangel. *Instituições de direito processual civil*. 6. ed. São Paulo: Malheiros, 2009. v. 1.

Referências ||| Marcelo Barbosa Sacramone

FELSBERG, Thomas Benes; BIANCHI, Pedro Henrique Torres. Breves apontamentos sobre conversão de dívida em capital na recuperação judicial. In: *10 Anos da Lei de Recuperação de Empresas e Falências*: reflexões sobre a reestruturação empresarial no Brasil. São Paulo: Quartier Latin, 2015.

FELSBERG, Thomas Benes; CAMPANA FILHO, Paulo Fernando. A recuperação judicial de sociedades sediadas no exterior: as lições da experiência estrangeira e os desenvolvimentos do Brasil. In: CEREZETTI, Sheila C. Neder; MAFFIOLETTI, Emanuelle Urbano. *Dez anos da Lei n. 11.101/2005*. São Paulo: Almedina, 2015.

FERREIRA, Waldemar Martins. *Instituições de direito comercial*. Rio de Janeiro: Freitas Bastos, 1946. v. IV.

_____. *Tratado de direito comercial*. São Paulo: Saraiva, 1965. v. 14.

FRANÇA, Erasmo Valladão A. e N. *A sociedade em comum*. São Paulo: Malheiros, 2013.

_____. *Comentários à Lei de Recuperação de Empresas e Falência*. Coords. Francisco Satiro de Souza Jr. e Antônio Sérgio A. de Moraes Pitombo. 2. ed. São Paulo: Revista dos Tribunais, 2007.

FRANÇA, Erasmo Valladão A. e N.; ADAMEK, Marcelo Vieira von. O novo conceito de sociedade coligada na lei acionária brasileira. In: ESTEVEZ, André Fernandes; JOBIM, Marcio Feliz (orgs.). *Estudos de direito empresarial*. São Paulo: Saraiva, 2012.

FRANCO, Vera Helena de Mello. Comentários ao art. 108. In: SOUZA JR., Francisco Satiro de; PITOMBO, Antônio Sergio A. de Moraes (coords.). *Comentários à Lei de Recuperação de Empresas e Falência*. 2. ed. São Paulo: Revista dos Tribunais, 2007.

FRONTINI, Paulo Salvador. Comentários ao art. 119. In: SOUZA JR., Francisco Satiro de; PITOMBO, Antônio Sérgio A. de Moraes (coords.). *Comentários à Lei de Recuperação de Empresas e falência*. 2. ed. São Paulo: Revista dos Tribunais, 2007.

_____. Comentários ao art. 122. In: SOUZA JR., Francisco Satiro de; PITOMBO, Antônio Sérgio A. de Moraes (coords.). *Comentários à Lei de Recuperação de Empresas e Falência*. 2. ed. São Paulo: Revista dos Tribunais, 2007.

GOMES, Orlando. *Contratos*. 24. ed. Rio de Janeiro: Forense, 2001.

_____. *Introdução ao direito civil*. 15. ed. Rio de Janeiro: Forense, 2000.

GONÇALVES NETO, Alfredo de Assis. Administração da falência, realização do ativo e pagamento dos credores. In: SANTOS, Paulo Penalva Santos (coord.). *A nova Lei de Falências e de Recuperação de Empresas*. Rio de Janeiro: Forense, 2006.

_____. *Comentários à nova Lei de Falência e Recuperação de Empresas*. Coords. Osmar Brina Corrêa-Lima e Sérgio Mourão Corrêa Lima. Rio de Janeiro: Forense, 2009.

GONTIJO, Vinícius José Marques. A compensação na falência: subclasse no quadro-geral de credores. *Revista dos Tribunais*, São Paulo, ano 89, v. 883, p. 54 e ss., 2009.

GRAU, Eros Roberto. Concordata – Garantia por fiança e vencimento antecipado das obrigações. *Revista dos Tribunais*, São Paulo, ano 76, v. 622, p. 19, 1987.

GUERREIRO, José Alexandre Tavares. *Comentários à Lei de Recuperação de Empresas e Falência*. Coords. Francisco Satiro de Souza Junior e Antônio Sérgio de Moraes Pitombo. 2. ed. São Paulo: Revista dos Tribunais, 2007.

HARADA, Kiyoshi. Os aspectos tributários e as questões controvertidas. In: *10 anos de vigência da Lei de Recuperação e Falência*. São Paulo: Saraiva, 2015.

KIRSCHBAUM, Deborah. Cláusula resolutiva expressa por insolvência nos contratos empresariais: uma análise econômico-jurídica. *Revista de Direito da GV*, v. 2, n. 1, p. 41, jan./jun. 2006.

LAMY FILHO, Alfredo; PEDREIRA, José Luiz Bulhões. *Direito das companhias*. 2. ed. Rio de Janeiro: Forense, 2017.

LASPRO, Oreste Nestor de Souza. Da restrição à concessão de tutelas de urgência na lei de recuperações judiciais. In: YARSHELL, Flávio Luiz; PEREIRA, Guilherme Setoguti J. (coord.). *Processo societário*. São Paulo: Quartier Latin, 2012.

LEONEL, Jayme. *Da ação revocatória no direito da falência*. 2. ed. São Paulo: Saraiva, 1951.

LOBO, Jorge. *Direito concursal*. 3. ed. Rio de Janeiro: Forense, 1999.

_____. Cessão fiduciária em garantia de recebíveis performados e a performar. In: ABRÃO, Carlos Henrique; ANDRIGHI, Fátima Nancy; BENETI, Sidnei (coords.). *10 Anos de Vigência da Lei de Recuperação e Falência*. São Paulo: Saraiva, 2015.

LOPUCKI, Lynn M. The case for cooperative territoriality in International Bankruptcy. *Michigan Law Review*, v. 98, p. 2.216-2.251, 2000.

_____. The nature of the bankrupt firm: a response to Baird and Rasmussen's the end of bankruptcy. *Stan. L. Rev.*, v. 56, 2003-2004.

LOUREIRO, Francisco. Comentário ao art. 1368-A. In: PELUSO, Cezar (coord.). *Código Civil comentado*. Barueri: Manole, 2007.

LUCCA, Newton de. *Comentários à nova Lei de Falência e Recuperação de Empresas* (Osmar Brina Corrêa Lima e Sérgio Mourão Corrêa Lima coord.). Rio de Janeiro: Forense, 2009.

MAMEDE, Gladston. *Direito empresarial brasileiro*. São Paulo: Atlas, 2006. v. 4.

_____. *Direito empresarial brasileiro*: falência e recuperação de empresas. 7. ed. São Paulo: Atlas, 2015. v. 4.

MARCONDES, Sylvio. *Problemas de direito mercantil*. São Paulo: Max Limonad, 1970.

MARIANO, Álvaro A. C. Compensação na falência. In: SZTAJN, Rachel; SALLES, Marcos Paulo de Almeida; TEIXEIRA, Tarcisio (coord.). *Direito empresarial*: estudos em homenagem ao professor Haroldo Malheiros Duclerc Verçosa. São Paulo: IASP, 2015.

MARTINS, Glauco. Efeitos da decretação da falência sobre as obrigações do devedor. In: PAIVA, Luiz Fernando (coord.). *Direito falimentar e a nova Lei de Falências e Recuperação de Empresas*. São Paulo: Quartier Latin, 2005.

MELLO, Marcos Bernardes de. *Teoria do fato jurídico*: plano da eficácia. 6. ed. São Paulo: Saraiva, 2010.

MENDONÇA, Carvalho de. *Tratado de direito comercial brasileiro*. 7. ed. Rio de Janeiro: Freitas Bastos, 1964. v. VII.

MENDONÇA, José Xavier Carvalho de. *Tratado de Direito Comercial Brasileiro*. 4. ed. Rio de Janeiro: Freitas Bastos,1947. v. VIII.

MORAIS, Juliana Ferreira. *A compensação de créditos na falência*: hermenêutica do art. 122 da Lei n. 11.101, de 9 de fevereiro de 2005. Dissertação apresentada ao curso de Mestrado em Direito Empresarial da Faculdade de Direito Milton Campos, Nova Lima, 2006.

MOREIRA, José Carlos Barbosa. *Comentários à nova Lei de Falência e Recuperação de Empresas*. Coords. Osmar Brina Corrêa-Lima e Sérgio Mourão Corrêa Lima. Rio de Janeiro: Forense, 2009.

MUNHOZ, Eduardo Secchi. Anotações sobre os limites do poder jurisdicional na apreciação do plano de recuperação judicial. *Revista de Direito Bancário e do Mercado de Capitais*, São Paulo, ano 10, n. 36, p. 191, 2007.

_____. Comentários ao art. 64. In: SOUZA JR., Francisco Satiro de; PITOMBO, Antônio Sergio A. de Moraes (coords.). *Comentários à Lei de Recuperação de Empresas e Falência.* 2. ed. São Paulo: Revista dos Tribunais, 2007.

_____. Comentários ao art. 56. In: *Comentários à Lei de Recuperação de Empresas e Falência.* 2. ed. São Paulo: Revista dos Tribunais, 2007.

NEGRÃO, Ricardo. *Manual de direito comercial e de empresas.* São Paulo: Saraiva, 2012. v. III.

NORONHA, João Otávio de; CORRÊA LIMA, Sérgio Mourão. *Comentários à nova Lei de Falências e Recuperação de Empresas.* Coords. Osmar Brina Corrêa-Lima e Sérgio Mourão Corrêa Lima. Rio de Janeiro: Forense, 2009.

PACHECO, José da Silva. *Processo de falência e concordata.* Rio de Janeiro: Borsoi, 1970. v. II.

_____. *Processo de recuperação judicial, extrajudicial e falência.* Rio de Janeiro: Forense, 2006.

PAIVA, Luiz Fernando Valente de. Aspectos relevantes do instituto da recuperação judicial e necessária mudança cultural. In: OLIVEIRA, Fátima Bayma (coord.). *Recuperação de empresas*: uma múltipla visão da nova lei. São Paulo: Pearson Prentice Hall, 2006.

PAIVA, Luiz Fernando Valente de; COLOMBO, Giuliano. Venda de ativos na recuperação judicial: evolução, desafios e oportunidades. In: ELIAS, Luis Vasco (coord.). *10 anos da Lei de Recuperação de Empresas e Falências*: reflexões sobre a reestruturação empresarial no Brasil. São Paulo: Quartier Latin, 2015.

PARENTONI, Leonardo Netto; GUIMARÃES, Rafael Couto. Comentários ao art. 96. In: CORRÊA-LIMA, Osmar Brina; CORRÊA LIMA, Sérgio Mourão (coords.). *Comentários à nova Lei de Falência e Recuperação de Empresas.* Rio de Janeiro: Forense, 2009.

PEIXOTO, Euler da Cunha. *Comentários à nova Lei de Falência e Recuperação de Empresas*: Lei n. 11.101, de 9 de fevereiro de 2005. Coords. Osmar Brina Corrêa-Lima e Sérgio Mourão Corrêa Lima. Rio de Janeiro: Forense, 2009.

_____. Comentários ao art. 1.145. In: In: CORRÊA-LIMA, Osmar Brina; CORRÊA LIMA, Sérgio Mourão (coords.). *Comentários à nova Lei de Falência e Recuperação de Empresas*: Lei n. 11.101, de 9 de fevereiro de 2005. Rio de Janeiro: Forense, 2009.

PENTEADO, Mauro Rodrigues. *Comentários à Lei de Recuperação de Empresas e Falência.* Coords. Francisco Satiro de Souza Junior e Antônio Sérgio A. de Moraes Pitombo. 2. ed. São Paulo: Revista dos Tribunais, 2007.

_____. *Comentários à nova Lei de Falência e Recuperação de Empresas.* Coords. Osmar Brina Corrêa-Lima e Sérgio Mourão Corrêa Lima. Rio de Janeiro: Forense, 2009.

PERIN JR., Ecio. *Curso de direito falimentar e recuperação de empresas.* 4. ed. São Paulo: Saraiva, 2011.

_____. O administrador judicial e o Comitê de Credores no novo direito concursal brasileiro. In: PAIVA, Luiz Fernando Valente (coord.). *Direito falimentar e a nova Lei de Falências e Recuperação de Empresas.* São Paulo: Quartier Latin, 2005.

PIMENTEL, Carlos Barbosa. *Direito empresarial.* 8. ed. Rio de Janeiro: Elsevier, 2010.

PITOMBO, Antônio Sérgio A. de Moraes. Comentários ao art. 183. In: SOUZA JR., Francisco Satiro de; PITOMBO, Sérgio A. de Moraes (coords.). *Comentários à Lei de Recuperação de Empresas e Falência*. 2. ed. São Paulo: Revista dos Tribunais, 2007, p. 575-576.

PLÁCIDO E SILVA, Oscar José de. *Tratado do mandato e prática das procurações*. 3. ed. Rio de Janeiro: Guaíra, 1959. v. I.

PONTES DE MIRANDA, Francisco Cavalcanti. *Tratado de direito privado*. Rio de Janeiro: Borsoi, 1971.

_____. *Tratado de direito privado*. Rio de Janeiro: Borsoi, 1970. t. V.

_____. *Tratado de direito privado*. Rio de Janeiro: Borsoi, 1954. t. III.

_____. *Tratado de direito privado*. 4. ed. São Paulo: Revista dos Tribunais, 1974. t. III.

_____. *Tratado de direito privado*. 3. ed. São Paulo: Revista dos Tribunais, 1984. t. XXIII

PRADO, Viviane Muller. *Conflito de interesses nos grupos societários*. São Paulo: Quartier Latin, 2006.

PROENÇA, José Marcelo Martins. *Comentários à nova Lei de Falências e Recuperação de Empresas*. Coord. Rubens Approbato Machado. 2. ed. São Paulo: Quartier Latin, 2007.

PUGLIESI, Adriana Valéria. *Direito falimentar e preservação da empresa*. São Paulo: Quartier Latin, 2013.

REQUIÃO, Rubens. *Curso de direito falimentar*. 16. ed. São Paulo: Saraiva, 1995. v. 1.

_____. *Curso de direito falimentar*. 17. ed. São Paulo: Saraiva, 1998. v. 1.

RESTIFFE NETO, Paulo; RESTIFFE, Paulo Sérgio. *Propriedade fiduciária de imóvel*. São Paulo: Malheiros, 2009.

RIBEIRO, Renato Ventura. O regime da insolvência das empresas estatais. In: CASTRO, Rodrigo R. Monteiro de; ARAGÃO, Leandro Santos de (coords.). *Direito societário e a nova Lei de Falências e Recuperação de Empresas*. São Paulo: Quartier Latin, 2006, p. 111 e ss.

RIPERT, Georges; ROBLOT, René. *Traité elementaire de droit comercial*. Paris: R. Pichon et R. Durand-Auzias, 1976.

ROPPO, Enzo. *O contrato*. Coimbra: Almedina, 2009.

SACRAMONE, Marcelo Barbosa. *Administradores de sociedades anônimas*: relação jurídica entre o administrador e a sociedade. São Paulo: Almedina, 2014.

_____. A extensão da falência e a desconsideração da personalidade jurídica. In: DE LUCCA, Newton; VASCONCELOS, Miguel Pestana de (coords.). *Falência, insolvência e recuperação de empresas*: estudos luso-brasileiros. São Paulo: Quartier Latin, 2015.

_____. Cláusula de vencimento antecipado na recuperação judicial. *Revista do Advogado*, São Paulo: AASP, ano XXXVI, n. 131, p. 133-139, out. 2016.

_____. Compensação de débitos na recuperação judicial. In: MENDES, Bernardo Bicalho de Alvarenga Mendes (coord.). *Aspectos polêmicos e atuais da Lei de Recuperação de Empresas*. Belo Horizonte: D'Plácido, 2016.

_____. Os direitos do compromissário comprador diante da falência ou recuperação judicial do incorporador de imóveis. *Revista de Direito Bancário e do Mercado de Capitais*, São Paulo: Revista dos Tribunais, ano 20, v. 76, p. 173-194, abr./jun. 2017.

SACRAMONE, Marcelo; PIVA, Fernanda Neves. Cessão fiduciária de créditos na recuperação judicial: requisitos e limites à luz da jurisprudência. *Revista de Direito Bancário e do Mercado de Capitais*, São Paulo: Revista dos Tribunais, ano 19, v. 72, p. 133-155, abr./jun. 2016.

_____; _____. Créditos vencidos e vincendos na recuperação judicial: o negócio jurídico sob condição suspensiva e o contrato bilateral. In: BEZERRA FILHO, Manoel Justino; REZENDE, José Horário Halvelde; WAISBERG, Ivo (orgs.). *Temas de direito da insolvência*: estudos em homenagem ao Professor Manoel Justino Bezerra Filho. São Paulo: IASP, 2017, p. 590-608.

SACRAMONE, Marcelo; SANTOS, Eronides Aparecido Rodrigues dos. A sociedade de credores no processo falimentar. In: DELOITTE (coord.). *10 anos da Lei de Recuperação de Empresas e Falências*: reflexões sobre a reestruturação empresarial no Brasil. São Paulo: Quartier Latin, 2015.

SADDI, Jairo. *Comentários à nova Lei de Falência e Recuperação de Empresas*. Coords. Osmar Brina Corrêa-Lima e Sérgio Mourão Corrêa Lima. Rio de Janeiro: Forense, 2009.

SALLES, Marcos Paulo de Almeida. Comentários ao art. 85. In: In: SOUZA JR., Francisco Satiro de; PITOMBO, Sérgio A. de Moraes (coords.). *Comentários à Lei de Recuperação de Empresas e Falência*. 2. ed. São Paulo: Revista dos Tribunais, 2007.

SALOMÃO, Luis Felipe; PENALVA SANTOS, Paulo. *Recuperação judicial, extrajudicial e falência*. Rio de Janeiro: Forense, 2012.

_____; _____. *Recuperação judicial, extrajudicial e falência*. 2. ed. Rio de Janeiro: Forense, 2015.

SANTOS, Penalva. *Obrigações e contratos na falência*. 2. ed. Rio de Janeiro: Renovar, 2003.

SATIRO, Francisco; CAMPANA FILHO, Paulo Fernando. A insolvência transnacional: para além da regulação estatal e na direção dos acordos de cooperação. In: TOLEDO, Paulo Fernando Campos Salles de; SATIRO, Francisco (coords.). *Direito das Empresas em crise*: problemas e soluções. São Paulo: Quartier Latin, 2012, p. 124.

SCALZILLI, João Pedro; SPINELLI, Luis Felipe; TELLECHEA, Rodrigo. *Recuperação de empresas e falência*. São Paulo: Almedina, 2016.

_____; _____; _____. *Recuperação de empresas e falência*. São Paulo: Almedina, 2006.

_____; _____; _____. *Recuperação de empresas e falência*. 2. ed. São Paulo: Almedina, 2017.

_____; _____; _____. *Recuperação de empresas e falência*: teoria e prática na Lei n. 11.101/2005. 2. ed. São Paulo: Almedina, 2017.

SILVA, José Marcelo Tossi. *Incorporação imobiliária*. São Paulo: Atlas, 2010.

SIMIONATO, Frederico A. *Tratado de direito falimentar*. Rio de Janeiro: Forense, 2008.

SOUZA JR., Francisco Satiro. Art. 83. In: In: SOUZA JR., Francisco Satiro de; PITOMBO, Sérgio A. de Moraes (coords.). *Comentários à Lei de Recuperação de Empresas e Falência*. 2. ed. São Paulo: Revista dos Tribunais, 2007.

SZTAJN, Rachel. *Comentários à Lei de Recuperação de Empresas e Falência*. Coords. Francisco Satiro de Souza Junior e Sérgio A. de Moraes Pitombo. 2. ed. São Paulo: Revista dos Tribunais, 2007.

_____. Comentários ao art. 145. In: TOLEDO, Paulo Fernando Campos Salles de; ABRÃO, Carlos Henrique. *Comentários à Lei de Recuperação de Empresas e Falência*. 5. ed. São Paulo: Saraiva, 2012.

_____. Notas em matéria de empresa e sociedades empresárias no Código Civil. *Revista do Advogado*, São Paulo: AASP, ano XXIII, n. 71, p. 94, ago. 2003.

TEBET, Ramez. Parecer. In: MACHADO, Rubens Approbato (coord.). *Comentários à nova Lei de Falências e Recuperação de Empresas*. 2. ed. São Paulo: Quartier Latin, 2007.

_____. Relatório apresentado à Comissão de Assuntos Econômicos sobre o PLC n. 71, de 2003. In: MACHADO, Rubens Approbato (coord.). *Comentários à nova Lei de Falências e Recuperação de Empresas*. 2. ed. São Paulo: Quartier Latin, 2007.

TEIXEIRA, Sálvio de Figueiredo; TEIXEIRA, Vinicius de Figueiredo. Comentários ao art. 88, *caput*. In: CORRÊA-LIMA, Osmar Brina; CORREA LIMA, Sérgio Mourão (coords.). *Comentários à nova Lei de Falências e Recuperação de Empresas*. Rio de Janeiro: Forense, 2009.

TEPEDINO, Ricardo. Comentários ao art. 106. In: TOLEDO, Paulo F. C. Salles de; ABRÃO, Carlos Henrique Abrão (coords.). *Comentários à Lei de Recuperação de Empresas e Falência*. 5. ed. São Paulo: Saraiva, 2012.

_____. Comentários ao art. 121. In: TOLEDO, Paulo F. C. Salles de; ABRÃO, Carlos Henrique Abrão (coords.). *Comentários à Lei de Recuperação de Empresas e Falência*. 5. ed. São Paulo: Saraiva, 2012.

_____. Comentários ao art. 122. In: TOLEDO, Paulo F. C. Salles de; ABRÃO, Carlos Henrique Abrão (coords.). *Comentários à Lei de Recuperação de Empresas e Falência*. 5. ed. São Paulo: Saraiva, 2012.

_____. Comentários ao art. 129. In: TOLEDO, Paulo F. C. Salles de; ABRÃO, Carlos Henrique Abrão (coords.). *Comentários à Lei de Recuperação de Empresas e Falência*. 5. ed. São Paulo: Saraiva, 2012.

_____. Comentários ao art. 133. In: TOLEDO, Paulo F. C. Salles de; ABRÃO, Carlos Henrique Abrão (coords.). *Comentários à Lei de Recuperação de Empresas e Falência*. 5. ed. São Paulo: Saraiva, 2012.

_____. O trespasse para subsidiária. In: CASTRO, Rodrigo R. Monteiro de; ARAGÃO, Leandro Santos de (coords.). *Direito societário e a nova Lei de Falências e Recuperação de Empresas*. São Paulo: Quartier Latin, 2006.

THEODORO JR., Humberto. *Fraude contra credores*: a natureza da sentença pauliana. 2. ed. Belo Horizonte: Del Rey, 2001.

TOLEDO, Paulo F. C. Salles de. *Comentários à Lei de Recuperação de Empresas e Falência*. Coords. Paulo F. C. Salles de Toledo e Carlos Henrique Abrão. São Paulo: Saraiva, 2005.

_____. *Comentários à Lei de Recuperação de Empresas e Falência*. Coords. Paulo F. C. Salles de Toledo e Carlos Henrique Abrão. 5. ed. São Paulo: Saraiva, 2012.

_____. Extensão da falência a sócios ou controladores de sociedades falidas. *Revista do Advogado*, São Paulo: AASP, n. 105, p. 154, 2009.

_____. O plano de recuperação judicial e o controle judicial da legalidade. *Revista de Direito Bancário e do Mercado de Capitais*, v. 60, p. 319, 2013.

_____. Recuperação judicial, sociedades anônimas, debêntures, assembleia-geral de credores, liberdade de associação, boa-fé objetiva, abuso de direito, *cram down*, *par condicio creditorum*. RDM, São Paulo: Malheiros, ano XLV, 142, p. 281, jun. 2006.

TOLEDO, Paulo Fernando Campos Salles de; POPPA, Bruno. UPI e estabelecimento: uma visão crítica. In: TOLEDO, Paulo Fernando Campos Salles de; SATIRO, Francisco (coords.). *Direito das empresas em crise*: problemas e soluções. São Paulo: Quartier Latin, 2012.

Referências ||| Marcelo Barbosa Sacramone   **720**

TOMASETTI JR., Alcides. A parte contratual. In: ADAMEK, Marcelo Vieira von (coord.). *Temas de direitos societário e empresarial contemporâneos*. São Paulo: Malheiros, 2011.

TOMAZETTE, Marlon. *Comentários à nova Lei de Falência e Recuperação de Empresas*. Coords. Osmar Brina Corrêa-Lima e Sérgio Mourão Corrêa Lima. Rio de Janeiro: Forense, 2009.

_____. Comentários ao art. 30. In: COORÊA-LIMA, Osmar Brina; CORRÊA LIMA, Sérgio Mourão (coords.). *Comentários à nova Lei de Falência e Recuperação de Empresa*. Rio de Janeiro: Forense, 2009.

_____. *Curso de direito empresarial*. 2. ed. São Paulo: Atlas, 2012. v. 3.

_____. *Curso de direito empresarial*. 4. ed. São Paulo: Atlas, 2012. v. 1.

TZIRULNIK, Luiz. *Direito falimentar*. 7. ed. São Paulo: Revista dos Tribunais, 2005.

VALVERDE, Trajano de Miranda. *Comentários à Lei de Falências*. 2. ed. Rio de Janeiro: Forense, 1954. v. I.

_____. *Comentários à Lei de Falências*. 4. ed. Rio de Janeiro: Forense, 1999. v. I.

_____. *Comentários à Lei de Falências*. 4. ed. Rio de Janeiro: Forense, 1999. v. II.

VARELA, João de Matos Antunes. *Das obrigações em geral*. 7. ed. Coimbra: Almedina, 2015. v. 2.

VASCONCELOS, Ronaldo. *Direito processual falimentar*. São Paulo: Quartier Latin, 2008.

VERÇOSA, Haroldo Malheiros Duclerc. *Comentários à Lei de Recuperação de Empresas e Falência*. Coords. Francisco Satiro de Souza Junior e Antônio Sérgio A. de Moraes Pitombo. 2. ed. São Paulo: Revista dos Tribunais, 2007.

_____. *Curso de direito comercial*. São Paulo: Malheiros, 200. v. 1.

_____. Das pessoas sujeitas e não sujeitas aos regimes de recuperação de empresas e ao da falência. In: PAIVA, Luiz Fernando Valente de (coord.). *Direito falimentar e a nova Lei de Falências e Recuperação de Empresas*. São Paulo: Quartier Latin, 2005.

VILLELA, João Baptista. *Da compensabilidade no concurso falencial*. Tese para doutoramento na Faculdade de Direito da Universidade de Minas Gerais, Belo Horizonte, 1963.

WAISBERG, Ivo. A viabilidade da recuperação judicial do produtor rural. *Revista do Advogado*, São Paulo: AASP, ano XXXVI, n. 131, p. 83-90, out. 2016.

WAISBERG, Ivo; GORNATI, Gilberto. *Contratos e operações bancárias*. 2. ed. São Paulo: Saraiva, 2016.

WARDE JR., Walfrido Jorge; PEREIRA, Guilherme Setoguti J. Discricionariedade da assembleia--geral de credores e poderes do juiz na apreciação do plano de recuperação judicial. In: ELIAS, Luis Vasco (coord.). *10 anos da Lei de Recuperação de Empresas e Falências*: reflexões sobre a reestruturação empresarial no Brasil. São Paulo: Quartier Latin, 2015.

WESTBROOK, J. L. Multinational Enterprises in General Default: Chapter 15, the ALI Principles, and the EU Insolvency Regulation. *American Bankrutpcy Law Journal*, v. 76, n. 1, 2001.

ZANINI, Carlos Klein. Comentários ao art. 72. In: SOUZA JR., Francisco Satiro de; PITOMBO, Antônio Sérgio A. de Moraes (coords.). *Comentários à Lei de Recuperação de Empresas e Falência*. 2. ed. São Paulo: Revista dos Tribunais, 2007.

ÍNDICE REMISSIVO

A

Ação de responsabilização 168, 417-419, 422

Ação penal 143, 679, 683, 684, 686-691

Ação rescisória da sentença de extinção das obrigações 615

Ação rescisória de quadro-geral de credores... 105

Ação revocatória ...36, 454, 463, 555-557, 559, 560, 566-578, 715

    Efeitos 586, 618, 619

    Foro competente 30, 31, 34, 380, 412, 572

    Legitimidade 571, 610, 619, 620

    Medida cautelar de sequestro 576

    Negócio jurídico baseado em decisão judicial 577

    Prazo decadencial 570

    Procedimento..................................572, 579

    Sentença................................. 578, 607, 608

Ações de despejo.................................... 59, 60

Ações e execuções em face da massa falida ...46

Ações e execuções em face da recuperanda... 76, 297, 308

Ações e execuções em face de coobrigados....46

Ações ilíquidas 62, 295, 408-410

Acordo de leniência.....................................67

Acordo nos processos de falência 145

Acordos de acionistas 261

Acordos privados 636

Adiantamento de contrato de câmbio para exportação 69, 244, 392, 452, 453

Aditamento ao plano de recuperação judicial.... 172, 216, 274, 345, 346, 356

Adjudicação pelos credores......................... 519

Administração dos bens.......................496, 551

Administrador judicial

    Destituição 141, 145, 147, 148, 159-161, 164-168, 178, 418, 491, 587

    Nomeação....50, 120-121, 127-131, 162, 164, 165, 166, 168, 169, 290, 469, 484, 486, 487, 491, 516, 528, 529, 610, 618, 628

    Responsabilidade 134, 139, 163, 167, 511

    Substituição 36, 146, 161-166, 346

Termo de compromisso 169, 170, 689, 690

Aeronaves...705, 706

Agente fiduciário 182, 183, 705

Agentes econômicos... 14-16, 34, 132, 171, 215-217, 290, 326, 341, 360, 400

Agravo de instrumento 693-695

Alienação de ativos 203, 272, 306, 333, 338, 486, 680

Alienação de UPI......................... 338, 342, 356

Alienação fiduciária em garantia 231, 233, 236, 238

Alienação integral do ativo do devedor........ 271

Amortização do crédito......... 227, 228, 241, 242

Aplicação supletiva do Código de Processo Civil 456, 576, 693, 694

Aplicação supletiva do Código de Processo Penal 691

Apuração dos haveres 316, 527

Aquisição, recebimento ou uso ilegal de bens...676

Arbitragem....................... 46, 73, 120, 409-410

Arrecadação 142, 442, 484, 486, 500-502

    Avaliação... 506

    Bens não arrecadáveis............................ 515

    Decretação de sigilo em incidentes investigatórios.. 512

    Guarda 511, 516

    Momento 511

Arrematação 47, 55, 78, 87, 88, 336, 337, 549, 587, 589-592

    Impugnação à arrematação..................... 591

Arrendamento de bens 698

Arrendamento mercantil......................705, 706

Assembleia eletrônica 190

Assembleia geral de credores 170-187

Atribuições ... 35, 121, 127-128, 130-131, 156-158, 160-162, 165, 166, 168, 170-172, 352, 417, 511, 523

    Autonomia...... 18, 20, 21, 120, 121, 124, 171, 172, 214, 246, 327, 328, 371, 379, 380, 382-384, 387-389, 416, 421, 423, 490, 531, 536, 544, 546, 547, 621, 623, 627, 636, 650, 700

Composição 23, 53, 119-124, 126, 127, 137, 145, 149, 154, 156, 161, 189, 199, 202, 209, 300, 309, 319, 332, 356, 381, 416, 425, 466, 490, 491, 546, 555, 577, 617-620, 622, 627, 634-636, 669, 671, 696, 704

Convocação......132, 136, 155, 157, 159, 160, 172-179, 184, 187, 190, 192, 193, 202, 210, 287, 292, 296, 297, 301, 305, 308, 309, 316, 317, 319, 345, 355-357, 395, 396, 483, 489, 632

Invalidade.... 176, 192-194, 196, 262, 399, 474

Procedimento.............................173-175

Quórum de deliberação 196, 202, 209, 306, 364, 382, 476, 505, 509

Quórum de instalação 173, 176, 178, 179

Suspensão 183-185, 195, 308

Tutela de urgência 49, 50, 52, 122, 124, 198, 513, 576

Vícios ...22, 107, 109, 191, 192, 274, 302, 466, 508, 591

Assistência judiciária gratuita.....................287

Assistente simples 142, 571

Associações..9, 15, 16

Ato falimentar...... 106, 331, 400, 402, 403, 415, 471, 473, 481, 606, 617, 633, 636

Atos cooperativos............................46, 70, 71

Atos de alienação 231, 233, 404

Atos de concentração...............................266

Atos gratuitos................................562, 563

Atualização do crédito...............................95

Auto de arrematação 587, 590-592

Autofalência......... 11, 14, 22, 27, 135, 279, 380, 476, 477, 503-510

Desistência 5, 51, 52, 56, 109, 170, 171, 173, 175, 274, 292, 293, 297, 367, 370, 472, 510, 621

Impugnação... 502, 508-510, 516, 580, 591, 592, 601, 605, 607, 608, 628, 630-633, 677, 688, 695

Pedido 493

Pedido pelo liquidante...........................494

Processamento 508, 509, 551, 572, 610, 631, 659, 698, 700, 706

Sentença declaratória ...494, 502, 510, 511, 526, 537, 558, 678

Auxiliares....... 123, 130, 134-137, 142, 149, 152, 153, 158, 163, 168, 277, 442, 445, 446, 513, 516, 518, 641, 642

Avaliação...136, 140, 506, 510, 511, 516, 518-521, 579, 580, 586, 588, 589, 591, 595, 596, 600, 650

Avaliação dos bens ou direitos alienados/cedidos fiduciariamente.....................................237

B

Banco de dados....................................703, 704

Bens de capital essenciais à atividade....70, 242, 250

Bondholders 182, 183

C

Câmaras ou prestadoras de serviços de compensação e liquidação financeira 699, 700, 702

Capital social....23, 203-206, 222, 259, 260, 265, 267, 268, 270, 389, 417, 427, 440, 476, 505, 602, 626, 669, 671

Carência no cumprimento das obrigações.... 343

Carta de arrematação.................................591

Caução117, 118, 153, 355, 357, 457, 459, 460, 462, 475, 478, 486-488, 524, 525, 534, 592, 605, 610, 612

Centro de interesses principais.... 639, 643, 644, 650-653

Certidão de regularidade.....................276, 283

Certidão negativa de débito tributário...319, 612

Certidões dos cartórios de protesto.......277, 285

Certidões negativas para a contratação com o poder público...294

Cessão de crédito 16, 191, 192, 206-208, 232, 253, 254, 319, 433, 547, 712

Cessão de crédito trabalhista...................... 433

Cessão fiduciária em garantia ...231, 235, 241, 715

Cisão 259, 261

Classes de credores.... 56, 113, 114, 154-156, 161, 177, 199, 208, 209, 282, 309, 318, 322-325, 361-364, 396, 410, 435, 545, 550, 579, 593, 600, 620, 624, 709, 713

Subclasses de credores 361-363

Classificação dos créditos ...85, 90, 135, 197, 202, 282, 324, 361, 366, 414, 426, 427, 447, 535, 561, 562, 647, 709

Cláusula de vencimento antecipado 250, 251, 717

Cláusula inválida.. 274

Cláusula resolutiva contratual em razão da falência 530

Coisas vendidas a crédito........................... 450

Comitê de credores. 106-108, 110, 115, 117, 127, 129, 133, 134, 142, 144, 145, 154-175

Composição 154

Constituição.. 154

Destituição 164-168

Eleição dos representantes...................... 208

Funções 155

Quórum de votação.................. 160, 364, 424

Remuneração... 161

Responsabilidade 163, 167

Termo de compromisso.... 133, 143, 147, 155, 169, 170, 369, 449, 502, 510, 511, 689, 690

Compensação e liquidação de obrigações no sistema financeiro nacional.............533, 538

Compensação na falência........ 544-545, 714-715

A par conditio creditorum..34, 47, 56, 87, 88, 95, 124, 146, 147, 361, 362, 405, 408, 411, 427, 437, 443, 484, 490, 514, 520, 526, 535, 544, 550, 552, 557, 559, 567, 583, 584, 593, 595, 596, 599, 604, 666, 694

Compensação voluntária 247, 546, 560

Obrigações a serem compensáveis 545
Compensação na recuperação judicial 543
   Compensação convencional..............247, 543
   Compensação legal.....247, 249, 543, 544, 546
Competência 30
Competência criminal................................ 686
Competência da ação de retificação............. 118
Competência da justiça do trabalho..............63
Competência do juízo da execução fiscal.......90
Competência do juízo falimentar............90, 408
Composição 490, 491
Compra e venda a prestações..................... 533
Compra e venda a termo de bens com cotação em bolsa ou mercado 535
Compra e venda com coisa em trânsito 533
Compra e venda de coisa móvel com reserva de domínio.. 535
Compra e venda de coisas compostas.......... 534
Comunhão de interesses 170, 171, 199, 203, 253, 263, 330, 595
Concessão da recuperação judicial 319-324, 328-332
Concessionária de energia elétrica........... 29, 30
Concessionária de serviços públicos............ 703
Conciliação e mediação 119
   Confidencialidade 121, 672
   Nomeação do conciliador ou mediador 120-121
   Suspensão de prazos 121
   Vedações legais...............................123, 632
Conciliações ou mediações antecedentes 124
Concordata 684, 685, 698, 699, 705-707, 712, 714, 716
Concurso de crimes 668, 687, 691
Concurso processual............................86, 723
Condenação criminal..........................495, 683
Condição objetiva de punibilidade 525, 682, 683, 685, 690
Condômino 520, 547-549
Conexão............................34, 378, 382, 386, 687
Conselho administrativo de defesa econômica.. 266
Consolidação processual..........49, 280, 377-389
   Competência..... 369, 370, 378, 380, 381, 389, 408-410, 412
   Independência dos devedores...........381, 382
Consolidação substancial...... 377, 378, 382-390, 422, 713
Consolidação substancial obrigatória........... 387
Consolidação substancial voluntária............ 387
Constatação preliminar........................289, 290
Continuação provisória........ 483, 488, 489, 517, 600, 603, 604
Contrato de arrendamento 523
Contrato de conta corrente..................541, 542
Contrato de financiamento 20, 233, 244, 375-377, 444, 452
   Garantidores 377
   Legitimidade 376

Rescisão 375
Contrato de locação.........60, 244, 523, 533, 538
Contrato de mandato.................. 179, 540, 541
Contrato de sociedade 28, 269, 547, 548, 596
Contrato unilateral 532
Contratos bilaterais 159, 229, 360, 375, 528-533, 536, 537, 539, 542, 557
Contratos para a produção de renda.....159, 522
Contribuição previdenciária 438, 454
Contribuições sociais ...68, 69, 88, 370, 437, 438
Controlador 23, 30, 78, 79, 162-165, 184, 203-206, 218, 221, 222, 265-267, 275, 276, 280, 283, 284, 299, 350-354, 377, 379, 384, 416, 417, 420-423, 498, 500, 505, 555, 619, 626
Convenção de arbitragem 46, 73, 409, 410
Conversão da dívida............................268, 273
Convolação ... 274, 285, 293, 298, 300, 301, 308, 311, 312, 315, 318, 321, 339-348, 358, 359, 369, 390, 399-404, 413, 444, 447, 471
   Efeitos da convolação............................. 404
   Habilitações de crédito 482, 485, 499, 502
   Não apresentação do plano..............300, 400
   Prática de ato falimentar... 331, 402, 403, 415, 471, 473, 481, 606, 633
   Rejeição do plano pelos credores 401
Coobrigado insolvente 553
Coobrigados na recuperação judicial 71
Coobrigados solidários.........................552, 553
Coobrigados solventes 554
Coobrigados fiadores e obrigados de regresso. 59, 225, 252, 295
Cooperativa de crédito... 21, 22, 26, 27, 71, 219, 619, 705
Cooperativa médica................16, 46, 70, 73, 74
Coordenação com diversos processos estrangeiros 663
Coordenação entre processos concorrentes ... 662
Correção monetária 64, 95, 96, 101, 262, 263, 274, 279, 304, 327, 411, 453, 468, 478, 480, 506, 549, 550, 597
Correspondência 83, 131, 133, 135, 142, 143, 156, 178, 290, 479, 480, 648
Correspondências do devedor 142
Cram down 209, 211, 269, 304, 311, 322-324, 328, 361, 362, 401, 719
Crédito com garantia real...... 201, 434-436, 516, 560-562, 567
   Garantia real conferida sobre bem de terceiro 201, 435
Crédito com privilégio especial.................... 438
Crédito com privilégio geral 361, 438
Crédito em moeda estrangeira....... 96, 184, 185, 411, 623, 625, 626
Crédito ilíquido 226
Crédito para a aquisição de propriedades rurais ...257
Crédito público.....................85, 87, 88, 89, 110
Crédito quirografário 67, 233, 234, 239, 241, 432, 433, 439, 528, 561, 575, 612

Crédito rural..256, 260

Crédito trabalhista 63, 64, 76, 88, 94, 95, 102, 200, 302, 304, 428, 430, 432-434, 443-446, 453, 604, 605

    Cessão 198, 433, 434

    Limite de salários mínimos.........200, 301, 304, 371, 374, 426, 428, 429, 432-434, 439, 442, 443, 451, 457, 463, 465, 468, 469, 515, 600, 604, 605

    Sub-rogação 434, 451, 455, 554, 581, 583

Crédito trabalhista de natureza estritamente salarial vencido nos três meses antes do pedido 304

Crédito trabalhista de pagamento antecipado ...604

Crédito tributário fiscal 94

Créditos contraídos durante a recuperação judicial 360, 374, 414, 442, 447

Créditos decorrentes de contratos bilaterais... 229

Créditos de microempresários ou empresário de pequeno porte.. 391

Créditos em dinheiro objeto de restituição ... 442, 444

Créditos extraconcursais 44, 48, 122, 123, 272, 361, 374, 402, 426, 437, 441-449, 458, 487, 516, 517, 534, 545, 599, 600, 603, 604

Créditos fiscais não tributários 66-68, 393

Créditos não sujeitos à recuperação judicial ...51, 58, 59, 69, 122, 125, 251

Créditos tributários.....66, 67, 86, 281, 320, 322, 367-370, 392, 395, 403, 426, 436-438, 445, 447, 603, 624, 625

    Parcelamento....................................366-369

Créditos subordinados 201, 426, 439, 440, 647, 648

Créditos subquirografários 40, 439, 625

Crimes falimentares 27, 489, 491, 618, 619, 622, 667, 668, 682-691, 707

Custas judiciais 39, 43, 44, 83, 92, 93, 101, 286, 347, 348, 442, 448, 458, 468

D

Dação em pagamento ...126, 260, 272, 523, 560, 568, 577, 611

Debenturistas......................................182, 274

Debtor-in-possession 173, 349, 372

Decadência 90, 94, 103, 104, 118

Decretação de sigilo............................512, 513

Demonstrações contábeis......276-281, 288, 392, 503, 506, 507, 624, 628, 630

Denúncia 3, 143, 213, 538, 685, 687-691

Depósito elisivo...... 471, 472, 479-482, 484, 492

Depósito elisivo extemporâneo....................482

Depósitos recursais....................................146

Derivativos..700, 701

Deságio...201, 207, 262, 275, 302-304, 327, 367, 394, 435, 560

Desconsideração da personalidade jurídica...76, 79, 80, 270, 284, 416, 420-425, 717

Grupo societário........276, 280, 281, 378, 379, 383, 384, 386, 388, 389, 422, 423

Desistência.......5, 51, 52, 56, 109, 170-173, 175, 274, 292, 293, 297, 367, 370, 472, 510, 621

Desistência da impugnação........................ 109

Despejo..59, 60, 230

Despesas cujo pagamento antecipado seja indispensável 258, 443, 444, 600, 603

Despesas de conservação............................461

Despesas indispensáveis à administração ... 603, 725

Despesas legais 42, 43, 92, 93

Despesas para fazer parte da falência ou recuperação judicial 41, 92

Destituição do administrador judicial ..135, 145, 147, 148, 151, 165, 166, 418, 587

Destituição do devedor 350

Desvio de ativos.................. 419, 420, 496, 513

Desvio, ocultação ou apropriação de bens...675

Devedor 669-682, 693, 696

Dever de cooperação 659

Deveres impostos ao falido 499

Dip financing 372, 376, 444

Direito de acesso direto............................ 647

Direito de fiscalização........................353, 496

Direito de regresso............... 254, 418, 553, 554

Direito de retenção... 56, 438, 527, 534, 560, 561

Direito de retirada ...308, 312, 315, 316, 440, 527, 528

Direito de voto ... 20, 75, 81, 100, 103, 114, 116, 179, 181, 183, 186-188, 190, 191, 194, 196-198, 201, 203-209, 250, 266, 274, 300, 306, 319, 326, 345, 351, 354, 365, 434, 626, 712

    Abuso do direito 194, 197, 319, 577, 712

    Credores proprietários... 4, 58, 61, 70, 80, 184, 188, 189, 240-242, 286, 295, 392-395, 624, 706

    Credores retardatários 102, 187

    Impedimento ... 191, 196, 198, 203, 207-209, 221

    Reserva......................183-188, 191, 193, 194

    Tutela de urgência ...49, 50, 52, 122, 124, 198, 513, 576

Direito intertemporal 698, 707

Direito real de garantia...230, 356, 375, 426, 436, 555, 560, 561, 568, 577

Direitos de recesso e preferência 315

Direitos de terceiros 123, 132, 137, 186, 377

Dissolução de pleno direito da sociedade..... 613

Distribuição por dependência......... 77, 412, 725

Divergências administrativas..... 42, 82, 83, 136, 138, 187, 305, 413, 414, 485, 501

Dividendos...16, 17, 77, 78, 216, 279, 506, 669, 671

Divulgação de informações falsas.........672, 673

Do imposto de renda retido na fonte 455

Doação dos bens 593

Documentos contábeis obrigatórios......680, 681

Dolo direto ou eventual 667

Drop down 17, 265

E

Efeito suspensivo... 114-116, 371, 424, 436, 459, 460, 492, 630

Elemento de empresa 10, 218

Embargos de terceiro............ 462, 463, 522, 678

Emenda à petição inicial......................109, 479

Empreendedorismo 405, 407

Empresa individual de responsabilidade limitada 8, 12, 351, 391, 494

Empresa pública.......13, 21, 23-25, 30, 219, 619

Empresário ambulante..................................33

Empresário irregular.....................11, 477, 507

Encerramento da falência.....2, 7, 46, 61, 85, 86, 113, 417, 419, 551, 605, 607-612, 614, 685, 695 Sentença 607-618

Encerramento da recuperação judicial... 46, 57, 65, 68, 81, 82, 105, 106, 117, 150, 347, 366, 695, 709

Entidades abertas de previdência complementar 25, 26, 28

Entidades fechadas de previdência complementar 22, 25, 26

EPP e ME......................151, 152, 323, 392, 397

Escrituração contábil 141, 218, 223, 277, 281, 288, 289, 392, 501, 669-671, 680, 681

Espólio........... 182, 473, 475, 476, 550, 551, 572

Estabelecimento empresarial........ 8, 31-33, 139, 265, 270, 338-340, 357, 358, 378, 380, 406, 449, 470, 484, 488, 489, 500, 523, 563-565, 568, 577, 580, 582, 622, 635, 636

Esvaziamento patrimonial.... 140, 301, 339, 358, 369, 399, 403, 404

Execução fiscal...........57, 64-69, 85-90, 94, 368, 393, 410, 437, 477, 490, 613, 723

Execução frustrada.........23, 415, 464, 465, 469, 473, 474, 480, 481, 484, 491, 492, 606

Execução provisória 457, 460, 462

Execuções trabalhistas............................ 72, 80

Exercício ilegal de atividade........................ 678

Expressão "em recuperação judicial"...296, 297, 332, 344, 348, 371

Extensão da falência........ 96, 414-417, 420-422, 424, 425, 601, 697, 709, 717, 719

Extensão do prazo para pagamento dos credores trabalhistas...303

Extinção das obrigações.........46, 103, 113, 248, 249, 329, 333, 341, 345, 346, 495, 546, 547, 559, 570, 607, 609-616, 709, 721

Extratos das contas bancárias 284

F

Facultatividade da habilitação dos créditos fiscais...88

Falência
Decretação........ 404, 441, 447, 473, 475, 477, 478, 484, 486, 489, 494, 499, 535, 550, 617, 678

Encerramento ... 113, 417, 419, 551, 605, 607-612, 614, 685, 695

Falência dos coobrigados solidários............. 552

Fase administrativa 63, 82-84, 89, 91, 138

Fase judicial...91, 618

Favorecimento de credores 674

Fazenda Pública credora.............. 85, 86, 88, 89

FGTS 86, 88, 429, 430

Fiadores....59, 225, 252, 254, 295, 314, 329, 330

Filial da empresa estrangeira.......................32

Financiamento.....363, 372-377, 394, 444, 452, 705, 713
Segurança jurídica... 4, 16, 19, 217, 242, 245, 272, 342, 372, 373, 408, 459, 539, 570, 637, 641, 667

Financiamento ao devedor.......................... 444

Fiscalização da recuperanda 138

Fiscalização judicial....40, 53, 54, 139, 140, 331, 332, 340, 342-347, 350, 371, 394, 397, 402, 471, 606

Formas alternativas de deliberação.......189, 594

Fraude a credores 669, 670, 681

Funções do administrador judicial.......134, 138, 141, 142, 144, 146, 161, 570, 609

Funções exclusivas da falência.................... 141

Fundações...........................9, 15, 16, 367, 370

Fundo de Garantia do Tempo de Serviço...86, 429

Fundos de investimentos 276, 285, 595

Fusão...........3, 10, 21, 34, 79, 96, 179, 221, 259, 264-266, 281, 283, 284, 380-389, 415, 420, 422-425, 437, 528, 543, 547, 611, 671, 697

G

Ganho de capital 78, 79, 260, 274

Garantia ao crédito 98, 726

Garantia real ...427, 434-437, 441, 477, 511, 516, 545, 549, 550, 558, 560-562, 567, 573, 583, 600, 612, 621, 623, 627, 649, 666, 702

Garantia subordinada 374, 375

Garantias dos terceiros 329

Gestor judicial... 128, 138, 141, 160, 170, 171, 173, 175, 202, 296, 351-354, 679

Grupo societário... 276, 280, 281, 378, 379, 383, 384, 386, 388, 389, 422, 423

Grupos empresariais...96, 280, 378, 379, 385, 639

H

Habilitação de crédito...41-43, 68, 80, 87-89, 93, 94, 101, 422, 438, 443, 453, 459, 489, 575, 677, 678

Habilitação de crédito trabalhista 94

Habilitação de credor particular do sócio.....118

Habilitação ilegal de crédito 677

Habilitação retardatária ... 43, 83, 89, 92, 99-103, 112, 207, 601

Habilitações administrativas 485

Hipoteca judiciária 436

Homologação do acordo obtido por meio da conciliação ou da mediação 125

Honorário de advogado 430

Honorários do administrador judicial ... 149, 150, 153, 488, 524, 525

I

Impedimento 68, 99, 155, 162-166, 173, 187, 191, 196, 198, 203, 207-209, 221, 226, 241, 243, 244, 305, 353, 354, 361, 376, 378, 379, 396, 401, 409, 479, 504, 514, 515, 522, 532, 536, 546, 547, 588, 594, 619, 626, 633, 679, 683, 684

Impontualidade injustificada 415, 464, 465, 469, 473, 474, 480, 481, 484, 491, 492, 606, 621, 622

Imposto de renda ... 79, 223, 274, 275, 370, 437, 438, 455, 488

Impugnação à arrematação 591

Impugnação judicial ...41, 43, 44, 84, 87, 91, 92, 99, 100, 101, 104, 106-112, 115, 116, 119, 135, 187, 193, 198, 306, 502, 605, 632, 677

Impugnações retardatárias 92, 99, 102-105, 112, 113, 116, 709

Inabilitação do falido 490, 494, 678

Incidente de classificação de crédito público ... 85, 88, 89

Incorporação 19-21, 140, 240, 246, 259, 264, 265, 515, 528, 537, 539, 540, 543, 547, 718

Indivisibilidade do juízo falimentar...86, 408, 409

Indivisibilidade do juízo da recuperação judicial 59

Indução a erro... 673

Ineficácia objetiva ... 454, 555-558, 566-569, 574, 577, 658

  Procedimento... 558

Inquérito judicial 144, 690, 691, 698, 699

Insolvência transnacional 33, 637-645, 647, 655-659, 665, 666, 718

Instituições financeiras ... 22, 23, 26, 27, 71, 206, 219, 230, 235, 256, 276, 285, 362, 372, 453, 466, 488, 493, 620, 704, 705

Instituto Nacional do Seguro Social 366, 455

Intervenção judicial.................... 327, 511, 512

Inventário 66, 475-477, 518, 519, 550, 551, 572, 695

Investigação criminal........................142, 690

J

Judicial Insolvency Network 659

Juízo da recuperação judicial 45, 46, 49, 51, 55-60, 64, 65, 68, 70, 99, 106, 117, 187, 191, 222, 242, 251, 252, 295, 336, 342, 369

  Universalidade 56, 58, 64

Juízo de menor onerosidade 58, 65

Juízo falimentar 46, 73, 76, 85-88, 90, 108, 112, 408-410, 412, 418, 420, 422, 437, 445, 448, 472, 526, 552, 554, 556, 558, 573, 664

  Indivisibilidade ... 58, 59, 73, 86, 408, 409, 572

  Exceções..... 210, 281, 282, 329, 395, 410, 643

  Universalidade 46, 408

Julgamento antecipado das impugnações 110

Juros ...64, 67, 71, 95, 96, 101, 228, 251, 256, 257, 259, 262, 274, 304, 327, 370, 374, 393, 394, 410, 411, 427, 435, 441, 453, 468, 478, 480, 528, 549, 550, 598, 600, 601, 605, 606

Juros remuneratórios.................95-96, 262, 274

L

Lacração do estabelecimento........ 488, 489, 517

Laudo de avaliação.............. 140, 516, 518, 519

Laudo econômico-financeiro ...140, 298, 301, 309, 312, 394

Legitimados a promover a ação rescisória.... 117

Legitimidade *ad causam* 141, 497, 500, 571

Leilão.....174, 211, 233, 234, 335, 337, 520, 522, 585-590, 592, 593, 635

Liquidação de ativo 537, 578, 586

  Formas de alienação.......... 522, 580, 581, 586

  Modalidades extraordinárias 522, 592-595

  Preço vil 586, 588, 591

  Sub-rogação dos credores 583

Liquidação do ativo na falência................. 211

  Forma alternativa 88, 189, 190, 202, 209-211

Liquidação extrajudicial........22, 26-29, 76, 430, 505, 704

Lista de credores ... 52, 63, 81-84, 91, 93, 99, 105, 108-110, 112, 116, 135, 136, 158, 183, 187, 301, 305, 306, 366, 387, 390, 441, 485, 490, 502

Litisconsórcio... 277, 280, 281, 299, 378, 380, 381, 383, 385-389, 409, 422, 463, 464, 468, 493, 571

Litisconsórcio facultativo 281, 378, 380, 381

Litisconsórcio necessário 281, 378, 383, 385, 386, 388, 389, 463, 571

Livros contábeis 80, 82, 141

Livros obrigatórios ... 281, 484, 498, 500, 503, 507, 515, 518, 681

M

Má-fé do credor.................................605, 606

Mediação ... 26, 27, 119-126, 132, 137, 141, 274, 700

  Objetos.. 119

Medida cautelar de sequestro..................... 576

Medidas de tutela provisória 640, 654

Meios de cooperação 661

Meios de recuperação judicial 4, 140, 196, 259, 261, 267, 300, 309, 312, 313, 333, 340, 344, 356, 509, 569

Membro do comitê de credores 155, 162, 163-166, 169, 170

Métodos alternativos de solução de conflitos 120, 132

Microempresas e empresas de pequeno porte ... 5, 151, 154, 156, 277, 281, 320, 366, 367, 391, 392, 396, 698

Ministério Público ...35-37, 79, 90,-92, 106, 108, 111, 115-117, 134, 143, 145, 146, 158, 162, 164, 210, 211, 284, 289, 292, 296, 318, 322, 328, 332, 341, 418, 422, 456, 483, 488, 489, 492, 498, 513, 522, 524, 558, 569, 570, 573, 586, 587, 590, 591, 604-608, 614, 633, 637, 641, 644, 673, 674, 679, 687-691

Modalidades de liquidação de ativos 586

Modificação de competência 34

Multas administrativas........ 67, 69, 88, 336, 439

Multas administrativas impostas aos empregadores 69, 88

Multas rescisórias..................................... 430

N

Não levantamento dos valores 602

Natureza da decisão que julga a impugnação 114

Natureza jurídica do administrador 127

Negativação 297, 298, 332

Negócio jurídico processual 696

Nome empresarial....296, 332, 344, 348, 371, 486

Nomeação de mais do que um administrador judicial 130, 131

Nomeação do administrador judicial 127-129, 156, 169, 293, 486, 529, 610, 631

Novação das obrigações 21, 54, 63, 297, 346, 471, 473, 621, 622, 634

Novação sob condição resolutiva 126

O

Objeção ao plano de recuperação judicial ... 175, 292, 304, 305, 308

Legitimidade ... 293, 298, 299, 306, 318, 376, 418

Prazo de apresentação............. 143, 305, 306

Objetivos da insolvência transnacional 640

Obrigação a título gratuito 40, 440

Obrigação de fazer ou não fazer................. 226

Obrigações do falido

Extinção 103, 113, 114, 597, 606, 607, 611

Obrigações excluídas da falência e da recuperação judicial 39

Obrigações inexigíveis 559

Obrigados de regresso............59, 225, 252, 295

Ofícios e solicitações................................. 138

Ônus sucumbenciais............................. 43, 92

Operações compromissadas 700, 701

Operações societárias 264, 266, 342, 671, 682

Operadora de consórcio 26

Ordem legal de pagamento 47, 339, 435, 544, 551, 552, 557, 560, 562, 578, 583, 599, 600, 602, 612, 615

Ordem pública... 34, 97, 124, 125, 138, 193, 274, 401, 486, 530, 547, 637, 639, 641, 642, 652, 653, 665

Organizações religiosas........................... 9, 15

Origem do crédito................................97, 109

P

Pagamento 145-154, 253-276, 295, 300-306, 428-453, 523-536, 587, 591, 595-613, 615, 617, 619, 621-627, 629, 632, 634, 635, 638, 665, 666, 704, 714

Parcelamento fiscal.............................368, 403

Par conditio creditorum.... 34, 47, 56, 63, 87, 88, 95, 124, 146, 147, 361, 362, 405, 408, 411, 427, 436, 437, 443, 484, 490, 514, 520, 526, 535, 544, 550, 552, 557, 559, 567, 583, 584, 593, 595, 596, 599, 604, 666, 694

Participações societárias 264, 266, 267

Partidos políticos................................... 9, 15

Patrimônio de afetação 18-21, 246, 247, 516, 539, 540

Pedido de falência

Citação 471

Contestação 471, 473

Credores fiscais 475

Legitimados 473

Pedido de recuperação judicial.......9-12, 30, 31, 44, 49, 51, 60-64, 69, 71, 74, 77, 82, 93-96, 122, 125, 126, 131, 153, 161, 185, 187, 200, 207, 208, 214, 218-226, 229, 233, 236, 241, 247-251, 254, 256, 257, 260, 273, 277-282, 284-290, 292, 293, 296, 297, 299, 301, 302, 304, 329, 333, 349, 354, 355, 359-364, 372, 378, 388, 389, 393-395, 404, 413, 428, 429, 436, 443, 446-448, 471-474, 482, 484, 506, 549, 559, 563, 569, 600, 617, 619, 645, 661, 672, 698-700, 704

Pedido de reserva 74-76, 102, 103, 112, 187, 554, 611, 612, 678

Pedido de restituição 449-462

Efeitos 456, 463, 466, 468, 469

Procedimento.. 455

Recurso 459

Sentença 457

Sentença de improcedência 458

Penalidades administrativas.................... 68, 88

Penhor... 227

Penhora 44, 47, 55, 57, 65, 68, 69, 87, 88, 94, 133, 134, 145, 146, 234, 271, 331, 336, 408, 410, 437, 463, 469, 490, 511, 514, 515, 526, 554

Penhora no rosto dos autos do processo de falência 88

Perícia prévia 289-291

Período de fiscalização judicial........53, 54, 139, 140, 332, 340, 342-346, 394, 397, 402, 606
   Possibilidade de dispensa 342
   Termo inicial 221, 227, 228, 260, 411, 570

Período de suspensão 45, 48, 51, 55, 60, 61, 63, 72, 122, 125, 151, 225, 228, 239, 241, 242, 245, 259, 308, 316

Pessoas jurídicas empresárias 12, 613

Petição inicial.........45, 50, 67, 82, 92, 103, 108, 109, 111, 276-278, 288-293, 391, 392, 422, 456, 472, 479, 480, 508, 573, 577, 628-631

Plano alternativo 45, 54, 55, 61, 72, 228, 311-316, 390, 401, 708

Plano de realização de ativos 491

Plano de recuperação judicial...............298, 568
   Aditamento 172, 173, 216, 221, 274, 299, 344-346, 356
   Alteração 173, 309, 344, 345
   Conteúdo.. 300
   Edital de recebimento............................ 301
   Legitimidade para apresentação.............. 306
   Prazo para apresentação.......................... 299
   Rejeição...................................... 310, 327

Plano de recuperação judicial apresentado pelos credores.................................. 307, 308, 311

Plano especial 217, 391-395, 619, 698

Processamento da recuperação judicial ...293, 296

Promitente vendedor de imóvel 4, 69, 225, 240, 295, 620

Prazos processuais 121, 122, 694, 696

Preço vil.................................... 586, 588, 591

Preferência dos processos falimentares........412

Pregão 174, 520, 522, 587, 589, 590, 593, 635

Prescrição 44, 48, 49, 54, 61, 62, 64, 68-90, 94, 393, 395, 473, 474, 610, 611, 615, 655, 663, 684, 685, 691
   Término da suspensão............................ 610

Prescrição aquisitiva............................... 61, 62

Prescrição dos crimes falimentares.......684, 685

Preservação da empresa 215, 401

Prestação de contas 146, 162, 163, 296, 347, 500, 588, 599, 608

Prestação de informações 135, 138, 287, 353

Prestação mensal de contas 146, 296

Prestações alimentícias 39, 40

Presunção de insolvência............ 427, 482, 664

Presunções.. 651

Prevenção..76

Principal estabelecimento 30-35, 277, 289, 378, 380, 381, 389, 463, 464, 470, 622, 640, 645, 649, 652

Princípio da *par conditio creditorum*....361, 362, 408, 427, 443, 490, 520, 526, 544, 552, 567, 583, 584, 599, 604

Princípio da preservação da empresa...... 57, 58, 65, 215, 217, 241, 261, 297, 310, 336, 341, 344, 367, 401, 402, 406, 481, 491, 614, 713

Princípio da unicidade dos crimes falimentares 668

Princípios da falência................................. 405

Prioridade dos processos de insolvência 696

Prisão administrativa................................. 499

Procedimento criminal........................688, 691

Procedimento da conciliação e da mediação...126

Procedimento especial 391-397, 551, 699
   Objeções.. 395
   Período de fiscalização judicial 397

Procedimentos arbitrais ... 72-73, 277, 285, 409-410

Processo competitivo.....335, 337, 585, 587, 589

Processo estrangeiro 649, 653
   Tipos.. 653

Procuração *ad judicia* 180

Procuração em causa própria..................... 180

Produção probatória............. 111, 456, 657, 691

Produtor rural 11, 12, 17, 152, 218, 222-224, 255-257, 288, 289, 392, 504, 720

Profissionais intelectuais....................10, 13, 15

Promessa de compra e venda de imóveis 533, 537, 539

Propostas fechadas........174, 587, 589, 590, 593

Propriedade fiduciária
   Requisitos.. 235

Propriedade fiduciária sobre bens de terceiros ... 238

Proprietário fiduciário e direito à taxa de ocupação 239

Prorrogação do *stay period*..................... 52, 53

Proteção dos credores................. 628, 658, 665

Protesto ...42, 277, 285, 297, 298, 332, 333, 464, 467-469, 473, 474, 476, 482, 484, 503, 559, 563, 565, 577

Publicações dos atos processuais................ 697

Q

Quadro-geral de credores 104, 105, 116, 117, 136

Quantias fornecidas à massa pelos credores... 447, 448, 603

Quórum de votação 160, 364, 424

Quórum ordinário de aprovação................. 209

R

Rateio 7, 56, 75, 87, 98, 100-105, 111-114, 432, 460, 461, 526, 531, 551-554, 598-604, 606, 608, 642, 695

Reabilitação 612-615, 679, 683, 684

Reabilitação do sócio ilimitadamente responsável.. 615

Recebível performado............................... 235

Reclamações trabalhistas 63, 295, 410, 572

Reconhecimento de processo estrangeiro.... 645, 649, 650, 657, 661
- Medidas necessárias 656
- Pedido 649
- Presunções 651

Recuperação extrajudicial
- Alienação de bens 635
- Desistência da adesão ao plano 621
- Documentos complementares 627
- Espécies 618
- Grupo de credores 624, 625
- Homologação 621, 630
- Impedimentos 626
- Impugnação 632
- Legitimidade ativa 619
- Legitimidade passiva 620
- Limitações ao plano 620
- Procedimento 630
- Suspensão das ações e execuções 628
- Tratamento diferenciado entre os credores... 623
- Tratamento idêntico entre os credores 627

Recuperação extrajudicial 617
- Conversão 629

Recuperação extrajudicial facultativa 622

Recuperação extrajudicial impositiva 624

Recuperação judicial de companhia aberta .. 224

Recurso da sentença da impugnação 115

Recurso de agravo de instrumento 116, 293, 492, 510, 559, 694, 695

Recurso de apelação 115, 371, 457, 459, 460, 462, 492, 510, 559, 573, 608, 610, 614, 616, 634, 652, 695

Registro de direitos reais 566

Regra de pagamento em processos concorrentes 666

Relação de bens e direitos integrantes do ativo não circulante 277, 285

Relação dos credores 72, 109, 116, 281, 502

Relação dos empregados 282

Relatório com as causas da falência 143, 689

Relatório detalhado do passivo fiscal 277, 281

Relatório do administrador judicial 143, 159, 689, 690

Relatório final da falência 445, 608, 609

Relatório mensal .. 132, 133, 139, 140, 146, 147, 159, 161, 296, 598

Relatórios do administrador judicial 147

Relatórios mensais 139, 296, 341

Remissão 3, 65, 90, 103, 145, 146, 210-214, 262, 288, 304, 400, 594, 595, 611, 617, 635

Remoção dos bens 520

Remuneração do administrador judicial ... 148-153, 353, 354, 381, 445-448, 487, 524, 603

Renúncia à herança ou a legado ... 555, 563, 569

Renúncia à propriedade fiduciária 234

Representante comercial 257, 258, 431

Representação da massa falida 141, 152, 159

Representação em juízo 142

Representação legal 180, 181, 182

Representação voluntária 179, 180, 181

Representante estrangeiro 637, 640-651, 653, 656-659, 662, 664
- Dever de informação 653

Requisitos da habilitação 93

Reserva de créditos 74

Reserva de valores 102, 112, 113, 461, 599, 601, 678

Responsabilidade 167

Responsabilidade dos acionistas 417

Responsabilidade dos sócios de responsabilidade limitada 417

Responsabilidade primária dos sócios 421

Responsabilidade secundária 79, 417, 421

Responsabilidade tributária dos sócios e administradores da falida 612

Responsável subsidiário 72

Restituições em dinheiro 451, 600

Revelia 107, 456

Revogação da falência 487, 490, 525

S

Saldo remanescente 91, 188, 233, 348, 370, 394, 502, 540, 601, 606, 607, 701

Securitização de crédito 574, 576

Sentença declaratória de falência 82, 484-486, 490, 492, 511, 526, 537
- Revogação 490
- Recurso 493

Sentença denegatória da falência
- Recurso 493

Sigilo da correspondência 142, 143

Sigilo para a própria parte 419

Sindicato 177, 178, 183, 617, 620, 624

Site do administrador judicial 84, 175, 190

Sociedade de credores 174, 260, 269, 272, 273, 578, 595-597, 718

Sociedade de economia mista 13, 21, 23-25, 219, 619

Sociedade em comum ... 13, 14, 62, 96, 118, 415, 416, 423, 504, 506, 697, 714

Sociedade em conta de participação 14

Sociedade operadora de plano de assistência à saúde 21, 22, 29, 46, 70, 73, 219, 619, 705

Sociedade seguradora ... 21, 22, 28, 29, 219, 619, 705

Sociedades controladas 205

Sociedades cooperativas 15, 46, 70, 73

Sociedades de capitalização 28, 29

Sociedades de economia mista 22-25

Sociedades de propósito específico 9, 18

Sócio ilimitadamente responsável 39, 47, 62, 118, 119, 516, 519, 526, 610, 615, 697

Sócios do devedor 71, 109, 202-204, 211, 307, 314, 594, 595, 626

Stalking horse 334, 335

Stay period 48-55, 57, 59, 60, 62, 69, 72, 125, 197, 228, 239, 240, 242-244, 251, 255, 295, 297, 311, 316, 319, 321, 395, 450, 471, 706

Stay period no procedimento especial 395

Subclasses de credores 361, 362, 363

Sub-rogação 20, 64, 253-255, 270, 434, 451, 455, 554, 581, 583

Substituição do administrador 36, 151, 161, 162, 165, 354

Substituição em razão dos impedimentos 163

Sucessão do adquirente ... 272, 355, 357, 358, 583

Sucessão do arrematante 333, 336, 337, 357, 358, 582, 584, 593, 595

Sujeitos da falência 7

Sujeitos da recuperação 7

Supervisão judicial 343, 345, 425, 659

Suspensão 44-64, 68-72, 80, 86, 119-125, 151, 176, 183-185, 195, 197, 198, 202, 215, 220, 225, 228, 230, 234, 239-242, 245, 252, 259, 263, 278, 290-293, 295, 297, 308, 316, 319, 330, 351, 352, 354, 393, 408, 420, 422, 424, 471, 472, 482, 485, 492, 522, 527, 561, 610, 617, 624, 628-631, 640, 641, 644, 650, 653-656, 663, 688

Suspensão das ações e execuções 48, 61, 62, 71, 80, 252, 293, 295, 424, 628, 629, 631

T

Taxa judiciária para as impugnações judiciais ... 101

Termo de adesão ... 186, 189, 190, 210, 211, 317, 318, 322, 594

Termo de comparecimento 498, 499, 500

Termo legal 285, 482, 484, 485, 547, 555, 559-561, 563, 564, 568, 577

Territorialismo 32, 33, 638, 639

Título executivo judicial ... 42, 97, 257, 258, 327, 328, 332, 347, 348, 431, 460, 608, 617-619, 621, 622, 634

Totalmente excluídas do regime falimentar ... 22, 25

Transação com a União Federal 369

Transação fiscal 369, 403

Transporte aéreo 706

Tratamento dos créditos dos sócios 315

Travas bancárias 230, 281

Trespasse 259, 265, 270, 357, 563, 635, 719

Tributos descontados dos empregados 454

Tributos passíveis de retenção na fonte 444, 451, 454, 455

Tributos relativos a fatos geradores ocorridos após a decretação da falência 442, 449

Tutela cautelar antecedente 51

Tutela de urgência 49, 50, 52, 122, 124, 198, 513, 576

U

União Federal 369, 438

Unidade produtiva isolada ... 257, 260, 265, 271, 337-339, 355

   Conceito 338

Universalismo 33, 639-641

Universalismo mitigado 33, 640, 641

Usucapião 61, 62

V

Valor da causa 44, 152, 277, 278, 286, 287, 392, 393, 573

Valores mobiliários 225, 227, 260, 264, 273, 574, 576, 702

Valores recebidos pelos agentes arrecadadores 444, 451, 454, 455

Vencimento antecipado 95, 185, 248, 250, 251, 410, 411, 539, 700, 701, 714, 717

Venda antecipada 144, 159, 521, 593

Venda integral da devedora 140, 260, 271

Vendedor ambulante 33

Verbas sucumbenciais 457-459, 492

Verificação de crédito 2, 44, 63, 80-84, 86, 89-91, 94, 97, 104, 113, 114, 119, 124, 127, 135-138, 141, 158, 167, 182, 185, 186, 198, 264, 296, 366, 392, 413, 414, 445, 450, 484-487, 490, 502, 510, 525, 578, 580, 632, 649

   Ordem de prioridade 113

Viabilidade econômica 3, 5, 55, 140, 172, 191, 193-196, 203, 214-217, 278, 287-289, 291, 293, 296, 298-300, 305, 306, 309, 310, 312, 325-328, 356, 365, 394, 400, 425, 626, 671, 672

Viações aéreas 706

Vigência ... 87, 100, 104, 122, 235, 311, 321, 368, 469, 530, 545, 686, 688, 698, 699, 707-709, 714, 715

Violação de impedimento 679

Violação de sigilo profissional 671

Voto 20, 23, 73, 75, 81, 96, 98, 100, 103, 114, 116, 140, 160, 165, 170, 171, 176-211, 222, 225, 250, 264, 266, 267, 270, 274, 280, 282, 285, 300, 306-312, 315, 319, 320, 322, 323-330, 333, 345, 350-352, 354, 364, 365, 396, 400, 401, 411, 431, 432, 434, 441, 626, 712